THE
POCKET OXFORD
ENGLISH–RUSSIAN
DICTIONARY

THE POCKET OXFORD ENGLISH–RUSSIAN DICTIONARY

COMPILED BY
NIGEL RANKIN
AND
DELLA THOMPSON

CLARENDON PRESS · OXFORD
1981

Oxford University Press, Walton Street, Oxford OX2 6DP
London Glasgow New York Toronto
Delhi Bombay Calcutta Madras Karachi
Kuala Lumpur Singapore Hong Kong Tokyo
Nairobi Dar es Salaam Cape Town
Melbourne Wellington
and associate companies in
Beirut Berlin Ibadan Mexico City

Published in the United States
by Oxford University Press, New York

© Oxford University Press 1981

All rights reserved. No part of this publication may be reproduced,
stored in a retrieval system, or transmitted, in any form or by any means,
electronic, mechanical, photocopying, recording, or otherwise, without
the prior permission of Oxford University Press

British Library Cataloguing in Publication Data
The pocket Oxford English – Russian dictionary.
1. English language – Dictionaries – Russian
I. Rankin, Nigel II. Thompson, Della
491. 7'3'21 PG2640 79-40382
ISBN 0-19-864127-3

Typeset by William Clowes Ltd, Great Yarmouth
and Latimer Trend & Company Ltd, Plymouth
Printed and bound in Great Britain by
William Clowes (Beccles) Limited, Beccles and London

PREFACE

This dictionary forms a companion volume to the *Pocket Oxford Russian–English Dictionary* (1975), and is likewise designed primarily for English-speaking users who do not have an advanced knowledge of Russian.

For this reason, particular attention has been given to the provision of the inflected forms of nouns, pronouns, adjectives, and verbs wherever they occur as translations and are not within the group of regular forms defined in the Introduction (pp. vii–xi). The stressed syllable of every Russian word is shown, and changes of stress are also marked. Perfective and imperfective aspects are distinguished, and both are given wherever appropriate.

The English vocabulary is drawn from that of the smaller Oxford English dictionaries, and the Russian translations are based on the best bilingual and monolingual dictionaries and grammars published in the Soviet Union and elsewhere. The aim has been to meet the needs of as wide a range of users as possible, by providing a single alphabetical list of almost 30,000 words in the general, technical, colloquial, and idiomatic areas of the language.

PUBLISHER'S NOTE

The major part of this dictionary was compiled by Mr Nigel Rankin. After his death on 4 October 1979, the remaining work was undertaken by Miss Della Thompson, under the supervision of Dr John Sykes, Editor of the *Concise Oxford Dictionary* and of the *Pocket Oxford Dictionary*.

ACKNOWLEDGEMENTS

The Publisher takes this opportunity to thank Dr Jane Grayson, Mrs Vera Konnova-Stone, and Miss Helen Szamuely for valuable comments on the galley proofs; the late Professor R. Auty, Professor J. L. I. Fennell, Mr P. S. Falla, Mr I. P. Foote, Mrs Konnova-Stone, Professor A. E. Pennington, Miss Szamuely, and Professor M. C. C. Wheeler for useful remarks on a preliminary specimen of the dictionary; Mrs Jessie Coulson for a considerable amount of preliminary drafting done before her retirement; and Mr and Mrs A. Levtov for their valuable advice on contemporary Russian usage.

INTRODUCTION

NOTES ON THE USE OF THE DICTIONARY

General

In order to save space, several English words are sometimes included in one entry. They are printed in **bold type** and separated by full stops. Compounds and phrases within an entry are printed in *italics* and separated by semicolons. When a bold-type word is used in a compound or phrase, it is abbreviated to its first letter, e.g. **crash** ... *c. landing*. A swung dash ~ stands for the preceding Russian word, e.g. **Georgian** ... грузи́н, ~ка indicates грузи́нка; **sing** ... петь *imp.*, про ~, с ~ *perf.* indicates пропе́ть, спеть. In giving grammatical forms a hyphen is often used to stand for the whole or a part of the preceding or following Russian word, e.g. **grey** ... седо́й (сед, -á, -о) = седо́й (сед, седá, сéдо); **come** ... приходи́ть (-ожу́, -о́дишь) = приходи́ть (прихожу́, прихо́дишь); **prepare** ... при-, под-, готáвливаться = приготáвливаться, подготáвливаться. Superscript numbers are used to distinguish unrelated headwords spelt alike, and glosses may follow in brackets, e.g. **bank**¹ *n.* (*of river*), **bank**² *n.* (*econ.*).

The comma is used to show alternatives, e.g.

(i) **want** ... хоте́ть + *gen.*, *acc.* means that the Russian verb may govern either the genitive or (less often) the accusative;

(ii) **classify** ... классифици́ровать *imp.*, *perf.* means that the Russian verb is both imperfective and perfective.

The ampersand (&) also shows alternatives, e.g.

(i) **dilate** *v.t.* & *i.* ... расширя́ть(ся) means that the Russian verb forms given cover both the transitive and the intransitive English verb;

(ii) **orphan** ... сиротá *m.* & *f.* means that the Russian noun can be treated as either masculine or feminine according to the sex of the person it denotes;

(iii) **move** ... дви́гаться (-áюсь, -áешься & дви́жусь,

-жешься) shows alternative forms for the first and second persons singular present.

The double hyphen is used when a hyphenated word is split between two lines, to show that the hyphen is not simply the result of printing convention. Where the first part is abbreviated, the hyphen is not repeated, e.g. **red** ... *r.-/handed*.

Stress

The stress of each Russian word is indicated by an acute accent over the vowel of the stressed syllable. It is not given for monosyllabic words, except those which bear the main stress in a phrase, e.g. **be** ... нé было; **year** ... год óт году; here, the stressed monosyllable and the next word are pronounced as one. The vowel ё has no stress-mark, since it is almost always stressed; when the stress falls elsewhere, this is shown, e.g. **three-ply** ... трёхслóйный. The presence of two stress-marks indicates that either of the marked syllables may be stressed, e.g. **decrease** ... умéньши́ть = умéньшить or уменьши́ть. Changes of stress which take place in conjugation, or declension, or in the short forms of adjectives, are shown, e.g.

(i) **suggest** ... предложи́ть (-жу́, -жишь). Here, the absence of a stress-mark on the second person singular indicates that the stress is on the preceding syllable: предлóжишь.

(ii) **begin** ... нача́ть (-чну́, -чнёшь; на́чал, -á, -о). When the stress of the two preceding forms is not identical as it is in (i), the final form takes the stress of the first of these: на́чало. Forms not shown at all, e.g. the rest of the conjugation of предложи́ть, and the rest of the future and the past plural of нача́ть, are stressed like the last form given: предлóжит etc., начнёт etc., на́чали.

(iii) **boring**[2] ... скýчный (-чен, -чна́, -чно) = (скýчен, скучна́, скýчно, скýчны); where the ending (e.g. -чны here) is not given, the stress is the same as for the previous form.

(iv) **rain** ... дождь (-дя́). The single form in brackets is the genitive (see *Declension* below), and all other forms have the

INTRODUCTION ix

same stressed syllable. If only one case-labelled form is given in the singular, it is an exception to the regular paradigm. For example, **leg**... ногá (*acc.* -гу; *pl.* -ги, -г, -гáм); the other singular forms have end-stress, while the unmentioned plural forms follow the stress of the last form given: ногáми, ногáх.

Nouns

Gender This can usually be deduced from the ending of the nominative singular: a final consonant or -й indicates a masculine noun, -а or -я or -ь a feminine, -е or -о a neuter. Gender is shown explicitly for masculine nouns in -а, -я, or -ь, neuter nouns in -мя, and indeclinable nouns. If a noun is given only as a plural form, the gender is shown where possible; otherwise, the genitive plural is shown. Nouns denoting persons are often given a masculine and a feminine translation, e.g. **teacher**... учи́тель, ~ница; **Cossack**... казáк, -áчка; these correspond to the sex of the person concerned.

Declension The declensions treated as regular here are exemplified on pp. 38–41, 44–5, 58–60, and 64–5 of B. O. Unbegaun's *Russian Grammar* (Clarendon Press, 1957). (Some of the points mentioned there have been regarded in this dictionary as irregularities.) When a single inflected form is added in brackets with no label of case or number, it is the genitive singular, e.g. **Indian**... индéец (-éйца), and all other inflected cases have the genitive stem. Apart from changes in stress (see *Stress* above), the following irregularities are among those indicated:

(i) The 'mobile vowel' in masculine nouns, e.g. **stub**... окýрок (-рка).

(ii) The alternative genitive singular in -у or -ю of masculine nouns, e.g. **cheese**... сыр (-а(у)), i.e. сы́ра or сы́ру. For nouns denoting a substance, a number of objects, or a collective unit, the -у/-ю form has partitive value; with other nouns, it is used only in some set phrases.

(iii) The prepositional singular of masculine nouns, when ending in -ý (or -ю́) after в or на. Here the term *locative* is used, e.g. **shore**... бéрег (*loc.* -ý).

(iv) Substantivized adjectives are followed by *sb.* to show that they retain the adjectival declension.

Adjectives

The declensions treated as regular here are exemplified on pp. 96–8 and 131–5 of B. O. Unbegaun's *Russian Grammar* (Clarendon Press, 1957). The short forms of adjectives are shown when they are irregular, when the stress moves (see *Stress* above), and for all adjectives in -нный or -нний, e.g. **sickly** ... боле́зненный (-ен, -енна); **sincere** ... и́скренний (-нен, -нна, -нно & -нне).

Verbs

The conjugations treated as regular here are exemplified in B. O. Unbegaun's *Russian Grammar* (Clarendon Press, 1957): verbs in -ать, -еть, and -ять on p. 195, those in -ить on p. 198, those in -нуть on p. 192, and those in -овать on p. 197. Persons and tenses treated as irregular, and changes of stress in conjugation, are shown in brackets, e.g. **come** ... приходи́ть (-ожу́, -о́дишь) *imp.*, прийти́ (приду́, -дёшь; пришёл, -шла́) *perf.* The first two forms in brackets are the first and second persons singular of the present or future tense; other persons and the past tense follow where necessary. Each verb is labelled with its aspect. The case construction is shown for transitive verbs *not* followed by the accusative.

The conjugation of быть is given only under *be*. Irregularities of imperative, participial, and gerundial forms are not usually shown.

The following changes in the first person singular of the present or future tense of verbs in -ить are treated as regular:

(i) insertion of л after a stem in -б, -в, -м, -п, or -ф, e.g. **add** ... доба́вить: доба́влю, доба́вишь.

(ii) change of д or з to ж, к or т to ч, с or х to ш, ск or ст to щ, e.g. **annoy** ... досади́ть: досажу́, досади́шь; **answer** ... отве́тить: отве́чу, отве́тишь; **paint** ... кра́сить: кра́шу, кра́сишь; **clean** ... чи́стить: чи́щу, чи́стишь.

INTRODUCTION

The reflexive suffix -ся or -сь is placed in brackets when the verb may be used with or without it, usually as an intransitive or a transitive verb respectively, e.g. **open** *v.t.* & *i.* открыва́ть(ся) *imp.*, откры́ть(ся) (-ро́ю(сь), -ро́ешь(ся)).

ABBREVIATIONS
USED IN THE DICTIONARY

abbr. abbreviation
abs. absolute
acc. accusative
adj. adjective
adv. adverb
aeron. aeronautics
agr(ic). agriculture
anat. anatomy
approx. approximately
archaeol. archaeology
arch(it). architecture
astron. astronomy
attrib. attributive
aux. auxiliary
Bibl. Biblical
biol. biology
bot. botany
chem. chemistry
cin. cinema
coll. colloquial
collect. collective(ly)
comb. combination
comm. commerce
comp. comparative, complement
conj. conjunction
cul. culinary
dat. dative
demonstr. demonstrative
derog. derogatory
det. determinate

dim. diminutive
dipl. diplomacy
eccl. ecclesiastical
econ. economics
electr. electrical
electron. electronics
emph. emphatic
ent. entomology
esp. especially
euphem. euphemism
f. feminine
fig. figurative
fut. future
gen. genitive
geog. geography
geol. geology
geom. geometry
gram. grammar
hist. history
hort. horticulture
i. intransitive
imp. imperfective
imper. imperative
impers. impersonal
inc. including
indecl. indeclinable
indet. indeterminate
inf. infinitive
instr. instrumental
interj. interjection
interrog. interrogative

ABBREVIATIONS

journ. journalism
leg. legal
ling. linguistics
lit. literary
loc. locative
m. masculine
math. mathematics
med. medicine
meteorol. meteorology
mil. military
min. mineralogy
mus. music
myth. mythology
n. noun
naut. nautical
neg. negative
neut. neuter
nom. nominative
obl. oblique
opp. opposed
orn. ornithology
parl. parliamentary
perf. perfective
pers. person
phon. phonetics
phot. photography
phys. physics
pl. plural
poet. poetical
polit. politics
poss. possessive
predic. predicative
pref. prefix
prep. preposition(al)

pres. present
print. printing
pron. pronoun
psych. psychology
refl. reflexive
relig. religion
rly. railway
sb. substantive
s.b. somebody
sing. singular
sl. slang
s.o. someone
s.th. something
superl. superlative
surg. surgery
t. transitive
tech. technical
tel. telephone
theat. theatre
theol. theology
trigon. trigonometry
univ. university
usu. usually
v. verb
v.abs. verb absolute
var. various
v.aux. verb auxiliary
vet. veterinary
v.i. verb intransitive
voc. vocative
v.t. verb transitive
zool. zoology
~ see Introduction, p.vii

A

A *n.* (*mus.*) ля *neut.indecl.*; *from A to Z*, с нача́ла до конца́.

a, an *indef. article, not translated*; *adj.* оди́н, не́кий, како́й-то; *fifty miles an hour*, пятьдеся́т миль в час; *twice a week*, два ра́за в неде́лю.

aback *adv.*: *take a.*, поража́ть *imp.*, порази́ть *perf.*; засти́гнуть *perf.* врасплóх.

abacus *n.* счёты *m.pl.*

abandon *v.t.* (*leave*) оставля́ть *imp.*, оста́вить *perf.*; (*desert*) покида́ть *imp.*, поки́нуть *perf.*; (*give up*) броса́ть *imp.*, бро́сить *perf.*; *a. oneself to*, предава́ться (-даю́сь, -даёшься) *imp.*, преда́ться (-а́мся, -а́шься, -а́стся, -ади́мся; -а́лся, -ала́сь) *perf.* + *dat.* **abandoned** *adj.* забро́шенный, поки́нутый; (*profligate*) распу́тный. **abandonment** *n.* (*action*) оставле́ние; (*state*) забро́шенность.

abase *v.t.* унижа́ть *imp.*, уни́зить *perf.* **abasement** *n.* униже́ние.

abate *v.i.* (*lessen*) уменьша́ться *imp.*, уме́ньшиться *perf.*; (*weaken*) слабе́ть *imp.*, о~ *perf.*; (*calm*) успока́иваться *imp.*, успоко́иться *perf.*; (*die down*) затиха́ть *imp.*, зати́хнуть (-х) *perf.* **abatement** *n.* уменьше́ние.

abattoir *n.* скотобо́йня (*gen.pl.* -о́ен).

abbess *n.* абба́тиса. **abbey** *n.* абба́тство. **abbot** *n.* абба́т.

abbreviate *v.t.* сокраща́ть *imp.*, сократи́ть (-ащу́, -ати́шь) *perf.* **abbreviation** *n.* сокраще́ние.

ABC *abbr.* а́збука, алфави́т.

abdicate *v.i.* отрека́ться *imp.*, отре́чься (-еку́сь, -ечёшься; -ёкся, -екла́сь) *perf.* от престо́ла. **abdication** *n.* отрече́ние (от престо́ла).

abdomen *n.* брюшна́я по́лость (*pl.* -ти, -те́й); (*entom.*) брюшко́ (*pl.* -ки́, -ко́в). **abdominal** *adj.* брюшно́й.

abduct *v.t.* наси́льно увози́ть (-ожу́, -о́зишь) *imp.*, увезти́ (увезу́, -зёшь; увёз, -ла́) *perf.* **abduction** *n.* наси́льственный уво́з.

aberration *n.* аберра́ция; (*mental*) помраче́ние ума́.

abet *v.t.* подстрека́ть *imp.*, подстрекну́ть *perf.* (к совершéнию преступле́ния *etc.*); соде́йствовать *imp.*, *perf.* совершéнию (преступле́ния *etc.*).

abhor *v.t.* пита́ть *imp.* отвраще́ние к + *dat.*; (*hate*) ненави́деть (-и́жу, -и́дишь) *imp.* **abhorrence** *n.* отвраще́ние. **abhorrent** *adj.* отврати́тельный.

abide *v.t.* (*tolerate*) выноси́ть (-ошу́, -о́сишь) *imp.*, вы́нести (-су, -сешь; -с) *perf.*; *v.i.* (*remain*) остава́ться (-таю́сь, -таёшься) *imp.*, оста́ться (-а́нусь, -а́нешься) *perf.*; *a. by*, (*promise etc.*) выполня́ть *imp.*, вы́полнить *perf.*

ability *n.* спосо́бность, уме́ние.

abject *adj.* (*miserable*) жа́лкий (-лок, -лка́, -лко); (*low*) ни́зкий (-зок, -зка́, -зко); (*craven*) малоду́шный.

abjure *v.t.* отрека́ться *imp.*, отре́чься (-еку́сь, -ечёшься; -ёкся, -екла́сь) *perf.* от + *gen.*

ablative *n.* аблати́в.

ablaze *predic.*: *be a.*, горе́ть (-ри́т) *imp.*; сверка́ть *imp.*

able *adj.* спосо́бный, уме́лый; (*talented*) тала́нтливый; *be a. to*, мочь (могу́, мо́жешь; мог, -ла́) *imp.*, с~ *perf.*; быть в состоя́нии; (*know how to*) уме́ть *imp.*, с~ *perf.*

abnormal *adj.* ненорма́льный. **abnormality** *n.* ненорма́льность.

aboard *adv.* на борт(у́); (*train*) на по́езд(е).

abolish *v.t.* отменя́ть *imp.*, отмени́ть (-ню́, -нишь) *perf.*; уничтожа́ть *imp.*, уничтóжить *perf.* **abolition** *n.* отме́на, уничтоже́ние.

abominable

abominable *adj.* отврати́тельный; (*bad*) ужа́сный. **abomination** *n.* отвраще́ние; (*also object of a.*) ме́рзость.
aboriginal *adj.* иско́нный, коренно́й; *n.* абориге́н, коренно́й жи́тель *m.*
aborigines *n.* абориге́ны *m.pl.*, коренны́е жи́тели *m.pl.*
abort *v.i.* (*med.*) выки́дывать *imp.*, вы́кинуть *perf.*; *v.t.* (*terminate*) прекраща́ть *imp.*, прекрати́ть (-ащу́, -ати́шь) *perf.*; обрыва́ть *imp.*, оборва́ть (-ву́, -вёшь; обрва́л, -а́, -о) *perf.* **abortion** *n.* або́рт, вы́кидыш. **abortive** *adj.* неуда́вшийся, безуспе́шный.
abound *v.i.* быть в большо́м коли́честве; *a. in*, изоби́ловать *imp.*+*instr.*; *a. with*, кише́ть (-ши́т) *imp.*+*instr.*
about *adv., prep.* о́коло+*gen.*; (*concerning*) о+*prep.*, насчёт+*gen.*; (*up and down*) по+*dat.*; *be a. to*, собира́ться *imp.*, собра́ться (соберу́сь, -рёшься; собра́лся, -ала́сь, -а́ло́сь) *perf.*+*inf.*
above *adv.* наверху́; (*higher up*) вы́ше; *from a.*, све́рху; *свы́ше; prep.* над+*instr.*; (*more than*) свы́ше+*gen.*; *a.-board* че́стный (-тен, -тна́, -тно), прямо́й (прям, -а́, -о); *a.-mentioned*, вышеупомя́нутый.
abrasion *n.* стира́ние, истира́ние; (*wound*) сса́дина. **abrasive** *adj.* абрази́вный; *n.* абрази́в, шлифова́льный материа́л.
abreast *adv.* (*in line*) в ряд, ря́дом; (*on a level*) в у́ровень.
abridge *v.t.* сокраща́ть *imp.*, сократи́ть (-ащу́, -ати́шь) *perf.* **abridgement** *n.* сокраще́ние.
abroad *adv.* за грани́цей, за грани́цу; *from a.*, из-за грани́цы.
abrupt *adj.* (*steep*) обры́вистый, круто́й (крут, -а́, -о, кру́ты); (*sudden*) внеза́пный; (*manner*) ре́зкий (-зок, -зка́, -зко).
abscess *n.* абсце́сс, нары́в, гнойни́к (-а́).
abscond *v.i.* скрыва́ться *imp.*, скры́ться (-ро́юсь, -ро́ешься) *perf.*; бежа́ть (бегу́, бежи́шь) *imp., perf.*
absence *n.* отсу́тствие; (*temporary*) отлу́чка; (*from work*) нея́вка, невы́ход, на рабо́ту; *a. of mind*, рассе́янность. **absent** *adj.* отсу́тствующий; в отлу́чке; *be a.*, отсу́тствовать *imp.*; *a.-minded*, рассе́янный (-ян, -янна); *v.t.: a. oneself*, отлуча́ться *imp.*, отлучи́ться *perf.* **absentee** *n.* отсу́тствующий *sb.*; (*habitual*) прогу́льщик, -ица. **absenteeism** *n.* прогу́л, абсентеи́зм.
absolute *adj.* абсолю́тный; (*complete*) по́лный (-лон, -лна́, по́лно); соверше́нный (-нен, -нна); (*unrestricted*) безусло́вный, неограни́ченный (-ен, -енна); (*pure*) чи́стый (чист, -а́, -о, чи́сты); *a. alcohol*, чи́стый спирт (-а(у), *loc.* -е & -у́); *a. pitch*, (*of sound*) абсолю́тная высота́; (*in person*) абсолю́тный слух; *a. proof*, несомне́нное доказа́тельство; *a. zero*, абсолю́тный нуль (-ля́) *m.*
absolution *n.* отпуще́ние грехо́в. **absolve** *v.t.* проща́ть *imp.*, прости́ть *perf.*
absorb *v.t.* (*take in*) впи́тывать *imp.*, впита́ть *perf.*; (*swallow, also fig.*) поглоща́ть *imp.*, поглоти́ть (-ощу́, -о́тишь) *perf.*; (*suck in*) вса́сывать *imp.*, всоса́ть (-су́, -сёшь) *perf.*; (*tech.*) абсорби́ровать *imp., perf.*; (*engross*) захва́тывать *imp.*, захвати́ть (-ачу́, -а́тишь) *perf.* **absorbed** *adj.* поглощённый (-ён, -ена́), захва́ченный (-ен). **absorbent** *adj.* вса́сывающий; поглоща́ющий. **absorption** *n.* впи́тывание; вса́сывание; поглоще́ние; абсо́рбция; (*mental*) погружённость.
abstain *v.i.* возде́рживаться *imp.*, воздержа́ться (-жу́сь, -жишься) *perf.* (*from*, от+*gen.*). **abstemious** *adj.* возде́ржанный (-ан, -анна). **abstention** *n.* воздержа́ние; (*from vote*) уклоне́ние, отка́з от голосова́ния; (*person*) воздержа́вшийся *sb.* **abstinence** *n.* воздержа́ние; (*total a.*) тре́звость. **abstinent** *adj.* возде́ржанный (-ан, -анна).
abstract *adj.* абстра́ктный, отвлечённый (-ён, -ённа); *n.* конспе́кт, рефера́т; *in the a.*, абстра́ктно, отвлечённо; (*journal of abstract(s)*, рефера́тивный журна́л; *v.t.* (*steal*) похища́ть *imp.*, похи́тить (-и́щу, -и́тишь) *perf.*; красть (-аду́, -адёшь; -ал) *imp.*, у~ *perf.*; (*make a. of*) рефери́ровать *imp.*, за~, про~ *perf.*, конспекти́ровать *imp.*, за~ *perf.* **abstracted** *adj.* погружённый (-ён, -ена́) в мы́сли, рассе́янный (-ян,

absurd   3   **account**

-янна). **abstraction** *n.* абстра́кция, отвлече́ность; (*abstractedness*) погружённость в мы́сли, рассе́янность; (*theft*) похище́ние, кра́жа.
absurd *adj.* неле́пый, абсу́рдный. **absurdity** *n.* неле́пость, абсу́рд(ность).
abundance *n.* (из)оби́лие. **abundant** *adj.* (из)оби́льный.
abuse *v.t.* (*revile*) руга́ть *imp.*, вы́~, об~, от~ *perf.*; брани́ть *imp.*, вы́~ *perf.*; (*misuse*) употребля́ть *imp.*, злоупотреби́ть *perf.* **abuse** *n.* (*curses*) брань, руга́нь, руга́тельства *neut.pl.*; (*misuse*) злоупотребле́ние. **abusive** *adj.* оскорби́тельный, бра́нный.
abut *v.i.* примыка́ть *imp.* (он, к+*dat.*). **abutment** *n.* (берегово́й) усто́й.
abysmal *adj.* бездо́нный (-нен, -нна); (*bad*) ужа́сный. **abyss** *n.* бе́здна, про́пасть. **abyssal** *adj.* абисса́льный.
acacia *n.* ака́ция.
academic *adj.* академи́ческий, университе́тский; (*abstract*) академи́чный. **academician** *n.* акаде́мик. **academy** *n.* акаде́мия; уче́бное заведе́ние.
accede *v.i.* вступа́ть *imp.*, вступи́ть (-плю́, -пишь) *perf.* (то, в, на, +*acc.*); (*assent*) соглаша́ться *imp.*, согласи́ться *perf.*
accelerate *v.t. & i.* ускоря́ть(ся) *imp.*, уско́рить(ся) *perf.*; *v.i.* ускоря́ть *imp.*, уско́рить *perf.* ход. **acceleration** *n.* ускоре́ние. **accelerator** *n.* ускори́тель *m.*; (*pedal*) акселера́тор.
accent *n.* акце́нт; (*stress*) ударе́ние, знак ударе́ния; *v.t.* де́лать *imp.*, с~ *perf.* ударе́ние на +*acc.*; ста́вить *imp.*, по~ *perf.* зна́ки ударе́ния над +*instr.*
accentuate *v.t.* подчёркивать *imp.*, подчеркну́ть *perf.* **accentuation** *n.* подчёркивание.
accept *v.t.* принима́ть *imp.*, приня́ть (приму́, -мешь; при́нял, -а́, -о) *perf.*; (*agree*) соглаша́ться *imp.*, согласи́ться *perf.* **acceptable** *adj.* прие́млемый; (*pleasing*) уго́дный. **acceptance** *n.* приня́тие. **accepted** *adj.* (обще)при́нятый.
access *n.* до́ступ; (*attack*) при́ступ. **accessary** *n.* (*after the fact*) соуча́стник, -ица (преступле́ния по́сле собы́тия). **accessible** *adj.* досту́пный. **accession** *n.* вступле́ние, восше́ствие (на престо́л); (*acquisition*) приобрете́ние.
accessories *n.* принадле́жности *f.pl.*
accessory *adj.* доба́вочный, вспомога́тельный.
accidence *n.* морфоло́гия.
accident *n.* (*chance*) слу́чай, случа́йность; (*mishap*) несча́стный слу́чай; (*crash*) ава́рия, катастро́фа; by a., случа́йно. **accidental** *adj.* случа́йный; *n.* (*mus.*) знак альтера́ции.
acclaim *v.t.* приве́тствовать *imp.* (*in past also perf.*); *n.* приве́тствие.
acclimatization *n.* акклиматиза́ция. **acclimatize** *v.t.* акклиматизи́ровать *imp.*, *perf.*
accommodate *v.t.* помеща́ть *imp.*, помести́ть *perf.*; размеща́ть *imp.*, размести́ть *perf.* **accommodating** *adj.* услу́жливый. **accommodation** *n.* помеще́ние; (*lodging*) жильё; a. ladder, нару́жный трап.
accompaniment *n.* сопровожде́ние; (*mus.*) аккомпанеме́нт. **accompanist** *n.* аккомпаниа́тор. **accompany** *v.t.* сопровожда́ть *imp.*, сопроводи́ть *perf.*; (*mus.*) аккомпани́ровать *imp.* +*dat.*
accomplice *n.* соо́бщник, -ица, соуча́стник, -ица.
accomplish *v.t.* соверша́ть *imp.*, соверши́ть *perf.* **accomplished** *adj.* завершённый (-ён, -ена́); (*skilled*) превосхо́дный. **accomplishment** *n.* выполне́ние, заверше́ние; *pl.* достои́нства *neut.pl.*, соверше́нства *neut.pl.*
accord *n.* согла́сие; of one's own a., доброво́льно; of its own a., сам собо́й, сам по себе́; with one a., единогла́сно, единоду́шно. **accordance** *n.*: in a. with, в соотве́тствии с +*instr.*, согла́сно +*dat.*; +*instr.* **according** *adv.*: a. to, to+*dat.*, соотве́тственно +*dat.*, с +*instr.*; a. to him, по его́ слова́м. **accordingly** *adv.* соотве́тственно.
accordion *n.* гармо́ника, аккордео́н.
account *n.* счёт (-а(у); *pl.* -а́); расчёт; отчёт; (*description, narrative*) описа́ние, расска́з; call to a., призыва́ть *imp.*, призва́ть (-зову́, -зовёшь; призва́л, -а́, -о) *perf.* к отве́ту; keep a. of, вести́ (веду́, -дёшь; вёл, -а́) *imp.*

accredited

счёт + dat.; not on any a., он по а., ни в коем случае; on a., в счёт причитающейся суммы; on a. of, из-за + gen., по причине + gen.; settle accounts with, сводить (-ожу, -одишь) imp., свести (сведу, -дёшь, свёл, -á) perf. счёты с + instr.; take into a., принимать imp., принять (приму, -мешь; принял, -á, -о) perf. во внимание, в расчёт; turn to (good) a., обращать imp., обратить (-ащу, -атишь) perf. в свою пользу; v.i.: a. for, объяснять imp., объяснить perf. **accountable** adj. ответственный (-ен, -енна), подотчётный. **accountancy** n. бухгалтерия. **accountant** n. бухгалтер.

accredited adj. аккредитованный (-ан).
accretion n. приращение, прирост.
accrue v.i. нарастать imp., нарасти (-тёт; нарос, -ла) perf.; accrued interest, наросшие проценты m.pl.
accumulate v.t. & i. накапливать(ся) imp., копить(ся) (-плю, -пит(ся)) imp., на~ perf.; v.i. скапливаться imp., скопиться (-ится) perf. **accumulation** n. накопление, скопление. **accumulator** n. аккумулятор.
accuracy n. точность, меткость. **accurate** adj. точный (-чен, -чна, -чно), меткий (-ток, -тка, -тко).
accursed adj. проклятый.
accusation n. обвинение. **accusative** adj. (n.) винительный (падеж (-á)). **accuse** v.t. обвинять imp., обвинить (of, в + prep.); the accused, обвиняемый sb., подсудимый sb.
accustom v.t. приучать imp., приучить (-чу, -чишь) perf. (to, к + dat.). **accustomed** adj. привычный, обычный; be, get, a. привыкать imp., привыкнуть (-к) perf. (to, к + dat.).
ace n. туз (-á); (airman) ас.
acetic adj. уксусный. **acetylene** n. ацетилен; adj. ацетиленовый.
ache n. боль; v.i. болеть (-лит) imp.
achieve v.t. достигать imp., достичь & достигнуть (-игну, -игнешь; -иг) perf.+ gen.; добиваться imp., добиться (-бьюсь, -бьёшься) perf.+ gen. **achievement** n. достижение.
acid n. кислота; adj. кислый (-сел, -слá, -сло). **acidity** n. кислота, кислотность.

acronym

acknowledge v.t. (admit) признавать (-наю, -наёшь) imp., признать perf.; сознавать (-наю, -наёшь) imp., сознать perf.; (express gratitude) благодарить imp., по~ perf. за + acc.; (a. receipt of) подтверждать imp., подтвердить perf. получение + gen. **acknowledgement** n. признание; благодарность; подтверждение; in a. of, в знак благодарности за + acc.
acme n. вершина, верх (pl. -и), высшая точка.
acne n. прыщи m.pl.
acorn n. жёлудь (pl. -ди, -дей) m.
acoustic adj. (of sound) акустический, звуковой; (of hearing) слуховой; (sound-absorbing) звукопоглощающий. **acoustics** n. акустика.
acquaint v.t. знакомить imp., по~ perf.; ознакомлять imp., ознакомить perf. **acquaintance** n. знакомство; (person) знакомый sb. **acquainted** adj. знакомый.
acquiesce v.i. (молча) соглашаться imp., согласиться perf. **acquiescence** n. (молчаливое, неохотное) согласие. **acquiescent** adj. (молчаливо) соглашающийся.
acquire v.t. приобретать imp., приобрести (-ету, -етёшь; -ёл, -елá) perf.; (habit etc.) усваивать imp., усвоить perf. **acquired** adj. приобретённый (-ён, -ена); a. taste, благоприобретённый вкус. **acquisition** n. приобретение. **acquisitive** adj. жадный (-ден, -днá, -дно).
acquit v.t. оправдывать imp., оправдать perf.; a. oneself, вести (веду, -дёшь; вёл, -á) perf. себя. **acquittal** n. оправдание.
acre n. акр; pl. земли (-мель, -млям) f.pl., поместье. **acreage** n. площадь в акрах.
acrid adj. острый (остр & остёр, острá, остро), едкий (ёдок, едкá, едко).
acridity n. острота, едкость.
acrimonious adj. язвительный, жёлчный.
acrobat n. акробат. **acrobatic** adj. акробатический. **acrobatics** n. акробатика.
acronym n. акроним, аббревиатура.

across adv., prep. через + acc.; поперёк (+ gen.); (to, on, other side) на, по, ту сторону (+ gen.); на той стороне (+ gen.); (crosswise) крест-накрест.

acrylic adj. акриловый.

act n. (deed) акт, поступок (-пка); (law) закон; (of play) действие; Acts, Деяния neut.pl. апостолов (+ gen.); v.i. поступать imp., поступить (-плю, -пишь) perf.; действовать imp., по~ perf.; v.t. играть imp., сыграть perf. acting n. игра на сцене; adj. исполняющий обязанности + gen. **action** n. действие, поступок (-пка); (leg.) иск, (судебный) процесс; (battle) бой (loc. бою). **active** adj. активный, деятельный, энергичный; a. service, действительная служба; a. voice, действительный залог. **activity** n. деятельность; активность; pl. деятельность. **actor** n. актёр. **actress** n. актриса.

actual adj. действительный, фактический. **actuality** n. действительность.

actually adv. на самом деле, фактически.

actuate v.t. приводить (-ожу, -одишь) imp., привести (приведу, -дёшь; привёл, -á) perf. в движение.

acuity n. острота.

acute adj. острый (остр & остёр, остра, остро); (penetrating) проницательный; a. accent, акут.

A.D. abbr. н. э. (нашей эры).

adamant adj. непреклонный (-нен, -нна).

adapt v.t. приспособлять imp., приспособить perf.; (for stage etc.) инсценировать imp., perf.; a. oneself, приспособляться imp., приспособиться perf.; применяться imp., примениться (-нюсь, -нишься) perf. **adaptable** adj. приспособляющийся. **adaptation** n. приспособление, адаптация, переделка; инсценировка.

add v.t. прибавлять imp., прибавить perf.; добавлять imp., добавить perf.; a. together, складывать imp., сложить (-жу, -жишь) perf.; a. up to, сводиться (-ится) imp., свестись (сведётся; свёлся, -лась) perf. к + dat. **addenda** n. дополнения neut.pl., приложения neut.pl.

adder n. гадюка.

addict n. (drug a.) наркоман, ~ ка. **addicted** adj.: be a. to, быть рабом + gen.; a. to drink, предающийся пьянству. **addiction** n. пагубная привычка; (to drugs) наркомания.

addition n. прибавление, добавление; дополнение; (math.) сложение; in a., вдобавок, кроме того, к тому же. **additional** adj. добавочный, дополнительный. **additive** n. добавка.

address n. адрес (pl. -á); (speech) обращение, речь; v.t. адресовать imp., perf.; (apply) обращаться imp., обратиться (-ащусь, -атишься) perf. к + dat.; a. a meeting, выступать imp., выступить perf. с речью на собрании. **addressee** n. адресат.

adept n. знаток (-á), эксперт; adj. сведущий.

adequacy n. адекватность, достаточность. **adequate** adj. адекватный, достаточный.

adhere v.i. прилипать imp., прилипнуть (-нет; прилип) perf. (to, к + dat.); (fig.) придерживаться imp. + gen. **adherence** n. приверженность, верность. **adherent** n. приверженец (-нца); последователь m., ~ ница. **adhesion** n. прилипание, склеивание. **adhesive** adj. липкий (-пок, -пкá, -пко), клейкий n. клей (-éю), loc. -éю; pl. -éи).

adjacent adj. смежный, соседний.

adjectival adj. адъективный. **adjective** n. (имя neut.) прилагательное sb.

adjoin v.t. прилегать imp. к + dat.

adjourn v.t. откладывать imp., отложить (-жу, -жишь) perf.; v.i. объявлять imp., объявить (-влю, -вишь) perf. перерыв; (to another place) переходить (-ожу, -одишь) imp., перейти (перейду, -дёшь; перешёл, -шла) perf.

adjudicate v.i. выносить (-ошу, -осишь) imp., вынести (-су, -сешь, -с) perf. (судébное, арбитражное) решение; разрешать imp., разрешить perf. спор; рассматривать imp., рассмотреть (-рю, -ришь) perf. дело.

adjust v.t. & i. приспособля(ть)ся imp., приспособить(ся) perf.; v.t. пригонять imp., пригнать (-гоню, -гонишь;

adjutant

пригна́л, -а́, -о) *perf.*; (*regulate*) регули́ровать *imp.*, от~ *perf.* **adjustable** *adj.* регули́руемый; *a. spanner*, разводно́й ключ (-а́.) **adjustment** *n.* регули́рование, регулиро́вка, подго́нка.

adjutant *n.* адъюта́нт.

administer *v.t.* (*manage*) управля́ть *imp.* + *instr.*; (*dispense*) отправля́ть *imp.*; (*give*) дава́ть (даю́, даёшь) *imp.*, дать (дам, дашь, даст, дади́м) *perf.*; дал, -а́, да́ло, -и) *perf.* **administration** *n.* администра́ция, управле́ние; (*government*) прави́тельство. **administrative** *adj.* администрати́вный, управле́нческий. **administrator** *n.* администра́тор.

admirable *adj.* похва́льный; (*excellent*) замеча́тельный.

admiral *n.* адмира́л. **Admiralty** *n.* адмиралте́йство.

admiration *n.* любова́ние, восхище́ние. **admire** *v.t.* любова́ться *imp.*, по~ *perf.* + *instr.*, на + *acc.*; восхища́ться *imp.*, восхити́ться (-ищу́сь, -ити́шься) *perf.* + *instr.* **admirer** *n.* покло́нник.

admissible *adj.* допусти́мый, прие́млемый. **admission** *n.* до́ступ, впуск, вход; (*confession*) призна́ние. **admit** *v.t.* впуска́ть *imp.*, впусти́ть (-ущу́, -у́стишь) *perf.*; (*allow*) допуска́ть *imp.*, допусти́ть (-ущу́, -у́стишь) *perf.*; (*accept*) принима́ть *imp.*, приня́ть (приму́, -мешь; при́нял, -а́, -о) *perf.* (*confess*) признава́ть (-наю́, -наёшь) *imp.*, призна́ть *perf.* **admittance** *n.* до́ступ. **admittedly** *adv.* призна́ться.

admixture *n.* при́месь.

adolescence *n.* ю́ность. **adolescent** *adj.* подро́стковый; *n.* подро́сток (-тка).

adopt *v.t.* (*child*) усыновля́ть *imp.*, усынови́ть *perf.*; (*thing*) усва́ивать *imp.*, усво́ить *perf.*; (*approve*) принима́ть *imp.*, приня́ть (приму́, -мешь; при́нял, -а́, -о) *perf.* **adopted, adoptive** *adj.* приёмный. **adoption** *n.* усыновле́ние; приня́тие.

adorable *adj.* восхити́тельный, преле́стный. **adoration** *n.* обожа́ние. **adore** *v.t.* обожа́ть *imp.* **adorer** *n.* обожа́тель *m.*

adorn *v.t.* украша́ть *imp.*, укра́сить *perf.* **adornment** *n.* украше́ние.

advert

adroit *adj.* ло́вкий (-вок, -вка́, -вко, ло́вки́).

adult *adj.*, *n.* взро́слый (*sb.*).

adulterate *v.t.* фальсифици́ровать *imp.*, *perf.* **adulteration** *n.* фальсифика́ция.

adultery *n.* адюльте́р, небра́чная связь.

advance *n.* (*going forward*) продвиже́ние (вперёд); (*progress*) прогре́сс; (*mil.*) наступле́ние; (*rise*) повыше́ние; (*of pay etc.*) ава́нс; (*loan*) ссу́да; *in a.*, зара́нее, вперёд, ава́нсом; *make advances to*, уха́живать *imp.* за + *instr.*; *a. information*, предвари́тельные све́дения *neut.pl.*; *a. copy*, сигна́льный экземпля́р; *v.i.* (*go forward*) продвига́ться *imp.*, продви́нуться *perf.* вперёд; идти́ (иду́, идёшь; шёл, шла) *imp.* вперёд; (*mil.*) наступа́ть *imp.*; *v.t.* продвига́ть *imp.*, продви́нуть *perf.*; (*put forward*) выдвига́ть *imp.*, вы́двинуть *perf.*; (*promote*) повыша́ть *imp.*, повы́сить *perf.*; (*pay in advance*) выпла́чивать *imp.*, вы́платить *perf.* ава́нсом. **advanced** *a.* передово́й, продви́нутый; *a. in years*, преста́релый; *a. studies*, вы́сший курс. **advancement** *n.* продвиже́ние, повыше́ние.

advantage *n.* преиму́щество; (*profit*) вы́года, по́льза; *take a. of*, по́льзоваться *imp.*, вос~ *perf.* + *instr.*; *to a.*, вы́годно, хорошо́; в вы́годном све́те; *to the best a.*, в са́мом вы́годном све́те. **advantageous** *adj.* вы́годный.

adventure *n.* приключе́ние; *a. story*, приключе́нческий рома́н. **adventurer** *n.* авантюри́ст. **adventuress** *n.* авантюри́стка. **adventurous** *adj.* (*rash*) риско́ванный (-ан, -анна); (*enterprising*) предприи́мчивый.

adverb *n.* наре́чие. **adverbial** *adj.* наре́чный, обстоя́тельственный.

adversary *n.* проти́вник. **adverse** *adj.* неблагоприя́тный; *a. winds*, проти́вные ветры *m.pl.* **adversity** *n.* несча́стье.

advert *abbr.* объявле́ние, рекла́ма. **advertise** *v.t.* реклами́ровать *imp.*, *perf.*; афиши́ровать *imp.*, *perf.*; *v.i.* помеща́ть *imp.*, помести́ть *perf.* дава́ть (даю́, даёшь) *imp.*, дать (дам, дашь, даст, дади́м; дал, -а́, да́ло, -и) *perf.* объявле́ние, (for, о + *prep.*). **advertisement** *n.* объявле́ние, рекла́ма.

advice *n.* совет; (*specialist*) консультация; (*notice*) авизо; *a piece, word of a.*, совет. **advisability** *n.* желательность. **advisable** *adj.* рекомендуемый, желательный. **advise** *v.t.* советовать *imp.*, по ~ *perf.* + *dat.* & *inf.*; рекомендовать *imp.*, *perf.* + *acc.* & *inf.*; (*notify*) уведомлять *imp.*, уведомить *perf.* **advisedly** *adv.* обдуманно, намеренно. **adviser** *n.* советник, -ица, консультант; *legal a.*, юрисконсульт; *medical a.*, врач (-а). **advisory** *adj.* совещательный, консультативный.

advocacy *n.* (*profession*) адвокатура; (*support*) пропаганда. **advocate** *n.* адвокат; сторонник; *v.t.* пропагандировать *imp.*; выступать *imp.*, выступить *perf.* в защиту + *gen.*

aerial *n.* антенна; *adj.* воздушный.

aero- *in comb.* авиа-, аэро-, аэродухо-. **aerodrome** *n.* аэродром. **aerodynamics** *n.* аэродинамика. **aero-engine** *n.* авиационный двигатель *m.* **aeronautical** *adj.* авиационный. **aeroplane** *n.* самолёт. **aerosol** *n.* аэрозоль *m.*

aesthetic *adj.* эстетический.

affable *adj.* приветливый. **affability** *n.* приветливость.

affair *n.* (*business*) дело (*pl.* -ла); (*love*) роман.

affect *v.t.* действовать *imp.*, по ~ *perf.* на + *acc.*; влиять *imp.*, по ~ *perf.* на + *acc.*; (*touch*) трогать *imp.*, тронуть *perf.*; затрагивать *imp.*, затронуть *perf.*; (*concern*) касаться *imp.* + *gen.*; *it doesn't a. me*, это меня не касается. **affectation** *n.* притворство, жеманство. **affected** *adj.* притворный, жеманный (-нен, -нна). **affecting** *adj.* трогательный. **affection** *n.* привязанность, любовь (-бви, *instr.* -бовью); (*malady*) болезнь. **affectionate** *adj.* любящий, нежный (-жен, -жна, -жно, нежны), ласковый.

affiliate *v.t.* & *i.* присоединять(ся) *imp.*, присоединить(ся) *perf.* как филиал, отделение. **affiliated** *adj.* филиальный. **affiliation** *n.* присоединение как филиал; (*of child*) установление отцовства + *gen.*

affinity *n.* (*relationship*) родство; (*resemblance*) сходство, близость; (*attraction*) увлечение.

affirm *v.t.* утверждать *imp.*; *v.i.* торжественно заявлять *imp.*, заявить (-влю, -вишь) *perf.* **affirmation** *n.* заявление. **affirmative** *adj.* утвердительный.

affix *v.t.* прикреплять *imp.*, прикрепить *perf.*; *n.* аффикс.

afflict *v.t.* огорчать *imp.*, огорчить *perf.*; причинять *imp.*, причинить *perf.* страдания + *dat.* **affliction** *n.* огорчение.

affluence *n.* богатство. **affluent** *adj.* богатый; *a. society*, богатеющее общество.

afford *v.t.* позволять *imp.*, позволить *perf.* себе; быть в состоянии + *inf.*; (*supply*) предоставлять *imp.*, предоставить *perf.*; доставлять *imp.*, доставить *perf.*; *I can't afford it*, мне это не по средствам, не по карману.

afforest *v.t.* засаживать *imp.*, засадить (-ажу, -адишь) *perf.* лесом; облесить *perf.* **afforestation** *n.* лесонасаждение, облесение.

affront *n.* (*публичное*) оскорбление, обида; *v.t.* оскорблять *imp.*, оскорбить *perf.*

afoot *adv.*: *set a.*, пускать *imp.*, пустить (пущу, пустишь) *perf.* в ход.

aforesaid *adj.* вышеупомянутый. **aforethought** *adj.* преднамеренный (-ен, -енна).

afraid *predic.*: *be a.*, бояться (боюсь, боишься) *imp.*

afresh *adv.* снова.

after *adv.* впоследствии; после, потом; *prep.* после + *gen.*, спустя + *acc.*; за + *acc.*, *instr.*; *a.* all, в конце концов; *day a. day*, день за днём; *long a. midnight*, далеко за полночь.

after- *in comb.* после-. **afterbirth** *n.* послед. **after-dinner** *adj.* послеобеденный. **aftermath** *n.* последствия *neut. pl.* **afternoon** *n.* вторая половина дня; *in the a.*, днём, после полудни. **afterthought** *n.* запоздалая мысль. **afterwards** *adv.* впоследствии; потом, позже.

again *adv.* опять; (*once more*) ещё раз; (*anew*) снова.

against *prep.* (*opposed to*) против + *gen.*; (*a. background of*) на фоне + *gen.*

agate *n.* агат.

age *n.* возраст; (*period*) век (на веку; *pl.* -á), эпоха; *v.t.* старить *imp.*, со ~ *perf.*; *v.i.* стареть *imp.*, по ~ *perf.* стариться *imp.*, со ~ *perf.* **aged** *adj.* старый (стар, -á, -о), престарелый.

agency *n.* агентство; (*mediation*) посредничество; by, through, the a. of, посредством, при помощи, при содействии, + *gen.* **agenda** *n.* повестка дня. **agent** *n.* агент.

agglomerate *n.* агломерат. **agglomeration** *n.* скопление, агломерация.

agglutination *n.* агглютинация. **agglutinative** *adj.* агглютинативный.

aggravate *v.t.* ухудшать *imp.*, ухудшить *perf.*; (*annoy*) раздражать *imp.*, раздражить *perf.* **aggravation** *n.* ухудшение; раздражение.

aggregate *adj.* совокупный; *n.* совокупность, агрегат; in the a., в совокупности, в целом.

aggression *n.* агрессия; агрессивность. **aggressive** *adj.* агрессивный. **aggressor** *n.* агрессор.

aggrieved *adj.* обиженный (-ен).

aghast *predic.* поражён (-á) ужасом; в ужасе (at, от + *gen.*).

agile *adj.* проворный. **agility** *n.* проворство.

agitate *v.t.* волновать *imp.*, вз ~ *perf.*; *v.i.* агитировать *imp.* **agitation** *n.* волнение; агитация.

agnostic *n.* агностик; *adj.* агностический. **agnosticism** *n.* агностицизм.

ago *adv.* (тому) назад; *long a.*, давно.

agonizing *adj.* мучительный. **agony** *n.* мучительная боль; (*of death*) агония.

agrarian *adj.* аграрный, земельный.

agree *v.i.* соглашаться *imp.*, согласиться *perf.*; уславливаться *imp.*, условиться *perf.* (on, о + *prep.*); (*reach agreement*) договариваться *imp.*, договориться *perf.*; (*gram.*) согласоваться *imp.*, согласоваться *imp.*, согласоваться *imp.*, со ~ *perf.* **agreeable** *adj.* (*pleasing*) приятный. **agreed** *adj.* согласованный (-ан), условленный (-ен). **agreement** *n.* согласие,

соглашение, договор; (*gram.*) согласование; in a., согласен (-сна).

agricultural *adj.* сельскохозяйственный, земледельческий. **agriculture** *n.* сельское хозяйство, земледелие; (*science*) агрономия.

aground *predic.* на мели; *run a.*, садиться *imp.*, сесть (сяду, -дешь; сел) *perf.* на мель.

ague *n.* малярия.

ahead *adv.* (*forward*) вперёд; (*in front of*) впереди; *a. of time*, досрочно.

aid *v.t.* помогать *imp.*, помочь (-огу, -ожешь; -ог, -огла) *perf.* + *dat.*; *n.* помощь; (*teaching*) пособие; in a. of, в пользу + *gen.*; come to the a. of, прийти (приду, -дёшь; пришёл, -шла) *perf.* на помощь к + *dat.* **aide-de-camp** *n.* адъютант (генерала).

aileron *n.* элерон.

ailing *adj.* (*ill*) больной (-лен, -льна); (*sickly*) хилый (хил, -á, -о).

ailment *n.* недуг.

aim *n.* (*aiming*) прицел; (*purpose*) цель, намерение; *v.i.* целить(ся) *imp.*, на ~ *perf.* (at, в + *acc.*); прицеливаться *imp.*, прицелиться *perf.* (at, в + *acc.*); (*also fig.*) метить *imp.*, на ~ *perf.* (at, в + *acc.*); *v.t.* нацеливать *imp.*, нацелить *perf.*; (*also fig.*) наводить (-ожу, -одишь) *imp.*, навести (наведу, -дёшь; навёл, -á) *perf.* **aimless** *adj.* бесцельный.

air *n.* воздух; (*look*) вид; (*mus.*) песня (*gen.pl.* -сен), мелодия; *by a.*, самолётом; *change of a.*, перемена обстановки; *on the a.*, по радио; *attrib.* воздушный; *v.t.* (*ventilate*) проветривать *imp.*, проветрить *perf.*; (*make known*) выставлять *imp.*, выставить *perf.* напоказ; заявлять *imp.*, заявить (-влю, -вишь) *perf.* во всеуслышание.

air- *in comb.* **airborne** *adj.* (*mil.*) воздушно-десантный; *predic.* в воздухе. **air-conditioning** *n.* кондиционирование воздуха. **air-cooled** *adj.* с воздушным охлаждением. **aircraft** *n.* самолёт; (*collect.*) самолёты *m.pl.*, авиация; **aircraft-carrier** *n.* авианосец (-сца). **air force** *n.* ВВС (военно-воздушные силы) *f.pl.* **air hostess** *n.* стюардесса. **airless** *adj.* (*stuffy*) душ-

aisle n. боковой неф; (passage) проход.
alabaster n. алебастр.
alacrity n. живость; (readiness) готовность.
alarm n. тревога; v.t. тревожить imp., вс~ perf.; a. clock, будильник.
alarming adj. тревожный. **alarmist** n. паникёр; adj. паникёрский.
alas interj. увы!
albatross n. альбатрос.
albino n. альбинос.
album n. альбом.
alchemist n. алхимик. **alchemy** n. алхимия.
alcohol n. алкоголь m., спирт (-а(у), loc. -е & -ý); спиртные напитки m.pl. **alcoholic** adj. алкогольный, спиртной; n. алкоголик, -ичка.
alcove n. альков, ниша.
alder n. ольха.
alderman n. олдермен.
ale n. пиво, эль m.
alert adj. бдительный, живой (жив, -á, -о); predic. на стороже; n. тревога; v.t. предупреждать imp., предупредить perf.
algebra n. алгебра. **algebraic** adj. алгебраический. **algorithm** n. алгоритм.
alias adv. иначе (называемый); n. кличка, вымышленное имя neut.
alibi n. алиби neut.indecl.
alien n. иностранец (-нца), -нка; adj. иностранный, чужой, чуждый (чужд, -á, -о). **alienate** v.t. отчуждать imp., отдалять imp., отдалить perf. **alienation** n. отчуждение, охлаждение;

(insanity) умопомешательство. **alienist** n. психиатр.
alight[1] v.i. сходить (-ожу, -одишь) imp., сойти (сойду, -дёшь; сошёл, -шла) perf.; (come down) садиться imp., сесть (сяду, -дешь; сел) perf.; (dismount) спешиваться imp., спешиться perf.
alight[2] predic. зажжён (-а́), горе́ть (-рит) imp.; (shine) сиять imp.
align v.t. располагать imp., расположить (-жу, -жишь) perf. по одной линии; ставить imp., по~ perf. в ряд. **alignment** n. выравнивание, равнение.
alike predic. похож, одинаков; adv. одинаково, точно так же.
alimentary adj. пищевой; a. canal, пищеварительный канал.
alimony n. алименты m.pl.
alive predic. жив (-á, -о), в живых; (brisk) бодр (-á, -о); a. with, кишащий + instr.
alkali n. щёлочь (pl. -чи, -чей). **alkaline** adj. щелочной.
all adj. весь (вся, всё; все); всякий; n. всё, все pl.; adv. всецело, целиком, полностью; совсем, совершенно; a. along, всё время; a. but, почти, едва не; a. in, крайне утомлён (-á), совсем без сил; a.-in wrestling, борьба, допускающая любые приёмы; a. over, повсюду; a. right, хорошо, ладно; (satisfactory) так себе; неплох (-á, -о); a.-round, разносторонний (-нен, -нна); a. the same, всё равно; in a., всего; love a., по нулю; not, etc., a., по да и т.д.; not at a., нисколько; on a. fours, на четвереньках.
allay v.t. облегчать imp., облегчить perf.; успокаивать imp., успокоить perf.; утолять imp., утолить perf.
allegation n. заявление, утверждение.
allege v.t. заявлять imp., заявить (-влю, -вишь) perf.; утверждать imp. **allegedly** adv. якобы.
allegiance n. верность.
allegorical adj. аллегорический, иносказательный. **allegory** n. аллегория, иносказание.
allegretto adv. (n.) аллегретто (neut. indecl.). **allegro** adv. (n.) аллегро (neut.indecl.).

allergic *adj.* аллерги́ческий. **allergy** *n.* аллерги́я.
alleviate *v.t.* облегча́ть *imp.*, облегчи́ть *perf.*; смягча́ть *imp.*, смягчи́ть *perf.* **alleviation** *n.* облегче́ние, смягче́ние.
alley *n.* переу́лок (-лка), прохо́д.
alliance *n.* сою́з. **allied** *adj.* сою́зный.
alligator *n.* аллига́тор.
alliterate *v.i.* аллитери́ровать *imp.* **alliteration** *n.* аллитера́ция.
allocate *v.t.* распределя́ть *imp.*, распредели́ть *perf.*; ассигнова́ть *imp.*, *perf.* **allocation** *n.* распределе́ние, ассигнова́ние.
allot *v.t.* предназнача́ть *imp.*, предназна́чить *perf.*; распределя́ть *imp.*, распредели́ть *perf.*; отводи́ть (-ожу́, -о́дишь) *imp.*, отвести́ (отведу́, -ёшь; отвёл, -á) *perf.*; выделя́ть *imp.*, вы́делить *perf.* **allotment** *n.* выделе́ние, (*plot of land*) уча́сток (-тка).
allow *v.t.* позволя́ть *imp.*, позво́лить *perf.*; разреша́ть *imp.*, разреши́ть *perf.*; допуска́ть *imp.*, допусти́ть (-ущу́, -у́стишь) *perf.*; *a. for*, принима́ть (приму́, -мешь; при́нял, -á, -о) *perf.* во внима́ние, в расчёт; учи́тывать *imp.*, уче́сть (учту́, -тёшь; учёл, учла́) *perf.* **allowance** *n.* (*financial*) содержа́ние, посо́бие; (*expenses*) де́ньги (-нег, -ньга́м) *pl.* на расхо́ды; (*deduction, also fig.*) ски́дка; *make allowance(s) for*, принима́ть *imp.*, приня́ть (приму́, -мешь; при́нял, -á, -о) *perf.* во внима́ние, в расчёт; де́лать *imp.*, с~ *perf.* ски́дку на + *acc.*
alloy *n.* сплав; *v.t.* сплавля́ть *imp.*, спла́вить *perf.*
allude *v.i.* ссыла́ться *imp.*, сосла́ться (сошлю́сь, -лёшься) *perf.* (*to*, на + *acc.*); намека́ть *imp.*, намекну́ть *perf.* (*to*, на + *acc.*).
allure *v.t.* зама́нивать *imp.*, замани́ть (-ню́, -нишь) *perf.*; завлека́ть *imp.*, завле́чь (-еку́, -ечёшь; -ёк, -екла́) *perf.* **allurement** *n.* прима́нка. **alluring** *adj.* зама́нчивый, завлека́тельный, собла́знительный.
allusion *n.* ссы́лка, намёк.
alluvial *adj.* аллювиа́льный, нано́сный.

ally *n.* сою́зник; *v.t.* соединя́ть *imp.*, соедини́ть *perf.*
almanac *n.* календа́рь (-ря́) *m.*
almighty *adj.* всемогу́щий (-щ).
almond *n.* (*tree*, *pl. collect.*) минда́ль (-ля́) *m.*; (*nut*) минда́льный оре́х; *attrib.* минда́льный.
almost *adv.* почти́, едва́ (ли) не, чуть (бы́ло) не.
alms *n.* ми́лостыня; *a.-house*, богаде́льня (*gen.pl.* -лен).
aloe(s) *n.* ало́э *neut.indecl.*
aloft *adv.* наве́рх(у́).
alone *predic.* оди́н (одна́, одно́; одни́) одино́к; *adv.* то́лько; сам по себе́; *a. with*, наедине́ с + *instr.*; *leave a.*, оставля́ть *imp.*, оста́вить *perf.* в поко́е; *let a.*, не говоря́ уже́ о + *prep.*
along *prep.* по + *dat.*, вдоль + *gen.*, вдоль по + *dat.*; *adv.* (*onward*) да́льше, вперёд; (*with oneself*) с собо́й; *all a.*, всё вре́мя; *a. with*, вме́сте с + *instr.*
alongside *adv.*, *prep.* ря́дом (с + *instr.*), бок о́ бок (с + *instr.*).
aloof *predic.*, *adv.* (*apart*) в стороне́, вдали́; (*distant*) хо́лоден (-дна́, -дно, хо́лодны), равноду́шен (-шна).
aloud *adv.* вслух, гро́мко.
alphabet *n.* алфави́т, а́збука. **alphabetical** *adj.* алфави́тный.
alpine *adj.* альпи́йский.
already *adv.* уже́.
also *adv.* та́кже, то́же.
altar *n.* алта́рь (-ря́) *m.*; *a.-piece*, запресто́льный о́браз (*pl.* -á).
alter *v.t.* переде́лывать *imp.*, переде́лать *perf.*; *v.t. & i.* изменя́ть(ся) *imp.*, измени́ть(ся) (-ню́(сь), -нишь(ся)) *perf.* **alteration** *n.* переде́лка; переме́на, измене́ние.
altercation *n.* препира́тельство.
alternate *adj.* череду́ющийся, перемежа́ющийся; *v.t. & i.* чередова́ть(ся) *imp.*; *alternating current*, переме́нный ток; *on a. days*, че́рез день. **alternation** *n.* чередова́ние. **alternative** *n.* альтернати́ва; *adj.* альтернати́вный.
although *conj.* хотя́.
altimeter *n.* альтиме́тр, высотоме́р.
altitude *n.* высота́ (*pl.* -о́ты). **alto** *n.* альт (-á); контра́льто *f. & neut. indecl.*; *attrib.* альто́вый; контра́льтовый.

altogether *adv.* (*fully*) совсéм; (*in total*) всегó; (*wholly*) всецéло.

alum *n.* квасцы́ *m.pl.* **aluminium** *n.* алюми́ний; *attrib.* алюми́ниевый.

always *adv.* всегдá; (*constantly*) постоя́нно.

a.m. *abbr.* до полу́дня.

amalgamate *v.t. & i.* амальгами́ровать(ся) *imp.*, *perf.*; объедини́ть(ся) *imp.*, объедини́ть(ся) *perf.* **amalgamation** *n.* амальгами́рование; объединéние.

amanuensis *n.* перепи́счик, -ица.

amass *v.t.* копи́ть (-плю́, -пишь) *imp.*, на ~ *perf.*

amateur *n.* люби́тель *m.*, ~ница *f.*; *adj.* самодéятельный, люби́тельский.

amateurish *adj.* люби́тельный.

amatory *adj.* любо́вный.

amaze *v.t.* удивля́ть *imp.*, удиви́ть *perf.*; изумля́ть *imp.*, изуми́ть *perf.* **amazement** *n.* удивлéние, изумлéние. **amazing** *adj.* удиви́тельный, изуми́тельный.

ambassador *n.* посо́л (-слá). **ambassadorial** *adj.* посо́льский.

amber *n.* янтáрь (-ря́) *m.*; *adj.* янтáрный; (*coloured*) жёлтый (жёлт, -á, жёлто). **ambergris** *n.* áмбра.

ambidextrous *adj.* одинáково свобо́дно владéющий обéими рукáми.

ambiguity *n.* двусмы́сленность. **ambiguous** *adj.* двусмы́сленный (-ен, -енна).

ambition *n.* честолю́бие. **ambitious** *adj.* честолю́бивый.

amble *v.i.* (*horse*) бéгать *indet.*, бежáть (-жи́т) *det.* и́ноходью; (*ride*) éздить *indet.*, éхать (éду, éдешь) *det.* верхо́м на и́ноходце; (*on foot*) ходи́ть (хожу́, хо́дишь) *indet.*, идти́ (иду́, идёшь; шёл, шла) *det.* неторопли́вым шáгом; *n.* и́ноходь.

ambrosia *n.* амбро́зия.

ambulance *n.* карéта ско́рой по́мощи; ско́рая по́мощь; *air a.*, санитáрный самолёт.

ambush *n.* засáда; *v.t.* нападáть *imp.*, напáсть (-аду́, -адёшь; -áл) *perf.* из засáды на + *acc.*; устрáивать *imp.*, устро́ить *perf.* засáду на + *acc.*

ameliorate *v.t. & i.* улучшáть(ся) *imp.*, улу́чшить(ся) *perf.* **amelioration** *n.* улучшéние.

amen *interj.* ами́нь!

amenable *adj.* усту́пчивый, сгово́рчивый (то, + *dat.*).

amend *v.t.* исправля́ть *imp.*, испрáвить *perf.*; вноси́ть (-ошу́, -о́сишь) *imp.*, внести́ (внесу́, -сёшь; внёс, -лá) *perf.* изменéния, попрáвки, в + *acc.* **amendment** *n.* попрáвка, исправлéние, поправлéние. **amends** *n.*: *make a. for*, заглáживать *imp.*, заглáдить *perf.*

amenities *n.* прéлести *f.pl.*, удо́бства *neut.pl.*

American *adj.* америкáнский; *n.* америкáнец (-нца), -нка. **Americanism** *n.* американи́зм. **Americanization** *n.* американизáция. **Americanize** *v.t.* американизи́ровать *imp.*, *perf.*

amethyst *n.* амети́ст.

amiability *n.* любéзность. **amiable** *adj.* любéзный. **amicability** *n.* дружелю́бие. **amicable** *adj.* дружелю́бный.

amid(st) *prep.* среди́ + *gen.*

amiss *adv.* ду́рно, пло́хо; *take it a.*, обижáться *imp.*, оби́деться (-и́жусь, -и́дишься) *perf.*

amity *n.* дружéственные отношéния *neut.pl.*

ammonia *n.* аммиáк; (*liquid a.*) нашáтырный спирт (-а(у), *loc.* -е & -ý).
ammoniac(al) *adj.* аммиáчный.

ammunition *n.* боеприпáсы *m.pl.*, снаря́ды *m.pl.*, патро́ны *m.pl.*, дробь *f.*

amnesty *n.* амни́стия; *v.t.* амнисти́ровать *imp.*, *perf.*

among(st) *prep.* среди́ + *gen.*, мéжду + *instr.*

amoral *adj.* аморáльный.

amorous *adj.* влю́бчивый; (*in love*) влюблённый (-ён, -енá).

amorphous *adj.* амо́рфный, безфо́рменный (-ен, -енна).

amortization *n.* амортизáция. **amortize** *v.t.* амортизи́ровать *imp.*, *perf.*

amount *n.* колúчество; *v.i.*: *a. to*, составля́ть *imp.*, состáвить *perf.*; равня́ться *imp.* + *dat.*; быть равноси́льным + *dat.*

ampere *n.* ампéр (*gen.pl.* -p).

amphibian *n.* амфи́бия. **amphibious** *adj.* земново́дный.

amphitheatre *n.* амфитеа́тр.
ample *adj.* (*enough*) (вполне́) доста́точный; (*abundant*) оби́льный; (*spacious*) обши́рный. **amplification** *n.* усиле́ние.
amplifier *n.* усили́тель *m.* **amplify** *v.t.* (*strengthen*) уси́ливать *imp.*, уси́лить *perf.*; (*enlarge*) расширя́ть *imp.*, расши́рить *perf.* **amplitude** *n.* обши́рность, просто́р. **amply** *adv.* доста́точно.
ampoule *n.* а́мпула.
amputate *v.t.* ампути́ровать *imp.*, *perf.* **amputation** *n.* ампута́ция.
amuse *v.t.* забавля́ть *imp.*; развлека́ть *imp.*, развле́чь (-еку́, -ечёшь; -ёк, -екла́) *perf.*; увеселя́ть *imp.* **amusement** *n.* заба́ва, развлече́ние, увеселе́ние; *pl.* аттракцио́ны *m.pl.* **amusing** *adj.* заба́вный; (*funny*) смешно́й (-шо́н, -шна́).
anachronism *n.* анахрони́зм. **anachronistic** *adj.* анахрони́чный, -ческий.
anaemia *n.* малокро́вие, анеми́я. **anaemic** *adj.* малокро́вный, анеми́чный, -ческий.
anaesthesia *n.* анестези́я, обезбо́ливание. **anaesthetic** *n.* анестези́рующее, обезбо́ливающее; сре́дство; *adj.* анестези́рующий, обезбо́ливающий. **anaesthetist** *n.* наркотиза́тор. **anaesthetize** *v.t.* анестези́ровать *imp.*, *perf.*; обезбо́ливать *imp.*, обезбо́лить *perf.*
anagram *n.* анагра́мма.
anal *adj.* ана́льный.
analogical *adj.* аналоги́ческий. **analogous** *adj.* аналоги́чный. **analogue** *n.* анало́г. **a. computer**, анало́говая вычисли́тельная маши́на, АВМ. **analogy** *n.* анало́гия.
analyse *v.t.* анализи́ровать *imp.*, *perf.*; (*gram.*) разбира́ть *imp.*, разобра́ть (разберу́, -рёшь; разобра́л, -а́, -о) *perf.* **analysis** *n.* ана́лиз; разбо́р. **analyst** *n.* анали́тик; психоанали́тик. **analytical** *adj.* аналити́ческий.
anarchism *n.* анархи́зм. **anarchist** *n.* анархи́ст, ~ка; *adj.* анархи́стский. **anarchy** *n.* ана́рхия.
anastigmatic *adj.* анастигмати́ческий.
anatomical *adj.* анатоми́ческий. **anatomist** *n.* анато́м. **anatomy** *n.* анато́мия.

ancestor *n.* пре́док (-дка), пращу́р *m.* **ancestral** *adj.* родово́й, насле́дственный. **ancestress** *n.* прароди́тельница. **ancestry** *n.* происхожде́ние; пре́дки *m.pl.*, прароди́тели *m.pl.*
anchor *n.* я́корь (*pl.* -ря́) *m.*; *v.t.* ста́вить *imp.*, по~ *perf.* на я́корь; *v.i.* станови́ться (-влю́сь, -вишься) *imp.*, стать (ста́ну, -нешь) *perf.* на я́корь. **anchorage** *n.* я́корная стоя́нка.
anchovy *n.* анчо́ус.
ancient *adj.* анти́чный, дре́вний (-вен, -вня), стари́нный.
and *conj.* и, а; с + *instr.*; *you and I*, мы с ва́ми; *my wife and I*, мы с жено́й.
andante *adv.* (*n.*) анда́нте (*neut.indecl.*)
anecdotal *adj.* анекдоти́ческий. **anecdote** *n.* анекдо́т.
anemometer *n.* анемо́метр, ветроме́р.
anemone *n.* анемо́н, ветреница.
aneroid (**barometer**) *n.* анеро́ид, баро́метр-анеро́ид.
anew *adv.* сно́ва.
angel *n.* а́нгел. **angelic** *adj.* а́нгельский.
anger *n.* гнев; *v.t.* серди́ть (-ржу́, -рдишь) *imp.*, рас~ *perf.*
angle[1] *n.* у́гол (угла́); (*fig.*) то́чка зре́ния.
angle[2] *v.i.* уди́ть (ужу́, у́дишь) *imp.* ры́бу. **angler** *n.* рыболо́в. **angling** *n.* уже́нье.
angrily *adv.* серди́то, гне́вно. **angry** *adj.* серди́тый, гне́вный (-вен, -вна́, -вно); (*inflamed*) воспалённый (-ён, -ена́)
anguish *n.* страда́ние, боль. **anguished** *adj.* страда́ющий.
angular *adj.* углово́й; (*sharp*) углова́тый.
aniline *adj.* анили́новый.
animal *n.* живо́тное *sb.*; зверь (*pl.* -ри, -ре́й) *m.*; *adj.* живо́тный. **animate** *adj.* живо́й (жив, -á, -о). **animated** *adj.* оживлённый (-ён, -ена́), живо́й (жив, -á, -о); воодушевлённый (-ён, -ена́); (*film*) мультипликацио́нный; *a. cartoon*, мультфи́льм. **animation** *n.* оживле́ние, жи́вость, воодушевле́ние.
animosity, **animus** *n.* вражде́бность, неприя́знь.
aniseed *n.* ани́совое се́мя *neut.*
ankle *n.* лоды́жка, щи́колотка; *a. socks*,

коро́ткие носки́ *m.pl.* anklet *n.* ножно́й брасле́т.
annals *n.* ле́топись, анна́лы *m.pl.* annalist *n.* летопи́сец (-сца).
annex *v.t.* аннекси́ровать *imp., perf.*; присоединя́ть *imp.*, присоедини́ть *perf.*; прилага́ть *imp.*, приложи́ть (-жу́, -жишь) *perf.* annexation *n.* анне́ксия; присоедине́ние. annexe *n.* (*building*) пристро́йка; дополне́ние.
annihilate *v.t.* уничтожа́ть *imp.*, уничто́жить *perf.* annihilation *n.* уничтоже́ние.
anniversary *n.* годовщи́на.
annotate *v.t.* анноти́ровать *imp., perf.* annotated *adj.* снабжённый (-ён, -ена́) примеча́ниями, коммента́риями. annotation *n.* примеча́ние, коммента́рий, аннота́ция.
announce *v.t.* объявля́ть *imp.*, объяви́ть (-влю́, -вишь) *perf.*; (*declare*) заявля́ть *imp.*, заяви́ть (-влю́, -вишь) *perf.*; (*radio*) сообща́ть *imp.*, сообщи́ть *perf.*; (*guest*) докла́дывать *imp.*, доложи́ть (-жу́, -жишь) *perf.* о+*prep.* announcement *n.* объявле́ние; сообще́ние. announcer *n.* ди́ктор.
annoy *v.t.* досажда́ть *imp.*, досади́ть *perf.*; раздража́ть *imp.*, раздражи́ть *perf.*; I *was annoyed*, мне бы́ло доса́дно. annoyance *n.* доса́да, раздраже́ние; (*nuisance*) неприя́тность. annoying *adj.* доса́дный.
annual *adj.* ежего́дный, годово́й, годи́чный; (*bot.*) однолетний; *n.* ежего́дник; однолетник. annually *adv.* ежего́дно. annuity *n.* (ежего́дная) ре́нта.
annul *v.t.* аннули́ровать *imp., perf.* annulment *n.* аннули́рование.
Annunciation *n.* Благове́щение.
anode *n.* ано́д.
anodyne *n.* болеутоля́ющее сре́дство.
anoint *v.t.* пома́зывать *imp.*, пома́зать (-а́жу, -а́жешь) *perf.*
anomalous *adj.* анома́льный. anomaly *n.* анома́лия.
anon. *abbr.*, anonymous *adj.* анони́мный. anonymity *n.* анони́мность.
another *adj., pron.* друго́й; *a.* (*one*) ещё (оди́н); *ask me a.*, почём я зна́ю? *in a. ten years*, ещё че́рез де́сять лет; *many a.*, мно́гие други́е.
answer *n.* отве́т; *v.t.* отвеча́ть *imp.*, отве́тить *perf.*+*dat.*, на+*acc.*; де́рзить *imp.*, на ~ *perf.*+*dat.*; *a. for*, руча́ться *imp.*, поручи́ться (-чу́сь, -чишься) *perf.* за+*acc.*; *a. the door*, отворя́ть *imp.*, отвори́ть (-рю́, -ришь) *perf.* дверь на звоно́к, на стук. answerable *adj.* отве́тственный (-ен, -енна).
ant *n.* мураве́й (-вья́); *a.-eater*, мураве́д; *a.-hill*, муравейник.
antagonism *n.* антагони́зм, вражда́.
antagonist *n.* антагони́ст, проти́вник.
antagonistic *adj.* антагонисти́ческий, вражде́бный. antagonize *v.t.* порожда́ть *imp.*, породи́ть *perf.* антагони́зм, вражду́, у+*gen.*
antarctic *adj.* антаркти́ческий; *n.* Анта́рктика.
antecedent *n.* антецеде́нт; *pl.* про́шлое *sb.*; *adj.* антецеде́нтный; предше́ствующий, предыду́щий.
antechamber *n.* передняя *sb.*, прихо́жая *sb.*
antedate *v.t.* дати́ровать *imp., perf.* за́дним число́м; (*precede*) предше́ствовать *imp.*+*dat.*
antediluvian *adj.* допото́пный.
antelope *n.* антило́па.
antenatal *adj.* до рожде́ния.
antenna *n.* (*ent.*) у́сик, щу́пальце (*gen. pl.* -лец & -льцев); (*also radio*) анте́нна.
anterior *adj.* пере́дний; *a. to*, предше́ствующий+*acc.*
anteroom *n.* пере́дняя *sb.*
anthem *n.* гимн.
anthology *n.* антоло́гия.
anthracite *n.* антраци́т; *adj.* антраци́товый.
anthropoid *adj.* человекообра́зный; *n.* антропо́ид. anthropological *adj.* антропологи́ческий. anthropologist *n.* антропо́лог. anthropology *n.* антрополо́гия.
anti- *in comb.* анти-, противо-. antiaircraft *adj.* противовозду́шный, зени́тный. antibiotic *n.* антибио́тик. antibody *n.* антите́ло (*pl.* -ла́). Antichrist *n.* антихри́ст. anticlimax *n.* неосуществлённые ожида́ния *neut.pl.*

антиклима́кс. **anticyclone** *n.* антицикло́н. **antidote** *n.* противоя́дие. **anti-Fascist** *n.* антифаши́ст, ~ ка; *adj.* антифаши́стский. **antifreeze** *n.* антифри́з, хладосто́йкий соста́в. **antihero** *n.* антигеро́й. **antimatter** *n.* антивещество́. **anti-missile missile** *n.* антираке́та. **antipathetic** *adj.* антипати́чный. **antipathy** *n.* антипа́тия. **antipodes** *n.* антипо́д; диаметра́льно противополо́жная то́чка. **anti-Semite** *n.* антисеми́т, ~ ка. **anti-Semitic** *adj.* антисеми́тский. **anti-Semitism** *n.* антисемити́зм. **antiseptic** *adj.* антисепти́ческий; *n.* антисе́птик. **anti-submarine** *adj.* противоло́дочный. **anti-tank** *adj.* противота́нковый. **antithesis** *n.* антите́за; (*opposition*) противополо́жность. **antithetical** *adj.* антитети́ческий; противополо́жный.
anticipate *v.t.* ожида́ть *imp.* + *gen.*; (*with pleasure*) предвкуша́ть *imp.*, предвкуси́ть (-ушу́, -у́сишь) *perf.*; (*forestall*) предупрежда́ть *imp.*, предупреди́ть *perf.* **anticipation** *n.* ожида́ние; предвкуше́ние; предупрежде́ние.
antics *n.* вы́ходки *f.pl.*, ша́лости *f.pl.*
antimony *n.* сурьма́.
antiquarian *adj.* антиква́рный; *n.*, **antiquary** *n.* антиква́р. **antiquated** *adj.* устаре́лый. **antique** *adj.* стари́нный; *n.* анти́к; *pl.* старина́. **antiquity** *n.* дре́вность, старина́; *pl.* дре́вности *f.pl.*
antler *n.* оле́ний рог (*pl.* -а́).
anus *n.* за́дний прохо́д.
anvil *n.* накова́льня (*gen.pl.* -лен).
anxiety *n.* беспоко́йство, трево́га, озабо́ченность. **anxious** *adj.* беспоко́йный, трево́жный, озабо́ченный (-ен, -енна); *be a.*, беспоко́иться *imp.*; трево́житься *imp.*
any *adj., pron.* како́й-нибудь; ско́лько--нибудь; вся́кий, любо́й; кто́-нибудь, что́-нибудь; (*with neg.*) никако́й, ни оди́н; ниско́лько; никто́, ничто́; *adv.* ско́лько-нибудь; (*with neg.*) ниско́лько, ничу́ть. **anybody, anyone** *pron.* кто́--нибудь; вся́кий, любо́й; (*with neg.*) никто́. **anyhow** *adv.* ка́к-нибудь; ко́е--как; (*with neg.*) ника́к; *conj.* во вся́ком слу́чае; всё же, всё равно́. **anyone** *see* **anybody**. **anything** *pron.* что́-нибудь; всё (что уго́дно); (*with neg.*) ничего́. **anyway** *adv.* во вся́ком слу́чае; как бы то ни́ было. **anywhere** *adv.* где, куда́, отку́да, уго́дно; (*with neg., interrog.*) где́-, куда́-, отку́да-нибудь.
aorta *n.* ао́рта.
apart *adv.* (*aside*) в стороне́, в сто́рону; (*separately*) разде́льно, врозь; (*into pieces*) на ча́сти; *a. from*, кро́ме + *gen.*, не счита́я + *gen.*; *take a.*, разбира́ть *imp.*, разобра́ть (разберу́, -рёшь; разобра́л, -а́, -о) *perf.* (на ча́сти); *tell a.*, различа́ть *imp.*, различи́ть *perf.*; отлича́ть *imp.*, отличи́ть *perf.* друг от дру́га.
apartheid *n.* апартеи́д.
apartments *n.* меблиро́ванные ко́мнаты *f.pl.*
apathetic *adj.* апати́чный. **apathy** *n.* апа́тия, безразли́чие.
ape *n.* обезья́на; *v.t.* обезья́нничать *imp.*, c ~ *perf.* c + *acc.*
aperient *adj.* слаби́тельный; *n.* слаби́тельное *sb.*
aperture *n.* отве́рстие.
apex *n.* верши́на.
aphorism *n.* афори́зм. **aphoristic** *adj.* афористи́ческий.
apiarist *n.* пчелово́д. **apiary** *n.* па́сека, пче́льник.
apiece *adv.* (*persons*) на ка́ждого; (*things*) за шту́ку; (*prices*) по + *dat. or acc.* with 2, 3, 4, 90, 100, *etc.*
Apocalypse *n.* Апока́липсис. **apocalyptic** *adj.* апокалипти́ческий.
Apocrypha *n.* апо́крифы *m.pl.* **apocryphal** *adj.* апокрифи́ческий.
apogee *n.* апоге́й.
apologetic *adj.* извиня́ющийся; *be a.*, извиня́ться *imp.*; *feel a.*, чу́вствовать *imp.* свою́ вину́. **apologetics** *n.* апологе́тика. **apologia** *n.* аполо́гия. **apologize** *v.i.* извиня́ться *imp.*, извини́ться *perf.* (*to*, пе́ред + *instr.*; *for*, за + *acc.*). **apology** *n.* извине́ние; *a. for*, жа́лкое подо́бие + *gen.*
apoplectic *adj.* апоплекси́ческий. **apoplexy** *n.* апопле́ксия.
apostasy *n.* (веро)отсту́пничество. **apostate** *n.* (веро)отсту́пник, -ица; *adj.* (веро)отсту́пнический.

apostle n. апо́стол. **apostolic** adj. апо́стольский.

apostrophe n. апостро́ф.

apotheosis n. апофео́з, прославле́ние.

appal v.t. ужаса́ть imp., ужасну́ть perf. **appalling** adj. ужаса́ющий, ужа́сный.

apparatus n. аппара́т, прибо́р; (gymnastic) гимнасти́ческие снаря́ды m.pl.

apparel n. одея́ние.

apparent adj. (seeming) ви́димый; (manifest) очеви́дный, я́вный; heir a., прямо́й насле́дник. **apparently** adv. ка́жется, по-ви́димому; очеви́дно.

apparition n. виде́ние, при́зрак.

appeal n. (request) призы́в, воззва́ние, обраще́ние; (leg.) апелля́ция, обжа́лование; (attraction) привлека́тельность; a. court, апелляцио́нный суд (-а́); v.i. (request) взыва́ть imp., воззва́ть (-зову́, -зовёшь) perf. (to, к+dat.; for, о+prep.); обраща́ться imp., обрати́ться (-ащу́сь, -ати́шься) perf. с про́сьбой (for, o+prep.); подава́ть (-даю́, -даёшь) imp., пода́ть (-а́м, -а́шь, -а́ст, -ади́м; по́дал, -á, -о) perf. заявле́ние.; (leg.) апелли́ровать imp., perf.; a. against, обжа́ловать perf.; a. to, (attract) привлека́ть imp., привле́чь (-еку́, -ечёшь; -ёк, -екла́) perf.

appear v.i. появля́ться imp., появи́ться (-влю́сь, -вишься) perf.; выступа́ть imp., вы́ступить perf.; (seem) каза́ться (кажу́сь, -жешься) imp., по~ perf. **appearance** n. появле́ние, выступле́ние; (aspect) вид, нару́жность; (pl.) ви́димость.

appease v.t. умиротворя́ть imp., умиротвори́ть perf. **appeasement** n. умиротворе́ние.

appellant n. апелля́нт. **appellate** adj. апелляцио́нный.

append v.t. прилага́ть imp., приложи́ть (-жу́, -жишь) perf.; прибавля́ть imp., приба́вить perf. **appendicitis** n. аппендици́т. **appendix** n. приложе́ние, приба́вление; (anat.) аппе́ндикс.

appertain v.i.: a. to, принадлежа́ть (-жи́т) imp.+dat.; относи́ться (-ится) imp.+dat.

appetite n. аппети́т. **appetizing** adj. аппети́тный.

applaud v.t. аплоди́ровать imp.+dat.; рукоплеска́ть (-ещу́, -е́щешь) imp.+dat. **applause** n. аплодисме́нты m.pl., рукоплеска́ния.

apple n. я́блоко (pl. -ки); adj. я́блочный; a. charlotte, шарло́тка; a.-tree, я́блоня.

appliance n. приспособле́ние, прибо́р.

applicable adj. примени́мый. **applicant** n. пода́тель m., ~ница, заявле́ния; проси́тель m., ~ница; кандида́т. **application** n. (use) примене́ние, приложе́ние; (putting on) накла́дывание; (request) заявле́ние. **applied** adj. прикладно́й. **appliqué** n. аппли́кация.

apply v.t. (use) применя́ть imp., примени́ть (-ню́, -нишь) perf.; прилага́ть imp., приложи́ть (-жу́, -жишь) perf.; (put on) накла́дывать imp., наложи́ть (-жу́, -жишь) perf.; v.i. (request) обраща́ться imp., обрати́ться (-ащу́сь, -ати́шься) perf. с про́сьбой (for, o+prep.); подава́ть (-даю́, -даёшь) imp., пода́ть (-а́м, -а́шь, -а́ст, -ади́м; по́дал, -á, -о) perf. заявле́ние.

appoint v.t. назнача́ть imp., назна́чить perf. **appointment** n. назначе́ние; (office) до́лжность, пост (-á, loc. -ý); (meeting) свида́ние.

apposite adj. уме́стный. **apposition** n. приложе́ние; in a., приложенный (-ен).

appraisal n. оце́нка. **appraise** v.t. оце́нивать imp., оцени́ть (-ню́, -нишь) perf.

appreciable adj. ощути́мый, ощути́тельный. **appreciate** v.t. цени́ть (-ню́, -нишь) imp.; (пра́вильно) оце́нивать imp., оцени́ть (-ню́, -нишь) perf.; v.i. повыша́ться imp., повы́ситься perf. **appreciation** n. (estimation) оце́нка; (recognition) призна́тельность; (rise in value) повыше́ние це́нности, цены́. **appreciative** adj. призна́тельный (of, за+acc.).

apprehend v.t. (arrest) аресто́вывать imp., арестова́ть perf.; (understand) понима́ть imp., поня́ть (пойму́, -мёшь; по́нял, -á, -о) perf.; (anticipate) опаса́ться imp.+gen., inf. **apprehension** n. аре́ст; опасе́ние. **apprehensive** adj. опаса́ющийся.

apprentice n. учени́к (-á), подмасте́рье (gen.pl. -в) m.; v.t. отдава́ть (-даю́, -даёшь) imp., отда́ть (-а́м, -а́шь, -а́ст, -ади́м; о́тдал, -á, -о) perf. в уче́ние.

apprenticeship *n.* учени́чество; обуче́ние.

appro. *abbr.*: *on a.*, на про́бу.

approach *v.t.* подходи́ть (-ожу́, -о́дишь) *imp.*, подойти́ (-ойду́, -дёшь; подошёл, -шла́) *perf.* к+*dat.*; приближа́ться *imp.*, прибли́зиться *perf.* к+*dat.*; (*apply to*) обраща́ться *imp.*, обрати́ться (-ащу́сь, -ати́шься) *perf.* к+*dat.*; *n.* приближе́ние, подъе́зд, по́дступ.

approbation *n.* одобре́ние.

appropriate *adj.* подходя́щий, соотве́тствующий; *v.t.* присва́ивать *imp.*, присво́ить *perf.*; (*assign money*) ассигнова́ть *imp.*, *perf.* **appropriation** *n.* присвое́ние, присво́енное *sb.*; ассигнова́ние.

approval *n.* одобре́ние; утвержде́ние.

approve *v.t.* утвержда́ть *imp.*, утверди́ть *perf.*; *v.t. & i.* (*a. of*) одобря́ть *imp.*, одо́брить *perf.*

approximate *adj.* приблизи́тельный; *v.i.* приближа́ться *imp.* (то, к+*dat.*). **approximation** *n.* приближе́ние.

apricot *n.* абрико́с.

April *n.* апре́ль *m.*; *attrib.* апре́льский.

apron *n.* пере́дник; (*theatre*) авансце́на; (*airfield*) площа́дка.

apropos *adv.* кста́ти; *a. of*, по по́воду+*gen.*; относи́тельно+*gen.*; что каса́ется+*gen.*

apse *n.* апси́да.

apt *adj.* (*suitable*) уда́чный; (*quick*) спосо́бный; (*inclined*) скло́нный (-о́нен, -о́нна́, -о́нно). **aptitude** *n.* спосо́бность.

aqualung *n.* аквала́нг. **aquamarine** *n.* аквамари́н. **aquarium** *n.* аква́риум. **Aquarius** *n.* Водоле́й. **aquatic** *adj.* водяно́й, во́дный. **aqueduct** *n.* акведу́к. **aqueous** *adj.* (*watery*) водяни́стый.

aquiline *adj.* орли́ный.

Arab *n.* (*person*) ара́б, ~ка; (*horse*) ара́бская ло́шадь (*pl.* -ди, -де́й, *instr.* -дьми́); *adj.* ара́бский. **arabesque** *n.* араба́ска. **Arabic** *adj.* ара́бский.

arable *adj.* па́хотный.

arbitrary *adj.* произво́льный. **arbitrate** *v.i.* де́йствовать *imp.* в ка́честве трете́йского судьи́. **arbitration** *n.* арбитра́ж, трете́йское реше́ние. **arbitrator** *n.* арби́тр, трете́йский судья́ (*pl.* -дьи, -де́й, -дьям) *m.*

arbor *n.* вал (*loc.* -у́; *pl.* -ы́), шпи́ндель *m.*

arboreal *adj.* древе́сный; (*living in trees*) обита́ющий на дере́вьях. **arbour** *n.* бесе́дка.

arc *n.* дуга́ (*pl.* -ги); *a. lamp*, дугова́я ла́мпа. **arcade** *n.* арка́да, пасса́ж.

arch[1] *n.* а́рка, свод, дуга́ (*pl.* -ги; -ги); *v.t. & i.* выгиба́ть(ся) *imp.*, вы́гнуть(ся) *perf.*; изгиба́ть(ся) *imp.*, изогну́ть(ся) *perf.*

arch[2] *adj.* игри́вый.

archaeological *adj.* археологи́ческий. **archaeologist** *n.* архео́лог. **archaeology** *n.* археоло́гия.

archaic *adj.* архаи́чный. **archaism** *n.* архаи́зм.

archangel *n.* арха́нгел.

archbishop *n.* архиепи́скоп. **archdeacon** *n.* архидиа́кон.

archducal *adj.* эрцге́рцогский. **archduchess** *n.* эрцгерцоги́ня. **archduchy** *n.* эрцге́рцогство. **archduke** *n.* эрцге́рцог.

archer *n.* стрело́к (-лка́) из лу́ка. **archery** *n.* стрельба́ из лу́ка.

archipelago *n.* архипела́г.

architect *n.* архите́ктор, зо́дчий *sb.* **architectural** *adj.* архитекту́рный. **architecture** *n.* архитекту́ра.

archives *n.* архи́в. **archivist** *n.* архива́риус, архиви́ст.

archway *n.* прохо́д под а́ркой, сво́дчатый прохо́д.

arctic *adj.* аркти́ческий; *n.* А́рктика.

ardent *adj.* горя́чий (-ч, -ча́), пы́лкий (-лок, -лка́, -лко). **ardour** *n.* пыл (-а(у), *loc.* -у́), пы́лкость, рве́ние.

arduous *adj.* тру́дный (-ден, -дна́, -дно).

area *n.* (*extent*) пло́щадь (*pl.* -ди, -де́й); (*region*) райо́н, зо́на.

arena *n.* аре́на.

argon *n.* арго́н.

arguable *adj.* утвержда́емый, дока́зуемый; (*disputed*) спо́рный. **argue** *v.t.* (*try to prove*) аргументи́ровать *imp.*, *perf.*; (*maintain*) утвержда́ть *imp.*; (*prove*) дока́зывать *imp.*; *v.i.* (*dispute*) спо́рить *imp.*, по~ *perf.* **argument**

arid   17   **artful**

аргуме́нт, до́вод; (*dispute*) спор. **argumentative** *adj.* лю́бящий спо́рить.

arid *adj.* сухо́й (сух, -á, -о), безво́дный. **aridity** *n.* су́хость.

Aries *n.* Ове́н (Овна́).

arise *v.i.* возника́ть *imp.*, возни́кнуть (-к) *perf.*; происходи́ть (-ит) *imp.*, произойти́ (-ойдёт) -оше́л, -ошла́) *perf.*

aristocracy *n.* аристокра́тия. **aristocrat** *n.* аристокра́т, ~ ка. **aristocratic** *adj.* аристократи́ческий, -чный.

arithmetic *n.* арифме́тика. **arithmetical** *adj.* арифмети́ческий. **arithmetician** *n.* арифме́тик.

ark *n.* (Но́ев) ковче́г.

arm[1] *n.* (*of body*) рука́ (*acc.* -ку; *pl.* -ки, -к, -ка́м); (*of sea*) морско́й зали́в; (*of chair*) ру́чка; (*of river*) рука́в (-á); (*of tree*) больша́я ветвь (*pl.* -ви, -ве́й); *a. in* -, под руку; *at a.'s length*, (*fig.*) на почти́тельном расстоя́нии; *with open arms*, с распростёртыми объя́тиями.

arm[2] *n.* (*mil.*) род войск; *pl.* (*weapons*) ору́жие; *pl.* (*coat of arms*) герб (-á); *v.t.* вооружа́ть *imp.*, вооружи́ть *perf.* **armaments** *n.* вооруже́ния *neut.pl.* **armature** *n.* армату́ра.

armchair *n.* кре́сло (*gen.pl.* -сел). **armful** *n.* оха́пка. **armhole** *n.* про́йма.

armistice *n.* переми́рие.

armorial *adj.* гербо́вый, геральди́ческий. **armour** *n.* (*hist.*) доспе́хи *m.pl.*; броня́; (*vehicles, collect.*) броне́йла *f.pl.* **armoured** *adj.* брони́рованный (-ан), бронево́й; (*vehicles etc.*) бронета́нковый, броне- (-á); *a. car*, броневи́к (-á), бронеавтомоби́ль *m.*; *a. forces*, бронета́нковые войска́ *neut.pl.*, броне- си́лы *f.pl.* **armourer** *n.* оруже́йник. **armoury** *n.* арсена́л, склад ору́жия.

armpit *n.* подмы́шка.

army *n.* а́рмия; *adj.* арме́йский.

aroma *n.* арома́т. **aromatic** *adj.* арома- ти́чный.

around *adv.* круго́м, вокру́г; *prep.* вокру́г + *gen.*; *all a.*, повсю́ду.

arouse *v.t.* пробужда́ть, буди́ть (бужу́, бу́дишь) *imp.*, про~ *perf.*; возбужда́ть *imp.*, возбуди́ть *perf.*

arraign *v.t.* привлека́ть *imp.*, привле́чь (-еку́, -ечёшь; -ёк, -екла́) *perf.* к суду́. **arraignment** *n.* привлече́ние к суду́.

arrange *v.t.* (*put in order*) приводи́ть (-ожу́, -о́дишь) *imp.*, привести́ (-еду́, -едёшь; привёл, -á) *perf.* в поря́док; расставля́ть *imp.*, расста́вить *perf.*; (*plan*) устра́ивать *imp.*, устро́ить *perf.*; (*mus.*) аранжи́ровать *imp., perf.*; *v.i. a. for*, усла́вливаться *imp.*, усло́виться *perf.* о + *prep.*; *a. to*, угова́риваться *imp.*, уговори́ться *perf.* + *inf.* **arrangement** *n.* расположе́ние; устро́йство; (*agreement*) соглаше́ние; (*mus.*) аранжиро́вка; *pl.* приготов- ле́ния *neut.pl.*

array *v.t.* наряжа́ть *imp.*, наряди́ть (-яжу́, -я́дишь) *perf.*; (*marshal*) устро́- ить *imp.*, вы́ ~ *perf.*; *n.* наря́д; (*series*) совоку́пность.

arrears *n.* задо́лженность, недои́мка.

arrest *v.t.* аресто́вывать *imp.*, аресто- ва́ть *perf.*; заде́рживать *imp.*, задер- жа́ть (-жу́, -жишь) *perf.*; (*attention*) прико́вывать *imp.*, прикова́ть (-кую́, -куёшь) *perf.*; *n.* аре́ст, задержа́ние.

arrival *n.* прибы́тие, прие́зд; (*new a.*) вновь прибы́вший *sb.*; (*child*) новоро- ждённый *sb.* **arrive** *v.i.* прибыва́ть *imp.*, прибы́ть (прибу́ду, -дешь; при́- был, -á, -о) *perf.*; приезжа́ть *imp.*, прие́хать (-е́ду, -е́дешь) *perf.*; (*succeed*) доби́ться (-бью́сь, -бьёшься) *perf.* успе́ха.

arrogance *n.* высокоме́рие, кичли́вость. **arrogant** *adj.* высокоме́рный, кич- ли́вый.

arrow *n.* стрела́ (*pl.* -лы); (*pointer etc.*) стре́лка. **arrowhead** *n.* наконе́чник стрелы́.

arsenal *n.* арсена́л.

arsenic *n.* мышья́к (-á); *adj.* мышь- яко́вый.

arson *n.* поджо́г.

art *n.* иску́сство; *pl.* гуманита́рные нау́ки *f.pl.*; *adj.* худо́жественный.

arterial *adj.* (*anat.*) артериа́льный; магистра́льный; *a. road*, магистра́ль. **artery** *n.* (*anat.*) арте́рия; магистра́ль.

artesian *adj.* артезиа́нский.

artful *adj.* хи́трый (-тёр, -тра́, хи́тро), ло́вкий (-вок, -вка́, -вко, ло́вки).

arthritic — asparagus

arthritic *adj.* артритический. **arthritis** *n.* артрит.

artichoke *n.* артишо́к; (*Jerusalem a.*) земляна́я гру́ша.

article *n.* (*literary*) статья́ (*gen.pl.* -те́й); (*clause*) пункт; (*thing*) предме́т; (*gram.*) арти́кль *m.*, член; *v.t.* отдава́ть (-даю́, -даёшь) *imp.*, отда́ть (-а́м, -а́шь, -а́ст, -ади́м; о́тдал, -а́, -о) *perf.* в уче́ние.

articulate *adj.* членоразде́льный, я́сный (я́сен, ясна́, я́сно, я́сны); *v.t.* произноси́ть (-ошу́, -о́сишь) *imp.*, произнести́ (-есу́, -есёшь; -ёс, -есла́) *perf.*; артикули́ровать *imp.* **articulated** *adj.* сочленённый (-ён, -ена́). **articulation** *n.* артикуля́ция; сочлене́ние.

artifice *n.* хи́трость, (иску́сная) вы́думка. **artificer** *n.* (вое́нный) те́хник.

artificial *adj.* иску́сственный (-ен(ен), -енна).

artillery *n.* артилле́рия; *adj.* артиллери́йский. **artilleryman** *n.* артиллери́ст.

artisan *n.* реме́сленник.

artist *n.* худо́жник; арти́ст. **artiste** *n.* арти́ст, ~ка. **artistic** *adj.* худо́жественный (-ен, -енна), артисти́ческий.

artless *adj.* бесхи́тростный, простоду́шный.

Aryan *n.* арие́ц (-и́йца), ари́йка; *adj.* арийский.

as *adv.* как; *conj.* (*time*) когда́; в то вре́мя как; (*cause*) так как; (*manner*) как; (*concession*) как ни; *rel.pron.* како́й; кото́рый; что; *as . . . as* (же)... как; *as for, to,* относи́тельно + *gen.*; что каса́ется + *gen.*; *as if,* как бу́дто; *as it were,* так сказа́ть; *as soon as,* как то́лько; *as well,* та́кже; то́же.

asbestos *n.* асбе́ст; *adj.* асбе́стовый.

ascend *v.t.* поднима́ться (-ниму́сь, -ни́мешься; -я́лся, -яла́сь) *perf.* на + *acc.*; всходи́ть (-ожу́, -о́дишь) *imp.*, взойти́ (взойду́, -дёшь; взошёл, -шла́) *perf.* на + *acc.*; *v.i.* возноси́ться (-ошу́сь, -о́сишься) *imp.*, вознести́сь (-есу́сь, -есёшься; -ёсся, -есла́сь) *perf.* **ascendancy** *n.* домини́рующее влия́ние (*over,* на + *acc.*).

ascendant *adj.* восходя́щий. **Ascension** *n.* (*eccl.*) Вознесе́ние. **ascent** *n.* восхожде́ние (*of,* на + *acc.*).

ascertain *v.t.* устана́вливать *imp.*, установи́ть (-влю́, -вишь) *perf.*

ascetic *adj.* аскети́ческий; *n.* аске́т. **asceticism** *n.* аскети́зм.

ascribe *v.t.* припи́сывать *imp.*, приписа́ть (-ишу́, -и́шешь) *perf.* (*to, + dat.*). **ascription** *n.* припи́сывание.

asepsis *n.* асе́птика. **aseptic** *adj.* асепти́ческий.

asexual *adj.* беспо́лый.

ash[1] *n.* (*tree*) я́сень *m.*

ash[2], **ashes** *n.* зола́, пе́пел (-пла); (*human remains*) прах. **ashtray** *n.* пе́пельница.

ashamed *predic.*: *he is a.*, ему́ сты́дно; *be, feel, a. of,* стыди́ться *imp.*, по ~ *perf.* + *gen.*

ashen[1] *adj.* (*of tree*) я́сеневый.

ashen[2] *adj.* (*of ash*[2]) пе́пельный; (*pale*) мёртвенно-бле́дный.

ashore *adv.* на бе́рег(у́).

Asian, Asiatic *adj.* азиа́тский; *n.* азиа́т, ~ка.

aside *adv.* в сто́рону, в стороне́; *n.* слова́ *neut.pl.*, произноси́мые в сто́рону.

asinine *adj.* осли́ный; (*stupid*) глу́пый (глуп, -а́, -о).

ask *v.t.* (*inquire of*) спра́шивать *imp.*, спроси́ть (-ошу́, -о́сишь) *perf.*; (*request*) проси́ть (-ошу́, -о́сишь) *imp.*, по ~ *perf.* (*for, acc., gen., o + prep.*); (*invite*) приглаша́ть *imp.*, пригласи́ть *perf.*; (*demand*) тре́бовать *imp.* + *gen.* (*of, от + gen.*); *a. after,* осведомля́ться *imp.*, осве́домиться *perf.* о + *prep.*; *a. a question,* задава́ть (-даю́, -даёшь) *imp.*, зада́ть (-а́м, -а́шь, -а́ст, -ади́м; за́дал, -а́, -о) *perf.* вопро́с; *you can have it for the asking,* сто́ит то́лько попроси́ть.

askance *adv.* ко́со, с подозре́нием.

askew *adv.* кри́во.

asleep *predic., adv.*: *be a.*, спать (сплю, спишь; спал, -а́,-о) *imp.*; *fall a.*, засыпа́ть *imp.*, засну́ть *perf.*; *my foot's a.*, нога́ затекла́.

asp *n.* а́спид.

asparagus *n.* спа́ржа.

aspect *n.* аспе́кт, вид (-а(у), на виду́), сторона́ (*acc.* -ону́; *pl.* -о́ны, -о́н, -она́м).

aspen *n.* оси́на.

asperity *n.* ре́зкость.

aspersion *n.* клевета́.

asphalt *n.* асфа́льт; *adj.* асфа́льтовый; *v.t.* асфальти́ровать *imp., perf.*

asphyxia *n.* асфи́ксия, удушье. **asphyxiate** *v.t.* удуша́ть *imp.*, удуши́ть (-шу́, -шишь) *perf.*

aspic *n.* заливно́е *sb.*; in a., заливно́й.

aspirant *n.* претенде́нт. **aspirate** *n.* придыха́тельный *sb.* **aspiration** *n.* (*ling.*) придыха́ние; (*desire*) стремле́ние. **aspire** *v.i.* стреми́ться *imp.* (to, к + *dat.*).

aspirin *n.* аспири́н; (*tablet*) табле́тка аспири́на.

ass *n.* осёл (осла́).

assail *v.t.* напада́ть *imp.*, напа́сть (-аду́, -адёшь; -а́л) *perf.* на + *acc.*; (*with questions*) забра́сывать *imp.*, забро́сить *perf.* вопро́сами. **assailant** *n.* напада́ющий *sb.*

assassin *n.* (наёмный, -ная) уби́йца *m., f.* **assassinate** *v.t.* (вероло́мно) убива́ть *imp.*, уби́ть (убью́, убьёшь) *perf.* **assassination** *n.* (преда́тельское) уби́йство.

assault *n.* нападе́ние; (*mil.*) штурм, (*rape*) изнаси́лование; a. and battery, оскорбле́ние де́йствием; *v.t.* напада́ть *imp.*, напа́сть (-аду́, -адёшь; -а́л) *perf.* на + *acc.*; штурмова́ть *imp.*; наси́ловать *imp.*, из~ *perf.*

assay *n.* про́ба; *v.t.* производи́ть (-ожу́, -о́дишь) *imp.*, произвести́ (-еду́, -едёшь; -ёл, -ела́) *perf.* ана́лиз + *gen.*; про́бовать *imp.*, по~ *perf.*

assemblage *n.* сбор, собира́ние. **assemble** *v.t.* собира́ть *imp.*, собра́ть (соберу́, -рёшь; собра́л, -а́, -о) *perf.*; (*machine*) монти́ровать *imp.*, с~ *perf.*; *v.i.* собира́ться *imp.*, собра́ться (-берётся; -бра́лся, -ала́сь, -а́ло́сь) *perf.* **assembly** *n.* собра́ние, ассамбле́я; (*of machine*) сбо́рка.

assent *v.i.* соглаша́ться *imp.*, согласи́ться *perf.* (to, на + *acc., inf.*); *n.* согла́сие; (*royal*) са́нкция.

assert *v.t.* утвержда́ть *imp.*; a. oneself, отста́ивать *imp.*, отстоя́ть (-ою́, -ои́шь) *perf.* свои́ права́. **assertion** *n.* утвержде́ние. **assertive** *adj.* насто́йчивый, самонаде́янный (-ян, -янна).

assess *v.t.* (*amount*) определя́ть *imp.*, определи́ть *perf.*; (*tax*) облага́ть *imp.*, обложи́ть (-жу́, -жишь) *perf.* нало́гом; (*value*) оце́нивать *imp.*, оцени́ть (-ню́, -нишь) *perf.* **assessment** *n.* определе́ние; обложе́ние; оце́нка.

asset *n.* це́нное ка́чество; бла́го; *pl.* иму́щество; assets and liabilities, акти́в и пасси́в.

assiduity *n.* прилежа́ние, усе́рдие. **assiduous** *adj.* приле́жный, усе́рдный.

assign *v.t.* назнача́ть *imp.*, назна́чить *perf.*; ассигнова́ть *imp., perf.*; *n.*: heirs and assigns, насле́дники и правопрее́мники *m.pl.* **assignation** *n.* (*meeting*) усло́вленная встре́ча, свида́ние. **assignment** *n.* (*task*) зада́ние; (*mission*) командиро́вка.

assimilate *v.t.* ассимили́ровать *imp., perf.*; усва́ивать *imp.*, усво́ить *perf.* **assimilation** *n.* ассимиля́ция; усвое́ние.

assist *v.t.* помога́ть *imp.*, помо́чь (-огу́, -о́жешь; -о́г, -огла́) *perf.* + *dat.*; соде́йствовать *imp., perf.* + *dat.* **assistance** *n.* по́мощь, соде́йствие. **assistant** *n.* помо́щник, ассисте́нт.

assizes *n.* выездна́я се́ссия суда́.

associate *v.t.* ассоции́ровать *imp., perf.*; *v.i.* присоединя́ться *imp.*, присоедини́ться *perf.* (with, к + *dat.*); обща́ться *imp.* (with, с + *instr.*); *n.* (*colleague*) колле́га *m.*; (*subordinate member*) мла́дший член, член-корреспонде́нт. **association** *n.* о́бщество, ассоциа́ция; присоедине́ние; A. football, футбо́л.

assonance *n.* ассона́нс.

assorted *adj.* подо́бранный (-ан). **assortment** *n.* ассортиме́нт.

assuage *v.t.* успока́ивать *imp.*, успоко́ить *perf.*; смягча́ть *imp.*, смягчи́ть *perf.*

assume *v.t.* (*accept*) принима́ть *imp.*, приня́ть (приму́, -мешь; при́нял, -а́, -о) *perf.*; (*pretend*) напуска́ть *imp.*, напусти́ть (-ущу́, -у́стишь) *perf.* на себя́; (*suppose*) предполага́ть *imp.*,

assurance — **attain**

предположи́ть (-ожу́, -о́жишь) *perf.*; *assumed name*, вы́мышленное и́мя *neut.* **assumption** *n.* приня́тие на себе́; (*pretence*) притво́рство; (*supposition*) предположе́ние, допуще́ние; (*eccl.* the *A.*) Успе́ние.

assurance *n.* увере́ние; (*self-a.*) самоуве́ренность; (*insurance*) страхова́ние. **assure** *v.t.* уверя́ть *imp.*, уве́рить *perf.*; гаранти́ровать *imp.*, *perf.*; (*insure*) страхова́ть *imp.*, за~ *perf.* (*against*, от+*gen.*). **assuredly** *adv.* несомне́нно.

aster *n.* а́стра.
asterisk *n.* звёздочка.
astern *adv.* позади́, наза́д.
asteroid *n.* астеро́ид.
asthma *n.* а́стма. **asthmatic** *adj.* астмати́ческий.
astigmatic *adj.* астигмати́ческий. **astigmatism** *n.* астигмати́зм.
astir *predic., adv.* (*in motion*) в движе́нии; (*out of bed*) на нога́х; (*excited*) в возбужде́нии.
astonish *v.t.* удивля́ть *imp.*, удиви́ть *perf.* **astonishing** *adj.* удиви́тельный. **astonishment** *n.* удивле́ние.
astound *v.t.* изумля́ть *imp.*, изуми́ть *perf.* **astounding** *adj.* изуми́тельный.
astrakhan *n.* кара́куль *m.*
astral *adj.* астра́льный, звёздный.
astray *adv.*: *go a.*, сбива́ться *imp.*, сби́ться (собью́сь, собьёшься) *perf.* с пути́; *lead a.*, сбива́ть *imp.*, сбить (собью́, собьёшь) *perf.* с пути́.
astride *adv.* расста́вив но́ги; верхо́м (*of*, на+*prep.*); *prep.* верхо́м на+*prep.*
astringent *adj.* вя́жущий; *n.* вя́жущее сре́дство.
astro- *in comb.* а́стро-, звездо-. **astrologer** *n.* астро́лог. **astrological** *adj.* астрологи́ческий. **astrology** *n.* астроло́гия. **astronaut** *n.* астрона́вт. **astronomer** *n.* астроно́м. **astronomical** *adj.* астрономи́ческий. **astronomy** *n.* астроно́мия. **astrophysical** *adj.* астрофизи́ческий. **astrophysics** *n.* астрофи́зика.
astute *adj.* проница́тельный; (*crafty*) хи́трый (-тёр, -тра́, хи́тро́).
asunder *adv.* (*apart*) врозь; (*in pieces*) на ча́сти.

asylum *n.* психиатри́ческая больни́ца; (*refuge*) убе́жище.
asymmetrical *adj.* асимметри́чный. **asymmetry** *n.* асимметри́я.
at *prep.* (*position, condition*) на+*prep.*, в+*prep.*, у+*gen.*; (*time, direction*) на+*acc.*, в+*acc.*; *with verbs etc.: see verbs etc.*, e.g. *look* смотре́ть (*at*, на+*acc.*); *at all*, вообще́; *not at all*, совсе́м не; *at first*, снача́ла, сперва́; *at home*, до́ма; *at last*, наконе́ц; *at least*, по кра́йней ме́ре; *at most*, са́мое бо́льшее; *at night*, но́чью; *at once*, (*immediately*) сра́зу; (*at the same time*) одновреме́нно; *at present*, в настоя́щее вре́мя; *at that*, на том; (*moreover*) к тому́ же; *at work*, (*working*) за рабо́той; (*at place of work*) на рабо́те.
atheism *n.* атеи́зм. **atheist** *n.* атеи́ст, ~ка. **atheistic** *adj.* атеисти́ческий.
athlete *n.* атле́т, легкоатле́т, ~ка; спортсме́н, ~ка. **athletic** *adj.* атлети́ческий. **athletics** *n.* (лёгкая) атле́тика.
atlas *n.* а́тлас.
atmosphere *n.* атмосфе́ра. **atmospheric** *adj.* атмосфе́рный. **atmospherics** *n.* атмосфе́рные поме́хи *f.pl.*
atom *n.* а́том; *a. bomb*, а́томная бо́мба. **atomic** *adj.* а́томный.
atone *v.i.* искупа́ть *imp.*, искупи́ть (-плю́, -пишь) *perf.* (*for*, +*acc.*). **atonement** *n.* искупле́ние.
atrocious *adj.* отврати́тельный, ужа́сный. **atrocity** *n.* зве́рство, у́жас.
atrophy *n.* атрофи́я, притупле́ние; *v.i.* атрофи́роваться *imp.*, *perf.*
attach *v.t.* (*fasten*) прикрепля́ть *imp.*, прикрепи́ть *perf.*; (*fig.*) привя́зывать *imp.*, привяза́ть (-яжу́, -я́жешь) *perf.*; (*second*) прикомандиро́вывать *imp.*, прикомандирова́ть *perf.*; (*attribute*) придава́ть (-даю́, -даёшь) *imp.*, прида́ть (-а́м, -а́шь, -а́ст, -ади́м; при́дал, -а́, -о) *perf.* **attaché** *n.* атташе́ *m.indecl.* **attachment** *n.* прикрепле́ние; привя́занность; *pl.* принадле́жности *f.pl.*
attack *v.t.* напада́ть *imp.*, напа́сть (-аду́, -адёшь; -а́л) *perf.* на+*acc.*; *n.* нападе́ние; (*mil. also*) ата́ка; (*of illness*) припа́док (-дка).
attain *v.t.* достига́ть *imp.*, дости́чь & дости́гнуть (-и́гну, -и́гнешь; -и́г) *perf.*

attar + *gen.*, до + *gen.*; *a. the age of*, доживать *imp.*, дожить *imp.* (-иву́, -ивёшь), дожил, -а́, -о) *perf.* до + *gen.* **attainment** *n.* достижение.

attar (of roses) *n.* ро́зовое ма́сло.

attempt *v.t.* пыта́ться *imp.*, по ~ *perf.* + *inf.*; про́бовать *imp.*, по ~ *perf.* + *inf.*; *n.* попы́тка; (*on the life of*) покуше́ние (на жизнь + *gen.*); покуша́ться *imp.*, покуси́ться *perf.* на жизнь + *gen.*

attend *v.i.* занима́ться *imp.*, заня́ться (займу́сь, -мёшься; заня́лся, -яла́сь) *perf.* (to, + *instr.*); (*be present*) прису́тствовать *imp.* (at, на + *prep.*); *v.t.* (*accompany*) сопровожда́ть *imp.*, сопроводи́ть *perf.*; (*serve*) обслу́живать *imp.*, обслужи́ть (-жу́, -жишь) *perf.*; (*visit*) посеща́ть *imp.*, посети́ть (-ещу́, -ети́шь) *perf.* **attendance** *n.* (*presence*) прису́тствие; посеща́емость; обслу́живание; **attendant** *n.* сопровожда́ющий; *n.* (*escort*) провожа́тый *sb.*

attention *n.* внима́ние; *pay a. to*, обраща́ть *imp.*, обрати́ть (-ащу́, -ати́шь) *perf.* внима́ние на + *acc.*; *interj.* (*mil.*) сми́рно! **attentive** *adj.* внима́тельный; (*polite*) ве́жливый.

attenuated *adj.* утончённый (-ён, -ена́) **attenuation** *n.* утонче́ние.

attest *v.t.* заверя́ть *imp.*, заве́рить *perf.*; свиде́тельствовать *imp.*, за ~ *perf.*

attic *n.* манса́рда, черда́к (-а́); (*storey*) мезони́н.

attire *v.t.* наряжа́ть *imp.*, наряди́ть (-яжу́, -я́дишь) *perf.*; *n.* наря́д.

attitude *n.* (*posture*) по́за; (*opinion*) отноше́ние, к + *dat.*); (*a. of mind*) склад ума́.

attorney *n.* пове́ренный *sb.*; *by a.*, че́рез пове́ренного; *power of a.*, дове́ренность; *A.-General*, генера́льный атто́рней.

attract *v.t.* притя́гивать *imp.*, притяну́ть (-ну́, -нешь) *perf.*; прельща́ть *imp.*, прельсти́ть *perf.*; привлека́ть *imp.*, привле́чь (-еку́, -ечёшь; -ёк, -екла́) *perf.* **attraction** *n.* притяже́ние; привлека́тельность; (*entertainment*) аттракцио́н. **attractive** *adj.* привлека́тельный, притяга́тельный.

attribute *v.t.* припи́сывать *imp.*, приписа́ть (-ишу́, -и́шешь) *perf.*; *n.* (*object*) атрибу́т; (*quality*) сво́йство; (*gram.*) определе́ние. **attribution** *n.* припи́сывание. **attributive** *adj.* атрибути́вный, определи́тельный.

attrition *n.* истира́ние; *war of a.*, война́ на истоще́ние.

aubergine *n.* баклажа́н.

auburn *adj.* кашта́нового цве́та, рыжева́тый.

auction *n.* аукцио́н; *v.t.* продава́ть (-даю́, -даёшь) *imp.*, прода́ть (-а́м, -а́шь, -а́ст, -ади́м; про́дал, -а́, -о) *perf.* с аукцио́на. **auctioneer** *n.* аукциони́ст.

audacious *adj.* (*bold*) сме́лый (смел, -а́, -о); (*impudent*) де́рзкий (-зок, -зка́, -зко). **audacity** *n.* сме́лость; де́рзость.

audibility *n.* слы́шимость. **audible** *adj.* слы́шный (-шен, -шна́, -шно). **audience** *n.* пу́блика, аудито́рия; (радио) слу́шатели *m.pl.*, (теле)зри́тели *m.pl.*; (*interview*) аудие́нция. **audit** *n.* прове́рка счето́в, реви́зия; *v.t.* проверя́ть *imp.*, прове́рить *perf.* (счета́ + *gen.*). **audition** *n.* про́ба; *v.t. & i.* устра́ивать *imp.*, устро́ить *perf.* про́бу + *gen.* **auditor** *n.* ревизо́р. **auditorium** *n.* зри́тельный зал, аудито́рия. **auditory** *adj.* слухово́й.

auger *n.* бура́в (-а́), сверло́ (*pl.* свёрла).

augment *n.* увели́чивать *imp.*, увели́чить *perf.*; прибавля́ть *imp.*, приба́вить *perf.* + *gen.* **augmentation** *n.* увеличе́ние, приба́вка. **augmentative** *adj.* увеличи́тельный.

augur *v.t. & i.* предвеща́ть *imp.*

August *n.* а́вгуст; *attrib.* а́вгустовский; august *adj.* вели́чественный (-ен, -енна).

aunt *n.* тётя (*gen.pl.* -тей), тётка. **auntie** *n.* тётушка.

aureole *n.* орео́л.

auriferous *adj.* золотоно́сный.

aurochs *n.* тур.

aurora *n.* авро́ра; *a. borealis*, се́верное сия́ние.

auspices *n.* покрови́тельство. **auspicious** *adj.* благоприя́тный.

austere *adj.* стро́гий (строг, -а́, -о), суро́вый. **austerity** *n.* стро́гость, суро́вость.

austral *adj.* ю́жный.

Australian n. австрали́ец (-и́йца), -и́йка; adj. австрали́йский.

Austrian n. австри́ец (-и́йца), -и́йка; adj. австри́йский.

authentic adj. (genuine) по́длинный (-нен, -нна), аутенти́чный; (reliable) достове́рный. **authenticate** v.t. удостоверя́ть imp., удостове́рить perf.; устана́вливать imp., установи́ть (-влю́, -вишь) perf. по́длинность + gen. **authenticity** n. по́длинность, аутенти́чность; достове́рность.

author, authoress n. а́втор, писа́тель m., ~ ница.

authoritarian adj. авторита́рный; n. сторо́нник авторита́рной вла́сти. **authoritative** adj. авторите́тный. **authority** n. (power) власть (pl. -ти, -те́й), полномо́чие; (evidence) авторите́т; (source) авторите́тный исто́чник. **authorize** v.t. (action) разреша́ть imp., разреши́ть perf.; (person) уполномо́чивать imp., уполномо́чить perf.

authorship n. а́вторство.

auto- n. in comb. авто-. **autobiographer** n. автобио́граф. **autobiographical** adj. автобиографи́ческий. **autobiography** n. автобиогра́фия. **autoclave** n. автокла́в. **autocracy** n. автокра́тия. **autocrat** n. автокра́т. **autocratic** adj. автократи́ческий. **autograph** n. авто́граф; adj. напи́санный руко́й а́втора; v.t. писа́ть (пишу́, -шешь) imp., на ~ perf. авто́граф в + prep., на + prep. **automatic** adj. автомати́ческий; n. автомати́ческий пистоле́т. **automation** n. автоматиза́ция. **automaton** n. автома́т. **autonomous** adj. автоно́мный. **autonomy** n. автоно́мия. **autopilot** n. автопило́т. **autopsy** n. вскры́тие тру́па, аутопси́я. **autosuggestion** n. самовнуше́ние.

autumn n. о́сень. **autumn(al)** adj. осе́нний.

auxiliary adj. вспомога́тельный; n. помо́щник, -ица; (gram.) вспомога́тельный глаго́л; pl. вспомога́тельные войска́ neut.pl.

avail n.: of no a., бесполе́зен (-зна); to no a., напра́сно; v.t.: a. oneself of, по́льзоваться imp., вос ~ perf. + instr.

available adj. досту́пный, нали́чный; predic. налицо́, в нали́чии.

avalanche n. лави́на.

avarice n. жа́дность. **avaricious** adj. жа́дный (-ден, -дна́, -дно).

avenge v.t. мстить imp., ото ~ perf. за + acc. **avenger** n. мсти́тель m.

avenue n. (of trees) алле́я; (wide street) проспе́кт; (approach) путь (-ти́, -тём) m.

aver v.t. утвержда́ть imp.; заявля́ть imp., заяви́ть (-влю́, -вишь) perf.

average n. сре́днее число́ (pl. -ла, -сел, -слам), сре́днее sb.; on an, the, a., в сре́днем; adj. сре́дний; v.t. составля́ть imp. в сре́днем; де́лать imp. в сре́днем.

averse adj. нерасположенный (-ен), несклонный (-нен, -нна́, -нно); not a. to, не прочь + inf., не про́тив + gen. **aversion** n. отвраще́ние. **avert** v.t. (ward off) предотвраща́ть imp., предотврати́ть (-ащу́, -ати́шь) perf.; (turn away) отводи́ть (-ожу́, -о́дишь) imp., отвести́ (-еду́, -дёшь; отвёл, -а́) perf.

aviary n. пти́чник.

aviation n. авиа́ция. **aviator** n. лётчик.

avid adj. а́лчный, жа́дный (-ден, -дна́, -дно). **avidity** n. а́лчность, жа́дность.

avoid v.t. избега́ть imp., избе́гнуть (-егу́, -ежишь) perf. + gen.; уклоня́ться imp., уклони́ться (-ню́сь, -ни́шься) perf. от + gen. **avoidance** n. избежа́ние, уклоне́ние.

avoirdupois n. эвердьюпо́йс.

avowal n. призна́ние.

await v.t. ждать (жду, ждёшь; ждал, -а́, -о) imp. + gen.; to a. arrival, до востре́бования.

awake predic.: be a., не спать (сплю, спишь) imp.; be a. to, понима́ть imp.; stay a., бо́дрствовать imp. **awake(n)** v.t. пробужда́ть imp., пробуди́ть (-ужу́, -у́дишь) perf.; v.i. просыпа́ться imp., просну́ться perf.

award v.t. присужда́ть imp., присуди́ть (-ужу́, -у́дишь) perf.; награжда́ть imp., награди́ть perf.; n. (prize) награ́да, пре́мия; (decision) присужде́ние.

aware predic.: be a. of, сознава́ть (-аю́, -аёшь) imp. + acc.; знать imp. + acc.

away adv. прочь; *far a.* (*from*), далеко (от + gen.); *a. game*, игра (*pl.* -ры) на чужом поле; *a. team*, команда гостей.

awe n. благоговейный страх; *stand in a. of*, испытывать *imp.* благоговейный трепет перед + *instr.*; v.t. внушать *imp.*, внушить *perf.* (благоговейный) страх + *dat.*; *a.-struck*, преисполненный (-ен) благоговейного страха, благоговения. **awful** *adj.* ужасный, страшный (-шен, -шна, -шно, -шны). **awfully** *adv.* ужасно, очень, страшно.

awkward *adj.* неловкий (-вок, -вка, -вко). **awkwardness** n. неловкость.

awl n. шило (*pl.* -лья, -льев).

awning n. навес, тент.

awry adv. криво, набок; *go a.*, провалиться (-ится) *perf.*

axe n. топор (-а); v.t. урезывать, урезать *imp.*, урезать (-ежу, -ежешь) *perf.*

axial adj. осевой.

axiom n. аксиома. **axiomatic** adj. аксиоматический.

axis, axle n. ось (*pl.* оси, осей).

ay *interj.* да!; n. положительный ответ; (*in vote*) голос (*pl.* -а) „за"; *the ayes have it*, большинство „за".

azure n. лазурь; adj. лазурный.

B

B n. (*mus.*) си *neut.indecl.* **B.A.** *abbr.* бакалавр.

babble n. (*voices*) болтовня; (*water*) журчание; v.i. болтать *imp*; журчать (-чит) *imp*

babel n. галдёж (-а); *tower of B.*, столпотворение вавилонское.

baboon n. павиан.

baby n. младенец (-нца); *b.-sitter*, приходящая няня; *adj.* малый (мал, -а, -ло, -ы), детский (-ы). **babyish** *adj.* ребяческий.

Bacchanalia n. вакханалия. **Bacchanalian** adj. вакхический. **Bacchante** n. вакханка.

bachelor n. холостяк (-а); (*degree-holder*) бакалавр; adj. холостой (-ост).

bacillus n. бацилла.

back n. (*of body*) спина (*acc.* -ну; *pl.* -ны); (*rear*) задняя часть (*pl.* -ти, -тей); (*reverse*) оборот (*of book*) корешок (-шка); (*of seat*) спинка (*sport*) защитник; adj. задний; (*overdue*) просроченный (-ен), v.t. поддерживать *imp.*, поддержать (-жу, -жишь) *perf.*; v.i. пятиться *imp.* по~ *perf.*; отступать *imp.*, отступить (-плю, -пишь) *perf.*; *b. down*, уступать *imp.*, уступить (-плю, -пишь) *perf.*; *b. out*, уклоняться *imp.*, уклониться (-нюсь, -нишься) *perf.* (*of*, от + gen.). **backbiter** n. клеветник (-а). **backbiting** n. клевета. **backbone** n. позвоночник; (*support*) главная опора; (*firmness*) твёрдость характера. **backer** n. лицо (*pl.* -а), субсидирующее или поддерживающее предприятие; сторонник. **background** n. фон, задний план; (*person's*) воспитание, происхождение, окружение. **backside** n. зад (*loc.* -у; *pl.* -ы). **backslider** n. ренегат, рецидивист. **backward** *adj.* отсталый; adv. назад. **backwash** n. откат (воды). **backwater** n. заводь, затон.

bacon n. бекон, грудинка.

bacterium n. бактерия.

bad *adj.* плохой (плох, -а, -о, плохи); (*food etc.*) испорченный (-ен); (*language*) грубый (груб, -а, -о); *b. taste*, безвкусица.

badge n. значок (-чка), эмблема.

badger n. барсук (-а); v.t. приставать (-таю, -таёшь) *imp.*, пристать (-ану,

badly — -áнешь) *perf.* к+*dat.*; трави́ть (-влю́, -вишь) *imp.*, за~ *perf.*

badly *adv.* пло́хо; (*very much*) о́чень, си́льно.

baffle *v.t.* ста́вить *imp.*, по~ *perf.* в тупи́к; приводи́ть (-ожу́, -о́дишь) *imp.*, привести́ (-еду́, -едёшь; привёл, -а́) *perf.* в недоуме́ние; *n.* экра́н.

bag *n.* мешо́к (-шка́), су́мка; *v.t.* (*game*) убива́ть *imp.*, уби́ть (убью́, убьёшь) *perf.*; *v.i.* (*clothes*) сиде́ть (сиди́т) *imp.*, сесть (ся́дет; сел) *perf.* мешко́м.

baggage *n.* бага́ж (-á(ý)); *adj.* бага́жный.

baggy *adj.* мешкова́тый.

bagpipe *n.* волы́нка. **bagpiper** *n.* волы́нщик.

bail[1] *n.* (*security*) поручи́тельство, зало́г; (*surety*) поручи́тель *n.*, -ница; *v.t.* (*b. out*) брать (беру́, -рёшь; брал, -á, -о) *imp.*, взять (возьму́, -мёшь; взял, -á, -о) *perf.* на пору́ки.

bail[2] *n.* (*cricket*) перекла́дина воро́т.

bail[3], **bale** *v.t.* вычёрпывать *imp.*, вы́черпнуть *perf.* (во́ду из+*gen.*); *b. out*, *v.i.* выбра́сываться *imp.*, вы́броситься *perf.* с парашю́том. **bailer** *n.* черпа́к(а́).

bait *n.* нажи́вка; прима́нка (*also fig.*); (*fig.*) собла́зн; *v.t.* (*torment*) трави́ть (-влю́, -вишь) *imp.*, за~ *perf.*

baize *n.* ба́йка.

bake *v.t.* печь (пеку́, печёшь; пёк, -ла́) *imp.*, ис~ *perf.*; (*bricks*) обжига́ть *imp.*, обже́чь (обожгу́, -жжёшь; обжёг, обожгла́) *perf.* **baker** *n.* пе́карь *m.*, бу́лочник. **bakery** *n.* пека́рня (*gen.pl.* -рен), бу́лочная *sb.* **baking** *n.* пече́ние, вы́печка.

balance *n.* (*scales*) весы́ *m.pl.*; (*equilibrium*) равнове́сие; (*econ.*) бала́нс; (*remainder*) оста́ток (-тка), *b. sheet* бала́нс; *v.t.* уравнове́шивать *imp.*, уравнове́сить *perf.*, с~ *perf.*; (*econ.*) баланси́ровать *imp.*, с~ *perf.*

balcony *n.* балко́н.

bald *adj.* лы́сый (лыс, -á, -о), плеши́вый; *b. patch*, лы́сина.

baldness *n.* плеши́вость.

bale[1] *n.* (*bundle*) тюк (-á), ки́па; *v.t.* укла́дывать *imp.*, уложи́ть (-жу́, -жишь) *perf.* в тюки́, ки́пы.

bale[2] *see* **bail**[3].

baleful *adj.* па́губный, мра́чный (-чен, -чна́, -чно).

balk *n.* ба́лка; (*hindrance*) препя́тствие; *v.t.* препя́тствовать *imp.*, вос~ *perf.*+*dat.*

ball[1] *n.* (*sphere*) мяч (-á), шар (-á *with* 2, 3, 4; *pl.* -ы́); клубо́к (-бка́); *b. and socket*, шарово́й шарни́р; *b.-bearing*, шарикоподши́пник; *b.-point* (*pen*), ша́риковая ру́чка.

ball[2] *n.* (*dancing*) бал (*loc.* -ý; *pl.* -ы́).

ballad, ballade (*mus.*) *n.* балла́да.

ballast *n.* балла́ст (-а); *v.t.* грузи́ть (-ужу́, -у́зишь) *imp.*, за~, на~ *perf.* балла́стом.

ballerina *n.* балери́на.

ballet *n.* бале́т; *b.-dancer*, арти́ст, ~ ка, бале́та, танцо́вщик, -ица.

balloon *n.* возду́шный шар (-á *with* 2, 3, 4; *pl.* -ы́); *v.i.* раздува́ться *imp.*, разду́ться (-у́ется) *perf.*

ballot *n.* голосова́ние, баллотиро́вка; *b.-paper*, избира́тельный бюллете́нь *m.*; *v.i.* голосова́ть *imp.*, про~ *perf.*

ballyhoo *n.* шуми́ха.

balm *n.* бальза́м. **balmy** *adj.* (*fragrant*) души́стый; (*crazy*) тро́нутый.

baluster *n.* баля́сина. **balustrade** *n.* балюстра́да.

bamboo *n.* бамбу́к.

bamboozle *v.t.* одура́чивать *imp.*, одура́чить *perf.*

ban *n.* запре́т, запреще́ние; *v.t.* запреща́ть *imp.*, запрети́ть (-ещу́, -ети́шь) *perf.*

banal *adj.* бана́льный.

banana *n.* бана́н.

band *n.* (*strip*) о́бод (*pl.* обо́дья, -ьев), тесьма́, поло́ска, кайма́ (*gen.pl.* каём); (*of people*) гру́ппа; (*mus.*) орке́стр; (*radio*) полоса́ (*acc.* по́лосу́; *pl.* -осы, -о́с, -оса́м) часто́т; *v.i.*: *b. together*, объединя́ться *imp.*, объедини́ться *perf.*

bandage *n.* бинт (-á), повя́зка; *v.t.* бинтова́ть *imp.*, за~ *perf.*

bandeau *n.* повя́зка, обо́док (-дка́).

bandit *n.* банди́т.

bandoleer *n.* патронта́ш.

bandy *v.t.* (*throw about*) переба́сываться *imp.*, переброси́ться *perf.*+*instr.*

bandy-legged *adj.* кривоно́гий.

bane n. (*ruin*) гибель; (*poison*; *fig.*) отрава. **baneful** adj. гибельный, ядовитый.

bang n. (*blow*) (сильный) удар; (*noise*) (громкий) стук; (*of gun*) выстрел; v.t. ударять imp., ударить perf.; хлопать imp., хлопнуть perf.; стучать (-чу, -чишь) imp., стукнуть perf.

bangle n. браслет.

banish v.t. изгонять imp., изгнать (-гоню, -гонишь; изгнал, -а, -о) perf.; высылать imp., выслать (вышлю, -шлешь) perf. **banishment** n. изгнание, высылка, ссылка.

banister n. перила neut.pl.

banjo n. банджо neut.indecl.

bank[1] n. (*of river*) берег (loc. -ý; pl. -á); (*in sea*) отмель (loc. -ý; pl. -ы́); (*of earth*) вал (loc. -ý; pl. -ы́); (*aeron.*) крен; v.t. сгребать imp., сгрести (-ебу, -ебёшь; сгрёб, -ла) perf. в кучу.

bank[2] n. (*econ.*) банк, фонд; b. holiday, установленный праздник; v.i. (*keep money*) держать (-жу, -жишь) imp. деньги в (банке); v.t. (*put in bank*) класть (кладу, -дёшь; клал) imp., положить (-жу, -жишь) perf. в банк; b. on, полагаться imp., положиться (-жусь, -жишься) perf. на + acc.

bankrupt n. банкрот; adj. обанкротившийся; v.t. доводить (-ожу, -одишь) imp., довести (-еду, -едёшь; -ёл, -ела) perf. до банкротства. **bankruptcy** n. банкротство.

banner n. знамя (pl. -ёна) neut., флаг; b. headline, шапка.

bannister see banister.

banquet n. банкет, пир (loc. -ý; pl. -ы́).

bantam n. бентамка. **bantamweight** n. легчайший вес.

banter n. подшучивание; v.i. шутить (шучу, шутишь) imp.

baptism n. крещение. **baptize** v.t. крестить (-ещу, -естишь) imp., o ~ perf.

bar n. (*beam*) брус (pl. -ья, -ьев), полоса (acc. полосу; pl. -осы, -ос -осам); (*of chocolate*) плитка; (*of soap*) кусок (-ска); (*barrier*) перегорода, барьер; (*leg.*) коллегия юристов; (*counter*) стойка, (*room*) бар; (*mus.*) такт; v.t. (*obstruct*) преграждать imp., преградить perf.; (*prohibit*) запрещать imp., запретить (-ещу, -етишь) perf.

barb n. зубец (-бца). **barbed wire**, колючая проволока.

barbarian n. варвар; adj. варварский. **barbaric, barbarous** adj. варварский, грубый (груб, -á, -о).

barber n. парикмахер; b.'s shop, парикмахерская sb.

bard n. бард, певец (-вца).

bare adj. (*naked*) голый (гол, -á, -о); (*barefoot*) босой (бос, -á, -о); (*exposed*) обнажённый (-ён, -ена); (*unadorned*) неприкрашенный (-ен); (*scanty*) минимальный; v.t. обнажать imp., обнажить perf.; b. one's head, снимать imp., снять (сниму, -мешь; снял, -а, -о) perf. шляпу, шапку. **barefaced** adj. наглый (нагл, -а, -о). **barely** adv. едва, чуть не, еле-еле, лишь (с трудом).

bargain n. выгодная сделка, дешёвая покупка; v.i. торговаться imp., с ~ perf.

barge n. баржа, барка; v.i.: b. into, наталкиваться imp., натолкнуться perf. на + acc. **bargee** n. лодочник.

baritone n. баритон.

barium n. барий.

bark[1] n. (*sound*) лай; v.i. лаять (лаю, лаешь) imp.

bark[2] n. (*of tree*) кора; v.t. сдирать imp., содрать (сдеру, -рёшь; содрал, -а, -о) perf. кожу с + gen.

barley n. ячмень (-ня) m.

barm n. закваска.

barmaid n. буфетчица. **barman** n. бармен, буфетчик.

barn n. амбар.

barometer n. барометр. **barometric(al)** adj. барометрический.

baron n. барон. **baroness** n. баронесса. **baronet** n. баронет. **baronial** adj. баронский.

baroque n. барокко neut.indecl.

barrack[1] n. казарма.

barrack[2] v.t. освистывать imp., освистать (-ищу, -ищешь) perf.

barrage n. заграждение, барраж.

barrel n. (*vessel*) бочка; (*of gun*) дуло; b.-organ, шарманка.

barren adj. бесплодный.

barricade *n.* баррика́да, прегра́да; *v.t.* баррикади́ровать *imp.*, за ~ *perf.*
barrier *n.* барье́р, прегра́да, шлагба́ум.
barring *prep.* за исключе́нием + *gen.*
barrister *n.* адвока́т.
barrow[1] *n.* (*tumulus*) курга́н.
barrow[2] *n.* (*cart*) та́чка.
barter *n.* менова́я торго́вля; *v.i.* обме́ниваться *imp.*, обменя́ться *perf.* това́рами.
base[1] *adj.* (*low*) ни́зкий (-зок, -зка́, -зко), по́длый (подл, -а́, -о); (*metal, also fig.*) низкопро́бный.
base[2] *n.* осно́ва, основа́ние, (*also mil.*) ба́за; *v.t.* осно́вывать *imp.*, основа́ть (-ную́, -нуёшь) *perf.* **baseless** *adj.* необосно́ванный. **baseline** *n.* (*sport*) за́дняя ли́ния площа́дки. **basement** *n.* цо́кольный эта́ж (-á), подва́л.
bash *v.t.* колоти́ть (-очу́, -о́тишь) *imp.*, по ~ *perf.*
bashful *adj.* засте́нчивый. **bashfulness** *n.* засте́нчивость.
basic *adj.* основно́й.
basil *n.* базили́к.
basin *n.* (*vessel*) ми́ска, таз (*loc.* -у́; *pl.* -ы́); (*geog., geol.*) бассе́йн; (*pool*) водоём.
basis *n.* ба́зис, осно́ва.
bask *v.i.* гре́ться *imp.*; (*fig.*) наслажда́ться *imp.*, наслади́ться *perf.* (in, + *instr.*).
basket *n.* корзи́на, корзи́нка. **basketball** *n.* баскетбо́л; *adj.* баскетбо́льный.
bas-relief *n.* барелье́ф.
bass[1] *n.* (*mus.*) бас (*pl.* -ы́); *adj.* басо́вый; *b. drum*, большо́й бараба́н.
bass[2] *n.* (*fish*) о́кунь (-ня, -ней) *m.*
bassoon *n.* фаго́т.
bastard *n.* внебра́чный, побо́чный, ребёнок (-нка; *pl.* де́ти, дете́й); *adj.* незаконнорождённый.
baste[1] *v.t.* (*tack*) мета́ть *imp.*, на ~ , с ~ *perf.*
baste[2] *v.t.* (*cul.*) полива́ть *imp.*, поли́ть (-лью́, -льёшь) *perf.* жи́ром.
baste[3] *v.t.* (*thrash*) дуба́сить *imp.*, от ~ *perf.*
bastion *n.* бастио́н.
bat[1] *n.* (*zool.*) летучая мышь (*pl.* -ши, -ше́й).

bat[2] *n.* (*sport*) бита́; *v.i.* бить (бью, бьёшь) *imp.*, по ~ *perf.* по мячу́.
bat[3] *v.t.* (*wink*) морга́ть *imp.*, моргну́ть *perf.* + *instr.*, *abs.*
batch *n.* па́чка; (*of loaves*) вы́печка.
bated *adj.* уме́ренный (-ен); *with b. breath*, затая́ дыха́ние.
bath *n.* (*vessel*) ва́нна; *pl.* пла́вательный бассе́йн; *b. house*, ба́ня; *b. robe*, купа́льный хала́т; *v.t.* купа́ть *imp.*, вы ~ , ис ~ *perf.* **bathe** *v.i.* купа́ться *imp.*, вы ~ , ис ~ *perf.*; *v.t.* омыва́ть *imp.*, омы́ть (омо́ю, омо́ешь) *perf.*
bather *n.* купа́льщик, -ица. **bathing** *n.* купа́ние; *b. costume*, купа́льный костю́м. **bathroom** *n.* ва́нная *sb.*
batiste *n.* бати́ст.
batman *n.* (*mil.*) де́нщик (-а́).
baton *n.* (*mil.*) жезл (-а́); (*police*) дуби́нка; (*sport*) эстафе́та; (*mus.*) дирижёрская па́лочка.
battalion *n.* батальо́н.
batten *n.* ре́йка; *v.t.* зака́лачивать *imp.*, заколоти́ть (-очу́, -о́тишь) *perf.* доска́ми.
batter *n.* жи́дкое те́сто; *v.t.* разбива́ть *imp.*, разби́ть (разобью́, -бьёшь) *perf.*; размозжи́ть *perf.*; *battering-ram*, тара́н.
battery *n.* (*mil., tech.*) батаре́я; (*leg.*) оскорбле́ние де́йствием.
battle *n.* би́тва, сраже́ние, бой (*loc.* бою́; *pl.* бои́); *adj.* боево́й. **battlefield** *n.* по́ле (*pl.* -ля́) бо́я. **battlement** *n.* зу́бчатая стена́ (*acc.* -ну́; *pl.* -ны, -н, -на́м). **battleship** *n.* лине́йный кора́бль (-ля́) *m.*, линко́р.
bauble *n.* безделу́шка.
bawdy *adj.* непристо́йный; *b.-house*, публи́чный дом (*pl.* -á).
bawl *v.i.* ора́ть (ору́, орёшь) *imp.*
bay[1] *n.* (*bot.*) лавр(о́вое де́рево); *pl.* ла́вровый вено́к (-нка́), ла́вры *m.pl.*; *adj.* ла́вровый.
bay[2] *n.* (*geog.*) зали́в, бу́хта.
bay[3] *n.* (*recess*) пролёт; *b. window*, фона́рь (-ря́) *m.*; *sick b.*, лазаре́т.
bay[4] *v.i.* (*bark*) ла́ять (ла́ю, ла́ешь); (*howl*) выть (во́ю, во́ешь) *imp.*; *n.* лай; вой.
bay[5] *adj.* (*colour*) гнедо́й.

bayonet n. штык (-á); v.t. колоть (-лю, -лешь) imp., за~ perf. штыкóм.
bazaar n. базáр.
be[1] v. 1. быть (fut. бýду, -дешь; был, -á, -о; нé был, -á, -о): usually omitted in pres.: he is a teacher, он учитель; + instr. or nom. in past and fut.: he was, will be, a teacher, он был, бýдет, учителем. 2. (exist) существовáть imp. 3. (frequentative) бывáть imp. 4. (be situated) находиться (ожусь, -óдишься) imp.: where is the information office? где находится справочное бюрó? (upright) стоять (-ою, -оишь) imp.: the piano is against the wall, рояль стоит у стены; (laid flat) лежáть (-жý, -жишь) imp.: the letter is on the table, письмó лежит на столé. 5. (in general definitions) являться imp. + instr.: Moscow is the capital of the USSR, столицей СССР является гóрод Москвá. 6. there is, are, имéется, имéются; (emph.) есть.
be[2] v.aux. 1. be + inf., expressing duty, plan: дóлжен (-жнá) + inf.: he is to leave on Monday, он дóлжен отпрáвиться в понедéльник. 2. be + past part. pass., expressing passive: быть + past part. pass. in short form: this was made by my son, это было сдéлано моим сыном; impersonal construction of 3 pl. + acc.: I was beaten, меня били; reflexive construction: music was heard, слышалась мýзыка. 3. be + pres. part. act., expressing continuous tenses: imperfective aspect: I am reading, я читáю.
beach n. пляж, бéрег (loc. -ý; pl. -á); b.-head, плацдáрм; v.t. вытáскивать imp., вытащить perf. на бéрег.
beacon n. маяк (-á), сигнáльный огóнь (огня) m.
bead n. бýсина; (of liquid) кáпля (gen. pl. -пель); pl. бýсы f.pl.
beadle n. церкóвный стóрож (pl. -á).
beagle n. (коротконóгая) гóнчая sb.
beak n. клюв.
beaker n. стакáн.
beam n. (timber etc.) бáлка; (ray) луч (-á); (naut.) бимс; (breadth) ширинá; v.t. испускáть imp., испустить (-ущý, -ýстишь) perf.; v.i. (shine) сиять imp.

bean n. фасóль, боб (-á).
bear[1] n. медвéдь m., -дица; Great, Little, B., Большáя, Мáлая, Медвéдица; b.-cub, медвежóнок (-жóнка; pl. -жáта, -жáт).
bear[2] v.t. (carry) носить (ношý, нóсишь) indet., нести (несý, -сёшь; нёс, -лá) det., по~ perf.; (support) поддéрживать imp., поддержáть (-жý, -жишь) perf.; (endure) терпéть (-плю, -пишь) imp.; выносить (-ошý, -óсишь) imp., вынести (-су, -сешь; -с) perf.; (give birth to) родить imp., родить (родил, -á, -о) perf. **bearable** adj. снóсный, терпимый.
beard n. бородá (acc. -оду; pl. -оды, -óд, -одáм). **bearded** adj. бородáтый.
bearer n. носитель m.; (of cheque) предъявитель m.; (of letter) подáтель m.
bearing n. ношéние; (behaviour) повéдение; (relation) отношéние; (position) пéленг; (tech.) подшипник, опóра.
beast n. живóтное sb., зверь (pl. -ри, -рéй) m.; (fig.) скотина m. & f. **beastly** adj. (coll.) противный, отвратительный.
beat n. бой; (round) обхóд; (mus.) такт; v.t. бить (бью, бьёшь) imp., по~ perf.; (cul.) взбивáть imp., взбить (взобью, -ьёшь) perf.; b. a carpet, выбивáть imp., выбить (-бью, -бьешь) perf. ковёр; b. off, отбивáть imp., отбить (отобью, -ьёшь) perf.; b. time, отбивáть imp., отбить (отобью, -ьёшь) perf. такт; b. up, избивáть imp., избить (изобью, -ьёшь) perf. **beating** n. битьё; (defeat) поражéние; биéние.
beatific adj. блажéнный (-éн -éнна). **beatify** v.t. канонизировать imp., perf. **beatitude** n. блажéнство.
beau n. (fop) франт; (ladies' man) ухажёр.
beautiful adj. красивый, прекрáсный. **beautify** v.t. украшáть imp. укрáсить perf. **beauty** n. (quality) красотá; (person) красáвица.
beaver n. (animal) бобр (-á); (fur) бобёр (-брá), бобрóвый мех (-а(у), loc. -е & -ý; pl. -á).

becalmed *adj.*: be b. штилева́ть (-лю́ю, -лю́ешь) *imp.*
because *conj.* потому́ что, так как; *adv.*: b. of, из-за + *gen.*
beckon *v.t.* мани́ть (-ню́, -нишь) *imp.*, по ~ *perf.* к себе́.
become *v.i.* станови́ться (-влю́сь, -вишься) *imp.*, стать (-а́ну, -а́нешь) *perf.* + *instr.*; b. of, ста́ться (-а́нется) *perf.* c + *instr.* **becoming** *adj.* подоба́ющий, иду́щий к лицу́ + *dat.*
bed *n.* крова́ть, посте́ль; (*garden*) гря́дка; (*sea*) дно *pl.* до́нья, -ьев; (*river*) ру́сло, (*geol.*) пласт (-á, *loc.* -ý). **bedclothes, bedding** *n.* посте́льное бельё. **bedridden** *adj.* прико́ванный (-на) к посте́ли боле́знью. **bedrock** *n.* материко́вая поро́да. **bedroom** *n.* спа́льня (*gen.pl.* -лен). **bedtime** *n.* вре́мя *neut.* ложи́ться спать.
bedeck *v.t.* украша́ть *imp.*, укра́сить *perf.*
bedevil *v.t.* терза́ть *imp.*; му́чить *imp.*, за ~ *perf.*
bedlam *n.* бедла́м, сумасше́дший дом.
bedraggled *adj.* заво́женный (-ен).
bee *n.* пчела́ (*pl.* -ёлы). **beehive** *n.* у́лей (у́лья).
beech *n.* бук.
beef *n.* говя́дина.
beer *n.* пи́во. **beer(у)** *adj.* пивно́й.
beet *n.* свёкла.
beetle[1] *n.* (*tool*) трамбо́вка, кува́лда.
beetle[2] *n.* (*insect*) жук (-á).
beetle[3] *adj.* нависа́ющий.
beetroot *n.* свёкла.
befall *v.t.* & *i.* случа́ться *imp.*, случи́ться *perf.* (+ *dat.*).
befit *v.t.* подходи́ть (-ит) *imp.*, подойти́ (-ойдёт; -ошёл, -ошла́) *perf.* + *dat.*
before *adv.* пре́жде, ра́ньше; *prep.* пе́ред + *instr.*, до + *gen.*; *conj.* до того́ как, пре́жде чем; (*rather than*) скоре́е чем; the day b. yesterday, позавчера́. **beforehand** *adv.* зара́нее, вперёд.
befriend *v.t.* ока́зывать *imp.*, оказа́ть (-ажу́, -а́жешь) *perf.* дру́жескую по́мощь + *dat.*
beg *v.i.* ни́щенствовать *imp.*; *v.t.* (*ask*) проси́ть (-ошу́, -о́сишь) *imp.*, по ~ *perf.*; (*of dog*) служи́ть (-ит) *imp.*; b. pardon, проси́ть (-ошу́, -о́сишь) *imp.* проще́ние.
beget *v.t.* порожда́ть *imp.*, породи́ть *perf.*
beggar *n.* ни́щий *sb.*; *v.t.* разоря́ть *imp.*, разори́ть *perf.* **beggarliness** *n.* нищета́. **beggarly** *adj.* (*poor*) бе́дный (-ден, -дна́, -дно), (*mean*) жа́лкий (-лок, -лка́, -лко).
begin *v.t.* начина́ть *imp.*, нача́ть (-чну́, -чнёшь; на́чал, -á, -o) *perf.*; *v.i.* начина́ться *imp.*, нача́ться (-чнусь, -чнёшься; -ался́, -ала́сь) *perf.* **beginner** *n.* начина́ющий *sb.*, новичо́к (-чка́). **beginning** *n.* нача́ло.
begonia *n.* бего́ния.
begrudge *v.t.* (*spare*) скупи́ться *imp.*, по ~ *perf.* на + *acc.*, + *inf.*
beguile *v.t.* (*amuse*) развлека́ть *imp.*, развле́чь (-еку́, -ечёшь; -ёк, -екла́) *perf.*
behalf *n.*: on b. of, от и́мени + *gen.*; (*in interest of*) в по́льзу + *gen.*
behave *v.i.* вести́ (веду́, -дёшь; вёл, -á) *imp.* себя́. **behaviour** *n.* поведе́ние.
behead *v.t.* обезгла́вливать *imp.*, обезгла́вить *perf.*
behest *n.* заве́т.
behind *adv.*, *prep.* сза́ди (+ *gen.*), позади́ (+ *gen.*), за (+ *acc.*, *instr.*); *n.* зад (*loc.* -ý; *pl.* -ы́).
behold *interj.* се! **beholden** *predic.*: b. to, обя́зан + *dat.*
beige *adj.* беж *indecl.*, бе́жевый.
being *n.* (*existence*) бытие́ (*instr.* -ие́м, *prep.* -ии́); (*creature*) существо́; for the time being, на не́которое вре́мя; вре́менно.
belabour *v.t.* бить (бью, бьёшь); по ~ *perf.*
belated *adj.* запозда́лый.
belch *n.* отры́жка; *v.i.* рыга́ть *imp.*, рыгну́ть *perf.*; *v.t.* изверга́ть *imp.*, изве́ргнуть (-г(нул), -гла) *perf.*
beleaguer *v.t.* осажда́ть *imp.*, осади́ть *perf.*
belfry *n.* колоко́льня (*gen.pl.* -лен).
belie *v.t.* противоре́чить *imp.* + *dat.*
belief *n.* (*faith*) ве́ра; (*confidence*) убежде́ние. **believable** *adj.* вероя́тный, правдоподо́бный. **believe** *v.t.* ве́рить

belittle *imp.*, по ~ *perf.* + *dat.*; *I b. so*, кажется так; *I b. not*, думаю, что нет; едва ли.
belittle *v.t.* умалять *imp.*, умалить *perf.*
bell *n.* колокол (*pl.* -á); (*small*) колокольчик, бубенчик; *b.-bottomed trousers*, брюки (-к) *pl.* с раструбами; *b.-ringer*, звонарь (-ря́) *m.*; *b. tower*, колокольня (*gen.pl.* -лен).
belle *n.* красавица.
belles-lettres *n.* художественная литература.
bellicose *adj.* воинственный (-ен, -енна), агрессивный. **bellicosity** *n.* воинственность. **belligerency** *n.* воюющая сторона (*acc.* -ону); *pl.* -оны, -он, -онам); *adj.* воюющий.
bellow *n.* мычание, рёв; *v.t. & i.* мычать (-чу́, -чи́шь) *imp.*; реветь (-ву́, -вёшь) *imp.*
bellows *n.* мехи *m.pl.*
belly *n.* живот (-á), брюхо (*pl.* -хи).
belong *v.i.* принадлежать (-жу́, -жи́шь) *imp.* (то, (к) + *dat.*). **belongings** *n.* пожитки (-ков) *pl.*, вещи (-щей) *f.pl.*
beloved *adj.* любимый, возлюбленный (-ен, -енна).
below *adv.* вниз, внизу́; ниже; *prep.* ниже + *gen.*
belt *n.* (*strap*) пояс (*pl.* -á), ремень (-мня́); (*zone*) зо́на, полоса́ (*acc.* -осу́; *pl.* -осы, -ос, -осам); *v.t.* подпоясывать *imp.*, подпоясать (-я́шу, -я́шешь) *perf.*; (*thrash*) пороть (-рю́, -решь) *imp.*, вы́~ *perf.* ремнём.
bench *n.* (*seat*) скамья́ (*pl.* скамьи́, -ме́й), скаме́йка; (*for work*) стано́к (-нка́); (*court*) полице́йские судьи́ (*gen.* -де́й) *pl.*; (*parl.*) ме́сто (*pl.* -та́); *back benches*, са́мые рядовы́е чле́ны парла́мента.
bend *n.* сгиб, изги́б, накло́н; *v.t.* сгиба́ть *imp.*, согну́ть *perf.*
beneath *prep.* под + *instr.*
benediction *n.* благослове́ние.
benefaction *n.* ми́лость, дар (*pl.* -ы́). **benefactor** *n.* благоде́тель *m.* **benefactress** *n.* благоде́тельница.
benefice *n.* бенефи́ций. **beneficence** *n.* благотво́рность, милосе́рдие. **beneficent** *adj.* благотво́рный, поле́зный.
beneficial *adj.* поле́зный, вы́годный.
beneficiary *n.* лицо́ (*pl.* -ца), получа́ющее дохо́ды; (*in will*) насле́дник.
benefit *n.* по́льза, вы́года; (*allowance*) посо́бие; (*theat.*) бенефи́с; *v.t.* приноси́ть (-ошу́, -о́сишь) *imp.*, принести́ (-есу́, -есёшь; ёс, -есла́) *perf.* по́льзу + *dat.*; *v.i.* извлека́ть *imp.*, извле́чь (-еку́, -ечёшь; -ёк, -екла́) *perf.* вы́году.
benevolence *n.* благожела́тельность, благодея́ние. **benevolent** *adj.* благоскло́нный (-нен, -нна), благотвори́тельный.
benign *adj.* до́брый (добр, -á, -о, -ы); мя́гкий (мя́гок, мягка́, мя́гко, мя́гки); (*of tumour*) доброка́чественный (-нен, -нна).
bent *n.* скло́нность, накло́нность.
benumbed *adj.* окочене́вший, оцепене́лый.
benzene *n.* бензо́л.
bequeath *v.t.* завеща́ть *imp.*, *perf.* (+ *acc. & dat.*). **bequest** *n.* насле́дство, посме́ртный дар (*pl.* -ы́).
berate *v.t.* руга́ть *imp.*, вы́~ *perf.*
bereave *v.t.* лиша́ть *imp.*, лиши́ть *perf.* (*of*, + *gen.*). **bereavement** *n.* поте́ря (бли́зкого).
berry *n.* я́года.
berserk *adj.* неи́стовый; *go b.*, неи́стовствовать *imp.*
berth *n.* (*bunk*) ко́йка; (*naut.*) стоя́нка; *give a wide b. to*, обходи́ть (-ожу́, -о́дишь) *imp.*; избега́ть *imp.*, избе́гнуть (избе́г(нул), -гла) *perf.* + *gen.*; *v.t.* ста́вить *imp.*, по~ *perf.* на я́корь, на прича́л.
beryl *n.* бери́лл.
beseech *v.t.* умоля́ть *imp.*, умоли́ть *perf.* **beseeching** *adj.* умоля́ющий.
beset *v.t.* осажда́ть *imp.*, осади́ть *perf.*
beside *prep.* о́коло + *gen.*, во́зле + *gen.*, ря́дом с + *instr.*; *b. the point*, некста́ти; *b. oneself*, вне себя́. **besides** *adv.* кро́ме того́, помимо́; *prep.* кро́ме + *gen.*
besiege *v.t.* осажда́ть *imp.*, осади́ть *perf.*
besom *n.* садо́вая метла́ (*pl.* мётлы, -тел, -тлам).
besotted *adj.* одуре́лый.
bespoke *adj.* зака́занный (-ан); *b. tailor*, портно́й (-о́го), рабо́тающий на зака́з.
best *adj.* лу́чший, са́мый лу́чший; *adv.* лу́чше всего́, бо́льше всего́; *do one's b.*, де́лать *imp.*, с~ *perf.* всё возмо́ж-

bestial *adj.* ско́тский, зве́рский. **bestiality** *n.* ско́тство, зве́рство.
bestow *v.t.* дарова́ть *imp., perf.*
bestride *v.t.* (*sit*) сиде́ть (сижу́, сиди́шь) *imp.* верхо́м на + *prep.*; (*stand*) стоя́ть (-ою́, -ои́шь) *imp.*, расста́вив но́ги над + *instr.*
bet *n.* пари́ *neut.indecl.*; (*stake*) ста́вка; *v.t.* держа́ть (-жу́, -жишь) *imp.* пари́ (on, на + *acc.*). **betting** *n.* заключе́ние пари́.
betide *v.t. & i.* случа́ться *imp.*, случи́ться *perf.* (+ *dat.*); *whate'er b., woe b. you,* го́ре тебе́.
betray *v.t.* изменя́ть *imp.*, измени́ть (-ню́, -нишь) *perf.* + *dat.*; предава́ть (-даю́, -даёшь) *imp.*, преда́ть (-а́м, -а́шь, -а́ст, -ади́м; пре́дал, -а́, -о) *perf.* **betrayal** *n.* изме́на, преда́тельство.
betroth *v.t.* обруча́ть *imp.*, обручи́ть *perf.* **betrothal** *n.* обруче́ние.
better *adj.* лу́чший; *adv.* лу́чше; (*more*) бо́льше; *v.t.* улучша́ть *imp.*, улу́чшить *perf.*; *get the b. of,* брать (беру́, -рёшь; брал, -а́, -о) *imp.*, взять (возьму́, -мёшь; взял, -а́, -о) *perf.* верх над + *instr.*; *had b.: you had b. go,* вам (*dat.*) лу́чше бы пойти́; *think b. of,* переду́мывать *imp.*, переду́мать *perf.* **betterment** *n.* улучше́ние.
between, betwixt *prep.* ме́жду + *instr.*
bevel *n.* (*tool*) ма́ска.
beverage *n.* напи́ток (-тка).
bevy *n.* собра́ние, компа́ния.
bewail *v.t.* сокруша́ться *imp.*, сокруши́ться *perf.* о + *prep.*
beware *v.i.* остерега́ться *imp.*, остере́чься (-егу́сь, -ежёшься; -ёгся, -егла́сь) *perf.* (of, + *gen.*).
bewilder *v.t.* сбива́ть *imp.*, сбить (собью́, -ьёшь) *perf.* с то́лку. **bewildered** *adj.* смущённый (-ён, -ена́), озада́ченный (-ен) **bewilderment** *n.* смуще́ние, замеша́тельство.
bewitch *v.t.* заколдо́вывать *imp.*, заколдова́ть *perf.*; очаро́вывать *imp.*, очарова́ть *perf.* **bewitching** *adj.* очарова́тельный.
beyond *prep.* за + *acc., instr.*, по ту сто́рону + *gen.*; (*above*) сверх + *gen.*;

(*outside*) вне + *gen.*; *the back of b.,* глушь *f.*, край (*loc.* -аю́) све́та.
bias *n.* (*inclination*) укло́н; (*prejudice*) предубежде́ние; *to cut on the b.,* крои́ть *imp.*, с~ *perf.* по косо́й. **biased** *adj.* предубеждённый (-ён, -ена́).
bib *n.* нагру́дник.
Bible *n.* Би́блия. **biblical** *adj.* библе́йский.
bibliography *n.* библиогра́фия.
bibliophile *n.* библиофи́л.
bibulous *adj.* пья́нствующий.
bicarbonate (**of soda**) *n.* со́да.
bicentenary *n.* двухсотле́тие; *adj.* двухсотле́тний.
biceps *n.* би́цепс, двугла́вая мы́шца.
bicker *v.i.* пререка́ться *imp.*; препира́ться *imp.* **bickering** *n.* пререка́ния *neut. pl.*, ссо́ры *f. pl.* из-за мелоче́й.
bicycle *n.* велосипе́д.
bid *n.* предложе́ние цены́, зая́вка; *v.t. & i.* предлага́ть *imp.*, предложи́ть (-жу́, -жишь) *perf.* (це́ну) (for, за + *acc.*); *v.t.* (*command*) прика́зывать *imp.*, приказа́ть (-ажу́, -а́жешь) *perf.* + *dat.* **bidding** *n.* предложе́ние цены́, торги́ *m.pl.*; (*command*) приказа́ние.
bide *v.t.*: *b. one's time,* ожида́ть *imp.* подходя́щего моме́нта.
biennial *adj.* двухле́тний; *n.* двухле́тник.
bier *n.* (похоро́нные) дро́ги (-г) *pl.*
bifocal *adj.* двухфо́кусный.
big *adj.* большо́й, кру́пный (-пен, -пна́, -пно, кру́пны); (*important*) ва́жный (-жен, -жна́, -жно, ва́жны); *b. business,* де́ло большо́го масшта́ба; *b. end,* больша́я, ни́жняя, кривоши́пная голо́вка; *b. name,* знамени́тость; *b. noise,* ши́шка; *b. top,* цирк; *talk b.,* хва́статься *imp.*
bigamist *n.* (*man*) двоежёнец (-нца); (*woman*) двумужница. **bigamous** *adj.* двубра́чный. **bigamy** *n.* двубра́чие.
bike *n.* велосипе́д.
bikini *n.* бики́ни *neut.indecl.*
bilateral *adj.* двусторо́нний.
bilberry *n.* черни́ка.
bile *n.* жёлчь. **bilious** *adj.* жёлчный.
bilge *n.* (*sl.*) ерунда́.
bilingual *adj.* двуязы́чный. **bilingualism** *n.* двуязы́чие.

bill n. (*account*) счёт (*pl.* -á); (*draft of law*) законопроéкт, вéксель (*pl.* -ля́); (*of exchange*) (*theat.*) прогрáмма; (*poster*) афи́ша; *v.t.* (*announce*) объявля́ть *imp.*, объяви́ть (-влю́, -вишь) *perf.* в афи́шах; раскле́ивать *imp.*, раскле́ить *perf.* афи́ши + *gen.*; b. of fare, меню́ *neut.indecl.*; b. of health, санита́рное удостовере́ние; b. of lading, накладна́я *sb.*; B. of Rights, билль о правáх.
billet n. помещéние для постóя, кварти́ры *f.pl.*; *v.t.* расквартирóвывать *imp.*, расквартировáть *perf.*; **billeting officer**, квартирьéр.
billhead n. бланк.
billiard-ball n. билья́рдный шар (-á with 2, 3, 4; *pl.* -ы́). **billiard-cue** n. кий (кия́; *pl.* кии́). **billiard-room** n. билья́рдная *sb.* **billiard-table, billiards** n. билья́рд.
billion n. биллио́н.
billow n. больша́я волна́ (*pl.* -ны, -н, -нáм), вал *loc.* -ý; *pl.* -ы́); *v.i.* вздыма́ться *imp.* **billowy** *adj.* вздыма́ющийся, волни́стый.
billposter n. раскле́йщик афи́ш.
bimonthly *adj.* (*twice a month*) выходя́щий два ра́за в мéсяц; (*every two months*) выходя́щий раз в два мéсяца.
bin n. (*refuse*) му́сорное ведрó (*pl.* вёдра, -дер, -драм); (*corn*) зáкром (*pl.* -á), ларь (-ря́) *m*.
bind *v.t.* (*tie*) свя́зывать *imp.*, связáть (-яжý, -я́жешь) *perf.*; (*oblige*) обя́зывать *imp.*, обязáть (-яжý, -я́жешь) *perf.*; (*book*) переплетáть *imp.*, переплести́ (-етý, -етёшь; -ёл, -елá) *perf.* **binder** n. (*person*) переплётчик, -ица; (*agr.*) вяза́льщик; (*for papers*) пáпка. **binding** n. (*book*) переплёт; (*braid*) оторóчка. **bindweed** n. вьюнóк (-нкá).
binge n. кутёж (-á).
bingo n. би́нго *neut.indecl.*
binoculars n. бинóкль *m*.
binomial *adj.* двучле́нный.
biochemical *adj.* биохими́ческий. **biochemist** n. биохи́мик. **biochemistry** n. биохи́мия. **biographer** n. био́граф. **biographical** *adj.* биографи́ческий. **biography** n. биогрáфия, жизнеописáние. **biological** *adj.* биологи́ческий. **biologist** n. био́лог. **biology** n. биоло́гия.
bipartisan *adj.* двухпарти́йный. **bipartite** *adj.* двусторóнний. **biped** n. двунóгое живóтное *sb.* **biplane** n. биплáн.
birch n. (*tree*) берёза; (*rod*) рóзга (*gen.pl.* -зог); *v.t.* сечь (секý, сечёшь; сек, -лá) *imp.*, вы~ *perf.* рóзгой.
bird n. пти́ца; b. of passage, перелётная пти́ца; b. of prey, хи́щная пти́ца; b.'s-eye view, вид с пти́чьего полёта.
birth n. рождéние; (*origin*) происхождéние; b. certificate, мéтрика; b. control, противозачáточные мéры *f.pl.* **birthday** n. день (дня) *m*. рождéния. **birthplace** n. мéсто (*pl.* -тá) рождéния. **birthright** n. прáво по рождéнию.
biscuit n. сухо́е печéнье.
bisect *v.t.* разрезáть *imp.*, разрéзать (-éжу, -éжешь) *perf.* пополáм.
bishop n. епи́скоп; (*chess*) слон (-á). **bishopric** n. епáрхия.
bismuth n. ви́смут.
bison n. бизо́н.
bit¹ n. (*tech.*) сверлó (*pl.* -ёрла, бурáв (-á); (*bridle*) удилá (-л) *pl.*
bit² n. (*piece*) кусóчек (-чка), дóля (*pl.* -ли, -лéй); a b., немнóго; not a b., ничýть.
bitch n. сýка.
bite n. укýс; (*fishing*) клёв; *v.t.* кусáть *imp.*, укуси́ть (-ушý, -ýсишь) *perf.*; (*fish*) клевáть (клюёт) *imp.*, клю́нуть *perf.* **biting** *adj.* éдкий (éдок, едкá, éдко), рéзкий (-зок, -зкá, -зко).
bitter *adj.* гóрький (-рек, -рькá, -рько). **bitterness** n. гóречь.
bittern n. выпь.
bitumen n. биту́м. **bituminous** *adj.* биту́м(инóз)ный.
bivouac n. бивáк.
bi-weekly *adj.* (*twice a week*) выходя́щий два рáза в недéлю; (*fortnightly*) выходя́щий раз в две недéли, двухнедéльный.
bizarre *adj.* стрáнный (-нен, -ннá, -нно), причу́дливый.
blab *v.t.* выбáлтывать *imp.*, вы́болтать *perf.*
black *adj.* чёрный (-рен, -рнá); (*dark-skinned*) чернокóжий; b. currant,

bladder

чёрная сморо́дина; *b. eye*, подби́тый глаз (*pl.* -á, глаз, -áм), фона́рь (-ря́) *m. n.* (*Negro*) чёрный *sb.*; (*mourning*) тра́ур. **blackberry** *n.* ежеви́ка (*collect.*). **blackbird** *n.* чёрный дрозд (-á). **blackboard** *n.* кла́ссная доска́ (*acc.* -ску́; *pl.* -ски, -со́к, -ска́м). **blacken** *v.t.* черни́ть *imp.*, за~, на~, (*fig.*) о~ *perf.* **blackguard** *n.* полле́ц (-á), мерза́вец (-вца). **blackleg** *n.* штрейкбре́хер. **blackmail** *n.* шанта́ж (-á); *v.t.* шантажи́ровать *imp.*
bladder *n.* пузы́рь (-ря́) *m.*
blade *n.* (*knife etc.*) ле́звие, клино́к (-нка́); (*oar etc.*) ло́пасть (*pl.* -ти, -те́й); (*grass*) были́нка.
blame *n.* вина́, порица́ние; *v.t.* вини́ть *imp.* (*for*, в + *prep.*); *to be b.*, быть винова́тым. **blameless** *adj.* безупре́чный, неви́нный (-нен, -нна).
blanch *v.t.* бели́ть *imp.*, вы́~ *perf.*; (*food*) обва́ривать *imp.*, обвари́ть (-рю́, -ришь) *perf.*; *v.i.* бледне́ть *imp.*, по~ *perf.*
bland *adj.* мя́гкий (-гок, -гка́, -гко, мя́гки); (*in manner*) ве́жливый.
blandishment *n.*: льсти́вые ре́чи (-че́й) *pl.*
blank *n.* (*space*) пробе́л; (*form*) бланк; (*ticket*) пусто́й биле́т; *adj.* пусто́й (пуст, -á, -о, -ы́); незапо́лненный (-ен); чи́стый (чист, -á, -о, чи́сты); *b. cartridge*, холосто́й патро́н; *b. wall*, глуха́я стена́ (*acc.* -ну́; *pl.* -ны, -н, -на́м); *b. verse*, бе́лый стих (-á).
blanket *n.* одея́ло.
blare *n.* звук трубы́; *v.i.* труби́ть *imp.*, про~ *perf.*; (*shout*) ора́ть (ору́, орёшь) *imp.*
blasphemous *adj.* богоху́льный. **blasphemy** *n.* богоху́льство.
blast *n.* (*wind*) поры́в ве́тра; (*air*) струя́ (*pl.* -у́и); (*sound*) гудо́к (-дка́); (*of explosion*) взрывна́я волна́ (*pl.* -ны, -н, -на́м); *v.t.* взрыва́ть *imp.*, взорва́ть (-ву́, -вёшь; взорва́л, -á, -о) *perf.*; *b. off*, стартова́ть *imp.*, *perf.*; взлета́ть *imp.*, взлете́ть (-ечу́, -ети́шь) *perf.*; *b.-furnace*, до́менная печь (*pl.* -чи, -че́й).
blatant *adj.* (*clear*) я́вный; (*flagrant*) вопию́щий.

blister

blaze[1] *n.* (*flame*) я́ркое пла́мя *neut.*; (*light*) я́ркий свет; *v.i.* (*flame*) пыла́ть *imp.*; (*with light*) сверка́ть *imp.*
blaze[2] *n.* (*mark*) ме́тить *imp.*, на~ *perf.*; *b. the trail*, прокла́дывать *imp.* путь.
blazer *n.* спорти́вная ку́ртка.
bleach *n.* хло́рная и́звесть; *v.t.* бели́ть *imp.*, вы́~ *perf.* **bleaching** *n.* отбе́ливание, беле́ние.
bleak *adj.* (*bare*) оголённый (-ён, -ена́); (*dreary*) уны́лый.
bleary *adj.* му́тный (-тен, -тна́, -тно, му́тны), затума́ненный (-ен) *b.-eyed*, с затума́ненными глаза́ми.
bleat *v.i.* бле́ять (-е́ю, -е́ешь) *imp.*; *n.* бле́яние.
bleed *v.i.* кровоточи́ть *imp.*; *v.t.* пуска́ть *imp.*, пусти́ть (пущу́, пу́стишь) *perf.* кровь + *dat.*; *n.* кровоточе́ние; кровопуска́ние; *my heart bleeds*, се́рдце облива́ется кро́вью.
bleep *n.* бип.
blemish *n.* недоста́ток (-тка), пятно́ (*pl.* -тна, -тен, -тнам), поро́к; *without b.*, непоро́чный, незапя́танный (-ан).
blench *v.i.* вздро́гнуть *perf.*
blend *n.* смесь; *v.t.* сме́шивать *imp.*, смеша́ть *perf.*; *v.i.* гармони́ровать *imp.* **blender** *n.* смеси́тель *m.*
bless *v.t.* благословля́ть *imp.*, благослови́ть *perf.* **blessed** *adj.* благослове́нный (-ён, -ённа), счастли́вый (сча́стлив). **blessing** *n.* (*action*) благослове́ние; (*object*) бла́го.
blind *adj.* слепо́й (слеп, -á, -о); *b. alley*, тупи́к (-á); *b. flying*, слепо́й полёт; *n.* што́ра; *v.t.* ослепля́ть *imp.*, ослепи́ть *perf.*
blink *v.i.* мига́ть *imp.*, мигну́ть *perf.*; морга́ть *imp.*, моргну́ть *perf.*; *n.* мига́ние. **blinkers** *n.* шо́ры (-р) *pl.*
blip *n.* сигна́л на экра́не.
bliss *n.* блаже́нство. **blissful** *adj.* блаже́нный (-ен, -енна).
blister *n.* пузы́рь (-ря́) *m.*, волды́рь (-ря́) *m.*; *v.i.* покрыва́ться *imp.*, покры́ться (-ро́юсь, -ро́ешься) *perf.* пузыря́ми, волдыря́ми; *v.t.* вызыва́ть *imp.*, вы́звать (-зовет) *perf.* пузы́рь, волды́рь на + *prep.*, на ко́же + *gen.*

blithe *adj.* весёлый (весел, -á, -о весéлы); (*carefree*) беспéчный.
blitz *n.* стремительное нападéние; (*aerial*) стремительный налёт. **blitzkrieg** *n.* молниенóсная войнá.
blizzard *n.* метéль, вьюга.
bloated *adj.* надýтый, раздýтый.
bloater *n.* копчёная селёдка.
blob *n.* (*liquid*) кáпля (*gen.pl.* -пель); (*spot*) пятнышко (*pl.* -шки, -шек, -шкам).
bloc *n.* блок.
block *n.* (*of wood*) чурбáн, колóда; (*of stone*) глыба; (*obstruction*) затóр; (*traffic*) прóбка; (*tech.*) блок; (*of flats*) жилóй дом (*pl.* -á); b. and tackle, тáли (-лей) *pl.*; b. letters, печáтные бýквы *f.pl.*; *v.t.* преграждáть *imp.*, преградить *perf.*; b. out, набрáсывать *imp.*, набросáть *perf.* вчернé.
blockade *n.* блокáда; *v.t.* блокировать *imp., perf.*
blockage *n.* затóр.
blond *n.* блондин, ~ ка; *adj.* белокýрый.
blood *n.* кровь (*loc.* -ви; *pl.* -ви, -вéй); (*descent*) происхождéние; b. bank, хранилище крóви и плáзмы; b.-donor, дóнор; b. orange, королёк (-лькá); b.-poisoning, заражéние крóви; b. pressure, кровянóе давлéние; b.-relation, близкий рóдственник, -ица; b.-transfusion, переливáние крóви; b.-vessel, кровенóсный сосýд. **bloodhound** *n.* ищéйка. **bloodless** *adj.* бескрóвный.
bloody *adj.* кровáвый, окровáвленный (-ен).
bloom *n.* расцвéт; *v.i.* расцветáть *imp.*, расцвести (-етý, -етёшь; -ёл, -елá) *perf.*
blossom *n.* цветóк (-ткá; *pl.* цветы); *collect.* цветéние; in b., в цветý.
blot *n.* клякса, пятнó (*pl.* -тна, -тен, -тнам); *v.t.* промокáть *imp.*, промокнýть *perf.*; пáчкать *imp.*, за~ *perf.*
blotch *n.* пятнó (*pl.* -тна, -тен, -тнам). **blotchy** *adj.* запятнанный (-ан).
blotter, **blotting-paper** *n.* промокáтельная бумáга.
blouse *n.* кóфточка, блýзка.
blow[1] *n.* удáр.
blow[2] *v.i. & t.* дуть (дýю, дýешь) *imp.*; вéять (вéет) *imp.*; выдувáть *imp.*, выдуть (-ую, -уешь) *perf.*; сносить (-ошý, -óсишь) *imp.*, снести (-есý, -есёшь; снёс, -лá) *perf.*; свáливать *imp.*, свалить (-лю, -лишь) *perf.*; b. up, взрывáть *imp.*, взорвáть (-вý, -вёшь; взорвáл, -á, -о) *perf.*; b.-up, фотопаннó *neut.indecl.* **blowlamp** *n.* паяльная лáмпа.
blubber[1] *n.* вóрвань.
blubber[2] *n.* реветь (-вý, -вёшь) *imp.*
bludgeon *n.* дубинка.
blue *adj.* (*dark*) синий (-нь, -ня, -не); (*light*) голубóй; *n.* синий, голубóй, цвет; (*sky*) нéбо. **bluebell** *n.* колокóльчик. **bluebottle** *n.* синяя мýха. **blueprint** *n.* синька, светокóпия.
bluff[1] *n.* (*cliff*) отвéсный бéрег (*loc.* -ý; *pl.* -á); *adj.* (*person*) грубовáто-добродýшный.
bluff[2] *n.* (*deceit*) обмáн, блеф; *v.i.* притворяться *imp.*, притвориться *perf.*
blunder *n.* грýбая ошибка; *v.i.* ошибáться *imp.*, ошибиться (-бýсь, -бёшься; -бся) *perf.*; (*stumble*) спотыкáться *imp.*, споткнýться *perf.*
blunt *adj.* (*knife*) тупóй (туп, -á, -о, тýпы); (*person*) прямóй (прям, -á, -о, прямы); (*words*) рéзкий (-зок, -зкá, -зко); *v.t.* тупить (-плю, -пишь) *imp.*, за~ , ис~ *perf.*; притуплять (-плю, -пишь) *perf.*
blur *n.* расплывчатая фóрма; *v.t.* турмáнить *imp.*, за~ *perf.*; изглáживать *imp.*, изглáдить *perf.*
blurb *n.* реклáмная нáдпись (на супероблóжке).
blurred *adj.* расплывчатый, неясный (-сен, -снá, -сно, неясны).
blurt *v.t.*: b. out, выбáлтывать *imp.*, выболтать *perf.*
blush *v.i.* краснéть *imp.*, за~ *perf.*; зардéться *perf.*; *n.* румянец (-нца).
bluster *v.i.* бушевáть (-шýю, -шýешь) *imp.*; *n.* пустые угрóзы *f.pl.*
boa *n.* боá *m.indecl.* (*snake*), *neut.indecl.* (*wrap*); b. constrictor, удáв.
boar *n.* бóров (*pl.* -ы, -óв); (*wild*) вепрь *m.*
board *n.* доскá (*acc.* -скý; *pl.* -ски, -сóк, -скáм); (*table*) стол (-á); (*food*) питáние; (*committee*) правлéние, со-

boast

вёт; *pl.* сцёна, подмо́стки (-ков) *pl.*; (*naut.*) борт (*loc.* -ý; *pl.* -á); *on b.*, на борту́(ý); *v.i.* столова́ться *imp.*; *v.t.* сади́ться *imp.*, сесть (ся́ду, -дешь; сел) *perf.* (на кора́бль, в по́езд и т.д.); (*naut.*) брать (беру́, -рёшь; брал, -á, -о) *imp.*, взять (возьму́, -мёшь; взял, -á, -о) *perf.* на абордáж. **boarder** *n.* пансионéр. **boarding-house** *n.* пансио́н. **boarding-school** *n.* интерна́т.
boast *v.i.* хвастáться *imp.*, по~ *perf.*; *v.t.* горди́ться *imp.* + *instr.*; *n.* хвастовство́. **boaster** *n.* хвасту́н (-á). **boastful** *adj.* хвастли́вый.
boat *n.* ло́дка, су́дно (*pl.* -да́, -до́в), кора́бль (-ля́) *m.*; *b. building*, судострое́ние; *b.-hook*, бaгóp (-грá).
boatswain *n.* бо́цман.
bob[1] *n.* (*weight*) балансúр; (*hair*) стри́жка во́лос, покрыва́ющая уши.
bob[2] *v.i.* подпры́гивать *imp.*, подпры́гнуть *perf.*
bobbin *n.* катýшка, шпу́лька.
bobby *n.* полицéйский, бо́бби *m.indecl.*
bobsleigh *n.* бо́бслéй.
bobtail *n.* обре́занный хвост (-á).
bode *v.t.* предвещáть *imp.*
bodice *n.* лиф, корсáж.
bodily *adv.* целиком; *adj.* телéсный, физи́ческий.
bodkin *n.* тупáя иглá (*pl.* -лы).
body *n.* тéло (*pl.* -лá), ту́ловище; (*corpse*) труп; (*frame*) остóв; (*troops etc.*) кóрпус (*pl.* -á); (*carriage*) ку́зов (*pl.* -á); (*main part*) основнáя часть. **bodyguard** *n.* телохрани́тель *m.*; *collect.* телохрани́тели *pl.*
bog *n.* боло́то, тряси́на; *get bogged down*, увязáть *imp.*, увя́знуть (-з) *perf.* **boggy** *adj.* боло́тистый.
bogus *adj.* поддéльный, фальши́вый.
bogy *n.* пугáло.
boil[1] *n.* (*med.*) фурýнкул, нарыв.
boil[2] *v.i.* кипéть (-пи́т) *imp.*, вс~ *perf.*; *v.t.* кипяти́ть (-рю́, -ри́шь) *imp.*, с~ *perf.*; (*cook*) вари́ть (-рю́, -ришь) *imp.*, с~ *perf.*; *n.* кипéние; *bring to the b.*, доводи́ть (-ожу́, -о́дишь) *imp.*, довести́ (-еду́, -едёшь, -ёл, -елá) *perf.* до кипéния. **boiled** *adj.* варёный, кипячёный. **boiler** *n.* (*vessel*) котёл (-тлá); (*fowl*) ку́рица го́дная для вáрки; *b. house*, котéльная

boom

sb.; *b. suit*, комбинезо́н. **boiling** *n.* кипéние; *adj.* кипя́щий; *b. water*, кипяток (-ткá).
boisterous *adj.* бу́рный (-рен, бурнá, -рно), шу́мный.
bold *adj.* смéлый (смел, -á, -о), хрáбрый (хрáбр, -á, -о, хрáбры) (-зок, -зкá, -зко); (*clear*) чёткий (-ток, -ткá, -тко); (*type*) жи́рный.
bole *n.* ствол (-á).
bolster *n.* вáлик; *v.t.*: *b. up*, подпирáть *imp.*, подперéть (подопру́, -рёшь; подпёр) *perf.*
bolt *n.* засо́в, задви́жка; (*tech.*) болт (-á); (*flight*) бéгство; *v.t.* запирáть *imp.*, заперéть (-прý, -рёшь; зáпер, -лá, -ло) *perf.* на засо́в; скрепля́ть *imp.*, скрепи́ть *perf.* болтáми; *v.i.* (*flee*) удирáть *imp.*, удрáть (удерý, -рёшь; удрáл, -á, -о) *perf.*; (*horse*) понести́ (-есёт, -ёс, -еслá) *perf.*
bomb *n.* бо́мба; *v.t.* бомби́ть *imp.* бомбардирова́ть *imp.* **bombard** *v.t.* бомбардирова́ть *imp.* **bombardment** *n.* бомбардиро́вка. **bomber** *n.* бомбардиро́вщик.
bombastic *adj.* напы́щенный (-ен, -енна).
bonanza *n.* золото́е дно.
bond *n.* (*econ.*) облигáция; связь; *pl.* оковы (-в) *pl.*, (*fig.*) у́зы (уз) *pl.*
bone *n.* кость (*pl.* -ти, -тéй); *pl.* прах; *b. of contention*, я́блоко раздо́ра.
bonfire *n.* костёр (-трá).
bonnet *n.* кáпор, чéпчик; (*car*) капо́т.
bonny *adj.* здоро́вый, хоро́шенький.
bony *adj.* кости́стый.
booby *n.* болвáн, о́лух; *b. trap*, ловýшка.
book *n.* кни́га; *v.t.* (*order*) закáзывать *imp.*, заказáть (-ажу́, -áжешь) *perf.*; (*reserve*) брони́ровать *imp.*, за~ *perf.* **bookbinder** *n.* переплётчик, -ица. **bookkeeper** *n.* бухгáлтер. **bookmaker**. **bookie** *n.* букмéкер. **booking** *n.* (*order*) закáз; (*sale*) продáжа билéтов; *b. clerk*, кассúр; *b. office*, кáсса.
boom[1] *n.* (*barrier*) бон.
boom[2] *n.* (*sound*) гул; (*econ.*) бум, экономи́ческий подъём; *v.i.* гудéть (гужу́, гуди́шь) *imp.*; (*flourish*) процветáть *imp.*

boon¹ *n.* благо.
boon² *adj.*: *b. companion*, весёлый друг (*pl.* друзья, -зей).
boor *n.* грубый, мужиковатый человек. **boorish** *adj.* мужиковатый.
boost *v.t.* (*raise*) поднимать *imp.*, поднять (-ниму, -нимешь; поднял, -а, -о) *perf.*; (*increase*) увеличивать *imp.*, увеличить *perf.*
boot *n.* ботинок (-нка; *gen.pl.* -нок), сапог (-а; *gen.pl.* -г); (*football*) бутса; *v.t.*: *b. out*, выгонять *imp.*, выгнать (выгоню, -нишь) *perf.* **bootee** *n.* детский вязаный башмачок (-чка).
boots *n.* коридорный *sb.*
booth *n.* киоск, будка; (*polling*) кабина (для голосования).
bootlegger *n.* торговец (-вца) контрабандными спиртными напитками.
booty *n.* добыча; (*mil.*) трофеи *m.pl.*
booze *n.* выпивка; *v.i.* выпивать *imp.*
boracic *adj.* борный. **borax** *n.* бура.
border *n.* (*boundary*) граница; (*edge*) край (*loc.* -аю; *pl.* -ая); (*edging*) кайма, бордюр; *v.i.* граничить *imp.* (on, с+*instr.*); окаймлять *imp.*, окаймить *perf.* **borderline** *n.* граница.
bore¹ *n.* (*calibre*) канал (ствола), калибр (оружия); (*borehole*) буровая скважина; *v.t.* сверлить *imp.*, про~ *perf.* **boring**¹ *adj.* сверлящий, буровой.
bore² *n.* (*tedium*) скука; (*person*) нудный человек; *v.t.* надоедать *imp.*, надоесть (-ём, -ёшь, -ест, -едим; -ел) *perf.* **boredom** *n.* скука. **boring**² *adj.* скучный (-чен, -чна, -чно).
born *adj.* прирождённый; *be b.*, родиться *imp.* (-ился, -илась) *perf.*
borough *n.* город (*pl.* -а).
borrow *v.t.* занимать *imp.*, занять (займу, -мёшь; занял, -а, -о) *perf.* (from *person*), у+*gen.*); заимствовать *imp.*, *perf.*
bosh *n.* чепуха.
bosom *n.* (*breast*) грудь (-ди, *instr.* -дью; *pl.* -ди, -дей); (*heart*) сердце (*depths*) недра (-р) *pl.*; *b. friend*, закадычный друг (*pl.* друзья, -зей).
boss *n.* хозяин (*pl.* -яева, -яев), шеф; *v.t.* командовать *imp.*, с~ *perf.*+*instr.*
bossy *adj.* властный.

botanical *adj.* ботанический. **botanist** *n.* ботаник. **botany** *n.* ботаника.
botch *v.t.* портить *imp.*, ис~ *perf.*
both *adj., pron.* оба (обоих, -им, -ими) *m. & neut.*, обе (обеих, -им, -ими) *f.*; *adv.* тоже; *both ... and*, и... и; не только... но и; как... так и.
bother *n.* беспокойство, хлопоты (-от) *pl.*; *v.t.* беспокоить *imp.*; надоедать *imp.*, надоесть (-ём, -ёшь, -ест, -едим; -ел) *perf.*
bottle *n.* бутылка; *b.-neck*, узкое место (*pl.* -та), затор; *v.t.* разливать *imp.*, разлить (разолью, -ёшь; разлил, -а, -о) *perf.* по бутылкам; *b. up*, (*conceal*) затаивать *imp.*, затаить *perf.*; (*restrain*) подавлять *imp.*, подавить (-влю, -вишь) *perf.*
bottom *n.* нижняя часть (*pl.* -ти, -тей); (*of river etc.*) дно (*pl.* донья, -ев); (*buttocks*) зад (*loc.* -у; *pl.* -ы); *adj.* самый нижний. **bottomless** *adj.* бездонный (-нен, -нна); *b. pit*, ад (*loc.* -у).
bough *n.* сук (-а, *loc.* -у; *pl.* -ов & сучья, -ьев), ветвь (*pl.* -ви, -вей).
boulder *n.* валун (-а), глыба.
bounce *n.* прыжок (-жка), скачок (-чка); *v.i.* подпрыгивать *imp.*, подпрыгнуть *perf.* **bouncing** *adj.* рослый, здоровый.
bound¹ *n.* (*limit*) предел; *v.t.* ограничивать *imp.*, ограничить *perf.*
bound² *n.* (*spring*) прыжок (-жка), скачок (-чка); *v.i.* прыгать *imp.*, прыгнуть *perf.*; скакать (-ачу, -ачешь) *imp.*
bound³ *adj.* (*tied*) связанный (-ан); *he is b. to be there*, он обязательно там будет.
bound⁴ *adj.*: *to be b. for*, направляться *imp.*, направиться *perf.* в+*acc.*
boundary *n.* граница, межа (*pl.* -жи, -ж, -жам).
bounder *n.* хам.
boundless *adj.* беспредельный, безграничный.
bounteous, bountiful *adj.* (*generous*) щедрый (щедр, -а); (*ample*) обильный. **bounty** *n.* щедрость; (*gratuity*) премия.
bouquet *n.* букет.
bourgeois *n.* буржуа *m.indecl.*; *adj.* буржуазный. **bourgeoisie** *n.* буржуазия.

bout *n.* (*of illness*) приступ; (*sport*) схватка, встреча.
bovine *adj.* бычачий (-чья, -чье); (*fig.*) тупой (туп, -а, -о, тупы).
bow¹ *n.* (*weapon*) лук; (*knot*) бант; (*mus.*) смычок (-чка).
bow² *n.* (*obeisance*) поклон; *v.i.* кланяться *imp.*, поклониться (-нюсь, -нишься) *perf.*
bow³ *n.* (*naut.*) нос (*loc.* -у; *pl.* -ы); (*rowing*) передний номер (*pl.* -а).
bowdlerize *v.t.* очищать *imp.*, очистить *perf.*
bowels *n.* кишечник; (*depths*) недра (-р) *pl.*
bower *n.* беседка.
bowl¹ *n.* (*vessel*) миска, таз (*loc.* -у; *pl.* -ы), чаша.
bowl² *n.* (*ball*) шар (-á with 2, 3, 4; *pl.* -ы); *v.i.* метать (мечу, -чешь) *imp.*, метнуть *perf.* мяч; подавать (-даю, -даёшь) *imp.*, подать (-ам, -ашь, -аст, -адим; подал, -á, -о) *perf.* мяч. **bowler** (hat) *n.* котелок (-лка). **bowling-alley** *n.* кегельбан. **bowls** *n.* игра в шары; **play b.**, играть *imp.*, сыграть *perf.* в шары.
box¹ *n.* (*container*) коробка, ящик, сундук (-á); (*theat.*) ложа; (*coach*) козлы (-зел) *pl.*; (*horse*) стойло; **b.-office**, касса; **b.-pleat**, бантовая складка.
box² *n.*, **boxwood** *n.* (*bot.*) самшит.
box³ *n.* (*blow*) удар; *v.i.* боксировать *imp.* **boxer** *n.* боксёр. **boxing** *n.* бокс.
boy *n.* мальчик, юноша *m.*; **b. friend**, друг (*pl.* друзья, -зей); **b. scout**, бойскаут. **boyhood** *n.* отрочество. **boyish** *adj.* мальчишеский.
boycott *n.* бойкот; *v.t.* бойкотировать *imp.*, *perf.*
bra *n.* бюстгальтер.
brace *n.* (*clamp*) скрепа; *pl.* подтяжки *f.pl.*; (*pair*) пара; *v.t.* скреплять *imp.*, скрепить *perf.*; **b. oneself**, напрягать *imp.*, напрячь (-ягу, -яжёшь; -яг, -ягла) *perf.* силы.
bracelet *n.* браслет.
bracing *adj.* бодрящий.
bracket *n.* (*support*) кронштейн; *pl.* скобки *f.pl.*; (*category*) категория, рубрика.
brad *n.* штифтик. **bradawl** *n.* шило (*pl.* шилья, -ьев).

brag *v.i.* хвастаться *imp.*, по~ *perf.* **braggart** *n.* хвастун (-á).
braid *n.* тесьма.
Braille *n.* шрифт Брайля.
brain *n.* мозг (-а(у), *loc.* -е & -ý; *pl.* -и́); (*intellect*) ум (-á); **b. drain**, утечка умов; *v.t.* размозжи́ть *perf.* го́лову + *dat.* **brainstorm** *n.* припа́док (-дка) безу́мия. **brainwashing** *n.* идеологи́ческая обрабо́тка. **brainwave** *n.* блестя́щая иде́я.
braise *v.t.* туши́ть (-шу́, -шишь) *imp.*, с~ *perf.*
brake *n.* то́рмоз (*pl* -á, *fig.* -ы); *v.t.* тормози́ть *imp.*, за~ *perf.*
bramble *n.* ежеви́ка.
brambling *n.* вьюро́к (-рка́).
bran *n.* о́труби (-бе́й) *pl.*
branch *n.* ве́тка; (*subject*) о́трасль; (*department*) отделе́ние, филиа́л; *v.i.* разветвля́ться *imp.*, разветви́ться *perf.*
brand *n.* (*mark*) клеймо́ (*pl.* -ма); (*make*) ма́рка; (*sort*) сорт (*pl.* -á); *v.t.* клейми́ть *imp.*, за~ *perf.*
brandish *v.t.* разма́хивать *imp.* + *instr.*
brandy *n.* конья́к (-á(у́)).
brass *n.* лату́нь, жёлтая медь; (*mus.*) ме́дные инструме́нты *m.pl.*; *adj.* лату́нный, ме́дный; **b. band**, ме́дный духово́й орке́стр, **bold as b.**, на́глый (нагл, -á, -о); **b. hats**, нача́льство, ста́ршие офице́ры *m.pl.*; **top b.**, вы́сшее нача́льство.
brassière *n.* бюстга́льтер.
brat *n.* ребёнок (-нка; *pl.* де́ти, -те́й); (*derog.*) постре́л.
bravado *n.* брава́да.
brave *adj.* хра́брый (храбр, -á, -о, хра́бры), сме́лый (смел, -á, -о); *v.t.* хра́бро встреча́ть *imp.*, встре́тить *perf.* **bravery** *n.* хра́брость, сме́лость.
brawl *n.* у́личная дра́ка, сканда́л; *v.i.* дра́ться (деру́сь, -рёшься; дра́лся, -ала́сь, -а́лось) *imp.*, по~ *perf.*; сканда́лить *imp.*, на~ *perf.*
brawn *n.* му́скульная си́ла; (*cul.*) свино́й сту́день (-дня) *m.* **brawny** *adj.* дю́жий (дюж, -á, -е), си́льный (силён, -льна́, -льно, си́льны).
bray *n.* крик осла́; *v.i.* крича́ть (-чи́т) *imp.*, издава́ть (-даю́, -даёшь) *imp.*,

brazen

издать (-а́м, -а́шь, -а́ст, -ади́м; изда́л, -а́, -о) *perf.* ре́зкий звук.

brazen *adj.* ме́дный, бро́нзовый; (*b.-faced*) бессты́дный.

brazier *n.* жаро́вня (*gen.pl.* -вен).

breach *n.* наруше́ние; (*break*) проло́м; (*mil.*) брешь; *v.t.* прола́мывать *imp.*, проломи́ть (-млю́, -мишь) *perf.*

bread *n.* хлеб; (*white*) бу́лка; *b.-winner*, корми́лец (-льца).

breadth *n.* ширина́, широта́.

break *n.* проло́м, разры́в; (*pause*) переры́в, па́уза; *b. of day*, рассве́т; *v.t.* лома́ть *imp.*, с~ *perf.*; разбива́ть *imp.*, разби́ть (разобью́, -ьёшь) *perf.*; (*violate*) наруша́ть *imp.*, нару́шить *perf.*; *b. in*(*to*), вла́мываться *imp.*, вломи́ться (-млю́сь, -мишься) *perf.* в + *acc.*; *b. off*, отла́мывать *imp.*, отломи́ть (-млю́, -мишь) *perf.*; (*interrupt*) прерыва́ть *imp.*, прерва́ть (-ву́, -вёшь; -ва́л, -вала́, -ва́ло) *perf.*; *b. out*, вырыва́ться *imp.*, вы́рваться (-вусь, -вешься) *perf.*; *b. through*, пробива́ться *imp.*, проби́ться (-бью́сь, -бьёшься) *perf.*; *b. up*, разбива́ть(ся) *imp.*, разби́ть(ся) (разобью́, -бьёт(ся)) *perf.*; *b. with*, порыва́ть *imp.*, порва́ть (-ву́, -вёшь; порва́л, -а́, -о) *perf.* с + *instr.* **breakage** *n.* поло́мка. **breakdown** *n.* ава́рия; *nervous b.*, не́рвное расстро́йство. **breaker** *n.* буру́н (-а́). **breakfast** *n.* у́тренний за́втрак; *v.i.* за́втракать *imp.*, по~ *perf.* **breakneck** *adj.*: *at b. speed*, сломя́ го́лову. **breakwater** *n.* мол (*loc.* -у́).

breast *n.* грудь (-ди́, *instr.* -дью; *pl.* -ди, -де́й); *b.-feeding*, кормле́ние гру́дью; *b. stroke*, брасс.

breath *n.* дыха́ние, дунове́ние. **breathe** *v.i.* дыша́ть (-шу́, -шишь) *imp.*; *b. in*, вдыха́ть *imp.*, вдохну́ть *perf.*; *b. out*, выдыха́ть *imp.*, вы́дохнуть *perf.* **breather, breathing-space** *n.* переды́шка. **breathless** *adj.* запыха́вшийся.

breeches *n.* бри́джи (-жей) *pl.*, брю́ки (-к) *pl.*

breed *n.* поро́да; *v.i.* размножа́ться *imp.*, размно́житься *perf.*; *v.t.* разводи́ть (-ожу́, -о́дишь) *imp.*, развести́ (-еду́, -едёшь; -ёл, ела́) *perf.* **breeder**

37

bright

n. -во́д: *cattle b.*, скотово́д; *poultry b.*, птицево́д; (*upbringing*) воспита́ние. **breeding** *n.* разведе́ние, -во́дство; (*upbringing*) воспи́танность.

breeze *n.* ветеро́к (-рка́); (*naut.*) бриз.

breezy *adj.* све́жий (свеж, -а́, -о́, свежи́); (*lively*) живо́й (жив, -а́, -о).

breviary *n.* тре́бник.

brevity *n.* кра́ткость.

brew *v.t.* (*beer*) вари́ть (-рю́, -ришь) *imp.*, с~ *perf.*; (*tea*) зава́ривать *imp.*, завари́ть (-рю́, -ришь) *perf.* **brewer** *n.* пивова́р. **brewery** *n.* пивова́ренный заво́д.

bribe *n.* взя́тка; *v.t.* дава́ть (даю́, даёшь) *imp.*, дать (дам, дашь, даст, дади́м; дал, -а́, да́ло, -и) *perf.* взя́тку + *dat.*; подкупа́ть *imp.*, подкупи́ть (-плю́, -пишь) *perf.* **bribery** *n.* по́дкуп.

brick *n.* кирпи́ч (-а́) (*also collect.*); (*toy*) (де́тский) ку́бик; *adj.* кирпи́чный. **brickbat** *n.* обло́мок (-мка) кирпича́. **brick-field, -yard** *n.* кирпи́чный заво́д. **bricklayer** *n.* ка́менщик.

bridal *adj.* сва́дебный. **bride** *n.* неве́ста; (*after wedding*) новобра́чная *sb.* **bridegroom** *n.* жени́х (-а́); новобра́чный *sb.* **bridesmaid** *n.* подру́жка неве́сты.

bridge[1] *n.* мост (мо́ста́, *loc.* -у́; *pl.* -ы́), мо́стик; (*of nose*) перено́сица; *v.t.* наводи́ть (-ожу́, -о́дишь) *imp.*, навести́ (-еду́, -едёшь; -ёл, -ела́) *perf.* мост че́рез + *acc.*; стро́ить *imp.*, по~ *perf.* мост че́рез + *acc.* **bridgehead** *n.* плацда́рм.

bridge[2] *n.* (*cards*) бридж.

bridle *n.* узда́ (*pl.* -ды), узде́чка; *v.t.* обу́здывать *imp.*, обузда́ть *perf.*; *v.i.* возмуща́ться *imp.*, возмути́ться (-ущу́сь, -ути́шься) *perf.*

brief *adj.* недо́лгий (-лог, -лга́, -лго), кра́ткий (-ток, -тка́, -тко); *n.* инстру́кция; *v.t.* инструкти́ровать *imp.* & *perf.* **brief-case** *n.* портфе́ль *m.* **briefing** *n.* инструкти́рование, бри́финг. **briefly** *adv.* ко́ротко, сжа́то. **briefs** *n.* шо́рты (-т & -тов) *pl.*

brier *n.* шипо́вник.

brig *n.* бриг.

brigade *n.* брига́да. **brigadier** *n.* бригади́р.

bright *adj.* я́ркий (я́рок, ярка́, я́рко), блестя́щий; (*clever*) смышлёный (-ён). **brighten** *v.i.* проясня́ться *imp.*, про-

brilliant 38 **brow**

ясни́ться *perf.*; *v.t.* придава́ть (-даю́, -даёшь) *imp.*, прида́ть (-а́м, -а́шь, -а́ст, -ади́м) -при́дал, -а́, -о) *perf.* блеск, красоту́. **brightness** *n.* я́ркость.
brilliant *adj.* блестя́щий.
brim *n.* край (*pl.* -ая́); (*hat*) поля́ (-ле́й) *pl.* **brimful** *adj.* по́лный (-лон, -лна́, по́лно) до краёв.
brimstone *n.* саморо́дная се́ра.
brine *n.* рассо́л.
bring *v.t.* (*carry*) приноси́ть (-ошу́, -о́сишь) *imp.*, принести́ (-есу́, -есёшь; -ёс, -есла́) *perf.*; (*lead*) приводи́ть (-ожу́, -о́дишь) *imp.*, привести́ (-еду́, -едёшь; -ёл, -ела́) *perf.*; (*transport*) привози́ть (-ожу́, -о́зишь) *imp.*, привезти́ (-езу́, -езёшь; -ёз, -езла́) *perf.*; b. about, быть причи́ной + *gen.*; b. back, возвраща́ть *imp.*, возврати́ть (-ащу́, -ати́шь) *perf.*; b. down, сва́ливать *imp.*, свали́ть (-лю́, -лишь) *perf.*; b. forward, переноси́ть (-ошу́, -о́сишь) *imp.*, перенести́ (-есу́, -есёшь; -ёс, -есла́) *perf.* на сле́дующую страни́цу; b. up, (*educate*) воспи́тывать *imp.*, воспита́ть *perf.*; (*question*) поднима́ть *imp.*, подня́ть (-ниму́, -ни́мешь; по́днял, -а́, -о) *perf.*
brink *n.* край (*pl.* -ая́), грань.
brisk *adj.* (*lively*) живо́й (жив, -а́, -о), оживлённый (-ён, -ённа́); (*air etc.*) све́жий (свеж, -а́, -о́, све́жи́); бодря́щий.
brisket *n.* груди́нка.
brisling *n.* бри́слинг, шпро́та.
bristle *n.* щети́на; *v.i.* ощети́ниваться *imp.*, ощети́ниться *perf.*; b. with, изоби́ловать *imp.*+*instr.*
British *adj.* брита́нский, англи́йский.
Britisher, Briton *n.* брита́нец (-нца, -нка; англича́н|ин (*pl.* -а́не, -а́н), -а́нка.
brittle *adj.* хру́пкий (-пок, -пка́, -пко). **brittleness** *n.* хру́пкость.
broach *v.t.* начина́ть *imp.*, нача́ть (-чну́, -чнёшь; на́чал, -а́, -о) *perf.* обсужда́ть; затра́гивать *imp.*, затро́нуть *perf.*
broad *adj.* (*wide*) широ́кий (-о́к, -ока́, -о́ко́); (*general*) о́бщий (общ, -а́); (*clear*) я́сный (я́сен, ясна́, я́сно, я́сны́) in b. daylight, средь бе́ла дня; in b. outline, в о́бщих черта́х; b.-minded, с широ́кими взгля́дами.
broadly *adv.*: b. speaking, вообще́ говоря́.
broadcast *n.* ра́дио-, теле- переда́ча, ра́дио-, теле- програ́мма; *adj.* ра́дио-, теле-; *v.t.* передава́ть (-даю́, -даёшь) *imp.*, переда́ть *perf.* (-а́м, -а́шь, -а́ст, -ади́м; пе́редал, -а́, -о) по ра́дио, по телеви́дению; (*seed*) се́ять (се́ю, се́ешь) *imp.*, по~ *perf.* вразбро́с.
broadcaster *n.* ди́ктор. **broadcasting** *n.* ра́дио-, теле- веща́ние.
brocade *n.* парча́; *adj.* парчо́вый.
broccoli *n.* спа́ржевая капу́ста.
brochure *n.* брошю́ра.
brogue *n.* (*shoe*) спорти́вный боти́нок (-нка; *gen.pl.* -нок); (*accent*) ирла́ндский акце́нт.
broiler *n.* бро́йлер.
broke *predic.* разорён (-а́); be b. to the world, не име́ть *imp.* ни гроша́. **broken** *adj.* сло́манный (-ан), разби́тый, нару́шенный (-ен); b.-hearted, уби́тый го́рем.
broker *n.* бро́кер, ма́клер. **brokerage** *n.* комиссио́нное вознагражде́ние.
bromide *n.* броми́д. **bromine** *n.* бром (-а(у)).
bronchitis *n.* бронхи́т.
bronze *n.* бро́нза; *adj.* бро́нзовый; *v.t.* бронзирова́ть *imp.*, *perf.*
brooch *n.* брошь, бро́шка.
brood *n.* вы́водок (-дка); *v.i.* мра́чно размышля́ть *imp.* **broody** *adj.* сидя́щий на я́йцах; b. hen, насе́дка.
brook[1] *n.* руче́й (-чья́).
brook[2] *v.t.* терпе́ть (-плю́, -пишь) *imp.*
broom *n.* метла́ (*pl.* мётлы, -тел, -тлам); (*plant*) раки́тник, дрок.
broomstick *n.* (*witches'*) помело́ (*pl.* -лья, -льев).
broth *n.* суп, похлёбка.
brothel *n.* публи́чный дом (*pl.* -а́).
brother *n.* брат (*pl.* -ья, -ьев); b. in arms, собра́т (*pl.* -ья, -ьев) по ору́жию. b.-in-law, (*sister's husband*) зять (*pl.* -я́, -ёв); (*husband's brother*) де́верь (*pl.* -рья́, -ре́й); (*wife's brother*) шу́рин *pl.* (шурья́, -ьёв); (*wife's sister's husband*) своя́к (-а́). **brotherhood** *n.* бра́тство. **brotherly** *adj.* бра́тский.
brow *n.* (*eyebrow*) бровь (*pl.* -ви, -ве́й);

brown

(*forehead*) лоб (лба, *loc.* лбу); (*of cliff*) выступ. **browbeaten** *adj.* запуганный (-ан).
brown *adj.* коричневый; (*eyes*) карий; *b. paper*, обёрточная бумага; *v.t.* (*cul.*) подрумянивать *imp.*, подрумянить *perf.*
browse *v.i.* (*feed*) пастись (пасётся; пасся, паслась) *imp.*; (*read*) читать *imp.* бессистемно.
bruise *n.* синяк (-а), ушиб; *v.t.* ушибать *imp.*, ушибить (-бу, -бёшь; -б) *perf.* **bruised** *adj.* (*fruit*) повреждённый (-ён, -ена).
brunette *n.* брюнетка.
brush *n.* щётка; (*paint*) кисть (*pl.* -ти, -тей); *v.t.* (*clean*) чистить *imp.*, вы-, по- *perf.* щёткой; (*touch*) легко касаться *imp.*, коснуться *perf.* + *gen.*; *b. one's hair*, причёсываться *imp.*, причесаться (-ешусь, -ешешься) *perf.* щёткой; *b. aside*, отстранять *imp.*, отстранить *perf.*; *b.-off n.*: *give the b.-off*, отмахиваться *imp.*, отмахнуться *perf.* + *gen.*; *b. up*, собирать *imp.*, собрать (соберу, -рёшь; собрал, -а, -о) *perf.* щёткой; (*renew*) возобновлять *imp.*, возобновить *perf.* знакомство c + *instr.*
brushwood *n.* хворост (-а(у)).
Brusselssprouts *n.* брюссельская капуста.
brutal *adj.* жестокий (-ок, -ока, око), зверский, грубый (груб, -а, -о).
brutality *n.* жестокость, зверство.
brutalize *v.t.* (*treat brutally*) грубо обращаться *imp.*, c + *instr.*; (*make brutal*) доводить (-ожу, -одишь) *imp.*, довести (-еду, -едёшь; -ёл, -ела) *perf.* до озверения. **brute** *n.* животное *sb.*, скотина, жестокий человек. **brutish** *adj.* грубый (груб, -а, -о), жестокий (-ок, -ока, -о).
bubble *n.* пузырь (-ря) *m.*, пузырёк (-рька); *v.i.* пузыриться *imp.*; кипеть (-пит) *imp.*, вс~ *perf.* **bubbly** *n.* шампанское *sb.*
buccaneer *n.* пират.
buck *n.* самец (-мца) оленя, кролика *etc.*; *v.i.* вскидываться *imp.*
bucket *n.* ведро (*pl.* вёдра, -дер, -драм), ведёрко (*pl.* -рки, -рок, -ркам).
buckle *n.* пряжка; *v.t.* застёгивать *imp.*,

bulk

застегнуть *perf.* пряжкой; *v.i.* (*crumple*) коробиться *imp.*, по~, с~ *perf.*
buckshot *n.* картечь.
buckskins *n.* лосины (-н) *pl.*
buckthorn *n.* крушина.
buckwheat *n.* гречиха.
bucolic *adj.* буколический, деревенский.
bud *n.* почка, бутон; *v.i.* развиваться *imp.* **budding** *n.* окулировка, почкование.
Buddha *n.* Будда. **Buddhism** *n.* буддизм. **Buddhist** *n.* буддист; *adj.* буддийский.
budge *v.t.* & *i.* шевелить(ся) (-елю(сь), -елишь(ая)) *imp.*, по~ *perf.*
budgerigar *n.* попугайчик.
budget *n.* бюджет; *v.i.*: *b. for*, предусматривать *imp.*, предусмотреть (-рю, -ришь) *perf.* в бюджете.
buff *n.* (*leather*) кожа; *in, to, the b.*, нагишом; *adj.* желтовато-бежевый.
buffalo *n.* буйвол.
buffoon *n.* шут (-а); *act the b.*, паясничать *imp.*
bug *n.* (*bedbug*) клоп (-а); (*virus*) вирус; (*microphone*) потайной микрофон; *v.t.* (*install b.*) устанавливать *imp.*, установить (-влю, -вишь) *perf.* аппаратуру для подслушивания в + *prep.*; (*listen*) подслушивать *imp.*
bugle *n.* рог (*pl.* -а), горн. **bugler** *n.* горнист.
build *n.* (*person*) телосложение; *v.t.* строить *imp.*, вы~, по~ *perf.* **builder** *n.* строитель *m.* **building** *n.* (*edifice*) здание; (*action*) строительство; *b. society*, общество, предоставляющее средства для покупки жилых помещений.
bulb *n.* луковица; (*electric*) лампочка. **bulbous** *adj.* луковичный.
bulge *n.* выпуклость, выступ; *v.i.* выпячиваться *imp.*, выпятиться *perf.* **bulging** *adj.* разбухший, оттопыривающийся; *b. eyes*, глаза (-з) *pl.* навыкате.
bulk *n.* (*size*) объём; (*greater part*) большая часть; (*mass*) основная масса; (*large object*) громада; *b. buying*, закупки *f.pl.* гуртом; *b. cargo*, груз навалом.

bull *n.* (*ox*) бык (-á); (*male animal*) самéц (-мцá); *adj.* бычáчий (-чья, -чье). **bulldog** *n.* бульдóг. **bulldoze** *v.t.* расчищáть *imp.*, расчи́стить *perf.* бульдóзером. **bulldozer** *n.* бульдóзер.
bullfinch *n.* снеги́рь (-ря́) *m.* **bullock** *n.* вол *(-á).* **bull's-eye** *n.* (*target*) я́блоко.
bullet *n.* пу́ля; *b.-proof,* пулестóйкий.
bulletin *n.* бюллетéнь *m.*
bullion *n.* сли́ток (-тка).
bully *n.* задира *m. & f.*, забия́ка *m. & f.*; *v.t.* запу́гивать *imp.*, запугáть *perf.*; задирáть *imp.*
bulrush *n.* камы́ш (-á).
bulwark *n.* бастиóн, оплóт.
bum *n.* зад *(loc. -ý; pl. -ы́).*
bumble-bee *n.* шмель (-ля́) *m.*
bump *n.* (*blow*) удáр, толчóк (-чкá); (*swelling*) ши́шка; *v.i.* удáряться *imp.*, удáриться *perf.*; *b. into, against,* налетáть *imp.* (-ечу, -ети́шь) *perf.* на+*acc.*; натáлкиваться *imp.*, натолкну́ться *perf.* на+*acc.* **bumper** *n.* бáмпер; *adj.* óчень кру́пный, оби́льный.
bumpkin *n.* неотёсанный пáрень (-рня; *pl.* -рни, -рнéй) *m.*; *country b.,* деревéнщина *m. & f.*
bumptious *adj.* нахáльный, самоувéренный (-ен, -енна).
bun *n.* сдóбная бу́лка.
bunch *n.* пучóк (-чкá), свя́зка, гроздь *(pl.* -ди, -дéй *& -*дья, -дьев); *v.t.* собирáть *imp.*, собрáть (соберу́, -рёшь; собрáл, -á, -о) *perf.* в пучки́.
bundle *n.* у́зел (узла́), узелóк (-лкá); *v.t.* свя́зывать *imp.*, связáть (-яжу́, -я́жешь) *perf.* в у́зел; *b. away,* спровáживать *imp.*, спровади́ть *perf.*
bung *n.* втýлка.
bungalow *n.* бу́нгало *neut.indecl.*
bungle *v.t.* пóртить *imp.*, ис~ *perf.*; *n.* пу́таница. **bungler** *n.* пу́таник.
bunk *n.* (*berth*) кóйка.
bunker *n.* бýнкер (*pl.* -á *& -*ы).
bunkum *n.* чепухá.
buoy *n.* буй (*pl.* буи́), бáкен. **buoyancy** *n.* плавýчесть; (*fig.*) бóдрость, оживлéние. **buoyant** *adj.* плавýчий; бóдрый (бодр, -á, -о), жизнерáдостный.
bur(r) *n.* колю́чка.

burden *n.* брéмя *neut.*; *v.t.* обременя́ть *imp.*, обремени́ть *perf.*
bureau *n.* бюрó *neut.indecl.* **bureaucracy** *n.* бюрокрáтия (*also collect.*), бюрократи́зм. **bureaucrat** *n.* бюрокрáт. **bureaucratic** *adj.* бюрократи́ческий.
burglar *n.* взлóмщик. **burglary** *n.* крáжа со взлóмом. **burgle** *v.i.* совершáть *imp.*, соверши́ть *perf.* крáжу со взлóмом; *v.t.* грáбить *imp.*, о~ *perf.*
burial *n.* погребéние; *b.-service,* заупокóйная слу́жба.
burlesque *n.* парóдия; *v.t.* пароди́ровать *imp., perf.*; *adj.* пароди́ческий, пароди́йный.
burly *adj.* здоровéнный.
burn *v.t.* жечь (жгу, жжёшь, жгут; жёг, жгла) *imp.*, с~ (сожгу́, сожжёшь, сожгу́т; сжёг, сожгла́) *perf.*; *v.t. & i.* (*injure*) обжигáть(ся) *imp.*, обжéчь(ся) (обожгу́(сь), обожжёшь(ся), обожгу́т(ся); обжёг(ся), обожгла́(сь)) *perf.*; *v.i.* горéть (-рю́, -ришь) *imp.*, с~ *perf.*; (*by sun*) загорáть *imp.*, загорéть (-рю́, -ри́шь) *perf. n.* ожóг. **burner** *n.* горéлка. **burning** *adj.* горя́чий (-ч, -чá).
burnish *v.t.* полировáть *imp.*, на~ *& от*~ *perf.* **burnishing** *n.* полирóвка; *adj.* полировáльный.
burr *n. see* **bur(r)**.
burrow *n.* норá (*pl.* -ры), нóрка; *v.i.* рыть (рóю, рóешь) *imp.*, вы́~ *perf.* норý; (*fig.*) ры́ться (рóюсь, рóешься) *imp.*
bursar *n.* казначéй, завхóз. **bursary** *n.* стипéндия.
burst *n.* разры́в, вспы́шка; *v.i.* разрывáться *imp.*, разорвáться (-вётся; -вáлся, -валáсь, -валóсь) *perf.*; лóпаться *imp.*, лóпнуть *perf.*; *v.t.* разрывáть *imp.*, разорвáть (-вý, -вёшь; разорвáл, -á, -о) *perf.*
bury *v.t.* (*dead*) хорони́ть (-ню́, -нишь) *imp.*, по~ *perf.*; (*hide*) зарывáть *imp.*, зары́ть (-рóю, -рóешь) *perf.*
bus *n.* автóбус; *b.-conductor,* кондýктор (*pl.* -á).
bush *n.* куст (-á), (*collect.*) кустáрник. **bushy** *adj.* густóй (густ, -á, -о, гу́сты).
business *n.* (*matter*) дéло; (*occupation*) заня́тие; (*firm*) коммéрческое предпри-

busker — cable

приятие; **big b.**, крупный капитал; **mind your own b.**, не ваше дело; **no monkey b.**, без фокусов; **on b.**, по делу.

busker *n.* уличный музыкант.
bust *n.* (*sculpture*) бюст; (*bosom*) грудь (-ди, *instr.* -дью; *pl.* -ди, -дей).
bustle[1] *n.* (*fuss*) суматоха, суета; *v.i.* суетиться *imp.*
bustle[2] *n.* (*garment*) турнюр.
busy *adj.* занятой (занят, -а, -о); *v.t.*: **b. oneself**, заниматься *imp.*, заняться (займусь, -мёшься; занялся, -лась) *perf.* (with, + *instr.*). **busybody** *n.* человек, сующий нос в чужие дела.
but *conj.* но, а, кроме; **b. then**, но зато; *prep.* кроме + *gen.*
butcher *n.* мясник (-а); *v.t.* резать (режу, -жешь) *imp.*, за~ *perf.*; **b.'s shop**, мясная *sb.* **butchery** *n.* резня.
butler *n.* дворецкий *sb.*
butt[1] *n.* (*cask*) бочка.
butt[2] *n.* (*of gun*) приклад; (*end*) толстый конец (-нца́).
butt[3] *n.* (*target*) мишень.
butt[4] *v.t.* бодать *imp.*, за~ *perf.*; *v.i.* бодаться *imp.*
butter *n.* (сливочное) масло; *v.t.* намазывать *imp.*, намазать (-ажу, -ажешь) *perf.* маслом. **buttercup** *n.* лютик. **butterfly** *n.* бабочка.
buttock *n.* ягодица.
button *n.* пуговица; (*knob*) кнопка; *v.t.* застёгивать *imp.*, застегнуть *perf.*

buttress *n.* контрфорс; *v.t.* подпирать *imp.*, подпереть (подопру́, -рёшь; подпёр) *perf.*
buy *v.t.* покупка; *v.t.* покупать *imp.*, купить (-плю, -пишь) *perf.* **buyer** *n.* покупатель *m.*
buzz *n.* жужжание; *v.i.* жужжать (-жит) *imp.*; гудеть (гужу, гудишь) *imp.*
buzzard *n.* канюк (-а).
buzzer *n.* зуммер.
by *adv.* мимо; **by and by**, вскоре; *prep.* (*near*) около + *gen.*, у + *gen.*; (*beside*) рядом с + *instr.*; (*via*) через + *acc.*; (*past*) мимо + *gen.*; (*time*) к + *dat.*; (*means*) *instr.* without *prep.*; **by means of**, посредством + *gen.*
bye-bye *interj.* пока! всего!
by-election *n.* дополнительные выборы *m.pl.* **bygone** *adj.* пережитый, прошлый; *n.*: *pl.* прошлое *sb.*; (*objects*) предметы, *m.pl.* вышедшие из употребления; то былём поросло. **by-law** *n.* постановление местной власти. **bypass** *n.* (*road*) обход, обходной путь (-ти́, -тём), *n.*; (*pipe*) обводной канал; *v.t.* обходить (-ожу, -одишь) *imp.*, обойти (обойду, -дёшь; обошёл, -шла) *perf.*; объезжать *imp.*, объехать (-еду, -едешь) *perf.* **by-product** *n.* побочный продукт. **bystander** *n.* наблюдатель *m.* **byway** *n.* просёлочная дорога. **byword** *n.* (*proverb*) поговорка; (*example*) пример.
Byzantine *adj.* византийский.

C

C *n.* (*mus.*) до *neut.indecl.*
cab *n.* (*taxi*) такси *neut.indecl.*; (*of lorry*) кабина; **c.-rank**, стоянка такси.
cabaret *n.* эстрадное представление.
cabbage *n.* капуста; **c. white**, капустница.
cabin *n.* (*hut*) хижина; (*bathing etc.*) кабина; (*ship's*) каюта; **c.-boy**, юнга *m.*
cabinet *n.* (*polit.*) кабинет; (*cupboard*) (застеклённый шкаф (*loc.* -ý; *pl.* -ы́); **c.-maker**, краснодеревец (-вца); **C. Minister**, министр-член кабинета.
cable *n.* (*rope*) канат, трос; (*electric*)

cabotage 42 **call**

ка́бель *m.*; (*cablegram*) каблогра́мма; *c. stitch*, жгут (-á); *v.t.* & *i.* телеграфи́ровать *imp.*, *perf.* (по подво́дному ка́белю).

cabotage *n.* кабота́ж.

cacao *n.* кака́о *neut.indecl.*

cache *n.* укры́тый, та́йный, запа́с.

cackle *n.* (*geese*) го́гот, гогота́нье; (*hens*) куда́хтанье; *v.i.* гогота́ть (-очу́, -о́чешь) *imp.*, куда́хтать (-хчу, -хчешь) *imp.*

cactus *n.* ка́ктус; *adj.* ка́ктусовый.

cad *n.* хам.

cadaverous *adj.* мёртвенно-бле́дный (-ден, -дна́, -дно, -бле́дны).

caddie *n.* челове́к, прислу́живающий при игре́ в гольф.

caddish *adj.* ха́мский.

caddy *n.* (*box*) ча́йница.

cadence *n.* (*rhythm*) ритм, такт; (*mus.*) каде́нция. **cadenced** *adj.* ме́рный, ритми́чный. **cadenza** *n.* каде́нция.

cadet *n.* каде́т (*gen.pl.* -т & -тов); *adj.* каде́тский.

cadge *v.t.* выпра́шивать *imp.*, вы́просить *perf.*

cadre *n.* ка́дры *m.pl.*

Caesarean (section) *n.* ке́сарево сече́ние.

caesura *n.* цезу́ра.

cafe *n.* кафе́ *neut.indecl.* **cafeteria** *n.* кафете́рий.

caffeine *n.* кофеи́н.

cage *n.* кле́тка; (*in mine*) клеть (*loc.* -ети́; *pl.* -ти, -те́й) *f.*; *v.t.* сажа́ть *imp.*, посади́ть (-ажу́, -а́дишь) *perf.* в кле́тку; **caged**, в кле́тке.

cairn *n.* гру́да камне́й.

caisson *n.* кессо́н.

cajole *v.t.* ума́сливать *imp.*, ума́слить *perf.* **cajolery** *n.* лесть, ума́сливание.

cake *n.* торт, пиро́жное *sb.*; (*fruit-c.*) кекс; (*soap*) кусо́к (-ска́) *f.*; *v.i.* тверде́ть *imp.*, за~ *perf.*; отвердева́ть *imp.*, отверде́ть *perf.*

calamitous *adj.* па́губный, бе́дственный (-ен, -енна). **calamity** *n.* бе́дствие.

calcareous *adj.* известко́вый. **calcium** *n.* ка́льций; *adj.* ка́льциевый.

calculate *v.t.* вычисля́ть *imp.*, вы́числить *perf.*; *v.i.* рассчи́тывать *imp.*, рассчита́ть *perf.* (он, на + *acc.*); **calculated** *adj.* преднаме́ренный (-ен, -енна); *calculating-machine*, вычисли́тельная маши́на. **calculation** *n.* вычисле́ние, расчёт. **calculus** *n.* (*math.*) исчисле́ние; (*stone*) ка́мень (-мня; *pl.* -мни, -мне́й) *m.*

calendar *n.* календа́рь (-ря́) *m.*; (*register*) спи́сок (-ска).

calf¹ *n.* (*cow*) телёнок (-нка; *pl.* теля́та, -т); (*other animal*) детёныш; (*leather*) теля́чья ко́жа; *c.-love*, ребя́ческая любо́вь (-бви́, -бо́вью).

calf² *n.* (*leg*) икра́ (*pl.* -ры).

calibrate *v.t.* калиброва́ть *imp. perf.*; калиброва́ть *imp.* **calibration** *n.* калибро́вка. **calibre** *n.* кали́бр.

calico *n.* коленко́р (-а(у)), митка́ль (-ля́) *f.*

call *v.* звать (зову́, -вёшь; звал, -á, -о) *imp.*, по~ *perf.*; (*name*) называ́ть *imp.*, назва́ть (назову́, -вёшь; назва́л, -á, -о) *perf.*; (*cry*) крича́ть (-чу́, -чи́шь) *imp.*, кри́кнуть *perf.*; (*wake*) буди́ть (бужу́, бу́дишь) *imp.*, раз~ *perf.*; (*visit*) заходи́ть (-ожу́, -о́дишь) *imp.*, зайти́ (зайду́, -дёшь; зашёл, -шла́) *perf.* (он, к+*dat.*; at, в+*acc.*); (*stop at*) остана́вливаться *imp.*, останови́ться (-ви́тся) *perf.* (at, в, на, +*prep.*); (*summon*) вызыва́ть *imp.*, вы́звать (вы́зову, -вешь) *perf.*; (*ring up*) звони́ть *imp.*, по~ *perf.* +*dat.*; *c. for*, (*require*) тре́бовать *imp.*, по~ *perf.* +*gen.*; (*fetch*) заходи́ть (-ожу́, -о́дишь) *imp.* зайти́ (зайду́, -дёшь; зашёл, -шла́) *perf.* за+*instr.*; *c. off*, отменя́ть *imp.*, отмени́ть (-ню́, -нишь) *perf.*; *c. out*, вскри́кивать *imp.*, вскри́кнуть *perf.*; *c. up*, призыва́ть *imp.*, призва́ть (призову́, -вёшь; призва́л, -á, -о) *perf.*; *n.* (*cry*) крик; (*summons*) зов, призы́в; (*telephone*) телефо́нный вы́зов, разгово́р; (*visit*) визи́т; (*signal*) сигна́л; *c.-box*, телефо́н-автома́т; *c.-boy*, ма́льчик, вызыва́ющий актёров на сце́ну; *c.-over*, перекли́чка; *c.-sign*, позывно́й сигна́л, позывны́е *sb.*; *c.-up*, призы́в. **caller** *n.* посети́тель *m.*, ~ница; гость (*pl.* -ти, -те́й) *m.*, го́стья (*gen.pl.* -тий). **calling** *n.* (*summons*) призва́ние; (*profession*) профе́ссия; (*occupation*) заня́тие; (*trade*) ремесло́.

callous

callous *adj.* (*person*) бессерде́чный, бесчу́вственный (-ен(ен), -енна).
callow *adj.* (*unfledged*) неопери́вшийся; (*raw*) нео́пытный.
callus *n.* мозо́ль.
calm *adj.* (*tranquil*) споко́йный, хладнокро́вный; (*quiet*) ти́хий (тих, -а́, -о) (*windless*) безве́тренный (-ен, -енна) *n.* споко́йствие; безве́трие; *v.t. & i.* (*c. down*) успока́ивать(ся) *imp.*, успоко́ить(ся) *perf.*
calorie *n.* кало́рия.
calumniate *v.t.* клевета́ть (-ещу́, -е́щешь) *imp.*, на~ *perf.* на+*acc.* **calumniation, calumny** *n.* клевета́.
calve *v.i.* тели́ться (-и́тся) *imp.*, о~ *perf.*
calypso *n.* кали́псо *neut.indecl.*
calyx *n.* ча́шечка.
cam *n.* кулачо́к (-чка́), кула́к (-а́). **camshaft** *n.* распредели́тельный, кулачко́вый, вал (*loc.* -у́; *pl.* -ы́).
camber *n.* вы́пуклость. **cambered** *adj.* вы́пуклый.
camel *n.* верблю́д; *camel('s)-hair*, верблю́жья шерсть.
cameo *n.* каме́я.
camera *n.* фотоаппара́т; кино-, теле-, ка́мера. **cameraman** *n.* киноопера́тор.
camomile *n.* рома́шка.
camouflage *n.* маскиро́вка; камуфля́ж; *adj.* маскиро́вочный; *v.t.* маскирова́ть *imp.*, за~ *perf.*
camp *n.* ла́герь (*pl.* -я́, -е́й) *m.*; *v.i.* располага́ться *imp.*, расположи́ться (-жу́сь, -жи́шься) *perf.* ла́герем; *c.-bed*, раскладна́я крова́ть, раскладу́шка; *c.-chair*, складно́й стул (*pl.* -ья, -ьев); *c.-fire*, бива́чный костёр (-тра́).
campaign *n.* кампа́ния; похо́д; *v.i.* (*conduct a*) проводи́ть (-ожу́, -о́дишь) *imp.*, провести́ (-еду́, -едёшь; -ёл, -ела́) *perf.* кампа́нию; (*serve in c.*) уча́ствовать *imp.* в похо́де, в кампа́нии.
campanula *n.* колоко́льчик.
camphor *n.* камфара́. **camphorated oil** *n.* ка́мфорное ма́сло.
campus *n.* академи́ческий городо́к (-дка́), академгородо́к (-дка́).
camshaft *see* cam.

cannibal

can[1] *n.* жестя́нка, (консе́рвная) коро́бка, ба́нка; *v.t.* консерви́ровать *imp.*, за~ *perf.*
can[2] *v. aux.* (*be able*) мочь (могу́, мо́жешь; мог, -ла́) *imp.*, с~ *perf.*+*inf.*; (*know how*) уме́ть *imp.*, с~ *perf.*+*inf.*
Canadian *n.* кана́дец (-дца), -дка; *adj.* кана́дский.
canal *n.* кана́л.
canary *n.* канаре́йка.
cancel *v.t.* аннули́ровать *imp., perf.*; отменя́ть *imp.*, отмени́ть (-ню́, -нишь) *perf.*; (*math.*) сокраща́ть *imp.*, сократи́ть (-ащу́, -ати́шь) *perf.*; (*print.*) вычёркивать *imp.*, вы́черкнуть *perf.*; (*stamp*) гаси́ть (гашу́, га́сишь) *imp.*, по~ *perf.*; *n.* (*print.*) перепеча́танный лист (-а́). **cancellation** *n.* аннули́рование, отме́на; (*math.*) сокраще́ние; (*print.*) перепеча́тка.
cancer *n.* рак; (C.) Рак; *adj.* ра́ковый; *c. patient*, больно́й ра́ком. **cancerous** *adj.* ра́ковый.
candelabrum *n.* канделя́бр.
candid *adj.* открове́нный (-нен, -нна), и́скренний (-нен, -нна, -нне & -нно); *c. camera*, скры́тый фотоаппара́т.
candidacy *n.* кандидату́ра. **candidate** *n.* кандида́т. **candidature** *n.* кандидату́ра.
candied *adj.* заса́харенный; *c. peel*, цука́т(ы).
candle *n.* свеча́ (*pl.* -чи, -че́й); *c.-end*, огáрок (-рка). **candlestick** *n.* подсве́чник. **candlewick** *n.* фити́ль (-ля́) *m.*, вы́шивка фити́льками.
candour *n.* открове́нность, и́скренность.
candy *n.* сла́дости *f.pl.*; *v.t.* заса́харивать *imp.*, заса́харить *perf.*
cane *n.* (*plant*) тростни́к (-а́); (*stick*) трость (*pl.* -ти, -те́й), па́лка; *c. sugar*, тростнико́вый са́хар (-а(у)); *v.t.* бить (бью, бьёшь) *imp.*, по~ *perf.* тро́стью, па́лкой.
canine *adj.* соба́чий (-чья, -чье); *n.* (*tooth*) клык (-а́).
canister *n.* жестяна́я коро́бка.
canker *n.* рак.
cannibal *n.* каннибáл, людое́д; *adj.* каннибáльский, людое́дский. **cannibalism** *n.* каннибали́зм, людое́дство.

cannibalistic adj. каннибáльский, людоéдский. **cannibalize** v.t. imp., снять (сниму́, -мешь) снял, -á, -о) perf. чáсти c + gen.
cannon n. (gun) пу́шка; (billiards) карамбóль m.; adj. пу́шечный; c.-ball, пу́шечное ядрó (pl. я́дра, я́дер, я́драм); c.-ball service, пу́шечная подáча; c.-fodder, пу́шечное мя́со; v.i.: c. into, налетáть imp., налетéть (-лечу́, -лети́шь) perf. на+acc.; c. off, отскáкивать imp., отскочи́ть (-очу́, -óчишь) perf. от+gen. **cannonade** n. канонáда.
canoe n. канóэ neut.indecl.; челнóк (-á); v.i. плáвать indet., плыть (плыву́, -вёшь) плыл, -á, -о) det. в челнокé, на канóэ.
canon n. канóн; (person) канóник; c. law, канони́ческое прáво. **canonical** adj. канони́ческий; c. hours, устáвные часы́ m.pl. моли́тв. **canonicals** n. церкóвное облачéние. **canonization** n. канонизáция. **canonize** v.t. канонизовáть imp., perf.
canopy n. балдахи́н.
cant[1] n. (slant) наклóн, наклóнное положéние; v.t. наклоня́ть imp., наклони́ть (-ню́, -нишь) perf.; придавáть (-даю́, -даёшь) imp., придáть (-áм, -áшь, -áст, -ади́м; при́дал, -á, -о) perf. + dat. наклóнное положéние.
cant[2] n. (hypocrisy) хáнжество; (jargon) жаргóн, аргó neut.indecl.
cantaloup n. канталу́па.
cantankerous adj. ворчли́вый.
cantata n. кантáта.
canteen n. столóвая sb., буфéт; (case) я́щик; (flask) фля́га.
canter n. кéнтер, лёгкий галóп; v.i. (rider) éздить indet., éхать (éду, éдешь) det. лёгким галóпом; (horse) ходи́ть (-дит) indet., идти́ (идёт; шёл, шла) det. лёгким галóпом; v.t. пускáть imp., пусти́ть (пущу́, пу́стишь) perf. лёгким галóпом.
cantilever n. консóль, уко́сина; c. bridge, консóльный мост (мóста, loc. -ý; pl. -ы́).
canto n. песнь.
canton n. кантóн.
canvas n. холст (-á), канвá, пару́сина; (painting) карти́на; (sails) парусá m.pl.; under c., (on ship) под парусáми; (in tent) в палáтках.
canvass v.i. собирáть imp., собрáть (соберу́, -рёшь; собрáл, -á, -о) perf. голосá; c. for, агити́ровать imp., с ~ perf. за + acc.; n. собирáние голосóв; агитáция. **canvasser** n. собирáтель m. голосóв.
canyon n. каньóн.
cap n. шáпка, фурáжка; (cloth) кéпка; (woman's) чепéц (-пцá); (percussion) кáпсюль m., пистóн; (lid) крышка; v.t. (surpass) перещеголя́ть perf.; превосходи́ть (-ожу́, -óдишь) imp., превзойти́ (-ойду́, -ойдёшь; -ошёл, -ошлá) perf.
capability n. спосóбность. **capable** adj. спосóбный; (skilful) умéлый; c. of, (admitting) поддаю́щийся + dat.; (able) спосóбный на + acc.
capacious adj. простóрный, вмести́тельный, ёмкий (ёмок, ёмка). **capacitance** n. ёмкость. **capacity** n. ёмкость, вмести́мость; (ability) спосóбность; (power) мóщность; in the c. of, в кáчестве + gen.
cape[1] n. (geog.) мыс (loc. -e & -ý; pl. мы́сы).
cape[2] n. (cloak) пелери́на, плащ (-á). **caped** adj. с пелери́ной.
caper[1] n. (plant) кáперс; pl. кáперсы m.pl.
caper[2] n. (leap) прыжóк (-жкá); cut capers, выдéлывать imp. антрашá; v.i. дéлать imp. прыжки́.
capillary n. капилля́р; adj. капилля́рный.
capital adj. (city) столи́чный; (letter) прописнóй; (main) капитáльный; (excellent) отли́чный; c. goods, срéдства neut.pl. произвóдства; c. punishment, смéртная казнь; c. ship, кру́пный боевóй корáбль (-ля́) m.; n. (town) столи́ца; (letter) прописнáя бу́ква; (econ.) капитáл; (arch.) капитéль. **capitalism** n. капитали́зм. **capitalist** n. капитали́ст; adj. капиталисти́ческий. **capitalistic** adj. капиталисти́ческий. **capitalization** n. капитализáция. **capitalize** v.t. капитализи́ровать imp., perf.
capitation attrib. поголóвный.

capitulate v.i. капитули́ровать imp., perf. **capitulation** n. капитуля́ция.
capon n. каплу́н (-á).
caprice n. капри́з. **capricious** adj. капри́зный.
Capricorn n. Козеро́г.
capsize v.i. & i. опроки́дывать(ся) imp., опроки́нуть(ся) perf.
capstan n. кабеста́н.
capsule n. ка́псула, обла́тка.
captain n. капита́н; v.t. быть капита́ном +gen. **captaincy** n. зва́ние, чин, до́лжность, капита́на.
caption n. на́дпись, по́дпись; (cin.) титр.
captious adj. приди́рчивый.
captivate v.t. пленя́ть imp., плени́ть perf. **captivating** adj. плени́тельный.
captive adj., n. плённый. **captivity** n. нево́ля; (esp. mil.) плен (loc. -ý).
capture n. взя́тие, захва́т, пои́мка; v.t. брать (беру́, -рёшь; брал, -á, -o) imp., взять (возьму́, -мёшь; взял, -á, -o) perf. в плен; захва́тывать imp., захвати́ть (-ачу́, -а́тишь) perf.
car n. маши́на, автомоби́ль m.; attrib. автомоби́льная.
caracul n. кара́куль m.
carafe n. графи́н.
caramel(s) n. караме́ль.
carat n. кара́т (gen.pl. -т & -тов).
caravan n. (convoy) карава́н; (cart) фурго́н; (house) дом-фурго́н.
caraway (seeds) n. тмин (-а(у)).
carbide n. карби́д.
carbine n. карби́н.
carbohydrate n. углево́д. **carbolic** (acid) n. карбо́ловая кислота́. **carbon** n. углеро́д; ко́пия; c. copy, ко́пия (че́рез копи́рку); c. dioxide, углекислота́; c. paper, копирова́льная бума́га. **carbonaceous** adj. (carbon) углеро́дный; (coal) у́глистый. **carbonate** n. углеки́слая соль. **carboniferous** adj. углено́сный; C., карбо́новый (пери́од). **carborundum** n. карбору́нд.
carboy n. буты́ль.
carbuncle n. карбу́нкул.
carburettor n. карбюра́тор.
carcase, carcass n. ту́ша, труп.
card n. ка́рта, ка́рточка; (ticket) биле́т; a house of cards, ка́рточный до́мик; c. index, картоте́ка; c.-sharp(er), шу́лер (pl. -á); c.-table, ло́мберный, ка́рточный, стол (-á). **cardboard** n. карто́н; adj. карто́нный.
cardiac adj. серде́чный.
cardigan n. вя́заная ко́фта, кардига́н.
cardinal adj. (important) кардина́льный; (scarlet) а́лый; c. number, коли́чественное числи́тельное sb.; n. кардина́л.
care n. (trouble) забо́та, попече́ние; (attention) внима́тельность; (tending) ухо́д; take c., осторо́жно! береги́(те)сь!; смотри́(те)!; take c. of, забо́титься imp., по~ perf. о+prep.; I don't c., мне всё равно́! what do I c.? who cares? а мне всё равно́! а мне-то что?
career n. (movement) карье́р; (profession) карье́ра.
carefree adj. беззабо́тный. **careful** adj. (cautious) осторо́жный; (thorough) тща́тельный; (attentive) внима́тельный. **careless** adj. (negligent) небре́жный; (incautious) неосторо́жный; (carefree) беззабо́тный.
caress n. ла́ска (gen.pl. -ск); v.t. ласка́ть imp.
caretaker n. смотри́тель m., ~ница, сто́рож (pl. -á); attrib. вре́менный.
care-worn adj. изму́ченный (-ен) забо́тами.
cargo n. груз.
caricature n. карикату́ра; v.t. изобража́ть imp., изобрази́ть perf. в карикату́рном ви́де.
caries n. карио́з.
carmine n. карми́н, карми́нный цвет; adj. карми́нный.
carnage n. резня́.
carnal adj. пло́тский.
carnation n. (садо́вая) гвозди́ка.
carnival n. карнава́л; (Shrove-tide) ма́сленица.
carnivore n. плотоя́дное живо́тное sb. **carnivorous** adj. плотоя́дный.
carol n. (рожде́ственский) гимн.
carotid artery n. со́нная арте́рия.
carousal n. попо́йка.
carp[1] n. (wild) саза́н; (domesticated) карп.

carp² *v.i.* придира́ться *imp.*, придра́ться (-деру́сь, -дерёшься; -дра́лся, -драла́сь, -дра́ло́сь) *perf.* (at, к + *dat.*).
carpenter *n.* пло́тник. **carpentry** *n.* пло́тничество.
carpet *n.* ковёр (-вра́); *v.t.* устила́ть *imp.*, устла́ть (-телю́, -те́лешь) *perf.* ковра́ми; ~-*bag*, саквоя́ж.
carping *adj.* придирчивый; придирки (-рок) *pl.*
carriage *n.* (*vehicle*) каре́та, экипа́ж; (*rly.*) ваго́н; (*of machine*) каре́тка; (*conveyance*) провоз, перевозка; (*bearing*) оса́нка; *c. forward*, с опла́той доста́вки получа́телем; *c. free*, беспла́тная пересы́лка; *c. paid*, пересы́лку упла́чено. **carriageway** *n.* прое́зжая часть доро́ги, у́лицы. **carrier** *n.* (*person*) во́зчик; (*object*) бага́жник; *c. pigeon*, почто́вый го́лубь (-би, -бей) *m.*; *c. wave*, несу́щая волна́ (*pl.* -ны, -н, -на́м).
carrion *n.* па́даль; *c. crow*, чёрная воро́на.
carrot *n.* морко́вка; *pl.* морко́вь (*collect.*).
carry *v.t.* (*by hand*) носи́ть (ношу́, но́сишь) *indet.*, нести́ (несу́, -сёшь; нёс, -ла́) *det.*; переноси́ть (-ошу́, -о́сишь) *imp.*, перенести́ (-есу́, -есёшь; -ёс, -есла́) *perf.*; (*in vehicle*) вози́ть (вожу́, во́зишь) *indet.*, везти́ (везу́, -зёшь; вёз, -ла́) *det.*; *v.i.* нести́сь (несётся; нёсся, несла́сь) (*sound*) быть слы́шен (-шна́, -шно); *c. forward*, переноси́ть (-ошу́, -о́сишь) *imp.*, перенести́ (-есу́, -есёшь; -ёс, -есла́) *perf.*; *c. on*, (*continue*) продолжа́ть *imp.*; (*behaviour*) вести́ (веду́, ведёшь; вёл, -а́) *imp.* себя́ неде́ржанно; *c. out*, выполня́ть *imp.*, вы́полнить *perf.*; доводи́ть (-ожу́, -о́дишь) *imp.*, довести́ (-еду́, -едёшь; -ёл, -ела́) *perf.* до конца́; *c. over*, переноси́ть (-ошу́, -о́сишь) *imp.*, перенести́ (-есу́, -есёшь; -ёс, -есла́) *perf.*.
cart *n.* теле́га, пово́зка; *v.t.* вози́ть (вожу́, во́зишь) *indet.*, везти́ (везу́, -зёшь; вёз, -ла́) *det.* в теле́ге; ~-*horse*, ломова́я ло́шадь (*pl.* -ди, -де́й, *instr.* -дьми́); *c.-load*, воз; *c.-track*, гужева́я доро́га, просёлок (-лка); *c.-wheel* колесо́ (*pl.* -ёса) теле́ги; (*somersault*) переворо́т бо́ком в сто́рону. **cartage** *n.* сто́имость перево́зки.
cartel *n.* карте́ль *m.*
cartilage *n.* хрящ (-а́). **cartilaginous** *adj.* хрящево́й.
cartographer *n.* карто́граф. **cartographic** *adj.* картографи́ческий. **cartography** *n.* картогра́фия.
carton *n.* коро́бка из карто́на, пластма́ссы и т.д.
cartoon *n.* карикату́ра; (*design*) карто́н; (*cin.*) мультфи́льм. **cartoonist** *n.* карикатури́ст, ~ка.
cartridge *n.* патро́н; *c. belt*, патронта́ш.
carve *v.t.* (*instance*) ре́зать (ре́жу, -жешь) *imp.* по + *dat.*; (*wood*) выреза́ть *imp.*, вы́резать (-ежу, -ежешь) *perf.*; (*stone*) высека́ть *imp.*, вы́сечь (-еку, -ечешь; -ек) *perf.*; (*meat etc.*) нареза́ть *imp.*, наре́зать (-е́жу, -е́жешь) *perf.* **carver** *n.* (*person*) ре́зчик; *pl.* (*cutlery*) большо́й нож (-а́) и ви́лка. **carving** *n.* резьба́; резно́й орна́мент; *c.-knife*, нож (-а́) для нареза́ния мя́са.
cascade *n.* каска́д.
case¹ *n.* (*instance*) слу́чай; (*leg.*) де́ло (*pl.* -ла́); (*med.*) больно́й *sb.*; (*gram.*) паде́ж (-а́); *as the c. may be*, в зави́симости от обстоя́тельств; *in c.*, (в слу́чае) е́сли; *in any c.*, во вся́ком слу́чае; *in no c.*, ни в ко́ем слу́чае; *just in c.*, на вся́кий слу́чай, на аво́сь.
case² *n.* (*box*) я́щик, коро́бка; (*suitcase*) чемода́н; (*casing*) футля́р, чехо́л (-хла́); (*print.*) ка́сса; *v.t.* покрыва́ть *imp.*, покры́ть (-ро́ю, -ро́ешь) *perf.*; *c.-harden*, цементи́ровать *imp.*, *perf.*
casement window *n.* ство́рное окно́ (*pl.* о́кна, о́кон, о́кнам).
cash *n.* нали́чные *sb.*; де́ньги (-нег, -ньга́м) *pl.*; ка́сса; *c. and carry*, прода́жа за нали́чный расчёт без доста́вки на дом; *c. down*, де́ньги на бо́чку; *c. on delivery*, нало́жным платежо́м; *c. register*, ка́сса; *v.t.* превраща́ть *imp.*, преврати́ть (-ащу́, -ати́шь) *perf.* в нали́чные *sb.*; *c. a cheque*, получа́ть *imp.*, получи́ть (-чу́, -чишь) *perf.* де́ньги по че́ку. **cashier**¹ *n.* касси́р. **cashier**² *v.t.* увольня́ть *imp.*, уво́лить *perf.* со слу́жбы.

cashmere *n.* кашеми́р.
casing *n.* (*tech.*) кожу́х (-á).
casino *n.* кази́но *neut.indecl.*
cask *n.* бо́чка.
casket *n.* шкату́лка, ларе́ц (-рца́).
casserole *n.* тяжёлая кастрю́ля; блю́до, приготовля́емое в ней.
cassock *n.* ря́са.
cast *v.t.* (*throw*) броса́ть *imp.*, бро́сить *perf.*; (*shed*) сбра́сывать *imp.*, сбро́сить *perf.*; (*theat.*) распределя́ть *imp.*, распредели́ть *perf.* ро́ли + *dat.*; (*found*) лить (лью, льёшь; лил, -á, -о) *imp.*, с ~ (со́лью, -льёшь) слил, -á, -о) *perf.*; (*horoscope*) составля́ть *imp.*, соста́вить *perf.*; *c. ashore*, выбра́сывать *imp.*, вы́бросить *perf.* на бе́рег; *c. off*, (*knitting*) спуска́ть *imp.*, спусти́ть (-ущу́, -усти́шь) *perf.* пе́тли; (*naut.*) отплыва́ть *imp.*, отплы́ть (-ыву́, -ывёшь; отплы́л, -á, -о) *perf.*; *c. on*, (*knitting*) набира́ть *imp.*, набра́ть (наберу́, -рёшь; набра́л, -á, -о) *perf.* пе́тли; *n.* (*throw*) бросо́к (-ска́), броса́ние; (*of mind etc.*) склад; (*mould*) фо́рма; (*med.*) ги́псовая повя́зка; (*theat.*) действующие ли́ца (-ц) *pl.*; (*in eye*) лёгкое косогла́зие. **castaway** *n.* потерпе́вший *sb.* кораблекруше́ние. **cast iron** *n.* чугу́н (-á). **cast-iron** *adj.* чугу́нный. **cast-offs** *n.* (*clothes*) ноше́ное пла́тье.
castanet *n.* кастанье́та.
caste *n.* ка́ста; ка́стовая систе́ма.
castigate *v.t.* бичева́ть *imp.*
castle *n.* за́мок (-мка); (*chess*) ладья́.
castor *n.* (*wheel*) ро́лик, колёсико *n.* (*pl.* -ки, -ков); *c. sugar*, са́харная пу́дра.
castor oil *n.* касто́ровое ма́сло.
castrate *v.t.* кастри́ровать *imp.*, *perf.* **castration** *n.* кастра́ция.
casual *adj.* случа́йный; (*careless*) несерьёзный. **casualty** *n.* (*wounded*) ра́неный *sb.*; (*killed*) уби́тый *sb.*; *pl.* поте́ри (-рь) *pl.*; *c. ward*, пала́та ско́рой по́мощи.
casuist *n.* казуи́ст. **casuistic(al)** *adj.* казуисти́ческий. **casuistry** *n.* казуи́стика.
cat *n.* ко́шка; (*tom*) кот (-á); *catcall*, свист, освистывание; *v.t. & i.* осви́стывать *imp.*, освиста́ть (-ищу́, -и́щешь) *perf.*; *c.-o'-nine-tails*, ко́шки *f.pl.*; *c.'s eye*, (*min.*) коша́чий глаз (*loc. -ý*; *pl.* -за́, -з); (*on road*) (доро́жный) рефле́ктор; *c.'s-meat*, кони́на (для ко́шек); *catwalk*, у́зкий мо́стик; рабо́чий помо́ст.
cataclysm *n.* катакли́зм.
catalogue *n.* катало́г; (*price list*) прейскура́нт; *v.t.* каталогизи́ровать *imp.*, *perf.*
catalysis *n.* ката́лиз. **catalyst** *n.* катализа́тор. **catalytic** *adj.* катали́тический.
catamaran *n.* катамара́н.
catapult *n.* (*child's*) рога́тка; (*hist.*, *aeron.*) катапу́льта; *v.t.* катапульти́ровать *imp.*, *perf.*
cataract *n.* (*waterfall*) водопа́д; (*med.*) катара́кта.
catarrh *n.* ката́р.
catastrophe *n.* катастро́фа. **catastrophic** *adj.* катастрофи́ческий.
catch *v.t.* (*captive*) лови́ть (-влю́, -вишь), *imp.*, пойма́ть *perf.*; (*seize*) захва́тывать *imp.*, захвати́ть (-ачу́, -а́тишь) *perf.*; (*surprise*) застава́ть (-таю́, -таёшь) *imp.*, заста́ть (-а́ну, -а́нешь) *perf.*; (*disease*) заража́ться *imp.*, зарази́ться *perf.* + *instr.*; (*be in time for*) успева́ть *imp.*, успе́ть *perf.* на + *acc.*; *c. on*, зацепи́ть(ся) *imp.*, зацепи́ть(ся) (-плю́(сь), -пишь(ся)) *perf.* за + *acc.* (*v.i.*) (*become popular*) привива́ться *imp.*, приви́ться (-вился, -вила́сь) *perf.*; *c. up with*, догоня́ть *imp.*, догна́ть (догоню́, -нишь; догна́л, -á, -о) *perf.*; *n.* (*action*) пойма (*of fish*) улов; (*trick*) уло́вка; (*on door etc.*) защёлка, задви́жка; *c. crops*, междупосе́вные культу́ры *f.pl.* **catching** *adj.* зара́зный; (*attractive*) привлека́тельный. **catchment area** *n.* водосбо́рная пло́щадь (*pl.* -ди, -де́й). **catchword** *n.* (*slogan*) ло́зунг; (*running title*) колонти́тул; (*headword*) загла́вное сло́во (*pl.* -вá). **catchy** *adj.* привлека́тельный, легко́ запомина́ющийся.
catechism *n.* (*eccl.*) катехи́зис; допро́с. **catechize** *v.t.* допра́шивать *imp.*, допроси́ть (-ошу́, -о́сишь) *perf.*
categorical *adj.* категори́ческий. **category** *n.* катего́рия.
catenary *n.* цепна́я ли́ния; *adj.* цепно́й.

cater *v.i.* поставля́ть *imp.* прови́зию; *c. for*, снабжа́ть *imp.*, снабди́ть *perf.*; обслу́живать *imp.*, обслужи́ть (-жу́, -жишь) *perf.* **caterer** *n.* поставщи́к (-á) (прови́зии).

caterpillar *n.* гу́сеница; *adj.* гу́сеничный; *c. track*, гу́сеничная ле́нта.

caterwaul *v.i.* крича́ть (-чу́, -чи́шь) кото́м; задава́ть (-даёт) *imp.*, зада́ть (-áст; за́дал, -á, -о) *perf.* коша́чий конце́рт. **caterwauling** *n.* коша́чий конце́рт.

catgut *n.* кетгу́т.

catharsis *n.* ка́тарсис.

cathedral *n.* (кафедра́льный) собо́р.

catheter *n.* кате́тер.

cathode *n.* като́д; *c. rays*, като́дные лучи́ *m.pl.*

Catholic *adj.* католи́ческий; *n.* като́лик, -и́чка. **Catholicism** *n.* като́личество, католици́зм.

catkin *n.* серёжка.

cattle *n.* скот (-á).

cauldron *n.* котёл (-тла́).

cauliflower *n.* цветна́я капу́ста.

caulk *v.t.* конопа́тить *imp.*, за~ *perf.*

causal *adj.* причи́нный (-нен, -нна). **causality** *n.* причи́нность. **causation** *n.* причине́ние; причи́нность. **cause** *n.* причи́на, по́вод; (*leg. etc.*) де́ло (*pl.* -лá); *v.t.* причиня́ть *imp.*, причини́ть *perf.*; вызыва́ть *imp.*, вы́звать (-зову, -зовешь) *perf.*; (*induce*) заставля́ть *imp.*, заста́вить *perf.* **causeless** *adj.* беспричи́нный (-нен, -нна).

caustic *adj.* каусти́ческий, е́дкий (е́док, едка́, е́дко); *c. soda*, е́дкий натр; *n.* е́дкое вещество́.

cauterization *n.* прижига́ние. **cauterize** *v.t.* прижига́ть *imp.*, приже́чь (-жгу́, -жжёшь; -жёг, -жгла́) *perf.* **cautery** *n.* термокау́тер.

caution *n.* осторо́жность; (*warning*) предупрежде́ние; *v.t.* предостерега́ть *imp.*, предостере́чь (-егу́, -ежёшь; -ёг, -егла́) *perf.* **cautious** *adj.* осторо́жный. **cautionary** *adj.* предостерега́ющий.

cavalcade *n.* кавалька́да. **cavalier** *adj.* бесцеремо́нный (-нен, -нна); *C.*, (*hist.*) роя́листский; роя́ли́ст. **cavalry** *n.* кавале́рия. **cavalryman** *n.* кавалери́ст.

cave *n.* пеще́ра; *v.i.*: *c. in*, обва́ливаться *imp.*, обвали́ться (-и́тся) *perf.*; (*yield*) уступа́ть *imp.*, уступи́ть (-плю́, -пишь) *perf.* **caveman** *n.* пеще́рный челове́к. **cavern** *n.* пеще́ра. **cavernous** *adj.* пещери́стый.

caviare *n.* икра́.

cavil *v.i.* придира́ться *imp.*, придра́ться (-деру́сь, -дерёшься; -áлся, -ала́сь, -áлось) *perf.* (at, к + *dat.*).

cavity *n.* впа́дина, по́лость (*pl.* -ти, -те́й).

caw *v.i.* ка́ркать *imp.*, ка́ркнуть *perf.*; *n.* ка́рканье.

cayman *n.* кайма́н.

cease *v.t.* & *i.* прекраща́ть(ся) *imp.*, прекрати́ть(ся) (-ащу́, -ати́т(ся)) *perf.*; *v.i.* перестава́ть (-таю́, -таёшь) *imp.*, переста́ть (-а́ну, -а́нешь) *perf.* (+ *inf.*); *c.-fire*, прекраще́ние огня́. **ceaseless** *adj.* непреста́нный (-áнен, -áнна).

cedar *n.* кедр.

ceiling *n.* потоло́к (-лка́); (*prices etc.*) максима́льная цена́ (*acc.* -ну), максима́льный у́ровень (-вня) *m.*

celandine *n.* чистоте́л.

celebrate *v.t.* пра́здновать *imp.*, от ~ *perf.*; *be celebrated*, сла́виться *imp.* (for, + *instr.*). **celebrated** *adj.* знамени́тый. **celebration** *n.* пра́зднование. **celebrity** *n.* знамени́тость.

celery *n.* сельдере́й.

celestial *adj.* небе́сный.

celibacy *n.* безбра́чие. **celibate** *adj.* безбра́чный; (*person*) холосто́й (-ост), незаму́жняя.

cell *n.* (*room*) ке́лья; (*prison*) (тюре́мная) ка́мера; (*biol.*) кле́тка, кле́точка; (*polit.*) яче́йка.

cellar *n.* подва́л, по́греб (*pl.* -á); *adj.* подва́льный.

cellist *n.* виолончели́ст. **cello** *n.* виолонче́ль.

cellophane *n.* целлофа́н; *adj.* целлофа́новый. **cellular** *adj.* кле́точный. **cellule** *n.* кле́точка. **celluloid** *n.* целлуло́ид; (кино)фи́льм. **cellulose** *n.* целлюло́за; клетча́тка.

Celsius: *C. scale*, шкала́ термо́метра

Цельсия; C. thermometer, термо́метр Це́льсия; 10° C., 10° по Це́льсию.
Celt n. кельт. Celtic adj. ке́льтский.
cement n. цеме́нт; v.t. цементи́ровать imp., за~ perf.
cemetery n. кла́дбище.
cenotaph n. кенота́ф.
censer n. кади́ло.
censor n. це́нзор; v.t. подверга́ть imp., подве́ргнуть (-г) perf. цензу́ре. censorious adj. стро́гий (строг, -а́, -о); скло́нный (-о́нен, -о́нна́, -о́нно) осужда́ть. censorship n. цензу́ра. censure n. осужде́ние; порица́ние; v.t. осужда́ть imp., осуди́ть (-ужу́, -у́дишь) perf.; порица́ть imp.
census n. пе́репись (населе́ния).
cent n. цент; per c., проце́нт.
centaur n. кента́вр.
centenarian adj. столе́тний; n. столе́тний челове́к, челове́к в во́зрасте ста лет. centenary n. столе́тие. centennial adj. столе́тний; n. столе́тняя годовщи́на. centigrade adj. стогра́дусный; 10° C., 10° по Це́льсию. centigram n. сантигра́мм. centilitre n. сантили́тр. centimetre n. сантиме́тр. centipede n. сороконо́жка.
central adj. центра́льный; c. heating, центра́льное отопле́ние. centralism n. централи́зм. centralization n. централиза́ция. centralize v.t. централизова́ть imp., perf. centre n. центр; середи́на; c. back, центр защи́ты; c.-board, опускно́й киль m.; c. forward, центр нападе́ния; c. half, центр полузащи́ты; v.i. сосредото́чиваться imp., сосредото́читься perf. centrifugal adj. центробе́жный. centrifuge n. центрифу́га. centripetal adj. центростреми́тельный.
centurion n. центурио́н. century n. столе́тие, век (loc. в -е, на -у́; pl. -а́); (sport) сто очко́в.
ceramic adj. керами́ческий. ceramics n. кера́мика.
cereal adj. хле́бный; n.: pl. хлеба́ m.pl., хле́бные, зерновы́е, зла́ки m.pl.; breakfast cereals, зерновы́е хло́пья (-ьев) pl.
cerebral adj. мозгово́й.

ceremonial adj. форма́льный; торже́ственный (-ен, -енна), пара́дный; n. церемониа́л. ceremonious adj. церемо́нный (-нен, -нна). ceremony n. церемо́ния.
cerise adj. (n.) светло-вишнёвый (цвет).
cert n. (sl.) ве́рное де́ло. certain adj. (definite) определённый (-ёнен, -ённа); (reliable) ве́рный (-рен, -рна́, -рно, ве́рны); (doubtless) несомне́нный (-нен, -нна); predic. уве́рен (-нна); for c., наверняка́. certainly adv. (of course) коне́чно, безусло́вно; (without fail) непреме́нно; (beyond question) несомне́нно. certainty n. (conviction) уве́ренность; (undoubted fact) несомне́нный факт; безусло́вность; bet on a c., держа́ть (-жу́, -жишь) пари́ наверняка́.
certificate n. удостовере́ние, свиде́тельство, сертифика́т; аттеста́т; birth c., ме́трика. certify v.t. удостоверя́ть imp., удостове́рить perf.; свиде́тельствовать imp., за~ perf.; (as insane) признава́ть (-наю́, -наёшь) imp., призна́ть perf. сумасше́дшим.
certitude n. уве́ренность.
cessation n. прекраще́ние.
cesspit n. помо́йная я́ма. cesspool n. выгребна́я я́ма; (fig.) клоа́ка.
chafe v.t. (rub) тере́ть (тру, трёшь; тёр) imp., (rub sore) натира́ть imp., натере́ть (-тру́, -трёшь; -тёр) perf.; v.i. (fret) раздража́ться imp., раздражи́ться perf.
chaff n. (husks) мяки́на; (chopped straw) се́чка; (banter) подшу́чивание; v.t. поддра́знивать imp., поддразни́ть (-ню́, -нишь) perf.; подшу́чивать imp., подшути́ть (-учу́, -у́тишь) perf. над+instr.
chaffinch n. зя́блик.
chagrin n. огорче́ние.
chain n. цепь (loc. -пи́; pl. -пи, -пе́й); (crochet) коси́чка; c. reaction, цепна́я реа́кция; c. stitch, тамбу́рный шов (шва), тамбу́рная стро́чка.
chair n. стул (pl. -ья, -ьев), кре́сло (gen.pl. -сел); (chairmanship) председа́тельство; (chairman) председа́тель m., ~ ница; (univ.) ка́федра; v.t. (preside) председа́тельствовать imp. на+

chalice

prep.; (carry aloft) поднима́ть imp., подня́ть (-ниму́, -ни́мешь; по́днял, -а́, -о) perf. и нести́ (несу́, -сёшь; нёс, -ла́) imp. **chairman, -woman** n. председа́тель m., ~ница.

chalice n. ча́ша.

chalk n. мел (-а(у), loc. -ý & -е); (piece of c.) мело́к (-лка́); not by a long c., отню́дь не, далеко́ не; v.t. писа́ть (пишу́, пи́шешь) imp., на~ perf. ме́лом; черти́ть (-рчу́, -ртишь) imp., на~ perf. ме́лом, известко́вый. **chalky** adj. мелово́й, известко́вый.

challenge n. (summons) вы́зов; (sentry's call) о́клик (часово́го); (leg.) отво́д; v.t. вызыва́ть imp., вы́звать (вы́зову, -вешь) perf.; оклика́ть imp., окли́кнуть perf.; отводи́ть (-ожу́, -о́дишь) imp., отвести́ (-еду́, -едёшь; -ёл, -ела́) perf.

chalybeate adj. желе́зистый.

chamber n. ко́мната; (polit.) пала́та; pl. меблиро́ванные ко́мнаты f.pl.; (judge's) кабине́т (судьи́); c. music, ка́мерная му́зыка; c.-pot, ночно́й горшо́к (-шка́). **chamberlain** n. камерге́р; С., гофме́йстер. **chambermaid** n. го́рничная sb.

chameleon n. хамелео́н.

chamois n. (animal) се́рна; (c.-leather) за́мша; adj. за́мшевый.

champ n. v.t. ча́вкать imp., ча́вкнуть perf.; c. the bit, грызть (-зёт; -з) imp. удила́ (pl.).

champagne n. шампа́нское sb.

champion n. (athletic etc.) чемпио́н, ~ка; (animal, plant etc.) пе́рвый призёр; (upholder) побо́рник, -ица; adj. получи́вший пе́рвый приз; v.t. защища́ть imp., защити́ть (-ищу́, -ити́шь) perf. **championship** n. пе́рвенство, чемпиона́т; побо́рничество.

chance n. (opportunity) слу́чай; (possibility) шанс; adj. случа́йный; v.i. (happen) случа́ться imp., случи́ться perf.; c. it, рискну́ть perf.

chancel n. алта́рь (-ря́) m.

chancellery n. канцеля́рия. **chancellor** n. ка́нцлер; (univ.) ре́ктор университе́та; Lord С., лорд-ка́нцлер; С. of the Exchequer, ка́нцлер казначе́йства.

Chancery n. суд (-а́) ло́рда-ка́нцлера; с., канцеля́рия.

chancy adj. риско́ванный (-ан, -анна).

chandelier n. лю́стра.

change n. переме́на, измене́ние; (of clothes etc.) сме́на; (money) сда́ча; (of trains etc.) переса́дка; c. for the better, переме́на к лу́чшему; c. of air, переме́на обстано́вки; c. of life, климакте́рий; c. of scene, переме́на обстано́вки; for a c., для разнообра́зия; v.t. & i. меня́ть(ся) imp., изменя́ть(ся) imp., измени́ть(ся) (-ню́(сь), -ни́шь(ся)) perf.; v.i. (one's clothes) переодева́ться imp., переоде́ться (-е́нусь, -е́нешься) perf.; (trains etc.) переса́живаться imp., пересе́сть (-ся́ду, -ся́дешь; -се́л) perf.; v.t. (a baby) перепелёнывать imp., перепелена́ть perf.; (give c. for) разме́нивать imp., разменя́ть perf.; c. into превраща́ться imp., преврати́ться (-ащу́сь, -ати́шься) perf. в+acc. **changeable** adj. непостоя́нный (-нен, -нна), неусто́йчивый, изме́нчивый. **changeless** adj. неизме́нный (-нен, -нна), постоя́нный (-нен, -нна).

channel n. кана́л, проли́в, прото́к; (fig.) ру́сло (gen.pl. -сл & -сел), путь (-ти́, -тём) m.; the (English) С., Ла-Ма́нш; v.t. пуска́ть imp., пусти́ть (пущу́, пу́стишь) perf. по кана́лу; (fig., direct) направля́ть imp.

chaos n. ха́ос. **chaotic** adj. хаоти́чный.

chap[1] n. (person) ма́лый sb., па́рень (-рня; pl. -рни, -рне́й) m.

chap[2] n. (crack) тре́щина; v.i. тре́скаться imp., по~ perf.

chapel n. часо́вня (gen.pl. -вен), капе́лла, моле́льня (gen.pl. -лен).

chap-fallen adj. удручённый (-ён, -ена́).

chaplain n. капелла́н.

chapter n. (of book) глава́ (pl. -вы); (eccl.) капи́тул; c. house, зда́ние капи́тула.

char[1] n. приходя́щая домрабо́тница.

char[2] v.t. & i. обу́гливать(ся) imp., обу́глить(ся) perf.

character n. хара́ктер; (testimonial) рекоменда́ция; (personage) персона́ж; (theat.) де́йствующее лицо́ (pl. -ца); (letter) бу́ква; (numeral) ци́фра;

(mark) знак. **characteristic** adj. характе́рный; n. характе́рная черта́.
characterize v.t. характеризова́ть imp., perf.
charade n. шара́да.
charcoal n. древе́сный у́голь (угля́) m.
charge n. (load) нагру́зка; (for gun; electr.) заря́д; (fee) пла́та; (care) попече́ние; (person) пито́мец (-мца) -мица; (accusation) обвине́ние; (mil.) ата́ка; be in c. of, заве́довать imp.+instr.; име́ть пп. на попече́нии; in the c. of, на попече́нии + gen.; v.t. (gun; electr.) заряжа́ть imp., заряди́ть (-яжу́, -я́дишь) perf.; (accuse) обвиня́ть imp., обвини́ть perf. (with, в + prep.); (mil.) атакова́ть imp., perf.; v.i. броса́ться imp., бро́ситься perf. в ата́ку; c. (for), брать (беру́, -рёшь; брал, -а́, -о) imp., взять (возьму́, -мёшь; взял, -а́, -о) perf. пла́ту (за + acc.); назнача́ть imp., назна́чить perf. пла́ту (за + acc.); c. to (the account of), запи́сывать imp., записа́ть (-ишу́, -и́шешь) perf. на счёт + gen.
chargé d'affaires n. пове́ренный sb. в дела́х.
chariot n. колесни́ца.
charisma n. (divine gift) бо́жий дар; (charm) обая́ние. **charismatic** adj. богодухнове́нный, вдохнове́нный; с бо́жьей и́скрой, обая́тельный.
charitable adj. благотвори́тельный; (merciful) милосе́рдный; (lenient) снисходи́тельный. **charity** n. (kindness) милосе́рдие; (leniency) снисходи́тельность; (organization) благотвори́тельное о́бщество; pl. благотвори́тельная де́ятельность.
charlatan n. шарлата́н.
charlotte n.: apple c., шарло́тка.
charm n. очарова́ние; пре́лесть; (spell) за́говор; pl. ча́ры (чар) pl.; (amulet) талисма́н; (trinket) брело́к; act, work, like a c., чу́дом + inst., c. ~ perf. чуде́са́.; v.t. очаро́вывать imp., очарова́ть perf.; c. away, отгоня́ть imp., отогна́ть (отгоню́, -нишь; отогна́л, -а́, -о) perf. (как бы) колдовство́м; bear a charmed life, быть неуязви́мым.

charming adj. очарова́тельный, преле́стный.
charring n. рабо́та по до́му; do, go out, с., служи́ть (-жу́, -жишь) imp. приходя́щей домрабо́тницей.
chart n. (naut.) морска́я ка́рта; (table) гра́фик; v.t. наноси́ть (-ошу́, -о́сишь) imp., нанести́ (-су́, -сёшь; нанёс, -ла́) perf. на ка́рту; составля́ть imp., соста́вить perf. гра́фик + gen. **charter** n. (document) ха́ртия; (statutes) уста́в; (c.-party) ча́ртер; v.t. (ship) фрахтова́ть imp., за~ perf.; (vehicle etc.) нанима́ть imp., наня́ть (найму́, -мёшь; на́нял, -а́, -о) perf.
charwoman n. приходя́щая домрабо́тница.
chase v.t. гоня́ться indet., гна́ться (гоню́сь, го́нишься; гна́лся, -ла́сь, гнало́сь) det. за + instr.; n. (pursuit) погоня, пресле́дование; (hunting) охо́та.
chased adj. укра́шенный (-н) гравирова́нием, рельефом.
chasm n. (abyss) бе́здна; (fissure) глубо́кая рассе́лина.
chassis n. шасси́ neut.indecl.
chaste adj. целому́дренный (-ен, -енна).
chastise v.t. подверга́ть imp., подве́ргнуть (-г) perf. наказа́нию.
chastity n. целому́дрие.
chat n. бесе́да, разгово́р; v.i. бесе́довать imp.; разгова́ривать imp.
chattels n. дви́жимость.
chatter n. болтовня́; трескотня́; v.i. болта́ть imp.; треща́ть (-щу́, -щи́шь) imp.; (of teeth) стуча́ть (-ча́т) imp. **chatterbox** n. болту́н (-а́), ~ ья. **chatty** adj. разгово́рчивый.
chauffeur n. шофёр.
chauvinism n. шовини́зм. **chauvinist** n. шовини́ст, ~ ка; adj. шовинисти́ческий.
cheap adj. дешёвый (дёшев, -а́, -о).
cheapen v.t. & i. обесце́нивать(ся) imp., обесце́нить(ся) perf.; удешевля́ть(ся) imp., удешеви́ть(ся) perf.
cheaply adv. дёшево. **cheapness** n. дешеви́зна.
cheat v.t. обма́нывать imp., обману́ть (-ну́, -нёшь) perf.; v.i. плутова́ть imp., на~, с~ perf.; моше́нничать imp.,

check

с~ *perf.*; *n.* (*person*) обма́нщик, -ица; (*act*) обма́н. **cheating** *n.* мошéнничество, плутовство́.

check[1] *n.* контро́ль *m.*, прове́рка; (*stoppage*) заде́ржка; (*chess*) шах; *adj.* контро́льный; *v.t.* (*examine*) проверя́ть *imp.*, прове́рить *perf.*; контроли́ровать *imp.*, про~ *perf.*; (*restrain*) сде́рживать *imp.*, сдержа́ть (-жу́, -жишь) *perf.*; c.-list, контро́льный спи́сок (-ска); *checkmate*, шах и мат; *v.t.* наноси́ть (-ошу́, -о́сишь) *imp.*, нанести́ (-су́, -сёшь; нанёс, -ла́) *perf.* + *dat.*; пораже́ние; c.-point, контро́льно-пропускно́й пункт.

check[2] *n.* (*pattern*) кле́тка. **check(ed)** *adj.* кле́тчатый.

cheek *n.* щека́ (*acc.* щёку; *pl.* щёки, щёк, -а́м); (*impertinence*) наха́льство, де́рзость; *v.t.* дерзи́ть (-и́шь) *imp.*, на~ *perf.* + *dat.*; c.-bone, скула́ (*pl.* -лы). **cheeky** *adj.* де́рзкий (-зок, -зка́, -зко), наха́льный.

cheep *n.* писк; *v.i.* пища́ть (-щу́, -щи́шь) *imp.*, пи́скнуть *perf.*

cheer *n.* одобри́тельное восклица́ние; *pl.* (*applause*) аплодисме́нты (-тов) *pl.*; *cheers!* за (ва́ше) здоро́вье!; *three cheers for* ..., да здра́вствует (-уют) + *nom.*; *v.t.* (*applaud*) аплоди́ровать *imp.* + *dat.*; c. up, ободря́ть(ся) *imp.*, ободри́ть(ся) *perf.* **cheerful** *adj.* весёлый (ве́сел, -а́, -о, ве́селы), бо́дрый (бодр, -а́, -о). **cheerless** *adj.* уны́лый. **cheery** *adj.* бо́дрый (бодр, -а́, -о).

cheese *n.* сыр (-а(у); *pl.* -ы́); c.-cake, ватру́шка; *cheesecloth*, ма́рля; c.-paring, скýпость, грошо́вая эконо́мия; скупо́й (скуп, -а́, -о); c. straw, сы́рная па́лочка.

cheetah *n.* гепа́рд.

chef *n.* (шеф-)по́вар (*pl.* -а́).

chef-d'oeuvre *n.* шеде́вр.

chemical *adj.* хими́ческий; c. warfare, хими́ческая война́; *n.* химика́т; *pl.* химика́лии (-ий). **chemically** *adv.* хими́чески. **chemist** *n.* хи́мик; (*druggist*) апте́карь *m.*; c.'s (*shop*), апте́ка. **chemistry** *n.* хи́мия.

chenille *n.* сине́ль *f.*; *adj.* сине́льный.

cheque *n.* чек; c.-book, че́ковая кни́жка.

chequered *adj.* (*varied*) разнообра́зный; (*changing*) изме́нчивый.

cherish *v.t.* (*foster*) леле́ять (-е́ю, -е́ешь) *imp.*; (*hold dear*) дорожи́ть *imp.* + *instr.*; (*preserve in memory*) храни́ть *imp.* (в па́мяти); (*love*) не́жно люби́ть (-блю́, -бишь) *imp.* **cherished** *adj.* заве́тный.

cheroot *n.* мани́льская сига́ра.

cherry *n.* ви́шня (*gen.pl.* -шен); чере́шня (*gen.pl.* -шен); (*tree*) вишнёвое де́рево (*pl.* -е́вья -е́вьев); (*colour*) вишнёвый цвет; *adj.* вишнёвый, вишнёвого цве́та; c-wood, древеси́на вишнёвого де́рева.

cherub *n.* херуви́м, херуви́мчик. **cherubic** *adj.* пу́хлый и розовощёкий.

chervil *n.* ке́рвель *m.*

chess *n.* ша́хматы (-т) *pl.*; *adj.* ша́хматный; c.-board, ша́хматная доска́ (*acc.* -ску; *pl.* -ски, -со́к, -ска́м); c.-champion, чемпио́н по ша́хматам; c.-player, шахмати́с—, ~ ка; c.-men, ша́хматы (-т) *pl.*

chest *n.* я́щик, сунду́к (-а́); (*anat.*) грудь (-ди́, *instr.* -дью; *pl.* -ди, -де́й); c. of drawers, комо́д.

chestnut *n.* (*tree, fruit*) кашта́н; (*colour*) кашта́новый цвет; (*horse*) гнеда́я *sb.*; *adj.* кашта́новый; (*horse*) гнедо́й.

chevron *n.* наши́вка.

chew *v.t.* жева́ть (жую́, жуёшь) *imp.*; c. over, пережёвывать *imp.*, пережева́ть (-жую́, -жуёшь) *perf.*; c. the cud, жева́ть (жую́, жуёшь) *imp.* жва́чку. **chewing** *n.* жева́ние; c.-gum, жева́тельная рези́нка, жва́чка.

chicane *n.* вре́менное или передвижно́е препя́тствие на доро́ге, го́ночном тре́ке. **chicanery** *n.* крючкотво́рство; махина́ция.

chick *n.* цыплёнок (-нка; *pl.* цепля́та, -т). **chicken** *n.* ку́рица (*pl.* ку́ры, кур); цыплёнок (-нка; *pl.* цепля́та, -т); (*meat*) куря́тина; *adj.* трусли́вый; c.-hearted, -livered, трусли́вый. **chicken-pox** *n.* ветряна́я о́спа, ветря́нка.

chicory *n.* цико́рий.

chief *n.* глава́ (*pl.* -вы) *m., f.*; (*mil. etc.*) нача́льник; (*of tribe*) вождь (-дя́) *m.*; (*robber*) атама́н; *adj.* гла́вный, ста́рший. **chiefly** *adv.* гла́вным о́бразом.

chieftain n. вождь (-дя́) m.; (robber) атама́н.

chiffon n. шифо́н; adj. шифо́новый.

child n. ребёнок (-нка; pl. де́ти, -те́й); c.-birth, ро́ды (-о́в) pl.; c. prodigy, вундерки́нд; c.'s play, де́тские игру́шки f.pl. childrens' adj. де́тский. **childhood** n. де́тство. **childish** adj. де́тский, ребя́чий. **childless** adj. безде́тный. **childlike** adj. де́тский.

chili n. стручко́вый пе́рец (-рца́у).

chill n. хо́лод (-а(у); pl. -а́), охлажде́ние; (ailment) просту́да, озно́б; (fig.) холодо́к (-дка́); v.t. охлажда́ть imp., охлади́ть perf.; студи́ть (-ужу́, -у́дишь) imp., о~ perf. **chilled** adj. охлаждённый (-ён, ена́), моро́женый.

chilly adj. холо́дный (хо́лоден, -дна́, -дно, хо́лодны), прохла́дный.

chime n. (set of bells) набо́р колоколо́в; pl. (sound) колоко́льный перезво́н; (of clock) бой; v.t. звони́ть (imp., по~ perf. в+acc.; v.i. звене́ть (-ни́т) imp., про~ perf.; (correspond) соотве́тствовать imp. (to, +dat.); c. in, вме́шиваться imp., вмеша́ться perf.

chimera n. химе́ра. **chimerical** adj. химери́ческий.

chimney n. (for smoke) (дымова́я) труба́ (pl. -бы); (lamp c.) ла́мповое стекло́ (pl. стёкла, -кол, -клам); (cleft) расще́лина, ками́н; c.-pot, дефле́ктор; c.-sweep, трубочи́ст.

chimpanzee n. шимпанзе́ m.indecl.

chin n. подборо́док (-дка); v.t.: c. the bar, oneself, подтя́гиваться imp., подтяну́ться (-ну́сь, -не́шься) perf. до у́ровня подборо́дка.

China adj. кита́йский. **china** n. (material) фарфо́р; (objects) посу́да; adj. фарфо́ровый.

chinchilla n. (animal, fur) шинши́лла.

Chinese n. (person) кита́ец (-а́йца, -а́йнка); adj. кита́йский; C. lantern, кита́йский фона́рик; C. white, кита́йские бели́ла (-л) pl.

chink[1] n. (sound) звон; v.i. звене́ть (-ни́т) imp., про~ perf.

chink[2] n. (opening, crack) щель (pl. -ли, -ле́й), сква́жина.

chintz n. глазиро́ванный си́тец (-тца(у)).

chip v.t. отбива́ть imp., отби́ть (отобью́, -ьёшь) perf.+gen.; n. (of wood) щепа́ (pl. -пы, -п, -па́м), ще́пка, лучи́на; щерби́на, щерби́нка; (in games) фи́шка; (of) жа́реная карто́шка (collect.); c.-basket, корзи́на из стру́жек.

chiropody n. педикю́р.

chirp v.i. чири́кать imp.

chisel n. долото́ (pl. -та); стаме́ска; зуби́ло; резе́ц (-зца́); v.t. высека́ть imp., вы́сечь (-еку, -ечешь; -ек) perf.; вырезать imp., вы́резать (-ежу, -ежешь) perf. **chiseller** n. моше́нник.

chit n. (note) запи́ска.

chit-chat n. болтовня́.

chivalrous adj. ры́царский. **chivalry** n. ры́царство.

chive n. лук(-а)-ре́занец (-нца).

chloral n. хлоралгидра́т. **chloride** n. хлори́д. **chlorinate** v.t. хлори́ровать imp., perf. **chlorine** n. хлор. **chloroform** n. хлорофо́рм; v.t. хлороформи́ровать imp., perf. **chlorophyll** n. хлорофи́лл.

chock n. клин (pl. -ья, -ьев); (тормозна́я) коло́дка; c.-a-block, c.-full, битко́м наби́тый, перепо́лненный (-ен, -енна).

chocolate n. шокола́д (-а(у)); (sweet) шокола́дка; (colour) шокола́дный цвет; adj. шокола́дный, шокола́дного цве́та.

choice n. вы́бор; adj. отбо́рный.

choir n. хор (pl. хо́ры); хорово́й анса́мбль m.; c.-boy, (ма́льчик) певчий sb.

choke n. (valve) дро́ссель m.; (artichoke) сердцеви́на артишо́ка; v.i. дави́ться (-влю́сь, -вишься) imp., по~ perf.; задыха́ться imp., задохну́ться (-о́хнулся, -о́х(ну́)лась) perf.; v.t. (suffocate) души́ть (-шу́, -шишь) imp., за~ perf.; (of plants) заглуша́ть imp., глуши́ть imp., за~ perf. **choker** n. (collar) высо́кий крахма́льный воротничо́к (-чка́); (necklace) коро́ткое ожере́лье.

cholera n. холе́ра.

choleric adj. вспы́льчивый.

cholesterol n. холестери́н.

choose v.t. (select) выбира́ть imp., вы́брать (-беру, -берешь) perf.;

(decide) решать *imp.*, решить *perf.* **choosy** *adj.* разборчивый.

chop[1] *v.t.* рубить (-блю, -бишь) *imp.*, рубнуть, рубануть *perf.*; (*chop up*) крошить (-шу, -шишь) *imp.*, ис~, на~, рас~ *perf.*; колоть (-лю, -лешь) *imp.*, рас~ *perf.*; с. *off*, отрубать *imp.*, отрубить (-блю, -бишь) *perf.*; *n.* (*blow*) рубящий удар; (*cul.*) отбивная котлета.

chop[2] *v.i.* с. *and change*, постоянно меняться *imp.*; колебаться (-блюсь, -блешься) *imp.*

chopper *n.* (*knife*) сечка, косарь (-ря) *m.*; (*axe*) колун (-а). **choppy** *adj.* неспокойный; с. *sea*, зыбь на море.

chops *n.* (*jaws*) челюсти (-тей) *pl.*; с. *of the Channel*, вход в Ла-Манш; *lick one's* с., облизываться *imp.*, облизнуться (-жусь, -жешься) *perf.*

chop-sticks *n.* палочки *f.pl.* для еды. **chop-suey** *n.* китайское рагу *neut. indecl.*

choral *adj.* хоровой. **chorale** *n.* хорал. **chord**[1] *n.* (*math.*) хорда; (*anat.*) связка. **chord**[2] *n.* (*mus.*) аккорд.

choreographer *n.* хореограф. **choreographic** *adj.* хореографический. **choreography** *n.* хореография.

chorister *n.* певчий *sb.*, хорист, ~ка.

chortle *v.i.* фыркать *imp.*, фыркнуть *perf.* от смеха.

chorus *n.* хор (*pl.* хоры); (*refrain*) припев; с.-*girl*, хористка; *v.i.* (*sing*) петь (поёт) *imp.*, про~ *perf.*; (*speak*) говорить *imp.*, сказать (-ажет) *perf.* хором.

christen *v.t.* (*baptise*) крестить (-ещу, -естишь) *imp.*, *perf.*; (*give name*) давать (даю, даёшь) *imp.*, дать (дам, дашь, даст, дадим) *imp.*; дал (-а, дало, -и) *perf.* + *dat.* имя *neut.* при крещении. **Christian** *n.* христианин (*pl.* -ане, -ан), -анка; *adj.* христианский; C. *name*, имя *neut.* **Christianity** *n.* христианство. **Christmas** *n.* рождество; C. *Eve*, сочельник; C.-*tide*, святки (-ток) *pl.*; C. *tree*, ёлка.

chromatic *adj.* хроматический. **chrome** *n.* крон; с. *leather*, хромированная кожа; с. *steel*, хромистая сталь; с. *yellow*, (жёлтый) крон. **chromium** *n.*

хром; с.-*plated*, хромированный. **chromolithograph(y)** *n.* хромолитография. **chromosome** *n.* хромосома.

chronic *adj.* хронический.

chronicle *n.* хроника, летопись (*Book of*) *Chronicles*, Паралипоменон; *v.t.* заносить (-ошу, -осишь) *imp.*, занести (-есу, -есёшь; -ёс, -есла) *perf.* (в дневник, в летопись); отмечать *imp.*, отметить *perf.* **chronicler** *n.* летописец (-сца).

chronological *adj.* хронологический. **chronology** *n.* хронология. **chronometer** *n.* хронометр.

chrysalis *n.* куколка.

chrysanthemum *n.* хризантема.

chub *n.* голавль (-ля) *m.* **chubby** *adj.* пухлый (пухл, -а, -о).

chuck *v.t.* бросать *imp.*, бросить *perf.*; с. *it!* брось!; с. *out*, вышибать *imp.*, вышибить (-бу, -бешь; -б) *perf.*; с. *under the chin*, трепать (-плю, -плешь) *imp.*, по~ *perf.* по подбородку; с. *up*, бросать *imp.*, бросить *perf.* **chucker-out** *n.* вышибала *m.*

chuckle *v.i.* посмеиваться *imp.*

chug *v.i.* итти (идёт) *imp.* с пыхтением; с. *along*, пропыхтеть (-тит) *perf.*

chum *n.* товарищ.

chump *n.* чурбан; толстый конец (-нца); с. *chop*, толстая баранья отбивная *sb.*; *off one's* с., спятивший с ума.

chunk *n.* ломоть (-мтя) *m.*, кусок (-ска). **chunky** *adj.* короткий (короток, -тка, -тко, коротки) и толстый (толст, -а, -о, толсты); коренастый.

church *n.* церковь (-кви, -ковью) *pl.* -кви, -квей, -квям); C. *of England*, англиканская церковь. **churchyard** *n.* (церковное) кладбище.

churlish *adj.* грубый (груб, -а, -о), нелюбезный.

churn *n.* маслобойка; *v.t.* сбивать *imp.*, сбить (собью, -ьёшь) *perf.*; *v.i.* (*foam*) пениться *imp.*, вс~ *perf.*; (*seethe*) кипеть (-пит) *imp.*, вс~ *perf.*

chute *n.* скат, жёлоб (*pl.* -а); (*parachute*) парашют.

cicada *n.* цикада.

cider *n.* сидр.

cigar *n.* сига́ра. **cigarette** *n.* сигаре́та, папиро́са; *c. lighter,* зажига́лка.
cinder *n.* шлак; *pl.* зола́; *c.-path, c. track,* гарева́я доро́жка.
cine-camera *n.* киноаппара́т. **cinema** *n.* кино́ *neut.indecl.,* кинематогра́фия.
cinematic *adj.* кинематографи́ческий.
cinnamon *n.* кори́ца; (*colour*) све́тло-кори́чневый цвет.
cipher *n.* (*math.*) ноль (-ля́) *m.,* нуль (-ля́) *m.;* шифр.
circle *n.* круг (*loc.* -е & -у́; *pl.* -и́); (*theatre*) я́рус; *v.t.* & *i.* кружи́ть(ся) (-ужу́(сь), -у́жишь(ся)) *imp.; v.i.* дви́гаться -аюсь, -аешься & дви́жусь, -жешься *imp.,* дви́нуться *perf.* по кругу́. **circlet** *n.* кружо́к (-жка́); вено́к (-нка́). **circuit** *n.* кругооборо́т; объе́зд, обхо́д; (*tour*) турне́ *neut.indecl.;* (*leg.*) выездна́я се́ссия суда́; (*electr.*) цепь, ко́нтур; *short c.,* коро́ткое замыка́ние. **circuitous** *adj.* кру́жный, око́льный. **circular** *adj.* кру́глый (кругл, -а́, -о́, кру́глы), кругово́й; (*circulating*) циркуля́рный; *n.* циркуля́р. **circularize** *v.t.* рассыла́ть *imp.,* разосла́ть (-ошлю́, -ошлёшь) *perf.+dat.* циркуля́ры. **circulate** *v.i.* циркули́ровать *imp.; v.t.* рассыла́ть *imp.,* разосла́ть (-ошлю́, -ошлёшь) *perf.;* (*spread*) распространя́ть *imp.,* распространи́ть *perf.* **circulation** *n.* (*movement*) циркуля́ция; (*distribution*) распростране́ние; (*of newspaper*) тира́ж (-а́); (*econ.*) обраще́ние; (*med.*) кровообраще́ние.
circumcise *v.t.* обреза́ть *imp.,* обре́зать (-е́жу, -е́жешь) *perf.* **circumcision** *n.* обреза́ние.
circumference *n.* окру́жность.
circumscribe *v.t.* оче́рчивать *imp.,* очерти́ть (-рчу́, -ртишь) *perf.;* (*restrict*) ограни́чивать *imp.,* ограни́чить *perf.*
circumspect *adj.* осмотри́тельный. **circumspection** *n.* осмотри́тельность.
circumstance *n.* обстоя́тельство; *pl.* (*material situation*) материа́льное положе́ние; *in, under, the circumstances,* при да́нных обстоя́тельствах, в тако́м слу́чае; *in, under, no circumstances,* ни при каки́х обстоя́тельствах, ни в ко́ем слу́чае. **circumstan**-**tial** *adj.* (*detailed*) подро́бный; *c. evidence,* ко́свенныe доказа́тельства *neut.pl.*
circumvent *v.t.* (*outwit*) перехитри́ть *perf.;* (*evade*) обходи́ть (-ожу́, -о́дишь) *imp.,* обойти́ (обойду́, -дёшь; обошёл, -шла́) *perf.*
circus *n.* (*show*) цирк; (*arena*) кру́глая пло́щадь (*pl.* -ди, -де́й).
cirrhosis *n.* цирро́з.
cistern *n.* бак, резервуа́р.
citadel *n.* цитаде́ль.
citation *n.* (*quotation*) ссы́лка, цита́та. **cite** *v.t.* цити́ровать *imp.,* про ~ *perf.;* ссыла́ться *imp.,* сосла́ться (сошлю́сь, -лёшься) *perf.* на + *acc.*
citizen *n.* граждани́н (-ане, -ан), -а́нка. **citizenship** *n.* гражда́нство.
citric *adj.* лимо́нный. **citron** *n.* цитро́н. **citronella** *n.* цитроне́лла. **citrous** *adj.* ци́трусовый. **citrus** *n.* ци́трус; *adj.* ци́трусовый.
city *n.* го́род (*pl.* -а́).
civet *n.* (*perfume*) цибети́н; (*c. cat*) виве́рра.
civic *adj.* гражда́нский. **civil** *adj.* гражда́нский; (*polite*) ве́жливый; *c. engineer,* гражда́нский инжене́р; *c. engineering,* гражда́нское строи́тельство; *C. Servant,* госуда́рственный гражда́нский слу́жащий *sb.;* чино́вник; *C. Service,* госуда́рственная слу́жба; *c. war,* гражда́нская война́. **civilian** *n.* шта́тский *sb.; adj.* шта́тский; гражда́нский. **civility** *n.* ве́жливость. **civilization** *n.* цивилиза́ция, культу́ра. **civilize** *v.t.* цивилизова́ть *imp., perf.,* де́лать *imp.,* с ~ *perf.* культу́рным. **civilized** *adj.* цивилизо́ванный, культу́рный.
claim *n.* (*demand*) тре́бование, притяза́ние, прете́нзия; (*piece of land*) отведённый уча́сток (-тка); *v.t.* заявля́ть *imp.,* заяви́ть (-влю́, -вишь) *perf.* права́ *pl.* на + *acc.;* претендова́ть *imp.* на + *acc.*
clairvoyance *n.* яснови́дение. **clairvoyant** *n.* яснови́дец (-дца), -дица; *adj.* яснови́дящий.
clam *n.* вене́рка, ра́зинька.
clamber *v.i.* кара́бкаться *imp.,* вс ~ *perf.*

clammy *adj.* холодный и влажный на ощупь.

clamorous *adj.* крикливый. **clamour** *n.* крики *m.pl.*, шум (-а(у)); *v.i.* кричать (-чу́, -чи́шь) *imp.*; *c. for*, шу́мно требовать *imp.*, по~ *perf.* + *gen.*

clamp[1] *n.* (*clasp*) зажим, скоба́ (*pl.* -бы, -б, -бам), скобка; *v.t.* скрепля́ть *imp.*, скрепи́ть *perf.*

clamp[2] *n.* (*of potatoes*) бурт (бурта́; *pl.* -ы́).

clan *n.* клан.

clandestine *adj.* та́йный.

clang, clank *n.* лязг, бряца́ние; *v.t. & i.* ля́згать *imp.*, ля́згнуть *perf.* (+ *instr.*); бряца́ть *imp.*, про~ *perf.* (+ *instr.*, на + *prep.*).

clap *v.t.* хло́пать *imp.*, хло́пнуть *perf.* + *dat.*; аплоди́ровать *imp.* + *dat.*; *n.* хлопо́к (-пка́); рукоплеска́ния *neut. pl.*; (*thunder*) уда́р. **clapper** *n.* язы́к (-а́). **claptrap** *n.* трескучая фра́за; (*nonsense*) вздор.

claret *n.* бордо́ *neut.indecl.*

clarification *n.* (*explanation*) разъясне́ние; (*of liquid, chem.*) осветле́ние; (*purification*) очище́ние. **clarify** *v.t.* разъясня́ть *imp.*, разъясни́ть *perf.*; осветля́ть *imp.*, осветли́ть *perf.*; очища́ть *imp.*, очи́стить *perf.*

clarinet *n.* кларне́т.

clarity *n.* я́сность.

clash *n.* (*conflict*) столкнове́ние; (*disharmony*) дисгармо́ния; (*sound*) гро́хот, лязг; *v.i.* ста́лкиваться *imp.*, столкну́ться *perf.*; (*coincide*) совпада́ть *imp.*, совпа́сть (-аде́т; -а́л) *perf.*; не гармони́ровать *imp.*; (*sound*) ля́згать *imp.*, ля́згнуть *perf.*

clasp *n.* (*buckle etc.*) пря́жка, застёжка; (*handshake*) пожа́тие руки́; (*embrace*) объя́тие; *v.t.* обнима́ть *imp.*, обня́ть (обниму́, -мешь; о́бнял, -а́, -о) *perf.*; сжима́ть (-а́ю, -а́ешь) *imp.*, сжать (сожму́, -мёшь) *perf.* в объя́тиях; c.-knife, складно́й нож (-а́).

class *n.* класс; (*category*) разря́д; c.-*conscious*, (кла́ссово) созна́тельный; c.-*consciousness*, кла́ссовое созна́ние; c.-*room*, класс; c. *war*, кла́ссовая борьба́; *v.t.* причисля́ть *imp.*, причи́слить *perf.* (as, к + *dat.*); классифици́ровать *imp.*, *perf.*

classic *adj.* класси́ческий; (*renowned*) знамени́тый; *n.* кла́ссик; класси́ческое произведе́ние; *pl.* кла́ссика; класси́ческие языки́ *m.pl.* **classical** *adj.* класси́ческий.

classification *n.* классифика́ция. **classify** *v.t.* классифици́ровать *imp.*, *perf.*; (*as secret*) засекре́чивать *imp.*, засекре́тить *perf.*

classy *adj.* кла́ссный, первокла́ссный; пе́рвый сорт *predic.*

clatter *n.* стук, лязг; *v.i.* стуча́ть (-чи́шь) *imp.*, по~ *perf.*; ля́згать *imp.*, ля́згнуть *perf.*

clause *n.* статья́; (*leg.*) кла́узула; (*gram.*) предложе́ние.

claw *n.* ко́готь (-гтя; *pl.* -гти, -гте́й); (*of crustacean*) клешня́; *v.t.* скрести́ (-ебу́, -ебёшь; -ёб, -ебла́) *imp.*

clay *n.* гли́на; (*pipe*) гли́няная тру́бка; *adj.* гли́няный. **clayey** *adj.* гли́нистый.

clean *adj.* чи́стый (-и́ст, -а́, -о, чи́сты); *adv.* (*fully*) соверше́нно, по́лностью; *v.t.* чи́стить *imp.*, вы́~, по~ *perf.*; очища́ть *imp.*, очи́стить *perf.* **cleaner** *n.* чи́стильщик, -ица; убо́рщик, -ица. **cleaner's** *n.* хим-чи́стка. **cleaning** *n.* чи́стка, убо́рка; очи́стка. **clean(li)ness** *n.* чистота́. **cleanse** *v.t.* очища́ть *imp.*, очи́стить *perf.*

clear *adj.* я́сный (я́сен, ясна́, я́сно, я́сны); (*transparent*) прозра́чный; (*distinct*) отчётливый; (*free*) свобо́дный (of, от + *gen.*); *v.t. & i.* очища́ть(ся) *imp.*, очи́стить(ся) *perf.*; *v.t.* (*jump over*) перепры́гивать, перепры́гнуть *perf.*; (*acquit*) опра́вдывать *imp.*, оправда́ть *perf.*; c. *away*, убира́ть *imp.*, убра́ть (уберу́, -рёшь; убра́л, -а́, -о) *perf.* со стола́; c. *off*, (*go away*) убира́ться *imp.*, убра́ться (уберу́сь, -рёшься; убра́лся, -ала́сь, -а́ло́сь) *perf.*; c. *out*, (*v.i.*) вычища́ть *imp.*, вы́чистить *perf.*; (*v.i.*) (*make off*) удира́ть *imp.*, удра́ть (удеру́, -рёшь; удра́л, -а́, -о) *perf.*; c. *up*, (*make tidy*) приводи́ть (-ожу́, -о́дишь) *imp.*, привести́ (-еду́, -едёшь; -ёл, -ела́) *perf.* в поря́док; (*explain*)

cleavage — 57 — **close**

выяснять *imp.*, выяснить *perf.* **clearance** *n.* расчистка; (*permission*) разрешение. **clearing** *n.* расчистка; (*in forest*) поляна. **clearly** *adv.* ясно; отчётливо.
cleavage *n.* разделение. **cleaver** *n.* нож (-á) мясника.
clef *n.* (*mus.*) ключ (-á).
cleft *n.* трещина, расщелина; *adj.*: in a cleft stick, в тупике.
clematis *n.* ломонос.
clemency *n.* милосердие.
clench *v.t.* (*fist*) сжимать *imp.*, сжать (сожму, -мёшь) *perf.*; (*teeth*) стискивать *imp.*, стиснуть *perf.*
clergy *n.* духовенство. **clergyman** *n.* священник. **clerical** *adj.* (*of clergy*) духовный; (*of clerk*) канцелярский. **clerk** *n.* конторский служащий *sb.*
clever *adj.* умный (умён, умна, умно), способный. **cleverness** *n.* умение.
cliché *n.* клише *neut.indecl.*; избитая фраза.
click *v.t.* щёлкать *imp.*, щёлкнуть *perf.* + *instr.*; *n.* щёлк.
client *n.* клиент. **clientele** *n.* клиентура.
cliff *n.* утёс, отвесная скала (*pl.* -лы).
climacteric *n.* климактерий; *adj.* климактерический.
climate *n.* климат. **climatic** *adj.* климатический.
climax *n.* кульминационный пункт.
climb *v.t.* & *i.* лазить *indet.*, лезть (лезу, -зешь; лез) *det.* на + *acc.*, влезать *imp.* (влезу, -зешь, влез) *perf.* на + *acc.*; подниматься *imp.*, подняться (-нимусь, -нимешься; -нялся, -нялась) *perf.* на + *acc.*; (*aeron.*) набирать *imp.*, набрать (наберу, -рёшь; набрал, -á, -о) *perf.* высоту; c. down, спускаться *imp.*, спуститься (-ущусь, -устишься) *perf.* c + *gen.*; (*give in*) уступать *imp.*, уступить (-плю, -пишь) *perf.* **climber** *n.* (*mountain-c.*) альпинист, ~ ка; (*social c.*) карьерист, ~ ка; (*plant*) вьющееся растение. **climbing** *n.* (*sport*) альпинизм; (*ascent*) восхождение; *adj.* (*plant*) вьющийся.
clinch *n.* (*boxing*) клинч, захват.
cling *v.i.* прилипать *imp.*, прилипнуть (-п) *perf.* (to, к + *dat.*); c. to, (*clothes*) облегать (-áет) *imp.*

clinic *n.* (*consultation*) консультация; (*place*) клиника. **clinical** *adj.* клинический.
clink *v.t.* & *i.* звенеть (-ню, -нишь) *imp.*, про ~ *perf.* (+ *instr.*); c. glasses, чокаться *imp.*, чокнуться *perf.*; *n.* звон.
clinker *n.* (*brick*) клинкер; (*slag*) шлак.
clip[1] *n.* зажим; (*mil.*) обойма; *v.t.* скреплять *imp.*, скрепить *perf.*
clip[2] *v.t.* стричь (-игу, -ижёшь; -иг) *imp.*, об ~, о ~ *perf.*; подрезать *imp.*, подрезать (-éжу, -éжешь) *perf.* **clipped** *adj.* подрезанный, подстриженный; c. tones, отрывочная речь. **clipper** *n.* (*naut.*) клипер; *pl.* ножницы *f.pl.*
clipping *n.* стрижка; (*newspaper c.*) газетная вырезка; *pl.* настриг, обрезки *f.pl.*
clique *n.* клика. **cliquish** *adj.* замкнутый.
cloak *n.* плащ (-á); *v.t.* покрывать *imp.*, покрыть (-рою, -роешь) *perf.* **cloakroom** *n.* (*for clothing*) гардероб; (*for luggage*) камера хранения; (*lavatory*) уборная *sb.*, туалет.
clock *n.* часы *m.pl.*; c. face, циферблат; clockmaker, часовщик (-á); clockwise, по часовой стрелке; c.-work, часовой механизм; *v.i.*: c. in, регистрировать *imp.*, за ~ *perf.* приход на работу.
clod *n.* ком (*pl.* -ья, -ьев), глыба; c.-hopper, увалень (-льня) *m.*, деревенщина *m.* & *f.*
clog *n.* башмак (-á) на деревянной подошве; *v.t.*: c. up, засорять *imp.*, засорить *perf.*
cloister *n.* (*monastery*) монастырь (-ря) *m.*; (*arcade*) крытая аркада.
close *adj.* (*near*) близкий (-зок, -зка, -зко, близки); (*stuffy*) душный (-шен, -шна, -шно); (*secret*) скрытый; *v.t.* (*shut*) закрывать *imp.*, закрыть (-рою, -роешь) *perf.*; (*conclude*) заканчивать *imp.*, закончить *perf.*; *adv.* близко (to, от + *gen.*). **closed** *adj.* закрытый. **closeted** *adj.*: be c. together, совещаться *imp.* наедине. **close-up** *n.* съёмка, снятая на крупном плане; in c., крупным планом. **closing** *n.* закрытие; *adj.* заключительный.
closure *n.* закрытие.

clot *n.* сгу́сток (-тка); *v.i.* сгуща́ться *imp.*, сгусти́ться *perf.* **clotted** *adj.* сгущённый; *c. cream*, густы́е то́пленые сли́вки (-вок) *pl.*

cloth *n.* ткань, сукно́ (*pl.* -кна, -кон, -кнам); (*duster*) тря́пка; (*table-c.*) ска́терть (*pl.* -ти, -те́й).

clothe *v.t.* одева́ть *imp.*, оде́ть (-е́ну, -е́нешь) (in, + *instr.*, в + *acc.*) *perf.* **clothes** *n.* оде́жда, пла́тье.

cloud *n.* о́блако (*pl.* -ка́, -ко́в); (*rain, storm, etc.*) ту́ча; *v.t.* затемня́ть *imp.*, затемни́ть *perf.*; омрача́ть *imp.*, омрачи́ть *perf.*; *c. over*, покрыва́ться *imp.*, покры́ться (-ро́ется) *perf.* облака́ми, ту́чами.

clout *n.* ударя́ть *imp.*, уда́рить *perf.*; *n.* затре́щина.

clove *n.* гвозди́ка; (*garlic*) зубо́к (-бка́).

cloven *adj.* раздво́енный (-ен, -енна).

clover *n.* кле́вер (*pl.* -а́).

clown *n.* кло́ун.

club *n.* (*stick*) дуби́нка; *pl.* (*cards*) тре́фы *f.pl.*; (*association*) клуб; *v.t.* (*beat*) бить (бью, бьёшь) *imp.*, по ~ *perf.* дуби́нкой; *v.i.*: *c. together*, устра́ивать *imp.*, устро́ить *perf.* скла́дчину.

cluck *v.i.* куда́хтать (-а́хчет) *imp.*

clue *n.* (*evidence*) ули́ка; (*to puzzle*) ключ (-а́) (к разга́дке).

clump *n.* (*bunch*) пучо́к (-чка́); (*group*) гру́ппа; *v.i.* собира́ться *imp.*, собра́ться (-берётся; собра́лся, -ала́сь, -а́лось) *perf.* гру́ппами.

clumsiness *n.* неуклю́жесть; беста́ктность **clumsy** *adj.* неуклю́жий.

cluster *n.* (*bunch*) пучо́к (-чка́); (*group*) гру́ппа; *v.i.* собира́ться *imp.*, собра́ться (-берётся; собра́лся, -ала́сь, -а́лось) *perf.* гру́ппами.

clutch[1] *n.* (*grasp*) хва́тка; ко́гти (-те́й) *m.pl.*; (*tech.*) сцепле́ние, му́фта; *v.t.* зажима́ть *imp.*, зажа́ть (зажму́, -мёшь) *perf.*; *v.i.*: *c. at*, хвата́ться *imp.*, хвати́ться (-ачу́сь, -а́тишься) *perf.* за + *acc.*

clutch[2] *n.* (*of eggs*) я́йца (*pl.* яи́ц, я́йцам).

clutter *n.* беспоря́док (-дка); *v.t.* приводи́ть (-ожу́, -о́дишь) *imp.*, привести́ (-еду́, -едёшь; -ёл, -ела́) *perf.* в беспоря́док.

c/o *abbr.* по а́дресу + *gen.*; че́рез + *acc.*

coach *n.* (*carriage*) каре́та; (*rly.*) ваго́н; (*bus*) авто́бус; (*tutor*) репети́тор; (*sport*) тре́нер; *v.t.* репети́ровать *imp.*; тренирова́ть *imp.*, на ~ *perf.*

coagulate *v.i.* сгуща́ться *imp.*, сгусти́ться *perf.*

coal *n.* у́голь (угля́; *pl.* у́гли, угле́й) *m.*; *c.-bearing*, углено́сный; *c.-face*, у́гольный забо́й; **coalfield**, каменноу́гольный бассе́йн; *c.-mine*, у́гольная ша́хта; *c.-miner*, шахтёр; *c.-owner*, шахтовладе́лец (-льца); *c.-scuttle*, ведёрко (*pl.* -рки, -рок, -ркам) для угля́; *c.-seam*, у́гольный пласт (-а́).

coalesce *v.i.* соединя́ться *imp.*, соедини́ться *perf.*

coalition *n.* коали́ция.

coarse *adj.* грубы́й (груб, -а́, -о); (*vulgar*) вульга́рный.

coast *n.* побере́жье, бе́рег (*loc.* -у́; *pl.* -а́); *c. guard*, берегова́я охра́на; *v.i.* (*trade*) кабота́жничать *imp.*; (*move without power*) дви́гаться (-и́гается & -и́жется) *imp.*, дви́нуться *perf.* по ине́рции. **coastal** *adj.* берегово́й, прибре́жный. **coaster** *n.* кабота́жное су́дно (*pl.* -да́, -до́в).

coat *n.* (*overcoat*) пальто́ *neut.indecl.*; (*jacket*) пиджа́к (-а́), ку́ртка; (*layer*) слой (*pl.* слои́); (*animal*) шерсть (*pl.* -ти, -те́й), мех (*loc.* -у́; *pl.* -а́); *c. of arms*, герб (-а́); *v.t.* покрыва́ть *imp.*, покры́ть (-ро́ю, -ро́ешь) *perf.* (with, сло́ем + *gen.*).

coax *v.t.* задо́бривать *imp.*, задо́брить *perf.*

cob *n.* (*corn-c.*) поча́ток (-тка) кукуру́зы; (*swan*) лебедь (-дя; *pl.* -ди, -де́й) -саме́ц (-мца́); (*horse*) ни́зкая верхова́я ло́шадь (*pl.* -ди, -де́й, *instr.* -дьми́).

cobalt *n.* ко́бальт.

cobble *n.* булы́жник (*also collect.*); *v.t.* мости́ть *imp.*, вы́~, за~ *perf.* булы́жником.

cobbler *n.* сапо́жник.

cobra *n.* очко́вая змея́ (*pl.* зме́и).

cobweb *n.* паути́на.

cocaine *n.* кокаи́н.

cochineal *n.* кошени́ль.

cock *n.* (*bird*) петух (-á); (*tap*) кран; (*of gun*) курок (-рка́); *v.t.* (*gun*) взвести (-еду́, -едёшь; -ёл, -ела́) *perf.* курок + *gen.*; *c. a snook*, показывать (-ажу, -а́жешь) *perf.* длинный нос. **cocked hat** *n.* треуго́лка.
cockade *n.* кока́рда.
cockatoo *n.* какаду́ *m.indecl.*
cockchafer *n.* ма́йский жук (-а́).
cockerel *n.* петушо́к (-шка́).
cockle *n.* съедобная сердцеви́дка.
cockney *n.* уроже́нец (-нца), -нка, Ло́ндона.
cockpit *n.* (*arena*) аре́на; (*aeron.*) каби́на.
cockroach *n.* тарака́н.
cocktail *n.* кокте́йль *m.*
cocky *adj.* (*cheeky*) де́рзкий (-зок, -зка́, -зко); (*conceited*) чва́нный.
cocoa *n.* кака́о *neut.indecl.*
coco(a)nut *n.* коко́с; *adj.* коко́совый.
cocoon *n.* ко́кон.
cod *n.* треска́; *c.-liver oil*, ры́бий жир (-а(у)).
coda *n.* (*mus.*) ко́да.
coddle *v.t.* изне́живать *imp.*, изне́жить *perf.*
code *n.* (*collection of laws*) ко́декс, зако́ны *m.pl.*; (*cipher*) код, шифр; *civil c.*, гражда́нский ко́декс; *c. of honour*, зако́ны *m.pl.* че́сти; *penal c.*, уголо́вный ко́декс; *Morse c.*, а́збука Мо́рзе; *v.t.* шифрова́ть *imp.*, за~ *perf.* **codicil** *n.* припи́ска. **codify** *v.t.* кодифици́ровать *imp.*, *perf.*
co-education *n.* совме́стное обуче́ние.
coefficient *n.* коэффицие́нт.
coerce *v.t.* принужда́ть *imp.*, прину́дить *perf.* **coercion** *n.* принужде́ние; *under c.*, по принужде́нию.
coexist *v.i.* сосуществова́ть *imp.* **coexistence** *n.* сосуществова́ние.
coffee *n.* ко́фе *m.* (*neut.* (*coll.*)) *indecl.*; *c.-mill*, кофе́йная ме́льница; *c.-pot*, кофе́йник.
coffer *n.* сунду́к (-а́); *pl.* казна́.
coffin *n.* гроб (*loc.* -у́; *pl.* -ы́).
cog *n.* зубе́ц (-бца́); *c. in the machine*, ви́нтик маши́ны. **cogwheel** *n.* зубча́тое колесо́ (*pl.* -ёса, *gen.* -ёс), шестерня́ (*gen.pl.* -рён).
cogent *adj.* убеди́тельный.

cogitate *v.i.* размышля́ть *imp.*, размы́слить *perf.* **cogitation** *n.*: *pl.* мы́сли (-лей) *f.pl.*, размышле́ния *neut.pl.*
cognate *adj.* ро́дственный (-ен, -енна); *n.* ро́дственное сло́во.
cohabit *v.i.* сожи́тельствовать *imp.* **cohabitation** *n.* сожи́тельство.
coherence *n.* свя́зность. **coherent** *adj.* свя́зный. **cohesion** *n.* сплочённость; сцепле́ние. **cohesive** *adj.* спосо́бной к сцепле́нию.
cohort *n.* кого́рта.
coil *v.t.* свёртывать *imp.*, сверну́ть *perf.* кольцо́м, спира́лью; укла́дывать *imp.*, уложи́ть (-жу́, -жишь) *perf.* в бу́хту; *n* кольцо́ (*pl.* -льца, -лец, -льцам), бу́хта; (*elect.*) кату́шка.
coin *n.* моне́та; *v.t.* чека́нить *imp.*, от ~ *perf.* **coinage** *n.* (*coining*) чека́нка; (*system*) моне́та; моне́тная систе́ма.
coincide *v.i.* совпада́ть *imp.*, совпа́сть (-аду́, -адёшь; -а́л) *perf.* **coincidence** *n.* совпаде́ние. **coincidental** *adj.* случа́йный.
coke[1] *n.* кокс; *adj.* ко́ксовый; *v.t.* коксова́ть *imp.*; *c. oven*, коксова́льная печь (*pl.* -чи, -че́й).
Coke[2] *n.* ко́ка-ко́ла.
colander *n.* дуршла́г.
cold *n.* хо́лод (-а у); *pl.* -а́; (*illness*) просту́да, на́сморк; *adj.* холо́дный (хо́лоден, -дна́, -дно, холо́дны); *c.-blooded*, жесто́кий (-о́к, -о́ка́, -о́ко); (*zool.*) холоднокро́вный; *c. steel*, холо́дное ору́жие; *c. war*, холо́дная война́.
colic *n.* ко́лики *f.pl.*
collaborate *v.i.* сотру́дничать *imp.* **collaboration** *n.* сотру́дничество. **collaborator** *n.* сотру́дник, -ица.
collapse *v.i.* ру́шиться *imp.*, об ~ *perf.*; вали́ться (-лю́сь, -лишься) *imp.*, по ~, с ~ *perf.*; *n.* паде́ние; крах; прова́л. **collapsible** *adj.* разбо́рный, складно́й, откидно́й.
collar *n.* воротни́к (-а́), воротничо́к (-чка́); (*dog-c.*) оше́йник; (*horse-c.*) хому́т (-а́); *c.-bone*, ключи́ца; *v.t.* (*seize*) хвата́ть (-аю́, -а́тишь) *perf.*
collate *v.t.* слича́ть *imp.* сличи́ть *perf.*

collateral *adj.* побо́чный, дополни́тельный; *n.* (*c. security*) дополни́тельное обеспе́чение.

collation *n.* лёгкая заку́ска.

colleague *n.* колле́га *m. & f.*

collect *v.t.* собира́ть *imp.*, собра́ть (соберу́, -рёшь; собра́л, -á, -о) *perf.*; (*as hobby*) коллекциони́ровать *imp.* **collected** *adj.* со́бранный; *c. works*, собра́ние сочине́ний. **collection** *n.* сбор, собира́ние; колле́кция. **collective** *n.* коллекти́в; *adj.* коллекти́вный; *c. farm*, колхо́з; *c. farmer*, колхо́зник, -ица; *c. noun*, собира́тельное существи́тельное *sb*. **collectivization** *n.* коллективиза́ция. **collector** *n.* сбо́рщик; коллекционе́р.

college *n.* колле́дж. **collegiate** *adj.* университе́тский.

collide *v.i.* ста́лкиваться *imp.*, столкну́ться *perf.* **collision** *n.* столкнове́ние.

collie *n.* шотла́ндская овча́рка.

collier *n.* (*miner*) шахтёр; (*ship*) у́гольщик. **colliery** *n.* каменноуго́льная ша́хта.

colloquial *adj.* разгово́рный. **colloquialism** *n.* разгово́рное выраже́ние.

collusion *n.* та́йный сго́вор.

colon[1] *n.* (*anat.*) то́лстая кишка́ (*gen.pl.* -шо́к).

colon[2] *n.* (*punctuation mark*) двоето́чие.

colonel *n.* полко́вник.

colonial *adj.* колониа́льный. **colonialism** *n.* колониали́зм. **colonist** *n.* колони́ст, ~ка. **colonization** *n.* колониза́ция. **colonize** *v.t.* колонизова́ть *imp.*, *perf.* **colony** *n.* коло́ния.

colonnade *n.* колонна́да.

coloration *n.* окра́ска, расцве́тка.

coloratura *n.* (*mus.*) колорату́ра.

colossal *adj.* колосса́льный, грома́дный.

colour *n.* цвет (*pl.* -á), кра́ска; (*pl.*) (*flag*) зна́мя (*pl.* -мёна) *neut.*; *c.-blind* страда́ющий дальтони́змом; *c. film*, цветна́я плёнка; *c. prejudice*, ра́совая дискримина́ция; *v.t.* кра́сить *imp.*, цы́~, о~, по~ *perf.*; раскра́шивать *imp.*, раскра́сить *perf. v.i.* красне́ть *imp.*, по~ *perf.* **colouration** *see* **coloration**. **coloured** *adj.* цветно́й, раскра́шенный, окра́шенный. **colouring** *n.* кра́сящее вещество́; окра́ска.

colt *n.* жеребёнок (-бёнка, *pl.* -бя́та, -бя́т).

column *n.* (*archit., mil.*) коло́нна (-ы); (*of print*) столбе́ц (-бца́). **columnist** *n.* журнали́ст.

coma *n.* ко́ма. **comatose** *adj.* комато́зный.

comb *n.* гребёнка; гре́бень (-бня) *m.*; *v.t.* чеса́ть (чешу́, -шешь) *imp.*; причёсывать *imp.*, причеса́ть (-ешу́, -е́шешь) *perf.*

combat *n.* бой (*loc.* бою́), сраже́ние; *v.t.* боро́ться (-рю́сь, -решься) *imp.* с+*instr.*, про́тив+*gen.* **combatant** *n.* комбата́нт; *adj.* строево́й.

combination *n.* сочета́ние; соедине́ние; комбина́ция. **combine** *n.* комбина́т; (*c.-harvester*) комба́йн; *v.t. & i.* совмеща́ть(ся) *imp.*, совмести́ть(ся) *perf.* **combined** *adj.* совме́стный.

combustible *adj.* горю́чий. **combustion** *n.* горе́ние; *internal c. engine*, дви́гатель *m.* вну́треннего сгора́ния.

come *v.i.* (*on foot*) приходи́ть (-ожу́, -о́дишь) *imp.*, прийти́ (приду́, -дёшь; пришёл, -шла́) *perf.*; (*by transport*) приезжа́ть *imp.*, прие́хать (-е́ду, -е́дешь) *perf.*; *c. about*, случа́ться *imp.*, случи́ться *perf.*; *c. across*, случа́йно ната́лкиваться *imp.*, натолкну́ться *perf.* на+*acc.*; *c. back*, возвраща́ться (-аю́сь, -а́тишься) *perf.*; *c. from*, происходи́ть (-ожу́, -о́дишь) *imp.*, произойти́ (-ойду́, -ойдёшь, -ошёл, -ошла́) *perf.* из, от+*gen.*; *c. in*, входи́ть (-ожу́, -о́дишь) *imp.*, войти́ (войду́, -дёшь; вошёл, -шла́) *perf.*; *c. in handy*, пригоди́ться *perf.*; *c. through*, проника́ть *imp.*, прони́кнуть (-к) *perf.*; *c. up to*, доходи́ть (-ожу́, -о́дишь) *imp.*, дойти́ (-йду́, -йдёшь; дошёл, -шла́) *perf.* до+*gen.* **come-back** *n.* возвра́т. **come-down** *n.* паде́ние, ухудше́ние.

comedian *n.* коме́дийный актёр, ко́мик. **comedienne** *n.* коме́дийная актри́са.

comedy *n.* коме́дия.

comet *n.* коме́та.

comfort

comfort *n.* комфорт, удобство; (*consolation*) утешение; *v.t.* утешать *imp.*, утешить *perf.* **comfortable** *adj.* удобный. **comforter** *n.* (*person*) утешитель *m.*; (*dummy*) соска.
comic *adj.* комический, юмористический; *c. opera*, оперетта; *n.* комик; (*magazine*) комикс. **comical** *adj.* смешной, комичный.
coming *adj.* наступающий.
comma *n.* запятая *sb.*; *inverted c.*, кавычка.
command *n.* (*order*) приказ; (*order, authority*) команда; *v.t.* приказывать *imp.*, приказать (-ажу, -ажешь) *perf.*+*dat.*; командовать *imp.*, с~ *perf.*+*instr.*, над (*terrain*)+*instr.*; (*have c. of master*) владеть *imp.*+*instr.* **commandant** *n.* комендант. **commandeer** *v.t.* (*men*) набирать *imp.*, набрать (наберу, -рёшь; набрал, -а, -о) *perf.* в армию; (*goods*) реквизировать *imp., perf.* **commander** *n.* командир; командующий *sb.* (*of*, +*instr.*); *c.-in-chief*, главнокомандующий *sb.* **commanding** *adj.* командующий. **commandment** *n.* заповедь. **commandos** *n.* десантно-диверсионные войска (*gen.* -к) *pl.*
commemorate *v.t.* ознаменовывать *imp.*, ознаменовать *perf.* **commemoration** *n.* ознаменование. **commemorative** *adj.* памятный, мемориальный.
commence *v.t.* начинать *imp.*, начать (-чну, -чнёшь; начал, -а, -о) *perf.* **commencement** *n.* начало.
commend *v.t.* (*praise*) хвалить (-лю, -лишь) *imp.*, по~ *perf.* **commendable** *adj.* похвальный. **commendation** *n.* похвала.
commensurable *adj.* соизмеримый. **commensurate** *adj.* соразмерный.
comment *n.* замечание; *v.i.* делать *imp.*, с~ *perf.* замечания, *v.t. on*, комментировать *imp., perf.*, про~ *perf.* **commentary** *n.* комментарий. **commentator** *n.* комментатор.
commerce *n.* торговля, коммерция. **commercial** *adj.* торговый, коммерческий; *n.* рекламная передача. **commercialize** *v.t.* превращать *imp.*, превратить (-ащу, -атишь) *perf.* в источник доходов.

communiqué

commiserate *v.i. c. with*, соболезновать *imp.*+*dat.* **commiseration** *n.* соболезнование.
commissar *n.* комиссар. **commissariat** *n.* (*polit.*) комиссариат; (*mil. etc.*) интендантство.
commission *n.* (*command*) поручение; (*agent's fee*) комиссионные *sb.*; (*c. of inquiry etc.*) комиссия; (*mil.*) офицерское звание; *put into c.*, вводить (-ожу, -одишь) *imp.*, ввести (введу, -дёшь; ввёл, -а) *perf.* в строй; *v.t.* поручать *imp.*, поручить (-чу, -чишь) *perf.*+*dat.* **commissionaire** *n.* швейцар. **commissioner** *n.* уполномоченный представитель *m.*; комиссар.
commit *v.t.* совершать *imp.*, совершить *perf.*; *c. oneself*, обязываться *imp.*, обязаться (-яжусь, -яжешься) *perf.*; *c. to*, предавать (-даю, -даёшь) *imp.*, предать (-ам, -ашь, -аст, -адим; предал, -а, -о) *perf.*+*dat.*; *c. to prison*, помещать *imp.*, поместить *perf.* в тюрьму. **commitment** *n.* обязательство.
committee *n.* комитет, комиссия.
commodity *n.* товар; *scarce c.*, дефицитный товар.
commodore *n.* (*officer*) коммодор.
common *adj.* общий, простой, обыкновенный; *n.* общинная земля (*acc.* -млю; *pl.* -мли, -мель, -млям); *c.-room*, общая комната, учительская *sb.*; *c. sense*, здравый смысл. **commonly** *adv.* обычно, обыкновенно. **commonplace** *adj.* избитый, банальный. **commonwealth** *n.* содружество, федерация.
commotion *n.* суматоха, волнение.
communal *adj.* общинный, коммунальный. **commune** *n.* коммуна; *v.i.* общаться *imp.*
communicate *v.t.* передавать (-даю, -даёшь) *imp.*, передать (-ам, -ашь, -аст, -адим; передал, -а, -о) *perf.*; сообщать *imp.*, сообщить *perf.* **communication** *n.* сообщение; связь; коммуникация. **communicative** *adj.* разговорчивый.
communion *n.* (*eccl.*) причастие.
communiqué *n.* коммюнике *neut.indecl.*

Communism *n.* коммуни́зм. **Communist** *n.* коммуни́ст, ~ка; *adj.* коммунисти́ческий.

community *n.* общи́на; содру́жество; о́бщность.

commute *v.t.* заменя́ть *imp.*, замени́ть (-ню́, -нишь) *perf.* **commuter** *n.* пассажи́р, име́ющий сезо́нный биле́т.

compact[1] *n.* (*agreement*) соглаше́ние.

compact[2] *adj.* компа́ктный; пло́тный (-тен, -тна́, -тно, пло́тны); *n.* пу́дреница.

companion *n.* това́рищ; компаньо́н, ~ка; (*fellow traveller*) спу́тник; (*lady's c.*) компаньо́нка; (*handbook*) спра́вочник. **companionable** *adj.* общи́тельный, компане́йский. **companionship** *n.* дру́жеское обще́ние.

company *n.* о́бщество, компа́ния; (*theat.*) тру́ппа; (*mil.*) ро́та; *ship's c.*, экипа́ж.

comparable *adj.* сравни́мый. **comparative** *adj.* сравни́тельный; *n.* сравни́тельная сте́пень (*pl.* -ни, -не́й). **compare** *v.t.* & *i.* сра́внивать(ся) *imp.*, сравни́ть(ся) *perf.* (to, with, c+*instr.*). **comparison** *n.* сравне́ние.

compartment *n.* отделе́ние; (*rly.*) купе́ *neut.indecl.*

compass *n.* ко́мпас; *pl.* ци́ркуль *m.*; (*extent*) преде́лы *m.pl.*

compassion *n.* сострада́ние, жа́лость. **compassionate** *adj.* сострада́тельный.

compatibility *n.* совмести́мость. **compatible** *adj.* совмести́мый.

compatriot *n.* соотечественник, -ица.

compel *v.t.* заставля́ть *imp.*, заста́вить *perf.*; принужда́ть *imp.*, прину́дить *perf.* **compelling** *adj.* неотрази́мый.

compendium *n.* кра́ткое руково́дство; конспе́кт.

compensate *v.t.*: *c. for*, вознагражда́ть *imp.*, вознагради́ть *perf.* за+*acc.*; возмеща́ть *imp.*, возмести́ть *perf.*+*dat.*; компенси́ровать *imp.*, *perf.* **compensation** *n.* возмеще́ние, вознагражде́ние, компенса́ция.

compete *v.i.* конкури́ровать *imp.*; соревнова́ться *imp.*; состяза́ться *imp.*

competence *n.* компете́нция; компете́нтность; правомо́чие. **competent** *adj.* компете́нтный, правомо́чный.

competition *n.* соревнова́ние, состяза́ние; конкуре́нция; ко́нкурс. **competitive** *adj.* соревну́ющийся, конкури́рующий; *c. examination*, ко́нкурсный экза́мен *sb.*; конкуре́нт. **competitor** *n.* соревну́ющийся *sb.*; конкуре́нт, ~ка.

compilation *n.* компиля́ция; составле́ние. **compile** *v.t.* составля́ть *imp.*, соста́вить *perf.*; компили́ровать *imp.*, с~ *perf.* **compiler** *n.* состави́тель *m.*, ~ница; компиля́тор.

complacency *n.* самодово́льство. **complacent** *adj.* самодово́льный.

complain *v.i.* жа́ловаться *imp.*, по~ *perf.* **complaint** *n.* жа́лоба; (*ailment*) боле́знь, неду́г.

complement *n.* дополне́ние; (*full number*) (ли́чный) соста́в. **complementary** *adj.* дополни́тельный.

complete *v.t.* заверша́ть *imp.*, заверши́ть *perf.*; *adj.* по́лный (-лон, -лна́, по́лно); зако́нченный (-ен). **completion** *n.* заверше́ние, оконча́ние.

complex *adj.* сло́жный (-жен, -жна́, -жно); *n.* ко́мплекс. **complexity** *n.* сло́жность.

complexion *n.* цвет лица́.

compliance *n.* усту́пчивость. **compliant** *adj.* усту́пчивый.

complicate *v.t.* осложня́ть *imp.*, осложни́ть *perf.* **complicated** *adj.* сло́жный (-жен, -жна́, -жно). **complication** *n.* осложне́ние.

complicity *n.* соуча́стие.

compliment *n.* комплиме́нт; *pl.* приве́т; *v.t.* говори́ть *imp.* комплиме́нт(ы)+*dat.*; хвали́ть (-лю́, -лишь) *imp.*, по~ *perf.* **complimentary** *adj.* ле́стный, хвале́бный; (*ticket*) беспла́тный.

comply *v.i.*: *c. with*, (*fulfil*) исполня́ть *imp.*, испо́лнить *perf.*; (*submit to*) подчиня́ться *imp.*, подчини́ться *perf.*+*dat.*

component *n.* компоне́нт, составна́я часть (*pl.* -ти, -те́й); *adj.* составно́й.

comport *v.t.*: *c. oneself*, вести́ (веду́, -дёшь; вёл, -а́) *imp.* себя́. **comportment** *n.* поведе́ние.

compose *v.t.* (*lit.*, *mus.*) сочиня́ть *imp.*, сочини́ть *perf.*; (*institute*) составля́ть *imp.*, соста́вить *perf.*; (*print.*) набира́ть *imp.*, набра́ть (наберу́, -рёшь;

набра́л, -а́, -о) perf. composed adj. споко́йный; be c. of, состоя́ть imp. из + gen. composer n. компози́тор.
composite adj. составно́й. composition n. построе́ние; сочине́ние; соста́в. compositor n. набо́рщик.
compost n. компо́ст.
composure n. самооблада́ние.
compound[1] n. (mixture) соедине́ние, соста́в; adj. составно́й; сло́жный.
compound[2] n. (enclosure) огоро́женное ме́сто (pl. -та́).
comprehend v.t. понима́ть imp., поня́ть (пойму́, -мёшь; по́нял, -а́, -о) perf. comprehensible adj. поня́тный. comprehensive adj. всесторо́нний (-нен, -ння); всеобъе́млющий; c. school, общеобразова́тельная шко́ла.
compress v.t. сжима́ть imp., сжать (сожму́, -мёшь) perf.; сда́вливать imp., сдави́ть (-влю́, -вишь) perf.; n. компре́сс. compressed adj. сжа́тый. compression n. сжа́тие. compressor n. компре́ссор.
comprise v.t. заключа́ть imp. в себе́; состоя́ть (-ою́, -ои́шь) imp. из + gen.
compromise n. компроми́сс; v.t. компромети́ровать imp., с~ perf.; v.i. идти́ (иду́, идёшь; шёл, шла) imp., пойти́ (пойду́, -дёшь; пошёл, -шла́) perf. на компроми́сс.
compulsion n. принужде́ние. compulsory adj. обяза́тельный.
compunction n. угрызе́ние со́вести.
computation n. вычисле́ние. compute v.t. вычисля́ть imp., вы́числить perf. computer n. вычисли́тельная маши́на; (electronic) ЭВМ; компью́тер.
comrade n. това́рищ; c.-in-arms, сора́тник comradeship n. това́рищество.
concave adj. во́гнутый. concavity n. во́гнутая пове́рхность.
conceal v.t. скрыва́ть imp., скрыть (-ро́ю, -ро́ешь) perf. concealment n. сокры́тие, ута́ивание.
concede v.t. уступа́ть imp., уступи́ть (-плю́, -пишь) perf.
conceit n. самомне́ние, чва́нство. conceited adj. чва́нный (-нен, -нна).
conceivable adj. постижи́мый; мысли́мый. conceive v.t. (plan, contemplate) замышля́ть imp., замы́слить perf.; (become pregnant) зачина́ть imp. зача́ть (-чну́, -чнёшь; зача́л, -а́, -о) perf.
concentrate n. концентра́т; v.t & i. сосредото́чивать(ся) imp., сосредото́чить(ся) perf. (on, на+prep.); v.t. концентри́ровать imp., с~ perf. concentrated adj. концентри́рованный, сосредото́ченный (-ен, -енна). concentration n. сосредото́ченность, концентра́ция.
concentric adj. концентри́ческий.
concept n. поня́тие; конце́пция. conception n. понима́ние; представле́ние; (physiol.) зача́тие.
concern n. (worry) забо́та; (business) предприя́тие; v.t. каса́ться imp.+ gen.; c. oneself with, занима́ться imp., заня́ться (займу́сь, -мёшься; заня́лся, -ла́сь) perf.+ instr. concerned adj. озабо́ченный (-ен, -енна); c. with, свя́занный (-ан) с+ instr.; за́нятый (-т, -та́, -то)+ instr. concerning prep. относи́тельно+ gen.
concert n. конце́рт; v.t. согласо́вывать imp., согласова́ть perf. concerted adj. согласо́ванный.
concertina n. гармо́ника.
concession n. усту́пка; (econ.) конце́ссия. concessionaire n. концессионе́р.
conch n. ра́ковина.
conciliate v.t. умиротворя́ть imp., умиротвори́ть perf. conciliation n. умиротворе́ние. conciliatory adj. примири́тельный.
concise adj. сжа́тый, кра́ткий (-ток, -тка́, -тко). conciseness n. сжа́тость, кра́ткость.
conclave n. конкла́в.
conclude v.t. (complete) зака́нчивать imp., зако́нчить perf.; (infer, arrange, complete) заключа́ть imp., заключи́ть perf. concluding adj. заключи́тельный; заверша́ющий. conclusion n. заключе́ние, оконча́ние; (deduction) вы́вод. conclusive adj. заключи́тельный; (decisive) реша́ющий.
concoct v.t. стря́пать imp., со~ perf. concoction n. стряпня́.
concomitant adj. сопу́тствующий.
concord n. согла́сие; согласова́ние. concordance n. согла́сие; соотве́т-

concourse — ствие; (*to Bible etc.*) словарь (-ря) *m*. **concordat** *n*. конкордат.

concourse *n*. скопление; (*area*) открытое место.

concrete *n*. бетон; *c.-mixer*, бетономешалка; *adj.* (*made of c.*) бетонный; (*not abstract*) конкретный.

concubine *n*. любовница.

concur *v.i.* соглашаться *imp.*, согласиться *perf*.

concussion *n*. сотрясение.

condemn *v.t.* осуждать *imp.*, осудить (-ужу, -удишь) *perf.*; (*as unfit for use*) браковать *imp.*, за~ *perf.* **condemnation** *n*. осуждение.

condensation *n*. конденсация. **condense** *v.t* (*liquid etc.*) конденсировать *imp., perf.*; (*text etc.*) сжато излагать *imp.*, изложить (-жу, -жишь) *perf.* **condensed** *adj.* сжатый, краткий (-ток, -тка, -тко); сгущённый (-ён, -ена) конденсированный. **condenser** *n*. конденсатор.

condescend *v.i.* снисходить (-ожу, -одишь) *imp.*, снизойти (-ойду, -ойдёшь; -ошёл, -ошла) *perf.* **condescending** *adj.* снисходительный. **condescension** *n*. снисхождение.

condiment *n*. приправа.

condition *n*. условие; (*state of being*) состояние; положение; *v.t.* обусловливать *imp.*, обусловить *perf.* **conditional** *adj.* условный. **conditioned** *adj.* обусловленный (-ен); *c. reflex*, условный рефлекс.

condole *v.i. c. with*, соболезновать *imp.+dat.* **condolence** *n.*: *pl.* соболезнование.

condone *v.t.* закрывать *imp.*, закрыть (-рою, -роешь) *perf.* глаза на +*acc*.

conduce *v.i.: c. to*, способствовать *imp. +dat.* **conducive** *adj.* способствующий (to, +*dat.*).

conduct *n*. ведение; (*behaviour*) поведение; *v.t.* вести (веду, -дёшь; вёл, -а) *imp.*, по~, про~ *perf.*; (*mus.*) дирижировать *imp.+instr.*; (*phys.*) проводить (-ит) *imp.* **conduction** *n*. проводимость. **conductor** *n.* (*bus, tram*) кондуктор (*pl.* -а); (*phys.*) проводник (-а); (*mus.*) дирижёр.

conduit *n*. трубопровод; (*for wires*) кабелепровод.

cone *n*. конус; (*of pine, fir*) шишка.

confection *n.* изготовление; кондитерское изделие. **confectioner** *n*. кондитер; *c.'s,* кондитерская *sb.* **confectionery** *n.* кондитерские изделия *neut.pl.*

confederacy *n.* конфедерация. **confederate** *adj.* конфедеративный; *n.* сообщник. **confederation** *n* конфедерация.

confer *v.t.* жаловать *imp.*, по~ *perf.* (+*acc.* & *instr.*, +*dat.* & *acc.*); присуждать *imp.*, присудить (-ужу, -удишь) *perf.*; *v.i.* совещаться *imp.* **conference** *n*. совещание, конференция; *c. hall*, конференц-зал. **conferment** *n*. присвоение; присуждение.

confess *v.t.* (*acknowledge*) признавать (-наю, -наёшь) *imp.*, признать *perf.*; (*eccl., of sinner & priest*) исповедовать *imp., perf.* **confession** *n*. признание; исповедь. **confessor** *n*. духовник (-а).

confidant(e) *n.* доверенное лицо (*pl.* -ца). **confide** *v.t.* поверять *imp.*, поверить *perf.* **confidence** *n.* (*trust*) доверие; (*certainty*) уверенность; *c. trick,* мошенничество. **confident** *adj.* уверенный (-ен, -ена). **confidential** *adj.* секретный; конфиденциальный.

configuration *n.* конфигурация.

confine *v.t.* ограничивать *imp.*, ограничить *perf.*; (*in prison*) заключать *imp.*, заключить *perf.* **confinement** *n.* (*for birth*) роды (-дов) *pl.*; заключение. **confines** *n.* пределы *m.pl.*

confirm *v.t.* подтверждать *imp.*, подтвердить *perf.* **confirmation** *n.* подтверждение; (*eccl.*) конфирмация. **confirmed** *adj.* заядлый.

confiscate *v.t.* конфисковать *imp., perf.* **confiscation** *n.* конфискация.

conflagration *n.* пожарище.

conflict *n.* конфликт; противоречие; *v.i.: c. with,* (*contradict*) противоречить *imp.+dat.* **conflicting** *adj.* противоречивый.

confluence *n.* слияние.

conform *v.i.: c. to,* подчиняться *imp.*, подчиниться *perf.+dat.* **conformity** *n.*

соотве́тствие; (*compliance*) подчине́ние.
confound *v.t.* сбива́ть *imp.*, сбить (собью́, -ьёшь) *perf.* с то́лку; *c. it!* к чёрту! **confounded** *adj.* прокля́тый.
confront *v.t.* стоя́ть (-ою́, -ои́шь) *imp.* лицо́м к лицу́ с + *instr.*; *be confronted with*, быть поста́вленным пе́ред + *instr.*
confuse *v.t.* приводи́ть (-ожу́, -о́дишь) *imp.*, привести́ (-еду́, -едёшь; -ёл, -ела́) *perf.* в замеша́тельство; пу́тать *imp.*, за~, с~ *perf.* **confusion** *n.* замеша́тельство, пу́таница.
congeal *v.t.* застыва́ть *imp.*, засты́(ну)ть (-ы́ну, -ы́нешь; -ы́(ну)л, -ы́ла) *perf.*
congenial *adj.* бли́зкий (-зок, -зка́, -зко, бли́зки́) по ду́ху.
congenital *adj.* врождённый (-ён, -ена́).
conger (eel) *n.* морско́й у́горь (угря́) *m.*
congested *adj.* переполненный (-ен); (*med.*) засто́йный. **congestion** *n.* (*population*) перенаселённость; (*traffic*) зато́р; (*med.*) засто́й кро́ви.
congratulate *v.t.* поздравля́ть *imp.*, поздра́вить *perf.* (on, с + *instr.*). **congratulation** *n.* поздравле́ние. **congratulatory** *adj.* поздрави́тельный.
congregate *v.i.* собира́ться *imp.*, собра́ться (-берётся; -бра́лся, -брала́сь, -брало́сь) *perf.* **congregation** *n.* собра́ние; (*eccl.*) прихожа́не (-н) *pl.*
congress *n.* конгре́сс, съезд. **congressional** *adj.* относя́щийся к конгре́ссу. **Congressman** *n.* конгрессме́н.
congruent *adj.* конгруэ́нтный.
conic(al) *adj.* кони́ческий.
conifer *n.* хво́йное *sb.* **coniferous** *adj.* хво́йный, шишконо́сный.
conjectural *adj.* предположи́тельный. **conjecture** *n.* предположе́ние; *v.t.* предполага́ть *imp.*, предположи́ть (-жу́, -жишь) *perf.*
conjugal *adj.* супру́жеский.
conjugate *v.t.* (*gram.*) спряга́ть *imp.*, про~ *perf.* **conjugation** *n.* (*gram.*) спряже́ние.
conjunction *n.* (*gram.*) сою́з.
conjure *v.i.*: *c. up*, (in mind) вызыва́ть *imp.*, вы́звать (-зову, -зовешь) *perf.* в воображе́нии. **conjurer** *n.* фо́кусник.

conjuring *n.* пока́зывание фо́кусов; *c. trick*, фо́кус.
conker *n.* ко́нский кашта́н; *pl.* де́тская игра́ в кашта́ны.
connect *v.t.* свя́зывать *imp.*, связа́ть (-яжу́, -я́жешь) *perf.*; соединя́ть *imp.*, соедини́ть *perf.* **connected** *adj.* свя́занный (-ан). **connecting** *adj.* соедини́тельный, свя́зующий; *c.-rod*, шату́н (-а́). **connection, -exion** *n.* связь (*loc.* связи́).
conning-tower *n.* боева́я ру́бка.
connivance *n.* попусти́тельство. **connive** *v.i.*: *c. at*, попусти́тельствовать *imp.* + *dat.*
connoisseur *n.* знато́к (-а́).
conquer *v.t.* (*country*) завоёвывать *imp.*, завоева́ть (-ою́ю, -ою́ешь) *perf.*; (*enemy*) побежда́ть *imp.*, победи́ть (-еди́шь, -еди́т) *perf.*; (*habit*) преодолева́ть *imp.*, преодоле́ть *perf.* **conqueror** *n.* завоева́тель *m.*; победи́тель *m.* **conquest** *n.* завоева́ние; покоре́ние.
consanguinity *n.* кро́вное родство́.
conscience *n.* со́весть; *pangs of c.*, угрызе́ние со́вести. **conscientious** *adj.* добросо́вестный. **conscious** *adj.* созна́тельный; *predic.* в созна́нии; *be c. of*, сознава́ть (-аю́, -аёшь) *imp.* + *acc.* **consciousness** *n.* созна́ние.
conscript *v.t.* призыва́ть *imp.*, призва́ть (призову́, -вёшь; призва́л, -а́, -о) *perf.* на вое́нную слу́жбу; *n.* новобра́нец (-нца), призывни́к (-а́). **conscription** *n.* во́инская пови́нность.
consecrate *v.t.* (*church etc.*) освяща́ть *imp.*, освяти́ть (-ящу́, -яти́шь) *perf.*; (*bishop etc.*) посвяща́ть *imp.*, посвяти́ть (-ящу́, -яти́шь) *perf.* в епи́скопы и т.д.). **consecration** *n.* освяще́ние; посвяще́ние.
consecutive *adj.* после́довательный.
consensus *n.* согла́сие.
consent *v.i.* дава́ть (даю́, даёшь) *imp.*, дать (дам, дашь, даст, дади́м; дал, -а́, да́ло́, -и) *perf.* согла́сие; соглаша́ться *imp.*, согласи́ться *perf.* (*to*, + *inf.*, на + *acc.*); *n.* согла́сие.
consequence *n.* после́дствие; *of great c.*, большо́го значе́ния; *of some c.*, дово́льно ва́жный. **consequent** *adj.*

после́довательный; с. on, вытека́ющий из + gen. **consequently** adv. сле́довательно. **consequential** adj. ва́жный (-жен, -жна́, -жно, -жны).

conservancy n. охра́на (рек и лесо́в). **conservation** n. сохране́ние; охра́на приро́ды. **conservative** adj. консервати́вный; n. консерва́тор. **conservatory** n. оранжере́я. **conserve** v.t. сохраня́ть imp., сохрани́ть perf.

consider v.t. обду́мывать imp., обду́мать perf.; рассма́тривать imp., рассмотре́ть (-рю́, -ришь) perf.; (regard as, be of opinion that) счита́ть imp., счесть (сочту́, -тёшь; счёл, сочла́) perf. + instr., за + acc., что. **considerable** adj. значи́тельный. **considerate** adj. внима́тельный. **consideration** n. рассмотре́ние; внима́ние; take into c., принима́ть imp., приня́ть (приму́, -мешь; при́нял, -а́, -о) perf. во внима́ние. **considered** adj. проду́манный (-ан). **considering** prep. принима́я + acc. во внима́ние.

consign v.t. отправля́ть imp., отпра́вить perf. **consignee** n. грузополуча́тель m. **consignment** n. (goods consigned) па́ртия; (consigning) отпра́вка това́ров; c. note, накладна́я sb. **consignor** n. грузоотправи́тель m.

consist v.i.: c. of, состоя́ть imp. из + gen. **consistency**, -ce n. после́довательность, консисте́нция. **consistent** adj. после́довательный; c. with, совмести́мый c + instr. **consistently** adv. после́довательно; согла́сно c + instr.

consolation n. утеше́ние. **consolatory** adj. утеши́тельный. **console**[1] v.t. утеша́ть imp., уте́шить perf. **consoling** adj. утеши́тельный.

console[2] n. (arch.) консо́ль; (control panel) пульт управле́ния.

consolidate v.t. укрепля́ть imp., укрепи́ть perf. **consolidated** adj. (econ.) консолиди́рованный (-ан, -анна). **consolidation** n. укрепле́ние; (econ.) консолида́ция.

consonance n. созву́чие. **consonant** n. согла́сный sb.; adj. созву́чный; совмести́мый.

consort v.i. обща́ться imp.; n. супру́г, ~ а; Prince C., супру́г ца́рствующей короле́вы.

consortium n. консо́рциум.

conspicuous adj. заме́тный; ви́дный (-ден, -дна́, -дно, видны́). **conspicuously** adv. я́сно, заме́тно.

conspiracy n. за́говор. **conspirator** n. загово́рщик, -ица. **conspiratorial** adj. загово́рщицкий. **conspire** v.i. устра́ивать imp., устро́ить perf. за́говор.

constable n. полице́йский sb. **constabulary** n. поли́ция.

constancy n. постоя́нство. **constant** adj. постоя́нный (-нен, -нна); (faithful) ве́рный (-рен, -рна́, -рно, ве́рны́). **constantly** adv. постоя́нно.

constellation n. созве́здие.

consternation n. трево́га.

constipation n. запо́р.

constituency n. (area) избира́тельный о́круг (pl. -а́); (voters) избира́тели m.pl. **constituent** n. (component) составна́я часть (pl. -ти, -те́й); (voter) избира́тель m.; adj. составно́й; c. assembly, учреди́тельное собра́ние. **constitute** v.t. составля́ть imp., соста́вить perf. **constitution** n. (polit., med.) конститу́ция; (composition) составле́ние. **constitutional** adj. (med.) конституциона́льный; (polit.) конституцио́нный (-нен, -нна). **constitutionally** adv. зако́нно; в соотве́тствии с конститу́цией.

constrain v.t. принужда́ть imp., прину́дить perf. **constrained** adj. принуждённый (-ён, -ена). **constraint** n. принужде́ние; without c., свобо́дно, непринуждённо.

constrict v.t. (compress) сжима́ть imp., сжать (сожму́, -мёшь) perf.; (narrow) су́живать imp., су́зить perf. **constriction** n. сжа́тие, суже́ние.

construct v.t. стро́ить imp., по ~ perf. **construction** n. строи́тельство; (also gram.) констру́кция; (interpretation) истолкова́ние; c. site, стро́йка. **constructional** adj. строи́тельный; (structural) структу́рный. **constructive** adj. конструкти́вный. **constructor** n. строи́тель m., констру́ктор.

construe v.t. истолко́вывать imp., истолкова́ть perf.

consul *n.* ко́нсул; *honorary c.*, почётный ко́нсул; *C.-general*, генера́льный ко́нсул. **consular** *adj.* ко́нсульский. **consulate** *n.* ко́нсульство.

consult *v.t.* консульти́ровать *imp.*, про~ *perf.* c+*instr.*; сове́товаться *imp.*, по~ *perf.* c+*instr.* **consultation** *n.* консульта́ция, совеща́ние. **consultative** *adj.* консультати́вный, совеща́тельный. **consulting** *adj.* консульти́рующий; *c. room*, враче́бный кабине́т.

consume *v.t.* потребля́ть *imp.*, потреби́ть *perf.*; расхо́довать *imp.*, из~ *perf.* **consumer** *n.* потреби́тель *m.*; *c. goods*, това́ры *m.pl.* широ́кого потребле́ния, ширпотре́б; *c. society*, о́бщество потребле́ния.

consummate *adj.* зако́нченный (-ен, -енна); соверше́нный (-нен, -нна); *v.t.* заверша́ть *imp.*, заверши́ть *perf.*; доводи́ть (-ожу́, -о́дишь) *imp.*, довести́ (-еду́, -едёшь; довёл, -а́) *perf.* до конца́. **consummation** *n.* заверше́ние.

consumption *n.* потребле́ние, расхо́д; (*disease*) чахо́тка. **consumptive** *adj.* чахо́точный, туберкулёзный; *n.* больно́й *sb.* чахо́ткой, туберкулёзом.

contact *n.* конта́кт, соприкоснове́ние; *v.t.* соприкаса́ться *imp.*, соприкосну́ться *perf.* c+*instr.*; входи́ть (-ожу́, -о́дишь) *imp.*, войти́ (войду́, -дёшь; вошёл, -шла́) *perf.* в конта́кт c+*instr.*

contagion *n.* зара́за, инфе́кция. **contagious** *adj.* зара́зный, инфекцио́нный; *c. laughter*, зарази́тельный смех.

contain *v.t.* содержа́ть (-жу́, -жишь) *imp.*, вмеща́ть *imp.*, вмести́ть *perf.*; (*restrain*) сде́рживать *imp.*, сдержа́ть (-жу́, -жишь) *perf.* **container** *n.* (*vessel*) сосу́д; (*transport*) конте́йнер. **containment** *n.* сде́рживание.

contaminate *v.t.* заража́ть *imp.*, зарази́ть *perf.*; загрязня́ть *imp.*, загрязни́ть *perf.* **contamination** *n.* зараже́ние, загрязне́ние.

contemplate *v.t.* созерца́ть *imp.*; размышля́ть *imp.*; (*intend*) предполага́ть *imp.*, предположи́ть (-жу́, -жишь) *perf.* **contemplation** *n.* созерца́ние; размышле́ние. **contemplative** *adj.* созерца́тельный.

contemporary *n.* совреме́нник; *adj.* совреме́нный (-нен, -нна).

contempt *n.* презре́ние; *c. of court*, неуваже́ние к суду́; *hold in c.*, презира́ть *imp.* **contemptible** *adj.* презре́нный (-ен, -енна). **contemptuous** *adj.* презри́тельный.

contend *v.i.* (*compete*) состяза́ться *imp.*; *c. for*, оспа́ривать *imp.*; *v.t.* утвержда́ть *imp.* **contender** *n.* соревну́ющийся *sb.*

content[1] *n.* содержа́ние; *pl.* содержи́мое *sb.*; (*table of*) *contents*, содержа́ние.

content[2] *n.* дово́льство; *predic.* дово́лен (-льна); *v.t.*: *c. oneself with*, дово́льствоваться *imp.*, у~ *perf.*+*instr.* **contented** *adj.* дово́льный, удовлетворённый (-ён, -ена́).

contention *n.* (*dispute*) спор, разногла́сие; (*claim*) утвержде́ние. **contentious** *adj.* (*disputed*) спо́рный; (*quarrelsome*) вздо́рный.

contest *n.* соревнова́ние, состяза́ние; *v.t.* оспа́ривать *imp.*, оспо́рить *perf.* **contestant** *n.* уча́стник, -ица, соревнова́ния; конкуре́нт, ~ка.

context *n.* конте́кст.

contiguity *n.* соприкоснове́ние; бли́зость. **contiguous** *adj.* (*adjoining*) прилега́ющий (*to*, к+*dat.*); (*touching*) соприкаса́ющийся (*to*, с+*instr.*); (*near*) бли́зкий (-зок, -зка́, -зко, бли́зки́) (*to*, от+*gen.*).

continence *n.* воздержа́ние. **continent**[1] *adj.* возде́ржанный (-ан, -анна).

continent[2] *n.* матери́к (-а́), контине́нт. **continental** *adj.* материко́вый, континента́льный.

contingency *n.* случа́йность. **contingent** *adj.* случа́йный, непредви́денный (-ен, -енна); *c. on*, в зави́симости от+*gen.*; *n.* контингент.

continual *adj.* непреста́нный (-нен, -нна). **continuance**, **continuation** *n.* продолже́ние. **continue** *v.t. & i.* продолжа́ть(ся) *imp.*, продо́лжить(ся) *perf.* **continuous** *adj.* непреры́вный.

contort *v.t.* искажа́ть *imp.*, искази́ть

contour — **converse**

perf. **contortion** *n.* искажение; искривление. **contortionist** *n.* акробат.

contour *n.* контур, очертание; c. line, горизонталь.

contraband *n.* контрабанда; *adj.* контрабандный.

contraception *n.* предупреждение беременности. **contraceptive** *n.* противозачаточное средство; *adj.* противозачаточный.

contract *n.* контракт, договор; *v.t.* (*make a c.*) заключать *imp.*, заключить *perf.* контракт, договор; *v.t.* & *i.* сокращать(ся) *imp.*, сократить(ся) (-ащу(сь), -атишь(ся)) *perf.* **contracting** *adj.* договаривающийся; c. *parties*, договаривающиеся стороны (-он, -онам) *f.pl.* **contraction** *n.* сокращение, сжатие. **contractor** *n.* подрядчик.

contradict *v.t.* противоречить *imp.* + *dat.* **contradiction** *n.* противоречие. **contradictory** *adj.* противоречивый.

contralto *n.* контральто (*voice*) *neut.* & (*person*) *f.indecl.*

contraption *n.* штуковина; устройство.

contrariness *n.* своенравие, упрямство. **contrary** *adj.* (*opposite*) противоположный; (*perverse*) упрямый; c. to, вопреки + *dat.*; *n.*: on the c., наоборот.

contrast *n.* контраст, противоположность; *v.t.* противопоставлять *imp.*, противопоставить *perf.* (with, + *dat.*).

contravene *v.t.* нарушать *imp.*, нарушить *perf.* **contravention** *n.* нарушение.

contribute *v.t.* (*to fund etc.*) жертвовать *imp.*, по~ *perf.* (to, в + *acc.*); c. to, (*further*) содействовать *imp.*, по~ *perf.* + *dat.*; (*to publication etc.*) сотрудничать *imp.* в + *prep.* **contribution** *n.* пожертвование; вклад. **contributor** *n.* жертвователь *m.*; сотрудник; соучастник.

contrite *adj.* сокрушающийся, кающийся. **contrition** *n.* раскаяние.

contrivance *n.* приспособление; выдумка. **contrive** *v.t.* умудряться *imp.*, умудриться *perf.* + *inf.*

control *n.* (*check*) контроль, проверка; (*direction*) управление; (*restraint*) сдерживание; (*remote c.*) телеуправление; c.-gear, механизм управления;

c. *point*, контрольный пункт; c. *tower*, диспетчерская вышка; *v.t.* (*check*) контролировать *imp.*, про~ *perf.*; управлять *imp.* + *instr.*; c. *oneself*, сдерживаться *imp.*, сдержаться (-жусь, -жишься) *perf.* **controllable**, **controlled** *adj.* управляемый, регулируемый. **controller** *n.* контролёр; (*electr.*) контроллер.

controversial *adj.* спорный. **controversy** *n.* спор, дискуссия.

contuse *v.t.* контузить *perf.* **contusion** *n.* контузия.

conundrum *n.* головоломка.

convalesce *v.i.* поправляться *imp.* **convalescence** *n.* поправка, выздоравливание. **convalescent** *n.*, *adj.* выздоравливающий.

convection *n.* конвекция.

convene *v.t.* созывать *imp.*, созвать (созову, -вёшь; созвал, -а, -о) *perf.*

convenience *n.* удобство; (*public c.*), уборная *sb.*; c. *foods*, полуфабрикаты *m.pl.* **convenient** *adj.* удобный.

convent *n.* женский монастырь (-ря) *m.*

convention *n.* (*assembly*) съезд, собрание; (*agreement*) конвенция; (*practice, use, custom*) обычай; (*conventionality*) условность. **conventional** *adj.* общепринятый, обычный; условный; c. *weapons*, обычные виды *m.pl.* оружия.

converge *v.i.* сходиться (-дятся) *imp.*, сойтись (-йдутся: сошлись) *perf.* в одну точку. **convergence** *n.* сходимость, конвергенция. **converging** *adj.* сходящийся в одной точке.

conversant *predic.*: *c.* with, осведомлён (-á) в + *prep.*; знаком с + *instr.*

conversation *n.* разговор, беседа. **conversational** *adj.* разговорный. **converse**[1] *v.i.* разговаривать *imp.*; беседовать *imp.*

converse[2] *adj.* обратный, противоположный. **conversely** *adv.* наоборот. **conversion** *n.* (*change*) превращение; (*of faith*) обращение; (*of building*) перестройка. **convert** *v.t.* (*change*) превращать *imp.*, превратить (-ащу, -атишь) *perf.* (into, в + *acc.*); (*to faith*) обращать *imp.*, обратить (-ащу, -атишь) *perf.* (to, в + *acc.*); (*a building*) перестраивать *imp.*, перестроить

convex

perf. **convertible** *adj.* обратимый; *n.* кабриолет, фаэтон.
convex *adj.* выпуклый.
convey *v.t.* (*transport*) возить (ожу, -озишь) *imp.,* перевезти (-езу, -езёшь; -ёз, -езла) *perf.;* (*communicate*) сообщать *imp.,* сообщить *perf.;* (*transmit*) передавать (-даю, -даёшь) *imp.,* передать (-ам, -ашь, -аст, -адим; передал, -а, -о) *perf.* **conveyance** *n.* перевозка; передача. **conveyancing** *n.* оформление перехода права на недвижимость. **conveyer** *n.* конвейер, транспортёр.
convict *n.* осуждённый *sb.,* каторжник; *v.t.* осуждать *imp.,* осудить (-ужу, -удишь) *perf.* **conviction** *n.* (*leg.*) осуждение; (*belief*) убеждение. **convince** *v.t.* убеждать *imp.,* убедить (-ишь, -ит) *perf.* **convincing** *adj.* убедительный.
convivial *adj.* праздничный.
convocation *n.* созыв; собрание; (*eccl.*) собор, синод. **convoke** *v.t.* созывать *imp.,* созвать (созову; -вёшь; созвал, -а, -о) *perf.*
convoluted *adj.* свёрнутый спиралью, извилистый.
convolvulus *n.* вьюнок (-нка́).
convoy *n.* конвой; колонна под конвоем; *v.t.* конвоировать *imp.*
convulse *v.t.:* be convulsed with, содрогаться *imp.,* содрогнуться *perf.* от + *gen.* **convulsion** *n.* (*med.*) конвульсия; судороги *f.pl.*
coo *n.* воркование; *v.i.* ворковать *imp.*
cooee *interj.* ау!
cook *n.* кухарка, повар (*pl.* -а́), ~ иха; *v.t.* стряпать *imp.,* со~ *perf.;* (*roast*) жарить *imp.,* за~, из~ *perf.;* (*boil*) варить (-рю, -ришь) *imp.,* с~ *perf.* **cooker** *n.* плита (*pl.* -ты), печь (*loc.* -чи́; *pl.* -чи, -чей). **cookery** *n.* кулинария, стряпня. **cooking** *adj.* кухонный; ~ salt, поваренная соль.
cool *adj.* прохладный; (*of persons*) хладнокровный; *v.t.* студить (-ужу, -удишь) *imp.,* о~ *perf.;* охлаждать *imp.,* охладить *perf.;* c, down, off, остывать *imp.,* осты(ну)ть (-ыну, -ынешь; -ы(ну)л, -ы́ла) *perf.* **coolant** *n.* смазочно-охлаждающая жидкость.

corbel

cooler *n.* охладитель *m.* **cooling** *adj.* охлаждающий.
coop *n.* курятник; *v.t.:* c. up, держать (-жу, -жишь) *imp.* взаперти.
cooper *n.* бондарь (бондаря) *m.,* бочар (-а).
co-operate *v.i.* сотрудничать *imp.,* кооперировать *imp., perf.* **co-operation** *n.* сотрудничество; кооперация. **co-operative, co-op.** *n.* кооператив; *adj.* совместный, кооперативный. **co-operator** *n.* кооператор.
co-opt *v.t.* кооптировать *imp., perf.*
co-ordinate *v.t.* координировать *imp., perf.;* согласовывать *imp.,* согласовать *perf.;* *n.* координата; *adj.* согласованный (-ан, -анна), координированный (-ан, -анна). **co-ordination** *n.* координация.
coot *n.* лысу́ха.
co-owner *n.* совладелец (-льца).
cop *n.* полицейский *sb.;* *v.t.* поймать *perf.*
cope[1] *n.* риза.
cope[2] *v.i.:* c. with, справляться *imp.,* справиться *perf.* c + *instr.*
copious *adj.* обильный. **copiousness** *n.* изобилие.
copper *n.* (*metal*) медь; (*vessel*) медный котёл (-тла́); (*coin*) медяк (-а́); (*policeman*) полицейский *sb.* **copperplate** *n.* (*handwriting*) каллиграфический почерк.
coppice, copse *n.* рощица.
Copt *n.* копт. **Coptic** *adj.* коптский.
copulate *v.i.* спариваться *imp.,* спариться *perf.* **copulation** *n.* копуляция.
copy *n.* копия; (*specimen of book etc.*) экземпляр; **c.-book,** тетрадь; **copyright,** авторское право; *fair* c., чистовик (-а́); *rough* c., черновик (-а́); *v.t.* копировать *imp.,* c~ *perf.;* (*transcribe*) переписывать *imp.,* переписать (-ишу -ишешь) *perf.*
coquetry *n.* кокетство. **coquette** *n.* кокетка. **coquettish** *adj.* кокетливый, игривый.
coracle *n.* лодка из ивняка, обтянутая кожей или парусиной.
coral *n.* коралл; *adj.* коралловый.
corbel *n.* выступ, консоль; кронштейн.

cord *n.* шнур (-á), верёвка; *umbilical c.*, пуповина; *vocal cords*, голосовые связки *f.pl.*; *v.t.* связывать *imp.*, связать (-яжу́, -я́жешь) *perf.* верёвкой.
cordage *n.* снасти (-тéй) *f.pl.*, такелáж.
cordial *adj.* сердечный, радушный; (*drink*) фруктовый напиток (-тка).
cordiality *n.* сердечность, радушие.
corduroy *n.* вельвéт (-а(у)) в рубчик; плис; *pl.* вельвéтовые штаны (-нóв) *pl.*
core *n.* сердцевина; (*fig.*) суть; *v.t.* удалять *imp.*, удалить *perf.* сердцевину *f* + *gen.*
cork *n.* (*stopper*) пробка; (*float*) поплавок (-вкá); *attrib.* пробковый; *v.t.* закупоривать *imp.*, закупорить *perf.*
corkscrew *n.* штопор; *v.i.* двигаться (-ігается & -ìжется) *imp.*, двинуться *perf.* по спирáли.
corm *n.* клубнелуковица.
cormorant *n.* баклáн.
corn[1] *n.* зерно, зерновые хлеба *m.pl.*; (*wheat*) пшеница, (*oats*) овёс (овсá), (*maize*) кукуруза; *c.-cob*, початок (-тка). **cornflakes** *n.* кукурузные хлопья (-ьев) *pl.* **cornflour** *n.* кукурузная мукá. **cornflower** *n.* василёк (-лькá). **corny** *adj.* зерновой; (*coll.*) банáльный.
corn[2] *v.t.* засáливать *imp.*, засолить (-олю́, -óлишь) *perf.*; *corned beef*, солонина.
corn[3] *n.* (*on foot*) мозóль.
cornea *n.* роговáя оболочка.
cornelian *n.* сердолик.
corner *n.* угол (углá, *loc.* углу́); *c.-stone*, краеугóльный кáмень (-мня; *pl.* -мни, -мнéй) *m.*; *v.t.* загонять *imp.*, загнáть (-гоню́, -гóнишь; загнáл, -á, -о) *perf.* в угол.
cornet *n.* (*mus., mil.*) корнéт; (*paper*) фунтик; (*ice-cream*) рожóк (-жкá).
cornice *n.* карниз.
cornucopia *n.* рог изобилия.
corolla *n.* вéнчик.
corollary *n.* следствие; вывод.
corona *n.* корóна, венéц (-нцá). **coronary** (*thrombosis*) *n.* венéчный тромбóз. **coronation** *n.* коронáция. **coroner** *n.* слéдователь *m.* **coronet** *n.* небольшáя корóна; (*garland*) венóк (-нкá).

corporal[1] *n.* капрáл.
corporal[2] *adj.* телéсный; *c. punishment*, телéсное наказáние.
corporate *adj.* корпоративный. **corporation** *n.* корпорáция.
corps *n.* кóрпус (*pl.* -á).
corpse *n.* труп.
corpulence *n.* тýчность. **corpulent** *adj.* тýчный (-чен, -чнá, -чно).
corpuscle *n.* частица, тéльце (*pl.* -льцá, -лéц, -льцáм); *red, white, c.*, крáсные, бéлые, шáрики *m.pl.* **corpuscular** *adj.* корпускуля́рный.
corral *n.* загон; *v.t.* загонять *imp.*, загнáть (-гоню́, -гóнишь; загнáл, -á, -о) *perf.* в загон.
correct *adj.* прáвильный, вéрный (-рен, -рнá, -рно, вéрны́); (*conduct*) корректный; *v.t.* исправлять *imp.*, испрáвить *perf.* **correction** *n.* исправлéние; попрáвка. **corrective** *adj.* исправительный. **corrector** *n.* корректор (*pl.* -ы & -á).
correlate *v.t.* соотноси́ть (-ошу́, -óсишь) *imp.*, соотнести́ (-есу́, -есёшь; -ёс, -еслá) *perf.* **correlation** *n.* соотношéние, корреляция.
correspond *v.i.* соотвéтствовать *imp.* (*to, with*, + *dat.*); (*by letter*) переписываться *imp.* **correspondence** *n.* соотвéтствие; корреспондéнция. **correspondent** *n.* корреспондéнт. **corresponding** *adj.* соотвéтствующий (*to*, + *dat.*).
corridor *n.* коридор.
corroborate *v.t.* подтверждáть *imp.*, подтвердить *perf.* **corroboration** *n.* подтверждéние.
corrode *v.t.* разъедáть *imp.*, разъéсть (-éст, -едя́т; -éл) *perf.* **corrosion** *n.* разъедáние, коррóзия. **corrosive** *adj.* éдкий (éдок, едкá, éдко); *n.* éдкое, разъедáющее, вещество.
corrugate *v.t.* гофрировáть *imp., perf.*; *corrugated iron*, рифлёное желéзо.
corrupt *adj.* испóрченный (-ен, -енна); развратный; *v.t.* развращáть *imp.*, развратить (-ащу́, -атишь) *perf.*; пóртить *imp.*, ис~ *perf.* **corruption** *n.* пóрча; развращéние; коррýпция.
corsage *n.* корсáж.
corsair *n.* корсáр; пирáт.

corset *n.* корсе́т.
cortège *n.* торже́ственное ше́ствие, корте́ж.
cortex *n.* кора́.
corundum *n.* кору́нд.
corvette *n.* корве́т.
cos *n.* рома́н-сала́т.
cosh *n.* дуби́нка; *v.t.* ударя́ть *imp.*, уда́рить *perf.* дуби́нкой.
cosine *n.* ко́синус.
cosmetic *adj.* космети́ческий; *n.* космети́ческое сре́дство; *pl.* косме́тика.
cosmic *adj.* косми́ческий. **cosmonaut** *n.* космона́вт.
cosmopolitan *adj.* космополити́ческий; *n.* космополи́т.
Cossack *n.* каза́к (-а́; *pl.* -аки́), -а́чка; *adj.* каза́чий (-чья, -чье), каза́цкий.
cosset *v.t.* не́жить *imp.*
cost *n.* сто́имость, цена́ (*acc.* -ну; *pl.* -ны); *pl.* (*leg.*) суде́бные изде́ржки *f.pl.*; *c.* price, себесто́имость; *v.t.* сто́ить *imp.*
costermonger *n.* у́личный торго́вец (-вца).
costly *adj.* дорого́й (до́рог, -а́, -о), це́нный (-нен, -нна).
costume *n.* костю́м, оде́жда; *c. jewellery*, ювели́рное украше́ние без драго́ценных камне́й; *c. play*, истори́ческая пье́са.
cosy *adj.* ую́тный, *n.* тёплая покры́шка.
cot *n.* (*child's bed*) де́тская крова́тка; (*hospital bed*) ко́йка.
cottage *n.*
cotton *n.* хло́пок (-пка); (*cloth*) хлопчатобума́жная ткань; (*thread*) (бума́жная) ни́тка; *c.-plant*, хлопча́тник; *c. wool*, ва́та; *adj.* хло́пковый, хлопчатобума́жный.
couch *n.* куше́тка, ло́же.
couch-grass *n.* пыре́й.
cough *n.* ка́шель (-шля) *m.*; *v.i.* ка́шлять *imp.*
council *n.* сове́т; (*eccl.*) собо́р. **councillor** *n.* сове́тник; член сове́та.
counsel *n.* (*consultation*) обсужде́ние; (*advice*) сове́т; (*lawyer*) адвока́т; *c. for the defence*, защи́тник; *c. for the prosecution*, обвини́тель *m.*; *v.t.* сове́товать *imp.*, по~ *perf.* + *dat.*

count[1] *v.t.* счита́ть *imp.*, со~, счесть (сочту́, -тёшь; счёл, сочла́) *perf.*; счёт (-а(у)), подсчёт. **countdown** *n.* отсчёт вре́мени.
count[2] *n.* (*title*) граф.
countenance *n.* лицо́ (*pl.* -ца); *v.t.* одобря́ть *imp.*, одо́брить *perf.*
counter *n.* прила́вок (-вка), сто́йка; (*token*) фи́шка, жето́н; *adj.* обра́тный; *adv.*: run *c.* to, де́йствовать *imp.* проти́в + *gen.*; *v.t.* пари́ровать *imp.*, от~ *perf.* **counteract** *v.t.* противоде́йствовать *imp.* **counteraction** *n.* противоде́йствие. **counterbalance** *n.* противове́с; *v.t.* уравнове́шивать *imp.*, уравнове́сить *perf.* **counterfeit** *adj.* подло́жный, фальши́вый. **counterintelligence** *n.* контрразве́дка. **countermand** *v.t.* отменя́ть *imp.*, отмени́ть (-ню́, -нишь) *perf.* **counterpane** *n.* покрыва́ло. **counterpart** *n.* соотве́тственная часть (*pl.* -ти, -те́й). **counterpoint** *n.* контрапу́нкт. **counter-revolutionary** *n.* контрреволюционе́р; *adj.* контрреволюцио́нный. **countersign** *n.* паро́ль *m.*
countess *n.* графи́ня.
counting-house *n.* бухгалте́рия.
countless *adj.* несчётный, бесчи́сленный (-ен, -енна).
countrified *adj.* дереве́нский. **country** *n.* (*nation*) страна́ (*pl.* -а́ны); (*land of birth*) ро́дина; (*rural areas*) дере́вня; *adj.* дереве́нский, се́льский. **countryman**, **-woman** *n.* земля́к, -я́чка; се́льский жи́тель *m.*, -ница.
county *n.* гра́фство.
couple *n.* па́ра; два *m.* & *neut.*, две *f*, (двух, двум, двумя́); married *c.*, супру́ги *m.pl.*; *v.t.* сцепля́ть *imp.*, сцепи́ть (-плю́, -пишь) *perf.* **couplet** *n.* двусти́шие. **coupling** *n.* соедине́ние, сцепле́ние.
coupon *n.* купо́н; тало́н.
courage *n.* му́жество, хра́брость; **courageous** *adj.* хра́брый (храбр, -а́, -о, хра́бры).
courier *n.* (*messenger*) курье́р; (*guide*) гид.
course *n.* курс, ход, путь (-ти́, -тём) *m.*; (*of meal*) блю́до; of *c.*, коне́чно. *v.t.* гна́ться (гоню́сь, го́нишься; гна́лся

court

гналась, гналось *imp.* за+*instr.* **coursing** *n.* охота с гончими.

court *n.* двор (-á); (*sport*) корт, площáдка; (*law*) суд (-á); *c. martial*, военный трибунáл; *v.t.* ухáживать *imp.* за+*instr.* **courteous** *adj.* вéжливый, любéзный. **courtesy** *n.* вéжливость. **courtier** *n.* придвóрный *sb.*

cousin *n.* двоюродный брат (*pl.* -ья, -ьев), -ная сестрá (*pl.* сёстры, -тёр, -трам); *second c.*, троюродный брат (*pl.* -ья, -ьев), -ная сестрá (*pl.* сёстры, -тёр, -трам).

cove *n.* небольшáя бýхта.

covenant *n.* договóр; *v.i.* заключáть *imp.*, заключить *perf.* договóр.

cover *n.* покрышка, покрóв; укрытие; чехóл (-хлá); (*bed*) покрывáло; (*book*) переплёт, облóжка; *under separate c.*, в отдéльном конвéрте; *v.t.* покрывáть *imp.*, покрыть (-рою, -рóешь) *perf.*; скрывáть *imp.*, скрыть (-рою, -рóешь) *perf.* **coverage** *n.* репортáж, информáция. **covering** *n.* покрышка, оболóчка; *adj.* покрывáющий; *c. letter*, сопроводительное письмó (*pl.* -сьма, -сем, -сьмам). **covert** *adj.* скрытый, тáйный.

covet *v.t.* домогáться *imp.*+*gen.*; пожелáть *perf.*+*gen.* **covetous** *adj.* завистливый, áлчный.

covey *n.* выводок (-дка).

cow[1] *n.* корóва. **cowboy** *n.* ковбóй. **cowshed** *n.* хлев (*loc.* -е & -ý; *pl.* -á).

cow[2] *v.t.* запýгивать *imp.*, запугáть *perf.*

coward *n.* трус. **cowardice** *n.* трýсость. **cowardly** *adj.* трусливый.

cower *v.i.* съёживаться *imp.*, съёжиться *perf.*

cowl *n.* (*hood*) капюшóн; (*of chimney*) колпáк (-á) дымовóй трубы.

cowslip *n.* первоцвéт.

cox(swain) *n.* рулевóй *sb.*

coxcomb *n.* фат.

coy *adj.* скрóмный (-мен, -мнá, -мно).

crab *n.* краб; *catch a c.*, поймáть *perf.* лещá.

crab-apple *n.* (*fruit*) дикое яблоко (*pl.* -ки, -к); (*tree*) дикая яблоня.

crack *n.* трéщина; треск; удáр; *adj.* первоклáссный, великолéпный; *v.t.* (*break*) колóть (-лю, -лешь) *imp.*, рас~ *perf.*; *v.i.* (*sound*) трéснуть *perf.*

cracker *n.* (*Christmas c.*) хлопýшка; (*firework*) фейервéрк. **crackle** *v.i.* потрéскивать *imp.*; хрустéть (-щý, -стишь) *imp.*; *n.* потрéскивание, хруст (-а(у)). **crackpot** *n.* помéшанный *sb.*

cradle *n.* колыбéль, люлька; *v.t.* убаюкивать *imp.*

craft *n.* (*trade*) ремеслó (*pl.* -ёсла, -ёсел, -ёслам); (*boat*) сýдно (*pl.* судá, -дóв). **craftiness** *n.* хитрость, лукáвство. **craftsman** *n.* ремéсленник. **crafty** *adj.* хитрый (-тёр, -трá, хитрó), ковáрный.

crag *n.* утёс. **craggy** *adj.* скалистый.

cram *v.t.* набивáть *imp.*, набить (набью, -ьёшь) *perf.*; впихивать *imp.*, впихнýть *perf.*; пичкать *imp.*, на~ *perf.*; (*coach*) натáскивать *imp.*, натаскáть *perf.* **crammed** *adj.* битком набитый.

cramp[1] *n.* (*med.*) сýдорога.

cramp[2] *n.* зажим, скобá (*pl.* -бы, -б, -бáм); *v.t.* стеснять *imp.*, стеснить *perf.*; ограничивать *imp.*, ограничить *perf.* **cramped** *adj.* стиснутый; ограниченный (-ен, -енна).

cranberry *n.* клюква.

crane *n.* (*bird*) журáвль (-ля) *m.*; (*machine*) кран; *v.t.* (& *i.*) вытягивать *imp.*, вытянуть *perf.* (шéю).

cranium *n.* чéреп (*pl.* -á).

crank[1] *n.* кривошип, заводнáя рýчка; *c.-shaft*, колéнчатый вал (*loc.* -ý; *pl.* -ы́); *v.t.* заводить (-ожý, -óдишь) *imp.*, завести (-едý, -едёшь; -ёл, -елá) *perf.*

crank[2] *n.* (*eccentric*) чудáк (-á). **cranky** *adj.* чудáческий, эксцентричный.

cranny *n.* щель (*loc.* щели; *pl.* щéли, щелéй).

crape *n.* креп; (*mourning*) трáур.

crash[1] *n.* (*noise*) грóхот, треск; (*accident*) крушéние, авáрия; (*financial*) крах, банкрóтство; (*c. helmet*) защитный шлем; *c. landing*, вынужденная посáдка; *v.i.* рýшиться *imp.* с трéском; разбивáться *imp.*, разбиться (разобьюсь, -ьёшься) *perf.*

crash[2] *n.* (*linen*) холст (-á), грубое полотнó.

crass *adj.* по́лный (-лон, -лна́, по́лно), совершённый (-нен, -нна).
crate *n.* упако́вочный я́щик.
crater *n.* кра́тер, жерло́ (*pl.* -ла).
crave *v.t.* стра́стно жела́ть *imp.* + *gen.*; с. *for*, жа́ждать (-ду, -дешь) *imp.* + *gen.* **craving** *n.* стра́стное жела́ние.
craven *adj.* трусли́вый, малоду́шный.
crawl *v.i.* по́лзать *indet.*, ползти́ (-зу́, -зёшь; -з, -зла́) *det.*; тащи́ться (-щу́сь, -щишься) *imp.*; *n.* ползание; ме́дленный ход (-а(у)); (*sport*) кроль.
crayfish *n.* речно́й рак.
crayon *n.* цветно́й мело́к (-лка́), цветно́й каранда́ш (-а́); (*drawing*) пасте́ль; *v.t.* рисова́ть *imp.*, на~ *perf.* цветны́м мелко́м, карандашо́м.
craze *n.* ма́ния. **crazy** *adj.* поме́шанный (-ан).
creak *n.* скрип; *v.i.* скрипе́ть (-плю́, -пи́шь) *imp.* **creaking, creaky** *adj.* скрипу́чий.
cream *n.* сли́вки (-вок) *pl.*, крем; *c. cheese*, сли́вочный сыр (-а(у)); *soured c.*, смета́на; *v.t.* сбива́ть *imp.*, сбить (собью́, -бьёшь) *perf.* **creamed** *adj.* взби́тый, стёртый. **creamy** *adj.* сли́вочный, кре́мовый, густо́й.
crease *n.* мя́тая скла́дка; *v.t.* мять (мну, мнёшь) *imp.*, из~ (изомну́, -нёшь), с~ (сомну́, -нёшь) *perf.* **creased** *adj.* мя́тый.
create *v.t.* создава́ть (-даю́, -даёшь) *imp.*, созда́ть (-а́м, -а́шь, -а́ст, -ади́м; со́здал, -а́, -о) *perf.*; твори́ть *imp.*, со~ *perf.* **creation** *n.* творе́ние, созда́ние. **creative** *adj.* тво́рческий, созда́тельный. **creator** *n.* творе́ц (-рца́), созда́тель *m.* **creature** *n.* существо́; созда́ние; тварь.
crêche *n.* (де́тские) я́сли (-лей) *pl.*
credence *n.* дове́рие; *letter of c.*, рекоменда́тельное письмо́ (*pl.* -сьма, -сем, -сьмам); *give c.*, ве́рить *imp.* (to, + *dat.*). **credentials** *n.* манда́т; удостовере́ние ли́чности; вери́тельные гра́моты *f.pl.* **credibility** *n.* правдоподо́бие. **credible** *adj.* заслу́живающий. **credibly** *adv.* досто́верно.
credit *n.* дове́рие; креди́т; прихо́д; *v.t.*: *credit with*, припи́сывать *imp.*, приписа́ть (-ишу́, -и́шешь) *perf.* + *dat.*; *give*

с., кредитова́ть *imp.*, *perf.* + *acc.*; отдава́ть (-даю́, -даёшь) *imp.*, отда́ть (-а́м, -а́шь, -а́ст, -ади́м; о́тдал, -а́, -о) *perf.* до́лжное + *dat.*; *it is to your c.*, это вам де́лает честь. **creditable** *adj.* де́лающий честь. **creditor** *n.* кредито́р. **credit-worthy** *adj.* кредитоспосо́бный.
credulity *n.* легкове́рие. **credulous** *adj.* легкове́рный.
creed *n.* убежде́ние; (*eccl.*) вероиспове́дание.
creep *v.i.* по́лзать *indet.*, ползти́ (-зу́, -зёшь; -з, -зла́) *det.*; кра́сться (-аду́сь, -адёшься, -а́лся) *imp.* **creeper** *n.* (*plant*) ползу́чее расте́ние. **creeping** *adj.* ползу́чий; *c. paralysis*, прогресси́вный парали́ч (-а́).
cremate *v.t.* кремирова́ть *imp.*, *perf.* **cremation** *n.* крема́ция. **crematorium** *n.* кремато́рий.
Creole *n.* крео́л, ~ ка.
crêpe *n.* креп; *c. de Chine*, крепдеши́н.
crescendo *adv.*, *adj.*, *n.* креще́ндо *indecl.*
crescent *n.* полуме́сяц; *adj.* серпови́дный.
cress *n.* кресс-сала́т.
crest *n.* гре́бень (-бня) *m.*; верши́на. **c.-fallen**, удручённый (-ён, -ённа).
cretin *n.* крети́н.
cretonne *n.* крето́н.
crevasse, crevice *n.* расще́лина, рассе́лина.
crew *n.* брига́да; (*of ship*) экипа́ж, кома́нда.
crib *n.* (*bed*) де́тская крова́тка; (*in school*) шпарга́лка; *v.i.* спи́сывать *imp.*, списа́ть (-ишу́, -и́шешь) *perf.* (*from*, с + *gen.*).
crick *n.* растяже́ние мышц.
cricket[1] *n.* (*insect*) сверчо́к (-чка́).
cricket[2] *n.* (*sport*) крике́т; *c.-bat*, бита́.
crier *n.* глаша́тай.
crime *n.* преступле́ние. **criminal** *n.* престу́пник; *adj.* престу́пный, уголо́вный.
crimp *v.t.* ме́лко завива́ть *imp.*, зави́ть (-вью́, -вьёшь; зави́л, -а́, -о) *perf.*
crimson *adj.* мали́новый, кармази́нный.
cringe *v.i.* (*cower*) съёживаться *imp.*, съёжиться *perf.*; (*of behaviour*) рабо́-

crinkle

лепствовать *imp*. **cringing** *adj*. подобострастный.
crinkle *n*. морщинка.
crinoline *n*. кринолин.
cripple *n*. калека *m*. & *f*.; *v.t*. калечить *imp*., ис~ *perf*.; (*fig*.) наносить (ношу, -осишь) *imp*., нанести (нанесу, -сёшь; нанёс, -ла) *perf*. вред, повреждение, + *dat*.
crisis *n*. кризис.
crisp *adj*. (*brittle*) хрустящий; (*fresh*) свежий (свеж, -á, -ó, свéжи); (*abrupt*) рéзкий (-зок, -зка, -зко); *n*.: *pl*. чипсы (-сов) *pl*.
criss-cross *adv*. крест-накрест.
criterion *n*. критерий.
critic *n*. критик. **critical** *adj*. критический; (*dangerous*) опасный. **criticism** *n*. критика. **criticize** *v.t*. критиковать *imp*. **critique** *n*. критика.
croak *n*. кваканье; *v.i*. квакать *imp*., квакнуть *perf*.; хрипеть (-плю, -пишь) *imp*.
Croat, Croatian *n*. хорват, ~ка; *adj*. хорватский.
crochet *n*. вязание крючком; *v.t*. вязать (вяжу, вяжешь) *imp*., с~ *perf*. (крючком).
crock *n*. (*broken pottery*) глиняный черепок (-пка). **crockery** *n*. глиняная, фаянсовая, посуда.
crocodile *n*. (*animal*) крокодил; (*of children*) хождение парами.
crocus *n*. крокус.
croft *n*. мелкое хозяйство. **crofter** *n*. мелкий арендатор.
crone *n*. старая карга.
crony *n*. закадычный друг (*pl*. друзья, -зей, -зьям).
crook *n*. (*staff*) посох; (*bend*) изгиб; (*swindler*) жулик, мошенник; *v.t*. сгибать *imp*., согнуть *perf*. **crooked** *adj*. кривой (крив, -á, -о); (*dishonest*) нечестный. **crookedness** *n*. кривизна; (*dishonesty*) жульничество.
croon *v.t*. & *i*. напевать *imp*.; мурлыкать (-ычу, -ычешь) *imp*. **crooner** *n*. эстрадный певец (-вца).
crop *n*. (*yield*) урожай; *pl*. культуры *f.pl*.; (*bird's*) зоб (*pl*. -ы); (*haircut*) короткая стрижка; *v.t*. (*cut*) подстригать *imp*., подстричь (-игу, -ижёшь;

crown

-иг) *perf*.; с. **up**, неожиданно возникать *imp*., возникнуть (-к) *perf*.
croquet *n*. крокет.
cross *n*. крест (-á); (*biol*.) скрéщивание, (*result*) помесь; *adj*. (*transverse*) поперечный; (*angry*) сердитый; *v.t*. пересекать (-еку, -ечёшь, -ёк, -екла) *perf*.; (*biol*.) скрещивать *imp*., скрестить (-ещу, -éстишься) *imp*., пере~ *perf*.; с. **off, out**, вычёркивать *imp*., вычеркнуть *perf*.; с. **oneself**, креститься (-ещусь, -éстишься) *imp*., пере~ *perf*.; с. **over**, переходить (-ожу, -одишь) *imp*., перейти (-ейду, -ейдёшь; -ешёл, -ешла) *perf*. (*через*+*acc*.); **crossbar**, поперечина; **crossbow**, самострел; **c.-breed**, *n*. помесь; *v.t*. скрéщивать *imp*., скрестить *perf*.; **c.-country race**, кросс; **c.-examination**, перекрёстный допрос; **c.-examine, -question**, подвергать *imp*., подвергнуть (-г) *perf*. перекрёстному допросу; **c.-eyed**, косоглазый; **c.-legged**: sit c., сидеть (сижу, сидишь) *imp*. по-турецки; **c.-reference**, перекрёстная ссылка; **crossroad(s)**, перекрёсток (-тка); (*fig*.) распутье; **c.-section**, перекрёстное сечение; **crossways, -wise**, крест-накрест; **crossword** (*puzzle*), кроссворд. **crossing** *n*. (*intersection*) перекрёсток (-тка); (*foot*) переход; (*transport*; *rly*.) переезд.
crotch *n*. (*anat*.) промежность.
crotchet *n*. (*mus*.) четвёртная нота. **crotchety** *adj*. сварливый, придирчивый.
crouch *v.i*. пригибаться *imp*., пригнуться *perf*.; *n*. (*sport*) полуприсéд, низкая стойка.
croup *n*. круп.
crow *n*. ворона; as the c. flies, по прямой линии; *v.i*. кукарекать *imp*.; (*exult*) ликовать *imp*. **crowbar** *n*. лом (*pl*. ломы, ломов).
crowd *n*. толпа (*pl*. -пы); *v.i*. тесниться *imp*., с~ *perf*.; с. **into**, втискиваться *imp*., втиснуться *perf*.; с. **out**, вытеснять *imp*., вытеснить *perf*. **crowded** *adj*. переполненный (-ен).
crown *n*. корона, венец (-нца); (*tooth*) коронка; (*head*) макушка; (*hat*) тулья; (*coin*) крона; *v.t*. короновать

crucial — **culinary**

imp., *perf.*; (*fig.*) венча́ть *imp.*, у~ *perf.*; C. prince, кронпри́нц.
crucial *adj.* (*decisive*) реша́ющий; (*critical*) крити́ческий.
crucible *n.* плави́льный ти́гель (-гля) *m.*
crucifix, **crucifixion** *n.* распя́тие. **crucify** *v.t.* распина́ть *imp.*, распя́ть (-пну́, -пнёшь) *perf.*
crude *adj.* (*rude*) грубы́й (груб, -а́, -о); (*raw*) сыро́й (сыр, -а́, -о). **crudeness**, **crudity** *n.* гру́бость.
cruel *adj.* жесто́кий (-о́к, -о́ка́, -о́ко). **cruelty** *n.* жесто́кость.
cruet *n.* судо́к (-дка́).
cruise *n.* круи́з; морско́е путеше́ствие; *v.i.* крейси́ровать *imp.*; **cruising speed**, сре́дняя, экономи́ческая, ско́рость; **cruising taxi**, свобо́дное такси́ *neut. indecl.* **cruiser** *n.* кре́йсер (*pl.* -а́ & -ы).
crumb *n.* кро́шка; *v.t.* обсыпа́ть *imp.*, обсы́пать (-плю, -плешь) *perf.* кро́шками.
crumble *v.t.* кроши́ть (-ошу́, -о́шишь) *imp.*, ис~, на~, рас~ *perf.*; *v.i.* обва́ливаться *imp.*, обвали́ться (-ится) *perf.* **crumbling** *adj.* осыпа́ющийся, обва́ливающийся. **crumbly** *adj.* рассы́пчатый, кроша́щийся.
crumpet *n.* сдо́бная лепёшка.
crumple *v.t.* мять (мну, мнёшь) *imp.*, с~ (сомну́, -нёшь) *perf.*; ко́мкать *imp.*, с~ *perf.*
crunch *n.* хруст; треск; *v.t.* грызть (-зу́, -зёшь; -з) *imp.*, раз~ *perf.*; *v.i.* хрусте́ть (-ущу́, -усти́шь) *imp.*, хру́стнуть *perf.*
crusade *n.* кресто́вый похо́д; (*fig.*) кампа́ния (в защи́ту + *gen.*); *v.i.* боро́ться (-рю́сь, -решься) *imp.* (for, за + *acc.*). **crusader** *n.* крестоно́сец (-сца) (*fig.*) боре́ц (-рца́) (за + *acc.*).
crush *n.* да́вка, толкотня́; (*infatuation*) си́льное увлече́ние; *v.t.* дави́ть (-влю́, -вишь) *imp.*, за~, раз~ *perf.*; мять (мну, мнёшь) *imp.*, с~ (сомну́, -нёшь) *perf.*; (*fig.*) подавля́ть *imp.*, подави́ть (-влю́, -вишь) *perf.* **crusher** *n.* дроби́лка. **crushing** *adj.* сокруши́тельный, уничтожа́ющий.
crust *n.* (*of earth*) кора́; (*bread etc.*) ко́рка.
crustacean *n.* ракообра́зное *sb.*

crusty *adj.* с твёрдой ко́ркой; (*irritable*) сварли́вый, раздражи́тельный.
crutch *n.* косты́ль (-ля́) *m.*
crux *n.* затрудни́тельный вопро́с; c. of the matter, суть де́ла.
cry *n.* плач; крик; a far cry to, далеко́ от + *gen.*; *v.i.* (*weep*) пла́кать (-а́чу, -а́чешь) *imp.*; (*shout*) крича́ть (-чу́, -чи́шь) *imp.*; c. off, отка́зываться *imp.*, отказа́ться (-ажу́сь, -а́жешься) *perf.* (от + *gen.*). **crying** *adj.* пла́чущий, вопию́щий; it's a c. shame, позо́рно! жа́лко.
crypt *n.* склеп. **cryptic** *adj.* зага́дочный.
cryptogram *n.* та́йнопись.
crystal *n.* криста́лл; (*mineral*) хруста́ль (-ля́) *m.* **crystallize** *v.t. & i.* кристаллизова́ть(ся) *imp., perf.*; c.l. (*fruit*) заса́харивать *imp.*, заса́харить *perf.*
cub *n.* детёныш дико́го зве́ря; bear c., медвежо́нок (-жо́нка; *pl.* -жа́та, -жа́т); fox c., лисёнок (-нка; *pl.* лися́та, -т); lion c., львёнок (-нка; *pl.* льва́та, -т); wolf c., волчо́нок (-нка; *pl.* волча́та, -т).
cubby-hole *n.* чула́н.
cube *n.* куб. **cubic** *adj.* куби́ческий.
cubicle *n.* отгоро́женная спа́льня (*gen. pl.* -лен).
cuckoo *n.* (*bird*) куку́шка; (*fool*) глупе́ц (-пца́); *v.i.* кукова́ть *imp.*, про~ *perf.*
cucumber *n.* огуре́ц (-рца́).
cud *n.* жва́чка.
cuddle *v.t.* обнима́ть *imp.*, обня́ть (обниму́, -мешь; о́бнял, -а́, -о) *perf.*; *v.i.* обнима́ться *imp.*, обня́ться (обниму́сь, -мешься; обня́лся, -ла́сь) *perf.*
cudgel *n.* дуби́на, дуби́нка.
cue[1] *n.* (*theat.*) ре́плика.
cue[2] *n.* (*billiards*) кий (кия́; *pl.* кии́).
cuff[1] *n.* манже́та, обшла́г (-а́; *pl.* -а́); off the c., экспро́мтом; c.-link, запо́нка.
cuff[2] *v.t.* (*hit*) дава́ть (даю́, даёшь) *imp.*, дать (дам, дашь, даст, дади́м; дал, -а́, да́ло́, -и) *perf.* пощёчину + *dat.*
cul-de-sac *n.* тупи́к (-а́).
culinary *adj.* кулина́рный.

cull v.t. отбирáть imp., отобрáть (отберý, -рёшь; отобрáл, -á, -о) perf.
culminate v.i. достигáть imp., достичь & достигнуть (-йгну, -йгнешь; -йг) perf. вы́сшей точки. **culmination** n. кульминацио́нный пункт.
culpability n. вино́вность. **culpable** adj. вино́вный. **culprit** n. вино́вный sb.
cult n. культ; c. of personality, культ ли́чности.
cultivate v.t. (land) обрáбатывать imp., обрабо́тать perf.; (crops; fig.) культиви́ровать imp.; (develop) развивáть imp., разви́ть (разовью́, -вьёшь; разви́л, -á, -о) perf. **cultivated** adj. (land) обрабо́танный (-ан); (plants) выращенный (-ен); (person) культу́рный; c. crop, пропашна́я культу́ра. **cultivation** n. обрабо́тка, возде́лывание; культивáция; выра́щивание; area under c., посевна́я пло́щадь. **cultivator** n. культивáтор.
cultural adj. культу́рный. **culture** n. культу́ра; (of land) возде́лывание; (of animals) разведе́ние; (of bacteria) выра́щивание. **cultured** adj. культу́рный; развито́й (рáзвит, -á, -о) c. pearls, культиви́рованный же́мчуг (-a(y); pl. -á).
culvert n. водопропускнáя трубá (pl. -бы).
cumbersome adj. обремени́тельный; громо́здкий.
cumulative adj. постепе́нно увели́чивающийся. **cumulus** n. кучевы́е облакá (-ко́в).
cuneiform adj. клинообрáзный; n. кли́нопись.
cunning n. хи́трость, лукáвство, adj. хи́трый (-тёр, -трá, хи́тро́), лукáвый.
cup n. чáшка, чáша; (prize) ку́бок (-бка).
cupboard n. шкаф (loc. -ý; pl. -ы́).
cupid n. купидо́н.
cupidity n. áлчность.
cupola n. ку́пол (pl. -á).
cur n. (dog) дворня́жка; (person) гру́бый, ни́зкий, челове́к.
curable adj. излечи́мый.
curate n. свяще́нник (млáдшего сáна).
curative adj. целéбный.
curator n. храни́тель m. музéя.

curb v.t. обу́здывать imp., обуздáть perf.; n. (check) обуздáние, уздá (pl. -ды); (kerb) край (loc. краю́; pl. края́) тротуáра.
curd (cheese) n. творо́г (творога́(ý)).
curdle v.t. & i. свёртывать(ся) imp., сверну́ть(ся) perf.; v.t. (blood) ледени́ть imp., o ~ perf.
cure n. (treatment) лечéние; (means) срéдство (for, про́тив+gen.); v.t. (person) вылéчивать imp., вы́лечить perf.; (smoke) копти́ть imp., за ~ perf.; (salt) соли́ть (солю́, со́лишь) imp., по ~ perf.
curfew n. комендáнтский час.
curing n. лечéние; (cul.) копчéние, солéние.
curio n. рéдкая антиквáрная вещь (pl. -щи, -щей).
curiosity n. любопы́тство. **curious** adj. любопы́тный.
curl n. (hair) ло́кон; (spiral; hair) завито́к (-ткá); v.t. завивáть imp., зави́ть (-вью́, -вьёшь; -ви́л, -á, -о) perf.; крути́ть (-учý, -ýтишь) imp., за ~ perf.
curlew n. кро́ншнеп.
curling n. кэ́рлинг.
curly adj. выющийся; кудря́вый; c.-haired, c.-headed, кудря́вый, курчáвый.
curmudgeon n. скря́га m. & f.
currants n. (collect.) кори́нка; black c., чёрная сморо́дина; red c., крáсная сморо́дина.
currency n. валю́та; (prevalence) распространённость. **current** adj. теку́щий; n. течéние; (air) струя́ (pl. -ýи); (water; electr.) ток (-a(y)).
curriculum n. курс обучéния, жизнеописáние; c. vitae, жизнеописáние.
curry[1] n. кэ́рри neut.indecl.
curry[2] v.t.: c. favour with, заи́скивать imp. пéред+instr., y+gen.
curse n. прокля́тие, ругáтельство; v.t. проклинáть imp., проклясть (-яну́, -янёшь; прóклял, -á, -о) perf.; v.i. ругáться imp., по ~ perf. **cursed** adj. прокля́тый, окая́нный.
cursive adj. скóрописный; adj. скорописно́й.
cursory adj. бе́глый; поверхностный.

curt adj. кра́ткий (-ток, -тка́, -тко); ре́зкий (-зок, -зка́, -зко).
curtail v.t. сокраща́ть imp., сократи́ть (-ащу́, -ати́шь) perf. **curtailment** n. сокраще́ние.
curtain n. за́навес; занаве́ска; c. call, вы́зов актёра; v.t. занаве́шивать imp., занаве́сить perf.
curts(e)y n. реверáнс.
curvature n. кривизна́; искривле́ние.
curve n. изги́б; (math. etc.) крива́я sb.; v.t. ҭнуть imp., со∼ perf.; v.i. изгиба́ться imp., изогну́ться perf.
curvilinear adj. криволине́йный.
cushion n. поду́шка; v.t. смягча́ть imp., смягчи́ть perf.
cusp n. о́стрый вы́ступ; (geom.) то́чка пересече́ния двух кривы́х.
custard n. сла́дкий заварно́й крем, со́ус; c. powder, концентра́т.
custodian n. храни́тель m.; сто́рож (pl. -а́) **custody** n. опе́ка; хране́ние; (of police) аре́ст; to be in c., находи́ться (-ожу́сь, -о́дишься) imp. под стра́жей, аресто́ван; to take into c., арестова́ть perf.
custom n. обы́чай; привы́чка; (customers) клиенту́ра; pl. (duty) тамо́женные по́шлины f.pl.; to go through the c., проходи́ть (-ожу́, -о́дишь) imp., пройти́ (пройду́, -дёшь; прошёл, -шла́) perf. тамо́женный осмо́тр; c.-house, тамо́жня. **customary** adj. обы́чный, привы́чный. **customer** n. клие́нт; покупа́тель m.; зака́зчик.
cut v.t. ре́зать (ре́жу, -жешь) imp., по∼ perf.; (hair) стричь (-игу́, -ижёшь; -иг) imp., о∼ perf.; (hay) коси́ть (кошу́ коси́шь) imp., с∼ perf.; (price) снижа́ть imp., сни́зить perf.; (cards) снима́ть imp., снять (сниму́, -мешь; снял, -á, -о) perf. колоду; c. down, срубáть imp., сруби́ть (-блю́, -бишь) perf.; c. off, отреза́ть imp., отре́зать (-е́жу, -е́жешь) perf.; (interrupt) прерыва́ть imp., прерва́ть (-ву́, -вёшь; -ва́л, -вала́, -ва́ло) perf.; c. out, выреза́ть imp., вы́резать (-ежу, -ежешь) perf.; кройть imp., вы́∼, с∼ perf.; c.-out, (switch) предохрани́тель m., выключа́тель m.; (figure) вы́резанная фигу́ра; c. up, разреза́ть imp.,

разре́зать (-е́жу, -е́жешь) perf.; n. поре́з, разре́з; покро́й; сниже́ние; adj. ре́занный (-ан); сре́занный (-ан); поре́занный (-ан); (glass etc.) гранёный, c. out, скро́енный (-ен); c. rate, сни́женная цена́ (acc. -ну); c. up, огорчённый (-ён, -ена́).
cute adj. привлека́тельный, преле́стный, забáвный.
cuticle n. ко́жица.
cutlass n. аборда́жная са́бля (gen.pl. -бель).
cutler n. ножо́вщик. **cutlery** n. ножевы́е изде́лия neut.pl.; ножи́, ви́лки и ло́жки pl.
cutlet n. отбивна́я котле́та.
cutter n. (tailor) закро́йщик, -ица; (naut.) ка́тер (pl. -á).
cutthroat n. головоре́з; adj. ожесточённый (-ён, -енна).
cutting n. ре́зание; разреза́ние; (press) вы́резка; (from plant) черено́к (-нка́); (rly.) вы́емка; adj. ре́жущий; прони́зывающий; ре́зкий (-зок, -зка́, -зко).
cuttlefish n. карака́тица.
cyanide n. циани́д.
cybernetics n. киберне́тика.
cyclamen n. цикламе́н.
cycle n. цикл; (electr.) герц (gen.pl. -ц); (bicycle) велосипе́д; v.i. е́здить imp. на велосипе́де. **cyclic(al)** adj. цикли́ческий. **cycling** n. езда́ на велосипе́де; велоспо́рт. **cyclist** n. велосипеди́ст.
cyclone n. цикло́н.
cyclotron n. циклотро́н.
cygnet n. лебеденок (-нка; pl. лебедя́та, -т).
cylinder n. цили́ндр. **cylindrical** adj. цилиндри́ческий.
cymbals n. таре́лки f.pl.
cynic n. ци́ник. **cynical** adj. цини́чный. **cynicism** n. цини́зм.
cynosure n. центр внима́ния.
cypress n. кипари́с.
Cypriot n. киприо́т, ∼ ка; Greek (Turkish) C., киприо́т, ∼ ка, гре́ческого (туре́цкого) происхожде́ния.
Cyrillic n. кири́ллица.
cyst n. киста́.
czar, czarina see tsar, tsarina
Czech n. чех, че́шка; adj. че́шский.

D

D n. (mus.) pe neut.indecl.

dab[1] n. лёгкое каса́ние; мазо́к (-зка́); v.t. легко́ прикаса́ться imp., прикосну́ться perf. к+dat.; d. on, накла́дывать imp., наложи́ть (-жу́, -жишь) perf. мазка́ми.

dab[2] n. (fish) камбала-лима́нда.

dab[3] adj.: be a d. hand at, соба́ку съесть (-ем, -ешь, -ест, -еди́м, -ел) perf. на+prep.

dabble v.i. плеска́ться (-ещу́сь, -ещешься) imp.; d. in, пове́рхностно, полюби́тельски, занима́ться imp., заня́ться (займу́сь, -мёшься; -я́лся, -яла́сь) perf.+instr. **dabbler** n. дилета́нт.

dace n. еле́ц (ельца́).

dachshund n. та́кса.

dad, daddy n. па́па; d.-long-legs, долгоно́жка.

dado n. вну́тренняя пане́ль.

daffodil n. жёлтый нарци́сс.

daft adj. глу́пый (глуп, -а́, -о); бессмы́сленный (-ен, -енна).

dagger n. кинжа́л; (print.) кре́стик.

dahlia n. георги́н.

daily adv. ежедне́вно; adj. ежедне́вный, повседне́вный; d. bread, хлеб насу́щный; d. dozen, заря́дка; n. (charwoman) приходя́щая домрабо́тница; (newspaper) ежедне́вная газе́та.

daintiness n. изя́щество. **dainty** adj. изя́щный; изы́сканный (-ан, -анна).

dairy n. маслобо́йня; (shop) моло́чная sb.; d. farm, моло́чное хозя́йство. **dairymaid** n. доя́рка.

dais n. помо́ст.

daisy n. маргари́тка.

dale n. доли́на.

dalliance n. пра́здное времяпрепровожде́ние. **dally** v.i. развлека́ться imp., развле́чься (-еку́сь, -ечёшься; -ёкся, -екла́сь) perf.

Dalmatian n. далма́тский дог.

dam[1] n. (barrier) плоти́на, перемы́чка; v.t. прегражда́ть imp., прегради́ть perf. плоти́ной; пруди́ть (-ужу́, -у́дишь) imp., за~ perf.

dam[2] n. (animal) ма́тка.

damage n. поврежде́ние; уще́рб; pl. убы́тки m.pl.; v.t. поврежда́ть imp., повреди́ть perf.; по́ртить imp., ис~ perf.

damascene v.t. насека́ть imp., насе́чь (-еку́, -ечёшь; -ёк, -екла́) perf. зо́лотом, серебро́м.

damask n. камча́тная ткань; adj. дама́сский; камча́тный.

damn v.t. проклина́ть imp., прокля́сть (-яну́, -янёшь; про́клял, -а́, -о) perf.; (censure) осужда́ть imp., осуди́ть (-ужу́, -у́дишь) perf. **damnable** adj. отврати́тельный, прокля́тый. **damnation** n. прокля́тие. **damned** adj. прокля́тый.

damp n. сы́рость, вла́жность; adj. сыро́й (сыр, -а́, -о); вла́жный (-а́жен, -ажна́, -а́жно, -а́жны); v.t. смачива́ть imp., смочи́ть (-чу́, -чишь) perf.; увлажня́ть imp., увлажни́ть perf.; d.-course, гидроизоля́ция; d.-proof, влагонепроница́емый.

damson n. тернослива.

dance v.i. танцева́ть imp., пляса́ть (-яшу́, -я́шешь) imp., с~ perf.; n. та́нец (-нца), пля́ска; (party) танцева́льный ве́чер (pl. -а́). **dancer** n. танцо́р, ~ка; (ballet) танцо́вщик, -ица, балери́на.

dandelion n. одува́нчик.

dandruff n. пе́рхоть.

dandy n. дэ́нди m.indecl., франт.

Dane n. датча́нин (pl. -а́не, -а́н), -а́нка; Great D., дог. **Danish** adj. да́тский.

danger n. опа́сность. **dangerous** adj. опа́сный.

dangle v.t. болта́ть imp.+instr.; v.i. болта́ться imp.; сзиса́ть imp.

dank adj. промо́зглый.

dapper adj. акку́ратный; франтова́тый.

dappled adj. пятни́стый. **dapple-grey** adj. се́рый (сер, -а́, -о) в я́блоках.

dare v.i. сметь imp., по~ perf.; отва́живаться imp., отва́житься perf.; I d. say, полага́ю, n. вы́зов. **daredevil** n. сорвиголова́ m. & f. (pl. -овы, -óв, -ова́м). **daring** n. сме́лость; adj. сме́лый (смел, -а́, -о); де́рзкий (-зок, -зка́, -зко).

dark *adj.* тёмный (-мен, -мна́); *D. Ages*, ра́ннее средневеко́вье; *d.-room*, тёмная ко́мната; *d. secret*, вели́кая та́йна; *n.* темнота́, тьма, мрак. **darken** *v.t.* затемня́ть *imp.*, затемни́ть *perf.* **darkly** *adv.* мра́чно. **darkness** *n.* темнота́, тьма, мрак.

darling *n.* дорого́й *sb.*, ми́лый *sb.*; люби́мец (-мца); *adj.* дорого́й (до́рог, -а́, -о), люби́мый.

darn *v.t.* штопа́ть *imp.*, за~ *perf.*; *n.* зашто́панное ме́сто (*pl.* -та́). **darning** *n.* што́пка; *adj.* што́пальный; *d. thread, wool*, што́пка.

darnel *n.* плёвел.

dart *n.* стрела́ (*pl.* -лы); стре́лка (*tuck*) вы́тачка (*pl.* -чек, -чкам); *v.t.* мета́ть (мечу́, ме́чешь) *imp.*; броса́ть *imp.*, бро́сить *perf.*; *v.i.* носи́ться (ношу́сь, но́сишься) *indet.*, нести́сь (несу́сь, -сёшься) нёсся, несла́сь) *det.*, по~ *perf.*

dash *n.* (*hyphen*) тире́ *neut.indecl.*; (*admixture*) при́месь; (*rush*) рыво́к (-вка́); *v.t.* швыря́ть *imp.*, швырну́ть *perf.*; *v.i.* броса́ться *imp.*, бро́ситься *perf.*; носи́ться (ношу́сь, но́сишься) *indet.*, нести́сь (несу́сь, -сёшься); нёсся, несла́сь) *det.*, по~ *perf.*; мча́ться (мчусь, мчи́шься) *imp.* **dashboard** *n.* прибо́рная доска́ (*acc.* -ску, *pl.* -ски, -со́к, -ска́м). **dashing** *adj.* лихо́й (лих, -а́, -о, ли́хи́), удало́й (удал, -а́, -о).

data *n.* да́нные *sb.*; фа́кты *m.pl.*

date¹ *n.* (*fruit*) фи́ник(овая па́льма).

date² *n.* число́ (*pl.* -сла, -сел, -слам), да́та; (*engagement*) свида́ние; *out of d.*, устаре́лый; (*overdue*) просро́ченный (-ен); *up-to-d.*, совреме́нный (-нен, -нна); в ку́рсе де́ла; *v.t. & i.* дати́ровать(ся) *imp., perf.*; (*make engagement*) назнача́ть *imp.*, назна́чить *perf.* свида́ние с + *instr.*

dative *adj.* (*n.*) да́тельный (паде́ж (-а́).

daub *v.t.* ма́зать (ма́жу, -жешь) *imp.*, на~ *perf.*; малева́ть (-лю́ю, -лю́ешь) *imp.*, на~ *perf.*; *n.* плоха́я карти́на.

daughter *n.* дочь (до́чери, *instr.* -рью; *pl.* -ри, -ре́й, *instr.* -рьми́); *d.-in-law*, неве́стка (*in rel. to mother*), сноха́ (*pl.* -хи) (*in rel. to father*).

dauntless *adj.* неустраши́мый.

davit *n.* шлюпба́лка.

dawdle *v.i.* безде́льничать *imp.*

dawn *n.* рассве́т; заря́ (*pl.* зо́ри, зорь, зо́рям); *v.i.* (*day*) рассвета́ть *imp.*, рассвести́ (-етёт; -ело́) *perf.impers.*; *d. (up)on*, осеня́ть *imp.*, осени́ть *perf.*; *it dawned on me*, меня́ осени́ло.

day *n.* день (дня) *m.*; (*working d.*) рабо́чий день (-ток), *pl.* (*period*) пери́од, вре́мя *neut.*; *d. after d.*, изо дня́ в день; *the d. after tomorrow*, послеза́втра; *all d. long*, день-деньско́й; *the d. before*, накану́не; *the d. before yesterday*, позавчера́; *by d.*, днём; *every other day*, че́рез день; *d. off*, выходно́й день (дня) *m.*; *one d.*, одна́жды; *this d. week*, че́рез неде́лю; *carry, win, the d.*, оде́рживать *imp.*, одержа́ть (-жу́, -жишь) *perf.* побе́ду; *lose the d.*, потерпе́ть (-плю́, -пишь) *perf.* пораже́ние. **daybreak** *n.* рассве́т. **day-dreams** *n.* мечты́ (*gen.* мечта́ний) *f.pl.*, грёзы *f.pl.* **day-labourer** *n.* подёнщик, -ица. **daylight** *n.* дневно́й свет; *in broad d.*, средь бе́ла дня.

daze *v.t.* ошеломля́ть *imp.*, ошеломи́ть *perf.*; *n.* изумле́ние. **dazed** *adj.* изумлённый (-ён, -ена́), потрясённый (-ён, -ена́).

dazzle *v.t.* ослепля́ть *imp.*, ослепи́ть *perf.* **dazzling** *adj.* блестя́щий, ослепи́тельный.

deacon *n.* дья́кон (*pl.* -а́).

dead *adj.* мёртвый (мёртв, -а, -о & (*fig.*)-о́), уме́рший; (*animals*) до́хлый; (*plants*) увя́дший; (*numb*) онеме́вший; (*lifeless*) безжи́зненный (-ен, -енна); (*sound*) глухо́й (глух, -а́, -о), (*complete*) соверше́нный (-нен, -нна), *d. to*, глухо́й (глух, -а́, -о) к + *dat.*; *n.*: *the d.*, мёртвые *sb.*, уме́ршие *sb.*; *d. of night*, глубо́кая ночь (*loc.* -чи́); *adv.* соверше́нно; *d.-beat*, смерте́льно уста́лый; *d. calm*, (*naut.*) мёртвый штиль *m.*; *d. drunk*, мертве́цки пья́ный (пьян, -а́, -о); *d. end*, тупи́к (-а́); *d.-end*, безвы́ходный; *d. heat*, одновреме́нный фи́ниш; *deadline*, (*time*) преде́льный срок (-а(у)); *deadlock*, тупи́к (-а́); *reach d.*, зайти́ (зайду́, -дёшь), зашёл -шла́) *perf.* в тупи́к; *d. march*, похоро́нный марш;

deaden

d. nettle, глуха́я крапи́ва; d. reckoning, счисле́ние пути́; d. set, мёртвая сто́йка; d. weight, мёртвый груз.

deaden v.t. & i. притупля́ть(ся) imp., притупи́ть(ся) (-плю́(сь), -пи́шь(ся)) perf.

deadly adj. смерте́льный, смертоно́сный; d. nightshade, белладо́нна; d. sin, сме́ртный грех (-á).

deaf adj. глухо́й (глух, -á, -о); d. and dumb, d. mute, глухонемо́й (sb.). **deafen** v.t. оглуша́ть imp., оглуши́ть perf. **deafness** n. глухота́.

deal[1] n.: a great, good, d., мно́го (+ gen.); (with compar.) гора́здо.

deal[2] n. (bargain) сде́лка; (cards) сда́ча; v.t. (cards) сдава́ть (сдаю́, -аёшь) imp., сдать (-ам, -ашь, -аст, -ади́м; сдал, -á, -о) perf.; (blow) наноси́ть (-ошу́, -о́сишь) imp., нанести́ (-есу́, -есёшь; -ёс, -есла́) perf.; d. in, торгова́ть imp. + instr.; d. out, распределя́ть imp., распредели́ть perf.; d. with, (engage in) занима́ться imp., заня́ться (займу́сь, -мёшься; заня́лся, -ла́сь) perf. + instr.; (behave towards) обходи́ться (-ожу́сь, -о́дишься) imp., обойти́сь (обойду́сь, -дёшься; обошёлся, -шла́сь) perf. с + instr. **dealer** n. (trader) торго́вец (-вца) (in, + instr.).

deal[3] n. (wood) ело́вая, сосно́вая древеси́на; adj. ело́вый, (pine) сосно́вый.

dean n. (univ.) дека́н; (church) настоя́тель m. собо́ра. **deanery** n. дека́нат.

dear adj. дорого́й (до́рог, -á, -о); (also n.) ми́лый (мил, -á, -о́, ми́лы) (sb.).

dearth n. недоста́ток (-тка), нехва́тка.

death n. смерть (pl. -ти, -те́й) adj. сме́ртный, смерте́льный; at d.'s door, при́ смерти; put to d., казни́ть imp., perf.; deathbed, сме́ртное ло́же; d. blow, смерте́льный уда́р; d. certificate, свиде́тельство о сме́рти; d. duty, нало́г на насле́дство; d. penalty, сме́ртная казнь; d. rate, сме́ртность; d.-roll, спи́сок (-ска) уби́тых; d.-warrant, сме́ртный пригово́р (also fig.). **deathless** adj. бессме́ртный.

deathly adj. смерте́льный.

debar v.t.: d. from, не допуска́ть до + gen.

debase v.t. понижа́ть imp., пони́зить perf. ка́чество +gen.

debatable adj. спо́рный. **debate** n. пре́ния (-ий) pl., деба́ты (-тов) pl.; v.t. обсужда́ть imp., обсуди́ть (-ужу́, -у́дишь) perf.; деба́тировать imp.

debauch v.t. развраща́ть imp., развра́тить (-ащу́, -а́ти́шь) perf.; n. о́ргия. **debauched** adj. развращённый (-ён, -ённа), развра́тный. **debauchery** n. разврат.

debenture n. долгово́е обяза́тельство.

debilitate v.t. рас-, о-, слабля́ть imp., рас-, о-, сла́бить perf. **debility** n. бесси́лие, тщеду́шие.

debit n. де́бет; debits and credits, прихо́д и расхо́д; v.t. дебетова́ть imp., perf.; запи́сывать imp., записа́ть (-ишу́, -и́шешь) perf. в де́бет + dat.

debouch v.i. (mil.) дебуши́ровать imp., perf.; (river) впада́ть imp., впасть (впаду́; впал) perf.

debris n. оско́лки m.pl., обло́мки m.pl.

debt n. долг (-а(у), loc. -у́; pl. -и́). **debtor** n. должни́к (-á).

debunk v.t. развенчивать imp., развенча́ть perf.

début n. дебю́т; make one's d., дебюти́ровать imp., perf. **debutante** n. дебюта́нтка.

deca- in comb. дека-, десяти-.

decade n. десятиле́тие.

decadence n. декаде́нтство; упа́дочничество. **decadent** adj. декаде́нтский; упа́дочный.

decamp v.i. удира́ть imp., удра́ть (удеру́, -рёшь; удра́л, -á, -о) perf.

decant v.t. сце́живать imp., сцеди́ть (-ежу́, -е́дишь) perf.; (wine) перелива́ть imp., перели́ть (-лью́, льёшь; перели́л, -á, -о) perf. (в графи́н). **decanter** n. графи́н.

decapitate v.t. обезгла́вливать imp., обезгла́вить perf.

decarbonize v.t. очища́ть imp., очи́стить perf. от нага́ра.

decathlon n. десятибо́рье.

decay v.i. гнить (-ию́, -иёшь; гнил, -á, -о) imp., с ~ perf.; n. гние́ние; распа́д (also phys.). **decayed** adj. прогни́вший, гнило́й (гнил, -á, -о). **decaying** adj. гнию́щий.

decease *n.* кончи́на. **deceased** *adj.* поко́йный; *n.* поко́йный *sb.*, поко́йник, -ица.
deceit *n.* обма́н. **deceitful** *adj.* лжи́вый.
deceive *v.t.* обма́нывать *imp.*, обману́ть (-ну́, -нешь) *perf.*
deceleration *n.* замедле́ние.
December *n.* дека́брь (-ря́) *m.*; *attrib.* дека́брьский.
decency *n.* прили́чие, поря́дочность.
decent *adj.* прили́чный.
decentralization *n.* децентрализа́ция.
decentralize *v.t.* децентрализова́ть *imp., perf.*
deception *n.* обма́н. **deceptive** *adj.* обма́нчивый.
deci- *in comb.* деци-.
decibel *n.* децибе́л.
decide *v.t.* реша́ть *imp.*, реши́ть *perf.*
decided *adj.* (*resolute*) реши́тельный; (*definite*) несомне́нный (-нен, -нна). **decidedly** *adv.* реши́тельно, бесспо́рно, я́вно.
deciduous *adj.* листопа́дный.
decimal *n.* десяти́чная дробь (*pl.* -би, -бе́й); *adj.* десяти́чный; **d. point,** запята́я *sb.*
decimate *v.t.* (*fig.*) коси́ть (-и́т) *imp.*, с~ *perf.*
decipher *v.t.* расшифро́вывать *imp.*, расшифрова́ть *perf.*
decision *n.* реше́ние. **decisive** *adj.* реша́ющий, реши́тельный.
deck *n.* па́луба; (*bus etc.*) эта́ж (-а́); **d.-chair,** шезло́нг; **d.-hand,** па́лубный матро́с; **d.-house,** ру́бка; *v.t.* **d. out,** украша́ть *imp.*, укра́сить *perf.*
declaim *v.t.* деклами́ровать *imp.*, про~ *perf.*
declaration *n.* объявле́ние; (*document*) деклара́ция. **declare** *v.t.* за-, объявля́ть *imp.*, за-, объ-, яви́ть (-влю́, -вишь) *perf.*
declassify *v.t.* рассекре́чивать *imp.*, рассекре́тить *perf.*
declension *n.* склоне́ние. **decline** *n.* упа́док (-дка); (*price*) пониже́ние; *v.i.* приходи́ть (-и́т) *imp.*, прийти́ (придёт; пришёл, -шла́) *perf.* в упа́док; (*refuse*) отклоня́ть (-ню́, -нишь) *perf.*; (*gram.*) склоня́ть *imp.*, про~ *perf.* **declining** *adj.*: **d. years,** прекло́нный во́зраст.
declivity *n.* укло́н.
decoction *n.* отва́р (-а(у)).
decode *v.t.* расшифро́вывать *imp.*, расшифрова́ть *perf.*
decompose *v.t.* разлага́ть *imp.*, разложи́ть (-жу́, -жишь) *perf.; v.i.* распада́ться *imp.*, распа́сться (-адётся; -а́лся) *perf.*; (*rot*) гнить (-ию́, -иёшь; гнил, -а́, -о) *imp.*, с~ *perf.*
decompress *v.t.* снижа́ть *imp.*, сни́зить *perf.* давле́ние на + *acc.* **decompression** *n.* декомпре́ссия.
decontaminate *v.t.* (*gas*) дегази́ровать *imp., perf.*; (*radioactivity*) дезактиви́ровать *imp., perf.*
decontrol *v.t.* снима́ть *imp.*, снять (сниму́, -мешь; снял, -а́, -о) *perf.* контро́ль *m.* с + *gen.*
decorate *v.t.* украша́ть *imp.*, укра́сить *perf.*; (*with medal etc.*) награжда́ть *imp.*, награди́ть *perf.* о́рденом (-ами). **decoration** *n.* украше́ние, отде́лка; о́рден (*pl.* -а́). **decorative** *adj.* декорати́вный. **decorator** *n.* маля́р (-а́).
decorous *adj.* прили́чный (-чен, -чна́, -чно), чи́нный. **decorum** *n.* прили́чие, деко́рум; (*etiquette*) этике́т.
decoy *n.* (*trap*) западня́; (*bait*) прима́нка; *v.t.* за-, при-, мани́вать *imp.*, за-, при-, мани́ть (-ню́, -нишь) *perf.*
decrease *v.t. & i.* уменьша́ть(ся) *imp.*, уме́ньшить(ся) *perf.*; *n.* уменьше́ние, пониже́ние.
decree *n.* ука́з, декре́т, постановле́ние; *v.t.* постановля́ть *imp.*, постанови́ть (-влю́, -вишь) *perf.*
decrepit *adj.* дря́хлый (дряхл, -а́, -о); (*dilapidated*) ве́тхий (ветх, -а́, -о). **decrepitude** *n.* дря́хлость; ве́тхость.
dedicate *v.t.* посвяща́ть *imp.*, посвяти́ть (-ящу́, -яти́шь) *perf.* **dedication** *n.* посвяще́ние.
deduce *v.t.* заключа́ть *imp.*, заключи́ть *perf.*; де́лать *imp.*, с~ *perf.* вы́вод.
deduct *v.t.* вычита́ть *imp.*, вы́честь (-чту, -чтешь; -чел, -чла) *perf.* **deduction** *n.* (*amount*) вы́чет; (*deducting*) вычита́ние; (*inference*) вы́вод.

deed n. посту́пок (-пка); (*heroic*) по́двиг; (*leg.*) акт.

deem v.t. счита́ть *imp.*, счесть (сочту́, -тёшь; счёл, сочла́) *perf.* + *acc.* & *instr.*

deep *adj.* глубо́кий (-о́к, -ока́, -о́ко); (*colour*) тёмный (-мен, -мна́); (*sound*) ни́зкий (-зок, -зка́, -зко, ни́зки); n. мо́ре; **d.-rooted**, закорене́лый; **d.-seated**, укорени́вшийся. **deepen** v.t. углубля́ть *imp.*, углуби́ть *perf.*; сгуща́ть *imp.*, сгусти́ть *perf.*

deer n. оле́нь m. **deerskin** n. лоси́на. **deer-stalker** n. охо́тничья ша́пка.

deface v.t. по́ртить *imp.*, ис~ *perf.*; (*erase*) стира́ть *imp.*, стере́ть (сотру́, -рёшь; стёр) *perf.* **defacement** n. по́рча; стира́ние.

defamation n. диффама́ция, клевета́. **defamatory** *adj.* дискредити́рующий, позо́рящий. **defame** v.t. поро́чить *imp.*, о~ *perf.*; позо́рить *imp.*, о~ *perf.*

default n. невыполне́ние обяза́тельств; (*leg.*) нея́вка в суд; v.i. не выполня́ть *imp.* обяза́тельств.

defeat n. пораже́ние; v.t. побежда́ть *imp.*, победи́ть (-и́шь) *perf.* **defeatism** n. пораже́нчество. **defeatist** n. пораже́нец (-нца).

defecate v.i. испражня́ться *imp.*, испражни́ться *perf.* **defecation** n. испражне́ние.

defect n. дефе́кт, недоста́ток (-тка), изъя́н; v.i. дезерти́ровать *imp.*, *perf.* **defection** n. дезерти́рство. **defective** *adj.* неиспра́вный, повреждённый (-ён, -ена́); дефе́ктный, с изъя́ном. **defector** n. дезерти́р, невозвраще́нец (-нца).

defence n. защи́та (*also leg., sport*), оборо́на (*also mil.*); pl. (*mil.*) закрепле́ния *neut.pl.* **defenceless** *adj.* беззащи́тный. **defend** v.t. защища́ть *imp.*, защити́ть (-ищу́, -ити́шь) *perf.*; обороня́ть *imp.*, оборони́ть *perf.*; (*uphold*) подде́рживать *imp.*, поддержа́ть (-жу́, -жишь) *perf.* **defendant** n. подсуди́мый sb. **defender** n. защи́тник. **defensive** *adj.* оборони́тельный.

defer¹ v.t. (*postpone*) отсро́чивать *imp.*, отсро́чить *perf.*

defer² v.i.: d. to, подчиня́ться *imp.* + *dat.* **deference** n. уваже́ние, почте́ние. **deferential** *adj.* почти́тельный.

defiance n. откры́тое неповинове́ние; **in d. of**, вопреки́ + *dat.*, напереко́р + *dat.* **defiant** *adj.* вызыва́ющий, непоко́рный.

deficiency n. нехва́тка, дефици́т. **deficient** *adj.* недоста́точный; (*mentally d.*) слабоу́мный. **deficit** n. дефици́т, недочёт.

defile v.t. оскверня́ть *imp.*, оскверни́ть *perf.* **defilement** n. оскверне́ние, профана́ция.

define v.t. определя́ть *imp.*, определи́ть *perf.* **definite** *adj.* определённый (-нен, -нна). **definitely** *adv.* несомне́нно. **definition** n. определе́ние. **definitive** *adj.* оконча́тельный.

deflate v.t. & i. спуска́ть *imp.*, спусти́ть (-ущу́, -у́стишь) *perf.*; v.t. (*person*) сбива́ть *imp.*, сбить (собью́, -ьёшь) *perf.* спесь с + *gen.*; v.i. (*econ.*) проводи́ть (-ожу́, -о́дишь) *imp.*, провести́ (-еду́, -едёшь; -ёл, -ела́) *perf.* поли́тику дефля́ции. **deflation** n. дефля́ция.

deflect v.t. отклоня́ть *imp.*, отклони́ть (-ню́, -нишь) *perf.* **deflection** n. отклоне́ние.

defoliate v.t. уничтожа́ть *imp.*, уничто́жить *perf.* расти́тельность + *gen.* **defoliation** n. дефолиа́ция.

deforest v.t. обезле́сивать *imp.*, обезле́сить *perf.*

deform v.t. уро́довать *imp.*, из~ *perf.*; деформи́ровать *imp.*, *perf.* **deformity** n. уро́дство.

defraud v.t. обма́нывать *imp.*, обману́ть (-ну́, -нешь) *perf.*; d. of, выма́нивать *imp.*, вы́манить *perf.* + *acc.* & y + *gen.*

defray v.t. опла́чивать *imp.*, оплати́ть (-ачу́, -а́тишь) *perf.*

defrost v.t. разма́раживать *imp.*, разморо́зить *perf.*

deft *adj.* ло́вкий (-вок, -вка́, -вко, ло́вки).

defunct *adj.* усо́пший.

defy v.t. (*challenge*) вызыва́ть *imp.*, вы́звать (-зову, -вешь) *perf.*; (*resist*) откры́то не повинова́ться *imp.* + *dat.*

degeneracy *n.* вырождение, дегенеративность. **degenerate** *n.* дегенерат, выродок (-дка); *adj.* дегенеративный; *v.i.* вырождаться *imp.*, выродиться *perf.* **degenerative** *adj.* дегенеративный.

degradation *n.* деградация; унижение. **degrade** *v.t.* унижать *imp.*, унизить *perf.* **degrading** *adj.* унизительный.

degree *n.* степень (*pl.* -ни, -ней); (*math. etc.*) градус; (*univ.*) учёная степень (*pl.* -ни, -ней).

dehydrate *v.t.* обезвоживать *imp.*, обезводить *perf.* **dehydration** *n.* дегидратация.

deify *v.t.* обожествлять *imp.*, обожествить *perf.*

deign *v.i.* соизволять *imp.*, соизволить *perf.*

deity *n.* божество.

dejected *adj.* удручённый (-ён, -ённа и -ена), унылый. **dejection** *n.* уныние.

delay *n.* задержка; замедление; *without d.*, немедленно; *v.t.* задерживать *imp.*, задержать (-жу, -жишь) *perf.*; замедлять *imp.*, замедлить *perf.*

delegate *n.* делегат; *v.t.* делегировать *imp.*, *perf.* **delegation** *n.* делегация.

delete *v.t.* вычёркивать *imp.*, вычеркнуть *perf.*

deliberate *adj.* (*intentional*) преднамеренный (-ен, -енна); (*unhurried*) неторопливый; *v.t.* & *i.* размышлять *imp.*, размыслить *perf.* (o + *prep.*). **deliberation** *n.* размышление; (*discussion*) обсуждение, совещание.

delicacy *n.* (*tact*) деликатность; (*dainty*) лакомство. **delicate** *adj.* тонкий (-нок, -нка -нко, тонки); лёгкий (лёгок, -гка, -гко, лёгки); (*health*) болезненный (-ен, -енна).

delicious *adj.* восхитительный; (*tasty*) очень вкусный (-сен, -сна, -сно).

delight *n.* наслаждение, прелесть. **delightful** *adj.* прелестный.

delimit *v.t.* размежёвывать *imp.*, размежевать (-жую, -жуешь) *perf.* **delimitation** *n.* размежевание.

delinquency *n.* правонарушение, преступность. **delinquent** *n.* правонарушитель *m.*, ~ ница.

delirious *adj.* бредовой; *be d.*, бредить *imp.* **delirium** *n.* бред (-а(у), *loc.*, -у); *d. tremens*, белая горячка.

deliver *v.t.* доставлять *imp.*, доставить *perf.*; (*rescue*) избавлять *imp.*, избавить *perf.* (from, от + *gen.*); (*lecture*) прочитать (-чту, -чтёшь; -чёл, -чла) *perf.*; (*letters*) разносить (-ошу, -осишь) *imp.*, разнести (-есу, -есёшь; -ёс, -есла) *perf.*; (*speech*) произносить (-ошу, -осишь) *imp.*, произнести (-есу, -есёшь; -ёс, -есла) *perf.* **deliverance** *n.* избавление, освобождение. **delivery** *n.* доставка.

dell *n.* лощина.

delphinium *n.* дельфиниум.

delta *n.* дельта.

delude *v.t.* вводить (-ожу, -одишь) *imp.*, ввести (-еду, -едёшь; ввёл, -а) *perf.* в заблуждение.

deluge *n.* (*flood*) потоп; (*rain*) ливень (-вня) *m.*

delusion *n.* заблуждение; *delusions of grandeur*, мания величия.

demagogue *n.* демагог. **demagogic** *adj.* демагогический. **demagogy** *n.* демагогия.

demand *n.* требование; (*econ.*) спрос (for, на + *acc.*); *v.t.* требовать *imp.*, по~ *perf.* + *gen.*

demarcate *v.t.* разграничивать *imp.*, разграничить *perf.* **demarcation** *n.* демаркация; *line of d.*, демаркационная линия.

demented *adj.* умалишённый (-ён, -ённа). **dementia** *n.* слабоумие.

demi- *in comb.* полу-.

demigod *n.* полубог (*pl.* -и, -ов).

demilitarization *n.* демилитаризация. **demilitarize** *v.t.* демилитаризовать *imp.*, *perf.*

demise *n.* кончина.

demobbed *adj.* демобилизованный (-ан). **demobilization** *n.* демобилизация. **demobilize** *v.t.* демобилизовать *imp.*, *perf.*

democracy *n.* демократия. **democrat** *n.* демократ. **democratic** *adj.* демократический, демократичный.

demolish *v.t.* разрушать *imp.*, разрушить *perf.*; (*building*) сносить

demon

(-ошу́, -о́сишь) *imp.*, снести́ (-су́, -сёшь; снёс, -ла́) *perf.*; (*refute*) опроверга́ть *imp.*, опрове́ргнуть (-ве́рг(нул), -ве́ргла) *perf.* **demolition** *n.* разруше́ние, снос.

demon *n.* де́мон. **demonic** *adj.* дья́вольский, демони́ческий.

demonstrable *adj.* доказу́емый. **demonstrably** *adv.* очеви́дно, нагля́дно. **demonstrate** *v.t.* демонстри́ровать *imp.*, *perf.*; *v.i.* уча́ствовать *imp.* в демонстра́ции. **demonstration** *n.* демонстра́ция, пока́з. **demonstrative** *adj.* (*behaviour etc.*) экспанси́вный, несде́ржанный (-ан, -анна); (*gram.*) указа́тельный. **demonstrator** *n.* (*laboratory*) демонстра́тор; (*polit.*) демонстра́нт.

demoralization *n.* деморализа́ция. **demoralize** *v.t.* деморализова́ть *imp.*, *perf.*

demote *v.t.* понижа́ть *imp.*, пони́зить *perf.* в до́лжности; (*mil.*) разжа́ловать *perf.* **demotion** *n.* пониже́ние.

demur *v.i.* возража́ть *imp.*, возрази́ть *perf.* (at, to, про́тив + *gen.*); *n.*: without d., без возраже́ний.

demure *adj.* (притво́рно) скро́мный (-мен, -мна́, -мно).

den *n.* (*animal's*) ло́гово, берло́га; (*thieves' etc.*) прито́н.

denial *n.* отрица́ние, опроверже́ние; (*refusal*) отка́з.

denigrate *v.t.* черни́ть *imp.*, о~ *perf.*

denomination *n.* (*name*) назва́ние; (*category*) катего́рия; (*relig.*) вероиспове́дание. **denominator** *n.* знамена́тель *m*.

denote *v.t.* означа́ть *imp.*, означить *perf.*

dénouement *n.* развя́зка.

denounce *v.t.* (*accuse*) облича́ть *imp.*, обличи́ть *perf.*; (*inform on*) доноси́ть (-ошу́, -о́сишь) *imp.*, донести́ (-су́, -сёшь; -ёс, -есла́) *perf.* на + *acc.*; (*treaty*) денонси́ровать *imp.*, *perf.*

dense *adj.* (*thick*) густо́й (густ, -á, -о, гу́сты); (*stupid*) тупо́й (туп, -á, -о, ту́пы). **density** *n.* (*phys. etc.*) пло́тность.

dent *n.* вы́боина, вмя́тина; *v.t.* вмина́ть *imp.*, вмять (вомну́, -нёшь) *perf.*

dental *adj.* зубно́й. **dentifrice** *n.* (*paste*) зубна́я па́ста; (*powder*) зубно́й порошо́к (-шка́). **dentist** *n.* зубно́й врач (-á). **dentistry** *n.* зубоврача́ние. **denture** *n.* зубно́й проте́з.

denunciation *n.* (*accusation*) обличе́ние; (*informing*) доно́с; (*treaty*) денонса́ция.

deny *v.t.* отрица́ть *imp.*, отка́зывать *imp.*, отказа́ть (-ажу́, -а́жешь) *perf.* себе́ в + *prep.*

deodorant *n.* дезодора́тор; *adj.* уничтожа́ющий за́пах.

depart *v.i.* отбыва́ть *imp.*, отбы́ть (отбу́ду, -дешь; о́тбыл, -á, -о) *perf.*; d. from, отклоня́ться *imp.*, отклони́ться (-ню́сь, -ни́шься) *perf.* от + *gen.*

department *n.* отде́л; (*government*) департа́мент, ве́домство; (*univ.*) факульте́т, ка́федра; d. store, универма́г. **departmental** *adj.* ве́домственный.

departure *n.* отбы́тие, отклоне́ние.

depend *v.i.* зави́сеть (-и́шу -и́сишь) *imp.* (on, от + *gen.*); (*rely*) полага́ться *imp.*, положи́ться (-жу́сь, -жи́шься) *perf.* (on, на + *acc.*). **dependable** *adj.* надёжный. **dependant** *n.* иждиве́нец (-нца); *pl.* семья́ и дома́шние *sb.* **dependence** *n.* зави́симость. **dependent** *adj.* зави́симый, зави́сящий.

depict *v.t.* изобража́ть *imp.*, изобрази́ть *perf.*; (*in words*) опи́сывать *imp.*, описа́ть (-ишу́, -и́шешь) *perf.*

deplete *v.t.* истоща́ть *imp.*, истощи́ть *perf.* **depleted** *adj.* истощённый (-ён, -ённа). **depletion** *n.* истоще́ние.

deplorable *adj.* приско́рбный, плаче́вный. **deplore** *v.t.* сожале́ть *imp.* о + *prep.*

deploy *v.t.* & *i.* развёртывать(ся) *imp.*, разверну́ть(ся) *perf.* **deployment** *n.* развёртывание.

depopulate *v.t.* истребля́ть *imp.*, истреби́ть *perf.* населе́ние + *gen.*

deport *v.t.* высыла́ть *imp.*, вы́слать (вы́шлю, -лешь) *perf.*; (*internal exile*) ссыла́ть *imp.*, сосла́ть (сошлю́, -лёшь) *perf.* **deportation** *n.* вы́сылка; ссы́лка. **deportee** *n.* высыла́емый *sb.*; ссы́льный *sb.*

deportment *n.* поведе́ние, оса́нка.

depose *v.t.* свергáть *imp.*, свéргнуть (-г(нул), -глá) *perf.* (с престóла); *v.i.* (*leg.*) покáзывать *imp.*, показáть (-ажý, -áжешь) *perf.* **deposit** *n.* (*econ.*) вклад; (*pledge*) взнос; (*sediment*) осáдок (-дка); (*coal etc.*) месторождéние; *v.t.* (*econ.*) вносить (-ошý, -óсишь) *imp.*, внести (-есý, -есёшь; -ёс, -еслá) *perf.*; (*geol.*) отлагáть *imp.*, отложить (-жý, -жишь) *perf.* **deposition** *n.* свержéние (с престóла); (*leg.*) показáние; (*geol.*) отложéние. **depositor** *n.* вклáдчик. **depository** *n.* хранилище.
depot *n.* склад; депó *neut.indecl.*; *d. ship*, сýдно-бáза (*pl.* судá-бáзы, судóв-баз).
deprave *v.t.* развращáть *imp.*, развратить (-ащý, -атишь) *perf.* **depraved** *adj.* развращённый (-ён, -ённа). **depravity** *n.* разврáт.
deprecate *v.t.* возражáть *imp.*, возразить *perf.* прóтив + *gen.* **deprecation** *n.* неодобрéние.
depreciate *v.t. & i.* обесцéнивать(ся) *imp.*, обесцéнить(ся) *perf.* **depreciation** *n.* обесцéнивание. **depreciatory** *adj.* обесцéнивающий.
depress *v.t.* (*lower*) понижáть *imp.*, понизить *perf.*; (*dispirit*) удручáть *imp.*, удручить *perf.* **depressed** *adj.* удручённый (-ён, -ённа & -енá). **depressing** *adj.* нагоняющий тоскý. **depression** *n.* (*hollow*) впáдина; (*econ., med., meteor., etc*) депрéссия.
deprivation *n.* лишéние. **deprive** *v.t.* лишáть *imp.*, лишить *perf.* (of, + *gen.*).
depth *n.* глубинá (*pl.* -ны); *d. of feeling*, сила переживáния; *depths of the country*, глушь (-ши); *in the d. of winter*, в разгáре зимы; *d.-bomb, -charge*, глубинная бóмба.
deputation *n.* делегáция, депутáция. **depute** *v.t.* делегировать *imp., perf.* **deputize** *v.i.* замещáть *imp.*, заместить *perf.* (for, + *acc.*). **deputy** *n.* заместитель *m.*; помóщник, -ица; (*parl.*) депутáт.
derail *v.t.* спускáть *imp.*, спустить (-ущý, -ýстишь) *perf.* под откóс; *be derailed*, сходить (-ожý, -óдишь) *imp.*, сойти (сойдý, -дёшь; сошёл, -шлá) *perf.* с рельсов. **derailment** *n.* крушéние, сход с рельсов.
derange *v.t.* расстрáивать *imp.*, расстрóить *perf.* **deranged** *adj.* (*mentally*) душевнобольнóй, ненормáльный. **derangement** *n.* (психическое) расстрóйство.
derelict *adj.* брóшенный (-шен). **dereliction** *n.* упущéние; (*of duty*) нарушéние дóлга.
deride *v.t.* высмéивать *imp.*, высмеять (-ею, -еешь) *perf.* **derision** *n.* высмéивание; *object of d.*, посмéшище. **derisive** *adj.* (*mocking*) насмéшливый. **derisory** *adj.* (*ridiculous*) смехотвóрный.
derivation *n.* происхождéние. **derivative** *n.* произвóдное *sb.*; *adj.* произвóдный. **derive** *v.t.* извлекáть *imp.*, извлéчь (-екý, -ечёшь; -ёк, -еклá) *perf.*; *v.i.*: *d. from*, происходить (-ожý, -óдишь) *imp.*, произойти (-ойдý, -ойдёшь; -ошёл, -ошлá) *perf.* от + *gen.*
dermatitis *n.* дерматит.
derogatory *adj.* умаляющий, унижáющий.
derrick *n.* дéррик; (*oil-well etc.*) буровáя вышка.
dervish *n.* дервиш.
descend *v.t.* спускáться *imp.*, спуститься (-ущýсь, -ýстишься) *perf.* с + *gen.*; сходить (-ожý, -óдишь) *imp.*, сойти (сойдý, -дёшь; сошёл, -шлá) *perf.* с + *gen.*; *v.i.* (*go down*) спускáться *imp.*, спуститься (-ущýсь, -ýстишься) *perf.*; (*sink*) понижáться *imp.*, понизиться *perf.*; *d. on*, (*attack*) обрýшиваться *imp.*, обрýшиться *perf.* на + *acc.*; *d. to*, (*property; to details etc.*) переходить (-ожý, -óдишь) *imp.*, перейти (-йдý, -йдёшь; перешёл, -шлá) *perf.* к + *dat.*; *be descended from*, происходить (-ожý, -óдишь) *imp.*, произойти (-ойдý, -ойдёшь; -ошёл, -шлá) *perf.* из, от, + *gen.* **descendant** *n.* потóмок (-мка). **descent** *n.* спуск; (*sinking*) понижéние; (*lineage*) происхождéние; (*property*) наслéдование.
describe *v.t.* описывать *imp.*, описáть (-ишý, -ишешь) *perf.* **description** *n.* описáние. **descriptive** *adj.* описáтельный.

descry v.t. различа́ть imp., различи́ть perf.

desecrate v.t. оскверня́ть imp., оскверни́ть perf. **desecration** n. оскверне́ние, профана́ция.

desert[1] n. (wilderness) пусты́ня; adj. пусты́нный (-нен, -нна).

desert[2] v.t. покида́ть imp., поки́нуть perf.; (mil.) дезерти́ровать imp., perf. **deserter** n. дезерти́р. **desertion** n. дезерти́рство.

desert[3] n.: pl. заслу́ги f.pl. **deserve** v.t. заслу́живать imp., заслужи́ть (-жу́, -жишь) perf. **deserving** adj. заслу́живающий (of, + gen.), досто́йный (-о́ин, -о́йна) (of, + gen.).

desiccated adj. сушёный.

design n. (scheme) за́мысел (-сла); (sketch) рису́нок (-нка); (model) констру́кция, прое́кт; school of d., шко́ла изобрази́тельных иску́сств; v.t. констру́ировать imp., с ~ perf.; создава́ть (-даю́, -даёшь) imp., созда́ть (-а́м, -а́шь, -а́ст, -ади́м; со́здал, -а́, -о) perf.

designate adj. назна́ченный (-чен); v.t. обознача́ть imp., обозна́чить perf.; (appoint) назнача́ть imp., назна́чить perf. **designation** n. обозначе́ние, назва́ние.

designer n. констру́ктор, проектиро́вщик, диза́йнер; (of clothes) модельє́р.

desirable adj. жела́тельный. **desire** n. жела́ние; v.t. жела́ть imp., по ~ perf. + gen. **desirous** adj. жела́ющий.

desist v.i. перестава́ть (-таю́, -таёшь) imp., переста́ть (-а́ну, -а́нешь) perf.

desk n. пи́сьменный стол (-а́); конто́рка; (school) па́рта.

desolate adj. (deserted) поки́нутый; (dreary) уны́лый. **desolation** n. запусте́ние.

despair n. отча́яние; v.i. отча́иваться imp., отча́яться (-а́юсь, -а́ешься) perf. **despairing** adj. отча́янный (-ян, -я́нна). **desperado** n. сорвиголова́ (pl. -о́вы, -о́в, -о́вам). **desperate** adj. отча́янный (-ян, -я́нна). **desperation** n. отча́яние.

despatch see **dispatch**.

despicable adj. презре́нный (-ён, -е́нна), жа́лкий (-лок, -лка́, -лко). **despise** v.t. презира́ть imp., презре́ть (-рю́, -ри́шь) perf.

despite prep. вопреки́ + dat., несмотря́ на + acc.

despondency n. уны́ние, пода́вленность. **despondent** adj. уны́лый.

despot n. де́спот. **despotic** adj. деспоти́ческий, деспоти́чный. **despotism** n. деспоти́зм.

dessert n. десе́рт; сла́дкое sb.

destination n. ме́сто (pl. -та́) назначе́ния, цель. **destiny** r. судьба́, у́часть.

destitute adj. си́льно нужда́ющийся; без вся́ких средств. **destitution** n. нищета́, нужда́.

destroy v.t. уничтожа́ть imp., уничто́жить perf.; губи́ть (-блю́, -бишь) imp., по ~ perf. **destroyer** n. (naut.) эсми́нец (-нца). **destruction** n. разруше́ние, уничтоже́ние. **destructive** adj. разруши́тельный, уничтожа́ющий.

desultory adj. беспоря́дочный.

detach v.t. отделя́ть imp., отдели́ть perf. **detachable** adj. съёмный, отделя́емый; d. house, особня́к (-а́). **detachment** n. отделе́ние, разъедине́ние; (mil.) отря́д.

detail n. дета́ль, подро́бность; (mil.) наря́д; in d., подро́бно; v.t. подро́бно расска́зывать imp., рассказа́ть (-ажу́, -а́жешь) perf.; выделя́ть imp., вы́делить perf.; назнача́ть imp., назна́чить perf. в наря́д; d. for guard duty, назна́чить perf. в карау́л. **detailed** adj. дета́льный, подро́бный.

detain v.t. заде́рживать imp., задержа́ть (-жу́, -жишь) perf., аресто́вывать imp., аре́стовать perf. **detainee** n. аресто́ванный sb., (челове́к) под стра́жей.

detect v.t. обнару́живать imp., обнару́жить perf. **detection** n. обнаруже́ние; рассле́дование. **detective** n. сы́щик, детекти́в; adj. сыскно́й, детекти́вный; d. film, story, etc., детекти́в. **detector** n. дете́ктор, обнаружи́тель m.

détente n. разря́дка.

detention n. задержа́ние, аре́ст.

deter v.t. уде́рживать imp., удержа́ть (-жу́, -жишь) perf. (from, от + gen.).

detergent *n.* мо́ющее сре́дство; *adj.* мо́ющий, очища́ющий.

deteriorate *v.i.* ухудша́ться *imp.*, уху́дшиться *perf.* **deterioration** *n.* ухудше́ние.

determination *n.* (*resoluteness*) реши́тельность, реши́мость. **determine** *v.t.* устана́вливать *imp.*, установи́ть (-влю, -вишь) *perf.*; определя́ть *imp.*, определи́ть *perf.* **determined** *adj.* (*resolute*) реши́тельный.

deterrent *n.* уде́рживающее сре́дство, сре́дство устраше́ния; *adj.* сде́рживающий, уде́рживающий.

detest *v.t.* ненави́деть (-и́жу, -и́дишь) *imp.* **detestable** *adj.* отврати́тельный. **detestation** *n.* отвраще́ние, не́нависть.

dethrone *v.t.* сверга́ть *imp.*, све́ргнуть (-г(нул), -гла) *perf.* с престо́ла; развенча́ть *imp.*, развенча́ть *perf.* **dethronement** *n.* сверже́ние с престо́ла; развенча́ние.

detonate *v.t.* & *i.* взрыва́ть(ся) *imp.*, взорва́ть(-ву́, -вёт(ся); взорва́л(ся), -á(сь) -о/-áлóсь) *perf.* **detonation** *n.* детона́ция, взрыв. **detonator** *n.* детона́тор.

detour *n.* обхо́д, объе́зд.

detract *v.i.*: *d. from*, умаля́ть *imp.*, умали́ть *perf.* + *acc.*

detriment *n.* уще́рб, вред (-á). **detrimental** *adj.* вре́дный (-ден, -дна́, -дно), па́губный.

detritus *n.* детри́т.

deuce *n.* (*tennis*) ра́вный счёт; (*what the d.*), чёрт возьми́!

devaluation *n.* девальва́ция. **devalue** *v.t.* проводи́ть (-ожу́, -о́дишь) *imp.*, провести́ (-еду́, -едёшь; -ёл, -ела́) *perf.* девальва́цию + *gen.*

devastate *v.t.* опустоша́ть *imp.*, опустоши́ть *perf.* **devastation** *n.* опустоше́ние.

develop *v.t.* & *i.* развива́ть(ся) *imp.*, разви́ть(ся) (разовью́(сь), -вьёшь(ся); разви́л(ся), -á(сь) -о/-и́лóсь) *perf.*; *v.t.* (*phot.*) проявля́ть *imp.*, прояви́ть (-влю́, -вишь) *perf.*; (*nat. resources*) разраба́тывать *imp.*, разрабо́тать *perf.* **developer** *n.* (*of land etc.*) застро́йщик но́вого райо́на; (*phot.*) прояви́тель *m.* **development** *n.* разви́тие; (*phot.*) проявле́ние.

deviate *v.i.* отклоня́ться *imp.*, отклони́ться (-ню́сь, -нишься) *perf.* (*from*, от + *gen.*). **deviation** *n.* отклоне́ние; (*polit.*) укло́н.

device *n.* устро́йство, прибо́р.

devil *n.* дья́вол, чёрт (*pl.* че́рти, -те́й); бес; *d.-may-care*, бесшаба́шный. **devilish** *adj.* дья́вольский, чертовский.

devious *adj.* (*indirect*) непрямо́й (-м, -ма́, -мо); (*person*) хи́трый (-тёр, -тра́, хитро́).

devise *v.t.* приду́мывать *imp.*, приду́мать *perf.*

devoid *adj.* лишённый (-ён, -ена́) (*of*, + *gen.*).

devolution *n.* переда́ча; перехо́д. **devolve** *v.t.* передава́ть (-даю́, -даёшь) *imp.*, переда́ть (-а́м, -а́шь, -а́ст, -ади́м; пе́редал, -á, -о) *perf.*; *v.i.* переходи́ть (-ожу́, -о́дишь) *imp.*, перейти́ (-йду́, -йдёшь; перешёл, -шла́) *perf.*

devote *v.t.* посвяща́ть *imp.*, посвяти́ть (-ящу́, -яти́шь) *perf.* **devoted** *adj.* пре́данный (-ан). **devotion** *n.* пре́данность, приве́рженность; *pl.* религио́зные обя́занности *f.pl.* **devotional** *adj.* религио́зный.

devour *v.t.* пожира́ть *imp.*, пожра́ть (-ру́, -рёшь; пожра́л, -á, -о) *perf.*

devout *adj.* на́божный, благочести́вый. **devoutness** *n.* на́божность, благочести́е.

dew *n.* роса́. **dewdrop** *n.* роси́нка. **dewy** *adj.* вла́жный (-жен, -жна́, -жно), роси́стый.

dexterity *n.* прово́рство, ло́вкость, сноро́вка. **dext(e)rous** *adj.* прово́рный, ло́вкий (-вок, -вка́, -вко, ло́вки́).

diabetes *n.* са́харная боле́знь, диабе́т. **diabetic** *n.* диабе́тик; *adj.* диабети́ческий.

diabolic(al) *adj.* дья́вольский, зве́рский.

diagnose *v.t.* ста́вить *imp.*, по~ *perf.* диа́гноз + *gen.* **diagnosis** *n.* диа́гноз.

diagonal *n.* диагона́ль; *adj.* диагона́льный. **diagonally** *adv.* по диагона́ли.

diagram *n.* диагра́мма; чертёж (-á) схе́ма.

dial *n.* цифербла́т; шкала́ (*pl.* -лы); (*tel.*) диск набо́ра; *v.t.* набира́ть *imp.*, набра́ть (наберу́, -рёшь; набра́л, -á, -о) *perf.*

dialect *n.* диалéкт, нарéчие; *adj.* диалéктный. **dialectical** *adj.* диалектúческий.

dialogue *n.* диалóг.

diameter *n.* диáметр. **diametrical** *adj.* диаметрáльный; *diametrically opposed*, диаметрáльно противопо́ложный.

diamond *n.* алмáз, бриллиáнт; *(rhomb)* ромб; *(cards)* бубнá (*pl.* бýбны, бубён, бубнáм); *play a d.*, ходúть (хожý, хóдишь) *imp.*, пойтú (пойдý, -дёшь; пошёл, -шлá) *perf.* с бубён; *adj.* алмáзный, бриллиáнтовый; бубнóвый.

diaper *n.* пелёнка.

diaphanous *adj.* прозрáчный.

diaphragm *n.* диафрáгма; мембрáна.

diarrhoea *n.* понóс.

diary *n.* дневнúк (-á).

diatribe *n.* обличúтельная речь (*pl.* -чи, -чéй).

dice *n. see* die[1].

dicey *adj.* рискóванный (-ан, -анна).

dictaphone *n.* диктафóн. **dictate** *n.* велéние; *v.t.* диктовáть *imp.*, про~ *perf.* **dictation** *n.* диктóвка, диктáнт. **dictator** *n.* диктáтор. **dictatorial** *adj.* диктáторский, повелúтельный. **dictatorship** *n.* диктатýра.

diction *n.* дúкция.

dictionary *n.* словáрь (-ря́) *m.*

dictum *n.* авторитéтное заявлéние, *(maxim)* изречéние.

didactic *adj.* дидактúческий.

diddle *v.t.* надувáть *imp.*, надýть (-ýю, -ýешь) *perf.*

die[1] *n.* (*pl.* **dice**) игрáльная кость (*pl.* -ти, -тéй); (*pl.* **dies**) *(stamp)* штамп, штéмпель (*pl.* -ля́) *m.*; *(mould)* мáтрица.

die[2] *v.i.* (*person*) умирáть *imp.*, умерéть (умрý, умрёшь; ýмер, -лá, -ло) *perf.*; *(animal)* дóхнуть (дóх(нул), дóхла) *imp.*, из~, по~ *perf.*; *(plant)* вя́нуть (вя́(ну)л, вя́ла) *imp.*, за~ *perf.*; скончáться *perf.*; *d.-hard*, твердолóбый *sb.*

diesel *n.* (*engine*) дúзель *m.*; *attrib.* дúзельный.

diet *n.* диéта; *(habitual food)* питáние, стол (-á) *m.*; *v.i.* соблюдáть *imp.*, соблюстú (-юдý, -юдёшь; -юл, -юлá) *perf.* диéту. **dietary** *adj.* диетúческий.

differ *v.i.* отличáться *imp.*; различáться *imp.*; *(disagree)* не соглашáться *imp.* **difference** *n.* рáзница; *(disagreement)* разноглáсие. **different** *adj.* разлúчный, рáзный. **differential** *n.* (*math.*) дифференциáл; рáзница; *adj.* дифференциáльный. **differentiate** *v.t.* различáть *imp.*, различúть *perf.* **differentiation** *n.* различéние, дифференциáция.

difficult *adj.* трýдный (-ден, -днá, -дно, трýдны), затруднúтельный. **difficulty** *n.* трýдность; затруднéние; *without d.*, без трудá.

diffidence *n.* неуверенность в себé. **diffident** *adj.* рóбкий (-бок, -бкá, -бко), неувéренный (-ен) в себé.

diffused *adj.* рассéянный (-ян, -янна).

dig *n.* (*archaeol.*) раскóпки *f.pl.*; *(poke)* тычóк (-чкá) *m.*; *(lodgings)* квартúра; *give a d. in the ribs*, ткнуть *perf.* лóктем под ребрó; *v.t.* копáть *imp.*, вы́~ *perf.*; рыть (рóю, рóешь) *imp.*, вы́~ *perf.*; *(prod)* тыкáть (ты́чу, -чешь) *imp.*, ткнуть *perf.*

digest *n.* (*synopsis*) крáткое изложéние, резюмé *neut.indecl.*; *(collection)* сбóрник резюмé; *v.t.* перевáривать *imp.*, переварúть (-рю́, -ришь) *perf.* **digestible** *adj.* удобоварúмый. **digestion** *n.* пищеварéние. **digestive** *adj.* пищеварúтельный.

digger *n.* копáтель *m.*, землекóп.

digging *n.* копáние, рытьё; *pl.* земляны́е рабóты *f.pl.*

digit *n.* (*math.*) цúфра, однознáчное числó (*pl.* -сла, -сел, -слам); *(anat.)* пáлец (-льца).

dignified *adj.* с чýвством сóбственного достóинства. **dignify** *v.t.* облагорáживать *imp.*, облагорóдить *perf.* **dignitary** *n.* санóвник. **dignity** *n.* достóинство.

digress *v.i.* отклоня́ться *imp.*, отклонúться (-ню́сь, -нúшься) *perf.* (*from*, от+*gen.*). **digression** *n.* отступлéние, отклонéние.

dike *n.* нáсыпь; *(ditch)* ров (рва, *loc.* во рву).

dilapidated *adj.* обветшáлый. **dilapidation** *n.* (*eccl.*) поврежде́ние.

dilate *v.t. & i.* расширя́ть(ся) *imp.*, расшúрить(ся) *perf.*

dilatory adj. оттягивающий.
dilemma n. дилемма.
dilettante n. дилетант; adj. дилетантский, любительский.
diligence n. прилежание, усердие. **diligent** adj. прилежный, усердный.
dill n. укроп (-а(у)).
dilly-dally v.i. мешкать imp.
dilute v.t. разбавлять imp., разбавить perf.; adj. разбавленный (-ен). **dilution** n. разбавление.
dim adj. тусклый (тускл, -á, -o), смутный (-тен, -тна́, -тно), недальновидный; d.-sighted, (туп, -á, -o, тупы́); d.-witted, тупой (туп, -á, -o, тупы́).
dimension n. величина; pl. размеры m.pl.; (math.) измерение. **-dimensional** in comb. -мерный; three-d., трёхмерный; two-d., двухмерный.
diminish v.t. & i. уменьшать(ся) imp., уменьшить(ся) perf. **diminished** adj. уменьшенный (-ен). **diminution** n. уменьшение. **diminutive** adj. маленький; (gram.) уменьшительный; n. уменьшительное sb.
dimity n. канифас.
dimness n. тусклость; полусвет.
dimple n. ямочка.
din n. шум и гам; v.t.: d. into one's ears, прожужжать (-жу, -жишь) уши + dat.
dine v.i. обедать imp., по~ perf.; v.t. угощать imp., угостить perf. обедом.
diner n. обедающий sb.; (rly.) вагон(-а)-ресторан (-а).
ding-dong adj. чередующийся.
dinghy n. шлю́пка, я́лик.
dingy adj. (drab) ту́склый (тускл, -á, -o); (dirty) грязный (-зен, -зна́, -зно).
dining-car n. вагон(-а)-ресторан (-а).
dining-room n. столо́вая sb. **dinner** n. обед; d.-hour, обеденный перерыв; d.-jacket, смокинг; d.-time, обеденное время neut.
dinosaur n. динозавр.
dint n.: by d. of, посредством + gen.; с помощью + gen.
diocesan adj. епархиальный. **diocese** n. епархия.
diode n. диод.
dioxide n. двуо́кись.
dip v.t. & i. окуна́ть(ся) imp., окуну́ть(ся) perf.; v.t. (flag) припуска́ть imp., припусти́ть (-ущу́, -у́стишь) perf.; d. into, (book) перели́стывать imp., перелиста́ть perf.; n. окуна́ние; (depression) впа́дина; (slope) укло́н; (phys.; astr.) наклоне́ние; have a d., (bathe) купа́ться imp., вы́~ perf.
diphtheria n. дифтерия.
diphthong n. дифтонг.
diploma n. диплом. **diplomacy** n. дипломатия. **diplomat(ist)** n. дипломат.
diplomatic adj. дипломатический, дипломатичный; d. bag, дипломатическая почта.
dipper n. (ladle) ковш (-á); (bird) оля́пка.
dipsomania n. алкоголизм.
dire adj. страшный (-шен, -шна́, -шно, стра́шны́); (ominous) зловещий.
direct adj. прямо́й (прям, -á, -o, пря́мы); непосредственный (-ен, -енна); d. current, постоянный ток (-а(у)); v.t. направля́ть imp., напра́вить perf.; (guide, manage) руководи́ть imp.+instr.; (film) режисси́ровать imp. **direction** n. направле́ние; (guidance) руково́дство; (instruction) указа́ние; (film) режиссу́ра; stage d., рема́рка. **directive** n. директи́ва. **directly** adv. пря́мо; (at once) сра́зу. **director** n. дире́ктор (pl. -á), член правле́ния; (film) режиссёр; board of directors, правле́ние. **directory** n. справочник, указатель m.; telephone d., телефо́нная кни́га.
dirge n. погребальная песнь.
dirt n. грязь (loc. -зи́); d. cheap, деше́вле па́реной ре́пы; d. floor, земляно́й пол (loc. -у́; pl. -ы́). **dirty** adj. гря́зный (-зен, -зна́, -зно); (mean) по́длый (подл, -á, -o); (obscene) непристо́йный; v.t. & i. па́чкать(ся) imp., за~ perf.
disability n. (physical) нетрудоспосо́бность. **disable** v.t. де́лать imp., с~ perf. неспосо́бным; (cripple) кале́чить imp., ис~ perf. **disabled** adj. искале́ченный (-ен); d. serviceman, инвали́д войны́. **disablement** n. инвали́дность.
disabuse v.t. выводи́ть (-ожу́, -о́дишь) imp., вы́вести (-еду, -едешь; -ел) perf. из заблужде́ния. d. of, освобожда́ть imp., освободи́ть perf. от + gen.

disadvantage n. невы́годное положе́ние; (defect) недоста́ток (-тка). **disadvantageous** adj. невы́годный.

disaffected adj. недово́льный, нелоя́льный. **disaffection** n. недово́льство, нелоя́льность.

disagree v.i. не соглаша́ться imp., согласи́ться perf.; расходи́ться (-ожу́сь, -о́дишься) imp., разойти́сь (-ойду́сь, -ойдёшься) -ошёлся, -ошла́сь) perf. **disagreeable** adj. неприя́тный. **disagreement** n. расхожде́ние, несогла́сие; (quarrel) ссо́ра.

disallow v.t. отка́зывать imp., отказа́ть (-ажу́, -а́жешь) perf. в+prep.

disappear v.i. исчеза́ть imp., исче́знуть (-ез) perf.; пропада́ть imp., пропа́сть (-аду́, -адёшь; -а́л) perf.; скрыва́ться imp., скры́ться (-ро́юсь, -ро́ешься) perf. **disappearance** n. исчезнове́ние, пропа́жа.

disappoint v.t. разочаро́вывать imp., разочарова́ть perf. **disappointed** adj. разочаро́ванный (-ан, -ан(н)а). **disappointing** adj. вызыва́ющий разочарова́ние. **disappointment** n. разочарова́ние, доса́да.

disapproval n. неодобре́ние. **disapprove** v.t. не одобря́ть imp.

disarm v.t. разоружа́ть imp., разоружи́ть perf.; обезору́живать imp., обезору́жить perf. **disarmament** n. разоруже́ние.

disarray n. беспоря́док (-дка), смяте́ние.

disaster n. бе́дствие, несча́стье. **disastrous** adj. бе́дственный (-ен, -енна); ги́бельный, губи́тельный.

disavow v.t. отрека́ться imp., отре́чься (-еку́сь, -ечёшься; -ёкся, -екла́сь) perf. от+gen.; отрица́ть imp.

disband v.t. распуска́ть imp., распусти́ть (-ущу́, -у́стишь) perf.; (mil.) расформиро́вывать perf.; v.i. расходи́ться (-ожу́сь, -о́дишься) imp., разойти́сь (-ойду́сь, -ойдёшься) perf.

disbelief n. неве́рие. **disbelieve** v.t. не ве́рить imp.+dat.

disburse v.t. выпла́чивать imp., вы́платить perf. **disbursement** n. вы́плата.

disc, disk n. диск, круг (pl. -и́); (gramophone record) грампласти́нка; d. brake, ди́сковый то́рмоз (pl. -а́); d. jockey, веду́щий sb. переда́чу.

discard v.t. отбра́сывать imp., отбро́сить perf.; (cards) сбра́сывать imp., сбро́сить perf. n. (card) сбро́шенная ка́рта.

discern v.t. различа́ть imp., различи́ть perf.; разгляде́ть (-яжу́, -яди́шь) perf. **discernible** adj. разли́чимый. **discerning** adj. проница́тельный. **discernment** n. распозна́ние; уме́ние различа́ть.

discharge v.t. (ship etc.) разгружа́ть imp., разгрузи́ть (-ужу́, -у́зишь) perf. (gun; electr.) разряжа́ть imp., разряди́ть perf.; (dismiss) увольня́ть imp., уво́лить perf.; (prisoner) освобожда́ть imp., освободи́ть perf.; (debt, duty) выполня́ть imp., вы́полнить perf.; (med.) выделя́ть imp., вы́делить perf.; n. разгру́зка; (gun) вы́стрел; (electr.) разря́д; увольне́ние, освобожде́ние; выполне́ние; (med.) (action) выделе́ние, (matter) выделе́ния neut.pl.

disciple n. учени́к (-а́).

disciplinarian n. сторо́нник стро́гой дисципли́ны. **disciplinary** adj. дисциплина́рный. **discipline** n. дисципли́на; v.t. дисциплини́ровать imp., perf.

disclaim v.t. отрека́ться imp., отре́чься (-еку́сь, -ечёшься; -ёкся, -екла́сь) perf. от+gen. **disclaimer** n. отрече́ние.

disclose v.t. обнару́живать imp., обнару́жить perf. **disclosure** n. обнару́жение.

discoloured adj. измени́вший цвет, обесцве́ченный (-ен, -енна), вы́цветший.

discomfit v.t. приводи́ть (-ожу́, -о́дишь) imp., привести́ (-еду́, -едёшь; -ёл, -ела́) perf. в замеша́тельство. **discomfiture** n. замеша́тельство.

discomfort n. неудо́бство, нело́вкость.

disconcert v.t. (plans) расстра́ивать imp., расстро́ить perf.; (person) смуща́ть imp., смути́ть (-ущу́, -ути́шь) perf.

disconnect v.t. разъединя́ть imp., разъедини́ть perf.; (electr.) выключа́ть imp., вы́ключить perf. **disconnected** adj. (incoherent) бессвя́зный.

disconsolate *adj.* неутéшный.
discontent *n.* недовóльство. **discontented** *adj.* недовóльный.
discontinue *v.t. & i.* прекращáть(ся) *imp.*, прекратить(ся) (-ащý, -атить(ся)) *perf.*
discord *n.* (*disagreement*) разноглáсие, разлáд; (*mus.*) диссонáнс. **discordant** *adj.* несогласýющийся; диссонирующий.
discount *n.* скидка; *v.t.* (*econ.*) учитывать *imp.*, учесть (учтý, -тёшь; учёл, учлá) *perf.*; (*disregard*) не принимáть *imp.*, приня́ть (-имý, -имешь; при́нял, -á, -о) *perf.* в расчёт, во внимáние.
discountenance *v.t.* не одобря́ть *imp.*, одо́брить *perf.*
discourage *v.t.* обескурáживать *imp.*, обескурáжить *perf.* **discouragement** *n.* обескурáживание.
discourteous *adj.* нелюбéзный, невоспи́танный (-ан, -анна). **discourtesy** *n.* нелюбéзность, невоспи́танность.
discover *v.t.* открывáть *imp.*, откры́ть (-рóю, -рóешь) *perf.*; обнарýживать *imp.*, обнарýжить *perf.* **discoverer** *n.* исслéдователь *m.* **discovery** *n.* откры́тие.
discredit *n.* позóр; *v.t.* дискредити́ровать *imp., perf.*
discreet *adj.* осмотри́тельный, благоразýмный. **discretion** *n.* усмотрéние; (*prudence*) благоразýмие; *at one's d.*, по своемý усмотрéнию.
discrepancy *n.* рáзница, несоотвéтствие.
discriminate *v.t.* различáть *imp.*, различи́ть *perf.*; *d. against*, дискримини́ровать *imp., perf.* **discrimination** *n.* установлéние разли́чия; дискриминáция.
discursive *adj.* непоследовательный, сби́вчивый.
discus *n.* диск; *d. throwing*, метáние ди́ска.
discuss *v.t.* обсуждáть *imp.*, обсуди́ть (-ужý, -ýдишь) *perf.* **discussion** *n.* обсуждéние, дискýссия.
disdain *n.* презрéние. **disdainful** *adj.* презри́тельный, надмéнный (-éнен, -éнна).
disease *n.* болéзнь. **diseased** *adj.* больнóй (-лен, -льнá).

disembark *v.t. & i.* выcáживать(ся) *imp.*, вы́садить(ся) *perf.* **disembarkation** *n.* вы́садка.
disembodied *adj.* бесплóтный.
disembowel *v.t.* потроши́ть *imp.*, вы́~ *perf.*
disenchantment *n.* разочаровáние.
disengage *v.t.* высвобождáть *imp.*, вы́свободить *perf.*; (*tech.*) разобщáть *imp.*, разобщи́ть *perf.*; выключáть *imp.*, вы́ключить *perf.* **disengaged** *adj.* свобóдный. **disengagement** *n.* освобождéние; разобщéние, выключéние.
disentangle *v.t.* распýтывать *imp.*, распýтать *perf.*
disestablishment *n.* отделéние цéркви от госудáрства.
disfavour *n.* неми́лость, неприя́знь.
disfigure *v.t.* урóдовать *imp.*, из ~ *perf.*
disfranchise *v.t.* лишáть *imp.*, лиши́ть *perf.* (граждáнских, избирáтельных) прав, привилéгий. **disfranchisement** *n.* лишéние граждáнских, избирáтельных, прав.
disgorge *v.t.* изверга́ть *imp.*, извéргнуть (-г(нул), -глá) *perf.*
disgrace *n.* позóр; (*disfavour*) неми́лость, опáла; *v.t.* позóрить *imp.*, о ~ *perf.* **disgraceful** *adj.* позóрный.
disgruntled *adj.* недовóльный.
disguise *n.* маскирóвка; изменéние внéшности; *v.t.* маскировáть *imp.*, за ~ *perf.*; изменя́ть *imp.*, измени́ть (-ню́, -нишь) *perf.* внéшность+*gen.*; (*conceal*) скрывáть *imp.*, скрыть (-рóю, -рóешь) *perf.* **disguised** *adj.* замаскирóванный (-ан, -анна); *d. as*, переодéтый в+*acc.*
disgust *n.* отвращéние; *v.t.* внушáть *imp.*, внуши́ть *perf.* отвращéние+*dat.* **disgusting** *adj.* отврати́тельный, проти́вный.
dish *n.* блю́до; *pl.* посýда *collect.*; *d.-towel*, кýхонное полотéнце (*gen.pl.* -нец); *d.-washer*, (посýдо)мóечная маши́на; *d.-water*, помóи (-óев) *pl.*; *v.t.*: *d. up*, класть (-адý, -адёшь; -ал) *imp.*, положи́ть (-ожý, -óжишь) *perf.* на блю́до.
disharmony *n.* дисгармóния; (*disagreement*) разноглáсие.

dishearten 92 dispensation

dishearten v.t. обескура́живать imp., обескура́жить perf.
dishevelled adj. растрёпанный (-ан, -анна).
dishonest adj. нече́стный, недобросо́вестный. **dishonesty** n. нече́стность.
dishonour n. бесче́стье; v.t. бесче́стить imp., о ~ perf. **dishonourable** adj. бесче́стный, по́длый (подл, -á, -о).
disillusion v.t. разочаро́вывать imp., разочарова́ть perf. **disillusionment** n. разочарова́нность.
disinclination n. несклонность, неохо́та. **disinclined** adj.: be d., не хоте́ться (хо́чется) impers. + dat.
disinfect v.t. дезинфици́ровать imp., perf. **disinfectant** n. дезинфици́рующее сре́дство; adj. дезинфици́рующий. **disinfection** n. дезинфе́кция, обезза́раживание.
disingenuous adj. нейскренний (-нен, -нна, -нне & -нно).
disinherit v.t. лиша́ть imp., лиши́ть perf. насле́дства.
disintegrate v.t. дезинтегри́ровать imp., perf.; v.i. разлага́ться imp., разложи́ться (-жу́сь, -жи́шься) perf. **disintegration** n. разложе́ние, дезинтегра́ция, распа́д.
disinterested adj. бескоры́стный.
disjointed adj. бессвя́зный.
disk see disc.
dislike n. нелюбо́вь (-бви́, instr. -бо́вью) (for, к + dat.); нерасположе́ние (for, к + dat.); v.t. не люби́ть (-блю́, -бишь) imp.
dislocate v.t. (med.) выви́хивать imp., вы́вихнуть perf.; расстра́ивать imp., расстро́ить perf. **dislocation** n. вы́вих, беспоря́док (-дка).
dislodge v.t. смеща́ть imp., смести́ть perf.
disloyal adj. нелоя́льный, неве́рный (-рен, -рна́, -рно, неве́рны́). **disloyalty** n. нелоя́льность, неве́рность.
dismal adj. мра́чный (-чен, -чна́, -чно), уны́лый.
dismantle v.t. разбира́ть imp., разобра́ть (разберу́, -рёшь; разобра́л, -á, -о) perf.; демонти́ровать imp., perf.
dismay v.t. приводи́ть (-ожу́, -о́дишь) imp., привести́ (-еду́, -едёшь; ёл, -ела́) perf. в у́жас, уны́ние; n. (alarm) испу́г (-а(у)); (despair) уны́ние.
dismember v.t. расчленя́ть imp., расчлени́ть perf. **dismemberment** n. расчлене́ние.
dismiss v.t. (discharge) увольня́ть imp., уво́лить perf.; (disband) распуска́ть imp., распусти́ть (-ущу́, -у́стишь) perf.; d.! interj. (mil.) разойди́сь! **dismissal** n. увольне́ние; ро́спуск.
dismount v.i. (from horse) спе́шиваться imp., спе́шиться perf.
disobedience n. непослуша́ние. **disobedient** adj. непослу́шный. **disobey** v.t. не слу́шаться imp. + gen.
disobliging adj. нелюбе́зный, не услу́жливый.
disorder n. беспоря́док (-дка). **disordered** adj. расстро́енный (-ен). **disorderly** adj. (untidy) беспоря́дочный; (unruly) бу́йный (бу́ен, буйна́, -но).
disorganization n. дезорганиза́ция. **disorganize** v.t. дезорганизова́ть imp., perf.
disorientation n. дезориента́ция.
disown v.t. не признава́ть (-наю́, -наёшь) imp., призна́ть perf.; отрица́ть imp.
disparage v.t. умаля́ть imp., умали́ть perf. **disparagement** n. умале́ние.
disparity n. нера́венство.
dispassionate adj. беспристра́стный.
dispatch, des- v.t. (send) отправля́ть imp., отпра́вить perf.; (deal with) распра́вляться imp., распра́виться perf. с + instr.; n. отпра́вка; (message) донесе́ние; (rapidity) быстрота́; d.-box, валя́за; d.-rider, мотоцикли́ст свя́зи.
dispel v.t. рассе́ивать (-ею, -е́ешь) perf.
dispensary n. апте́ка.
dispensation n. (exemption) освобожде́ние (от обяза́тельства, обе́та).
dispense v.t. (distribute) раздава́ть (-даю́, -даёшь) imp., разда́л & разда́м, -а́шь, -а́ст, -ади́м; ро́здал & разда́л, раздала́, ро́здало & разда́ло) perf.; (justice, medicine) отпуска́ть imp., отпусти́ть (-ущу́, -у́стишь) perf.; d. with, (do without) сбходи́ться (-ожу́сь, -о́дишься) imp., обойти́сь (обойду́сь, -дёшься; обошёлся, -шла́сь) perf.

без+gen. **dispenser** n. (*person*) фармацéвт; (*device*) торгóвый автомáт.
dispersal n. распространéние. **disperse** v.t. разгонять *imp.*, разогнáть (разгоню́, -нишь; разогнáл, -á, -о) *perf.*; рассéивать *imp.*, рассéять (-éю, -éешь) *perf.*; v.i. расходи́ться (-дится) *imp.*, разойти́сь (-ойдётся -ошёлся, -ошлáсь) *perf.*
dispirited *adj.* удручённый (-ён, -енá).
displaced *adj.*: d. *persons*, перемещённые ли́ца *neut. pl.* **displacement** n. (*of fluid*) водоизмещéние.
display n. покáз; проявлéние; демонстрáция; v.t. покáзывать *imp.*, показáть (-ажý, -áжешь) *perf.*; проявля́ть *imp.*, проявить (-влю́, -вишь) *perf.*; демонстри́ровать *imp.*, *perf.*
displease v.t. раздражáть *imp.*, раздражи́ть *perf.* **displeased** *predic.* недовóлен (-льна).
disposable *adj.* могýщий быть вы́брошенным. **disposal** n. удалéние, избавлéние (*of*, от+*gen.*); *at your d.*, (*service*) к вáшим услýгам; (*use*) в вáшем распоряжéнии. **dispose** v.i.: d. *of*, избавля́ться *imp.*, избáвиться *perf.* от+*gen.* **disposed** *predic.*: d. *to*, склóнен, (-óнна, -óнно) к+*dat.*, располóжен+*inf.* ог к+*dat.* **disposition** n. расположéние, склóнность; (*temperament*) нрав.
disproof n. опровержéние.
disproportionate *adj.* непропорционáльный.
disprove v.t. опровергáть *imp.*, опровéргнуть (-г(нул), -глá) *perf.*
disputation n. диспýт. **dispute** n. (*debate*) спор; (*quarrel*) ссóра; v.t. оспáривать *imp.*, оспóрить *perf.*
disqualification n. дисквалификáция. **disqualify** v.t. лишáть *imp.*, лиши́ть *perf.* прáва+*inf.*; дисквалифици́ровать *imp.*, *perf.*
disquiet n. беспокóйство, тревóга. **disquieting** *adj.* тревóжный.
disregard n. невнимáние к+*dat.*; пренебрежéние+*instr.*; v.t. игнори́ровать *imp.*, *perf.*; пренебрегáть *imp.*, пренебрéчь (-егý, -ежёшь; -ёг, -еглá) *perf.*+*instr.*
disrepair n. неиспрáвность.
disreputable *adj.* пóльзующийся дурнóй слáвой, дурнóй репутáцией. **disrepute** n. дурнáя слáва.
disrespect n. неуважéние, непочтéние. **disrespectful** *adj.* непочти́тельный.
disrupt v.t. срывáть *imp.*, сорвáть (-вý, -вёшь; сорвáл, -á, -о) *perf.* **disruptive** *adj.* подрывнóй, разруши́тельный.
dissatisfaction n. неудовлетворённость; недовóльство. **dissatisfied** *adj.* неудовлетворённый (-ён, -енá & -ённа), недовóльный.
dissect v.t. разрезáть *imp.*, разрéзать (-éжу, -éжешь) *perf.*; (*med. etc.*) вскрывáть *imp.*, вскрыть (-рóю, -рóешь) *perf.*
dissemble v.t. скрывáть *imp.*, скрыть (-рóю, -рóешь) *perf.*; v.i. притворя́ться *imp.*, притвори́ться *perf.*
dissemination n. рассéивание; распространéние.
dissension n. разноглáсие, раздóр. **dissent** n. расхождéние, несоглáсие; (*eccl.*) раскóл. **dissenter** n. (*eccl.*) раскóльник, сектáнт.
dissertation n. диссертáция.
disservice n. плохáя услýга.
dissident n. диссидéнт, инакомы́слящий *sb.*
dissimilar *adj.* несхóдный, непохóжий, разли́чный. **dissimilation** n. диссимиля́ция.
dissipate v.t. (*dispel*) рассéивать *imp.*, рассéять (-éю, -éешь) *perf.*; (*squander*) промáтывать *imp.*, промотáть *perf.* **dissipated** *adj.* распýтный, беспýтный.
dissociate v.t.: d. *oneself*, отмежёвываться *imp.*, отмежевáться (-жýюсь, -жуёшься) *perf.* (*from*, от+*gen.*). **dissociation** n. разобщéние, отмежевáние.
dissolute *adj.* распýщенный (-ен, -енна), разврáтный. **dissolution** n. (*treaty etc.*) расторжéние; (*parl.*) рóспуск; (*solution*) растворéние. **dissolve** v.t. & i. (*in liquid*) растворя́ть(ся) *imp.*, раствори́ть(ся) *perf.*; v.t. (*annul*) расторгáть *imp.*, растóргнуть (-г(нул), -глá) *perf.*; (*parl.*) распускáть *imp.*, распусти́ть (-ущý, -ýстишь) *perf.*
dissonance n. диссонáнс. **dissonant** *adj.* диссони́рующий.

dissuade v.t. отговáривать *imp.*, отговорúть *perf.* **dissuasion** n. отговáривание.

distaff n. прялка; *on the* d. *side*, по женской лúнии.

distance n. расстоя́ние; (*distant point*) даль (*loc.* -лú); (*sport*) дистáнция; *at a great* d., вдалú. **distant** *adj.* дáльний, далёкий (-ёк, -екá, -ёкó); (*reserved*) сде́ржанный (-ан, -áнна).

distaste n. неприя́знь. **distasteful** *adj.* проти́вный, неприя́тный.

distemper[1] n. (*vet.*) чумá.

distemper[2] n. (*paint*) темпера; v.t. кра́сить *imp.*, по~ *perf.* темперой.

distend v.t. расширя́ть *imp.*, расши́рить *perf.*; надувáть *imp.*, надýть (-ýю, -ýешь) *perf.* **distension** n. расшире́ние, надувáние.

distil v.t. перегоня́ть *imp.*, перегнáть (-гоню́, -го́нишь; перегнáл, -á, -о) *perf.*; дистиллúровать *imp.*, *perf.* **distillation** n. перегóнка, дистилля́ция. **distillery** n. винокýренный, перегóнный, завóд.

distinct *adj.* (*separate*) отде́льный; (*clear*) отчётливый; (*definite*) определённый (-ёнен, -éнна); d. *from*, отличáющийся от + *gen.* **distinction** n. отлúчие, разлúчие. **distinctive** *adj.* осо́бенный, отличúтельный. **distinctly** *adj.* я́сно, определённо.

distinguish v.t. различáть *imp.*, различúть *perf.*; d. *oneself*, отличáться *imp.*, отличúться *perf.* **distinguished** *adj.* выдаю́щийся.

distort v.t. искажáть *imp.*, исказúть *perf.*; (*misrepresent*) извращáть (-ащу́, -атúшь) *perf.* **distortion** n. искаже́ние, искривле́ние.

distract v.t. отвлекáть *imp.*, отвле́чь (-екý, -ечёшь; -ёк, -еклá) *perf.* **distracted** *adj.* (*maddened*) обезýмевший. **distraction** n. (*amusement*) развлече́ние; (*madness*) безýмие.

distrain v.i. d. *upon*, накла́дывать *imp.*, наложúть (-жý, -жишь) *perf.* аре́ст на + *acc.* **distraint** n. наложе́ние аре́ста.

distraught *adj.* обезýмевший.

distress n. (*calamity*) бедá; (*ship etc.*) бе́дствие; (*poverty*) нуждá; (*physical*) недомогáние; v.t. огорчáть *imp.*,

огорчúть *perf.*; мýчить *imp.*, из~ *perf.*

distribute v.t. распределя́ть *imp.*, распределúть *perf.* **distribution** n. распределе́ние, раздáча. **distributive** *adj.* распределúтельный. **distributor** n. распределúтель *m.*; (*cin.*) кинопрокáтчик.

district n. о́круг (*pl.* -á), райо́н.

distrust n. недове́рие; v.t. не доверя́ть *imp.* **distrustful** *adj.* недове́рчивый.

disturb v.t. беспокóить *imp.*, о~ *perf.* **disturbance** n. наруше́ние покóя; р~ (*polit. etc.*) беспорядки *m.pl.*

disuse n. неупотребле́ние; *fall into* d. выходúть (-úт) *imp.*, вы́йти (-йдет вышел, -шла) *perf.* из употребле́ния **disused** *adj.* вы́шедший из употребле́ния.

ditch n. канáва, ров (рва, *loc.* во рву).

dither v.i. колебáться (-блюсь, -блешься) *imp.*; n.: *all of a* d., в сúльном возбужде́нии.

ditto n. то же сáмое; *adv.* так же.

ditty n. пе́сенка.

diuretic n. мочего́нное сре́дство; *adj.* мочего́нный.

diurnal *adj.* дневнóй.

divan n. тахтá.

dive v.i. ныря́ть *imp.*, нырнýть *perf.* прыгáть *imp.*, прыгнýть *perf.* в вóду (*aeron.*) пикúровать *imp.*, *perf.*; (*submarine*) погружáться *imp.*, погрузúться *perf.*; n. нырóк (-ркá), прыжóк (-жкá) в вóду; d.-*bomber*, пикúрующий бомбардирóвщик. **diver** n. водолáз; (*bird*) гагáра.

diverge v.i. расходúться (-úтся) *imp.* разойтúсь (-ойдётся -ошёлся, -ошлáсь) *perf.*; (*deviate*) отклоня́ться *imp.*, отклонúться (-ню́сь, -нúшься *perf.* (*from*, от + *gen.*). **divergence** n расхожде́ние, отклоне́ние. **divergen** *adj.* расходя́щийся.

diverse *adj.* разлúчный, разнообрáзный. **diversification** n. расшире́ни ассортиме́нта. **diversified** *adj.* многообрáзный. **diversify** v.t. разнообрáзить *imp.* **diversion** n. (*deviation* отклоне́ние; (*detour*) объе́зд (*amusement*) развлече́ние; (*mil.*) ди ве́рсия. **diversionist** n. диверсан

diversity n. разнообра́зие; разли́чие.
divert v.t. отклоня́ть imp., отклони́ть (-ню́, -нишь) perf.; отводи́ть (-ожу́, -о́дишь) imp., отвести́ (-еду́, -едёшь; -ёл, -ела́) perf.; (amuse) развлека́ть imp., развле́чь (-еку́, -ечёшь; -ёк, -екла́) perf. **diverting** adj. заба́вный.
divest v.t. (unclothe) разоблача́ть imp., разоблачи́ть perf.; (deprive) лиша́ть imp., лиши́ть perf. (of, +gen.).
divide v.t. дели́ть (-лю́, -лишь) imp., по ~ perf.; разделя́ть imp., раздели́ть (-лю́, -лишь) perf. **dividend** n. дивиде́нд. **dividers** n. ци́ркуль m.
divination n. гада́ние; предсказа́ние.
divine adj. боже́ственный (-ен, -енна); n. богосло́в; v.t. предска́зывать imp., предсказа́ть (-ажу́, -а́жешь) perf. **diviner** n. предсказа́тель m.
diving n. ныря́ние; (profession) водола́зное де́ло; (aeron.) пики́рование; (naut.) погруже́ние; **d.-board**, трампли́н.
divining-rod n. волше́бная лоза́ (pl. -зы).
divinity n. божество́; (theology) богосло́вие, теоло́гия.
divisible adj. дели́мый. **division** n. (dividing) деле́ние, разделе́ние; (section) отде́л, подразделе́ние; (mil.) диви́зия. **divisional** adj. дивизио́нный.
divisive adj. разделя́ющий, вызыва́ющий разногла́сия. **divisor** n. дели́тель m.
divorce n. разво́д; v.i. разводи́ться (-ожу́сь, -о́дишься) imp., развести́сь (-еду́сь, -едёшься; -ёлся, -ела́сь) perf. **divorced** adj. разведённый (-ён, -ена́). **divorcee** n. разведённая жена́ (pl. жёны).
divulge v.t. разглаша́ть imp., разгласи́ть perf.
dizziness n. головокруже́ние. **dizzy** adj. головокружи́тельный; I am d., у меня́ кру́жится голова́.
do v.t. де́лать imp., с ~ perf.; выполня́ть imp., вы́полнить perf.; (coll.) (cheat) надува́ть imp., наду́ть (-у́ю, -у́ешь) perf.; v.i. (be suitable) годи́ться imp., при ~ perf.; (suffice) быть доста́точным; that will do, хва́тит! how do you do, здра́вствуйте! как вы пожива́ете? *do away*

with, (abolish) уничтожа́ть imp., уничто́жить perf.; do in, (kill) убива́ть imp., уби́ть (убью́, -ьёшь) perf.; do up, (restore) ремонти́ровать imp., от ~ perf.; (wrap up) завёртывать imp., заверну́ть perf.; (fasten) застёгивать imp., застегну́ть perf.; do without, обходи́ться (-ожу́сь, -о́дишься) imp., обойти́сь (обойду́сь, -дёшься; обошёлся, -шла́сь) perf. без+gen.
docile adj. поко́рный. **docility** n. поко́рность.
dock[1] n. (bot.) щаве́ль (-ля́) m.
dock[2] v.t. (tail) отруба́ть imp., отруби́ть (-блю́, -бишь) perf.; (money) уре́зывать, уреза́ть imp., уре́зать (-е́жу, -е́жешь) perf.
dock[3] n. (naut.) док; v.t. ста́вить imp., по ~ perf. в док; v.i. входи́ть (-ожу́, -о́дишь) imp., войти́ (войду́, -дёшь; вошёл, -шла́) perf. в док; v.t. & i. (spacecraft) стыкова́ть(ся) imp., со ~ perf. **docker** n. до́кер, портово́й рабо́чий sb. **docking** n. (ship) постано́вка в док; (spacecraft) стыко́вка. **dockyard** n. верфь.
dock[4] n. (leg.) скамья́ (pl. ска́мьи, -ме́й) подсуди́мых.
docket n. квита́нция; (label) ярлы́к (-а́), этике́тка.
doctor n. врач (-а́); (also univ. etc.) до́ктор (pl. -а́); v.t. (med.) лечи́ть (-чу́, -чишь) imp.; (falsify) фальсифици́ровать imp., perf. **doctor(i)al** adj. до́кторский. **doctorate** n. сте́пень (-ни, -ней) до́ктора.
doctrinaire n. доктринёр; adj. доктринёрский. **doctrine** n. доктри́на.
document n. докуме́нт; v.t. документи́ровать imp., perf. **documentary** adj. документа́льный; n. документа́льный фильм. **documentation** n. документа́ция.
dodder v.i. дрожа́ть (-жу́, -жи́шь) imp. **dodderer** n. ста́рый копу́н (-а́), ~ья.
dodge n. (trick) ло́вкий приём, увёртка; v.t. уклоня́ться imp., уклони́ться (-ню́сь, -нишься) perf. от+gen.; уви́ливать imp., увильну́ть perf. от+gen.
doe n. са́мка. **doeskin** n. за́мша.

dog n. соба́ка, пёс (пса); (*male dog*) кобе́ль (-ля́) m.; (*male animal*) саме́ц (-мца́), d-collar, оше́йник; d-fight, возду́шный бой (*loc.* бою́; *pl.* бои́); *v.t.* сле́довать *imp.*, по~ *perf.* по пята́м за+*instr.*; (*fig.*) пресле́довать *imp.*

doggerel n. ви́рши (-шей) *pl.*

dogma n. до́гма. **dogmatic** *adj.* догмати́ческий.

doing n.: *pl.* дела́ *neut.pl.*; (*events*) собы́тия *neut.pl.*

doldrums n.: *be in the d.*, хандри́ть *imp.*

dole n. посо́бие по безрабо́тице.

doleful *adj.* ско́рбный.

doll n. ку́кла (*gen.pl.* -кол).

dollar n. до́ллар.

dollop n. здоро́вый кусо́к (-ска́).

dolly n. ку́колка; (*stick*) валёк (-лька́); (*cin.*) опера́торская теле́жка.

dolphin n. дельфи́н, белобо́чка.

dolt n. болва́н. **doltish** *adj.* тупо́й (туп, -а́, -о, ту́пы).

domain n. (*estate*) владе́ние; (*field*) о́бласть, сфе́ра.

dome n. ку́пол (*pl.* -а́). **domed** *adj.* с ку́полом.

domestic *adj.* (*of household*; *animals*) дома́шний; (*of family*) семе́йный; (*polit.*) вну́тренний; n. прислу́га. **domesticate** *v.t.* прируча́ть *imp.*, приручи́ть *perf.* **domesticity** n. дома́шняя, семе́йная, жизнь.

domicile n. постоя́нное местожи́тельство; *v.t.* сели́ть *imp.*, по~ *perf.* на постоя́нном жи́тельстве. **domiciliary** *adj.* дома́шний.

dominance n. госпо́дство. **dominant** *adj.* преоблада́ющий, госпо́дствующий; n. домина́нта. **dominate** *v.t.* госпо́дствовать *imp.* над+*instr.* **domineering** *adj.* высокоме́рный.

dominion n. доминио́н; влады́чество.

domino n. (*cape*) пл. -ти, -те́й) домино́; *pl.* (*game*) домино́ *neut.indecl.*

don[1] n. (*D., title*) дон; (*univ.*) преподава́тель m.

don[2] *v.t.* надева́ть *imp.*, наде́ть (-е́ну, -е́нешь) *perf.*

donate *v.t.* же́ртвовать *imp.*, по~ *perf.* **donation** n. дар (*pl.* -ы́), поже́ртвование.

donkey n. осёл (-сла́). d. engine, вспомога́тельный дви́гатель m.

donnish *adj.* педанти́чный.

donor n. же́ртвователь m.; (*med.*) до́нор.

doom n. рок, судьба́; (*ruin*) ги́бель; *v.t.* обрека́ть *imp.*, обре́чь (-еку́, -ечёшь, -ёк, -екла́) *perf.* **doomsday** n. стра́шный суд (-á); коне́ц (-нца́) све́та.

door n. (*house*) дверь (*loc.* -ри́; *pl.* -ри, -ре́й, *instr.* -рьми́ & -ря́ми); (*smaller*) две́рца (*gen.pl.* -рец). **doorbell** n. (дверно́й) звоно́к (-нка́). **doorknob** n. (дверна́я) ру́чка. **doorman** n. швейца́р. **doormat** n. полови́к (-а́). **doorpost** n. (дверно́й) коса́к (-а́). **doorstep** n. поро́г. **doorway** n. дверно́й проём.

dope n. (*drug*) нарко́тик; информа́ция; d.-fiend, наркома́н, ~ ка; *v.t.* дава́ть (даю́, даёшь) *imp.*, дать (дам, дашь, даст, дади́м; дал, -á, да́ло́, -и) *perf.* нарко́тик + *dat.*

dormant *adj.* (*sleeping*) спя́щий; (*inactive*) безде́йствующий.

dormer window n. манса́рдное окно́ (*pl.* о́кна, о́кон, о́кнам).

dormitory n. дорту́ар.

dormouse n. со́ня.

dorsal *adj.* спинно́й.

dose n. до́за; *v.t.* дава́ть (даю́, даёшь) *imp.*, дать (дам, дашь, даст, дади́м; дал, -á, да́ло́, -и) *perf.* лека́рство+*dat.*

doss-house n. ночле́жный дом (*pl.* -á).

dossier n. досье́ *neut.indecl.*

dot n. то́чка; *v.t.* ста́вить *imp.*, по~ *perf.* то́чки на+*acc.*; (*scatter*) усе́ивать *imp.*, усе́ять (-е́ю, -е́ешь) *perf.* (with, +*instr.*); *dotted line*, пункти́р.

dotage n. (ста́рческое) слабоу́мие. **dotard** n. выживший из ума́ стари́к (-á). **dote** *v.i.*: d. on, обожа́ть *imp.*

dotty *adj.* рехну́вшийся.

double *adj.* двойно́й, па́рный; (*doubled*) удво́енный (-ен); d.-barrelled, двуство́льный; d.-bass, контраба́с; d.-bed, двуспа́льная крова́ть; d.-breasted, двубо́ртный; d.-cross, обма́нывать *imp.*, обману́ть (-ну́, -нешь) *perf.*; d.-dealer, двуру́шник; d.-dealing, двуру́шничество; двуру́шничество; d.-decker, двухэта́жный авто́бус; d.-edged, обоюдоо́стрый; d.-faced,

doubt ли́чный; *adv.* вдво́е; (*two together*) вдвоём; *n.* двойно́е коли́чество; (*person's*) двойни́к (-а́); (*understudy*) дублёр; *pl.* (*sport*) па́рная игра́; *at the d.*, бе́глым ша́гом; *v.t.* удва́ивать *imp.*, удво́ить *perf.*; (*fold*) скла́дывать *imp.*, сложи́ть (-жу́, -жишь) *perf.* вдво́е; *d. the parts of*, (*theat.*) игра́ть *imp.*, сыгра́ть *perf.* ро́ли+*gen.*

doubt *n.* сомне́ние; *v.t.* сомнева́ться *imp.* в+*prep.* **doubtful** *adj.* сомни́тельный. **doubting** *adj.* сомнева́ющийся.

doubtless *adv.* несомне́нно.

douche *n.* душ; *v.t.* облива́ть *imp.*, обли́ть (оболью́, -ьёшь; о́бли́л, -а́, -о) *perf.* водо́й.

dough *n.* те́сто. **doughnut** *n.* по́нчик, пы́шка.

dour *adj.* угрю́мый, мра́чный (-чен, -чна́, -чно).

douse *v.t.* (*light*) туши́ть (-шу́, -шишь) *imp.*, за~, по~ *perf.*

dove *n.* го́лубь (*pl.* -би, -бе́й) *m.*, го́рлица; *d.-coloured*, си́зый (сиз, -а́, -о).

dovecot(e) *n.* голубя́тня (*gen.pl.* -тен).

dovetail *n.* ла́сточкин хвост (-а́); *v.i.*: *d.* (*into one another*), соотве́тствовать *imp.* друг дру́гу.

dowager *n.* вдова́ (*pl.* -вы); *in comb.* вдо́вствующий.

dowdy *adj.* безвку́сный, неэлега́нтный.

down[1] *n.* (*geog.*) безле́сная возвы́шенность; *pl.* Да́унс.

down[2] *n.* (*fluff*) пух (-а(у), *loc.* -у́), пушо́к (-шка́).

down[3] *adv.* (*motion*) вниз; (*position*) внизу́; *be d. with*, (*ill*) боле́ть *imp.* + *instr.*; *d. with*, (*interj.*) доло́й + *acc.*; *prep.* вниз с + *gen.*, по + *dat.*; (*along*) (вдоль) по + *dat.*; *v.t.*: *d. tools*, (*strike*) бастова́ть *imp.*, за~ *perf.*, *d.-and-out*, бедня́к (-а́), оборва́нец (-нца). *down-cast*, *d.-hearted*, уны́лый. **downfall** *n.* (*ruin*) ги́бель *f.* **downpour** *n.* ли́вень (-вня) *m.* **downright** *adj.* прямо́й (прям, -а́, -о, пря́мы); (*out-and-out*) я́вный; *adv.* соверше́нно. **downstream** *adv.* вниз по тече́нию.

dowry *n.* прида́ное *sb.*

doyen *n.* старшина́ (*pl.* -ны) *m.*

doze *v.i.* дрема́ть (-млю́, -млешь) *imp.*

dozen *n.* дю́жина; *baker's d.*, чёртова дю́жина.

drab *adj.* бесцве́тный; (*boring*) ску́чный (-чен, -чна́, -чно).

draft *n.* (*sketch*) чернови́к (-а́); (*of document*) прое́кт; (*econ.*) тра́тта; *see also* **draught**; *v.t.* составля́ть *imp.*, соста́вить *perf.* план, прое́кт, +*gen.*

drag *v.t.* & *i.* тащи́ть(ся) (-щу́(сь), -щишь(ся)) *imp.*; воло́чь(ся) (-чу́(сь), -чи́шь(ся)) *imp.*; *v.t.* (*river etc.*) дра́гировать *imp.*; *n.* (*grapnel*) ко́шка; (*lure*) прима́нка; (*burden*) обу́за; (*brake*) тормозно́й башма́к (-а́); (*aeron.*) лобово́е сопротивле́ние; *d.-net*, бре́день (-дня) *m.*

dragon *n.* драко́н; *d.-fly*, стрекоза́ (*pl.* -зы).

dragoon *n.* драгу́н (*gen.pl.* -н (*collect.*) & -нов).

drain *n.* водосто́к; (*leakage, also fig.*) уте́чка; *d.-pipe*, водосто́чная труба́ (*pl.* -бы); *v.t.* осуша́ть *imp.*, осуши́ть (-шу́, -шишь) *perf.* **drainage** *n.* сток, канализа́ция; дрена́ж.

drake *n.* се́лезень (-зня) *m.*

dram *n.* глото́к (-тка́).

drama *n.* дра́ма. **dramatic** *adj.* драмати́ческий. **dramatis personae** *n.* де́йствующие ли́ца *neut.pl.* **dramatist** *n.* драмату́рг. **dramatize** *v.t.* инсцени́ровать *imp.*, *perf.*; (*fig.*) преувели́чивать *imp.*, преувели́чить *perf.*

drape *v.t.* драпирова́ть *imp.*, за~ *perf.*; *n.* драпиро́вка. **draper** *n.* торго́вец (-вца) тка́нями. **drapery** *n.* драпиро́вка; (*cloth*; *collect.*) тка́ни *f.pl.*

drastic *adj.* круто́й (крут, -а́, -о), радика́льный.

drat *interj.* чёрт возьми́! **dratted** *adj.* прокля́тый.

draught *n.* (*drink*) глото́к (-тка́); (*air*) тя́га, сквозня́к (-а́); (*naut.*) оса́дка; *pl.* (*game*) ша́шки *f.pl.*; *see also* **draft**; *be in a d.*, быть на сквозняке́; *d. animals*, тя́гло *collect.*; *d. beer*, пи́во из бо́чки; *d. horse*, ломова́я ло́шадь (*pl.* -ди, -де́й, *instr.* -дьми́). **draughtsman** *n.* (*person*) чертёжник; (*counter*) ша́шка. **draughty** *adj.*: *it is d. here*, здесь ду́ет.

draw *n.* (*action*) вытя́гивание; (*lottery*) лотере́я; (*attraction*) прима́нка; (*drawn game*) ничья́; *v.t.* (*pull*) тяну́ть (-ну́, -нешь) *imp.*, по~ *perf.*; таска́ть *indet.*, тащи́ть (-щу́, -щишь) *det.*; (*curtains*) задёргивать *imp.*, задёрнуть *perf.* (занаве́ски); (*attract*) привлека́ть *imp.*, привле́чь (-еку́, -ечёшь; -ёк, -екла́) *perf.*; (*pull out*) выта́скивать *imp.*, вы́тащить *perf.*; (*sword*) обнажа́ть *imp.*, обнажи́ть *perf.*; (*lots*) броса́ть *imp.*, бро́сить *perf.* (жре́бий); (*water*, *inspiration*) че́рпать *imp.*, черпну́ть *perf.*; (*game*) конча́ть *imp.*, ко́нчить *perf.* (игру́) вничью́; (*evoke*) вызыва́ть *imp.*, вы́звать (вы́зову, -вешь) *perf.*; (*conclusion*) выводи́ть (-ожу́, -о́дишь) *imp.*, вы́вести (-еду, -едешь; -ел) *perf.* (заключе́ние); (*fowl*) потроши́ть *imp.*, вы~ *perf.*; (*diagram*) черти́ть (-рчу́, -ртишь) *imp.*, на~ *perf.*; (*picture*) рисова́ть *imp.*, на~ *perf.*; *d. aside*, отводи́ть (-ожу́, -о́дишь) *imp.*, отвести́ (-еду́, -едёшь; -ёл, -ела́) *perf.* в сто́рону; *d. back* (*withdraw*) отступа́ть *imp.*, отступи́ть (-плю́, -пишь) *perf.*; *d. in* (*involve*) вовлека́ть *imp.*, вовле́чь (-еку́, -ечёшь; -ёк, -екла́) *perf.*; *d. up* (*document*) составля́ть *imp.*, соста́вить *perf.* **drawback** *n.* недоста́ток (-тка), поме́ха. **drawbridge** *n.* подъёмный мост (мо́ста́, *loc.* -у́; *pl.* -ы́). **drawer** *n.* (*person*) чертёжник, рисова́льщик; (*of table etc.*) выдвижно́й я́щик; *pl.* кальсо́ны (-н) **drawing** *n.* (*action*) рисова́ние, черче́ние; (*object*) рису́нок (-нка), чертёж (-а́); *d.-board*, чертёжная доска́ (*acc.* -ску́; *pl.* -ски, -со́к, -ска́м); *d.-pen*, рейсфе́дер; *d.-pin*, кно́пка; *d.-room*, гости́ная *sb.*

drawl *n.* протя́жное, ме́дленное произноше́ние; *v.i.* растя́гивать *imp.*, растяну́ть (-ну́, -нешь) *perf.* слова́.

dray *n.* подво́да; *d.-horse*, ломова́я ло́шадь (*pl.* -ди, -де́й, *instr.* -дьми́). **drayman** *n.* ломово́й изво́зчик.

dread *n.* страх; *v.t.* боя́ться (бою́сь, бои́шься) *imp.* + *gen.* **dreadful** *adj.* стра́шный (-шен, -шна́, -шно, стра́шны́).

dreadnought *n.* дредно́ут.

dream *n.* сон (сна); мечта́ (*gen.pl.* -а́ний); *v.t.* ви́деть (ви́жу, -дишь) *imp.*, у~ *perf.* сон; *d. of*, ви́деть (ви́жу, ви́дишь) *imp.*, у~ *perf.* во сне́; (*fig.*) мечта́ть *imp.* о + *prep.* **dreamer** *n.* мечта́тель *m.*, фантазёр.

dreariness *n.* тоскли́вость. **dreary** *adj.* тоскли́вый, ску́чный (-чен, -чна́, -чно).

dredge[1] *v.t.* (*river etc.*) драги́ровать *imp.*, *perf.* **dredger**[1] *n.* землечерпа́лка; дра́га.

dredge[2] *v.t.* (*sprinkle*) посыпа́ть *imp.*, посы́пать (-плю, -плешь) *perf.* **dredger**[2] *n.* си́течко (*pl.* -чки, -чек, -чкам).

dreg *n.*: *pl.* оса́дки (-ков) *pl.*, отбро́сы (-сов) *pl.* *d. of society*, подо́нки (-ков) *pl.* о́бщества.

drench *v.t.* (*wet*) прома́чивать *imp.*, промочи́ть (-чу́, -чишь) *perf.*; *get drenched*, промока́ть *imp.*, промо́кнуть (-к) *perf.*

dress *n.* пла́тье (*gen.pl.* -в), оде́жда; *d. circle*, бельэта́ж; *d. coat*, фрак; *dressmaker*, портни́ха; *d. rehearsal*, генера́льная репети́ция; *v.t. & i.* одева́ть(ся) *imp.*, оде́ть(ся) (-е́ну(сь), -е́нешь(ся)) *perf.*; *v.t.* (*cul.*) приправля́ть *imp.*, припра́вить *perf.*; (*med.*) перевя́зывать *imp.*, перевяза́ть (-яжу́, -я́жешь) *perf.*; *v.i.* (*mil.*) равня́ться *imp.*, ~ ша.

dresser[1] *n.* (*theat.*) костюме́р, -ша.

dresser[2] *n.* ку́хонный шкаф (*loc.* -у́; *pl.* -ы́).

dressing *n.* (*cul.*) припра́ва; (*med.*) перевя́зка; *d.-case*, несессе́р; *d. down*, вы́говор; *d.-gown*, хала́т; *d.-room*, убо́рная *sb.*; *d.-station*, перевя́зочный пункт; *d.-table*, туале́тный стол (-а́).

dribble *v.i.* (*water*) ка́пать *imp.*; (*child*) пуска́ть *imp.*, пусти́ть (пущу́, пу́стишь) *perf.* слю́ни; (*sport*) вести́ (веду́, -дёшь; вёл, -а́) *imp.* мяч. **driblet** *n.* ка́пелька.

dried *adj.* сушёный. **drier** *n.* суши́лка.

drift *n.* тече́ние; (*naut.*) дрейф; (*aeron.*) снос; (*inaction*) безде́йствие; (*purpose*) тенде́нция; (*meaning*) смысл; (*snow*) сугро́б; (*sand*) нано́с; *v.i.* плыть (плыву́, -вёшь; плыл, -а́, -о) *imp.* по

drill *n.* сверло́ (*pl.* -ёрла), дрель, бур; *v.t.* сверли́ть *imp.*, про~ *perf.*
drill[2] *n.* (*agr. machine*) се́ялка.
drill[3] *v.t.* (*mil.*) обуча́ть *imp.*, обучи́ть (-чу́, -чишь) *perf.* строю; муштрова́ть *imp.*, вы~ *perf.*; *v.i.* проходи́ть (-ожу́, -о́дишь) *imp.*, пройти́ (-ойду́, -ойдёшь; -ошёл, -ошла́) *perf.* строевую подгото́вку; *n.* строева́я подгото́вка.
drink *n.* питьё, напи́ток (-тка), (*mouthful*) глото́к (-тка́), (*strong*) d., спиртно́й напи́ток (-тка), soft d., безалкого́льный напи́ток (-тка); *v.t.* пить (пью, пьёшь; пил, -а́, -о) *imp.*, вы́~ *perf.* (*to excess*, си́льно), (*plants; fig.*) впи́тывать *imp.*, впита́ть *perf.* **drinking** *in comb.*: d.-bout, запо́й; d.-song, засто́льная пе́сня (*gen.pl.* -сен); d.-water, питьева́я вода́ (*acc.* -ду).
drip *n.* (*action*) ка́панье, (*object*) ка́пля (*gen.pl.* -пель); *v.i.* ка́пать *imp.*, ка́пнуть *perf.*; d.-dry, быстросо́хнущий. **dripping** *n.* (*fat*) жир *m.* (*a*(*y*), *loc.* -е́ & -ю́); d. wet, промо́кший наскво́зь.
drive *n.* (*journey*) езда́, (*excursion*) ката́нье, прогу́лка, (*campaign*) похо́д, кампа́ния, (*energy*) эне́ргия, (*tech.*) при́вод, (*driveway*) подъездна́я доро́га, *v.t.* (*urge; chase*) гоня́ть *indet.*, гнать (гоню́, -нишь; гнал, -а́, -о) *det.*; (*vehicle*) води́ть (вожу́, во́дишь) *indet.*, вести́ (веду́, -дёшь; вёл, -а́) *det.*; управля́ть *imp.*+*instr.*; (*convey*) вози́ть (вожу́, во́зишь) *indet.*, везти́ (везу́, -зёшь; вёз, -ла́) *det.*, по~ *perf.*; *v.i.* (*travel*) е́здить *indet.*, е́хать (е́ду, е́дешь) *det.*, по~ *perf.*; *v.t.* (*compel*) заставля́ть *imp.*, заста́вить *perf.*; (*nail etc.*) вбива́ть *imp.*, вбить (вобью́, -ьёшь) *perf.* (into, в+*acc.*); (*machine*) приводи́ть (-ожу́, -о́дишь) *imp.*, привести́ (-еду́, -едёшь; -ёл, -ела́) *perf.* в движе́ние (*by steam etc.*, +*instr.*); d. away, *v.t.* прогоня́ть *imp.*, прогна́ть (прогоню́, -нишь; прогна́л, -а́, -о) *perf.*; *v.i.* уезжа́ть *imp.*, уе́хать (-е́ду, -е́дешь) *perf.*; d. out, *v.t.* (*knock out*) выбива́ть *imp.*, вы́бить (вы́бью, -ьешь) *perf.*; (*expel*) выгоня́ть *imp.*, вы́гнать (вы́гоню, -нишь) *perf.*; d. up, подъезжа́ть *imp.*, подъе́хать (-е́ду, -е́дешь) *perf.* (to, к+*dat.*).
drivel *n.* чепуха́; *v.i.* поро́ть (-рю́, -решь) *imp.* чепуху́.
driver *n.* (*of vehicle*) води́тель *m.*, шофёр. **driving** *n.* вожде́ние; ката́ние; *adj.* дви́жущий; d.-belt, приводно́й реме́нь (-мня́) *m.*; d. force, дви́жущая си́ла; d. licence, води́тельские права́ *neut.pl.*; d.-wheel, веду́щее колесо́ (*pl.* -ёса).
drizzle *n.* ме́лкий дождь (-дя́) *m.*; *v.i.* мороси́ть *imp.*
droll *adj.* смешно́й (-шо́н, -шна́), заба́вный. **drollery** *n.* шу́тка.
dromedary *n.* дромаде́р.
drone *n.* (*bee*) (*idler*) тру́тень (-тня) *m.*; (*buzz*) жужжа́ние; *v.i.* (*buzz*) жужжа́ть (-жжу́, -жжи́шь) *imp.*, (*mutter*) бубни́ть *imp.*
drool *v.i.* пуска́ть *imp.*, пусти́ть (пущу́, пу́стишь) *perf.* слю́ни.
droop *v.i.* никну́ть (-ик) *imp.*, по~, с~ *perf.*
drop *n.* (*of liquid*) ка́пля (*gen.pl.* -пель); (*pendant*) висю́лька, (*sweet*) леденцы́ (-нца́); (*fall*) паде́ние, пониже́ние; *v.t.* & *i.* ка́пать *imp.*, ка́пнуть *perf.*; (*price*) снижа́ть(ся) *imp.*, сни́зить(ся) *perf.*; *v.i.* (*fall*) па́дать *imp.*, упа́сть (-аду́, -адёшь; -а́л) *perf.*; *v.t.* роня́ть *imp.*, урони́ть (-ню́, -нишь) *perf.*; (*abandon*) броса́ть *imp.*, бро́сить *perf.*; (*eyes*) опуска́ть *imp.*, опусти́ть (-ущу́, -у́стишь) *perf.*; d. behind, отстава́ть (-таю́, -таёшь) *imp.*, отста́ть (-а́ну, -а́нешь) *perf.*; d. in, заходи́ть (-ожу́, -о́дишь) *imp.*, зайти́ (зайду́, -дёшь; зашёл, -шла́) *perf.* (on, к+*dat.*); d. off, (*fall asleep*) засыпа́ть *imp.*, засну́ть (-ну́, -нёшь) *perf.*; d. out, выбыва́ть *imp.*, вы́быть (-буду, -будешь) *perf.* (of, из+*gen.*); d.-out, *sb.* выбыва́ющий. **droplet** *n.* ка́пелька. **dropper** *n.* пипе́тка. **droppings** *n.* помёт, наво́з (-а(у)).
dropsy *n.* водя́нка.

dross *n.* шлак; (*refuse*) отбро́сы (-сов) *pl.*

drought *n.* за́суха; **d.-resistant,** засухоусто́йчивый.

drove *n.* ста́до (*pl.* -да́), гурт (-а́). **drover** *n.* гуртовщи́к (-а́).

drown *v.t.* топи́ть (-плю́, -пишь) *imp.*, у ~ *perf.*; (*sound*) заглуша́ть *imp.*, заглуши́ть *perf.*; *v.i.* тону́ть (-ну́, -нешь) *imp.*, у ~ *perf.*

drowse *v.i.* дрема́ть (-млю́, -млешь) *imp.* **drowsiness** *n.* сонли́вость, дремо́та. **drowsy** *adj.* сонли́вый, дре́млющий.

drub *v.t.* поро́ть (-рю́, -решь) *imp.* вы ~ *perf.*

drudge *n.* рабо́тя́га. **drudgery** *n.* тяжё́лая, ну́дная, рабо́та.

drug *n.* медикаме́нт; нарко́тик; **d. addict,** наркома́н, ~ ка; *v.t.* дава́ть (даю́, даё́шь) *imp.*, дать (дам, дашь, даст, дади́м; дал, -а́, да́ло́, -и) *perf.* нарко́тик + *dat.*

druid *n.* друи́д.

drum *n.* бараба́н; *v.i.* бить (бью, бьёшь) *imp.* в бараба́н; бараба́нить *imp.* **drummer** *n.* бараба́нщик.

drunk *adj.* пья́ный (пьян, -а́, -о). **drunkard** *n.* пья́ница *m. & f.* **drunken** *adj.* пья́ный. **drunkenness** *n.* пья́нство.

dry *adj.* сухо́й (сух, -а́, -о); **d.-cleaning,** химчи́стка; **d. lend,** су́ша; *v.t.* суши́ть (-шу́, -шишь) *imp.*, вы́ ~ *perf.*; (*wipe dry*) вытира́ть *imp.*, вы́тереть (-тру, -трешь; -тер) *perf.*; *v.i.* со́хнуть (сох) *imp.*, вы́ ~, про ~ *perf.* **drying** *n.* су́шка; *adj.* суши́льный. **dryness** *n.* су́хость.

dual *adj.* двойно́й, дво́йственный (-ен, -енна); **d.-purpose,** двойно́го назначе́ния. **duality** *n.* дво́йственность, раздво́енность.

dub¹ *v.t.* дава́ть (даю́, даё́шь) *imp.*, дать (дам, дашь, даст, дади́м; дал, -а́, да́ло́, -и) *perf.* про́звище + *dat.*

dub² *v.t.* (*cin.*) дубли́ровать *imp., perf.* **dubbing** *n.* дубля́ж.

dubious *adj.* сомни́тельный.

ducal *adj.* ге́рцогский. **duchess** *n.* герцоги́ня. **duchy** *n.* ге́рцогство.

duck¹ *n.* (*bird*) у́тка.

duck² *v.t.* окуна́ть *imp.*, окуну́ть *perf.*; *v.i.* увё́ртываться *imp.*, уверну́ться *perf.* от уда́ра.

duck³ *n.* (*cloth*) паруси́на.

duckling *n.* утё́нок (-нка; *pl.* утя́та, -т).

duct *n.* прохо́д, трубопрово́д; (*anat.*) прото́к.

ductile *adj.* (*metal*) ко́вкий (-вок, -вка́, -вко); (*clay*) пласти́чный. **ductility** *n.* ко́вкость, пласти́чность.

dud *n.* (*forgery*) подде́лка; (*shell*) неразорва́вшийся снаря́д; *adj.* подде́льный; (*worthless*) него́дный (-ден, -дна́, -дно).

dudgeon *n.* оби́да, возмуще́ние; **in high d.,** в глубо́ком возмуще́нии.

due *n.* до́лжное *sb.*; *pl.* сбо́ры *m.pl.*, взно́сы *m.pl.*; *adj.* до́лжный, надлежа́щий; *predic.* до́лжен (-жна́); **in d. course,** со вре́менем; *adv.* то́чно, пря́мо; **d. to,** благодаря́ + *dat.*, всле́дствие + *gen.*

duel *n.* дуэ́ль, поеди́нок (-нка).

duet *n.* дуэ́т.

duffer *n.* дура́к (-а́), недотё́па *m. & f.*

dug-out *n.* (*boat*) челно́к (-а́); (*mil.*) блинда́ж (-а́).

duke *n.* ге́рцог; **Grand D.,** вели́кий князь (*pl.* -зья́, -зе́й) *m.* **dukedom** *n.* ге́рцогство.

dulcet *adj.* сла́дкий (-док, -дка́, -дко), не́жный (-жен, -жна́, -жно, не́жны́).

dulcimer *n.* цимба́лы (-л) *pl.*

dull *adj.* тупо́й (туп, -а́, -о, ту́пы́); (*tedious*) ску́чный (-чен, -чна́, -чно); (*colour*) ту́склый (-л, -ла́, -ло), ма́товый; (*weather*) па́смурный; *v.t.* притупля́ть *imp.*, притупи́ть (-плю́, -пишь) *perf.* **dullard** *n.* ту́пица *m. & f.* **dullness** *n.* ту́пость; ску́чность.

duly *adv.* надлежа́щим о́бразом; (*punctually*) в до́лжное вре́мя, своевре́менно.

dumb *adj.* немо́й (нем, -а́, -о); (*taciturn*) молчали́вый; **deaf and d.,** глухонемо́й; **d.-bell,** ганте́ль. **dumbfound** *v.t.* ошеломля́ть *imp.*, ошеломи́ть *perf.*

dummy *n.* маке́т; (*tailor's*) манеке́н; (*cards*) болва́н; (*baby's*) со́ска (-пус-

dump ... тышка); *adj.* ненастоящий, фальшивый.

dump *n.* свалка; *v.t.* сваливать *imp.*, свалить (-лю, -лишь) *perf.* **dumping** *n.* (*econ.*) демпинг, бросовый экспорт.

dumpling *n.* клёцка.

dumpy *adj.* толстый (толст, -á, -о, толсты), коренастый.

dun *adj.* серовато-коричневый.

dunce *n.* болван, тупица *m. & f.*

dune *n.* дюна.

dung *n.* помёт, навоз (-а(у)).

dungarees *n.* рабочие брюки (-к) *pl.* на помочах.

dungeon *n.* темница.

dunk *v.t.* макать *imp.*, макнуть *perf.*

dupe *v.t.* обманывать *imp.*, обмануть (-ну, -нешь) *perf.*; *n.* жертва обмана, простофиля *m. & f.*

duplicate *n.* дубликат, копия; *in d.*, в двух экземплярах; *adj.* (*double*) двойной; (*identical*) идентичный; *v.t.* дублировать *imp.*, снимать *imp.*, снять (сниму, -мешь; снял, -а, -о) *perf.* копию с + *gen.* **duplicator** *n.* копировальный аппарат. **duplicity** *n.* двуличность.

durability *n.* прочность. **durable** *adj.* прочный (чен, -чна, -чно, прочны).

duration *n.* продолжительность; срок (-а(у)).

duress *n.* принуждение; *under d.*, под давлением.

during *prep.* в течение + *gen.*, во время + *gen.*

dusk *n.* сумерки (-рек) *pl.*, сумрак. **dusky** *adj.* сумеречный; тёмный (-мен, -мна); (*complexion*) смуглый (смугл, -á, -о).

dust *n.* пыль (*loc.* -и); **dustbin**, мусорный ящик; *d.-jacket*, суперобложка; **dustman**, мусорщик; *d.-pan*, совок (-вкá); *v.t.* (*clean*) стирать *imp.*, стереть (сотру, -рёшь; стёр) *perf.* пыль с + *gen.*; (*sprinkle*) посыпать *imp.*, посыпать (-плю, -плешь) *perf.* + *instr.* **duster** *n.* пыльная тряпка.

dusting *n.* вытирание, смахивание, пыли. **dusty** *adj.* пыльный (-лен, -льна, -льно), запылённый (-ён, -ена)

Dutch *adj.* голландский; *D. courage*, храбрость по хмелю; *D. treat*, складчина; *n.*: *the D.*, голландцы *m.pl.* **Dutchman** *n.* голландец (-дца).

dutiable *adj.* подлежащий обложению пошлиной. **dutiful** *adj.* послушный.

duty *n.* (*obligation*) долг (-а(у), *loc.* -ý; *pl.* -и); *(office)* дежурство; *(tax)* пошлина; *on d.*, дежурный; *be on d.*, дежурить *imp.*; *do one's d.*, исполнять *imp.*, исполнить *perf.* свой долг; *d.-free*, беспошлинный; *d.-paid*, оплаченный пошлиной.

dwarf *n.* карлик, -ица; *adj.* карликовый; *v.t.* (*stunt*) останавливать *imp.*, остановить (-влю, -вишь) *perf.* рост, развитие, + *gen.*; (*tower above*) возвышаться *imp.*, возвыситься *perf.* над + *instr.*

dwell *v.i.* обитать *imp.*; *d. upon*, останавливаться *imp.* на + *prep.* **dweller** *n.* житель *m.*, -ница. **dwelling** *n.* (*d.-place*) местожительство; *d.-house*, жилой дом (-а(у); *pl.* -á).

dwindle *v.i.* убывать *imp.*, убыть (убуду, -дешь; убыл, -á, -о) *perf.*

dye *n.* краситель *m.*, краска; *d.-works*, красильня (*gen.pl.* -лен); *v.t.* окрашивать *imp.*, окрасить *perf.*; *dyed-in-the-wool*, (*fig.*) закоренелый. **dyeing** *n.* крашение. **dyer** *n.* красильщик.

dying *adj.* умирающий; (*at time of death*) предсмертный; *n.* умирание, угасание; *d.-out*, вымирание.

dynamic *adj.* динамический. **dynamics** *n.* динамика.

dynamite *n.* динамит; *v.t.* взрывать, *imp.*, взорвать (-ву, -вёшь; взорвал, -á, -о) *perf.* динамитом.

dynamo *n.* динамо-машина.

dynastic *adj.* династический; *n.* династия.

dysentery *n.* дизентерия.

dyspepsia диспепсия. **dyspeptic** *n.*, *adj.* страдающий (*sb.*) диспепсией.

E

E *n.* (*mus.*) ми *neut.indecl.*
each *adj.*, *pron.* каждый; e. other, друг друга (*dat.* -гу, *etc.*).
eager *adj.* стремящийся (for, к + *dat.*); (*impatient*) нетерпеливый. **eagerness** *n.* пыл (-а(у), *loc.* -ý), рвение.
eagle *n.* орёл (орла), орлица; e.-eyed, зоркий (-рок, -рка, -рко); e.-owl, филин. **eaglet** *n.* орлёнок (-нка, *pl.* орлята, -т).
ear[1] *n.* (*corn*) колос (*pl.* -осья, -осьев); *v.i.* колоситься *imp.*, вы~ *perf.*
ear[2] *n.* (*organ*) ухо (*pl.* уши, ушей); (*sense*) слух; by e., по слуху; to be all ears, слушать *imp.* во все уши; earache, боль в ухе; e.-drum, барабанная перепонка; earless, безухий; e.-lobe, мочка; earmark, клеймо (*pl.* -ма); клеймить *imp.*, за~ *perf.*; (*assign*) предназначать *imp.*, предназначить *perf.*; earphone, наушник; e-ring, серьга (*pl.* -рьги, -рёг, -рьгам); earshot: within e., в пределах слышимости; out of e., вне пределов слышимости; e.-splitting, оглушительный.
earl *n.* граф. **earldom** *n.* графство, титул графа.
early *adj.* ранний; (*initial*) начальный; *adv.* рано.
earn *v.t.* зарабатывать *imp.*, заработать *perf.*; (*deserve*) заслуживать *imp.*, заслужить (-жу, -жишь) *perf.* **earnings** *n.* заработок (-тка).
earnest *adj.* серьёзный; *n.:* in e., всерьёз.
earth *n.* земля (*acc.* -лю); (*soil*) почва; (*fox's*) нора (*pl.* -ры); (*electr.*) заземление; *v.t.* заземлять *imp.*, заземлить *perf.*; e. up, окучивать *imp.*, окучить *perf.* **earthen** *adj.* земляной. **earthenware** *n.* глиняная посуда (*collect.*); *adj.* глиняный. **earthly** *adj.* земной, житейский. **earth-moving** *adj.* землеройный. **earthquake** *n.* землетрясение. **earthwork** *n.* земляное укрепление. **earthworm** *n.* земляной червь (-вя; *pl.* -ви, -вей) *m.* **earthy** *adj.* земляной, (*coarse*) грубый (-б, -а, -о).

earwig *n.* уховёртка.
ease *n.* (*facility*) лёгкость; (*unconstraint*) непринуждённость; at e., *interj.* вольно! with e., легко, без труда; *v.t.* облегчать *imp.*, облегчить *perf.*
easel *n.* мольберт.
east *n.* восток; (*naut.*) ост; *adj.* восточный, остовский. **eastern** *adj.* восточный. **eastwards** *adv.* на восток, к востоку.
Easter *n.* пасха.
easy *adj.* лёгкий (-гок, -гка, -гко, лёгки); (*unconstrained*) непринуждённый (-ён, -ённа); e.-going, добродушный.
eat *v.t.* есть (ем, ешь, ест, едим; ел) *imp.*, съ~ *perf.*; кушать *imp.*, по~, с~ *perf.*; e. away, разъедать *imp.*, разъесть (-ест; -éл) *perf.*; e. into, въедаться *imp.*, въесться (-ется -елся) *perf.* в + *acc.*; e. up, доедать *imp.*, доесть (-ём, -ёшь, -ёст, -едим; -ёл) *perf.* **eatable** *adj.* съедобный.
eau-de-Cologne *n.* одеколон.
eaves *n.* стреха (*pl.* -и). **eavesdrop** *v.t.* подслушивать *imp.*, подслушать *perf.*
ebb *n.* (*tide*) отлив; (*fig.*) упадок (-дка).
ebony *n.* чёрное дерево.
ebullience *n.* кипучесть. **ebullient** *adj.* кипучий.
eccentric *n.* чудак (-а), -ачка, (*tech.*) эксцентрик; *adj.* эксцентричный. **eccentricity** *n.* эксцентричность, чудачество.
ecclesiastic *n.* духовное лицо (*pl.* -ца). **ecclesiastical** *adj.* духовный, церковный.
echelon *n.* эшелон; *v.t.* эшелонировать *imp., perf.*
echo *n.* эхо; (*imitation*) отклик; e.-sounder, эхолот; *v.i.* (*resound*) оглашаться *imp.*, огласиться *perf.* эхом; *v.t.* & *i.* (*repeat*) повторять(ся) *imp.*, повторить(ся) *perf.*
eclipse *n.* затмение; (*fig.*) упадок (-дка); *v.t.* затмевать *imp.*, затмить *perf.*

economic *adj.* экономи́ческий, хозя́йственный; (*profitable*) рента́бельный.
economical *adj.* экономный, бережли́вый. **economist** *n.* экономи́ст. **economize** *v.t. & i.* эконо́мить *imp.*, с~ *perf.*
economy *n.* хозя́йство, эконо́мика; (*saving*) эконо́мия, сбереже́ние.
ecstasy *n.* экста́з, восхище́ние. **ecstatic** *adj.* исступлённый (-ён, -ённа).
eddy *n.* (*water*) водоворо́т; (*wind*) вихрь *m.*; *v.i.* (*water*) крути́ться (-ится) *imp.*; (*wind*) клуби́ться *imp.*
edelweiss *n.* эдельве́йс.
edge *n.* край (*loc.* -áе & -аю́; *pl.* -ая́), кромка; (*blade*) ле́звие; (*on e., excited*) взволно́ванный (-ан); (*irritable*) раздражённый (-ён, -ена́); (*of sharpen*) точи́ть (-чу́, -чишь) *imp.*, на~ *perf.*; (*border*) окаймля́ть *imp.*, окайми́ть *perf.*; *v.i.* пробира́ться *imp.*, -беру́сь, -берёшься, -а́лся, -ала́сь, -а́лось) *perf.* **edging** *n.* кайма́. **edgy** *adj.* раздражи́тельный.
edible *adj.* съедо́бный.
edict *n.* ука́з.
edification *n.* назида́ние. **edifice** *n.* зда́ние, сооруже́ние. **edify** *v.t.* наставля́ть *imp.*, наста́вить *perf.* **edifying** *adj.* назида́тельный.
edit *v.t.* редакти́ровать *imp.*, от~ *perf.*; (*cin.*) монти́ровать *imp.*, с~ *perf.* **edition** *n.* изда́ние; (*number of copies*) тира́ж (-а́). **editor** *n.* реда́ктор. **editorial** *n.* передова́я статья́; *adj.* реда́кторский, редакцио́нный.
educate *v.t.* воспи́тывать *imp.*, воспита́ть *perf.* **educated** *adj.* образо́ванный (-ан, -анна). **education** *n.* (*instruction*) обуче́ние. **educational** *adj.* воспита́тельный, уче́бный.
eel *n.* у́горь (угря́) *m.*
eerie *adj.* (*gloomy*) мра́чный (-чен, -чна́, -чно); (*strange*) стра́нный (-нен, -нна́, -нно).
efface *v.t.* изгла́живать *imp.*, изгла́дить *perf.*; *e. oneself*, стушёвываться *imp.*, стушева́ться (-шу́юсь, -шу́ешься) *perf.*
effect *n.* (*result*) сле́дствие; (*efficacy*) де́йствие; (*impression*; *theat.*, *cin.*) эффе́кт; *pl.* иму́щество, (*personal*)

ли́чные ве́щи (-ще́й) *f.pl.*; *in e.*, факти́чески; *bring into e.*, осуществля́ть *imp.*, осуществи́ть *perf.*; *take e.*, вступа́ть *imp.*, вступи́ть (-ит) *perf.* в си́лу; *v.t.* производи́ть (-ожу́, -о́дишь) *imp.*, произвести́ (-еду́, -едёшь; -ёл, -ела́) *perf.* **effective** *adj.* де́йственный (-ен, -енна), эффекти́вный; (*striking*) эффе́ктный; (*actual*) факти́ческий (-ен, -енна).
effectiveness *n.* де́йственность, эффекти́вность. **effectual** *adj.* де́йственный (-ен, -енна).
effeminate *adj.* изне́женный (-ен, -енна).
effervesce *v.i.* пе́ниться *imp.* **effervescent** *adj.* шипу́чий.
efficacious *adj.* де́йственный (-ен, -енна), эффекти́вный. **efficacy** *n.* де́йственность, эффекти́вность. **efficiency** *n.* де́йственность, эффекти́вность; (*of person*) уме́ние; (*mech.*) коэффицие́нт поле́зного де́йствия.
efficient *adj.* де́йственный (-ен, -енна), эффекти́вный; (*person*) уме́лый.
effigy *n.* изображе́ние.
effort *n.* (*exertion*) уси́лие; (*attempt*) попы́тка.
effrontery *n.* на́глость.
egg[1] *n.* яйцо́ (*pl.* я́йца, яи́ц, я́йцам) *attrib.* яи́чный; *e.-beater*, взбива́лка; *e.-cup*, рю́мка для яйца́; *e.-plant*, баклажа́н; **eggshell**, яи́чная скорлупа́ (*pl.* -пы).
egg[2] *v.t.*: *e. on*, подстрека́ть *imp.*, подстрекну́ть *perf.*
egret *n.* бе́лая ца́пля (*gen.pl.* -пель).
Egyptian *n.* египтя́нин (*pl.* -я́не, -я́н), -я́нка; *adj.* еги́петский.
eider *n.* (*duck*) га́га; (*e.-down*), гага́чий пух (*loc.* -у́). **eiderdown** *n.* (*quilt*) пухо́вое одея́ло.
eight *adj., n.* во́семь (-сьми́, -семью́ & -сьмью́); (*collect.*; *8 pairs*) во́сьмеро (-ры́х); (*cards*; *boat*; *number 8*) восьмёрка; (*time*) во́семь (часо́в); (*age*) во́семь лет. **eighteen** *adj., n.* восемна́дцать (-ти, -тью), (*age*) восемна́дцать лет. **eighteenth** *adj., n.* восемна́дцатый; (*date*) восемна́дцатое (число́). **eighth** *adj., n.* (*fraction*) восьма́я (часть, *pl.* -ти, -те́й); (*date*) восьмо́е (число́). **eightieth** *adj., n.* восьмидеся́тый. **eighty** *adj., n.* восемьдесят

either (-сьми́десяти, -сьмью́десятью); (*age*) восемьдесят лет; *pl.* (*decade*) восьмидеся́тые го́ды (-до́в) *m.pl.*
either *adj., pron.* (*one of two*) оди́н из двух, тот или друго́й; (*each of two*) и тот, и друго́й; о́ба; любо́й; *adv., conj.*: *e. . . . or*, и́ли…и́ли, ли́бо…ли́бо.
eject *v.t.* извергáть *imp.*, изве́ргнуть (-г(ну)л, -гла) *perf.* **ejection** *n.* извержéние; *e. seat*, катапульти́руемое кре́сло (*gen.pl.* -сел).
eke *v.t.*: *e. out a living*, перебива́ться *imp.*, переби́ться (-бью́сь, -бьёшься) *perf.* кое-ка́к.
elaborate *adj.* (*complicated*) сло́жный (-жен, -жна́, -жно); (*detailed*) подро́бный; *v.t.* разраба́тывать *imp.*, разрабо́тать *perf.*; уточня́ть *imp.*, уточни́ть *perf.* **elaboration** *n.* разрабо́тка, уточне́ние.
elapse *v.i.* проходи́ть (-о́дит) *imp.*, пройти́ (пройдёт; прошёл, -шла́) *perf.*; истека́ть *imp.*, исте́чь (-ечёт; -ёк, -екла́) *perf.*
elastic *n.* рези́нка; *adj.* эласти́чный, упру́гий. **elasticity** *n.* эласти́чность, упру́гость.
elate *v.t.* возбужда́ть *imp.*, возбуди́ть *perf.* **elation** *n.* восто́рг.
elbow *n.* ло́коть (-ктя; *pl.* -кти, -кте́й) *m.*; *v.t.* толка́ть *imp.*, толкну́ть *perf.* ло́ктем, -тя́ми; *e.* (*one's way*) *through*, прота́лкиваться *imp.*, протолкну́ться *perf.* че́рез + *acc.*
elder[1] *n.* (*tree*) бузина́; *e.-berry*, я́года бузины́.
elder[2] *n.* (*person*) ста́рец (-рца); *pl.* ста́ршие *sb.*; *adj.* ста́рший. **elderly** *adj.* пожило́й. **eldest** *adj.* ста́рший.
elect *adj.* и́збранный; *v.t.* выбира́ть *imp.*, вы́брать (вы́беру, -решь) *perf.*; избира́ть *imp.*, избра́ть (изберу́, -рёшь, избра́л, -а́, -о) *perf.* **election** *n.* вы́боры *m.pl.*, избра́ние. *adj.* избира́тельный. **elective** *adj.* вы́борный. **elector** *n.* избира́тель *m.* **electoral** *adj.* избира́тельный, вы́борный. **electorate** *n.* избира́тели *m.pl.*
electric(**al**) *adj.* электри́ческий; *e. light*, электри́чество; *e. shock*, уда́р электри́ческим то́ком. **electrician** *n.*

104

эле́ктрик, электромонтёр. **electricity** *n.* электри́чество. **electrify** *v.t.* (*convert to electricity*) электрифици́ровать *imp., perf.*; (*charge with electricity, fig.*) электризова́ть *imp.*, на~ *perf.* **electrode** *n.* электро́д. **electron** *n.* электро́н. **electronic** *adj.* электро́нный. **electronics** *n.* электро́ника.
electro- *in comb.* электро-. **electrocute** *v.t.* убива́ть *imp.*, уби́ть (убью́, -бьёшь) *perf.* электри́ческим то́ком; (*execute*) казни́ть *imp., perf.* на электри́ческом сту́ле. **electrolysis** *n.* электро́лиз. **electrolyte** *n.* электроли́т. **electromagnetic** *adj.* электромагни́тный. **electrotype** *n.* (*print.*) гальва́но *neut.indecl.*
elegance *n.* элега́нтность, изя́щество. **elegant** *adj.* элега́нтный, изя́щный.
elegiac *adj.* элеги́ческий. **elegy** *n.* эле́гия.
element *n.* элеме́нт; (*4 e.s*) стихи́я; *pl.* (*rudiments*) нача́тки (-ков) *pl.*; *be in one's e.*, быть в свое́й стихи́и. **elemental** *adj.* стихи́йный. **elementary** *adj.* (*rudimentary*) элемента́рный; (*school etc.*) нача́льный.
elephant *n.* слон (-á), ~ и́ха. **elephantine** *adj.* сло́новый; (*clumsy*) тяжелове́сный, неуклю́жий.
elevate *v.t.* поднима́ть *imp.*, подня́ть (подниму́, -мешь; по́днял, -á, -о) *perf.*; (*in rank*) возводи́ть (-ожу́, -о́дишь) *imp.*, возвести́ (-еду́, -едёшь; -ёл, -ела́) *perf.* **elevation** *n.* подня́тие; возведе́ние; (*height*) высота́; (*angle*) у́гол (угла́) возвыше́ния; (*drawing*) вертика́льная прое́кция. **elevator** *n.* подъёмник; (*for grain*) элева́тор.
eleven *adj., n.* оди́ннадцать (-ти, -тью); (*time*) оди́ннадцать (часо́в); (*age*) оди́ннадцать лет; (*team*) кома́нда (из оди́ннадцати челове́к). **eleventh** *adj., n.* оди́ннадцатый; (*date*) оди́ннадцатое (число́); *at the e. hour*, в после́днюю мину́ту.
elf *n.* эльф.
elicit *v.t.* извлека́ть *imp.*, извле́чь (-еку́, -ечёшь; -ёк, -екла́) *perf.* (*from*, из + *gen.*); (*evoke*) вызыва́ть *imp.*, вы́звать (вы́зову, -вешь) *perf.*

eligibility n. пра́во на избра́ние. **eligible** adj. могу́щий, име́ющий пра́во, быть и́збранным.

eliminate v.t. (exclude) устраня́ть imp., устрани́ть perf.; (remove) уничтожа́ть imp., уничто́жить perf. **elimination** n. устране́ние; уничтоже́ние.

élite n. эли́та; adj. эли́тный.

elk n. лось (pl. -си, -се́й) m.

ellipse n. э́ллипс. **ellipsis** n. э́ллипсис. **elliptic(al)** adj. эллипти́ческий.

elm n. вяз.

elocution n. ора́торское иску́сство.

elongate v.t. удлиня́ть imp., удлини́ть perf.

elope v.i. сбега́ть imp., сбежа́ть (-егу́, -ежи́шь) perf. **elopement** n. (та́йный) побе́г.

eloquence n. красноре́чие. **eloquent** adj. красноречи́вый, вырази́тельный.

else adv. (besides) ещё; (instead) друго́й; (with neg.) бо́льше; nobody e., никто́ бо́льше; or e., ина́че; a (не) то; и́ли же; somebody e., кто́-нибудь друго́й; something e.? ещё что́-нибудь? **elsewhere** adv. (place) в друго́м ме́сте; (direction) в друго́е ме́сто.

elucidate v.t. по-, разъ-, ясня́ть imp., по-, разъ-, ясни́ть perf. **elucidation** n. по-, разъ-, ясне́ние.

elude v.t. избега́ть imp.+gen.; уклоня́ться imp., уклони́ться (-ню́сь, -нишься) perf. от+gen. **elusive** adj. неулови́мый.

emaciate v.t. истоща́ть imp., истощи́ть perf. **emaciation** n. истоще́ние.

emanate v.i. исходи́ть (-ит) imp. (from, из, от, +gen.); (light) излуча́ться imp., излучи́ться perf. **emanation** n. излуче́ние, эмана́ция.

emancipate v.t. освобожда́ть imp., освободи́ть perf.; эмансипи́ровать imp., perf. **emancipation** n. освобожде́ние, эмансипа́ция.

emasculate v.t. кастри́ровать imp., perf.; (fig.) выхола́щивать imp., вы́холостить perf. **emasculation** n. выхола́щивание.

embalm v.t. бальзами́ровать imp., на~ perf. **embalmer** n. бальзамиро́вщик. **embalmment** n. бальзамиро́вка.

embankment n. (river) да́мба, на́бережная sb.; (rly.) на́сыпь.

embargo n. эмба́рго neut.indecl.; v.t. накла́дывать imp., наложи́ть (-жу́, -жишь) perf. эмба́рго на+acc.

embark v.t. грузи́ть (-ужу́, -у́зишь) imp., по~ perf. на кора́бль; v.i. сади́ться imp., сесть (ся́ду, -дешь; сел) perf. на кора́бль; e. upon, предпринима́ть imp., предприня́ть (-иму́, -и́мешь; предпри́нял, -а́, -о) perf. **embarkation** n. поса́дка (на кора́бль).

embarrass v.t. смуща́ть imp., смути́ть (-ущу́, -ути́шь) perf.; (impede) затрудня́ть imp., затрудни́ть perf.; стесня́ть imp., стесни́ть perf. **embarrassing** adj. неудо́бный. **embarrassment** n. смуще́ние, замеша́тельство.

embassy n. посо́льство.

embed v.t. вставля́ть imp., вста́вить perf.; вде́лывать imp., вде́лать perf.

embellish v.t. (adorn) украша́ть imp., укра́сить perf.; (story) прикра́шивать imp., прикра́сить perf. **embellishment** n. украше́ние; преувеличе́ние.

embers n. горя́чая зола́, тле́ющие уголька́ m.pl.

embezzle v.t. растра́чивать imp., растра́тить perf. **embezzlement** n. растра́та. **embezzler** n. растра́тчик.

embitter v.t. ожесточа́ть imp., ожесточи́ть perf.

emblem n. эмбле́ма, си́мвол.

embodiment n. воплоще́ние, олицетворе́ние. **embody** v.t. воплоща́ть imp., воплоти́ть (-ощу́, -оти́шь) perf.; олицетворя́ть imp., олицетвори́ть perf.

emboss v.t. чека́нить imp., вы́~, от~ perf. **embossed** adj. чека́нный (-нен, -нна).

embrace v.t. обнима́ть imp., обня́ться (обни́мемся, -етесь; -ня́лся, -няла́сь) perf.; v.t. обнима́ть imp., обня́ть (-ниму́, -мешь; о́бнял, -а́, -о) perf.; (accept) принима́ть imp., приня́ть (приму́, -мешь; при́нял, -а́, -о) perf.; (comprise) охва́тывать imp., охвати́ть (-ачу́, -а́тишь) perf.

embrasure n. амбразу́ра.

embrocation n. жи́дкая мазь.

embroider

embroider *v.t.* (*cloth*) вышива́ть *imp.*, вы́шить (вы́шью, -ьешь) *perf.*; (*story*) прикра́шивать *imp.*, прикра́сить *perf.*
embroidery *n.* вышива́ние, вы́шивка; преувеличе́ние; *e. frame*, пя́льцы (-лец) *pl.*
embryo *n.* заро́дыш, эмбрио́н. **embryonic** *adj.* заро́дышевый, эмбриона́льный; (*fig.*) элемента́рный.
emend *v.t.* исправля́ть *imp.*, испра́вить *perf.* **emendation** *n.* исправле́ние.
emerald *n.* изумру́д; *adj.* изумру́дный.
emerge *v.i.* появля́ться *imp.*, появи́ться (-влю́сь, -вишься) *perf.* **emergence** *n.* появле́ние. **emergency** *n.* непредви́денный слу́чай; *in case of e.*, в слу́чае кра́йней необходи́мости; *state of e.*, чрезвыча́йное положе́ние; *e. brake*, экстренный то́рмоз (*pl.* -а́); *e. exit*, запа́сный вы́ход; *e. landing*, вы́нужденная поса́дка; *e. powers*, чрезвыча́йные полномо́чия *neut.pl.* **emergent** *adj.* появля́ющийся; (*nation*) неда́вно получи́вший незави́симость.
emeritus *adj.*: *e. professor*, заслу́женный профе́ссор (*pl.* -а́) в отста́вке.
emery *n.* нажда́к (-а́); *e. paper*, нажда́чная бума́га.
emetic *adj.* рво́тный; *n.* рво́тное *sb.*
emigrant *n.* эмигра́нт, ~ ка. **emigrate** *v.i.* эмигри́ровать *imp.*, *perf.* **emigration** *n.* эмигра́ция. **émigré** *n.* эмигра́нт; *adj.* эмигра́нтский.
eminence *n.* высота́, возвы́шенность; (*title*) высокопреосвяще́нство. **eminent** *adj.* выдаю́щийся. **eminently** *adv.* чрезвыча́йно.
emission *n.* испуска́ние, излуче́ние. **emit** *v.t.* испуска́ть *imp.*, испусти́ть (-ущу́, -у́стишь) *perf.*; (*light*) излуча́ть *imp.*, излучи́ть *perf.*; (*sound*) издава́ть (-даю́, -даёшь) *imp.*, изда́ть (-а́м, -а́шь, -а́ст, -ади́м; изда́л, -а́, -о) *perf.*
emotion *n.* (*state*) волне́ние; (*feeling*) эмо́ция, чу́вство. **emotional** *adj.* эмоциона́льный, волну́ющий.
emperor *n.* импера́тор.
emphasis *n.* ударе́ние; (*expressiveness*) вырази́тельность. **emphasize** *v.t.* подчёркивать *imp.*, подчеркну́ть *perf.*; выделя́ть *imp.*, вы́делить *perf.* **emphatic** *adj.* вырази́тельный, подчёркнутый; (*person*) настойчивый.

empire *n.* импе́рия.
empirical *adj.* эмпири́ческий, -чный. **empiricism** *n.* эмпири́зм. **empiricist** *n.* эмпи́рик.
employ *v.t.* (*thing*) по́льзоваться *imp.* + *instr.*; (*person*) нанима́ть *imp.*, наня́ть (найму́, -мёшь; на́нял, -а́, -о) *perf.*; (*busy*) занима́ть *imp.*, заня́ть (займу́, -мёшь; за́нял, -а́, -о) *perf.*; *e. oneself*, занима́ться *imp.*, заня́ться (займу́сь, -мёшься; заня́лся, -ла́сь) *perf.* **employee** *n.* рабо́чий *sb.*, служа́щий *sb.* **employer** *n.* работода́тель *m.* **employment** *n.* рабо́та, слу́жба; испо́льзование; *e. exchange*, би́ржа труда́; *full e.*, по́лная за́нятость.
empower *v.t.* уполномо́чивать *imp.*, уполномо́чить *perf.* (*to*, на + *acc.*).
empress *n.* императри́ца.
emptiness *n.* пустота́. **empty** *adj.* пусто́й (пуст, -а́, -о, пу́сты); *e.-headed*, пустоголо́вый; *v.t.* опорожня́ть *imp.*, опорожни́ть *perf.*; (*solid*) высыпа́ть *imp.*, вы́сыпать (-плю, -плешь) *perf.*; (*liquid*) вылива́ть *imp.*, вы́лить (-лью, -льешь) *perf.*; *v.i.* пусте́ть *imp.*, о ~ *perf.*; (*river*) впада́ть *imp.*, впасть (-аде́т, -аду́т) *perf.*
emu *n.* эму *m.indecl.*
emulate *v.t.* соревнова́ться *imp.* с + *instr.*; подража́ть *imp.* + *dat.* **emulation** *n.* соревнова́ние, подража́ние.
emulsion *n.* эму́льсия.
enable *v.t.* дава́ть (даю́, даёшь) *imp.*, дать (дам, дашь, даст, дади́м; дал, -а́, да́ло, -и) *perf.* возмо́жность + *dat.* & *inf.*
enact *v.t.* (*ordain*) постановля́ть *imp.*, постанови́ть (-влю́, -вишь) *perf.*; (*law etc.*) вводи́ть (-ожу́, -о́дишь) *imp.*, ввести́ (введу́, -дёшь; ввёл, -а́) *perf.* в де́йствие; (*part, scene*) игра́ть *imp.*, сыгра́ть *perf.*
enamel *n.* эма́ль; *adj.* эма́левый; *v.t.* эмалирова́ть *imp.*, *perf.*
enamoured *predic.*: *be e. of*, быть влюблённым (-ён, -ена́) в + *acc.*; увлека́ться *imp.*, увле́чься (-еку́сь, -ечёшься; -ёкся, -екла́сь) *perf.* + *instr.*

encamp *v.i.* располагаться *imp.*, расположиться (-жусь, -жишься) *perf.* лагерем. **encampment** *n.* лагерь (*pl.* -ря́) *m.*

enchant *v.t.* (*bewitch*) заколдо́вывать *imp.*, заколдова́ть *perf.*; (*charm*) очаро́вывать *imp.*, очарова́ть *perf.* **enchanting** *adj.* очарова́тельный, волше́бный. **enchantment** *n.* очарова́ние, волшебство́. **enchantress** *n.* волше́бница.

encircle *v.t.* окружа́ть *imp.*, окружи́ть *perf.* **encirclement** *n.* окруже́ние.

enclave *n.* анкла́в.

enclose *v.t.* огора́живать *imp.*, огороди́ть (-ожу́, -о́ди́шь) *perf.*; обноси́ть (-ошу́, -о́сишь) *imp.*, обнести́ (-есу́, -есёшь; -ёс, -есла́) *perf.*; (*in letter*) вкла́дывать *imp.*, вложи́ть (-жу́, -жишь) *perf.*; *please find enclosed*, прилага́ется (-а́ются) + *nom.* **enclosure** *n.* огоро́женное ме́сто (*pl.* -та́); в-, при-, ложе́ние.

encode *v.t.* шифрова́ть *imp.*, за~ *perf.*

encompass *v.t.* (*encircle*) окружа́ть *imp.*, окружи́ть *perf.*; (*contain*) заключа́ть *imp.*, заключи́ть *perf.*

encore *interj.* бис! *n.* вы́зов на бис; *give an e.*, бисирова́ть *imp.*, *perf.*; *v.t.* вызыва́ть *imp.*, вы́звать (вы́зову, -вешь) *perf.* на бис.

encounter *n.* встре́ча; (*in combat*) столкнове́ние; *v.t.* встреча́ть *imp.*, встре́тить *perf.*; ста́лкиваться *imp.*, столкну́ться *perf.* с + *instr.*

encourage *v.t.* ободря́ть *imp.*, ободри́ть *perf.*; поощря́ть *imp.*, поощри́ть *perf.* **encouragement** *n.* ободре́ние, поощре́ние, подде́ржка. **encouraging** *adj.* ободри́тельный.

encroach *v.i.* вторга́ться *imp.*, вто́ргнуться (-г(нул)ся, -глась) *perf.* (он, в + *acc.*); (*fig.*) посяга́ть *imp.*, посягну́ть *perf.* (он, на + *acc.*). **encroachment** *n.* вторже́ние; посяга́тельство.

encumber *v.t.* загроможда́ть *imp.*, загромозди́ть *perf.*; обременя́ть *imp.*, обремени́ть *perf.* **encumbrance** *n.* обу́за, препя́тствие.

encyclopaedia *n.* энциклопе́дия. **encyclopaedic** *adj.* энциклопеди́ческий.

end *n.* коне́ц (-нца́), край (*loc.* -аю́; *pl.* -ая́); (*conclusion*) оконча́ние; (*death*) смерть; (*purpose*) цель; *e.-game*, (*chess*) э́ндшпиль *m.*; *e.-product*, гото́вое изде́лие; *an e. in itself*, самоце́ль; *in the e.*, в конце́ концо́в; *no e.*, без конца́; *no e. of*, ма́сса + *gen.*; *on e.*, (*upright*) стойма́, дыбом; (*continuously*) подря́д; *at a loose e.*, не у дел; *to the bitter e.*, до после́дней ка́пли кро́ви; *come to the e. of one's tether* (дойду́, -дёшь; дошёл, -шла́) *perf.* до то́чки, *make ends meet*, своди́ть (-ожу́, -о́дишь) *imp.*, свести́ (сведу́, -дёшь; свёл, -а́) *perf.* концы́ с конца́ми; *v.t.* конча́ть *imp.*, ко́нчить *perf.*; зака́нчивать *imp.*, зако́нчить *perf.*; прекраща́ть *imp.*, прекрати́ть (-ащу́, -ати́шь) *perf.*; *v.i.* конча́ться *imp.*, ко́нчиться *perf.*

endanger *v.t.* подверга́ть *imp.*, подве́ргнуть (-г) *perf.* опа́сности.

endear *v.t.* внуша́ть *imp.*, внуши́ть *perf.* любо́вь к + *dat.* (то, + *dat.*). **endearing** *adj.* привлека́тельный. **endearment** *n.* ла́ска (*gen. pl.* -ск).

endeavour *n.* попы́тка, стара́ние; *v.i.* стара́ться *imp.*, по~ *perf.*

endemic *adj.* энд́еми́ческий.

ending *n.* оконча́ние (*also gram.*), заключе́ние. **endless** *adj.* бесконе́чный, беспреде́льный.

endorse *v.t.* (*document*) подпи́сывать *imp.*, подписа́ть (-ишу́, -и́шешь) *perf.*; (*bill*) индосси́ровать *imp.*, *perf.* (*to*, в по́льзу + *gen.*); (*approve*) одобря́ть *imp.*, одо́брить *perf.* **endorsement** *n.* по́дпись (на оборо́те + *gen.*); индосса́мент; одобре́ние.

endow *v.t.* обеспе́чивать *imp.*, обеспе́чить *perf.* постоя́нным дохо́дом; (*fig.*) одаря́ть *imp.*, одари́ть *perf.* **endowment** *n.* вклад, поже́ртвование; (*talent*) дарова́ние.

endurance *n.* (*of person*) выно́сливость, терпе́ние; (*of object*) про́чность. **endure** *v.t.* выноси́ть (-ошу́, -о́сишь) *imp.*, вы́нести (-есу, -есешь; -ес) *perf.*; терпе́ть (-плю́, -пишь) *imp.*, по~ *perf.*; *v.i.* продолжа́ться *imp.*, продо́лжиться *perf.*

enema *n.* кли́зма.

enemy *n.* враг (-á), проти́вник, неприя́тель *m.*; *adj.* вра́жеский.

energetic *adj.* энерги́чный, си́льный (силён, -льна́, -льно, -льны́). **energy** *n.* эне́ргия, си́ла; *pl.* уси́лия *neut.pl.*

enervate *v.t.* расслабля́ть *imp.*, расслáбить *perf.*

enfeeble *v.t.* ослабля́ть *imp.*, осла́бить *perf.*

enfilade *n.* продо́льный ого́нь (огня́) *m.*; *v.t.* обстре́ливать *imp.*, обстреля́ть *perf.* продо́льным огнём.

enforce *v.t.* принужда́ть *imp.*, прину́дить *perf.* к + *dat.* (upon, + *acc.*); (*law*) проводи́ть (-ожу́, -о́дишь) *imp.*, провести́ (-еду́, -едёшь; -ёл, -ела́) *perf.* в жизнь. **enforcement** *n.* принужде́ние; (*law etc.*) осуществле́ние, наблюде́ние за + *instr.*, за соблюде́нием + *gen.*

enfranchise *v.t.* предоставля́ть *imp.*, предоста́вить *perf.* избира́тельные права́ (*neut.pl.*) + *dat.*; (*set free*) освобожда́ть *imp.*, освободи́ть *perf.*

engage *v.t.* (*hire*) нанима́ть *imp.*, наня́ть (найму́, -мёшь; на́нял, -á, -о) *perf.*; (*tech.*) зацепля́ть *imp.*, зацепи́ть (-и́т) *perf.*; *e. the enemy in battle*, завя́зывать *imp.*, завяза́ть (-яжу́, -я́жешь) *perf.* бой с проти́вником. **engaged** *adj.* (*occupied*) за́нятый (-т, -та́, -то); *be e. in*, занима́ться *imp.*, заня́ться (займу́сь, -мёшься; заня́лся, -ла́сь) *perf.* + *instr.*; *become e.*, обруча́ться *imp.*, обручи́ться *perf.* (*to*, *c* + *instr.*). **engagement** *n.* (*appointment*) свида́ние; (*obligation*) обяза́тельство; (*betrothal*) обруче́ние; (*battle*) бой (*loc.* бою́; *pl.* бои́); *e. ring*, обруча́льное кольцо́ (*pl.* -льца, -ле́ц, -льцам). **engaging** *adj.* привлека́тельный.

engender *v.t.* порожда́ть *imp.*, породи́ть *perf.*

engine *n.* мото́р, маши́на, дви́гатель *m.*; (*rly.*) парово́з; *e.-driver*, (*rly.*) маши́нист; *e.-room*, маши́нное отделе́ние. **engineer** *n.* инжене́р; *pl.* (*mil.*) инжене́рные войска́ (-к) *pl.*; *v.t.* (*construct*) сооружа́ть *imp.*, сооруди́ть *perf.*; (*arrange*) устра́ивать *imp.*, устро́ить *perf.* **engineering** *n.* инжене́рное де́ло, те́хника, машинострое́ние; *adj.* инжене́рный, техни́ческий.

English *adj.* англи́йский; *n.*: *the E., pl.* англича́не (-н) *pl.* **Englishman, -woman** *n.* англича́нин (*pl.* -áне, -áн), -áнка.

engrave *v.t.* гравирова́ть *imp.*, вы́~ *perf.*; (*fig.*) запечатлева́ть *imp.*, запечатле́ть *perf.* **engraver** *n.* гравёр. **engraving** *n.* (*picture*) гравю́ра; (*action*) гравиро́вка; *adj.* гравирова́льный, гравёрный.

engross *v.t.* завладева́ть *imp.*, завладе́ть *perf.* + *instr.*; поглоща́ть *imp.*, поглоти́ть (-ощу́, -о́тишь) *perf.*; *be engrossed in*, быть поглощённым + *instr.* **engrossing** *adj.* увлека́тельный.

engulf *v.t.* заса́сывать *imp.*, засоса́ть (-су́, -сёшь) *perf.*

enhance *v.t.* увели́чивать *imp.*, увели́чить *perf.*

enigma *n.* зага́дка. **enigmatic** *adj.* зага́дочный.

enjoin *v.t.* предпи́сывать *imp.*, предписа́ть (-ишу́, -и́шешь) *perf.* + *dat.*; прика́зывать *imp.*, приказа́ть (-ажу́, -а́жешь) *perf.* + *dat.*; (*leg.*) запреща́ть *imp.*, запрети́ть (-ещу́, -ети́шь) *perf.* + *dat.* (*from*, + *inf.*).

enjoy *v.t.* получа́ть *imp.*, получи́ть (-чу́, -чишь) *perf.* удово́льствие от + *gen.*; наслажда́ться *imp.*, наслади́ться *perf.* + *instr.*; (*have use of*) по́льзоваться *imp.* + *instr.*; облада́ть *imp.* + *instr.* **enjoyable** *adj.* прия́тный. **enjoyment** *n.* удово́льствие, наслажде́ние, облада́ние (*of*, + *instr.*).

enlarge *v.t. & i.* увели́чивать(ся) *imp.*, увели́чить(ся) *perf.*; (*widen*) расширя́ть(ся) *imp.*, расши́рить(ся) *perf.*; *e. upon*, распространя́ться *imp.*, распространи́ться *perf.* о + *prep.* **enlargement** *n.* увеличе́ние; расшире́ние. **enlarger** *n.* (*phot.*) увеличи́тель *m.*

enlighten *v.t.* просвеща́ть *imp.*, просвети́ть (-ещу́, -ети́шь) *perf.*; (*inform*) осведомля́ть *imp.*, осве́домить *perf.* **enlightenment** *n.* просвеще́ние.

enlist *v.i.* поступа́ть *imp.*, поступи́ть (-плю́, -пишь) *perf.* на вое́нную слу́жбу; *v.t.* (*mil.*) вербова́ть *imp.*, за~ *perf.*; (*support etc.*) заруча́ться *imp.*, заручи́ться *perf.* + *instr.*

enliven v.t. оживля́ть imp., оживи́ть perf.

enmesh v.t. опу́тывать imp., опу́тать perf.

enmity n. вражда́, неприя́знь.

ennoble v.t. облагора́живать imp., облагоро́дить perf.

ennui n. тоска́.

enormity n. чудо́вищность. **enormous** adj. грома́дный, огро́мный. **enormously** adv. кра́йне, чрезвыча́йно.

enough adj. доста́точный; adv. доста́точно, дово́льно; *e. money*, доста́точно де́нег (gen.); *be e.*, хвата́ть imp., хвати́ть (-ит) perf.impers. + gen.; *I've had e. of him*, он мне надое́л.

enquire, enquiry *see* inquire, inquiry.

enrage v.t. беси́ть (бешу́, бе́сишь) imp., вз~ perf.

enrapture v.t. восхища́ть imp., восхити́ть (-ищу́, -ити́шь) perf.

enrich v.t. обогаща́ть imp., обогати́ть (-ащу́, -ати́шь) perf.

enrol v.t. & i. запи́сывать(ся) imp., записа́ть(ся) (-ишу́(сь), -и́шешь(ся)) perf.; v.t. (mil.) вербова́ть imp., за ~ perf.; v.i. (mil.) поступа́ть imp., поступи́ть (-плю́, -пишь) perf. на вое́нную слу́жбу. **enrolment** n. регистра́ция, за́пись.

en route adv. по пути́ (to, for, в + acc.).

ensconce v.t.: *e. oneself*, заса́живаться imp., засе́сть (заса́ду, -дешь; засе́л) perf. (with, за + acc.).

ensemble n. (mus.) анса́мбль m.

enshrine v.t. (relic) класть (кладу́, -дёшь; клал) imp., положи́ть (-жу́, -жишь) perf. в ра́ку; (fig.) храни́ть imp.

ensign n. (flag) флаг; (rank) пра́порщик.

enslave v.t. порабоща́ть imp., порабо ти́ть (-ощу́, -оти́шь) perf. **enslavement** n. порабоще́ние.

ensnare v.t. опу́тывать imp., опу́тать perf.

ensue v.i. сле́довать imp., вытека́ть imp. **ensuing** adj. после́дующий.

ensure v.t. обеспе́чивать imp., обеспе́чить perf.

entail n. майора́т(ное насле́дование); v.t. (leg.) определя́ть imp., определя́ть perf. насле́дование + gen.; (necessitate) влечь (влечёт; влёк, -ла́) imp. за perf.

entangle v.t. запу́тывать imp., запу́тать perf.

enter v.t. & i. входи́ть (-ожу́, -о́дишь) imp., войти́ (войду́, -дёшь; вошёл, -шла́) perf. в + acc.; (by transport) въезжа́ть imp., въе́хать (въе́ду, -дешь) perf. в + acc.; v.t. (join) поступа́ть imp., поступи́ть (-плю́, -пишь) perf. в, на, + acc.; (competition) вступа́ть imp., вступи́ть (-плю́, -пишь) perf. в + acc.; (in list) вноси́ть (-ошу́, -о́сишь) imp., внести́ (внесу́, -сёшь; внёс, -ла́) perf. в + acc.

enteric adj. кише́чный. **enteritis** n. энтери́т.

enterprise n. (undertaking) предприя́тие; (initiative) предприи́мчивость; *free, private, e.*, ча́стное предпринима́тельство. **enterprising** adj. предприи́мчивый.

entertain v.t. (amuse) развлека́ть imp., развле́чь (-еку́, -ечёшь; -ёк, -екла́) perf.; (guests) принима́ть imp., приня́ть (приму́, -мешь; при́нял, -а́, -о) perf.; угоща́ть imp., угости́ть perf. (to, + instr.); (hopes) пита́ть imp. **entertaining** adj. занима́тельный, развлека́тельный. **entertainment** n. развлече́ние; приём; угоще́ние; (show) дивертисме́нт.

enthral v.t. порабоща́ть imp., порабо ти́ть (-ощу́, -оти́шь) perf.

enthrone v.t. возводи́ть (-ожу́, -о́дишь) imp., возвести́ (-еду́, -едёшь; -ёл, -ела́) perf. на престо́л. **enthronement** n. возведе́ние на престо́л.

enthusiasm n. энтузиа́зм, воодушевле́ние. **enthusiast** n. энтузиа́ст, ~ ка. **enthusiastic** adj. восто́рженный (-ен, -енна), воодушевлённый (-ён, -енна).

entice v.t. зама́нивать imp., замани́ть (-ню́, -нишь) perf.; соблазня́ть imp., соблазни́ть perf. **enticement** n. собла́зн, прима́нка, зама́нивание. **enticing** adj. соблазни́тельный, зама́нчивый.

entire adj. по́лный, це́лый, весь (вся, всё; все). **entirely** adv. вполне́, соверше́нно; (solely) исключи́тельно. **en-**

entitle

tirety *n.* цельность, полнота; *in its e.*, полностью, в целом.
entitle *v.t.* (*book*) озаглавливать *imp.*, озаглавить *perf.*; (*give right to*) давать (даю, даёшь) *imp.*, дать (дам, дашь, даст, дадим; дал, -á, дáло, -и) *perf.* право (to, на + *acc.*); *be entitled to*, иметь *imp.* право на + *acc.*
entity *n.* существо; (*existence*) бытие (*prep.* -ий, *instr.* -ием).
entomb *v.t.* погребать *imp.*, погрести (-ебу, -ебёшь; -ёб, -ебла) *perf.* **entombment** *n.* погребение.
entomological *adj.* энтомологический. **entomologist** *n.* энтомолог. **entomology** *n.* энтомология.
entrails *n.* внутренности (-тей) *pl.*, кишки (-шóк) *pl.*; (*fig.*) недра (-р) *pl.*
entrance[1] *v.t.* приводить (-ожу, -одишь) *imp.*, привести (-еду, -едёшь; -ёл, -ела) *perf.* в состояние транса; (*charm*) очаровывать *imp.*, очаровать *perf.* **entrancing** *adj.* очаровательный.
entrance[2] *n.* вход, въезд; (*theat.*) выход; (*into office etc.*) вступление, поступление; *e. examinations*, вступительные экзамены *m.pl.*; *e. hall*, вестибюль *m.*; *back e.*, чёрный вход; *front e.*, парадный вход. **entrant** *n.* (*sport*) участник (for, + *gen.*).
entrap *v.t.* поймать *perf.* в ловушку; (*fig.*) запутывать *imp.*, запутать *perf.*
entreat *v.t.* умолять *imp.*, умолить *perf.* **entreaty** *n.* мольба, просьба.
entrench *v.t.* окапывать *imp.*, окопать *perf.*; *be, become, entrenched,* (*fig.*) укореняться *imp.*, укорениться *perf.*
entropy *n.* энтропия.
entrust *v.t.* (*secret*) вверять *imp.*, вверить *perf.* (to, + *dat.*); (*object; person*) поручать *imp.*, поручить (-чу, -чишь) *perf.* (to, + *dat.*).
entry *n.* вход, въезд; вступление; (*theat.*) выход; (*in book etc.*) запись, статья; (*sport*) записавшийся.
entwine *v.t.* (*interweave*) сплетать *imp.*, сплести (-ету, -етёшь; -ёл, -ела) *perf.*; (*wreathe*) обвивать *imp.*, обвить (обовью, -ьёшь; обвил, -á, -о) *perf.*
enumerate *v.t.* перечислять *imp.*, перечислить *perf.* **enumeration** *n.* перечисление, перечень (-чня) *m.*

epithet

enunciate *v.t.* (*proclaim*) объявлять *imp.*, объявить (-влю, -вишь) *perf.*; (*express*) излагать *imp.*, изложить (-жу, -жишь) *perf.*; (*pronounce*) произносить (-ошу, -óсишь) *imp.*, произнести (-есу, -есёшь; -ёс, -есла) *perf.* **enunciation** *n.* объявление; изложение; произношение.
envelop *v.t.* окутывать *imp.*, окутать *perf.*; завёртывать *imp.*, завернуть *perf.* **envelope** *n.* (*letter*) конверт; (*other senses*) обёртка, оболочка.
envenom *v.t.* отравлять *imp.*, отравить (-влю, -вишь) *perf.*; (*embitter*) озлоблять *imp.*, озлобить *perf.*
enviable *adj.* завидный. **envious** *adj.* завистливый.
environment *n.* окружающая обстановка, среда (*pl.* -ёды). **environs** *n.* окрестности *f.pl.*
envisage *v.t.* предусматривать *imp.*, предусмотреть (-рю, -ришь) *perf.*
envoy *n.* посланник, агент.
envy *n.* зависть; *v.t.* завидовать *imp.*, по~ *perf.* + *dat.*
enzyme *n.* энзим.
epaulette *n.* эполет(а).
ephemeral *adj.* эфемерный, недолговечный.
epic *n.* эпическая поэма, эпопея; *adj.* эпический.
epicentre *n.* эпицентр.
epicure *n.* эпикуреец (-ейца). **epicurean** *adj.* эпикурейский.
epidemic *n.* эпидемия; *adj.* эпидемический.
epigram *n.* эпиграмма. **epigrammatic(al)** *adj.* эпиграмматический.
epigraph *n.* эпиграф.
epilepsy *n.* эпилепсия. **epileptic** *n.* эпилептик; *adj.* эпилептический.
epilogue *n.* эпилог.
Epiphany *n.* (*eccl.*) Богоявление.
episcopal *adj.* епископский. **episcopate** *n.* епископство.
episode *n.* эпизод. **episodic** *adj.* эпизодический.
epistle *n.* послание. **epistolary** *adj.* эпистолярный.
epitaph *n.* эпитафия, надгробная надпись.
epithet *n.* эпитет.

epitome *n.* (*summary*) конспéкт; (*embodiment*) воплощéние. **epitomize** *v.t.* конспекти́ровать *imp.*, за~, про~ *perf.*; воплощáть *imp.*, воплоти́ть (-ощу́, -оти́шь) *perf.*

epoch *n.* эпóха, век (*pl.* -á), перио́д.

equable *adj.* равномéрный, ро́вный (-вен, -вна́, -вно).

equal *adj.* рáвный (-вен, -вна́), одинáковый; (*capable of*) спосо́бный (то, к + *acc.*, + *inf.*); *n.* рáвный *sb.*, ро́вня *m.* & *f.*; *v.i.* равнáться + *dat.* **equality** *n.* рáвенство, равнопрáвие. **equalization** *n.* уравнéние. **equalize** *v.t.* урáвнивать *imp.*, уравня́ть *perf.*; *v.i.* (*sport*) равня́ть *imp.*, с~ *perf.* счёт. **equally** *adv.* рáвно, рáвным о́бразом.

equanimity *n.* хладнокро́вие, невозмути́мость.

equate *v.t.* прирáвнивать *imp.*, приравня́ть *perf.* (with, к + *dat.*). **equation** *n.* (*math.*) уравнéние.

equator *n.* эквáтор. **equatorial** *adj.* экваториáльный.

equestrian *n.* всáдник; *adj.* ко́нный. **equestrienne** *n.* всáдница.

equidistant *adj.* равностоя́щий. **equilateral** *adj.* равносторо́нний (-нен, -ння). **equilibrium** *n.* равновéсие.

equine *adj.* лошади́ный.

equinox *n.* равнодéнствие.

equip *v.t.* обору́довать *imp.*, *perf.*; снаряжáть *imp.*, снаряди́ть *perf.* **equipment** *n.* обору́дование, снаряжéние.

equitable *adj.* справедли́вый, беспристрáстный. **equity** *n.* справедли́вость, беспристрáстность; (*econ.*) мáржа; *pl.* (*econ.*) обыкновéнные áкции *f.pl.*

equivalence *n.* эквивалéнтность, равноцéнность. **equivalent** *adj.* эквивалéнтный, равноцéнный (-нен, -нна), равноси́льный; *n.* эквивалéнт.

equivocal *adj.* (*ambiguous*) двусмы́сленный (-ен, -енна); (*suspicious*) сомни́тельный. **equivocate** *v.i.* говори́ть *imp.* двусмы́сленно.

era *n.* э́ра, эпо́ха.

eradicate *v.t.* искореня́ть *imp.*, искорени́ть *perf.* **eradication** *n.* искоренéние.

erase *v.t.* стирáть *imp.*, стерéть (сотру́, -рёшь, стёр) *perf.*; подчищáть *imp.*, подчи́стить *perf.* **eraser** *n.* лáстик. **erasure** *n.* стирáние, подчи́стка.

erect *adj.* прямо́й (прям, -á, -о, прямы́); *v.t.* (*building*) сооружáть *imp.*, сооруди́ть *perf.*; воздвигáть *imp.*, воздви́гнуть (-г) *perf.*; (*straighten*) выпрямля́ть *imp.*, вы́прямить *perf.* **erection** *n.* постро́йка, сооружéние; выпрямлéние.

erg *n.* эрг (*gen.pl.* эрг & -ов).

ergot *n.* спорынья́.

ermine *n.* горностáй.

erode *v.t.* разъедáть *imp.*, разъéсть (-éст, -едя́т; -éл) *perf.*; (*geol.*) эроди́ровать *imp.*, *perf.* **erosion** *n.* разъедáние; эро́зия.

erotic *adj.* эроти́ческий, любо́вный.

err *v.i.* ошибáться *imp.*, ошиби́ться (-бу́сь, -бёшься; -бся) *perf.*; заблуждáться *imp.*; (*sin*) греши́ть *imp.*, со~ *perf.*

errand *n.* поручéние; run errands, быть на посы́лках (for, у + *gen.*).

errant *adj.* (*knight*) стрáнствующий; (*thoughts*) блуждáющий.

erratic *adj.* непостоя́нный (-нен, -нна), изменчи́вый.

erratum *n.* (*print.*) опечáтка; (*in writing*) опи́ска. **erroneous** *adj.* оши́бочный, ло́жный. **error** *n.* оши́бка, заблуждéние.

erudite *adj.* учёный. **erudition** *n.* эруди́ция, учёность.

erupt *v.i.* прорывáться *imp.*, прорвáться (-вусь, -вёшься; -вáлся, -валáсь, -вало́сь) *perf.*; (*volcano*) извергáться *imp.*, извéргнуться (-гся) *perf.* **eruption** *n.* (*volcano*) извержéние; (*mirth*) взрыв; (*med.*) сыпь.

erysipelas *n.* ро́жа.

escalator *n.* эскалáтор.

escapade *n.* вы́ходка, продéлка. **escape** *n.* (*from prison*) бéгство, побéг; (*from danger*) спасéние; (*from reality*) ухо́д; (*of gas*) утéчка; *have a narrow e.,* быть на волоскé (from, от + *gen.*); *v.i.* (*flee*) бежáть (бегу́, бежи́шь) *imp.*, *perf.*; убегáть *imp.*, убежáть (-егу́, -ежи́шь) *perf.*; (*save oneself*) спасáться *imp.*, спасти́сь (-су́сь, -сёшься; -сся, -слáсь) *perf.*; (*leak*) утекáть *imp.*, утéчь (-ечёт, -ёк, -еклá) *perf.*; *v.t.*

escort

избегать *imp.*, избежать (-егу, -ежишь) *perf.*+*gen.*; (*groan*) вырываться *imp.*, вырваться (-вется) *perf.* из, y, + *gen.* escapee *n.* беглец (-á).

escort *n.* конвой, эскорт; *v.t.* сопровождать *imp.*, сопроводить *perf.*; (*mil.*) конвоировать *imp.*, от~ *perf.*; эскортировать *imp.*, *perf.*

escutcheon *n.* щит (-á) герба.

Eskimo *n.* эскимос, ~ ка; *adj.* эскимосский.

especial *adj.* особенный, особый; (*particular*) частный. **especially** *adv.* особенно; в частности.

espionage *n.* шпионаж.

espousal *n.* (*fig.*) поддержка. **espouse** *v.t.* (*fig.*) поддерживать *imp.*, поддержать (-жу, -жишь) *perf.*

espy *v.t.* увидеть (-ижу, -идишь) *perf.*; (*detect*) замечать *imp.*, заметить *perf.*

essay *n.* очерк, эссе *neut.indecl.*; (*attempt*) попытка, *v.t.* пытаться *imp.*, по~ *perf.*+*inf.* **essayist** *n.* очеркист, ~ ка; эссеист.

essence *n.* сущность, существо; (*extract*) эссенция. **essential** *adj.* существенный, необходимый, неотъемлемый; *n.* основное *sb.*; *pl.* предметы *m.pl.* первой необходимости. **essentially** *adv.* по существу, в основном.

establish *v.t.* (*set up*) учреждать *imp.*, учредить *perf.*; (*fact etc.*) устанавливать *imp.*, установить (-влю, -вишь) *perf.*; (*appoint*) устраивать *imp.*, устроить *perf.*; (*secure*) упрочивать *imp.*, упрочить *perf.* **establishment** *n.* (*action*) учреждение, установление; (*institution*) учреждение, заведение; (*staff*) штат.

estate *n.* (*property*) поместье (*gen.pl.* -тий), имение; (*class*) сословие; *real e.*, недвижимость; *e. agent*, агент по продаже недвижимости; *e. duty*, налог на наследство.

esteem *n.* уважение, почтение; *v.t.* уважать *imp.*; почитать *imp.* **estimable** *adj.* достойный (-оин, -ойна) уважения. **estimate** *n.* (*of quality*) оценка; (*of cost*) смета; *v.t.* оценивать *imp.*, оценить (-ню, -нишь) *perf.* **estimated** *adj.* предполагаемый, примерный. **estimation** *n.* оценка, мнение.

evaporate

estrange *v.t.* отдалять *imp.*, отдалить *perf.* **estrangement** *n.* отдаление, отчуждение.

estuary *n.* устье (*gen.pl.* -в).

etc. *abbr.* и т.д., и т.п. **etcetera** и так далее, и тому подобное.

etch *v.t.* травить (-влю, -вишь) *imp.*, вы~ *perf.* **etching** *n.* (*action*) травление; (*object*) офорт.

eternal *adj.* вечный. **eternity** *n.* вечность.

ether *n.* эфир. **ethereal** *adj.* эфирный.

ethical *adj.* этический, этичный. **ethics** *n.* этика.

ethnic *adj.* этнический. **ethnography** *n.* этнография.

etiquette *n.* этикет.

étude *n.* этюд.

etymological *adj.* этимологический. **etymologist** *n.* этимолог. **etymology** *n.* этимология.

eucalyptus *n.* эвкалипт.

Eucharist *n.* евхаристия, причастие.

eulogise *v.t.* превозносить (-ошу, -осишь) *imp.*, превознести (-су, -сёшь; -ёс, -есла) *perf.* **eulogy** *n.* похвала.

eunuch *n.* евнух.

euphemism *n.* эвфемизм. **euphemistic** *adj.* эвфемистический.

euphonious *adj.* благозвучный. **euphony** *n.* благозвучие.

Eurasian *adj.* евразийский.

European *n.* европеец (-ейца); *adj.* европейский.

evacuate *v.t.* (*person*) эвакуировать *imp.*, *perf.*; (*med*) опорожнять *imp.*, опорожнить *perf.* **evacuation** *n.* эвакуация, опорожнение. **evacuee** *n.* эвакуированный *sb.*

evade *v.t.* уклоняться *imp.*, уклониться (-нюсь, -нишься) *perf.* от + *gen.*; (*law*) обходить (-ожу, -одишь) *imp.*, обойти (обойду, -дёшь; обошёл, -шла) *perf.*

evaluate *v.t.* оценивать *imp.*, оценить (-ню, -нишь) *perf.* **evaluation** *n.* оценка.

evangelical *adj.* евангельский. **evangelist** *n.* евангелист.

evaporate *v.t.* & *i.* испарять(ся) *imp.*, испарить(ся) *perf.*; *v.i.* (*lose moisture*) улетучиваться *imp.*, улетучиться *perf.* **evaporation** *n.* испарение.

evasion *n.* уклонение (of, от + *gen.*); (*of law*) обход; (*subterfuge*) увёртка. **evasive** *adj.* уклончивый.

eve *n.* канун; *on the e.*, накануне.

even *adj.* ровный (-вен, -вна, -вно); (*uniform*) равномерный; (*balanced*) уравновешенный; (*number*) чётный; *get e.*, расквитаться *perf.* (with, с + *instr.*); (*with comp.*) ещё; *e. if*, даже если, хотя бы и; *e. though*, хотя бы; *e. so*, всё-таки; *not e.*, даже не; *v.t.* выравнивать *imp.*, выровнять *perf.*

evening *n.* вечер (*pl.* -á); *adj.* вечерний.
evenly *adv.* поровну, ровно, одинаково.
evenness *n.* ровность; равномерность.
evensong *n.* вечерня.

event *n.* событие, происшествие, случай; *in the e. of*, в случае + *gen.*; *at all events*, во всяком случае. **eventual** *adj.* (*possible*) возможный; (*final*) конечный. **eventuality** *n.* возможность. **eventually** *adv.* в конце концов.

ever *adv.* (*at any time*) когда-либо, когда-нибудь; (*always*) всегда; (*emph.*) же; *e. since*, с тех пор (как); *e. so*, очень; *for e.*, навсегда; *hardly e.*, почти никогда. **evergreen** *adj.* вечнозелёный; *n.* вечнозелёное растение. **everlasting** *adj.* вечный, постоянный. **evermore** *adv.* for *e.*, навсегда, навеки. **every** *adj.* каждый, всякий, все (*pl.*); *e. now and then*, время от времени; *e. other*, каждый второй; *e. other day*, через день. **everybody, everyone** *pron.* каждый, все (*pl.*) **everyday** *adj.* (*daily*) ежедневный; (*commonplace*) повседневный. **everything** *pron.* всё. **everywhere** *adv.* всюду, везде.

evict *v.t.* выселять *imp.*, выселить *perf.* **eviction** *n.* выселение.

evidence *n.* свидетельство, доказательство, улика; *in e.*, (*predic.*) заметен (-тна, -тно); *e.*, свидетельствовать *imp.* (o + *prep.*; + *acc.*; + что).

evident *adj.* очевидный, ясный (ясен, ясна, ясно, ясны).

evil *n.* зло (*gen.pl.* зол), порок; *adj.* злой (зол, зла), дурной (дурён, -рна, -рно, -рны); *e.-doer*, злодей.

evince *v.t.* проявлять *imp.*, проявить (-влю, -вишь) *perf.*

evoke *v.t.* вызывать *imp.*, вызвать (вызову, -вешь) *perf.*

evolution *n.* развитие, эволюция. **evolutionary** *adj.* эволюционный. **evolve** *v.t. & i.* развивать(ся) *imp.*, развить(ся) (разовью(сь), -вьёшь(ся); развил(ся), -ила(сь), -ило/-илось) *perf.*; *v.i.* эволюционировать *imp. & perf.*

ewe *n.* овца (*pl.* овцы, овец, овцам).

ewer *n.* кувшин.

ex- *in comb.* бывший.

exacerbate *v.t.* обострять *imp.*, обострить *perf.* **exacerbation** *n.* обострение.

exact *adj.* точный (-чен, -чна, -чно), аккуратный; *v.t.* взыскивать *imp.*, взыскать (взыщу, -щешь) *perf.* (from, of, с + *gen.*). **exacting** *adj.* (*person*) взыскательный, требовательный; (*circumstance*) суровый. **exactitude, exactness** *n.* точность. **exactly** *adv.* точно, как раз, именно.

exaggerate *v.t.* преувеличивать *imp.*, преувеличить *perf.* **exaggeration** *n.* преувеличение.

exalt *v.t.* возвышать *imp.*, возвысить *perf.*; (*extol*) превозносить (-ошу, -осишь) *imp.*, превознести (-есу, -есёшь; -ёс, -есла) *perf.* **exaltation** *n.* возвышение; (*elation*) восторг.

examination *n.* осмотр, исследование; (*of knowledge*) экзамен; (*leg.*) допрос. **examine** *v.t.* осматривать *imp.*, осмотреть (-рю, -ришь) *perf.*; исследовать *imp., perf.*; экзаменовать *imp.*, про~ *perf.*; допрашивать *imp.*, допросить (-ошу, -осишь) *perf.* **examiner** *n.* экзаменатор.

example *n.* пример, образец (-зца); *for e.*, например.

exasperate *v.t.* раздражать *imp.*, раздражить *perf.* **exasperation** *n.* раздражение.

excavate *v.t.* выкапывать *imp.*, выкопать *perf.*; (*archaeol.*) раскапывать *imp.*, раскопать *perf.* **excavation** *n.* выкапывание; раскопки *f.pl.* **excavator** *n.* экскаватор.

exceed *v.t.* превышать *imp.*, превысить *perf.* **exceedingly** *adv.* чрезвычайно.

excel v.t. превосходи́ть (-ожу́, -о́дишь) imp., превзойти́ (-о йду́, -ойдёшь; -ошёл, -ошла́) perf. (in, в+prep. + instr.); v.i. отлича́ться imp. отличи́ться perf. (at, in, в+prep.). **excellence** n. превосхо́дство. **excellency** n. превосходи́тельство. **excellent** adj. превосхо́дный, отли́чный.

except v.t. исключа́ть imp., исключи́ть perf.; prep. исключа́я+acc., за исключе́нием+gen., кро́ме+gen. **exception** n. исключе́ние; take e. to, возража́ть imp., возрази́ть perf. про́тив+gen. **exceptional** adj. исключи́тельный.

excerpt n. отры́вок (-вка), вы́держка.

excess n. избы́ток (-тка), изли́шек (-шка), изли́шество; e. fare допла́та. **excessive** adj. чрезме́рный, изли́шний (-шен, -шня).

exchange n. обме́н (of, +instr.); (of currency) разме́н (rate of e.) курс; (building) би́ржа; (telephone) центра́льная телефо́нная ста́нция; v.t. обме́нивать imp., обменя́ть perf. (for, на+acc.); обме́ниваться imp., обменя́ться perf.+instr.

Exchequer n. казначе́йство, казна́.

excise[1] n. (duty) акци́з(ный сбор); v.t. облага́ть imp., обложи́ть (-жу́, -жишь) perf. акци́зным сбо́ром.

excise[2] v.t. (cut out) выреза́ть imp., вы́резать (-ежу, -ежешь) perf. **excision** n. вы́резка.

excitable adj. возбуди́мый. **excite** v.t. возбужда́ть imp., возбуди́ть perf.; волнова́ть imp., вз~ perf. **excitement** n. возбужде́ние, волне́ние.

exclaim v.i. восклица́ть imp., воскли́кнуть perf. **exclamation** n. восклица́ние; e. mark, восклица́тельный знак.

exclude v.t. исключа́ть imp., исключи́ть perf. **exclusion** n. исключе́ние. **exclusive** adj. исключи́тельный; e. of, за исключе́нием+gen., не счита́я+gen.

excommunicate v.t. отлуча́ть imp., отлучи́ть perf. (от це́ркви). **excommunication** n. отлуче́ние.

excrement n. экскреме́нты (-тов) pl.

excrescence n. наро́ст.

excrete v.t. выделя́ть imp., вы́делить perf. **excretion** n. выделе́ние.

excruciating adj. мучи́тельный.

exculpate v.t. опра́вдывать imp., оправда́ть perf. **exculpation** n. оправда́ние.

excursion n. экску́рсия. **excursus** n. э́кскурс.

excusable adj. извини́тельный, прости́тельный. **excuse** n. извине́ние, оправда́ние, отгово́рка; v.t. извиня́ть imp., извини́ть perf.; проща́ть imp., прости́ть perf.; (release) освобожда́ть imp., освободи́ть perf. (from, от+gen.); e. me! извини́те (меня́)! прошу́ проще́ния!

execrable adj. отврати́тельный, ме́рзкий (-зок, -зка́, -зко).

execute v.t. исполня́ть imp., испо́лнить perf.; выполня́ть imp., вы́полнить perf.; (criminal) казни́ть imp., perf. **execution** n. выполне́ние, исполне́ние; казнь. **executioner** n. пала́ч (-а́).

executive n. исполни́тельный о́рган m.; (person) руководи́тель m.; adj. исполни́тельный; e. committee, исполни́тельный комите́т, исполко́м.

exegesis n. толкова́ние.

exemplary adj. приме́рный, образцо́вый. **exemplify** v.t. (illustrate by example) поясня́ть imp., пояснить perf. приме́ром, на приме́ре; (serve as example) служи́ть (-жу́, -жишь) imp., по~ perf. приме́ром+gen.

exempt adj. освобождённый (-ён, -ена́) (from, от+gen.), свобо́дный (from, от+gen.); v.t. освобожда́ть imp., освободи́ть perf. (from, от+gen.). **exemption** n. освобожде́ние (from, от+gen.).

exercise n. (application) примене́ние, осуществле́ние; (physical e.; task) упражне́ние; take e., упражня́ться imp.; e.-book, тетра́дь; v.t. (apply) применя́ть imp., примени́ть (-ню́, -нишь) perf.; (employ) испо́льзовать imp., perf.; (train) упражня́ть imp.

exert v.t. ока́зывать imp., оказа́ть (-ажу́, -а́жешь) perf.; e. oneself, стара́ться imp., по~ perf. **exertion** n. напряже́ние, уси́лие.

exhalation n. выдыха́ние, вы́дох; (vapour) испаре́ние. **exhale** v.t. (breathe out) выдыха́ть imp., вы́дохнуть perf.; (as vapour) испаря́ть imp., испари́ть perf.

exhaust *n.* вы́хлоп; *e. pipe,* выхлопна́я труба́ (*pl.* -бы); *v.t.* (*use up*) истоща́ть *imp.,* истощи́ть *perf.;* (*person*) изнуря́ть *imp.,* изнури́ть *perf.;* (*subject*) исче́рпывать *imp.,* исче́рпать *perf.* **exhausted** *adj.: be e.,* (*person*) изнемога́ть *imp.,* изнемо́чь (-огу́, -о́жешь; -о́г, -огла́) *perf.* **exhausting** *adj.* изнури́тельный. **exhaustion** *n.* изнуре́ние, истоще́ние, изнеможе́ние. **exhaustive** *adj.* исче́рпывающий.

exhibit *n.* экспона́т; (*leg.*) веще́ственное доказа́тельство; *v.t.* (*show*) пока́зывать *imp.,* показа́ть (-ажу́, -а́жешь) *perf.;* (*manifest quality*) проявля́ть (-влю́ -вишь) *perf.;* (*publicly*) выставля́ть *imp.,* вы́ставить *perf.* **exhibition** *n.* пока́з, проявле́ние; (*public e.*) вы́ставка. **exhibitor** *n.* экспоне́нт.

exhilarate *v.t.* (*gladden*) весели́ть *imp.,* раз~ *perf.;* (*enliven*) оживля́ть *imp.,* оживи́ть *perf.* **exhilaration** *n.* весе́лье, оживле́ние.

exhort *v.t.* увещева́ть *imp.* **exhortation** *n.* увещева́ние.

exhume *v.t.* выка́пывать *imp.,* вы́копать *perf.*

exile *n.* изгна́ние, ссы́лка; (*person*) изгна́нник, ссы́льный *sb.; v.t.* изгоня́ть *imp.,* изгна́ть (изгоню́, -нишь; изгна́л, -а́, -о) *perf.,* ссыла́ть *imp.,* сосла́ть (сошлю́, -лёшь) *perf.*

exist *v.i.* существова́ть (-тву́ю, -тву́ешь) *imp.;* (*live*) жить (живу́, -вёшь; жил, -а́, -о) *imp.* **existence** *n.* существова́ние, нали́чие. **existent, existing** *adj.* существу́ющий, нали́чный.

exit *n.* вы́ход; (*theat.*) ухо́д (со сце́ны); (*death*) смерть; *e. visa,* выездна́я ви́за; *v.i.* уходи́ть (-ожу́, -о́дишь) *imp.,* уйти́ (уйду́, -дёшь; ушёл, ушла́) *perf.*

exonerate *v.t.* освобожда́ть *imp.,* освободи́ть (-божу́) *perf.* (*from,* от+*gen.*); (*from blame*) снима́ть *imp.,* снять (сниму́, -мешь; снял, -а́, -о) *perf.* обвине́ние с+*gen.*

exorbitant *adj.* непоме́рный, чрезме́рный.

exorcism *n.* изгна́ние ду́хов. **exorcize** *v.t.* (*spirits*) изгоня́ть *imp.,* изгна́ть (изгоню́, -нишь; изгна́л, -а́, -о) *perf.*

exotic *adj.* экзоти́ческий.

expand *v.t. & i.* (*broaden*) расширя́ть(ся) *imp.,* расши́рить(ся) *perf.;* (*develop*) развива́ть *imp.,* разви́ть (разовью́(сь), -ьёшь(ся); разви́л(ся), -ила́(сь), -и́ло/-ило́сь) *perf.;* (*increase*) увели́чивать *imp.,* увели́чить(ся) *perf.* **expanse** *n.* простра́нство. **expansion** *n.* расшире́ние; разви́тие; увеличе́ние; (*of territory*) экспа́нсия. **expansive** *adj.* (*extensive*) обши́рный; (*effusive*) экспанси́вный.

expatiate *v.i.* распространя́ться *imp.,* распространи́ться *perf.* (on, o + *prep.*).

expatriate *n.* экспатриа́нт.

expect *v.t.* (*await*) ожида́ть *imp.*+*gen.,* ждать (жду, ждёшь; ждал, -а́, -о) *imp.*+*gen.,* что; (*anticipate*) наде́яться (-е́юсь, -е́ешься) *imp.,* по~ *perf.;* (*require*) тре́бовать *imp.*+*gen.,* что́бы. **expectant** *adj.* ожида́ющий (of, +*gen.*); *e. mother,* бере́менная же́нщина. **expectation** *n.* ожида́ние, наде́жда.

expectorant *n.* отха́ркивающее (сре́дство) *sb.* **expectorate** *v.t.* отха́ркивать *imp.,* отха́ркать *perf.*

expediency *n.* целесообра́зность. **expedient** *n.* сре́дство, приём; *adj.* целесообра́зный. **expedite** *v.t.* ускоря́ть *imp.,* уско́рить *perf.,* бы́стро выполня́ть *imp.,* вы́полнить *perf.* **expedition** *n.* экспеди́ция; (*promptness*) сро́чность. **expeditionary** *adj.* экспедицио́нный. **expeditious** *adj.* бы́стрый (быстр, -а́, -о, бы́стры).

expel *v.t.* выгоня́ть *imp.,* вы́гнать (вы́гоню, -нишь) *perf.* (*from school etc.*) исключа́ть *imp.,* исключи́ть *perf.*

expend *v.t.* тра́тить *imp.,* ис~, по~ *perf.,* расхо́довать *imp.,* из~ *perf.* **expenditure** *n.* расходова́ние, тра́та. **expense** *n.* расхо́д; *pl.* расхо́ды *m.pl.,* изде́ржки *f.pl.; at the e. of,* цено́ю+*gen.,* за счёт+*gen.* **expensive** *adj.* дорого́й (до́рог, -а́, -о).

experience *n.* о́пыт, о́пытность; (*incident*) пережива́ние; *v.t.* испы́тывать *imp.,* испыта́ть *perf.;* (*undergo*) пережива́ть *imp.,* пережи́ть (-иву́, -ивёшь пережи́л, -а́, -о) *perf.* experienced *adj.* о́пытный.

experiment *n.* о́пыт, эксперимéнт; *v.i.* производи́ть (-ожу́, -о́дишь) *imp.*, произвести́ (-еду́, -едёшь; -ёл, -ела́) *perf.* о́пыты (оп, на+*acc.*); эксперименти́ровать *imp.* (on, with, над, с, +*instr.*). **experimental** эксперимента́льный, о́пытный. **experimentation** *n.* эксперименти́рование.

expert *n.* специали́ст (-a) (in, в+*prep.*, по+*dat.*), знато́к (-á) (+*gen.*); *adj.* о́пытный. **expertise** *n.* (*opinion*) эксперти́за; (*knowledge*) специа́льные зна́ния *neut.pl.*

expiate *v.t.* искупа́ть *imp.*, искупи́ть (-плю́, -пишь) *perf.* **expiation** *n.* искупле́ние.

expiration *n.* (*breathing out*) выдыха́ние; (*termination*) истече́ние. **expire** *v.t.* (*exhale*) выдыха́ть *imp.*, вы́дохнуть *perf.*; *v.i.* (*period*) истека́ть *imp.*, исте́чь (-ечёт; -ёк, -екла́) *perf.*; (*die*) умира́ть *imp.*, умере́ть (умру́, -рёшь; у́мер, -ла́, -ло) *perf.* **expiry** *n.* истече́ние.

explain *v.t.* объясня́ть *imp.*, объясни́ть *perf.*; (*justify*) опра́вдывать *imp.*, оправда́ть *perf.* **explanation** *n.* объясне́ние. **explanatory** *adj.* объясни́тельный.

expletive *adj.* вставно́й; *n.* вставно́е сло́во (*pl.* -ва́); (*oath*) бра́нное сло́во (*pl.* -ва́).

explicit *adj.* я́вный, определённый (-ёнен, -ённа).

explode *v.t. & i.* взрыва́ть(ся) *imp.*, взорва́ть(ся) (-ву́, -вётся; взорва́л(ся), -ала́(сь), -а́ло/-а́лось) *perf.*; *v.t.* (*discredit*) разоблача́ть *imp.*, разоблачи́ть *perf.*; *v.i.* (*with anger etc.*) разража́ться *imp.*, разрази́ться *perf.*

exploit *n.* по́двиг; *v.t.* эксплуати́ровать *imp.*; (*mine etc.*) разраба́тывать *imp.*, разрабо́тать *perf.* **exploitation** *n.* эксплуата́ция; разрабо́тка. **exploiter** *n.* эксплуата́тор.

exploration *n.* иссле́дование. **exploratory** *adj.* иссле́довательский. **explore** *v.t.* иссле́довать *imp., perf.* **explorer** *n.* иссле́дователь *m.*

explosion *n.* взрыв; (*anger etc.*) вспы́шка. **explosive** *n.* взры́вчатое вещество́; *adj.* взры́вчатый, взрывно́й.

exponent *n.* (*interpreter*) истолкова́тель *m.*; (*representative*) представи́тель *m.*; (*math.*) показа́тель *m.* сте́пени. **exponential** *adj.* (*math.*).

export *n.* вы́воз, э́кспорт; *v.t.* вывози́ть (-ожу́, -о́зишь) *imp.*, вы́везти (-езу, -езешь; -ез) *perf.*; экспорти́ровать *imp., perf.* **exporter** *n.* экспортёр.

expose *v.t.* (*to risk etc.*) подверга́ть *imp.*, подве́ргнуть (-г) *perf.* (to, +*dat.*); (*phot.*) экспони́ровать *imp., perf.*; (*display*) выставля́ть *imp.*, вы́ставить *perf.*; (*discredit*) разоблача́ть *imp.*, разоблачи́ть *perf.*

exposition *n.* изложе́ние, толкова́ние.

exposure *n.* подверга́ние (to, +*dat.*); (*phot.*) вы́держка; выставле́ние; разоблаче́ние.

expound *v.t.* толкова́ть *imp.*; излага́ть *imp.*, изложи́ть (-жу́, -жишь) *perf.*

express *v.t.* (*train*) экспре́сс; (*messenger*) наро́чный *sb.*, курье́р; *adj.* (*definite*) определённый (-ёнен, -ённа), то́чный (-чен, -чна́, -чно); *v.t.* выража́ть *imp.*, вы́разить *perf.* **expression** *n.* выраже́ние; (*expressiveness*) вырази́тельность. **expressive** *adj.* вырази́тельный. **expressly** *adv.* наро́чно, наме́ренно.

expropriate *v.t.* экспроприи́ровать *imp., perf.* **expropriation** *n.* экспроприа́ция.

expulsion *n.* изгна́ние; (*from school etc.*) исключе́ние.

expunge *v.t.* вычёркивать *imp.*, вы́черкнуть *perf.*

exquisite *adj.* утончённый (-ён, -ённа).

extant *adj.* сохрани́вшийся, существу́ющий.

extemporaneous *adj.* неподгото́вленный (-ен), импровизи́рованный (-ан). **extempore** *adv.* без подгото́вки, экспро́мтом. **extemporize** *v.t. & i.* импровизи́ровать *imp.*, сымпровизи́ровать *perf.*

extend *v.t.* простира́ть *imp.*, простере́ть (-тру́, -трёшь) *perf.*; протя́гивать *imp.*, протяну́ть (-ну́, -нешь) *perf.*; (*enlarge*) расширя́ть *imp.*, расши́рить *perf.*; (*prolong*) продлева́ть

extenuate *imp.*, продли́ть *perf.*; *v.i.* простира́ться *imp.*, простере́ться (-трётся -тёрся) *perf.*; тяну́ться (-нется) *imp.*, по~ *perf.* **extension** *n.* расшире́ние; продле́ние. **extensive** *adj.* обши́рный, простра́нный (-нен, -нна), протяжённый (-ён, -ённа). **extent** *n.* протяже́ние; (*degree*) сте́пень *f.* (*pl.* -ни, -не́й); (*large space*) простра́нство.

extenuate *v.t.* уменьша́ть *imp.*, уме́ньшить *perf.*; *extenuating circumstances*, смягча́ющие вину́ обстоя́тельства *neut.pl.*

exterior *n.* вне́шность, нару́жность; *adj.* вне́шний, нару́жный.

exterminate *v.t.* уничтожа́ть *imp.*, уничто́жить *perf.*; истребля́ть *imp.*, истреби́ть *perf.* **extermination** *n.* уничтоже́ние, истребле́ние.

external *adj.* вне́шний, нару́жный.

extinct *adj.* (*volcano*) поту́хший; (*species*) вы́мерший; *become* ~, гаснуть (-х) *imp.*, по~ *perf.*; вымира́ть *imp.*, вымереть (-мрет; -мер) *perf.* **extinction** *n.* потуха́ние, вымира́ние.

extinguish *v.t.* гаси́ть (гашу́, га́сишь) *imp.*, по~ *perf.*; туши́ть (-шу́, -шишь) *imp.*, по~ *perf.*; (*debt*) погаша́ть *imp.*, погаси́ть (-ашу́, -а́сишь) *perf.* **extinguisher** *n.* гаси́тель *m.*; (*fire e.*) огнетуши́тель *m.*

extirpate *v.t.* истребля́ть *imp.*, истреби́ть *perf.*; искореня́ть *imp.*, искорени́ть *perf.* **extirpation** *n.* истребле́ние, искорене́ние.

extol *v.t.* превозноси́ть *imp.*, превознести́ (-есу́, -есёшь; ёс, -есла́) *perf.*

extort *v.t.* вымога́ть *imp.* (*from*, у+ *gen.*); (*information etc.*) выпы́тывать *imp.*, вы́пытать *perf.* (*from*, у+ *gen.*). **extortion** *n.* вымога́тельство. **extortionate** *adj.* вымога́тельский, граби́тельский.

extra *n.* (*theat.*) стати́ст, ~ка; (*payment*) припла́та, доба́вление; *adj.* доба́вочный, дополни́тельный, э́кстренный; осо́бый; *adv.* осо́бо, сверх, дополни́тельно.

extra- *in comb.* вне-.

extract *n.* экстра́кт; (*from book etc.*) вы́держка; *v.t.* извлека́ть *imp.*, извле́чь (-еку́, -ечёшь; -ёк, -екла́) *perf.*; (*pull out*) выта́скивать *imp.*, вы́тащить *perf.*; (*tooth*) удаля́ть *imp.*, удали́ть *perf.* **extraction** *n.* извлече́ние; выта́скивание; удале́ние; (*descent*) происхожде́ние.

extradite *v.t.* выдава́ть (-даю́, -даёшь) *imp.*, вы́дать (-ам, -ашь, -аст, -адим) *perf.* **extradition** *n.* вы́дача.

extraneous *adj.* чу́ждый (чужд, -а́, -о) (*to*, +*dat.*), посторо́нний.

extraordinary *adj.* необыча́йный, чрезвыча́йный; (*surprising*) удиви́тельный.

extravagance *n.* (*wild spending*) расточи́тельность; (*wildness*) сумасбро́дство. **extravagant** *adj.* расточи́тельный; сумасбро́дный.

extreme *n.* кра́йность; *adj.* кра́йний, чрезвыча́йный. **extremity** *n.* (*end*) край (*loc.* -а́е -аю́; *pl.* -ая́), коне́ц (-нца́); (*adversity*) бе́дствие; *pl.* (*hands & feet*) коне́чности *f.pl.*

extricate *v.t.* (*disentangle*) распу́тывать *imp.*, распу́тать *perf.*; *e. oneself*, выпу́тываться *imp.*, вы́путаться *perf.*

exuberance *n.* изоби́лие, ро́скошь; (*of person*) жизнера́достность. **exuberant** *adj.* оби́льный, роско́шный; жизнера́достный.

exude *v.t.* & *i.* выделя́ть(ся) *imp.*, вы́делить(ся) *perf.*

exult *v.i.* ликова́ть *imp.* **exultant** *adj.* лику́ющий. **exultation** *n.* ликова́ние.

eye *n.* глаз (*loc.* -зу́; *pl.* -за́, -з, -за́м); (*poet.*) о́ко (*pl.* о́чи, оче́й); (*needle etc.*) ушко́ (*pl.* -ки, -ко́в); *an eye for an eye*, о́ко за о́ко; *up to the eyes in*, по́ уши, по го́рло, в + *prep.*; *v.t.* всма́триваться *imp.*, всмотре́ться (-рю́сь, -ришься) *perf.* в + *acc.* **eyeball** *n.* глазно́е я́блоко (*pl.* -ки, -к). **eyebrow** *n.* бровь (*pl.* -ви, -ве́й). **eyelash** *n.* ресни́ца. **eyelid** *n.* ве́ко (*pl.* -ки, -к). **eyepiece** *n.* окуля́р. **eyesight** *n.* зре́ние. **eyewitness** *n.* очеви́дец (-дца).

eyrie *n.* (орли́ное) гнездо́ (*pl.* -ёзда).

F

F *n.* (*mus.*) фа *neut.indecl.*

fable *n.* ба́сня (*gen.pl.* -сен), небыли́ца.

fabric *n.* (*structure*) структу́ра, устро́йство; (*cloth*) ткань. **fabricate** *v.t.* (*invent*) выду́мывать *imp.*, вы́думать *perf.*; (*forge*) подде́лывать *imp.*, подде́лать *perf.* **fabrication** *n.* вы́думка; подде́лка.

fabulous *adj.* ска́зочный.

façade *n.* фаса́д.

face *n.* лицо́ (*pl.* -ца); (*expression*) выраже́ние; (*grimace*) грима́са; (*outward aspect*) вне́шний вид; (*surface*) пове́рхность; (*clock etc.*) цифербла́т; have the f., име́ть *imp.* наха́льство; make faces, ко́рчить *imp.* ро́жи; f. down, (*cards*) руба́шкой вверх; f. to f., лицо́м к лицу́; in the f. of, пе́ред лицо́м + *gen.*, вопреки́ + *dat.*; on the f. of it, на пе́рвый взгляд; f. card, фигу́ра; f. value, номина́льная сто́имость; take at f. value, принима́ть *imp.*, приня́ть (приму́, -мешь; при́нял, -а́, -о) *perf.* за чи́стую моне́ту; *v.t.* (*be turned towards*) быть обращённым к + *dat.*; (*meet firmly*) смотре́ть (-рю́, -ришь) *imp.* в лицо́ + *dat.*; (*cover*) облицо́вывать *imp.*, облицева́ть (-цу́ю, -цу́ешь) *perf.*; f. the music, расхлёбывать *imp.*, расхлеба́ть *perf.* ка́шу. **faceless** *adj.* безли́чный.

facet *n.* грань; (*aspect*) аспе́кт.

facetious *adj.* шутли́вый.

facial *adj.* лицево́й.

facile *adj.* лёгкий (-док, -гка́, -гко́, лёгки), свобо́дный; (*derog.*) пове́рхностный. **facilitate** *v.t.* облегча́ть *imp.*, облегчи́ть *perf.* **facility** *n.* (*ease*) лёгкость; (*ability*) спосо́бность; (*opportunity*) возмо́жность.

facing *n.* облицо́вка; (*of garment*) отде́лка, обши́вка.

facsimile *n.* факси́миле *neut.indecl.*

fact *n.* факт; (*reality*) действи́тельность; *pl.* (*information*) да́нные *sb.*; the f. is that ..., де́ло в том, что ...; as a matter of f., со́бственно говоря́; in f., действи́тельно, на са́мом де́ле.

faction *n.* фра́кция. **factional** *adj.* фракцио́нный.

factitious *adj.* иску́сственный (-вен(ен), -венна).

factor *n.* (*circumstance*) фа́ктор; (*merchant*) комиссионе́р; (*math.*) мно́житель *m.*; (*of safety etc.*) коэффицие́нт.

factory *n.* фа́брика, заво́д; f.-ship, плаву́чий рыбозаво́д.

factual *adj.* факти́ческий, действи́тельный.

faculty *n.* спосо́бность, дар (*pl.* -ы́); (*univ.*) факульте́т.

fade *v.i.* вя́нуть (вял) *imp.*, за~ *perf.*; увяда́ть *imp.*, увя́нуть (-я́л) *perf.*; (*colour*) выцвета́ть *imp.*, вы́цвести (-етет; -ел) *perf.*; (*sound*) замира́ть *imp.*, замере́ть (-мрёт; за́мер, -ла́, -ло) *perf.*

faeces *n.* кал.

fag *v.i.* корпе́ть (-плю́, -пи́шь) (over, над + *instr.*); *v.t.* утомля́ть *imp.*, утоми́ть *perf.*; *n.* (*drudgery*) тяжёлая рабо́та; (*cigarette*) сигаре́тка; f.-end, оку́рок (-рка).

faggot *n.* (*wood*) вяза́нка хво́роста, -ту.

faience *n.* фая́нс.

fail *n.*: without f., обяза́тельно, непреме́нно; *v.t.* & *i.* (*be insufficient*) не хвата́ть *imp.*, не хвати́ть (-ит) *perf. impers.* + *gen.* (*subject*) & у + *gen.* (*object*); *v.i.* (*weaken*) ослабева́ть *imp.*, ослабе́ть *perf.*; *v.i.* (*not succeed*) терпе́ть (-плю́, -пишь) *imp.*, по~ *perf.* неуда́чу; не удава́ться (удаётся *impers.*), уда́ться (-а́стся; -ало́сь) *perf.impers.* + *dat.* (in, + *inf.*); *v.t.* & *i.* (*examination*) прова́ливать(ся) *imp.*, провали́ть(ся) (-лю́(сь), -лишь(ся)) *perf.* **failing** *n.* недоста́ток (-тка), сла́бость; *prep.* за неиме́нием + *gen.*, в слу́чае отсу́тствия + *gen.* **failure** *n.* неуда́ча, прова́л; (*person*) неуда́чник, -ица.

faint *n.* о́бморок; *adj.* (*weak*) сла́бый (слаб, -а́, -о); (*pale*) бле́дный (-ден, -дна́, -дно, бле́дны); f.-hearted, малоду́шный; *v.i.* па́дать *imp.*, упа́сть (упаду́, -дёшь; упа́л) *perf.* в о́бморок.

fair¹ *n.* я́рмарка.

fair² *adj.* (*beautiful*) краси́вый; (*just*) че́стный (-тен, -тна́, -тно), справедли́вый; (*considerable*) поря́дочный; (*blond*) белоку́рый; f. copy, чистови́к (-а́). **fairly** *adv.* (*tolerably*) дово́льно; (*completely*) соверше́нно. **fairway** *n.* фарва́тер.

fairy *n.* фе́я; f.-tale, ска́зка.

faith *n.* (*belief*) ве́ра; (*trust*) дове́рие; (*loyalty*) ве́рность. **faithful** *adj.* ве́рный (-рен, -рна́, -рно, ве́рны́). **faithless** *adj.* вероло́мный, неве́рный (-е́рен, -ерна́, -е́рно, -е́рны).

fake *n.* подде́лка; *v.t.* подде́лывать *imp.*, подде́лать *perf.*

falcon *n.* со́кол. **falconry** *n.* соколи́ная охо́та.

fall *n.* паде́ние; f. водопа́д; *v.i.* па́дать *imp.*, (у)па́сть ((у)паду́, -дёшь; (у)па́л *perf.*; понижа́ться *imp.*, пони́зиться *perf.*; f. apart, распада́ться *imp.*, распа́сться (-адётся; -а́лся) *perf.*; f. asleep, засыпа́ть *imp.*, засну́ть *perf.*; f. back on, прибега́ть *imp.*, прибе́гнуть (-г(нул), -гла) *perf.* к+*dat.*; f. off, отпада́ть *imp.*, отпа́сть (-аду́, -адёшь; -а́л) *perf.*; f. over, опроки́дываться *imp.*, опроки́нуться *perf.*; f. through, прова́ливаться *imp.*, провали́ться (-ится) *perf.*; f.-out, радиоакти́вные оса́дки (-ков) *pl.*

fallacious *adj.* оши́бочный, ло́жный. **fallacy** *n.* оши́бка, заблужде́ние.

fallibility *n.* оши́бочность. **fallible** *adj.* подве́рженный (-ен) оши́бкам.

fallow *n.* пар (-ы́), земля́ (*acc.* -лю) под па́ром; *adj.* под па́ром; lie f., лежа́ть (-жи́т) *imp.* под па́ром.

fallow deer *n.* лань.

false *adj.* ло́жный, фальши́вый. **falsehood** *n.* ложь (лжи, *instr.* ло́жью). **falsetto** *n.* фальце́т. **falsification** *n.* фальсифика́ция, подде́лка. **falsify** *v.t.* фальсифици́ровать *imp.*, *perf.*; подде́лывать *imp.*, подде́лать *perf.* **falsity** *n.* ло́жность.

falter *v.i.* (*stumble*) спотыка́ться *imp.*, споткну́ться *perf.*; (*stammer*) запина́ться *imp.*, запну́ться *perf.*; (*waver*) колеба́ться (-блюсь, -блешься) *imp.*

fame *n.* сла́ва, репута́ция. **famed** *adj.* изве́стный.

familiar *adj.* (*close*) бли́зкий (-зок, -зка́, -зко, -зко); (*well known*) знако́мый; (*usual*) обы́чный; (*informal*) фамилья́рный. **familiarity** *n.* бли́зость; знако́мство; фамилья́рность. **familiarize** *v.t.* ознакомля́ть *imp.*, ознако́мить *perf.* (with, c+*instr.*).

family *n.* семья́ (*pl.* -мьи, -ме́й, -мьям); (*lineage*) род (-а(у), *loc.* -у́; *pl.* -ы́); (*generic group*) семе́йство; *attrib.* семе́йный, фами́льный; f. tree, родосло́вная *sb.*

famine *n.* (*scarcity of food*) го́лод (-а(у)); (*dearth*) недоста́ток (-тка).

famish *v.t.* мори́ть *imp.*, у~ го́лодом; *v.i.*, be famished, голода́ть *imp.*

famous *adj.* знамени́тый, изве́стный, просла́вленный.

fan¹ *n.* (*device etc.*) ве́ер (*pl.* -а́); (*ventilator*) вентиля́тор; *v.t.* обма́хивать *imp.*, обмахну́ть *perf.*; (*flame*) раздува́ть *imp.*, разду́ть (-у́ю, -у́ешь) *perf.*

fan² *n.* (*devotee*) боле́льщик, -ица. **fanatic** *n.* фана́тик, -и́чка. **fanatical** *adj.* фанати́ческий.

fanciful *adj.* (*capricious*) прихотли́вый; (*imaginary*) вообража́емый. **fancy** *n.* фанта́зия, воображе́ние; (*whim*) причу́да; *adj.* орнамента́льный; *v.t.* (*imagine*) представля́ть *imp.*, предста́вить *perf.* себе́; (*suppose*) каза́ться (ка́жется; каза́лось) *imp.*, по~ *perf. impers.* + *dat.*; (*like*) нра́виться *imp.*, по~ *perf. impers.* + *dat.*; f. dress, маскара́дный костю́м; f.-dress, костюмиро́ванный.

fanfare *n.* фанфа́ра.

fang *n.* клык (-а́); (*serpent's*) ядови́тый зуб (*pl.* -ы, -о́в).

fantastic *adj.* фантасти́ческий, причу́дливый. **fantasy** *n.* фанта́зия, воображе́ние.

far *adj.* да́льний, далёкий (-ёк, -ека́, -ёко); (*remote*) отдалённый; *adv.* далеко́; (*fig.*) намно́го; as f. as, (*prep.*) до+*gen.*; (*conj.*) поско́льку; by f., намно́го; in so f. as, поско́льку; so f., до сих пор; f.-fetched, натя́нутый; притя́нутый за́ волосы, за́ уши; f.-reaching, далеко́ иду́щий

farce — **favour**

f.-seeing, дальновидный; *f.-sighted*, дальновидный; (*physically*) дальнозоркий.

farce *n.* фарс. **farcical** *adj.* фарсовый, смехотворный.

fare *n.* (*price*) проездная плата; (*passenger*) пассажир; (*food*) пища; *v.i.* поживать *imp.* farewell *interj.* прощай(те)! *n.* прощание; *attrib.* прощальный; bid *f.*, прощаться *imp.*, проститься *perf.* (*to*, c + *instr.*).

farinaceous *adj.* мучнистый, мучной.

farm *n.* ферма, хозяйство. **farmer** *n.* фермер. **farming** *n.* сельское хозяйство.

farrier *n.* (*smith*) кузнец (-а); (*horse-doctor*) коновал.

farther *comp.adj.* более отдалённый (-ён, -ённа); дальнейший; (*additional*) дополнительный; *adv.* дальше. **farthermost** *adj.* самый дальний. **farthest** *superl.adj.* самый отдалённый; *adv.* дальше всего.

fascicle *n.* (*bot.*) пучок (-чка́); (*book*) выпуск.

fascinate *v.t.* очаровывать *imp.*, очаровать *perf.* **fascinating** *adj.* очаровательный. **fascination** *n.* очарование.

Fascism *n.* фашизм. **Fascist** *n.* фашист, ~ка; *adj.* фашистский.

fashion *n.* (*manner*) манера; (*pattern*) фасон; (*style*) стиль *m.*; (*style of dress etc.*) мода; *after a f.*, некоторым образом; *after the f. of*, по образцу + *gen.*; *v.t.* придавать (-даю, -даёшь) *imp.*, придать (-ам, -ашь, -аст, -адим; придал, -а, -о) *perf.* форму + *dat.*; формировать *imp.*, c~ *perf.* **fashionable** *adj.* модный (-ден, -дна, -дно), фешенебельный.

fast[1] *n.* пост (-а, *loc.* -у́); *v.i.* поститься *imp.*; *break* (*one's*) *f.*, разговляться *imp.*, разговеться *perf.*

fast[2] *adj.* (*firm*) прочный (-чен, -чна́, -чно, прочны), крепкий (-пок, -пка́, -пко), твёрдый (-д, -да́, -до), стойкий (-о́ек, -о́йка, -о́йко); (*rapid*) скорый (скор, -а́, -о), быстрый (быстр, -а́, -о, -ы); (*immoral*) беспутный; *be f.*, (*timepiece*) спешить *imp.* **fasten** *v.t.* (*attach*) прикреплять *imp.*, прикрепить *perf.* (*to*, к – *dat.*); (*tie*) привязывать *imp.*, привязать (-яжу́, -яжешь) *perf.* (*to*, к + *dat.*); (*garment*) застёгивать *imp.*, застегнуть *perf.* **fastener, fastening** *n.* запор, задвижка; (*on garment*) застёжка.

fastidious *adj.* брезгливый.

fat *n.* жир (-a(y), *loc.* -ý; *pl.* -ы́), са́ло; *adj.* (*greasy*) жирный (-рен, -рна́, -рно); (*plump*) толстый (-т, -та́, -то, толсты), тучный (-чен, -чна́, -чно); *get, grow, f.*, толстеть *imp.*, по~ *perf.*

fatal *adj.* фатальный, роковой; (*deadly*) па́губный, смертельный. **fatality** *n.* па́губность, фатальность; (*calamity*) несчастье; (*death*) смерть. **fate** *n.* судьба (*pl.* -дьбы, -деб, -дьбам), рок, жребий. **fated** *predic.* обречён (-а́). **fateful** *adj.* роковой.

father *n.* отец (-тца́); *f.-in-law*, (*husband's f.*) свёкор (-кра); (*wife's f.*) тесть *m.* **fatherland** *n.* отечество. **fatherly** *adj.* отеческий.

fathom *n.* шесть (-ти́, -тью) футов (глубины воды); *v.t.* измерять *imp.*, измерить *perf.* глубину́ (воды); (*understand*) понимать *imp.*, понять (пойму, -мёшь; по́нял, -а́, -о) *perf.*

fatigue *n.* усталость, утомление; *v.t.* утомлять *imp.*, утомить *perf.*

fatness *n.* тучность. **fatten** *v.t.* откармливать *imp.*, откормить (-млю, -мишь) *perf.*; *v.i.* толстеть *imp.*, по~ *perf.* **fatty** *adj.* жирный (-рен, -рна́, -рно), жировой.

fatuous *adj.* тупой (туп, -а́, -о, ту́пы).

fault *n.* недостаток (-тка), дефект; (*blame*) вина́; (*geol.*) сброс. **faultless** *adj.* безупречный, безошибочный. **faulty** *adj.* дефектный.

fauna *n.* фауна.

favour *n.* (*goodwill*) благосклонность; (*aid*) одолжение; *in* (*somebody's*) *favour*, в пользу + *gen.*; *be in f. of*, стоять (-ою́, -о́ишь) *imp.* за + *acc.*; *v.t.* благоволить *imp.* к + *dat.*; благоприятствовать *imp.* + *dat.* **favourable** *adj.* (*propitious*) благоприятный; (*approving*) благосклонный (-нен, -нна). **favourite** *n.* любимец (-мца), -мица, фаворит, ~ ка; *adj.* любимый.

fawn¹ *n.* оленёнок (-нка; *pl.* оленя́та, -т); *adj.* (*f.-coloured*) желтова́то-кори́чневый.

fawn² *v.i.* (*animal*) ласка́ться *imp.* (upon, к + *dat.*); (*person*) подли́зываться *imp.*, подлиза́ться (-ижу́сь, -и́жешься) *perf.* (upon, к + *dat.*).

fealty *n.* (прися́га на) ве́рность.

fear *n.* страх, боя́знь, опасе́ние; *v.t. & i.* боя́ться (бою́сь, бои́шься) *imp.* + *gen.*; опаса́ться *imp.* + *gen.* **fearful** *adj.* (*terrible*) стра́шный (-шен, -шна́, -шно, стра́шны́); (*timid*) пугли́вый. **fearless** *adj.* бесстра́шный. **fearsome** *adj.* гро́зный (-зен, -зна́, -зно).

feasibility *n.* осуществи́мость, возмо́жность. **feasible** *adj.* осуществи́мый, возмо́жный.

feast *n.* (*meal*) пир (*loc.* -е & -у́; *pl.* -ы́); (*festival*) пра́здник; *v.i.* пирова́ть *imp.*; *v.t.* угоща́ть *imp.*, угости́ть *perf.*; **f. one's eyes on,** любова́ться *imp.*, по ~ *perf.* + *instr.*, на + *acc.*

feat *n.* по́двиг.

feather *n.* перо́ (*pl.* пе́рья, -ьев); (*plumage*) опере́ние; *v.t.* оперя́ть *imp.*, опери́ть *perf.*; **f. bed,** пери́на; **f.-brained,** ве́треный. **feathery** *adj.* перна́тый.

feature *n.* осо́бенность, черта́; (*newspaper*) статья́; *pl.* (*of face*) черты́ *f.pl.* лица́; **f. film,** худо́жественный фильм; *v.t.* (*in film*) пока́зывать *imp.*, показа́ть (-ажу́, -а́жешь) *perf.* (на экра́не); *v.i.* (*take part*) уча́ствовать *imp.* (in, в + *prep.*).

febrile *adj.* лихора́дочный.

February *n.* февра́ль (-ля́) *m.*; *attrib.* февра́льский.

fecund *adj.* плодоро́дный. **fecundity** *n.* плодоро́дие.

federal *adj.* федерати́вный. **federation** *n.* федера́ция.

fee *n.* гонора́р; (*entrance f. etc.*) взнос; *pl.* (*regular payment, school, etc.*) пла́та.

feeble *adj.* сла́бый (слаб, -а́, -о), немощный; **f.-minded,** слабоу́мный. **feebleness** *n.* сла́бость.

feed *n.* корм (-a(y), *loc.* -е & -у́; *pl.* -а́); *v.t.* корми́ть (-млю́, -мишь) *imp.*, на ~, по ~ *perf.*; пита́ть *imp.*, на ~ *perf.*; *v.i.* корми́ться (-млю́сь, -мишься) *imp.*, по ~ *perf.*; пита́ться *imp.* (on, + *instr.*); **f. up,** (*fatten*) отка́рмливать *imp.*, откорми́ть (-млю́, -мишь) *perf.*; **I am fed up with,** мне надое́л (-а, -о, -и) + *nom.* **feedback** *n.* обра́тная связь.

feel *v.t.* осяза́ть *imp.*; ощуща́ть *imp.*, ощути́ть (-ущу́, -ути́шь) *perf.*; чу́вствовать *imp.*, по ~ *perf.*; (*undergo*) испы́тывать *imp.*, испыта́ть *perf.*; *v.i.* (*feel bad etc.*) чу́вствовать *imp.*, по ~ *perf.* себя́ + *adv.*, + *instr.*; **f. like,** хоте́ться (хо́чется) *imp.impers.* + *dat.* **feeling** *n.* (*sense*) ощуще́ние; (*emotion*) чу́вство, эмо́ция; (*impression*) впечатле́ние; (*mood*) настрое́ние.

feign *v.t.* притворя́ться *imp.*, притвори́ться *perf.* + *instr.* **feigned** *adj.* притво́рный.

feint *n.* ло́жный уда́р; (*pretence*) притво́рство.

felicitate *v.t.* поздравля́ть *imp.*, поздра́вить *perf.* (on, с + *instr.*). **felicitation** *n.* поздравле́ние.

felicitous *adj.* уда́чный, счастли́вый (счастли́в). **felicity** *n.* сча́стье, блаже́нство.

feline *adj.* коша́чий (-чья, -чье).

fell¹ *n.* (*animal's skin*) шку́ра.

fell² *v.t.* (*tree*) сруба́ть *imp.*, сруби́ть (-блю́, -бишь) *perf.*; (*person*) сбива́ть *imp.*, сбить (собью́, -ьёшь) *perf.* с ног.

fellow *n.* челове́к, па́рень (-рня; *pl.* -рни, -рне́й) *m.*, това́рищ; (*колле́джа, нау́чного о́бщества и т.п.*). **fellowship** *n.* това́рищество, соо́бщество, соду́жество.

felon *n.* уголо́вный престу́пник, -ица. **felonious** *adj.* престу́пный. **felony** *n.* уголо́вное преступле́ние.

fel(d)spar *n.* полево́й шпат.

felt *n.* фетр, во́йлок; *adj.* фе́тровый, во́йлочный; **f. boots,** ва́ленки (-нок) *pl.*

female *n.* (*animal*) са́мка; (*person*) же́нщина; *adj.* же́нский. **feminine** *adj.* же́нский, же́нственный (-ен, -енна); (*gram.*) же́нского ро́да.

femoral *adj.* бе́дренный. **femur** *n.* бедро́ (*pl.* бёдра, -дер, -драм).

fen *n.* боло́то, боло́тистая ме́стность.

fence n. огра́да, забо́р, и́згородь; (*receiver of stolen goods*) бары́га, скупщи́к кра́деного; v.t.: f. in, огора́живать imp., огороди́ть (-ожу́, -о́дишь) perf.; f. off, отгора́живать imp., отгороди́ть (-ожу́, -о́дишь) perf.; v.i. (*sport*) фехтова́ть imp. **fencer** n. фехтова́льщик, -ица. **fencing** n. огора́живание; (*enclosure*) забо́р, и́згородь; (*sport*) фехтова́ние; adj. фехтова́льный.

fend v.t.: f. off, отража́ть imp., отрази́ть perf.; (*blow*) пари́ровать imp., от~ perf.; f. for oneself, забо́титься imp., по~ perf. о себе́. **fender** n. (*guard*) решётка; (*naut.*) кра́нец (-нца).

fennel n. фе́нхель m.

ferment n. (*substance*) заква́ска; (*action, also fig.*) броже́ние; v.i. броди́ть (-дит) imp.; v.t. ква́сить (-а́шу, -а́сишь) imp., за~ perf.; (*excite*) возбужда́ть imp., возбуди́ть perf. **fermentation** n. броже́ние; (*excitement*) возбужде́ние.

fern n. па́поротник.

ferocious adj. свире́пый, лю́тый (лют, -а́, -о). **ferocity** n. свире́пость, лю́тость.

ferret n. хорёк (-рька́); v.t.: f. out, выгоня́ть imp., вы́гнать (вы́гоню, -нишь) perf.; (*search out*) разню́хивать imp., разню́хать perf.; v.i.: f. about, (*rummage*) ры́ться (ро́юсь, ро́ешься) imp.

ferro- in comb. фе́рро-, желе́зо-; f.-concrete, железобето́н. **ferrous** adj. желе́зный; f. metals, чёрные мета́ллы m.pl.

ferry n. паро́м, перево́з; v.t. перевози́ть (-ожу́, -о́зишь) imp., перевезти́ (-езу́, -езёшь; -ёз, -езла́) perf. **ferryman** n. паро́мщик, перево́зчик.

fertile adj. плодоро́дный, плодови́тый. **fertility** n. плодоро́дие, плодови́тость. **fertilize** v.t. (*soil*) удобря́ть imp., удо́брить perf.; (*egg*) оплодотворя́ть imp., оплодотвори́ть perf. **fertilizer** n. удобре́ние.

fervent, fervid adj. горя́чий, пы́лкий (-лок, -лка́, -лко). **fervour** n. пыл (-а(у), loc. -у́), горя́чность, рве́ние.

festal adj. (*of feast*) пра́здничный; (*gay*) весёлый (ве́сел, -а́, -о, ве́селы).

fester v.i. гнои́ться imp.

festival n. пра́здник, фестива́ль m. **festive** adj. пра́здничный; (*jovial*) весёлый (ве́сел, -а́, -о, ве́селы). **festivity** n. весе́лье; pl. торжества́ neut.pl.

festoon n. гирля́нда; (*archit.*) фесто́н; v.t. украша́ть imp., укра́сить perf. гирля́ндами, фесто́нами.

fetch v.t. (*carrying*) приноси́ть (-ошу́, -о́сишь) imp., принести́ (-есу́, -есёшь; -ёс, -есла́) perf.; (*leading*) приводи́ть (-ожу́, -о́дишь) imp., привести́ (-еду́, -едёшь; -ёл, -ела́) perf.; (*go and come back with*) (*on foot*) сходи́ть (-ожу́, -о́дишь) perf. за + instr.; заходи́ть (-ожу́, -о́дишь) imp., зайти́ (зайду́, -дёшь; зашёл, -шла́) perf. за + instr.; (*by vehicle*) заезжа́ть imp., зае́хать (-е́ду, -е́дешь) perf. за + instr.; (*cause*) вызыва́ть imp., вы́звать (вы́зову, -вешь) perf.; (*price*) выруча́ть imp., вы́ручить perf. **fetching** adj. привлека́тельный.

fetid adj. злово́нный (-нен, -нна).

fetish n. фети́ш.

fetlock n. щётка.

fetter v.t. ско́вывать imp., скова́ть (скую́, скуёшь) perf.; n.: pl. кандалы́ (-ло́в) pl., око́вы (-в) pl.

fettle n. состоя́ние.

feud n. кро́вная месть.

feudal adj. феода́льный. **feudalism** n. феодали́зм.

fever n. (*med.*) жар (-а(у), loc. -у́), лихора́дка; (*agitation*) возбужде́ние. **feverish** adj. лихора́дочный; возбуждённый (-ён, -ена́).

few a f. adj., pron. немно́гие (-их) pl.; немно́го + gen., ма́ло + gen., не́сколько + gen.; quite a f., нема́ло + gen.

fez n. фе́ска.

fiancé n. жени́х (-а́). **fiancée** n. неве́ста.

fiasco n. прова́л.

fiat n. (*sanction*) са́нкция; (*decree*) декре́т.

fib n. враньё; v.i. привира́ть imp., привра́ть (-ру́, -рёшь; привра́л, -а́, -о) perf. **fibber** n. враль (-ля́) m.

fibre n. фи́бра, волокно́ (pl. -о́кна, -о́кон, -о́кнам); (character) хара́ктер.
fibreglass n. стекловолокно́. **fibrous** adj. фибро́зный, волокни́стый.
fickle adj. непостоя́нный (-нен, -нна), изме́нчивый. **fickleness** n. непостоя́нство, изме́нчивость.
fiction n. (literature) беллетри́стика, худо́жественная литерату́ра; (invention) вы́думка. **fictional** adj. беллетристи́ческий, вы́мышленный. **fictitious** adj. вы́мышленный, фикти́вный.
fiddle n. (violin) скри́пка; (swindle) обма́н; v.i. игра́ть imp. (with, c + instr.); f. about, безде́льничать imp.; v.t. (cheat) надува́ть imp., наду́ть (-у́ю, -у́ешь) perf.
fidelity n. ве́рность.
fidget n. непосе́да m. & f.; v.i. ёрзать imp.; не́рвничать imp. **fidgety** adj. непосе́дливый.
field n. по́ле (-ля, -ле́й) (sport) площа́дка; (sphere) о́бласть, сфе́ра; attrib. полево́й; f.-glasses, полево́й бино́кль m.; F. Marshal, фельдма́ршал; f.-mouse, полева́я мышь (pl. -ши, -ше́й).
fiend n. (demon) дья́вол, де́мон; (cruel person) и́зверг. **fiendish** adj. дья́вольский.
fierce adj. свире́пый, лю́тый (лют, -á, -о); (strong) си́льный (силён, -льна́, -льно, си́льны).
fiery adj. о́гненный.
fife n. ду́дка.
fifteen adj., n. пятна́дцать (-ти, -тью); (age) пятна́дцать лет. **fifteenth** adj., n. пятна́дцатый; (date) пятна́дцатое (число́), (fraction) пятна́дцатая часть (pl.-ти, -те́й)). **fifth** adj., n. пя́тый; (fraction) пя́тая часть (pl.-ти, -те́й)); (date) пя́тое (число́); (mus.) кви́нта. **fiftieth** adj., n. пятидеся́тый; (fraction) пятидеся́тая (-ти́десяти, -тью́десятью); (age) пятьдеся́т лет; (decade) пятидеся́тые го́ды (-до́в) m.pl.; f.-f., adj. ра́вный (-вен, -вна́); adv. по́ровну.
fig n. фи́га, ви́нная я́года, инжи́р.
fight n. дра́ка; (battle) бой (loc. бою́; pl. бои́); (fig.) борьба́; v.t. боро́ться (-рю́сь, -решься) imp. c + instr.; сража́ться imp., срази́ться perf. c + instr.; v.i. дра́ться (деру́сь, -рёшься,

дра́лся, -ла́сь, дра́лось) imp. **fighter** n. бое́ц (бойца́); (aeron.) истреби́тель m. **fighting** n. бой m.pl.; сраже́ние, дра́ка; adj. боево́й.
figment n. вы́мысел (-сла), плод (-á) воображе́ния.
figuration n. оформле́ние; (ornamentation) орнамента́ция. **figurative** adj. о́бразный, перено́сный. **figure** n. (form, body, person) фигу́ра; (number) ци́фра; (diagram) рису́нок с.пх.; (image) изображе́ние; (person) ли́чность; (of speech) оборо́т ре́чи; f.-head, (naut.) носово́е украше́ние; (person) подставно́е лицо́ (pl. -ца); v.t. (represent) изобража́ть imp., изобрази́ть perf.; (imagine) представля́ть imp., предста́вить себе́; f. out, вычисля́ть imp., вы́числить perf. **figurine** n. статуэ́тка.
filament n. волокно́ (pl. -о́кна, -о́кон, -о́кнам).
filch v.t. стяну́ть (-ну́, -нешь) perf.
file[1] n. (tool) напи́льник; v.t. подпи́ливать imp., подпили́ть (-лю́, -лишь) perf.
file[2] n. (folder) подши́вка, па́пка; (set of papers) де́ло (pl. -ла́); v.t. подшива́ть imp., подши́ть (подошью́, -ьёшь) perf.; влага́ть imp., вложи́ть (-жу́, -жишь) perf. в па́пки.
file[3] n. (row) ряд (-á with 2, 3, 4, loc. -у́; pl. -ы́); шере́нга; in (single) f., гусько́м.
filial adj. (of son) сыно́вный; (of daughter) доче́рний.
filigree n. филигра́нь; adj. филигра́нный.
fill v.t. & i. наполня́ть(ся) imp., напо́лнить(ся) perf.; v.t. заполня́ть imp., запо́лнить p.; (tooth) пломбирова́ть imp., за~ perf.; (occupy) занима́ть imp., заня́ть (займу́, -мёшь; за́нял, -á, -о) perf.; (satiate) насыща́ть imp., насы́тить (-ы́щу, -ы́тишь) perf.; f. in, (v.t.) заполня́ть imp., запо́лнить perf.; (words) вписывать imp., вписа́ть (-ишу́, -и́шешь) perf. (v.i.) замеща́ть imp., замести́ть perf.
fillet n. (ribbon) повя́зка; (cul.) филе́ neut.indecl.

filling *n.* наполнение; (*tooth*) пломба; (*cul.*) начинка.
fillip *n.* щелчок (-чка); толчок (-чка).
filly *n.* кобылка.
film *n.* (*haze*) дымка, (*layer; phot.*) плёнка; (*cin.*) фильм; f. star, кинозвезда (*pl.* -ёзды); *v.t.* экранизировать *imp., perf.*; *v.i.* производить (-ожу, -одишь) *imp.*, произвести (-еду, -едёшь; -ёл, -ела) *perf.* киносъёмку; снимать (-маю, -маешь; снял, -а, -о) *perf.* фильм.
filmy *adj.* туманный (-нен, -нна).
filter *n.* фильтр; *v.t.* фильтровать *imp.*, про~ *perf.*; процеживать *imp.*, процедить (-ежу, -едишь) *perf.*; f. through, out, просачиваться *imp.*, просочиться *perf.*
filth *n.* грязь (*loc.* -зи); (*obscenity*) непристойность. **filthy** *adj.* грязный (-зен, -зна, -зно); непристойный.
fin *n.* плавник (-а); (*aeron.*) киль *m.*
final *n.* финал; *pl.* выпускные экзамены *m.pl.*; *adj.* последний, окончательный. **finale** *n.* финал, развязка. **finality** *n.* законченность. **finally** *adv.* в конце концов, окончательно.
finance *n.* финансы (-сов) *pl.*; *pl.* доходы *m.pl.*; *v.t.* финансировать *imp., perf.* **financial** *adj.* финансовый. **financier** *n.* финансист.
finch *n.* see comb., e.g. bullfinch.
find *n.* находка; *v.t.* находить (-ожу, -одишь) *imp.*, найти (найду, -дёшь; нашёл, -шла) *perf.*; (*person*) заставать (-таю, -таёшь) *imp.*, застать (-ану, -анешь) *perf.*; f. out, узнавать (-наю, -наёшь) *imp.*, узнать *perf.*; be at fault with, придираться *imp.*, придраться (придерусь, -рёшься; придрался, -алась, -алось) *perf.* к+*dat.* **finding** *n.* (*leg.*) приговор; *pl.* (*of inquiry*) выводы *m.pl.*
fine[1] *n.* (*penalty*) штраф; *v.t.* штрафовать *imp.*, о~ *perf.*
fine[2] *adj.* (*excellent*) прекрасный, превосходный; (*delicate*) тонкий (-нок, -нка, -нко, тонки); (*of sand etc.*) мелкий (-лок, -лка, -лко); f. arts, изобразительные искусства *neut.pl.* **fineness** *n.* тонкость, изящество, острота. **finery** *n.* наряд, украшение. **finesse** *n.* хитрость.

finger *n.* палец (-льца) (*index*, указательный; *middle*, средний; *ring*, безымянный; *little*, мизинец (-нца)); f.-print, отпечаток (-тка) пальца; f.-tip, кончик пальца; have at (one's) f.-tips, знать *imp.* как свой пять пальцев; *v.t.* трогать *imp.*, тронуть *perf.*
finish *n.* конец (-нца), окончание; (*of furniture etc.*) отделка; (*sport*) финиш; *v.t. & i.* кончать *imp.*, кончить(ся) *perf.*; оканчивать *imp.*, окончить *perf.*; *finishing touches*, последние штрихи *m.pl.*
finite *adj.* определённый (-нен, -нна); (*gram.*) личный.
Finn *n.* финн, финка. **Finnish** *adj.* финский.
fir *n.* ель, пихта; f.-cone, еловая шишка.
fire *n.* огонь (огня) *m.*; (*grate*) камин; (*conflagration*) пожар, (*bonfire*) костёр (-тра); (*fervour*) пыл (-а(у), *loc.* -у); be on f., гореть (-рю, -ришь) *imp.*; catch f., загораться *imp.*, загореться (-рюсь, -ришься) *perf.*; set f. to, set on f., поджигать *imp.*, поджечь (подожгу, -жжёшь; поджёг, подожгла) *perf.*; жечь, зажигать *imp.*, зажечь (-жгу, -жжёшь; -жёг, -жгла) *perf.*; воспламенять *imp.*, воспламенить *perf.*; (*gun*) стрелять *imp.* из+*gen.* (at, в+*acc.*, по+*dat.*) (*dismiss*) увольнять *imp.*, уволить *perf.*; f.-alarm, пожарная тревога; firearm(s), огнестрельное оружие; f. brigade, пожарная команда; f.-engine, пожарная машина; f.-escape пожарная лестница; f. extinguisher, огнетушитель *m.*; firefly, светляк (-а); f.-guard, каминная решётка; fireman, пожарный *sb.*; (*tending furnace*) кочегар; f. place, камин; fireproof, f.-resistant, огнеупорный; fireside, место у камина; f. station, пожарное депо *neut.indecl.*; firewood, дрова (-в) *pl.*; firework, фейерверк. **firing** *n.* (*of gun*) стрельба.
firm[1] *n.* (*business*) фирма.
firm[2] *adj.* (*excellent*) твёрдый (твёрд, -а, -о), крепкий (-пок, -пка, -пко), стойкий (-оек, -ойка, -ойко). **firmament** *n.* небесный свод. **firmness** *n.* твёрдость.

first adj. пе́рвый; (*foremost*) выдаю́щийся; n. (*date*) пе́рвое (число́); adv. сперва́, снача́ла, в пе́рвый раз; in the f. place, пре́жде всего́; at f. sight, на пе́рвый взгляд, с пе́рвого взгля́да; f. aid, пе́рвая по́мощь; give f. aid, ока́зывать *imp.*, оказа́ть (-ажу́, -а́жешь) *perf.* пе́рвую по́мощь (to, +dat.); f.-born, пе́рвенец (-нца); f.-class, первокла́ссный, превосхо́дный; f. cousin, двою́родный брат (*pl.* -ья, -ьев), двою́родная сестра́ (*pl.* сёстры, сестёр, сёстрам); f.-hand, из пе́рвых рук; f.-rate, первокла́ссный, превосхо́дный.

fiscal adj. фина́нсовый, фиска́льный.

fish n. ры́ба; adj. ры́бный, рыби́й (-бья, -бье); v.t. лови́ть (-влю́, -вишь) *imp.* ры́бу; уди́ть (ужу́, у́дишь) *imp.* ры́бу; f. for, (*compliments etc.*) напра́шиваться *imp.*, напроси́ться (-ошу́сь, -о́сишься) *perf.* на+*acc.*; f. out, выта́скивать *imp.*, вы́тащить *perf.* **fisherman** n. рыба́к (-á), рыболо́в. **fishery** n. ры́бный про́мысел (-сла). **fishing** n. ры́бная ло́вля; f. boat, рыболо́вное су́дно (*pl.* суда́, -до́в); f. line, леса́ (*pl.* лёсы); f. rod, уди́лище, у́дочка. **fishmonger** n. торго́вец (-вца) ры́бой. **fishy** adj. ры́бный; (*dubious*) подозри́тельный.

fission n. расщепле́ние; nuclear f. деле́ние ядра́; cell f., деле́ние кле́ток.

fist n. кула́к (-á). **fisticuffs** n. кула́чный бой (*loc.* бою́; *pl.* бои́).

fit[1] n.: be a good f., (*clothes*) хорошо́ сиде́ть (-ди́т, -дя́т) *imp.*; adj. подходя́щий, го́дный (-ден, -дна́, -дно); (*healthy*) здоро́вый; v.t. (*be suitable*) годи́ться *imp.* +dat., на+acc., для+gen.; подходи́ть (-ожу́, -о́дишь) *imp.*, подойти́ (-ойду́, -ойдёшь; подошёл, -шла́) *perf.* +dat.; (*adjust*) прила́живать *imp.*, прила́дить *perf.* (to, к+dat.); v.t. & i. приспособля́ть(ся) *imp.*, приспосо́бить(ся) *perf.*; f. out, снабжа́ть *imp.*, снабди́ть *perf.*

fit[2] n. (*attack*) припа́док (-дка), при́ступ; (*fig.*) поры́в. **fitful** adj. поры́вистый.

fitter n. монтёр, устано́вщик. **fitting** n. (*of clothes*) приме́рка; прила́живание, монта́ж; *pl.* армату́ра; adj. подходя́щий, го́дный (-ден, -дна́, -дно); f.-room, приме́рочная *sb.*

five adj., n. пять (-ти́, -тью́); (*collect.; number* 5) пятеро (-ы́х); (*cards; number* 5) пятёрка; (*time*) пять (часо́в); (*age*) пять лет; f.-year plan, пятиле́тка.

fix n. (*dilemma*) диле́мма; (*radio etc.*) засе́чка; v.t. устана́вливать *imp.*, установи́ть (-влю́, -вишь) *perf.*; (*arrange*) устра́ивать *imp.*, устро́ить *perf.*; (*repair*) поправля́ть *imp.*, попра́вить *perf.*; v.t. & i. остана́вливать(ся) *imp.*, останови́ть(ся) (-влю́(сь), -вишь(ся)) *perf.* (on, на+*acc.*). **fixation** n. фикса́ция. **fixed** adj. неподви́жный, постоя́нный (-нен, -нна).

fizz v.i. шипе́ть (-плю́, -пи́шь) *imp.*; n. (*coll.*) шипу́чка. **fizzy** adj. шипу́чий.

flabbergast v.t. ошеломля́ть *imp.*, ошеломи́ть *perf.*

flabby, flaccid adj. дря́блый (-л, -ла́, -ло), вя́лый.

flag[1] n. (*standard*) флаг, зна́мя (*pl.* -мёна) *neut.*; v.t. (*signal*) сигнализи́ровать *imp.*, *perf.*, про~ *perf.* фла́гами.

flag[2] n. (*stone*) плита́ (*pl.* -ты); v.t. мости́ть *imp.*, вы́~, за~ *perf.* пли́тами.

flag[3] n. (*droop*) поника́ть *imp.*, пони́кнуть (-к) *perf.*

flagellate v.t. бичева́ть (-чу́ю, -чу́ешь) *imp.*

flagon n. кувши́н.

flagrant adj. вопию́щий, очеви́дный, сканда́льный.

flagship n. флагма́н. **flagstaff** n. флагшто́к.

flail n. цеп (-á).

flair n. чутьё.

flake n. слой (*pl.* -ои́); *pl.* хло́пья (-ьев) *pl.*; v.i. слои́ться *imp.*; лупи́ться (-пится) *imp.*, об~ *perf.* слои́стый.

flamboyant adj. цвети́стый.

flame *n.* пла́мя *neut.*, ого́нь (огня́) *m.*; (*passion*) пыл (-а(у), *loc.* -ý); *f.-thrower* огнемёт; *v.i.* пыла́ть *imp.*, *f. up*, разгора́ться *imp.*, разгоре́ться (-ри́ться) *perf.*

flamingo *n.* флами́нго *m. indecl.*

flange *n.* фла́нец (-нца).

flank *n.* бок (*loc.* -ý; *pl.* -á) фланг; *v.t.* быть располо́женным сбо́ку, на фла́нге, + *gen.*; (*mil.*) фланки́ровать *imp.*, *perf.*

flannel *n.* флане́ль; *attrib.* флане́левый.

flap *n.* мах; (*wings*) взмах; (*board*) откидна́я доска́ (*acc.* -ску; *pl.* -ски, -со́к, -ска́м); *v.t.* маха́ть (машу́, -шешь) *imp.*, махну́ть *perf.* + *instr.*; взма́хивать *imp.*, взмахну́ть *perf.* + *instr.*; *v.i.* развева́ться *imp.*

flare *n.* вспы́шка; (*signal*) светово́й сигна́л; *v.i.* вспы́хивать *imp.*, вспы́хнуть *perf.*; *f. up*, вспыли́ть *perf.*

flash *n.* вспы́шка, пробле́ск; *in a f.*, ми́гом; *v.i.* сверка́ть *imp.*, сверкну́ть *perf.* **flashy** *adj.* показно́й.

flask *n.* фля́жка.

flat¹ *n.* (*dwelling*) кварти́ра.

flat² *n.* (*f. region*) равни́на; (*mus.*) бемо́ль *m.*; (*tyre*) спу́щенная ши́на; *adj.* пло́ский (-сок, -ска́, -ско), ро́вный (-вен, -вна́, -вно), (*dull*) ску́чный (-чен, -чна́, -чно); *f.-fish*, ка́мбала; *f. foot*, плоскосто́пие; *f.-iron*, утю́г (-а́). **flatten** *v.t.* де́лать *imp.*, с ~ *perf.* пло́ским; *v.i.* станови́ться (-ится) *imp.*, стать (ста́нет) *perf.* пло́ским; *v.t. & i.* выра́внивать(ся) *imp.*, вы́ровнять(ся) *perf.*

flatter *v.t.* льстить *imp.*, по~ *perf.* + *dat.* **flatterer** *n.* льстец (-а́). **flattering** *adj.* льсти́вый, ле́стный. **flattery** *n.* лесть.

flaunt *v.t.* щеголя́ть *imp.*, щегольну́ть *perf.* + *instr.*; *f. oneself*, выставля́ться *imp.*, вы́ставиться *perf.*

flautist *n.* флейти́ст.

flavour *n.* арома́т, вкус; (*fig.*) при́вкус, отте́нок (-нка); *v.t.* приправля́ть *imp.*, припра́вить *perf.* **flavourless** *adj.* безвку́сный.

flaw *n.* (*crack*) тре́щина; (*defect*) изъя́н.

flax *n.* лён (льна). **flaxen** *adj.* льняно́й; (*colour*) соло́менный.

flay *v.t.* сдира́ть *imp.*, содра́ть (сдеру́, -рёшь; содра́л, -á, -o) *perf.* ко́жу с + *gen.*

flea *n.* блоха́ (*pl.* -хи, -х, -ха́м); *f.-bite*, блоши́ный уку́с.

fleck *n.* пятно́ (*pl.* -тна, -тен, -тнам), кра́пина.

fledge *v.t.* оперя́ть *imp.*, оперя́ть *perf.*; *be*(*come*) *fledged*, оперя́ться *imp.*, опери́ться *perf.* **fledg(e)ling** *n.* птене́ц (-нца́).

flee *v.i.* бежа́ть (бегу́, бежи́шь) *imp.*, *perf.* (*from*, от + *gen.*); (*vanish*) исчеза́ть *imp.*, исче́знуть (-з) *perf.*

fleece *n.* ове́чья шерсть, руно́ (*pl.* -на); *v.t.* обдира́ть *imp.*, ободра́ть (обдеру́, -рёшь; ободра́л, -á, -o) *perf.* **fleecy** *adj.* шерсти́стый.

fleet¹ *n.* флот (*pl.* -о́ты, -о́то́в) (*vehicles*) парк.

fleet² *adj.* бы́стрый (быстр, -á, -о, бы́стры); *f. of foot*, быстроно́гий. **fleeting** *adj.* мимолётный.

flesh *n.* (*as opp. to mind*) плоть; (*meat*) мя́со; (*of fruit*) мя́коть; *in the f.*, во пло́ти. **fleshly** *adj.* пло́тский. **fleshy** *adj.* мяси́стый.

flex *n.* электрошну́р (-á); *v.t.* сгиба́ть *imp.*, согну́ть *perf.* **flexibility** *adj.* ги́бкость, пода́тливость. **flexible** *adj.* ги́бкий (-бок, -бка́, -бко), пода́тливый. **flexion** *n.* сгиб(а́ние); (*gram.*) фле́ксия.

flick *n.* щелчо́к (-чка́); *f.-knife*, фи́нка; *v.t. & i.* щёлкать *imp.*, щёлкнуть *perf.* (+ *instr.*); *f. off*, сма́хивать *imp.*, смахну́ть *perf.*

flicker *n.* мерца́ние; *v.i.* мерца́ть *imp.*

flier *see* flyer.

flight¹ *n.* (*fleeing*) бе́гство; *put to f.*, обраща́ть *imp.*, обрати́ть (-ащу́, -ати́шь) *perf.* в бе́гство.

flight² *n.* (*flying*) полёт, перелёт; (*trip*) рейс; (*flock*) ста́я; (*aeron. unit*) звено́ (*pl.* -нья, -ньев); *f. of stairs*, ле́стничный марш. **flighty** *adj.* ве́треный.

flimsy *adj.* непро́чный (-чен, -чна́, -чно).

flinch *v.i.* уклоня́ться *imp.*, уклони́ться (-ню́сь, -ни́шься) *perf.* (*from*, от +

fling gen.); (wince) вздра́гивать imp., вздро́гнуть perf.

fling v.t. швыря́ть imp., швырну́ть perf.; v.i. (also f. oneself) броса́ться imp., бро́ситься perf.

flint n. креме́нь (-мня́) m.; attrib. кремнёвый.

flip n. щелчо́к (-чка́); v.t. щёлкать imp., щёлкнуть perf. + instr.

flippancy n. легкомы́слие. **flippant** adj. легкомы́сленный (-ен, -енна).

flipper n. плавни́к (-а́), ласт.

flirt n. коке́тка; v.i. флиртова́ть imp. (with, c + instr.); (fig.) зайгрывать imp. (with, c + instr.). **flirtation** n. флирт.

flit v.i. (migrate) переезжа́ть imp., перее́хать (-е́ду, -е́дешь) perf.; (fly) порха́ть imp., порхну́ть perf.

float n. поплаво́к (-вка́), плот (-а́); v.i. пла́вать imp., плыть (плыву́, -вёшь; плыл, -а́, -о) det.; v.t. (loan) выпуска́ть imp., вы́пустить perf.; (company) пуска́ть imp., пусти́ть (пущу́, пу́стишь) perf. в ход.

flock n. (animals) ста́до (pl. -да́); (birds) ста́я; (people) толпа́ (pl. -пы); v.i. стека́ться imp., сте́чься (стечётся; стёкся, -кла́сь) perf.; толпи́ться imp.

floe n. плаву́чая льди́на.

flog v.t. сечь (секу́, сечёшь; сек, -ла́) imp., вы́~ perf.

flood n. наводне́ние, разли́в, пото́п; f.-tide, прили́в; v.i. (river etc.) выступа́ть imp., вы́ступить perf. из берего́в; v.t. наводня́ть imp., наводни́ть perf.; затопля́ть imp., затопи́ть (-плю́, -пишь) perf. **floodgate** n. шлюз. **floodlight** n. проже́ктор (pl. -ы & -а́).

floor n. пол (loc. -у́; pl. -ы́); (of sea) дно (no pl.); (storey) эта́ж (-а́); ground, first, (etc.) f., пе́рвый, второ́й, (и т.д.) эта́ж (-а́); take the f., брать (беру́, -рёшь; брал, -а́, -о) imp., взять (возьму́, -мёшь; взял, -а́, -о) perf. сло́во; f.-board, полови́ца; f.-cloth, полова́я тря́пка; v.t. настила́ть imp., настла́ть (-телю́, -те́лешь) perf. пол + gen.; (knock down) вали́ть (-лю́, -лишь) imp., по~ perf. на́ пол; (con-found) ста́вить imp., по~ perf. в тупи́к. **flooring** n. насти́л(ка).

flop v.i. шлёпаться imp., шлёпнуться perf.; (fail) прова́ливаться imp., провали́ться (-ится) perf.

flora n. фло́ра. **floral** adj. цвето́чный. **florescence** n. цвете́ние. **florid** adj. цвети́стый; (ruddy) румя́ный. **florist** n. торго́вец (-вца) цвета́ми.

flotilla n. флоти́лия.

flotsam n. пла́вающие обло́мки m.pl.

flounce[2] v.i. броса́ться imp., бро́ситься perf.

flounce[2] n. (of skirt) обо́рка.

flounder[1] n. (fish) ка́мбала.

flounder[2] v.i. бара́хтаться imp.; пу́таться imp., с~ perf.

flour n. мука́; f.-mill, ме́льница.

flourish n. (movement) разма́хивание (+ instr.); (of pen) ро́счерк; (mus.) туш; v.i. (thrive) процвета́ть imp.; v.t. (wave) разма́хивать imp., размахну́ть perf. + instr.

floury adj. мучни́стый.

flout v.t. пренебрега́ть imp., пренебре́чь (-егу́, -ежёшь; -ёг, -егла́) perf. + instr.

flow v.i. течь (течёт; тёк, -ла́) imp.; ли́ться (льётся; ли́лся, лила́сь, лило́сь) imp.; n. тече́ние, пото́к; (tide) прили́в.

flower n. цвето́к (-тка́; pl. -ты́); (pick, prime) цвет; f.-bed, клу́мба; **flowerpot** n. цвето́чный горшо́к (-шка́); be in f., цвести́ (цветёт; цвёл, -а́) imp. **flowery** adj. покры́тый цвета́ми; (florid) цвети́стый.

fluctuate v.i. колеба́ться (-блюсь, -блешься) imp., по~ perf. **fluctuation** n. колеба́ние.

flue n. дымохо́д.

fluency n. пла́вность, бе́глость. **fluent** adj. пла́вный, бе́глый. **fluently** adv. бе́гло, свобо́дно.

fluff n. пух (-а(у), loc. -у́), пушо́к (-шка́). **fluffy** adj. пуши́стый.

fluid n. жи́дкость; adj. жи́дкий (-док, -дка́, -дко), теку́чий.

flunkey n. лаке́й.

fluorescence n. флюоресце́нция. **fluorescent** adj. флюоресци́рующий.

fluoride n. фтори́д. **fluorine** n. фтор.

flurry n. (*squall*) порыв ветра; (*commotion*) суматоха; v.t. (*agitate*) волновать *imp.*, вз~ *perf.*

flush n. прилив; (*redness*) румянец (-нца); v.i. (*redden*) краснеть *imp.*, по~ *perf.*; v.t. спускать *imp.*, спустить (-ущу, -устишь) *perf.* воду в + *acc.*

fluster n. волнение; v.t. волновать *imp.*, вз~ *perf.*

flute n. (*mus.*) флейта; (*groove*) желобок (-бка́); (*archit.*) каннелюра.

flutter v.i. порхать *imp.*, порхнуть *perf.*; развеваться *imp.*; (*with excitement*) трепетать (-ещу, -ещешь) *imp.*; n. порхание; трепет.

fluvial adj. речной.

flux n. течение; *in a state of f.*, в состоянии изменения.

fly[1] n. (*insect*) муха.

fly[2] v.i. летать *indet.*, лететь (лечу, летишь) *det.*, по~ *perf.*; (*flag*) развеваться *imp.*; (*hasten*) нестись (несусь, -сёшься; нёсся, неслась) *imp.*, по~ *perf.*; (*flee*) бежать (бегу, бежишь) *imp.*, по~ *perf.*; v.t. (*aircraft*) управлять *imp.+instr.*; (*transport*) перевозить (-ожу, -озишь) *imp.*, перевезти (-езу, -езёшь; -ёз, -езла) *perf.* (самолётом); (*flag*) поднимать (-ниму, -нимешь; поднял, -á, -о) *perf.*

flyer, flier n. лётчик. **flying** n. полёт(ы).

flywheel n. маховик (-á).

foal n. (*horse*) жеребёнок (-нка; pl. жеребята, -т); (*ass*) ослёнок (-нка; pl. ослята, -т); *in f.*, жерёбая; v.i. жеребиться *imp.*, о~ *perf.*

foam n. пена; f. *plastic*, пенопласт; f. *rubber*, пенорезина; v.i. пениться *imp.*, вс~ *perf.* **foamy** adj. пенистый.

focal adj. фокусный.

fo'c's'le *see* forecastle.

focus n. фокус, центр; v.t. фокусировать *imp.*, с~ *perf.*; (*concentrate*) сосредоточивать *imp.*, сосредоточить *perf.*

fodder n. корм (*loc.* -е & -у́; pl. -á), фураж (-á).

foe n. враг (-á).

fog n. туман, мгла. **foggy** adj. туманный (-нен, -нна), неясный (-сен, -сна́, -сно).

foible n. слабость.

foil[1] n. (*metal*) фольга; (*contrast*) контраст.

foil[2] v.t. (*frustrate*) расстраивать *imp.*, расстроить *perf.* (планы + *gen.*); (*track*) след (pl. -ы́) зверя.

foil[3] n. (*sword*) рапира.

foist v.t. навязывать *imp.*, навязать (-яжу, -яжешь) *perf.* (on, + *dat.*).

fold[1] n. (*sheep-f.*) овчарня (*gen.pl.* -рен).

fold[2] n. складка, сгиб; v.t. складывать *imp.*, сложить (-жу, -жишь) *perf.*; сгибать *imp.*, согнуть *perf.* **folder** n. папка. **folding** adj. складной, откидной, створчатый.

foliage n. листва.

folk n. народ (-а(у)), люди (-дей, -дям, -дьми) pl.; pl. (*relatives*) родня collect.; attrib. народный. **folklore** n. фольклор.

follow v.t. следовать *imp.*, по~ *perf.* + *dat.*, за + *instr.*; идти (иду, идёшь; шёл, шла) *det.*, за + *instr.*; следить *imp.* за + *instr.* **follower** n. последователь m., ~ница. **following** adj. следующий.

folly n. глупость, безумие.

fond adj. любящий, нежный; *be f. of*, любить (-блю, -бишь) *imp.+acc.*

fondle v.t. ласкать *imp.*

fondness n. нежность, любовь (-бви, *instr.* -бовью).

font n. (*eccl.*) купель.

food n. пища, еда; f. *value*, питательность. **foodstuffs** n. пищевой продукт.

fool n. дурак (-á), глупец (-пца); v.t. дурачить *imp.*, о~ *perf.*; v.i.: f. *about, play the f.*, дурачиться *imp.* **foolery** n. дурачество. **foolhardy** adj. безрассудно храбрый (храбр, -á, -о). **foolish** adj. глупый (глуп, -á, -о). **foolishness** n. глупость.

foot n. нога (*acc.* -гу; pl. -ги, -г, -гам), ступня; (*measure*) фут; (*of hill etc.*) подножие; (*mil.*) пехота; *on f.*, пешком; *put one's foot in it*, сесть (сяду, -дешь; сел) *perf.* в лужу. **football** n. футбол; attrib. футбольный. **footballer** n. футболист. **footfall** n. поступь. **footlights** n. рампа. **footman** n. лакей. **footnote** n. сноска, примечание. **footpath** n. тропинка; (*pavement*) тротуа́р. **footprint** *n.* след (*pl.* -ы́) (ноги́). **footstep** *n.* (*tread*) шаг -а́(у) & (*with* 2, 3, 4) -а́ (*loc.* -ý); *pl.* -и́); (*footprint*) след (*pl.* -ы́) (ноги́). **footwear** *n.* о́бувь.

fop *n.* щёголь *m.*, фат. **foppish** *adj.* щегольско́й, фатова́тый.

for *prep.* (*of time*) в тече́ние + *gen.*, на + *acc.*; (*of purpose*) для + *gen.*, за + *acc.*, + *instr.*; (*of destination*) в + *acc.*; (*on account of*) из-за + *gen.*; (*in place of*) вме́сто + *gen.*; *for the sake of*, ра́ди + *gen.*; *as for*, что каса́ется + *gen.*; *conj.* так как, и́бо.

forage *n.* фура́ж (-а́), корм (*loc.* -е & -ý; *pl.* -а́); *v.i.* фуражи́ровать *imp.*

foray *n.* набе́г.

forbear[1] *n.* (*ancestor*) пре́док (-дка).

forbear[2] *v.i.* (*refrain*) возде́рживаться *imp.*, воздержа́ться (-жу́сь, -жи́шься) *perf.* (*from*, от + *gen.*). **forbearance** *n.* возде́ржанность.

forbid *v.t.* запреща́ть *imp.*, запрети́ть (-ещу́, -ети́шь) *perf.* (+ *dat.* (*person*) & *acc.* (*thing*); воспреща́ть *imp.*, воспрети́ть (-ещу́, -ети́шь) *perf.* + *acc.*, + *inf.*

force *n.* (*strength*) си́ла; (*violence*) наси́лие; (*meaning*) смысл; *pl.* (*armed f.*) вооружённые си́лы *f.pl.*; *by f.*, си́лой; *by f. of*, в си́лу + *gen.*; *in f.*, в си́ле; (*in large numbers*) толпо́й; *v.t.* (*compel*) заставля́ть *imp.*, заста́вить *perf.*; принужда́ть *imp.*, прину́дить *perf.*; (*lock etc.*) взла́мывать *imp.*, взлома́ть *perf.*; (*hasten*) форси́ровать *imp. & perf.* **forceful** *adj.* си́льный (си́лен, -льна́, -льно, си́льны́); (*speech*) убеди́тельный. **forcible** *adj.* наси́льственный.

forceps *n.* щипцы́ (-цо́в) *pl.*

ford *n.* брод; *v.t.* переходи́ть (-ожу́, -о́дишь) *imp.*, перейти́ (-ейду́, -ейдёшь; -ешёл, -ешла́) *perf.* вброд + *acc.*, че́рез + *acc.*

fore *n.*: *to the f.*, на пере́днем пла́не.

forearm *n.* предпле́чье (*gen.pl.* -чий).

forebode *v.t.* (*betoken*) предвеща́ть *imp.*; (*have presentiment*) предчу́вствовать *imp.* **foreboding** *n.* предчу́вствие.

forecast *n.* предсказа́ние; (*of weather*) прогно́з; *v.t.* предска́зывать *imp.*, предсказа́ть (-ажу́, -а́жешь) *perf.*

forecastle, fo'c's'le *n.* (*naut.*) бак. **forefather** *n.* пре́док (-дка). **forefinger** *n.* указа́тельный па́лец (-льца). **foreground** *n.* пере́дний план. **forehead** *n.* лоб (лба, *loc.* лбу).

foreign *adj.* (*from abroad*) иностра́нный (-нен, -нна); (*alien*) чужо́й; (*external*) вне́шний; *f. body*, иноро́дное те́ло (*pl.* -ла́). **foreigner** *n.* иностра́нец (-нца).

forelock *n.* чёлка. **foreman** *n.* (*jury*) старшина́ (*pl.* -ны) *m.* прися́жных; (*factory*) ма́стер (*pl.* -а́).

foremost *adj.* передово́й, пере́дний; (*notable*) выдаю́щийся.

forensic *adj.* суде́бный.

forerunner *n.* предве́стник. **foresee** *v.t.* предви́деть (-и́жу, -и́дишь) *imp.* **foreshadow** *v.t.* предвеща́ть *imp.* **foresight** *n.* предви́дение; (*caution*) предусмотри́тельность.

forest *n.* лес (-а(у), *loc.* -ý; *pl.* -а́).

forestall *v.t.* предупрежда́ть *imp.*, предупреди́ть *perf.*

forester *n.* лесни́к (-а́), лесни́чий *sb.* **forestry** *n.* лесово́дство.

foretaste *n.* предвкуше́ние; *v.t.* предвкуша́ть *imp.*, предвкуси́ть (-ушу́, -у́сишь) *perf.* **foretell** *v.t.* предска́зывать *imp.*, предсказа́ть (-ажу́, -а́жешь) *perf.* **forethought** *n.* (*intention*) преднаме́ренность; (*caution*) предусмотри́тельность. **forewarn** *v.t.* предостерега́ть *imp.*, предостере́чь (-егу́, -ежёшь; -ёг, -егла́) *perf.* **foreword** *n.* предисло́вие.

forfeit *n.* (*fine*) штраф; (*deprivation*) лише́ние, конфиска́ция; (*in game*) фант; *pl.* (*game*) игра́ в фа́нты; *v.t.* лиша́ться *imp.*, лиши́ться *perf.* + *gen.*; (*pay with*) плати́ться (-ачу́сь, -а́тишься) *imp.*, по ~ *perf.* + *instr.* **forfeiture** *n.* лише́ние, конфиска́ция, поте́ря.

forge[1] *n.* (*smithy*) ку́зница; (*furnace*) горн; *v.t.* кова́ть (кую́, куёшь) *imp.*, вы́ ~ *perf.*; (*fabricate*) подде́лывать *imp.*, подде́лать *perf.*

forge[2] *v.i.*: *f. ahead* продвига́ться *imp.*, продви́нуться *perf.*

forger *n.* подде́лыватель *m.*; (*of money*) фальшивомоне́тчик. **forgery** *n.* подде́лка, подло́г.

forget v.t. забывать imp., забыть (забуду, -дешь) perf.; f.-me-not. незабудка. **forgetful** adj. забывчивый.

forgive v.t. прощать imp., простить perf. **forgiveness** n. прощение.

forgo v.t. воздерживаться imp., воздержаться (-жусь, -жишься) perf. от + gen.

fork n. (eating) вилка; (digging) вилы (-л) pl.; разветвление; v.i. работать imp. вилами; (form fork) разветвляться imp., разветвиться perf.

forlorn adj. унылый.

form n. форма, вид, фигура; (formality) формальность; (class) класс; (document) бланк, анкета; (bench) скамейка; v.t. (shape) придавать (-даю, -даёшь) imp., придать (-ам, -ашь, -аст, -адим; придал, -á, -o) perf. форму + dat.; (make up) составлять imp., составить perf.; образовывать imp., образовать perf.; формировать imp., c~ perf.; v.i. принимать (-а́ет), принять (-и́мет; принял, -а́, -o) perf. форму; образовываться imp., образоваться perf. **formal** adj. официальный, формальный. **formality** n. формальность. **formation** n. образование, формирование, формация.

former adj. бывший, прежний; the f., (of two) первый. **formerly** adv. прежде.

formidable adj. (dread) грозный (-зен, -зна, -зно); (arduous) трудный (-ден, -дна, -дно, трудны).

formless adj. бесформенный (-ен, -енна).

formula n. формула. **formulate** v.t. формулировать imp., c~ perf. **formulation** n. формулировка.

forsake v.t. (desert) покидать imp., покинуть perf.; (renounce) отказываться imp., отказаться (-ажу́сь, -а́жешься) perf. от + gen.

forswear v.t. отрекаться imp., отречься (-екусь, -ечёшься; -ёкся, -еклась) perf. от + gen.

fort n. форт (loc. -ý; pl. -ы́).

forth adv. вперёд, дальше; back and f., взад и вперёд; and so f., и так далее. **forthcoming** adj. предстоящий. **forthwith** adv. немедленно.

fortieth adj., n. сороковой.

fortification n. фортификация, укрепление. **fortify** v.t. укреплять imp., укрепить perf.; подкреплять imp., подкрепить perf. **fortitude** n. мужество.

fortnight n. две недели. **fortnightly** adj. двухнедельный; adv. раз в две недели.

fortress n. крепость.

fortuitous adj. случайный.

fortunate adj. счастливый (счастлив). **fortunately** adv. к счастью. **fortune** n. (destiny) судьба (pl. -дьбы, -деб, -дьбам); (good f.) счастье; (wealth) состояние; f.-teller, гадальщик, -ица, гадалка; f.-telling, гадание.

forty adj., n. сорок (oblique cases -а́); (age) сорок лет; pl. (decade) сороковые годы (-дов) m.pl.

forward adj. передний, передовой; (early) ранний; n. (sport) нападающий sb.; adv. вперёд, дальше; v.t. (promote) способствовать imp., по~ perf. + dat.; (letter etc.) пересылать imp., переслать (перешлю, -лёшь) perf.

fossil n. окаменелость, ископаемое sb.; adj. окаменелый, ископаемый. **fossilize** v.t. & i. превращать(ся) imp., превратить(ся) (-ащу(сь), -ати́шь(ся)) perf. в окаменелость.

foster v.t. воспитывать imp., воспитать perf.; (feeling) лелеять (-ею, -еешь) imp.; adj. приёмный; f.-child, приёмыш.

foul adj. (dirty) грязный (-зен, -зна, -зно); (repulsive) отвратительный; (obscene) непристойный; n. (collision) столкновение; (sport) нарушение правил; v.t. & i. (dirty) па́чкать(ся) imp., за~, ис~ perf.; (entangle) запутывать(ся) imp., запутать(ся) perf.

found[1] v.t. (establish) основывать imp., основать (-ную, -нуёшь) perf.; (building) закладывать imp., заложить (-жу, -жишь) perf.

found[2] v.t. (metal) отливать imp., отлить (отолью, -ьёшь; отлил, -á, -o) perf.

foundation n. (of building) фундамент; (basis) основа, основание; (institution) учреждéние; (*funds*) фонд. **founder**[1] *n.* основáтель *m.*, ~ница.

founder[2] *n.* (*of metal*) литéйщик, плавíльщик.

founder[3] *v.i.* (*naut.*) идтú (идёт; шёл, шла) *imp.*, пойтú (пойдёт; пошёл, -шлá) *perf.* ко днy.

foundling *n.* подкúдыш.

foundry *n.* литéйная *sb.*

fount[1] *n.* (*print.*) комплéкт шрифтá.

fount[2] *n.* истóчник. **fountain** *n.* фонтáн, истóчник; *f.-pen*, авторýчка.

four *adj., n.* четы́ре (-рёх, -рём, -рьмя́); (*collect.*; *4 pairs*) чéтверо (-ры́х); (*cards*; *boat*; *number 4*) четвёрка; (*time*) четы́ре (часá); (*age*) четы́ре гóда; *on all fours*, на четверéньках. **fourteen** *adj., n.* четы́рнадцать (-ти, -тью). **fourteenth** *adj., n.* четы́рнадцатый; (*date*) четы́рнадцатое (числó). **fourth** *adj., n.* четвёртый; (*quarter*) четвёртая (*pl.* -ти, -тéй); (*date*) четвёртое (числó); (*mus.*) квáрта.

fowl *n.* (*bird*) птúца; (*domestic*) домáшняя птúца; (*wild*) дичь *collect.*

foyer *n.* фойé *neut.indecl.*

fox *n.* лисá (*pl.* -сы), лисúца; *attrib.* лúсий (-сья, -сье); *v.t.* обмáнывать *imp.*, обманýть (-нý, -нешь) *perf.* **foxhole** *n.* (*mil.*) ячéйка. **foxy** *adj.* лúсий (-сья, -сье); (*crafty*) хúтрый (-тёр, -трá, хúтро).

fraction *n.* (*math.*) дробь (*pl.* -би, -бéй); (*portion*) частúца. **fractional** *adj.* дрóбный.

fractious *adj.* раздражúтельный.

fracture *n.* перелóм; *v.t. & i.* ломáть(ся) *imp.*, с~ *perf.*

fragile *adj.* лóмкий (-мок, -мкá, -мко), хрýпкий (-пок, -пкá, -пко). **fragility** *n.* лóмкость, хрýпкость.

fragment *n.* облóмок (-мка), оскóлок (-лка); (*of writing etc.*) отры́вок (-вка), фрагмéнт. **fragmentary** *adj.* отры́вочный.

fragrance *n.* аромáт, душúстый.

frail *adj.* хрýпкий (-пок, -пкá, -пко).

frame *n.* óстов; (*body*) тéло (*pl.* -лá); (*build*) телосложéние; (*picture*) рáма; рáмка; (*cin.*) кадр; *f. of mind*, настроéние; *v.t.* (*devise*) создавáть (-даю́, -даёшь) *imp.*, создáть (-áм, -áшь, -áст, -адúм; сóздал, -á, -о) *perf.*; (*adapt*) приспосóбливать *imp.*, приспосóбить *perf.*; (*picture*) вставля́ть *imp.*, встáвить *perf.* в рáму; (*surround*) обрамля́ть *imp.*, обрáмить *perf.* **framework** *n.* óстов, структýра; (*fig.*) рáмки *f.pl.*

franc *n.* франк.

franchise *n.* (*privilege*) привилéгия; (*right to vote*) прáво гóлоса.

frank[1] *adj.* (*open*) откровéнный (-нен, -нна).

frank[2] *v.t.* (*letter*) франкúровать *imp.*, *perf.*

frantic *adj.* неúстовый, бéшеный.

fraternal *adj.* брáтский. **fraternity** *n.* брáтство, общúна. **fraternize** *v.i.* братáться *imp.*, по~ *perf.* (*with*, с + *instr.*).

fraud *n.* (*deception*) обмáн; (*person*) обмáнщик. **fraudulent** *adj.* обмáнный (-нен, -нна).

fraught *adj. f. with*, чревáтый + *instr.*, пóлный (-лон, -лнá, пóлно) + *gen.*, *instr.*

fray[1] *v.t. & i.* обтрёпывать(ся) *imp.*, обтрепáть(ся) (-плю́(сь), -плешь(ся)) *perf.*

fray[2] *n.* (*brawl*) дрáка.

freak *n.* (*caprice*) причýда; (*monstrosity*) урóд.

freckle *n.* веснýшка. **freckled** *adj.* веснýшчатый.

free *adj.* свобóдный, вóльный; (*gratis*) беспла́тный; *of one's own f. will*, по дóброй вóле; *f.-lance*, внештáтный; *f. speech*, свобóда слóва; *f. thinker*, вольнодýмец (-мца); *v.t.* освобождáть *imp.*, освободúть *perf.* **freedom** *n.* свобóда. **Freemason** *n.* франкмасóн.

freeze *v.i.* замерзáть, мёрзнуть (-з) *imp.*, за~ *perf.*; *v.t.* заморáживать *imp.*, заморóзить *perf.*

freight *n.* фрахт, груз. **freighter** *n.* (*ship*) грузовóе сýдно (*pl.* -дá, -дóв).

French *adj.* францýзский; *F. bean*, фасóль; *F. leave*, уйтú без прощáния, без разрешéния. **Frenchman** *n.* францýз. **Frenchwoman** *n.* францýженка.

frenetic adj. неи́стовый.
frenzied adj. неи́стовый. **frenzy** n. неи́стовство.
frequency n. частота́ (pl. -ты). **frequent** adj. ча́стый (част, -а́, -о); v.t. ча́сто посеща́ть imp.
fresco n. фре́ска.
fresh adj. све́жий (свеж, -а́, -о́, све́жи́); (new) но́вый (нов, -а́, -о); (vigorous) бо́дрый (бодр, -а́, -о, бо́дры); (of water) пре́сная вода́ (acc. -ду). **freshen** v.t. освежа́ть imp., освежи́ть perf.; v.i. свеже́ть imp., по~ perf. **freshly** adv. свежо́; (recently) неда́вно. **freshness** n. све́жесть; бо́дрость. **freshwater** adj. пресново́дный.
fret[1] n. (irritation) раздраже́ние; (eat away) разъеда́ть imp., разъе́сть (-е́м, -е́шь, -е́ст, -еди́м; -е́л) perf.; v.t. & i. (distress) беспоко́ить(ся) imp., о~ perf. **fretful** adj. беспоко́йный.
fret[2] n. (mus.) лад (loc. -у́; pl. -ы́).
fretsaw n. лобзик.
friar n. мона́х. **friary** n. мужско́й монасты́рь (-ря́) m.
friction n. тре́ние; (fig.) тре́ния neut.pl.
Friday n. пя́тница; Good F., страстна́я пя́тница.
friend n. друг (pl. друзья́, -зе́й), подру́га; прия́тель m., ~ ница f.; (acquaintance) знако́мый sb. **friendly** adj. дру́жеский, дру́жественный. **friendship** n. дру́жба.
frigate n. фрега́т.
fright n. испу́г (-а(у)). **frighten** v.t. пуга́ть imp., ис~, на~ perf. **frightful** adj. стра́шный (-шен, -шна́, -шно, стра́шны́), ужа́сный.
frigid adj. холо́дный (хо́лоден, -дна́, -дно, хо́лодны́). **frigidity** n. хо́лодность.
frill n. обо́рка.
fringe n. бахрома́.
frisk n. (leap) прыжо́к (-жка́); v.i. (frolic) резви́ться imp.; v.t. (search) шмона́ть imp. **frisky** adj. игри́вый, ре́звый (резв, -а́, -о).
fritter[1] n. ола́дья (gen.pl. -дий).
fritter[2] v.t.: f. away, растра́чивать imp., растра́тить perf. (по мелоча́м и т.п.).
frivolity n. легкомы́сленность. **frivolous** adj. легкомы́сленный (-ен, -енна).

fro adv.: to and f., взад и вперёд.
frock n. пла́тье (gen.pl. -в); f.-coat, сюрту́к (-а́).
frog n. лягу́шка.
frolic v.i. резви́ться imp.; (play pranks) прока́зничать imp., на~ perf.; n. весе́лье; (prank) прока́за.
from prep. expressing: 1. starting-point: (away) f.; (a person) от + gen.; (s. off, down) f.; in time) c + gen.; (out of) из + gen.; 2. change of state; distinction: от + gen., из + gen.; 3. escape, avoidance: от + gen.; 4. source: из + gen.; 5. giving, sending: от + gen.; (stressing sense of possession) у + gen.; 6. model: по + dat.; 7. reason, cause: от + gen.; 8. motive: из-за + gen.; 9.: in phrasal verbs: see verbs; 10.: from... to, (time) c + gen.... до + gen.; (with strictly defined starting-point) от + gen.... до + gen.; (up to and including) c + gen.... по + acc.; (space) (emphasizing distance) от + gen.... до + gen.; (emphasizing journey) из + gen.... в + acc.; 11. f. above, све́рху; f. abroad, из-за грани́цы; f. afar, и́здали; f. among, из числа́ + gen.; f. behind, из-за + gen.; f. day to day, изо дня в день; f. everywhere, отовсю́ду; f. here, отсю́да; f. long ago, и́здавна; f. memory, по па́мяти; f. nature, с нату́ры; f. now on, отны́не; f. off, c + gen.; f. there, отту́да; f. time to time, вре́мя от вре́мени; f. under, из-под + gen.
front n. фаса́д, пере́дняя сторона́ (acc. -ону, pl. -оны, -о́н, -она́м); (mil.) фронт (pl. -ы, -о́в); in f. of, впереди́ + gen., пе́ред + instr.; adj. пере́дний, пара́дный. **frontal** adj. (anat.) ло́бный; (mil.) лобово́й, фронта́льный.
frontier n. грани́ца. adj. пограни́чный.
frost n. моро́з; f.-bite, отмороже́ние; f.-bitten, отморо́женный (-ен). **frosted** adj.: f. glass, ма́товое стекло́. **frosty** adj. моро́зный; (fig.) ледяно́й.
froth n. пе́на; v.t. & i. пе́нить(ся) imp., вс~ perf. **frothy** adj. пе́нистый.
frown n. хму́рый взгляд; v.i. хму́риться imp., на~ perf.
frugal adj. (careful) бережли́вый; (scanty) ску́дный (-ден, -дна́, -дно).

fruit n. плод (-á); *collect.* фрýкты m.pl. **fruitful** adj. плодовѝтый, плодотвóрный. **fruition** n. осуществлéние; *come to f.*, осуществѝться *perf.* **fruitless** adj. бесплóдный, бесполéзный.

frustrate v.t. расстрáивать *imp.*, расстрóить *perf.* **frustration** n. расстрóйство.

fry¹ n. (*collect., fishes*) мáльки m.pl.

fry² v.t. & i. жáрить(ся) *imp.*, за~, из~ *perf.* **frying-pan** n. сковородá (*pl.* скóвороды, -óд, -одáм).

fuel n. тóпливо, горючее sb.

fugitive n. беглéц (-á); adj. (*transient*) мимолётный.

fugue n. фýга.

fulcrum n. тóчка опóры, вращéния.

fulfil v.t. (*perform*) вы-, ис-, полнять *imp.*, вы-, ис-, полнить *perf.*; (*bring about*) осуществлять *imp.*, осуществить *perf.* **fulfilment** n. вы-, ис-, полнéние; осуществлéние.

full adj. пóлный (-лон, -лнá, пóлно) (*of*, +gen., *instr.*); (*complete*) цéлый; (*abundant*) изобилующий, богáтый; (*replete*) сытый (сыт, -á, -о); *f. back*, защѝтник; *f.-blooded*, полнокрóвный; *f. stop*, тóчка; n.: *in f.*, пóлностью; *to the f.*, в пóлной мéре; adv. (*very*) óчень; (*exactly*) прямо, как раз. **fullness** n. полнотá. **fully** adv. полностью, вполнé.

fulsome adj. чрезмéрный.

fumble v.i.: *f. for*, нащýпывать *imp.* + acc.; *f. with*, неловко обращáться *imp.* c + instr.

fume n. испарéние; v.i. испаряться *imp.*, испарѝться *perf.*; (*with anger*) кипéть (-плю, -пишь) *imp.*, вс~ *perf.* от злости. **fumigate** v.t. окýривать *imp.*, окурѝть (-рю, -ришь) *perf.* **fumigation** n. окýривание.

fun n. забáва, весéлье; *make f. of*, смеяться (-éюсь, -éешься) *imp.*, по~ *perf.* над + *instr.*

function n. фýнкция, назначéние; (*duties*) обязанности f.pl.; v.i. функциoнѝровать *imp.*; дéйствовать *imp.* **functional** adj. функционáльный. **functionary** n. должностнóе лицó (*pl.* -ца).

fund n. запáс, капитáл; (*of money*) фонд, капитáл.

fundamental n. оснóва; adj. основнóй.

funeral n. пóхороны (-óн, -онáм) *pl.*; adj. похорóнный, трáурный. **funereal** adj. (*gloomy*) мрáчный (-чен, -чнá, -чно).

fungoid adj. грибнóй. **fungus** n. гриб (-á).

funnel n. ворóнка; (*chimney*) дымовáя трубá (*pl.* -чи, -чéй).

funny adj. смешнóй (-шóн, -шнá), забáвный (-вен, -вна); (*odd*) стрáнный (-нен, -ннá, -нно).

fur n. мех (*loc.* -ý; *pl.* -á); *pl.* (*collect.*) пушнѝна, мехá m.pl.; *attrib.* меховóй; *f. coat*, шýба.

furbish v.t. полировáть *imp.*, от~ *perf.*; (*renovate*) подновлять *imp.*, подновѝть *perf.*

furious adj. бéшеный, яростный.

furl v.t. свёртывать *imp.*, свернýть *perf.*

furnace n. тóпка, горн; *blast-f.*, дóменная печь (*pl.* -чи, -чéй).

furnish v.t. (*provide*) снабжáть *imp.*, снабдѝть *perf.* (*with*, c + instr.); доставлять *imp.*, достáвить *perf.*; (*house*) меблировáть *imp.*, *perf.*; обставлять *imp.*, обстáвить *perf.* **furniture** n. мéбель, обстанóвка.

furrier n. меховщѝк (-á), скорняк (-á).

furrow n. борозда (*acc.* бóрозду; *pl.* борóзды, -óзд, -оздáм); (*wrinkle*) морщѝна; v.t. бороздѝть *imp.*, вз~, из~ *perf.*

furry adj. меховóй, пушѝстый.

further *compar.adj.* дальнéйший; (*additional*) добáвочный; adv. дáльше, далéе; v.t. продвигáть *imp.*, продвѝнуть *perf.*; содéйствовать *imp.*, по~ *perf.* + *dat.*; способствовать *imp.*, по~ *perf.* + *dat.* **furthermore** adv. к томý же. **furthest** *superl.adj.* сáмый дáльний.

furtive adj. скрытый, тáйный. **furtively** adv. украдкой, крáдучись.

fury n. ярость, неѝстовство, бéшенство.

furze n. утéсник.

fuse¹ v.t. & i. (*of metal*) сплавлять(ся) *imp.*, сплáвить(ся) *perf.*

fuse² *n.* (*in bomb*) запа́л, фити́ль (-ля́) *m.*, взрыва́тель *m.*; *v.t.* вставля́ть *imp.*, вста́вить *perf.* взрыва́тель в + *acc.*

fuse³ *n.* (*electr.*) пла́вкая про́бка, пла́вкий предохрани́тель *m.*; *f. wire*, пла́вкая про́волока.

fuselage *n.* фюзеля́ж.

fusible *adj.* пла́вкий (-вок, -вка).

fusillade *n.* расстре́л.

fusion *n.* пла́вка, слия́ние; (*nuclear f.*) си́нтез (я́дер).

fuss *n.* суета́; *v.i.* суети́ться *imp.* **fussy** *adj.* суетли́вый.

fusty *adj.* за́тхлый.

futile *adj.* беспле́зный, тще́тный. **futility** *n.* бесполе́зность, тще́тность.

future *n.* бу́дущее *sb.*, бу́дущность; (*gram.*) бу́дущее вре́мя *neut.*; *adj.* бу́дущий.

G

G *n.* (*mus.*) соль *neut.indecl.*

gab *n.* болтовня́.

gabble *v.i.* тарато́рить *imp.*

gable *n.* щипе́ц (-пца́).

gad *v.i.*: *g. about*, шата́ться *imp.*

gadfly *n.* о́вод (*pl.* -ы & -а́), слепе́нь (-пня́) *m.*

gadget *n.* приспособле́ние.

gag *n.* кляп; *v.t.* засо́вывать *imp.*, засу́нуть *perf.* кляп в рот + *dat.*

gaggle *n.* (*flock*) ста́я; (*cackle*) гогота́нье; *v.i.* гогота́ть (-очу́, -о́чешь) *imp.*

gaiety *n.* весе́лье, весёлость. **gaily** *adv.* ве́село.

gain *n.* при́быль; *pl.* дохо́ды *m.pl.*; (*increase*) прирост; *v.t.* получа́ть *imp.*, получи́ть (-чу́, -чишь) *perf.*; приобрета́ть *imp.*, приобрести́ (-ету́, -етёшь; -ёл, -ела́) *perf.*; *g. on*, нагоня́ть *imp.*, нагна́ть (нагоню́, -нишь; нагна́л, -а́, -о) *perf.*

gainsay *v.t.* (*deny*) отрица́ть *imp.*; (*contradict*) противоре́чить *imp.* + *dat.*

gait *n.* похо́дка.

gala *n.* пра́зднество.

galaxy *n.* гала́ктика; (*G., Milky Way*) Мле́чный путь (-ти́, -тём) *m.*; (*fig.*) плея́да.

gale *n.* си́льный ве́тер (-тра; *loc.* на -тру́); (*naut.*) шторм.

gall¹ *n.* (*bile*) желчь; (*bitterness*) жёлчность; *g.-bladder*, жёлчный пузы́рь (-ря́) *m.*

gall² *n.* (*sore*) сса́дина; (*irritation*) раздраже́ние; *v.t.* (*vex*) раздража́ть *imp.*, раздражи́ть *perf.*

gallant *adj.* (*brave*) хра́брый (храбр, -а́, -о); (*courtly*) гала́нтный. **gallantry** *n.* хра́брость; гала́нтность.

gallery *n.* галере́я; (*theat.*) галёрка.

galley *n.* (*ship*) гале́ра; (*kitchen*) ка́мбуз; *g. proof*, гра́нка.

gallon *n.* галло́н.

gallop *n.* гало́п; *v.i.* скака́ть (-ачу́ -а́чешь) *imp.* (гало́пом).

gallows *n.* ви́селица.

gallstone *n.* жёлчный ка́мень (-мня; *pl.* -мни, -мне́й) *m.*

galore *adv.* в изоби́лии.

galosh *n.* гало́ша.

galvanic *adj.* гальвани́ческий. **galvanize** *v.t.* гальванизи́ровать *imp.*, *perf.*; (*coat with zinc*) оцинко́вывать *imp.*, оцинкова́ть *perf.*

gambit *n.* гамби́т.

gamble *n.* аза́ртная игра́ (*pl.* -ры); (*undertaking*) риско́ванное предприя́тие; *v.i.* игра́ть *imp.* в аза́ртные и́гры; рискова́ть *imp.* (with, + *instr.*); *g. away*, прои́грывать *imp.*, проигра́ть *perf.* **gambler** *n.* игро́к (-а́). **gambling** *n.* аза́ртные и́гры *f.pl.*

gambol *v.i.* резви́ться *imp.*

game *n.* игра́ (*pl.* -ры); (*single g.*) па́ртия; (*collect., animals*) дичь; *adj.* (*ready*) гото́вый. **gamekeeper** *n.* лесни́к (-а́). **gaming-house** *n.* иго́рный дом (*pl.* -а́). **gaming-table** *n.* иго́рный стол (-а́).

gammon *n.* око́рок.

gamut *n.* га́мма, диапазо́н.

gander *n.* гуса́к (-а́).

gang *n.* брига́да, ба́нда, ша́йка.

gangrene *n.* гангре́на.

gangster *n.* га́нгстер, banди́т.

gangway *n.* (*passage*) прохо́д; (*naut.*) схо́дни (-ней) *pl.*

gaol *n.* тюрьма́ (*pl.* -рьмы, -рем, -рьмам); *v.t.* заключа́ть *imp.*, заключи́ть *perf.* в тюрьму́. **gaoler** *n.* тюре́мщик.

gap *n.* (*breach*) брешь, проло́м; (*crack*) щель (*pl.* -ли, -ле́й); (*blank space*) пробе́л.

gape *v.i.* (*person*) разева́ть *imp.*, рази́нуть *perf.* рот; (*chasm*) зия́ть *imp.*; g. at, глазе́ть *imp.*, по~ *perf.* на + *acc.*

garage *n.* гара́ж (-а́).

garb *n.* оде́яние.

garbage *n.* му́сор.

garble *v.t.* подтасо́вывать *imp.*, подтасова́ть *perf.*

garden *n.* сад (*loc.* -у́; *pl.* -ы́); (*kitchen g.*) огоро́д; (*pl.*) парк; *attrib.* садо́вый. **gardener** *n.* садо́вник, садово́д. **gardening** *n.* садово́дство.

gargle *n.* полоска́ние; *v.i.* полоска́ть (-ощу́, -о́щешь) *imp.*, про~ *perf.* го́рло.

gargoyle *n.* горгу́лья.

garish *adj.* я́ркий (я́рок, ярка́, я́рко), крича́щий.

garland *n.* гирля́нда, вено́к (-нка́); *v.t.* украша́ть *imp.*, укра́сить *perf.* гирля́ндой, венко́м.

garlic *n.* чесно́к (-а́(у́)).

garment *n.* предме́т оде́жды; *pl.* оде́жда *collect.*

garnish *n.* (*dish*) гарни́р; (*embellishment*) украше́ние; *v.t.* украша́ть *imp.*, укра́сить *perf.*; ~ гирни́ровать *imp.*, *perf.*

garret *n.* манса́рда.

garrison *n.* гарнизо́н.

garrulous *adj.* болтли́вый.

garter *n.* подвя́зка.

gas *n.* газ (-а(у)); (*talk*) болтовня́; *attrib.* га́зовый; g. cooker, га́зовая плита́ (*pl.* -ты); g. main, газопрово́д; g. mask, противога́з; gasworks, га́зовый заво́д; *v.t.* отравля́ть *imp.*, отрави́ть (-влю́, -вишь) *perf.* га́зом. **gaseous** *adj.* га́зовый.

gash *n.* глубо́кая ра́на, разре́з.

gasket *n.* прокла́дка.

gasp *v.i.* задыха́ться *imp.*, задохну́ться (-х(ну́)лся, -х(ну́)лась) *perf.*; (*exclaim*) а́хнуть *perf.*

gastric *adj.* желу́дочный.

gate *n.* (*large*) воро́та (-т) *pl.*; (*small*) кали́тка. **gatekeeper** *n.* привра́тник. **gateway** *n.* (*gate*) воро́та (-т) *pl.*; (*entrance*) вход.

gather *v.t.* на-, со-, бира́ть *imp.*, на-, со-, бра́ть (-беру́, -берёшь; -бра́л, -брала́, -бра́ло) *perf.*; (*infer*) заключа́ть *imp.*, заключи́ть *perf.*; *v.i.* собира́ться *imp.*, собра́ться (-берётся; -бра́лся, -брала́сь, -бра́ло́сь) *perf.* **gathering** *n.* (*action*) собира́ние; (*assembly*) собра́ние.

gaudy *adj.* я́ркий (я́рок, ярка́, я́рко), крича́щий.

gauge *n.* (*measure*) ме́ра; (*instrument*) кали́бр, измери́тельный прибо́р; (*rly.*) колея́; (*criterion*) крите́рий; *v.t.* измеря́ть *imp.*, изме́рить *perf.*; (*estimate*) оце́нивать *imp.*, оцени́ть (-ню́, -нишь) *perf.*

gaunt *adj.* то́щий (тощ, -а́, -е).

gauntlet *n.* рукави́ца.

gauze *n.* ма́рля, газ.

gay *adj.* весёлый (ве́сел, -а́, -о, ве́селы́); (*bright*) пёстрый (пёстр, -а́, пёстро).

gaze *n.* при́стальный взгляд; *v.i.* при́стально гляде́ть (-яжу́, -яди́шь) *imp.* (at, на + *acc.*).

gazelle *n.* газе́ль.

gazette *n.* официа́льная газе́та; *v.t.* опублико́вывать *imp.*, опубликова́ть *perf.* в официа́льной газе́те. **gazetteer** *n.* географи́ческий спра́вочник.

gear *n.* (*appliance*) приспособле́ние, механи́зм, устро́йство; (*in motor*) переда́ча; (*high, low, g. etc.*) ско́рость (*pl.* -ти, -те́й); in g., включённый (-ён, -ена́). **gearbox** *n.* коро́бка скоро-

стей. **gearwheel** n. зубчатое колесо (pl. -ёса), шестерня (gen.pl. -рён).
geld v.t. кастрировать imp., perf.
gelding n. мерин.
gelignite n. гелигнит.
gem n. драгоценный камень (-мня; pl. -мни, -мней) m.; (fig.) драгоценность.
Gemini n. Близнецы m.pl.
gender n. род (pl. -ы).
gene n. ген.
genealogical adj. генеалогический. **genealogy** n. генеалогия, родословная sb.
general n.; adj. общий (общ, -а, -е), всеобщий; (chief) генеральный, главный in g., вообще. **generality** n. всеобщность; (majority) большинство. **generalization** n. обобщение. **generalize** v.t. обобщать imp., обобщить perf.; v.i. говорить imp. неопределённо. **generally** adv. обычно, вообще.
generate v.t. порождать imp., породить perf.; производить (-ожу, -одишь) imp., произвести (-еду, -едёшь; -ёл, -ела) perf. **generation** n. порождение, производство; (in descent) поколение. **generator** n. генератор.
generic adj. родовой; (general) общий (общ, -а, -е).
generosity n. (magnanimity) великодушие; (munificence) щедрость. **generous** adj. великодушный; щедрый (щедр, -а, -о); (abundant) обильный.
genesis n. происхождение; (G.) Книга Бытия.
genetic adj. генетический. **genetics** n. генетика.
genial adj. (of person) добродушный. **geniality** n. добродушие.
genital adj. половой. **genitals** n. половые органы m.pl.
genitive adj. (n.) родительный (падеж -а).
genius n. (person) гений; (ability) гениальность; (spirit) дух.
genocide n. геноцид.
genre n. жанр.
genteel adj. благовоспитанный (-ан, -анна).
gentian n. горечавка.
gentile adj. неeврейский; n. неeврей.

gentility n. благовоспитанность.
gentle adj. (mild) мягкий (-гок, -гка, -гко); (meek) кроткий (-ток, -тка, -тко); (quiet) тихий (тих, -а, -о); (light) лёгкий (-гок, -гка, -гко, лёгки).
gentleman n. джентльмен; господин (pl. -ода, -од, -одам). **gentleness** n. мягкость.
genuine adj. (authentic) подлинный (-нен, -нна), настоящий; (sincere) искренний (-нен, -нна, -нно & -нне).
genuineness n. подлинность; искренность.
genus n. род (pl. -ы).
geo- in comb. гео-. **geographer** n. географ. **geographical** adj. географический. **geography** n. география. **geological** adj. геологический. **geologist** n. геолог. **geology** n. геология. **geometric(al)** adj. геометрический. **geometrician** n. геометр. **geometry** n. геометрия.
Georgian n. (USSR) грузин (gen.pl. -н), ~ ка; adj. грузинский.
geranium n. герань.
germ n. микроб; (fig.) зародыш.
German n. немец (-мца), немка; adj. немецкий; G. measles, краснуха. **Germanic** adj. германский.
germane adj. уместный.
germinate v.i. прорастать imp., прорасти (-тёт; пророс, -ла) perf.
gesticulate v.i. жестикулировать imp. **gesticulation** n. жестикуляция. **gesture** n. жест.
get v.t. (obtain) доставать (-таю, -таёшь) imp., достать (-ану, -анешь) perf.; добиваться imp., добиться (добьюсь, -ьёшься) perf.+gen.; (receive) получать imp., получить (-чу, -чишь) perf.; (understand) понимать imp., понять (пойму, -мёшь; понял, -а, -о) perf.; (disease) схватывать imp., схватить (-ачу, -атишь) perf.; (induce) уговаривать imp., уговорить perf. (to do, +inf.); v.i. (become) становиться (-влюсь, -вишься) imp., стать (стану, -нешь) perf.+instr.; have got, (have) иметь imp.; have got to, быть должен (-жна) +inf.; g. about, (spread) распространяться imp., распространиться perf.; g. away, ускользать imp.,

geyser / **give**

ускользну́ть *perf.*; g. back, (*recover*) получа́ть *imp.*, получи́ть (-чу́, -чишь) *perf.* обра́тно; (*return*) возвраща́ться *imp.*, верну́ться *perf.*; g. down to, принима́ться *imp.*, приня́ться (приму́сь, -мешься; приня́лся, -ла́сь) *perf.* за + *acc.*; g. off, слезть *imp.*, слезть (-зу, -зешь; -з) *perf.* с + *gen.*; g. on, сади́ться *imp.*, сесть (ся́ду, -дешь; сел) *perf.* в, на, + *acc.*; (*prosper*) преуспева́ть *imp.*, преуспе́ть *perf.*; g. on with, (*person*) ужива́ться *imp.*, ужи́ться (уживу́сь, -вёшься; ужи́лся, -ла́сь) *perf.* с + *instr.*; g. out of, (*avoid*) избавля́ться *imp.*, изба́виться *perf.* от + *gen.*; g. to, (*reach*) достига́ть *imp.*, дости́гнуть & дости́чь (-и́гну, -и́гнешь; -и́г) *perf.* + *gen.*; g. up, (*from bed*) встава́ть (-таю́, -таёшь) *imp.*, встать (-а́ну, -а́нешь) *perf.*

geyser *n.* (*spring*) ге́йзер; (*water-heater*) (га́зовая) коло́нка.

ghastly *adj.* стра́шный (-шен, -шна́, -шно, стра́шны), ужа́сный.

gherkin *n.* огуре́ц (-рца́).

ghetto *n.* ге́тто *neut.indecl.*

ghost *n.* привиде́ние, при́зрак, дух, тень (*pl.* -ни, -не́й). **ghostly** *adj.* при́зрачный.

giant *n.* велика́н, гига́нт; *adj.* грома́дный.

gibber *v.i.* тарато́рить *imp.* **gibberish** *n.* тараба́рщина.

gibbet *n.* ви́селица.

gibe *n.* насме́шка; *v.i.* насмеха́ться *imp.* (at, над + *instr.*).

giblets *n.* потроха́ (-хо́в) *pl.*

giddiness *n.* головокруже́ние; (*frivolity*) легкомы́слие. **giddy** *adj.* (*frivolous*) легкомы́сленный (-ен, -енна); *predic.*: I am, feel, giddy, у меня́ кру́жится голова́.

gift *n.* (*present*) пода́рок (-рка); (*donation*; *ability*) дар (*pl.* -ы́); (*talent*) тала́нт (к + *dat.*); (*ability*) спосо́бность (к + *dat.*). **gifted** *adj.* одарённый (-ён, -ённа), тала́нтливый.

gig *n.* (*carriage*) кабриоле́т; (*boat*) ги́чка.

gigantic *adj.* гига́нтский, грома́дный.

giggle *n.* хихи́канье; *v.i.* хихи́кать *imp.*, хихи́кнуть *perf.*

gild *v.t.* золоти́ть *imp.*, вы́~, по~ *perf.*

gill *n.* (*of fish*) жа́бра.

gilt *n.* позоло́та; *adj.* золочёный, позоло́ченный.

gimlet *n.* бура́вчик.

gin[1] *n.* (*snare*) западня́; (*winch*) лебёдка; (*cotton-g.*) джин.

gin[2] *n.* (*spirit*) джин.

ginger *n.* имби́рь (-ря́) *m.*; *attrib.* имби́рный; (*in colour*) ры́жий (рыж, -а́, -е). **gingerbread** *n.* имби́рный пря́ник.

gingerly *adv.* осторо́жно.

gipsy *n.* цыга́н (*pl.* -не, -н), ~ка; *attrib.* цыга́нский.

giraffe *n.* жира́ф.

gird *v.t.* опоя́сывать *imp.*, опоя́сать (-я́шу, -я́шешь) *perf.*; (*encircle*) окружа́ть *imp.*, окружи́ть *perf.* **girder** *n.* ба́лка, фе́рма. **girdle** *n.* по́яс (*pl.* -а́); *v.t.* подпоя́сывать *imp.*, подпоя́сать (-я́шу, -я́шешь) *perf.*

girl *n.* де́вочка, де́вушка; g.-friend, подру́га. **girlish** *adj.* де́вичий (-чья, -чье).

girth *n.* (*band*) подпру́га; (*measurement*) обхва́т.

gist *n.* суть, су́щность.

give *v.t.* дава́ть (даю́, даёшь) *imp.*, дать (дам, дашь, даст, дади́м; дал, -а́, дало́, -и) *perf.*; дари́ть (-рю́, -ришь) *imp.*, по~ *perf.*; g. away, выдава́ть (-даю́, -даёшь) *imp.*, вы́дать (-ам, -ашь, -аст, -адим) *perf.*; g. back, возвраща́ть *imp.*, возврати́ть (-ащу́, -ати́шь) *perf.*; g. in, (*yield*, *v.i.*) уступа́ть *imp.*, уступи́ть (-плю́, -пишь) *perf.* (to, + *dat.*); (*hand in*) вруча́ть *imp.*, вручи́ть *perf.*; g. out, (*emit*) издава́ть (-даю́, -даёшь) *imp.*, изда́ть (-а́м, -а́шь, -а́ст, -ади́м; и́здал, -а́, -о *perf.*; (*distribute*) раздава́ть (-даю́, -даёшь) *imp.*, разда́ть (-а́м, -а́шь, -а́ст, -ади́м; ро́здал & разда́л, разда́ла, ро́здало & разда́ло) *perf.*; (*cease*) конча́ться *imp.*, ко́нчиться *perf.*; g. up, отка́зываться *imp.*, отказа́ться (-ажу́сь, -а́жешься) *perf.* от + *gen.*; (*habit etc.*) броса́ть *imp.*, бро́сить *perf.*; g. oneself up, сдава́ться (сдаю́сь, сдаёшься) *imp.*, сда́ться (-а́мся, -а́шься, -а́стся, -ади́мся сдался, -лась, сдалось) *perf.* given *predic.* (*inclined*) склонен (-онна, -онно) (to, к+*dat.*); (*devoted*) предан (-а) (to, +*dat.*).

gizzard *n.* (*of bird*) мускульный желудок (-дка).

glacial *adj.* ледниковый; (*fig.*) ледяной. **glacier** *n.* ледник (-á), глетчер.

glad *adj.* радостный, весёлый; *predic.* рад. **gladden** *v.t.* радовать *imp.*, об~ *perf.* **gladness** *n.* радость.

glade *n.* прогалина, поляна.

gladiolus *n.* шпажник.

glamorous *adj.* (*charming*) обаятельный; (*attractive*) привлекательный. **glamour** *n.* обаяние; привлекательность.

glance *n.* беглый взгляд; *v.i.*: g. at, взглядывать *imp.*, взглянуть (-ну, -нешь) *perf.* на+*acc.*; g. off, скользить *imp.*, скользнуть *perf.* по поверхности+*gen.*

gland *n.* железа (*pl.* железы, -ёз, -езам). **glandular** *adj.* железистый.

glare *n.* (*light*) ослепительный блеск; (*look*) пристальный, свирепый, взгляд; *v.i.* пристально, свирепо смотреть (-рю, -ришь) *imp.* (at, на+*acc.*). **glaring** *adj.* (*bright*) яркий; (*dazzling*) ослепительный; (*mistake*) грубый.

glass *n.* (*substance*) стекло; (*drinking vessel*) стакан, рюмка; (*glassware*) стеклянная посуда; (*mirror*) зеркало (*pl.* -ла); (*spectacles*) очки (-ков) *pl.*; *attrib.* стеклянный; g.-blower, стеклодув; g. fibre, стекловолокно; glasshouse, теплица. **glassy** *adj.* (*of glass*) стеклянный; (*water*) зеркальный, гладкий (-док, -дка, -дко); (*look*) тусклый (тускл, -á, -о).

glaze *n.* глазурь; *v.t.* (*picture*) застеклять *imp.*, застеклить *perf.*; (*cover with* ~) покрывать *imp.*, покрыть (-рою, -роешь) *perf.* глазурью. **glazier** *n.* стекольщик.

gleam *n.* слабый свет; (*also of hope etc.*) проблеск; *v.i.* светиться (-ится) *imp.*

glean *v.t.* тщательно собирать *imp.*, собрать (соберу, -рёшь; собрал, -á, -о) *perf.*; *v.i.* подбирать *imp.*, подо-

брать (подберу, -рёшь; подобрал, -á, -о) *perf.* колосья.

glee *n.* весёлье. **gleeful** *adj.* весёлый (весел, -á, -о, веселы).

glib *adj.* бойкий (боек, бойка, бойко).

glide *v.i.* скользить *imp.*; (*aeron.*) планировать *imp.*, с~ *perf.* **glider** *n.* (*aircraft*) планёр; (*person*) планерист.

glimmer *n.* мерцание; *v.i.* мерцать *imp.*

glimpse *n.* (*appearance*) проблеск; (*view*) мимолётный взгляд; *v.t.* мельком видеть (вижу, видишь) *imp.*, у~ *perf.*

glint, glitter *n.* блеск; *v.i.* блестеть (-ещу, -естишь & -ещешь) *imp.*; сверкать *imp.*

gloat *v.i.* пожирать *imp.*, пожрать (-ру, -рёшь; пожрал, -á, -о) *perf.* глазами (over, +*acc.*); (*maliciously*) злорадствовать *imp.*

global *adj.* (*world-wide*) мировой; (*total*) всеобщий. **globe** *n.* (*sphere*) шар (-á with 2, 3, 4; *pl.* -ы); (*the earth*) земной шар; (*chart*) глобус. **globular** *adj.* шаровидный, сферический. **globule** *n.* шарик.

gloom *n.* мрак. **gloomy** *adj.* мрачный (-чен, -чна, -чно).

glorification *n.* прославление. **glorify** *v.t.* прославлять *imp.*, прославить *perf.* **glorious** *adj.* славный (-вен, -вна, -вно); (*splendid*) великолепный. **glory** *n.* слава; *v.i.* торжествовать *imp.*

gloss[1] *n.* (*word*) глосса; (*explanation*) толкование.

gloss[2] *n.* (*lustre*) лоск, глянец (-нца); (*appearance*) видимость; *v.t.* наводить (-ожу, -óдишь) *imp.*, навести (-еду, -едёшь; навёл, -á) *perf.* лоск, глянец, на+*acc.*; g. over, замазывать *imp.*, замазать (-ажу, -áжешь) *perf.*

glossary *n.* глоссарий, словарь (-ря) *m.*

glove *n.* перчатка. **glover** *n.* перчаточник, -ица.

glow *n.* накал, зарево; (*of cheeks*) румянец (-нца); (*ardour*) пыл (-a(y), *loc.* -ý); *v.i.* (*incandescence*) накаляться *imp.*, накалиться *perf.*; (*shine*) сиять *imp.*; g.-worm, светляк (-á).

glucose *n.* глюкоза.

glue *n.* клей (-ея (-ею), *loc.* -ее & -еpю; *pl.* -ей); *v.t.* клеить *imp.*, с~ *perf.*

glum *adj.* угрюмый.

glut *n.* (*surfeit*) пресыщение; (*excess*) избыток (-тка); (*in market*) затоваривание (рынка); *v.t.* пресыщать *imp.*, пресытить (-ыщу, -ытишь) *perf.*; (*overstock*) затоваривать *imp.*, затоварить *perf.*

glutton *n.* обжора *m. & f.* **gluttonous** *adj.* обжорливый. **gluttony** *n.* обжорство.

gnarled *adj.* (*hands*) шишковатый; (*tree*) сучковатый.

gnash *v.t.* скрежетать (-ещу, -ещешь) *imp.* + *instr.* **gnashing** *n.* скрежет.

gnat *n.* комар (-á).

gnaw *v.t.* глодать (-ожу, -ожешь) *imp.*; грызть (-зу, -зёшь; -з) *imp*.

gnome *n.* гном.

go *n.* (*movement*) движение; (*energy*) энергия; (*attempt*) попытка; be on the go, быть в движении; have a go, пытаться *imp.*, по~ *perf.*; *v.i.* (*on foot*) ходить (хожу, ходишь) *indet.*, идти (иду, идёшь; шёл, шла) *det.*, пойти (пойду, -дёшь; пошёл, -шла) *perf.*; (*by transport*) ездить (езжу, ездишь) *indet.*, ехать (еду, едешь) *det.*, по~ *perf.*; (*work*) работать *imp.*; (*become*) становиться (-влюсь, -вишься) *imp.*, стать (стану, -нешь) *perf.* + *instr.*; be going (to do), собираться *imp.*, собраться (соберусь, -рёшься; собрался, -алась, -алось) *perf.* (+*inf.*); go about, (set to work at) браться (берусь, -рёшься; брался, -лась, -лось) *imp.*, взяться (возьмусь, -мёшься; взялся, -лась) *perf.* за+*acc.*; (wander) бродить (-ожу, -одишь) *indet.*; go at, (*attack*) набрасываться *imp.*, наброситься *perf.* на+*acc.*; go away, (*on foot*) уходить (-ожу, -одишь) *imp.*, уйти (уйду, -дёшь; ушёл, ушла) *perf.*; (*by transport*) уезжать *imp.*, уехать (уеду, -дешь) *perf.*; go down, спускаться *imp.*, спуститься (-ущусь, -устишься) *perf.*; go into, (*enter*) входить (-ожу, -одишь) *imp.*, войти (войду, -дёшь; вошёл, -шла) *perf.* в+*acc.*; (*investigate*) расследовать *imp., perf.*; go off, (*go away*) уходить *imp., perf.*, -ожу, -одишь) *imp.*, уйти (уйду, -дёшь; ушёл, ушла) *perf.*; (*deteriorate*) портиться *imp.*, ис~ *perf.*; go on, (*continue*) продолжать(ся) *imp.*, продолжить(ся) *perf.*; go out, выходить (-ожу, -одишь), выйти (выйду, -дешь; вышел, -шла) *perf.*; (*flame etc.*) гаснуть (-с) *imp.*, по~ *perf.*; go over, (*inspect*) пересматривать *imp.*, пересмотреть (-рю, -ришь) *perf.*; (*rehearse*) повторять *imp.*, повторить *perf.*; (*change allegiance etc.*) переходить (-ожу, -одишь) *imp.*, перейти (перейду, -дёшь; перешёл, -шла) *perf.* (to, в, на, +*acc.*, к+*dat.*); go through, (*scrutinize*) разбирать *imp.*, разобрать (разберу, -рёшь; разобрал, -а, -о) *perf.*; go through with, доводить (-ожу, -одишь) *imp.*, довести (-еду, -едёшь; -ёл, -ела) *perf.* до конца; go without, обходиться (-ожусь, -одишься) *imp.*, обойтись (обойдусь, -дёшься; обошёлся, -шлась) *perf.* без+*gen.*; **go-ahead**, предприимчивый. **go-between**, посредник.

goad *v.t.* подгонять *imp.*, подогнать (подгоню, -нишь; подогнал, -á, -о) *perf.*; g. on, (*instigate*) подстрекать *imp.*, подстрекнуть *perf.* (to, к+*dat.*).

goal *n.* (*aim*) цель; (*sport*) ворота (-) *pl.*; (*also point(s) won*) гол (*pl.* -ы́); score a g., забивать *imp.*, забить (-бью, -бьёшь) *perf.* гол. **goalkeeper** *n.* вратарь (-ря́) *m*.

goat *n.* коза (*pl.* -зы), козёл (-зла); *attrib.* козий (-зья, -зье). **goatherd** *n.* козий пастух (-á).

gobble[1] *v.t.* (*eat*) жрать (жру, жрёшь; жрал, -á, -о) *imp.*; g. up, пожирать *imp.*, пожрать (-ру, -рёшь; пожрал, -á, -о) *perf.*

gobble[2] *v.i.* (*of turkeys*) кулдыкать *imp*.

goblet *n.* бокал, кубок (-бка).

god *n.* бог (*pl.* -и, -о́в), (G.) Бог (*voc.* Боже); *pl.* (*theat.*) галёрка. **godchild** *n.* крёстник, -ица. **god-daughter** *n.* крестница. **goddess** *n.* богиня. **godfather** *n.* крёстный *sb*. **God-fearing** *adj.* богобоязненный (-ен, -енна). **godless** *adj.* безбожный. **god-like** *adj.* богоподобный. **godly** *adj.* набожный. **godmother** *n.* крёстная

goggle

sb. **godparent** n. крёстный sb. **godson** крёстник.
goggle v.i. тара́щить imp. глаза́ (at, на + acc.); g.-eyed, пучегла́зый (-á); n.: g. защи́тные очки́ (-ко́в) pl.
going adj. де́йствующий; **goings-on** n. поведе́ние; дела́ neut.pl.
goitre n. зоб (loc. -е & -у́; pl. -ы́).
gold n. зо́лото; adj. золото́й; g.-bearing, золотоно́сный; g.-beater, золотобо́й; g.-digger, золотоиска́тель m.; (sl.) авантюри́стка; g.-dust, золотоно́сный песо́к (-ска́ (-ску́)); g.-field, золото́й при́иск; g. leaf, золота́я фо́льга; g.-mine, золото́й рудни́к (-á); (fig.) золото́е дно; g. plate, золота́я посу́да collect.; g.-plate, золоти́ть imp., по ~ perf.; g.-smith, золоты́х дел ма́стер (pl. -á). **golden** adj. золото́й, золоти́стый; g. eagle, бе́ркут. **goldfinch** n. щего́л (-гла́). **goldfish** n. золота́я ры́бка.
golf n. гольф. **golfer** n. игро́к (-á) в гольф.
gondola n. гондо́ла. **gondolier** n. гондолье́р.
gong n. гонг.
good n. добро́, бла́го; pl. (wares) това́р(ы); do g., (benefit) идти́ (идёт; шёл, шла) imp., пойти́ (пойдёт; пошёл, -шла́) perf. на по́льзу + dat.; adj. хоро́ший (-ш, -ша́), до́брый (добр, -á, -о, до́бры); g.-humoured, доброду́шный; g.-looking, краси́вый; g. morning, до́брое у́тро! g. night, споко́йной но́чи! **goodbye** interj. проща́й(те)! до свида́ния! **goodness** n. доброта́.
goose n. гусь (pl. -си, -се́й) m., гусы́ня m. & f.; (cul.) гуся́тина f.; (fool) простофи́ля m. & f.; (iron) портно́вский утю́г (-á); g.-flesh, гуси́ная ко́жа.
gooseberry n. крыжо́вник (plant or (collect.) berries).
gore[1] n. (blood) запёкшаяся кровь (loc. -ви́).
gore[2] n. (cloth) клин (pl. -ья, -ьев).
gore[3] v.t. (pierce) бода́ть imp., за ~ perf.
gorge n. гло́тка; (narrow opening) уще́лье (gen.pl. -лий); v.t. жрать (жру, жрёшь; жрал, -á, -о) imp., со ~

grace

perf.; v.i. объеда́ться imp., объе́сться (-е́мся, -е́шься, -е́стся, -еди́мся, -еди́тся) perf. (on, + instr.).
gorgeous adj. пы́шный (-шен, -шна́, -шно), великоле́пный.
gorilla n. гори́лла.
gormandize v.i. объеда́ться imp., объе́сться (-е́мся, -е́шься, -е́стся, -еди́мся, -еди́тся) perf.
gorse n. утёсник.
gory adj. окрова́вленный.
gosh interj. бо́же мой!
goshawk n. большо́й я́стреб (pl. -ы & -á).
gosling n. гусёнок (-нка; pl. гуся́та, -т).
Gospel n. Ева́нгелие.
gossamer n. (web) паути́на; (gauze) то́нкая ткань.
gossip n. (talk) болтовня́, спле́тня (gen. pl. -тен); (person) болту́н (-á), ~ья (gen.pl. -ний), спле́тник, -ица; v.i. болта́ть imp., спле́тничать imp., на ~ perf.
Goth n. гот. **Gothic** го́тский; (archit.; print.) готи́ческий.
gouache n. гуа́шь.
gouge n. полукру́глое долото́ (pl. -та); v.t.: g. out, выда́лбливать imp., вы́долбить perf.; (eyes) выка́лывать imp., вы́колоть (-лю, -лешь) perf.
goulash n. гуля́ш (-яша́).
gourd n. ты́ква.
gourmand n. лако́мка m. & f.
gourmet n. гурма́н.
gout n. подагра. **gouty** adj. подагри́ческий.
govern v.t. пра́вить imp. + instr.; управля́ть imp. + instr. **governess** n. гуверна́нтка. **government** n. (of state) прави́тельство; управле́ние (of, + instr.). **governmental** adj. прави́тельственный. **governor** n. прави́тель m., губерна́тор; (head of institution) заве́дующий sb. (of, + instr.).
gown n. (woman's) пла́тье (gen.pl. -в); (official's) ма́нтия.
grab n. (grasp) захва́т; (device) черпа́к (-á); v.t. хвата́ть imp., (с)хвати́ть (-ачу́, -а́тишь) perf.; захва́тывать imp., захвати́ть (-ачу́, -а́тишь) perf.
grace n. (gracefulness) гра́ция; (refinement) изя́щество; (kindness) любе́з-

gracious

ность; (*favour*) ми́лость; (*theol.*) благода́ть; *v.t.* (*adorn*) украша́ть *imp.*, укра́сить *perf.*; (*confer*) удоста́ивать *imp.*, удосто́ить *perf.* (with, +*gen.*).

graceful *adj.* грацио́зный, изя́щный.

graceless *adj.* (*improper*) неприли́чный; (*inelegant*) неуклю́жий.

gracious *adj.* ми́лостивый, снисходи́тельный.

gradation *n.* града́ция.

grade *n.* (*level*) сте́пень (*pl.* -ни, -не́й); (*quality*) ка́чество; (*sort*) сорт (*pl.* -а́); (*slope*) укло́н; *v.t.* распределя́ть *imp.*, распредели́ть *perf.* по степеня́м, гру́ппам и т.п.; сортирова́ть *imp.*, рас~ *perf.*; (*road etc.*) нивели́ровать *imp.*, *perf.*

gradient *n.* укло́н.

gradual *adj.* постепе́нный (-нен, -нна).

graduate *n.* око́нчивший *sb.* университе́т, вуз; *v.i.* конча́ть *imp.*, око́нчить *perf.* (университе́т, вуз); *v.t.* градуи́ровать *imp.*, *perf.*

graffito *n.* стенна́я на́дпись, стенно́й рису́нок (-нка).

graft[1] *n.* (*agric.*) приво́й, приви́вка; (*med.*) переса́дка (живо́й тка́ни); *v.t.* (*agric.*) привива́ть *imp.*, приви́ть (-вью́, -вьёшь; приви́л, -а́, -о) *perf.* (to, +*dat.*); (*med.*) переса́живать *imp.*, пересади́ть (-ажу́, -а́дишь) *perf.*

graft[2] *n.* (*bribe*) взя́тка, по́дкуп; *v.i.* (*give*) дава́ть (даю́, даёшь) *imp.*, дать (дам, дашь, даст, дади́м; дал, -а́, да́ло́, -и) *perf.* взя́тки; (*take*) брать (беру́, -рёшь; брал, -а́, -о) *imp.*, взять (возьму́, -мёшь; взял, -а́, -о) *perf.* взя́тки.

grain *n.* (*seed; collect.*) зерно́ (*pl.* зёрна, -рен, -рнам); (*particle*) крупи́нка; (*of sand*) песчи́нка; (*measure*) гран (*gen. pl.* -н); (*smallest amount*) крупи́ца; (*of wood*) (древе́сное) волокно́; against the g., не по нутру́; not a g. of, ни грана+*gen.*

gram(me) *n.* грамм (*gen.pl.* -м & -мов).

grammar *n.* грамма́тика; g. school, гимна́зия. **grammarian** *n.* грамма́тик. **grammatical** *adj.* граммати́ческий.

gramophone *n.* граммофо́н, прои́грыватель *m.*; g. record, граммпласти́нка.

grampus *n.* се́рый дельфи́н.

grapple

granary *n.* амба́р.

grand *adj.* (*in titles*) вели́кий; (*main*) гла́вный; (*majestic*) велича́венный (-ен, -енна); (*splendid*) великоле́пный; g. duke, вели́кий ге́рцог; (*in Russia*) вели́кий князь (*pl.* -зья, -зе́й); g. master, гроссме́йстер; g. piano, роя́ль *m.* grandchild *n.* внук, вну́чка; *pl.* внуча́та (-т) *pl.* granddaughter *n.* вну́чка. grandfather *n.* де́душка *m.* grandmother *n.* ба́бушка. grandparents *n.* ба́бушка и де́душка. grandson *n.* внук. grandstand *n.* трибу́на.

grandee *n.* (*Span., Portug.*) гранд, вельмо́жа *m.*

grandeur *n.* вели́чие.

grandiloquence *n.* напы́щенность. **grandiloquent** *adj.* напы́щенный (-ен, -енна).

grandiose *adj.* грандио́зный.

grange *n.* фе́рма.

granite *n.* грани́т; *attrib.* грани́тный.

grannie, **granny** *n.* ба́бушка.

grant *n.* дар (*pl.* -ы́); (*financial*) дота́ция, субси́дия; *v.t.* дарова́ть *imp.*, *perf.*; предоставля́ть *imp.*, предоста́вить *perf.*; (*concede*) допуска́ть *imp.*, допусти́ть (-ущу́, -у́стишь) *perf.*; take for granted, счита́ть *imp.*, счесть (сочту́, -тёшь; счёл, сочла́) *perf.* само́ собо́й разуме́ющимся.

granular *adj.* зерни́стый.

granulate *v.t.* гранули́ровать *imp.*, *perf.*; granulated sugar, са́харный песо́к (-ска́(у́)).

granule *n.* зёрнышко (*pl.* -шки, -шек, -шкам).

grape *n.* виногра́д (-а(у)) (*collect.*); g.-shot, карте́чь; g.-vine, виногра́дная лоза́ (*pl.* -зы). **grapefruit** *n.* грейпфру́т.

graph *n.* гра́фик.

graphic *adj.* графи́ческий; (*vivid*) я́ркий (я́рок, ярка́, я́рко).

graphite *n.* графи́т.

grapnel *n.* дрек, ко́шка.

grapple *n.* (*grapnel*) дрек, ко́шка; (*grip*) захва́т; *v.i.* сцепля́ться *imp.*, сцепи́ться (-плю́сь, -пишься) *perf.* (with, с+*instr.*); боро́ться (-рю́сь, -решься *imp.* (with, с+*instr.*); grappling-hook, -iron, дрек, ко́шка.

grasp n. (*grip*) хва́тка; (*control*) власть; (*mental hold*) схва́тывание; *v.t.* (*clutch*) хвата́ть *imp.*, схвати́ть (-ачу́, -а́тишь) *perf.*; (*comprehend*) понима́ть *imp.*, поня́ть (пойму́, -мёшь; по́нял, -а́, -о) *perf.* **grasping** *adj.* жа́дный (-ден, -дна́, -дно).

grass n. трава́ (*pl.* -вы), злак; (*pasture*) па́стбище; g. snake, уж (-а́); g. widow, соло́менная вдова́ (*pl.* -вы). **grasshopper** n. кузне́чик. **grassy** *adj.* травяни́стый, травяно́й.

grate[1] n. (*in fireplace*) ками́нная решётка.

grate[2] v.t. (*rub*) тере́ть (тру, трёшь; тёр) *imp.*, на~ *perf.*; v.i. (*sound*) скрипе́ть (-пи́т) *imp.*; g. (*up)on*, (*irritate*) раздража́ть *imp.*, раздражи́ть *perf.*

grateful n. благода́рный.

grater n. тёрка.

gratify v.t. удовлетворя́ть *imp.*, удовлетвори́ть *perf.*

grating n. решётка.

gratis *adv.* беспла́тно, да́ром.

gratitude n. благода́рность.

gratuitous *adj.* (*free*) даровой; (*motiveless*) беспричи́нный (-нен, -нна).

gratuity n. де́нежный пода́рок (-рка); (*tip*) чаевы́е *sb.*; (*mil.*) награ́дные *sb.*

grave[1] n. моги́ла; g.-*digger*, моги́льщик. **gravestone** n. надгро́бный ка́мень (-мня; *pl.* -мни, -мне́й) *m.* **graveyard** n. кла́дбище.

grave[2] *adj.* (*serious*) серьёзный, ва́жный (-жен, -жна́, -жно, -жны).

gravel n. гра́вий; g. pit, гра́вийный карье́р.

gravitate v.i. тяготе́ть *imp.* (*towards*, к+*dat.*). **gravitation** n. тяготе́ние.

gravity n. (*seriousness*) серьёзность; (*force*) тя́жесть; specific g., уде́льный вес.

gravy n. (мясна́я) подли́вка; g.-*boat*, со́усник.

grayling n. ха́риус.

graze[1] v.t. & i. (*feed*) пасти́ (пасу́(сь), пасёшь(ся); пас(ла́), пасла́(сь)) *imp.*

graze[2] n. (*abrasion*) цара́пина; v.t. (*touch lightly*) задева́ть *imp.*, заде́ть (-е́ну, -е́нешь) *perf.*; (*abrade*) цара́пать *imp.*, о~ *perf.*

grease n. жир (-а(у), loc. -е & -у́), то́плёное са́ло; (*lubricant*) сма́зка; g.-*gun*, тавотный шприц; g.-*paint*, грим; v.t. сма́зывать *imp.*, сма́зать (-а́жу, -а́жешь) *perf.* **greasy** *adj.* жи́рный (-рен, -рна́, -рно), са́льный.

great *adj.* (*large*) большо́й; (*eminent*) вели́кий; (*long*) до́лгий (-лог, -лга́, -лго); (*strong*) си́льный (силён, сильна́, си́льно, си́льны); to a g. extent, в большо́й сте́пени; a g. deal, мно́го (+*gen.*); a g. many, мно́гие; мно́жество (+*gen.*); g.-*aunt*, двою́родная ба́бушка; g.-*granddaughter*, пра́внучка; g.-*grandfather*, пра́дед; g.-*grandmother*, праба́бка; g.-*grandson*, пра́внук; g.-*uncle*, двою́родный де́душка *m.* **greatly** *adv.* о́чень.

grebe n. пога́нка.

Grecian *adj.* гре́ческий.

greed n. жа́дность (for, к+*dat.*), а́лчность. **greedy** *adj.* жа́дный (-ден, -дна́, -дно) (for, к+*dat.*), а́лчный; (*for food*) прожо́рливый.

Greek n. грек, греча́нка; *adj.* гре́ческий.

green n. (*colour*) зелёный цвет; (*piece of land*) лужо́к (-жка́); *pl.* зе́лень *collect.*; *adj.* зелёный (зе́лен, -а́, -о); (*inexperienced*) нео́пытный. **greenery** n. зе́лень. **greenfinch** n. зелену́шка.

greenfly n. тля (*gen. pl.* тлей). **greengage** n. ренкло́д. **greengrocer** n. зеленщи́к (-а́). **greenhorn** n. новичо́к (-чка́). **greenhouse** n. тепли́ца, оранжере́я.

greet v.t. кла́няться *imp.*, поклони́ться (-ню́сь, -нишься) *perf.*+*dat.*; приве́тствовать *imp.* (& *perf.* in past tense). **greeting** n. приве́тствие.

gregarious *adj.* ста́дный; (*person*) общи́тельный.

grenade n. грана́та.

grey *adj.* се́рый (сер, -а́, -о); (*hair*) седо́й (сед, -а́, -о); g. hair, седниа́ (*pl.* -ы).

greyhound n. борза́я *sb.*

grid n. (*grating*) решётка; (*network*) сеть (*pl.* -ти, -те́й); (*map*) координа́тная се́тка.

grief n. го́ре, печа́ль; come to g., попада́ть *imp.*, попа́сть (попаду́, -дёшь; попа́л) *perf.* в беду́.

grievance *n.* жа́лоба, оби́да.

grieve *v.t.* огорча́ть *imp.*, огорчи́ть *perf.*; *v.i.* горева́ть (-рю́ю, -рю́ешь) *imp.* (for, o + *prep.*).

grievous *adj.* тя́жкий (-жек, -жка́, -жко); (*flagrant*) вопию́щий.

grill[1] *n.* ра́шпер; *v.t.* (*cook*) жа́рить *imp.*, за~, из~ *perf.* (на ра́шпере, решётке); (*question*) допра́шивать, *imp.*, допроси́ть (-ошу́, -о́сишь) *perf.*

grille, grill[2] *n.* (*grating*) решётка.

grim *adj.* (*stern*) суро́вый; (*sinister*) мра́чный (-чен, -чна́, -чно); (*unpleasant*) неприя́тный.

grimace *n.* грима́са; *v.i.* грима́сничать *imp.*

grime *n.* (*soot*) са́жа; (*dirt*) грязь (*loc.* -зи́). **grimy** *adj.* гря́зный (-зен, -зна́, -зно).

grin *n.* усме́шка; *v.i.* усмеха́ться *imp.*, усмехну́ться *perf.*

grind *v.t.* (*flour etc.*) моло́ть (мелю́, -лешь) *imp.*, с~ *perf.*; (*axe*) точи́ть (-чу́, -чишь) *imp.*, на~ *perf.*; (*oppress*) му́чить *imp.*, за~, из~ *perf.*; g. one's teeth, скрежета́ть (-ещу́, -е́щешь) *imp.* зуба́ми.

grip *n.* схва́тывание; (*control*) власть; *v.t.* схва́тывать *imp.*, схвати́ть (-ачу́, -а́тишь) *perf.*

grisly *adj.* ужа́сный.

gristle *n.* хрящ (-а́). **gristly** *adj.* хрящева́тый.

grit *n.* кру́пный песо́к (-ска́(у́)); (*firmness*) сто́йкость. **gritty** *adj.* песча́ный.

grizzly *adj.* се́рый (сер, -а́, -о); g. bear, гри́зли *m. indecl.*

groan *n.* стон; *v.i.* стона́ть (-ну́, -нешь) *imp.*

grocer *n.* бакале́йщик; g.'s shop, бакале́йная ла́вка, гастроно́м(и́ческий магази́н). **groceries** *n.* бакале́я *collect.*

groin *n.* (*anat.*) пах (*loc.* -у́); (*arch.*) ребро́ (*pl.* рёбра, -бер, -брам) кресто́вого сво́да.

groom *n.* грум, ко́нюх; (*bridegroom*) жени́х (-а́); *v.t.* (*horse*) чи́стить *imp.*, по~ *perf.*; (*person*) холи́ть *imp.*, вы~ *perf.*; (*prepare*) гото́вить *imp.*, под~ *perf.* (for, к + *dat.*); well-groomed, вы́холенный (-ен).

groove *n.* желобо́к (-бка́), паз (*loc.* -у́; *pl.* -ы́); (*routine*) колея́.

grope *v.i.* нащу́пывать *imp.* (for, after, +*acc.*); g. one's way, идти́ (иду́, идёшь; шёл, шла) *imp.*, пойти́ (пойду́, -дёшь; пошёл, -шла́) *perf.* ощу́пью.

gross[1] *n.* (*12 dozen*) гросс; by the g., о́птом.

gross[2] *adj.* (*luxuriant*) пы́шный (-шен, -шна́, -шно); (*fat*) ту́чный (-чен, -чна́, -чно); (*coarse*) гру́бый (груб, -а́, -о); (*total*) валово́й; g. weight, вес бру́тто.

grotesque *adj.* гроте́скный; (*absurd*) неле́пый.

grotto *n.* грот, пеще́ра.

ground *n.* земля́ (*acc.* -лю), по́чва, грунт; *pl.* (*dregs*) гу́ща; (*sport*) площа́дка; *pl.* (*of house*) парк; (*background*) фон; (*reason*) основа́ние, причи́на; break fresh g., прокла́дывать *imp.*, проложи́ть (-жу́, -жишь) *perf.* но́вые пути́; gain g., де́лать *imp.*, с~ *perf.* успе́хи; give, lose, g., уступа́ть *imp.*, уступи́ть (-плю́, -пишь) *perf.* (to, + *dat.*); stand one's g., стоя́ть (-ою́, -ои́шь) *imp.* на своём; g. floor, цо́кольный, пе́рвый, эта́ж (-а́); g.-nut, земляно́й оре́х; *v.t.* (*base*) обосно́вывать *imp.*, обоснова́ть (-ную́, -нуёшь) *perf.*; (*instruct*) обуча́ть *imp.*, обучи́ть (-чу́, -чишь) *perf.* осно́вам (in, +*gen.*); *v.i.* (*naut.*) сади́ться *imp.*, сесть (ся́дет; сел) *perf.* на мель. **groundless** *adj.* беспричи́нный (-нен, -нна), необосно́ванный (-ан, -анна). **groundsheet** *n.* полоти́ще пала́тки. **groundwork** *n.* фунда́мент, осно́ва, подгото́вка.

groundsel *n.* кресто́вник.

group *n.* гру́ппа; g. captain, полко́вник авиа́ции; *v.t. & i.* группирова́ть(ся) *imp.*, с~ *perf.*

grouse[1] *n.* (*bird*) те́терев (*pl.* -а́); (*red*) g., шотла́ндская куропа́тка.

grouse[2] *v.i.* (*grumble*) ворча́ть (-чу́, -чи́шь) *imp.*

grove *n.* ро́ща.

grovel *v.i.* пресмыка́ться *imp.* (before, пе́ред+*instr.*).

grow v.i. расти́ (-ту́, -тёшь; рос, -ла́) imp.; (become) станови́ться (-влю́сь, -вишься) imp., стать (ста́ну, -нешь) perf. + instr.; v.t. (cultivate) выра́щивать imp., вы́растить perf.; g. up, (person) выраста́ть imp., вы́расти (-ту, -тешь; вы́рос, -ла) perf.; (custom) возника́ть imp., возни́кнуть (-к) perf.

growl n. ворча́ние; v.i. ворча́ть (-чу́, -чи́шь) imp. (at, на + acc.).

grown-up adj., n. взро́слый sb.

growth n. рост (-а(у)); (tumour) о́пухоль.

groyne n. волноре́з.

grub n. (larva) личи́нка; (sl.) (food) жратва́; v.i.: g. about, ры́ться (ро́юсь, ро́ешься) imp. **grubby** adj. чума́зый.

grudge n. недово́льство, за́висть; have a g. against, име́ть imp. зуб про́тив + gen.; v.t. жале́ть imp., по~ perf. + acc., + gen.; неохо́тно дава́ть (даю́, даёшь) imp., дать (дам, дашь, даст, дади́м, дади́те, даду́т; дал, -á, да́ло, -и) perf.; неохо́тно де́лать imp., с~ perf. **grudgingly** adv. неохо́тно.

gruel n. жи́дкая ка́ша; v.t. утомля́ть imp., утоми́ть perf. **gruelling** adj. изнури́тельный, суро́вый.

gruesome adj. отврати́тельный.

gruff adj. (surly) грубова́тый; (voice) хри́плый (-л, -ла́, -ло).

grumble n. ворча́ние, ро́пот; v.i. ворча́ть (-чу́, -чи́шь) imp. (at, на + acc.).

grumpy adj. брюзгли́вый.

grunt n. хрю́канье; v.i. хрю́кать imp., хрю́кнуть perf.

guarantee n. (person) поручи́тель m., ~ница; (security) гара́нтия, зало́г; v.t. гаранти́ровать imp., perf. (against, от + gen.); руча́ться imp., поручи́ться (-чу́сь, -чишься) perf. за + acc. **guarantor** n. поручи́тель m., ~ница. **guaranty** n. гара́нтия.

guard n. (protection) охра́на; (watch; body of soldiers) карау́л; (sentry) часово́й sb.; (watchman) сто́рож (pl. -á); (rly.) кондукто́р (pl. -á); (G.) гва́рдия; g. of honour, почётный карау́л; v.t. охраня́ть imp., охрани́ть perf.; v.i.: g. against, остерега́ться imp., остере́чься (-еру́сь, -ежёшься; -ёгся, -егла́сь) perf. + gen., inf. **guard-house, -room** n. гауптва́хта. **guardsman** n. гварде́ец (-е́йца).

guardian n. храни́тель m., ~ница; (leg.) опеку́н (-á).

guer(r)illa n. партиза́н; g. warfare, партиза́нская война́.

guess n. дога́дка; v.t. & i. дога́дываться imp., догада́ться (о + prep.) perf.; v.t. (g. correctly) уга́дывать imp., угада́ть perf.

guest n. гость (pl. -ти, -те́й) m., ~ья (gen.pl. -тий).

guffaw n. хо́хот; v.i. хохота́ть (-очу́, -о́чешь) imp.

guidance n. руково́дство. **guide** n. проводни́к (-á), -и́ца; гид; (adviser) сове́тчик; (manual) руково́дство; (guidebook) путеводи́тель m.; g.-post, указа́тельный столб (-á); v.t. води́ть (вожу́, во́дишь) indet., вести́ (веду́, -дёшь; вёл, -á) det.; (direct) руководи́ть imp. + instr.; (control) управля́ть imp. + instr.; guided missile, управля́емая раке́та.

guild n. ги́льдия, цех.

guile n. кова́рство, хи́трость. **guileful** adj. кова́рный. **guileless** adj. простоду́шный.

guillemot n. ка́йра, чи́стик.

guillotine n. гильоти́на; v.t. гильотини́ровать imp., perf.

guilt n. вина́, вино́вность. **guiltless** adj. невинный (-нен, -нна), невино́вный. **guilty** adj. вино́вный (of, в + prep.), винова́тый.

guinea n. гине́я; g.-fowl, -hen, цеса́рка; g.-pig, морска́я сви́нка; (fig.) подо́пытный кро́лик.

guise n. вид, о́блик; under the g. of, под ви́дом + gen.

guitar n. гита́ра.

gulf n. зали́в; (chasm) про́пасть; G. Stream, гольфстри́м.

gull n. ча́йка.

gullet n. пищево́д; (throat) го́рло.

gullible adj. легкове́рный.

gully n. (ravine) овра́г; (channel) кана́ва.

gulp n. глото́к (-тка́); v.t. жа́дно глота́ть imp.

gum[1] n. (anat.) десна́ (pl. дёсны, -сен, -снам).

gum² n. (glue) камедь, клей (-ея(ю), loc. -ее & -ею); pl. -ей); v.t. склеивать imp., склеить perf. **gumboot** n. резиновый сапог (-а; gen.pl. -г). **gum-tree** n. эвкалипт.
gumption n. находчивость.
gun n. (piece of ordnance) орудие, пушка; (rifle etc.) ружьё (pl. -жья, -жей); (pistol) пистолет; v.t.: g. down, расстреливать imp., расстрелять perf. **gunboat** n. канонерская лодка. **gun-carriage** n. лафет. **gunner** n. артиллерист; (aeron.) стрелок (-лка). **gunpowder** n. порох (-а(у)). **gunsmith** n. оружейный мастер (pl. -а).
gunwale n. планширь m.
gurgle v.i. булькать imp., булькнуть perf.
gush n. сильный поток; излияние; v.i. хлынуть perf.; изливаться imp., излиться (изольюсь, -ьёшься; излился, -илась, -илось) perf.
gusset n. клин (pl. -ья, -ьев), ластовица.
gust n. порыв. **gusty** adj. порывистый.
gusto n. удовольствие, смак.
gut n. кишка (gen.pl. -шок); pl. (entrails) внутренности f.pl.; pl. (coll.,

bravery) мужество; v.t. потрошить imp., вы~ perf.; (devastate) опустошать imp., опустошить perf.
gutta-percha n. гуттаперча.
gutter n. (водосточный) жёлоб (pl. -а), сточная канава; g. press, бульварная пресса.
guttural adj. гортанный, горловой.
guy¹ n. (rope) оттяжка.
guy² n. (fellow) парень (-рня; pl. -рни, -рней) m.
guzzle v.t. (food) пожирать imp., пожрать (-ру, -рёшь; пожрал, -а, -о) perf.; (liquid) хлебать imp., хлебнуть perf.
gym n. (gymnasium) гимнастический зал; (gymnastics) гимнастика. **gymnasium** n. гимнастический зал; (school) гимназия. **gymnast** n. гимнаст, ~ка. **gymnastic** adj. гимнастический. **gymnastics** n. гимнастика.
gynaecology n. гинекология.
gypsum n. гипс.
gyrate v.i. вращаться imp. по кругу; двигается (двигается & движется) imp. по спирали.
gyro(scope) n. гироскоп. **gyro-compass** n. гирокомпас.

H

haberdasher n. торговец (-вца) галантереей. **haberdashery** n. (articles) галантерея; (shop) галантерейный магазин.
habit n. привычка; (constitution) сложение; (dress) одеяние.
habitable adj. годный (-ден, -дна, -дно) для жилья. **habitation** n. жилище.
habitual adj. обычный, привычный. **habitué** n. завсегдатай.
hack¹ n. (mattock) мотыга; (miner's pick) кайла (pl. -лы), кайло (pl. -ла); v.t. рубить (-блю, -бишь) imp.; дробить imp., раз~ perf.; h.-saw, ножовка.

hack² n. (hired horse) наёмная лошадь (pl. -ди, -дей, instr. -дьми); (jade) кляча; (person) подёнщик, писака m. & f. **hackneyed** adj. избитый, банальный.
haddock n. пикша.
haematology n. гематология. **haemophilia** n. гемофилия. **haemorrhage** n. кровоизлияние, кровотечение. **haemorrhoids** n. геморрой collect.
haft n. рукоятка.
hag n. ведьма, карга.
haggard adj. изможденный (-ён, -ена)
haggle v.i. торговаться imp., с~ perf.

hail[1] *n.* град; *v.i.: it is hailing,* идёт (*past* пошёл) град; *v.t.* осыпа́ть *imp.*, осы́пать (-плю, -плешь) *perf.* + *acc.* & *instr.*; *v.i.* сы́паться (-плется) *imp.* гра́дом. **hailstone** *n.* гра́дина.

hail[2] *v.t. (greet)* приве́тствовать *imp.* (& *perf. in past*); (*call*) оклика́ть *imp.*, окли́кнуть *perf.*; *v.i.*: **h. from**, (*of persons only*) быть ро́дом из + *gen.*); (-ожу́, -о́дишь) *imp.*, произойти́ (произойду́, -дёшь; произошёл, -шла́) *perf.* из + *gen.*

hair *n.* (*single h.*) во́лос (*pl.* -осы, -о́с, -оса́м); *collect.* (*human*) во́лосы (-о́с, -оса́м) *pl.*; (*animal*) шерсть; **do one's hair**, причёсываться *imp.*, причеса́ться (-ешу́сь, -е́шешься) *perf.* **haircut** *n.* стри́жка. **hair-do** *n.* причёска. **hairdresser** *n.* парикма́хер. **hairy** *adj.* волоса́тый.

hake *n.* хек.

halberd *n.* алеба́рда.

hale *adj.* здоро́вый.

half *n.* полови́на; (*sport*) тайм; *in comb.* пол(у)-; *adj.* полови́нный; *in* **h.**, попола́м; **one and a h.**, полтора́ *m.* & *neut.*, -ры́ *f.* + *gen. sing.* (*obl. cases:* полу́тора + *pl.*); **h. past** (*one etc.*), полови́на (второ́го и т.д.); **h.-back**, полузащи́тник; **h.-hearted**, равноду́шный; **h.-hour**, получаса́ (*obl. cases:* получаса́); **h.-mast: flag at h.-mast**, приспу́щенный флаг; **h. moon**, полуме́сяц; **h.-time**, переры́в ме́жду та́ймами; **h. way**, на полпути́; **h.-witted**, слабоу́мный.

halibut *n.* па́лтус.

hall *n.* (*large room*) зал; (*entrance h.*) холл, вестибю́ль *m.*; (*dining h.*) столо́вая (колле́джа); (*h. of residence*) общежи́тие. **hallmark** *n.* про́би́рное клеймо́ (*pl.* -ма); (*fig.*) при́знак.

halliard *see* halyard.

hallow *v.t.* освяща́ть *imp.*, освяти́ть (-ящу́, -яти́шь) *perf.*

hallucination *n.* галлюцина́ция.

halo *n.* гало́ *neut. indecl.*; (*around Saint*) ве́нчик, нимб; (*fig.*) орео́л.

halogen *n.* галоге́н.

halt[1] *n.* (*stoppage*) остано́вка; (*rly.*) полуста́нок (-нка); *v.t.* & *i.* остана́в-
ливать(ся) *imp.*, останови́ть(ся) (-влю́(сь), -вишь(ся)) *perf.*; *interj.* (*mil.*) стой(те)!

halt[2] *v.i.* (*hesitate*) колеба́ться (-блюсь, бле́шься) *imp.*

halter *n.* недоу́здок (-дка).

halve *v.t.* дели́ть (-лю́, -лишь) *imp.*, раз~ *perf.* попола́м.

halyard, halliard *n.* фал.

ham *n.* (*cul.*) ветчина́, о́корок; (*theat.*) плохо́й актёр; (*radio h.*) радиолюби́тель *m.*; *v.i.* (*theat.*) переи́грывать *imp.*, переигра́ть *perf.*

hamlet *n.* дереву́шка.

hammer *n.* мо́лот, молото́к (-тка́); **come under the h.**, продава́ться (-даётся) *imp.*, прода́ться (-да́стся; -да́лся, -дала́сь) *perf.* с молотка́.; *v.t.* бить (бью, бьёшь) *imp.* мо́лотом, молотко́м.

hammock *n.* гама́к (-а́); (*naut.*) ко́йка.

hamper[1] *n.* (*basket*) корзи́на с кры́шкой.

hamper[2] *v.t.* (*hinder*) меша́ть *imp.*, по~ *perf.* + *dat.*

hamster *n.* хомя́к (-а́).

hand *n.* рука́ (*acc.* -ку; *pl.* -ки, -к, -ка́м); (*worker*) рабо́чий *sb.*; (*handwriting*) по́черк; (*clock h.*) стре́лка; **at h.**, под руко́й; **on hands and knees**, на четвере́ньках; *v.t.* передава́ть (-даю́, -даёшь) *imp.*, переда́ть (-а́м, -а́шь, -а́ст, -ади́м; пе́редал, -а́, -о) *perf.*; вруча́ть *imp.*, вручи́ть *perf.* **handbag** *n.* су́мка, су́мочка. **handbook** *n.* спра́вочник, руково́дство. **handcuffs** *n.* нару́чники *m.pl.* **handful** *n.* горсть (*pl.* -ти, -те́й).

handicap *n.* (*sport*) гандика́п; (*hindrance*) поме́ха. **handicapped** *adj.*: **h. person**, инвали́д.

handicraft *n.* ремесло́ (*pl.* -ёсла, -ёсел, -ёслам).

handiwork *n.* ручна́я рабо́та.

handkerchief *n.* носово́й плато́к (-тка́).

handle *n.* ру́чка, рукоя́тка; *v.t.* (*treat*) обраща́ться *imp.* с + *instr.*; (*manage*) управля́ть *imp.* + *instr.*; (*touch*) тро́гать *imp.*, тро́нуть *perf.* руко́й, рука́ми. **handlebar(s)** *n.* руль (-ля́) *m.*

handsome *adj.* краси́вый; (*generous*) ще́дрый (щедр, -а́, -о).

handwriting *n.* по́черк.

handy adj. (*convenient*) удо́бный; (*skilful*) ло́вкий (-вок, -вка́, -вко, ло́вки́); come in h., пригоди́ться *perf*.

hang v.t. ве́шать *imp*., пове́сить *perf*.; подве́шивать *imp*., подве́сить *perf*.; v.i. висе́ть (вишу́, виси́шь) *imp*.; h. about, слоня́ться *imp*.; h. back, колеба́ться (-блюсь, -блешься) *imp*.; h. on, (*remain*) держа́ться (-жу́сь, -жишься) *imp*. **hanger-on** n. прижива́льщик. **hangman** n. пала́ч (-а́).

hangar n. анга́р.

hangover n. похме́лье.

hanker v.i.: h. after, стра́стно жела́ть *imp*., по~ *perf*. + gen.

hansom n. двухколёсный экипа́ж.

haphazard adj. случа́йный; adv. случа́йно, науда́чу.

hapless adj. злополу́чный.

happen v.i. (*occur*) случа́ться *imp*., случи́ться *perf*.; происходи́ть (-ит) *imp*., произойти́ (-ойдёт) -ошёл, -ошла́) *perf*.; (h. to be somewhere) ока́зываться *imp*., оказа́ться (-ажу́сь, -а́жешься) *perf*.; h. upon, ната́лкиваться *imp*., натолкну́ться *perf*. на + acc.

happiness n. сча́стье. **happy** adj. счастли́вый (сча́стлив); (*apt*) уда́чный.

harass v.t. беспоко́ить *imp*., о~ *perf*.

harbinger n. предве́стник.

harbour n. га́вань, порт (loc. -ý; pl. -ы, -о́в); (*shelter*) убе́жище; v.t. (*person*) укрыва́ть *imp*., укры́ть (-ро́ю, -ро́ешь) *perf*.; (*thoughts*) зата́ивать *imp*., зата́ить *perf*.

hard adj. твёрдый (твёрд, -а́, -о), жёсткий (-ток, -тка́, -тко); (*difficult*) тру́дный (-ден, -дна́, -дно, тру́дны); (*difficult to bear*) тяжёлый (-л, -ла́); (*severe*) суро́вый; h.-boiled egg, яйцо́ (pl. я́йца, яи́ц, я́йцам) вкруту́ю; h.-headed, практи́чный; h.-hearted, жестокосе́рдый; h.-working, приле́жный.

harden v.t. де́лать *imp*., с~ *perf*. твёрдым; закаля́ть *imp*., закали́ть *perf*.; v.i. затвердева́ть *imp*., затверде́ть *perf*.; (*become callous*) ожесточа́ться *imp*., ожесточи́ться *perf*.

hardly adv. (*scarcely*) едва́ (ли); (*with difficulty*) с трудо́м.

hardship n. (*privation*) нужда́.

hardware n. скобяны́е изде́лия neut.pl.

hardy adj. (*bold*) сме́лый (смел, -а́, -о); (*robust*) выно́сливый.

hare n. за́яц (за́йца); h.-brained, опроме́тчивый **harelip** n. за́ячья губа́.

harem n. гаре́м.

haricot n. (*bean*) фасо́ль.

hark v.i.: h. to, at, слу́шать *imp*., по~ *perf*. + acc.; h. back to, возвраща́ться *imp*., верну́ться *perf*. к + dat.; *interj*. чу!

harlot n. проститу́тка.

harm n. вред (-а́); v.t. вреди́ть *imp*., по~ *perf*. + dat. **harmful** adj. вре́дный (-ден, -дна́, -дно). **harmless** adj. безвре́дный.

harmonic adj. гармони́ческий. **harmonica** n. губна́я гармо́ника. **harmonious** adj. гармони́чный; (*amicable*) дру́жный (-жен, -жна́, -жно). **harmonium** n. фисгармо́ния. **harmonize** v.t. гармонизи́ровать *imp*., *perf*.; v.i. гармони́ровать *imp*. (with, c + instr.). **harmony** n. гармо́ния, созву́чие, согла́сие.

harness n. у́пряжь, сбру́я; v.t. за-, в-, прягáть *imp*., за-, в-, пря́чь (-ягу́, -яжёшь; -яг, -ягла́) *perf*.; (*fig*.) испо́льзовать *imp*., *perf* как исто́чник эне́ргии.

harp n. а́рфа; v.i. игра́ть *imp*. на а́рфе; harp on, распространя́ться *imp*., распространи́ться *perf*. о + prep. **harpist** n. арфи́ст, -ка.

harpoon n. гарпу́н (-а́), острога́.

harpsichord n. клавеси́н.

harpy n. га́рпия; (*fig*.) хи́щник.

harridan n. ве́дьма, карга́.

harrier[1] n. (*hound*) го́нчая sb.

harrier[2] n. (*falcon*) лунь (-ня́) m.

harrow n. борона́; v.t. борони́ть *imp*., вз~ *perf*.; (*torment*) терза́ть *imp*.

harry v.t. (*ravage*) опустоша́ть *imp*., опустоши́ть *perf*.; (*worry*) трево́жить *imp*., вс~ *perf*.

harsh adj. гру́бый (груб, -а́, -о); (*sound*) ре́зкий (-зок, -зка́, -зко); (*cruel*) суро́вый

hart n. оле́нь m.

harvest *n.* жа́тва, сбор (плодо́в); (*yield*) урожа́й; (*fig.*) плоды́ *m.pl.*; *v.t. & abs.* собира́ть *imp.*, (соберу́, -рёшь) собра́л, -а́, -о) *perf.* (урожа́й).

hash *n.* ру́бленое мя́со; (*medley*) мешани́на; make a h. of, напу́тать *perf.*+ *acc.*, в+*prep.*; *v.t.* руби́ть (-блю́, -бишь) *imp.*

hasp *n.* застёжка.

hassock *n.* (*cushion*) поду́шечка; (*tuft of grass*) ко́чка.

haste *n.* поспе́шность, торопли́вость, спе́шка. **hasten** *v.i.* спеши́ть *imp.*, по ~ *perf.*; *v.t. & i.* торопи́ть(ся) (-плю́(сь), -пишь(ся)) *imp.*, по ~ *perf.*; *v.t.* ускоря́ть *imp.*, уско́рить *perf.* **hasty** *adj.* (*hurried*) поспе́шный; (*rash*) опроме́тчивый; (*quick-tempered*) вспы́льчивый.

hat *n.* шля́па; top h., цили́ндр.

hatch[1], **-way** *n.* (*naut.*) люк.

hatch[2] *n.* (*brood*) вы́водок (-дка); *v.t.* выси́живать *imp.*, вы́сидеть (-ижу, -идишь) *perf.*; *v.i.* вылупля́ться, вылупля́ться *imp.*, вы́лупиться *perf.*

hatch[3] *v.t.* (*line*) штрихова́ть *imp.*, за ~ *perf.*

hatchet *n.* топо́рик.

hate *n.* не́нависть; *v.t.* ненави́деть (-и́жу, -и́дишь) *imp.* **hateful** *adj.* ненави́стный. **hatred** *n.* не́нависть.

haughty *adj.* надме́нный (-нен, -нна), высокоме́рный.

haul *n.* добы́ча; (*distance*) езда́; *v.t.* тяну́ть (-ну́, -нешь) *imp.*; таска́ть *indet.*, тащи́ть (-щу́, -щишь) *det.*; (*transport*) перевози́ть (-ожу́, -о́зишь) *imp.*, перевезти́ (-зу́, -зёшь; -ёз, -езла́) *perf.*

haunch *n.* бедро́ (*pl.* бёдра, -дер, -драм), ля́жка.

haunt *n.* ча́сто посеща́емое ме́сто; (*of criminals*) прито́н; *v.t.* ча́сто посеща́ть *imp.*

have *v.t.* име́ть *imp.*; (*cheat*) надува́ть *imp.*, наду́ть (-у́ю, -у́ешь) *perf.*; *I have*, у меня́ (есть); был, -а́, -о+ *nom.*; *I have not*, у меня́ нет (*past né* бы́ло)+ *gen.*; *I have (got) to*, я до́лжен (-жна́)+ *inf.*; *you had better*, вам лу́чше бы+ *inf.*; *h. on* (*wear*) быть оде́тым в+ *prep.*; (*be engaged in*) быть за́нятым (-т, -та́, -то)+ *instr.*

haven *n.* га́вань; (*refuge*) убе́жище.

haversack *n.* ра́нец (-нца).

havoc *n.* (*devastation*) опустоше́ние; (*disorder*) беспоря́док (-дка).

hawk[1] *n.* (*bird*) я́стреб (*pl.* -ы & -а́).

hawk[2] *v.t.* (*trade*) торгова́ть *imp.* вразно́с+ *instr.* **hawker** *n.* разно́счик.

hawk[3] (*cough*) *v.t.* отка́шлянуть *perf.*; *v.i.* отка́шливаться *imp.*, отка́шляться *perf.*

hawse(-hole) *n.* (*naut.*) клюз.

hawser *n.* трос.

hawthorn *n.* боя́рышник.

hay *n.* се́но; make h., коси́ть (кошу́, ко́сишь) *imp.*, с ~ *perf.* (се́но); h. fever, се́нная лихора́дка. **haycock** *n.* копна́ (*pl.* -пны, -пён, -пна́м). **hayloft** *n.* сенова́л. **haystack** *n.* стог (*loc.* -е & -у́; *pl.* -а́).

hazard *n.* риск; *v.t.* рискова́ть *imp.*+ *instr.* **hazardous** *adj.* риско́ванный (-ан, -анна).

haze *n.* тума́н, ды́мка.

hazel *n.* лещи́на. **hazelnut** *n.* лесно́й оре́х.

hazy *adj.* (*misty*) тума́нный (-нен, -нна); (*vague*) сму́тный (-тен, -тна́, -тно).

H-bomb *n.* водоро́дная бо́мба.

he *pron.* он (его́, ему́, им, о нём).

head *n.* голова́ (*acc.* -ову; *pl.* -овы, -о́в, -ова́м); (*mind*) ум (-а́); (h. *of cattle*) голова́ скота́; (h. *of coin*) лицева́я сторона́ (*acc.* -ону) моне́ты; *heads or tails?* орёл или ре́шка? (*chief*) глава́ (*pl.* -вы) *m.*; нача́льник; *attrib.* гла́вный; *v.t.* (*lead*) возглавля́ть *imp.*, возгла́вить *perf.*; (h. *chapter*) озагла́вливать *imp.*, озагла́вить *perf.*; *v.i.*: h. *for*, направля́ться *imp.*, напра́виться *perf.* в, на, + *acc.*, к+ *dat.* **headache** *n.* головна́я боль. **head-dress** *n.* головно́й убо́р. **heading** *n.* (*title*) заголо́вок (-вка). **headland** *n.* мыс (*loc.* -е & -у́; *pl.* мы́сы). **headlight** *n.* фа́ра. **headline** *n.* заголо́вок (-вка). **headlong** *adj.* (*precipitate*) опроме́тчивый; *adv.* стремгла́в. **headmaster**, **-mistress** *n.* дире́ктор (*pl.* -а́) шко́лы. **headphone** *n.* нау́шник. **headquarters** *n.* штабкварти́ра. **headstone** *n.* надгро́бный

heal *v.t.* излечивать *imp.*, излечить (-чу́, -чишь) *perf.*; исцеля́ть *imp.*, исцели́ть *perf.*; *v.i.* заживать *imp.*, зажи́ть (-иве́т; зажи́л, -á, -о) *perf.* **healing** *adj.* целе́бный.

health *n.* здоро́вье. **healthy** *adj.* здоро́вый; (*beneficial*) поле́зный.

heap *n.* ку́ча, гру́да; *v.t.* нагроможда́ть *imp.*, нагромозди́ть *perf.*; (*load*) нагружа́ть *imp.*, нагрузи́ть (-ужу́, -у́зишь) *perf.* (**with**, + *instr.*).

hear *v.t.* слы́шать (-шу, -шишь) *imp.*, у ~ *perf.*; (*listen to*) слу́шать *imp.*, по ~ *perf.*; (*learn*) узнава́ть (-наю́, -наёшь) *imp.*, узна́ть *perf.*; **h. out**, выслу́шивать *imp.*, вы́слушать *perf.*

hearing *n.* слух (*limit*) преде́л слы́шимости; (*leg.*) слу́шание, разбо́р де́ла. **hearsay** *n.* слух.

hearken *v.i.* внима́ть *imp.*, вня́ть (*past only*): внял, -á, -о) *perf.* (**to**, + *dat.*).

hearse *n.* катафа́лк.

heart *n.* (*organ*; *fig.*) се́рдце (*pl.* -дца́, -де́ц, -дца́м) (*fig.*) душа́ (*acc.* -шу; *pl.* -ши); (*courage*) му́жество; (*of tree etc.*) сердцеви́на; (*essence*) суть; (*cards*) че́рви (-ве́й) *pl.*; **at h.**, в глубине́ души́; **by h.**, наизу́сть; **h. attack**, серде́чный при́ступ. **heartburn** *n.* изжо́га. **hearten** *v.t.* ободря́ть *imp.*, ободри́ть *perf.* **heartfelt** *adj.* и́скренний (-нен, -нна, -нне & -нно); серде́чный. **heartless** *adj.* бессерде́чный. **heart-rending** *adj.* душераздира́ющий. **hearty** *adj.* (*cordial*) серде́чный; (*vigorous*) здоро́вый.

hearth *n.* оча́г (-á).

heat *n.* жар (*loc.* -е́ & -у́), жара́; (*phys.*) теплота́; (*of feeling*) пыл (*loc.* -ý); (*sport*) забе́г, заéзд; *v.t. & i.* нагрева́ть(ся) *imp.*, нагре́ть(ся) *perf.*; *v.t.* топи́ть (-плю́, -пишь) *imp.* **heater** *n.* нагрева́тель *m.* **heating** *n.* отопле́ние.

heath *n.* пу́стошь; (*shrub*) ве́реск.

heathen *n.* язы́чник; *adj.* язы́ческий.

heather *n.* ве́реск.

heave *v.t.* (*lift*) поднима́ть *imp.*, подня́ть (подниму́, -мешь; подня́л, -á, -о) *perf.*; (*pull*) тяну́ть (-ну́, -нешь) *imp.*, по ~ *perf.*

heaven *n.* не́бо, рай (*loc.* ра́ю); *pl.* небеса́ *neut.pl.* **heavenly** *adj.* небе́сный, боже́ственный.

heaviness *n.* тя́жесть. **heavy** *adj.* тяжёлый (-л, -ла́); (*strong*) си́льный (си́лен, -льна́, -льно, си́льны); (*abundant*) оби́льный (-чен, -чна́, -чно); (*gloomy*) мра́чный (-чен, -чна́, -чно); (*sea*) бу́рный (-рен, бу́рна́, -рно). **heavyweight** *n.* тяжелове́с.

Hebrew *n.* евре́й; *adj.* (дре́вне)евре́йский.

heckle *v.t.* пререка́ться *imp.* **c** + *instr.*

hectare *n.* гекта́р.

hectic *adj.* лихора́дочный.

hedge *n.* (*fence*) жива́я и́згородь; (*barrier*) прегра́да; *v.t.* огора́живать *imp.*, огороди́ть (-ожу́, -о́дишь) *perf.*; *v.i.* верте́ться (-рчу́сь, -ртишься) *imp.* **hedgerow** *n.* шпале́ра. **hedge-sparrow** *n.* лесна́я завиру́шка.

hedgehog *n.* ёж (-á).

heed *v.t.* внима́ть *imp.*, обраща́ть *imp.*, обрати́ть (-ащу́, -ати́шь) *perf.* внима́ние на + *acc.* **heedful** *adj.* внима́тельный. **heedless** *adj.* небре́жный.

heel[1] *n.* (*of foot*) пята́ (*pl.* -ты, -та́м); (*of foot, sock*) пя́тка; (*of shoe*) каблу́к (-á).

heel[2] *n.* (*of ship*) крен; *v.t. & i.* крени́ть(ся) *imp.*, на ~ *perf.*

hefty *adj.* дю́жий (дюж, -á, -е).

hegemony *n.* гегемо́ния.

heifer *n.* тёлка.

height *n.* высота́ (*pl.* -ты), вышина́ (*no pl.*); (*elevation*) возвы́шенность. **heighten** *v.t.* повыша́ть *imp.*, повы́сить *perf.*; (*strengthen*) уси́ливать *imp.*, уси́лить *perf.*

heinous *adj.* гну́сный (-сен, -сна́, -сно).

heir *n.* насле́дник. **heiress** *n.* насле́дница. **heirloom** *n.* фами́льная вещь (*pl.* -щи, -ще́й).

helicopter *n.* вертолёт.

heliograph *n.* гелио́граф. **heliotrope** *n.* гелиотро́п.

helium *n.* ге́лий.

helix *n.* спира́ль.

hell — hibernate

hell *n.* ад (*loc.* -ý). **hellish** *adj.* áдский.
Hellene *n.* э́ллин. **Hellenic** *adj.* э́ллинский. **Hellenistic** *adj.* эллинисти́ческий.
helm *n.* руль (-ля́) *m.*, корми́ло (правле́ния). **helmsman** *n.* рулево́й *sb.*; (*fig.*) ко́рмчий *sb.*
helmet *n.* шлем.
help *n.* по́мощь; (*person*) помо́щник, -ица; *v.t.* помога́ть *imp.*, помо́чь (-огу́, -о́жешь; -о́г, -огла́) *perf.* + *dat.*; (*with negative*) не мочь (могу́, мо́жешь; мог, -ла́) *imp.* не + *inf.*; h. oneself, брать (беру́, -рёшь; брал, -а́, -о) *imp.*, взять (возьму́, -мёшь; взял, -а́, -о) *perf.* себе́. **helpful** *adj.* поле́зный. **helping** *n.* (*of food*) по́рция. **helpless** *adj.* беспо́мощный.
helter-skelter *adv.* как попа́ло.
helve *n.* рукоя́тка, черено́к (-нка́).
hem *n.* рубе́ц (-бца́), кайма́ (*gen.pl.* каём.); *v.t.* подруба́ть *imp.*, подруби́ть (-блю́, -бишь) *perf.*; h. about, in, окружа́ть *imp.*, окружи́ть *perf.*
hemisphere *n.* полуша́рие.
hemlock *n.* болиголо́в.
hemp *n.* (*plant*) конопля́; (*fibre*) пенька́. **hempen** *adj.* конопля́ный; пенько́вый.
hen *n.* (*female bird*) са́мка; (*domestic fowl*) ку́рица (*pl.* ку́ры, кур). **henbane** *n.* белена́. **hen-coop** *n.* куря́тник. **hen-pecked** *adj.*: be h., быть у жены́ под башмако́м, под каблуко́м.
hence *adv.* (*from here*) отсю́да; (*from this time*) с э́тих пор; (*as a result*) сле́довательно. **henceforth, henceforward** *adv.* отны́не.
henchman *n.* приве́рженец (-нца).
henna *n.* хна.
hepatic *adj.* печёночный.
her *poss.pron.* её; свой (-оя́, -оё; -ой).
herald *n.* геро́льд, предве́стник; *v.t.* возвеща́ть *imp.*, возвести́ть *perf.*
herb *n.* трава́ (*pl.* -вы). **herbaceous** *adj.* травяни́стый. **herbal** *adj.* травяно́й. **herbivorous** *adj.* травоя́дный.
herd *n.* ста́до (*pl.* -да́); (*of people*) толпа́ (*pl.* -пы); *v.i.* ходи́ть (-и́т) *imp.* ста́дом; (*people*) толпи́ться *imp.*, с~ *perf.*; *v.t.* собира́ть *imp.*, собра́ть (соберу́, -рёшь; собра́л, -а́, -о) *perf.* в ста́до. **herdsman** *n.* пасту́х (-а́).

here *adv.* (*position*) здесь, тут; (*direction*) сюда́; h. is . . ., вот (+ *nom.*). **h. and there**, там и ся́м. **hereabout(s)** *adv.* побли́зости. **hereafter** *adv.* в бу́дущем. **hereby** *adv.* э́тим; таки́м о́бразом. **hereupon** *adv.* (*in consequence*) всле́дствие э́того; (*after*) по́сле э́того. **herewith** *adv.* при сём, при э́том, че́рез э́то.
hereditary *adj.* насле́дственный.
heredity *n.* насле́дственность.
heresy *n.* е́ресь. **heretic** *n.* ерети́к (-а́). **heretical** *adj.* ерети́ческий.
heritable *adj.* насле́дуемый.
heritage *n.* насле́дство, насле́дие.
hermaphrodite *n.* гермафроди́т.
hermetic *adj.* гермети́ческий.
hermit *n.* отше́льник, пусты́нник. **hermitage** *n.* пу́стынь; хили́ще (отше́льника, пусты́нника).
hernia *n.* гры́жа.
hero *n.* геро́й. **heroic** *adj.* герои́ческий. **heroine** *n.* герои́ня. **heroism** *n.* герои́зм.
heron *n.* ца́пля (*gen.pl.* -пель).
herpes *n.* лиша́й (-а́я).
herring *n.* сельдь (*pl.* -ди, -де́й), селёдка; h.-bone, ёлочка; (*attrib.*) ёлочкой, в ёлочку.
hers *poss.pron.* её; свой (-оя́, -оё; -ой).
herself *pron.* (*emph.*) (она́) сама́ (-мо́й, *acc.* -му́); (*refl.*) себя́ (себе́, собо́й); -ся (*suffixed to v.t.*).
hertz *n.* герц (*gen.pl.* -ц).
hesitant *adj.* нереши́тельный. **hesitate** *v.i.* колеба́ться (-блюсь, -блешься) *imp.*, по~ *perf.*; (*in speech*) запина́ться *imp.*, запну́ться *perf.* **hesitation** *n.* колеба́ние, нереши́тельность.
hessian *n.* мешкови́на.
heterogeneous *adj.* разноро́дный.
hew *v.t.* руби́ть (-блю́, -бишь) *imp.*
hexa- *in comb.* шести-, гекза-. **hexagon** *n.* шестиуго́льник. **hexameter** *n.* гекза́метр.
hey *interj.* эй!
heyday *n.* расцве́т.
hi *interj.* эй! приве́т!
hiatus *n.* пробе́л; (*ling.*) зия́ние.
hibernate *v.i.* находи́ться (-ожу́сь, -о́дишься) *imp.* в зи́мней спя́чке; зимова́ть *imp.*, пере~, про~ *perf.*

hiccough / **hive**

hibernation *n.* зи́мняя спя́чка, зимо́вка.
hiccough, hiccup *v.i.* ика́ть *imp.*, икну́ть *perf.*; *n.*: ико́та.
hide[1] *n.* (*animal's skin*) шку́ра, ко́жа.
hide[2] *v.i. & i.* (*conceal*) пря́тать(ся) (-я́чу(сь), -я́чешь(ся)) *imp.*, с~ *perf.*; скрыва́ть(ся) *imp.*, скры́ть(ся) (скро́ю(сь), -о́ешь(ся)) *perf.*
hideous *adj.* отврати́тельный, безобра́зный.
hiding *n.* (*flogging*) по́рка.
hierarchy *n.* иера́рхия.
hieroglyph *n.* иеро́глиф. **hieroglyphic** *adj.* иероглифи́ческий.
higgledy-piggledy *adv.* как придётся.
high *adj.* высо́кий (-о́к, -ока́, -око́); (*elevated*) возвы́шенный; (*higher*) вы́сший; (*intense*) си́льный (силён, -льна́, -льно, си́льны); h.-class, высокока́чественный; *higher education*, вы́сшее образова́ние; h. fidelity, высо́кая то́чность воспроизведе́ния; h.-handed, повели́тельный; h. jump, прыжо́к (-жка́) в высоту́; h.-minded, благоро́дный; h.-pitched, высо́кий (-о́к, -ока́, -око́); h.-strung, чувстви́тельный, не́рвный (-вен, не́рвна, -вно). **highland(s)** *n.* го́рная страна́. **highly** *adv.* в высо́кой сте́пени. **highness** *n.* возвы́шенность; (*title*) высо́чество. **highway** *n.* больша́я доро́га, шоссе́ *neut.indecl.* **highwayman** *n.* разбо́йник (с большо́й доро́ги).
hijack *v.t.* похища́ть *imp.*, похи́тить (-и́щу, -и́тишь) *perf.* **hijacker** *n.* похити́тель *m.*
hike *n.* похо́д.
hilarious *adj.* весёлый (ве́сел, -а́, -о, ве́селы). **hilarity** *n.* весе́лье.
hill *n.* холм (-а́). **hillock** *n.* холм́ик. **hilly** *adj.* холми́стый.
hilt *n.* рукоя́тка.
himself *pron.* (*emph.*) (он) сам (-ого́, -ому́, -им, -о́м); (*refl.*) себя́ (себе́, собо́й); -ся (*suffixed to v.t.*).
hind[1] *n.* (*deer*) са́мка (благоро́дного) оле́ня.
hind[2] *adj.* (*rear*) за́дний. **hindmost** *adj.* са́мый за́дний.
hinder *v.t.* меша́ть *imp.*, по~ *perf.* + *dat.* **hindrance** *n.* поме́ха, препя́тствие.

Hindu *n.* инду́с; *adj.* инду́сский.
hinge *n.* шарни́р, пе́тля (*gen.pl.* -тель); *v.t.* прикрепля́ть *imp.*, прикрепи́ть *perf.* на пе́тлях; *v.i.* враща́ться *imp.* на пе́тлях; h. on, (*fig.*) зави́сеть (-сит) *imp.* от + *gen.*
hint *n.* намёк; *v.i.* намека́ть *imp.*, намекну́ть *perf.* (at, на + *acc.*).
hinterland *n.* глубина́ страны́.
hip[1] *n.* (*anat.*) бедро́ (*pl.* бёдра, -дер, -дра́м).
hip[2] *n.* (*fruit*) я́года шипо́вника.
hippopotamus *n.* гиппопота́м.
hire *n.* наём (на́йма), прока́т; h.-purchase, поку́пка в рассро́чку; *v.t.* нанима́ть *imp.*, наня́ть (найму́, -мёшь; на́нял, -а́, -о) *perf.*; брать (беру́, -рёшь; брал, -а́, -о) *imp.*, взять (возьму́, -мёшь; взял, -а́, -о) *perf.* напрока́т; h. out, отдава́ть (-даю́, -даёшь) *imp.*, отда́ть (-а́м, -а́шь, -а́ст, -ади́м; о́тдал, -а́, -о) *perf.* внаймы́, напрока́т.
hireling *n.* наёмник.
hirsute *adj.* волоса́тый.
his *poss.pron.* его́; свой (-оя́, -оё; -ои́).
hiss *n.* шипе́ние, свист; *v.i.* шипе́ть (-плю́, -пи́шь) *imp.*, свисте́ть (-ищу́, -исти́шь) *imp.*; *v.t.* освисты́вать *imp.*, освиста́ть (-ищу́, -и́щешь) *perf.*
historian *n.* исто́рик. **historic(al)** *adj.* истори́ческий. **history** *n.* исто́рия.
histrionic *adj.* театра́льный.
hit *n.* (*blow*) уда́р; (*on target*) попада́ние (в цель); (*success*) успе́х; *v.t.* (*strike*) ударя́ть *imp.*, уда́рить *perf.*; (*target*) попада́ть *imp.*, попа́сть (-аду́, -адёшь; -а́л) *perf.* (в цель); h. (*up)on*, находи́ть (-ожу́, -о́дишь) *imp.*, найти́ (найду́, -дёшь; нашёл, -шла́) *perf.*
hitch *n.* (*jerk*) толчо́к (-чка́); (*knot*) у́зел (узла́); (*stoppage*) заде́ржка; *v.t.* (*move*) подта́лкивать *imp.*, подтолкну́ть *perf.*; (*fasten*) зацепля́ть *imp.*, зацепи́ть (-плю́, -пишь) *perf.*; привя́зывать *imp.*, привяза́ть (-яжу́, -я́жешь) *perf.*; h. up, подтя́гивать *imp.*, подтяну́ть (-ну́, -нешь) *perf.*; h.-hike, голосова́ть *imp.*
hither *adv.* сюда́. **hitherto** *adv.* до сих пор.
hive *n.* у́лей (у́лья).

hoard n. запас; v.t. накоплять imp., накопить (-плю, -пишь) perf.
hoarding n. рекламный щит (-а́).
hoar-frost n. и́ней.
hoarse adj. хри́плый (-л, -ла́, -ло).
hoary adj. седо́й (сед, -а́, -о).
hoax n. мистификация; v.t. мистифицировать imp., perf.
hobble n. (for horse) (ко́нские) пу́ты (-т) pl.; v.i. прихра́мывать imp.; v.t. (horse) треножить imp., с~ perf.
hobby n. конёк (-нька́), хо́бби neut. indecl.
hobnail n. сапо́жный гвоздь (-дя́; pl. -ди, -де́й) m.
hob-nob v.i. пить (пью, пьёшь) imp. вме́сте; h. with, якша́ться imp. с+instr.
hock n. (wine) рейнве́йн (-а(у)).
hockey n. хокке́й; ice h., хокке́й с ша́йбой; h. stick, клю́шка.
hod n. (for bricks) лото́к (-тка́); (for coal) ведёрко (pl. -рки, -рок, -ркам).
hoe n. мотыга; v.t. мотыжить imp.
hog n. бо́ров (pl. -ы, -о́в), свинья́ (pl. -ньи, -не́й, -ньям).
hoist n. подъёмник; v.t. поднима́ть imp., поднять (-ниму́, -ни́мешь; по́днял, -а́, -о) perf.
hold[1] (naut.) трюм.
hold[2] n. (grasp) хва́тка; (influence) влия́ние (on, на+acc.); v.t. (grasp) держа́ть (-жу́, -жишь) imp.; (contain) вмеща́ть imp., вмести́ть perf.; (possess) владе́ть imp.+instr.; (conduct) проводить (-ожу́, -о́дишь) imp., провести́ (-еду́, -едёшь; -ёл, -ела́) perf.; (consider) счита́ть imp., счесть (сочту́, -тёшь; счёл, сочла́) perf. (+ acc. & instr., за+acc.); v.i. держа́ться (-жу́сь, -жишься) imp.; (continue) продолжа́ться imp., продолжиться perf.; h. back, сде́рживать(ся) imp., сдержа́ть(ся) (-жу́(сь), -жишь(ся)) perf.; h. forth, разглаго́льствовать imp.; h. out, (stretch out) протя́гивать imp., протяну́ть (-ну́, -нешь) perf.; (resist) не сдава́ться (-ю́сь, -ёшься) imp.; h. over, (postpone) откла́дывать imp., отложи́ть (-жу́, -жишь) perf.; h. up, (support) подде́рживать imp., поддержа́ть (-жу́, -жишь) perf.; (display) выставля́ть imp., вы́ставить perf.; (impede) заде́рживать imp., задержа́ть (-жу́, -жишь) perf. **holdall** n. портпле́д. **hold-up** n. (robbery) налёт; (delay) заде́ржка.
hole n. дыра́ (pl. -ры), я́ма, отве́рстие; (animal's) нора́ (pl. -ры); full of holes, дыря́вый; pick holes in, придира́ться imp., придра́ться (придеру́сь, -рёшься; придра́лся, -ала́сь, -а́ло́сь) perf. к+dat.; v.t. (make h. in) продыря́вливать imp., продыря́вить perf.
holiday n. (festival) пра́здник; (from work) о́тпуск (pl. каникулы (-л) pl.; on h., в о́тпуске, -ку́.
holiness n. свя́тость; (H., title) святе́йшество.
hollow n. впа́дина; (valley) лощи́на; (in tree) дупло́ (pl. -пла, -пел, -плам); adj. пусто́й (пуст, -а́, -о, пу́сты), по́лый; (sunken) впа́лый; (sound) глухо́й (глух, -а́, -о); v.t. (h. out) выдалбливать imp., вы́долбить perf.
holly n. остроли́ст.
hollyhock n. штокро́за.
holm[1] n. (islet) острово́к (-вка́).
holm[2], **-oak** n. ка́менный дуб (loc. -е и -у́; pl. -ы́).
holocaust n. (sacrifice) всесожже́ние; (destruction) уничтоже́ние (в огне́).
holograph adj. собственнору́чный.
holster n. кобура́.
holy adj. свято́й (свят, -а́, -о), свяще́нный (-е́н, -е́нна); H. Week, страстна́я неде́ля.
homage n. почте́ние, уваже́ние; do, pay, h. to, отдава́ть (-даю́, -даёшь) imp., отда́ть (-а́м, -а́шь, -а́ст, -ади́м; о́тдал, -а́, -о) perf. до́лжное+dat.
home n. дом (-а(у); pl. -а́); (native land) ро́дина; at h., до́ма; feel at h., чу́вствовать imp. себя́ как до́ма; adj. дома́шний, родно́й; H. Affairs, вну́тренние дела́ neut.pl.; adv. (direction) домо́й; (position) до́ма; (as aimed) в цель. **homeland** n. ро́дина. **homeless** adj. бездо́мный. **home-made** adj. дома́шний, самоде́льный. **homesick** adj.: to be h., тоскова́ть imp. по ро́дине. **homewards** adv. домо́й, восвоя́си.
homely adj. просто́й (прост, -а́, -о, про́сты).

homicide *n.* (*person*) убийца *m. & f.*; (*action*) убийство.
homily *n.* проповедь, поучение.
homogeneous *adj.* однородный.
homonym *n.* омоним.
hone *n.* точильный камень (-мня; *pl.* -мни, -мней) *m.*; *v.t.* точить (-чу, -чишь) *imp.*, на~ *perf.*
honest *n.* (*fair*) честный (-тен, -тна, -тно); (*righteous*) правдивый; (*sincere*) искренний (-нен, -нна, -нно и -нно). **honesty** *n.* честность; правдивость, искренность.
honey *n.* мёд (-а(у), *loc.* -ý & -e; *pl.* -ы́). **honeycomb** *n.* медовые соты (-тов) *pl.*; *attrib.* сотовый, сотовидный. **honeymoon** *n.* медовый месяц; *v.i.* проводить (-ожу, -одишь) *imp.*, провести (-еду, -едёшь; -ёл, -ела) *perf.* медовый месяц. **honeysuckle** *n.* жимолость.
honk *v.i.* гоготать (-очу, -очешь) *imp.*; (*siren etc.*) гудеть (-дит) *imp.*
honorarium *n.* гонорар.
honorary *adj.* почётный.
honour *n.* честь, почёт; *pl.* почести *f.pl.*; (*up*)on *my* h., честное слово; *v.t.* (*respect*) почитать *imp.*; (*confer*) удостаивать *imp.*, удостоить *perf.* (with, + *gen.*). **honourable** *adj.* честный (-тен, -тна, -тно); (*respected*) почтенный (-нен, -нна).
hood *n.* капюшон; (*tech.*) капот.
hood², **hoodlum** *n.* громила *m.*
hoodwink *v.t.* втирать *imp.*, втереть (вотру, -рёшь; втёр) *perf.* очки + *dat.*
hoof *n.* копыто.
hook *n.* крюк (-á, *loc.* -é & -ý), крючок (-чкá); (*trap*) ловушка; (*cutting instrument*) серп (-á); *v.t.* зацеплять *imp.*, зацепить (-плю, -пишь) *perf.*; (*catch*) ловить (-влю, -вишь) *imp.*, поймать *perf.*
hookah *n.* кальян.
hooligan *n.* хулиган.
hoop *n.* обруч (*pl.* -и, -ей).
hoot *v.i.* кричать (-чу, -чишь) *imp.*, крикнуть *perf.*; (*owl*) ухать *imp.*, ухнуть *perf.*; (*horn*) гудеть (-дит) *imp.*
hop¹ *n.* (*plant; collect.* hops) хмель (-ля) *m.*

hop² *n.* (*jump*) прыжок (-жка); *v.i.* прыгать *imp.*, прыгнуть *perf.* (на одной ноге).
hope *n.* надежда; *v.i.* надеяться (-еюсь, -еешься) *imp.*, по~ *perf.* (for, на + *acc.*). **hopeful** *adj.* (*hoping*) надеющийся; (*promising*) многообещающий.
hopeless *adj.* безнадёжный.
hopper *n.* бункер (*pl.* -á & -ы); (*rly.*) хоппер.
horde *n.* (*hist., fig.*) орда (*pl.* -ды).
horizon *n.* горизонт; (*fig.*) кругозор.
horizontal *n.* горизонталь; *adj.* горизонтальный.
hormone *n.* гормон.
horn *n.* рог (-á); (*mus.*) рожок (-жкá); (*motor h.*) гудок (-дкá); *attrib.* роговой. **hornbeam** *n.* граб. **horned** *adj.* рогатый.
hornet *n.* шершень (-шня) *m.*
horny *adj.* роговой; (*calloused*) мозолистый.
horoscope *n.* гороскоп; cast a h., составлять *imp.*, составить *perf.* гороскоп.
horrible *adj.* ужасный, страшный (-шен, -шна, -шно, страшны); **horrid** *adj.* ужасный, противный. **horrify** *v.t.* ужасать *imp.*, ужаснуть *perf.* **horror** *n.* ужас, отвращение.
hors-d'oeuvre *n.* закуска (*usu. in pl.*).
horse *n.* лошадь (-и, -дей, *instr.* -дьми́), конь (-ня́; *pl.* -ни, -ней) *m.*; (*collect., cavalry*) конница *f.*; *attrib.* лошадиный, конский. **horse-chestnut** *n.* конский каштан. **horseflesh** *n.* конина. **horse-fly** *n.* слепень (-пня) *m.* **horsehair** *n.* конский волос. **horseman**, **-woman** *n.* всадник, -ица. **horseplay** *n.* возня. **horsepower** *n.* лошадиная сила. **horse-radish** *n.* хрен (-а(у)). **horseshoe** *n.* подкова. **horsewhip** *n.* хлыст (-á); *v.t.* хлестать (-ещу, -ещешь) *imp.*, хлестнуть *perf.*
horticulture *n.* садоводство.
hose *n.* (*stockings*) чулки (*gen.* -лок) *pl.*; (*h.-pipe*) шланг, рукав (-á).
hosier *n.* торговец (-вца) трикотажными изделиями. **hosiery** *n.* чулочные изделия *neut.pl.*, трикотаж.
hospitable *adj.* гостеприимный.
hospital *n.* больница; (*military h.*) госпиталь (*pl.* -ли, -лей) *m.*

hospitality n. гостеприи́мство.
host[1] n. (*multitude*) мно́жество; (*army*) во́йско (*pl.* -á).
host[2] n. (*landlord etc.*) хозя́ин (*pl.* -я́ева, -я́ев).
host[3] n. (*eccl.*) обла́тка.
hostage n. зало́жник, -ница.
hostel n. (*students'*) общежи́тие; (*tourists'*) турба́за.
hostelry n. постоя́лый двор (-á).
hostess n. хозя́йка; (*air h.*) бортпроводни́ца.
hostile *adj.* враждéбный. **hostility** n. враждéбность; *pl.* военные действия *neut.pl.*
hot *adj.* горя́чий (-ч, -ча́), жа́ркий (-рок, -рка́, -рко); (*pungent*) о́стрый (остр & остёр, остра́, о́стро); (*fresh*) све́жий (свеж, -а́, -о́, све́жи); *h. air*, бахва́льство; *h.-blooded*, пы́лкий (-лок, -лка́, -лко); *h.-headed*, вспы́льчивый; *h.-water bottle*, гре́лка. **hotbed** n. парни́к (-а́); (*fig.*) расса́дник. **hotfoot** *adv.* поспе́шно. **hothouse** n. тепли́ца. **hotplate** n. пли́тка.
hotel n. гости́ница, оте́ль *m.*
hound n. (*dog*) го́нчая *sb.*; (*person*) подле́ц (-а́); *v.t.* трави́ть (-влю́, -вишь) *imp.*, за~ *perf.*; *h. on*, подстрека́ть *imp.*, подстрекну́ть *perf.*
hour n. (*period, specific time*) час (-а́ with 2, 3, 4, *loc.* -у́; *pl.* -ы́); (*time in general*) вре́мя *neut.* **hourly** *adj.* ежеча́сный.
house n. дом (-а(у); *pl.* -а́); (*parl.*) пала́та; (*theatre*) теа́тр; (*audience*) пу́блика; (*performance*) сеа́нс; (*dynasty*) дом (-а́), дина́стия; *attrib.* дома́шний; *v.t.* помеща́ть *imp.*, помести́ть *perf.*; (*provide houses for*) обеспе́чивать *imp.*, обеспе́чить *perf.* жильём. **housebreaker** n. взло́мщик. **household** n. (*people*) дома́шние *sb.*; (*establishment*) дома́шнее хозя́йство. **house-keeper** n. эконо́мка. **housemaid** n. го́рничная *sb.* **house-warming** n. новосе́лье. **housewife** n. хозя́йка. **housework** n. дома́шняя рабо́та. **housing** n. (*accommodation*) жильё; (*provision of h.*) жили́щное строи́тельство; (*casing*) кожу́х (-а́); *h. estate*, жилой масси́в.
hovel n. лачу́га.

hover *v.i.* (*bird*) пари́ть *imp.*; (*helicopter*) висе́ть (-си́т) *imp.*; (*hesitate*) колеба́ться (-блюсь, -блешься) *imp.* **hovercraft** n. су́дно (*pl.* -да́, -до́в) на возду́шной поду́шке, СВП.
how *adv.* как, каки́м о́бразом; *h. do you do?* здра́вствуйте! *h. many*, *h. much*, ско́лько (+*gen.*). **however** *adv.* как бы ни (+*past*); *conj.* одна́ко, тем не ме́нее; *however much*, ско́лько бы ни (+*gen.* & *past*).
howitzer n. га́убица.
howl n. вой, рёв; *v.i.* выть (во́ю, во́ешь) *imp.*; реве́ть (-ву́, -вёшь) *imp.*
howler n. (*mistake*) грубе́йшая оши́бка.
hub n. (*of wheel*) ступи́ца; (*fig.*) центр (внима́ния); *h. of the universe*, пуп (-а́) земли́.
hubbub n. шум (-а(у)), гам (-а(у)).
huddle n. (*heap*) ку́ча; (*confusion*) суматóха; *v.t.* (*heap together*) сва́ливать *imp.*, свали́ть (-лю́, -лишь) *perf.* в ку́чу; *v.i.*: *h. together*, съёживаться *imp.*, съёжиться *perf.*
hue n. (*tint*) отте́нок (-нка).
huff n. припа́док (-дка) раздраже́ния; *v.t.* & *i.* обижа́ть(ся) *imp.*, оби́деть(ся) (-и́жу(сь), -и́дишь(ся)) *perf.*
hug n. объя́тие; (*wrestling*) хва́тка; *v.t.* (*embrace*) обнима́ть *imp.*, обня́ть (обниму́, -мешь; о́бнял, -á, -о) *perf.*; (*keep close to*) держа́ться (-жу́сь, -жишься) *imp.* + *gen.*
huge *adj.* огро́мный.
hulk n. ко́рпус (*pl.* -á) (корабля́). **hulking** *adj.* (*bulky*) грома́дный; (*clumsy*) неуклю́жий.
hull[1] n. (*of pea etc.*) стручо́к (-чка́); (*of grain*) шелуха́; *v.t.* лущи́ть *imp.*, об~ *perf.*
hull[2] n. (*of ship*) ко́рпус (*pl.* -á); (*of aeroplane*) фюзеля́ж.
hum n. жужжа́ние, гуде́ние; *v.i.* жужжа́ть (-жу́, -жи́шь) *imp.*, гуде́ть (гужу́, гуди́шь) *imp.*; *v.t.* напева́ть *imp.*; *interj.* гм!
human *adj.* челове́ческий, людско́й; n. челове́к. **humane** *adj.* челове́чный, гума́нный (-нен, -нна). **humanism** n. гумани́зм. **humanist** n. гумани́ст. **humanity** n. (*human race*) челове́-

humble — **hydrangea**

чество; (*humaneness*) гума́нность; *the Humanities*, гуманита́рные нау́ки *f.pl.*
humble *adj.* смире́нный (-ён, -енна́), скро́мный (-мен, -мна́, -мно); *v.t.* унижа́ть *imp.*, уни́зить *perf.*
humdrum *adj.* (*banal*) бана́льный; (*dull*) ску́чный (-чен, -чна́, -чно).
humid *adj.* вла́жный (-жен, -жна́, -жно).
humidity *n.* вла́жность.
humiliate *v.t.* унижа́ть *imp.*, уни́зить *perf.* **humiliation** *n.* униже́ние.
humility *n.* смире́ние.
humming-bird *n.* коли́бри *m. & f. indecl.*
hummock *n.* (*hillock*) буго́р (-гра́); (*in ice*) (ледяно́й) торо́с.
humorist *n.* юмори́ст. **humorous** *adj.* юмористи́ческий. **humour** *n.* ю́мор; (*mood*) настрое́ние; *out of h.*, не в ду́хе; *v.t.* потака́ть *imp.* + *dat.*
hump *n.* горб (-а́, *loc.* -у́); (*of earth*) буго́р (-гра́); *v.t.* го́рбить *imp.*, с~ *perf.* **humpback** *n.* горб (-а́, *loc.* -у́); (*person*) горбу́н (-а́), ~ья. **humpbacked** *adj.* горба́тый.
humus *n.* перегно́й.
hunch *n.* (*hump*) горб (-а́, *loc.* -у́); (*thick piece*) ломо́ть (-мтя́) *m.*; (*suspicion*) подозре́ние; *v.t.* го́рбить *imp.*, с~ *perf.* **hunchback** *n.* горб (-а́, *loc.* -у́); (*person*) горбу́н (-а́), ~ья.
hunchbacked *adj.* горба́тый.
hundred *adj., n.* сто (*in oblique cases* ста); (*collect.*) со́тня (*gen.pl.* -тен); (*age*) сто лет; *two h.*, две́сти (двухсо́т, двумста́м, двумяста́ми, двухста́х); *three h.*, три́ста (трёхсо́т трёмста́м, тремяста́ми, трёхста́х); *four h.*, четы́реста (-рёхсо́т, -рёмста́м, -рьмяста́ми, -рёхста́х); *five h.*, пятьсо́т (пятисо́т, пятиста́м, пятьюста́ми, пятиста́х). **hundredfold** *adj.* стокра́тный; *adv.* в сто раз. **hundredth** *adj., n.* со́тый.
Hungarian *n.* венгр, венге́рка; *adj.* венге́рский.
hunger *n.* го́лод; (*fig.*) жа́жда (for, + *gen.*); *h.-strike*, голодо́вка; *v.i.* голода́ть *imp.*; *h. for*, жа́ждать *imp.* (-ду, -дешь) *imp.* + *gen.* **hungry** *adj.* голо́дный (го́лоден, -дна́, -дно, го́лодны).
hunk *n.* ломо́ть (-мтя́) *m.*

hunt *n.* охо́та; (*fig.*) по́иски *m.pl.* (for, + *gen.*); *v.t.* охо́титься *imp.* на + *acc.*, за + *instr.*; трави́ть (-влю́, -вишь) *imp.*, за~ *perf.*; *h. down*, вы́следить *perf.*; *h. out*, отыска́ть (-ыщу́, -ыщешь) *perf.* **hunter** *n.* охо́тник.
hunting *n.* охо́та; *attrib.* охо́тничий (-чья, -чье). **huntsman** *n.* охо́тник, е́герь (*pl.* -ря́) *m.*
hurdle *n.* (*fence*) плете́нь (-тня́) *m.*; (*sport*) барье́р; (*fig.*) препя́тствие. **hurdler** *n.* барьери́ст. **hurdles, hurdling** *n.* (*sport*) барье́рный бег.
hurl *v.t.* швыря́ть *imp.*, швырну́ть *perf.*
hurly-burly *n.* сумато́ха.
hurrah, hurray *interj.* ура́!
hurricane *n.* урага́н.
hurried *adj.* торопли́вый. **hurry** *n.* спе́шка, торопли́вость; *v.t. & i.* торопи́ть(ся) (-плю́(сь), -пишь(ся)) *imp.*, по~ *perf.*; *v.i.* спеши́ть *imp.*, по~ *perf.*
hurt *n.* вред (-а́), уще́рб, поврежде́ние; *v.i.* боле́ть (-ли́т) *imp.*; *v.t.* поврежда́ть *imp.*, повреди́ть *perf.*; *h. the feelings of*, задева́ть *imp.*, заде́ть (-е́ну, -е́нешь) *perf.* + *acc.*
hurtle *v.i.* (*move swiftly*) нести́сь (несу́сь, -сёшься; нёсся, -сла́сь) *imp.*, по~ *perf.*
husband *n.* муж (*pl.* -ья́, -е́й, -ья́м); *v.t.* эконо́мить *imp.*, с~ *perf.*
hush *n.* тишина́, молча́ние; *v.t.* успока́ивать *imp.*, успоко́ить *perf.*; *interj.* ти́ше! тсс!
husk *n.* шелуха́; *v.t.* шелуши́ть *imp.*
husky[1] *adj.* (*voice*) хри́плый (хрипл, -а́, -о).
husky[2] *n.* (*dog*) эскимо́сская ла́йка.
hussar *n.* гуса́р (*gen.pl.* -р (*as collect.*) & -ров).
hustle *n.* толкотня́; *v.t. & i.* (*push*) толка́ть(ся) *imp.*, толкну́ть(ся) *perf.*; (*hurry*) торопи́ть(ся) (-плю́(сь), -пишь(ся)) *imp.*, по~ *perf.*
hut *n.* хи́жина, бара́к.
hutch *n.* кле́тка.
hyacinth *n.* гиаци́нт.
hybrid *n.* гибри́д; *adj.* гибри́дный.
hydra *n.* ги́дра.
hydrangea *n.* горте́нзия.

hydrant *n.* гидра́нт.

hydrate *n.* гидра́т.

hydraulic *adj.* гидравли́ческий; *h. engineering,* гидроте́хника. **hydraulics** *n.* гидра́влика.

hydro- *in comb.* гидро-. **hydrocarbon** *n.* углеводоро́д. **hydrochloric acid** *n.* соляна́я кислота́. **hydrodynamics** *n.* гидродина́мика. **hydroelectric** *adj.* гидроэлектри́ческий; *h. plant,* гидроэлектроста́нция, ГЭС *f.indecl.* **hydrofoil** *n.* подво́дное крыло́ (*pl.* -лья, -льев); (*vessel*) су́дно (*pl.* -да́, -до́в), кора́бль (-ля́) *m.*, на подво́дных кры́льях, СПК, КПК. **hydrogen** *n.* водоро́д; *h. bomb,* водоро́дная бо́мба. **hydrolysis** *n.* гидро́лиз. **hydrophobia** *n.* водобоя́знь. **hydroplane** *n.* (*fin*) горизонта́льный руль (-ля́) *m.*; (*motor boat*) гли́ссер; (*seaplane*) гидросамолёт. **hydroxide** *n.* гидроо́кись.

hyena *n.* гие́на.

hygiene *n.* гигие́на. **hygienic** *adj.* гигиени́ческий.

hymn *n.* гимн; *v.t.* славосло́вить *imp.*

hyperbola *n.* гипе́рбола. **hyperbolic** *adj.* гиперболи́ческий.

hyperbole *n.* гипе́рбола. **hyperbolical** *adj.* гиперболи́ческий.

hypercritical *adj.* приди́рчивый.

hypersensitive *adj.* сверхчувстви́тельный.

hyphen *n.* дефи́с. **hyphen(ate)** *v.t.* писа́ть (пишу́, -шешь) *imp.*, на~ *perf.* че́рез дефи́с.

hypnosis *n.* гипно́з. **hypnotic** *adj.* гипноти́ческий; (*soporific*) снотво́рный. **hypnotism** *n.* гипноти́зм. **hypnotist** *n.* гипнотизёр. **hypnotize** *v.t.* гипнотизи́ровать *imp.*, за~ *perf.*

hypocrisy *n.* лицеме́рие. **hypocrite** *n.* лицеме́р. **hypocritical** *adj.* лицеме́рный.

hypodermic *adj.* подко́жный.

hypotenuse *n.* гипотену́за.

hypothesis *n.* гипо́теза, предположе́ние. **hypothesize** *v.i.* стро́ить *imp.*, по~ *perf.* гипо́тезу; де́лать *imp.*, с~ *perf.* предположе́ние. **hypothetical** *adj.* гипотети́ческий, предположи́тельный.

hysteria *n.* истери́я. **hysterical** *adj.* истери́ческий, истери́чный. **hysterics** *n.* исте́рика, истери́ческий припа́док (-дка).

I

I *pron.* я (меня́, мне, мной & мно́ю, обо мне).

iambic *adj.* ямби́ческий. **iambus** *n.* ямб.

ib. *abbr.*, **ibidem** *adv.* там же.

ice *n.* лёд (льда(у), *loc.* льду); (*i. cream*) моро́женое *sb.*; *i.-age,* леднико́вый пери́од; *i.-axe,* ледору́б; *i.-boat,* бу́ер (*pl.* -á); *i.-breaker,* ледоко́л; *i. cream,* моро́женое *sb.*; *i.-floe,* плаву́чая льди́на; *i. hockey,* хокке́й с ша́йбой; *v.t.* замора́живать *imp.*, заморо́зить *perf.*; (*cul.*) глазирова́ть *imp.*, *perf.*; *v.i.: i. over, up,* обледеня́ть *imp.*, обледене́ть *perf.* **iceberg** *n.* а́йсберг. **icicle** *n.* сосу́лька. **icing** *n.* (*cul.*) глазу́рь. **icy** *adj.* ледяно́й; (*also fig.*) холо́дный (хо́лоден, -дна́, -дно, хо́лодны) (как лёд).

icon *n.* ико́на.

idea *n.* иде́я, мысль; (*conception*) поня́тие; (*intention*) наме́рение.

ideal *n.* идеа́л; *adj.* идеа́льный. **idealism** *n.* идеали́зм. **idealist** *n.* идеали́ст. **idealize** *v.t.* идеализи́ровать *imp.*, *perf.*

identical *adj.* (*of one thing*) тот же са́мый; (*of different things*) тожде́ственный (-ен, -енна), одина́ковый. **identification** *n.* отождествле́ние; (*recognition*) опознава́ние; (*of person*) установле́ние ли́чности. **identify** *v.t.* отождествля́ть *imp.*, отождестви́ть *perf.*; (*recognize*) опознава́ть (-наю́,

-наёшь) *imp.*, опознать *perf.* **identity** *n.* (*sameness*) тождественность; (*of person*) личность; (*math.*) тождество; i. card, удостоверение личности.

ideogram, ideograph *n.* идеограмма.

ideological *adj.* идеологический. **ideologist, ideologue** *n.* идеолог. **ideology** *n.* идеология.

idiocy *n.* идиотизм.

idiom *n.* (*expression*) идиома; (*language*) язык (-а), говор. **idiomatic** *adj.* идиоматический.

idiosyncrasy *n.* склад ума, идиосинкразия.

idiot *n.* идиот. **idiotic** *adj.* идиотский.

idle *adj.* (*vain*) тщетный, (*useless*) бесполезный; (*unoccupied*) незанятый; (*lazy*) ленивый; (*machine*) холостой (холост, -а, -о), *v.i.* бездельничать *imp.*; (*engine*) работать *imp.* вхолостую; *v.t.*: i. away, праздно проводить (-ожу, -одишь) *imp.*, провести (-еду, -едёшь; -ёл, -ела) *perf.* **idleness** *n.* тщетность; бесполезность; праздность, безделье. **idler** *n.* бездельник, -ица.

idol *n.* идол, кумир. **idolater, -tress** *n.* идолопоклонник, -ица. **idolatrous** *adj.* идолопоклоннический. **idolatry** *n.* идолопоклонство; (*fig.*) обожание. **idolize** *v.t.* боготворить *imp.*

idyll *n.* идиллия. **idyllic** *adj.* идиллический.

i.e. *abbr.* т.е., то есть.

if *conj.* (*conditions*) если, если бы; (*whether*) ли; as if, как будто; even if, даже если; if only, если бы только.

igloo *n.* иглу *neut.indecl.*

igneous *adj.* огненный, огневой; (*rock*) вулканический. **ignite** *v.t.* зажигать *imp.*, зажечь (-жгу, -жжёшь; -жёг, -жгла) *perf.*, *v.i.* загораться *imp.*, загореться (-рюсь, -ришься) *perf.* **ignition** *n.* зажигание.

ignoble *adj.* низкий (-зок, -зка, -зко).

ignominious *adj.* позорный. **ignominy** *n.* позор.

ignoramus *n.* невежда *m.* **ignorance** *n.* невежество, неведение. **ignorant** *adj.* невежественный (-ен, -енна); (*uninformed*) несведущий (of, в+*prep.*).

ignore *v.t.* не обращать *imp.* внимания на+*acc.*; игнорировать *imp.*, *perf.*

ilex *n.* падуб.

ill *n.* (*evil*) зло; (*harm*) вред (-а); *pl.* (*misfortunes*) несчастья (-тий) *pl.*; *adj.* (*sick*) больной (-лен, -льна); (*evil*) дурной (дурён, -рна, -рно, дурны), злой (зол, зла); *adv.* плохо, дурно; (*scarcely*) едва ли; fall i., заболевать *imp.*, заболеть *perf.*; i.-advised, неблагоразумный (-ан, -анна); i.-bred, невоспитанный (-ан, -анна); i.-disposed, неблагожелательный (towards, к+*dat.*); i.-mannered, невежливый; i.-natured, злобный; i.-tempered, раздражительный; i.-treat, плохо обращаться *imp.* с+*instr.*

illegal *adj.* незаконный (-нен, -нна), нелегальный. **illegality** *n.* незаконность, нелегальность.

illegible *adj.* неразборчивый.

illegitimacy *n.* незаконность; (*of child*) незаконнорождённость. **illegitimate** *adj.* незаконный (-нен, -нна); незаконнорождённый (-ён, -ённа).

illiberal *adj.* непросвещённый; (*bigoted*) нетерпимый; (*stingy*) скупой (скуп, -á, -о).

illicit *adj.* незаконный (-нен, -нна), недозволенный (-ен, -енна).

illimitable *adj.* безграничный.

illiteracy *n.* неграмотность. **illiterate** *adj.* неграмотный.

illness *n.* болезнь.

illogical *adj.* нелогичный.

illuminate *v.t.* освещать *imp.*, осветить (-ещу, -етишь) *perf.*; (*building*) иллюминировать *imp.*, *perf.*; (*manuscript*) украшать *imp.*, украсить *perf.* **illumination** *n.* освещение; (*also pl.*) иллюминация; украшение (рукописи).

illusion *n.* иллюзия. **illusory** *adj.* обманчивый, иллюзорный.

illustrate *v.t.* иллюстрировать *imp.*, *perf.*, про~ *perf.* **illustration** *n.* иллюстрация. **illustrative** *adj.* иллюстративный.

illustrious *adj.* знаменитый.

image *n.* (*statue etc.*) изображение; (*optical i.*) отражение; (*semblance*) подобие; (*literary i. etc.*) образ. **imagery** *n.* образность.

imaginable — impedance

imaginable *adj.* вообрази́мый. **imaginary** *adj.* вообража́емый, мни́мый.
imagination *n.* воображе́ние, фанта́зия. **imagine** *v.t.* вообража́ть *imp.*, вообрази́ть *perf.*; (*conceive*) представля́ть *imp.*, предста́вить *perf.* себе́.
imbecile *n.* слабоу́мный *sb.*; (*fool*) глупе́ц (-пца́); *adj.* слабоу́мный.
imbed *see* **embed**.
imbibe *v.t.* (*absorb*) впи́тывать *imp.*, впита́ть *perf.*
imbroglio *n.* пу́таница.
imbue *v.t.* пропи́тывать *imp.*, пропита́ть *perf.* (with, +*instr.*); внуша́ть *imp.*, внуши́ть *perf.*+*dat.* (with, +*acc.*).
imitate *v.t.* подража́ть *imp.*+*dat.*
imitation *n.* подража́ние (of, +*dat.*), имита́ция; *attrib.* (*counterfeit*) подде́льный; (*artificial*) иску́сственный (-ен(ен), -енна). **imitative** *adj.* подража́тельный.
immaculate *adj.* незапя́тнанный (-ан, -анна); (*irreproachable*) безупре́чный.
immanent *adj.* прису́щий (in, +*dat.*), имманѐнтный.
immaterial *adj.* невеще́ственный (-ен(ен), -енна); (*unimportant*) несуще́ственный (-ен(ен), -енна).
immature *adj.* незре́лый.
immeasurable *adj.* неизмери́мый.
immediate *adj.* (*direct*) непосре́дственный (-ен(ен), -енна); (*swift*) неме́дленный (-ен, -енна). **immediately** *adv.* то́тчас, неме́дленно; непосре́дственно.
immemorial *adj.* незапа́мятный.
immense *adj.* необъя́тный, огро́мный.
immerse *v.t.* погружа́ть *imp.*, погрузи́ть *perf.* **immersion** *n.* погруже́ние.
immigrant *n.* иммигра́нт, ∼ка. **immigrate** *v.i.* иммигри́ровать *imp., perf.* **immigration** *n.* иммигра́ция.
imminent *adj.* бли́зкий (-зок, -зка́, -зко, бли́зки́); (*danger*) грозя́щий.
immobile *adj.* неподви́жный. **immobility** *n.* неподви́жность.
immoderate *adj.* неуме́ренный (-ен, -енна).
immodest *adj.* нескро́мный (-мен, -мна́, -мно).
immolate *v.t.* приноси́ть (-ошу́, -о́сишь) *imp.*, принести́ (-есу́, -есёшь; -ёс, -есла́) *perf.* в же́ртву; же́ртвовать *imp.*, по∼ *perf.*+*instr.*
immoral *adj.* безнра́вственный (-ен(ен), -енна). **immorality** *n.* безнра́вственность.
immortal *adj.* бессме́ртный. **immortality** *n.* бессме́ртие. **immortalize** *v.t.* обессме́ртить *perf.*
immovable *adj.* неподви́жный, недви́жимый; (*steadfast*) непоколеби́мый.
immune *adj.* (*to illness*) невосприи́мчивый (to, к+*dat.*); (*free from*) свобо́дный (from, от+*gen.*). **immunity** *n.* невосприи́мчивость (to, к+*dat.*), иммуните́т; освобожде́ние (from, от+*gen.*); (*diplomatic etc.*) неприкоснове́нность.
immure *v.t.* заточа́ть *imp.*, заточи́ть *perf.*
immutable *adj.* неизме́нный (-нен, -нна).
imp *n.* бесёнок (-нка; *pl.* -ня́та, -ня́т).
impact *n.* (*striking*) уда́р; (*collision*) столкнове́ние; (*influence*) влия́ние.
impair *v.t.* (*damage*) повреждать *imp.*, повреди́ть *perf.*; (*weaken*) ослабля́ть *imp.*, осла́бить *perf.*
impale *v.t.* прока́лывать *imp.*, проколо́ть (-лю́, -лешь) *perf.*; (*as torture etc.*) сажа́ть *imp.*, посади́ть (-ажу́, -а́дишь) *perf.* на́ кол.
impalpable *adj.* неосяза́емый.
impart *v.t.* дели́ться (-лю́сь, -лишься) *imp.*, по∼ *perf.*+*instr.* (to, с+*instr.*).
impartial *adj.* беспристра́стный.
impassable *adj.* непроходи́мый, непрое́зжий.
impasse *n.* тупи́к (-а́).
impassioned *adj.* стра́стный (-тен, -тна́, -тно).
impassive *adj.* бесстра́стный.
impatience *n.* нетерпе́ние. **impatient** *adj.* нетерпели́вый.
impeach *v.t.* обвиня́ть *imp.*, обвини́ть *perf.* (of, with, в+*prep.*).
impeccable *adj.* безупре́чный.
impecunious *adj.* безде́нежный.
impedance *n.* по́лное сопротивле́ние. **impede** *v.t.* препя́тствовать *imp.*, вос∼ *perf.*+*dat.*; заде́рживать *imp.*, задержа́ть (-жу́, -жишь) *perf.* **impediment** *n.* препя́тствие, заде́ржка; (*in speech*) заика́ние.

impel *v.t.* побуждать *imp.*, побудить *perf.* (+ *inf.*, к + *dat.*).
impend *v.i.* нависать *imp.*, нависнуть (-с) *perf.*
impenetrable *adj.* непроницаемый.
imperative *adj.* (*imperious*) повелительный; (*obligatory*) необходимый; *n.* (*gram.*) повелительное наклонение.
imperceptible *adj.* незаметный.
imperfect *n.* имперфект; *adj.* (*incomplete*) несовершенный (-нен, -нна), неполный (-лон, -лна, -лно); (*faulty*) дефектный. **imperfection** *n.* несовершенство; (*fault*) недостаток (-тка).
imperfective *adj.* (*n.*) несовершенный (вид).
imperial *adj.* (*of empire*) имперский; (*of emperor*) императорский. **imperialism** *n.* империализм. **imperialist** *n.* империалист; *attrib.* империалистический.
imperil *v.t.* подвергать *imp.*, подвергнуть (-г) *perf.* опасности.
imperious *adj.* властный; (*urgent*) настоятельный.
imperishable *adj.* вечный; (*food*) непортящийся.
impersonal *adj.* безличный.
impersonate *v.t.* (*personify*) олицетворять *imp.*, олицетворить *perf.*; (*play part*) исполнять *imp.*, исполнить *perf.* роль + *gen.*; (*pretend to be*) выдавать (-даю, -даёшь) *imp.*, выдать (-ам, -ашь, -аст, -адим) *perf.* себя за + *acc.*
impertinence *n.* дерзость. **impertinent** *adj.* (*insolent*) дерзкий (-зок, -зка, -зко); (*out of place*) неуместный.
imperturbable *adj.* невозмутимый.
impervious *adj.* непроницаемый (to, для + *gen.*); (*not responsive*) глухой (глух, -а, -о) (to, к + *dat.*).
impetuous *adj.* стремительный.
impetus *n.* движущая сила; (*fig.*) импульс.
impiety *n.* нечестивость.
impinge *v.i.* : *i.* (*up*)*on*, (*strike*) ударяться *imp.*, удариться *perf.* о + *acc.*; (*encroach*) покушаться *imp.*, покуситься *perf.* на + *acc.*
impious *adj.* нечестивый.
impish *adj.* проказливый.
implacable *adj.* неумолимый.

implant *v.t.* насаждать *imp.*, насадить *perf.*
implement¹ *n.* (*tool*) орудие, инструмент; *pl.* принадлежности *f.pl.*
implement² *v.t.* (*fulfil*) выполнять *imp.*, выполнить *perf.*
implicate *v.t.* впутывать *imp.*, впутать *perf.* **implication** *n.* вовлечение; (*meaning*) смысл.
implicit *adj.* подразумеваемый; (*absolute*) безоговорочный.
implore *v.t.* умолять *imp.*
imply *v.t.* подразумевать *imp.*
impolite *adj.* невежливый.
imponderable *adj.* невесомый.
import *n.* (*meaning*) значение; (*of goods*) импорт, ввоз; *v.t.* импортировать *imp.*, *perf.*; ввозить (-ожу, -озишь) *imp.*, ввезти (ввезу, -зёшь; ввёз, -ла) *perf.*
importance *n.* важность. **important** *adj.* важный (-жен, -жна, -жно, -жны), значительный.
importunate *adj.* назойливый.
impose *v.t.* (*tax*) облагать *imp.*, обложить (-жу, -жишь) *perf.* + *instr.* (on, + *acc.*); (*obligation*) налагать *imp.*, наложить (-жу, -жишь) *perf.* (on, на + *acc.*); (*force* (*oneself*) *on*) навязывать(ся) *imp.*, навязать(ся) (-яжу(сь), -яжешь(ся)) *perf.* (on, + *dat.*). **imposing** *adj.* внушительный. **imposition** *n.* обложение, наложение.
impossibility *n.* невозможность. **impossible** *adj.* невозможный.
imposter *n.* самозванец (-нца). **imposture** *n.* самозванство, обман.
impotence *n.* бессилие; (*med.*) импотенция. **impotent** *adj.* бессильный (*med.*) импотентный.
impound *v.t.* (*cattle*) загонять *imp.*, загнать (загоню, -нишь; загнал, -а, -о) *perf.*; (*confiscate*) конфисковать *imp.*, *perf.*
impoverish *v.t.* обеднять *imp.*, обеднить *perf.*
impracticable *adj.* невыполнимый; (*impassable*) непроходимый.
imprecation *n.* проклятие.
impregnable *adj.* неприступный.
impregnate *v.t.* (*fertilize*) оплодотворять *imp.*, оплодотворить *perf.*;

impresario ... **inarticulate**

(*saturate*) пропи́тывать *imp.*, пропита́ть *perf.*
impresario *n.* импреса́рио *m.indecl.*, антрепренёр.
impress[1] *n.* отпеча́ток (-тка), печа́ть; *v.t.* (*imprint*) отпеча́тывать *imp.*, отпеча́тать *perf.*; (*affect person*) производи́ть (-ожу́, -о́дишь) *imp.*, произвести́ (-еду́, -едёшь; -ёл, -ела́) *perf.* (какое-либо) впечатле́ние на + *acc.*
impression *n.* (*notion etc.*) впечатле́ние; (*printing*) о́ттиск; (*reprint*) стереоти́пное изда́ние, перепеча́тка.
impressionism *n.* импрессиони́зм.
impressive *adj.* вырази́тельный; (*producing great effect*) порази́тельный.
imprint *n.* отпеча́ток (-тка); *v.t.* отпеча́тывать *imp.*, отпеча́тать *perf.*; (*on memory etc.*) запечатлева́ть *imp.*, запечатле́ть *perf.*
imprison *v.t.* заключа́ть *imp.*, заключи́ть *perf.* (в тюрьму́). **imprisonment** *n.* тюре́мное заключе́ние.
improbable *adj.* невероя́тный, неправдоподо́бный.
impromptu *n.* экспро́мт; *adj.* импровизи́рованный (-ан, -ан(на)); *adv.* без подгото́вки, экспро́мтом.
improper *adj.* (*inaccurate*) непра́вильный; (*indecent*) неприли́чный.
improve *v.t.* & *i.* улучша́ть(ся) *imp.*, улу́чшить(ся) *perf.* **improvement** *n.* улучше́ние, усоверше́нствование.
improvidence *n.* непредусмотри́тельность. **improvident** *adj.* непредусмотри́тельный.
improvisation *n.* импровиза́ция. **improvise** *v.t.* импровизи́ровать *imp.*, сымпровизи́ровать *perf.*
imprudence *n.* неосторо́жность. **imprudent** *adj.* неосторо́жный.
impudence *n.* на́глость. **impudent** *adj.* на́глый (нагл, -а́, -о).
impugn *v.t.* оспа́ривать *imp.*, оспо́рить *perf.*
impulse *n.* (*push*) толчо́к (-чка́); (*impetus*) и́мпульс; (*sudden tendency*) поры́в. **impulsive** *adj.* импульси́вный.
impunity *n.* безнака́занность; with i., безнака́занно.
impure *adj.* нечи́стый (-т, -та́, -то).

impute *v.t.* припи́сывать *imp.*, приписа́ть (-ишу́, -и́шешь) *perf.* (to, + *dat.*); (*fault*) вменя́ть *imp.*, вмени́ть *perf.* в + *acc.* (to, + *dat.*).
in *prep.* (*place*) в + *prep.*, на + *prep.*; (*into*) в + *acc.*, на + *acc.*; (*point in time*) в + *prep.*, на + *prep.*; *in the morning* (*etc.*) у́тром (*instr.*); *in spring* (*etc.*), весно́й (*instr.*); (*at some stage in; throughout*) во вре́мя + *gen.*; (*duration*) за + *acc.*; (*after interval of*) че́рез + *acc.*; (*during course of*) в тече́ние + *gen.*; (*circumstance*) в + *prep.*, при + *prep.*; *adv.* (*place*) внутри́; (*motion*) внутрь; (*at home*) у себя́, до́ма; (*in fashion*) в мо́де; *in here, there,* (*place*) здесь, там; (*motion*) сюда́, туда́; *adj.* вну́тренний; (*fashionable*) мо́дный (-ден, -дна́, -дно); *in(-)patient,* стациона́рный больно́й *sb.*; *the ins and outs,* все закоу́лки *m.pl.*; дета́ли *f.pl.*
inability *n.* неспосо́бность, невозмо́жность.
inaccessible *adj.* недосту́пный.
inaccurate *adj.* нето́чный (-чен, -чна́, -чно).
inaction *n.* безде́йствие. **inactive** *adj.* безде́ятельный. **inactivity** *n.* безде́ятельность.
inadequate *adj.* недоста́точный, неадеква́тный.
inadmissible *adj.* недопусти́мый.
inadvertent *adj.* (*inattentive*) невнима́тельный; (*unintentional*) наме́ренный (-ен, -енна).
inalienable *adj.* неотъе́млемый, неотчужда́емый.
inane *adj.* (*empty*) пусто́й (пуст, -а́, -о, пу́сты); (*silly*) глу́пый (глуп, -а́, -о).
inanimate *adj.* (*lifeless*) неодушевлённый (-ён, -ённа); (*dull*) безжи́зненный (-ен, -енна).
inapplicable *adj.* неприме́нимый.
inapposite *adj.* неуме́стный.
inappreciable *adj.* незаме́тный.
inappropriate *adj.* неуме́стный.
inapt *adj.* (*unsuitable*) неподходя́щий; (*unskilful*) неиску́сный. **inaptitude** *n.* неуме́стность, неспосо́бность.
inarticulate *adj.* (*not jointed*) нечленоразде́льный; (*indistinct*) невня́тный.

inasmuch *adv.*: *i. as*, так как; ввиду того, что.

inattention *n.* невнимание. **inattentive** *adj.* невнимательный.

inaudible *adj.* неслышный.

inaugural *adj.* (*lecture etc.*) вступительный. **inaugurate** *v.t.* (*admit to office*) торжественно вводить(-ожу, -одишь *imp.*, ввести (введу, -дёшь; ввёл, -а) *perf.* в должность; (*open*) открывать *imp.*, открыть (-рою, -роешь) *perf.*; (*begin*) начинать *imp.*, начать (начну, -нёшь; начал, -а, -о) *perf.* **inauguration** *n.* торжественное введение, вступление, в должность; открытие.

inauspicious *adj.* неблагоприятный.

inborn, inbred *adj.* врождённый (-ён, -ена), природный.

incalculable *adj.* неисчислимый.

incandesce *v.t. & i.* накалять(ся) *imp.*, накалить(ся) *perf.* добела. **incandescence** *n.* белое каление. **incandescent** *adj.* накалённый (-ён, -ена) добела.

incantation *n.* заклинание.

incapability *n.* неспособность. **incapable** *adj.* неспособный (of, к + *dat.*, на + *acc.*).

incapacitate *v.t.* делать *imp.*, с ~ *perf.* неспособным.

incapacity *n.* неспособность.

incarcerate *v.t.* заключать *imp.*, заключить *perf.* (в тюрьму). **incarceration** *n.* заключение (в тюрьму).

incarnate *adj.* воплощённый (-ён, -ена); *v.t.* воплощать *imp.*, воплотить (-ощу, -отишь) *perf.* **incarnation** *n.* воплощение.

incautious *adj.* неосторожный.

incendiary *adj.* зажигательный; *n.* поджигатель *m.*; (*fig.*) подстрекатель *m.*; (*bomb*) зажигательная бомба.

incense[1] *n.* фимиам, ладан.

incense[2] *v.t.* (*enrage*) разъярять *imp.*, разъярить *perf.*

incentive *n.* побуждение.

inception *n.* начало.

incessant *adj.* непрестанный (-нен, -нна).

incest *n.* кровосмешение.

inch *n.* дюйм; *i. by i.*, мало-помалу.

incidence *n.* (*falling*) падение; (*range of action*) сфера действия. **incident** *n.* случай, инцидент. **incidental** *adj.* (*casual*) случайный; *i. to*, присущий + *dat.* **incidentally** *adv.* случайно; (*by the way*) между прочим.

incinerate *v.t.* испепелять *imp.*, испепелить *perf.* **incineration** *n.* испепеление.

incinerator *n.* мусоросжигательная печь (*pl.* -чи, -чей).

incipient *adj.* начинающийся.

incise *v.t.* надрезывать, надрезать *imp.*, надрезать (-ежу, -ежешь) *perf.* **incision** *n.* надрез (in, на + *acc.*). **incisive** *adj.* режущий; (*fig.*) острый (остр, остёр, остра, остро). **incisor** *n.* резец (-зца).

incite *v.t.* побуждать *imp.*, побудить *perf.* (to, к + *dat.*, + *inf.*); подстрекать *imp.*, подстрекнуть *perf.* (to, к + *dat.*). **incitement** *n.* подстрекательство.

incivility *n.* невежливость.

inclement *adj.* суровый.

inclination *n.* (*slope*) наклон; (*propensity*) склонность (for, к + *dat.*). **incline** *n.* наклон; *v.t. & i.* склонять(ся) *imp.*, склонить(ся) (-ню(сь), -нишь(ся)) *perf.* **inclined** *adj.* (*disposed*) склонный (-онен, -онна, -онно) (to, к + *dat.*).

include *v.t.* включать *imp.*, включить *perf.* (in, в + *acc.*); заключать *imp.*, заключить *perf.* в себе. **including** *prep.* включая + *acc.* **inclusion** *n.* включение. **inclusive** *adj.* включающий (в себе); *adv.* включительно.

incognito *adv., n.* инкогнито *adv., m. & neut. indecl.*

incoherence *n.* бессвязность. **incoherent** *adj.* бессвязный.

incombustible *adj.* несгораемый.

income *n.* доход; *i. tax*, подоходный налог.

incommensurable *adj.* несоизмеримый. **incommensurate** *adj.* несоразмерный.

incommode *v.t.* беспокоить *imp.*, о ~ *perf.*

incommodious *adj.* неудобный.

incomparable *adj.* несравнимый (to, with, c + *instr.*); (*matchless*) несравненный (-нен, -нна).

incompatible *adj.* несовместимый.

incompetence *n.* неспособность; (*leg.*)

incomplete 162 **indemnify**

неправомо́чность. **incompetent** *adj.* неспосо́бный; (*leg.*) неправомо́чный.
incomplete *adj.* непо́лный (-лон, -лна́, -лно), незако́нченный (-ен, -енна).
incomprehensible *adj.* непоня́тный.
inconceivable *adj.* невообрази́мый.
inconclusive *adj.* неубеди́тельный.
incongruity *n.* несоотве́тствие. **incongruous** *adj.* несоотве́тственный (-ен, -енна) (with, + *dat.*); (*out of place*) неуме́стный.
inconsequent *adj.* непосле́довательный. **inconsequential** *adj.* незначи́тельный.
inconsiderable *adj.* незначи́тельный.
inconsiderate *adj.* (*person*) невнима́тельный; (*action*) необду́манный (-ан, -анна).
inconsistency *n.* непосле́довательность, (*incompatibility*) несовмести́мость. **inconsistent** *adj.* непосле́довательный; (*incompatible*) несовмести́мый.
inconsolable *adj.* безуте́шный.
inconsonant *adj.* несозву́чный (with, + *dat.*).
inconspicuous *adj.* незаме́тный.
inconstant *adj.* непостоя́нный (-нен, -нна).
incontestable *adj.* неоспори́мый.
incontinence *n.* невозде́ржанность; (*med.*) недержа́ние. **incontinent** *adj.* невозде́ржанный (-ан, -анна).
incontrovertible *adj.* неопровержи́мый.
inconvenience *n.* неудо́бство; *v.t.* причиня́ть *imp.*, причини́ть *perf.* неудо́бство + *dat.* **inconvenient** *adj.* неудо́бный.
incorporate *v.t.* (*include*) включа́ть *imp.*, включи́ть *perf.*; *v.t.* & *i.* (*unite*) объединя́ть(ся) *imp.*, объедини́ть(ся) *perf.*; соединя́ть(ся) *imp.*, соедини́ть(ся) *perf.*
incorporeal *adj.* бестеле́сный.
incorrect *adj.* непра́вильный.
incorrigible *adj.* неисправи́мый.
incorruptible *adj.* неподку́пный; (*not decaying*) непортя́щийся.
increase *n.* рост, увеличе́ние; (*in pay etc.*) приба́вка; *v.t.* & *i.* увели́чивать(ся) *imp.*, увели́чить(ся) *perf.*; (*intensify*) усиливать(ся) *imp.*, уси́лить(ся) *perf.*
incredible *adj.* невероя́тный.

incredulous *adj.* недове́рчивый.
increment *n.* приба́вка; (*profit*) при́быль.
incriminate *v.t.* обвиня́ть *imp.*, обвини́ть *perf.* (в преступле́нии).
incubate *v.t.* (*eggs*) выводи́ть (-ожу́, -о́дишь) *imp.*, вы́вести (-еду, -едешь; -ел) *perf.* (в инкуба́торе); (*bacteria*) выра́щивать *imp.*, вы́растить *perf.*
incubator *n.* инкуба́тор.
inculcate *v.t.* внедря́ть *imp.*, внедри́ть *perf.*
incumbent *adj.*: it is i. (up)on you, на вас лежи́т обя́занность.
incur *v.t.* навлека́ть *imp.*, навле́чь (-еку́, -ечёшь; -ёк, -екла́) *perf.* на себя́.
incurable *adj.* неизлечи́мый.
incurious *adj.* нелюбопы́тный.
incursion *n.* (*invasion*) вторже́ние; (*attack*, *raid*) набе́г.
indebted *predic.* (*owing money*) в долгу́ (to, y + *gen.*); (*owing gratitude*) обя́зан (-а, -о) (to, + *dat.*).
indecency *n.* неприли́чие, непристо́йность. **indecent** *adj.* неприли́чный, непристо́йный.
indecision *n.* нереши́тельность. **indecisive** *adj.* нереши́тельный.
indeclinable *adj.* несклоня́емый.
indecorous *adj.* неприли́чный.
indecorum *n.* неприли́чие.
indeed *adv.* в са́мом де́ле, действи́тельно; (*interrog.*) неуже́ли?
indefatigable *adj.* неутоми́мый.
indefeasible *adj.* неотъе́млемый.
indefensible *adj.* (*by arms*) непригодный для оборо́ны; (*by argument*) не могу́щий быть опра́вданным.
indefinable *adj.* неопредели́мый. **indefinite** *adj.* неопределённый (-нен, -нна).
indelible *adj.* неизглади́мый, несмыва́емый; *i. pencil*, хими́ческий каранда́ш (-а́).
indelicacy *n.* неделика́тность, беста́ктность. **indelicate** *adj.* неделика́тный, беста́ктный.
indemnify *v.t.*: *i. against*, страхова́ть *imp.*, за ~ *perf.* от + *gen.*; обезопа́сить *perf.* от + *gen.*; *i. for*, (*compensate*) компенси́ровать *imp.*, *perf.* **indemnity**

indent *v.t.* (*notch*) зазубривать *imp.*, зазубрить *perf.*; (*print.*) делать *imp.*, с ~ *perf.* отступ; (*order goods*) заказывать *imp.*, заказать (-ажу, -ажешь) *perf.* (for, + *acc.*). **indentation** *n.* (*notch*) зубцы (-бца); (*print.*) отступ. **indenture** *n.* контракт.

independence *n.* независимость, самостоятельность. **independent** *adj.* независимый, самостоятельный.

indescribable *adj.* неописуемый.

indestructible *adj.* неразрушимый.

indeterminate *adj.* неопределённый (-нен, -нна).

index *n.* индекс, указатель *m.*, показатель *m.*; (*pointer*) стрелка; (*finger*) указательный палец (-льца); *v.t.* (*provide i.*) снабжать *imp.*, снабдить *perf.* указателем; (*enter in i.*) заносить (-ошу, -осишь) *imp.*, занести (-су, -сёшь; -ёс, -есла) *perf.* в указатель.

Indian *n.* (*from India*) индеец (-ийца), индианка; (*from America*) индеец (-ейца), индианка; *adj.* индийский; индейский; *I. club,* булава; *I. corn,* кукуруза; *I. ink,* тушь; *I. summer,* бабье лето.

indiarubber *n.* каучук; (*eraser*) резинка.

indicate *v.t.* указывать *imp.*, указать (-ажу, -ажешь) *perf.*; показывать *imp.*, показать (-ажу, -ажешь) *perf.* **indication** *n.* указание; (*sign*) признак. **indicative** *adj.* указывающий; (*gram.*) изъявительный; *n.* изъявительное наклонение. **indicator** *n.* указатель *m.*

indict *v.t.* обвинять *imp.*, обвинить *perf.* (for, в + *prep.*).

indifference *n.* равнодушие, безразличие; (*unimportance*) незначительность. **indifferent** *adj.* равнодушный, безразличный; (*mediocre*) посредственный (-ен, -енна).

indigenous *adj.* туземный, местный.

indigent *adj.* нуждающийся, бедный (-ден, -дна, -дно, бедны).

indigestible *adj.* неудобоваримый. **indigestion** *n.* несварение желудка.

indignant *adj.* негодующий; *be i.,* негодовать *imp.* (with, на + *acc.*, против + *gen.*). **indignation** *n.* негодование.

indignity *n.* оскорбление.

indirect *adj.* непрямой (-м, -ма, -мо); (*lighting*) отражённый; (*econ.*; *gram.*) косвенный.

indiscernible *adj.* неразличимый.

indiscreet *adj.* нескромный (-мен, -мна, -мно), неосторожный. **indiscretion** *n.* нескромность, неосторожность, неосмотрительность.

indiscriminate *adj.* неразборчивый, огульный; (*confused*) беспорядочный. **indiscriminately** *adv.* беспорядочно; без разбору.

indispensible *adj.* необходимый, незаменимый.

indisposed *predic.* (*unwell*) нездоров (-а, -о); (*averse*) не склонен (склонна, -но). **indisposition** *n.* (*ill health*) нездоровье; (*ailment*) недуг; (*disinclination*) нерасположение.

indisputable *adj.* бесспорный.

indissoluble *adj.* неразрывный; (*in liquid*) нерастворимый.

indistinct *adj.* неясный (-сен, -сна, -сно), (*sound only*) невнятный.

indistinguishable *adj.* неразличимый.

indite *v.t.* сочинять *imp.*, сочинить *perf.*

individual *n.* индивидуум, личность *f.*; *adj.* индивидуальный, личный. **individualism** *n.* индивидуализм. **individualist** *n.* индивидуалист. **individualistic** *adj.* индивидуалистический. **individuality** *n.* индивидуальность.

indivisible *adj.* неделимый.

indoctrinate *v.t.* внушать *imp.*, внушить *perf.* + *dat.* (with, + *acc.*).

indolence *n.* леность *f.* **indolent** *adj.* ленивый.

indomitable *adj.* неукротимый.

indoor *adj.* комнатный, (находящийся) внутри дома. **indoors** *adv.* внутри дома.

indubitable *adj.* несомненный (-енен, -енна).

induce *v.t.* (*prevail on*) заставлять *imp.*, заставить *perf.*; (*bring about*) вызывать *imp.*, вызвать (вызову, -вешь) *perf.* **inducement** *n.* побуждение.

induct — infiltrate

induct *v.t.* вводи́ть (-ожу́, -о́дишь) *imp.*, ввести́ (введу́, -дёшь; ввёл, -а́) *perf.* (в до́лжность).

induction *n.* инду́кция; (*inducting*) введе́ние в до́лжность.

indulge *v.t.* потво́рствовать *imp.* + *dat.*; *v.i.* предава́ться (-даю́сь, -даёшься *imp.*, преда́ться (-а́мся, -а́шься, -а́стся, -ади́мся; -а́лся, -ала́сь) *perf.* (in, + *dat.*). **indulgence** *n.* снисхожде́ние, потво́рство. **indulgent** *adj.* снисходи́тельный.

industrial *adj.* промы́шленный. **industrialist** *n.* промы́шленник. **industrious** *adj.* трудолюби́вый, приле́жный. **industry** *n.* промы́шленность, индустри́я; (*diligence*) приле́жание.

inebriate *n.* пья́ница *m.* & *f.*; *adj.* пья́ный (пьян, -á, -о); *v.t.* опьяня́ть *imp.*, опьяни́ть *perf.*

inedible *adj.* несъедо́бный.

ineffable *adj.* несказа́нный.

ineffective *adj.* безрезульта́тный; (*person*) неспосо́бный.

ineffectual *adj.* безрезульта́тный.

inefficiency *n.* неэффекти́вность; (*of person*) неспосо́бность. **inefficient** *adj.* неэффекти́вный, неспосо́бный.

inelegant *adj.* неэлега́нтный.

ineligible *adj.* не могу́щий быть и́збранным.

inept *adj.* (*out of place*) неуме́стный; (*silly*) глу́пый (глуп, -á, -о); (*unskilful*) неуме́лый.

inequality *n.* нера́венство, неро́вность.

inequitable *adj.* несправедли́вый.

ineradicable *adj.* неискорени́мый.

inert *adj.* ине́ртный; (*sluggish*) ко́сный. **inertia** *n.* (*phys.*) ине́рция; (*sluggishness*) ине́ртность.

inescapable *adj.* неизбе́жный.

inessential *adj.* несуще́ственный (-ен(ен), -енна).

inestimable *adj.* неоцени́мый.

inevitable *adj.* неизбе́жный.

inexact *adj.* нето́чный (-чен, -чна́, -чно).

inexcusable *adj.* непрости́тельный.

inexhaustible *adj.* неистощи́мый.

inexorable *adj.* неумоли́мый.

inexpedient *adj.* нецелесообра́зный.

inexpensive *adj.* недорого́й (недо́рог, -á, -о).

inexperience *n.* нео́пытность. **inexperienced** *adj.* нео́пытный.

inexpert *adj.* неиску́сный.

inexplicable *adj.* необъясни́мый.

inexpressible *adj.* невырази́мый. **inexpressive** *adj.* невырази́тельный.

inextinguishable *adj.* неугаси́мый.

inextricable *adj.* (*of state*) безвы́ходный; (*of problem*) запу́танный (-ан, -анна).

infallible *adj.* непогреши́мый.

infamous *adj.* (*person*) бессла́вный, гну́сный (-сен, -сна́, -сно); (*action*) позо́рный. **infamy** *n.* позо́р, дурна́я сла́ва.

infancy *n.* младе́нчество. **infant** *n.* младе́нец (-нца). **infanticide** *n.* (*action*) детоуби́йство; (*person*) детоуби́йца *m.* & *f.* **infantile** *adj.* младе́нческий, инфанти́льный.

infantry *n.* пехо́та; *adj.* пехо́тный. **infantryman** *n.* пехоти́нец (-нца).

infatuate *v.t.* вскружи́ть (-ужу́, -у́жишь) *perf.* го́лову + *dat.* **infatuation** *n.* си́льное увлече́ние.

infect *v.t.* заража́ть *imp.*, зарази́ть *perf.* (with, + *instr.*). **infection** *n.* зара́за, инфе́кция. **infectious** *adj.* зара́зный; (*fig.*) зарази́тельный.

infelicitous *adj.* несча́стный, неуда́чный. **infelicity** *n.* несча́стье.

infer *v.t.* заключа́ть *imp.*, заключи́ть *perf.*; подразумева́ть *imp.* **inference** *n.* заключе́ние.

inferior *adj.* ни́зший; (*in quality*) худ́ший, плохо́й (плох, -á, -о, пло́хи́); *n.* подчинённый *sb.* **inferiority** *n.* бо́лее ни́зкое положе́ние, бо́лее ни́зкое ка́чество; i. complex, ко́мплекс неполноце́нности.

infernal *adj.* а́дский. **inferno** *n.* (*hell*) ад (*loc.* -ý); (*conflagration*) пожа́рище.

infertile *adj.* неплодоро́дный.

infested *adj.*: be i. with, кише́ть (-шу́, -ши́шь) *imp.* + *instr.*

infidel *n.* неве́рный *sb.*, неве́рующий *sb.*; *adj.* неве́рующий. **infidelity** *n.* (*disloyalty*) неве́рность; (*disbelief*) неве́рие.

infiltrate *v.t.* (*fluid*) фильтрова́ть *imp.*, про~ *perf.*; (*of persons*) постепе́нно проника́ть *imp.*, прони́кнуть (-к) *perf.* в + *acc.*

infinite *adj.* бесконе́чный, безграни́чный. **infinitesimal** *adj.* бесконе́чно ма́лый. **infinitive** *n.* инфинити́в. **infinity** *n.* бесконе́чность, безграни́чность.

infirm *adj.* не́мощный, сла́бый (слаб, -á, -о). **infirmary** *n.* больни́ца. **infirmity** *n.* не́мощь, сла́бость.

inflame *v.t. & i.* воспламеня́ть(ся) *imp.*, воспламени́ть(ся) *perf.*; (*excite*) возбужда́ть(ся) *imp.*, возбуди́ть(ся) *perf.*; (*med.*) воспаля́ть(ся) *imp.*, воспали́ть(ся) *perf.* **inflammable** *adj.* огнеопа́сный. **inflammation** *n.* воспламене́ние; (*med.*) воспале́ние. **inflammatory** *adj.* подстрека́тельский; (*med.*) воспали́тельный.

inflate *v.t.* надува́ть *imp.*, наду́ть (-у́ю, -у́ешь) *perf.*; (*econ.*) проводи́ть (-ожу́, -о́дишь) *imp.*, провести́ (-еду́, -едёшь; -ёл, -ела́) *perf.* инфля́цию + *gen.* **inflated** *adj.* (*bombastic*) напы́щенный (-ен, -енна). **inflation** *n.* (*econ.*) инфля́ция.

inflect *v.t.* вгиба́ть *imp.*, вогну́ть *perf.*; (*gram.*) изменя́ть *imp.*, измени́ть (-ню́, -нишь) *perf.* (оконча́ние + *gen.*). **inflection, -xion** *n.* вгиба́ние; (*gram.*) фле́ксия.

inflexible *adj.* неги́бкий (-бок, -бка́, -бко); (*fig.*) непрекло́нный (-нен, -нна).

inflict *v.t.* (*blow*) наноси́ть (-ошу́, -о́сишь) *imp.*, нанести́ (-есу́, -есёшь; -ёс, -есла́) *perf.* ((up)on, + *dat.*); (*suffering*) причиня́ть *imp.*, причини́ть *perf.* ((up)on, + *dat.*); (*penalty*) налага́ть *imp.*, наложи́ть (-жу́, -жишь) *perf.* ((up)on, на + *acc.*); *i. oneself* (up)on, навя́зываться *imp.*, навяза́ться (-яжу́сь, -я́жешься) *perf.* + *dat.*

inflow *n.* втека́ние, прито́к.

influence *n.* влия́ние; *v.t.* влия́ть *imp.*, по~ *perf.* на + *acc.* **influential** *adj.* влия́тельный.

influenza *n.* грипп.

influx *n.* (*of stream*) впаде́ние; (*of persons*) наплы́в.

inform *v.t.* сообща́ть *imp.*, сообщи́ть *perf.* + *dat.* (of, about, + *acc.*, о + *prep.*); *v.i.* доноси́ть (-ошу́, -о́сишь + *imp.*, донести́ (-есу́, -есёшь; -ёс, -есла́) *perf.* (against, на + *acc.*).

informal *adj.* неофициа́льный, неформа́льный.

informant *n.* осведоми́тель *m.* **information** *n.* информа́ция, све́дения *neut.pl.* **informer** *n.* доно́счик.

infraction *n.* наруше́ние.

infra-red *adj.* инфракра́сный.

infrequent *adj.* ре́дкий (-док, -дка́, -дко).

infringe *v.t.* (*violate*) наруша́ть *imp.*, нару́шить *perf.*; *v.i.*: *i.* (up)on, посяга́ть *imp.*, посягну́ть *perf.* на + *acc.* **infringement** *n.* наруше́ние; посяга́тельство.

infuriate *v.t.* разъяря́ть *imp.*, разъяри́ть *perf.*

infuse *v.t.* влива́ть *imp.*, влить (волью́, -ьёшь; влил, -á, -о) *perf.*; (*fig.*) внуша́ть *imp.*, внуши́ть *perf.* (into, + *dat.*); (*steep*) наста́ивать *imp.*, настоя́ть (-ою́, -ои́шь) *perf.* **infusion** *n.* влива́ние; внуше́ние; настой.

ingenious *adj.* изобрета́тельный. **ingenuity** *n.* изобрета́тельность.

ingenuous *adj.* открове́нный (-нен, -нна), бесхи́тростный.

inglorious *adj.* бессла́вный.

ingot *n.* сли́ток (-тка).

ingrained *adj.* закоренёлый.

ingratiate *v.t.*: *i. oneself*, вкра́дываться *imp.*, вкра́сться (-аду́сь, -адёшься; -а́лся) *perf.* в ми́лость (with, + *dat.*).

ingratitude *n.* неблагода́рность.

ingredient *n.* составна́я часть (*pl.* -ти, -те́й).

ingress *n.* вход; (*right*) пра́во вхо́да.

inhabit *v.t.* жить (живу́, -вёшь; жил, -á, -о) *imp.* в, на, + *prep.*; обита́ть *imp.* в, на, + *prep.* **inhabitant** *n.* жи́тель *m.*, ~ница, обита́тель *m.*, ~ница.

inhalation *n.* вдыха́ние. **inhale** *v.t.* вдыха́ть *imp.*, вдохну́ть *perf.*

inherent *adj.* прису́щий (in, + *dat.*).

inherit *v.t.* насле́довать *imp.*, у~ *perf.* **inheritance** *n.* насле́дство. **inheritor** *n.* насле́дник. **inheritress, -trix** *n.* насле́дница.

inhibit *v.t.* (*forbid*) запреща́ть *imp.*, запрети́ть (-ещу́, -ети́шь) *perf.* + *dat. & inf.*); (*hinder*) препя́тствовать

inhospitable 166 **insatiable**

imp., вос~ *perf.* + *dat*. **inhibition** *n.* запрещение; сдерживание; (*psych.*) торможение.
inhospitable *adj.* негостеприимный.
inhuman *adj.* (*brutal*) бесчеловечный; (*not human*) нечеловеческий.
inimical *adj.* враждебный; (*harmful*) вредный (-ден, -дна, -дно).
inimitable *adj.* неподражаемый.
iniquitous *adj.* несправедливый. **iniquity** *n.* несправедливость.
initial *adj.* (перво)начальный; *n.* начальная буква; *pl.* инициалы *m.pl.*; *v.t.* ставить *imp.*, по~ *perf.* инициалы на + *acc*. **initially** *adv.* в начале.
initiate *v.t.* (*begin*) начинать *imp.*, начать (начну, -нёшь; начал, -á, -o) *perf.*; (*admit*) посвящать *imp.*, посвятить (-ящу, -ятишь) *perf.* (into, в + *acc*.)
initiative *n.* почин, инициатива.
inject *v.t.* впрыскивать *imp.*, впрыснуть *perf.* **injection** *n.* впрыскивание, инъекция.
injudicious *adj.* неблагоразумный.
injunction *n.* предписание; (*leg.*) судебное постановление, судебный запрет.
injure *v.t.* вредить *imp.*, по~ *perf.* + *dat*.; повреждать *imp.*, повредить *perf.*; (*physically*) ранить *imp.*, *perf.* **injurious** *adj.* вредный (-ден, -дна, -дно); (*insulting*) оскорбительный. **injury** *n.* вред (-á), повреждение; (*physical*) рана.
injustice *n.* несправедливость.
ink *n.* чернила (-л) *pl.*; (*printer's i.*) типографская краска; **i.-well,** чернильница.
inkling *n.* (*hint*) намёк (of, на + *acc.*); (*suspicion*) подозрение.
inland *adj.* внутренний; *adv.* (*motion*) внутрь страны; (*place*) внутри страны.
inlay *n.* инкрустация; *v.t.* инкрустировать *imp.*, *perf.*
inlet *n.* (*of sea*) узкий залив; впуск.
inmate *n.* жилец (-льца́), жилица; (*of prison*) заключённый *sb.*; (*of hospital*) больной *sb.*
inmost *adj.* самый внутренний; (*fig.*) глубочайший, сокровенный (-ен, -éнна).

inn *n.* гостиница.
innate *adj.* врождённый (-ён, -ена).
inner *adj.* внутренний.
innkeeper *n.* хозяин (*pl.* -я́ева, -я́ев) гостиницы.
innocence *n.* невинность, невиновность. **innocent** *adj.* невинный (-нен, -нна), невиновный (of, в + *prep*.).
innocuous *adj.* безвредный.
innovate *v.i.* вводить (-ожу́, -о́дишь) *imp.*, ввести (введу́, -дёшь; ввёл, -á) *perf.* нововведения. **innovation** *n.* нововведение, новшество. **innovator** *n.* новатор.
innuendo *n.* намёк, инсинуация.
innumerable *adj.* бесчисленный (-ен, -енна).
inoculate *v.t.* прививать *imp.*, привить (-вью, -вьёшь; привил, -á, -о) *perf.* + *dat.* (against, + *acc.*). **inoculation** *n.* прививка (against, от, против, + *gen.*).
inoffensive *adj.* безобидный.
inoperative *adj.* недействующий.
inopportune *adj.* несвоевременный (-нен, -нна).
inordinate *adj.* чрезмерный.
inorganic *adj.* неорганический.
input *n.* (*action*) ввод, вход; (*power supplied*) вводимая мощность; (*electr. signal*) входной сигнал; (*econ.*) затраты *f.pl.*; (*data*) входные данные *sb.*; (*device*) устройство ввода.
inquest *n.* судебное следствие, дознание.
inquietude *n.* беспокойство.
inquire *v.t.* спрашивать *imp.*, спросить (-ошу́, -о́сишь) *perf.*; *v.i.* справляться *imp.*, справиться *perf.* (about, o + *prep.*); расследовать *imp.*, *perf.* (into, + *acc.*). **inquiry** *n.* вопрос, справка; (*investigation*) расследование; *i. office,* справочное бюро *neut.indecl*.
inquisition *n.* расследование; *the I.,* инквизиция. **inquisitive** *adj.* пытливый, любознательный. **inquisitor** *n.* следователь *m.*; (*hist.*) инквизитор.
inroad *n.* набег; (*fig.*) посягательство (on, into, на + *acc.*).
insane *adj.* душевнобольной, безумный. **insanity** *n.* безумие.
insatiable *adj.* ненасытный.

inscribe v.t. надписывать imp., надписать (-ишу́ -и́шешь) perf.; вписывать imp., вписа́ть (-ишу́, -и́шешь) perf.; (dedicate) посвяща́ть imp., посвяти́ть (-ящу́, -яти́шь) perf. **inscription** n. на́дпись; посвяще́ние.

inscrutable adj. непостижи́мый, непроница́емый.

insect n. насеко́мое sb. **insecticide** n. инсектици́д. **insectivorous** adj. насекомоя́дный.

insecure adj. (unsafe) небезопа́сный; (not firm) непро́чный (-чен, -чна́, -чно).

insensate adj. бесчу́вственный (-ен, -енна); (stupid) глу́пый (глуп, -а́, -о).

insensibility n. бесчу́вствие. **insensible** adj. (inappreciable) незаме́тный; (unconscious) потеря́вший созна́ние; (insensitive) нечувстви́тельный.

insensitive adj. нечувстви́тельный.

inseparable adj. неотдели́мый, неразлу́чный.

insert v.t. вставля́ть imp., вста́вить perf.; вкла́дывать imp., вложи́ть (-жу́, -жишь) perf.; (into newspaper etc.) помеща́ть imp., помести́ть (in, в + prep.). **insertion** n. (inserting) вставле́ние, вкла́дывание; (thing inserted) вста́вка; (in newspaper) объявле́ние.

inset n. (in book) вкла́дка, вкле́йка; (in dress) вста́вка.

inshore adj. прибре́жный; adv. бли́зко к бе́регу.

inside n. вну́тренняя сторона́ (acc. -ону; pl. -о́ны, -о́н, -она́м), вну́тренность; turn i. out, выверта́ть imp., вы́вернуть perf. наизна́нку; adj. вну́тренний; i. left, right, (sport) ле́вый, пра́вый, полусре́дний sb.; adv. (place) внутри́; (motion) внутрь; prep. (place) внутри́ + gen., в + prep.; (motion) внутрь + gen., в + acc.

insidious adj. кова́рный.

insight n. проница́тельность.

insignia n. зна́ки m.pl. отли́чия, разли́чия.

insignificant adj. незначи́тельный.

insincere adj. нейскренний (-нен, -нна).

insinuate v.t. постепе́нно вводи́ть (-ожу́, -о́дишь) imp., ввести́ (введу́, -дёшь) imp., ввёл, -а́) perf. (into, в + acc.); (hint) намека́ть imp., намекну́ть perf. на + acc.; i. oneself, вкра́дываться imp., вкра́сться (-аду́сь, -адёшься; -а́лся) perf. (into, в + acc.). **insinuation** n. инсинуа́ция.

insipid adj. (tasteless) безвку́сный; (dull) ску́чный (-чен, -чна́, -чно).

insist v.t. & i. утвержда́ть imp.; наста́ивать imp., настоя́ть (-ою́, -ои́шь) perf. (on, на + prep.). **insistent** adj. насто́йчивый.

insolence n. на́глость. **insolent** adj. на́глый (нагл, -а́, -о).

insoluble adj. (problem) неразреши́мый; (in liquid) нераствори́мый.

insolvent adj. несостоя́тельный.

insomnia n. бессо́нница.

insomuch adv.: i. that, насто́лько..., что; i. as, ввиду́ того́, что; так как.

inspect v.t. осма́тривать imp., осмотре́ть (-рю́, -ришь) perf.; инспекти́ровать imp., про— perf. **inspection** n. осмо́тр, инспе́кция. **inspector** n. инспе́ктор (pl. -а́), контролёр, ревизо́р.

inspiration n. вдохнове́ние; (breathing in) вдыха́ние. **inspire** v.t. вдохновля́ть imp., вдохнови́ть perf.; внуша́ть imp., внуши́ть perf. + dat. (with, + acc.); (breathe in) вдыха́ть imp., вдохну́ть perf.

instability n. неусто́йчивость.

install v.t. (person in office) вводи́ть (-ожу́, -о́дишь) imp., ввести́ (введу́, -дёшь; ввёл, -а́) perf. в до́лжность; (apparatus) устана́вливать imp., установи́ть (-влю́, -вишь) perf. **installation** n. введе́ние в до́лжность; устано́вка; pl. сооруже́ния neut.pl.

instalment n. (payment) очередно́й взнос; (serial publication) отде́льный вы́пуск; часть (-ти, -те́й); by instalments, в рассро́чку, по частя́м.

instance n. приме́р, слу́чай; (leg.) инста́нция; at the i. of, по тре́бованию + gen.; for i., наприме́р.

instant n. мгнове́ние, моме́нт; adj. (immediate) неме́дленный (-ен, -енна); (urgent) настоя́тельный; (of current month) теку́щего ме́сяца; (of coffee etc.) раствори́мый. **instantaneous** adj.

instead *adv.* мгновéнный (-нен, -нна). **instantly** *adv.* немéдленно, тóтчас.
instead *adv.* вмéсто (of, +*gen.*), взамéн (of, +*gen.*); *i. of going*, вмéсто тогó, чтóбы пойти́.
instep *n.* подъём.
instigate *v.t.* подстрекáть *imp.*, подстрекнýть *perf.* (to, к+*dat.*). **instigation** *n.* подстрекáтельство. **instigator** *n.* подстрекáтель *m.*, ~ница.
instil *v.t.* (*liquid*) вливáть *imp.*, влить (волью́, -ьёшь; влил, -á, -о) *perf.* по кáпле; (*ideas etc.*) внушáть *imp.*, внуши́ть *perf.* (into, +*dat.*).
instinct *n.* инсти́нкт. **instinctive** *adj.* инстинкти́вный.
institute *n.* институ́т, (научное) учреждéние; *v.t.* устанáвливать *imp.*, установи́ть (-влю́, -вишь) *perf.*; учреждáть *imp.*, учреди́ть *perf.*; (*initiate*) начинáть *imp.*, начáть (начнý, -нёшь; нáчал, -á, -о) *perf.* **institution** *n.* установлéние, учреждéние.
instruct *v.t.* (*teach*) обучáть *imp.*, обучи́ть (-чý, -чишь) *perf.* (in, +*dat.*); (*inform*) сообщáть *imp.*, сообщи́ть *perf.*+*dat.*; (*command*) прикáзывать *imp.*, приказáть (-ажý, -áжешь) *perf.*+*dat.* **instruction** *n.* инстру́кция; (*teaching*) обучéние. **instructive** *adj.* поучи́тельный. **instructor** *n.* инстру́ктор.
instrument *n.* ору́дие, инструмéнт, (*leg.*) докумéнт, акт. инструмéнт; служи́ть ору́дием; (*mus.*) инструментáльный; (*gram.*) твори́тельный; *be i. in*, спосóбствовать *imp.*, по~ *perf.*+*dat.*; *n.* (*gram.*) твори́тельный падéж (-á). **instrumentation** *n.* (*mus.*) инструментóвка.
insubordinate *adj.* неподчиня́ющийся.
insufferable *adj.* невыноси́мый.
insular *adj.* (*of island*) островнóй; (*narrow-minded*) ограни́ченный (-ен, -енна).
insulate *v.t.* изоли́ровать *imp.*, *perf.*; *insulating tape*, изоляциóнная лéнта. **insulation** *n.* изоля́ция. **insulator** *n.* изоля́тор.
insulin *n.* инсули́н.
insult *n.* оскорблéние; *v.t.* оскорбля́ть *imp.*, оскорби́ть *perf.* **insulting** *adj.* оскорби́тельный.

insurance *n.* страховáние; *attrib.* страховóй. **insure** *v.t.* страховáть *imp.*, за~ *perf.* (against, от+*gen.*).
insurgent *n.* повстáнец (-нца); *adj.* восстáвший.
insurmountable *adj.* непреодоли́мый.
insurrection *n.* восстáние, мятéж (-á).
intact *adj.* (*untouched*) нетрóнутый; (*entire*) цéлый (цел, -á, -о).
intake *n.* (*action*) впуск, вход; (*mechanism*) впускнóе, приёмное устрóйство; (*of water*) водозабóр; (*airway in mine*) вентиляциóнная вырабóтка; (*of persons*) набóр, общее числó; (*quantity*) потреблéние.
intangible *adj.* неосязáемый.
integral *adj.* неотъéмлемый; (*whole*) цéльный (-лен, -льнá, -льно); (*math.*) интегрáльный; *n.* интегрáл. **integrate** *v.t.* (*combine*) объединя́ть *imp.*, объедини́ть *perf.*; (*math.*) интегри́ровать *imp.*, *perf.* **integration** *n.* объединéние, интегрáция.
integrity *n.* (*wholeness*) цéлостность; (*honesty*) чéстность.
intellect *n.* интеллéкт, ум (-á). **intellectual** *n.* интеллигéнт; *adj.* у́мственный, интеллектуáльный.
intelligence *n.* (*intellect*) ум (-á); (*cleverness*) смышлёность; (*information*) свéдения *neut.pl.*; (*i. service*) развéдка, разведывательная слýжба. **intelligent** *adj.* у́мный (умён, умнá, у́мно).
intelligentsia *n.* интеллигéнция.
intelligible *adj.* поня́тный.
intemperate *adj.* невоздéржанный.
intend *v.t.* намеревáться *imp.*+*inf.*, быть намéренным (-ен)+*inf.*; собирáться *imp.*, собрáться (соберýсь, -рёшься; собрáлся, -алáсь, -алóсь) *perf.*; (*design*) предназначáть *imp.*, предназнáчить *perf.* (for, для+*gen.*, на+*acc.*); (*mean*) имéть *imp.* в виду́.
intense *adj.* си́льный (си́лен, -льнá, -льно, си́льны); напряжённый (-ён, -ённа). **intensify** *v.t.* & *i.* уси́ливать(ся) *imp.*, уси́лить(ся) *perf.* **intensity** *n.* интенси́вность, напряжённость, си́ла. **intensive** *adj.* интенси́вный.
intent *n.* намéрение, цель; *adj.* (*resolved*) стремя́щийся (on, к+*dat.*); (*occupied*) погружённый (-ён, -енá) (on, в+*acc.*)

(*earnest*) внима́тельный. **intention** *n.* наме́рение, цель, **intentional** *adj.* наме́ренный (-ен, -енна), умы́шленный (-ен, -енна).
inter[1] *v.t.* (*bury*) хорони́ть (-ню́, -нишь) *imp.*, по ~ *perf.*
inter-[2] *pref.* (*mutually*) взаимо-; (*between*) меж-, между-; (*in verbs*) пере-.
interact *v.i.* взаимоде́йствовать *imp.* **interaction** *n.* взаимоде́йствие.
inter alia *adv.* ме́жду про́чим.
interbreed *v.t. & i.* скре́щивать(ся) *imp.*, скрести́ть(ся) *perf.*
intercede *v.i.* хода́тайствовать *imp.*, по ~ *perf.* (for, за + *acc.*; with, пе́ред + *instr.*).
intercept *v.t.* перехва́тывать *imp.*, перехвати́ть (-ачу́, -а́тишь) *perf.*; (*cut off*) прерыва́ть *imp.*, прерва́ть (-ву́, -вёшь; прерва́л, -а́, -о) *perf.* **interception** *n.* перехва́т.
intercession *n.* хода́тайство. **intercessor** *n.* хода́тай.
interchange *n.* (*exchange*) обме́н (of, + *instr.*); (*alternation*) чередова́ние; (*road junction*) тра́нспортная развя́зка; *v.t.* обме́ниваться *imp.*, обменя́ться *perf.* + *instr.*; чередова́ть *imp.* **interchangeable** *adj.* взаимозаменя́емый.
inter-city *adj.* междугоро́дный.
intercom *n.* вну́тренняя телефо́нная связь.
interconnection *n.* взаимосвя́зь.
inter-continental *adj.* межконтинента́льный.
intercourse *n.* (*social*) обще́ние; (*trade etc.*) сноше́ния *neut.pl.*; (*sexual*) половы́е сноше́ния *neut.pl.*
inter-departmental *adj.* меж(ду)ве́домственный.
interdependent *adj.* взаимозави́симый.
interdict *n.* запреще́ние; *v.t.* запреща́ть *imp.*, запрети́ть (-ещу́, -ети́шь) *perf.* (person, + *dat.*).
interdisciplinary *adj.* межотраслево́й.
interest *n.* интере́с (in, к + *dat.*); (*profit*) вы́года; (*econ.*) проце́нты *m.pl.*; *v.t.* интересова́ть *imp.*; (*i. person in*) заинтересо́вывать *imp.*, заинтересова́ть *perf.* (in, + *instr.*); be interested in, интересова́ться *imp.* + *instr.* **interesting** *adj.* интере́сный.
interfere *v.i.* меша́ть *imp.*, по ~ *perf.* (with, + *dat.*); вме́шиваться *imp.*, вмеша́ться *perf.* (in, в + *acc.*). **interference** *n.* вмеша́тельство; (*radio*) поме́хи *f.pl.*
inter-governmental *adj.* межправи́тельственный.
interim *n.* промежу́ток (-тка) (вре́мени); in the i., тем вре́менем; *adj.* промежу́точный; (*temporary*) вре́менный.
interior *n.* вну́тренность; (*polit.*) вну́тренние дела́ *neut.pl.*; *adj.* вну́тренний.
interjection *n.* восклица́ние; (*gram.*) междоме́тие.
interlace *v.t. & i.* переплета́ть(ся) *imp.*, переплести́(сь) (-ету́(сь), -етёшь(ся); -ёл(ся), -ела́(сь)) *perf.*
interlinear *adj.* междустро́чный.
interlock *v.t. & i.* сцепля́ть(ся) *imp.*, сцепи́ть(ся) (-плю́(сь), -пишь(ся)) *perf.*
interlocutor *n.* собесе́дник, -ица.
interlope *v.i.* вме́шиваться *imp.*, вмеша́ться *perf.* в чужи́е дела́.
interlude *n.* промежу́точный эпизо́д; (*theat.*) антра́кт.
intermediary *n.* посре́дник; *adj.* посре́днический; (*intermediate*) промежу́точный.
intermediate *adj.* промежу́точный.
interment *n.* погребе́ние.
interminable *adj.* бесконе́чный.
intermission *n.* переры́в, па́уза.
intermittent *adj.* прерывистый.
intermix *v.t. & i.* переме́шивать(ся) *imp.*, перемеша́ть(ся) *perf.*
intern *v.t.* интерни́ровать *imp.*, *perf.*
internal *adj.* вну́тренний; *i.* combustion engine, дви́гатель *m.* вну́треннего сгора́ния.
international *n.* (*contest*) междунаро́дное состяза́ние; *adj.* междунаро́дный, интернациона́льный. **internationalism** *n.* интернационали́зм.
internecine *adj.* междоусо́бный.
internee *n.* интерни́рованный *sb.* **internment** *n.* интерни́рование.
interplanetary *adj.* межплане́тный.
interplay *n.* взаимоде́йствие.

interpolate v.t. (*insert*) вставля́ть *imp.*, вста́вить *perf.*; (*math.*) интерполи́ровать *imp., perf.* **interpolation** n. вста́вка; (*math.*) интерполя́ция.

interpose v.t. (*insert*) вставля́ть *imp.*, вста́вить *perf.*; v.i. (*intervene*) вме́шиваться *imp.*, вмеша́ться *perf.*

interpret v.t. толкова́ть *imp.*; (*speech etc.*) у́стно переводи́ть (-ожу́, -о́дишь) *imp.*, перевести́ (-еду́, -едёшь; -ёл, -ела́) *perf.* **interpretation** n. толкова́ние. **interpreter** n. толкова́тель m.; перево́дчик, -ица.

interregnum n. междуца́рствие; (*interval*) переры́в.

interrogate v.t. допра́шивать *imp.*, допроси́ть (-ошу́, -о́сишь) *perf.* **interrogation** n. допро́с; (*question*) вопро́с. **interrogative** adj. вопроси́тельный.

interrupt v.t. прерыва́ть *imp.*, прерва́ть (-ву́, -вёшь; -ва́л, -вала́, -ва́ло) *perf.* **interruption** n. переры́в.

intersect v.t. & i. пересека́ть(ся) *imp.*, пересе́чь(ся) (-еку́(сь), -ечёшь(ся); -е́к(ся), -екла́(сь)) *perf.* **intersection** n. пересече́ние.

intersperse v.t. (*scatter*) рассыпа́ть *imp.*, рассы́пать (-плю, -плешь) *perf.* (between, among, ме́жду + *instr.*, среди́ + *gen.*); (*diversify*) разнообра́зить *imp.*

intertwine v.t. & i. переплета́ть(ся) *imp.*, переплести́(сь) (-ету́(сь), -етёшь(ся); -ёл(ся), -ела́(сь)) *perf.*

interval n. промежу́ток (-тка); (*also mus.*) интерва́л; (*school*) переме́на.

intervene v.i. (*occur*) происходи́ть (-ит) *imp.*, произойти́ (-ойдёт; -ошёл, -ошла́) *perf.*; v.i. вме́шиваться *imp.*, вмеша́ться *perf.* в + *acc.* **intervention** n. вмеша́тельство; (*polit.*) интерве́нция.

interview n. делово́е свида́ние, встре́ча; (*press i.*) интервью́ *neut.indecl.*; v.t. интервьюи́ровать *imp.*, про ~ *perf.* **interviewer** n. интервьюе́р.

interweave v.t. вотка́ть (-ку́, -кёшь; -ка́л, -кала́, -ка́ло) *perf.*

intestate adj. уме́рший без завеща́ния.

intestinal adj. кише́чный. **intestine**[1] n. кишка́ (*gen. pl.* -шо́к); *pl.* кише́чник.

intestine[2] adj. вну́тренний, междоусо́бный.

intimacy n. инти́мность, бли́зость. **intimate**[1] adj. инти́мный, бли́зкий (-зок, -зка́, -зко, бли́зки́).

intimate[2] v.t. (*state*) сообща́ть *imp.*, сообщи́ть *perf.*; (*hint*) намека́ть *imp.*, намекну́ть *perf.* на + *acc.* **intimation** n. сообще́ние; намёк.

intimidate v.t. запу́гивать *imp.*, запуга́ть *perf.*

into prep. в, во + *acc.*, на + *acc.*

intolerable adj. невыноси́мый. **intolerance** n. нетерпи́мость. **intolerant** adj. нетерпи́мый.

intonation n. интона́ция. **intone** v.t. интони́ровать *imp.*

intoxicant adj. (n.) опьяня́ющий (напи́ток (-тка)). **intoxicate** v.t. опьяня́ть *imp.*, опьяни́ть *perf.* **intoxication** n. опьяне́ние; *in a state of i.*, в нетре́звом состоя́нии.

intra- *pref.* внутри-.

intractable adj. неподатливый.

intransigent adj. непримири́мый.

intransitive adj. неперехо́дный.

intrepid adj. неустраши́мый.

intricacy n. запу́танность, сло́жность. **intricate** adj. запу́танный (-ан, -анна), сло́жный (-жен, -жна́, -жно).

intrigue n. интри́га; v.i. интригова́ть *imp.*; v.t. интригова́ть *imp.*, за ~ *perf.* **intriguer** n. интрига́н, ~ ка.

intrinsic adj. прису́щий, существенный (-ен, -енна).

introduce v.t. вводи́ть (-ожу́, -о́дишь) *imp.*, ввести́ (введу́, -дёшь; ввёл, -а́) *perf.*; вноси́ть (-ошу́, -о́сишь) *imp.*, внести́ (внесу́, -сёшь; внёс, -ла́) *perf.*; (*person*) представля́ть *imp.*, предста́вить *perf.* **introduction** n. введе́ние, внесе́ние; представле́ние; (*to book*) предисло́вие. **introductory** adj. вво́дный, вступи́тельный.

introspection n. самонаблюде́ние.

intrude v.i. вторга́ться *imp.*, вто́ргнуться (-г(нул)ся, -глась) *perf.* (into, в + *acc.*); v.t. & i. навя́зывать(ся) *imp.*, навяза́ть(ся) (-яжу́(сь), -я́жешь(ся)) *perf.* (upon, + *dat.*). **intrusion** n. вторже́ние.

intuition n. интуи́ция. **intuitive** adj. интуити́вный.

inundate v.t. наводня́ть imp., наводни́ть perf. **inundation** n. наводне́ние.
inure v.t. приуча́ть imp., приучи́ть (-чу́, -чишь) perf. (to, к + dat., + inf.).
invade v.t. вторга́ться imp., вто́ргнуться (-г(нул)ся, -гла́сь) perf. в + acc. **invader** n. захва́тчик.
invalid[1] n. (disabled person) инвали́д, больно́й sb.; adj. (disabled) нетрудоспосо́бный.
invalid[2] adj. (not valid) недействи́тельный. **invalidate** v.t. де́лать imp., с~ perf. недействи́тельным.
invaluable adj. неоцени́мый.
invariable adj. неизме́нный (-нен, -нна); (math.) постоя́нный (-нен, -нна).
invasion n. вторже́ние (в + acc.); (encroachment) посяга́тельство (на + acc.).
invective n. (verbal attack) обличи́тельная речь; (abuse) руга́тельства neut.pl.
inveigh v.i. поноси́ть (-ошу́, -о́сишь) imp. (against, + acc.).
inveigle v.t. завлека́ть imp., завле́чь (-еку́, -ечёшь; -ёк, -екла́) perf.
invent v.t. изобрета́ть imp., изобрести́ (-ету́, -етёшь; -ёл, -ела́) perf.; выду́мывать imp., вы́думать perf. **invention** n. изобрете́ние; вы́думка. **inventive** adj. изобрета́тельный. **inventor** n. изобрета́тель m.
inventory n. инвента́рь (-ря́) m., о́пись (иму́щества); v.t. инвентаризова́ть imp., perf.
inverse adj. обра́тный. **inversion** n. перестано́вка.
invertebrate adj. беспозвоно́чный; беспозвоно́чное sb.
invest v.t. (clothe, endue) облека́ть imp., обле́чь (-еку́, -ечёшь; -ёк, -екла́) perf. (in, в + acc.; with, + instr.); (lay siege to) осажда́ть imp., осади́ть perf.; v.t. & i. (econ.) вкла́дывать imp., вложи́ть (-жу́, -жишь) perf. (де́ньги) (in, в + acc.); инвести́ровать imp., perf.
investigate v.t. иссле́довать imp., perf.; (leg.) рассле́довать imp., perf. **investigation** n. иссле́дование; рассле́дование. **investigator** n. иссле́дователь m.; (leg.) сле́дователь m.
investiture n. введе́ние в до́лжность.
investment n. (econ.) вложе́ние, вклад, инвести́ция; (mil.) оса́да. **investor** n. вкла́дчик.
inveterate adj. закорене́лый, застаре́лый.
invigorate v.t. укрепля́ть imp., укрепи́ть perf.; (animate) оживля́ть imp., оживи́ть perf.
invincible adj. непобеди́мый.
inviolable adj. неприкоснове́нный (-нен, -нна), неруши́мый. **inviolate** adj. ненару́шенный.
invisible adj. неви́димый; **i. ink**, симпати́ческие черни́ла (-л) pl.
invitation n. приглаше́ние. **invite** v.t. приглаша́ть imp., пригласи́ть perf.; (request) проси́ть (-ошу́, -о́сишь) imp., по~ perf.; (attract) привлека́ть imp., привле́чь (-еку́, -ечёшь; -ёк, -екла́) perf. **inviting** adj. привлека́тельный.
invocation n. призы́в.
invoice n. факту́ра, накладна́я sb.
invoke v.t. призыва́ть imp., призва́ть (-зову́, -зовёшь; призва́л, -а́, -о); взыва́ть imp., воззва́ть (-зову́, -зовёшь) perf.
involuntary adj. нево́льный; непроизво́льный.
involve v.t. (entail) вовлека́ть imp., вовле́чь (-еку́, -ечёшь; -ёк, -екла́) perf.; (include) включа́ть imp., включи́ть perf. в себе́. **involved** adj. (complex) сло́жный (-жен, -жна́, -жно).
invulnerable adj. неуязви́мый.
inward adj. вну́тренний. **inwardly** adv. внутри́, вну́тренне. **inwards** adv. внутрь.
iodine n. йод; attrib. йо́дный.
ion n. ио́н. **ionic** adj. ио́нный.
iota n. йо́та; **not an i.**, ни на йо́ту.
IOU n. долгова́я распи́ска.
irascible adj. раздражи́тельный.
irate adj. гне́вный (-вен, -вна́, -вно). **ire** n. гнев.
iridescent adj. ра́дужный.
iris n. (anat.) ра́дужная оболо́чка; (bot.) каса́тик.

Irish *adj.* ирландский. **Irishman** *n.* ирландец (-дца). **Irishwoman** *n.* ирландка.
irk *v.t.* надоедать *imp.*, надоесть (-ем, -ешь, -ест, -едим; -ел) *perf.* + *dat.*
irksome *adj.* скучный (-чен, -чна, -чно).
iron *n.* железо; (*for clothes*) утюг (-á); *pl.* (*fetters*) кандалы (-лов) *pl.*; *adj.* железный; *v.t.* (*clothes*) утюжить *imp.*, вы~, от~ *perf.*; гладить *imp.*, вы~ *perf.*
ironic(al) *adj.* иронический. **irony** *n.* ирония.
irradiate *v.t.* (*light up*) освещать *imp.*, осветить (-ещу, -етишь) *perf.*; (*subject to radiation*) облучать *imp.*, облучить *perf.* **irradiation** *n.* освещение; облучение.
irrational *adj.* неразумный; (*math.*) иррациональный.
irreconcilable *adj.* (*persons*) непримиримый; (*ideas*) несовместимый.
irrecoverable *adj.* невозвратный.
irredeemable *adj.* (*econ.*) не подлежащий выкупу; (*hopeless*) безнадёжный.
irrefutable *adj.* неопровержимый.
irregular *adj.* нерегулярный; (*gram.*) неправильный; (*not even*) неровный (-вен, -вна, -вно); (*disorderly*) беспорядочный.
irrelevant *adj.* неуместный.
irreligious *adj.* неверующий.
irremediable *adj.* непоправимый, неизлечимый.
irremovable *adj.* неустранимый; (*from office*) несменяемый.
irreparable *adj.* непоправимый.
irreplaceable *adj.* незаменимый.
irrepressible *adj.* неудержимый.
irreproachable *adj.* безупречный.
irresistible *adj.* неотразимый.
irresolute *adj.* нерешительный.
irrespective *adj.*: *i. of*, безотносительно к + *dat.*, независимо от + *gen.*
irresponsible *adj.* (*of conduct etc.*) безответственный (-ен, -енна); (*not responsible*) неответственный (-ен, -енна); (*leg.*) невменяемый.
irretrievable *adj.* непоправимый, невозвратный.
irreverent *adj.* непочтительный.

irreversible *adj.* необратимый.
irrevocable *adj.* неотменяемый.
irrigate *v.t.* орошать *imp.*, оросить *perf.* **irrigation** *n.* орошение, ирригация.
irritable *adj.* раздражительный. **irritate** *v.t.* раздражать *imp.*, раздражить *perf.* **irritation** *n.* раздражение.
irrupt *v.i.* вторгаться *imp.*, вторгнуться (-г(ну)лся, -глась) *perf.* (*into*, в + *acc.*). **irruption** *n.* вторжение.
Islam *n.* ислам. **Islamic** *adj.* мусульманский, исламистский.
island, isle *n.* остров (*pl.* -á); *adj.* островной. **islander** *n.* островитянин (*pl.* -яне, -ян), -янка. **islet** *n.* островок (-вка).
iso- *in comb.* изо-, равно-. **isobar** *n.* изобара. **isomer** *n.* изомер. **isosceles** *adj.* равнобедренный. **isotherm** *n.* изотерма. **isotope** *n.* изотоп.
isolate *v.t.* изолировать *imp.*, *perf.*; обособлять *imp.*, обособить *perf.*; (*chem.*) выделять *imp.*, выделить *perf.* **isolation** *n.* изоляция; *i. hospital*, инфекционная больница; *i. ward*, изолятор.
Israeli *n.* израильтянин (*pl.* -яне, -ян), -янка; *adj.* израильский.
issue *n.* (*outlet*) выход; (*outflow*) вытекание; (*progeny*) потомство; (*outcome*) исход, результат; (*question*) (спорный) вопрос; (*of book etc.*) выпуск, издание; *v.i.* выходить (-ожу, -одишь) *imp.*, выйти (выйду, -дешь; вышел, -шла) *perf.*; (*flow*) вытекать *imp.*, вытечь (-еку, -ечешь; -ек) *perf.*; *v.t.* выпускать *imp.*, выпустить *perf.*; выдавать (-даю, -даёшь) *imp.*, выдать (-ам, -ашь, -аст, -адим) *perf.*
isthmus *n.* перешеек (-ейка).
it *pron.* он, оно (его, ему, им, о нём), она (её, ей, ей & ею, о ней); *demonstr.* это.
Italian *n.* итальянец (-нца), -нка; *adj.* итальянский.
italic *adj.* (*I.*) италийский; (*print.*) курсивный; *n.* курсив. **italicize** *v.t.* выделять *imp.*, выделить *perf.* курсивом.
itch *n.* зуд, чесотка; *v.i.* зудеть (-дит) *imp.*; чесаться чешется *imp.*

item — javelin

item *n.* (*on list*) предмет; (*in account*) пункт; (*on agenda*) вопрос; (*in programme*) номер (*pl.* -á); *adv.* также, тоже.

iterate *v.t.* повторять *imp.*, повторить *perf.*

itinerant *adj.* странствующий. **itinerary** *n.* (*route*) маршрут; (*guidebook*) путеводитель *m.*

its *poss.pron.* его, её; свой (-оя, -оё, -ой).

itself *pron.* (*emph.*) (он(ó)) сам(ó) (-огó, -омý, -им, -óм), (онá) самá (-мóй, -мý); (*refl.*) себя (себé, собóй); -ся (*suffixed to v.t.*).

ivory *n.* слоновая кость.

ivy *n.* плющ (-á).

J

jab *n.* укóл, толчóк (-чкá); *v.t.* тыкать (тычу, -чешь) *imp.*, ткнуть *perf.* (+ *instr.* в + *acc.*; + *acc.* в + *acc.*).

jabber *n.* болтовня; *v.t. & i.* болтать *imp.*

jack[1] *n.* (*fellow*) парень (-рня, -рней) *m.*; (*cards*) валет (-á); (*lifting machine*) домкрат; *v.t.* (*j. up*) поднимать *imp.*, поднять (-нимý, -нимешь; поднял, -á, -о) *perf.* домкратом.

jack[2] *n.* (*naut.*) гюйс.

jackal *n.* шакал.

jackass *n.* осёл (ослá).

jackdaw *n.* галка.

jacket *n.* куртка; (*woman's*) жакетка; (*animal's*) шкура; (*tech.*) кожух (-á); (*on boiler*) рубашка; (*on book*) (супер)обложка.

jack-knife *n.* большой складной нож (-á).

jade[1] *n.* (*horse*) кляча. **jaded** *adj.* изнурённый (-ён, -ённа).

jade[2] *n.* (*mineral*) нефрит.

jagged *adj.* зубчатый, зазубренный (-ен, -енна).

jaguar *n.* ягуар.

jail *see* gaol.

jam[1] *n.* (*crush*) давка, (*of machine*) заедание, перебой; (*in traffic*) пробка; *v.t.* (*squeeze*) сжимать *imp.*, сжать (сожму, -мёшь) *perf.*; (*thrust*) впихивать *imp.*, впихнуть *perf.* (into, в + *acc.*); (*block*) загромождать *imp.*, загромоздить *perf.*; (*radio*) заглушать *imp.*, заглушить *perf.*; *v.i.* (*machine*) заедать *imp.*, заесть (-ест -éло) *perf. impers.* + *acc.*

jam[2] *n.* (*conserve*) варенье, джем.

jamb *n.* косяк (-á).

jangle *n.* резкий звук; *v.i.* издавать (-даю, -даёшь) *imp.*, издать (-ам, -ашь, -аст, -адим; издал, -á, -о) *perf.* резкие звуки.

janissary, -izary *n.* янычар (*gen.pl.* -ров & (*collect.*) -р).

janitor *n.* (*door-keeper*) привратник, -ица; (*caretaker*) дворник.

January *n.* январь (-ря) *m.*; *attrib.* январский.

Japanese *n.* японец (-нца), -нка; *adj.* японский.

jape *n.* шутка; *v.i.* шутить (шучу, шутишь) *imp.*, по ~ *perf.*

jar[1] *n.* (*container*) банка.

jar[2] *v.i.* (*sound*) скрипеть (-пит) *imp.*; (*irritate*) раздражать *imp.*, раздражить *perf.* (упор, + *acc.*).

jargon *n.* жаргон.

jasmin(e), jessamin(e) *n.* жасмин.

jasper *n.* яшма; *attrib.* яшмовый.

jaundice *n.* желтуха; (*fig.*) зависть. **jaundiced** *adj.* желтушный, больной (-лен, -льна) желтухой; (*fig.*) завистливый.

jaunt *n.* прогулка, поездка.

jaunty *adj.* бодрый (бодр, -á, -о, бóдры).

javelin *n.* копьё (*pl.* -пья, -пий, -пьям).

jaw n. чéлюсть; pl. пасть, рот (рта, loc. во рту); pl. (of valley etc.) ýзкий вход; pl. (of vice) гýбка.

jay n. (bird) сóйка; (fig.) болтýн (-á), ~ья.

jazz n. джаз; adj. джáзовый.

jealous adj. ревнйвый, завйстливый; be j. of, (person) ревновáть imp.; (thing) завйдовать imp., по~ perf. + dat.; (rights) ревнйво оберегáть imp., оберéчь (-егý, -ежёшь; -ёг, -еглá) perf. **jealousy** n. рéвность, зáвисть.

jeans n. джйнсы (-сов) pl.

jeer n. насмéшка; v.t. & i. насмехáться imp. (над + instr.).

jejune adj. (scanty) скýдный (-ден, -днá, -дно); (to mind) неинтерéсный.

jelly n. (sweet) желé neut.indecl.; (meat, fish) стýдень (-дня) m. **jellyfish** n. медýза.

jemmy n. фóмка, лом (pl. -ы, -ов).

jeopardize v.t. подвергáть imp., подвéргнуть (-г) perf. опáсности. **jeopardy** n. опáсность.

jerk n. толчóк (-чкá); (of muscle) вздрáгивание; v.t. дёргать imp. + instr.; v.i. дёргаться imp., дёрнуться perf. (twitch) **jerky** adj. тряский (-сок, -ска), отрывйстый.

jersey n. (garment) фуфáйка; (fabric) джéрси neut.indecl.

jest n. шýтка, насмéшка; v.i. шутйть (шучý, шýтишь) imp., по~ perf. **jester** n. шутнйк (-á), -йца; (hist.) шут (-á).

Jesuit n. иезуйт. **Jesuitical** adj. иезуйтский.

jet[1] n. (stream) струя́ (pl. -ýи); (nozzle) форсýнка, соплó (pl. сóпла, сóп(е)л); **j. engine**, реактйвный двйгатель m.; **j. plane**, реактйвный самолёт.

jet[2] n. (min.) гагáт; adj. гагáтовый; **j.-black**, чёрный (-рен, -рнá) как смоль.

jetsam n. товáры m.pl., сбрóшенные с кораблá.

jettison v.t. выбрáсывать imp., вы́бросить perf. за борт.

jetty n. (mole) мол (loc. -ý); (landing-pier) пристáнь (pl. -ни, -нéй).

Jew n. еврéй. **Jewess** n. еврéйка. **Jewish** adj. еврéйский. **Jewry** n. еврéйство.

jewel n. драгоцéнность, драгоцéнный кáмень (-мня; pl. -мни, -мнéй) m. **jeweller** n. ювелйр. **jewellery, jewelry** n. драгоцéнности f.pl., ювелйрные издéлия neut.pl.

jib n. (naut.) клйвер (pl. -á & -ы); (of crane) стрелá (pl. -лы) (крáна).

jingle n. звя́канье; v.t. & i. звя́кать imp., звя́кнуть perf. (+ instr.).

jingo n. урá-патриóт. **jingoism** n. урá-патриотйзм. **jingoistic** adj. урá-патриотйческий.

job n. (work) рабóта; (task) задáние; (position) мéсто (pl. -á). **jobless** adj. безрабóтный.

jockey n. жокéй; v.t. (cheat) надувáть imp., надýть (-ýю, -ýешь) perf.

jocose adj. игрйвый.

jocular adj. шутлйвый.

jocund adj. весёлый (вéсел, -á, -о, вéселы).

jog n. (push) толчóк (-чкá); (movement) мéдленная ходьбá, ездá; v.t. толкáть imp., толкнýть perf.; (nudge) подтáлкивать imp., подтолкнýть perf. **jog-trot** n. рысцá.

join v.t. & i. соединя́ть(ся) imp., соединйть(ся) perf.; v.t. присоединя́ться imp., присоединйться perf. к + dat.; (become member of) вступáть в + acc., вступйть (-плю́, -пишь) perf. в + acc.; v.i.: **j. up**, вступáть imp., вступйть (-плю́, -пишь) perf. в áрмию.

joiner n. столя́р (-á). **joinery** n. (goods) столя́рные издéлия neut.pl.; (work) столя́рная рабóта.

joint n. соединéние, мéсто (pl. -á) соединéния; (anat.) сустáв; (tech.) стык, шов (шва), шарнйр; adj. соединённый, óбщий; **j. stock**, акционéрный капитáл (attrib.); v.t. (join) сочленя́ть imp., сочленйть perf.; (divide) расчленя́ть imp., расчленйть perf.

joist n. переклáдина.

joke n. шýтка, острóта, анекдóт; v.i. шутйть (шучý, шýтишь) imp., по~ perf. **joker** n. шутнйк (-á), -йца.

jollity n. весéлье. **jolly** adj. весёлый (вéсел, -á, -о); adv. óчень.

jolt n. тря́ска; v.t. трястй (-сý, -сёшь; -с, -слá) imp.

jostle *n.* толкотня; *v.t. & i.* толкать(ся) *imp.*, толкнуть(ся) *perf.*

jot *n.* йота; *not a j.*, ни на йоту; *v.t.* (*j. down*) быстро, кратко, записывать *imp.*, записать (-ишу, -ишешь) *perf.*

joule *n.* джоуль *m.*

journal *n.* журнал, дневник (-а); (*tech.*) цапфа, шейка. **journalese** *n.* газетный язык (-а). **journalism** *n.* журналистика. **journalist** *n.* журналист.

journey *n.* путешествие, поездка; (*specific j. of vehicle*) рейс; *v.i.* путешествовать *imp.*

jovial *adj.* (*merry*) весёлый (весел, -а, -о, веселы); (*sociable*) общительный.

jowl *n.* (*jaw*) челюсть *f.*; (*cheek*) щека (*acc.* щёку; *pl.* щёки, щёк, -ам).

joy *n.* радость. **joyful, joyous** *adj.* радостный. **joyless** *adj.* безрадостный.

jubilant *adj.* ликующий. **jubilate** *v.i.* ликовать *imp.*

jubilee *n.* юбилей.

Judaic *adj.* иудейский.

judge *n.* судья (*pl.* -дьи, -дей, -дьям) *m.*; (*connoisseur*) ценитель *m.*; *v.t. & i.* судить (сужу, судишь) *imp.*; *v.t.* (*appraise*) оценивать *imp.*, оценить (-ню, -нишь) *perf.* **judgement** *n.* (*sentence*) приговор; (*decision*) решение; (*opinion*) мнение; (*estimate*) оценка.

judicature *n.* отправление правосудия; (*judiciary*) судейская корпорация. **judicial** *adj.* (*of law*) судебный; (*of judge*) судейский; (*impartial*) беспристрастный. **judicious** *adj.* здравомыслящий.

judo *n.* дзюдо *neut.indecl.*

jug *n.* кувшин; *v.t.* тушить (-шу, -шишь) *imp.*, с ~ *perf.*

juggle *v.i.* жонглировать *imp.* **juggler** *n.* жонглёр.

jugular *adj.* шейный; *j. vein*, яремная вена.

juice *n.* сок (-а(у), *loc.* -е, -у); (*fig.*) сущность. **juicy** *adj.* сочный (-чен, -чна, -чно).

July *n.* июль *m.*; *attrib.* июльский.

jumble *n.* (*disorder*) беспорядок (-дка); (*articles*) барахло; *v.t.* перепутывать *imp.*, перепутать *perf.*

jump *n.* прыжок (-жка), скачок (-чка); (*in price etc.*) резкое повышение; *v.i.* прыгать *imp.*, прыгнуть *perf.*; скакать (-ачу, -ачешь) *imp.*; (*from shock*) вздрагивать *imp.*, вздрогнуть *perf.*; (*of price etc.*) подскакивать *imp.*, подскочить (-ит) *perf.*; *v.t.* (*j. over*) перепрыгивать *imp.*, перепрыгнуть *perf.*; *j. at*, (*accept eagerly*) ухватываться *imp.*, ухватиться (-ачусь, -атишься) *perf.* за + *acc.*; *j. the rails*, сходить (-ит) *imp.*, сойти (сойдёт; сошёл, -шла) *perf.* с рельсов.

jumper *n.* (*garment*) джемпер.

jumpy *adj.* нервный (-вен, нервна, -вно).

junction *n.* (*joining*) соединение; (*rly.*) железнодорожный узел (узла); (*roads*) перекрёсток (-тка).

juncture *n.* (*joining*) соединение; (*state of affairs*) положение дел; *at this j.*, в этот момент.

June *n.* июнь *m.*; *attrib.* июньский.

jungle *n.* джунгли (-лей) *pl.*

junior *adj.* младший.

juniper *n.* можжевельник.

junk[1] *n.* (*rubbish*) барахло.

junk[2] *n.* (*ship*) джонка.

junta *n.* хунта.

Jupiter *n.* Юпитер.

jurisdiction *n.* (*administration of law*) отправление правосудия; (*legal authority*) юрисдикция.

jurisprudence *n.* юриспруденция.

jurist *n.* юрист.

juror *n.* присяжный *sb.*; (*in competition*) член жюри. **jury** *n.* присяжные *sb.*; жюри *neut.indecl.*

just *adj.* (*fair*) справедливый; (*deserved*) заслуженный, должный; *adv.* (*exactly*) точно, именно; (*barely*) едва; (*at this, that moment*) только что; *j. in case*, на всякий случай.

justice *n.* правосудие; (*fairness*) справедливость; (*judge*) судья (*pl.* -дьи, -дей, -дьям); (*proceedings*) суд (-а); *bring to j.*, отдавать (-даю, -даёшь) *imp.*, отдать (-ам, -ашь, -аст, -адим; отдал, -а, -о) *perf.* под суд; *do j. to*, отдавать (-аю, -аёшь) *imp.*, отдать (-ам, -ашь, -аст, -адим; отдал, -а, -о) *perf.* должное + *dat.*

justify *v.t.* опра́вдывать *imp.*, оправда́ть *perf.* **justification** *n.* оправда́ние.

jut *v.i.* (*j. out, forth*) выдава́ться (-даётся) *imp.*, вы́даться (-астся, -адутся) *perf.*; выступа́ть *imp.*

jute *n.* джу́т.

juvenile *n.* ю́ноша *m.*, подро́сток (-тка); *adj.* ю́ный (юн, -а́, -о), ю́ношеский.

juxtapose *v.t.* помеща́ть *imp.*, помести́ть *perf.* ря́дом; сопоставля́ть *imp.*, сопоста́вить *perf.* (with, с + *instr.*).

K

kale, kail *n.* кормова́я капу́ста.
kaleidoscope *n.* калейдоско́п.
kangaroo *n.* кенгуру́ *m.indecl.*
keel *n.* киль *m.*; *v.t. & i.*: k. over, опроки́дывать(ся) *imp.*, опроки́нуть(ся) *perf.*
keen *adj.* (*sharp*) о́стрый (о́стр & остёр, остра́, о́стро); (*strong*) си́льный (силён, -льна́, -льно, си́льны); (*penetrating*) проница́тельный; (*ardent*) стра́стный (-тен, -тна́, -тно).
keep[1] *n.* (*of castle*) гла́вная ба́шня (*gen.pl.* -шен); (*maintenance*) содержа́ние; (*food*) пи́ща.
keep[2] *v.t.* (*observe*) соблюда́ть *imp.*, соблюсти́ (-юду́, -юдёшь, -юл, -юла́) *perf.* (*the law*); сде́рживать *imp.*, сдержа́ть (-жу́, -жишь) *perf.* (*one's word*); пра́здновать (-ную, -нуешь) *imp.*, от ~ *perf.*; (*possess, maintain*) держа́ть (-жу́, -жишь) *imp.*; храни́ть *imp.*; (*family*) содержа́ть (-жу́, -жишь) *imp.*; (*diary*) вести́ (веду́, -дёшь; вёл, -а́) *imp.*; (*detain*) заде́рживать *imp.*, задержа́ть (-жу́, -жишь) *perf.*; (*retain, reserve*) сохраня́ть *imp.*, сохрани́ть *perf.*; *v.i.* (*remain*) остава́ться (-таю́сь, -таёшься) *imp.*, оста́ться (-а́нусь, -а́нешься) *perf.*; (*of food*) не по́ртиться *imp.*; k. away, держа́ть(ся) (-жу́(сь), -жишь(ся)) *imp.* в отдале́нии; k. back, (*hold back*) уде́рживать *imp.*, удержа́ть (-жу́, -жишь) *perf.*; (*conceal*) скрыва́ть *imp.*, скрыть (-ро́ю, -ро́ешь) *perf.*; k. down, подавля́ть *imp.*, подави́ть (-влю́, -вишь) *perf.*; k. from, уде́рживаться *imp.*, удержа́ться (-жу́сь, -жишься) *perf.* от + *gen.*; k. on, продолжа́ть *imp.*, продо́лжить *perf.* (+ *inf.*).

keepsake *n.* пода́рок (-рка) на па́мять.
keg *n.* бочо́нок (-нка).
ken *n.* (*knowledge*) преде́л позна́ний; (*sight*) кругозо́р.
kennel *n.* конура́.
kerb *n.* кра́й (*loc.* -аю́; *pl.* -ая́, -аёв) тротуа́ра. **kerbstone** *n.* бордю́рный ка́мень (-мня; *pl.* -мни, -мне́й) *m.*
kerchief *n.* (головно́й) плато́к (-тка́).
kernel *n.* (*nut*) ядро́ (*pl.* я́дра, я́дер, я́драм); (*grain*) зерно́ (*pl.* зёрна, -рен, -рнам); (*fig.*) суть.
kerosene *n.* кероси́н (-а(у)).
kestrel *n.* пустельга́.
kettle *n.* ча́йник. **kettledrum** *n.* лита́вра.
key *n.* ключ (-а́); (*piano, typewriter*) кла́виш(а); (*mus.*) тона́льность; *attrib.* веду́щий, ключево́й. **keyboard** *n.* клавиату́ра. **keyhole** *n.* замо́чная сква́жина. **keynote** *n.* (*mus.*) то́ника; (*fig.*) то́н. **keystone** *n.* (*archit.*) замко́вый ка́мень (-мня; *pl.* -мни, -мне́й) *m.*; (*fig.*) основно́й при́нцип.
khaki *n., adj.* ха́ки *neut., adj.indecl.*
khan *n.* ха́н. **khanate** *n.* ха́нство.
kick *n.* уда́р ного́й, пино́к (-нка́); (*recoil of gun*) отда́ча; *v.t.* ударя́ть *imp.*, уда́рить *perf.* ного́й; пина́ть *imp.*, пну́ть *perf.*; (*score goal*) забива́ть *imp.*, заби́ть (-бью́, -бьёшь) *perf.* (гол, мяч); *v.i.* (*of horse etc.*) ляга́ться *imp.*; k. out, вышвы́ривать *imp.*, вы́швырнуть *perf.*

kid[1] *n.* (*goat*) козлёнок (-лёнка; *pl.* -ля́та, -ля́т); (*leather*) ла́йка; (*child*) малы́ш (-á).

kid[2] *v.t.* (*deceive*) обма́нывать *imp.*, обману́ть (-ну́, -нешь) *perf.*; (*tease*) поддра́знивать *imp.*, поддразни́ть (-ню́, -нишь) *perf.*

kidnap *v.t.* похища́ть *imp.*, похи́тить (-и́щу, -и́тишь) *perf.*

kidney *n.* по́чка; *attrib.* по́чечный; *k. bean*, фасо́ль.

kill *v.t.* убива́ть *imp.*, уби́ть (убью́, -ьёшь) *perf.*; (*cattle*) ре́зать (ре́жу, -жешь) *imp.*, за~ *perf.*; *k. off*, ликвиди́ровать *imp., perf.* **killer** *n.* уби́йца *m.* & *f.* **killing** *n.* уби́йство; *adj.* (*murderous, fig.*) уби́йственный (-ен, -енна); (*amusing, coll.*) умори́тельный.

kiln *n.* о́бжиговая печь (*pl.* -чи, -че́й).

kilo- *in comb.* ки́ло-. **kilocycle, kiloherz** *n.* килоге́рц (*gen.pl.* -ц). **kilogram(me)** *n.* килогра́мм. **kilometre** *n.* киломе́тр. **kiloton(ne)** *n.* килото́нна. **kilowatt** *n.* килова́тт (*gen.pl.* -т).

kimono *n.* кимоно́ *neut.indecl.*

kin *n.* (*family*) семья́ (*pl.* -мьи, -ме́й, -мьям); (*collect., relatives*) родня́.

kind[1] *n.* сорт (*pl.* -а́), род (*pl.* -ы, -о́в); *a k. of*, что́-то вро́де + *gen.*; *this k. of*, тако́й; *what k. of*, что (это, он, *etc.*) за + *nom.*; *k. of*, (*adv.*) как бу́дто, ка́к-то; *pay in k.*, плати́ть (-ачу́, -а́тишь) *imp.*, за~ *perf.* натýрой; *return in k.*, отпла́чивать *imp.*, отплати́ть (-ачу́, -а́тишь) *perf.* той же моне́той + *dat.*

kind[2] *adj.* до́брый (добр, -а́, -о, до́бры), любе́зный.

kindergarten *n.* де́тский сад (*loc.* -ý; *pl.* -ы́).

kindle *v.t.* зажига́ть *imp.*, заже́чь (-жгу́, -жжёшь; -жёг, -жгла́) *perf.*; *v.i.* загора́ться *imp.*, загоре́ться (-рю́сь, -ри́шься) *perf.* **kindling** *n.* расто́пка.

kindly *adj.* до́брый (добр, -а́, -о, до́бры); *adv.* любе́зно; (*with imper.*) (*request*) бу́дьте добры́, + *imper.* **kindness** *n.* доброта́, любе́зность.

kindred *n.* (*relationship*) кро́вное родство́; (*relatives*) ро́дственники *m.pl.*; *adj.* ро́дственный (-ен, -енна); (*similar*) схо́дный (-ден, -дна́, -дно).

kinetic *adj.* кинети́ческий.

king *n.* коро́ль (-ля́) *m.* (*also chess, cards, fig.*); (*fig.*) царь (-ря́) *m.*; (*draughts*) да́мка. **kingdom** *n.* короле́вство; (*fig.*) ца́рство. **kingfisher** *n.* зиморо́док (-дка). **kingpin** *n.* шкво́рень (-рня) *m.*

kink *n.* пе́тля (*gen.pl.* -тель), изги́б.

kinsfolk *n.* кро́вные ро́дственники *m.pl.* **kinship** *n.* родство́; (*similarity*) схо́дство. **kinsman, -woman** *n.* ро́дственник, -ица.

kiosk *n.* кио́ск; (*telephone*) бу́дка.

kip *v.i.* дры́хнуть (дры́х(ну)л, -хла) *imp.*

kipper *n.* копчёная селёдка.

kiss *n.* поцелу́й; *v.t.* целова́ть(ся) *imp.*, по~ *perf.*

kit *n.* (*soldier's*) ли́чное обмундирова́ние; (*clothing*) снаряже́ние; (*tools*) компле́кт. **kitbag** *n.* вещево́й мешо́к (-шка́).

kitchen *n.* ку́хня (*gen.pl.* -хонь); *attrib.* ку́хонный; *k. garden*, огоро́д; *k.-maid*, судомо́йка.

kite *n.* (*bird*) ко́ршун; (*person*) хи́щник; (*toy*) бума́жный змей.

kith *n.*: *k. and kin*, знако́мые *sb.* и родня́.

kitten *n.* котёнок (-тёнка; *pl.* -тя́та, -тя́т); *v.i.* коти́ться *imp.*, о~ *perf.*

kleptomania *n.* клептома́ния. **kleptomaniac** *n.* клепто́ман.

knack *n.* сноро́вка, трюк.

knacker *n.* живодёр.

knapsack *n.* рюкза́к (-а́), ра́нец (-нца).

knave *n.* (*rogue*) плут (-а́); (*cards*) вале́т. **knavery** *n.* плутовство́. **knavish** *adj.* плутовско́й.

knead *v.t.* меси́ть (мешу́, ме́сишь) *imp.*, с~ *perf.*

knee *n.* коле́но (*pl.* (*anat.*) -ни, -ней, (*tech.*) -нья, -ньев); *k.-joint*, коле́нный суста́в. **kneecap** *n.* (*bone*) коле́нная ча́шка; (*protective covering*) наколе́нник.

kneel *v.i.* стоя́ть (-ою́, -ои́шь) *imp.* на коле́нях; (*k. down*) станови́ться (-влю́сь, -вишься) *imp.*, стать (-а́ну, -а́нешь) *perf.* на коле́ни.

knell *n.* похоро́нный звон.

knickers *n.* панталоны (-н) *pl.*

knick-knack *n.* безделу́шка.

knife *n.* нож (-á); *v.t.* колóть (-лю́, -лешь) *imp.*, за~ *perf.* ножóм.

knight *n.* ры́царь *m.*; (*holder of order*) кавалéр (óрдена); (*chess*) конь (-ня́; *pl.* -ни, -нéй) *m.* **knighthood** *n.* ры́царство. **knightly** *adj.* ры́царский.

knit *v.t.* (*garment*) вязáть (вяжу́, -жешь) *imp.*, с~ *perf.*; (*unite*) связывать *imp.*, связáть (-яжу́, -я́жешь) *perf.*; *v.t. & i.* (*unite*) соединя́ть(ся) *imp.*, соединúть(ся) *perf.*; *v.i.* (*bones*) срастáться *imp.*, срастúсь (-тётся, срóсся, срослáсь) *perf.*; *k. one's brows*, хму́рить *imp.*, на~ *perf.* брóви. **knitting** *n.* (*action*) вязáние; (*object*) вязáнье; *k.-needle*, спи́ца. **knitwear** *n.* трикотáж.

knob *n.* ши́шка, кнóпка; (*door handle*) (кру́глая) ру́чка (двéри). **knobb(l)y** *adj.* шишковáтый.

knock *n.* (*noise*) стук; (*blow*) удáр; *v.t. & i.* (*strike*) ударя́ть *imp.*, удáрить *perf.*; (*strike door etc.*) стучáть (-чу́, -чи́шь) *imp.*, по~ *perf.* (*at*, в + *acc.*); *k. about*, (*treat roughly*) колоти́ть (-очу́, -óтишь) *imp.*, по~ *perf.*; (*wander*) шатáться *imp.*; *k. down*, (*person*) сбивáть *imp.*, сбить (собью́, -ьёшь) *perf.* с ног; (*building*) сноси́ть (-ошу́, -óсишь) *imp.*, снести́ (снесу́, -сёшь; снёс, -лá) *perf.*; (*at auction*) продавáть (-даю́, -даёшь) *imp.*, продáть (-áм, -áшь, -áст, -ади́м; пóродал, -á, -о) *perf.* с молоткá; *k. in*, вбивáть *imp.*, вбить (вобью́, -ьёшь) *perf.* (в + *acc.*); *k. off*, сбивáть *imp.*, сбить (собью́, -ьёшь) *perf.*; (*leave work*) прекращáть *imp.*, прекрати́ть (-ащу́, -ати́шь) *perf.* (рабóту); *k. out*, выбивáть *imp.*, вы́бить (-бью, -бьешь) *perf.*; (*sport*) нокаути́ровать *imp.*, *perf.*; *k.-out*, нокáут, бокс. **knocker** *n.* (*door-k.*) дверной молотóк (-ткá).

knoll *n.* бугóр (-грá).

knot *n.* у́зел (узлá) (*also fig.*, *naut.*); (*hard lump*) нарóст; (*in wood*) сучóк (-чкá); (*group*) ку́чка; *v.t.* завя́зывать *imp.*, завязáть (-яжу́, -я́жешь) *perf.* узлóм. **knotty** *adj.* узловáтый; (*fig.*) запу́танный (-ан, -анна).

knout *n.* кнут (-á).

know *v.t.* знать *imp.*; (*k. how to*) умéть *imp.*, с~ *perf.* + *inf.*; (*be acquainted*) быть знакóмым с + *instr.*; (*recognize*) узнавáть (-наю́, -наёшь) *imp.*, узнáть *perf.*; *k.-all*, всезнáйка *m. & f.*; *k.-how*, умéние. **knowing** *adj.* (*cunning*) хи́трый (-тёр, -трá, хи́тро). **knowingly** *adv.* сознáтельно. **knowledge** *n.* знáние, познáния (-ний) *pl.*; (*familiarity*) знакóмство (*of*, с + *instr.*); (*sum of what is known*) наýка; *to my k.*, наскóлько мне извéстно.

knuckle *n.* сустáв пáльца; (*cul.*) нóжка; *v.i.*: *k. down to*, реши́тельно брáться (берýсь, -рёшься; брáлся, -лáсь) *imp.*, взя́ться (возьмýсь, -мёшься; взя́лся, -лáсь) *perf.* за + *acc.*; *k. under*, подчиня́ться *imp.*, подчини́ться *perf.* (*to*, + *dat.*).

ko(w)tow *n.* ни́зкий поклóн; *v.i.* ни́зко кла́няться *imp.*, поклони́ться (-ню́сь, -нишься) *perf.*; (*fig.*) раболе́пствовать *imp.* (*to*, пéред + *instr.*).

Kremlin *n.* Кремль (-ля́) *m.*

kudos *n.* слáва.

L

label *n.* этикéтка; (*also fig.*) ярлы́к (-á); *v.t.* приклéивать *imp.*, приклéить *perf.* ярлы́к к + *dat.*

labial *adj.* (*n.*) губнóй (звук).

laboratory *n.* лаборатóрия; *l. assistant, technician*, лаборáнт, ~ка.

laborious *adj.* (*arduous*) трýдный (-ден, -днá, -дно, трýдны); (*industrious*) трудолюби́вый; (*of style*) вы́мученный (-ен).

labour *n.* труд (-á), рабóта; (*workers*) рабóчие *sb.*; (*task*) задáча; (*childbirth*)

laburnum / **land**

ро́ды (-дов) *pl.*; *attrib.* трудово́й, рабо́чий; l. exchange, би́ржа труда́; l. force, рабо́чая си́ла; l.-intensive, трудоёмкий; l. pains, родовы́е схва́тки *f.pl.*; L. Party, лейбори́стская па́ртия; *v.i.* труди́ться *imp.*; рабо́тать *imp.*; (elaborate) подро́бно разраба́тывать *imp.*, разрабо́тать *perf.* **laboured** *adj.* затруднённый (-ён, -ённа); (style) вы́мученный (-ен). **labourer** *n.* чернорабо́чий *sb.* **labourite** *n.* лейбори́ст.
laburnum *n.* раки́тник-золото́й дождь (-дя́).
labyrinth *n.* лабири́нт.
lace *n.* (fabric) кру́жево; (cord) шнур (-а́), шнуро́к (-рка́); *v.t.* (l. up) шнурова́ть *imp.*, за~ *perf.*
lacerate *v.t.* рвать (рву, рвёшь; рвал, -а́, -о) *imp.*; (fig.) раздира́ть *imp.* **laceration** *n.* (wound) рва́ная ра́на.
lachrymose *adj.* слезли́вый.
lack *n.* недоста́ток (-тка) (of, + *gen.*, в + *prep.*), отсу́тствие; *v.t.* испы́тывать *imp.*, испыта́ть *perf.* недоста́ток в + *prep.*; недостава́ть (-таёт) *imp.*, недоста́ть (-а́нет) *perf.impers.* + *dat.* (person), + *gen.* (object).
lackadaisical *adj.* (languid) то́мный (-мен, -мна́, -мно); (affected) жема́нный (-нен, -нна).
lackey *n.* лаке́й.
lack-lustre *adj.* ту́склый (-л, -ла́, -ло).
laconic *adj.* лакони́чный, -ческий.
lacquer *n.* лак; *v.t.* лакирова́ть *imp.*, от~ *perf.*
lactic *adj.* моло́чный.
lacuna *n.* пробе́л.
lad *n.* па́рень (-рня; *pl.* -рни, -рне́й) *m.*
ladder *n.* ле́стница; (naut.) трап.
laden *adj.* нагру́женный (-ён, -ена́); (fig.) обременённый (-ён, -ена́).
ladle *n.* (spoon) поло́вник; (for metal) ковш (-а́); *v.t.* черпа́ть *imp.*, черпну́ть *perf.*
lady *n.* да́ма, ле́ди *f.indecl.* **ladybird** *n.* бо́жья коро́вка.
lag[1] *v.i.*: l. behind, отстава́ть (-таю́, -таёшь) *imp.*, отста́ть (-а́ну, -а́нешь) *perf.* (от + *gen.*).
lag[2] *n.* (convict) ка́торжник.

lag[3] *v.t.* (insulate) покрыва́ть *imp.*, покры́ть (-ро́ю, -ро́ешь) *perf.* изоля́цией. **lagging** *n.* теплова́я изоля́ция.
lagoon *n.* лагу́на.
lair *n.* ло́говище, берло́га.
laity *n.* (in religion) миря́не (-н) *pl.*; (in profession) профа́ны (-нов) *pl.*
lake *n.* о́зеро (*pl.* озёра); *attrib.* озёрный.
lamb *n.* ягнёнок (-нка; *pl.* ягня́та, -я́т); (eccl.) а́гнец (-нца); *v.i.* ягни́ться *imp.*, о~ *perf.*
lame *adj.* хромо́й (хром, -а́, -о); (fig.) неубеди́тельный; be l., хрома́ть *imp.*; go l., хрома́ть *imp.*, о~ *perf.*; *v.t.* кале́чить *imp.*, o~ *perf.* **lameness** *n.* хромота́.
lament *n.* плач; *v.t.* опла́кивать *imp.*, опла́кать (-а́чу, -а́чешь) *perf.* **lamentable** *adj.* приско́рбный.
lamina *n.* то́нкая пласти́нка, то́нкий слой (*pl.* -о́и). **laminated** *adj.* листово́й, пласти́нчатый.
lamp *n.* ла́мпа, фона́рь (-ря́) *m.* **lamppost** *n.* фона́рный столб (-а́). **lampshade** *n.* абажу́р.
lampoon *n.* па́сквиль *m.*
lamprey *n.* мино́га.
lance *n.* пи́ка, копьё (*pl.* -пья, -пий, -пьям); (fish-spear) острога́; l.-corporal, ефре́йтор; *v.t.* пронза́ть *imp.*, пронзи́ть *perf.* пи́кой, копьём; (med.) вскрыва́ть *imp.*, вскрыть (-ро́ю, -ро́ешь) *perf.* (ланце́том). **lancer** *n.* ула́н (*pl.* -нов & -н (collect.)). **lancet** *n.* ланце́т.
land *n.* земля́ (acc. зе́млю; *pl.* -мли, -ме́ль, -мля́м); (dry l.) су́ша; (country) страна́ (*pl.* -ны); (soil) по́чва; (estates) поме́стья (-тий) *pl.*; *v.t.* (unload) выгружа́ть *imp.*, вы́грузить *perf.*; *v.t.* & *i.* (persons) выса́живать(ся) *imp.*, вы́садить(ся) *perf.*; (aeron.) приземля́ть(ся) *imp.*, приземли́ть(ся) *perf.* **landfall** *n.* подхо́д к бе́регу. **landing** *n.* вы́садка; (aeron.) поса́дка; (mil.) деса́нт; (on stairs) ле́стничная площа́дка; l.-stage, при́стань (*pl.* -ни, -не́й). **landlady** *n.* домовладе́лица, хозя́йка. **landlord** *n.* землевладе́лец (-льца); (of house) домовладе́лец (-льца); (of inn) хозя́ин (*pl.* -я́ева,

landau -áев). **landmark** n. (*boundary stone*; *fig.*) вéха; (*conspicuous object*) ориентúр. **landowner** n. землевладéлец (-льца). **landscape** n. ландшáфт (-а); (*also picture*) пейзáж; *l.-painter*, пейзажúст. **landslide, landslip** n. óползень (-зня) m.

landau n. ландó neut.indecl.

lane n. ýзкая дорóга; (*street*) переýлок (-лка); (*passage*) прохóд; (*on road*) ряд (-á with 2, 3, 4, loc. -ý; pl. -ы́); (*in race*) дорóжка; (*for ships*) морскóй путь (-тú, -тём) m.; (*for aircraft*) трáсса полёта.

language n. язы́к (-á); (*style, form of speech*) речь.

languid adj. тóмный (-мен, -мнá, -мно).

languish v.i. (*pine*) томúться imp.

languor n. томлéние, тóмность; (*fatigue*) устáлость. **languorous** adj. тóмный (-мен, -мнá, -мно), устáлый.

lank adj. (*person*) худощáвый; (*hair*) глáдкий (-док, -дкá, -дко). **lanky** adj. долговязый.

lantern n. фонáрь (-ря́) m.

lanyard n. (*naut.*) трóсовый тáлреп; (*cord*) шнур (-á).

lap[1] n. (*flap*; *of skirt*) полá (pl. -лы); (*ear-lobe*) мóчка; (*of person*) колéни (-ней) pl.; (*racing*) круг (pl. -ú).

lap[2] v.t. (*drink*) лакáть imp., вы́~ perf.; v.i. (*water*) плескáться (-éщется) imp.

lapel n. отворóт, лáцкан.

lapidary n. грани́льщик; adj. грани́льный; (*fig.*) сжáтый.

lapis lazuli n. ля́пис-лазýрь.

lapse n. (*mistake*) ошибка; (*of pen*) опи́ска; (*of memory*) провáл пáмяти; (*decline*) падéние; (*expiry*) истечéние; (*of time*) течéние, ход врéмени; v.i. впадáть imp., впасть (-адý, -адёшь, -ал) perf. (into, в+acc.); (*expire*) истекáть imp., истéчь (-ечёт; -ёк, -еклá) perf.

lapwing n. чúбис.

larceny n. воровствó.

larch n. лúственница.

lard n. свинóе сáло; v.t. (*cul.*) шпиговáть imp., на~ perf.; (*fig.*) уснащáть imp., уснастúть perf. (with, +instr.).

larder n. кладовáя sb.

large adj. большóй, крýпный (-пен, -пнá, -пно, крýпны); (*wide, broad*) ширóкий (-óк, -окá, -óко) n.: *at l.* (*free*) на свобóде; (*in detail*) подрóбно; (*as a whole*) целикóм. **largely** adv. (*to a great extent*) в значúтельной стéпени.

largess(e) n. щéдрость.

lark[1] n. (*bird*) жáворонок (-нка).

lark[2] n. шýтка, прокáза; v.i. (*l. about*) резвúться imp.

larva n. личúнка. **larval** adj. личúночный.

laryngeal adj. гортáнный. **laryngitis** n. ларингúт. **larynx** n. гортáнь.

lascivious adj. похотлúвый.

laser n. лáзер.

lash n. плеть (pl. -ти, -тéй), бич (-á); (*blow*) удáр плéтью, бичóм; (*eyelash*) реснúца; v.t. (*beat*) хлестáть (хлещý, -щешь) imp., хлестнýть perf.; (*with words*) бичевáть (-чýю, -чуешь) imp.; (*fasten*) привя́зывать imp., привязáть (-яжý, -я́жешь) perf. (to, к+dat.); *l. together*, свя́зывать imp., связáть (-яжý, -я́жешь) perf.

lass n. дéвушка, дéвочка.

lassitude n. устáлость.

lasso n. лассó neut.indecl.; v.t. ловúть (-влю́, -вишь) imp., поймáть perf. лассó.

last[1] n. (*cobbler's*) колóдка.

last[2] adj. (*final*) послéдний; (*most recent*) прóшлый; (*extreme*) крáйний; *the year* (etc.) *before l.*, позапрóшлый год (и т.д.); *l. but one*, предпослéдний; *l. but two*, трéтий (-тья, -тье) с концá; *l. night*, вчерá вéчером, нóчью; (*l.-mentioned*) послéдний sb.; (*end*) конéц (-нцá); *at l.*, наконéц, в концé концóв; adv. (*after all others*) пóсле всех; (*on last occasion*) в послéдний раз; (*in last place*) в концé.

last[3] v.i. (*go on*) продолжáться imp., продóлжиться perf.; длúться imp., про~ perf.; (*food, health*) сохраня́ться imp., сохранúться perf.; (*suffice*) хватáть imp., хватúть (-ит) perf.

lasting adj. (*enduring*) длúтельный; (*permanent*) постоя́нный (-нен, -нна); (*durable*) прóчный (-чен, -чнá, -чно, прóчны).

lastly adv. в концé, в заключéние, наконéц.

latch n. щеколда.
late adj. поздний; (recent) недавний; (dead) покойный; (former) бывший; be l. late опаздывать imp., опоздать perf. на + acc.; adv. поздно; n.: of l., недавно, за последнее время.
latent adj. скрытый.
lateral adj. боковой. **laterally** adv. (from side) сбоку; (towards side) вбок.
latex n. млечный сок (-а(у), loc. -е & -у́); (synthetic) латекс.
lath n. рейка, дранка (also collect.).
lathe n. токарный станок (-нка́).
lather n. (мы́льная) пена; (of horse) мыло; v.t. & i. мылить(ся) imp., на ~ perf.; (of horse) взмыливаться imp., взмылиться perf.
Latin adj. латинский; (Romance) романский; n. латинский язык (-а́); (when qualified) латынь; L.-American, латиноамериканский.
latitude n. свобода; (geog.) широта́.
latrine n. уборная sb.; (esp. in camp) отхожее место (pl. -та́).
latter adj. последний; l.-day, современный. **latterly** adv. (towards end) к концу; (of late) недавно.
lattice n. решётка. **latticed** adj. решётчатый.
laud v.t. хвала; v.t. хвалить (-лю́, -лишь) imp., по ~ perf. **laudable** adj. похвальный. **laudatory** adj. хвалебный.
laugh n. смех (-а(у), хо́хот; v.i. смеяться (-ею́сь, -еёшься) imp. (at, над + instr.); l. it off, отшучиваться imp., отшутиться (-учу́сь, -у́тишься) perf.; laughing-stock, посмешище. **laughable** adj. смешной (-шо́н, -шна́). **laughter** n. смех (-а(у)), хо́хот.
launch[1] v.t. бросать imp., бросить perf.; (ship) спускать imp., спустить (-ущу́, -у́стишь) perf. на́ воду; (rocket) запускать imp., запустить (-ущу́, -у́стишь) perf.; (undertake) предпринимать imp., предпринять (-ниму́, -ни́мешь; предпринял, -а́, -о) perf.; n. спуск на́ воду; запуск.
launcher n. (for rocket) пусковая установка. **launching pad** n. пусковая площадка.
launch[2] n. (naut.) баркас; (motor-l.) моторный катер (pl. -а́).

launder v.t. стирать imp., вы ~ perf.
laund(e)rette n. прачечная sb. самообслуживания. **laundress** n. прачка.
laundry n. (place) прачечная sb.; (articles) бельё.
laurel n. ла́вр(овое де́рево); (ornamental plant, Japanese l.) золотое дерево (pl. -е́вья, -е́вьев); pl. ла́вры m.pl., по́чести f.pl.
lava n. ла́ва.
lavatory n. уборная sb.
lavender n. лаванда.
lavish adj. щедрый (щедр, -а́, -о); (abundant) обильный; v.t. расточать imp. (upon, + dat.).
law n. закон, право; (jurisprudence) юриспруденция; (rule) правило; l. and order, правопорядок (-дка). law-court n. суд (-а́) **lawful** adj. законный (-нен, -нна). **lawgiver** n. законодатель m. (-нна). **lawless** adj. беззаконный (-нен, -нна).
lawn[1] n. (fabric) батист.
lawn[2] n. (grass) газон; l.-mower, газонокосилка.
lawsuit n. процесс.
lawyer n. адвокат, юрист.
lax adj. (loose) слабый (слаб, -а́, -о); (careless) небрежный; (not strict) нестрогий. **laxity** n. слабость; небрежность; (moral l.) распущенность.
laxative adj. слабительный; n. слабительное sb.
lay[1] n. пе́сенка, балла́да.
lay[2] adj. (non-clerical) све́тский; (non-professional) непрофессиональный.
lay[3] v.t. (position) положение; v.t. (place) класть (кладу́, -дёшь; клал) imp., положить (-жу́, -жишь) perf.; (impose) налагать imp., наложить (-жу́, -жишь) perf.; (present) излагать imp., изложить (-жу́, -жишь) perf.; (trap etc.) устраивать imp., устроить perf.; (crops, dust) прибивать imp. прибить (-бью́, -бьёшь) perf.; (calm) успокаивать imp., успокоить perf.; (ghost) изгонять imp., изгнать (изгоню́, -нишь; изгнал, -а́, -о) perf.; (meal) накрывать imp., накрыть (-ро́ю, -ро́ешь) perf. стол к + dat.; (eggs) класть (-адёт) imp., положить (-ит) perf.; v.abs. (lay eggs)

layer — 182 — **lean**

нестись (несётся; нёсся, неслась) *imp.*, с~ *perf.*; l. bare, open, раскрывать *imp.*, раскрыть (-рою, -роешь) *perf.*; l. a bet, wager. держать (-жу, -жишь) *imp.* пари (on, на+*acc.*); l. claim to, иметь *imp.* претензию на+*acc.*; l. hands on, (seize) завладевать *imp.*, завладеть *perf.*+*instr.*; l. siege to, осаждать *perf.*, осадить *perf.*; l. table, накрывать *imp.*, накрыть (-рою, -роешь) *perf.* стол (for *meal*), к+*dat.*); l. waste, опустошать *imp.*, опустошить *perf.*; l. aside, (put a.) откладывать *imp.*, отложить (-жу, -жишь) *perf.*, приберегать *imp.*, приберечь (-егу, -ежёшь; -ёг, -егла) *perf.*; l. down, (relinquish) отказываться *imp.*, отказаться (-ажусь, -ажешься) *perf.* от+*gen.*; (formulate) составлять *imp.*, составить *perf.*; (rule etc.) устанавливать *imp.*, установить (-влю, -вишь) *perf.*; (ship etc.) закладывать *imp.*, заложить (-жу, -жишь) *perf.*; l. down one's arms, складывать, слагать *imp.*, сложить (-жу, -жишь) *perf.* оружие; l. down one's life, положить (-жу, -жишь) *perf.* жизнь (for, за+*acc.*); l. in (stock of), запасаться *imp.*, запастись (-сусь, -сёшься; -с, -сла) *perf.*+*acc.*, +*gen.*; l. off, (workmen) временно увольнять *imp.*, уволить *perf.*; l. out, (spread) выкладывать *imp.*, выложить *perf.*; (arrange) разбивать *imp.*, разбить (разобью, -бьёшь) *perf.*; (expend) тратить *imp.*, ис~, по~ *perf.*; l. up, запасать *imp.*, запасти (-су, -сёшь; -с, -сла) *perf.*, +*gen.*; be laid up, быть прикованным к постели, к дому. layabout *n.* бездельник.

layer *n.* слой (*pl.* -ой), пласт (-á, *loc.* -ý); (*hort.*) отводок (-дка); (*hen*) несушка.

layman *n.* мирянин (*pl.* -яне, -ян); (*non-expert*) неспециалист.

laze *v.i.* бездельничать *imp.* **laziness** *n.* лень. **lazy** *adj.* ленивый; l.-bones, лентяй, ~ка.

lea *n.* луг (*loc.* -ý; *pl.* -á).

lead[1] *n.* (*example*) пример; (*leadership*) руководство; (*position*) первое место; (*theat.*) главная роль (*pl.* -ли, -лей); (*cards*) первый ход; (*electr.*) провод (*pl.* -á); (*dog's*) поводок (-дка); *v.t.* водить (вожу, водишь) *indet.*, вести (веду, -дёшь; вёл, -á) *det.*; (*army*) командовать *imp.*, с~ *perf.*+*instr.*; (*induce*) заставлять *imp.*, заставить *perf.*; *v.t. & i.* ходить (хожу, ходишь) *imp.* (с+*gen.*); *v.i.* (*sport*) занимать (займу, -мёшь; занял, -á, -о) *perf.* первое место; l. astray, сбивать *imp.*, сбить (собью, -бьёшь) *perf.* с пути; l. away, уводить (-ожу, -одишь) *imp.*, увести (-еду, -едёшь; -ёл, -á) *perf.*; l. on, увлекать *imp.*, увлечь (-еку, -ечёшь; -ёк, -екла) *perf.*; l. to, (result in) приводить (-ит) *imp.*, привести (-едёт; -ёл, -ела) *perf.* к+*dat.*

lead[2] *n.* (*metal*) свинец (-нца); (*naut.*) лот; (*print.*) шпон(а). **leaden** *adj.* свинцовый.

leader *n.* руководитель *m.*, ~ ница, лидер, вождь (-дя) *m.*; (*mus.*) концертмейстер; (*editorial*) передовая статья. **leadership** *n.* руководство; under the l. of, во главе с+*instr.*

leading *adj.* ведущий, выдающийся; l. article, передовая статья.

leaf *n.* лист (-á; *pl.* (*plant*) -ья, -ьев & (*paper*) -ы, -ов); (*of door*) створка; (*of table*) опускная доска (*acc.* -ску; *pl.* -ски, -сок, -скам); l.-mould, листовой перегной; *v.i.*: l. through, перелистывать *imp.*, перелистать *perf.* **leaflet** *n.* листовка. **leafy** *adj.* покрытый листьями.

league *n.* лига, союз; (*sport*) класс.

leak *n.* течь, утечка; spring a l., давать (даёт) *imp.*, дать (даст; дал, -á, дало, -и) *perf.* течь; *v.i.* (*escape*) течь (чёт; тёк, -ла) *imp.*; (*allow water to l.*) пропускать *perf.* воду; l. out, просачиваться *imp.*, просочиться *perf.*

lean[1] *adj.* (*thin*) худой (худ, -á, -о); (*meat*) постный (-тен, -тна, -тно); (*meagre*) скудный (-ден, -дна, -дно).

lean[2] *v.t. & i.* прислонять(ся) *imp.*, прислонить(ся) (-оню(сь), -онишь(ся)) *perf.* (against, к+*dat.*); *v.i.* (*l. on, rely on*) опираться *imp.*, опереться (обопрусь, -рёшься; опёрся, опёр-

leap

лась) *perf.* (on, на + *acc.*); (*be inclined*) быть склонным (-онен, -онна́, -о́нно) (to(wards)), к + *dat.*); l. back, отки́дываться *imp.*, откинуться *perf.*; l. out of, высо́вываться *imp.*, высунуться *perf.* в + *acc.* **leaning** *n.* склонность.
leap *n.* прыжо́к (-жка́), скачо́к (-чка́); *v.i.* пры́гать *imp.*, пры́гнуть *perf.*; скака́ть (-ачу́, -а́чешь) *imp.*; *v.t.* (*l. over*) перепры́гивать *imp.*, перепры́гнуть *perf.*; **l.-frog**, чехарда́; **l. year**, високо́сный год (*loc.* -у́; *pl.* -ы & -á, -о́в).
learn *v.t.* учи́ться (учу́сь, у́чишься) *imp.*, об~ *perf.* + *dat.*; (*find out*) узнава́ть (-наю́, -наёшь) *imp.*, узна́ть *perf.* **learned** *adj.* учёный. **learner** *n.* уча́щийся *sb.*, учени́к (-á), -и́ца. **learning** *n.* (*studies*) уче́ние; (*eruditon*) учёность.
lease *n.* аре́нда; *v.t.* (*of owner*) сдава́ть (сдаю́, сдаёшь) *imp.*, сдать (-ам, -ашь -ает, -ади́м; сдал, -á, -о) *perf.* в аре́нду; (*of tenant*) брать (беру́, -рёшь; брал, -á, -о) *imp.*, взять (возьму́, -мёшь; взял, -á, -о) *perf.* в аре́нду. **leaseholder** *n.* аренда́тор.
leash *n.* сво́ра, привязь.
least *adj.* наиме́ньший, мале́йший; *adv.* ме́нее всего́; at l., по кра́йней ме́ре; not in the l., ничу́ть.
leather *n.* ко́жа; *attrib.* ко́жаный.
leave[1] *n.* (*permission*) разреше́ние; (*l. of absence*) о́тпуск (*loc.* -е & -у́); on l., в о́тпуске, -ку́; take (one's) l., проща́ться *imp.*, прости́ться *perf.* (of, c + *instr.*)
leave[2] *v.t. & i.* оставля́ть *imp.*, оста́вить *perf.*; (*abandon*) покида́ть *imp.*, поки́нуть *perf.*; (*go away*) уходи́ть (-ожу́, -о́дишь) *imp.*, уйти́ (уйду́, -дёшь; ушёл, ушла́) *perf.* (from, от + *gen.*); уезжа́ть *imp.*, уе́хать ь (уе́ду, -дешь) *perf.* from, от + *gen.*); (*entrust*) предоставля́ть *imp.*, предоста́вить *perf.* (to, + *dat.*); l. out, пропуска́ть *imp.*, пропусти́ть (-ущу́, -у́стишь) *perf.*
leaven *n.* (*yeast*) дрожжи *pl.* (-жей) *pl.*; заква́ска; *v.t.* ста́вить *imp.*, по~ *perf.* на дрожжа́х; заква́шивать *imp.*, заква́сить *perf.*
leavings *n.* оста́тки *m.pl.*; (*food*) объе́дки (-ков) *pl.*

legion

lecherous *adj.* распу́тный.
lectern *n.* анало́й.
lecture *n.* (*discourse*) ле́кция; (*reproof*) нота́ция; *v.i.* (*deliver l.(s)*) чита́ть *imp.*, про~ *perf.* ле́кцию (-ии) (on, по + *dat.*); *v.t.* (*admonish*) чита́ть *imp.*, про~ *perf.* нота́цию + *dat.*; l. room, аудито́рия. **lecturer** *n.* ле́ктор; (*univ.*) преподава́тель *m.*, ~ ница.
ledge *n.* вы́ступ; (*under water*) риф.
ledger *n.* гла́вная кни́га, гроссбу́х.
lee *n.* защи́та; l. side, подве́тренная сторона́ (*acc.* -ону́); l. shore, подве́тренный бе́рег (*loc.* -у́).
leech[1] *n.* (*doctor*) ле́карь (*pl.* -ри, -ре́й)
leech[2] *n.* (*worm*) пия́вка; (*person*) вымога́тель *m.*
leek *n.* лук-поре́й.
leer *v.i.* смотре́ть (-рю́, -ришь) *imp.*, по~ *perf.* и́скоса (at, на + *acc.*).
lees *n.* оса́док (-дка), подо́нки (-ков) *pl.*
leeward *n.* подве́тренная сторона́ (*acc.* -ону́); *adj.* подве́тренный.
leeway *n.* (*naut.*) дрейф.
left *n.* ле́вая сторона́ (*acc.* -ону́); (*L.*; *polit.*) ле́вые *sb.*; *adj.* ле́вый; *adv.* нале́во, сле́ва (от + *gen.*); l.-hander, левша́ *m. & f.*
left-luggage office *n.* ка́мера хране́ния.
left-overs *n.* оста́тки *m.pl.*; (*food*) объе́дки (-ков) *pl.*
leg *n.* нога́ (*acc.* -гу; *pl.* -ги, -г, -га́м); (*furniture etc.*) но́жка (-); (*support*) подста́вка; (*stage of journey etc.*) эта́п; pull someone's l., моро́чить *imp.* го́лову + *dat.*
legacy *n.* насле́дство.
legal *adj.* (*of the law*) правово́й; (*lawful*) зако́нный; l. adviser юриско́нсульт. **legality** *n.* зако́нность. **legalize** *v.t.* узако́нивать *imp.*, узако́нить *perf.*
legate *n.* лега́т.
legatee *n.* насле́дник.
legation *n.* (дипломати́ческая) ми́ссия.
legend *n.* леге́нда. **legendary** *adj.* легенда́рный.
leggings *n.* гама́ши *f.pl.*
legible *adj.* разбо́рчивый.
legion *n.* легио́н; (*great number*) мно́жество. **legionary** *n.* легионе́р.

legislate v.i. издава́ть (-даю́, -даёшь) imp., изда́ть (-а́м, -а́шь, -а́ст, -ади́м; изда́л, -а́, -о) perf. зако́ны. **legislation** n. законода́тельство. **legislative** adj. законода́тельный. **legislator** n. законода́тель m.

legitimacy n. зако́нность; (of child) законорождённость. **legitimate** adj. зако́нный (-нен, -нна); (child) законорождённый (-ён, -ённа). **legitimize** v.t. узако́нивать imp., узако́нить perf.

leguminous adj. бобо́вый, стручко́вый.

leisure n. досу́г; at l., на досу́ге. **leisurely** adj. неторопли́вый; adv. не спеша́.

leitmotiv n. лейтмоти́в.

lemon n. лимо́н; attrib. лимо́нный. **lemonade** n. лимона́д.

lend v.t. дава́ть (даю́, даёшь) imp., дать (дам, дашь, даст, дади́м; дал, -а́, да́ло, -и) perf. взаймы́ (to, +dat.); ода́лживать imp., одолжи́ть perf. (to, +dat.).

length n. длина́, расстоя́ние; (duration) продолжи́тельность; (of cloth) отре́з; at l., (at last) наконе́ц; (in detail) подро́бно. **lengthen** v.t. & i. удлиня́ть(ся) imp., удлини́ть(ся) perf. **lengthways**, **-wise** adv. в длину́, вдоль. **lengthy** adj. дли́нный (-нен, -нна́, дли́нно́).

lenience, **-cy** n. снисходи́тельность. **lenient** adj. снисходи́тельный.

lens n. ли́нза; (anat.) хруста́лик гла́за.

Lent n. вели́кий пост (-а́, loc. -у́). **Lenten** adj. великопо́стный; (food) по́стный (-тен, -тна́, -тно).

lentil n. чечеви́ца.

Leo n. Лев (Льва).

leonine adj. льви́ный.

leopard n. леопа́рд.

leper n. прокажённый sb. **leprosy** n. прока́за.

lesion n. поврежде́ние; (med.) пораже́ние.

less adj. ме́ньший; adv. ме́ньше, ме́нее; prep. без+gen., за вы́четом+gen.

lessee n. аренда́тор.

lessen v.t. & i. уменьша́ть(ся) imp., уме́ньшить(ся) perf.

lesser adj. ме́ньший.

lesson n. уро́к.

lest conj. (in order that not) что́бы не; (that) как бы не.

let[1] n. (hindrance) поме́ха.

let[2] n. (lease) сда́ча в наём; v.t. (allow) позволя́ть imp., позво́лить perf.+dat.; разреша́ть imp., разреши́ть perf.+dat.; (allow to escape) пуска́ть imp., пусти́ть (пущу́, пу́стишь) perf.; (rent out) сдава́ть (сдаю́, -аёшь) imp., сдать (-ам, -ашь, -аст, -ади́м; сдал, -а́, -о) perf. внаём (to, +dat.); v.aux. (imperative) (1st person) дава́й(те); (3rd person) пусть; (assumption) допу́стим; l. alone, оставля́ть imp., оста́вить perf. в поко́е; (in imperative) не говоря́ уже́ о+prep.; l. down, (lower) опуска́ть imp., опусти́ть (-ущу́, -у́стишь) perf.; (fail) подводи́ть (-ожу́, -о́дишь) imp., подвести́ (-еду́, -едёшь; -ёл, -ела́) perf.; (disappoint) разочаро́вывать imp., разочарова́ть perf.; l. go, выпуска́ть imp., вы́пустить perf.; let's go, пойдём(те) пошли́! поéхали! l. in(to), (admit) впуска́ть imp., впусти́ть (-ущу́, -у́стишь) perf. в+acc.; (into secret) посвяща́ть imp., посвяти́ть (-ящу́, -яти́шь) perf. в+acc.; l. know, дава́ть (даю́, даёшь) imp., дать (дам, дашь, даст, дади́м; дал, -а́, да́ло, -о) perf. знать+dat.; l. off, (gun) вы́стрелить perf. из+gen.; (not punish) отпуска́ть imp., отпусти́ть (-ущу́, -у́стишь) perf. без наказа́ния; l. out, (release, loosen) выпуска́ть imp., вы́пустить perf.

lethal adj. смертоно́сный.

lethargic adj. летарги́ческий; (inert) вя́лый. **lethargy** n. летарги́я; вя́лость.

letter n. (symbol) бу́ква; (print) ли́тера; (missive) письмо́ (pl. -сьма, -сем, -сьмам); pl. (literature) литерату́ра, pl. (erudition) учёность; to the l., буква́льно; l.-box, почто́вый я́щик.

lettuce n. сала́т.

leukaemia n. лейкеми́я.

level n. у́ровень (-вня) m.; (spirit-l.) ватерпа́с; (surveyor's) нивели́р; (flat country) равни́на; adj. горизонта́льный, ро́вный (-вен, -вна́, -вно); l. crossing, (железнодоро́жный) перее́зд; l.-headed, уравнове́шенный (-ен, -енна); v.t. (make l.) выра́внивать

lever

imp., вы́ровнять perf.; (make equal) ура́внивать imp., уравня́ть perf.; (raze) ровня́ть imp., с~ perf. с землёй; (gun) наводи́ть (-ожу́, -о́дишь) imp., навести́ (-еду́, -едёшь, -ёл, -ела́) perf. (at, в, на, +acc.); (criticism) направля́ть imp., напра́вить perf. (at, про́тив + gen.); (surveying) нивели́ровать imp., perf.
lever n. рыча́г (-á). **leverage** n. де́йствие рычага́; (influence) влия́ние.
leveret n. зайчо́нок (-чо́нка; pl. -ча́та, -ча́т).
levity n. легкомы́слие.
levy n. (tax) сбор; (mil.) набо́р; v.t. (tax) взима́ть imp. (from, c + gen.); (mil.) набира́ть imp., набра́ть (наберу́, -рёшь; набра́л, -á, -о) perf.
lewd adj. (lascivious) похотли́вый; (indecent) непристо́йный.
lexicographer n. лексико́граф. **lexicography** n. лексикогра́фия.
lexicon n. словарь (-ря́) m.
liability n. (responsibility) отве́тственность (for, за + acc.); (obligation) обяза́тельство; pl. (debts) долги́ m.pl.; (susceptibility) подве́рженность (to, + dat.). **liable** adj. отве́тственный (-ен, -енна) (for, за + acc.); обя́занный (-ан); подве́рженный (-ен) (to, + dat.).
liaison n. любо́вная связь; (mil.) связь (взаимоде́йствия); l. officer, офице́р связи.
liar n. лгун (-á), ~ья.
libation n. возлия́ние.
libel n. клевета́; v.t. клевета́ть (-ещу́, -е́щешь) imp., на~ perf. на + acc.
libellous adj. клеветни́ческий.
liberal n. либера́л. adj. либера́льный; (generous) ще́дрый (щедр, -á, -о); (abundant) оби́льный.
liberate v.t. освобожда́ть imp., освободи́ть perf. **liberation** n. освобожде́ние; attrib. освободи́тельный. **liberator** n. освободи́тель m.
libertine n. (profligate) распу́тник; (free-thinker) вольноду́мец (-мца).
liberty n. свобо́да, во́льность; at l., на свобо́де.
libidinous adj. похотли́вый.
Libra n. Весы́ (-со́в) pl.

life

librarian n. библиоте́карь m. **library** n. библиоте́ка.
libretto n. либре́тто neut.indecl.
licence[1] n. (permission, permit) разреше́ние, пра́во (pl. -вá), лице́нзия; (liberty) (изли́шняя) во́льность. **license**, **-ce**[2] v.t. (allow) разреша́ть imp., разреши́ть perf. + dat.; дава́ть (даю́, даёшь) imp., дать (дам, дашь, даст, дади́м; дал, -á, да́ло, -и) perf. пра́во + dat.
licentious adj. похотли́вый, распу́щенный.
lichen n. (bot.) лиша́йник; (med.) лиша́й (-áя).
lick n. лиза́ние; go at full l., нести́сь (несу́сь, -сёшься; нёсся, несла́сь) det., по~ perf.; v.t. лиза́ть (лижу́, -жешь) imp., лизну́ть perf.; (l. all over) обли́зывать imp., облиза́ть (-ижу́, -и́жешь) perf.; (thrash) колоти́ть (-очу́, -о́тишь) imp., по~ perf.; (defeat) побежда́ть imp., победи́ть (-и́шь) perf. **lickspittle** n. подхали́м.
lid n. (cover) кры́шка; (eyelid) ве́ко (pl. -ки, -к).
lie[1] n. (untruth) ложь (лжи, instr. ло́жью); (deceit) обма́н; v.i. лгать (лгу, лжёшь; лгал, -á, -о) imp., со~ perf.
lie[2] n. (position) положе́ние; l. of the land, (fig.) положе́ние веще́й; v.i. лежа́ть (-жу́, -жи́шь) imp.; (be situated) находи́ться (-ожу́сь, -о́дишься) imp.; l. down, ложи́ться imp., лечь (ля́гу, ля́жешь; лёг, -лá) perf. l. in wait for, подстерега́ть imp., подстере́чь (-егу́, -ежёшь; -ёг, -егла́) perf. + acc.
lieu n.: in l. of, вме́сто + gen.
lieutenant n. лейтена́нт; l.-colonel, подполко́вник; l.-general, генера́л-лейтена́нт.
life n. жизнь; (way of l.) о́браз жи́зни; (energy) жи́вость; (biography) жизнеописа́ние; (of inanimate object) срок рабо́ты, слу́жбы; for l., на всю жизнь; from l., с нату́ры. **lifebelt** n. спаса́тельный по́яс (pl. -á). **lifeboat** n. спаса́тельная шлю́пка. **lifebuoy** n. спаса́тельный буй (pl. буи́). **life-guard** n. (bodyguard) ли́чная охра́на. **Life-Guards** n. лейб-гва́рдия. **life-jacket** n.

lift

спасательный жилет. **lifeless** *adj.* безжизненный (-ен, -енна). **lifelike** *adj.* словно живой (жив, -а, -о). **lifelong** *adj.* пожизненный (-ен, -енна). **life-size(d)** *adj.* в натуральную величину. **lifetime** *n.* продолжительность жизни.

lift *n.* поднятие; *(machine)* лифт, подъёмник, подъёмник; *(force)* подъёмная сила; *give a l.,* подвозить (-ожу, -озишь) *imp.,* подвезти (-езу, -езёшь; -ёз, -езла) *perf.; v.t. & i.* поднимать(ся) *imp.,* поднять(ся) (-ниму(сь), -нимешь(ся); поднял/поднялся, -ла(сь), -ло/-лось) *perf.; v.t. (steal)* красть (краду, -дёшь; крал) *imp.,* у~ *perf.*

ligament *n.* связка.

ligature *n.* лигатура; *(mus.)* лига.

light[1] *n.* свет; освещение; *(source of l.)* огонь (огня) *m.,* лампа, фонарь (-ря) *m.; pl. (tr.)* светофор; *bring to l.,* выводить (-ожу, -одишь) *imp.,* вывести (-еду, -едешь; -ел) *perf.* на чистую воду; обнаруживаться *imp.,* обнаружиться *perf.; shed l. on,* проливать *imp.,* пролить (-лью, -льёшь; пролил, -а, -о) свет на+*acc.; l. meter, (phot.)* экспонометр; *l.-year,* световой год *(pl.* годы, лет, годам); *adj. (bright)* светлый (-тел, -тла, -тло); *(pale)* бледный (-ден, -дна, -дно, бледны); *it is l. in the room,* в комнате светло; *v.t. & i. (ignite)* зажигать(ся) *imp.,* зажечь(ся) (-жгу(сь), -жжёшь(ся), -жгут(ся), -жгла(сь)) *perf.; v.t. (give l. to)* освещать *imp.,* осветить (-ещу, -етишь) *perf.; l. up, (begin to smoke)* закурить (-рю, -ришь) *perf.*

light[2] *adj. (not heavy)* лёгкий (-гок, -гка, -гко, лёгки); *(unimportant)* незначительный (-лен, -льна); *(nimble)* быстрый (быстр, -а, -о, быстры); *(cheerful)* весёлый (весел, -а, -о, веселы); *l.-fingered,* на руку нечистый (-т, -та, -то); *l.-headed, (frivolous)* легкомысленный (-ен, -енна); *(delirious) predic.* в бреду; *l.-hearted,* беззаботный; *l. industry,* лёгкая промышленность; *l. infantry,* лёгкая пехота; *l.-minded,* легкомысленный (-ен, -енна).

limb

light[3] *v.i.: l. upon,* неожиданно наталкиваться *imp.,* натолкнуться *perf.* на+*acc.*

lighten[1] *v.t. & i. (make lighter)* облегчать(ся) *imp.,* облегчить(ся) *perf.; v.t. (mitigate)* смягчать *imp.,* смягчить *perf.*

lighten[2] *v.t. (illuminate)* освещать *imp.,* осветить (-ещу, -етишь) *perf.; v.i. (grow bright)* светлеть *imp.,* по~ *perf.; (flash)* сверкать *imp.,* сверкнуть *perf.; it lightens,* сверкает молния.

lighter[1] *n. (cigarette l. etc.)* зажигалка.

lighter[2] *n. (boat)* лихтер.

lighthouse *n.* маяк (-а).

lighting *n.* освещение; *(lights)* осветительные установки *f.pl.*

lightning *n.* молния; *ball l.,* шаровая молния; *summer l.,* зарница; *l.-conductor,* молниеотвод.

lights *n. (cul.)* лёгкое *sb.*

lightship *n.* плавучий маяк (-а).

lightweight *n. (sport)* легковес; *adj.* легковесный.

ligneous *adj.* деревянистый.

lignite *n.* лигнит.

like[1] *adj. (similar)* похожий (на+*acc.*), подобный; *what is he l.?* что он за человек? *n.: and the l.,* и тому подобное, и т.п.

like[2] *v.t.* нравиться, по~ *perf. impers.+dat.;* любить (-блю, -бишь) *imp.; (wish for)* хотеть (хочу, -чешь, хотим) *imp.; I should l.,* я хотел бы; *I would l.,* мне хотелось бы; *as you l.,* как вам удобно. **likeable** *adj.* симпатичный.

likelihood *n.* вероятность. **likely** *adj. (probable)* вероятный; *(suitable)* подходящий.

liken *v.t.* уподоблять *imp.,* уподобить *perf. (to, +dat.).*

likeness *n. (resemblance)* сходство; *(semblance)* вид; *(portrait)* портрет.

likewise *adv. (similarly)* подобно; *(also)* тоже, также.

liking *n.* вкус (for, к+*dat.*).

lilac *n.* сирень; *adj.* сиреневый.

lily *n.* лилия; *l. of the valley,* ландыш.

limb *n.* член тела; *(of tree)* сук (-а, *loc.* -у; *pl.* -и, -ов & сучья, -ьев).

limber — **liquor**

limber¹ *n.* (*mil.*) передо́к (-дка́); *v.t. & abs.* (*l. up*) прицепля́ть *imp.*, прицепи́ть (-плю́, -пишь) *perf.* (ору́дие, -ия) к передка́м.

limber² *adj.* (*flexible*) ги́бкий (-бок, -бка́, -бко); (*nimble*) прово́рный; *v.i.: l. up*, размина́ться *imp.*, размя́ться (разомну́сь, -нёшься) *perf.*

limbo *n.* преддве́рие а́да; (*fig.*) забро́шенность, забве́ние.

lime¹ *n.* (*min.*) и́звесть. **limekiln** *n.* печь (*loc.* печи́; *pl.* -чи, -че́й) для о́бжига известняка́. **limelight** *n.* друммо́ндов свет; *in the l.*, (*fig.*) в це́нтре внима́ния. **limestone** *n.* известня́к (-а́).

lime² *n.* (*fruit*) лайм.

lime³ *n.* (*l.-tree*) ли́па.

limit *n.* грани́ца, преде́л; *v.t.* ограни́чивать *imp.*, ограни́чить *perf.* **limitation** *n.* ограниче́ние; (*leg.*) искова́я да́вность. **limitless** *adj.* безграни́чный.

limousine *n.* лимузи́н.

limp¹ *n.* (*lameness*) хромота́; *v.i.* хрома́ть *imp.*

limp² *adj.* (*not stiff*) мя́гкий (-гок, -гка́, -гко); (*fig.*) вя́лый.

limpet *n.* морско́е блю́дечко (*pl.* -чки, -чек, -чкам).

limpid *adj.* прозра́чный.

linchpin *n.* чека́.

linden *n.* ли́па.

line¹ *n.* ли́ния, черта́; (*cord*) верёвка; (*fishing l.*) леса́ (*pl.* лёсы); (*wrinkle*) морщи́на; (*limit*) грани́ца; (*row*) ряд (-á *with* 2, 3, 4, *loc.* -ý; *pl.* -ы́); (*of words*) строка́ (*pl.* -ки, -к, -ка́м); (*of verse*) стих (-а́); *v.t.* (*paper*) линова́ть *imp.*, раз~ *perf.*; *v.t. & i.* (*l. up*) выстра́ивать(ся) *imp.*, вы́строить(ся) *perf.* в ряд.

line² *v.t.* (*clothes*) класть (кладу́, -дёшь; клал) *imp.*, положи́ть (-жу́, -жишь) *perf.* на подкла́дку.

lineage *n.* происхожде́ние (по прямо́й ли́нии).

lineal *adj.* (происходя́щий) по прямо́й ли́нии.

linear *adj.* лине́йный.

lined¹ *adj.* лино́ванный; (*face*) морщи́нистый.

lined² *adj.* (*garment*) на подкла́дке, с подкла́дкой.

linen *n.* полотно́ (*pl.* -тна, -тен, -тнам); *collect.* бельё; *adj.* льняно́й, полотня́ный.

liner *n.* ла́йнер.

linesman *n.* (*sport*) судья́ (*pl.* -дьи, -дей, -дьям) *m.* на ли́нии.

ling¹ *n.* (*fish*) морска́я щу́ка.

ling² *n.* (*heather*) ве́реск.

linger *v.i.* ме́длить *imp.*; заде́рживаться *imp.*, задержа́ться (-жу́сь, -жишься) *perf.*

lingerie *n.* да́мское бельё.

lingering *adj.* (*illness*) затяжно́й.

lingo *n.* (*special language*) жарго́н.

linguist *n.* лингви́ст, языкове́д. **linguistic** *adj.* лингвисти́ческий. **linguistics** *n.* лингви́стика, языкозна́ние.

liniment *n.* жи́дкая мазь.

lining *n.* (*clothing etc.*) подкла́дка; (*tech.*) облицо́вка.

link *n.* звено́ (*pl.* -нья, -ньев, связь; *v.t.* соединя́ть *imp.*, соедини́ть *perf.*; свя́зывать *imp.*, связа́ть (свяжу́, -жешь) *perf.*

linnet *n.* конопля́нка.

linoleum *n.* лино́леум.

linotype *n.* линоти́п.

linseed *n.* льняно́е се́мя (*gen.pl.* -мя́н) *neut.*; *l. cake*, льняны́е жмыхи́ (-хо́в) *pl.*; *l. oil*, льняно́е ма́сло.

lint *n.* ко́рпия.

lintel *n.* перемы́чка.

lion *n.* лев (льва); *l.-cub*, львёнок (-нка; *pl.* льва́та, -т). **lioness** *n.* льви́ца.

lip *n.* губа́ (*pl.* -бы, -б, -ба́м); (*of vessel*) край (*loc.* -аю́; *pl.* -ая́); (*fig.*) де́рзость; **lipstick** *n.* губна́я пома́да.

liquefaction *n.* сжиже́ние. **liquefy** *v.t. & i.* превраща́ть(ся) *imp.*, преврати́ть(ся) (-ащу́, -ати́т(ся)) *perf.* в жи́дкое состоя́ние.

liqueur *n.* ликёр (-а(у)).

liquid *n.* жи́дкость; *adj.* жи́дкий (-док, -дка́, -дко); (*transparent*) прозра́чный; (*ling.*) пла́вный; (*econ.*) ликви́дный.

liquidate *v.t.* ликвиди́ровать *imp.*, *perf.* **liquidation** *n.* ликвида́ция; *go into l.*, ликвиди́роваться *imp.*, *perf.*

liquidity *n.* жи́дкое состоя́ние.

liquor *n.* (спиртно́й) напи́ток (-тка).

liquorice n. (*plant*) лакри́чник, соло́дка; (*root*) лакри́ца, солодко́вый ко́рень (-рня) m.

lissom adj. (*lithe*) ги́бкий (-бок, -бка́, -бко); (*agile*) прово́рный.

list¹ n. (*roll*) спи́сок (-ска), пе́речень (-чня) m.; v.t. вноси́ть (-ошу́, -о́сишь) imp., внести́ (внесу́, -сёшь; внёс, -ла́) perf. в спи́сок.

list² n. (*naut.*) крен; v.i. накреня́ться imp., накрени́ться perf., на ~ perf.

listen v.i. слу́шать imp., по ~ perf. (to, + acc.); (*heed*) прислу́шиваться imp., прислу́шаться perf. (to, к + dat.); l. in, (*telephone*) подслу́шивать imp., подслу́шать perf. (to, + acc.); (*radio*) слу́шать imp. ра́дио.

listless adj. (*languid*) то́мный (-мен, -мна́, -мно); (*indifferent*) безразли́чный.

litany n. лита́ния.
literacy n. гра́мотность.
literal adj. (*in letters*) бу́квенный; (*sense etc.*) буква́льный.
literary adj. литерату́рный.
literate adj. гра́мотный.
literature n. литерату́ра.
lithe adj. ги́бкий (-бок, -бка́, -бко).
lithograph n. литогра́фия; v.t. литографи́ровать imp., perf. **lithographer** n. литогра́ф. **lithographic** adj. литографи́ческий. **lithography** n. литогра́фия.
litigant n. сторона́ (acc. -ону; pl. -оны, -о́н, -она́м); adj. тя́жущийся. **litigate** v.i. суди́ться (сужу́сь, су́дишься) imp. **litigation** n. тя́жба. **litigious** adj. сутя́жнический.
litmus n. ла́кмус; l. paper, ла́кмусовая бума́га.
litre n. литр.
litter n. (*vehicle, stretcher*) носи́лки (-лок) pl.; (*bedding*) подсти́лка; (*disorder*) беспоря́док (-дка); (*rubbish*) сор (-а(у)); (*brood*) помёт; v.t. (*make untidy*) сори́ть imp., на ~ perf. (with, + instr.); (*scatter*) разбра́сывать imp., разбро́сать perf.
little n. немно́гое; l. by l., ма́ло-пома́лу; a l., немно́го + gen.; not a l., нема́ло + gen.; adj. ма́ленький, небольшо́й; (*in height*) небольшо́го ро́ста; (*in distance, time*) коро́ткий (-ро́ток, коротка́, ко́ротко); (*unimportant*) незначи́тельный; adv. ма́ло, немно́го; (*not at all*) совсе́м не.

littoral n. побере́жье; adj. прибре́жный.
liturgical adj. литурги́ческий. **liturgy** n. литурги́я.
live¹ adj. живо́й (жив, -а́, -о); (*coals*) горя́щий; (*mil.*) боево́й; (*electr.*) под напряже́нием; (*active*) де́ятельный; (*real*) жи́зненный (-ен, -енна).
live² v.i. жить (живу́, -вёшь; жил, -а́, -о) imp.; существова́ть imp.; l. down, загла́живать imp., загла́дить perf.; l. on, (*feed on*) пита́ться imp. + instr.; l. through, пережива́ть imp., пережи́ть (-иву́, -ивёшь; пе́режи́л, -а́, -о) perf.; l. until, to see, дожива́ть imp., дожи́ть (-иву́, -ивёшь; до́жи́л, -а́, -о) perf. до + gen.; l. up to, жить (живу́, -вёшь; жил, -а́, -о) imp. согла́сно + dat.
livelihood n. сре́дства neut.pl. к существова́нию.
lively adj. живо́й (жив, -а́, -о), весёлый (ве́сел, -а́, -о, ве́селы).
liven (up) v.t. & i. оживля́ть(ся) imp., оживи́ть(ся) perf.
liver n. пе́чень; (*cul.*) печёнка.
livery n. ливре́я.
livestock n. скот (-а́), живо́й инвента́рь (-ря́) m.
livid adj. (*colour*) синева́то-се́рый; predic. (*angry*) зол (зла).
living n. сре́дства neut.pl. к существова́нию; (*eccl.*) бенефи́ция; earn a l., зараба́тывать imp., зарабо́тать perf. на жизнь; adj. живо́й (жив, -а́, -о), живу́щий; (*of likeness*) то́чный; l. image, ко́пия; l.-room, гости́ная sb.
lizard n. я́щерица.
lo interj. вот! се!
loach n. голе́ц (-льца́).
load n. груз; (*also fig.*) бре́мя neut.; (*tech.*) нагру́зка; pl. (*lots*) ку́ча; v.t. нагружа́ть imp., грузи́ть (-ужу́, -у́зишь) imp., на ~ perf.; (*fig.*) обременя́ть imp., обремени́ть perf.; (*gun, camera*) заряжа́ть imp., заряди́ть (-яжу́, -я́дишь) perf.
loadstar see lodestar.
loadstone, lode- n. магни́тный желе́зняк (-а́); (*magnet*) магни́т.
loaf¹ n. хлеб, бу́лка.

loaf *loaf² v.i.* безде́льничать *imp.*; шата́ться *imp.* **loafer** *n.* безде́льник.

loam *n.* сугли́нок (-нка).

loan *n.* заём (за́йма); *v.t.* дава́ть (даю́, даёшь) *imp.*, дать (дам, дашь, даст, дади́м; дал, -а́, да́ло, -и) *perf.* взаймы́.

loath, loth *predic.*: be l. to, не хоте́ть (хочу́, -чешь; хотя́м) *imp.* + *inf.*

loathe *v.t.* пита́ть *imp.* отвраще́ние к + *dat.* **loathing** *n.* отвраще́ние. **loathsome** *adj.* отврати́тельный.

lob *n.* (*sport*) свеча́ (*pl.* -чи, -че́й).

lobar *adj.* долево́й.

lobby *n.* прихо́жая *sb.*, вестибю́ль *m.*; (*parl.*) кулуа́ры (-ров) *pl.*

lobe *n.* до́ля (*pl.* -ли, -ле́й); (*of ear*) мо́чка.

lobster *n.* ома́р; l.-pot, ве́рша для ома́ров.

local *adj.* ме́стный; (*train*) при́городный.

locality *n.* (*site*) местоположе́ние; (*district*) ме́стность.

localize *v.t.* (*restrict*) локализова́ть *imp.*, *perf.*

locate *v.t.* (*place*) помеща́ть *imp.*, помести́ть *perf.*; (*discover*) обнару́живать *imp.*, обнару́жить *perf.*; be located, находи́ться (-и́тся) *imp.*

location *n.* (*position*) местонахожде́ние; определе́ние ме́ста; on l., (*cin.*) на нату́ре.

locative *adj.* (*n.*) ме́стный (паде́ж -а́).

loch, lough *n.* (*lake*) о́зеро (*pl.* -ёра); (*sea l.*) (у́зкий) зали́в.

lock¹ *n.* (*of hair*) ло́кон; *pl.* во́лосы (воло́с, -а́м).

lock² *n.* замо́к (-мка́), запо́р; (*tech.*) сто́пор; (*canal*) шлюз; l.-keeper, нача́льник шлю́за; *v.t.* запира́ть *imp.*, запере́ть (-пру́, -прёшь; за́пер, -ла́, -ло) *perf.*; *v.i.* запира́ться *imp.*, запере́ться (-прётся; -пе́рся, -рла́сь, -за́перлось) *perf.*; l.-out, локау́т; l.-up, (*cell*) аресто́нтская *sb.*

locker *n.* шка́фчик.

locket *n.* медальо́н.

lockjaw *n.* столбня́к (-а́).

locksmith *n.* сле́сарь (*pl.* -ри & -ря́) *m.*

locomotion *n.* передвиже́ние. **locomotive** *adj.* дви́жущий(ся); *n.* (*rly.*) локомоти́в.

locum (tenens) *n.* вре́менный замести́тель *m.*

locust *n.* саранча́ (*also collect.*; *fig.*).

locution *n.* оборо́т ре́чи.

lode *n.* ру́дная жи́ла. **lodestar, load-** *n.* Поля́рная звезда́; (*fig.*) путево́дная звезда́ (*pl.* звёзды). **lodestone** *see*

lodge *n.* (*hunting*) (охо́тничий) до́мик; (*porter's*) швейца́рская *sb.*, сторо́жка; (*Masonic*) ло́жа; *v.t.* (*accommodate*) помеща́ть *imp.*, помести́ть *perf.*; (*deposit*) дава́ть (даю́, даёшь) *imp.*, дать (дам, дашь, даст, дади́м; дал, -а́, да́ло -и) *perf.* на хране́ние (with, + *dat.*); (*complaint*) подава́ть (-даю́, -даёшь) *imp.*, пода́ть (-а́м, -а́шь, -а́ст, -ади́м; по́дал, -а́, -о) *perf.*; *v.i.* (*reside*) жить (живу́, -вёшь; жил, -а́, -о) *imp.* (with, у + *gen.*); (*stick*) заса́живать *imp.*, засе́сть (-ся́дет; -се́л) *perf.* **lodger** *n.* жиле́ц (-льца́), жили́ца. **lodging** *n.* (*also pl.*) кварти́ра, (снима́емая) ко́мната.

loft *n.* (*attic*) черда́к (-а́); (*for hay*) сенова́л; (*for pigeons*) голубя́тня (*gen.pl.* -тен); (*gallery*) галере́я.

lofty *adj.* о́чень высо́кий (-о́к, -ока́, -о́ко); (*elevated*) возвы́шенный.

log *n.* бревно́ (*pl.* брёвна, -вен, -внам); (*for fire*) поле́но (*pl.* -нья, -ньев); (*naut.*) лаг; l.-book, (*naut.*) ва́хтенный журна́л; (*aeron.*) бортово́й журна́л; (*registration book*) формуля́р.

logarithm *n.* логари́фм. **logarithmic** *adj.* логарифми́ческий.

loggerhead *n.*: be at l.s, ссо́риться *imp.*, по~ *perf.* (with, c + *instr.*).

logic *n.* ло́гика. **logical** *adj.* (*of logic*) логи́ческий; (*consistent*) логи́чный.

logician *n.* ло́гик.

logistics *n.* материа́льно-техни́ческое обеспе́чение.

loin *n.* (*pl.*) поясни́ца; (*cul.*) филе́йная часть.

loiter *v.i.* слоня́ться *imp.*

lone, lonely *adj.* одино́кий, уединённый (-ён, -ённа). **loneliness** *n.* одино́чество, уединённость.

long¹ v.i. страстно желать imp., по~ perf.; тосковать imp. (for, по + dat.).

long² adj. (space) длинный (-нен, -нна, длинно); (time) долгий (-лог, -лга, -лго); (protracted) длительный; (in measurements) длиной в + acc.; in the l. run, в конечном счёте; l.-boat, баркас; l.-lived, долговечный; l.-sighted, дальнозоркий (-рок, -рка); (fig.) дальновидный; l.-suffering, долготерпение; долготерпеливый; l.-term, долгосрочный; l.-winded, многоречивый; adv. долго; l. after, спустя много времени; l. ago, (уже) давно; as l. as, пока; l. before, задолго до + gen.

longevity n. долговечность.

longing n. страстное желание (for, + gen.); тоска (for, по + dat.).

longitude n. долгота (pl. -ты).

longways adv. в длину.

look n. (glance) взгляд; (appearance) вид; (expression) выражение; v.i. смотреть (-рю, -ришь) imp., по~ perf.; глядеть (-яжу, -ядишь) imp., по~ perf. (at, на, в, + acc.); (appear) выглядеть (-яжу, -ядишь) imp. + instr.; (face) выходить (-ит) imp. (towards, onto, на + acc.); l. about, осматриваться imp., осмотреться (-рюсь, -ришься) perf.; l. after, (attend to) присматривать imp., присмотреть (-рю, -ришь) perf. за + instr.; l. down on, презирать imp.; l. for, искать (ищу, ищешь) imp. + acc., + gen.; l. forward to, предвкушать imp., предвкусить (-ушу, -усишь) perf.; l. in on, заглядывать imp., заглянуть (-ну, -нешь) perf. к + dat.; l. into, (investigate) разбираться imp., разобраться (разберусь, -рёшься, -ался, -алась, -алось) perf. в + prep.; l. like, быть похожим на + acc.; it looks like rain, похоже на (то, что будет) дождь; l. on, (regard) считать imp., счесть (сочту, -тёшь, счёл, сочла) perf. (as, + instr., за + instr.); l. out, выглядывать imp., выглянуть perf. (в окно); быть настороже; imper. осторожно! береги(те)сь!; l. over, through, просматривать imp.,

просмотреть (-рю, -ришь) perf.; l. up, (raise eyes) поднимать imp., поднять (подниму, -мешь; поднял, -а, -о) perf. глаза; (in dictionary etc.) искать (ищу, ищешь) imp.; (improve) улучшаться imp., улучшиться perf.; l. up to, уважать imp. **looker-on** n. зритель m., ~ница. **looking-glass** n. зеркало (pl. -ла).

loom¹ n. ткацкий станок (-нка).

loom² v.i. неясно вырисовываться imp., вырисоваться perf.; (fig.) готовиться imp.

loop n. петля (gen.pl. -тель); v.i. образовывать imp., образовать perf. петлю; l. the l., (aeron.) делать imp., с~ perf. мёртвую петлю.

loophole n. бойница; (fig.) лазейка.

loose adj. (free) свободный; (not fixed) непрекреплённый; (inexact) неточный (-чен, -чна, -чно); (not compact) рыхлый (рыхл, -а, -о); (lax) распущенный (-ен, -енна); be at a l. end, бездельничать imp.; v.t. (free) освобождать imp., освободить perf.; (untie) отвязывать imp., отвязать (-яжу, -яжешь) perf. **loosen** v.t. & i. ослаблять(ся) imp., ослабить(ся) perf.

loot n. добыча; v.t. грабить imp., о~ perf.

lop¹ v.t. (tree) подрезать imp., подрезать (-ежу, -ежешь) perf.; (l. off) отрубать imp., отрубить (-блю, -бишь) perf.

lop² v.i. (hang) свисать imp., свиснуть (-с) perf.

lope v.i. бегать indet., бежать (бегу, бежишь) det. вприпрыжку.

lopsided adj. кривобокий.

loquacious adj. болтливый. **loquacity** n. болтливость.

lord n. (master) господин (pl. -да, -д, -дам), владыка m.; (the L.; eccl.) Господь (-ода, voc. -оди); (peer; title) лорд; v.i.: l. it over, помыкать imp. + instr. **lordly** adj. (haughty) высокомерный. **lordship** n. власть (over, над + instr.); (title) светлость.

lore n. знания neut.pl.

lorgnette n. лорнет.

lorry n. грузовик (-а).

lose *v.t.* терять *imp.*, по~ *perf.*; (*forfeit*) лишаться *imp.*, лишиться *perf.* + *gen.*; (*game etc.*) проигрывать *imp.*, проиграть *perf.*; *v.i.* (*suffer loss*) терпеть (-плю, -пишь) *imp.*, по~ *perf.* ущерб (by, от+*gen.*); (*clock*) отставать (-таёт) *imp.*, отстать (-а́нет) *perf.*

loss *n.* потеря, ущерб; (*in game*) проигрыш; *at a l.*, (*puzzled*) в затруднении.

lot *n.* жребий; (*destiny*) участь; (*of goods*) партия; *a l., lots*, много, масса; *the l.*, всё (всего́), все (всех) *pl.*

loth *see* **loath**.

lotion *n.* примочка.

lottery *n.* лотерея.

lotto *n.* лото́ *neut.indecl.*

lotus *n.* ло́тос.

loud *adj.* (*sound*) гро́мкий (-мок, -мка́, -мко); (*noisy*) шу́мный (-мен, -мна́, -мно); (*colour*) крича́щий; *out l.*, вслух. **loudspeaker** *n.* громкоговори́тель *m.*

lough *see* **loch**.

lounge *n.* фойе́ *neut.indecl.*; (*sitting-room*) гости́ная *sb.*; *v.i.* сиде́ть (сижу́, сиди́шь) *imp.* развали́сь; (*idle*) безде́льничать *imp.*

lour, lower² *v.i.* (*person, sky*) хму́риться *imp.*, на~ *perf.*

louse *n.* вошь (вши, *instr.* во́шью).

lousy *adj.* вши́вый; (*coll.*) парши́вый.

lout *n.* у́валень (-льня) *m.*, груби́ян.

loutish *adj.* неоте́санный (-ан, -анна).

lovable *adj.* ми́лый (мил, -á, -о, ми́лы).

love *n.* любо́вь (-бви́, *instr.* -бо́вью) (of, for, к + *dat.*); (*sweetheart*) возлю́бленный (-ён, -ена́) в + *acc.*; *v.t.* люби́ть (-блю́, -бишь) *imp.* **lovely** *adj.* краси́вый; (*delightful*) преле́стный. **lover** *n.* любо́вник, -ица.

low¹ *n.* (*of cow*) мыча́ние; *v.i.* мыча́ть (-чу́, -чи́шь) *imp.*

low² *adj.* ни́зкий (-зок, -зка́, -зко), невысо́кий (-о́к, -ока́, -о́ко); (*quiet*) ти́хий (тих, -á, -о); (*coarse*) гру́бый (груб, -á, -о); (*weak*) сла́бый (слаб, -á, -о).

lower¹ *v.t.* опуска́ть *imp.*, опусти́ть (-ущу́, -у́стишь) *perf.*; снижа́ть *imp.*, сни́зить *perf.*

lower² *see* **lour**.

lower³ *adj.* ни́зший, ни́жний.

lowland *n.* ни́зменность.

lowly *adj.* скро́мный (-мен, -мна́, -мно).

loyal *adj.* ве́рный (-рен, -рна́, -рно, ве́рны), лоя́льный. **loyalty** *n.* ве́рность, лоя́льность.

lozenge *n.* (*shape*) ромб; (*tablet*) лепёшка.

lubber *n.* у́валень (-льня) *m.*

lubricant *n.* сма́зка, сма́зочный материа́л. **lubricate** *v.t.* сма́зывать *imp.*, сма́зать (-а́жу, -а́жешь) *perf.* **lubrication** *n.* сма́зка.

lubricity *n.* скользкость; (*lewdness*) похотли́вость.

lucerne *n.* люце́рна.

lucid *adj.* я́сный (я́сен, ясна́, я́сно, я́сны).

luck *n.* (*chance*) случа́й; (*good l.*) сча́стье, уда́ча; (*bad l.*) неуда́ча. **luckily** *adv.* к сча́стью. **luckless** *adj.* несча́стный. **lucky** *adj.* счастли́вый (сча́стли́в); (*successful*) уда́чный.

lucrative *adj.* прибы́льный.

lucre *n.* при́быль.

ludicrous *adj.* смехотво́рный.

lug¹ *v.t.* (*drag*) таска́ть *indet.*, тащи́ть (-щу́, -щишь) *det.*

lug² *n.* (*ear*) у́хо (*pl.* у́ши, уше́й); (*tech.*) ушко́ (*pl.* -ки́, -ко́в), вы́ступ, прили́в.

luggage *n.* бага́ж (-а́).

lugubrious *adj.* печа́льный.

lukewarm *adj.* теплова́тый; (*fig.*) равноду́шный.

lull *n.* (*in storm*) зати́шье; (*interval*) переры́в; *v.t.* (*to sleep*) убаю́кивать *imp.*, убаю́кать *perf.*; (*suspicions*) усыпля́ть *imp.*, усыпи́ть *perf.*; *v.i.* затиха́ть *imp.*, зати́хнуть (-х) *perf.*

lullaby *n.* колыбе́льная пе́сня (*gen.pl.* -сен).

lumbago *n.* люмба́го *neut.indecl.*

lumbar *adj.* поясни́чный.

lumber¹ *v.i.* (*move*) дви́гаться (-а́юсь -а́ешься & дви́жусь, -жешься) *imp.*, дви́нуться *perf.* тяжело́, шу́мно, неуклю́же.

lumber² *n.* (*domestic*) ру́хлядь; (*timber*) лесоматериа́лы *m.pl.*; *l.-room*, чула́н.

luminary

v.t. загромождáть *imp.*, загромоздить *perf.* **lumberjack** *n.* лесорýб.
luminary *n.* свети́ло.
luminous *adj.* светя́щийся.
lump *n.* ком (*pl.* -ья, -ьев), кусóк (-ска́); (*swelling*) óпухоль; (*lot*) кýча; *v.t.*: *l. together*, смéшивать *imp.*, смеша́ть *perf.* (в кýчу).
lunacy *n.* безýмие.
lunar *adj.* лýнный.
lunatic *adj.* (*n.*) сумасшéдший (*sb.*); безýмный (*sb.*).
lunch *n.* обéд, второ́й зáвтрак; *l.-hour*, *-time*, обéденный переры́в; *v.i.* обéдать *imp.*, по ~ *perf.*
lung *n.* лёгкое *sb.*
lunge *n.* (*sport*) вы́пад; толчóк (-чка́); *v.i.* (*fencing*) дéлать *imp.*, с ~ *perf.* вы́пад; наноси́ть (-ошý, -óсишь) *imp.*, нести́ (-сý, -сёшь; -ёс, -есла́) *perf.* удáр (с плеча́) (at+*dat.*).
lupin(e) *n.* люпи́н.
lupine *adj.* во́лчий (-чья, -чье).
lupus *n.* волчáнка.
lurch[1] *n.*: *leave in the l.*, покида́ть *imp.*, поки́нуть *perf.* в беде́.
lurch[2] *v.i.* (*stagger*) ходи́ть (хожý, хо́дишь) *indet.*, идти́ (идý, идёшь; шёл, шла) *det.* шата́ясь.
lure *n.* прима́нка; *v.t.* прима́нивать *imp.*, примани́ть (-ню́, -нишь) *perf.*
lurid *adj.* мра́чный (-чен, -чна́, -чно), (*sensational*) сенсацио́нный.

lurk *v.i.* пря́таться (-я́чусь, -я́чешься) *imp.*, с ~ *perf.*; (*fig.*) таи́ться *imp.*
luscious *adj.* при́торный.
lush *adj.* сóчный (-чен, -чна́, -чно).
lust *n.* пóхоть, вожделéние (of, for, к+*dat.*); *v.i.* стрáстно жела́ть *imp.*, по ~ *perf.* (for, +*gen.*). **lustful** *adj.* похотли́вый.
lustre *n.* (*gloss*) гля́нец (-нца); (*splendour*) блеск; (*chandelier*) лю́стра. **lustrous** *adj.* глянцеви́тый, блестя́щий.
lusty *adj.* (*healthy*) здоро́вый; (*lively*) живóй (жив, -á, -о).
lute[1] *n.* (*mus.*) лю́тня (*gen.pl.* -тен).
lute[2] *n.* (*clay etc.*) зама́зка.
luxuriant *adj.* пы́шный (-шен, -шна́, -шно).
luxuriate *v.i.* наслажда́ться *imp.*, наслади́ться *perf.* (in, +*instr.*).
luxurious *adj.* роскóшный. **luxury** *n.* рóскошь.

lye *n.* щёлок (-а(у)).
lymph *n.* ли́мфа. **lymphatic** *adj.* лимфати́ческий.
lynch *v.t.* линчева́ть (-чу́ю, -чу́ешь) *imp.*, *perf.*; *l. law*, суд (-á) Ли́нча.
lynx *n.* рысь.
lyre *n.* ли́ра.
lyric *n.* ли́рика; *pl.* словá *neut.pl.* пéсни. **lyrical** *adj.* лири́ческий. **lyricism** *n.* лири́зм.

M

macabre *adj.* жýткий (-ток, -ткá, -тко).
macadam *n.* щéбень (-бня) *m.* **macadamize** *v.t.* мости́ть *imp.*, вы́ ~, за ~ *perf.* щéбнем.
macaroni *n.* макарóны (-н) *pl.*
macaroon *n.* минда́льное печéнье.
macaw *n.* макáо *m.indecl.*
mace *n.* (*weapon*) булавá; (*staff of office*) жезл; *m.-bearer*, жезлонóсец (-сца).

Mach (number) *n.* число́ М(áха).
machete *n.* мачéте *neut.indecl.*
machination *n.* махинáция, интри́га, кóзни (-ней) *pl.*
machine *n.* маши́на, станóк (-нка́); (*state m.*) аппара́т; *attrib.* маши́нный; *m.-gun*, пулемёт; *m.-made*, маши́нного произвóдства, маши́нной вы́работки; *m. tool*, станóк (-нка́); *v.t.* обраба́тывать *imp.*, обрабо́тать *perf.*

mackerel *n.* скумбрия, макрель; *m. sky*, небо барашками.
mackintosh *n.* (*material*) прорезиненная материя; (*coat*) непромокаемое пальто *neut.indecl.*
macrocephalic *adj.* макроцефалический.
macrocosm *n.* макрокосм, вселенная *sb.*
mad *adj.*, сумасшедший, помешанный (-ан, -анна); (*animal*) бешеный; (*fig.*) безумный. **madcap** *n.* сорванец (-нца).
madden *v.t.* сводить (-ожу, -одишь) *imp.*, свести (сведу, -дёшь; свёл, -а) *perf.* с ума; (*irritate*) выводить (-ожу, -одишь) *imp.*, вывести (-еду, -едешь, -ел) *perf.* из себя. **madhouse** *n.* сумасшедший дом (-а(у); *pl.* -а). **madly** *adv.* безумно. **madman** *n.* сумасшедший *sb.*, безумец (-мца). **madness** *n.* сумасшествие, безумие. **madwoman** *n.* сумасшедшая *sb.*, безумная *sb.*
made see **make**.
madder *n.* (*plant*) марена; (*dye*) крапп.
madrigal *n.* мадригал.
maestro *n.* маэстро *m.indecl.*
mafia *n.* мафия.
magazine *n.* журнал; (*mil.*) склад боеприпасов, вещевой склад; (*of gun*) магазин.
maggot *n.* личинка. **maggoty** *adj.* червивый.
magic *n.* магия, волшебство, колдовство; *adj.* волшебный, магический. **magician** *n.* волшебник, колдун (-а); (*conjurer*) фокусник.
magisterial *adj.* авторитетный.
magistracy *n.* магистратура. **magistrate** *n.* полицейский судья (*pl.* -дьи, -дей, -дьям) *m.*
magma *n.* магма.
magnanimous *adj.* великодушный.
magnate *n.* магнат.
magnesia *n.* окись магния. **magnesium** *n.* магний.
magnet *n.* магнит. **magnetic** *adj.* магнитный; (*attractive*) притягательный. **magnetism** *n.* магнетизм; притягательность. **magnetize** *v.t.* намагничивать *imp.*, намагнитить *perf.* **magneto** *n.* магнето *neut.indecl.*
magnification *n.* увеличение.
magnificence *n.* великолепие, пышность. **magnificent** *adj.* великолепный, пышный (-шен, -шна, -шно).
magnify *v.t.* увеличивать *imp.*, увеличить *perf.*; (*exaggerate*) преувеличивать *imp.*, преувеличить *perf.*
magnitude *n.* величина.
magnolia *n.* магнолия.
magpie *n.* сорока.
maharajah *n.* магараджа *m.* **maharanee** *n.* магарани *f.indecl.*
mahogany *n.* красное дерево.
maid *n.* служанка, горничная *sb.*; *m. of honour*, фрейлина. **maiden** *adj.* незамужняя, девичий; (*first*) первый; *m. name*, девичья фамилия.
mail[1] *n.* (*letters etc.*) почта; (*train*) почтовый поезд (*pl.* -а); *m. order*, почтовый заказ, заказ по почте; *v.t.* посылать *imp.*, послать (пошлю, -лёшь) *perf.* по почте.
mail[2] *n.* (*armour*) кольчуга; броня; *mailed fist*, военная, физическая, сила.
maim *v.t.* калечить *imp.*, ис~ *perf.*; увечить *imp.*
main *n.* (*sea*) открытое море; (*gas m.*, *pl.*) магистраль; *in the m.*, в основном; главным образом; *with might and m.*, не щадя сил; *adj.* основной, главный; (*road*) магистральный; *by m. force*, изо всех сил; *the m. chance*, путь (-ти, -тём) *m.* к наживе; *m. line*, (*rly.*) магистраль. **mainland** *n.* материк (-а); *attrib.* материковый. **mainly** *adv.* в основном; главным образом; (*for most part*) большей частью. **mainmast** *n.* грот-мачта. **mainsail** *n.* грот. **mainspring** *n.* ходовая пружина. **mainstay** *n.* грота-штаг; (*fig.*) главная опора.
maintain *v.t.* (*continue*) продолжать *imp.*, продолжить *perf.*; (*support*) поддерживать *imp.*, поддержать (-жу, -жишь) *perf.*; (*family*) содержать (-жу, -жишь) *imp.*; (*machine*) обслуживать *imp.*, обслужить (-жу,

maize   194   **mallow**

-жишь) *perf.*; (*assert*) утверждáть *imp.* **maintenance** *n.* поддéржка; содержáние; обслýживание, ухóд.

maize *n.* кукурýза.

majestic *adj.* величáвый (-ен, -енна). **majesty** *n.* величéственность; (*title*) величество.

majolica *n.* майóлика.

major¹ *n.* (*mil.*) майóр; m.-general, генерáл-майóр.

major² *adj.* (*greater*) бóльший; (*more important*) бóлее вáжный; (*main*) глáвный; (*mus.*) мажóрный; (*senior*) стáрший; *n.* совершеннолéтний *sb.*; (*mus.*) мажóр. **majority** *n.* (*greater number*) большинствó; (*rank*) чин майóра; (*full age*) совершеннолéтие.

make *v.t.* дéлать *imp.*, с ~ *perf.*; (*create*) создавáть (-даю́, -даёшь) *imp.*, создáть (-áм, -áшь, -áст, -адим; сóздал, -á, -о) *perf.*; (*produce*) производи́ть (-ожу́, -óдишь) *imp.*, произвести́ (-еду́, -едёшь, -ёл, -елá) *perf.*; (*compose*) составля́ть *imp.*, состáвить *perf.*; (*prepare*) гото́вить *imp.*, при ~ *perf.*; (*amount to*) равня́ться *imp.* + *dat.*; (*become*) станови́ться (-влюсь, -вишься) *imp.*, стать (стáну, -нешь) *perf.* + *instr.*; (*earn*) зарабáтывать *imp.*, заработать *perf.*; (*compel*) заставля́ть *imp.*, застáвить *perf.*; made in the USSR, изготóвлено в СССР; be made of, состоя́ть (-ою́, -ои́шь) *imp.* из + *gen.*; m. as if, though, дéлать *imp.*, с ~ *perf.* вид, что; m. a bed, стели́ть (стелю́, -лешь) *imp.*, по ~ *perf.* постéль; m. believe, притворя́ться *imp.*, притвори́ться *perf.*; m.-believe, притвóрство; притвóрный; m. do with, довóльствоваться *imp.*, у ~ *perf.* + *instr.*; m. fun of, высмéивать *imp.*, вы́смеять (-ею, -еешь) *perf.*; m. oneself at home, быть как дóма; m. oneself scarce, исчезáть *imp.*, исчéзнуть (-з) *perf.*; m. sure of, удостоверя́ться *imp.*, удостовéриться *perf.* в + *prep.*; m. way for, уступáть *imp.*, уступи́ть (-плю́, -пишь) *perf.* дорóгу + *dat.*; m. away with, покончить *perf.* с + *instr.*; m. off, удирáть *imp.*, удрáть (удерý, -рёшь; удрáл, -á, -о) *perf.*; m. out, (*document*) состав-

ля́ть *imp.*, состáвить *perf.*; (*cheque*) выпи́сывать *imp.*, вы́писать (-ишу, -ишешь) *perf.*; (*understand*) разбирáть *imp.*, разобрáть (разберý, -рёшь; разобрáл, -á, -о) *perf.*; m. over, передавáть (-даю́, -даёшь) *imp.*, передáть (-áм, -áшь, -áст, -ади́м; пéредал, -á, -о) *perf.*; m. up, (*compound*) составля́ть *imp.*, состáвить *perf.*; (*theat.*) гримировáть(ся) *imp.*, на(за) ~ *perf.*; m.-up, (*theat.*) грим; (*cosmetics*) космéтика; (*composition*) состáв; m. it up, мири́ться *imp.*, по ~ *perf.* (with, с + *instr.*); m. up for, возмещáть *imp.*, возмести́ть *perf.*; m. up one's mind, решáться *imp.*, реши́ться *perf.*; m. up to, зайскивать *imp.* пéред + *instr.* **make** *n.* мáрка, тип, сорт (*pl.* -á). **makeshift** *adj.* врéменный. **makeweight** *n.* довéсок (-ска).

malachite *n.* малахи́т.

maladjusted *adj.* плóхо приспосóбленный (-ен).

maladministration *n.* плохóе управлéние.

maladroit *adj.* нелóвкий (-óвок, -овкá, -óвко); (*tactless*) бестáктный.

malady *n.* болéзнь.

malaria *n.* маляри́я.

malcontent *n.* недовóльный *sb.*

male *n.* (*animal*) самéц (-мцá); (*person*) мужчи́на *m.*; *adj.* мужскóй.

malevolence *n.* недоброжелáтельность.

malevolent *adj.* недоброжелáтельный.

malformation *n.* непрáвильное образовáние.

malice *n.* злóба; (*leg.*) злой ýмысел (-сла); with m. aforethought, со злым ýмыслом. **malicious** *adj.* злóбный.

malign *adj.* пáгубный; *v.t.* клеветáть (-ещý, -éщешь) *imp.*, на ~ *perf.* на + *acc.* **malignant** *adj.* (*harmful*) зловрéдный; (*malicious*) злóбный; (*med.*) злокáчественный.

malinger *v.i.* притворя́ться *imp.*, притвори́ться *perf.* больны́м. **malingerer** *n.* симуля́нт.

mallard *n.* крякВа.

malleable *adj.* кóвкий (-вок, -вкá, -вко); (*fig.*) подáтливый.

mallet *n.* (деревя́нный) молотóк (-ткá).

mallow *n.* мáльва, просви́рник.

malnutrition / **manner**

malnutrition *n.* недоедáние.
malpractice *n.* (*wrongdoing*) противозакóнное дéйствие; (*negligence*) престýпная небрéжность.
malt *n.* сóлод; *v.t.* солодúть *imp.*, на~ *perf.*
maltreat *v.t.* плóхо обращáться *imp.* с+*instr.*
mamba *n.* мáмба.
mambo *n.* мáмбо *neut.indecl.*
mamma *n.* мáма.
mammal *n.* млекопитáющее *sb.* **mammalian** *adj.* млекопитáющий.
mammary *adj.* груднóй.
mammon *n.* мамóна, богáтство.
mammoth *n.* мáмонт; *adj.* громáдный.
man *n.* (*human*; *person*) человéк (*pl.* лю́ди, -дéй, -дям, -дьмú); (*human race*) человéчество; (*male*) мужчúна *m.*; (*husband*) муж (*pl.* -ья́, -éй, -ья́м); (*servant*) слугá *m.*; (*labourer*) рабóчий *sb.*; *pl.* (*soldiers*) солдáты *m.pl.*, рядовы́е *sb.*; *pl.* (*sailors*) матрóсы *m.pl.*; (*draughts*) шáшка; m. in the street, заурядный человéк; m.-hour, человéко-час (*pl.* -ы́); m.-of-war, воéнный корáбль (-ля́) *m.*; *v.t.* (*furnish with men*) укомплектóвывать *imp.*, укомплектовáть *perf.* лúчным состáвом; стáвить *imp.*, по~ *perf.* людéй к+*dat.*; (*act thus*) станови́ться (-влю́сь, -вишься) *imp.*, стать (стáну, -нешь) *perf.* к+*dat.*
manacle *n.* нарýчник; *v.t.* надевáть *imp.*, надéть (-éну, -éнешь) *perf.* нарýчники на+*acc.*
manage *v.t.* (*control*) управля́ть *imp.*+*instr.*, завéдовать *imp.*+*instr.*; (*cope*) справля́ться *imp.*, спрáвиться *perf.* с+*instr.* **management** *n.* управлéние (of, +*instr.*), завéдование (of, +*instr.*); (*the m.*) администрáция, дирéкция.
manager *n.* управля́ющий *sb.* (of, +*instr.*), завéдующий *sb.* (of, +*instr.*), администрáтор, дирéктор (*pl.* -á); (*good, bad, m.*) хозя́ин; (*in entertainment*) импресáрио *m.indecl.*; (*sport*) мéнеджер. **managerial** *adj.* администратúвный, дирéкторский.
mandarin *n.* мандарúн.
mandatary *n.* мандатáрий. **mandate** *n.* мандáт. **mandated** *adj.* подмандáтный. **mandatory** *adj.* обязáтельный.
mandible *n.* нúжняя чéлюсть; (*of insect*) жвáло.
mandolin(e) *n.* мандолúна.
mane *n.* грúва.
manful *adj.* мýжественный (-ен, -енна).
manganese *n.* мáрганец (-нца).
manger *n.* я́сли (-лей) *pl.*; dog in the m., собáка на сéне.
mangle[1] *n.* (*for clothes*) катóк (-ткá); *v.t.* катáть *imp.*, вы́~ *perf.*
mangle[2] *v.t.* (*mutilate*) калéчить *imp.*, ис~ *perf.*; (*words*) кóверкать *imp.*, ис~ *perf.*
mango *n.* мáнго *neut.indecl.*
mangrove *n.* мáнгровое дéрево (*pl.* -éвья, -éвьев).
manhandle *v.t.* передвигáть *imp.*, передви́нуть *perf.* вручную́; (*treat roughly*) грýбо обращáться *imp.* с+*instr.*
manhole *n.* смотровóй колóдец (-дца).
manhood *n.* возмýжалость; (*courage*) мýжественность.
mania *n.* мáния. **maniac** *n.* манья́к, -я́чка. **maniacal** *adj.* маниакáльный.
manicure *n.* маникю́р; *v.t.* дéлать *imp.*, с~ *perf.* маникю́р+*dat.* **manicurist** *n.* маникю́рша.
manifest *adj.* очевúдный; *v.t.* дéлать *imp.*, с~ *perf.* очевúдным; (*display*) проявля́ть *imp.*, прояви́ть (-влю́, -вишь) *perf.*; *n.* манифéст. **manifestation** *n.* проявлéние. **manifesto** *n.* манифéст.
manifold *adj.* разнообрáзный; *n.* (*tech.*) коллéктор, трубопровóд.
manikin *n.* (*little man*) человéчек (-чка); (*lay figure*) манекéн.
Manil(l)a *n.* (*hemp*), манúльская пенькá; (*paper*), манúльская бумáга.
manipulate *v.t.* манипулúровать *imp.*+*instr.* **manipulation** *n.* манипуля́ция.
manly *adj.* мýжественный (-ен, -енна).
mankind *n.* человéчество.
manna *n.* мáнна (небéсная).
mannequin *n.* манекéнщица.
manner *n.* спóсоб, óбраз, манéра; *pl.* нрáвы *m.pl.*; *pl.* (*good m.*) (хорóшие) манéры *f.pl.* **mannered** *adj.* вы́чурный, манéрный. **mannerism** *n.* манéра, манéрность.

mannish *adj.* (*masculine*) мужеподобный; (*characteristic of man*) свойственный (-ен, -енна) мужчине.

manoeuvrable *adj.* легко управляемый.

manoeuvre *n.* манёвр; *v.i.* меневрировать *imp.*, с~ *perf.*; проводить (-ожу, -одишь) *imp.*, провести (-еду, -едёшь; -ёл, -ела) *perf.* манёвры.

manor *n.* (*estate*) поместье (*gen.pl.* -тий), (*house*) помещичий дом (-а(у); *pl.* -а). **manorial** *adj.* манориальный.

manpower *n.* людские ресурсы *m.pl.*

mansard (**roof**) *n.* мансардная крыша.

manservant *n.* слуга *m.*

mansion *n.* большой дом (*pl.* -а); *pl.* многоквартирный дом.

manslaughter *n.* человекоубийство, (*leg.*) непреднамеренное убийство.

mantelpiece *n.* каминная доска (*acc.* -ску; -ски, -сок, -скам). **mantelshelf** *n.* каминная полка.

mantis *n.* богомол.

mantle *n.* (*cloak*) накидка; (*gas m.*) газокалильная сетка; (*earth's*) мантия.

manual *adj.* ручной; *m. labour*, физический, ручной, труд (-а); *n.* справочник, руководство, учебник; (*of organ*) мануал. **manually** *adv.* вручную.

manufacture *n.* производство, изготовление; *v.t.* производить (-ожу, -одишь) *imp.*, произвести (-еду, -едёшь; -ёл, -ела) *perf.*; изготовлять *imp.*, изготовить *perf.*; (*fabricate*) фабриковать *imp.*, с~ *perf.* **manufacturer** *n.* фабрикант, промышленник, производитель *m.*

manure *n.* навоз; *v.t.* унавоживать *imp.*, унавозить *perf.*

manuscript *n.* рукопись; *adj.* рукописный.

many *adj., n.* много + *gen.*, многие *pl.*; *how m.*, сколько + *gen.*

Maoism *n.* маоизм. **Maoist** *n.* маоист; *adj.* маоистский.

map *n.* карта; *v.t.* чертить (-рчу, -ртишь) *imp.*, на~ *perf.* план + *gen.*; *m. out*, составлять *imp.*, составить *perf.* план + *gen.*

maple *n.* клён; *attrib.* кленовый.

mar *v.t.* портить *imp.*, ис~ *perf.*

marathon *n.* марафон.

marauder *n.* мародёр. **marauding** *adj.* мародёрский.

marble *n.* мрамор; (*toy*) шарик; *pl.* (*game*) игра в шарики; *attrib.* мраморный. **marbled** *adj.* мраморный.

March[1] *n.* март; *attrib.* мартовский.

march[2] *v.i.* маршировать *imp.*, про~ *perf.*; *n.* марш; ход; *m. past*, прохождение торжественным маршем.

mare *n.* кобыла, *m.'s nest*, иллюзия; *find a m.'s nest*, попасть (-аду, -адёшь; -ал) *perf.* пальцем в небо.

margarine *n.* маргарин (-а(у)).

margin *n.* край (*loc.* -аю; *pl.* -ая), кайма (*gen.pl.* каём); (*on page*) поле (*pl.* -ля); *m. of error*, пределы *m.pl.* погрешности; *profit m.*, прибыль; *safety m.*, запас прочности.

marigold *n.* (*Tagetes*) бархатцы (-цев) *pl.*; (*Calendula*) ноготки (-ков) *pl.*

marijuana *n.* марихуана.

marinade *n.* маринад; *v.t.* мариновать *imp.*, за~ *perf.*

marine *adj.* (*maritime*) морской; (*naval*) военно-морской; *n.* (*fleet*) морской флот; (*soldier*) солдат морской пехоты; *pl.* морская пехота. **mariner** *n.* моряк (-а), матрос.

marionette *n.* марионетка.

marital *adj.* супружеский, брачный.

maritime *adj.* морской; (*near sea*) приморский.

marjoram *n.* (*Majorana*) майоран; (*Origanum*) душица.

mark[1] *n.* (*coin*) марка.

mark[2] *n.* (*target, aim*) цель; (*sign*) знак; (*school*) отметка, (*numerical*) балл; (*trace*) след (*pl.* -ы); (*level*) уровень (-вня) *m.*; *high-, low-, water m.*, отметка уровня полной, малой, воды; *hit the m.*, попадать *imp.*, попасть (-аду, -адёшь; -ал) *perf.* в точку; *make one's m.*, отличаться *imp.*, отличиться *perf.*; *on your marks*, на старт! *v.t.* отмечать *imp.*, отметить *perf.*; ставить *imp.*, по~ *perf.* знак, метку; (*school*) расценку, на + *acc.*, (*school*) отметку, балл, за + *acc.*, (*leave trace(s)*) оставлять *imp.*, оставить *perf.* след(ы) на + *prep.*; (*football*) закрывать (-рою, -роешь) *perf.*; *m. my words*, попомни(те) мои слова! *m.*

time, топта́ться (-пчу́сь, -пчёшься) *imp.* на ме́сте; *m. off*, отделя́ть *imp.*, отдели́ть (-лю́, -лишь) *perf.*; *m. out*, размеча́ть *imp.*, разме́тить *perf.*
marker *n.* знак, указа́тель *m.*; (*in book*) закла́дка.
market *n.* ры́нок (-нка), база́р; (*demand*) спрос; (*trade*) торго́вля; (*conditions*) конъюнкту́ра; **black m.**, чёрный ры́нок (-нка); **seller's, buyer's, m.**, конъюнкту́ра ры́нка, вы́годная для покупа́теля, для продавца́; (*European*) **Common M.**, (европе́йский) о́бщий ры́нок (-нка); **find a m.**, находи́ть (-ожу́, -о́дишь) *imp.*, найти́ (найду́, -дёшь; нашёл, -шла́) *perf.* сбыт; **m.-day**, база́рный день (дня) *m.*; **m.-garden**, огоро́д; **m.-place**, база́рная пло́щадь (*pl.* -ди, -де́й); **m. price**, ры́ночная цена́ (*acc.* -ну́; *pl.* -ны); *v.t.* продава́ть (-даю́, -даёшь) *imp.*, прода́ть (-а́м, -а́шь, -а́ст, -ади́м; про́дал, -а́, -о) *perf.* **marketable** *adj.* хо́дкий (-док, -дка́, -дко); (*econ.*) това́рный.
marksman *n.* ме́ткий стрело́к (-лка́).
marksmanship *n.* ме́ткая стрельба́.
marl *n.* ме́ргель *m.*
marmalade *n.* апельси́новый джем.
marmoset *n.* игру́нка.
marmot *n.* суро́к (-рка́).
maroon[1] *adj.* (*n.*) (*colour*) тёмно-бордо́вый (цвет).
maroon[2] *v.t.* (*put ashore*) выса́живать *imp.*, вы́садить *perf.* (на необита́емом о́строве); (*cut off*) отреза́ть *imp.*, отре́зать (-е́жет) *perf.*
marquee *n.* шатёр (-тра́).
marquis *n.* марки́з.
marriage *n.* брак; (*wedding*) сва́дьба; *attrib.* бра́чный. **marriageable** *adj.* взро́слый; **m. age**, бра́чный во́зраст.
married *adj.* (*man*) жена́тый; (*woman*) заму́жняя, за́мужем; (*of m. persons*) супру́жеский.
marrow *n.* костный мозг (*loc.* -у́); (*essence*) су́щность; (*vegetable*) кабачо́к (-чка́). **marrowbone** *n.* мозгова́я кость (*pl.* -ти, -те́й).
marry *v.t.* (*of man*) жени́ться (-ню́сь, -нишься) *imp.*, *perf.* на+*prep.*; (*of woman*) выходи́ть (-ожу́, -о́дишь)

imp., вы́йти (вы́йду, -дешь) *perf.* за́муж за+*acc.*; (*give in marriage*) (*man*) жени́ть (-ню́, -нишь) *imp.*, *perf.*, по~ (то, на+*prep.*); (*woman*) выдава́ть (-даю́, -даёшь) *imp.*, вы́дать (-ам, -ашь, -аст, -адим) *perf.* за́муж (то, за+*acc.*).
Mars *n.* Марс.
marsh *n.* боло́то; **m.-gas**, боло́тный газ; **m. mallow**, алте́й лека́рственный; **m. marigold**, калу́жница боло́тная; **marshy** *adj.* боло́тистый.
marshal *n.* ма́ршал; *v.t.* выстра́ивать *imp.*, вы́строить *perf.*; приводи́ть (-ожу́, -о́дишь) *imp.*, привести́ (-еду́, -едёшь; -ёл, -ела́) *perf.* в поря́дке; **marshalling yard**, сортиро́вочная ста́нция.
marsupial *adj.* су́мчатый; *n.* су́мчатое живо́тное *sb.*
marten *n.* куни́ца.
martial *adj.* вое́нный; (*warlike*) во́инский; **m. law**, вое́нное положе́ние.
Martian *n.* марсиа́нин (*pl.* -а́не, -а́н); *adj.* марсиа́нский.
martin *n.* стриж (-а́); (*house-m.*) городска́я ла́сточка.
martinet *n.* сторо́нник стро́гой дисципли́ны.
martyr *n.* му́ченик, -ица; *v.t.* му́чить *imp.*, за~ *perf.* **martyrdom** *n.* му́ченичество.
marvel *n.* чу́до (*pl.* -деса́), ди́во; *v.i.* изумля́ться *imp.*, изуми́ться *perf.*; удивля́ться *imp.*, удиви́ться *perf.* **marvellous** *adj.* чуде́сный, изуми́тельный, удиви́тельный.
Marxian, Marxist *n.* маркси́ст; *adj.* маркси́стский. **Marxism** *n.* маркси́зм.
marzipan *n.* марципа́н; *adj.* марципа́нный.
mascot *n.* талисма́н.
masculine *adj.* мужско́й; (*gram.*) мужско́го ро́да; (*of woman*) мужеподо́бный; *n.* (*gram.*) мужско́й род.
maser *n.* ма́зер.
mash *n.* (*of malt*) су́сло; (*of bran*) по́йло; (*mashed potatoes*) карто́фельное пюре́ *neut.indecl.*; *v.t.* размина́ть *imp.*, размя́ть (разомну́, -нёшь) *perf.*
mask *n.* ма́ска; (*gas-m.*) противога́з;

masochism

v.t. маскировáть *imp.*, за~ *perf.*; masked ball, бал-маскарáд.
masochism *m.* мазохи́зм. **masochist** *n.* мазохи́ст. **masochistic** *adj.* мазохи́стский.
mason *n.* кáменщик; (*M.*) масóн. **Masonic** *adj.* масóнский. **masonry** *n.* кáменная клáдка; (*M.*) масóнство.
masque *n.* мáска. **masquer** *n.* учáстник, -ица, бáла-маскарáда. **masquerade** *n.* маскарáд; *v.i.*: m. as, притворя́ться *imp.*, притвори́ться *perf.* + *instr.*; выдавáть (-даю́, -даёшь) *imp.*, вы́дать (-ам, -ашь, -аст, -адим) *perf.* себя́ за + *acc.*
mass[1] *n.* (*eccl.*) обéдня (*gen.pl.* -ден), мéсса.
mass[2] *n.* мáсса; (*majority*) большинствó; *pl.* (the *m.*) нарóдные мáссы *f.pl.*; *attrib.* мáссовый; m. media, срéдства *neut.pl.* мáссовой информáции; m. meeting, ми́тинг; m.-produced, мáссового произвóдства; m. production, мáссовое произвóдство; *v.t.* масси́ровать *imp.*, *perf.*
massacre *n.* резня́; *v.t.* рéзать (рéжу, -жешь) *imp.*, за~ *perf.*
massage *n.* массáж; *v.t.* масси́ровать *imp.*, *perf.* **masseur, -euse** *n.* массажи́ст, ~ка.
massif *n.* гóрный масси́в.
massive *adj.* масси́вный.
mast *n.* мáчта; m.-head, топ мáчты.
master *n.* (*owner*) хозя́ин (*pl.* -я́ева, -я́ев), владéлец (-льца); (*of household, college*) главá (*pl.* -вы) *m.* (семьи́, коллéджа); (*of ship*) капитáн; (*teacher*) учи́тель (*pl.* -ля́) *m.*; (*M.*, *univ.*) маги́стр; (*workman, artist*) мáстер (*pl.* -á); (*of film*) контрóльная кóпия; (*of record*) пéрвый оригинáл; *v.t.*: be m. of, владéть *imp.* + *instr.*; M. of Arts, маги́стр гуманитáрных наýк; m.-key, отмы́чка; m.-switch, главный выключáтель *m.*; *v.t.* (*overcome*) преодолевáть *imp.*, преодолéть *perf.*; справля́ться *imp.*, спрáвиться *perf.* с + *instr.*; (*subjugate*) подчиня́ть *imp.*, подчини́ть *perf.* себé; (*acquire knowledge of*) овладевáть *imp.*, овладéть *perf.* + *instr.* **masterful** *adj.* влáстный. **masterly** *adj.* мастерскóй. **masterpiece** *n.* шедéвр. **mastery** *n.* (*dominion*) госпóдство; (*skill*) мастерствó; совершéнное владéние (of, + *instr.*).
masticate *v.t.* жевáть (жую́, жуёшь) *imp.*
mastiff *n.* масти́фф.
mastodon *n.* мастодóнт.
mat[1] *n.* кóврик, половúк (-á); (*of rushes, straw*) циновка; (*under dish etc.*) подстáвка.
mat[2] *adj.* see matt.
match[1] *n.* спи́чка. **matchbox** *n.* спи́чечная корóбка.
match[2] *n.* (*equal*) рóвня *m.* & *f.*; (*contest*) матч, состязáние; (*marriage*) брак; a m. for, пáра + *dat.*; meet one's m., встречáть *imp.*, встрéтить *perf.* рáвного себé, достóйного проти́вника; *v.t.* (*correspond*) соотвéтствовать *imp.* + *dat.*; (*of colour*) гармони́ровать *imp.* с + *instr.*; (*select*) подбирáть *imp.*, подобрáть (подберу́, -рёшь; подобрáл, -á, -о) *perf.* **matchboard** *n.* шпунтóвая доскá (*acc.* -скý; *pl.* -ски, -сóк, -скáм) **matchless** *adj.* несравнéнный (-нен, -ннá). **matchmaker** *n.* сват, свáха.
mate[1] *n.* (*chess*) мат; *v.t.* объявля́ть *imp.*, объяви́ть (-влю́, -вишь) *perf.* мат + *dat.*
mate[2] *n.* (*one of a pair*) самéц (-мцá), сáмка; (*fellow worker*) напáрник, товáрищ; (*assistant*) помóщник; (*naut.*) помóщник капитáна; *v.i.* (*of animals*) спáриваться *imp.*, спáриться *perf.*
material *adj.* материáльный; (*essential*) существенный (-ен, -енна); *n.* материáл; (*cloth*) матéрия; (*necessary articles*) принадлéжности *f.pl.* **materialism** *n.* материали́зм; материалисти́чность. **materialist** *n.* материали́ст. **materialistic** *adj.* материалисти́чный, -ческий. **materialization** *n.* материализáция. **materialize** *v.t. & i.* материализовáть(ся) *imp.*, *perf.*; осуществля́ть(ся) *imp.*, осуществи́ть(ся) *perf.*
maternal *adj.* матери́нский; (*kinship*) по мáтери; m. grandfather, дéдушка с матери́нской стороны́. **maternity** *n.* матери́нство; m. benefit, пособие роже́нице; m. dress, плáтье (*gen.pl.* -в)

mathematical *adj.* математический. **mathematician** *n.* математик. **mathematics** *n.* математика.

matinée *n.* дневной спектакль *m.*; *m. coat*, распашонка.

matins *n.* утреня.

matriarchal *adj.* матриархальный. **matriarchy** *n.* матриархат. **matricidal** *adj.* матереубийственный. **matricide** *n.* (*action*) матереубийство; (*person*) матереубийца *m. & f.*

matriculate *v.t.* принимать *imp.*, принять (приму, -мешь; принял, -а, -о) *perf.* в вуз; *v.i.* быть принятым в вуз. **matriculation** *n.* зачисление в вуз; (*examination*) вступительный экзамен в вуз.

matrimonial *adj.* супружеский. **matrimony** *n.* брак, супружество.

matrix *n.* (*womb*) матка; (*rock*) маточная порода; (*mould*) матрица.

matron *n.* замужняя женщина; (*hospital*) сестра-хозяйка; (*school*) заведующая *sb.* хозяйством.

matt *adj.* матовый.

matted *adj.* спутанный (-ан).

matter *n.* (*substance*) вещество; (*philos., med.*) материя; (*content*) содержание; (*affair*) дело (*pl.* -ла); (*question*) вопрос; *a m. of form*, формальность; *a m. of life and death*, вопрос жизни и смерти; *a m. of opinion*, спорное дело; *a m. of taste*, дело вкуса; *an easy m.*, простое дело; *as a m. of fact*, фактически; собственно говоря; *for that m., что касается этого*; *в этом отношении*; *money matters*, денежные дела *neut.pl.*; *no laughing m.*, не шуточное дело; *what's the m.? в чём дело? что случилось? what's the m. with him?* что с ним? *m.-of-fact*, прозаичный; *v.i.* иметь *imp.* значение; (*med.*) гноиться *imp.*; *it doesn't m.*, это не имеет значения; *it matters a lot to me*, для меня это очень важно; *what does it m.?* какое это имеет значение?

matting *n.* (*rushes*) циновка; (*bast*) рогожа.

mattock *n.* мотыга.

mattress *n.* матрас, тюфяк (-а).

mature *adj.* зрелый (зрел, -а, -о); (*well-considered*) хорошо обдуманный (-ан, -анна); *v.i.* зреть *imp.*, со ~ *perf.*; *v.t.* доводить (-ожу, -одишь) *imp.*, довести (-еду, -едёшь; -ёл, -ела) *perf.* до зрелости; (*plan*) обдумывать *imp.*, обдумать *perf.* **maturity** *n.* зрелость.

maul *v.t.* терзать *imp.*; калечить *imp.*, ис ~ *perf.*; (*criticize*) раскритиковать *perf.*

mausoleum *n.* мавзолей.

mauve *adj.* (*n.*) розовато-лиловый (цвет).

maxim *n.* сентенция.

maximum *n.* максимум; *adj.* максимальный.

may[1] *v.aux.* (*possibility*; *permission*) мочь (могу, можешь; мог, -ла) *imp.*, с ~ *perf.*; (*possibility*) возможно, что + *indicative*; (*wish*) пусть + *indicative*.

May[2] *n.* (*month*) май; (*m.*, *hawthorn*) боярышник; *m.-bug*, майский жук (-а); *M. Day*, Первое мая; *attrib.* майский. **mayfly** *n.* поденка.

maybe *adv.* может быть.

mayonnaise *n.* майонез.

mayor *n.* мэр. **mayoress** *n.* жена (*pl.* жёны) мэра; женщина-мэр.

maze *n.* лабиринт; (*fig.*) путаница.

mazurka *n.* мазурка.

mead *n.* мёд (-a(y), *loc.* -ý; *pl.* -ы́).

meadow *n.* луг (*loc.* -ý; *pl.* -á). **meadowsweet** *n.* таволга.

meagre *adj.* (*thin*) худой (худ, -á, -о); (*scanty*) скудный (-ден, -дна, -дно).

meal[1] *n.* еда; *at mealtimes*, во время еды.

meal[2] *n.* (*ground grain*) мука крупного помола. **mealy** *adj.* рассыпчатый; *m.-mouthed*, сладкоречивый.

mean[1] *adj.* (*average*) средний; *n.* (*middle point*) середина, среднее *sb.*; *pl.* (*method*) средство, способ; *pl.* (*resources*) средства *neut.pl.*, состояние; *by all means*, конечно, пожалуйста; *by means of*, при помощи + *gen.*, посредством + *gen.*; *by no means*, совсем не; *means test*, проверка нуждаемости.

mean[2] *adj.* (*ignoble*) подлый (подл, -á,

mean -о), ни́зкий (-зок, -зка́, -зко); (*miserly*) скупо́й (скуп, -á, -о); (*poor*) убо́гий.

mean *v.t.* (*have in mind*) име́ть *imp.* в виду́; (*intend*) намерева́ться *imp.* + *inf.*; (*signify*) зна́чить *imp.*

meander *v.i.* (*stream*) извива́ться *imp.*; (*person*) броди́ть (-ожу́, -о́дишь) *imp.* без це́ли. **meandering** *adj.* изви́листый.

meaning *n.* значе́ние, смысл; *adj.* значи́тельный. **meaningful** *adj.* (мно́го)значи́тельный. **meaningless** *adj.* бессмы́сленный (-ен, -енна).

meantime, **meanwhile** *adv.* тем вре́менем, ме́жду тем.

measles *n.* корь. **measly** *adj.* ничто́жный.

measurable *adj.* измери́мый. **measure** *n.* ме́ра; (*size*) ме́рка; (*degree*) сте́пень (*pl.* -ни, -не́й); (*limit*) преде́л; **made to m.**, сши́тый по ме́рке; сде́ланный (-ан) на зака́з; *v.t.* измеря́ть *imp.*, изме́рить *perf.*; ме́рить *imp.*, с~ *perf.*; (*for clothes*) снима́ть *imp.*, снять (сниму́, -мешь; снял, -а́, -о) *perf.* ме́рку с + *gen.*; (*estimate*) оце́нивать *imp.*, оцени́ть (-ню́, -нишь) *perf.*; *v.i.* (*be of specified size*) име́ть *imp.* + *acc.*; *the room measures 30 feet in length*, ко́мната име́ет три́дцать фу́тов в длину́; **m. off**, отмеря́ть *imp.*, отме́рить *perf.*; **m. out**, (*deal out*) распределя́ть *imp.*, распредели́ть *perf.*; **m. up to**, соотве́тствовать *imp.* + *dat.* **measured** *adj.* (*rhythmical*) ме́рный. **measurement** *n.* (*action*) измере́ние; *pl.* (*dimensions*) разме́ры *m.pl.*

meat *n.* мя́со. **meaty** *adj.* мясно́й, мяси́стый.

mechanic *n.* меха́ник. **mechanical** *adj.* механи́ческий; (*automatic*) машина́льный; **m. engineer**, инжене́р-меха́ник; **m. engineering**, машинострое́ние. **mechanics** *n.* меха́ника. **mechanism** *n.* механи́зм. **mechanistic** *adj.* механисти́ческий. **mechanization** *n.* механиза́ция. **mechanize** *v.t.* механизи́ровать *imp.*, *perf.*

medal *n.* меда́ль. **medallion** *n.* медальо́н. **medallist** *n.* (*recipient*) медали́ст.

meddle *v.i.* вме́шиваться *imp.*, вмеша́ться *perf.* (**in**, **with**, в + *acc.*).

media *pl.* of **medium**.

mediaeval *adj.* средневеко́вый.

mediate *v.i.* посре́дничать *imp.* **mediation** *n.* посре́дничество. **mediator** *n.* посре́дник.

medical *adj.* медици́нский; **m. jurisprudence**, суде́бная медици́на; **m. man**, врач (-á); **m. student**, ме́дик, -и́чка. **medicated** *adj.* (*impregnated*) пропи́танный (-ан) лека́рством. **medicinal** *adj.* (*of medicine*) лека́рственный; (*healing*) целе́бный. **medicine** *n.* медици́на; (*substance*) лека́рство; **m. man**, знаха́рь *m.*, шама́н.

mediocre *adj.* посре́дственный (-ен, -енна), зауря́дный. **mediocrity** *n.* посре́дственность.

meditate *v.i.* размышля́ть *imp.* **meditation** *n.* размышле́ние. **meditative** *adj.* заду́мчивый.

Mediterranean *adj.* средиземномо́рский; *n.* Средизе́мное мо́ре.

medium *n.* (*middle*) середи́на; (*means*) сре́дство; (*environment*) *phys.* среда́ (*pl.* -ды); (*person*) ме́диум; *pl.* (*mass media*) сре́дства *neut.pl.* ма́ссовой информа́ции; *adj.* сре́дний.

medley *n.* смесь, вся́кая вся́чина.

meek *adj.* кро́ткий (-ток, -тка́, -тко), смире́нный (-ён, -е́нна). **meekness** *n.* кро́тость, смире́нность.

meet *v.t.* & *i.* встреча́ть(ся) *imp.*, встре́тить(ся) *perf.*; *v.t.* (*make acquaintance*) знако́миться *imp.*, по~ *perf.* с + *instr.*; *v.i.* (*assemble*) собира́ться *imp.*, собра́ться (соберётся; собра́лся, -ала́сь, -ало́сь) *perf.* **meeting** *n.* встре́ча; собра́ние, заседа́ние, ми́тинг.

mega- in comb. ме́га-. **megacycle**, **megahertz** *n.* мегаге́рц (*gen.pl.* -ц). **megalith** *n.* мегали́т. **megalithic** *adj.* мегалити́ческий. **megaphone** *n.* мегафо́н. **megaton(ne)** *n.* мегато́нна. **megavolt** *n.* мегаво́льт (*gen.pl.* -т). **megawatt** *n.* мегава́тт (*gen.pl.* -т). **megohm** *n.* мего́м (*gen.pl.* -м).

megalomania *n.* megalomа́ния.

melancholia *n.* меланхо́лия. **melancholic** *adj.* меланхоли́ческий. **melancholy** *n.* грусть, тоска́; *adj.* уны́лый, гру́стный (-тен, -тна́, -тно).

mêlée *n.* сва́лка.

mellow *adj.* (*ripe*) спе́лый (спел, -á, -о); (*juicy*) со́чный (-чен, -чна́, -чно);

melodic (*soft*) мя́гкий (-го́к, -гка́, -гко); (*intoxicated*) подвы́пивший; *v.i.* спеть *imp.*; смягча́ться *imp.*, смягчи́ться *perf.*

melodic *adj.* мелоди́чный. **melodious** *adj.* мелоди́чный. **melody** *n.* мело́дия, напе́в.

melodrama *n.* мелодра́ма. **melodramatic** *adj.* мелодрамати́ческий.

melon *n.* ды́ня; (*water-m.*) арбу́з.

melt *v.t. & i.* раста́пливать(ся) *imp.*, растопи́ть(ся) (-плю́, -пишь) *perf.*; (*smelt*) пла́вить(ся) *imp.*, рас ~ *perf.*; (*dissolve*) растворя́ть(ся) *imp.*, раствори́ть(ся) *perf.*; *v.i.* (*thaw*) та́ять (та́ет) *imp.*, рас ~ *perf.*; **melting-point**, то́чка плавле́ния.

member *n.* член. **membership** *n.* чле́нство; (*number of members*) коли́чество чле́нов; *attrib.* чле́нский.

membrane *n.* перепо́нка. **membran(e)ous** *adj.* перепо́нчатый.

memento *n.* напомина́ние. **memoir** *n.* кра́ткая биогра́фия; *pl.* мемуа́ры (-ров) *pl.*; воспомина́ния *neut.pl.*

memorable *adj.* достопа́мятный. **memorandum** *n.* па́мятная запи́ска; (*diplomatic m.*) мемора́ндум. **memorial** *adj.* па́мятный, мемориа́льный; *n.* па́мятник. **memorize** *v.t.* зау́чивать (-чу, -чишь) *perf.* наизу́сть. **memory** *n.* па́мять; (*recollection*) воспомина́ние; (*computer*) запомина́ющее устро́йство.

menace *n.* угро́за; *v.t.* угрожа́ть *imp.* + *dat.* **menacing** *adj.* угрожа́ющий.

menagerie *n.* звери́нец (-нца).

mend *v.t.* чини́ть (-ню́, -нишь) *imp.*, по ~ *perf.*; (*clothes*) што́пать *imp.*, за ~ *perf.*; (*road*) ремонти́ровать *imp.*, от ~ *perf.*; *m.* one's ways, исправля́ться *imp.*, испра́виться *perf.*

mendacious *adj.* лжи́вый. **mendacity** *n.* лжи́вость.

mendicancy *n.* ни́щенство. **mendicant** *adj.* ни́щий, ни́щенствующий; *n.* ни́щий *sb.*

menial *adj.* лаке́йский, ни́зкий (-зок, -зка́, -зко).

meningitis *n.* менинги́т.

menopause *n.* кли́макс.

menstrual *adj.* менструа́льный. **menstruation** *n.* менструа́ция.

mental *adj.* у́мственный, психи́ческий, душе́вный; *m. arithmetic*, счёт в уме́; *m. deficiency*, у́мственная отста́лость; *m. home, hospital, institution*, психиатри́ческая больни́ца. **mentality** *n.* ум (-á); (*character*) склад ума́. **mentally** *adv.* у́мственно, мы́сленно.

menthol *n.* менто́л.

mention *v.t.* упомина́ть *imp.*, упомяну́ть (-ну́, -нешь) *perf.*; *not to m.*, не говоря́ уже́ о + *prep.*; *n.* упомина́ние.

mentor *n.* ме́нтор.

menu *n.* меню́ *neut.indecl.*

mercantile *adj.* торго́вый; *m. marine*, торго́вый флот.

mercenary *adj.* коры́стный; (*hired*) наёмный; *n.* наёмник.

mercerize *v.t.* мерсеризова́ть *imp.*, *perf.*

merchandise *n.* това́ры *m.pl.* **merchant** *n.* купе́ц (-пца́); торго́вец (-вца); *adj.* торго́вый; *m. navy*, торго́вый флот; *m. ship*, торго́вое су́дно (*pl.* -дá, -до́в).

merciful *adj.* милосе́рдный. **mercifully** *adv.* к сча́стью. **merciless** *adj.* беспоща́дный.

mercurial *adj.* (*person*) живо́й (жив, -á, -о); (*of mercury*) рту́тный. **mercury** *n.* (*metal*) ртуть; (*M., planet*) Мерку́рий.

mercy *n.* милосе́рдие; поща́да; *at the m. of*, во вла́сти + *gen.*

mere *adj.* просто́й, чи́стый, су́щий; *a m. child*, су́щий ребёнок, всего́ лишь ребёнок. **merely** *adv.* то́лько, про́сто.

meretricious *adj.* показно́й, мишу́рный.

merge *v.t. & i.* слива́ть(ся) *imp.*, слить(ся) (солью́(сь), -льёшь(ся); слил(ся), -ила́(сь), -и́ло/ило́сь) *perf.* **merger** *n.* объедине́ние.

meridian *n.* меридиа́н.

meringue *n.* мере́нга.

merit *n.* заслу́га, досто́инство; *v.t.* заслу́живать *imp.*, заслужи́ть (-жу́, -жишь) *perf.* + *gen.* **meritorious** *adj.* похва́льный.

mermaid *n.* руса́лка. **merman** *n.* водяно́й *sb.*

merrily *adv.* ве́село. **merriment** *n.* весе́лье. **merry** *adj.* весёлый (ве́сел, -á, -о, -ве́селы); *m.-go-round*, карусе́ль; *m.-making*, весе́лье.

mesh n. пéтля (gen.pl. -тéль); pl. (network) сéти (-тéй) pl.; pl. (fig.) западня́; v.i. сцепля́ться imp., сцепи́ться (-ится) perf.

mesmeric adj. гипноти́ческий. **mesmerize** v.t. гипнотизи́ровать imp., за~ perf.

meson n. мезо́н.

mess n. (disorder) беспоря́док (-дка) m.; (trouble) беда́; (eating-place) столо́вая sb.; v.i. столова́ться imp. (with, вмéсте с + instr.); m. about, лоды́рничать imp.; m. up, по́ртить imp., ис~ perf.

message n. сообщéние; (errand) поручéние. **messenger** n. посы́льный sb., курьéр.

Messiah n. мéссия m. **Messianic** adj. мессиáнский.

Messrs. abbr. господá (gen. -д).

messy adj. (untidy) беспоря́дочный; (dirty) гря́зный (-зен, -зна́, -зно).

metabolism n. метаболи́зм, обмéн вещéств.

metal n. мета́лл; (road-m.) щéбень (-бня) m.; (rly.) балла́ст; pl. (rails) рéльсы m.pl.; adj. металли́ческий; v.t. (road) шоссировáть imp., perf.; metalled road, шоссé neut.indecl. **metallic** adj. металли́ческий. **metallurgical** adj. металлурги́ческий. **metallurgy** n. металлу́ргия.

metamorphose v.t. подверга́ть imp., подвéргнуть (-г) perf. метаморфо́зе. **metamorphosis** n. метаморфо́за; (biol.) метаморфо́з.

metaphor n. метáфора. **metaphorical** adj. метафори́ческий.

metaphysical adj. метафизи́ческий. **metaphysician** n. метафи́зик. **metaphysics** n. метафи́зика.

meteor n. метéор. **meteoric** adj. метеори́ческий, метеóрный. **meteorite** n. метеори́т. **meteorological** adj. метеорологи́ческий. **meteorologist** n. метеоро́лог. **meteorology** n. метеороло́гия.

meter n. счётчик; v.t. измеря́ть imp., измéрить perf. при помощи счётчика.

methane n. метáн.

method n. мéтод, спо́соб; (system) систéма. **methodical** adj. системати́ческий, методи́ческий.

Methodism n. методи́зм. **Methodist** n. методи́ст; adj. методи́стский.

methyl n. мети́л; (m. alcohol, мети́ловый спирт). **methylated** adj.: m. spirit(s) денатура́т.

meticulous adj. тщáтельный.

metre n. метр. **metric(al)** adj. метри́ческий.

metronome n. метроно́м.

metropolis n. (capital) столи́ца. **metropolitan** adj. столи́чный; n. (eccl.) митрополи́т.

mettle n. темперáмент; (ardour) пыл (-а(у)). **mettlesome** adj. горя́чий (-ч, -чá).

mew see **miaow**.

mezzanine n. антресо́ли f.pl.

mezzo-soprano n. мéццо-сопрáно (voice) neut. & (person) f.indecl.

miaow interj. мя́у; n. мя́уканье; v.i. мя́укать imp., мя́укнуть perf.

mica n. слюдá.

Michaelmas n. Михáйлов день (дня) m.

micro- in comb. микро-. **microbe** n. микро́б. **microcosm** n. микроко́см. **microfilm** n. микрофи́льм. **micron** n. микро́н (gen.pl. -н). **micro-organism** n. микрооргани́зм. **microphone** n. микрофо́н. **microscope** n. микроско́п. **microscopic** adj. микроскопи́ческий. **microsecond** n. микросекýнда. **microwave** n. микроволно́вый; n. микроволнá (pl. -о́лны, dat. -о́лнáм).

mid adj. срéдний, середи́нный. **midday** n. пóлдень (полýдня & пóлдня m.); attrib. полýденный; adj. срéдний; m.-aged, срéдних лет; M. Ages, срéдние векá m.pl.; m. man, посрéдник; m.-sized, срéднего размéра. **middleweight** n. срéдний вес.

midge n. мóшка.

midget n. кáрлик, -ица; adj. óчень мáленький, миниатю́рный.

Midlands n. центрáльные грáфства neut.pl. Áнглии. **midnight** n. пóлночь (полýночи & пóлночи); attrib. полýночный. **midriff** n. диафрáгма. **midshipman** n. корабéльный гардемари́н. **midst** n. середи́на. **midsummer** n. середи́на лéта. **midway** adv. на полпути́, на полдоро́ге. **mid-week**

midwife середи́на неде́ли. **midwinter** *n.* середи́на зимы́.
midwife *n.* акуше́рка. **midwifery** *n.* акуше́рство.
might *n.* мощь, могу́щество; си́ла; *with all one's m.*, with m. and main, не щадя́ сил. **mighty** *adj.* могу́щественный (-ен, -енна), мо́щный (-щен, -щна́, -щно).
mignonette *n.* резеда́.
migraine *n.* мигре́нь.
migrant *adj.* кочу́ющий; (*bird*) перелётный; *n.* (*person*) пересе́ленец (-нца); (*bird*) перелётная пти́ца. **migrate** *v.i.* мигри́ровать *imp., perf.*; переселя́ться *imp.*, пересели́ться *perf.* **migration** *n.* мигра́ция. **migratory** *adj.* кочу́ющий; (*bird*) перелётный.
mike *n.* микрофо́н.
milch *adj.* моло́чный; *m.-cow,* до́йная коро́ва.
mild *adj.* (*soft*) мя́гкий (-гок, -гка́, -гко); (*light*) лёгкий (-гок, -гка́, -гко́, лёгки); (*not sharp*) нео́стрый (не о́стр & остёр, остра́, о́стро); (*not strong*) некре́пкий (-пок, -пка́, -пко); *m. steel,* мя́гкая сталь.
mildew *n.* (*fungi*) мильдью́ *neut.indecl.*; (*on paper etc.*) пле́сень.
mile *n.* ми́ля. **mileage** *n.* расстоя́ние в ми́лях; (*distance travelled*) коли́чество про́йденных миль; (*expenses*) де́ньги (-нег, -ньга́м) *pl.* на прое́зд.
milestone *n.* ми́льный столб (-а́; *pl.* -мни, -мне́й) *n.* (*fig.*) ве́ха.
militancy *n.* вои́нственность. **militant** *adj.* вои́нственный; (*combative*) боево́й; *n.* бое́ц (бойца́), активи́ст. **military** *adj.* вое́нный; *m. band,* духово́й орке́стр; *n.* вое́нный *sb.* **militate** *v.i. m. against,* говори́ть *imp.* про́тив + *gen.* **militia** *n.* ополче́ние; (*USSR*) мили́ция. **militiaman** *n.* ополче́нец (-нца); (*USSR*) милиционе́р.
milk *n.* молоко́; (*of plants*) мле́чный сок; *attrib.* моло́чный; *v.t.* дои́ть *imp.*, по~ *perf.* **milkmaid** *n.* доя́рка. **milkman** *n.* продаве́ц (-вца́) молока́. **milksop** *n.* тря́пка. **milk-tooth** *n.* моло́чный зуб (*pl.* -ы, -о́в). **milky** *adj.* моло́чный; M. Way, Мле́чный Путь (-ти́, -тём) *m.*

mill *n.* ме́льница; (*factory*) фа́брика, заво́д; (*rolling-m.*) прока́тный стан; *m.hand,* фабри́чный рабо́чий *sb.*; *m.pond,* ме́льничный пруд (-а́, *loc.* -у́); *m.-race,* ме́льничный лото́к (-тка́); *m.-wheel,* ме́льничное колесо́ (*pl.* -ёса); *v.t.* (*grain etc.*) моло́ть (мелю́, -лешь) *imp.*, с~ *perf.*; (*cloth*) валя́ть *imp.*, с~ *perf.*; (*metal*) фрезерова́ть *imp.*, от~ *perf.*; (*coin*) гурти́ть *imp.*, с~ *perf.*; *milled edge,* (*of coin*) гурт; *v.i.* кружи́ть (-ужу́, -у́жишь) *imp.* **miller** *n.* ме́льник.
millenium *n.* тысячеле́тие.
millepede, milli- *n.* многоно́жка.
millet *n.* (*plant*) про́со; (*grain*) пшено́.
milli- *in comb.* милли-. **milliard** *n.* миллиа́рд. **millibar** *n.* миллиба́р. **milligram(me)** *n.* миллигра́мм. **millimetre** *n.* миллиме́тр.
milliner *n.* моди́стка; шля́пница. **millinery** *n.* да́мские шля́пы *f.pl.*
million *n.* миллио́н. **millionaire** *n.* миллионе́р. **millionth** *adj.* миллио́нный.
millipede *see* mille-.
millstone *n.* жёрнов (*pl.* -а́); (*fig.*) бре́мя *neut.*
milt *n.* моло́ки (-к) *pl.*
mime *n.* мим; *v.t.* изобража́ть *imp.*, изобрази́ть *perf.* мими́чески; *v.i.* исполня́ть *imp.*, испо́лнить *perf.* роль в пантоми́ме. **mimic** *adj.* мими́ческий, подража́тельный; *n.* мими́ст; *v.t.* имити́ровать *imp.*, сымити́ровать *perf.*; с~ *perf.* (*ape*) обезья́нничать *imp.*, с~ *perf.* с + *gen.* **mimicry** *n.* имита́ция; (*biol.*) мимикри́я.
mimosa *n.* мимо́за; (*acacia*) ака́ция.
minaret *n.* минаре́т.
mince *n.* (*meat*) ру́бленое мя́со; *v.t.* руби́ть (-блю́, -бишь) *imp.*; (*in machine*) пропуска́ть *imp.*, пропусти́ть (-ущу́, -у́стишь) *perf.* че́рез мясору́бку; *v.i.* (*speak*) говори́ть *imp.* жема́нно; (*walk*) семени́ть *imp.*; *not to m. matters,* говори́ть *imp.* пря́мо, без обиняко́в. **mincemeat** *n.* начи́нка из изю́ма, минда́ля́ и т.п. **mincer** *n.* мясору́бка.
mind *n.* ум (-а́), ра́зум; (*memory*) па́мять; (*opinion*) мне́ние; *absence of m.,* забы́вчивость, рассе́янность;

mine — **misadventure**

bear in m., име́ть imp. в виду́; по́мнить imp.; be in one's right m., быть в здра́вом уме́; be out of one's m., быть не в своём уме́; change one's m., переду́мывать imp., переду́мать perf.; make up one's m., реша́ться imp., реши́ться perf.; presence of m., прису́тствие ду́ха; v.t (give heed to) обраща́ть imp., обрати́ть (-ащу́, -ати́шь) perf. внима́ние на+acc.; (look after) присма́тривать imp., присмотре́ть (-рю́, -ришь) perf. за+instr.; I don't m., я не возража́ю; я ничего́ не име́ю про́тив; don't m. me, не обраща́й(те) внима́ния на меня́! m. you don't forget, смотри́ не забу́дь! m. your own business, не вме́шивайтесь в чужи́е дела́! never m., не беспоко́йтесь! ничего́! **minded** adj. (disposed) располо́женный (-ен). **mindful** adj. по́мнящий, внима́тельный (of, к+dat.).

mine[1] poss.pron. мой (моя́, моё; мой); свой (-оя́, -оё; -ои́).

mine[2] n. ша́хта, рудни́к (-а́); (fig.) исто́чник; (mil.) ми́на; v.t. (obtain from m.) добыва́ть imp., добы́ть (добу́ду, -дешь; добы́л, -а́, -о) perf.; (mil.) мини́ровать imp., perf. **minefield** n. ми́нное по́ле (pl. -ля́). **minelayer** n. ми́нный загради́тель m. **miner** n. шахтёр, горня́к (-а́). **minesweeper** n. ми́нный тра́льщик.

mineral n. минера́л; adj. минера́льный; m.-water, минера́льная вода́ (acc. -ду). **mineralogist** n. минерало́г. **mineralogy** n. минерало́гия.

mingle v.t. & i. сме́шивать(ся) imp., смеша́ть(ся) perf.

miniature n. миниатю́ра; adj. миниатю́рный. **miniaturist** n. миниатюри́ст.

minibus n. микроавто́бус.

minim n. (mus.) полови́нная но́та. **minimal** adj. минима́льный. **minimize** v.t. (reduce) доводи́ть (-ожу́, -о́дишь) imp., довести́ (-еду́, -едёшь; -ёл, -ела́) perf. до ми́нимума; (underestimate) преуменьша́ть imp., преуме́ньшить perf. **minimum** n. ми́нимум; adj. минима́льный.

mining n. го́рное де́ло.

miniskirt n. ми́ни-ю́бка.

minister n. (polit.) мини́стр; (diplomat) посла́нник; (eccl.) свяще́нник. **ministerial** adj. мини́стерский; (eccl.) па́стырский. **ministration** n. по́мощь. **ministry** n. (polit.) министе́рство; (eccl.) духове́нство.

mink n. но́рка; attrib. но́рковый.

minnow n. голья́н.

minor adj. (lesser) ме́ньший; (less important) второстепе́нный (-нен, -нна); (mus.) мино́рный; n. (person under age) несовершенноле́тний n.; (mus.) мино́р. **minority** n. (small number) меньшинство́ (pl. -ва); (age) несовершенноле́тие; national m., нацменьшинство́ (pl. -ва).

minstrel n. менестре́ль m.

mint[1] n. (plant) мя́та; (peppermint) пе́речная мя́та; attrib. мя́тный.

mint[2] n. (econ.) моне́тный двор (-а́); in m. condition, блестя́щий, но́вый (нов, -á, -о); (book etc.) непотрёпанный (-ан); v.t. чека́нить imp., от~, вы́~ perf.

minuet n. менуэ́т.

minus prep. ми́нус+acc.; без+gen.; n. ми́нус; adj. (math., electr.) отрица́тельный.

minuscule adj. минуску́льный; (о́чень) ма́ленький; n. минуску́л.

minute[1] n. мину́та; pl. протоко́л; v.t. заноси́ть (-ошу́, -о́сишь) imp., занести́ (-есу́, -есёшь; -ёс, -есла́) perf. в протоко́л.

minute[2] adj. ме́лкий (-лок, -лка́, -лко), мельча́йший (-чей) f.pl. **minutiae** n. ме́лочи (-чей) f.pl.

minx n. коке́тка.

miracle n. чу́до (pl. -деса́). **miraculous** adj. чуде́сный.

mirage n. мира́ж.

mire n. (mud) грязь (loc. -зи́); (swamp) боло́то. **miry** adj. гря́зный (-зен, -зна́, -зно).

mirror n. зе́ркало (pl. -ла́); (fig.) отображе́ние; m. image, зерка́льное изображе́ние; v.t. отража́ть imp., отрази́ть perf.

mirth n. весе́лье.

misadventure n. несча́стный слу́чай.

misanthrope n. мизантро́п. **misanthropic** adj. мизантропи́ческий. **misanthropy** n. мизантро́пия.

misapplication n. непра́вильное испо́льзование. **misapply** v.t. непра́вильно испо́льзовать imp., perf. **misapprehend** v.t. непра́вильно понима́ть imp., поня́ть (пойму́, -мёшь; по́нял, -а́, -о) perf. **misapprehension** n. непра́вильное понима́ние. **misappropriate** v.t. незако́нно присва́ивать imp., присво́ить perf. **misappropriation** n. незако́нное присвое́ние. **misbehave** v.i. ду́рно вести́ (веду́, -дёшь; вёл, -а́) imp. себя́.

miscalculate v.t. непра́вильно рассчи́тывать imp., рассчита́ть perf.; (fig., abs.) просчита́ться perf. **miscarriage** n. (mistake) оши́бка; (med.) вы́кидыш, або́рт; m. of justice, суде́бная оши́бка. **miscarry** v.i. терпе́ть (-плю́, -пишь) imp., по ~ perf. неуда́чу; (med.) име́ть imp. вы́кидыш. **miscast** v.t. непра́вильно распределя́ть imp., распредели́ть perf. роль + dat.

miscellaneous adj. ра́зный, разнообра́зный. **miscellany** n. (mixture) смесь; (book) сбо́рник.

mischance n. несча́стный слу́чай. **mischief** n. (harm) вред (-а́); (naughtiness) озорство́; (pranks) прока́зы f.pl. **mischievous** adj. озорно́й. **misconception** n. непра́вильное представле́ние. **misconduct** n. дурно́е поведе́ние; (adultery) супру́жеская неве́рность; v.t.: m. oneself, ду́рно вести́ (веду́, -дёшь; вёл, -а́) imp. себя́. **misconstruction** n. непра́вильное истолкова́ние. **misconstrue** v.t. непра́вильно истолко́вывать imp., истолкова́ть perf. **miscount** n. оши́бка при подсчёте; непра́вильный подсчёт; v.t. ошиба́ться imp., ошиби́ться (-бу́сь, -бёшься; -бся) perf. при подсчёте + gen.

misdeal v.i. ошиба́ться imp., ошиби́ться (-бу́сь, -бёшься; -бся) perf. при сда́че карт. **misdeed** n. злодея́ние. **misdirect** v.t. непра́вильно направля́ть imp., напра́вить perf.; (letter) непра́вильно адресова́ть imp., perf. **misdirection** n.

непра́вильное указа́ние, руково́дство.

miser n. скупе́ц (-пца́), скря́га m. & f. **miserable** adj. (unhappy) несча́стный; (wretched) жа́лкий (-лок, -лка́, -лко), убо́гий. **miserly** adj. скупо́й (скуп, -а́, -о). **misery** n. страда́ние, беда́.

misfire v.i. дава́ть (даёт) imp., дать (даст; дал, -а́, да́ло́, -и) perf. осе́чку; n. осе́чка. **misfit** n. (garment) пло́хо сидя́щее пла́тье (gen.pl. -в); (person) неуда́чник. **misfortune** n. несча́стье, беда́. **misgiving** n. опасе́ние. **misgovern** v.t. пло́хо управля́ть imp. + instr. **misgovernment** n. плохо́е управле́ние. **misguided** adj. введённый (-ён, -ена́) в заблужде́ние.

mishap n. неуда́ча, несча́стье. **misinform** v.t. дезинформи́ровать imp., perf. **misinformation** n. дезинформа́ция. **misinterpret** v.t. неве́рно понима́ть imp., поня́ть (пойму́, -мёшь; по́нял, -а́, -о) perf. **misjudge** v.t. неве́рно оце́нивать imp., оцени́ть (-ню́, -нишь) perf. **misjudgement** n. неве́рная оце́нка. **mislay** v.t. класть (-аду́, -адёшь; -ал) imp., положи́ть (-жу́, -жишь) perf. не на ме́сто; затеря́ть perf. **mislead** v.t. вводи́ть (-ожу́, -о́дишь) imp., ввести́ (введу́, -дёшь; ввёл, -а́) perf. в заблужде́ние. **mismanage** v.t. пло́хо управля́ть imp. + instr. **mismanagement** n. плохо́е управле́ние. **misnomer** n. непра́вильное назва́ние.

misogynist n. женоненави́стник, **misogyny** n. женоненави́стничество.

misplace v.t. класть (-аду́, -адёшь; -ал) imp., положи́ть (-жу́, -жишь) perf. не на ме́сто; misplaced confidence, незаслу́женное дове́рие. **misprint** n. опеча́тка; v.t. непра́вильно печа́тать imp., на ~ perf. **mispronounce** v.t. непра́вильно произноси́ть (-ошу́, -о́сишь) imp., произнести́ (-есу́, -есёшь; ёс, -есла́) perf. **mispronunciation** n. непра́вильное произноше́ние. **misquotation** n. непра́вильная цита́та; непра́вильное цити́рование. **misquote** v.t. непра́вильно цити́ровать imp., про ~ perf. **misread** v.t. непра́вильно чита́ть imp., про ~ perf. **misrepresent**

Miss *v.t.* искажа́ть *imp.*, искази́ть *perf.* **misrepresentation** *n.* искаже́ние.

Miss[1] *n.* (*title*) мисс.

miss[2] *n.* про́мах, неуда́ча; *v.i.* прома́хиваться *imp.*, промахну́ться *perf.*; *v.t.* (*let slip*) упуска́ть *imp.*, упусти́ть (-ущу́, -у́стишь) *perf.*; (*train*) опа́здывать *imp.*, опозда́ть *perf.* на + *acc.*; *m. out*, пропуска́ть *imp.*, пропусти́ть (-ущу́, -у́стишь) *perf.*; *m. the point*, не понима́ть *imp.*, поня́ть (пойму́, -мёшь; по́нял, -а́, -о) *perf.* су́ти.

missel-thrush *n.* дрозд-деря́ба.

misshapen *adj.* уро́дливый.

missile *n.* снаря́д, раке́та.

missing *adj.* отсу́тствующий, недоста́ющий; (*person*) пропа́вший без ве́сти.

mission *n.* ми́ссия; командиро́вка. **missionary** *n.* миссионе́р; *adj.* миссионе́рский. **missive** *n.* письмо́ (*pl.* -сьма, -сем, -сьмам); посла́ние.

misspell *v.t.* непра́вильно писа́ть (пишу́ -шешь) *imp.*, на~ *perf.* **misspelling** *n.* непра́вильное написа́ние. **misspent** *adj.* растра́ченный (-ен) (впусту́ю).

misstatement *n.* непра́вильное заявле́ние.

mist *n.* тума́н, мгла.

mistake *v.t.* непра́вильно понима́ть *imp.*, поня́ть (пойму́, -мёшь; по́нял, -á, -o) *perf.*; *m. for*, принима́ть *imp.*, приня́ть (приму́, -мешь; при́нял, -á, -o) *perf.* за + *acc.*; *n.* оши́бка; *make a m.*, ошиба́ться (-бу́сь, -бёшься; -бся) *perf.* **mistaken** *adj.* оши́бочный; *be m.*, ошиба́ться *imp.*, ошиби́ться (-бу́сь, -бёшься; -бся) *perf.*

mister *n.* ми́стер, господи́н.

mistletoe *n.* оме́ла.

mistranslate *v.t.* непра́вильно переводи́ть (-ожу́, -о́дишь) *imp.*, перевести́ (-еду́, -едёшь; -ёл, -ела́) *perf.* **mistranslation** *n.* непра́вильный перево́д.

mistress *n.* хозя́йка; (*teacher*) учи́тельница; (*lover*) любо́вница.

mistrust *v.t.* не доверя́ть *imp.* + *dat.*; *n.* недове́рие. **mistrustful** *adj.* недове́рчивый.

misty *adj.* тума́нный.

misunderstand *v.t.* непра́вильно понима́ть *imp.*, поня́ть (пойму́, -мёшь; по́нял, -а́, -o) *perf.* **misunderstanding** *n.* непра́вильное понима́ние, недоразуме́ние; (*disagreement*) размо́лвка.

misuse *v.t.* непра́вильно употребля́ть *imp.*, употреби́ть *perf.*; (*ill-treat*) ду́рно обраща́ться *imp.* с + *instr.*; *n.* непра́вильное употребле́ние.

mite *n.* (*cheese-m.*) (сы́рный) клещ (-á); (*child*) ма́ленький ребёнок (-нка; *pl.* де́ти, -те́й, -тям, -тьмя́), кро́шка; *widow's m.*, ле́пта вдови́цы; *not a m.*, ничу́ть.

mitigate *v.t.* смягча́ть *imp.*, смягчи́ть *perf.* **mitigation** *n.* смягче́ние.

mitre *n.* ми́тра.

mitten *n.* рукави́ца, мите́нка; *pl.* (*boxing-gloves*) боксёрские перча́тки *f.pl.*

mix *v.t.* меша́ть *imp.*, с~ *perf.*; *v.i.* сме́шиваться *imp.*, смеша́ться *perf.*; (*person*) обща́ться *imp.*; *m. up*, (*confuse*) пу́тать *imp.*, с~ *perf.*; *get mixed up in*, впу́тываться *imp.*, впу́таться *perf.* в + *acc.*; *n.* смесь; (*food m.*) (пищево́й) полуфабрика́т. **mixer** *n.* смеси́тель; *n.* смесь; (*medicine*) миксту́ра.

mnemonic *adj.* мнемони́ческий; *n.* мнемони́ческий приём; *pl.* мнемо́ника.

mo *n.* мину́тка; *half a mo*, (одну́) мину́тку!

moan *n.* стон; *v.i.* стона́ть (-ну́, -нешь) *imp.*, про~ *perf.*

moat *n.* (крепостно́й) ров (рва, *loc.* во рву). **moated** *adj.* обнесённый (-ён, -ена́) рвом.

mob *n.* (*populace*) чернь; (*crowd*) толпа́ (*pl.* -пы); (*gang*) ша́йка; *v.t.* (*attack*) напада́ть *imp.*, напа́сть (-адёт; -а́л) *perf.* толпо́й на + *acc.*; (*crowd around*) толпи́ться *imp.* вокру́г + *gen.* **mobster** *n.* га́нгстер.

mobile *adj.* подвижно́й, передвижно́й. **mobility** *n.* подви́жность. **mobilization** *n.* мобилиза́ция. **mobilize** *v.t.* & *i.* мобилизова́ть(ся) *imp.*, *perf.*

moccasin *n.* мокаси́н (*gen.pl.* -н).

mocha *n.* мо́кко *m.* & *neut.indecl.*

mock *v.t.* & *i.* издева́ться *imp.* над + *instr.*; осме́ивать *imp.*, осмея́ть (-ею́

-ёшь perf.; adj. (sham) поддельный; (pretended) мнимый; mocking-bird, пересмешник; m. turtle soup, суп из телячьей головы; m.-up, макет, модель. mockery n. (derision) издевательство, насмешка; (travesty) пародия (of, на + acc.; + gen.).

mode n. (representation) модель, макет; (pattern) образец (-зца); (artist's) натурщик, -ица; (mannequin) манекенщик, -ица; adj. образцовый, примерный; v.t. лепить (-плю, -пишь) imp., вы́~ с~ perf.; (document) оформлять imp., оформить perf.; v.i. (act as m.) быть натурщиком, -ицей; быть манекенщиком, -ицей; m. after, on, создавать (-даю, -даёшь) imp., создать (-ам, -ашь, -аст, -адим; создал, -а, -о) perf. по образцу + gen.; m. oneself on, брать (беру, -рёшь; брал, -а, -о) imp., взять (возьму, -мёшь; взял, -а, -о) perf. + acc. за образец, пример.

moderate adj. (var. senses; polit.) умеренный (-ен, -енна); (person, conduct) сдержанный (-ан, -анна); (quantity) небольшой; v.t. умерять imp., умерить perf.; v.i. стихать imp., стихнуть (-x) perf. moderation n. умеренность; in m., умеренно.

modern adj. современный (-нен, -нна), новый (нов, -а, -о). modernism n. модернизм. modernistic adj. модернистский. modernity n. современность. modernization n. модернизация. modernize v.t. модернизировать imp., perf.

modest adj. скромный (-мен, -мна, -мно). modesty n. скромность.

modification n. видоизменение, модификация. modify v.t. (soften) смягчать imp., смягчить perf.; (partially change) модифицировать imp., perf.

modish adj. модный (-ден, -дна, -дно).

modular adj. модульный. modulate v.t. модулировать imp. modulation n. модуляция. module n. (measure) единица измерения; (unit) модульный, автономный, отсек; lunar excursion m., лунная капсула. modulus n. модуль m.

mohair n. мохер.

Mohammedan adj. мусульманский; n. мусульманин (pl. -áне, -áн), -áнка. Mohammedanism n. ислам.

moiré adj. муаровый.

moist adj. сырой (сыр, -á, -о), влажный (-жен, -жна, -жно). moisten v.t. & i. увлажнять(ся) imp., увлажнить(ся) perf. moisture n. влага.

mol see mole⁴.

molar¹ n. (tooth) коренной зуб (pl. -ов), adj. коренной.

molar² adj. (chem.) молярный.

molasses n. чёрная патока.

mole¹ n. (on skin) родинка.

mole² n. (animal) крот (-á). molehill n. кротовина. moleskin n. кротовый мех; (fabric) молескин; pl. молескиновые брюки (-к) pl.

mole³ n. (pier) мол (loc. -ý).

mole⁴ n. (chem.) моль m.

molecular adj. молекулярный. molecule n. молекула.

molest v.t. приставать (-таю, -таёшь) imp., пристать (-áну, -áнешь) perf. к + dat. molestation n. приставание.

mollify v.t. смягчать imp., смягчить perf.

mollusc n. моллюск.

mollycoddle n. неженка m. & f.; v.t. неженить imp.

molten adj. расплавленный (-ен).

moment n. момент, миг, мгновение; (phys.) момент; (importance) значение; a m. ago, только что; at a m.'s notice, по первому требованию; at the last m., в последнюю минуту; just a m., сейчас! погоди! momentarily adv. на мгновение. momentary adj. преходящий, кратковременный (-нен, -нна). momentous adj. важный (-жен, -жна, -жно, важны). momentum n. количество движения; (phys.) движущая сила; gather m., набирать imp., набрать (наберу, -рёшь; набрал, -á, -о) perf. скорость.

monarch n. монарх, ~ иня. monarchical adj. монархический. monarchism n.

monastery 208 **moot**

монархи́зм. **monarchist** n. монархи́ст. **monarchy** n. мона́рхия.
monastery n. (мужско́й) монасты́рь (-ря́) m. **monastic** adj. (of monastery) монасты́рский; (of monks) мона́шеский. **monasticism** n. мона́шество.
Monday n. понеде́льник.
monetary adj. де́нежный. **money** n. де́ньги (-нег, -ньга́м) pl.; m.-box, копи́лка; m.-changer, меня́ла m.; m.-grubbing, стяжа́тельский; m.-lender, ростовщи́к (-а́), -и́ца; m.-market, де́нежный ры́нок (-нка); m. order, (де́нежный) почто́вый перево́д. **moneyed** adj. бога́тый.
Mongol n. монго́л, ~ка; adj. монго́льский.
mongoose n. мангу́ста.
mongrel adj. нечистокро́вный, сме́шанный; n. дворня́жка; (also fig.) облю́док (-дка).
monitor n. (school) ста́роста m. (кла́сса); (lizard) вара́н; (naut.; TV) монито́р; (of broadcasts etc.) слуха́ч (-а́); (of radioactivity) дози́метр; v.t. проверя́ть imp., прове́рить perf.; контроли́ровать imp., про~ perf.; v.i. вести́ (веду́, -дёшь; вёл, -а́) imp. радиоперехва́т.
monk n. мона́х.
monkey n. обезья́на; v.i.: m. (about) with, неуме́ло обраща́ться imp. с + instr.; m. business, прока́за; m.-jacket, коро́ткая (матро́сская) ку́ртка (-ток); m.-nut, земляно́й оре́х; m.-puzzle, арауа́рия; m. tricks, ша́лости f.pl.; m.-wrench, разводно́й га́ечный ключ (-а́).
mono- in comb. одно- моно-, едино-. **monochrome** adj. одноцве́тный; n. однокра́сочное изображе́ние. **monocle** n. моно́кль m. **monogamous** adj. единобра́чный. **monogamy** n. единобра́чие. **monogram** n. моногра́мма. **monograph** n. моногра́фия. **monolith** n. моноли́т. **monolithic** adj. моноли́тный. **monologue** n. моноло́г. **monomania** n. монома́ния. **monomaniac** n. манья́к. **monoplane** n. монопла́н. **monopolist** n. монополи́ст. **monopolize** v.t. монополизи́ровать imp., perf. **monopoly** n. монопо́лия. **monorail** n.

монорельсовая доро́га. **monosyllabic** adj. односло́жный. **monosyllable** n. односло́жное сло́во (pl. -ва́). **monotheism** n. единобо́жие, монотеи́зм. **monotheistic** adj. монотеисти́ческий. **monotone** n. моното́нность; in a m., моното́нно. **monotonous** adj. моното́нный, однообра́зный. **monotony** n. моното́нность, однообра́зие. **monoxide** n. однооќись.
monsoon n. (wind) муссо́н; (rainy season) дождли́вый сезо́н.
monster n. чудо́вище, уро́д; adj. грома́дный. **monstrosity** n. уро́дство, чудо́вищность, чудо́вище. **monstrous** adj. чудо́вищный; (huge) грома́дный; (atrocious) безобра́зный.
montage n. (cin.) монта́ж; (of photographs) фотомонта́ж.
month n. ме́сяц. **monthly** adj. ежеме́сячный, ме́сячный; n. ежеме́сячник; adv. ежеме́сячно.
monument n. па́мятник. **monumental** adj. монумента́льный; (stupendous) изуми́тельный, колосса́льный.
moo v.i. мыча́ть (-чу́, -чи́шь); n. мыча́ние.
mood[1] n. (gram.) наклоне́ние.
mood[2] n. настрое́ние. **moody** adj. уны́лый, в дурно́м настрое́нии.
moon n. (of earth) луна́; (of other planets) спу́тник; v.i. бесце́льно слоня́ться imp. **moonlight** n. лу́нный свет; v.i. халту́рить imp. **moonshine** n. фанта́зия; (liquor) самого́н. **moonstone** n. лу́нный ка́мень (-мня) m. **moonstruck** adj. поме́шанный (-ан).
moor[1] n. ме́стность, поро́сшая ве́реском. **moorcock** n. саме́ц (-мца́) шотла́ндской куропа́тки. **moorhen** n. (water-hen) водяна́я ку́рочка. **moorland** n. ве́ресковая пу́стошь.
Moor[2] n. мавр. **Moorish** adj. маврита́нский.
moor[3] v.t. & i. швартова́ть(ся) imp., при~ perf. **mooring** n.: pl. шварто́вы m.pl.; (place) прича́л; m.-mast, прича́льная ма́чта.
moose n. америка́нский лось (pl. -си, -се́й) m.
moot adj. спо́рный.

mop n. швабра; (of hair) копна волос; v.t. протирать imp., протереть (-тру, -трёшь, -тёр) perf. (шваброй); m. one's brow, вытирать imp., вытереть (-тру, -трешь, -тер) perf. лоб; m. up, вытирать imp., вытереть (-тру, -трешь, -тер) perf.; (mil.) очищать imp., очистить perf. (от противника).

mope v.i. хандрить imp.

moped n. мопед.

moraine n. морена.

moral adj. моральный, нравственный (-ен, -енна); n. мораль; pl. нравы m.pl., нравственность. **morale** n. моральное состояние; (of troops) боевой дух. **moralist** n. моралист; ~ка. **moralistic** adj. моралистический. **morality** n. нравственность, мораль. **moralize** v.i. морализировать imp.

morass n. болото, трясина.

moratorium n. мораторий.

morbid adj. болезненный (-ен, -енна), нездоровый; (med.) патологический.

mordant adj. едкий (едок, едка, едко).

more adj. (larger) больший; (greater quantity) больше + gen.; (additional) ещё; adv. больше (in addition) более; (forming comparative) более; and what is m., и вдобавок; и больше того; m. fool you, тем хуже для тебя; m. or less, более или менее; once m., ещё раз; what m. do you want? что ещё ты хочешь? without m. ado, без дальнейших церемоний. **moreover** adv. сверх того; кроме того.

mores n. нравы m.pl.

morganatic adj. морганатический.

morgue n. морг; (journ.) справочный отдел.

moribund adj. умирающий.

morning n. утро; in the mornings, по утрам; since m., с утра; towards m., к утру; until m., до утра; at seven o'clock in the m., в семь часов утра; attrib. утренний; m. coat, визитка.

morocco n. сафьян; attrib. сафьяновый.

moron n. умственно отсталый sb. **moronic** adj. отсталый.

morose adj. угрюмый.

morpheme n. морфема.

morphine n. морфий.

morphology n. морфология.

Morse (code) n. азбука Морзе.

morsel n. кусочек (-чка).

mortal adj. смертный, смертельный; n. смертный sb. **mortality** n. смертность; (death-rate) смертность.

mortar n. (vessel) ступа, ступка; (cannon) миномёт, мортира; (cement) (известковый) раствор; m.-board, (cap) академическая шапочка с плоским квадратным верхом.

mortgage n. ипотека; (deed) закладная sb.; v.t. закладывать imp., заложить (-жу, -жишь) perf.

mortification n. (humiliation) унижение; (of the flesh) умерщвление. **mortify** v.t. унижать imp., унизить perf.; умерщвлять imp., умертвить (-рщвлю, -ртвишь) perf.

mortise n. гнездо (pl. -ёзда), паз (loc. -у; pl. -ы); m. lock, врезной замок (-мка).

mortuary adj. похоронный; n. морг, покойницкая sb.

mosaic[1] n. мозаика; adj. мозаичный.

Mosaic[2] adj. Моисеев.

Moslem n. мусульманин (pl. -áне, -áн) -áнка; adj. мусульманский.

mosque n. мечеть.

mosquito n. москит; m.-net, москитная сетка.

moss n. мох (м(о)ха, loc. м(о)хе & мху́; pl. мхи); m.-grown, поросший мхом. **mossy** adj. мшистый.

most adj. наибольший; n. наибольшее количество; adj. & n. (majority) большинство + gen.; большая часть + gen.; adv. больше всего, наиболее; (forming superlative) самый; **mostly** adv. главным образом.

mote n. пылинка.

motel n. мотель n.

moth n. моль, ночная бабочка; m.-ball, нафталиновый шарик; m.-eaten, изъеденный молью.

mother n. мать (-тери, instr. -терью; pl. -тери, -терей); v.t. относиться (-ошусь, -осишься) imp. по-матерински к + dat.; m. country, метрополия; m.-in-law, (wife's m.) тёща; (husband's m.) свекровь; m. of pearl, перламутр, перламутровый; m. tongue, родной язык (-á). **motherhood** n. материнство.

motif *n.* основная тема.

motion *n.* движение, ход; (*gesture*) жест; (*proposal*) предложение; (*of bowels*) испражнение; *in m.*, в движении, на ходу; *v.t.* показывать *imp.*, показать (-ажу, -ажешь) *perf.* + *dat.* жестом, чтобы... **motionless** *adj.* неподвижный. **motivate** *v.t.* побуждать *imp.*, побудить *perf.* **motivation** *n.* побуждение. **motive** *n.* повод, мотив; *adj.* движущий, двигательный.

motley *adj.* (*in colour*) разноцветный; (*varied*) пёстрый (-р, -ра́, -про); *n.* всякая всячина; (*costume*) шутовской костюм.

motor *n.* двигатель *m.*, мотор; *adj.* двигательный, моторный; (*of m. vehicles*) автомобильный; *m. boat*, моторная лодка; *m. bus*, автобус; *m. car*, (легковой) автомобиль *m.*; *m. cycle* мотоцикл; *m. racing*, автомобильные гонки *f.pl.*; *m. scooter*, мотороллер; *m. vehicle*, автомобиль *m.* **motoring** *n.* автомобилизм. **motorist** *n.* автомобилист, ~ ка. **motorize** *v.t.* моторизовать *imp.*, *perf.* **motorway** *n.* автострада.

mottled *adj.* испещрённый (-ён, -ена́), краплатый.

motto *n.* девиз.

mould[1] *n.* (*earth*) взрыхлённая земля (*acc.* -лю).

mould[2] *n.* (*shape*) форма, формочка; *v.t.* формовать *imp.*, с~ *perf.*; лепить (-плю, -пишь) *imp.*, вы~, с~ *perf.* **moulding** *n.* (*action*) формовка; (*decoration*) лепное украшение; (*in wood*) багет.

mould[3] *n.* (*fungi*) плесень. **mouldy** *adj.* заплесневелый; (*coll.*) дрянной (-нен, -нна́, -нно).

moulder *v.i.* разлагаться *imp.*, разложиться (-ится) *perf.*

moult *v.i.* линять *imp.*, вы~ *perf.*; *n.* линька.

mound *n.* холм (-á); (*heap*) насыпь.

Mount[1] *n.* (*in names*) гора (*acc.* -ру).

mount[2] *v.t.* (*ascend*) подниматься *imp.*, подняться (-нимусь, -нимешься; -нялся, -нялась) *perf.* на + *acc.*; (*m. a horse etc.*) садиться *imp.*, сесть (сяду, -дешь; сел) *perf.* на + *acc.*; (*picture*) наклеивать *imp.*, наклеить *perf.* на картон; (*gem*) вставлять *imp.*, вставить *perf.* в оправу; (*gun*) устанавливать *imp.*, установить (-влю, -вишь) *perf.* на лафет; *m. up*, (*accumulate*) накапливаться *imp.*, накопиться (-ится) *perf.*; *m. guard*, стоять (-ою, -оишь) *imp.* на часах; *n.* (*for picture*) картон, подложка; (*for gem*) оправа; (*horse*) верховая лошадь (*pl.* -ди, -дей, *instr.* -дьми).

mountain *n.* гора (*acc.* -ру; *pl.* -ры, -р, -рам); *attrib.* горный; *m. ash*, рябина. **mountaineer** *n.* альпинист, ~ка. **mountaineering** *n.* альпинизм. **mountainous** *adj.* гористый; (*huge*) громадный.

mountebank *n.* (*clown*) шут (-á); (*charlatan*) шарлатан.

mourn *v.t.* оплакивать *imp.*, оплакать (-áчу, -áчешь) *perf.*; *v.i.* скорбеть (-блю, -бишь) *imp.* (*over*, о + *prep.*). **mournful** *adj.* печальный, скорбный. **mourning** *n.* (*sorrow*) печаль; (*dress*) траур.

mouse *n.* мышь (*pl.* -ши, -шей); *v.i.* ловить (-влю, -вишь) *imp.*, поймать *perf.* мышей. **mouser** *n.* мышелов. **mousetrap** *n.* мышеловка.

mousse *n.* мусс.

moustache *n.* усы (усов) *pl.*

mousy *adj.* мышиный; (*timid*) робкий (-бок, -бка́, -бко).

mouth *n.* рот (рта, *loc.* во рту); (*poet.*) уста (-т) *pl.*; (*entrance*) вход; (*of river*) устье (*gen.pl.* -ьев); (*of gun, volcano*) жерло (*pl.* -ла); (*of dog, to feed*) едок (-á); *by word of m.*, устно; *v.t.* говорить *imp.*, сказать (-ажу, -áжешь) *perf.* напыщенно. **mouthful** *n.* полный рот (рта), кусок (-ска́), глоток (-тка́). **mouth-organ** *n.* губная гармоника. **mouthpiece** *n.* мундштук (-á); (*person*) рупор.

movable *adj.* подвижной; (*property*) движимый.

move *n.* (*in game*) ход (-а(у); *pl.* ходы); (*change of location*) перемена места; (*step*) шаг (*loc.* -ý; *pl.* -и́); *v.t.* & *i.* дви-

mow — **mum**

гать(ся) (-аю(сь), -аешь(ся) & движу(сь), -жешь(ся) *imp*., двинуть(ся) *perf*.; *v.t.* (*affect*) трогать *imp*., тронуть *perf*.; (*propose*) вносить (-ошу, -осишь) *imp*., внести (внесу, -сёшь) внёс, -ла) *perf*.; *v.i.* (*events*) развиваться *imp*., развиться (разовьётся) развился, -илась, -илось) *perf*.; (*m. house*) переезжать *imp*., переехать (-éду, -éдешь) *perf*.; *m. away*, (*v.i.*) уезжать *imp*., уехать (уеду, -едешь) *perf*.; *m. in*, въезжать *imp*., въехать (-еду, -едешь) *perf*.; *m. on*, идти (иду, идёшь; шёл, шла) *imp*., пойти (пойду, -дёшь; пошёл, -шла) *perf*. дальше; *m. on!* проходите (дальше)! *m. out*, съезжать *imp*., съехать (-еду, -едешь) *perf*. (*of*, c + *gen*.). **movement** *n*. движение; (*mus*.) часть (*pl*. -ти, -тей). **moving** *adj*. движущийся; (*touching*) трогательный; *m.* staircase, эскалатор.

mow *v.t.* (*also m. down*) косить (кошу, косишь) *imp*., c~ *perf*. **mower** *n*. (*person*) косец (-сца); (*machine*) косилка.

Mr. *abbr*. мистер, господин. **Mrs.** *abbr*. миссис *f.indecl*., госпожа.

MS. *abbr*. рукопись.

Mt. *abbr*. гора.

much *adj*., *n*. много + *gen*.; многое *sb*.; *adv*. очень; (*with comp. adj*.) гораздо.

muck *n*. (*dung*) навоз; (*dirt*) грязь (*loc*. -зи); (*dirty*) пачкать *imp*., за~, ис~ *perf*.; *m. out*, чистить *imp*., вы~ *perf*.; *m. up*, изгаживать *imp*., изгадить *perf*.

mucous *adj*. слизистый. **mucus** *n*. слизь.

mud *n*. грязь (*loc*. -зи). **mudguard** *n*. крыло (*pl*. -лья, -льев). **mudslinger** *n*. клеветник (-á).

muddle *v.t.* путать *imp*., c~ *perf*.; *v.i.*: *m. along*, действовать *imp*. наобум; *m. through*, кое-как доводить (-ожу, -одишь) *imp*., довести (-еду, -едешь; -ёл, -ела) *perf*. дело до конца; *n*. неразбериха, путаница. *m.*-headed, бестолковый.

muddy *adj*. грязный (-зен, -зна, -зно); (*of liquid*) мутный (-тен, -тна, -тно); (*of light*) тусклый (-л, -ла, -ло); *v.t.* обрызгивать *imp*., обрызгать *perf*.

грязью; (*water*) мутить (мучу, мутишь) *imp*., вз~, за~ *perf*.

muezzin *n*. муэдзин.

muff *n*. муфта.

muffle *v.t.* закутывать *imp*., закутать *perf*.; (*sound*) глушить *imp*., за~ *perf*.; muffled oars, обмотанные вёсла (*gen*. -сел) *neut.pl*. **muffler** *n*. кашне *neut. indecl*., шарф.

mufti *n*.: *in m.*, в штатском.

mug *n*. (*vessel*) кружка; (*face*) морда.

muggy *adj*. сырой (сыр, -á, -о) и тёплый (-пел, -пла).

mulatto *n*. мулат, ~ ка.

mulberry *n*. (*tree*) шелковица, тутовое дерево (*pl*. -евья, -евьев); (*fruit*) тутовая ягода.

mulch *n*. мульча; *v.t.* мульчировать *imp*., *perf*. **mulching** *n*. мульчирование.

mule *n*. мул; (*machine*) мюль-машина. **muleteer** *n*. погонщик мулов. **mulish** *adj*. упрямый как осёл.

mull *v.t.* подогревать *imp*., подогреть *perf*. с пряностями; mulled wine, глинтвейн.

mullah *n*. мулла *m*.

mullet *n*. (*grey m.*) кефаль; (*red m.*) барабулька.

mullion *n*. средник.

multi- *in comb*. много-. **multicoloured** *adj*. многокрасочный. **multifarious** *adj*. разнообразный. **multilateral** *adj*. многосторонний. **multimillionaire** *n*. мультимиллионер.

multiple *adj*. составной, сложный (-жен, -жна, -жно); (*varied*) разнообразный; (*numerous*) многочисленный; (*math*.) кратный; *m.* sclerosis, рассеянный склероз; *m.* shop, магазин с филиалами; *n*. кратное число (*pl*. -сла, -сел, -слам); least common *m.*, общее наименьшее кратное *sb*. **multiplication** *n*. размножение; (*math*.) умножение. **multiplicity** *n*. многочисленность, многообразие. **multiply** *v.t. & i.* размножать(ся) *imp*., размножить(ся) *perf*.; *v.t.* (*math*.) умножать *imp*., умножить *perf*.

multitude *n*. множество; (*crowd*) толпа (*pl*. -пы).

mum[1] *interj*. тише! *mum's the word!*

mum

(об этом) ни гугу́! keep m., молча́ть (-чу́, -чи́шь) imp.
mum² n. (mother) ма́ма.
mumble v.t. & i. мя́млить imp., про~ perf.
mummify v.t. мумифици́ровать imp., perf. **mummy**¹ n. му́мия.
mummy² n. (mother) ма́ма, ма́мочка.
mumps n. сви́нка.
munch v.t. жева́ть (жую́, жуёшь) imp.
mundane adj. земно́й.
municipal adj. муниципа́льный, городско́й. **municipality** n. муниципалите́т.
munificence n. ще́дрость. **munificent** adj. ще́дрый (щедр, -á, -о).
munitions n. вое́нное иму́щество.
mural adj. стенно́й; n. стенна́я ро́спись.
murder n. уби́йство; v.t. убива́ть imp., уби́ть (убью́, убьёшь) perf.; (language) коверка́ть imp., ис~ perf. **murderer**, **murderess** n. уби́йца m. & f. **murderous** adj. уби́йственный (-ен, -енна), смертоно́сный.
murky adj. тёмный (-мен, -мна́), мра́чный (-чен, -чна́, -чно).
murmur n. (of water) журча́ние; (of voices) шёпот; (of discontent) ро́пот; without a m., безро́потно; v.i. журча́ть (-чи́т) imp.; ропта́ть (ропщу́, -щешь) imp. (at, на+acc.); v.t. шепта́ть (шепчу́, -чешь) imp., шепну́ть perf.
muscle n. мы́шца, му́скул. **muscular** adj. мы́шечный, му́скульный; (person) му́скулистый.
Muscovite n. москви́ч (-á), ~ ка.
muse¹ v.i. размышля́ть imp.
muse² n. му́за.
museum n. музе́й.
mushroom n. гриб (-á); m. cloud, грибови́дное о́блако (pl. -ка́, -ко́в).
music n. му́зыка; (sheet m.) но́ты f.pl.; play without m., игра́ть imp., сыгра́ть perf. без нот; m.-hall, мю́зик-холл; m.-paper, но́тная бума́га; m.-stand, пюпи́тр. **musical** adj. музыка́льный; m. comedy, музыка́льная коме́дия, музыка́льная (кино)коме́дия. **musician** n. музыка́нт; (composer) компози́тор. **musicologist** n. музыкове́д. **musicology** n. музыкове́дение.

myopia

musk n. му́скус; m.-deer, кабарга́ (gen. pl. -ро́г); m.-melon, дыня; m.-rat, онда́тра. **musky** adj. му́скусный.
musket n. мушке́т. **musketeer** n. мушкетёр.
muslin n. мусли́н, кисея́; adj. мусли́новый, кисе́йный.
mussel n. съедо́бная ми́дия.
must¹ n. муст; (new wine) молодо́е вино́.
must² v.aux. (obligation) до́лжен (-жна́) predic.+inf.; на́до impers.+dat. & inf.; (necessity) ну́жно impers.+dat. & inf.; m. not, (prohibition) нельзя́ impers.+dat. & inf.; n. необходи́мость.
mustard n. горчи́ца; m. gas, горчи́чный газ; m. plaster, горчи́чник; m.-pot, горчи́чница.
musty adj. затхлый.
mutant adj. мута́нтный; n. мута́нт. **mutation** n. мута́ция.
mute adj. (dumb) немо́й (нем, -á, -о); (silent) безмо́лвный; n. немо́й sb. (mus.) сурди́нка. **muted** adj. приглушённый (-ён, -ена́); with m. strings, под сурди́нку.
mutilate v.t. уве́чить imp., из~ perf. кале́чить imp., ис~ perf. **mutilation** n. уве́чье.
mutineer n. мяте́жник. **mutinous** adj. мяте́жный. **mutiny** n. мяте́ж (-á); v.i. бунтова́ть imp., взбунтова́ться perf.
mutism n. немота́.
mutter v.i. бормота́ть (-очу́, -о́чешь) imp.; ворча́ть (-чу́, -чи́шь) imp.; n. бормота́ние, ворча́ние.
mutton n. бара́нина.
mutual adj. взаи́мный, взаи́мо-; (common) о́бщий; m. assistance, ка́сса взаимопо́мощи; m. friend, о́бщий друг (pl. друзья́, -зе́й).
muzzle n. (animal's) мо́рда; (on animal) намо́рдник; (of gun) ду́ло; v.t. надева́ть imp., наде́ть (-е́ну, -е́нешь) perf. намо́рдник на+acc.; (impose silence) заставля́ть imp., заста́вить perf. молча́ть.
muzzy adj. тума́нный (-нен, -нна).
my poss.pron. мой (моя́, моё; мой); свой (-оя́, -оё; -ои́).
myopia n. близору́кость. **myopic** adj. близору́кий.

myriad *n.* мириа́ды (-д) *pl.*; *adj.* бесчи́сленный (-ен, -енна).

myrrh *n.* ми́рра.

myrtle *n.* мирт; *attrib.* ми́ртовый.

myself *pron.* (*emph.*) (я) сам (-ого́, -ому́, -и́м, -о́м), сама́ (-мо́й, *acc.* -му́); (*refl.*) себя́ (себе́, собо́й) -ся (*suffixed to v.t.*).

mysterious *adj.* таи́нственный (-ен, -енна). **mystery** *n.* та́йна; (*relig. rite*; *play*) мисте́рия.

mystic(al) *adj.* мисти́ческий; *n.* ми́стик. **mysticism** *n.* мистици́зм. **mystification** *n.* мистифика́ция. **mystify** *v.t.* озада́чивать *imp.*, озада́чить *perf.*

myth *n.* миф. **mythical** *adj.* мифи́ческий. **mythological** *adj.* мифологи́ческий. **mythologist** *n.* мифо́лог. **mythology** *n.* мифоло́гия.

N

nacre *n.* перламу́тр. **nacr(e)ous** *adj.* перламу́тровый.

nadir *n.* нади́р; (*lowest point*) са́мый ни́зкий у́ровень (-вня) *m.*

nag[1] *n.* (*horse*) ло́шадь (*pl.* -ди, -де́й, *instr.* -дьми́).

nag[2] *v.i.*: *n. at*, пили́ть (-лю́, -лишь) *imp.* + *acc.*; (*of pain*) ныть (но́ет) *imp.*

naiad *n.* наяда.

nail *n.* (*finger-, toe-n.*) но́готь (-гтя; *pl.* -гти, -гте́й) *m.*; (*claw*) ко́готь (-гтя; *pl.* -гти, -гте́й) *m.*; (*metal spike*) гвоздь (-дя́; *pl.* -ди, -де́й) *m.*; *n.-brush*, щёточка для ногте́й; *n.-file*, пи́лка для ногте́й; *n.-scissors*, но́жницы (-ц) *pl.* для ногте́й; *n.-varnish*, лак для ногте́й; *v.t.* прибива́ть *imp.*, приби́ть (-бью́, -бьёшь) *perf.* (гвоздя́ми).

naive *adj.* наи́вный. **naivety** *n.* наи́вность.

naked *adj.* го́лый (гол, -а́, -о), наго́й (наг, -а́, -о); обнажённый (-ён, -ена́); *n. eye*, невооружённый глаз; *n. light*, незащищённый свет; *n. sword*, обнажённый меч (-а́); *n. truth*, чи́стая пра́вда. **nakedness** *n.* нагота́.

name *n.* назва́ние; (*forename*) и́мя *neut.*; (*surname*) фами́лия; (*reputation*) репута́ция; *what is his n.?* как его́ зову́т? *in the n. of*, во и́мя + *gen.*; *n.-day*, имени́ны (-н) *pl.*; *n.-part*, загла́вная роль; *n.-plate*, доще́чка с фами́лией; *namesake*, тёзка *m. & f.*; *v.t.* называ́ть *imp.*, назва́ть (назову́, -вёшь; назва́л, -а́, -о) *perf.*; (*appoint*) назнача́ть *imp.*, назна́чить *perf.*

nameless *adj.* безымя́нный (-ен, -енна). **namely** *adv.* (а) и́менно; то есть.

nanny *n.* ня́ня; *n.-goat*, коза́ (*pl.* -зы).

nano-second *n.* на́но-секу́нда.

nap[1] *n.* (*sleep*) коро́ткий сон (сна); *v.i.* вздремну́ть *perf.*

nap[2] *n.* (*on cloth*) ворс.

napalm *n.* напа́лм.

nape *n.* загри́вок (-вка).

napkin *n.* (*table-n.*) салфе́тка; (*nappy*) пелёнка.

narcissus *n.* нарци́сс.

narcosis *n.* нарко́з. **narcotic** *adj.* наркоти́ческий; *n.* нарко́тик.

nark *n.* (*spy*) лега́вый *sb.*, стука́ч (-а́); *v.t.* (*irritate*) раздража́ть *imp.*, раздражи́ть *perf.*

narrate *v.t.* расска́зывать *imp.*, рассказа́ть (-ажу́, -а́жешь) *perf.*; повествова́ть *imp.* о + *prep.* **narration** *n.* повествова́ние. **narrative** *n.* расска́з, по́весть (*pl.* -ти, -те́й); *adj.* повествова́тельный. **narrator** *n.* расска́зчик, повествова́тель *m.*

narrow *adj.* у́зкий (у́зок, узка́, у́зко; у́зки), те́сный (-сен, -сна́, -сно); (*restricted*) ограни́ченный (-ен, -енна), *n.-gauge*, узкоколе́йный; *n.-minded*, ограни́ченный (-ен, -енна), *n.*: у́зкая часть; (*strait*) у́зкий проли́в; *v.t. & i.* су́живать(ся) *imp.*, су́зить(ся) *perf.* **narrowly** *adv.* (*hardly*) чуть, е́ле-

narwhal — **necessarily**

-éле; *he n. escaped drowning,* он чуть не утону́л. **narrowness** *n.* у́зость, ограни́ченность.
narwhal *n.* нарва́л.
nasal *adj.* носово́й; (*voice*) гнуса́вый.
nascent *adj.* рожда́ющийся.
nasturtium *n.* настурция.
nasty *adj.* га́дкий (-док, -дка́, -дко), проти́вный; (*dirty*) гря́зный (-зен, -зна́, -зно); (*person*) зло́бный.
nation *n.* на́ция; (*people*) наро́д; (*country*) страна́ (*pl.* -ны). **national** *adj.* национа́льный, наро́дный; (*of the state*) госуда́рственный; *n.* по́дданный *sb.* **nationalism** *n.* национали́зм. **nationalist** *n.* национали́ст, ~ка. **nationalistic** *adj.* националисти́ческий. **nationality** *n.* национа́льность; (*citizenship*) гражда́нство, по́дданство. **nationalization** *n.* национализа́ция. **nationalize** *v.t.* национализи́ровать *imp., perf.*
native *n.* (*n. of*) уроже́нец (-нца), -нка (+*gen.*); тузе́мец (-мца), -мка; *adj.* (*natural*) приро́дный; (*of one's birth*) родно́й; (*indigenous*) тузе́мный; (*local*) ме́стный *n.* страна́, ро́дина; *n.* language, родно́й язы́к (-а́); *n.* speaker, носи́тель *m.* языка́.
nativity *n.* рождество́ (Христо́во).
natter *v.i.* болта́ть *imp.*; *n.* болтовня́.
natural *adj.* есте́ственный (-ен, -енна), приро́дный; *n.* death, есте́ственная смерть; *n.* resources, приро́дные бога́тства *neut.pl.*; *n.* selection, есте́ственный отбо́р. *n.* (*person*) саморо́док (-дка); (*mus.*) бека́р. **naturalism** *n.* натурали́зм. **naturalist** *n.* натурали́ст. **naturalistic** *adj.* натуралисти́ческий. **naturalization** *n.* (*of alien*) натурализа́ция; (*of plant, animal*) акклиматиза́ция. **naturalize** *v.t.* натурализи́ровать *imp., perf.*; акклиматизи́ровать *imp., perf.* **naturally** *adv.* есте́ственно, по приро́де; (*of course*) коне́чно, как и сле́довало ожида́ть. **nature** *n.* приро́да; (*character*) хара́ктер; *by n.*, по приро́де; *in the n. of*, вро́де+*gen.*; *second n.*, втора́я нату́ра; *state of n.*, первобы́тное состоя́ние.
naughtiness *n.* (*disobedience*) непослуша́ние; (*mischief*) ша́лости *f.pl.*

naughty *adj.* непослу́шный; шаловли́вый.
nausea *n.* тошнота́; (*loathing*) отвраще́ние. **nauseate** *v.t.* тошни́ть *imp. impers.* от+*gen.*; быть проти́вным+*dat.*; *the idea nauseates me,* меня́ тошни́т от э́той мы́сли; э́та мысль мне проти́вна. **nauseous** *adj.* тошнотво́рный; (*loathsome*) отврати́тельный.
nautical *n.* морско́й.
naval *adj.* (вое́нно)морско́й, фло́тский.
nave *n.* неф.
navel *n.* пупо́к (-пка́); *n.*-string, пупови́на.
navigable *adj.* судохо́дный. **navigate** *v.t.* (*ship*) вести́ (веду́, -дёшь; вёл, -а́) *imp.*; (*sea*) пла́вать *imp.* **navigation** *n.* навига́ция. **navigator** *n.* штурма́н.
navvy *n.* землеко́п.
navy *n.* вое́нно-морско́й флот (*pl.* -о́ты, -о́тов). *n.* blue, тёмно-си́ний.
Nazi *n.* наци́ст, ~ка; *adj.* наци́стский. **Nazism** *n.* наци́зм.
near *adv.* бли́зко, недалеко́; *far and n.,* повсю́ду. *n.* at hand, под руко́й; *n.* by, ря́дом; *prep.* во́зле+*gen.*, о́коло+*gen.*, у+*gen.*; *adj.* бли́зкий (-зок, -зка́, -зко, бли́зки́), недалёкий (-ёк, -ека́, -ёко́); *n.* miss, бли́зкий про́мах; *n.*-sighted, близору́кий; *v.t. & i.*, приближа́ться *imp.*, прибли́зиться *perf.* к+*dat.*; подходи́ть (-ожу́, -о́дишь) *imp.*, подойти́ (-ойду́, -ойдёшь; -ошёл, -ошла́) *perf.* к+*dat.*
nearly *adv.* почти́, приблизи́тельно.
neat *adj.* (*tidy*) опря́тный, аккура́тный; (*clear*) чёткий (-ток, -тка́, -тко); (*undiluted*) неразба́вленный (-ен).
nebula *n.* тума́нность. **nebular** *adj.* небуля́рный. **nebulous** *adj.* нея́сный (-сен, -сна́, -сно), тума́нный (-нен, -нна).
necessarily *adv.* неизбе́жно. **necessary** *adj.* ну́жный (-жен, -жна́, -жно, -жны), необходи́мый; (*inevitable*) неизбе́жный; *n.* необходи́мое *sb.* **necessitate** *v.t.* де́лать *imp.*, с~ *perf.* необходи́мым; (*involve*) влечь (-ечёт, -еку́т; влёк, -ла́) *imp.* за собо́й. **necessity** *n.* необходи́мость; неизбе́жность; (*object*) предме́т пе́рвой необходи́мости; (*poverty*) нужда́.

neck *n.* шея; (*of garment*) вырез; (*of bottle*) горлышко (*pl.* -шки, -шек, -шкам); (*isthmus*) перешеек (-ейка); **get it in the n.**, получить *perf.* по шее; **risk one's n.**, рисковать *imp.* головой; **up to one's n.**, по горло, по уши; **n. and n.**, голова в голову; **or nothing**, либо пан, либо пропал. **neckband** *n.* ворот. **neckerchief** *n.* шейный платок (-тка). **necklace** *n.* ожерелье (*gen.pl.* -лий). **necklet** *n.* ожерелье (*gen.pl.* -лий); (*fur*) горжетка. **neckline** *n.* вырез. **necktie** *n.* галстук.

necromancer *n.* колдун (-а). **necromancy** *n.* чёрная магия, колдовство.

nectar *n.* нектар.

née adj. урождённая.

need *n.* нужда, надобность, потребность; *v.t.* нуждаться *imp.* в + *prep.*; **I** (*etc.*), мне (*dat.*) нужен (-жна, -жно, -жны) + *nom.*; **I n. five roubles**, мне нужно пять рублей.

needle *n.* игла (*pl.* -лы), иголка; (*knitting*) спица; (*pointer*) стрелка; *pl.* (*pine-n.*) хвоя; *v.t.* раздражать *imp.*, раздражить *perf.*

needless *adj.* ненужный, излишний; **n. to say**, не приходится и говорить.

needy *adj.* нуждающийся, бедствующий.

negation *n.* отрицание. **negative** *adj.* отрицательный, негативный; *n. quantity*, отрицательная величина; *n. result*, негативный результат; *n.* отрицание; (*gram.*) отрицательное слово (*pl.* -ва); (*phot.*) негатив; **in the n.**, отрицательно; отрицательный.

neglect *v.t.* пренебрегать *imp.*, пренебречь (-егу, -ежёшь; -ёг, -егла) *perf.* + *instr.*; не заботиться *imp.* о + *prep.*; (*abandon*) забрасывать *imp.*, забросить *perf.*; (*not fulfil*) не выполнять *imp.* + *gen.*; *n.* пренебрежение; (*condition*) заброшенность. **neglectful** *adj.* небрежный, невнимательный (of, к + *dat.*) **negligence** *n.* небрежность, нерадивость. **negligent** *adj.* небрежный, нерадивый. **negligible** *adj.* незначительный.

negotiate *v.i.* вести (веду, -дёшь; вёл, -а) *imp.* переговоры; *v.t.* (*arrange*) заключать *imp.*, заключить *perf.*; (*overcome*) преодолевать *imp.*, преодолеть *perf.* **negotiation** *n.* (*discussion*) переговоры *m.pl.*

Negress *n.* негритянка. **Negro** *n.* негр; *adj.* негритянский.

neigh *v.i.* ржать (ржу, ржёшь) *imp.*

neighbour *n.* сосед (*pl.* -и, -ей), ~ка. **neighbourhood** *n.* (*vicinity*) соседство; (*area*) местность; **in the n. of**, около + *gen.* **neighbouring** *adj.* соседний. **neighbourly** *adj.* добрососедский.

neither *adv.* также не, тоже не; *pron.* ни тот, ни другой; *n. . . . nor*, ни...ни.

nemesis *n.* возмездие.

neocolonialism *n.* неоколониализм.

neolithic *adj.* неолитический.

neologism *n.* неологизм.

neon *n.* неон; *attrib.* неоновый.

nephew *n.* племянник.

nepotism *n.* кумовство.

Neptune *n.* Нептун. **neptunium** *n.* нептуний.

nerve *n.* нерв; (*assurance*) самообладание; (*impudence*) наглость; *pl.* (*nervousness*) нервность; **get on the nerves of**, действовать *imp.* на ~ *perf.* + *dat.* на нервы. **nerveless** *adj.* бессильный. **nervous** *adj.* нервный (нервен, нервна, нервно); **n. breakdown**, нервное расстройство. **nervy** *adj.* нервозный.

nest *n.* гнездо (*pl.* -ёзда). **n.-egg**, сбережения *neut.pl.*; *v.i.* гнездиться *imp.*; вить (вью, вьёшь; вил, -а, -о) *imp.*, свить (совью, -ьёшь; свил, -а, -о) *perf.* (себе) гнездо. **nestle** *v.i.* льнуть *imp.*, при ~ *perf.* **nestling** *n.* птенец (-нца).

net¹ *n.* сеть (*loc.* сети; *pl.* -ти, -тей), сетка; *v.t.* (*catch*) ловить (-влю, -вишь) *imp.*, поймать *perf.* сеткой; (*cover*) закрывать *imp.*, закрыть (-рою, -роешь) *perf.* сеткой.

net², **nett** *adj.* нетто *indecl.*, чистый (чист, -а, -о, чисты); **n. price**, цена нетто; **n. profit**, чистая прибыль; **n. weight**, чистый вес, вес нетто; *v.t.* получать *imp.*, получить (-чу, -чишь) *perf.* ...чистого дохода.

nettle — night

nettle *n.* крапи́ва; *n.-rash*, крапи́вница; *v.t.* (*fig.*) раздража́ть *imp.*, раздражи́ть *perf.*

network *n.* сеть (*loc.* сети́; *pl.* -ти, -те́й).

neuralgia *n.* невралги́я. **neurasthenia** *n.* неврастени́я. **neuritis** *n.* неври́т. **neurologist** *n.* невро́лог. **neurology** *n.* невроло́гия. **neurosis** *n.* невро́з. **neurotic** *adj.* невроти́ческий; *n.* невро́тик, нервнобольно́й *sb.*

neuter *adj.* сре́дний, сре́днего ро́да; *n.* (*gender*) сре́дний род; (*word*) сло́во (*pl.* -ва́) сре́днего ро́да; (*animal*) кастри́рованное живо́тное *sb.*; *v.t.* кастри́ровать *imp.*, *perf.* **neutral** *adj.* нейтра́льный; (*indifferent*) безуча́стный; *n.* (*state*) нейтра́льное госуда́рство; (*person*) граждани́н (*pl.* -а́не, -а́нка, нейтра́льного госуда́рства; (*gear*) нейтра́льное положе́ние рычага́ коро́бки переда́ч; *in n.*, не включённый (-ён, -ена́). **neutrality** *n.* нейтралите́т; безуча́стность. **neutralization** *n.* нейтрализа́ция. **neutralize** *v.t.* нейтрализова́ть *imp.*, *perf.* **neutrino** *n.* нейтри́но *neut.indecl.* **neutron** *n.* нейтро́н.

never *adv.* никогда́; *n.*! не мо́жет быть! *n. again*, никогда́ бо́льше не; *n. fear!* бу́дь(те) уве́рен(ы)! *n. mind*, ничего́! всё равно́! *n. once*, ни ра́зу; *on the n.-n.*, в рассро́чку. **nevertheless** *conj.*, *adv.* тем не ме́нее.

new *adj.* но́вый (нов, -а́, -о); (*fresh*) све́жий (свеж, -а́, -о́, све́жи); (*young*) молодо́й (мо́лод, -а́, -о). **new-born** *adj.* новорождённый. **newcomer** *n.* прише́лец (-льца). **newfangled** *adj.* новомо́дный. **newly** *adv.* (*recently*) неда́вно; (*in new manner*) за́ново, вновь.

newel *n.* коло́нка винтово́й ле́стницы. **Newfoundland** *n.* ньюфа́ундленд, водола́з.

news *n.* но́вость, -ти *pl.*, изве́стие, -ия *pl.* **newsagent** *n.* газе́тчик. **news-letter** *n.* информацио́нный бюллете́нь *m.* **newspaper** *n.* газе́та. **newsprint** *n.* газе́тная бума́га. **newsreel** *n.* кинохро́ника. **news-vendor** *n.* газе́тчик, продаве́ц (-вца́) газе́т.

newt *n.* трито́н.

nexus *n.* связь.

nib *n.* перо́ (*pl.* пе́рья, -ьев).

nibble *v.t.* & *i.* грызть (-зу́, -зёшь; -з) *imp.*; обгрыза́ть *imp.*, обгры́зть (-зу́, -зёшь; -з) *perf.*; (*grass*) щипа́ть (-плет) *imp.*; (*fish*) клева́ть (клюёт) *imp.*

nice *adj.* (*precise*) то́чный (-чен, -чна́, -чно); (*subtle*) то́нкий (-нок, -нка́, -нко, то́нки́); (*pleasant*) прия́тный (*also iron.*); хоро́ший (-ш, -ша́); (*person*) ми́лый (мил, -а́, -о, ми́лы), любе́зный. **nicety** *n.* то́чность; то́нкость; *to a n.*, то́чно, вполне́.

niche *n.* ни́ша; (*fig.*) своё, надлежа́щее, ме́сто.

nick *n.* зару́бка, засе́чка; *in the n. of time*, в са́мый после́дний моме́нт; как раз вовремя; *v.t.* де́лать *imp.*, с ~ *perf.* зару́бку, засе́чку на + *acc.*

nickel *n.* ни́кель *m.*; *attrib.* ни́келевый; *n.-plate*, никелирова́ть *imp.*, *perf.*

nickname *n.* про́звище, прозва́ние; *v.t.* прозыва́ть *imp.*, прозва́ть (прозову́, -вёшь; прозва́л, -а́, -о) *perf.*

nicotine *n.* никоти́н. **nicotinic acid** *n.* никоти́новая кислота́.

niece *n.* племя́нница.

niggardly *adj.* (*miserly*) скупо́й (скуп, -а́, -о); (*scanty*) ску́дный (-ден, -дна́, -дно).

niggling *adj.* ме́лочный.

night *n.* ночь (*loc.* -чи́; *pl.* -чи, -че́й); (*evening*) ве́чер (*pl.* -а́); *at n.*, но́чью; *first n.*, премье́ра; *last n.*, вчера́ ве́чером; *n. and day*, непреста́нно; *attrib.* ночно́й; *n.-club*, ночно́й клуб; *n.-dress*, *-gown*, ночна́я руба́шка; *n.-light*, ночни́к (-а́). **nightcap** *n.* ночно́й колпа́к (-а́); (*drink*) стака́нчик спиртно́го на́ ночь. **nightfall** *n.* наступле́ние но́чи. **nightingale** *n.* солове́й (-вья́). **nightjar** *n.* козодо́й. **nightly** *adj.* ночно́й; (*every night*) ежено́щный; *adv.*,

nihilism — **none**

ежено́щно. **nightmare** *n.* кошма́р. **nightmarish** *adj.* кошма́рный.
nihilism *n.* нигили́зм. **nihilist** *n.* нигили́ст. **nihilistic** *adj.* нигилисти́ческий.
nil *n.* ноль (-ля́) *m.*
nimble *adj.* прово́рный; (*mind*) ги́бкий (-бок, -бка́, -бко).
nimbus *n.* нимб; (*cloud*) дождево́е о́блако (*pl.* -ка́, -ко́в).
nine *adj., n.* де́вять (-ти́, -тью); (*collect.*; *9 pairs*) де́вятеро (-ры́х); (*cards*; *number 9*) девя́тка; (*time*) де́вять (часо́в); (*age*) де́вять лет. **ninepins** *n.* ке́гли (-лей) *pl.* **nineteen** *adj., n.* девятна́дцать (-ти, -тью); (*age*) девятна́дцать лет. **nineteenth** *adj., n.* девятна́дцатый; (*date*) девятна́дцатое (число́). **ninetieth** *adj., n.* девяно́стый; (*age*) девяно́сто лет; *pl.* (*decade*) девяно́стые го́ды (-до́в) *m.pl.* **ninth** *adj., n.* девя́тый; (*fraction*) девя́тая (часть (*pl.* -ти, -те́й)); (*date*) девя́тое (число́); (*mus.*) но́на.
nip[1] *v.t.* (*pinch*) щипа́ть (-плю́, -плешь) *imp.*, щипну́ть *perf.*; (*bite*) куса́ть *imp.*, укуси́ть (-ушу́, -у́сишь) *perf.*; *n. along, sletáть perf.*; *n. in the bud*, пресека́ть *imp.*, пресе́чь (-еку́, -ечёшь; -ёк, -екла́) *perf.* в ко́рне; *n.* щипо́к (-пка́); уку́с; *there's a n. in the air*, во́здух па́хнет моро́зцем. **nipper** *n.* (*boy*) мальчуга́н.
nip[2] *n.* (*drink*) глото́к (-тка́), рю́мочка.
nipple *n.* сосо́к (-ска́); (*tech.*) ни́ппель (*pl.* -ли и -ля́) *m.*
nirvana *n.* нирва́на.
nit *n.* гни́да.
nitrate *n.* нитра́т. **nitre** *n.* сели́тра. **nitric** *adj.* азо́тный. **nitrogen** *n.* азо́т. **nitrogenous** *adj.* азо́тный. **nitroglycerine** *n.* нитроглицери́н. **nitrous** *adj.* азо́тистый; *n. oxide*, за́кись азо́та.
nitwit *n.* простофи́ля *m. & f.*
no *adj.* (*not any*) никако́й, не оди́н; (*not a*) (совсе́м) не; *adv.* (*нисколько*) не + *compar.*; *n.* отрица́ние, отка́з; (*in vote*) го́лос (*pl.* -а́) „про́тив"; *no doubt*, коне́чно, несомне́нно; *no fear, no more! no longer*, уже́ не, бо́льше не; *no one*, никто́ не, *no wonder*, не удиви́тельно.
Noah's ark *n.* Но́ев ковче́г.

nobelium *n.* нобе́лий.
nobility *n.* (*class*) дворя́нство; (*quality*) благоро́дство. **noble** *adj.* дворя́нский, зна́тный; благоро́дный. **nobleman** *n.* дворяни́н (*pl.* -я́не, -я́н).
nobody *pron.* никто́; *n.* ничто́жество.
nocturnal *adj.* ночно́й. **nocturne** *n.* ноктю́рн.
nod *v.i.* кива́ть *imp.*, кивну́ть *perf.* голово́й; (*drowsily*) клева́ть (клюю́, клюёшь) *imp.* но́сом; *nodding acquaintance*, пове́рхностное знако́мство; *n.* киво́к (-вка́).
nodule *n.* узело́к (-лка́).
noggin *n.* кру́жечка.
noise *n.* шум (-а(у)); (*radio*) поме́хи *f.pl.* **noiseless** *adj.* бесшу́мный. **noisy** *adj.* шу́мный (-мен, -мна́, -мно).
nomad *n.* коче́вник. **nomadic** *adj.* кочево́й, кочу́ющий.
nomenclature *n.* номенклату́ра. **nominal** *adj.* номина́льный; (*gram.*) именно́й. **nominate** *v.t.* (*propose*) выдвига́ть *imp.*, вы́двинуть *perf.*; (*appoint*) назнача́ть *imp.*, назна́чить *perf.* **nomination** *n.* выдвиже́ние; назначе́ние. **nominative** *adj.* (*n.*) имени́тельный (паде́ж (-á)). **nominee** *n.* кандида́т.
non- *pref.* не-, без-. **non-acceptance** *n.* неприня́тие.
nonage *n.* несовершенноле́тие.
nonagenarian *n.* девяностоле́тний ста́р(-á), -няя стару́ха.
non-aggression *n.* ненападе́ние; *n. pact*, пакт о ненападе́нии. **non-alcoholic** *adj.* безалкого́льный. **non-alignment** *n.* неприсоедине́ние. **non-appearance** *n.* (*leg.*) нея́вка (в суд). **non-arrival** *n.* неприбы́тие.
nonchalance *n.* (*indifference*) безразли́чие; (*carelessness*) беспе́чность. **nonchalant** *adj.* безразли́чный; беспе́чный.
non-combatant *adj.* нестроево́й. **non-commissioned** *adj.*: *n. officer*, унтер-офице́р. **non-committal** *adj.* уклончи́вый. **non-conductor** *n.* непроводни́к (-á).
nonconformist *n.* диссиде́нт. **adj.* диссиде́нтский.
nondescript *adj.* неопределённый (-нен, -нна), неопределённого ви́да.
none *pron.* (*no one*) никто́; (*nothing*) ничто́; (*not one*) не оди́н; *adv.* совсе́м

nonentity

не; ничу́ть не; *n. the less*, тем не ме́нее.

nonentity *n.* ничто́жество.

non-essential *adj.* несуще́ственный (-ен(ен), -енна). **non-existence** *n.* небытие́ (*instr.* -ие́м, *prep.* -ии́). **non-existent** *adj.* несуществу́ющий. **non-ferrous** *adj.* цветно́й. **non-interference**, **-intervention** *n.* невмеша́тельство. **non-party** *adj.* беспарти́йный. **non-payment** *n.* неплатёж (-á).

nonplus *v.t.* ста́вить *imp.*, по ~ *perf.* в тупи́к.

non-proliferation *n.* нераспростране́ние (я́дерного ору́жия). **non-productive** *adj.* непроизводи́тельный. **non-resident** *adj.* не прожива́ющий по ме́сту слу́жбы. **non-resistance** *n.* непротивле́ние.

nonsense *n.* вздор, ерунда́, чепуха́. **nonsensical** *adj.* бессмы́сленный (-ен, -енна).

non sequitur n. нелоги́чное заключе́ние.

non-skid, -slip *adj.* нескользя́щий. **non-smoker** *n.* (*person*) некуря́щий *sb.*; (*compartment*) ваго́н, купе́ *neut. indecl.*, для некуря́щих. **non-stop** *adj.* безостано́вочный; (*flight*) беспоса́дочный; *adv.* без остано́вок; без поса́док.

noodles *n.* лапша́.

nook *n.* укро́мный уголо́к (-лка́); *every n. and cranny*, все углы́ и закоу́лки *m.pl.*

noon *n.* по́лдень (-лу́дня & -лдня́) *m.*; *attrib.* полу́денный.

no one *see* no.

noose *n.* пе́тля (*gen.pl.* -тель); *v.t.* пойма́ть *perf.* арка́ном.

nor *conj.* и не; та́кже не, то́же не; *neither . . . n.*, ни...ни.

norm *n.* но́рма. **normal** *adj.* норма́льный. **normality** *n.* норма́льность. **normalize** *v.t.* нормализова́ть *imp.*, *perf.*

north *n.* се́вер; (*naut.*) норд; *adj.* се́верный; (*naut.*) но́рдовый; *adv.* к се́веру, на се́вер; *n.-east*, се́веро-восто́к; (*naut.*) норд-о́ст; *n.-easterly*, *-eastern* (*naut.*) се́веро-восто́чный; норд-о́стовый; *N. Star*, Поля́рная звезда́; *n.-west*, се́веро-за́пад; (*naut.*)

note

норд-ве́ст; *n.-westerly*, *-western*, се́веро-за́падный; (*naut.*) норд-ве́стовый; *n. wind*, норд. **northeaster** *n.* норд-о́ст. **northerly** *adj.* се́верный; (*naut.*) но́рдовый. **northern** *adj.* се́верный; *n. lights*, се́верное сия́ние. **northerner** *n.* северя́нин (*pl.* -я́не, -я́н); жи́тель *m.*, ~ ница, се́вера. **northernmost** *adj.* са́мый се́верный. **northward(s)** *adv.* к се́веру, на се́вер.

northwester *n.* норд-ве́ст.

Norwegian *adj.* норве́жский; *n.* норве́жец (-жца), -жка.

nose *n.* нос (*loc.* -у́; *pl.* -ы́); (*sense*) чутьё; (*of ship etc.*) носова́я часть (*pl.* -ти, -те́й); (*of rocket*) голо́вка; *v.t.* ню́хать *imp.*, по ~ *perf.*; *n. out*, разню́хивать *imp.*, разню́хать *perf.*; (*of ship etc.*) осторо́жно продвига́ться *imp.*, продви́нуться *perf.* вперёд. **nosebag** *n.* то́рба. **nosebleed** *n.* кровотече́ние из но́су. **nosedive** *n.* пике́ *neut.indecl.*; *v.i.* пики́ровать *imp.*, *perf.*

nostalgia *n.* тоска́ (по ро́дине, по пре́жнему). **nostalgic** *adj.* вызыва́ющий тоску́.

nostril *n.* ноздря́ (*pl.* -ри, -ре́й).

not *adv.* не; нет; ни; *n. at all*, ниско́лько, ничу́ть; (*reply to thanks*) не сто́ит (благода́рности); *n. half*, (*not at all*) совсе́м не; (*very much*) ужа́сно; *n. once*, ни ра́зу; *n. that*, не то, что́бы; *n. too*, дово́льно + *neg.*; *n. to say*, что́бы не сказа́ть; *n. to speak of*, не говоря́ уже́ о + *prep.*

notable *adj.* заме́тный, замеча́тельный. **notably** *adv.* осо́бенно, заме́тно.

notary (public) *n.* нота́риус.

notation *n.* нота́ция; (*mus.*) но́тное письмо́.

notch *n.* зару́бка; *v.t.* заруба́ть *imp.*, заруби́ть (-блю́, -бишь) *perf.*

note *n.* (*record*) заме́тка, запи́ска; (*annotation*) примеча́ние; (*letter*) запи́ска; (*banknote*) банкно́т; (*mus.*; *dipl.*) но́та; (*tone*) тон; (*attention*) внима́ние; *n. of hand*, ве́ксель (*pl.* -ля́) *m.*; *man of n.*, выдаю́щийся челове́к; *strike the right (a false) n.*, брать (беру́, -рёшь; брал, -а́, -о) *imp.*, взять (возьму́, -мёшь; взял, -а́, -о)

nothing

perf. (не)верный тон; take n. of, обращать imp., обратить perf. (-ащу, -атишь) perf. внимание на + acc.; v.t. отмечать imp., отметить perf.; n. down, записывать imp., записать (-ишу, -ишешь) perf. **notebook** n. записная книжка, блокнот. **notecase** n. бумажник. **noted** adj. знаменитый, известный (for, + instr.). **notepaper** n. почтовая бумага. **noteworthy** adj. достойный (-оин, -ойна) внимания. **nothing** n. ничто, ничего; n. but, ничего кроме + gen., только; n. of the kind, ничего подобного; come to n., кончаться imp., кончиться perf. ничем; for n., (free) даром; (in vain) зря, напрасно; have n. to do with, не иметь imp. никакого отношения к + dat.; there is (was) n. for it (but to), ничего другого не остаётся (оставалось) (как); придётся (пришлось) + inf.; to say n. of, не говоря уже о + prep. **notice** n. (sign) объявление; (intimation) извещение; (warning) предупреждение; (attention) внимание; (review) (печатный) отзыв; at a moment's n., немедленно; give (in) one's n., подавать (-даю, -даёшь) imp., подать (-ам, -ашь, -аст, -адим; подал, -а, -о) perf. заявление об уходе с работы; give someone n., предупреждать imp., предупредить perf. об увольнении; take no n. of, не обращать imp. внимания на + acc.; n.-board, доска (acc. -ску; pl. -ски, -сок, -скам) для объявлений; v.t. замечать imp., заметить perf.; (take n. of) обращать imp., обратить (-ащу, -атишь) perf. внимание на + acc. **noticeable** adj. заметный. **notifiable** adj. подлежащий регистрации. **notification** n. извещение, уведомление; (of death etc.) регистрация. **notify** v.t. извещать imp., известить perf. (of, o + prep.); уведомлять imp., уведомить perf. (of, o + prep.).

notion n. понятие, представление.
notoriety n. дурная слава. **notorious** adj. пресловутый.
notwithstanding prep. несмотря на + acc.; adv. тем не менее.
nougat n. нуга.

number

nought n. (nothing) ничто; (figure 0) нуль (-ля) m., ноль (-ля) m.; noughts and crosses, крестики и нолики m.pl.
noun n. (имя neut.) существительное sb.
nourish v.t. питать imp., на~ perf.
nourishing adj. питательный. **nourishment** n. питание.
nova n. новая звезда (pl. -ёзды).
novel adj. новый (нов, -á, -о); (unusual) необыкновенный (-нен, -нна); n. роман. **novelist** n. романист, автор романов. **novelty** n. (newness) новизна; (new thing) новинка.
November n. ноябрь (-ря) m.; attrib. ноябрьский.
novice n. (eccl.) послушник, -ица; (beginner) новичок (-чка).
now adv. теперь, ныне; (immediately) тотчас же; (next) тогда; conj.: n. (that), раз, когда; (every) n. and again, then, время от времени; n. . . . . n. . . . , то. . . то. . . ; by n., уже; from n. on, в дальнейшем, впредь. **nowadays** adv. в наше время.
nowhere adv. (place) нигде; (direction) никуда; pron.: I have n. to go, мне некуда пойти.
noxious adj. вредный (-ден, -дна, -дно).
nozzle n. сопло (pl. -пла, -п(е)л), форсунка, патрубок (-бка).
nuance n. нюанс.
nuclear adj. ядерный. **nucleic** adj.: n. acid, нуклеиновая кислота. **nucleus** n. ядро (pl. ядра, ядер, ядрам).
nude adj. обнажённый (-ён, -ена), нагой (наг, -á, -о); n. обнажённая фигура.
nudge v.t. подталкивать imp., подтолкнуть perf. локтем; n. лёгкий толчок (-чка).
nudity n. нагота.
nugget n. (gold) самородок (-дка).
nuisance n. досада, неприятность; (person) раздражающий, надоедливый, человек.
null adj.: n. and void, недействительный. **nullify** v.t. аннулировать imp., perf. **nullity** n. недействительность.
numb adj. онемелый, оцепенелый; v.t. вызывать imp., вызвать (-зову, -зовет) perf. онемение в + prep., у + gen.
number n. (total) количество; (total; symbol; math.; gram.) число (pl. -сла,

numeral — 220 — **obituary**

-сел, -слам); (*item*) номер (*pl.* -á); *n.-plate*, номерная дощечка; *v.t.* (*count*) считать *imp.*, со~, счесть (сочту, -тёшь; счёл, сочла) *perf.*; (*assign n. to*) нумеровать *imp.*, за~, про~ *perf.*; (*contain*) начитывать *imp.*; *n. among*, причислять *imp.*, причислить *perf.* к+*dat.*; *his days are numbered*, его дни сочтены. **numberless** *adj.* бесчисленный (-ен, -енна).

numeral *adj.* числовой, цифровой; *n.* цифра; (*gram.*) (имя *neut.*) числительное *sb.* **numerator** *n.* числитель *m.* **numerical** *adj.* числовой, цифровой. **numerous** *adj.* многочисленный (-ен, -енна); (*many*) много+*gen.pl.*

numismatic *adj.* нумизматический. **numismatics** *n.* нумизматика. **numismatist** *n.* нумизмат.

numskull *n.* тупица *m. & f.*, олух.

nun *n.* монахиня. **nunnery** *n.* (женский) монастырь (-ря) *m.*

nuptial *adj.* брачный, свадебный; *n.: pl.* свадьба (*gen.pl.* -деб).

nurse *n.* (*child's*) няня; (*medical*) медсестра (*pl.* -ёстры, -естёр, -ёстрам), сиделка; (*country*) колыбель; *v.t.* (*suckle*) кормить (-млю, -мишь) *imp.*, на~, по~ *perf.*; (*tend sick*) ухаживать *imp.* за+*instr.*; (*treat illness*) лечить (-чу, -чишь) *imp.*; *nursing home*, частная лечебница, частный санаторий. **nursery** *n.* (*room*) детская *sb.*; (*day n.*) ясли (-лей) *pl.*; (*for plants*) питомник; *n. rhyme*, детские стишки *m.pl.*; *n. school*, детский сад (*loc.* -у́; *pl.* -ы́). **nurs(e)ling** *n.* питомец (-мца) -мица).

nut *n.* орех; (*for bolt etc.*) гайка; (*sl., head*) башка; (*sl., person*) псих. **nutcrackers** *n.* щипцы (-цо́в) *pl.* для орехов. **nuthatch** *n.* поползень (-зня) *m.* **nutshell** *n.* ореховая скорлупа (*pl.* -пы), *in a n.*, в двух словах. **nut-tree** *n.* орешник.

nutmeg *n.* мускатный орех.

nutria *n.* нутрия.

nutriment *n.* питательная еда. **nutrition** *n.* питание. **nutritious** *adj.* питательный.

nylon *n.* нейлон; *pl.* нейлоновые чулки (-лок) *pl.*; *attrib.* нейлоновый.

nymph *n.* нимфа. **nymphomaniac** *n.* нимфоманка.

nystagmus *n.* нистагм.

O

O *interj.* о! ах! ох!

oaf *n.* неуклюжий, неотёсанный, человек. **oafish** *adj.* неуклюжий.

oak *n.* (*tree*) дуб (*loc.* -е & -у́; *pl.* -ы́); (*wood*) древесина дуба; *attrib.* дубовый.

oakum *n.* пакля.

oar *n.* весло (*pl.* вёсла, -сел, -слам). **oarsman** *n.* гребец (-бца).

oasis *n.* оазис.

oast-house *n.* хмелесушилка.

oat *n.: pl.* овёс (овса) *collect.* **oatcake** *n.* овсяная лепёшка. **oatmeal** *n.* овсянка.

oath *n.* клятва, присяга; (*expletive*) ругательство; *on*, *under*, *o.*, под присягой.

obduracy *n.* упрямство. **obdurate** *adj.* упрямый.

obedience *n.* послушание. **obedient** *adj.* послушный.

obelisk *n.* обелиск; (*print.: obelus*) крестик.

obese *n.* тучный (-чен, -чна́, -чно). **obesity** *n.* тучность.

obey *v.t.* слушаться *imp.*, по~ *perf.* + *gen.*; повиноваться *imp.* (*also perf. in past*) + *dat.*

obituary *n.* некролог; *adj.* некрологический.

object n. (*thing*) предмéт; (*aim*) цель; (*gram.*) дополнéние; *o.-glass*, *o.-lesson*, (*fig.*) наглядный примéр; *v.i.* возражáть *imp.*, возразить *perf.* (to, прóтив + *gen.*); *I don't o.*, я не прóтив. **objection** n. возражéние, протéст; *I have no o.*, я не возражáю. **objectionable** *adj.* неприятный. **objective** *adj.* объектúвный; (*gram.*) объéктный; n. (*mil.*) объéкт; (*aim*) цель; (*lens*) объектúв; (*gram.*) объéктный падéж (-á). **objectivity** n. объектúвность. **objector** n. возражáющий *sb.*

obligation n. обязáтельство; *I am under an o.*, я обязан (-а). **obligatory** *adj.* обязáтельный. **oblige** *v.t.* обязывать *imp.*, обязáть (-яжу, -яжешь) *perf.*; заставлять *imp.*, застáвить *perf.*; *be obliged to*, (*grateful*) быть благодáрным + *dat.* **obliging** *adj.* услýжливый, любéзный.

oblique *adj.* косóй (кос, -á, -о); (*indirect*) непрямóй (-м, -мá, -мо); (*gram.*) кóсвенный.

obliterate *v.t.* (*efface*) стирáть *imp.*, стерéть (сотру, -рёшь; стёр) *perf.*; (*destroy*) уничтожáть *imp.*, уничтóжить *perf.* **obliteration** n. стирáние, уничтожéние.

oblivion n. забвéние. **oblivious** *adj.* (*forgetful*) забывчивый; *to be o. of*, не замечáть *imp.* + *gen.*

oblong *adj.* продолговáтый.

obnoxious *adj.* протúвный.

oboe n. гобóй.

obscene *adj.* непристóйный. **obscenity** n. непристóйность.

obscure *adj.* (*dark*) тёмный (-мен, -мнá); (*unclear*) неясный (-сен, -снá, -сно); (*little known*) мáло извéстный; *v.t.* затемнять *imp.*, затемнúть *perf.*; дéлать *imp.*, с~ *perf.* неясным. **obscurity** n. неясность, неизвéстность.

obsequious *adj.* подобострáстный.

observance n. соблюдéние, (*rite*) обряд. **observant** *adj.* наблюдáтельный. **observation** n. наблюдéние; (*remark*) замечáние. **observatory** n. обсерватóрия. **observe** *v.t.* (*law etc.*) соблюдáть *imp.*, соблюстú (-юду, -юдёшь, -юл, -юлá) *perf.*; (*watch*) наблюдáть *imp.*; (*remark*) замéтить *perf.* **observer** n. наблюдáтель *m.*

obsess *v.t.* преследовать *imp.*; мýчить *imp.* **obsession** n. одержимость; (*idea*) навязчивая идéя. **obsessive** *adj.* навязчивый.

obsidian n. обсидиáн.

obsolescence n. устаревáние. **obsolescent** *adj.* устаревáющий. **obsolete** *adj.* устарéлый, вышедший из употреблéния.

obstacle n. препятствие, помéха; *o.-race*, бег с препятствиями.

obstetric(al) *adj.* акушéрский. **obstetrician** n. акушéр. **obstetrics** n. акушéрство.

obstinacy n. упрямство. **obstinate** *adj.* упрямый.

obstreperous *adj.* буйный (буен, буйнá, -но).

obstruct *v.t.* пре-, за-, граждáть *imp.*, пре-, за-, градúть *perf.*; (*prevent, impede*) препятствовать *imp.*, вос~ *perf.* + *dat.*; мешáть *imp.*, по~ *perf.* + *dat.* **obstruction** n. пре-, за-, граждéние; (*obstacle*) препятствие. **obstructive** *adj.* пре-, за-, граждáющий, препятствующий, мешáющий.

obtain *v.t.* получáть *imp.*, получúть (-чý, -чишь) *perf.*; доставáть (-таю, -таёшь) *imp.*, достáть (-áну, -áнешь) *perf.*

obtrude *v.t.* навязывать *imp.*, навязáть (-яжу, -яжешь) *perf.* ((up)on, + *dat.*). **obtrusive** *adj.* навязчивый.

obtuse *adj.* тупóй (туп, -á, -о, тýпы).

obverse n. (*of coin etc.*) лицевáя сторонá (*acc.* -ону; *pl.* -оны, -óн, -онáм).

obviate *v.t.* (*remove*) устранять *imp.*, устранúть *perf.*; (*get round*) обходúть (-ожý, -óдишь) *imp.*, обойтú (обойдý, -дёшь, обошёл, -шлá) *perf.*

obvious *adj.* очевúдный, явный.

ocarina n. окарúна.

occasion n. (*juncture*) случáй; (*cause*) пóвод; (*occurrence*) событие; *v.t.* причинять *imp.*, причинúть *perf.* **occasional** *adj.* случáйный, рéдкий (-док, -дкá, -дко). **occasionally** *adv.* иногдá, врéмя от врéмени.

Occident n. Зáпад. **Occidental** *adj.* зáпадный.

occlude v.t. преграждáть imp., преградúть perf. **occlusion** n. прегрáждение.
occult adj. тáйный, оккýльтный.
occupancy n. занятие; (possession) владéние (of, + instr.). **occupant** n. (of land) владéлец (-льца, -льца, (of house etc.) жúтель m., ~ ница. **occupation** n. занятие; (military o.) оккупáция; (profession) профéссия. **occupational** adj. профессионáльный; o. disease, профессионáльное заболевáние; o. therapy, трудотерапúя. **occupy** v.t. занимáть imp., занять (займý, -мёшь; зáнял, -á, -o) perf.; (mil.) оккупúровать imp. и perf.
occur v.i. (happen) случáться imp., случúться perf.; (be met with) встречáться imp.; o. to, приходúть (-ит) imp., прийтú (придёт; пришёл, -шлá) perf. в гóлову + dat. **occurrence** n. слýчай, происшéствие.
ocean n. океáн; (fig.) мáсса, мóре; attrib. океáнский, o.-going, океáнский. **oceanic** adj. океáнский, океанúческий.
ocelot n. оцелóт.
ochre n. óхра.
o'clock adv.: at six o., в шесть часóв.
octagon n. восьмиугóльник. **octagonal** adj. восьмиугóльный.
octane n. октáн; o. number, октáновое числó.
octave n. (mus.) октáва.
octet n. октéт.
October n. октябрь (-ря́) m.; attrib. октябрьский.
octogenarian n. восьмидесятилéтний старик (-á), -няя старýха.
octopus n. осьминóг, спрут.
ocular adj. глазнóй, окулярный. **oculist** n. окулúст.
odd adj. (number) нечётный; (not paired) непáрный; (casual) случáйный; (strange) стрáнный (-нен, -ннá, -нно) five hundred o., пятьсóт с лúшним; o. job, случáйная рабóта; o. man out, (трéтий) лúшний sb. **oddity** n. стрáнность; (person) чудáк (-á), -áчка. **oddly** adv. стрáнно; o. enough, как это ни стрáнно. **oddment** n. остáток (-тка); pl. разрóзненные предмéты m.pl. **odds** n. (advantage) перевéс; (variance) разноглáсие; (chance) шáнсы m.pl.; be at o. with, (person) не лáдить c + instr.; (things) не соотвéтствовать imp. + dat.; long (short) o., нерáвные (почтú рáвные) шáнсы m.pl.; the o. are that, вероятнее всегó, что; o. and ends, обрывки m.pl.
ode n. óда.
odious adj. ненавúстный, отвратúтельный. **odium** n. нéнависть, отвращéние.
odour n. зáпах; be in good (bad) o. with, быть в (не)мúлости y + gen. **odourless** adj. без зáпаха.
odyssey n. одиссéя.
oedema n. отёк.
oesophagus n. пищевóд.
of prep. expressing 1. origin: из + gen.: he comes of a working-class family, он из рабóчей семьú; 2. cause: от + gen.: he died of hunger, он ýмер от гóлода; 3. authorship: genitive: the works of Pushkin, сочинéния Пýшкина; 4. material: из + gen.: made of wood, сдéланный из дéрева; adjective: a heart of stone, кáменное сéрдце; 5. identity: apposition: the city of Moscow, гóрод Москвá; adjective: the University of Moscow, Московский университéт; 6. concern, reference: o + prep.: he talked of Lenin, он говорúл о Лéнине; 7. quality: genitive: a man of strong character, человéк сúльного харáктера; adjective: a man of importance, вáжный человéк; 8. partition: genitive (often in -y(-ю): see Introduction): a glass of milk, tea, стакáн молокá, чáю; из + gen.: one of them, одúн из них; 9. belonging: genitive: the capital of England, столúца Áнглии; poss. adj.: the house of his father, отцóвский дом; 10. following other parts of speech: see individual entries, e.g. be afraid, боя́ться (+ gen.); dispose of, избавля́ться от + gen.
off adv.: in phrasal verbs, see verb, e.g. clear o., убирáться; prep. (from surface of) c + gen.; (away from) от + gen.; adj. (far) дáльний; (right hand) прáвый; (free) свобóдный; o. and on, врéмя от врéмени; on the o. chance, на вся́кий слýчай; o. colour, нездорóвый;

offal   223   **omelette**

o. the cuff, без подготовки; *o. the point*, не относящийся к делу; *o. white*, не совсем белый (бел, -á, -бело).
offal *n.* (*food*) требуха, потроха (-хóв *pl.*); (*carrion*) падаль.
offence *n.* (*attack*) нападение; (*insult*) обида; (*against law*) проступок (-пка), преступление; *take o.*, обижаться *imp.*, обидеться (-йжусь, -йдишься) *perf.* (*at*, на + *acc.*). **offend** *v.t.* оскорблять *imp.*, оскорбить *perf.*; обижать *imp.*, обидеть (-йжу, -йдишь) *perf.*; *o. against*, нарушать *imp.*, нарушить *perf.* **offender** *n.* правонарушитель *m.*, ~ница; преступник, -ица. **offensive** *adj.* (*attacking*) наступательный; (*insulting*) оскорбительный, обидный; (*repulsive*) противный; *n.* нападение.
offer *v.t.* предлагать *imp.*, предложить (-жу, -жишь) *perf.*; *n.* предложение; *on o.*, в продаже.
offhand *adj.* бесцеремонный (-нен, -нна), небрежный; *adv.* (*without preparation*) без подготовки, экспромтом.
office *n.* (*position*) должность; (*place, room, etc.*) бюро *neut.indecl.*, контора, канцелярия; (*eccl.*) (церковная) служба. **officer** *n.* должностное лицо (*pl.* -ца); (*mil.*) офицер. **official** *adj.* служебный, должностной; (*authorized*) официальный; *n.* должностное лицо (*pl.* -ца). **officiate** *v.i.* (*eccl.*) совершать *imp.*, совершить *perf.* богослужение. **officious** *adj.* (*intrusive*) навязчивый.
offing *n.*: *in the o.*, в недалёком будущем.
offprint *n.* отдельный оттиск. **offscourings** *n.* отбросы (-сов *pl.*), подонки (-ков *pl.*). **offset** *n.* (*compensation*) возмещение; (*offshoot*) отпрыск; (*in pipe*) отвод; *o. process*, (*print.*) офсетный способ; *v.t.* возмещать *imp.*, возместить *perf.* **offshoot** *n.* отпрыск. **offside** *adv.* вне игры. **offspring** *n.* потомок (-мка *pl.*); (*collect.*) потомство *m.pl.*
often *adv.* часто.
ogle *v.t.* & *i.* строить *imp.* глазки + *dat.*
ogre *n.* великан-людоед. **ogress** *n.* великанша-людоедка.
oh *interj.* о! ах! ох!
ohm *n.* ом (*gen.pl.* ом).
oho *interj.* огó!

oil *n.* масло (*pl.* -сла, -сел, -слам); (*petroleum*) нефть; (*lubricant*) жидкая смазка; *pl.* (*paint*) масло, масляные краски *f.pl.*; *v.t.* смазывать *imp.*, смазать (смажу, -жешь) *perf.*; *o.-colour, -paint*, масляная краска; *o.-painting*, картина, написанная масляными красками; *o.-rig*, буровая установка; *o.-tanker*, танкер; *o.-well*, нефтяная скважина. **oilcake** *n.* жмых (-á). **oilcan** *n.* маслёнка. **oilcloth** *n.* клеёнка. **oilfield** *n.* месторождение нефти. **oilskin** *n.* тонкая клеёнка; *pl.* дождевое платье. **oily** *adj.* масляный; (*unctuous*) елейный.
ointment *n.* мазь.
O.K. *adv.* хорошо; *interj.* ладно!; *v.t.* одобрять *imp.*, одобрить *perf.*
okapi *n.* окапи *m.* & *f.indecl.*
old *adj.* старый (стар, -á, старо); (*ancient*) древний; (*of long standing*) старинный; (*former*) бывший; *how o. are you?* сколько вам (*dat.*) лет? *she is three years o.*, ей (*dat.*) три года; *the o.*, старики *m.pl.*; *o. age*, старость; *o.-age pension*, пенсия по старости; *O. Believer*, старообрядец (-дца); *o. chap, fellow, etc.*, старина; *the o. country*, родина, отечество; *o.-fashioned*, старомодный; *o. maid*, старая дева; *o. man*, (*also father, husband*) старик (-á); (*boss*) шеф; *o. man's beard*, ломонос; *o.-time*, старинный, прежних времён; *o. woman*, старуха; (*coll.*) старушка; *o.-world*, старинный.
oleaginous *adj.* маслянистый, жирный (-рен, -рна, -рно).
oleander *n.* олеандр.
olfactory *adj.* обонятельный.
oligarch *n.* олигарх. **oligarchic(al)** *adj.* олигархический. **oligarchy** *n.* олигархия.
olive *n.* (*fruit*) маслина, оливка; (*colour*) оливковый цвет; *adj.* оливковый; *o.-branch*, оливковая ветвь (*pl.* -ви, -вей); *o. oil*, оливковое масло; *o.-tree*, маслина, оливковое дерево (*pl.* деревья, -ьев).
Olympic *adj.* олимпийский; *O. games*, Олимпийские игры *f.pl.*
omelet(te) *n.* омлет.

omen n. предзнаменова́ние. **ominous** adj. злове́щий.

omission n. про́пуск; (neglect) упуще́ние. **omit** v.t. (leave out) пропуска́ть imp., пропусти́ть (-ущу́, -у́стишь) perf.; (neglect) упуска́ть imp., упусти́ть (-ущу́, -у́стишь) perf.

omnibus n. (bus) авто́бус; (book) однотомник.

omnipotence n. всемогу́щество. **omnipotent** adj. всемогу́щий. **omnipresent** adj. вездесу́щий. **omniscient** adj. всеве́дущий. **omnivorous** adj. всея́дный; (fig.) всепоглоща́ющий.

on prep. (position) на+prep.; on the right of, (relative position) с пра́вой стороны́ от+gen.; (direction) на+acc.; (time) в+acc.; on the next day, на сле́дующий день; on Mondays, (repeated action) по понеде́льникам (dat.pl.); on (the morning of) the first of June, (у́тром) пе́рвого ию́ня (gen.); on arrival, по прибы́тии (prep.); (concerning) о+prep., о+prep., на+acc.; adv. да́льше, вперёд; in phrasal verbs, see verbs, e.g. move on, идти́ да́льше; and so on, и так да́лее, и т.д.; further on, да́льше; later on, по́зже.

once adv. (один) раз; (on past occasion) одна́жды; all at o., неожи́данно; at o., сра́зу, неме́дленно; (if, when) o., как то́лько; o. again, more, ещё раз; o. and for all, раз и навсегда́; o. or twice, не́сколько раз; o. upon a time there lived, жил-был...

oncoming n. приближе́ние; adj. приближа́ющийся; o. traffic, встре́чное движе́ние.

one adj. оди́н (одна́, -но́); (only, single) еди́нственный; (unified) еди́ный; n. оди́н (unit) едини́ца; pron.: not usu. translated; verb translated in 2nd pers. sing. or by impers. construction: one never knows, никогда́ не зна́ешь; where can one buy this book? где мо́жно купи́ть э́ту кни́гу? chapter o., пе́рвая глава́; I for o., что каса́ется меня́; я со свое́й стороны́; o. after another, оди́н за други́м; o. and all, все до одного́; все как оди́н; o. and only, еди́нственный; o. and the same, оди́н и тот же; o. another, друг дру́га (dat. -гу, etc.); o. fine day, в оди́н прекра́сный день; o. o'clock, час; o.-armed, -handed, однору́кий; o.-eyed, одногла́зый; o.-legged, одноно́гий; o.-sided, -track, -way, односторо́нний; o.-time, бы́вший; o.-way street, у́лица односторо́ннего движе́ния.

onerous adj. тя́гостный.

oneself pron. себя́ (себе́, собо́й); -ся (suffixed to v.t.).

onion n. (plant; pl. collect.) лук; (single o.) лу́ковица.

onlooker n. наблюда́тель m., ~ ница.

only adj. еди́нственный; adv. то́лько; if o., е́сли бы то́лько; o. just, то́лько что; conj. но.

onomatopoeia n. звукоподража́ние. **onomatopoeic** adj. звукоподража́тельный.

onset, onslaught n. на́тиск, ата́ка.

onus n. (burden) бре́мя neut.; (responsibility) отве́тственность.

onward adj. дви́жущийся вперёд; **onwards** adv. вперёд.

onyx n. о́никс; attrib. о́никсовый.

ooze n. ил, ти́на; v.t. & i. сочи́ться imp. **oozy** adj. и́листый, ти́нистый.

opacity n. непрозра́чность.

opal n. опа́л; o. glass, моло́чное стекло́. **opalescence** n. опалесце́нция. **opalescent** adj. опалесци́рующий. **opaline** adj. опа́ловый.

opaque adj. непрозра́чный.

open adj. откры́тый; (frank) открове́нный (-нен, -нна); (accessible) досту́пный; (boat) беспалу́бный; in the o. air, на откры́том во́здухе; opencast mining, откры́тые го́рные рабо́ты f.pl.; o.-handed, ще́дрый (щедр, -а́, -о); o.-minded, непредубеждённый (-ённа); o.-mouthed, с рази́нутым ртом; o.-work, ажу́рный, ажу́рная рабо́та; v.t. & i. открыва́ть(ся) imp., откры́ть(ся) (-ро́ю(сь), -ро́ешь(ся)) perf.; (o. wide) раскрыва́ть(ся) imp., раскры́ть(ся) (-ро́ю(сь), -ро́ешь(ся)) perf.; v.i. (begin) начина́ться imp., нача́ться (-чнётся; нача́лся, -ла́сь) perf. **opening** n. откры́тие; (aperture) отве́рстие; (beginning) нача́ло; adj. вступи́тельный, нача́льный, пе́рвый;

opera *n.* о́пера; *attrib.* о́перный; *o.-glasses,* бино́кль *m.*; *o.-hat,* складно́й цили́ндр *m.*; *o.-house,* о́пера, о́перный теа́тр.

operate *v.i.* де́йствовать *imp.* (upon, на + *acc.*); де́лать *imp.*, с~ *perf.* опера́цию (*med.*) опери́ровать *imp., perf.* (on, + *acc.*); *v.t.* управля́ть *imp.* + *instr.*

operatic *adj.* о́перный.

operating-theatre *n.* операцио́нная *sb.* **operation** *n.* де́йствие; (*med.; mil.*) опера́ция. **operational** *adj.* операти́вный. **operative** *adj.* де́йствующий, операти́вный; *n.* рабо́чий *sb.* **operator** *n.* опера́тор; (*telephone o.*) телефони́ст, ~ка.

operetta *n.* опере́тта.

ophthalmia *n.* офтальми́я. **ophthalmic** *adj.* глазно́й.

opiate *n.* опиа́т.

opine *v.t.* полага́ть *imp.* **opinion** *n.* мне́ние; (*expert's o.*) заключе́ние (специали́ста); *o. poll,* опро́с обще́ственного мне́ния. **opinionated** *adj.* упо́рствующий в свои́х взгля́дах.

opium *n.* о́пий, о́пиум; *o. poppy,* снотво́рный мак.

opossum *n.* опо́ссум.

opponent *n.* проти́вник.

opportune *adj.* своевре́менный (-нен, -нна). **opportunism** *n.* оппортуни́зм. **opportunist** *n.* оппортуни́ст. **opportunity** *n.* слу́чай, возмо́жность.

oppose *v.t.* (*contrast*) противопоставля́ть *imp.*, противопоста́вить *perf.* (to, + *dat.*); (*resist*) проти́виться *imp.*, вос~ *perf.* + *dat.*; (*speak etc. against*) выступа́ть *imp.*, вы́ступить *perf.* проти́в + *gen.* **opposed** *adj.* (*contrasted*) противопоста́вленный (-ен); (*of person*) про́тив (to, + *gen.*); *as o. to,* в противополо́жность + *dat.* **opposite** *adj.* противополо́жный, обра́тный; *n.* противополо́жность; *just the o.,* как раз наоборо́т; *adv.* напро́тив; *prep.* (на)про́тив + *gen.* **opposition** *n.* (*contrast*) противопоставле́ние; (*resistance*) сопротивле́ние; (*polit.*) оппози́ция.

oppress *v.t.* притесня́ть *imp.*, притесни́ть *perf.*; угнета́ть *imp.* **oppression** *n.* притесне́ние, угнете́ние. **oppressive** *adj.* гнету́щий, угнета́тельный; (*weather*) ду́шный (-шен, -шна́, -шно). **oppressor** *n.* угнета́тель *m.*, ~ница.

opprobrious *adj.* оскорби́тельный. **opprobrium** *n.* позо́р.

opt *v.i.* выбира́ть *imp.*, вы́брать (вы́беру, -решь) *perf.* (for, + *acc.*); *o. out,* не принима́ть *imp.* уча́стия (of, в + *prep.*). **optative** (**mood**) *n.* оптати́в.

optic *adj.* глазно́й, зри́тельный. **optical** *adj.* опти́ческий. **optician** *n.* о́птик. **optics** *n.* о́птика.

optimism *n.* оптими́зм. **optimist** *n.* оптими́ст. **optimistic** *adj.* оптимисти́чный, -ческий. **optimum** *adj.* оптима́льный.

option *n.* вы́бор; *without the o.* (*of a fine*), без пра́ва заме́ны штра́фом. **optional** *adj.* необяза́тельный, факультати́вный.

opulence *n.* бога́тство. **opulent** *adj.* бога́тый.

opus *n.* о́пус.

or *conj.* и́ли; *or else,* ина́че; *or so,* приблизи́тельно.

oracle *n.* ора́кул. **oracular** *adj.* ора́кульский; (*mysterious*) зага́дочный.

oral *adj.* у́стный; *n.* у́стный экза́мен.

orange *n.* (*fruit*) апельси́н; (*colour*) ора́нжевый цвет; *attrib.* апельси́нный, апельси́новый; *adj.* ора́нжевый; *o.-blossom,* помера́нцевый цвет; (*decoration*) флёрдора́нж; *o.-peel,* апельси́новая ко́рка. **orangery** *n.* оранже-

orang-(o)utan(g) *n.* орангута́нг.

oration *n.* речь. **orator** *n.* ора́тор. **oratorical** *adj.* ора́торский.

oratorio *n.* орато́рия.

oratory[1] *n.* (*chapel*) часо́вня (*gen.pl.* -вен).

oratory[2] *n.* (*speech*) ора́торское иску́сство, красноре́чие.

orb *n.* шар (-а́ with 2, 3, 4; *pl.* -ы́); (*part of regalia*) держа́ва.

orbit *n.* орби́та; (*eye-socket*) глазна́я впа́дина; *in o.,* на орби́те; *v.t.* враща́ться *imp.* по орби́те вокру́г + *gen.* **orbital** *adj.* орбита́льный.

orchard *n.* фрукто́вый сад (*loc.* -у́; *pl.* -ы́).

orchestra *n.* оркéстр. **orchestral** *adj.* оркéстровый. **orchestrate** *v.t.* оркестровáть *imp.*, *perf.* **orchestration** *n.* оркестрóвка.

orchid *n.* орхидéя. **orchis** *n.* ятры́шник.

ordain *v.t.* предпи́сывать *imp.*, предписáть (-ишý, -и́шешь) *perf.*; (*eccl.*) посвящáть *imp.*, посвяти́ть (-ящý, -яти́шь) *perf.* (в духóвный сан (*v. abs.*); в + *nom.-acc.pl.* (*of rank*)).

ordeal *n.* испытáние.

order *n.* поря́док (-дка); (*system*) строй; (*command*) прикáз; (*for goods*) закáз; (*document*) óрдер (*pl.* -á); (*archit.*) óрдер; (*biol.*) отря́д; (*of monks, knights*) óрден (*pl.* -á); (*insignia*) óрден (*pl.* -á); *pl.* (*holy o.*) духóвный сан; *by o.*, по прикáзу; *in o. to*, для тогó чтóбы; *made to o.*, сдéланный (-ан) на закáз; *v.t.* (*command*) прикáзывать *imp.*, приказáть (-ажý, -áжешь) *perf.* + *dat.*; велéть (-лю́, -ли́шь) *imp.*, *perf.* + *dat.*; (*goods etc.*) закáзывать *imp.*, заказáть (-ажý, -áжешь) *perf.* **orderly** *adj.* аккурáтный, опря́тный; (*med.*) санитáр; (*mil.*) ординáрец (-рца).

ordinal *adj.* поря́дковый; *n.* поря́дковое числи́тельное *sb.*

ordinance *n.* декрéт.

ordinary *adj.* обыкновéнный (-нен, -нна), обы́чный; (*mediocre*) заурядный.

ordination *n.* посвящéние.

ordnance *n.* артиллéрия; *attrib.* артиллери́йский.

ore *n.* рудá (*pl.* -ы).

organ *n.* óрган; (*mus.*) оргáн; *o.-grinder*, шармáнщик, *o.-stop*, реги́стр оргáна. **organic** *adj.* органи́ческий; *o. whole*, еди́ное цéлое *sb.* **organism** *n.* органи́зм. **organist** *n.* органи́ст. **organization** *n.* организáция. **organize** *v.t.* организóвывать *imp.* (*pres. not used*), *perf.*; устрáивать *imp.*, устрóить *perf.*

orgy *n.* óргия.

oriel *n.* э́ркер; (*o. window*) окнó (*pl.* óкна, óкон, óкнам) э́ркера.

Orient[1] *n.* Востóк. **oriental** *adj.* востóчный.

orient[2], **orientate** *v.t.* ориенти́ровать *imp.*, *perf.* (oneself, -ся). **orientation** *n.* ориентáция, ориентирóвка.

orifice *n.* отвéрстие.

origin *n.* происхождéние, началó. **original** *adj.* оригинáльный; (*initial*) первоначáльный; (*genuine*) пóдлинный (-нен, -нна). *n.* оригинáл, пóдлинник. **originality** *n.* оригинáльность; пóдлинность. **originate** *v.t.* порождáть *imp.*, породи́ть *perf.*; *v.i.* происходи́ть (-ожý, -óдишь) *imp.*, произойти́ (-ойдý, -ойдёшь; -ошёл, -ошлá) *perf.* (from, in, от + *gen.*); брать (берý, -рёшь; брал, -á, -о) *imp.*, взять (возьмý, -мёшь; взял, -á, -о) *perf.* началó (from, in, в + *prep.*, от + *gen.*). **originator** *n.* áвтор, инициáтор.

oriole *n.* и́волга.

ormolu *n.* золочёная брóнза.

ornament *n.* украшéние, орнáмент; *v.t.* украшáть *imp.*, укрáсить *perf.* **ornamental** *adj.* орнаментáльный, декорати́вный.

ornate *adj.* разукрáшенный (-ен); (*lit. style*) витиевáтый.

ornithological *adj.* орнитологи́ческий. **ornithologist** *n.* орнитóлог. **ornithology** *n.* орнитолóгия.

orphan *n.* сиротá (*pl.* -ты) *m.* & *f.*; *v.t.* дéлать *imp.*, с ~ *perf.* сиротóй; *be orphaned*, сиротéть *imp.*, о ~ *perf.* **orphanage** *n.* прию́т, сирóтский дом (*pl.* -á). **orphaned** *adj.* осирótелый.

orris-root *n.* фиáлковый кóрень (-рня) *m.*

orthodox *adj.* ортодоксáльный; (*eccl.*, *O.*) правослáвный. **orthodoxy** *n.* ортодóксия; (*O.*) правослáвие.

orthographic(al) *adj.* орфографи́ческий. **orthography** *n.* орфогрáфия, правописáние.

orthopaedic *adj.* ортопеди́ческий. **orthopaedics** *n.* ортопéдия.

oscillate *v.i.* вибри́ровать *imp.*; (*also of person*) колебáться (-блю́сь, -блешься) *imp.*, по ~ *perf.* **oscillation** *n.* вибрáция, осцилля́ция; колебáние. **oscilloscope** *n.* осциллоскóп.

osier *n.* (*tree*) и́ва; (*shoot*) лозá (*pl.* -зы); *pl.* ивня́к (-á) (*collect.*).

osmosis *n.* óсмос.

osprey n. (bird) скопа́; (plume) эгре́т.

osseous adj. ко́стный; (bony) кости́стый. **ossified** adj. окостене́лый.

ostensible adj. мни́мый. **ostensibly** adv. я́кобы.

ostentation n. показно́е проявле́ние, выставле́ние напока́з. **ostentatious** adj. показно́й.

osteopath n. остеопа́т. **osteopathy** n. остеопа́тия.

ostler n. ко́нюх.

ostracism n. остраки́зм. **ostracize** v.t. подверга́ть imp., подве́ргнуть (-г) perf. остраки́зму.

ostrich n. стра́ус.

other adj. друго́й, ино́й; тот; pl. други́е sb.; any o. business, теку́щие дела́ neut.pl.; ра́зное sb.; every o., ка́ждый второ́й; every o. day, че́рез день; in o. words, ины́ми слова́ми; on the o. hand, с друго́й стороны́; on the o. side, на той стороне́, по ту сто́рону; one after the o., оди́н за други́м; one or the o., тот и́ли ино́й; the o. day, на дня́х, неда́вно; the o. way round, наоборо́т; the others, остальны́е. **otherwise** adv., conj. ина́че, а то.

otiose adj. нену́жный.

otter n. вы́дра.

ouch interj. ай!

ought v.aux. до́лжен (-жна́) (бы) + inf.; сле́довало (бы) impers. + dat. & inf.; (probability) вероя́тно, по всей вероя́тности + finite verb; o. not, не сле́довало (бы) impers. + dat. & inf.; нельзя́ + dat. & inf.

ounce n. у́нция.

our, ours poss.pron. наш (-а, -е; -и); свой (-оя́, -оё; -ои́). **ourselves** pron. (emph.) (мы) са́ми (-и́х, -и́м, -и́ми); (refl.) себя́ (себе́, собо́й); -ся (suffixed to v.t.).

oust v.t. вытесня́ть imp., вы́теснить perf.

out adv. **1.** нару́жу, вон; (to the end) до конца́; in phrasal verbs often rendered by prefix вы- (вы́- in perf.), e.g. pull o., выта́скивать imp., вы́тащить perf.; **2.** to be o., in various senses: he is o., (not at home) его́ нет до́ма; (not in office etc.) он вы́шел; they are o., (on strike) они́ басту́ют; the secret is o., та́йна раскры́та; the truth will o., пра́вды не скры́ть; to be o. rendered by perf. verb in past (English pres., past) or fut. (English fut.): (be at an end) ко́нчиться perf.; (be o. of fashion) вы́йти (вы́йду, -дешь; вы́шел, -шла) perf. из мо́ды; (of book, be published) вы́йти (вы́йдет; вы́шел, -шла) perf. из печа́ти; (of candle etc.) потухну́ть (-х) perf.; (of chicken etc.) вы́лупиться perf.; (of flower) распусти́ться (-и́тся) perf.; (of person, be unconscious) потеря́ть perf. созна́ние; (of rash) вы́ступить perf.; **3.**: o. and o., отъя́вленный, соверше́нный; o. with you! вон отсю́да! **4.**: o. of, из + gen., вне + gen.; o. of date, устаре́лый, старомо́дный; o. of doors, на откры́том во́здухе; o. of gear, вы́ключенный (-ен); o. of order, неиспра́вный; o. of the way, отдалённый (-ён, -ённа), тру́дно находи́мый; o. of work, безрабо́тный.

outbalance v.t. переве́шивать imp., переве́сить perf. **outbid** v.t. предлага́ть imp., предложи́ть (-жу́, -жишь) perf. бо́лее высо́кую це́ну, чем + nom.

outboard adj.: o. motor, подвесно́й дви́гатель m. **outbreak** n. (of anger, disease) вспы́шка; (of war) нача́ло.

outbuilding n. надво́рная постро́йка.

outburst n. взрыв, вспы́шка. **outcast** n. отве́рженец m.; adj. отве́рженный. **outclass** v.t. оставля́ть imp., оста́вить perf. далеко́ позади́. **outcome** n. результа́т, исхо́д. **outcrop** n. обнаже́ние поро́ды. **outcry** n. (шу́мные) проте́сты m.pl. **outdistance** v.t. обгоня́ть imp., обогна́ть (обгоню́, -нишь; обогна́л, -а́, -о) perf. **outdo** v.t. превосходи́ть (-ожу́, -о́дишь) imp., превзойти́ (-йду́, -йдёшь; -ошёл, -ошла́) perf.

outdoor adj., **outdoors** adv. на откры́том во́здухе, на у́лице.

outer adj. (external) вне́шний, нару́жный; (far from centre) отдалённый (от це́нтра). **outermost** adj. са́мый да́льний, кра́йний.

outfit n. снаряже́ние; (set of things) набо́р; (clothes) оде́жда. **outfitter** n. торго́вец (-вца) оде́ждой. **outgoings** n. из-

outing n. прогу́лка, экску́рсия.

outlandish adj. стра́нный (-нен, -нна́, -нно).

outlast v.t. продолжа́ться imp., продо́лжиться perf. до́льше, чем + nom.

outlaw n. лицо́ (pl. -ца) вне зако́на; банди́т; v.t. объявля́ть imp., объяви́ть (-влю́, -вишь) perf. вне зако́на.

outlay n. изде́ржки f.pl. расхо́ды m.pl.

outlet n. вы́пуск; (for goods) торго́вая то́чка.

outline n. очерта́ние, ко́нтур; (sketch, draft) о́черк; v.t. оче́рчивать imp., очерти́ть (-рчу́, -ртишь) perf.

outlive v.t. пережи́ть (-иву́, -ивёшь; пережи́л, -а́, -о) perf.

outlook n. вид, перспекти́вы f.pl.

outlying adj. отдалённый (-ён, -ённа).

outmoded adj. старомо́дный.

outnumber v.t. чи́сленно превосходи́ть (-ожу́, -о́дишь) imp., превзойти́ (-ойду́, -ойдёшь; -ошёл, -ошла́) perf.

out-patient n. амбулато́рный больно́й sb.

outpost n. аванпо́ст.

output n. вы́пуск, проду́кция.

outrage n. (violation of rights) наси́льственное наруше́ние чужи́х прав; (gross offence) надруга́тельство (upon, над + instr.); v.t. оскорбля́ть imp., оскорби́ть perf.; надруга́ться perf. над + instr.; (infringe) наруша́ть imp., нару́шить perf. **outrageous** adj. (immoderate) возмути́тельный; (offensive) оскорби́тельный.

outrigger n. (boat) аутри́гер. **outright** adv. (entirely) вполне́; (once for all) раз навсегда́; (openly) откры́то; adj. прямо́й (прям, -а́, -о, пря́мы).

outset n. нача́ло; at the o., внача́ле; from the o., с са́мого нача́ла.

outshine v.t. затмева́ть imp., затми́ть perf.

outside n. (external side) нару́жная сторона́ (acc. -ону; pl. -оны, -о́н, -онам); (exterior, appearance) нару́жность, вне́шность; at the o., са́мое бо́льшее, в кра́йнем слу́чае; from the o., извне́; on the o., снару́жи; adj. нару́жный, вне́шний; (sport) кра́йний; adv. (on the o.) снару́жи; (to the o.) нару́жу; (out of doors) на откры́том во́здухе, на у́лице; prep. вне + gen.; за + instr., за преде́лами + gen.; (other than) кро́ме + gen. **outsider** n. посторо́нний sb.; (sport) аутса́йдер.

outsize adj. бо́льше станда́ртного разме́ра. **outskirts** n. окра́ина. **outspoken** adj. открове́нный (-нен, -нна), прямо́й (прям, -а́, -о, пря́мы). **outspread** adj. распростёртый. **outstanding** adj. (person) выдаю́щийся; (debt) неупла́ченный. **outstay** v.t. переси́живать imp., пересиде́ть (-ижу́, -иди́шь) perf.; o. one's welcome, заси́живаться imp., засиде́ться (-ижу́сь, -иди́шься) perf. **outstretched** adj.: with o. arms, с распростёртыми объя́тиями. **outstrip** v.t. обгоня́ть imp., обогна́ть (обгоню́, -нишь; обогна́л, -а́, -о) perf. **outvote** v.t. побежда́ть imp., победи́ть (-ди́шь) perf. большинство́м голосо́в.

outward adj. (external) вне́шний, нару́жный; o. bound, уходя́щий в пла́вание. **outwardly** adv. вне́шне, на вид. **outwards** adv. нару́жу.

outweigh v.t. переве́шивать imp., переве́сить perf. **outwit** v.t. перехитри́ть perf.

oval adj. ова́льный; n. ова́л. **ovary** n. (anat.) яи́чник; (bot.) за́вязь. **ovation** n. ова́ция. **oven** n. печь (loc. -чи́; pl. -чи, -че́й); духо́вка.

over adv., prep. with verbs: see verbs, e.g. jump o., перепры́гивать imp.; think o., обду́мывать imp.; adv. (in excess) сли́шком; (in addition) вдоба́вок; (again) сно́ва; prep. (above) над + instr.; (through, covering) по + dat.; (concerning) о + prep.; (across) че́рез + acc.; (on the other side of) по ту сто́рону + gen.; (more than) свы́ше + gen., бо́лее + gen.; (with age) за + acc.; all o., (finished) всё ко́нчено; (everywhere) повсю́ду; all o. the country, по всей стране́; o. again, ещё раз; o. against, напро́тив + gen.; (in contrast to) по сравне́нию с + instr.; o. and above, сверх + gen.; не говоря́ уже́ о + prep.

o. the radio, по ра́дио; *o. there*, вон там; *o. the way*, че́рез доро́гу.

overact *v.t. & i.* переи́грывать *imp.*, переигра́ть *perf.* **overall** *n.* хала́т; *pl.* комбинезо́н, спецоде́жда; *adj.* о́бщий. **overawe** *v.t.* внуша́ть *imp.*, внуши́ть *perf.* благогове́йный страх + *dat.* **overbalance** *v.i.* теря́ть *imp.*, по~ *perf.* равнове́сие. **overbearing** *adj.* вла́стный, повели́тельный. **overboard** *adv.* (*motion*) за́ борт; (*position*) за бо́ртом. **overcast** *adj.* (*sky*) покры́тый облака́ми. **overcoat** *n.* пальто́ *neut. indecl.* **overcome** *v.t.* преодолева́ть *imp.*, преодоле́ть *perf.*; *adj.* охва́ченный (-ен). **overcrowded** *adj.* переполне́нный (-ен, -ена́), перенаселённый (-ён, -ена́). **overcrowding** *n.* перенаселённость. **overdo** *v.t.* (*cook*) пережа́ривать *imp.*, пережа́рить *perf.*; *o. it, things,* (*work too hard*) переутомля́ться *imp.*, переутоми́ться *perf.*; (*go too far*) перебарщивать *imp.*, переборщи́ть *perf.* **overdose** *n.* чрезме́рная до́за. **overdraft** *n.* превыше́ние креди́та; (*amount*) долг ба́нку. **overdraw** *v.i.* превыша́ть *imp.*, превы́сить *perf.* креди́т (в ба́нке). **overdrive** *n.* ускоря́ющая переда́ча. **overdue** *adj.* просро́ченный (-ен); *be o.,* (*late*) запа́здывать *imp.*, запозда́ть *perf.* **overestimate** *v.t.* переоце́нивать *imp.*, переоцени́ть (-ню́, -нишь) *perf.*; *n.* переоце́нка. **overflow** *v.i.* перелива́ться *imp.*, перели́ться (-льётся; -лился, -лила́сь, -ли́ло́сь) *perf.*; (*river etc.*) разлива́ться *imp.*, разли́ться (разольётся; разли́лся, -ила́сь, -и́ло́сь) *perf.*; *n.* разли́в; (*outlet*) перели́вная труба́ (*pl.* -бы). **overgrown** *adj.* заро́сший. **overhang** *v.t. & i.* выступа́ть *imp.* над + *instr.*; (*fig.*) нависа́ть *imp.*, нави́снуть (-с) *perf.* над + *instr.*; *n.* свес, вы́ступ. **overhaul** *v.t.* разбира́ть *imp.*, разобра́ть (разберу́, -рёшь; разобра́л, -а́, -о) *perf.*; (*repair*) капита́льно ремонти́ровать *imp., perf.*; (*overtake*) догоня́ть *imp.*, догна́ть (догоню́, -нишь; догна́л, -а́, -о) *perf.* **overhead** *adv.* наверху́, над голово́й; *adj.* возду́шный, подвесно́й; (*expenses*) накладно́й; *n.*: *pl.* накладны́е расхо́ды *m.pl.* **overhear** *v.t.* неча́янно слы́шать (-шу, -шишь) *imp.*, у~ *perf.*; (*eavesdrop*) подслу́шивать *imp.*, подслу́шать *perf.* **overjoyed** *adj.* в восто́рге (at, от + *gen.*), о́чень дово́льный (at, + *instr.*). **overland** *adj.* сухопу́тный; *adv.* по су́ше. **overlap** *v.t. & i.* (*completely*) перекрыва́ть *imp.*, перекры́ть (-ро́ю, -ро́ешь) *perf.* (друг дру́га); *v.t.* (*in part*) части́чно покрыва́ть *imp.*, покры́ть (-ро́ю, -ро́ешь) *perf.*; *v.i.* части́чно совпада́ть *imp.*, совпа́сть (-аду́, -адёшь; -а́л) *perf.*

overleaf *adv.* на обра́тной стороне́ (листа́, страни́цы). **overlook** *v.t.* (*look down on*) смотре́ть (-рю́, -ришь) *imp.* све́рху на + *acc.*; (*of window*) выходи́ть (-и́т) *imp.* на, в, + *acc.*; (*not notice*) не замеча́ть *imp.*, заме́тить *perf.* + *gen.*; (*o. offence etc.*) проща́ть *imp.*, прости́ть *perf.* **overlord** *n.* сюзере́н, влады́ка *m.* **overmaster** *v.t.* подчиня́ть *imp.*, подчини́ть *perf.* себе́; (*fig.*) всеце́ло овладева́ть *imp.*, овладе́ть *perf.* + *instr.* **overnight** *adv.* накану́не ве́чером; (*all night*) с ве́чера, всю ночь; (*suddenly*) неожи́данно, ско́ро; *stay o.* ночева́ть (-чу́ю, -чу́ешь) *imp.*, пере~ *perf.*; *adj.* ночно́й. **overpass** *n.* путепрово́д. **overpay** *v.t.* перепла́чивать *imp.*, переплати́ть (-ачу́, -а́тишь) *perf.*

over-populated *adj.* перенаселённый (-ён, -ена́). **over-population** *n.* перенаселённость. **overpower** *v.t.* переси́ливать *imp.*, переси́лить *perf.*; (*heat etc.*) одолева́ть *imp.*, одоле́ть *perf.* **over-production** *n.* перепроизво́дство. **overrate** *v.t.* переоце́нивать *imp.*, переоцени́ть (-ню́, -нишь) *perf.* **overreach** *v.t.* перехитри́ть *perf.*; *o. oneself*, зарыва́ться *imp.*, зарва́ться (-ву́сь, -вёшься; -ва́лся, -вала́сь, -ва́ло́сь) *perf.* **override** *v.t.* (*fig.*) отверга́ть *imp.*, отве́ргнуть (-г(нул), -гла) *perf.* **overrule** *v.t.* аннули́ровать *imp., perf.* **overrun** *v.t.* (*flood*) наводня́ть *imp.*, наводни́ть *perf.*; (*ravage*) опустоша́ть *imp.*, опустоши́ть *perf.*

oversea(s) *adv.* за мо́рем, че́рез мо́ре; *adj.* замо́рский. **oversee** *v.t.* надзира́ть *imp.* за + *instr.* **overseer** *n.* надзира́тель *m.*, ~ница. **overshadow** *v.t.* затмева́ть *imp.*, затми́ть *perf.* **oversight** *n.* (*supervision*) надзо́р; (*mistake*) недосмо́тр, опло́шность. **oversleep** *v.i.* просыпа́ть *imp.*, проспа́ть (-плю́, -пи́шь; -па́л, -пала́, -па́ло) *perf.* **overstate** *v.t.* преувели́чивать *imp.*, преувели́чить *perf.* **overstatement** *n.* преувеличе́ние. **overstep** *v.t.* переступа́ть *imp.*, переступи́ть (-плю́, -пишь) *perf.* + *acc.*, через + *acc.*

overt *adj.* я́вный, откры́тый.

overtake *v.t.* догоня́ть *imp.*, догна́ть (догоню́, -нишь; догна́л, -а́, -о) *perf.*; (*of misfortune etc.*) постига́ть *imp.*, пости́гнуть & пости́чь (-и́гну, -и́гнешь; -и́г) *perf.* **overthrow** *v.t.* (*upset*) опроки́дывать *imp.*, опроки́нуть *perf.*; (*from power*) сверга́ть *imp.*, све́ргнуть (-г(нул), -гла) *perf.*; *n.* сверже́ние. **overtime** *n.* (*time*) сверхуро́чные часы́ *m.pl.*; (*payment*) сверхуро́чное *sb.; adj.* сверхуро́чно.

overtone *n.* (*mus.*) оберто́н; (*fig.*) скры́тый намёк.

overture *n.* предложе́ние, инициати́ва; (*mus.*) увертю́ра.

overturn *v.t.* & *i.* опроки́дывать(ся) *imp.*, опроки́нуть(ся) *perf.*; *v.t.* сверга́ть *imp.*, све́ргнуть (-г) *perf.* **overweening** *adj.* высокоме́рный, самонаде́янный (-ян, -янна) **overwhelm** *v.t.* подавля́ть *imp.*, подави́ть (-влю́, -вишь) *perf.*; (*of emotions*) овладева́ть *imp.*, овладе́ть *perf.* + *instr.* **overwhelm**-ing *adj.* подавля́ющий. **overwork** *v.t.* & *i.* переутомля́ть(ся) *imp.*, переутоми́ть(ся) *perf.*

owe *v.t.* (*o. money*) быть до́лжным (-жен, -жна́) + *acc.* & *dat.*; (*be indebted*) быть обя́занным (-ан) + *instr.* & *dat.*; *he, she, owes me three roubles,* он до́лжен, она́ должна́, мне три рубля́; *she owes him her life,* она́ обя́зана ему́ жи́знью. **owing** *adj.*: *be o.,* причита́ться *imp.* (to, + *dat.*); *o. to,* из-за + *gen.*, по причи́не + *gen.*, всле́дствие + *gen.*

owl *n.* сова́ (*pl.* -вы). **owlet** *n.* совёнок (-нка; *pl.* совя́та, -т).

own *adj.* свой (-оя́, -оё; -ои́); (*свой*) со́бственный; (*relative*) родно́й; *on one's o.,* самостоя́тельно; *v.t.* (*possess*) владе́ть *imp.* + *instr.*; (*admit*) признава́ть (-наю́, -наёшь) *imp.*, призна́ть *perf.*; *o. up,* признава́ться (-наю́сь, -наёшься) *imp.*, призна́ться *perf.* **owner** *n.* владе́лец (-льца), со́бственник. **ownership** *n.* владе́ние (of, + *instr.*), со́бственность.

ox *n.* вол (-а́).

oxalic *adj.*: *o. acid,* щаве́льная кислота́.

oxidation *n.* окисле́ние. **oxide** *n.* о́кись, о́кисел (-сла). **oxidize** *v.t.* & *i.* окисля́ть(ся) *imp.*, окисли́ть(ся) *perf.* **oxyacetylene** *adj.* кислоро́дно-ацетиле́новый. **oxygen** *n.* кислоро́д; *attrib.* кислоро́дный.

oyster *n.* у́стрица; *o.-catcher,* кули́к-соро́ка.

ozone *n.* озо́н.

P

pace *n.* шаг (-а́ with 2, 3, 4, *loc.* -у́; *pl.* -и́); (*fig.*) темп; *keep p. with,* идти́ (иду́, идёшь; шёл, шла) *imp.* в но́гу с + *instr.*; *set the p.,* задава́ть (-даю́, -даёшь) *imp.*, зада́ть (-а́м, -а́шь, -а́ст, -ади́м; за́дал, -а́, -о) *perf.* темп. *v.i.* шага́ть *imp.*, шагну́ть *perf.*; *v.t.*: *p. out,* измеря́ть *imp.*, изме́рить *perf.* шага́ми.

pachyderm *n.* толстоко́жее (живо́тное) *sb.*

pacific *adj.* ми́рный; P., тихоокеа́нский; *n.* Ти́хий океа́н. **pacification** *n.* усмире́ние, умиротворе́ние. **pacifism**

pack

n. пацифи́зм. **pacifist** *n.* пацифи́ст. **pacify** *v.t.* усмиря́ть *imp.*, усмири́ть *perf.*; умиротворя́ть *imp.*, умиротвори́ть *perf.*

pack *n.* у́зел (узла́), вьюк (*pl.* -ю́ки); (*soldier's*) ра́нец (-нца); (*hounds*) сво́ра; (*wolves, birds*) ста́я; (*cards*) коло́да; p.-horse, вьючная ло́шадь (*pl.* -ди, -дей, *instr.* -дьми́); p.-ice, паково́й лёд (льда, *loc.* льду); p. of lies, сплошна́я ложь (лжи, *instr.* ло́жью); *v.t.* пакова́ть *imp.*, y ~ *perf.*; укла́дывать *imp.*, уложи́ть (-жу́, -жишь) *perf.*; (*cram*) набива́ть *imp.*, наби́ть (-бью́, -бьёшь) *perf.* **package** *n.* паке́т, свёрток (-тка); (*packaging*) упако́вка. **packaging** *n.* упако́вка.

packet *n.* паке́т; па́чка; (*money*) куш. **packing-case** *n.* я́щик. **packing-needle** *n.* упако́вочная игла́ (*pl.* -лы).

pact *n.* догово́р, пакт.

pad¹ *v.i.* (*walk*) идти́ (иду́, идёшь; шёл, шла) *imp.*, пойти́ (пойду́, -дёшь; пошёл, -шла́) *perf.* неслы́шным ша́гом.

pad² *n.* (*cushion*) поду́шка, поду́шечка; (*guard*) щито́к (-тка́); (*of paper*) блокно́т; (*paw*) ла́па; *v.t.* набива́ть *imp.*, наби́ть (-бью́, -бьёшь) *perf.*; подбива́ть *imp.*, подби́ть (подобью́, -бьёшь) *perf.* **padding** *n.* наби́вка.

paddle¹ *n.* (*oar*) (байда́рочное) весло́ (*pl.* вёсла, -сел, -слам); (*of wheel*) ло́пасть (*pl.* -ти, -те́й); p.-boat, колёсный парохо́д; p.-wheel, гребно́е колесо́ (*pl.* -ёса); *v.i.* (*row*) грести́ (гребу́, -бёшь; грёб, -ла́) *imp.* байда́рочным весло́м.

paddle² *v.i.* (*wade*) ходи́ть (хожу́, хо́дишь) *indet.*, идти́ (иду́, идёшь; шёл, шла) *det.*, пойти́ (пойду́, -дёшь; пошёл, -шла́) *perf.* босико́м по воде́.

paddock *n.* небольшо́й луг (*loc.* -у́; *pl.* -а́).

padlock *n.* вися́чий замо́к (-мка́); *v.t.* запира́ть *imp.*, запере́ть (запру́, -рёшь; за́пер, -ла́, -ло) *perf.* на вися́чий замо́к.

padre *n.* полково́й свяще́нник.

paediatric *adj.* педиатри́ческий. **paediatrician** *n.* педиа́тр. **paediatrics** *n.* педиатри́я.

pagan *n.* язы́чник, -ица; *adj.* язы́ческий. **paganism** *n.* язы́чество.

page¹ *n.* (p.-boy) паж (-а́), ма́льчик-слуга́ *m.*; *v.t.* (*summon*) вызыва́ть *imp.*, вы́звать (вы́зову, -вешь) *perf.*

page² *n.* (*of book*) страни́ца.

pageant *n.* пы́шная проце́ссия; великоле́пное зре́лище. **pageantry** *n.* великоле́пие.

paginate *v.t.* нумерова́ть *imp.*, про ~ *perf.* страни́цы + *gen.*

pagoda *n.* па́года.

paid, paid-up *adj.* опла́ченный (-ен); see **pay**.

pail *n.* ведро́ (*pl.* вёдра, -дер, -драм).

pain *n.* боль; *pl.* (*of childbirth*) родовы́е схва́тки *f.pl.*; *pl.* (*efforts*) уси́лия *neut. pl.*; on p. of death, под стра́хом сме́рти; take pains over, прилага́ть *imp.*, приложи́ть (-жу́, -жишь) *perf.* уси́лия к + *dat.*; p.-killer, болеутоля́ющее сре́дство; *v.t.* причиня́ть *imp.*, причини́ть *perf.* боль + *dat.*; (*fig.*) огорча́ть *imp.*, огорчи́ть *perf.* **painful** *adj.* боле́зненный (-ен, -енна); be p., (*part of body*) боле́ть (-ли́т) *imp.* **painless** *adj.* безболе́зненный (-ен, -енна). **painstaking** *adj.* стара́тельный, усе́рдный.

paint *n.* кра́ска; *v.t.* кра́сить *imp.*, по ~ *perf.*; (*portray*) писа́ть (пишу́, -шешь) *imp.*, на ~ *perf.* кра́сками. **paintbrush** *n.* кисть (*pl.* -ти, -те́й). **painter**¹ *n.* (*artist*) худо́жник, -ица; (*decorator*) маля́р (-а́).

painter² *n.* (*rope*) фа́линь *m.*

painting *n.* (*art*) жи́вопись; (*picture*) карти́на.

pair *n.* па́ра; not translated with nouns denoting a single object, e.g. a p. of scissors, но́жницы (-ц) *pl.*; one p. of scissors, одни́ но́жницы; *v.t. & i.* располага́ть *imp.*, расположи́ть(ся) (-жу́, -жи́т(ся)) *perf.* па́рами; p. off, уходи́ть (-ожу́, -о́дишь) *imp.*, уйти́ (уйду́, -дёшь; ушёл, ушла́) *perf.* па́рами.

pal *n.* това́рищ, прия́тель *m.*; p. up with, дружи́ть (-жу́, -у́жи́шь) *imp.*, подружи́ться (-ужу́сь, -у́жи́шься) *perf.* с + *instr.*

palace n. дворе́ц (-рца́); attrib. дворцо́вый.

palaeographer n. палео́граф. **palaeography** n. палеогра́фия. **palaeolithic** adj. палеолити́ческий. **palaeontologist** n. палеонто́лог. **palaeontology** n. палеонтоло́гия. **palaeozoic** adj. палеозо́йский.

palatable adj. вку́сный (-сен, -сна́, -сно); (fig.) прия́тный. **palatal** adj. нёбный; (ling. also) палата́льный; n. палатализова́ть imp., perf. **palate** n. нёбо; (taste) вкус.

palatial adj. дворцо́вый; (splendid) великоле́пный.

palaver n. (idle talk) пуста́я болтовня́; (affair) де́ло.

pale[1] n. (stake) кол (-á, loc. -ý; pl. -ья́); (boundary) грани́ца; (fig.) преде́лы m.pl.

pale[2] adj. бле́дный (-ден, -дна́, -дно, бле́дны); p.-face, бледноли́цый sb.; v.i. бледне́ть imp., по~ perf.

palette n. пали́тра; p.-knife, мастихи́н, шта́пель m.

paling(s) n. частоко́л.

palisade n. частоко́л, палиса́д.

palish adj. бледнова́тый.

pall[1] n. покро́в. **pallbearer** n. несу́щий sb. гроб.

pall[2] v.i.: p. on, надоеда́ть imp., надое́сть (-éм, -éшь, -éст, -еди́м; -éл) perf. + dat.

palliasse n. соло́менный тюфя́к (-á).

palliative adj. смягча́ющий, паллиати́вный; n. смягча́ющее сре́дство, паллиати́в.

pallid adj. бле́дный (-ден, -дна́, -дно, бле́дны). **pallor** n. бле́дность.

palm[1] n. (tree) па́льма; (branch) па́льмовая ветвь (pl. -ви, -ве́й); (willow-branch as substitute) вéточка вéрбы; p.-oil, па́льмовое ма́сло; P. Sunday, вéрбное воскресéнье.

palm[2] n. (of hand) ладо́нь; v.t. (conceal) пря́тать (-я́чу, -я́чешь) imp., с~ perf. в руке́; p. off, всу́чивать (-учу́, -у́чишь) perf. (on, + dat.).

palmist n. хирома́нт, ~ ка. **palmistry** n. хирома́нтия.

palmy adj. (flourishing) цвету́щий.

palpable adj. осяза́емый.

palpitate v.i. (throb) (си́льно) би́ться (бьётся); (tremble) трепета́ть (-ещу́, -éщешь) imp. **palpitations** n. (си́льное) сердцебие́ние, пульса́ция.

palsy n. парали́ч (-á).

paltry adj. ничто́жный.

pampas n. па́мпасы (-сов) pl.; p.-grass, пампа́сная трава́.

pamper v.t. балова́ть imp., из~ perf.

pamphlet n. брошю́ра.

pan[1] n. (saucepan) кастрю́ля; (frying-p.) сковорода́ (pl. ско́вороды, -о́д, -ода́м); (bowl of scales) ча́шка; v.t.: p. off, out, промыва́ть imp., промы́ть (-мо́ю, -мо́ешь) perf.

pan[2] v.i. (cin.) панорами́ровать imp., perf.

panacea n. панаце́я.

pan-American adj. панамерика́нский.

pancake n. блин (-á); v.i. (aeron.) парашюти́ровать imp., с ~ perf.

panchromatic adj. панхромати́ческий.

pancreas n. поджелу́дочная железа́ (pl. -езы, -ёз, -еза́м).

panda n. па́нда; giant p., бамбу́ковый медве́дь m.

pandemonium n. гвалт.

pander v.i.: p. to, потво́рствовать imp. + dat.

pane n. око́нное стекло́ (pl. стёкла, -кол, -клам).

panel n. пане́ль, филёнка; (control-p.) щит (-á) управле́ния; (list of jurors) спи́сок (-ска) прися́жных; (jury) прися́жные sb.; (team in discussion, quiz) уча́стники m.pl. (диску́ссии, виктори́ны); (team of experts) гру́ппа специали́стов; v.t. обшива́ть imp., обши́ть (обошью́, -ьёшь) perf. пане́лями, филёнками; **panelling** n. пане́льная обши́вка.

pang n. о́страя боль; pl. му́ки (-к) pl.

panic n. па́ника; p.-monger, паникёр; p.-stricken, охва́ченный (-ен) па́никой; adj. пани́ческий; v.i. впада́ть imp., впасть (-аду́, -адёшь; -ал) perf. в па́нику. **panicky** adj. пани́ческий.

panicle n. метёлка.

pannier n. корзи́нка.

panorama n. панора́ма. **panoramic** adj. панора́мный.

pansy n. анютины глазки (-зок) pl.

pant v.i. задыхаться imp., задохнуться (-охну)лся, -ох(ну)лась) perf.; пыхтеть (-хчу, -хтишь) imp.

pantheism n. пантеизм. **pantheist** n. пантеист. **pantheistic** adj. пантеистический.

panther n. пантера, барс.

panties n. трусики (-ков) pl.

pantomime n. рождественское представление для детей; (dumb show) пантомима.

pantry n. кладовая sb.; (butler's) буфетная sb.

pants n. (trousers) брюки (-к) pl.; (underpants) кальсоны (-н) pl., трусы (-сов) pl.

papacy n. папство. **papal** adj. папский.

paper n. бумага; pl. документы m.pl.; (newspaper) газета; (wallpaper) обои (-оев) pl.; (dissertation) доклад; adj. бумажный; v.t. оклеивать imp., оклеить perf. обоями. **paperback** n. книга в бумажной обложке. **paper-clip** n. скрепка. **paper-hanger** n. обойщик. **paper-knife** n. разрезной нож (-а). **paper-mill** n. бумажная фабрика. **paperweight** n. пресс-папье neut.indecl. **papery** adj. бумажный.

papier mâché n. папье-маше neut.indecl.

paprika n. красный перец (-рца(у)).

papyrus n. папирус.

par n. (equality) равенство; (normal condition) нормальное состояние; p. of exchange, паритет; above, below, p., выше, ниже, номинальной цены; on a p. with, наравне с + instr.

parable n. притча.

parabola n. парабола. **parabolic** adj. параболический.

parachute n. парашют; v.t. сбрасывать imp., сбросить perf. с парашютом; v.i. спускаться imp., спуститься (-ущусь, -устишься) perf. с парашютом. **parachutist** n. парашютист; (troops) парашютно-десантные войска neut.indecl.

parade n. парад; (display) выставление напоказ; p.-ground, плац; v.t. & i. строить(ся) imp., по~ perf.; v.t. (show off) выставлять imp., выставить perf. напоказ.

paradigm n. парадигма.

paradise n. рай (loc. раю).

paradox n. парадокс. **paradoxical** adj. парадоксальный.

paraffin n. парафин; (p. oil) керосин; liquid p., парафиновое масло; attrib. парафиновый. p. wax, твёрдый парафин.

paragon n. образец (-зца).

paragraph n. абзац; (news item) (газетная) заметка.

parakeet n. длиннохвостый попугай.

parallax n. параллакс.

parallel adj. параллельный; p. bars, параллельные брусья m.pl.; in parallel, параллельно. **parallelogram** n. параллелограмм.

paralyse v.t. парализовать imp., perf. **paralysis** n. паралич (-а). **paralytic** n. паралитик; adj. паралитический.

parameter n. параметр.

paramilitary adj. полувоенный.

paramount adj. (supreme) верховный; (pre-eminent) первостепенный (-нен, -нна).

paramour n. любовник, -ица.

paranoia n. паранойя.

parapet n. парапет; (mil.) бруствер.

paraphernalia n. (personal belongings) личное имущество; (accessories) принадлежности f.pl.

paraphrase n. пересказ, парафраза; v.t. пересказывать imp., пересказать (-ажу, -ажешь) perf.; парафразировать imp., perf.

paraplegia n. параплегия.

parapsychology n. парапсихология.

parasite n. паразит; (person) тунеядец (-дца). **parasitic(al)** adj. паразитический, паразитный.

parasol n. зонтик.

paratrooper n. парашютист. **paratroops** n. парашютно-десантные войска neut.pl.

paratyphoid n. паратиф.

parboil v.t. слегка отваривать imp., отварить (-рю, -ришь) perf.

parcel n. пакет, посылка; (of land) участок (-тка); p. post, почтово-посылочная служба; v.t.: p. out, делить (-лю, -лишь) imp., раз~ perf.;

parch

p. up, завёртывать *imp.*, завернуть *perf.* в пакет.
parch *v.t.* иссушать *imp.*, иссушить (-ит) *perf.*; *become parched*, пересыхать *imp.*, пересохнуть (-x) *perf.*
parchment *n.* пергамент; *attrib.* пергаментный.
pardon *n.* прощение; извинение; (*leg.*) помилование; *v.t.* прощать *imp.*, простить *perf.*; (*leg.*) помиловать *perf.* **pardonable** *adj.* простительный.
pare *v.t.* обрезать *imp.*, обрезать (-éжу, -éжешь) *perf.*; (*fruit*) чистить *imp.*, о~ *perf.*; p. away, down, (*fig.*) сокращать *imp.*, сократить (-ащу, -атишь) *perf.*
parent *n.* родитель *m.*, ~ница; (*forefather*) предок (-дка); (*origin*) причина. **parentage** *n.* происхождение. **parental** *adj.* родительский.
parenthesis *n.* (*word, clause*) вводное слово (*pl.* -ва), предложение; *pl.* (*brackets*) скобки *f.pl.*; in p., в скобках.
pariah *n.* пария *m.* & *f.*
parings *n.* обрезки *f.pl.*
parish *n.* (*area*) приход; (*inhabitants*) прихожане (-ан) *pl.*; *attrib.* приходский. **parishioner** *n.* прихожанин (*pl.* -áне, -áн), -áнка.
parity *n.* равенство; (*econ.*) паритет.
park *n.* парк; (*national p.*) заповедник; (*for cars etc.*) стоянка; *v.t.* & *abs.* ставить *imp.*, по~ *perf.* (машину). **parking** *n.* стоянка.
parley *n.* переговоры (-ов) *pl.*; *v.i.* вести (веду, -дёшь; вёл, -á) переговоры.
parliament *n.* парламент. **parliamentarian** *n.* знаток (-á) парламентской практики. **parliamentary** *adj.* парламентский.
parlour *n.* гостиная *sb.*; приёмная *sb.* **parlourmaid** *n.* горничная *sb.*
parochial *adj.* приходский; (*fig.*) ограниченный (-ен, -енна). **parochialism** *n.* ограниченность интересов.
parody *n.* пародия; *v.t.* пародировать *imp.*, *perf.*
parole *n.* честное слово; освобождение под честное слово; (*password*) пароль *m.*; on p., освобождённый (-ён, -ена) под честное слово.
paroxysm *n.* пароксизм, припадок (-дка).
parquet *n.* паркет; *attrib.* паркетный; *v.t.* устилать *imp.*, устлать (устелю, -лешь) *perf.* паркетом.
parricidal *adj.* отцеубийственный (-ен, -енна). **parricide** *n.* (*action*) отцеубийство; (*person*) отцеубийца *m.* & *f.*
parrot *n.* попугай; *v.t.* повторять *imp.*, повторить *perf.* как попугай.
parry *v.t.* парировать *imp.*, *perf.*, от~ *perf.*
parse *v.t.* делать *imp.*, с~ *perf.* разбор + *gen.*
parsec *n.* парсек.
parsimonious *adj.* бережливый; (*mean*) скупой (скуп, -á, -о). **parsimony** *n.* бережливость; скупость.
parsley *n.* петрушка.
parsnip *n.* пастернак.
parson *n.* приходский священник. **parsonage** *n.* дом (*pl.* -á) приходского священника.
part *n.* часть (*pl.* -ти, -тéй), доля (*pl.* -ли, -лéй); (*taking p.*) участие; (*in play*) роль (*pl.* -ли, -лéй); (*mus.*) партия; (*in dispute*) сторона (*acc.* -ону; *pl.* -оны, -он, -онам); for the most p., большей частью; in p., частью; for my p., что касается меня; take p. in, участвовать *imp.* в + *prep.*; p. and parcel, неотъемлемая часть, p.-owner, совладелец (-льца); p.-time, (занятый (-т, -тá, -то)) неполный рабочий день; *v.t.* & *i.* (*divide*) разделять(ся) *imp.*, разделить(ся) (-лю(сь), -лишь(ся)) *perf.*; *v.i.* (*leave*) расставаться (-таюсь, -таёшься) *imp.*, расстаться (-áнусь, -áнешься) *perf.* (from, with, c + *instr.*); p. one's hair, делать *imp.*, с~ *perf.* себе пробор.
partake *v.i.* принимать *imp.*, принять (приму, -мешь; принял, -á, -о) *perf.* участие (in, of, в + *prep.*); (*eat*) есть (ем, ешь, ест, едим; ел) *imp.*, съ~ *perf.* (of, + *acc.*).
partial *adj.* (*incomplete*) частичный, неполный (-лон, -лнá, -лно); (*biased*) пристрастный; p. to, неравнодушный

participant k+*dat*. **partiality** *n*. пристра́стие (for, к+*dat*.). **partially** *adv*. части́чно.

participant *n*. уча́стник, -ица (in, +*gen*.).

participate *v.i*. уча́ствовать *imp*., в+*prep*.). **participation** *n*. уча́стие (in, в+*prep*.).

participial *adj*. прича́стный. **participle** *n*. прича́стие.

particle *n*. части́ца.

particoloured *adj*. разноцве́тный.

particular *adj*. осо́бый, осо́бенный; (*careful*) тща́тельный. *n*. подро́бность; *pl*. подро́бный отчёт; *in p*., в ча́стности.

parting *n*. (*leave-taking*) проща́ние; (*of hair*) пробо́р.

partisan *n*. (*adherent*) сторо́нник; (*mil*.) партиза́н (*gen.pl*. -н); *attrib*. узкопарти́йный; партиза́нский.

partition *n*. разделе́ние, расчлене́ние; (*wall*) перегоро́дка, перебо́рка; *v.t*. разделя́ть *imp*., раздели́ть (-лю́, -лишь) *perf*.; *p. off*, отделя́ть *imp*., отдели́ть (-лю́, -лишь) *perf*. перегоро́дкой.

partitive *adj*. раздели́тельный. *p. genitive*, роди́тельный раздели́тельный *sb*.

partly *adv*. ча́стью, отча́сти.

partner *n*. (со)уча́стник; (*in business*) компаньо́н; (*in dance, game*) партнёр, ~ ша. **partnership** *n*. (со)уча́стие, сотру́дничество; (*business*) това́рищество.

partridge *n*. куропа́тка.

party *n*. (*polit*.) па́ртия; (*group*) гру́ппа; (*social gathering*) вечери́нка; (*leg*.) сторона́ (*acc*. -ону; *pl*. -оны, -он, -она́м); (*accomplice*) (со)уча́стник; *be a p. to*, принима́ть *imp*., приня́ть (приму́, -мешь; при́нял, -а́, -о) *perf*. уча́стие в+*prep*.; *attrib*. парти́йный; *p. line*, (*polit*.) ли́ния па́ртии; (*telephone*) о́бщий телефо́нный про́вод (*pl*. -а́); *p. wall*, о́бщая стена́ (*acc*. -ну; *pl*. -ны, -н, -на́м).

paschal *adj*. пасха́льный.

pasha *n*. паша́ *m*.

pass *v.t. & i*. (*go past*; *p. test*; *of time*) проходи́ть (-ожу́, -о́дишь) *imp*., пройти́ (пройду́, -дёшь; прошёл, -шла́) *perf*. (by, ми́мо+*gen*.); (*travel past*) проезжа́ть *imp*., прое́хать (-е́ду, -е́дешь) *perf*. (by, ми́мо+*gen*.); (*go across*; *change*) переходи́ть (-ожу́, -о́дишь) *imp*., перейти́ (-йду́, -йдёшь; -ешёл, -ешла́) *perf*. (+*acc*., че́рез+*acc*.; to, в+*acc*., к+*dat*.); (*p. examination*) сдава́ть (сдаю́, -аёшь) *imp*., сдать (-ам, -ашь, -аст, -ади́м; сдал, -а́, -о) *perf*. (экза́мен); *v.i*. (*happen*) происходи́ть (-ит) *imp*., произойти́ (-ойдёт; -ошёл, -ошла́) *perf*.; (*cards*) пасова́ть *imp*., с ~ *perf*.; *v.t*. (*sport*) пасова́ть *imp*., пасну́ть *perf*.; (*overtake*) обгоня́ть *imp*., обогна́ть (обгоню́, -нишь; обогна́л, -а́, -о) *perf*.; (*time*) проводи́ть (-ожу́, -о́дишь) *imp*., провести́ (-еду́, -едёшь; -ёл, -ела́) *perf*.; (*hand on*) передава́ть (-даю́, -даёшь) *imp*., переда́ть (-а́м, -а́шь, -а́ст, -ади́м; пе́редал, -а́, -о) *perf*.; (*law, resolution*) принима́ть *imp*., приня́ть (приму́, -мешь; при́нял, -а́, -о) *perf*.; (*sentence*) выноси́ть (-ошу́, -о́сишь) *imp*., вы́нести (-су, -сешь) *perf*. (upon, +*dat*.); *p. as, for*, слыть (слыву́, -вёшь; слыл, -а́, -о) *imp*., про ~ *perf*.+*instr*., за+*acc*.; *p. away* (*die*) сконча́ться *perf*.; *p. by*, (*omit*) пропуска́ть *imp*., пропусти́ть (-ущу́, -у́стишь) *perf*.; *p. off*, (постепе́нно; хорошо́) проходи́ть (-ит) *imp*., пройти́ (-йдёт; прошёл, -шла́) *perf*.; *p. out*, (*coll*.) отключа́ться *imp*., отключи́ться *perf*.; *p. over*, (*in silence*) обходи́ть (-ожу́, -о́дишь) *imp*., обойти́ (обойду́, -дёшь; обошёл, -шла́) *perf*. молча́нием; *p. through*, (*experience*) пережива́ть *imp*., пережи́ть (-иву́, -ивёшь; пе́режил, -а́, -о) *perf*. *n*. (*permit*) про́пуск (*pl*. -а́); (*free p*.) беспла́тный биле́т; (*cards*; *sport*) пас; (*fencing*) вы́пад; (*juggling*) фо́кус; (*hypnotism*) пасс; (*mountain*) перева́л; *bring to p*., соверша́ть *imp*., соверши́ть *perf*.; *come to p*., случа́ться *imp*., случи́ться *perf*.; *make a p. at*, пристава́ть (-таю́, -таёшь) *imp*., приста́ть (-а́ну, -а́нешь) *perf*. к+*dat*.; *p. degree*, дипло́м без отли́чия; *p.-mark*, посре́дственная оце́нка.

passable *adj*. проходи́мый, прое́зжий; (*fairly good*) неплохо́й (-х, -ха́, -хо).

passage *n.* прохо́д, прое́зд; (*of time*) ход; (*sea trip*) рейс; (*in house*) коридо́р; (*in book*) отры́вок (-вка); (*musical*) пасса́ж.

passenger *n.* пассажи́р.

passer-by *n.* прохо́жий *sb.*

passing *adj.* (*transient*) мимолётный, преходя́щий; (*cursory*) бе́глый; *n.*: in p., мимохо́дом.

passion *n.* страсть (*pl.* -ти, for, к + *dat.*); (*attraction*) увлече́ние; (*anger*) вспы́шка гне́ва; P. (*of Christ*; *mus.*) стра́сти (-те́й) *f.pl.* (Христо́вы); (*p.-flower*), страстноцве́т. **passionate** *adj.* стра́стный (-тен, -тна́, -тно), пы́лкий (-лок, -лка́, -лко).

passive *adj.* пасси́вный; (*gram.*) страда́тельный; *n.* страда́тельный зало́г.

passivity *n.* пасси́вность.

passkey *n.* отмы́чка.

Passover *n.* евре́йская па́сха.

passport *n.* па́спорт (*pl.* -á).

password *n.* паро́ль *m.*

past *adj.* про́шлый; (*gram.*) проше́дший; *n.* про́шлое *sb.*; (*gram.*) проше́дшее вре́мя *neut.*; *prep.* ми́мо + *gen.*; (*beyond*) за + *instr.*; *adv.* ми́мо.

paste *n.* (*of flour*) те́сто; (*similar mixture*) па́ста; (*adhesive*) кле́йстер; (*of imitation gem*) страз; *v.t.* накле́ивать *imp.*, накле́ить *perf.*; p. up, раскле́ивать *imp.*, раскле́ить *perf.* **pasteboard** *n.* карто́н.

pastel *n.* (*crayon*) пасте́ль; (*drawing*) рису́нок (-нка) пасте́лью; *attrib.* пасте́льный.

pastern *n.* ба́бка.

pasteurization *n.* пастериза́ция. **pasteurize** *v.t.* пастеризова́ть *imp.*, *perf.*

pastiche *n.* смесь.

pastille *n.* лепёшка.

pastime *n.* развлече́ние; (*game*) игра́ (*pl.* -ры).

pastor *n.* па́стор. **pastoral** *adj.* (*bucolic*) пастора́льный; (*of pastor*) па́сторский; *n.* пастора́ль.

pastry *n.* пече́нье, пиро́жное *sb.*

pasturage *n.* пастьба́. **pasture** *n.* (*land*) па́стбище; (*herbage*) подно́жный корм (*loc.* -е́ & -у́); *v.t.* пасти́ (-су́, -сёшь; -с, -сла́) *imp.*

pasty[1] *n.* пиро́г (-á).

pasty[2] *adj.* тестообра́зный; (*p.-faced*) бле́дный (-ден, -дна́, -дно, бле́дны).

pat *n.* шлепо́к (-пка́); (*of butter etc.*) кусо́к (-ска́); *v.t.* хло́пать *imp.*, *no- perf.*; *adj.* уме́стный; *adv.* кста́ти, своевре́менно.

patch *n.* запла́та; (*over eye*) повя́зка (на глазу́); (*on face*) му́шка (*pl.* -шек); (*spot*) пятно́ (*pl.* -тна, -тен, -тнам); (*piece of land*) уча́сток (-тка) земли́; p.-pocket, накладно́й карма́н; *v.t.* ста́вить *imp.*, по- *perf.* запла́ту, -ты, на + *acc.*; p. up, (*fig.*) ула́живать *imp.*, ула́дить *perf.* **patchwork** *n.* лоску́тная рабо́та; *attrib.* лоску́тный. **patchy** *adj.* пёстрый (пёстр, -а́, пёстро́); (*uneven*) неро́вный (-вен, -вна́, -вно).

pâté *n.* паште́т.

patella *n.* коле́нная ча́шка.

patent *adj.* патенто́ванный (-ан); (*obvious*) я́вный; p. leather, лакиро́ванная ко́жа; *n.* пате́нт; *v.t.* патентова́ть *imp.*, за~ *perf.* **patentee** *n.* владе́лец (-льца) пате́нта.

paternal *adj.* отцо́вский; (*fatherly*) оте́ческий; p. uncle, дя́дя *m.* со стороны́ отца́. **paternity** *n.* отцо́вство.

path *n.* тропи́нка, тропа́ (*pl.* -пы, -п, тропа́м); (*way*) путь (-ти́, -тём) *m.*

pathetic *adj.* жа́лостный, тро́гательный.

pathless *adj.* бездоро́жный.

pathological *adj.* патологи́ческий. **pathologist** *n.* пато́лог. **pathology** *n.* патоло́гия.

pathos *n.* па́фос.

pathway *n.* тропи́нка, тропа́ (*pl.* -пы, -п, тропа́м).

patience *n.* терпе́ние; (*persistence*) упо́рство; (*cards*) пасья́нс. **patient** *adj.* терпели́вый; (*persistent*) упо́рный; *n.* больно́й *sb.*, пацие́нт, ~ ка.

patina *n.* пати́на.

patio *n.* (*court*) вну́тренний дво́рик; (*terrace*) терра́са.

patriarch *n.* патриа́рх. **patriarchal** *adj.* патриарха́льный; (*relig.*) патриа́рший.

patrician *n.* аристокра́т, ~ ка; (*hist.*) патри́ций; *adj.* аристократи́ческий; (*hist.*) патрициа́нский.

patricidal *etc.* see **parricide**.

patrimonial *adj.* насле́дственный. **patrimony** *n.* насле́дство.

patriot *n.* патрио́т, ~ка. **patriotic** *adj.* патриоти́ческий. **patriotism** *n.* патриоти́зм.

patrol *n.* патру́ль (-ля́) *m.*; (*action*) патрули́рование; *v.t. & i.* патрули́ровать *imp.*

patron *n.* покрови́тель *m.*; (*of shop*) клие́нт, ~ка; *p. saint*, засту́пник, -ица. **patronage** *n.* покрови́тельство. **patroness** *n.* покрови́тельница. **patronize** *v.t.* покрови́тельствовать *imp.* + *dat.*; (*shop*) быть клие́нтом, клие́нткой, + *gen.*; (*treat condescendingly*) снисходи́тельно относи́ться (-ошу́сь, -о́сишься) *imp.* к + *dat.*

patronymic *n.* родово́е и́мя *neut.*; (*Russian name*) о́тчество.

patter[1] *v.i.* (*sound*) постукивать *imp.*; *n.* посту́кивание, лёгкий то́пот.

patter[2] *n.* (*speech*) скороговóрка.

pattern *n.* (*paragon*) образе́ц (-зца́); (*model*) моде́ль; (*sewing*) выкройка; (*design*) узо́р.

patty *n.* пирожо́к (-жка́).

paunch *n.* брюшко́ (*pl.* -ки́, -ко́в), пу́зо.

pauper *n.* бедня́к (-а́), ни́щий *sb.*

pause *n.* па́уза, переры́в; *v.i.* де́лать *imp.*, с ~ *perf.* па́узу; остана́вливаться *imp.*, останови́ться (-влю́сь, -вишься) *perf.*

pave *v.t.* мости́ть *imp.*, вы́ ~, за ~ *perf.*; *p. the way*, подготовля́ть *imp.*, подгото́вить *perf.* по́чву (for, для + *gen.*). **pavement** *n.* тротуа́р, пане́ль.

pavilion *n.* (*building*) павильо́н; (*tent*) пала́тка, шатёр (-тра́).

paw *n.* ла́па; *v.t.* тро́гать *imp.* ла́пой; (*horse*) бить (бьёт) *imp.* копы́том.

pawl *n.* защёлка; (*naut.*) пал.

pawn[1] *n.* (*chess*) пе́шка.

pawn[2] *n.*: *in p.*, в закла́де; *v.t.* закла́дывать *imp.*, заложи́ть (-жу́, -жишь) *perf.*; отдава́ть (-даю́, -даёшь) *imp.*, отда́ть (-а́м, -а́шь, -а́ст, -ади́м; о́тдал, -а́, -о) *perf.* в зало́г. **pawnbroker** *n.* ростовщи́к (-а́), -и́ца. **pawnshop** *n.* ломба́рд.

pay *v.t.* плати́ть (-ачу́, -а́тишь) *imp.*, за ~, у ~ *perf.* (for, за + *acc.*); (*bill etc.*) опла́чивать *imp.*, оплати́ть (-ачу́, -а́тишь) *perf.*; *v.i.* (*be profitable*) окупа́ться *imp.*, окупи́ться (-и́тся) *perf.*; *n.* (*payment*) упла́та; (*wages*) жа́лованье, зарпла́та; *p. packet*, полу́чка; *p.-roll*, платёжная ве́домость. **payable** *adj.* подлежа́щий упла́те. **payee** *n.* получа́тель *m.*, ~ница. (*of cheque etc.*) предъяви́тель *m.*, ~ница. **payload** *n.* поле́зная нагру́зка. **payment** *n.* упла́та, платёж (-а́); *p. by instalments*, платёж (-а́) в рассро́чку; *p. in kind*, пла́та нату́рой.

pea *n.* (*also pl., collect.*) горо́х (-а(у)).

peace *n.* мир; (*treaty*) ми́рный догово́р; (*public order; tranquillity*) споко́йствие; (*quiet*) поко́й; *attrib.* ми́рный; *at p. with*, в ми́ре с + *instr.*; *in p.*, в поко́е; *make p.*, заключа́ть *imp.*, заключи́ть *perf.* мир; *make one's p.*, мири́ться *imp.*, по ~ *perf.* (with, с + *instr.*); *p. and quiet*, мир и тишина́; *p.-loving*, миролюби́вый; *p.-offering*, искупи́тельная же́ртва; *p.-time*, ми́рное вре́мя *neut.* **peaceable, peaceful** *adj.* ми́рный.

peach *n.* пе́рсик; (*p.-tree*) пе́рсиковое де́рево (*pl.* дере́вья, -ьев); *p.-coloured*, пе́рсикового цве́та.

peacock *n.* павли́н; *p. butterfly*, дневно́й павли́ний глаз. **peafowl** *n.* павли́н. **peahen** *n.* па́ва.

pea-jacket *n.* бушла́т.

peak *n.* (*of cap*) козырёк (-рька́); (*summit; highest point*) верши́на; *p. hour*, часы́ *m.pl.* пик; *p.-load*, максима́льная, пи́ковая, нагру́зка.

peaky *adj.* (*worn out*) изможде́нный (-ён, -ена́).

peal *n.* (*sound*) звон колоколо́в, трезво́н; (*set of bells*) набо́р колоколо́в; (*of thunder*) раска́т; (*of laughter*) взрыв; *v.i.* (*bells*) трезво́нить *imp.*; (*thunder*) греме́ть (-ми́т) *imp.*, по ~ *perf.*; *p. the bells*, звони́ть *imp.*, по ~ *perf.* в колокола́.

peanut *n.* земляно́й оре́х, ара́хис.

pear *n.* гру́ша; (*p.-tree*) гру́шевое де́рево (*pl.* дере́вья, -ьев); *p.-shaped*, гру́шеви́дный.

pearl *n.* же́мчуг (-а(у); *pl.* -а́); (*single p., also fig.*) жемчу́жина; *p. barley*, перло́вая крупа́; *p. button*, перламу́тровая

peasant

пу́говица; p.-oyster, же́мчужница. **pearly** adj. жемчу́жный.
peasant n. крестья́нин (pl. -я́не, -я́н), -я́нка; attrib. крестья́нский; p. woman, крестья́нка. **peasantry** n. крестья́нство.
peat n. торф (-а(у)). **peatbog** n. торфяни́к (-а́). **peaty** adj. торфяно́й.
pebble n. га́лька. **pebbly** adj. покры́тый га́лькой.
peccadillo n. грешо́к (-шка́).
peck v.t. & i. клева́ть (клюю́, клюёшь) imp., клю́нуть perf.; n. клево́к (-вка́).
pectoral adj. грудно́й; (worn on chest) нагру́дный.
peculiar adj. (distinctive) своеобра́зный; (special) осо́бенный; (strange) стра́нный (-нен, -нна, -нно); p. to, сво́йственный (-ен(ен), -енна) + dat. **peculiarity** n. осо́бенность; стра́нность.
pecuniary adj. де́нежный.
pedagogical adj. педагоги́ческий. **pedagogics** n. педаго́гика. **pedagogue** n. учи́тель (pl. -ля́) m., педаго́г.
pedal n. педа́ль; v.i. нажима́ть imp., нажа́ть (-жму́, -жмёшь) perf. педа́ль; (ride bicycle) е́хать (е́ду, е́дешь) imp., по~ perf. на велосипе́де.
pedant n. педа́нт ~ка. **pedantic** adj. педанти́чный. **pedantry** n. педанти́чность.
peddle v.t. торгова́ть imp. вразно́с + instr.
pedestal n. пьедеста́л, подно́жие; (of table) ту́мба.
pedestrian adj. пе́ший, пешехо́дный; (prosaic) прозаи́ческий; n. пешехо́д; p. crossing, перехо́д.
pedicure n. педикю́р.
pedigree n. (genealogy) родосло́вная sb.; (descent) происхожде́ние; adj. породи́стый, племенно́й.
pediment n. фронто́н.
pedlar n. разно́счик.
pedometer n. шагоме́р.
peek v.i. (p. in) загля́дывать imp., загляну́ть (-ну́, -нешь) perf.; (p. out) выгля́дывать imp., вы́глянуть perf.
peel n. ко́рка, кожица; v.t. очища́ть imp., очи́стить perf.; v.i.: p. off, (detach oneself) сходи́ть (-ит) imp.,

238

сойти́ (сойдёт; сошёл, -шла́) perf. **peelings** n. очи́стки (-ков) pl., шелуха́.
peep v.i. (p. in) загля́дывать imp., загляну́ть (-ну́, -нешь) perf.; (p. out) выгля́дывать imp., вы́глянуть perf.; n. (glance) бы́стрый взгляд; p. of day, рассве́т; p.-hole, глазо́к (-зка́).
peer[1] v.i. всма́триваться imp., всмотре́ться (-рю́сь, -ришься) perf. (at, в + acc.).
peer[2] n. (noble) пэр, лорд; (equal) ра́вный sb., ро́вня m. & f. **peerage** n. (class) сосло́вие пэ́ров; (rank) зва́ние пэ́ра. **peeress** n. (peer's wife) супру́га пэ́ра; ле́ди, f.indecl. **peerless** adj. несравне́нный (-е́нен, -е́нна), бесподо́бный.
peeved adj. раздражённый (-ён, -ена́).
peevish adj. раздражи́тельный, брюзгли́вый.
peewit see pewit.
peg n. ко́лышек (-шка), деревя́нный гвоздь (-дя́; pl. -ди, -де́й) m.; (for hat etc.) ве́шалка; (on violin etc.) коло́к (-лка́); off the p., гото́вый; take down a p., оса́живать imp., осади́ть (-ажу́, -а́дишь) perf.; v.t. прикрепля́ть imp., прикрепи́ть perf. ко́лышком, -ками; (price pegs) иску́сственно подде́рживать imp., поддержа́ть (-жу́, -жишь) perf.; v.i.: p. away, приле́жно рабо́тать imp. (at, над + instr.); p. out, (die) помира́ть imp., помере́ть (-мру́, -мрёшь; по́мер, -ла́, -ло) perf.
pejorative adj. уничижи́тельный.
peke, Pekin(g)ese n. кита́йский мопс.
pelican n. пелика́н.
pellagra n. пелла́гра.
pellet n. ка́тышек (-шка); (shot) дроби́на.
pellicle n. ко́жица, плёнка.
pell-mell adv. (in disorder) беспоря́дочно; (headlong) очертя́ го́лову, сломя́ го́лову.
pellucid adj. (transparent) прозра́чный; (clear) я́сный (я́сен, ясна́, я́сно, я́сны).
pelmet n. ламбреке́н.
pelt[1] n. (animal skin) шку́ра, ко́жа.
pelt[2] v.t. забра́сывать imp., заброса́ть perf.; v.i. (rain) бараба́нить (-ит) imp.; n.: (at) full p., со всех ног.

pelvic *adj.* та́зовый. **pelvis** *n.* таз (*loc.* -е & -у́; *pl.* -ы́).

pen[1] *n.* (*for writing*) перо́ (*pl.* -рья, -рьев); *p. and ink*, пи́сьменные принадле́жности *f.pl.*; *slip of the p.*, опи́ска; *p.-friend*, знако́мый *sb.* по пи́сьмам; *p.-name*, псевдони́м.

pen[2] *n.* (*enclosure*) заго́н; *v.t.* загоня́ть *imp.*, загна́ть (загоню́, -нишь; загна́л, -а́, -о) *perf.*

pen[3] *n.* (*female swan*) са́мка ле́бедя.

penal *adj.* уголо́вный; (*punishable*) наказу́емый; *p. battalion*, штрафно́й батальо́н; *p. code*, уголо́вный ко́декс; *p. servitude*, ка́торжные рабо́ты *f.pl*. **penalize** *v.t.* нака́зывать *imp.*, наказа́ть (-ажу́, -а́жешь) *perf.*; (*sport*) штрафова́ть *imp.*, о ~ *perf.* **penalty** *n.* наказа́ние, взыска́ние; (*sport*) штраф; *p. area*, штрафна́я площа́дка; *p. kick*, штрафно́й уда́р. **penance** *n.* епитимья́ (*gen.pl.* -ми́й).

penchant *n.* скло́нность (for, к + *dat.*).

pencil *n.* каранда́ш (-а́); *p.-case*, *p.-sharpener*, точи́лка; *v.t.* (*write*) писа́ть (пишу́, -шешь) *imp.*, на ~ *perf.* карандашо́м; (*draw*) рисова́ть *imp.*, на ~ *perf.* карандашо́м.

pendant *n.* подве́ска, куло́н; *adj.* вися́чий.

pending *adj.* (*awaiting decision*) ожида́ющий реше́ния; *patent p.*, пате́нт зая́влен; *prep.* (*during*) во вре́мя + *gen.*; (*until*) в ожида́нии + *gen.*, до + *gen.*

pendulous *adj.* вися́чий, отви́слый.

pendulum *n.* ма́ятник.

penetrate *v.t.* прони́зывать *imp.*, прониза́ть (-ижу́, -и́жешь) *perf.*; *v.i.* проника́ть *imp.*, прони́кнуть (-к) *perf.* (into, в + *acc.*; through, че́рез + *acc.*). **penetrating** *adj.* проница́тельный; (*sound*) пронзи́тельный. **penetration** *n.* проникнове́ние; (*insight*) проница́тельность.

penguin *n.* пингви́н.

penicillin *n.* пеницилли́н.

peninsula *n.* полуо́стров (*pl.* -á). **peninsular** *adj.* полуостровно́й.

penis *n.* мужско́й полово́й член.

penitence *n.* раска́яние, покая́ние. **penitent** *adj.* раска́ивающийся; *n.* ка́ющийся гре́шник. **penitential** *adj.* покая́нный.

penknife *n.* перочи́нный нож (-а́).

pennant *n.* вы́мпел.

penniless *adj.* безде́нежный; (*predic.*) без гроша́; (*poor*) бе́дный (-ден, -дна́, -дно, -дны́).

pennon *n.* вы́мпел.

penny *n.* пе́нни *neut.indecl.*, пенс.

pension *n.* пе́нсия; *v.t.*: *p. off*, увольня́ть *imp.*, уво́лить *perf.* на пе́нсию. **pensionable** *adj.* даю́щий, име́ющий, пра́во на пе́нсию; (*age*) пенсио́нный. **pensioner** *n.* пенсионе́р, ~ ка.

pensive *adj.* заду́мчивый.

penta- *in comb.* пяти-, пента-. **pentacle** *n.* маги́ческая фигу́ра. **pentagon** *n.* пятиуго́льник; *the P.*, Пентаго́н. **pentagonal** *adj.* пятиуго́льный. **pentagram** *n.* пентагра́мма. **pentahedron** *n.* пятигра́нник. **pentameter** *n.* пента́метр. **pentathlon** *n.* пятибо́рье. **pentatonic** *adj.* пентато́нный.

Pentecost *n.* пятидеся́тница.

penthouse *n.* особня́к (-а́) на кры́ше многоэта́жного до́ма.

pent-up *adj.* (*anger etc.*) сде́рживаемый.

penultimate *adj.* (*n.*) предпосле́дний (слог).

penumbra *n.* полуте́нь (*loc.* -éни; *pl.* -éни, -еней).

penurious *adj.* бе́дный (-ден, -дна́, -дно, -дны́); (*stingy*) скупо́й (скуп, -á, -о). **penury** *n.* нужда́.

peony *n.* пио́н.

people *n.* наро́д; (*as pl.*, *persons*) лю́ди (-де́й, -дям, -дьми́) *pl.*; (*relatives*) родны́е *sb.*; *v.t.* (*occupy*) населя́ть *imp.*, насели́ть *perf.*; (*populate*) заселя́ть *imp.*, засели́ть *perf.*

pepper *n.* пе́рец (-рца(у)); *v.t.* пе́рчить *imp.*, на ~, по ~ *perf.*; (*pelt*) забра́сывать *imp.*, заброса́ть *perf.* **peppercorn** *n.* перчи́нка. **pepper-pot** *n.* пе́речница. **peppermint** *n.* пе́речная мя́та; (*sweet*) мя́тная конфе́та.

peppery *adj.* напе́рченный; (*fig.*) вспы́льчивый.

per *prep.* (*by means of*) *expressed by instrumental case*, по + *dat.*; (*person*) че́рез + *acc.*; (*for each*) (*person*) на + *acc.*; (*time*) в + *acc.*; (*quantity*) за +

perambulator *n.* детская коляска.
perceive *v.t.* воспринима́ть *imp.*, восприня́ть (-иму́, -и́мешь; воспринял, -а́, -о) *perf.*
per cent *adv., n.* проце́нт, на со́тню. **percentage** *n.* проце́нтное содержа́ние, проце́нт.
perceptible *adj.* воспринима́емый, заме́тный. **perception** *n.* восприя́тие, понима́ние. **perceptive** *adj.* воспринима́ющий, восприи́мчивый.
perch[1] *n.* (*fish*) о́кунь (*pl.* -ни, -не́й) *m.*
perch[2] *n.* (*roost*) насе́ст, жёрдочка; (*fig.*) высо́кое, про́чное, положе́ние; *v.i.* сади́ться *imp.*, сесть (ся́ду, -дешь; сел) *perf.*; *v.t.* сажа́ть *imp.*, посади́ть (-ажу́, -а́дишь *perf.* (на насе́ст; высоко́ помеща́ть *imp.*, помести́ть *perf.*
perched *adj.* высоко́ сидя́щий, располо́женный (-ен).
perchance *adv.* быть мо́жет.
percussion *n.* уда́р, столкнове́ние; (*mus. instruments*) уда́рные инструме́нты *m.pl.*; *p. cap*, уда́рный ка́псюль *m.* **percussive** *adj.* уда́рный.
perdition *n.* ги́бель.
peregrine (**falcon**) *n.* со́кол, сапса́н.
peremptory *adj.* повели́тельный.
perennial *adj.* ве́чный; (*plant*) многоле́тний; *n.* многоле́тнее расте́ние.
perfect *adj.* соверше́нный (-нен, -нна); (*exact*) то́чный (-чен, -чна́, -чно); (*gram.*) перфе́ктного (*mus.*) чи́стый; *n.* перфе́кт; *v.t.* соверше́нствовать *imp.*, у~ *perf.* **perfection** *n.* соверше́нство. **perfective** *adj.* (*n.*) соверше́нный (вид).
perfidious *adj.* вероло́мный, преда́тельский. **perfidy** *n.* вероло́мство, преда́тельство.
perforate *v.t.* перфори́ровать *imp., perf.* **perforation** *n.* перфора́ция; (*hole*) отве́рстие.
perforce *adv.* по необходи́мости, во́лей-нево́лей.
perform *v.t.* (*carry out*) исполня́ть *imp.*, испо́лнить *perf.*; соверша́ть *imp.*, соверши́ть *perf.*; (*play; music*) игра́ть *imp.*, сыгра́ть *perf.*; *v.i.* выступа́ть *imp.*, вы́ступить *perf.* **performance** *n.* исполне́ние; (*of play etc.*) представле́ние, спекта́кль *m.*; (*of engine etc.*) эксплуатацио́нные ка́чества *neut.pl.* **performer** *n.* исполни́тель *m.* **performing** *adj.* (*animal*) дрессиро́ванный.
perfume *n.* (*smell*) за́пах; (*scent*) духи́ (-хо́в) *pl.*; *v.t.* души́ть (-шу́, -шишь) *imp.*, на~ *perf.* **perfumery** *n.* парфюме́рия.
perfunctory *adj.* пове́рхностный.
pergola *n.* пе́ргола.
perhaps *adv.* мо́жет быть.
peri *n.* пе́ри *f.indecl.*
pericarp *n.* перика́рпий. **perigee** *n.* периге́й. **perihelion** *n.* периге́лий.
peril *n.* опа́сность, риск. **perilous** *adj.* опа́сный, риско́ванный (-ан, -анна).
perimeter *n.* (*geom.*) пери́метр; (*boundary*) вне́шняя грани́ца.
period *n.* пери́од; (*term*) срок (-а(у)); (*epoch*) эпо́ха; (*full stop*) то́чка; *adj.* относя́щийся к определённому пери́оду. **periodic** *adj.* периоди́ческий; *p. table*, периоди́ческая систе́ма элеме́нтов Менделе́ева. **periodical** *adj.* периоди́ческий; *n.* периоди́ческое изда́ние, журна́л. **periodicity** *n.* периоди́чность.
peripheral *adj.* перифери́йный. **periphery** *n.* (*outline*) ко́нтур; перифери́я.
periscope *n.* периско́п.
perish *v.i.* погиба́ть *imp.*, поги́бнуть (-б) *perf.*; (*die*) умира́ть *imp.*, умере́ть (умру́, -рёшь; у́мер, -ла́, -ло) *perf.*; (*spoil*) по́ртиться *imp.*, ис~ *perf.* **perishable** *adj.* скоропо́ртящийся; *n.; pl.* скоропо́ртящиеся това́ры *m.pl.*
peristyle *n.* пе́ристиль *m.*
peritoneum *adj.* брюши́на. **peritonitis** *n.* воспале́ние брюши́ны.
periwig *n.* пари́к (-а́).
periwinkle[1] *n.* (*plant*) барви́нок (-нка).
periwinkle[2] *n.* (*winkle*) литори́на.
perjure *v.t.*: *p. oneself*, наруша́ть *imp.*, нару́шить *perf.* кля́тву. **perjurer** *n.* лжесвиде́тель *m.*, -ница. **perjury** *n.* ло́жное показа́ние под прися́гой, лжесвиде́тельство.
perk[1] *see* **perquisite**

perk² v.i.: *p. up*, оживляться *imp.*, оживиться *perf.*; приободряться *imp.*, приободриться *perf.* **perky** *adj.* бойкий (бо́ек, бойка́, -ко); (*pert*) де́рзкий (-зок, -зка́, -зко).

permafrost *n.* ве́чная мерзлота́.

permanence *n.* постоя́нство. **permanency** *n.* постоя́нство; (*permanent employment*) постоя́нная рабо́та. **permanent** *adj.* постоя́нный; *p. wave*, перманент.

permeable *adj.* проница́емый. **permeate** *v.t.* (*penetrate*) проника́ть *imp.*, прони́к(ну)ть (-к) *perf.* в+*acc.*; (*saturate*) пропи́тывать *imp.*, пропита́ть *perf.*; *v.i.* распространя́ться *imp.*, распространи́ться *perf.* **permeation** *n.* проника́ние.

permissible *adj.* допусти́мый, позволи́тельный. **permission** *n.* разреше́ние, позволе́ние. **permissive** *adj.* разреша́ющий, позволя́ющий; (*liberal*) либера́льный. **permissiveness** *n.* (сексуа́льная) вседозво́ленность. **permit** *v.t.* разреша́ть *imp.*, разреши́ть *perf.*+*dat.*; позволя́ть *imp.*, позво́лить *perf.*+*dat.*; *v.i.* допуска́ть *imp.*, допусти́ть (-ущу́, -у́стишь) *perf.*+*acc.*; *n.* про́пуск (*pl.* -а́); (*permission*) разреше́ние.

permutation *n.* перестано́вка.

pernicious *adj.* па́губный.

peroration *n.* заключи́тельная часть (*pl.* -ти, -те́й) (ре́чи).

peroxide *n.* пе́рекись; (*hydrogen p.*) пе́рекись водоро́да; *p. blonde*, хими́ческая блонди́нка.

perpendicular *adj.* перпендикуля́рный; (*cliff etc.*) отве́сный; *n.* перпендикуля́р.

perpetrate *v.t.* соверша́ть *imp.*, соверши́ть *perf.* **perpetration** *n.* соверше́ние.

perpetual *adj.* ве́чный, бесконе́чный; (*for life*) пожи́зненный; (*without limit*) бессро́чный. **perpetuate** *v.t.* увекове́чивать *imp.*, увекове́чить *perf.* **perpetuation** *n.* увекове́чение. **perpetuity** *n.* ве́чность, бесконе́чность; *in p.*, навсегда́, наве́чно.

perplex *v.t.* приводи́ть (-ожу́, -о́дишь) *imp.*, привести́ (-еду́, -еде́шь; -ёл, -ела́) в недоуме́ние; озада́чивать *imp.*, озада́чить *perf.* **perplexity** *n.* недоуме́ние, озада́ченность.

perquisite, perk¹ *n.* случа́йный, дополни́тельный, дохо́д.

perry *n.* гру́шевый сидр.

persecute *v.t.* пресле́довать *imp.*; (*pester*) надоеда́ть *imp.*, надое́сть (-е́м, -е́шь, -е́ст, -еди́м; -е́л) *perf.*+*dat.* (*with*, +*instr.*). **persecution** *n.* пресле́дование.

perseverance *n.* насто́йчивость, сто́йкость. **persevere** *v.i.* сто́йко, насто́йчиво, продолжа́ть *imp.* (*in, at, etc.*, +*acc., inf.*).

Persian *n.* перс, ~ ия́нка; (*cat*) перси́дская ко́шка; *adj.* перси́дский; *P. lamb*, кара́куль *m.*

persist *v.i.* упо́рствовать *imp.* (*in*, в+*prep.*); (*continue*) продолжа́ть *imp.* (*in*, +*acc., inf.*); (*continue to exist*) продолжа́ть *imp.* существова́ть. **persistence** *n.* упо́рство, насто́йчивость. **persistent** *adj.* упо́рный, насто́йчивый.

person *n.* челове́к (*pl.* лю́ди, -де́й, -дям, -дьми́), осо́ба; (*appearance*) вне́шность; (*in play; gram.*) лицо́ (*pl.* -ца); *in p.*, ли́чно. **personable** *adj.* привлека́тельный. **personage** *n.* осо́ба (ва́жная) персо́на, выдаю́щаяся ли́чность. **personal** *adj.* ли́чный; *p. property*, движи́мое иму́щество; *p. remarks*, ли́чности *f.pl.* **personality** *n.* ли́чность. **personally** *adv.* ли́чно; *I p.*, что каса́ется меня́. **personalty** *n.* движи́мое иму́щество. **personate** *v.t.* игра́ть *imp.*, сыгра́ть *perf.* роль+*gen.*; (*pretend to be*) выдава́ть (-даю́, -даёшь) *imp.*, вы́дать (-ам, -ашь, -аст, -адим) *perf.* себя́ за+*acc.* **personification** *n.* олицетворе́ние. **personify** *v.t.* олицетворя́ть *imp.*, олицетвори́ть *perf.*

personnel *n.* ка́дры (-ров) *pl.*, персона́л; (*mil.*) ли́чный соста́в; *p. carrier*, транспортёр; *p. department*, отде́л ка́дров; *p. manager*, нача́льник отде́ла ка́дров.

perspective *n.* перспекти́ва; *adj.* перспекти́вный.

perspicacious *adj.* проница́тельный. **perspicacity** *n.* проница́тельность.

perspiration n. пот (loc. -ý; pl. -ы́), испа́рина; (action) поте́ние. **perspire** v.i. поте́ть imp., вс~ perf.

persuade v.t. убежда́ть imp., убеди́ть (-и́шь) perf. (of, в+prep.); угова́ривать imp., уговори́ть perf. **persuasion** n. убежде́ние; (religious belief) религио́зные убежде́ния neut.pl.; (joc.) род, сорт. **persuasive** adj. убеди́тельный.

pert adj. де́рзкий (-зок, -зка́, -зко).

pertain v.i.: p. to, (belong) принадлежа́ть imp. + dat.; (relate) име́ть imp. отноше́ние к + dat.

pertinacious adj. упря́мый, неусту́пчивый. **pertinacity** n. упря́мство, неусту́пчивость.

pertinence n. уме́стность. **pertinent** adj. уме́стный.

perturb v.t. (disturb) трево́жить, вс~ perf.; (agitate) волнова́ть imp., вз~ perf. **perturbation** n. трево́га, волне́ние.

perusal n. внима́тельное чте́ние. **peruse** v.t. (read) внима́тельно чита́ть imp., про~ perf.; (fig.) рассма́тривать imp., рассмотре́ть (-рю́, -ришь) perf.

pervade v.t. (permeate) проника́ть imp., прони́кнуть (-к) perf. в + acc.; (spread) распространя́ться imp., распространи́ться perf. по + dat.

perverse adj. (persistent) упря́мый; (wayward) капри́зный; (perverted) извращённый (-ён, -ённа́). **perversion** n. извраще́ние. **perversity** n. упря́мство извращённость. **pervert** v.t. извраща́ть imp., изврати́ть (-ащу́, -ати́шь) perf.; n. извращённый челове́к.

pessimism n. пессими́зм. **pessimist** n. пессими́ст. **pessimistic** adj. пессимисти́ческий.

pest n. вреди́тель m.; (fig.) я́зва. **pester** v.t. надоеда́ть imp., надое́сть (-е́м, -е́шь, -е́ст, -еди́м; -е́л) perf. + dat.; (importune) пристава́ть (-таю́, -таёшь) imp., приста́ть (-а́ну, -а́нешь) perf. к + dat. **pesticide** n. пестици́д. **pestilence** n. чума́. **pestilent(ial)** adj. (deadly) смертоно́сный; (injurious) вре́дный (-ден, -дна́, -дно); (of pestilence) чумно́й; (coll.) несно́сный, надое́дливый.

pestle n. пест (-а́), пе́стик.

pet n. (animal) люби́мое, дома́шнее, живо́тное sb.; (favourite) люби́мец (-мца), -мица, -миц m.; adj. (animal) ко́мнатный, дома́шний; (favourite) люби́мый; p. name, ласка́тельное и́мя neut.; p. shop, зоомагази́н; v.t. ласка́ть imp.; балова́ть imp., из~ perf.

petal n. лепесто́к (-тка́).

peter v.i.: p. out, истоща́ться imp., истощи́ться perf.; (stream) иссяка́ть imp., исся́кнуть (-к) perf.

petition n. хода́тайство, проше́ние; (formal written p.) пети́ция; (leg.) заявле́ние; v.t. подава́ть (-даю́, -даёшь) imp., пода́ть (-а́м, -а́шь, -а́ст, -ади́м; по́дал, -а́, -о) perf. проше́ние, хода́тайство, + dat.; обраща́ться imp., обрати́ться (-ащу́сь, -ати́шься) perf. с пети́цией в + acc. **petitioner** n. проси́тель m.

petrel n. буреве́стник, качу́рка.

petrifaction n. окамене́ние. **petrified** adj. окамене́лый; be p., (fig.) оцепене́ть perf. (with, от + gen.). **petrify** v.t. превраща́ть imp., преврати́ть (-ащу́, -ати́шь) perf. в ка́мень; v.i. камене́ть imp., о~ perf.

petrochemical adj. нефтехими́ческий. **petrochemistry** n. нефтехи́мия. **petrodollar** n. нефтедо́ллар. **petrol** n. бензи́н; attrib. бензи́новый; p. gauge, бензоме́р; p. pipe, бензопрово́д; p. pump, (in engine) бензонасо́с; (at p. station) бензоколо́нка; p. station, бензозапра́вочная ста́нция; p. tank, бензоба́к. **petroleum** n. нефть.

petticoat n. ни́жняя ю́бка.

pettifogger n. крючкотво́р. **pettifoggery** n. крючкотво́рство. **pettifogging** adj. кля́узный.

petty adj. ме́лкий (-лок, -лка́, -лко); p. bourgeois, мелкобуржуа́зный; p. cash, ме́лкие су́ммы m.pl.; p. officer, старшина́ (pl. -ны) m.

petulance n. нетерпели́вость, раздражи́тельность. **petulant** adj. нетерпели́вый, приди́рчивый.

pew n. церко́вная скамья́ (pl. ска́мьи, -ме́й).

pewit n. чи́бис.

pewter n. сплав о́лова со свинцо́м; (dishes) оловя́нная посу́да.
phalanx n. фала́нга.
phallic adj. фалли́ческий. **phallus** n. фа́ллос.
phantom n. фанто́м, при́зрак.
Pharaoh n. фарао́н.
Pharisaic(al) adj. фарисе́йский. **Pharisee** n. фарисе́й.
pharmaceutical adj. фармацевти́ческий. **pharmacist** n. фармаце́вт. **pharmacology** n. фармаколо́гия. **pharmacopeia** n. фармакопе́я. **pharmacy** n. фарма́ция; (dispensary) апте́ка.
pharynx n. гло́тка.
phase n. фа́за, ста́дия.
pheasant n. фаза́н.
phenomenal adj. феномена́льный. **phenomenon** n. явле́ние; (also person, event) фено́мен.
phial n. скля́нка, пузырёк (-рька́).
philander v.i. волочи́ться (-чу́сь, -чишься) imp. (with, за + instr.). **philanderer** n. воло́кита m.
philanthrope, -pist n. филантро́п. **philanthropic** adj. филантропи́ческий. **philanthropy** n. филантро́пия.
philatelic adj. филателисти́ческий. **philatelist** n. филатели́ст. **philately** n. филатели́я.
philharmonic adj. (in titles) филармони́ческий.
philippic n. филиппика.
Philistine n. (fig.) фили́стер, меща́нин (pl. -а́не, -а́н); adj. фили́стерский, меща́нский. **philistinism** n. фили́стерство, меща́нство.
philological adj. филологи́ческий. **philologist** n. фило́лог. **philology** n. филоло́гия.
philosopher n. фило́соф. **philosophic(al)** adj. филосо́фский. **philosophize** v.i. филосо́фствовать imp. **philosophy** n. филосо́фия.
philtre n. приворо́тное зе́лье (gen.pl. -лий).
phlegm n. мокрота́; (quality) флегма́. **phlegmatic** adj. флегмати́ческий.
phlox n. флокс.
phobia n. фо́бия, страх.
phoenix n. фе́никс.

phone n. телефо́н; v.t. & i. звони́ть imp., по ~ perf. + dat. (по телефо́ну).
phoneme n. фоне́ма. **phonemic** adj. фонемати́ческий. **phonetic** adj. фонети́ческий. **phonetician** n. фонети́ст. **phonetics** n. фоне́тика. **phonograph** n. фоно́граф. **phonological** adj. фонологи́ческий. **phonology** n. фоноло́гия.
phosphate n. фосфа́т. **phosphorescence** n. фосфоресце́нция. **phosphorescent** adj. светя́щийся, фосфоресци́рующий. **phosphorous** adj. фосфори́стый. **phosphorus** n. фо́сфор.
photo n. сни́мок (-мка); v.t. снима́ть imp., снять (сниму́, -мешь; снял, -а́, -о) perf.; p. finish, фотофи́ниш. **photocopy** n. фотоко́пия. **photoelectric** adj. фотоэлектри́ческий; p. cell, фотоэлеме́нт. **photogenic** adj. фотогени́чный. **photograph** n. фотогра́фия, сни́мок (-мка) v.t. фотографи́ровать imp., с~ perf.; сни́мать imp., снять (сниму́, -мешь; снял, -а́, -о) perf. **photographer** n. фото́граф. **photographic** adj. фотографи́ческий. **photography** n. фотогра́фия. **photogravure** n. фотогравю́ра. **photolithography** n. фотолитогра́фия. **photometer** n. фото́метр. **photosynthesis** n. фотоси́нтез.
phrase n. фра́за; (diction) стиль m.; (expression) оборо́т (ре́чи); v.t. выража́ть imp., вы́разить perf. слова́ми. **phraseological** adj. фразеологи́ческий. **phraseology** n. фразеоло́гия.
phrenology n. френоло́гия.
physical adj. физи́ческий; p. culture, физкульту́ра; p. examination, медици́нский осмо́тр; p. exercises, заря́дка. **physician** n. врач (-а́). **physicist** n. фи́зик. **physics** n. фи́зика.
physiognomy n. физионо́мия.
physiological adj. физиологи́ческий. **physiologist** n. физио́лог. **physiology** n. физиоло́гия. **physiotherapist** n. физиотерапе́вт. **physiotherapy** n. физиотерапи́я.
physique n. телосложе́ние.
pianist n. пиани́ст, ~ка. **piano** n. фортепья́но neut.indecl.; (grand) роя́ль m.; (upright) пиани́но neut.indecl. **pianoforte** n. фортепья́но neut.indecl.
piccolo n. пи́кколо neut.indecl.

pick ¹ *v.t.* (*ground*) разрыхля́ть *imp.*, разрыхли́ть *perf.*; (*bone*) обгла́дывать *imp.*, обглода́ть (-ожу́, -о́жешь) *perf.*; (*flower*) срыва́ть *imp.*, сорва́ть (-ву́, -вёшь; сорва́л, -а́, -о) *perf.*; (*gather*) собира́ть *imp.*, собра́ть (соберу́, -рёшь; собра́л, -а́, -о) *perf.*; (*select*) выбира́ть *imp.*, вы́брать (вы́беру, -решь) *perf.*; p. someone's brains, присва́ивать *imp.*, присво́ить *perf.* (чужи́е) мы́сли; p. a lock, открыва́ть *imp.*, откры́ть (-ро́ю, -ро́ешь) *perf.* замо́к отмы́чкой; p. one's nose, teeth, ковыря́ть *imp.*, ковырну́ть *perf.* в носу́, в зуба́х; p. a quarrel, иска́ть (ищу́, и́щешь) *imp.* ссо́ры (with, c + *instr.*); p. to pieces, (*fig.*) раскритикова́ть *perf.*; p. someone's pocket, залеза́ть *imp.*, зале́зть (-зу, -зешь, -зла) *perf.* в карма́н + *dat.*; p. one's way, выбира́ть *imp.*, вы́брать (вы́беру, -решь) *perf.* доро́гу; p. off, (*pluck off*) обрыва́ть *imp.*, оборва́ть (-ву́, -вёшь; оборва́л, -а́, -о) *perf.*; (*shoot*) перестре́ливать *imp.*, перестреля́ть (одного́ за други́м) *perf.*; p. on, (*nag*) пили́ть (-лю́, -лишь) *imp.*; p. out, отбира́ть *imp.*, отобра́ть (отберу́, -рёшь; отобра́л, -а́, -о) *perf.*; p. up, (*lift*) поднима́ть *imp.*, подня́ть (подниму́, -мешь; по́днял, -а́, -о) *perf.*; (*gain*) добыва́ть *imp.*, добы́ть (добу́ду, -дешь; добы́л, -а́, -о) *perf.*; (*fetch*) заезжа́ть *imp.*, зае́хать (зае́ду, -дешь) *perf.* за + *instr.*; (*recover*) поправля́ться *imp.*, попра́виться *perf.*; p. oneself up, поднима́ться *imp.*, подня́ться (подниму́сь, -мешься; подня́лся́, -ла́сь) *perf.*; (*electron.*) звукоснима́тель *m.*

pick ² *n.* вы́бор; (*best part*) лу́чшая часть, са́мое лу́чшее; take your p., выбира́й(те)!

pick ³, **pickaxe** *n.* кирка́ (*pl.* ки́рки, -ро́к, ки́ркам).

picket *n.* (*stake*) кол (-а́, *loc.* -у́; *pl.* -ья, -ьев); (*person*) пике́тчик, -ица (*collect.*) пике́т; *v.t.* пикети́ровать *imp.*

pickle *n.* (*brine*) рассо́л; (*vinegar*) марина́д; (*pl.*) соле́нья, марина́ды *m.pl.*, пи́кули (-лей) *pl.*; (*plight*) напа́сть; *v.t.* соли́ть (солю́, со́лишь) *imp.*, по ~

perf.; маринова́ть *imp.*, за ~ *perf.*
pickled *adj.* солёный (со́лон, -а́, -о); марино́ванный; (*drunk*) пья́ный (пьян, -а́, -о).
pickpocket *n.* карма́нник.
picnic *n.* пикни́к (-а́); *v.i.* уча́ствовать *imp.* в пикни́ке.
pictorial *adj.* изобрази́тельный; (*illustrated*) иллюстри́рованный. **picture** *n.* карти́на; (p. of health etc.) воплоще́ние; (*film*) фильм; the pictures, кино́ *neut.indecl.*; p.-book, кни́га с карти́нками; p.-gallery, карти́нная галере́я; p. postcard, худо́жественная откры́тка; p. window, цельностекло́нное окно́ (*pl.* о́кна, о́кон, о́кнам); *v.t.* изобража́ть *imp.*, изобрази́ть *perf.*; (*to oneself*) представля́ть *imp.*, предста́вить *perf.* себе́. **picturesque** *adj.* живопи́сный; (*language etc.*) о́бразный.
pie *n.* пиро́г (-а́), пирожо́к (-жка́).
piebald *adj.* пе́гий; (*horse*) пе́гая ло́шадь (*pl.* -ди, -де́й, *instr.* -дьми́).
piece *n.* кусо́к (-ска́), часть (*pl.* -ти, -те́й); (*one of set*) шту́ка; (*of land*) уча́сток (-тка); (*of paper*) листо́к (-тка́); (*mus., lit.*) произведе́ние; (*picture*) карти́на; (*drama*) пье́са; (*chess*) фигу́ра; (*coin*) моне́та; take to pieces, разбира́ть *imp.*, разобра́ть (разберу́, -рёшь; разобра́л, -а́, -о) *perf.* (на ча́сти); p. of advice, сове́т; p. of information, сведе́ние; p. of news, но́вость; p.-work, сде́льщина; p.-worker, сде́льщик; *v.t.*: p. together, собира́ть *imp.*, собра́ть (соберу́, -рёшь; собра́л, -а́, -о) *perf.* из кусо́чков; своди́ть (свожу́, -о́дишь) *imp.*, свести́ (сведу́, -дёшь; свёл, -а́) *perf.* воеди́но. **piecemeal** *adv.* по частя́м.
pied *adj.* разноцве́тный.
pier *n.* (*mole*) мол (*loc.* -у́); (*in harbour*) пирс; (*of bridge*) бык (-а́); (*between windows etc.*) просте́нок (-нка); p.-glass, трюмо́ *neut.indecl.*
pierce *v.t.* пронза́ть *imp.*, пронзи́ть *perf.*; прока́лывать *imp.*, проколо́ть (-лю́, -лешь) *perf.*; (*of cold, look, etc.*) прони́зывать *imp.*, прониза́ть (-ижу́, -и́жешь) *perf.* **piercing** *adj.* о́стрый (остр & остёр, остра́, о́стро), прони́зительный.

piety *n.* набожность.

piffle *n.* чепуха, вздор. **piffling** *adj.* ничтожный.

pig *n.* свинья́ (*pl.* -ньи, -не́й, -нья́м) (*also of person*); (*of metal*) болва́нка, чу́шка; *v.t.*: p. it, жить (живу́, -вёшь; жил, -а́, -о) *imp.*, по-сви́нски; *v. abs.* пороси́ться *imp.*, о ~ *perf.* **pigheaded** *adj.* упря́мый. **pig-iron** *n.* чугу́н (-а́) в чу́шках. **piglet** *n.* поросёнок (-нка; *pl.* -ся́та, -ся́т). **pigskin** *n.* свина́я ко́жа. **pigsty** *n.* свина́рник. **pigswill** *n.* помо́и (-о́ев) *pl.* **pigtail** *n.* коси́чка.

pigeon *n.* го́лубь (*pl.* -би, -бе́й) *m.*; p.-hole, (*n.*) отделе́ние для бума́г; (*v.t.*) раскла́дывать *imp.*, разложи́ть (-ожу́, -о́жишь) *perf.* по отделе́ниям, по я́щикам; (*put aside*) откла́дывать *imp.*, отложи́ть (-ожу́, -о́жишь) *perf.* в до́лгий я́щик.

pigment *n.* пигме́нт. **pigmentation** *n.* пигмента́ция.

pigmy *see* **pygmy.**

pike[1] *n.* (*weapon*) пи́ка.

pike[2] *n.* (*fish*) щу́ка; p.-perch, суда́к (-а́).

pilaster *n.* пиля́стр.

pilchard *n.* сарди́н(к)а.

pile[1] *n.* (*heap*) ку́ча, ки́па; (*funeral p.*) погреба́льный костёр (-тра́); (*building*) огро́мное зда́ние; (*electr.*) батаре́я; (*atomic p.*) я́дерный реа́ктор; *v.t.*: p. up, скла́дывать *imp.*, сложи́ть (-жу́, -жишь) *perf.* в ку́чу, сва́ливать *imp.*, свали́ть (-лю́, -лишь) *perf.* в ку́чу; (*load*) нагружа́ть *imp.*, нагрузи́ть (-ужу́, -у́зишь) *perf.* (with, + *instr.*); *v.i.*: p. in(to), on, забира́ться (заберу́сь, -рёшься; забра́лся, -ала́сь, -а́лось) *perf.* в+*acc.*; p. up, накопля́ть *imp.*, накопля́ться *imp.*, накопи́ться (-ится) *perf.*

pile[2] *n.* (*support*) свая; p.-driver, копёр (-пра́).

pile[3] *n.* (*on cloth etc.*) ворс.

piles *n.* геморро́й.

pilfer *v.t.* ворова́ть *imp.* **pilfering** *n.* ме́лкая кра́жа.

pilgrim *n.* пилигри́м, пало́мник, -ица. **pilgrimage** *n.* пало́мничество.

pill *n.* пилю́ля; the p., противозача́точная пилю́ля.

pillage *n.* мародёрство; *v.t.* гра́бить *imp.*, о ~ *perf.*; *v. abs.* мародёрствовать *imp.*

pillar *n.* столб (-а́); (*fig.*) столп (-а́); p.-box, стоя́чий почто́вый я́щик.

pillion *n.* за́днее сиде́нье (мотоци́кла).

pillory *n.* позо́рный столб (-а́); *v.t.* (*fig.*) пригвожда́ть *imp.*, пригвозди́ть *perf.* к позо́рному столбу́.

pillow *n.* поду́шка; *v.t.* подпира́ть *imp.*, подпере́ть (подопру́, -рёшь; подпёр) *perf.* **pillowcase** *n.* на́волочка.

pilot *n.* (*naut.*) ло́цман; (*aeron.*) пило́т, лётчик; *adj.* о́пытный, про́бный; *v.t.* управля́ть *imp.* + *instr.*; (*aeron.*) пилоти́ровать *imp.*

pimento *n.* пе́рец (-рца(у)).

pimp *n.* сво́дник, -ица; *v.i.* сво́дничать *imp.*

pimpernel *n.* о́чный цвет.

pimple *n.* прыщ (-а́). **pimpled**, **pimply** *adj.* прыщава́ый, прыщева́тый.

pin *n.* була́вка; (*peg*) па́лец (-льца; p.-head, *pl.* -льцы́); (*fig.*) ме́лочь (*pl.* -чи, -че́й); (*person*) тупи́ца *m.* & *f.*; p.-hole, була́вочное отве́рстие; p.-point, то́чно определя́ть *imp.*, определи́ть *perf.*; p.-prick, (*fig.*) ме́лкая неприя́тность; p.-stripe, то́нкая поло́ска; p.-tuck, ме́лкая скла́дочка; *v.t.* прика́лывать *imp.*, приколо́ть (-лю́, -лешь) *perf.*; (*press*) прижима́ть *imp.*, прижа́ть (-жму́, -жмёшь) *perf.* (against, k+ *dat.*); p.-up, карти́нка краса́втки, прикреплённая на́ сте́ну.

pinafore *n.* пере́дник.

pince-nez *n.* пенсне́ *neut.indecl.*

pincers *n.* клещи́ (-ще́й) *pl.*, пинце́т; (*crab's*) клешни́ *f.pl.*; **pincer movement**, захва́т в клещи́.

pinch *v.t.* щипа́ть (-плю́, -плешь) *imp.*, (у)щипну́ть *perf.*, прищемля́ть *imp.*, прищеми́ть *perf.*; (*of shoe*) жать (жмёт) *imp.*; (*steal*) стяну́ть (-ну́, -нешь) *perf.*; (*arrest*) сца́пать *perf.*; *v.i.* скупи́ться *imp.*; where the shoe pinches, в чём загво́здка; *n.* щипо́к (-пка́); (*of salt*) щепо́тка; (*of snuff*) поню́шка (табаку́); at a p., в кра́йнем слу́чае.

pinchbeck *n.* томпа́к (-а́); *adj.* томпа́ковый.

pincushion *n.* подушечка для булавок.

pine[1] *v.i.* томиться *imp.*; *p. for*, тосковать *imp.* no+*dat.*, *prep.*

pine[2] *n.* (*tree*) сосна (*pl.* -сны, -сен -снам); *attrib.* сосновый; *p.-cone*, сосновая шишка; *p.-needles*, хвоя *collect.*

pineal *adj.* шишковидный.

pineapple *n.* ананас.

ping-pong *n.* настольный теннис, пинг--понг.

pinion[1] *n.* (*of wing*) оконечность птичьего крыла; (*flight-feather*) маховое перо (*pl.* -рья, -рьев); *v.t.* подрезать *imp.*, подрезать (-ежу, -ежешь) *perf.* крылья +*dat.*; (*person*) связывать *imp.*, связать (-яжу, -яжешь) *perf.* руки +*dat.*

pinion[2] *n.* (*cog-wheel*) шестерня (*gen.pl.* -рён).

pink[1] *n.* (*flower*) гвоздика; (*colour*) розовый цвет; *the p.*, высшая степень, верх; *in the p.*, в прекрасном состоянии; *adj.* розовый.

pink[2] *v.t.* (*pierce*) протыкать *imp.*, проткнуть *perf.*; *p. out*, украшать *imp.*, украсить *perf.* зубцами.

pink[3] *v.i.* (*of engine*) работать *imp.* с детонацией.

pinnace *n.* пинас.

pinnacle *n.* (*peak*; *fig.*) вершина; (*turret*) остроконечная башенка.

pint *n.* пинта.

pintail *n.* (*duck*) шилохвость.

piny *adj.* сосновый.

pioneer *n.* пионер, ~ка; (*mil.*) сапёр; *adj.* пионерский; сапёрный.

pious *adj.* набожный.

pip[1] *n.* (*on dice etc.*) очко (*pl.* -ки, -ков); (*star*) звёздочка.

pip[2] *n.* (*seed*) зёрнышко (*pl.* -шки, -шек, -шкам).

pip[3] *n.* (*sound*) бип.

pipe *n.* труба (*pl.* -бы); (*mus.*) дудка, свирель; *pl.* волынка; (*for smoking*) трубка; *p.-dream*, пустая мечта (*gen. pl.* -ний); *v.t.* (*play on p.*) играть *imp.*, сыграть *perf.* на дудке, на свирели; (*convey by p.*) пускать *imp.*, пустить (пущу, пустишь) *perf.* по трубам, по трубопроводу; *v.i.*: *p. down*, замолкать *imp.*, замолкнуть (-к) *perf.*

pipeclay *n.* белая трубочная глина.

pipeline *n.* трубопровод; (*oil p.*) нефтепровод. **piper** *n.* волынщик.

pipette *n.* пипетка. **piping** *n.* (*on dress etc.*) кант; *adj.* (*voice*) пискливый; *p. hot*, с пылу, с жару.

pipit *n.* щеврица, конёк (-нька).

piquancy *n.* пикантность. **piquant** *adj.* пикантный.

piqué *n.* пике *neut.indecl.*

piracy *n.* пиратство. **pirate** *n.* пират; *v.t.* (*book*) самовольно переиздавать (-даю, -даёшь) *imp.*, переиздать (-ам, -ашь, -аст, -адим; -ал, -ала, -ало) *perf.* **piratical** *adj.* пиратский.

pirouette *n.* пируэт; *v.i.* делать *imp.*, с ~ *perf.* пируэт(ы).

piscatorial *adj.* рыболовный.

Pisces *n.* Рыбы *f.pl.*

pistachio *n.* фисташка; *attrib.* фисташковый.

pistil *n.* пестик.

pistol *n.* пистолет.

piston *n.* поршень (-шня) *m.*; (*in cornet etc.*) пистон; *adj.* поршневой; *p.-ring*, поршневое кольцо (*pl.* -льца, -лец, -льцам); *p.-rod*, шток поршня.

pit *n.* яма; (*mine*) шахта; (*quarry*) карьер; (*theat.*) партер; (*in workshop*) ремонтная яма; (*car-racing*) заправочно-ремонтный пункт; *the bottomless p.*, преисподняя *sb.*; *in the p. of the stomach*, под ложечкой; *p.-head*, надшахтный копёр (-пра); *v.t.*: *p. against*, выставлять *imp.*, выставить *perf.* против +*gen.*

pit-a-pat *adv.* с частым биением; *go p.*, (*heart*) затрепетать (-ещет) *perf.*

pitch[1] *n.* (*resin*) смола; *p.-black*, чёрный (-рен, -рна) как смоль; *p.-dark*, очень тёмный (-мен, -мна); *p.-darkness*, тьма кромешная; *v.t.* смолить *imp.*, вы-, о- *perf.*

pitch[2] *v.t.* (*camp, tent*) разбивать *imp.*, разбить (разобью, -ьёшь) *perf.*; (*ball*) подавать (-даю, -даёшь) *imp.*, подать (-ам, -ашь, -аст, -адим; подал, -а, -о) *perf.*; (*fling*) кидать *imp.*, кинуть *perf.*; *v.i.* (*fall*) падать *imp.*, (у)пасть (-аду, -адёшь; -ал) *perf.*; (*ship*) испытывать *imp.*, испытать

pitchblende *n.* ураниниит.
perf. килевую качку; *p. into*, набрасываться *imp.*, набро́ситься *perf.* на+*acc.*; pitched battle, генеральное сражение; *n.* (*of ship*) килевая качка; (*of ball*) подача; (*football etc.*) площадка; (*degree*) у́ровень (-вня) *m.*; (*mus.*) высота́ (*pl.* -ты); (*slope*) укло́н; *p.-pipe*, камерто́н-ду́дка.
pitchblende *n.* ураниниит.
pitcher[1] *n.* (*sport*) подаю́щий *sb.* (мяч).
pitcher[2] *n.* (*vessel*) кувши́н.
pitchfork *n.* вилы (-л) *pl.*
pitchy *adj.* смоли́стый.
piteous *adj.* жа́лостный; жа́лкий (-лок, -лка, -лко).
pitfall *n.* западня́.
pith *n.* сердцеви́на; (*essence*) суть; (*vigour*) си́ла, эне́ргия. **pithy** *adj.* (*fig.*) сжа́тый, содержа́тельный.
pitiable *adj.* жа́лкий (-лок, -лка, -лко), несча́стный. **pitiful** *adj.* жа́лостный, жа́лкий (-лок, -лка́, -лко). **pitiless** *adj.* безжа́лостный.
pittance *n.* ску́дное жа́лованье, жа́лкие гроши́ (-ше́й) *pl.*
pitted *adj.* (*of face*) изры́тый, рябо́й (ряб, -á, -о).
pituitary *adj.* сли́зистый; *n.* (*gland*) гипо́физ.
pity *n.* сожале́ние; *it's a p.*, жа́лко, жаль; *take p. on*, сжа́литься *perf.* над + *instr.*; *what a p.*, как жа́лко! *v.t.* жале́ть *imp.*, по ~ *perf.*; *I p. you* мне жаль тебя́.
pivot *n.* сте́ржень (-жня) *m.*; (*fig.*) центр; *v.i.* враща́ться *imp.* **pivotal** *adj.* (*fig.*) центра́льный.
placard *n.* афи́ша, плака́т; *v.t.* (*wall*) раскле́ивать *imp.*, раскле́ить *perf.* афи́ши, плака́ты, на + *prep.*, по + *dat.*
placate *v.t.* умиротворя́ть *imp.*, умиротвори́ть *perf.*
place *n.* ме́сто (*pl.* -та́); *change places with*, обме́ниваться *imp.*, обменя́ться *perf.* места́ми с + *instr.*; *give p. to*, уступа́ть *imp.*, уступи́ть (-плю́, -пишь) *perf.* ме́сто + *dat.*; *in p.*, на ме́сте; (*suitable*) уме́стный; *in p. of*, вме́сто + *gen.*; *in the first, second, etc.*, во-пе́рвых, во-вторы́х, *etc.*; *out of p.*, не на ме́сте; (*unsuitable*) неуме́стный; *take p.*, случа́ться *imp.*, случи́ться *perf.*; (*pre-arranged event*) состоя́ться (-ои́тся) *perf.*; *take the p. of*, заменя́ть *imp.*, замени́ть (-ню́, -нишь) *perf.*; *p.-name*, географи́ческое назва́ние; *p.-setting*, столо́вый прибо́р; *v.t.* помеща́ть *imp.*, помести́ть *perf.*; (*stand*) ста́вить *imp.*, по ~ *perf.*; (*lay*) класть (кладу́, -дёшь; -ал) *imp.*, положи́ть (-жу́, -жишь) *perf.*; (*determine*) определя́ть *imp.*, определи́ть *perf.*
placenta *n.* плаце́нта.
placid *adj.* споко́йный. **placidity** *n.* споко́йствие.
plagiarism *n.* плагиа́т. **plagiarist** *n.* плагиа́тор. **plagiarize** *v.t.* заи́мствовать *imp., perf.*
plague *n.* чума́, морова́я я́зва; *v.t.* му́чить *imp.*, за ~, из ~ *perf.*
plaice *n.* ка́мбала.
plaid *n.* (*cloth*) плед; *adj.* в шотла́ндскую кле́тку.
plain *n.* равни́на; *adj.* (*clear*) я́сный (я́сен, ясна́, я́сно, я́сны); (*simple*) просто́й (прост, -á, -о, про́сты); (*direct*) прямо́й (прям, -á, -о, пря́мы); (*ugly*) некраси́вый; *p.-clothes policeman*, шпик (-á); *p.-spoken*, открове́нный (-нен, -нна); *p. stitch*, пряма́я пе́тля.
plaintiff *n.* исте́ц (-тца́), исти́ца.
plaintive *adj.* жа́лобный.
plait *n.* коса́ (*acc.* ко́су; *pl.* -сы); *v.t.* плести́ (плету́, -тёшь, плёл, -á) *imp.*, с ~ *perf.*
plan *n.* план; *v.t.* плани́ровать *imp.*, за ~, с ~ *perf.*; (*intend*) намерева́ться *imp.* + *inf.*
plane[1] *n.* (*tree*) плата́н.
plane[2] *n.* (*tool*) руба́нок (-нка); *v.t.* строга́ть *imp.*, вы ~ *perf.*
plane[3] *n.* (*surface*) пло́скость; (*level*) у́ровень (-вня) *m.*; (*aeroplane*) самолёт; *v.i.* плани́ровать *imp.*, с ~ *perf.*
plane[4] *adj.* (*level*) пло́ский (-сок, -ска́, -ско), плоскостно́й.
planet *n.* плане́та. **planetarium** *n.* планета́рий. **planetary** *adj.* плане́тный, планета́рный.
plank *n.* доска́ (*acc.* -ску; *pl.* -ски, -со́к, -ска́м); (*polit.*) пункт парти́йной програ́ммы; *p. bed*, на́ры (-р) *pl.*; *v.t.* выстила́ть *imp.*, выстлать (-телю,

plankton *n.* планктóн.

plant *n.* растéние; (*fixtures*) устанóвка; (*factory*) завóд; *v.t.* сажáть *imp.*, посадить (-ажу, -áдишь) *perf.*; насаждáть *imp.*, насадить (-ажу, -áдишь) *perf.*; (*fix firmly*) прóчно стáвить *imp.*, по~ *perf.*; (*garden etc.*) засáживать *imp.*, засадить (-ажу, -áдишь) *perf.* (with, +*instr.*); (*palm off*) всучивать *imp.*, всучить (-учу, -учишь) *perf.* (on, +*dat.*); p. out, высáживать *imp.*, высадить *perf.* в грунт.

plantain *n.* подорóжник.

plantation *n.* (*of trees*) (лесо)насаждéние; (*of cotton etc.*) плантáция. **planter** *n.* плантáтор.

plaque *n.* дощéчка, мемориáльная доскá (*acc.* -ску; *pl.* -ски, -сóк, -скáм); (*plate*) декоративная тарéлка.

plasma *n.* плáзма; протоплáзма.

plaster *n.* плáстырь *m.*; (*for walls etc.*) штукатурка; p. of Paris, (*n.*) гипс (*attrib.*) гипсовый; p. cast, (*mould*) гипсовый слéпок (-пка); (*for leg etc.*) гипсовая повязка; *v.t.* (*wall*) штукатурить *imp.*, от~, о~ *perf.*; (*daub*) замáзывать *imp.*, замáзать (-áжу, -áжешь) *perf.*; (*apply a p. to*) наклáдывать *imp.*, наложить (-жу, -жишь) *perf.* плáстырь на+*acc.* **plasterboard** *n.* сухáя штукатурка. **plastered** *adj.* (*drunk*) пьяный (пьян, -á. -о). **plasterer** *n.* штукатур.

plastic *n.* пластмáсса; *adj.* пластичный, пластический; (*made of p.*) пластмáссовый; p. arts, плáстика, p. surgery, пластическая хирургия.

plate *n.* пластинка; (*for food*) тарéлка (*collect.*; *silver, gold p.*) столóвое серебрó, зóлото; (*metal sheet*) лист (-á) (*print.*) печáтная фóрма; (*illustration*) (вкладнáя) иллюстрáция; (*name-p. etc.*) дощéчка; (*phot.*) фотопластинка; p.-armour, бронéвые плиты *f.pl.*; p. glass, зеркáльное стеклó; p.-rack, сушилка для посуды; *v.t.* плакировáть *imp.*, *perf.* **plateful** *n.* пóлная тарéлка. **platelayer** *n.* путевóй рабóчий *sb.*

plateau *n.* платó *neut.indecl.*, плоскогóрье.

platform *n.* платфóрма; (*rly.*) перрóн; p. ticket перрóнный билéт.

platinum *n.* плáтина; *attrib.* плáтиновый.

platitude *n.* банáльность, плóскость.

platitudinous *adj.* банáльный, плóский (-сок, -скá, -ско).

platoon *n.* взвод.

platypus *n.* утконóс.

plaudits *n.* аплодисмéнты (-тов) *pl.*

plausibility *n.* (*probability*) правдоподóбие; (*speciosity*) благовидность.

plausible *adj.* правдоподóбный; благовидный.

play *v.t. & i.* игрáть *imp.*, сыгрáть *perf.* (*game*) в+*acc.*, (*instrument*) на+*prep.*, (*in p.*) в+*prep.*, (*for prize*) на+*acc.*, (*opponent*) с+*instr.*; *v.t.* (*p. part of; also fig.*) игрáть *imp.*, сыгрáть *perf.* роль +*gen.*; (*mus. composition*) исполнять *imp.*, испóлнить *perf.*; (*chessman, card*) ходить (хожу, хóдишь) *imp.*+*instr.*; (*record*) стáвить *imp.*, по~ *perf.*; (*searchlight*) направлять *imp.*, напрáвить *perf.* (on, на+*acc.*); *v.i.* (*frolic*) резвиться *imp.*; (*fountain*) бить (бьёт) *imp.*; (*light*) переливáться *imp.*; p. down, преуменьшáть *imp.*, преумéньшить *perf.*; p. fair, чéстно поступáть *imp.*, поступить (-плю, -пишь) *perf.*; p. false, изменять *imp.*, изменить (-ню, -нишь) *perf.* (+*dat.*); p. the fool, валять *imp.* дуракá; p. into the hands of, игрáть *imp.*, сыгрáть *perf.* нá руку +*dat.*; p. a joke, trick, on подшучивать *imp.*, подшутить (-учу, -утишь) *perf.* над+*instr.*; p. off, игрáть *imp.*, сыгрáть *perf.* решáющую пáртию; p.-off, решáющая встрéча; p. off against, стрáвливать *imp.*, стравить (-влю, -вишь) *perf.* с+*instr.*; p. safe, дéйствовать *imp.* навернякá; played out, измóтанный (-ан) *n.* игрá (*theat.*) пьéса. **playbill** *n.* театрáльная афиша. **playboy** *n.* прожигáтель *m.* жизни. **player** *n.* игрóк (-á); (*actor*) актёр, актриса; (*musician*) музыкáнт. **playfellow, playmate** *n.* друг (*pl.* друзья, -зéй) дéтства. **playful** *adj.* игривый. **playgoer** *n.* театрáл. **play-

ground *n.* площа́дка для игр. **playhouse** *n.* теа́тр. **playing** *n.*: *p.-card*, игра́льная ка́рта; *p.-field*, спорти́вная площа́дка. **plaything** *n.* игру́шка. **playwright** *n.* драмату́рг.

plea *n.* (*appeal*) обраще́ние; (*entreaty*) мольба́; (*statement*) заявле́ние; *on a p. of*, под предло́гом + *gen.* **plead** *v.i.* умоля́ть *imp.* (*with*, + *acc.*); *v.t.* ссыла́ться *imp.*, сосла́ться (сошлю́сь, -лёшься) *perf.* на + *acc.*; *p.* (*not*) *guilty*, (не) признава́ть (-наю́, -наёшь) *imp.*, призна́ть *perf.* себя́ вино́вным.

pleasant *adj.* прия́тный. **pleasantry** *n.* шу́тка. **please** *v.t.* нра́виться *imp.*, по~ *perf.* + *dat.*; угожда́ть *imp.*, угоди́ть *perf.* + *dat.*, на + *acc.*; *v.i.*: *as you p.*, как вам уго́дно; *if you p.*, пожа́луйста, бу́дьте добры́; (*iron.*) предста́вьте себе́! *imper.* пожа́луйста, бу́дьте добры́. **pleased** *adj.* дово́льный; *predic.* рад. **pleasing, pleasurable** *adj.* прия́тный. **pleasure** *n.* (*enjoyment*) удово́льствие; (*will, desire*) во́ля, жела́ние.

pleat *n.* скла́дка; *pl.* плиссе́ *neut.indecl.*; *v.t.* де́лать *imp.*, с~ *perf.* скла́дки на + *prep.*; плиссирова́ть *imp.* плиссе́ *indecl.* (*follows noun*) **pleated** *adj.*

plebeian *adj.* плебе́йский; *n.* плебе́й.

plebiscite *n.* плебисци́т.

plectrum *n.* плектр.

pledge *n.* (*security*) зало́г; (*promise*) заро́к, обеща́ние; *sign, take, the p.*, дать (дам, дашь, даст, дади́м; дал, -а́, да́ло, -и) *perf.* заро́к не пить; *v.t.* отдава́ть (-даю́, -даёшь) *imp.*, отда́ть (-а́м, -а́шь, -а́ст, -ади́м; о́тдал, -а́, -о) *perf.* в зало́г; *p. oneself*, брать (беру́, -рёшь; брал, -а́, -о) *imp.*, взять (возьму́, -мёшь; взял, -а́, -о) *perf.* на себя́ обяза́тельство; *p. one's word*, дава́ть (даю́, даёшь) *imp.*, дать (дам, дашь, даст, дади́м; дал, -а́, да́ло, -и) *perf.* сло́во.

plenary *adj.* по́лный (-лон, -лна́, -лно́); (*assembly*) плена́рный. **plenipotentiary** *adj.* (*n.*) полномо́чный (представи́тель *m.*). **plenteous, plentiful** *adj.* оби́льный. **plenty** *n.* изоби́лие, избы́ток (-тка).

plethora *n.* (*med.*) полнокро́вие; (*fig.*) изоби́лие.

pleurisy *n.* плеври́т.

plexus *n.* сплете́ние.

pliability, pliancy *n.* ги́бкость; (*fig.*) податли́вость. **pliable, pliant** *adj.* ги́бкий (-бок, -бка́, -бко); (*fig.*) податли́вый.

pliers *n.* плоскогу́бцы (-цев) *pl.*; клещи́ (-ще́й) *pl.*

plight *n.* (бе́дственное, тру́дное) положе́ние.

Plimsoll line *n.* грузова́я ма́рка. **plimsolls** *n.* спорти́вные та́почки *f.pl.*; ке́ды (-д(ов)) *m.pl.*

plinth *n.* плинт; цо́коль *m.*

plod *v.i.* плести́сь (плету́сь, -тёшься; плёлся, -ла́сь) *imp.*; тащи́ться (-щу́сь, -щи́шься) *imp.*; (*work*) упо́рно рабо́тать *imp.* (*at*, над + *instr.*). **plodder** *n.* работя́га *m. & f.*

plot *n.* (*of land*) уча́сток (-тка) (земли́); (*of book etc.*) фа́була; (*conspiracy*) за́говор; *v.t.* (*on graph, map, etc.*) наноси́ть (-ошу́, -о́сишь) *imp.*, нести́ (-су́, -сёшь; нанёс, -ла́) на гра́фик, на ка́рту; (*a course*) прокла́дывать *imp.*, проложи́ть (-ожу́, -о́жишь) *perf.*; *v. abs.* (*conspire*) составля́ть *imp.*, соста́вить *perf.* за́говор. **plotter** *n.* загово́рщик, -ица.

plough *n.* плуг (*pl.* -и́); *the P.*, (*astron.*) Больша́я Медве́дица; (*land*) па́шня; *v.t.* паха́ть (пашу́, -шешь) *imp.*, вс~ *perf.*; *v.t. & i.* (*fail in examination*) прова́ливать(ся) *imp.*, провали́ть(ся) (-лю́(сь), -лишь(ся)) *perf.*; *v.i.*: *p. through*, пробива́ться *imp.*, проби́ться (-бью́сь, -бьёшься) *perf.* сквозь + *acc.*

plover *n.* ржа́нка.

ploy *n.* уло́вка.

pluck *n.* (*cul.*) потроха́ (-хо́в) *pl.*, ли́вер; (*courage*) му́жество; *v.t.* (*chicken*) щипа́ть (-плю́, -плешь) *imp.*, об~ *perf.*, собира́ться (соберу́сь, -рёшься; собра́лся, -ала́сь) *perf.* с ду́хом; *v.i.*: *p. at*, дёргать *imp.*, дёрнуть *perf.* сквозь + *acc.* **plucky** *adj.* сме́лый (смел, -а́, -о).

plug *n.* про́бка; (*electr.*) ште́псельная ви́лка; (*electr. socket*) ште́псель (*pl.*

-ля́) m.; (sparking-p.) (запа́льная) свеча́ (pl. -чи, -че́й); (tobacco) прессо́ванный таба́к (-á(ý)); (advertisement) рекла́ма; v.t. (p. up) затыка́ть imp., заткну́ть perf.; (sl., shoot) ба́хать imp., ба́хнуть perf.; (advertise) реклами́ровать imp., perf.; p. in, включа́ть imp., включи́ть perf.; v.i.: p. away at, корпе́ть (-плю́, -пи́шь) imp. над + instr.

plum n. (fruit) сли́ва; (colour) тёмно-фиоле́товый цвет; p.-cake, кекс.

plumage n. опере́ние, пе́рья (-ьев) neut. pl.

plumb n. отве́с; (naut.) лот; adj. вертика́льный; (fig.) я́вный; adv. вертика́льно; (fig.) то́чно; v.t. измеря́ть imp., изме́рить perf. глубину́ + gen.; (fig.) проника́ть imp., прони́кнуть (-к) perf. в + acc.

plumbago n. графи́т.

plumber n. водопрово́дчик. **plumbing** n. (work) водопрово́дное де́ло; (system of pipes) водопрово́дная систе́ма.

plume n. (feather) перо́ (pl. -рья, -рьев); (on hat etc.) султа́н, плюма́ж; p. of smoke, дымо́к (-мка́); v.t.: p. oneself on, кичи́ться imp. + instr.

plummet n. (plumb) отве́с; (sounding-lead) лот; (on fishing-line) грузи́ло; v.i. слета́ть imp., слете́ть (-ечу́, -ети́шь) perf.

plump¹ adj. по́лный (-лон, -лна́, по́лно), пу́хлый (пухл, -á, -о).

plump² v.t. & i. бу́хать(ся) imp., бу́хнуть(ся) perf.; v.i.: p. for, (vote for) голосова́ть imp., про ~ perf. то́лько за + acc.; (fig.) выбира́ть imp., вы́брать (-беру, -решь) perf.

plunder v.t. гра́бить imp., о ~ perf.; n. добы́ча.

plunge v.t. & i. (immerse) погружа́ть(ся) imp., погрузи́ть(ся) perf. (into, в + acc.); v.i. (dive) ныря́ть imp., нырну́ть perf.; (rush) броса́ться imp., бро́ситься perf. **plunger** n. плу́нжер.

pluperfect adj. предпроше́дший; n. предпроше́дшее вре́мя neut.

plural n. мно́жественное число́; adj. мно́жественный. **pluralism** n. плюрали́зм. **pluralistic** adj. плюралисти́ческий.

plus prep. плюс + acc.; adj. (additional) доба́вочный; (positive) положи́тельный; n. (знак) плюс.

plush n. плюш; adj. плю́шевый. **plushy** adj. шика́рный.

Pluto n. Плуто́н.

plutocracy n. плутокра́тия. **plutocrat** n. плутокра́т. **plutocratic** adj. плутократи́ческий.

plutonium n. плуто́ний.

ply¹ v.i. курси́ровать imp.; v.t. (tool) рабо́тать imp. + instr.; (task) занима́ться imp. + instr.; p. with questions, засыпа́ть imp., засы́пать (-плю, -плешь) perf. вопро́сами.

ply² n. (layer) слой (pl. слои́); (strand) прядь. **plywood** n. фане́ра.

p.m. adv. по́сле полу́дня.

pneumatic adj. пневмати́ческий.

pneumonia n. пневмони́я, воспале́ние лёгких.

poach¹ v.t. (cook) вари́ть (-рю́, -ришь) imp., опуска́я в кипято́к; кипяти́ть imp. на ме́дленном огне́; poached egg, яйцо́-паппо́т.

poach² v.i. (hunt) незако́нно охо́титься imp.; (trespass) вторга́ться imp., вто́ргнуться (-г(нул)ся, -глась) perf. в чужи́е владе́ния; v.t. охо́титься imp. на + acc. на чужо́й земле́. **poacher** n. браконье́р.

pochard n. нырок (-рка́).

pocket n. карма́н; (billiards) лу́за; (air-p.) возду́шная я́ма; in p., в вы́игрыше; in person's p. в рука́х у + gen.; out of p., в убы́тке; adj. карма́нный; v.t. класть (-аду́, -адёшь; -ал) imp., положи́ть (-жу́, -жишь) perf. в карма́н; (appropriate) прика́рманивать imp., прика́рманить perf.; (billiards) загоня́ть imp., загна́ть (загоню́, -нишь; загна́л, -á, -о) perf. в лу́зу. **pocketful** n. по́лный карма́н.

pock-marked adj. рябо́й (ряб, -á, -о).

pod n. стручо́к (-чка́), шелуха́; v.t. лущи́ть imp., об ~ perf.

podgy adj. то́лстенький, пу́хлый (пухл, -á, -о).

podium n. (conductor's) пульт.

poem n. стихотворе́ние; (longer p.) поэ́ма. **poet** n. поэ́т; P. Laureate, поэ́т-лауреа́т. **poetaster** n. стихопле́т.

poetess *n.* поэте́сса. **poetic(al)** *adj.* поэти́ческий, поэти́чный; (*in verse*) стихотво́рный. **poetry** *n.* поэ́зия, стихи́ *m.pl.*; (*quality*) поэти́чность.

pogrom *n.* погро́м.

poignancy *n.* острота́. **poignant** *adj.* о́стрый (остр & остёр, остра́, о́стро).

point[1] *n.* то́чка; (*place; in list; print.*) пункт; (*in score*) очко́ (*pl.* -ки́, -ко́в); (*in time*) моме́нт; (*in space*) ме́сто (*pl.* -та́); (*essence*) суть; (*sense*) смысл; (*sharp*) остриё; (*tip*) ко́нчик; (*promontory*) мыс (*loc.* -е & -ý; *pl.* мы́сы); (*decimal p.*) запята́я *sb.*; (*power p.*) ште́псель (*pl.* -ля́) *m.*; *pl.* (*rly.*) стре́лка; *be on the p.* (*of doing*), собира́ться *imp.*, собра́ться (соберу́сь, -рёшься; собра́лся, -ала́сь, -ало́сь) *perf.* + *inf.*; *beside, off, the p.*, некста́ти; *in p. of fact*, факти́чески; *that is the p.*, в э́том и де́ло; *the p. is that*, де́ло в том, что; *there is no point* (*in doing*), не име́ет смы́сла (+*inf.*); *to the p.*, кста́ти; *p.-blank*, прямо́й (прям, -á, -о, пря́мы); *p.-duty*, регули́рование движе́ния; *p. of view*, то́чка зре́ния. **point**[2] *v.t.* (*wall*) расшива́ть *imp.*, расши́ть (разошью́, -ьёшь) *perf.* швы + *gen.*; (*gun etc.*) наводи́ть (-ожу́, -о́дишь) *imp.*, навести́ (-еду́, -едёшь; -ёл, -ела́) *perf.* (*at, на* + *acc.*); *v. abs.* (*dog*) де́лать *imp.*, с~ *perf.* сто́йку; *v.i.* (*with finger*) по-, у-, ука́зывать *imp.*, по-, у-, каза́ть (-ажу́, -а́жешь) *perf.* па́льцем (*at, to, на* + *acc.*); (*draw attention*) *p. out* обраща́ть *imp.*, обрати́ть (-ащу́, -ати́шь) *perf.* внима́ние (*to, на* + *acc.*). **pointed** *adj.* (*sharp*) о́стрый (остр & остёр, остра́, о́стро́); (*of arch etc.*) стре́льчатый; (*of remark*) ко́лкий (-лок, -лка́, -лко). **pointer** *n.* указа́тель *m.*; (*of clock etc.*) стре́лка; (*dog*) по́йнтер (*pl.* -ы & -а́). **pointless** *adj.* (*meaningless*) бессмы́сленный (-ен, -енна); (*without score*) с неоткры́тым счётом.

poise *v.t.* уравнове́шивать *imp.*, уравнове́сить *perf.*; *be poised, (hover*) висе́ть (-си́т) *imp.* в во́здухе; *n.* уравнове́шенность.

poison *n.* яд (-а(у)), отра́ва; *p. gas*, ядови́тый газ; *p. ivy,* ядоно́сный сума́х; *p. pen,* а́втор анони́мных пи́сем; *v.t.* отравля́ть *imp.*, отрави́ть (-влю́, -вишь) *perf.* **poisoner** *n.* отрави́тель *m.* **poisonous** *adj.* ядови́тый.

poke *v.t.* ты́кать (ты́чу, -чешь) *imp.*, ткнуть *perf.*; *p. fun at,* подшу́чивать *imp.*, подшути́ть (-учу́, -у́тишь) *perf.* над + *instr.*; *p. one's nose into,* сова́ть (сую́, суёшь) *imp.*, су́нуть *perf.* нос в + *acc.*; *p. the fire,* меша́ть *imp.*, по~ *perf.* (кочерго́й) у́гли в ками́не; *n.* тычо́к (-чка́). **poker**[1] *n.* (*metal rod*) кочерга́ (*gen.pl.* -рёг).

poker[2] *n.* (*cards*) по́кер; *p.-face,* бесстра́стное лицо́.

poky *adj.* те́сный (-сен, -сна́, -сно).

polar *adj.* поля́рный; (*phys.*) по́люсный; *p. bear,* бе́лый медве́дь *m.* **polarity** *n.* поля́рность. **polarize** *v.t.* поляризова́ть *imp., perf.* **pole**[1] *n.* (*geog.; phys.*) по́люс; *p.-star,* Поля́рная звезда́.

pole[2] *n.* (*rod*) столб (-á), шест (-á); *p.-vaulting,* прыжо́к (-жка́) с шесто́м.

Pole[3] *n.* поля́к, по́лька.

pole-axe *n.* секи́ра, берды́ш (-á).

polecat *n.* хорёк (-рька́).

polemic *adj.* полеми́ческий; *n.* поле́мика.

police *n.* поли́ция, (*as pl.*) полице́йские *sb.*; *p. constable,* полице́йский *sb.*; *p. court,* полице́йский суд (-á); *p. station,* полице́йский уча́сток (-тка). **policeman** *n.* полице́йский *sb.*, полисме́н.

policy[1] *n.* (*course of action*) поли́тика.

policy[2] *n.* (*document*) по́лис.

polio(myelitis) *n.* полиомиели́т.

Polish[1] *adj.* по́льский.

polish[2] *n.* (*gloss*) гля́нец (-нца); (*process*) полиро́вка; (*substance*) политу́ра; (*fig.*) изы́сканность; *v.t.* полирова́ть *imp.*, на~, от~ *perf.*; *p. off,* расправля́ться *imp.*, распра́виться *perf.* с + *instr.* **polished** *adj.* (*refined*) изы́сканный (-ан, -анна).

polite *adj.* ве́жливый. **politeness** *n.* ве́жливость.

politic *adj.* полити́чный. **political** *adj.* полити́ческий; (*of the state*) госуда́рственный; *p. economy,* политэконо́мика; *p. prisoner,* политзаключённый

polka

sb. **politician** *n.* политик. **politics** *n.* политика.

polka *n.* полька.

poll *n.* (*voting*) голосование; (*number of votes*) число голосов; (*opinion p.*) опрос; *v.t.* (*receive votes*) получать *imp.*, получить (-чу, -чишь) *perf.*; *v.i.* голосовать *imp.*, про~ *perf.*

pollard *v.t.* подстригать *imp.*, подстричь (-игу, -ижёшь; -иг) *perf.*

pollen *n.* пыльца. **pollinate** *v.t.* опылять *imp.*, опылить *perf.*

polling *attrib.*: *p. booth*, кабина для голосования; *p. station*, избирательный участок (-тка).

pollute *v.t.* загрязнять *imp.*, загрязнить *perf.* **pollution** *n.* загрязнение.

polo *n.* поло *neut.indecl.*; *p.-necked*, с высоким воротничком.

polonaise *n.* полонез.

polyandry *n.* полиандрия, многомужие. **polychromatic** *adj.* многокрасочный. **polychrome** *n.* (*statue*) раскрашенная статуя. **polyester** *n.* полиэфир. **polyethylene** *n.* полиэтилен. **polygamous** *adj.* многобрачный. **polygamy** *n.* многобрачие. **polyglot** *n.* полиглот; *adj.* многоязычный; (*person*) говорящий на многих языках. **polygon** *n.* многоугольник. **polygonal** *adj.* многоугольный. **polyhedral** *adj.* многогранный. **polyhedron** *n.* многогранник. **polymer** *n.* полимер. **polymeric** *adj.* полимерный. **polymerize** *v.t. & i.* полимеризировать(ся) *imp.*

polyp *n.* полип.

polyphonic *adj.* полифонический. **polyphony** *n.* полифония. **polystyrene** *n.* полистирол. **polysyllabic** *adj.* многосложный. **polysyllable** *n.* многосложное слово (*pl.* -ва). **polytechnic** *adj.* политехнический; *n.* политехникум. **polytheism** *n.* многобожие. **polythene** *n.* полиэтилен. **polyurethane** *n.* полиуретан. **polyvalent** *adj.* многовалентный.

pom *n.* шпиц.

pomade *n.* помада; *v.t.* помадить *imp.*, на~ *perf.*

pomegranate *n.* гранат.

Pomeranian *n.* шпиц.

252

pop

pommel *n.* (*hilt*) головка; (*of saddle*) лука (*pl.* -ки).

pomp *n.* пышность, великолепие. **pomposity** *n.* напыщенность. **pompous** *adj.* напыщенный (-ен, -енна).

pom-pom, pompon *n.* помпон.

pond *n.* пруд (-а, *loc.* -у). **pondweed** *n.* рдест.

ponder *v.t.* обдумывать *imp.*, обдумать *perf.*; *v.i.* размышлять *imp.*, размыслить *perf.* (over, o + *prep.*).

ponderous *adj.* тяжеловесный.

poniard *n.* кинжал.

pontiff *n.* (*pope*) римский папа *m.*; (*bishop*) епископ; (*chief priest*) первосвященник.

pontoon[1] *n.* понтон; *p. bridge*, понтонный мост (моста, *loc.* -у; *pl.* -ы).

pontoon[2] *n.* (*cards*) двадцать одно.

pony *n.* пони *m.indecl.*

poodle *n.* пудель (*pl.* -ли & -ля) *m.*

pooh *interj.* фу! **pooh-pooh** *v.t.* пренебрегать *imp.*, пренебречь (-егу, -ежёшь; -ёг, -егла) *perf.* + *instr.*

pool[1] *n.* (*of water*) прудок (-дка), лужа; (*swimming p.*) бассейн.

pool[2] *n.* (*collective stakes*) совокупность ставок; (*common fund*) общий фонд; (*common resources*) объединённые запасы *m.pl.*; *car p.*, автобаза; *typing p.*, машинописное бюро *neut. indecl.*; *v.t.* объединять *imp.*, объединить *perf.*

poop *n.* полуют; (*stern*) корма.

poor *adj.* бедный (-ден, -дна, -дно, бедны); (*bad*) плохой (плох, -а, -о, плохи); (*scanty*) скудный (-ден, -дна, -дно); (*weak*) слабый (слаб, -а, -о), *n.*: *the p.*, беднота, бедняки *m.pl.*; *p.-house*, богадельный дом (*pl.* -а); *p.-spirited*, малодушный. **poorly** *predic.* нездоров (-а, -о).

pop[1] *v.i.* хлопать *imp.*, хлопнуть *perf.*; щёлкать *imp.*, щёлкнуть *perf.*; *v.t.* быстро всунуть *perf.* (into, в + *acc.*); *p. in on*, забегать *imp.*, забежать (-егу, -ежишь) *perf.* к + *dat.*; *n.* хлопок (-пка), щёлк; (*drink*) шипучий напиток (-тка). **popgun** *n.* (*toy*) пугач (-а).

pop[2] *adj.* популярный, поп-; *p. art*,

pop-árt; *p. concert*, концéрт поп-му́зыки; *p. music*, поп-му́зыка.
pope *n.* па́па ри́мский *m.* **popery** *n.* папи́зм. **popish** *adj.* па́пский.
poplar *n.* то́поль (*pl.* -ля́) *m.*
poppet *n.* кро́шка.
poppy *n.* мак; *p.-seed*, (*collect.*) мак (-а(у)).
poppycock *n.* чепуха́.
populace *n.* просто́й наро́д. **popular** *adj.* наро́дный; (*liked*) популя́рный. **popularity** *n.* популя́рность. **popularize** *v.t.* популяризи́ровать *imp., perf.* **populate** *v.t.* населя́ть *imp.*, насели́ть *perf.* **population** *n.* населе́ние. **populous** *adj.* (мно́го)лю́дный.
porcelain *n.* фарфо́р; *attrib.* фарфо́ровый.
porch *n.* подъе́зд, крыльцо́ (*pl.* -льца, -ле́ц, -льца́м).
porcupine *n.* дикобра́з.
pore[1] *n.* по́ра.
pore[2] *v.i.*: *p. over*, погружа́ться *imp.*, погрузи́ться (-ужу́сь, -у́зишься) *perf.* в + *acc.*
pork *n.* свини́на; *p.-butcher*, колба́сник; *p. pie*, пиро́г (-а́) со свини́ной.
pornographic *adj.* порнографи́ческий. **pornography** *n.* порнографи́я.
porous *adj.* по́ристый.
porphyry *n.* порфи́р.
porpoise *n.* морска́я свинья́ (*pl.* -ньи, -не́й, -ньям).
porridge *n.* ка́ша.
port[1] *n.* (*harbour*) порт (*loc.* -у́; *pl.* -ы, -о́в); (*town*) портово́й го́род (*pl.* -а́).
port[2] *n.* (*naut., aeron.*) ле́вый борт (*loc.* -у́).
port[3] *n.* (*wine*) портве́йн (-а(у)).
portable *adj.* портати́вный.
portal *n.* порта́л.
portcullis *n.* опускна́я решётка.
portend *v.t.* предвеща́ть *imp.* **portent** *n.* предзнаменова́ние. **portentous** *adj.* злове́щий.
porter[1] *n.* (*gate-, door-, keeper*) швейца́р, привра́тник; *p.'s lodge*, швейца́рская *sb.*, до́мик привра́тника.
porter[2] *n.* (*carrier*) носи́льщик.
porter[3] *n.* (*beer*) по́ртер.
portfolio *n.* портфе́ль *m.*
porthole *n.* иллюмина́тор.
portico *n.* по́ртик.
portion *n.* часть (*pl.* -ти, -те́й), до́ля (*pl.* -ли, -ле́й); (*of food*) по́рция; *v.t.*: *p. out*, разделя́ть *imp.*, раздели́ть (-лю́, -лишь) *perf.*
portly *adj.* доро́дный.
portmanteau *n.* чемода́н; *p. word*, сло́во-гибри́д.
portrait *n.* портре́т. **portraiture** *n.* портре́тная жи́вопись. **portray** *v.t.* рисова́ть *imp.*, на~ *perf.*; изобража́ть *imp.*, изобрази́ть *perf.* **portrayal** *n.* рисова́ние, изображе́ние.
Portuguese *n.* португа́лец (-льца), -лка; *adj.* португа́льский.
pose *n.* по́за; *v.t.* (*question*) ста́вить *imp.*, по~ *perf.*; *v.i.* пози́ровать *imp.*; *p. as*, принима́ть *imp.*, приня́ть (приму́, -мешь; при́нял, -а́, -о) *perf.* по́зу + *gen.*
poser *n.* тру́дный вопро́с, тру́дная зада́ча.
poseur *n.* позёр. **poseuse** *n.* позёрка.
posh *adj.* шика́рный.
posit *v.t.* (*assume*) постули́ровать *imp., perf.*
position *n.* положе́ние, пози́ция; *in a p. to*, в состоя́нии + *inf.*; *v.t.* ста́вить *imp.*, по~ *perf.* **positional** *adj.* позицио́нный.
positive *adj.* положи́тельный; (*person*) уве́ренный (-ен, -енна); (*proof*) несомне́нный (-нен, -нна); (*phot.*) позити́вный; *n.* (*phot.*) позити́в.
positivism *n.* позитиви́зм. **positron** *n.* позитро́н.
posse *n.* отря́д (шери́фа).
possess *v.t.* облада́ть *imp.* + *instr.*; владе́ть *imp.* + *instr.*; (*of feeling etc.*) овладева́ть *imp.*, овладе́ть *perf.* + *instr.* **possessed** *adj.* одержи́мый. **possession** *n.* владе́ние (*of*, + *instr.*); *pl.* со́бственность. **possessive** *adj.* со́бственнический; (*gram.*) притяжа́тельный. **possessor** *n.* облада́тель *m.*, ~ница.
possibility *n.* возмо́жность. **possible** *adj.* возмо́жный; *as much as p.*, как мо́жно возмо́жнее; *as soon as p.*, как мо́жно скоре́е; *n.* возмо́жное *sb.* **possibly** *adv.* возмо́жно, мо́жет (быть).
post[1] *n.* (*pole*) столб (-а́); *v.t.* (*p. up*) выве́шивать *imp.*, вы́весить *perf.*

post² *n.* (*station*) пост (-á, *loc.* на -ý); (*trading-p.*) фактóрия; *v.t.* (*station*) расставля́ть *imp.*, расста́вить *perf.*; (*appoint*) назнача́ть *imp.*, назна́чить *perf.*

post³ *n.* (*letters, p. office, etc.*) по́чта; *by return of p.*, с обра́тной по́чтой (*attrib.* почто́вый); *p.-box*, почто́вый я́щик; *p.-code*, почто́вый и́ндекс; *p.-free*, без почто́вой опла́ты; *P. Office*, (*ministry*) Министе́рство свя́зи; *p. office*, по́чта, почто́вое отделе́ние; *General P. Office*, (гла́вный) почта́мт; *p.-paid*, с опла́ченными почто́выми расхо́дами; *v.t.* (*send by p.*) отправля́ть *imp.*, отпра́вить *perf.* по по́чте; (*put in p.-box*) опуска́ть *imp.*, опусти́ть (-ущу́, -у́стишь) в почто́вый я́щик. **postage** *n.* почто́вая опла́та, почто́вые расхо́ды *m.pl.*; *p. stamp*, почто́вая ма́рка. **postal** *adj.* почто́вый; *p.-order*, почто́вый перево́д. **postcard** *n.* откры́тка.

post-date *v.t.* дати́ровать *imp., perf.* бо́лее по́здним число́м.

poster *n.* афи́ша, плака́т.

poste restante *n.* (*in address*) до востре́бования.

posterior *adj.* (*later*) после́дующий; (*hinder*) за́дний; *n.* зад (*loc.* -ý; *pl.* -ы́).

posterity *n.* (*descendants*) пото́мство; (*later generations*) после́дующие поколе́ния *neut.pl.*

postern *n.* за́дняя дверь (*loc.* -ри́; *pl.* -ри, -ре́й, *instr.* -ря́ми & -рьми́).

postface *n.* послесло́вие.

post-graduate *n.* аспира́нт; *adj.* аспира́нтский; *p. course*, аспиранту́ра.

posthumous *adj.* посме́ртный.

postlude *n.* постлю́дия.

postman *n.* почтальо́н. **postmark** *n.* почто́вый ште́мпель (*pl.* -ля́) *m.*; *v.t.* штемпелева́ть (-лю́ю, -лю́ешь) *imp.*, за~ *perf.* **postmaster, -mistress** *n.* нача́льник почто́вого отделе́ния.

post-mortem *adj.* посме́ртный; *n.* вскры́тие тру́па.

postpone *v.t.* отсро́чивать *imp.*, отсро́чить *perf.* **postponement** *n.* отсро́чка.

postprandial *adj.* послеобе́денный.

postscript *n.* постскри́птум.

postulate *n.* постула́т; *v.t.* постули́ровать *imp., perf.*

posture *n.* по́за, положе́ние; *v.i.* рисова́ться *imp.*

post-war *adj.* послевое́нный.

posy *n.* буке́тик.

pot *n.* горшо́к (-шка́), котело́к (-лка́); (*as prize*) ку́бок (-бка); *pots of money*, ку́ча де́нег; *p.-bellied*, пуза́тый; *p.-belly*, пу́зо; *p.-boiler*, халту́ра; (*person*) халту́рщик; *p.-roast*, тушёное мя́со; туши́ть (-шу́, -шишь) *imp.*; *p.-shot*, вы́стрел науга́д; *v.t.* (*food*) консерви́ровать *imp.*, за~ *perf.*; (*plant*) сажа́ть *imp.*, посади́ть (-ажу́, -а́дишь) *perf.* в горшо́к; (*billiards*) загоня́ть *imp.*, загна́ть (загоню́, -нишь; загна́л, -á, -о) *perf.* в лу́зу.

potash *n.* пота́ш (-á). **potassium** *n.* ка́лий.

potato *n.* (*plant; pl. collect.*) карто́фель *m.* (*no pl.*); карто́фелина; карто́шка (*also collect.; coll.*) *two potatoes*, две карто́фелины, карто́шки.

potence, -cy *n.* си́ла, могу́щество; (*of drug etc.*) де́йственность. **potent** *adj.* (*reason etc.*) убеди́тельный; (*drug etc.*) сильноде́йствующий; (*mighty*) могу́щественный (-ен, -енна). **potentate** *n.* власте́лин.

potential *adj.* потенциа́льный, возмо́жный; *n.* потенциа́л, возмо́жность. **potentially** *n.* потенциа́льность.

pot-hole *n.* пеще́ра; (*in road*) вы́боина. **pot-holer** *n.* пеще́рник.

potion *n.* до́за лека́рства, зе́лье.

pot-pourri *n.* попурри́ *neut.indecl.*

potsherd *n.* черепо́к (-пка́).

potter¹ *v.i.*: *p. at, in*, рабо́тать *imp.* ко́е-как над + *instr.*; *p. about*, лоды́рничать *imp.*

potter² *n.* гонча́р (-á). **pottery** *n.* (*goods*) гонча́рные изде́лия *neut.pl.*; (*place*) гонча́рная *sb.*

potty¹ *adj.* (*trivial*) пустяко́вый; (*crazy*) поме́шанный (-ан) (*about*, на + *prep.*).

potty² *n.* ночно́й горшо́к (-шка́).

pouch *n.* су́мка, мешо́к (-шка́).

pouffe *n.* пуф.

poulterer *n.* торго́вец (-вца) дома́шней пти́цей.

poultice *n.* припа́рка; *v.t.* ста́вить *imp.*, по~ *perf.* припа́рку + *dat.*

poultry *n.* дома́шняя пти́ца; *p.-farm*, птицефе́рма.

pounce *v.i.* ~ (*up*)*on*, налета́ть *imp.*, налете́ть (-чу́, -ти́шь) *perf.* на + *acc.*; набра́сываться *imp.*, набро́ситься *perf.* на + *acc.*; (*fig.*) ухвати́ться (-ачу́сь, -а́тишься) *perf.* за + *acc.*

pound[1] *n.* (*measure*) фунт; *p. sterling*, фунт сте́рлингов.

pound[2] *n.* (*enclosure*) заго́н.

pound[3] *v.t.* (*crush*) толо́чь (-лку́, -лчёшь; -ло́к, -лкла́) *imp.*, ис~, рас~ *perf.*; (*strike*) колоти́ть (-очу́, -о́тишь) *imp.*, по~ *perf.* по + *dat.*, в + *acc.*; *v.i.* (*heart*) колоти́ться (-ится) *imp.*; (*run*) тяжело́ бе́гать (*indet.*), тяжело́ ходи́ть (хожу́, хо́дишь) *imp.*; *p. along*, тяжело́ бе́гать *imp.*; *p. away at*, (*with guns*) обстре́ливать *imp.*, обстреля́ть *perf.*

pour *v.t.* лить (лью, льёшь; лил, -а́, -о) *imp.*; *p. out*, налива́ть *imp.*, нали́ть (налью́, -ьёшь; на́ли́л, -а́, -о) *perf.*; *v.i.* ли́ться (льётся; лился́, лила́сь, лило́сь) *imp.*; *it is pouring*, (*with rain*) дождь льёт как из ведра́. **pouring** *adj.* (*rain*) проливно́й.

pout *v.t. & i.* надува́ть(ся) *imp.*, наду́ть(ся) (-у́ю(сь), -у́ешь(ся)) *perf.*

poverty *n.* бе́дность, убо́гость; *p.-stricken*, убо́гий.

P.O.W. *abbr.* военнопле́нный *sb.*

powder *n.* порошо́к (-шка́); (*cosmetic*) пу́дра; (*gun-p.*) по́рох (-а(у)); *p.-blue*, се́ро-голубо́й; *p. compact*, пу́дреница, *p.-flask*, порохови́ца; *p.-magazine*, порохово́й по́греб (*pl.* -а́); *p.-puff*, пухо́вка; *v.t.* (*sprinkle with p.*) посыпа́ть (-плю, -плешь) *perf.* порошко́м; (*nose etc.*) пу́дрить *imp.*, на~ *perf.*; *powdered milk*, моло́чный порошо́к (-шка́). **powdery** *adj.* порошкообра́зный.

power *n.* (*vigour*) си́ла; (*might*) могу́щество; (*ability*) спосо́бность; (*control*) власть; (*authorization*) полномо́чие; (*State*) держа́ва; (*math.*) сте́пень (*pl.* -ни, -не́й); *attrib.* силово́й, механи́ческий; *party in p.*, па́ртия у вла́сти; *p. of attorney*, дове́ренность;

p. cut, прекраще́ние пода́чи эне́ргии; *p. point*, штепсель (*pl.* -ля́) *m.*; *p.-station*, электроста́нция. **powerful** *adj.* си́льный (си́лён, -льна́, -льно, си́льны); могу́щественный (-ен, -енна). **powerless** *adj.* бесси́льный.

practicable *adj.* осуществи́мый; (*theat.*) настоя́щий. **practical** *adj.* (*of practice*) практи́ческий; (*useful in practice*; *person*) практи́чный; *p. joke*, гру́бая шу́тка. **practically** *adv.* (*in effect*) факти́чески; (*almost*) почти́. **practice** *n.* пра́ктика; (*custom*) обы́чай; (*exercise*) упражне́ние; *in p.*, на де́ле; *put into p.*, осуществля́ть *imp.*, осуществи́ть *perf.*; *attrib.* уче́бный. **practise** *v.t.* (*carry out*) применя́ть *imp.*, примени́ть (-ню́, -нишь) *perf.* на пра́ктике; (*also abs. of doctor etc.*) практикова́ть *imp.*; (*engage in*) занима́ться *imp.*, заня́ться (займу́сь, -мёшься; заня́лся́, -яла́сь) *perf.* + *instr.*; упражня́ться *imp.* в + *prep.*; (*mus. instrument*, в игре́) на + *prep.*). **practised** *adj.* о́пытный. **practitioner** *n.* (*doctor*) практику́ющий врач (-а́); (*lawyer*) практику́ющий юри́ст; *general p.*, врач (-а́) о́бщей пра́ктики.

pragmatic *adj.* прагмати́ческий. **pragmatism** *n.* прагмати́зм. **pragmatist** *n.* прагмати́ст.

prairie *n.* степь (*loc.* -пи́; *pl.* -пи, -пе́й); (*in N. America*) пре́рия.

praise *v.t.* хвали́ть (-лю́, -лишь) *imp.*, по~ *perf.*; *n.* похвала́. **praiseworthy** *adj.* похва́льный.

pram *n.* де́тская коля́ска.

prance *v.i.* (*horse*) станови́ться (-ится) *imp.*, стать (ста́нет) *perf.* на дыбы́; (*fig.*) задава́ться (-даю́сь, -даёшься) *imp.*

prank *n.* вы́ходка, ша́лость.

prate *v.i.* болта́ть *imp.*

prattle *v.i.* лепета́ть (-ечу́, -е́чешь); *n.* ле́пет.

prawn *n.* креве́тка.

pray *v.t.* моли́ть (-лю́, -лишь) *imp.* (*for*, о + *prep.*); *v.i.* моли́ться (-лю́сь, -лишься) *imp.*, по~ *perf.* (*to*, + *dat.*; *for*, о + *prep.*). **prayer** *n.* моли́тва; *p.-book*, моли́твенник.

preach v.t. проповедовать imp.; v.i. произносить (-ошу, -осишь) imp., произнести (-есу, -есёшь; -ёс, -есла) perf. проповедь. **preacher** n. проповедник.

preamble n. преамбула.

pre-arrange v.t. заранее планировать imp., за~ perf. **pre-arrangement** n. предварительная договорённость.

precarious adj. ненадёжный; (insecure) непрочный (-чен, -чна, -чно).

pre-cast adj. сборный.

precaution n. предосторожность; (action) мера предосторожности.

precede v.t. предшествовать imp. + dat. **precedence** n. предшествование; (seniority) старшинство. **precedent** n. прецедент.

precept n. наставление.

precinct n. огороженное место; pl. окрестности f.pl.; (boundary) предел.

precious adj. драгоценный (-нен, -нна); (beloved) дорогой (дорог, -а, -о); (refined) изысканный (-ан, -анна); adv. очень, весьма.

precipice n. обрыв; (also fig.) пропасть.

precipitate n. осадок (-дка); adj. стремительный; (person) опрометчивый; v.t. (throw down) низвергать imp., низвергнуть (-г) perf.; (hurry) ускорять imp., ускорить perf.; (chem.) осаждать imp., осадить (-ажу, -адишь) perf. **precipitation** n. низвержение; ускорение; осаждение; (hastiness) стремительность; (meteorol.) осадки m.pl. **precipitous** adj. обрывистый.

précis n. конспект.

precise adj. точный (-чен, -чна, -чно). **precisely** adv. точно; (in answer) именно, точно так. **precision** n. точность; adj. точный.

pre-classical adj. доклассический.

preclude v.t. предотвращать imp., предотвратить (-ащу, -атишь) perf.

precocious adj. не по годам развитой (развит, -а, -о); рано развившийся. **precocity** n. раннее развитие.

preconceived adj. предвзятый. **preconception** n. предвзятое мнение.

pre-condition n. предпосылка.

precursor n. предтеча m. & f., предшественник.

predator n. хищник. **predatory** adj. хищнический; (animal) хищный.

predecease v.t. умирать imp., умереть (умру, -рёшь; умер, -ла, -ло) perf. раньше + gen.

predecessor n. предшественник, -ица.

predestination n. предопределение. **predestine** v.t. предопределять imp., предопределить perf.

predetermine v.t. предрешать imp., предрешить perf.; предопределять imp., предопределить perf.

predicament n. затруднительное положение.

predicate n. (gram.) сказуемое sb., предикат; v.t. утверждать imp. **predicative** adj. предикативный.

predict v.t. предсказывать imp., предсказать (-ажу, -ажешь) perf. **prediction** n. предсказание.

predilection n. пристрастие (for, к + dat.).

predispose v.t. предрасполагать imp., предрасположить (-ожу, -ожишь) perf. (to, к + dat.). **predisposition** n. предрасположение (to, к + dat.).

predominance n. преобладание. **predominant** adj. преобладающий. **predominate** v.i. преобладать imp.

pre-eminence n. превосходство. **pre-eminent** adj. выдающийся.

pre-empt v.t. покупать imp., купить (-плю, -пишь) perf. прежде других; (fig.) завладевать imp., завладеть perf. + instr. прежде других. **pre-emption** n. покупка прежде других; (right) преимущественное право на покупку. **pre-emptive** adj. преимущественный; (mil.) упреждающий.

preen v.t. (of bird) чистить imp., по~ perf. клювом; p. oneself, (smarten) прихорашиваться imp.; (be proud) гордиться imp. собой.

pre-fab n. сборный дом (pl. -а). **pre-fabricated** adj. заводского изготовления; сборный.

preface n. предисловие; v.t. делать imp., с~ perf. предварительные замечания к + dat. **prefatory** adj. вступительный.

prefect n. префект; (school) староста m. **prefecture** n. префектура.

prefer v.t. (*promote*) продвигать imp., продвинуть perf. (по службе); (*like better*) предпочитать imp., предпочесть (-чту, -чтёшь; -чёл, -чла) perf.; p. a charge against, выдвигать imp., выдвинуть perf. обвинение против + gen. **preferable** adj. предпочтительный. **preference** n. предпочтение; p. share, привилегированная акция. **preferential** adj. предпочтительный; (econ.) преференциальный. **preferment** n. продвижение по службе.

prefiguration n. прообраз. **prefigure** v.t. служить (-жу, -жишь) imp. прообразом + gen.

prefix n. приставка, префикс.

pregnancy n. беременность. **pregnant** adj. (*woman*) беременная; чреватый (with, + instr.), полный (-лон, -лна, -лно) (with, + gen.).

prehensile adj. хватательный.

prehistoric adj. доисторический. **prehistory** n. (*of situation etc.*) предыстория.

pre-ignition n. преждевременное зажигание.

prejudge v.t. предрешать imp., предрешить perf.

prejudice n. предрассудок (-дка); (*bias*) предубеждение; (*injury*) ущерб; without p. to, без ущерба для + gen.; v.t. наносить (-ошу, -осишь) imp., нанести (-есу, -есёшь; -ёс, -есла) perf. ущерб + dat.; p. against, восстанавливать imp., восстановить (-влю, -вишь) perf. против + gen.; p. in favour of, располагать imp., расположить (-жу, -жишь) perf. в пользу + gen.

prelate n. прелат.

prelim n.: pl. (*print.*) сборный лист (-а). **preliminary** adj. предварительный; n.: pl. (*discussion*) предварительные переговоры m.pl.

prelude n. вступление; (*mus.; fig.*) прелюдия.

pre-marital adj. добрачный.

premature adj. преждевременный (-нен, -нна).

premeditated adj. преднамеренный (-ен, -енна). **premeditation** n. преднамеренность.

premier adj. первый; n. премьер-министр. **première** n. премьера.

premise, premiss n. (*logic*) (пред)посылка. **premises** n. помещение.

premium n. премия.

premonition n. предчувствие. **premonitory** adj. предупреждающий.

pre-natal adj. предродовой.

preoccupation n. озабоченность. **preoccupied** adj. озабоченный (-ен, -енна). **preoccupy** v.t. поглощать imp., поглотить (-ощу, -отишь) perf. внимание + gen.

pre-ordain v.t. предопределять imp., предопределить perf.

prep n. приготовление уроков; adj.: p. school, приготовительная школа.

pre-pack(age) v.t. расфасовывать imp., расфасовать perf.

prepaid adj. оплаченный (-ен) вперёд.

preparation n. приготовление; pl. подготовка (for, к + dat.); (*medicine etc.*) препарат. **preparatory** adj. под-, приготовительный; p. to, прежде чем. **prepare** v.t. & i. при-, под-, готавливать(ся) imp., при-, под-, готовить(ся) perf. (for, к + dat.). **prepared** adj. готовый.

preponderance n. перевес. **preponderant** adj. преобладающий. **preponderate** v.i. иметь перевес.

preposition n. предлог. **prepositional** adj. предложный.

prepossess v.t. предрасполагать imp., предрасположить (-жу, -жишь) perf. (in favour of, к + dat.). **prepossessing** adj. привлекательный.

preposterous adj. (*absurd*) нелепый, абсурдный.

prepuce n. крайняя плоть.

pre-record v.t. предварительно записывать imp., записать (-ишу, -ишешь) perf.

prerequisite n. предпосылка.

prerogative n. прерогатива.

presage n. предвестник, предзнаменование; (*foreboding*) предчувствие; v.t. предвещать imp.

presbyter n. пресвитер. **Presbyterian** n. пресвитерианин (pl. -áне, -áн); adj. пресвитерианский. **presbytery** n. пресвитерия.

prescience n. предвидение. **prescient** adj. предвидящий.
prescribe v.t. устанавливать imp., установить (-влю, -вишь) perf.; (med.) прописывать imp., прописать (-ишу, -ишешь) perf. (to, for, (person) + dat. for, (complaint) против + gen.). **prescription** n. установка; (med.) рецепт.
presence n. присутствие; (appearance) (внешний) вид; p. of mind, присутствие духа. **present** adj. присутствующий; (being dealt with) данный; (existing now) нынешний; (also pres.) настоящий; predic. налицо; be p., присутствовать imp. (at, на + prep.); p.-day, нынешний, современный (-нен, -нна); n.: the p., настоящее sb.; (gram.) настоящее время neut.; (gift) подарок (-рка); at p., в настоящее, данное, время neut.; for the p., пока; v.t. (introduce) представлять imp., представить perf. (to, + dat.); (hand in) подавать (-даю, -даёшь) imp., подать (-ам, -ашь, -аст, -адим; подал, -а, -о) perf.; (a play) ставить imp., по~ perf.; (a gift) подносить (-ошу, -осишь) imp., поднести (-есу, -есёшь; -ёс, -есла) perf. + dat. (with, + acc.); p. arms, брать (беру, -рёшь; брал, -а, -о) imp., взять (возьму, -мёшь; взял, -а, -о) perf. оружие на караул; (command) на караул!; p. oneself, являться imp., явиться (явлюсь, явишься) perf. **presentable** adj. приличный. **presentation** n. представление, подношение.
presentiment n. предчувствие.
presently adv. вскоре, сейчас.
preservation n. сохранение, предохранение; (state of p.) сохранность; (of game etc.) охрана. **preservative** adj. предохранительное; n. предохраняющее средство. **preserve** v.t. (keep safe) сохранять imp., сохранить perf.; (maintain; p. fruit etc.) хранить imp.; (food) консервировать imp., за~ perf.; (game) охранять imp., охранить perf.; n. (for game, fish) охотничий, рыболовный (-вов) pl. (jam) джем, варенье.
preside v.i. председательствовать imp. (at, на + prep.). **presidency** n. председательство, президентство. **president** n. председатель m., президент. **presidential** adj. президентский. **presidium** n. президиум.
press[1] n. (of people) толпа; (of affairs) спешка; (machine) пресс; (printing-p.) печатный станок (-нка); (printing firm) типография; (publishing house) издательство; (the p.) печать; (cupboard) шкаф (loc. -у; pl. -ы); p. attaché, пресс-атташе m.indecl.; p. conference, пресс-конференция; p. cutting, газетная вырезка; p.-mark, шифр; p. photographer фотокорреспондент; v.t. жать (жму, жмёшь) imp.; (p. down on) нажимать imp., нажать (-жму, -жмёшь) perf. + acc., на + acc.; (clasp) прижимать imp., прижать (-жму, -жмёшь) perf. (to, к + dat.); (with iron) гладить imp., вы~ perf.; (oppress, press on) тяготить (-ощу, -отишь) imp.; (insist on) настаивать imp., настоять (-ою, -оишь) perf. на + prep.; p. forward, продвигаться imp., продвинуться perf. вперёд; p.-stud, кнопка.
press[2] v.t. (hist.) насильственно вербовать imp., за~, на~ perf. во флот; p. into service, пользоваться imp. + instr.; p.-gang, отряд вербовщиков.
pressing adj. (urgent) неотложный; (persistent) настойчивый. **pressure** n. давление, нажим; p.-cooker, скороварка; p.-gauge, манометр. **pressurized** adj. (aircraft cabin etc.) герметический.
prestige n. престиж.
pre-stressed adj. предварительно напряжённый (-ён, -ённа).
presumably adv. вероятно, предположительно. **presume** v.t. считать imp. доказанным; полагать imp.; (venture) позволять imp. себе. **presumption** n. предположение; (arrogance) самонадеянность. **presumptive** adj. предполагаемый. **presumptuous** adj. самонадеянный (-ян, -янна), нахальный.
presuppose v.t. предполагать imp.
pretence n. притворство. **pretend** v.t. притворяться imp., притвориться

preternatural

perf. (to be, + *instr.*); де́лать *imp.*, с~ *perf.* вид (+*instr.*); *v.i.: p. to*, претендова́ть *imp.* на+*acc.* **pretender** *n.* претенде́нт. **pretension** *n.* прете́нзия. **pretentious** *adj.* претенцио́зный.
preternatural *adj.* сверхъесте́ственный (-ен, -енна).
pretext *n.* предло́г.
pretonic *adj.* предуда́рный.
prettiness *n.* милови́дность. **pretty** *adj.* милови́дный; (*also iron.*) хоро́шенький; *a p. penny*, кру́гленькая су́мма; *adv.* дово́льно.
prevail *v.i.* (*predominate*) преоблада́ть *imp.*; *p.* (*up*)*on*, угова́ривать *imp.*, уговори́ть *perf.* **prevailing** *adj.* преоблада́ющий. **prevalent** *adj.* распространённый (-ён, -ена́).
prevaricate *v.i.* говори́ть *imp.* укло́нчиво.
prevent *v.t.* предупрежда́ть *imp.*, предупреди́ть *perf.*; меша́ть *imp.*, по~ *perf.* +*dat.* **prevention** *n.* предупрежде́ние. **preventive** *adj.* предупреди́тельный; (*med.*) профилакти́ческий.
preview *n.* предвари́тельный просмо́тр.
previous *adj.* преды́дущий; *adv.: p. to*, пре́жде чем. **previously** *adv.* зара́нее, пре́жде.
pre-war *adj.* довое́нный.
prey *n.* (*animal*) добы́ча; (*victim*) же́ртва (*to*, +*gen.*); *bird of p.*, хи́щная пти́ца; *v.i.: p.* (*up*)*on*, (*emotion etc.*) му́чить *imp.*
price *n.* цена́ (*acc.* -ну; *pl.* -ны); *at any p.*, любо́й цено́й, во что бы то ни ста́ло; *at a p.*, по дорого́й цене́; *not at any p.*, ни за что́; *what p. . . .*, каки́е ша́нсы на+*acc.*; *p.-list*, прейскура́нт; *v.t.* назнача́ть *imp.*, назна́чить *perf.* це́ну+*gen.*; (*fig.*) оце́нивать (-ню, -нишь) *perf.* **priceless** *adj.* бесце́нный.
prick *v.t.* коло́ть (-лю́, -лешь) *imp.*, уколо́ть (-лю́, -лешь) *perf.*; (*conscience*) му́чить *imp.*, *perf.*; *p. out*, (*plants*) пикирова́ть *imp.*, *perf.*; *p. up one's ears*, навостри́ть *perf.* у́ши; *n.* уко́л. **pricker** *n.* ши́ло (*pl.* -лья, -льев). **prickle** *n.* (*thorn*) колю́чка; (*spine*) игла́ (*pl.* -лы). **prickly** *adj.* колю́чий; *p. heat*, потни́ца; *p. pear*, опу́нция.
pride *n.* го́рдость; (*of lions*) прайд; *take a p. in, p. oneself on*, горди́ться *imp.*+*instr.*
priest *n.* свяще́нник; (*non-Christian*) жрец (-а́). **priestess** *n.* жри́ца. **priesthood** *n.* свяще́нство. **priestly** *adj.* свяще́ннический.
prig *n.* самодово́льный педа́нт. **priggish** *adj.* педанти́чный.
prim *adj.* чо́порный. **primarily** *adv.* первонача́льно; (*above all*) пре́жде всего́. **primary** *adj.* перви́чный; (*chief*) основно́й; *p. colour*, основно́й цвет (*pl.* -á); *p. feather*, махово́е перо́ (*pl.* -рья, -рьев); *p. school*, нача́льная шко́ла. **primate** *n.* прима́с; (*zool.*) прима́т. **prime** *n.* расцве́т; *in one's p., in the p. of life*, в расцве́те сил; *adj.* (*chief*) гла́вный; (*excellent*) превосхо́дный; (*primary*) перви́чный; *p. cost*, себесто́имость; *p. minister*, премье́р-мини́стр; *p. number*, просто́е число́ (*pl.* -сла, -сел, -слам); *v.t.* (*engine*) заправля́ть *imp.*, запра́вить *perf.*; (*with information etc.*) зара́нее снабжа́ть *imp.*, снабди́ть *perf.* (*with*, +*instr.*); (*with paint etc.*) грунтова́ть *imp.*, за~ *perf.* **primer** *n.* буква́рь (-ря́) *m.*; (*textbook*) уче́бник; (*paint etc.*) грунт. **prim(a)eval** *adj.* первобы́тный. **priming** *n.* (*with paint etc.*) грунто́вка. **primitive** *adj.* первобы́тный, примити́вный. **primogeniture** *n.* перворо́дство. **primordial** *adj.* первобы́тный; (*original*) иско́нный.
primrose *n.* первоцве́т; (*colour*) бле́дно-жёлтый цвет.
primula *n.* первоцве́т.
primus (*stove*) *n.* при́мус (*pl.* -ы & -á).
prince *n.* (*in W. Europe*) принц; (*in Russia*) князь (*pl.* -зья, -зе́й). **princely** *adj.* кня́жеский; (*splendid*) великоле́пный. **princess** *n.* принце́сса; (*wife*) княги́ня; (*daughter*) княжна́ (*gen.pl.* -жо́н). **principality** *n.* кня́жество.
principal *adj.* гла́вный, основно́й; *n.* нача́льник, -ица; (*of school*) дире́ктор (*pl.* -á); (*econ.*) капита́л. **principally**

adv. главным образом, преимущественно.

principle *n.* принцип; *in p.*, в принципе; *on p.*, принципиально. **principled** *adj.* принципиальный.

print *n.* (*mark*) след (*pl.* -ы́); (*also phot.*) отпечаток (-тка); (*fabric*) ситец (-тца(у)); (*print.*) печать; (*picture*) гравюра, эстамп; *in p.*, в продаже; *out of p.*, распроданный (-ан); *v.t.* (*impress*) запечатлева́ть *imp.*, запечатле́ть *perf.*; (*book etc.*) печатать *imp.*, на~ *perf.*; (*write*) писать (пишу́, -шешь) *imp.*, на~ *perf.* печатными буквами; (*fabric*) набивать *imp.*, набить (-бью́, -бьёшь) *perf.*; (*phot.*) *p. off*, отпечатывать *imp.*, отпечатать *perf.*; *p. out, (of computer etc.)* распечатывать *imp.*, распечатать *perf.*; *p.-out*, распечатка, табулограмма. **printed** *adj.* печатный; (*fabric*) набивной; *p. circuit*, печатная схема; *p. matter*, бандероль. **printer** *n.* печатник, типограф; (*of fabric*) набойщик; *p.'s ink*, типографская краска. **printing** *n.* печатание, печать; *p.-press*, печатный станок (-нка́).

prior *n.* настоятель *m.*; *adj.* (*earlier*) прежний, предшествующий; (*more important*) более важный; *adv.*: *p. to*, до + *gen.* **prioress** *n.* настоятельница. **priority** *n.* приоритет; *in order of p.*, в порядке очерёдности. **priory** *n.* монастырь (-ря́) *m.*

prise *see* prize³.

prism *n.* призма. **prismatic** *adj.* призматический.

prison *n.* тюрьма́ (*pl.* -рьмы, -рем, -рьмам); *attrib.* тюремный; *p.-breaking*, побег из тюрьмы; *p. camp*, лагерь (*pl.* -ря́) *m.* **prisoner** *n.* заключённый *sb.*; (*p. of war*) (военно)пленный *sb.*; *p. of State*, политзаключённый *sb.*

pristine *adj.* (*ancient*) первоначальный; (*untouched*) нетронутый.

privacy *n.* (*seclusion*) уединение; (*private life*) частная жизнь. **private** *adj.* (*personal*) частный, личный; (*unofficial*) неофициальный; (*confidential*) конфиденциальный; *in p.*, наедине́; в частной жизни; *p. view*, закрытый просмотр; *n.* рядовой *sb.* **privateer** *n.* ка́пер.

privation *n.* лишение. **privative** *adj.* (*gram.*) привативный.

privet *n.* бирючина.

privilege *n.* привилегия. **privileged** *adj.* привилегированный.

privy *adj.* тайный; *p. to*, причастный к + *dat.*, посвящённый (-ён, -ена́) в + *acc.*; *P. Council*, тайный совет.

prize¹ *n.* (*reward*) премия, приз, награда; *adj.* удостоенный премии, награды; *p.-fight*, состязание на приз; *p.-fighter*, боксёр-профессионал; *p.-winner*, призёр, лауреат; *v.t.* высоко ценить (-ню́, -нишь) *imp.*

prize² *n.* (*ship*) приз.

prize³ *v.t.*: *p. open*, взламывать *imp.*, взломать *perf.* с помощью рычага.

pro¹ *n.*: *pros and cons*, доводы *m.pl.* за и против.

pro² *n.* (*professional*) профессионал (спортсмен-)профессионал.

probability *n.* вероятность, правдоподобие; *in all p.*, по всей вероятности. **probable** *adj.* вероятный, правдоподобный. **probably** *adv.* вероятно.

probate *n.* утверждение завещания.

probation *n.* испытание, стажировка; (*leg.*) условный приговор. **probationary** *adj.* испытательный. **probationer** *n.* стажёр.

probe *n.* (*med.*) зонд; (*spacecraft*) исследовательская ракета; (*fig.*) расследование; *v.t.* зондировать *imp.*; (*fig.*) расследовать *imp.*, *perf.*

probity *n.* честность.

problem *n.* проблема, вопрос; (*math., chess, etc.*) задача; *p. child*, трудный ребёнок (-нка; *pl.* дети, -тей, -тям, -тьми). **problematic(al)** *adj.* проблематичный, проблематический.

proboscis *n.* хобот; (*of insects*) хоботок (-тка́).

procedural *adj.* процедурный. **procedure** *n.* процедура. **proceed** *v.i.* (*go further*) идти (иду, идёшь; шёл, шла) *imp.*, пойти (пойду, -дёшь; пошёл, -шла) *perf.* дальше; (*act*) поступать *imp.*, поступить (-плю́, -пишь) *perf.*; (*abs., p. to say*) продолжа́ть *imp.*,

proclaim

продо́лжить *perf.*; (*of action*) продолжа́ться *imp.*, продо́лжиться *perf.*; p. against, возбужда́ть *imp.*, возбуди́ть *perf.* де́ло, проце́сс, про́тив+*gen.*; p. from, исходи́ть (-ожу́, -о́дишь) *imp.* из, от, +*gen.*; p. in, with, возобновля́ть *imp.*, возобнови́ть *perf.*; p. to, приступа́ть, приступи́ть (-плю́, -пишь) *perf.* к+*dat.* **proceeding** *n.* (*action*) посту́пок (-пка); *pl.* (*legal p.*) судопроизво́дство; *pl.* (*published report*) труды́ *m.pl.*, запи́ски *f.pl.* **proceeds** *n.* вы́ручка. **process** *n.* (*course*) ход; проце́сс; *v.t.* обраба́тывать *imp.*, обрабо́тать *perf.*; *processed cheese*, пла́вленный сыр (-а(у); *pl.* -ы́). **processing** *n.* обрабо́тка. **procession** *n.* проце́ссия, ше́ствие.

proclaim *v.t.* провозглаша́ть *imp.*, провозгласи́ть *perf.*; объявля́ть *imp.*, объяви́ть (-влю́, -вишь) *perf.* **proclamation** *n.* провозглаше́ние; объявле́ние.

proclivity *n.* накло́нность (to(wards), к+*dat.*).

procrastinate *v.i.* ме́длить *imp.* **procrastination** *n.* оття́жка.

procreation *n.* деторожде́ние.

proctor *n.* про́ктор. **proctorial** *adj.* про́кторский.

procuration *n.* (*obtaining*) получе́ние; (*pimping*) сво́дничество. **procure** *v.t.* добыва́ть *imp.*, добы́ть (добу́ду, -дешь; добы́л, -а́, добы́ло) *perf.*; достава́ть (-таю́, -таёшь) *imp.*, доста́ть (-а́ну, -а́нешь) *perf.*; *v.i.* (*pimp*) сво́дничать *imp.* **procurer** *n.* сво́дник. **procuress** *n.* сво́дница.

prod *v.t.* ты́кать (тычу́, -чешь) *imp.*, ткнуть *perf.*; *n.* тычо́к (-чка́).

prodigal *adj.* (*wasteful*) расточи́тельный; (*lavish*) щедр, -а́, -о (of, на+*acc.*); p. son, блу́дный сын; *n.* мот. **prodigality** *n.* мотовство́; изоби́лие.

prodigious *adj.* (*amazing*) удиви́тельный; (*enormous*) огро́мный. **prodigy** *n.* чу́до (*pl.* -деса́); *infant p.*, вундерки́нд.

produce *v.t.* (*evidence etc.*) представля́ть *imp.*, предста́вить *perf.*; (*ticket etc.*) предъявля́ть *imp.*, предъяви́ть (-влю́,

profit

-вишь) *perf.*; (*play etc.*) ста́вить *imp.*, по~ *perf.*; (*manufacture*; *cause*) производи́ть (-ожу́, -о́дишь) *imp.*, произвести́ (-еду́, -едёшь; -ёл, -ела́) *perf.*; *n.* проду́кция; (*collect.*) проду́кты *m.pl.* **producer** *n.* (*econ.*) производи́тель *m.*; (*of play etc.*) постано́вщик, режиссёр; p. gas, генера́торный газ. **product** *n.* проду́кт, фабрика́т; (*result*) результа́т; (*math.*) произведе́ние. **production** *n.* произво́дство; (*yield*) проду́кция; (*artistic p.*) произведе́ние; (*of play etc.*) постано́вка. **productive** *adj.* производи́тельный, продукти́вный; (*fruitful*) плодоро́дный. **productivity** *n.* производи́тельность.

profanation *n.* профана́ция, оскверне́ние. **profane** *adj.* све́тский; (*blasphemous*) богоху́льный; *v.t.* оскверня́ть *imp.*, оскверни́ть *perf.* **profanity** *n.* богоху́льство.

profess *v.t.* (*pretend*) притворя́ться *imp.*, притвори́ться *perf.* (to be, +*instr.*); (*declare*) заявля́ть *imp.*, заяви́ть (-влю́, -вишь) *perf.*; (*affirm faith*) испове́довать *imp.*; (*engage in*) занима́ться *imp.*, заня́ться (займу́сь, -мёшься; заня́лся́, -ла́сь) *perf.* +*instr.* **professed** *adj.* откры́тый; (*alleged*) мни́мый. **profession** *n.* (*declaration*) заявле́ние; (*of faith*) испове́дание; (*vocation*) профе́ссия. **professional** *n.* профессиона́л; (*спортсме́н*) профессиона́л. **professor** *n.* профе́ссор (*pl.* -а́). **professorial** *adj.* профе́ссорский.

proffer *v.t.* предлага́ть *imp.*, предложи́ть (-ожу́, -о́жишь) *perf.*; *n.* предложе́ние.

proficiency *n.* уме́ние. **proficient** *adj.* уме́лый.

profile *n.* про́филь *m.*; (*biographical sketch*) кра́ткий биографи́ческий о́черк.

profit *n.* (*advantage*) по́льза, вы́года; (*gain*) при́быль; at a p., с при́былью; *v.t.* приноси́ть (-и́т) *imp.*, принести́ (-есёт, -ёс, -есла́) *perf.* по́льзу+*dat.*; *v.i.* получа́ть *imp.*, получи́ть (-чу́, -чишь) *perf.* при́быль; p. by, по́льзоваться *imp.*, вос~ *perf.*+*instr.* **profitable** *adj.* вы́годный, при́быльный.

profiteer v.i. спекулировать imp.; n. спекулянт, ~ ка. **profiteering** n. спекуляция. **profitless** adj. бесполезный.

profligacy n. распутство. **profligate** n. распутник; adj. распутный.

pro forma adv. для проформы.

profound adj. глубокий (-ок, -ока, -око). **profundity** n. глубина.

profuse adj. (lavish) щедрый (щедр, -а, -о) (in, на + acc.); (abundant) изобильный. **profusion** n. изобилие.

progenitor n. прародитель m. **progeny** n. потомок (-мка); (collect.) потомство.

prognathous adj. (jaw) выдающийся.

prognosis n. прогноз. **prognosticate** v.t. предсказывать imp., предсказать (-ажу, -ажешь) perf. **prognostication** n. предсказание.

programme n. программа; adj. программный; v.t. программировать imp., за ~ perf. **programmer** n. программист.

progress n. прогресс; (success) успехи m.pl.; make p., делать imp., с ~ perf. успехи; v.i. продвигаться imp., продвинуться perf. вперёд. **progression** n. продвижение; (math.) прогрессия. **progressive** adj. прогрессивный.

prohibit v.t. запрещать imp., запретить (-ещу, -етишь) perf. **prohibition** n. запрещение; (on alcohol) сухой закон. **prohibitive** adj. запретительный; (price) недоступный.

project v.t. (plan) проектировать imp. с ~ perf.; (cast) бросить perf.; (a film) демонстрировать imp., про ~ perf.; v.i. (jut out) выступать imp.; n. проект. **projectile** n. снаряд. **projection** n. проекция; (protrusion) выступ. **projectionist** n. киномеханик. **projector** n. (apparatus) проекционный аппарат.

proletarian adj. пролетарский; n. пролетарий, -рка. **proletariat** n. пролетариат.

proliferate v.i. размножаться imp., размножиться; (spread) распространяться imp., распространиться perf.

prolific adj. плодовитый (abounding) изобилующий (in, + instr.).

prolix adj. многословный. **prolixity** n. многословие.

prologue n. пролог.

prolong v.t. продлевать imp., продлить perf. **prolongation** n. продление.

promenade n. место (pl. -та) для гулянья; (at seaside) набережная sb.; deck, верхняя палуба; v.i. прогуливаться imp., прогуляться perf.

prominence n. возвышение, выпуклость; (distinction) известность; solar p., протуберанец (-нца). **prominent** adj. выпуклый; (conspicuous) видный; (distinguished) выдающийся.

promiscuity n. разнородность; (sexual p.) промискуитет. **promiscuous** adj. (varied) разнородный; (indiscriminate) беспорядочный; (casual) случайный.

promise n. обещание; v.t. обещать imp., perf.; promised land, земля (acc. -лю) обетованная. **promising** adj. многообещающий, перспективный. **promissory** adj.: p. note, долговое обязательство.

promontory n. мыс (loc. -е & -ý; pl. мысы).

promote v.t. (advance) продвигать imp. продвинуть perf.; (assist) способствовать imp., perf. + dat.; (product) содействовать imp., perf. продаже + gen.; p. to, (mil.) производить (-ожу, -одишь) imp., произвести (-еду, -едёшь; -ёл, -ела) perf. в + nom.-acc.pl. **promoter** n. (company p.) учредитель m.; (of sporting event etc.) антрепренёр. **promotion** n. продвижение, повышение; содействие.

prompt adj. быстрый (быстр, -а, -о, быстры), немедленный (-ен, -енна); adv. ровно; v.t. (incite) побуждать imp., побудить perf. (to, к + dat.; + inf.); (speaker; also fig.) подсказывать imp., подсказать (-ажу, -ажешь) perf. + dat.; (theat.) суфлировать imp. + dat.; n. подсказка; p.-box, суфлёрская будка. **prompter** n. суфлёр.

promulgate v.t. обнародовать perf.; публиковать imp., о ~ perf.; (disseminate) распространять imp., распространить perf. **promulgation** n. обнародование, опубликование; распространение.

prone adj. (лежа́щий) ничко́м; predic.: p. to, склонён (-онна́, -онно́) к+dat.
prong n. зубе́ц (-бца́).
pronominal adj. местоиме́нный. **pronoun** n. местоиме́ние.
pronounce v.t. (declare) объявля́ть imp., объяви́ть (-влю́, -вишь) perf.; (articulate) произноси́ть (-ошу́, -о́сишь) imp., произнести́ (-есу́, -есёшь; -ёс, -есла́) perf.; v.i. (give opinion) выска́зываться imp., вы́сказаться (-ажусь, -ажешься) perf. **pronounced** adj. ре́зко вы́раженный (-ен). **pronouncement** n. выска́зывание. **pronunciation** n. произноше́ние.
proof n. доказа́тельство; (test) испыта́ние; (strength of alcohol) устано́вленный гра́дус; (print.) корректу́ра; (phot.) про́бный отпеча́ток (-тка); (of engraving) про́бный о́ттиск (-а); p.-reader, корре́ктор (pl. -ы & -á); adj. (impenetrable) непроница́емый (against, для+gen.); (not yielding) неподда́ющийся (against, +dat.).
prop[1] n. (support) подпо́рка, сто́йка; (fig.) опо́ра; v.t. (p. up) подпира́ть imp., подпере́ть (-допру́, -допрёшь; -дпёр) perf.; (fig.) подде́рживать imp., поддержа́ть (-жу́, -жишь) perf.
prop[2] n. (theat.): pl. (collect.) реквизи́т, бутафо́рия.
prop[3] n. (aeron.) пропе́ллер.
propaganda n. пропага́нда. **propagandist** n. пропаганди́ст.
propagate v.t. & i. размножа́ть(ся) imp., размно́жить(ся) perf.; (disseminate) распространя́ть(ся) imp., распространи́ть(ся) perf. **propagation** n. размноже́ние; распростране́ние.
propane n. пропа́н.
propel v.t. приводи́ть (-ожу́, -о́дишь) imp., привести́ (-еду́, -едёшь; -ёл, -ела́) perf. в движе́ние; (fig.) дви́гать (-аю, -аешь & дви́жу, -жешь) imp., дви́нуть perf.; propelling pencil, винтово́й каранда́ш (-á). **propellant** n. (in firearm) по́рох; (in rocket engine) то́пливо. **propeller** n. (aeron.) пропе́ллер; (aeron.; naut.) винт (-á).
propensity n. накло́нность (to, к+dat.; +inf.).
proper adj. (characteristic) сво́йственный (-ен(ен), -енна) (to, +dat.); (gram.) со́бственный; (correct) пра́вильный; (strictly so called; after n.) в у́зком смы́сле сло́ва; (suitable) надлежа́щий, до́лжный; (decent) присто́йный; p. fraction, пра́вильная дробь (pl. -би, -бе́й). **properly** adv. (fittingly, duly) до́лжным о́бразом, как сле́дует; (correctly) пра́вильно; (decently) прили́чно.
property n. (possessions) со́бственность, иму́щество; (attribute) сво́йство; pl. (theat.) реквизи́т, бутафо́рия; p.-man, реквизи́тор, бутафо́р.
prophesy n. проро́чество. **prophesy** v.t. проро́чить imp., на~ perf. **prophet** n. проро́к. **prophetess** n. проро́чица. **prophetic** adj. проро́ческий.
prophylactic adj. профилакти́ческий; n. профилакти́ческое сре́дство. **prophylaxis** n. профила́ктика.
propinquity n. (nearness) бли́зость; (kinship) родство́.
propitiate v.t. умиротворя́ть imp., умиротвори́ть perf. **propitiation** n. умиротворе́ние.
propitious adj. благоприя́тный.
proponent n. сторо́нник, -ица.
proportion n. пропо́рция; (correct relation) пропорциона́льность; pl. разме́ры m.pl. **proportional** adj. пропорциона́льный; p. representation, пропорциона́льное представи́тельство. **proportionate** adj. соразме́рный (to, +dat.; c+instr.).
proposal n. предложе́ние. **propose** v.t. предлага́ть imp., предложи́ть (-жу́, -жишь) perf.; (intend) предполага́ть imp.; v.i. (p. marriage) де́лать imp., с~ perf. предложе́ние (to, +dat.). **proposition** n. (assertion) утвержде́ние; (math.) теоре́ма; (proposal) предложе́ние; (undertaking) (coll.) де́ло.
propound v.t. предлага́ть imp., предложи́ть (-жу́, -жишь) perf. на обсужде́ние.
proprietary adj. (of owner) со́бственнический; (medicine) патенто́ванный. **proprietor** n. со́бственник, хозя́ин (pl. -я́ева, -я́ев). **proprietress** n. со́бственница, хозя́йка.
propriety n. присто́йность, прили́чие.

propulsion n. движение вперёд; (fig). движущая сила.
prorogue v.t. назначать imp., назначить perf. перерыв в работе + gen.
prosaic adj. прозаичный, прозаичный.
proscenium n. авансцена.
proscribe v.t. (put outside the law) объявлять imp., объявить (-влю -вишь) perf. вне закона; (banish) изгонять imp., изгнать (изгоню, -нишь; изгнал, -á, -o) perf.; (forbid) запрещать imp., запретить (-ещу, -етишь) perf.
prose n. проза.
prosecute v.t. (pursue) вести (веду, -дёшь; вёл, -á) imp., (leg.) преследовать imp. **prosecution** n. ведение (leg.) судебное преследование; (prosecuting party) обвинение. **prosecutor** n. обвинитель m.
proselyte n. прозелит. **proselytize** v.t. обращать imp., обратить (-ащу, -атишь) perf. в другую веру.
prosody n. просодия.
prospect n. вид, перспектива; v.t. & i. разведывать imp., разведать perf. (for, на + acc.). **prospective** adj. будущий, предполагаемый. **prospector** n. разведчик. **prospectus** n. проспект.
prosper v.i. процветать imp., преуспевать imp. **prosperity** n. процветание, преуспевание. **prosperous** adj. процветающий, преуспевающий; (wealthy) зажиточный.
prostate (gland) n. предстательная железа (pl. железы, -лёз, -лезам).
prostitute n. проститутка; v.t. проституировать imp., perf. **prostitution** n. проституция.
prostrate adj. распростёртый, (лежащий) ничком; (exhausted) обессиленный (-ен); (with grief) убитый (with, + instr.); v.t. (exhaust) истощать imp., истощить perf.; p. oneself, падать imp., пасть (паду, -дёшь; пал) perf. ниц. **prostration** n. прострация.
prosy adj. прозаичный, прозаический.
protagonist n. главный герой m.; (advocate) сторонник.
protean adj. (having many forms) многообразный; (versatile) многосторонний (-нен, -ння).
protect v.t. защищать imp., защитить (-ищу, -итишь) perf. (from, от + gen.; against, против + gen.). **protection** n. защита, охрана; (patronage) покровительство. **protectionism** n. протекционизм. **protective** adj. защитный, покровительственный. **protector** n. защитник, покровитель m.; (regent) протектор. **protectorate** n. протекторат.
protégé(e) n. протеже m. & f. indecl.
protein n. протеин, белок (-лка́).
protest n. протест; v.i. протестовать imp., perf.; v.t. (affirm) заявлять imp., заявить (-влю, -вишь) perf. + acc., o + prep., что.
Protestant n. протестант; ~ ка; adj. протестантский. **Protestantism** n. протестантство.
protestation n. (торжественное) заявление (o + prep.; что); (protest) протест.
protocol n. протокол.
proton n. протон.
protoplasm n. протоплазма.
prototype n. прототип.
protozoon n. простейшее (животное) sb.
protract v.t. тянуть (-ну́, -нешь) imp., (plan) чертить (-рчу́, -ртишь) imp., на ~ perf. **protracted** adj. длительный. **protraction** n. промедление; начертание. **protractor** n. (instrument) транспортир; (muscle) разгибательная мышца.
protrude v.t. высовывать imp., высунуть perf.; v.i. выдаваться (-даёшься) imp., выдаться (-астся) perf. **protrusion** n. выступ.
protuberance n. выпуклость, выступ, бугорок (-рка́). **protuberant** adj. выпуклый; p. eyes, глаза (-з, -зам) m.pl. навыкате.
proud adj. гордый (горд, -á, -о, го́рды); be p. of, гордиться imp. + instr.
provable adj. доказуемый. **prove** v.t. доказывать imp., доказать (-ажу́, -а́жешь) perf.; удостоверять imp., удостоверить perf.; (a will) утверждать imp., утвердить perf.; v.i. оказываться imp., оказаться (-ажу́сь, -а́жешься) perf. (to be, + instr.).

proven *adj.* доказанный (-ан).
provenance *n.* происхождение.
provender *n.* корм (*loc.* -е & -ý; *pl.* -á).
proverb *n.* пословица. **proverbial** *adj.* вошедший в поговорку; (*well-known*) общеизвестный; *p. saying*, поговорка.
provide *v.t.* (*stipulate*) ставить *imp.*, по~ *perf.* условием (that, что); (*supply person*) снабжать *imp.*, снабдить *perf.* (with, + *instr.*); обеспечивать *imp.*, обеспечить *perf.* (with, + *instr.*); (*supply thing*) предоставлять *imp.*, предоставить *perf.* (to, for, + *dat.*); давать (даю, даёшь) *imp.*, дать (дам, дашь, даст, дадим; дал, -á, дáло, -и) *perf.* (to, for, + *dat.*); *v.i.*: *p. against*, принимать *imp.*, принять (приму, -мешь; принял, -á, -о) *perf.* меры против + *gen.*; *p. for*, предусматривать *imp.*, предусмотреть (-рю, -ришь) *perf.* + *acc.*; (*p. for family etc.*) содержать (-жý, -жишь) *imp.* + *acc.*
provided (that) *conj.* при условии, что; если только. **providence** *n.* провидение; (*foresight*) предусмотрительность. **provident** *adj.* предусмотрительный; (*thrifty*) бережливый. **providential** *adj.* (*lucky*) счастливый (счастлив). **providing** *see* **provided (that)**.
province *n.* область *f.* (*pl.* -ти, -тей) (*also fig.*); (*provincia*) *pl.* провинция. **provincial** *adj.* провинциальный; *n.* провинциал, ~ ка. **provincialism** *n.* провинциализм; (*expression*) областное выражение.
provision *n.* снабжение, обеспечение; *pl.* провизия; (*in agreement etc.*) положение; *make p. against*, принимать *imp.*, принять (приму, -мешь; принял, -á, -о) *perf.* меры против + *gen.*; *make p. for*, предусматривать (-рю, -ришь) *perf.* + *acc.*; *v.t.* снабжать *imp.*, снабдить *perf.* провизией. **provisional** *adj.* временный. **proviso** *n.* условие, оговорка. **provisory** *adj.* условный.
provocation *n.* провокация. **provocative** *adj.* провокационный + *acc.* **provoke** *v.t.* провоцировать *imp.*, с~ *perf.*; (*call forth*, *cause*) вызывать *imp.*, вызвать (вызову, -вешь) *perf.*; (*irritate*) раздражать *imp.*, раздражить *perf.*
provost *n.* (*univ.*) ректор; (*mayor*) мэр; *p. marshal*, начальник военной полиции.
prow *n.* нос (*loc.* -ý; *pl.* -ы́).
prowess *n.* (*valour*) доблесть; (*skill*) умение.
prowl *v.i.* рыскать (рыщу, -щешь) *imp.*; *v.t.* бродить (-ожу, -одишь) *imp.* по + *dat.*
proximity *n.* близость.
proxy *n.* полномочие, доверенность; (*person*) уполномоченный *sb.*, заместитель *m.*; *by p.*, по доверенности; *stand p. for*, быть *imp.* заместителем + *gen.*
prude *n.* скромник, -ица.
prudence *n.* благоразумие. **prudent** *adj.* благоразумный.
prudery *n.* притворная стыдливость. **prudish** *adj.* не в меру стыдливый.
prune[1] *n.* (*plum*) черносливина; *pl.* чернослив (-a(y)) (*collect.*).
prune[2] *v.t.* (*trim*) об-, под-, резать *imp.*, об-, под-, резать (-éжу, -éжешь) *perf.*; (*fig.*) сокращать *imp.*, сократить (-ащý, -атишь) *perf.* **pruning-hook** *n.* прививочный нож (-á).
prurience *n.* похотливость. **prurient** *adj.* похотливый.
Prussian *n.* прусса́к (-á), -áчка; *adj.* прусский; *P. blue*, берлинская лазурь. **prussic** *adj.*: *p. acid*, синильная кислота.
pry *v.i.* совать (сую, суёшь) *imp.* нос (into, в + *acc.*). **prying** *adj.* пытливый, любопытный.
psalm *n.* псалом (-лмá). **psalter** *n.* псалтырь (-ри & -ря) *f.* & *m.*
pseudo- *in comb.* псевдо-. **pseudonym** *n.* псевдоним.
psyche *n.* психика. **psychiatric** *adj.* психиатрический. **psychiatrist** *n.* психиатр. **psychiatry** *n.* психиатрия. **psychic(al)** *adj.* психический, душевный. **psycho-** *pref.* **psycho-** *in comb.* психо-. **psycho-analyse** *v.t.* подвергать *imp.*, подвергнуть (-г) *perf.* психоанализу. **psycho-analysis** *n.* психоанализ. **psycho-analyst** *n.* специалист по психоанализу. **psycho-analytic(al)** *adj.*

ptarmigan   266   **pul**

психоаналити́ческий. **psychological** *adj.* психологи́ческий. **psychologist** *n.* психо́лог. **psychology** *n.* психоло́гия; *(coll.)* пси́хика. **psychomotor** *adj.* психомото́рный. **psychoneurosis** *n.* психоневро́з. **psychopath** *n.* психопа́т. **psychopathic** *adj.* психопати́ческий. **psychopathology** *n.* психопатоло́гия. **psychosis** *n.* психо́з. **psychotherapy** *n.* психотерапи́я.
ptarmigan *n.* тундря́нка.
pterodactyl *n.* птерода́ктиль *m.*
pub *n.* пивна́я *sb.*, каба́к (-а́).
puberty *n.* полова́я зре́лость.
public *adj.* обще́ственный; *(open)* публи́чный, откры́тый; *p. health,* здравоохране́ние; *p. house,* пивна́я *sb.*; *p. relations officer,* служа́щий *sb.* отде́ла информа́ции; *p. school,* ча́стная сре́дняя шко́ла; *p. servant,* госуда́рственный служа́щий *sb.*; *p. spirit,* обще́ственный дух; *p. utility,* предприя́тие обще́ственного по́льзования; *n.* пу́блика, обще́ственность in *p.*, откры́то, публи́чно. **publication** *n. (action)* опубликова́ние; *(also book etc.)* изда́ние. **publicist** *n.* публици́ст. **publicity** *n.* рекла́ма; *p. agent,* аге́нт по рекла́ме. **publicize** *v.t.* реклами́ровать *imp., perf.* **publicly** *adv.* публи́чно, откры́то. **publish** *v.t.* публикова́ть *imp.,* о~ *perf.*; *(book)* издава́ть (-даю́, -даёшь) *imp.,* изда́ть (-а́м, -а́шь, -а́ст, -ади́м; и́здал, -а́, -о) *perf.* **publisher** *n.* изда́тель *m.* **publishing** *n. (business)* изда́тельское де́ло; *p. house,* изда́тельство.
puce *adj. (n.)* краснова́то-кори́чневый (цвет).
puck *n. (in ice hockey)* ша́йба.
pucker *v.t. & i.* мо́рщить(ся) *imp.,* с~ *perf.*; *n.* морщи́на.
pudding *n.* пу́динг, запека́нка; *p.-head,* болва́н; *p.-stone,* конгломера́т.
puddle *n.* лу́жа.
pudgy *adj.* пу́хлый (пухл, -а́, -о).
puerile *adj.* ребя́ческий. **puerility** *n.* ребя́чество.
puff *n. (of wind)* поры́в; *(of smoke)* дымо́к (-мка́); *(on dress)* бу́фы (-ф) *pl. only*; *p.-ball, (fungus)* дождеви́к (-а́); *p. pastry,* слоёное те́сто; *p. sleeves,* рукава́ *m.pl.* с бу́фами; *v.i.* пыхте́ть (-хчу́, -хти́шь) *imp.*; *p. at, (pipe etc.)* попы́хивать *imp.+instr.*; *v.t.: p. up, out, (inflate)* надува́ть *imp.,* наду́ть (-у́ю, -у́ешь) *perf.*
puffin *n.* ту́пик.
pug[1] *n. (dog)* мопс; *p.-nosed,* курно́сый.
pug[2] *n. (clay)* мя́тая гли́на.
pugilism *n.* бокс. **pugilist** *n.* боксёр.
pugnacious *adj.* драчли́вый. **pugnacity** *n.* драчли́вость.
puissant *adj.* могу́щественный (-ен, -енна).
puke *v.i.* рвать (рвёт; рва́ло) *imp.,* вы́~ *perf. impers.+acc.*; *n.* рво́та.
pull *v.t.* тяну́ть (-ну́, -нешь) *imp.,* по~ *perf.*; таска́ть *indet.,* тащи́ть (-щу́, -щишь) *det.,* по~ *perf.*; *(a muscle)* растя́гивать *imp.,* растяну́ть (-ну́, -нешь) *perf.*; *(a cork)* выта́скивать *imp.,* вы́тащить *perf.*; *(a tooth)* удаля́ть *imp.,* удали́ть *perf.*; *v.t. & i.* дёргать *imp.,* дёрнуть *perf.* (at, (за)+*acc.*); *p. faces,* грима́сничать *imp.*; *p. someone's leg,* моро́чить *imp.* го́лову+*dat.*; *p. (the) strings, wires,* нажима́ть *imp.,* нажа́ть (нажму́, -мёшь) *perf.* на та́йные пружи́ны; *p. the trigger,* спуска́ть *imp.,* спусти́ть (-ущу́, -у́стишь) *perf.* куро́к; *p. apart, to pieces,* разрыва́ть *imp.,* разорва́ть (-ву́, -вёшь; -ва́л, -вала́, -ва́ло) *perf.*; *(fig.)* раскри́тиковать *perf.*; *p. at, (pipe etc.)* затя́гиваться *imp.,* затяну́ться (-ну́сь, -нешься) *perf.+instr.*; *p. down, (demolish)* сноси́ть (-ошу́, -о́сишь) *imp.,* снести́ (снесу́, -сёшь; снёс, -ла́) *perf.*; *p. in, (earn)* зараба́тывать *imp.,* зарабо́тать *perf.*; *(of train)* прибыва́ть *imp.,* прибы́ть (-бу́дет; при́был, -а́, -о) *perf.*; *(of vehicle)* подъезжа́ть *imp.,* подъе́хать (-е́дет) *perf.* к обо́чине доро́ги; *p. off, (garment)* стя́гивать *imp.,* стяну́ть (-ну́, -нешь) *perf.*; *(achieve)* успе́шно заверша́ть *imp.,* заверши́ть *perf.*; *(win)* выи́грывать *imp.,* вы́играть *perf.*; *p. on, (garment)* натя́гивать *imp.,* натяну́ть (-ну́, -нешь) *perf.*; *p. out, (v.t.) (remove)* выта́скивать *imp.,* вы́тащить *perf.*; *(v.i.) (withdraw)* отка́зываться *imp.,*

отказа́ться (-ажу́сь, -а́жешься) *perf.* от уча́стия (of, в+*prep.*); (*of vehicle*) отъезжа́ть *imp.*, отъе́хать (-е́дет) *perf.* от обо́чины (доро́ги); (*of train*) отходи́ть (-ит) *imp.*, отойти́ (-йдёт; отошёл, -шла́) *perf.* (от ста́нции); p. through, выжива́ть *imp.*, вы́жить (вы́живу, -вешь) *perf.*; p. oneself together, брать (беру́, -рёшь; брал, -а́, -о) *imp.*, взять (возьму́, -мёшь; взял, -а́, -о) *perf.* себя́ в ру́ки; p. up, (*v.t.*) подтя́гивать *imp.*, подтяну́ть (-ну́, -нешь) *perf.*; (*v.t. & i.*) (*stop*) остана́вливать(ся) *imp.*, останови́ть(ся) (-влю́(сь), -вишь(ся)) *perf.*; p.-in, p.-up, заку́сочная *sb.* на доро́ге; p.-through, проти́рка; *n.* тя́га; (*fig.*) заручка.

pullet *n.* моло́дка.
pulley *n.* блок, шкив (*pl.* -ы́).
Pullman *n.* пу́льман(овский ваго́н).
pullover *n.* пуло́вер.
pulmonary *adj.* лёгочный.
pulp *n.* (*of fruit*) мя́коть; (*anat.*) пу́льпа; (*of paper*) бума́жная ма́сса; *v.t.* превраща́ть *imp.*, преврати́ть (-ащу́, -ати́шь) *perf.* в мя́гкую ма́ссу.
pulpit *n.* ка́федра.
pulsar *n.* пульса́р. **pulsate** *v.i.* пульси́ровать *imp.* **pulsation** *n.* пульса́ция.
pulse[1] *n.* (*throbbing*) пульс; *v.i.* пульси́ровать *imp.*
pulse[2] *n.* (*food*) бобо́вые *sb.*
pulverize *v.t.* размельча́ть *imp.*, размельчи́ть *perf.*; (*fig.*) сокруша́ть *imp.*, сокруши́ть *perf.*
puma *n.* пу́ма.
pumice(-stone) *n.* пе́мза.
pummel *v.t.* колоти́ть (-очу́, -о́тишь) *imp.*, по~ *perf.*; тузи́ть *imp.*, от~ *perf.*
pump[1] *n.* (*machine*) насо́с; *v.t.* (*use p.*) кача́ть *imp.*; (*person*) выпра́шивать *imp.*, вы́просить *perf.* у+*gen.*; p. in(to), вка́чивать *imp.*, вкача́ть *perf.*; p. out, выка́чивать *imp.*, вы́качать *perf.*; p. up, нака́чивать *imp.*, накача́ть *perf.*
pump[2] *n.* (*shoe*) ту́фля (*gen.pl.* -фель).
pumpkin *n.* ты́ква.
pun *n.* каламбу́р; *v.i.* каламбу́рить *imp.*, с~ *perf.*
punch[1] *v.t.* (*with fist*) ударя́ть, уда́рить *perf.* кулако́м; (*pierce*) проби́ва́ть *imp.*, проби́ть (-бью́, -бьёшь) *perf.*; (*a ticket*) компости́ровать *imp.*, про~ *perf.*; p.-ball, пенчингбо́л, гру́ша, *p.-up*, дра́ка; *n.* (*blow*) уда́р кулако́м; (*for tickets*) компо́стер; (*for piercing*) пробо́йник; (*for stamping*) пуансо́н.
punch[2] *n.* (*drink*) пунш.
punctilio *n.* форма́льность. **punctilious** *adj.* соблюда́ющий форма́льности, щепети́льный.
punctual *adj.* пунктуа́льный. **punctuality** *n.* пунктуа́льность.
punctuate *v.t.* ста́вить *imp.*, по~ *perf.* знаки препина́ния в+*acc.*; прерыва́ть *imp.*, прерва́ть (-ву́, -вёшь; прерва́л, -а́, -о) *perf.* **punctuation** *n.* пунктуа́ция; p. marks, зна́ки *m.pl.* препина́ния.
puncture *n.* проко́л; *v.t.* прока́лывать *imp.*, проколо́ть (-лю́, -лешь) *perf.*; *v.i.* получа́ть *imp.*, получи́ть (-чу́, -чишь) *perf.* проко́л.
pundit[2] *n.* (*fig.*) знато́к.
pungency *n.* е́дкость. **pungent** *adj.* е́дкий (е́док, едка́, е́дко).
punish *v.t.* нака́зывать *imp.*, наказа́ть (-ажу́, -а́жешь) *perf.* **punishable** *adj.* наказу́емый. **punishment** *n.* наказа́ние.
punitive *adj.* кара́тельный.
punnet *n.* корзи́нка.
punster *n.* каламбури́ст.
punt[2] *n.* (*boat*) плоскодо́нка.
punter *n.* (*gambler*) игро́к (-а́).
puny *adj.* хи́лый (хил, -а́, -о), тщеду́шный.
pup *n.* щено́к (-нка́; *pl.* щенки́, -ко́в & щеня́та, -т); *v.i.* щени́ться *imp.*, о~ *perf.*
pupa *n.* ку́колка.
pupil *n.* учени́к (-а́), -и́ца; (*of eye*) зрачо́к (-чка́).
puppet *n.* марионе́тка, ку́кла (*gen.pl.* -кол); p. regime, марионе́точный режи́м; p.-theatre, ку́кольный теа́тр.
puppy *n.* щено́к (-нка́; *pl.* щенки́, -ко́в & щеня́та, -т).
purblind *adj.* близору́кий.
purchase *n.* поку́пка; (*leverage*) то́чка опо́ры; *v.t.* покупа́ть *imp.*, купи́ть

pure (-плю́, -пишь) *perf.* **purchaser** *n.* покупа́тель *m.*, ~ница.
pure *adj.* чи́стый (чист, -á, -о, чи́сты); (*of science*) теорети́ческий; *p.*-blooded, чистокро́вный; *p.*-bred, поро́дистый; *p.*-minded, чи́стый (чист, -á, -о, чи́сты) душо́й.
purée *n.* пюре́ *neut.indecl.*
purely *adv.* чи́сто; (*entirely*) соверше́нно.
purgative *adj.* слаби́тельный; (*purifying*) очисти́тельный; *n.* слаби́тельное *sb.* **purgatory** *n.* чисти́лище. **purge** *v.t.* (*cleanse*) очища́ть *imp.*, очи́стить *perf.*; (*of medicine*; *abs.*) слаби́ть *imp.*; (*atone for*) искупа́ть *imp.*, искупи́ть (-плю́, -пишь) *perf.*; (*p. party, army, etc.*) проводи́ть (-ожу́, -о́дишь) *imp.*, провести́ (-еду́, -едёшь; -ёл, -ела́) *perf.* чи́стку в+*acc.*; *n.* очище́ние; (*of party, army, etc.*) чи́стка.
purification *n.* очище́ние, очи́стка.
purify *v.t.* очища́ть *imp.*, очи́стить *perf.*
purism *n.* пури́зм. **purist** *n.* пури́ст.
puritan, P., *n.* пурита́нин (*pl.* -а́не, -а́н) -а́нка. **puritanical** *adj.* пурита́нский.
purity *n.* чистота́.
purlieu *n.*: *pl.* окре́стности *f.pl.*
purloin *v.t.* похища́ть *imp.*, похи́тить (-и́щу, -и́тишь) *perf.*
purple *adj.* (*n.*) пу́рпурный, фиоле́товый (цвет).
purport *n.* смысл.
purpose *n.* цель, наме́рение; *on p.*, наро́чно; *to no p.*, напра́сно; *to the p.*, кста́ти. **purposeful** *adj.* целеустремлённый (-ён, -ённа). **purposeless** *adj.* бесце́льный. **purposely** *adv.* наро́чно.
purr *n.* мурлы́канье; *v.i.* мурлы́кать (-ы́чу, -ы́чешь) *imp.*
purse *n.* кошелёк (-лька́); *v.t.* поджима́ть *imp.*, поджа́ть (подожму́, -мёшь) *perf.* **purser** *n.* казначе́й.
pursuance *n.* выполне́ние. **pursuant** *adv.*: *p. to*, в соотве́тствии с+*instr.*; согла́сно+*dat.* **pursue** *v.t.* пресле́довать *imp.* **pursuit** *n.* пресле́дование; (*occupation*) заня́тие.
purulent *adj.* гно́йный.
purvey *v.t.* поставля́ть *imp.*, поста́вить *perf.* **purveyor** *n.* поставщи́к (-а́).

purview *n.* кругозо́р.
pus *n.* гной (-о́я(ю), *loc.* -о́е & -ою́).
push *v.t.* толка́ть *imp.*, толкну́ть *perf.*; (*goods*) реклами́ровать *imp., perf.*; *v.i.* толка́ться *imp.*; *be pushed for*, име́ть *imp.* ма́ло+*gen.*; *he is pushing fifty*, ему́ ско́ро сту́кнет пятьдеся́т; *p. one's way*, прота́лкиваться *imp.*, протолкну́ться *perf.*; *p. ahead, on*, продвига́ть *imp.*, продви́нуть *perf.*; *p. around*, (*person*) помыка́ть *imp.*, +*instr.*; *p. aside*, (*also fig.*) отстраня́ть *imp.*, отстрани́ть *perf.*; *p. away*, отта́лкивать *imp.*, оттолкну́ть *perf.*; *p. into*, (*v.t.*) вта́лкивать *imp.*, втолкну́ть *perf.* в+*acc.*; (*urge*) толка́ть *imp.*, толкну́ть *perf.* на+*acc.*; *p. off*, (*v.i.*) (*in boat*) отта́лкиваться *imp.*, оттолкну́ться *perf.* (от бе́рега); (*go away*) убира́ться *imp.*, убра́ться (уберу́сь, -рёшься; убра́лся, -ала́сь, -а́лось) *perf.*; *p. through*, (*v.t.*) прота́лкивать *imp.*, протолкну́ть *perf.*; (*conclude*) доводи́ть (-ожу́, -о́дишь) *imp.*, довести́ (-еду́, -едёшь; -ёл, -ела́) *perf.* до конца́; *n.* толчо́к (-чка́); (*energy*) эне́ргия; *p.-ball*, пушбо́л; *p.-bike*, велосипе́д. **pushing** *adj.* (*of person*) напо́ристый.
puss, pussy(-cat) *n.* ко́шечка, ки́ска; *p. willow*, ве́рба.
pustular *adj.* пустулёзный, прыща́вый. **pustule** *n.* пу́стула, прыщ (-á).
put *v.t.* класть (кладу́, -дёшь; клал) *imp.*, положи́ть (-жу́, -жишь) *perf.*; (*upright*) ста́вить *imp.*, по~ *perf.*; помеща́ть *imp.*, помести́ть *perf.*; (*into specified state*) приводи́ть (-ожу́, -о́дишь) *imp.*, привести́ (-еду́, -едёшь; -ёл, -ела́) *perf.*; (*estimate*) определя́ть *imp.*, определи́ть *perf.* (*at,* в+*acc.*); (*express*) выража́ть *imp.*, вы́разить *perf.*; (*translate*) переводи́ть (-ожу́, -о́дишь) *imp.*, перевести́ (-еду́, -едёшь; -ёл, -ела́) *perf.* (*into,* на+*acc.*); (*a question*) задава́ть (-даю́, -даёшь) *imp.*, зада́ть (-а́м, -а́шь, -а́ст, -ади́м; за́дал, -á, -о) *perf.*; *p. an end, a stop, to,* класть (кладу́, -дёшь; клал) *imp.*, положи́ть (-жу́, -жишь) *perf.* коне́ц+*dat.*; *p. oneself in another's place,* ста́вить *imp.*, по~ *perf.* себя́ на ме́сто

+gen.; p. the shot, толкáть imp., толкнýть perf. ядрó; p. to death, казнить imp., стыдить imp., при~ perf. на другóй галс; (rumour etc.) распространя́ть imp., распространи́ть perf.; p. away, (for future) откла́дывать imp., отложи́ть (-жу́, -жишь) perf.; (in prison) сажа́ть imp., посади́ть (-ажу́, -áдишь) perf.; p. back, (in place) ста́вить imp., по~ perf. на мéсто; p. the clock back, передвига́ть imp., передви́нуть perf. стрéлки часóв назáд; p. by, (money) откла́дывать imp., отложи́ть (-жу́, -жишь) perf.; p. down, (suppress) подавля́ть imp., подави́ть (-влю́, -вишь) perf.; (write down) запи́сывать imp., записа́ть (-ишу́, -и́шешь) perf.; (passengers) выса́живать imp., вы́садить perf.; (attribute) припи́сывать imp., приписа́ть (-ишу́, -и́шешь) perf. (to, +dat.); p. forth, (of plant) пуска́ть imp., пусти́ть (-ит) perf. (побеги́) perf.; p. forward, (proposal) предлага́ть imp., предложи́ть (-жу́, -жишь) perf.; p. the clock forward, передвига́ть imp., передви́нуть perf. стрéлки часóв вперёд; p. in, (install) устана́вливать imp., установи́ть (-влю́, -вишь) perf.; (a claim) предъявля́ть imp., предъяви́ть (-влю́, -вишь) perf.; (interpose) вставля́ть imp., вста́вить perf.; (spend time) проводи́ть (-ожу́, -óдишь) imp., провести́ (-еду́, -едёшь; -ёл, -ела́) perf.; p. in an appearance, появля́ться imp., появи́ться (-влю́сь, -вишься) perf.; p. off, (postpone) откла́дывать imp., отложи́ть (-жу́, -жишь) perf.; (evade) отдéлываться imp., отдéлаться perf. от+gen.; (dissuade) отгова́ривать imp., отговори́ть perf. от+gen., +inf.; p. on, (clothes) надева́ть imp., надéть (-éну, -éнешь) perf.; (appearance) принима́ть imp., приня́ть (приму́, -мешь; при́нял, -á, -о) perf.; (a play) ста́вить imp., по~ perf.; (turn on) включа́ть imp., включи́ть perf.; (add to) прибавля́ть imp., приба́вить perf.; p. on airs, ва́жничать imp.; p. on weight, толстéть imp., по~ perf.; p. out, (dislocate) вы́вихнуть perf.; (a fire etc.) туши́ть (-шу́, -шишь) imp., по~ perf.; (annoy) раздража́ть imp., раздражи́ть perf.; p. out to sea, (of ship) выходи́ть (-ит) imp., вы́йти (вы́йдет; вы́шел, -шла) perf. в мóре; p. through, (carry out) выполня́ть imp., вы́полнить perf.; (on telephone) соединя́ть imp., соедини́ть perf. по телефóну; p. up, (building) стрóить imp., по~ perf.; (price) повыша́ть imp., повы́сить perf.; (a guest) дава́ть (даю́, даёшь) imp., дать (дам, дашь, даст, дади́м; дал, -á, да́ло́, -и) perf. прию́т +gen.; (as guest) остана́вливаться imp., останови́ться (-влю́сь, -вишься) perf.; p. up to, (instigate) подстрека́ть imp., подстрекну́ть perf. к+dat.; p. up with, терпéть (-плю́, -пишь) imp.

putative adj. предполага́емый.

putrefaction n. гниéние. putrefy v.i. гнить (-ию́, -иёшь; гнил, -á, -о) imp., с~ perf. putrid adj. гнилóй (гнил, -á, -о), гни́лостный.

putsch n. путч.

puttee n. обмóтка.

putty n. замáзка, шпаклёвка; v.t. шпаклева́ть (-лю́ю, -лю́ешь) imp., за~ perf.

puzzle n. (perplexity) недоумéние; (enigma) загáдка; (toy etc.) головолóмка; v.t. озадáчивать imp., озадáчить perf. p. out, разгадáть perf.; v.i. p. over, ломáть imp. себé гóлову над +instr.

pygmy n. пигмéй; adj. кáрликовый.

pyjamas n. пижáма.

pylon n. пилóн, опóра.

pyorrhoea n. пиорéя.

pyramid n. пирами́да. pyramidal adj. пирамидáльный.

pyre n. погребáльный костёр (-трá).

pyrites n.: (iron) p., пири́т; copper p., халькопири́т.

pyromania n. пиромáния.

pyrotechnic(al) adj. пиротехни́ческий. pyrotechnics n. пиротéхника.

Pyrrhic adj.: P. victory, пи́ррова побéда.

python n. питóн.

Q

qua *conj.* в ка́честве+*gen.*
quack[1] *n.* (*sound*) кря́канье; *v.i.* кря́кать *imp.*, кря́кнуть *perf.*
quack[2] *n.* зна́харь *m.*, шарлата́н.
quackery *n.* зна́харство, шарлата́нство.
quad *n.* (*quadrangle*) четырёхуго́льный двор (-а́); (*quadrat*) шпа́ция; *pl.* (*quadruplets*) че́тверо (-ры́х) близнецо́в. **quadrangle** *n.* (*figure*) четырёхуго́льник; (*court*) четырёхуго́льный двор (-а́). **quadrangular** *adj.* четырёхуго́льный. **quadrant** *n.* квадра́нт. **quadrat** *n.* шпа́ция. **quadratic** *adj.* квадра́тный; *q. equation*, квадра́тное уравне́ние. **quadrilateral** *adj.* четырёхсторо́нний.
quadrille *n.* кадри́ль.
quadroon *n.* квартеро́н.
quadruped *n.* четвероно́гое живо́тное *sb.* **quadruple** *adj.* четверно́й, учетверённый (-ён, -ена́); *v.t. & i.* учетверя́ть(ся) *imp.*, учетвери́ть(ся) *perf.*
quadruplets *n.* че́тверо (-ры́х) близнецо́в.
quaff *v.t.* пить (пью, пьёшь; пил, -а́, -о) *imp.*, вы́- *perf.* больши́ми глотка́ми.
quag, **quagmire** *n.* тряси́на; (*also fig.*) боло́то.
quail[1] *n.* (*bird*) пе́репел (*pl.* -а́), -ёлка.
quail[2] *v.i.* (*flinch*) дро́гнуть *perf.*; тру́сить *imp.*, с~ *perf.* (*before*, +*acc.*, пе́ред+*instr.*).
quaint *adj.* причу́дливый, оригина́льный.
quake *v.i.* трясти́сь (трясу́сь, -сёшься; тря́сся, -сла́сь) *imp.*; (*shake*) дрожа́ть (-жу́, -жи́шь) *imp.* (*for, with*, от+*gen.*); *n.* землетрясе́ние.
Quaker *n.* ква́кер, ~ ка.
qualification *n.* (*restriction*) ограниче́ние, огово́рка; (*for post etc.*) квалифика́ция; (*for citizenship etc.*) ценз; (*description*) характери́стика. **qualify** *v.t.* (*describe*) квалифици́ровать *imp.*, *perf.*; (*restrict*) ограни́чивать *imp.*, ограни́чить *perf.*; *v.t. & i.* (*prepare for*) гото́вить(ся) *imp.* (*for*, к+*dat.*; +*inf.*).
qualitative *adj.* ка́чественный. **quality** *n.* ка́чество; сорт; (*excellence*) высо́кое ка́чество; (*ability*) спосо́бность.
qualm *n.* (*queasiness*) при́ступ тошноты́; (*doubt, scruple*) колеба́ние, угрызе́ние со́вести.
quandary *n.* затрудни́тельное положе́ние, диле́мма.
quantify *v.t.* определя́ть *imp.*, определи́ть *perf.* коли́чество+*gen.* **quantitative** *adj.* коли́чественный. **quantity** *n.* коли́чество; (*math.*) величина́ (*pl.* -ны).
quantum *n.* (*amount*) коли́чество; (*share*) до́ля (*pl.* -ли, -ле́й); (*phys.*) квант; *attrib.* ква́нтовый.
quarantine *n.* каранти́н; *v.t.* подверга́ть *imp.*, подве́ргнуть (-г) *perf.* каранти́ну.
quark *n.* кварк.
quarrel *n.* ссо́ра; *v.i.* ссо́риться *imp.*, по~ *perf.* (*with*, с+*instr.*; *about, for*, из-за+*gen.*). **quarrelsome** *adj.* вздо́рный.
quarry[1] *n.* (*for stone etc.*) каменоло́мня (*gen.pl.* -мен), карье́р; *v.t.* добыва́ть *imp.*, добы́ть (добу́ду, -дешь; до́бы́л, -а́, -о) *perf.*
quarry[2] *n.* (*object of pursuit*) пресле́дуемый зверь (*pl.* -ри, -ре́й) *m.*
quart *n.* ква́рта. **quarter** *n.* че́тверть (*pl.* -ти, -те́й); (*of year*; *of town*) кварта́л; (*direction*) сторона́ (*acc.* -ону; *pl.* -оны, -о́н, -она́м); (*mercy*) поща́да; *pl.* кварти́ры *f.pl.*; *a q. to one*, без че́тверти час; *q.-day*, пе́рвый день (дня) *m.* кварта́ла; *q.-final*, четверть-

фина́л(ьная игра́); *v.t.* (*divide*) дели́ть (-лю́, -лишь) *imp.*, раз~ *perf.* на четы́ре (ра́вные) ча́сти; (*traitor's body*) четвертова́ть *imp.*, *perf.* (*lodge*) расквартиро́вывать *imp.*, расквартирова́ть *perf.* **quarterdeck** *n.* шка́нцы (-цев) *pl.* **quarterly** *adj.* трёхме́сячный, кварта́льный; *n.* журна́л, выходя́щий раз в три ме́сяца, раз в три ме́сяца. **quartermaster** *n.* квартирме́йстер. **quartet(te)** *n.* кварте́т. **quarto** *n.* (ин-)ква́рто *neut.indecl.*

quartz *n.* кварц.

quasar *n.* кваза́р.

quash *v.t.* (*annul*) аннули́ровать *imp.*, *perf.*; (*crush*) подавля́ть *imp.*, подави́ть (-влю́, -вишь) *perf.*

quasi *adv.* как бу́дто.

quasi- *in comb.* ква́зи-.

quater-centenary *n.* четырёхсотле́тие.

quatrain *n.* четверости́шие.

quaver *v.i.* дрожа́ть (-жу́, -жи́шь) *imp.*; *n.* дрожа́ние; (*mus.*) восьма́я *sb.* но́ты.

quay *n.* на́бережная *sb.*

queasy *adj.* (*stomach*) сла́бый (слаб, -á, -o); (*person*) испы́тывающий тошноту́.

queen *n.* короле́ва; (*cards*) да́ма; (*chess*) ферзь (-зя́) *m.*; *q. bee*, ма́тка; *q. mother*, вдо́вствующая короле́ва; *v.t.* (*chess*) проводи́ть (-ожу́, -о́дишь) *imp.*, провести́ (-еду́, -едёшь; -ёл, -ела́) *perf.* в фе́рзи. **queenly** *adj.* ца́рственный (-ен(ен), -енна).

queer *adj.* стра́нный (-нен, -нна́, -нно); *feel q.*, чу́вствовать *imp.* недомога́ние.

quell *v.t.* подавля́ть *imp.*, подави́ть (-влю́, -вишь) *perf.*

quench *v.t.* (*thirst*) утоля́ть *imp.*, утоли́ть *perf.*; (*fire, desire*) туши́ть (-шу́, -шишь) *imp.*, по~ *perf.*

querulous *adj.* ворчли́вый.

query *n.* вопро́с, сомне́ние; *v.t.* (*express doubt*) выража́ть *imp.*, вы́разить *perf.* сомне́ние в+*prep.* **quest** *n.* по́иски *m.pl.*; *in q. of*, в по́исках+*gen.* **question** *n.* вопро́с; (*doubt*) сомне́ние; *beyond all q.*, вне сомне́ния; *it is* (*merely*) *a q. of*, э́то вопро́с+*gen.*; де́ло то́лько в том, что́бы+*inf.*; *it is out of the q.*, об э́том не мо́жет быть и ре́чи; *the person in q.*, челове́к, о кото́ром идёт речь; *the q. is this*, де́ло в э́том; *q. mark*, вопроси́тельный знак; *v.t.* (*ask*) спра́шивать *imp.*, спроси́ть (-ошу́, -о́сишь) *perf.*; (*doubt*) сомнева́ться *imp.* в+*prep.* **questionable** *adj.* сомни́тельный. **questionnaire** *n.* анке́та, вопро́сник.

queue *n.* о́чередь *f.* (*pl.* -ди, -де́й); *v.i.* стоя́ть (-ою́, -ои́шь) *imp.* в о́череди.

quibble *n.* софи́зм, уви́ртка; *v.i.* уклоня́ться *imp.*, уклони́ться (-ню́сь, -нишься) *perf.* от су́ти вопро́са, от прямо́го отве́та.

quick *adj.* ско́рый (скор, -á, -o), бы́стрый (быстр, -á, -o, бы́стры́); (*nimble*) прово́рный; (*clever*) смышлёный; *q.-tempered*, вспы́льчивый; *q.-witted*, остроу́мный; *n.*: *to the q.*, за живо́е, до мя́са; *the q. and the dead*, живы́е и мёртвые *sb.*; *as imper.* скоре́е! *adv.* ско́ро, бы́стро; *as imper.* скоре́е! **quicken** *v.t.* & *i.* (*accelerate*) ускоря́ть(ся) *imp.*, уско́рить(ся) *perf.*; (*animate*) оживля́ть *imp.*, оживи́ть *perf.* **quicklime** *n.* негашёная и́звесть. **quickness** *n.* быстрота́; прово́рство. **quicksand** *n.* плывун (-á), зыбу́чий песо́к (-ска́). **quickset** *n.* (*hedge*) жива́я и́згородь. **quicksilver** *n.* ртуть.

quid *n.* фунт.

quiescence *n.* неподви́жность, поко́й. **quiescent** *adj.* неподви́жный, в состоя́нии поко́я. **quiet** *n.* (*silence*) тишина́; (*calm*) споко́йствие; *adj.* ти́хий (тих, -á, -o); споко́йный; *interj.* ти́ше!; *v.t.* & *i.* успока́ивать *imp.*, успоко́ить(ся) *perf.*

quill *n.* (*feather*) перо́ (*pl.* -рья, -рьев); (*spine*) игла́ (*pl.* -лы).

quilt *n.* стёганое одея́ло; *v.t.* стега́ть *imp.*, вы́~ *perf.* **quilting** *n.* стёжка.

quince *n.* айва́.

quincentenary *n.* пятисотле́тие.

quinine *n.* хини́н.

quinquennial *adj.* пятиле́тний.

quintessence *n.* квинтэссе́нция.

quintet(te) *n.* квинте́т. **quintuple** *adj.* пятикра́тный. **quins, quintuplets** *n.* пять (-ти́, -тью́) близнецо́в.

quip n. остро́та.
quire n. (in manuscript) тетра́дь; (24 sheets) ру́сская десть (pl. -ти, -те́й).
quirk n. причу́да.
quisling n. квислинг.
quit v.t. покида́ть imp., поки́нуть perf.; (dwelling) выезжа́ть imp., вы́ехать (-еду, -едешь) perf. из+gen.
quite adv. (wholly) совсе́м, вполне́; (somewhat) дово́льно; q. a few, дово́льно мно́го.
quits predic.: we are q., мы с тобо́й кви́ты; I am q. with him, я расквита́лся (past) с ним.
quiver[1] n. (for arrows) колча́н.
quiver[2] v.i. (tremble) трепета́ть (-ещу́, -ещешь) imp.; дрожа́ть (-жу́, -жи́шь) imp. (ме́лкой дро́жью); n. тре́пет, ме́лкая дрожь.
quixotic adj. донкихо́тский.

quiz n. виктори́на. **quizzical** adj. насме́шливый.
quod n. тюрьма́.
quoit n. мета́тельное кольцо́ (pl. -льца, -ле́ц, -льца́м); pl. (game) мета́ние коле́ц в цель.
quondam adj. бы́вший.
quorum n. кво́рум.
quota n. кво́та.
quotation n. (quoting) цити́рование; (passage quoted) цита́та; (estimate) сме́та; (of stocks etc.) котиро́вка; q.-marks, кавы́чки (-чек) pl. **quote** v.t. цити́ровать imp., про~ perf.; ссыла́ться imp., сосла́ться (сошлю́сь, -лёшься) perf. на+acc.; (price) назнача́ть imp., назна́чить perf.
quotidian adj. (daily) ежедне́вный; (commonplace) обы́денный.
quotient n. ча́стное sb.

R

rabbet n. шпунт (-а́).
rabbi n. равви́н. **rabbinical** adj. равви́нский.
rabbit n. кро́лик; r. punch, уда́р в заты́лок.
rabble n. сброд, чернь.
rabid adj. бе́шеный. **rabies** n. водобоя́знь, бе́шенство.
raccoon see racoon.
race[1] n. (ethnic r.) ра́са; род.
race[2] n. (contest) (on foot) бег; (of cars etc.; fig.) го́нка, го́нки f.pl.; (of horses) ска́чки f.pl.; r.-meeting, ска́чки f.pl.; r.-track, трек; (for horse r.) скакова́я доро́жка; v.i. (compete) состяза́ться imp. в ско́рости; (rush) мча́ться (мчусь, мчи́шься) imp.; v.t. гнать (гоню́, -нишь; гнал, -а́, -о). **racecard** n. програ́мма ска́чек. **racecourse** n. ипподро́м. **racehorse** n. скакова́я ло́шадь (pl. -ди, -де́й, instr. -дьми́). **racer** n. (person) го́нщик; (car) го́ночный автомоби́ль m.
racial adj. ра́совый. **rac(ial)ism** n. раси́зм. **rac(ial)ist** n. раси́ст, ~ ка; adj. раси́стский.
rack[1] n. (for fodder) корму́шка; (for hats etc.) ве́шалка; (for plates etc.) стелла́ж (-а́); (in train etc.) се́тка для веще́й; (for torture) дыба; (cogged bar) зубча́тая ре́йка; v.t. му́чить imp., пыта́ть imp.; r. one's brains, лома́ть imp. себе́ го́лову.
rack[2] n.: go to r. and ruin, разоря́ться imp., разори́ться perf.
racket[1] n. (bat) раке́тка.
racket[2] n. (uproar) шум (-а(у)); (illegal activity) рэ́кет. **racketeer** n. рэкети́р.
rac(c)oon n. ено́т.
racy adj. колори́тный.
rad n. рад.
radar n. (system) радиолока́ция;

radial (*apparatus*) радиолока́тор, рада́р; *attrib.* радиолокацио́нный, рада́рный.

radial *adj.* радиа́льный, лучево́й.

radiance *n.* сия́ние. **radiant** *adj.* сия́ющий; лучи́стый; r. источник (лучи́стого) тепла́, све́та. **radiate** *v.t.* излуча́ть *imp.*; лучи́ться *imp.* + *instr.*; *v.i.* исходи́ть (-ит) *imp.* из одно́й то́чки; (*diverge*) расходи́ться (-я́тся) *imp.* луча́ми. **radiation** *n.* излуче́ние, радиа́ция; r. sickness, лучева́я боле́знь. **radiator** *n.* радиа́тор; (*in central heating*) батаре́я.

radical *adj.* коренно́й; (*polit.*) радика́льный; (*ling.*) корнево́й; *n.* (*polit., chem.*) радика́л; (*math., ling.*) ко́рень (-рня; *pl.* -рни, -рне́й) *m.* **radically** *adv.* коренны́м о́бразом, соверше́нно.

radicle *n.* корешо́к (-шка́).

radio *n.* ра́дио *neut.indecl.*; *adj.* ра́дио-; *v.t.* радирова́ть *imp., perf.*

radio- *in comb.* ра́дио-; r. astronomy, радиоастроно́мия; r.-carbon, радиоакти́вный изото́п углеро́да; r.-carbon dating, дати́рование радиоуглеро́дным ме́тодом; r.-chemistry, радиохи́мия; r.-element, радиоакти́вный элеме́нт; r.-frequency, (n.) радиочастота́ (pl. -ты́); (adj.) радиочасто́тный; r. star, радиозвезда́ (pl. -ёзды); r.-telegraphy, радиотелегра́фия; r. telephone, радиотелефо́н; r. telescope, радиотелеско́п; r. wave, радиоволна́ (pl. -о́лны, dat. -о́лнам). **radioactive** *adj.* радиоакти́вный. **radioactivity** *n.* радиоакти́вность. **radiogram** *n.* (*X-ray picture*) рентгенногра́мма; (*radio-telegram*) радиогра́мма; (*radio and gramophone*) радио́ла. **radiographer** *n.* рентгено́лог. **radiography** *n.* рентгеногра́фия; (*spec. X-ray*) рентгеногра́фия. **radioisotope** *n.* радиоизото́п. **radiolocation** *n.* радиолока́ция. **radiologist** *n.* радио́лог; (*spec. X-ray*) рентгено́лог. **radiology** *n.* радиоло́гия; (*spec. X-ray*) рентгеноло́гия. **radiometer** *n.* радио́метр. **radioscopy** *n.* рентгеноскопи́я. **radiosonde** *n.* радиозо́нд. **radiotherapy** *n.* радиотерапи́я; (*spec. X-ray*) рентгенотерапи́я.

radish *n.* реди́ска; реди́с (*no pl.*: *plant collect.*).

radium *n.* ра́дий.

radius *n.* (*math.*) ра́диус; (*bone*) лучева́я кость.

radon *n.* радо́н.

raffia *n.* ра́фия.

raffish *adj.* беспу́тный.

raffle *n.* лотере́я; *v.t.* разы́грывать *imp.*, разыгра́ть *perf.* в лотере́е.

raft *n.* плот (-а́, *loc.* -у́).

raftsman *n.* плотовщи́к (-а́).

rag[1] *n.* тря́пка, лоску́т (-а́; *pl.* -а́, -о́в & -ья, -ьев); *pl.* (*clothes*) лохмо́тья (-ьев) *pl.*; r.-and-bone man, тря́пичник, r. doll, тря́пичная ку́кла (*gen. pl.* -кои).

rag[2] *v.t.* (*tease*) дразни́ть (-ню́, -нишь) *imp.*

ragamuffin *n.* оборва́нец (-нца).

rage *n.* (*anger*) я́рость, гнев; (*desire*) страсть (for, к + *dat.*); the r., после́дний крик мо́ды; *v.i.* беси́ться (бешу́сь, бе́сишься) *imp.*; (*storm etc.*) свире́пствовать *imp.*

ragged *adj.* (*jagged*) зазу́бренный (-ен); (*of clothes*) изо́дранный (-ан, -а́нна); (*of person*) в лохмо́тьях.

raglan *n.* рега́лан; r. sleeve, рука́в (-а́) рега́лан (*indecl.*).

ragout *n.* рагу́ *neut.indecl.*

ragtime *n.* ре́гтайм.

ragwort *n.* кресто́вник.

raid *n.* набе́г, налёт; (*by police*) обла́ва; *v.t.* де́лать *imp.*, c~ *perf.* налёт на + *acc.*

rail *n.* пери́ла (-л) *pl.*; (*rly.*) рельс; (*railway*) желе́зная доро́га; by r., по́ездом, по желе́зной доро́ге; *v.t.*: r. in, off, обноси́ть (-ошу́, -о́сишь) *imp.*, обнести́ (-есу́, -есёшь; -ёс, -есла́) *perf.* пери́лами. **railhead** *n.* коне́чный пункт (желе́зной доро́ги). **railing** *n.* пери́ла (-л) *pl.*, огра́да.

raillery *n.* доброду́шное подшу́чивание.

railway *n.* желе́зная доро́га; *attrib.* железнодоро́жный. **railwayman** *n.*

raiment *n.* одея́ние.

rain *n.* дождь (-дя́) *m.*; *pl.* (*the r.*) пери́од (тропи́ческих) дожде́й; r.-gauge, дождеме́р; r.-water, дождева́я вода́ (*acc.* -ду); *v.impers.*: it is (was)

raining, идёт (шёл) дождь; *v.t.* осыпáть *imp.*, осы́пать (-плю, -плешь) *perf.* + *instr.* (upon, + *acc.*); *v.i.* осыпáться *imp.*, осы́паться (-плется) *perf.*
rainbow *n.* рáдуга; *r. trout*, рáдужная форéль. **raincoat** *n.* непромокáемое пальтó *neut.indecl.*, плащ (-á). **raindrop** *n.* дождевáя кáпля (*gen.pl.* -пель). **rainfall** *n.* (*shower*) ли́вень (-вня) *m.*; (*amount of rain*) коли́чество осáдков. **rainproof** *adj.* непромокáемый. **rainy** *adj.* дождли́вый; *r. day*, чёрный день (дня) *m.*
raise *v.t.* (*lift*) поднимáть *imp.*, подня́ть (подниму́, -мешь; по́днял, -á, -о) *perf.*; (*heighten*) повышáть *imp.*, повы́сить *perf.*; (*erect*) воздвигáть *imp.*, воздви́гнуть (-г) *perf.*; (*provoke*) вызывáть *imp.*, вы́звать (вы́зову, -вешь) *perf.*; (*procure*) добывáть *imp.*, добы́ть (добу́ду, -дешь; добы́л, -á, -о) *perf.*; (*children*) расти́ть *imp.*
raisin *n.* изю́минка; *pl.* (*collect.*) изю́м (-а(у)).
raja(h) *n.* рáджа (*gen.pl.* -жей) *m.*
rake[1] (*tool*) грáбли (-блей & -бель) *pl.*; *v.t.* (*r. together, up*) сгребáть *imp.*, сгрести́ (сгребу́, -бёшь; сгрёб, -блá) *perf.*; (*with shot*) обстрéливать *imp.*, обстреля́ть *perf.* продо́льным огнём.
rake[2] *n.* (*person*) повéса *m.* **rakish** *adj.* распу́тный.
rally[1] *v.t.* & *i.* сплáчивать(ся) *imp.*, сплоти́ть(ся) *perf.*; *v.i.* (*after illness etc.*) оправля́ться *imp.*, опрáвиться *perf.*; *n.* (*meeting*) слёт (-á); мáссовый ми́тинг; (*motoring r.*) (áвто)рáлли *neut.indecl.*; (*tennis*) обмéн удáрами.
rally[2] *v.t.* (*ridicule*) подшу́чивать *imp.*, подшути́ть (-учу́, -у́тишь) *perf.* над+ *instr.*
ram *n.* (*sheep*) барáн; (*the R., Aries*) Овéн (Овнá); (*machine*) тарáн; *v.t.* (*beat down*) трамбовáть *imp.*, у~ *perf.*; (*drive in*) вбивáть *imp.*, вбить (вобью́, -бьёшь) *perf.*; (*strike with r.*) тарáнить *imp.*, про~ *perf.*
ramble *v.i.* броди́ть (-ожу́, -óдишь) *imp.*; (*walk*) гуля́ть *imp.*; (*speak*) говори́ть *imp.* несвя́зно; *n.* прогу́лка. **rambler** (*rose*) *n.* вью́щаяся рóза. **rambling** *adj.* (*scattered*) разбрóсанный; (*incoherent*) бессвя́зный.
ramification *n.* разветвлéние. **ramify** *v.i.* разветвля́ться *imp.*, разветви́ться *perf.*
ramp *n.* скат, уклóн.
rampage *v.i.* неи́стовствовать *imp.*; *n.* неи́стовство.
rampant *adj.* (*of lion etc.*) стоя́щий на зáдних лáпах; (*raging*) свирéпствующий.
rampart *n.* вал (*loc.* -ý; *pl.* -ы́).
ramrod *n.* шо́мпол (*pl.* -á).
ramshackle *adj.* вéтхий (ветх, -á, -о).
ranch *n.* рáнчо *neut.indecl.*
rancid *adj.* прогóрклый.
rancour *n.* злóба. **rancorous** *adj.* злóбный.
random *n.*: *at r.*, наудáчу, наугáд, наобýм; *adj.* слýчайный, сде́ланный (-ан), вы́бранный (-ан), наугáд; слу́чайный.
range *n.* (*of mountains*) цепь (*pl.* -пи, -пéй); (*grazing ground*) неогорóженное пáстбище; (*artillery r.*) полигóн; (*of voice*) диапазóн; (*scope*) круг (*loc.* -ý; *pl.* -и́), предéлы *m.pl.*; (*distance*) дáльность; *r.-finder*, дальномéр; *v.t.* (*arrange in row*) выстрáивать *imp.*, вы́строить *perf.* в ряд; *v.i.* (*extend*) тянýться (-нется) *imp.*; (*occur*) встречáться *imp.*, встрéтиться *perf.*; (*vary*) колебáться (-блется) *imp.*, по~ *perf.*; (*wander*) броди́ть (-ожý, -óдишь) *imp.*
rank[1] *n.* (*row*) ряд (-á with 2, 3, 4; *loc.* -ý; *pl.* -ы́); (*taxi r.*) стоя́нка такси́; (*grade*) звáние, чин, ранг; *v.t.* (*classify*) классифици́ровать *imp.* & *perf.*; (*consider*) считáть *imp.* (as, + *instr.*); *v.i.*: *r. with*, быть (*fut.* бýду, -дешь; был, -á, -о; не́ был, -á, -о) в числé+ *gen.*, на ýровне+ *gen.*
rank[2] *adj.* (*luxuriant*) бýйный (бýен, буйнá, -но); (*in smell*) зловóнный (-нен, -нна); (*repulsive*) отврати́тельный; (*clear*) я́вный.
rankle *v.i.* причиня́ть *imp.*, причини́ть *perf.* боль.
ransack *v.t.* (*search*) обшáривать *imp.*, обшáрить *perf.*; (*plunder*) грáбить *imp.*, о~ *perf.*
ransom *n.* вы́куп; *v.t.* выкупáть *imp.*, вы́купить *perf.*

rant v.t. & i. напыщенно декламировать imp.

rap[1] n. (blow) стук, резкий удар; v.t. (резко) ударять imp., ударить perf.; v.i. стучать (-чу́, -чи́шь) imp., стукнуть perf.; r. out, (words) отчеканивать imp., отчеканить perf.

rap[2] n.: not a r., нисколько; I don't care a r., мне наплевать.

rapacious adj. неумеренно жадный (-ден, -дна́, -дно), хищнический.

rape[1] v.t. насиловать imp., из~ perf.; n. изнасилование; (abduction) похищение.

rape[2] n. (plant) рапс; r.-oil, рапсовое масло.

rapid adj. быстрый (быстр, -а́, -о, быстры); n.; pl. порог, быстрина (pl. -ны). **rapidity** n. быстрота.

rapier n. рапира.

rapt adj. восхищённый (-ён, -ённа); (absorbed) поглощённый (-ён, -ена́). **rapture** n. восторг. **rapturous** adj. восторженный (-ен, -енна).

rare[1] adj. (of meat) недожаренный (-ен).

rare[2] adj. редкий (-док, -дка́, -дко), редкостный. **rarefy** v.t. разрежать imp., разредить perf. **rarity** n. редкость.

rascal n. плут (-а́).

rase see raze.

rash[1] n. сыпь.

rash[2] adj. опрометчивый.

rasher n. ломтик (бекона, ветчины).

rasp n. (file) рашпиль m.; (sound) режущий звук; a r. in the voice, скрипучий голос; v.t.: r. the nerves, действовать imp., по~ perf. на нервы.

raspberry n. (plant) малина (also collect., fruit) attrib. малиновый.

rasping adj. (sound) режущий, скрипучий.

rat n. крыса; (turncoat) перебежчик; r.-catcher крысолов; r.-race, бешеная погоня за успехом; r-trap, крысоловка; v.i.: r. on, предавать (-даю́, -даёшь) imp., предать (-дам, -дашь, -даст, -адим; предал, -а́, -о) perf. + acc.

ratchet n. храповик (-а́); attrib. храповой.

rate n. норма, ставка; (speed) скорость; pl. местные налоги m.pl.; at any r., во всяком случае, по меньшей мере; at the r. of, по + dat., со скоростью + gen.; v.t. оценивать imp., оценить (-ню́, -нишь) perf.; (consider) считать imp. **rateable** adj. подлежащий обложению местным налогом; r. value, облагаемая стоимость. **ratepayer** n. налогоплательщик, -ица.

rather adv. лучше, скорее; (somewhat) несколько, довольно; (as answer) ещё бы!; he (she) had (would) r., он (она́) предпочёл (-чла́) бы + inf.; or r., (и́ли) вернее (сказать), точнее (сказать); r. . . than, скорее . . чем.

ratification n. ратификация. **ratify** v.t. ратифицировать imp., perf.

rating n. оценка; (naut.) рядовой sb.

ratio n. пропорция.

ration n. паёк (пайка́), рацион; v.t. нормировать imp., perf.; be rationed, выдаваться (-даётся) imp., выдаться (-астся, -адутся) perf. по карточкам.

rational adj. разумный, (also math.) рациональный. **rationalism** n. рационализм. **rationalist** n. рационалист. **rationalize** v.t. давать (даю́, даёшь) imp., дать (дам, дашь, даст, дадим; дал, -а́, да́ло́, -и) perf. рационалистическое объяснение + gen.; (industry etc.) рационализировать imp., perf.

rattan n. ротанг.

rattle v.i. & t. (sound) греметь (-млю́, -ми́шь) imp. (+ instr.); бряцать imp. (+ instr.); v.i.: (speak) болтать imp.; v.t. (fluster) смущать imp., смутить (-ущу́, -ути́шь) perf.; r. along, (move) мчаться (мчусь, мчишься) imp. с грохотом; r. off, (utter) отбарабанить perf.; n. (sound) треск, грохот; (instrument) трещотка; (toy) погремушка. **rattlesnake** n. гремучая змея (pl. -ей). **rattling** adj. (brisk) быстрый; r. good, великолепный.

raucous adj. резкий (-зок, -зка́, -зко).

ravage v.t. опустошать imp., опустошить perf.; n.; pl. разрушительное действие.

rave v.i. бредить imp.; (wind, sea) реветь (-вёт) imp.; r. about, бредить imp. + instr.; восторгаться imp. + instr.

raven n. во́рон.
ravenous adj. прожо́рливый; (famished) голо́дный (го́лоден, -дна́ -дно, го́лодны́) как волк; r. appetite, во́лчий аппети́т.
ravine n. уще́лье (gen.pl. -лий).
ravish v.t. (rape) наси́ловать imp., из~ perf.; (charm) восхища́ть imp., восхити́ть (-ищу́, -ити́шь) perf. **ravishing** adj. восхити́тельный.
raw adj. сыро́й (сыр, -á, -о); (brick) необожжённый; (alcohol) неразба́вленный; (style) неотде́ланный; (inexperienced) нео́пытный; (stripped of skin) обо́дранный; (sensitive) чувстви́тельный; r.-boned, костля́вый; r. material(s), сырьё (no pl.); r. place, (abrasion) цара́пина; r. silk, шёлк-сыре́ц (-рца́); r. wound, жива́я ра́на; n. больно́е ме́сто; touch on the r., задева́ть imp., заде́ть (-е́ну, -е́нешь) perf. за живо́е.
rawhide n. неду́блёная ко́жа.
ray[1] n. (beam) луч (-а́); (fig.) про́блеск.
ray[2] n. (fish) скат.
rayon n. виско́за.
raze v.t.: r. to the ground, ровня́ть imp., с~ perf. с землёй.
razor n. бри́тва; r.-back, (ridge) о́стрый хребе́т (-бта́); (whale) полоса́тик; r.-bill, гага́рка.
reach v.t. (extend) протя́гивать imp., протяну́ть (-ну́, -нешь) perf.; (attain, arrive at) достига́ть imp., дости́чь & дости́гнуть (-и́гну, -и́гнешь; -и́г) perf.+gen., до+gen.; доходи́ть (-ожу́, -о́дишь) imp., дойти́ (дойду́, -дёшь; дошёл, -шла́) perf. до+gen.; v.i. (extend) простира́ться imp.; n. досяга́емость; (of river) плёс.
react v.i. реаги́ровать imp., от~, про~ perf. (to, на+acc.). **reaction** n. реа́кция. **reactionary** adj. реакцио́нный; n. реакционе́р, -ка. **reactive** adj. реакти́вный; (tech.) реакти́вный. **reactor** n. реа́ктор.
read v.t. чита́ть imp., про~, проче́сть (-чту́, -чтёшь; -чёл, -члá) perf.; (piece of music) разбира́ть imp., разобра́ть (разберу́, -рёшь; разобра́л, -á, -о) perf.; (of meter etc.) пока́зывать imp., показа́ть (-áжет) perf.; (r. a meter etc.) снима́ть imp., снять (сниму́, -мешь; снял, -á, -о) perf. +gen.; (univ.) изуча́ть imp.; v.i. чита́ться imp. **readable** adj. интере́сный, хорошо́ напи́санный (-ан); (legible) разбо́рчивый. **reader** n. чита́тель m., -ница; (publisher's) рецензе́нт; (printer's) корре́ктор (pl. -ы & -á); (book) хрестома́тия; ста́рший преподава́тель m. **readily** adv. (willingly) охо́тно; (easily) легко́. **readiness** n. гото́вность.
reading n. чте́ние; (erudition) начи́танность; (variant) вариа́нт; (interpretation) толкова́ние; r.-desk, пюпи́тр; r.-lamp, насто́льная ла́мпа; r. matter, литерату́ра; r.-room, чита́льня (gen. pl. -лен), чита́льный зал.
ready adj. гото́вый (for, к+dat., на+acc.); r.-made, гото́вый; r. money, нали́чные де́ньги (-нег, -ньга́м) pl.; r. reckoner, арифмети́ческие табли́цы f.pl.
reagent n. реакти́в.
real adj. настоя́щий, действи́тельный, реа́льный; r. estate, недви́жимость. **realism** n. реали́зм. **realist** n. реали́ст. **realistic** adj. реалисти́ческий, -и́ческий. **reality** n. действи́тельность; in r., действи́тельно. **realization** n. (of plan etc.) осуществле́ние; (of assets) реализа́ция; (understanding) осозна́ние. **realize** v.t. (plan etc.) осуществля́ть imp., осуществи́ть perf.; (assets) реализова́ть imp., perf.; (apprehend) осознава́ть (-наю́, -наёшь) imp., осозна́ть perf. **really** adv. действи́тельно, в са́мом де́ле.
realm n. (kingdom) короле́вство; (sphere) о́бласть (pl. -ти, -те́й).
ream[1] n. сто́па (pl. -пы).
ream[2] v.t. развёртывать imp., разверну́ть perf.
reap v.t. жать (жну, жнёшь) imp., сжать (сожну́, -нёшь) perf.; (fig.) пожина́ть imp., пожа́ть (-жну́, -жнёшь) perf. **reaper** n. (person) жнец (-á), жни́ца; (machine) жа́тка; r. and binder, жа́тка-сноповяза́лка. **reaping-hook** n. серп (-á).
rear[1] v.t. (lift) поднима́ть imp., подня́ть (-ниму́, -ни́мешь; по́дня́л, -á,

rear *perf.*; (children) воспи́тывать *imp.*, воспита́ть *perf.*; *v.i.* (of horse) станови́ться (-и́тся) *imp.*, стать (-а́нет) *perf.* на дыбы́.

rear² *n.* тыл (*loc.* -ý; *pl.* -ы́); bring up the r., замыка́ть *imp.*, замкну́ть *perf.* ше́ствие; *adj.* за́дний; (*also mil.*) тылово́й; (*mil.*) тылово́й; **r.-admiral**, контр-адмира́л; **r.-light**, (of car) за́дний фона́рь (-ря́) *m.*; **r.-view mirror**, зе́ркало (*pl.* -ла́) за́дней обзо́рности. **rearguard** *n.* арьерга́рд; **r. action**, арьерга́рдный бой (*pl.* бои́). **rearwards** *adv.* наза́д, в тыл.

rearm *v.t.* & *i.* перевооружа́ть(ся) *imp.*, перевооружи́ть(ся) *perf.* **rearmament** *n.* перевооруже́ние.

reason *n.* (*cause*) причи́на, основа́ние; (*intellect*) ра́зум, рассу́док (-дка); it stands to r., разуме́ется; not without r., не без основа́ния; *v.t.* (*discuss*) обсужда́ть *imp.*, обсуди́ть (-ужу́, -у́дишь) *perf.*; *v.i.* рассужда́ть *imp.*; r. with, (*person*) угова́ривать *imp.* + *acc.* **reasonable** *adj.* (*sensible*) разу́мный; (*well-founded*) основа́тельный; (*inexpensive*) недорого́й (недо́рог, -á, -o).

reassurance *n.* успока́ивание. **reassure** *v.t.* успока́ивать *imp.*, успоко́ить *perf.*

rebate *n.* ски́дка.

rebel *n.* повста́нец (-нца), бунтовщи́к (-á); *adj.* повста́нческий; *v.i.* бунтова́ть *imp.*, взбунтова́ться *perf.* **rebellion** *n.* восста́ние, бунт. **rebellious** *adj.* мяте́жный, повста́нческий.

rebirth *n.* возрожде́ние.

rebound *v.i.* отска́кивать *imp.*, отскочи́ть (-чý, -чишь) *perf.*; *n.* рикоше́т, отско́к.

rebuff *n.* отпо́р; *v.t.* дава́ть (даю́, даёшь) *imp.*, дать (дам, дашь, даст, дади́м; дал, -á, да́ло, -и) *perf.* + *dat.* отпо́р.

rebuke *v.t.* упрека́ть *imp.*, упрекну́ть *perf.*; *n.* упрёк.

rebut *v.t.* (*refute*) опроверга́ть *imp.*, опрове́ргнуть (-г(нул), -гла) *perf.* **rebuttal** *n.* опроверже́ние.

recalcitrant *adj.* непоко́рный.

recall *v.t.* (*summon*) призыва́ть *imp.*, призва́ть (призову́, -вёшь; призва́л, -á, -o) *perf.* обра́тно; (*an official*) отзыва́ть *imp.*, отозва́ть (отзову́, -вёшь, отозва́л, -á, -o) *perf.*; (*remember*) вспомина́ть *imp.*, вспо́мнить *perf.*; (*remind*) напомина́ть *imp.*, напо́мнить *perf.*; (r. to life) возвраща́ть *imp.*, верну́ть *perf.* к жи́зни; *n.* призы́в верну́ться; о́тзыв.

recant *v.t.* & *i.* отрека́ться *imp.*, отре́чься (-еку́сь, -ечёшься; -ёкся, -екла́сь) *perf.* (от + *gen.*). **recantation** *n.* отрече́ние.

recapitulate *v.t.* резюми́ровать *imp.*, *perf.* **recapitulation** *n.* резюме́ *neut. indecl.*

recast *v.t.* перераба́тывать *imp.*, перерабо́тать *perf.*; переде́лывать *imp.*, переде́лать *perf.*

recede *v.i.* отходи́ть (-ожу́, -о́дишь) *imp.*, отойти́ (отойду́, -дёшь; отошёл, -шла́) *perf.*; отступа́ть *imp.*, отступи́ть (-плю́, -пишь) *perf.*

receipt *n.* (*receiving*) получе́ние; *pl.* (*amount*) прихо́д; (*written r.*) распи́ска, квита́нция; *v.t.* распи́сываться *imp.*, расписа́ться (-ишу́сь, -и́шешься) *perf.* на + *prep.* **receive** *v.t.* (*accept, admit, entertain*) принима́ть *imp.*, приня́ть (приму́, -мешь; при́нял, -á, -o) *perf.*; (*acquire, be given, be sent*) получа́ть *imp.*, получи́ть (-чý, -чишь) *perf.*; (*stolen goods*) укрыва́ть *imp.*, укры́ть (-ро́ю, -ро́ешь) *perf.* **receiver** *n.* (*official r.*) управля́ющий *sb.* иму́ществом (банкро́та); (*of stolen goods*) укрыва́тель *m.* кра́деного; (*radio, television*) приёмник; (*telephone*) тру́бка.

recension *n.* изво́д.

recent *adj.* неда́вний; (*new*) но́вый (нов, -á, -o). **recently** *adv.* неда́вно.

receptacle *n.* вмести́лище. **reception** *n.* приём; **r.-room**, приёмная *sb.* **receptionist** *n.* секрета́рь (-ря́) *m.*, -рша, в приёмной. **receptive** *adj.* восприи́мчивый.

recess *n.* переры́в в рабо́те; (*parl.*) кани́кулы (-л) *pl.*; (*niche*) ни́ша; *pl.* (*of the heart*) тайники́ *m.pl.* **recession** *n.* спад.

recidivist *n.* рецидиви́ст.

recipe *n.* реце́пт.

recipient n. получа́тель m., ~ница.
reciprocal adj. взаи́мный; (*corresponding*) соотве́тственный; n. (*math.*) обра́тная величина́ (*pl.* -ны). **reciprocate** v.t. отвеча́ть *imp.* (взаи́мностью) на + acc. **reciprocating** adj. (*motion*) возвра́тно-поступа́тельный; (*engine*) поршнево́й. **reciprocity** n. взаи́мность.
recital n. (*account*) изложе́ние, подро́бное перечисле́ние; (*concert*) со́льный) конце́рт. **recitation** n. публи́чное чте́ние. **recitative** n. речитати́в. **recite** v.t. деклами́ровать *imp.*, про~ *perf.*; чита́ть *imp.*, про~ *perf.* вслух; (*enumerate*) перечисля́ть *imp.*, перечи́слить *perf.*
reckless adj. (*rash*) опроме́тчивый; (*careless*) неосторо́жный.
reckon v.t. подсчи́тывать *imp.*, подсчита́ть *perf.*; (*also regard as*) счита́ть *imp.*, счесть (сочту́, -тёшь; счёл, сочла́) *perf.* (+ *instr.*, за + *acc.*); r. with, счита́ться *imp.* с + *instr.* **reckoning** n. счёт, расчёт; day of r., час распла́ты.
reclaim v.t. (*reform*) исправля́ть *imp.*, испра́вить *perf.*; (*land*) осва́ивать *imp.*, осво́ить *perf.*
recline v.i. откидываться *imp.*, отки́нуться *perf.*; полулежа́ть (-жу́, -жи́шь) *imp.*
recluse n. затво́рник, -ица.
recognition n. узнава́ние; (*acknowledgement*) призна́ние. **recognize** v.t. (*know again*) узнава́ть (-наю́, -наёшь) *imp.*, узна́ть *perf.*; (*acknowledge*) признава́ть (-наю́, -наёшь) *imp.*, призна́ть *perf.*
recoil v.i. отпря́дывать *imp.*, отпря́нуть *perf.*; отша́тываться *imp.*, отшатну́ться *perf.* (from, от + *gen.*); (*of gun*) отдава́ть (-даёт) *imp.*, отда́ть (-а́ст, -аду́т; о́тдал, -а́, -о) *perf.*; n. отско́к; отда́ча.
recollect v.t. вспомина́ть *imp.*, вспо́мнить *perf.* **recollection** n. воспомина́ние.
recommend v.t. рекомендова́ть *imp., perf.*; (*for prize etc.*) представля́ть *imp.*, предста́вить *perf.* (for, к + *dat.*). **recommendation** n. рекоменда́ция; представле́ние.

recompense n. вознагражде́ние; v.t. вознагражда́ть *imp.*, вознагради́ть *perf.*
reconcile v.t. примиря́ть *imp.*, примири́ть *perf.*; r. oneself, примиря́ться *imp.*, примири́ться *perf.* (to, с + *instr.*). **reconciliation** n. примире́ние.
recondition v.t. приводи́ть (-ожу́, -о́дишь) *imp.*, привести́ (-еду́, -едёшь; -ёл, -ела́) *perf.* в испра́вное состоя́ние.
reconnaissance n. разве́дка. **reconnoitre** v.t. разве́дывать *imp.*, разве́дать *perf.*
reconstruct v.t. перестра́ивать *imp.*, перестро́ить *perf.*; реконструи́ровать *imp., perf.*; воссоздава́ть (-даю́, -даёшь) *imp.*, воссозда́ть (-а́м, -а́шь, -а́ст, -ади́м; -а́л, -ала́, -а́ло) *perf.* **reconstruction** n. перестро́йка; реконстру́кция; воссозда́ние.
record v.t. запи́сывать *imp.*, записа́ть (-ишу́, -и́шешь) *perf.*; n. за́пись; (*minutes*) протоко́л; (*gramophone* r.) грампласти́нка; (*sport etc.*) реко́рд; *pl.* архи́в; off the r., неофициа́льно; adj. реко́рдный; r.-breaker, -holder, рекордсме́н, ~ ка; r.-player, прои́грыватель m. **recorder** n. (*person who records*) регистра́тор; (*judge*) рико́рдер; (*tech.*) регистри́рующий, самопи́шущий, прибо́р; (*flute*) блок-фле́йта. **recording** n. за́пись; (*sound* r.) звукоза́пись.
recount[1] v.t. (*narrate*) переска́зывать *imp.*, пересказа́ть (-ажу́, -а́жешь) *perf.*
re-count[2] v.t. (*count again*) пересчи́тывать *imp.*, пересчита́ть *perf.*; n. пересчёт.
recoup v.t. возмеща́ть *imp.*, возмести́ть *perf.* (*person*, + *dat.*; *loss etc.*, + *acc.*). **recoupment** n. возмеще́ние.
recourse n.: have r. to, прибега́ть *imp.*, прибе́гнуть (-г(нул), -гла) *perf.* к по́мощи + *gen.*
recover v.t. (*regain possession*) получа́ть *imp.*, получи́ть (-чу́, -чишь) *perf.* обра́тно; (*debt etc.*) взы́скивать *imp.*, взыска́ть perf. (-ыщу́, -ы́щешь) *perf.* (from, с + *gen.*); v.i. (r. health) поправля́ться *imp.*, попра́виться *perf.* (from, по́сле + *gen.*). **recovery** n. получе́ние обра́тно; выздоровле́ние.

re-create v.t. вновь создавать (-даю, -даёшь) imp., создать (-ам, -ашь, -адим) perf.; создал, -а, -о) perf.
recreation n. развлечение, отдых.
recrimination n. взаимное обвинение.
recruit n. новобранец (-нца); v.t. вербовать imp., за~ perf. **recruitment** n. вербовка.
rectangle n. прямоугольник. **rectangular** adj. прямоугольный.
rectification n. исправление; (chem.) ректификация; (electr.) выпрямление.
rectify v.t. исправлять imp., исправить perf.; ректифицировать imp., perf.; выпрямлять imp., выпрямить perf.
rectilinear adj. прямолинейный.
rectitude n. честность.
recto n. нечётная правая страница; (of folio) лицевая сторона (acc. -ону; pl. -оны, -он, -онам).
rector n. (priest) приходский священник; (univ. etc.) ректор. **rectorship** n. ректорство. **rectory** n. дом (pl. -а) приходского священника.
rectum n. прямая кишка (gen.pl. -шок).
recumbent adj. лежачий.
recuperate v.i. восстанавливать imp., восстановить (-влю, -вишь) perf. своё здоровье. **recuperation** n. восстановление здоровья.
recur v.i. повторяться imp., повториться perf.; recurring decimal, периодическая дробь (pl. -би, -бей). **recurrence** n. повторение. **recurrent** adj. повторяющийся.
red adj. (in colour; fig., polit.) красный (-сен, -сна, -сно); (of hair) рыжий (рыж, -а, -е); n. (colour) красный цвет; (fig., polit.) красный sb.; in the r., в долгу; r. admiral, адмирал, r.-blooded, энергичный; r. cabbage, краснокочанная капуста; r. currant, красная смородина (also collect.); r. deer, благородный олень m.; r.-handed, с поличным; r. herring, ложный след (-ы); draw a r. herring across the track, сбивать imp., сбить (собью, -ьёшь) perf. с толку; r.-hot, раскалённый (-ён, -ена) докрасна; R. Indian, индеец (-ейца), индианка; r. lead, свинцовый сурик; r. light, красный фонарь (-ря) m.; see the r.

light, предчувствовать imp. приближение опасности; r. pepper, стручковый перец (-рца); r. tape, волокита.
redbreast n. малиновка. **redden** v.t. окрашивать imp., окрасить perf. в красный цвет; v.i. краснеть imp., по~ perf. **reddish** adj. красноватый; (hair) рыжеватый.
redeem v.t. (buy back) выкупать imp., выкупить perf.; (from sin) искупать imp., искупить (-плю, -пишь) perf. **redeemer** n. искупитель m. **redemption** n. выкуп; искупление.
redolent adj.: r. of, пахнущий + instr.; be r. of, пахнуть (-х(ну)л, -хла) imp. + instr.
redouble v.t. удваивать imp., удвоить perf.
redoubt n. редут.
redoubtable adj. грозный (-зен, -зна, -зно).
redound v.i. способствовать imp., по~ perf. (to, +dat.); r. to someone's credit, делать imp., с~ perf. честь + dat.
redox n. окисление-восстановление.
redpoll n. чечётка.
redress v.t. исправлять imp., исправить perf.; r. the balance, восстанавливать imp., восстановить (-влю, -вишь) perf. равновесие; n. возмещение.
redshank n. травник. **redskin** n. краснокожий sb. **redstart** n. горихвостка (-лысушка).
reduce v.t. (decrease) уменьшать imp., уменьшить perf.; (lower) снижать imp., снизить perf.; (shorten) сокращать imp., сократить (-ащу, -атишь) perf.; (bring to) приводить (-ожу, -одишь) imp., привести (-еду, -едёшь; -ёл, -ела) perf. (to, в + acc.); v.i. худеть imp., по~ perf. **reduction** n. уменьшение, снижение, сокращение; (amount of) скидка.
redundancy n. (excess of workers) излишек (-шка) рабочей силы; (dismissal) увольнение (рабочих, служащих). **redundant** adj. (excessive) излишний; (dismissed) уволенный (-ен) (по сокращению штатов).
reduplicate v.t. удваивать imp., удвоить perf. **reduplication** n. удвоение.

redwing *n.* белобро́вик. **redwood** *n.* секво́йя.

reed *n.* (*plant*) тростни́к (-á), камы́ш (-á); (*in mus. instrument*) язычо́к (-чка́); (*mus.*) язычко́вый инструме́нт; *a broken r.*, ненадёжная опо́ра; *attrib.* тростнико́вый, камышо́вый; (*mus.*) язычко́вый; *r.-pipe*, свире́ль. **reedy** *adj.* (*slender*) то́нкий (-нок, -нка́, -нко, то́нки́); (*voice*) пронзи́тельный.

reef *n.* (*of sail*; *ridge*) риф; *r.-knot*, ри́фовый у́зел (узла́); *v.abs.* брать (беру́, -рёшь), брал, -á, -о) *imp.*, взять (возьму́, -мёшь), взял, -á, -о) *perf.* ри́фы. **reefer** *n.* (*jacket*) бушла́т; (*cigarette*) сигаре́та с марихуа́ной.

reek *n.* вонь, дурно́й за́пах; *v.i.*: *r.* (*of*), воня́ть *imp.* (+ *instr.*).

reel[1] *n.* кату́шка; (*of film*) руло́н; (*straight*) *off the r.*, (*fig.*) сра́зу, без переры́ва; *v.t.* (*on to r.*) нама́тывать *imp.*, намота́ть *perf.* на кату́шку; *r. off*, разма́тывать *imp.*, размота́ть *perf.*; (*story back*) отбараба́нить *perf.*

reel[2] *v.i.* (*be dizzy*) кружи́ться (-и́тся) *imp.*, за~ *perf.*; (*stagger*) поша́тываться *imp.*, пошатну́ться *perf.*

reel[3] *n.* (*dance*) рил.

refectory *n.* (*in monastery*) тра́пезная *sb.*; (*in college*) столо́вая *sb.*; *r. table*, дли́нный у́зкий обе́денный стол (-á).

refer *v.t.* (*direct*) отсыла́ть *imp.*, отосла́ть (отошлю́, -лёшь) *perf.* (*to*, к + *dat.*); *v.i.*: *r. to*, (*cite*) ссыла́ться *imp.*, сосла́ться (сошлю́сь, -лёшься) *perf.* на + *acc.*; (*mention*) упомина́ть *imp.*, упомяну́ть (-ну́, -нешь) *perf.* + *acc.*; *r. to drawer*, обрати́ться к чекода́телю. **referee** *n.* судья́ (*pl.* -дьи, -де́й, -дьям) *m.*; *v.t.* суди́ть (сужу́, су́дишь) *imp.* **reference** *n.* (*to book etc.*) ссы́лка; (*mention*) упомина́ние; (*testimonial*) рекоменда́ция; *r. book*, спра́вочник, *r. library*, спра́вочная библиоте́ка (без вы́дачи книг на́ дом). **referendum** *n.* рефере́ндум.

refine *v.t.* очища́ть *imp.*, очи́стить *perf.*; рафини́ровать *imp.*, *perf.* **refined** *adj.* (*in style etc.*) утончённый (-ён, -ённа); (*in manners*) культу́рный; *r. sugar*, рафина́д. **refinery** *n.* (*oil-r.*) нефтеочисти́тельный заво́д; (*sugar-r.*) рафина́дный заво́д.

refit *n.* переобору́дование; *v.t.* переобору́довать *imp.*, *perf.*

reflect *v.t.* отража́ть *imp.*, отрази́ть *perf.*; *v.i.* (*meditate*) размышля́ть *imp.*, размы́слить *perf.* (*on*, о + *prep.*). **reflection** *n.* отраже́ние; размышле́ние; *on r.*, поду́мав. **reflector** *n.* рефле́ктор. **reflex** *n.* рефле́кс; *adj.* рефле́кторный; *r. camera*, зерка́льный фотоаппара́т. **reflexive** *adj.* (*gram.*) возвра́тный.

reform *v.t.* реформи́ровать *imp.*, *perf.*; *v.t.* & *i.* (*of people*) исправля́ть(ся) *imp.*, испра́вить(ся) *perf.*; *n.* рефо́рма, исправле́ние. **reformation** *n.* рефо́рма; *the R.*, Реформа́ция. **reformatory** *adj.* исправи́тельный; *n.* исправи́тельное заведе́ние.

refract *v.t.* преломля́ть *imp.*, преломи́ть (-ит) *perf.* **refraction** *n.* рефра́кция, преломле́ние. **refractive** *adj.* преломля́ющий. **refractory** *adj.* (*person*) упря́мый, непоко́рный; (*substance*) тугопла́вкий.

refrain[1] *n.* припе́в.

refrain[2] *v.i.* уде́рживаться *imp.*, удержа́ться (-жу́сь, -жишься) *perf.* (*from*, от + *gen.*).

refresh *v.t.* освежа́ть *imp.*, освежи́ть *perf.*; *r. oneself*, подкрепля́ться *imp.*, подкрепи́ться *perf.* **refreshment** *n.* (*drink*) освежа́ющий напи́ток (-тка), *pl.* заку́ска; *r. room*, буфе́т.

refrigerate *v.t.* охлажда́ть *imp.*, охлади́ть *perf.* **refrigeration** *n.* охлажде́ние. **refrigerator** *n.* холоди́льник.

refuge *n.* убе́жище, прибе́жище; *take r.*, находи́ть (-ожу́, -о́дишь) *imp.*, найти́ (найду́, -дёшь; нашёл, -шла́) *perf.* убе́жище (-нца), -нка. **refugee** *n.* бе́женец (-нца), -нка.

refund *v.t.* возвраща́ть *imp.*, возврати́ть (-ащу́, -ати́шь) *perf.*; (*expenses*) возмеща́ть *imp.*, возмести́ть *perf.*; *n.* возвраще́ние (де́нег); возмеще́ние.

refusal *n.* отка́з; *first r.*, пра́во пе́рвого вы́бора. **refuse**[1] *v.t.* отка́зывать *imp.*, отказа́ть (-ажу́, -а́жешь) *perf.*

refuse[2] *n.* отбро́сы (-сов) *pl.*, му́сор.

refutation n. опровержéние. **refute** v.t. опровергáть imp., опровéргнуть (-г(нул), -глá) perf.
regain v.t. (recover) снóва приобретáть imp., приобрести (-етý, -етёшь, -ёл, -елá) perf.; (reach) снóва достигáть imp., достигнýть & достичь (-игну, -игнешь; -иг) perf.
regal adj. королéвский.
regale v.t. угощáть imp., угостить perf. (with, + instr.).
regalia n. регáлии f.pl.
regard v.t. смотрéть (-рю, -ришь) imp., по~ perf. на + acc.; (take into account) считáться imp. с + instr.; r. as, считáть imp. + instr., за + instr.; as regards, что касáется + gen.; (esteem) уважéние; (attention) внимáние; pl. поклóн, привéт; with r. to, относительно + gen.; что касáется + gen. **regarding** prep. относительно + gen.; что касáется + gen. **regardless** adv. не обращáя внимáния; r. of, не считáясь с + instr.
regatta n. регáта.
regency n. регéнтство.
regenerate v.t. перерождáть imp., переродить perf.; adj. перерождённый (-ён, -енá). **regeneration** n. перерождéние.
regent n. регент.
regicide n. (action) цареубийство; (person) цареубийца m. & f.
régime n. режим. **regimen** n. (med.) режим; (gram.) управлéние.
regiment n. полк (-á, loc. -ý). **regimental** adj. полковóй. **regimentation** n. регламентáция.
region n. óбласть (pl. -ти, -тéй). **regional** adj. областнóй, регионáльный, мéстный.
register n. реéстр, книга зáписей; (also mus.) регистр; v.t. регистрировать imp., за~ perf.; (express) выражáть imp., вырáзить perf.; (a letter) отправлять imp., отпрáвить perf. заказным.
registered adj. (letter) заказнóй.
registrar n. регистрáтор. **registration** n. регистрáция, зáпись; r. mark, номернóй знак. **registry** n. регистратýра; (r. office) отдéл зáписей áктов граждáнского состояния, загс.

regression n. регрéсс. **regressive** adj. регрессивный.
regret v.t. сожалéть imp. o + prep.; I r. to say, к сожалéнию, дóлжен сказáть; n. сожалéние. **regretful** adj. пóлный (-лон, -лнá, пóлнó) сожалéния. **regrettable** adj. прискóрбный.
regular adj. регулярный; (also gram.) прáвильный; (recurring) очереднóй; (of officer) кадрóвый; n. (coll.) завсегдáтай. **regularity** n. регулярность. **regularize** v.t. упорядочивать imp., упорядочить perf. **regulate** v.t. регулировать imp., y~ perf. **regulation** n. регулировáние; pl. прáвила neut.pl., устáв; adj. установленный.
rehabilitate v.t. реабилитировать imp., perf. **rehabilitation** n. реабилитáция.
rehash v.t. передéлывать imp., передéлать perf.; n. передéлка.
rehearsal n. репетиция. **rehearse** v.t. репетировать imp., от~ perf.
reign n. цáрствование; v.i. цáрствовать imp.; (prevail) цáрить imp.
reimburse v.t. возмещáть imp., возместить perf. (+ dat. of person). **reimbursement** n. возмещéние.
rein n. пóвод (loc. -ý; pl. повóдья, -ьев); pl. вóжжи (-жéй) pl.
reincarnation n. перевоплощéние.
reindeer n. сéверный олéнь m.; r. moss, олéний мох (м(ó)ха, loc. мху и мóхе).
reinforce v.t. подкреплять imp., подкрепить (-плю, -пишь) perf.; усиливать imp., усилить perf.; reinforced concrete, железобетóн. **reinforcement** n. (also pl.) подкреплéние, усилéние.
reinstate v.t. восстанáвливать imp., восстановить (-влю, -вишь) perf. **reinstatement** n. восстановлéние.
reinsurance n. перестрахóвка. **reinsure** v.t. перестрахóвывать imp., перестраховáть perf.
reiterate v.t. повторять imp., повторить perf. **reiteration** n. повторéние.
reject v.t. отвергáть imp., отвéргнуть (-г(нул), -гла) perf.; (as defective) браковáть imp., за~ perf.; n. брáкованное издéлие. **rejection** n. откáз (of, от + gen.); браковка.

rejoice v.t. ра́довать imp., об~ perf.; v.i. ра́доваться imp., об~ perf. (in, at, + dat.). **rejoicing** n. ликова́ние.

rejoin v.t. (вновь) присоединя́ться imp., присоедини́ться perf. к+dat.

rejoinder n. отве́т.

rejuvenate v.t. & i. омола́живать(ся) imp., омолоди́ть(ся) perf. **rejuvenation** n. омоложе́ние.

relapse n. рециди́в; v.i. сно́ва впада́ть imp., впасть (-аду́, -адёшь, -ал) perf. (into, в+acc.); (into illness) сно́ва заболева́ть imp., заболе́ть perf.

relate v.t. (narrate) расска́зывать imp., рассказа́ть (-ажу́, -а́жешь) perf.; (establish relation) устана́вливать imp., установи́ть (-влю́, -вишь) perf. связь ме́жду+instr.; v.i. относи́ться (-ится) imp. (to, к+dat.). **related** adj. ро́дственный (-ен, -енна). **relation** n. (narration) повествова́ние; (connection etc.) связь, отноше́ние; (person) ро́дственник, -ица; in r. to, относи́тельно+gen. **relationship** n. родство́. **relative** adj. относи́тельный; n. ро́дственник, -ица. **relativity** n. относи́тельность; (phys.) тео́рия относи́тельности.

relax v.t. & i. ослабля́ть(ся) imp., осла́бить(ся) perf.; смягча́ть(ся) imp., смягчи́ть(ся) perf. **relaxation** n. ослабле́ние, смягче́ние; (rest) о́тдых.

relay n. сме́на; (sport) эстафе́та; (electr.) реле́ neut.indecl.; (broadcast etc.) трансля́ция; v.t. сменя́ть imp., смени́ть (-ню́, -нишь) perf.; (radio) трансли́ровать imp., perf.

release v.t. (set free) освобожда́ть imp., освободи́ть perf.; отпуска́ть imp., отпусти́ть (-ущу́, -у́стишь) perf.; (film etc.) выпуска́ть imp., вы́пустить perf.; n. освобожде́ние; вы́пуск.

relegate v.t. переводи́ть (-ожу́, -о́дишь) imp., перевести́ (-еду́, -едёшь; ёл, -ела́) perf. в (бо́лее ни́зкий класс, (sport) в ни́зшую ли́гу). **relegation** n. перево́д в бо́лее ни́зкий класс, в ни́зшую ли́гу).

relent v.i. смягча́ться imp., смягчи́ться perf. **relentless** adj. неумоли́мый, непрекло́нный (-нен, -нна).

relevance n. уме́стность. **relevant** adj. относя́щийся к де́лу; уме́стный.

reliable adj. надёжный. **reliance** n. дове́рие. **reliant** adj. уве́ренный (-ен, -енна).

relic n. оста́ток (-тка), рели́квия; pl. (of saint) мо́щи (-ще́й) pl.

relief¹ n. (art, geol.) релье́ф.

relief² n. (alleviation) облегче́ние; (assistance) по́мощь; (in duty) сме́на; (raising of siege) сня́тие оса́ды. **relieve** v.t. (alleviate) облегча́ть imp., облегчи́ть perf.; (help) ока́зывать imp., оказа́ть (-ажу́, -а́жешь) perf. по́мощь +dat.; (replace) сменя́ть imp., смени́ть (-ню́, -нишь) perf.; (raise siege) снима́ть imp., снять (сниму́, -мешь; снял, -а́, -о) perf. оса́ду с+gen.

religion n. рели́гия. **religious** adj. религио́зный.

relinquish v.t. оставля́ть imp., оста́вить perf.; (right etc.) отка́зываться imp., отказа́ться (-ажу́сь, -а́жешься) perf. от+gen.

reliquary n. ра́ка.

relish n. (enjoyment) смак, наслажде́ние; (condiment) припра́ва; v.t. смакова́ть imp.

reluctance n. неохо́та. **reluctant** adj. неохо́тный; be r. to, не жела́ть imp.+inf.

rely v.i. полага́ться imp., положи́ться (-жу́сь, -жи́шься) perf. (on, на+acc.).

remain v.i. остава́ться (-аю́сь, -аёшься) imp., оста́ться (-а́нусь, -а́нешься) perf. **remainder** n. оста́ток (-тка); (books) кни́жные оста́тки m.pl.; v.t. распродава́ть (-даю́, -даёшь) imp., распрода́ть (-а́м, -а́шь, -а́ст, -ади́м; распро́дал, -а́, -о) perf. по дешёвой цене́. **remains** n. оста́тки m.pl.; (human r.) оста́нки (-ков) pl.

remand v.t. отсыла́ть imp., отосла́ть (отошлю́, -лёшь) perf. под стра́жу. n. отсы́лка под стра́жу; prisoner on r., подсле́дственный sb.

remark v.t. замеча́ть imp., заме́тить perf.; n. замеча́ние. **remarkable** adj. замеча́тельный.

remedial adj. лече́бный. **remedy** n. сре́дство (for, от, про́тив, +gen.); v.t. исправля́ть imp., испра́вить perf.

remember v.t. вспоминáть imp., вспóмнить perf. o+prep.; пóмниться imp. impers.+dat.; (greet) передавáть (-даю, -даёшь) imp., передáть (-áм, -áшь, -áст, -адим; пéредал, -á, -о) perf. привéт от+gen. (to, +dat.).
remembrance n. пáмять; pl. привéт.
remind v.t. напоминáть imp., напóмнить perf.+dat. (of, o+acc., o+prep.). **reminder** n. напоминáние.
reminiscence n. воспоминáние. **reminiscent** adj. напоминáющий.
remiss predic. небрéжен (-жна). **remission** n. отпущéние. **remit** v.t. пересылáть imp., пересláть (-ешлю, -ешлёшь) perf. пересылка; (money) дéнежный перевóд.
remnant n. остáток (-тка).
remonstrance n. протéст. **remonstrate** v.i.+r. with, увещевáть imp.+acc.
remorse n. угрызéния neut.pl. сóвести.
remorseful adj. пóлный (-лон, -лнá, -лно) раскáяния. **remorseless** adj. беспощáдный.
remote adj. дáльний, отдалённый (-ён, -ённа), r. control, дистанциóнное управлéние, телеуправлéние.
removal n. смещéние, устранéние; (change of house) переéзд. **remove** v.t. смещáть imp., смéстить perf.; устранять imp., устранить perf.; v.i. переезжáть imp., переéхать (-éду, -éдешь) perf.; n. шаг, стéпень (pl. -ни, -нéй) (отдалéния). **removed** adj. далёкий (-ёк, -екá, -екó); once r., двоюрóдный; twice r., троюрóдный.
remuneration n. вознаграждéние. **remunerative** adj. выгодный.
renaissance n. возрождéние; the R., Ренессáнс.
renal adj. пóчечный.
renascence n. возрождéние.
render v.t. воздавáть (-даю, -даёшь) imp., воздáть (-áм, -áшь, -áст, -адим; вóздал, -á, -о) perf.; (help etc.) окáзывать imp., оказáть (-ажу, -áжешь) perf.; (role etc.) исполнять imp., испóлнить perf.; (transmit) передавáть (-даю, -даёшь) imp., передáть (-áм, -áшь, -áст, -адим; пéредал, -á, -о) perf.; (fat) топить (-плю, -пишь) imp.; (stone) штукатýрить imp., о~, от~ perf. **rendering** n. исполнéние; передáча; выталкивание.
rendezvous n. (meeting) свидáние, встрéча; (meeting-place) мéсто (pl. -тá) свидáния, встрéчи; v.i. встречáться imp., встрéтиться perf.; собирáться imp., собрáться (-берётся; собрáлся, -á, -о́сь) perf.
renegade n. ренегáт, ~ ка.
renew v.t. (воз)обновлять imp., (воз)обновить perf.; (of agreement etc.) продлевáть imp., продлить perf. срок дéйствия+gen. **renewal** n. (воз)обновлéние; продлéние (срóка дéйствия).
rennet n. сычужина.
renounce v.t. отказываться imp., отказáться (-ажусь, -áжешься) perf. от+gen.; отрекáться imp., отрéчься (-екусь, -ечёшься; -ёкся, -еклáсь) perf. от+gen.
renovate v.t. ремонтировать imp., от~ perf. **renovation** n. ремóнт.
renown n. извéстность, слáва. **renowned** adj. извéстный; be r. for, слáвиться imp.+instr.
rent[1] n. (tear) прорéха, дырá (pl. -ры).
rent[2] n. (for premises) арéнда, арéндная, квартирная, плáта; (for land) рéнта; v.t. (of tenant) арендовáть imp., perf.; брать (беру, -рёшь; брал, -á, -о) imp., взять (возьму, -мёшь; взял, -á, -о) perf. в арéнду; (of owner) сдавáть (сдаю, сдаёшь) imp., сдать (-áм, -áшь, -áст, -адим; сдал, -á, -о) perf. в арéнду.
renunciation n. откáз, отречéние (of, от+gen.).
rep(p)[1] n. (fabric) репс.
rep[2] n. (commercial traveller) коммивояжёр.
repair[1] n. (resort) направлять imp., напрáвиться perf.
repair[2] v.t. (restore) ремонтировать imp., от~ perf.; (clothing etc.) чинить (-ню, -нишь) imp., по~ perf.; (error etc.) исправлять imp., испрáвить perf.; n. (also pl.) ремóнт (only sing.); почúнка; (good condition) испрáвность; out of r., в неиспрáвном состоянии; attrib. ремóнтный; почúночный.

reparation *n.* возмещение; *pl.* репарации *f.pl.*

repartee *n.* остроумный, находчивый, ответ.

repatriate *v.t.* репатриировать *imp., perf.* **repatriation** *n.* репатриация.

repay *v.t.* отплачивать, отплатить (-ачу, -атишь) *perf.* (person, + *dat.*); вознаграждать *imp.*, вознаградить *perf.* (action, за + *instr.*). **repayment** *n.* отплата; вознаграждение.

repeal *v.t.* отменять *imp.*, отменить (-ню, -нишь) *perf.*; *n.* отмена.

repeat *v.t.* & *i.* повторять(ся) *imp.*, повторить(ся) *perf.*; *n.* повторение. **repeatedly** *adv.* неоднократно.

repel *v.t.* отталкивать *imp.*, оттолкнуть *perf.*; отражать *imp.*, отразить *perf.*

repent *v.i.* раскаиваться *imp.*, раскаяться (-аюсь, -аешься) *perf.* (of, в + *prep.*). **repentance** *n.* раскаяние. **repentant** *adj.* раскаивающийся.

repercussion *n.* (of event) последствие.

repertoire *n.* репертуар. **repertory** *n.* (store) запас; (repertoire) репертуар; *r.* company, постоянная труппа.

repetition *n.* повторение. **repetitious, repetitive** *adj.* (беспрестанно) повторяющийся.

replace *v.t.* (put back) класть (-аду, -адёшь; -ал) *imp.*, положить (-жу, -жишь) *perf.* обратно (на место); (substitute) заменять *imp.*, заменить (-ню, -нишь) *perf.* (by, + *instr.*); замещать *imp.*, заместить *perf.* **replacement** *n.* замена, замещение.

replenish *v.t.* пополнять *imp.*, пополнить *perf.* **replenishment** *n.* пополнение.

replete *adj.* пресыщенный (-ен), наполненный (-ен); (sated) сытый (сыт, -а, -о).

replica *n.* точная копия.

reply *v.t.* & *i.* отвечать *imp.*, ответить *perf.* (to, на + *acc.*); *n.* ответ; *r.* paid, с оплаченным ответом.

report *v.t.* (relate) сообщать *imp.*, сообщить *perf.*; (formally) докладывать *imp.*, доложить (-жу, -жишь) *perf.*; *v.i.* (present oneself) являться *imp.*, явиться (явлюсь, явишься) *perf.*; *n.* сообщение; доклад; (school) табель *m.* успеваемости; (sound) звук взрыва, выстрела. **reporter** *n.* репортёр, корреспондент.

repose *v.i.* (lie) лежать (-жу, -жишь) *imp.*; (rest) отдыхать *imp.*, отдохнуть *perf.*; *n.* (rest) отдых; (peace) покой.

repository *n.* хранилище.

repp see **rep**[1].

reprehensible *adj.* предосудительный.

represent *v.t.* представлять *imp.*; (portray) изображать *imp.*, изобразить *perf.* **representation** *n.* представительство, представление; изображение. **representative** *adj.* изображающий (of, + *acc.*); (typical) типичный; (polit.) представительный; *n.* представитель *m.*

repress *v.t.* подавлять *imp.*, подавить (-влю, -вишь) *perf.* репрессировать *imp., perf.* **repression** *n.* подавление, репрессия. **repressive** *adj.* репрессивный.

reprieve *v.t.* отсрочивать *imp.*, отсрочить *perf.* + *dat.* приведение в исполнение (смертного) приговора; *n.* отсрочка приведения в исполнение (смертного) приговора.

reprimand *n.* выговор; *v.t.* делать *imp.*, с— *perf.* выговор + *dat.*

reprint *v.t.* переиздавать (-даю, -даёшь) *imp.*, переиздать (-ам, -ашь, -аст, -адим; -ал, -ала, -ало) *perf.*; перепечатывать *imp.*, перепечатать *perf.*; *n.* переиздание; перепечатка.

reprisal *n.* репрессалия.

reproach *v.t.* упрекать *imp.*, упрекнуть *perf.* (with, в + *prep.*); укорять *imp.*, укорить *perf.* (with, в + *prep.*); *n.* упрёк, укор. **reproachful** *adj.* укоризненный.

reproduce *v.t.* воспроизводить (-ожу, -одишь) *imp.*, воспроизвести (-еду, -едёшь; -ёл, -ела) *perf.* **reproduction** *n.* (action) воспроизведение; (object) копия, репродукция. **reproductive** *adj.* воспроизводительный.

reproof *n.* порицание. **reprove** *v.t.* порицать *imp.*

reptile *n.* пресмыкающееся *sb.*

republic *n.* республика. **republican** *adj.* республиканский; *n.* республиканец (-нца), -нка.

repudiate *v.t.* отказываться *imp.*, отказаться (-ажу́сь, -а́жешься) *perf.* от + *gen.*; (*reject*) отверга́ть *imp.*, отве́ргнуть (-г(нул), -гла) *perf.* **repudiation** *n.* отка́з (of, of + *gen.*).

repugnance *n.* отвраще́ние. **repugnant** *adj.* проти́вный.

repulse *v.t.* отража́ть *imp.*, отрази́ть *perf.* **repulsion** *n.* отвраще́ние. **repulsive** *adj.* отврати́тельный, проти́вный.

reputable *adj.* по́льзующийся хоро́шей репута́цией. **reputation, repute** *n.* репута́ция, сла́ва. **reputed** *adj.* предполага́емый.

request *n.* про́сьба; by, on, r., по про́сьбе; in (great) r., в (большо́м) спро́се; r. stop, остано́вка по тре́бованию; *v.t.* проси́ть (-ошу́, -о́сишь) *imp.*, по ~ *perf.* + *acc.*, + *gen.*, о + *prep.* (*person*, + *acc.*).

requiem *n.* ре́квием.

require *v.t.* (*demand*; *need*) тре́бовать *imp.*, по ~ *perf.* + *gen.*; (*need*) нужда́ться *imp.* в + *prep.* **requirement** *n.* тре́бование, (*necessity*) потре́бность.

requisite *adj.* необходи́мый; *n.* необходи́мое sb., необходи́мая вещь (*pl.* -щи, -ще́й). **requisition** *n.* реквизи́ция; *v.t.* реквизи́ровать *imp.*, *perf.*

requite *v.t.* отпла́чивать *imp.*, отплати́ть (-ачу́, -а́тишь) *perf.* (for, за + *acc.*; with, + *instr.*).

rescind *v.t.* отменя́ть *imp.*, отмени́ть (-ню́, -нишь) *perf.*

rescue *v.t.* спаса́ть *imp.*, спасти́ (-су́, -сёшь; -с, -сла́) *perf.*; *n.* спасе́ние. *attrib.* спаса́тельный. **rescuer** *n.* спаси́тель *m.*

research *n.* иссле́дование (+ *gen.*); (*occupation*) нау́чно-иссле́довательская рабо́та; *v.i.* занима́ться *imp.*, заня́ться (займу́сь, -мёшься; заня́лся, -ла́сь) *perf.* иссле́довательской рабо́той; r. into, иссле́довать *imp.*, *perf.* + *acc.* **researcher** *n.* иссле́дователь *m.*

resemblance *n.* схо́дство. **resemble** *v.t.* походи́ть (-ожу́, -о́дишь) *imp.* на + *acc.*

resent *v.t.* (*be indignant*) негодова́ть *imp.* на + *acc.*, про́тив + *gen.*; (*take offence*) обижа́ться *imp.*, оби́деться (-и́жусь, -и́дишься) *perf.* на + *acc.*

resentful *adj.* оби́дчивый. **resentment** *n.* негодова́ние; оби́да.

reservation *n.* (*proviso etc.*) огово́рка; (*booking*) предвари́тельный зака́з; (*tract of land*) резерва́ция. **reserve** *v.t.* (*postpone*) откла́дывать *imp.*, отложи́ть (-жу́, -жишь); (*keep in stock*) резерви́ровать *imp.*, *perf.*; (*book*) зара́нее зака́зывать *imp.*, заказа́ть (-ажу́, -а́жешь) *perf.*; брони́ровать *imp.*, за ~ *perf.*; *n.* (*stock*; *mil.*) запа́с, резе́рв; (*sport*) запасно́й игро́к (-а́); (*nature r. etc.*) запове́дник; (*proviso*) огово́рка; (r. price) ни́зшая отплата́ная цена́ (*acc.* -ну); (*self-restraint*) сде́ржанность; *attrib.* запасно́й, запа́сный, резе́рвный. **reserved** *adj.* (*person*) сде́ржанный (-ан, -анна).

reservist *n.* резерви́ст. **reservoir** *n.* резервуа́р, водохрани́лище; (*of knowledge etc.*) запа́с.

reside *v.i.* прожива́ть *imp.*; принадлежа́ть (-жи́т) *imp.* (in, + *dat.*). **residence** *n.* (*residing*) прожива́ние; (*abode*) местожи́тельство; (*official r. etc.*) резиде́нция. **resident** *n.* (постоя́нный) жи́тель *m.*, ~ ница *f.*; *adj.* прожива́ющий; (*population*) постоя́нный; r. physician, врач, живу́щий при больни́це. **residential** *adj.* жило́й; r. qualification, ценз осе́длости.

residual *adj.* оста́точный. **residuary** *adj.* (of estate) оста́вшееся. **residue** *n.* оста́ток (-тка); (of estate) оста́вшееся насле́дство.

resign *v.t.* отказываться *imp.*, отказа́ться (-ажу́сь, -а́жешься) *perf.* от + *gen.*; *v.i.* уходи́ть (-ожу́, -о́дишь) *imp.*, уйти́ (уйду́, -дёшь; ушёл, ушла́) *perf.* в отста́вку; (*chess*) сдава́ть (сдаю́, сдаёшь) *imp.*, сдать (-а́м, -а́шь, -а́ст, -ади́м; сдал, -а́, -о) *perf.* па́ртию; r. oneself to, покоря́ться *imp.*, покори́ться *perf.* + *dat.* **resignation** *n.* отста́вка, заявле́ние об отста́вке; (*being resigned*) поко́рность; (*chess*) сда́ча. **resigned** *adj.* поко́рный.

resilient *adj.* упру́гий; (*person*) неуныва́ющий.

resin *n.* смола́ (*pl.* -лы). **resinous** *adj.* смоли́стый.

resist v.t. сопротивляться imp.+dat.; не поддаваться (-даюсь, -даёшься) imp.+dat. **resistance** n. сопротивление; (r. movement) движение сопротивления. **resistant** adj. прочный (-чен, -чна, -чно, -прочны). **resistor** n. резистор.

resolute adj. решительный. **resolution** n. (character) решительность, решимость; (at meeting etc.) резолюция; (of problem; mus.) разрешение. **resolve** v.t. решать imp., решить perf.; разрешать imp., разрешить perf.; v.t. & i. (decide) решаться imp., решиться perf.+inf., на+acc.; (of meeting etc.) выносить (-ит) imp., вынести (-сет; -с) perf. резолюцию; n. решение.

resonance n. резонанс. **resonant** adj. раздающийся; звучный (-чен, -чна, -чно). **resonate** v.i. резонировать imp.

resort v.i. r. to, прибегать imp., прибегнуть (-г(нул), -гла) perf. к+dat.; (visit) (часто) посещать imp.+acc.; n. (expedient) средство; (health r. etc.) курорт; in the last r., в крайнем случае; without r. to, не прибегая к+dat.

resound v.i. (of sound etc.) раздаваться (-даётся) imp., раздаться (-астся, -адутся; -ался, -алась) perf.; (of place etc.) оглашаться imp., огласиться perf. (with, +instr.).

resource n. (usu. pl.) ресурс, средство; (expedient) средство, возможность; (ingenuity) находчивость. **resourceful** adj. находчивый.

respect n. (relation) отношение; (esteem) уважение; in r. of, with r. to, что касается+gen., в отношении+gen.; v.t. уважать imp.; почитать imp. **respectability** n. почтенность, респектабельность. **respectable** adj. почтенный (-нен, -нна), респектабельный. **respectful** adj. почтительный. **respective** adj. соответственный (-ен, -енна). **respectively** adv. соответственно.

respiration n. дыхание; artificial r., искусственное дыхание. **respirator** n. респиратор.

respite n. передышка.

resplendent adj. блестящий, сверкающий.

respond v.i. r. to, отзываться imp., отозваться (отзовусь, -вёшься; отозвался, -алась, -алось) perf. на+acc.; реагировать imp., про-, от- perf. на+acc. **respondent** n. ответчик, -ица. **response** n. ответ; отклик. **responsibility** n. ответственность, обязанность. **responsible** adj. ответственный (-ен, -енна) (to, перед+instr.; for, за+acc.). **responsive** adj. отзывчивый.

rest[1] v.i. отдыхать imp., отдохнуть perf.; покоиться imp. (upon, на+prep.); v.t. (place) класть (-аду, -адёшь; -ал) imp., положить (-жу, -жишь) perf.; (allow to r.) давать (даю, даёшь) imp., дать (дам, дашь, даст, дадим; дал, -а, дало, -и) perf. отдых+dat.; n. (repose) отдых; (peace) покой; (mus.) пауза; (support) опора, подставка.

rest[2] n. (the remainder) остаток (-тка), остальное sb.; (the others) остальные sb., другие sb.; for the r., что касается остального, что до остального.

restaurant n. ресторан.

restful adj. спокойный, тихий (тих, -а, -о); (soothing) успокаивающий.

restitution n. (restoring) возвращение; (reparation) возмещение убытков.

restive adj. (horse) норовистый; (person; restless) беспокойный; (wilful) своенравный.

restless adj. беспокойный; (uneasy) неспокойный, тревожный.

restoration n. реставрация, восстановление. **restore** v.t. реставрировать imp., perf.; восстанавливать imp., восстановить (-влю, -вишь) perf.

restrain v.t. сдерживать imp., сдержать (-жу, -жишь) perf.; удерживать imp., удержать (-жу, -жишь) perf. (from, от+gen.). **restraint** n. (reserve) сдержанность; (restriction) ограничение; (confinement) заключение; without r., свободно, не в удержу.

restrict v.t. ограничивать imp., ограничить perf. **restriction** n. ограничение. **restrictive** adj. ограничительный.

result v.i. следовать imp.; происходить (-ит) imp., произойти (-ойдёт; -ошёл, -ошла) perf. в результате; r. in, кончаться imp., кончиться perf.+instr.

n. результа́т.
resume *v.t.* возобновля́ть *imp.*, возобнови́ть *perf.* **résumé** *n.* резюме́ *neut.indecl.* **resumption** *n.* возобновле́ние.
resurrect *v.t.* воскреша́ть *imp.*, воскреси́ть *perf.* **resurrection** *n.* (*of the dead*) воскресе́ние; (*to memory etc.*) воскреше́ние.
resuscitate *v.t.* приводи́ть (-ожу́, -о́дишь) *imp.*, привести́ (-еду́, -едёшь; -ёл, -ела́) *perf.* в созна́ние.
retail *n.* ро́зничная прода́жа; *attrib.* ро́зничный; *adv.* в ро́зницу; *v.t.* продава́ть (-даю́, -даёшь) *imp.*, прода́ть (-а́м, -а́шь, -а́ст, -ади́м; про́дал, -а́, -о) *perf.* в ро́зницу; *v.i.* продава́ться (-даётся) *imp.* в ро́зницу. **retailer** *n.* ро́зничный торго́вец (-вца).
retain *v.t.* уде́рживать *imp.*, удержа́ть (-жу́, -жишь) *perf.*; (*preserve*) сохраня́ть *imp.*, сохрани́ть *perf.*
retaliate *v.i.* отпла́чивать *imp.*, отплати́ть (-ачу́, -а́тишь) *perf.* тем же (са́мым); (*make reprisals*) применя́ть *imp.*, примени́ть (-ню́, -нишь) *perf.* репресса́лии. **retaliation** *n.* отпла́та, возме́здие.
retard *v.t.* замедля́ть *imp.*, заме́длить *perf.* **retarded** *adj.* отста́лый.
retch *v.i.* рвать (рвёт, рва́ло) *imp. impers.* + *acc.*
retention *n.* удержа́ние; (*preservation*) сохране́ние. **retentive** *adj.* уде́рживающий; (*memory*) хоро́ший.
reticence *n.* (*restraint*) сде́ржанность; (*secretiveness*) скры́тность. **reticent** *adj.* сде́ржанный (-ан, -анна); скры́тный.
reticulated *adj.* се́тчатый. **reticulation** *n.* се́тчатый узо́р, се́тчатое строе́ние.
retina *n.* сетча́тка.
retinue *n.* сви́та.
retire *v.i.* (*withdraw*) уединя́ться *imp.*, уедини́ться *perf.*; (*from office etc.*) уходи́ть (-ожу́, -о́дишь) *imp.*, уйти́ (уйду́, -дёшь; ушёл, ушла́) *perf.* в отста́вку. **retired** *adj.* отставно́й, в отста́вке. **retirement** *n.* отста́вка. **retiring** *adj.* скро́мный (-мен, -мна́, -мно).

retort[1] *v.t.* отвеча́ть *imp.*, отве́тить *perf.* тем же (оп, на + *acc.*); *v.i.* возража́ть *imp.*, возрази́ть *perf.*; *n.* возраже́ние; (*reply*) нахо́дчивый отве́т, остроу́мная ре́плика.
retort[2] *n.* (*vessel*) рето́рта.
retouch *v.t.* ретуши́ровать *imp.*, *perf.*, от ~ *perf.*
retrace *v.t.*: r. one's steps, возвраща́ться *imp.*, возврати́ться (-ащу́сь, -ати́шься) *perf.*
retract *v.t.* (*draw in*) втя́гивать *imp.*, втяну́ть (-яну́, -я́нешь) *perf.*; (*take back*) брать (беру́, -рёшь; брал, -а́, -о) *imp.*, взять (возьму́, -мёшь; взял, -а́, -о) *perf.* наза́д.
reread *v.t.* (*tyre*) возобновля́ть *imp.*, возобнови́ть *perf.* протéктор + *gen.*; *n.* ши́на с возобновлённым протéктором.
retreat *v.i.* отступа́ть *imp.*, отступи́ть (-плю́, -пишь) *perf.*; *n.* отступле́ние; (*signal*) отбо́й; (*withdrawal*) уедине́ние; (*refuge*) убе́жище.
retrench *v.t.* & *i.* сокраща́ть *imp.*, сократи́ть (-ащу́, -ати́шь) *perf.* (расхо́ды). **retrenchment** *n.* сокраще́ние расхо́дов.
retribution *n.* возме́здие, ка́ра.
retrieval *n.* (*recovery*) восстановле́ние; (*computing*) по́иск (информа́ции); (*repair*) исправле́ние; *v.t.* восстана́вливать *imp.*, восстанови́ть (-влю́, -вишь) *perf.*; (*repair*) исправля́ть *imp.*, испра́вить *perf.*
retroactive *adj.* (*leg.*) име́ющий обра́тную си́лу. **retrograde** *adj.* регресси́вный. **retrogress** *v.i.* дви́гаться (-а́юсь, -а́ешься & дви́жусь, -жешься) *imp.* наза́д; регресси́ровать *imp.* **retrorocket** *n.* реторакета. **retrospect** *n.* ретроспекти́вный взгляд; *in r.*, ретроспекти́вно. **retrospective** *adj.* обращённый (-ён, -ена́) в про́шлое, ретроспекти́вный; (*leg.*) име́ющий обра́тную си́лу.
return *v.t.* & *i.* (*give back*; *come back*) возвраща́ть(ся) *imp.*, возврати́ть(ся) (-ащу́(сь), -ати́шь(ся)) *imp.*, верну́ть(ся) *perf.*; *v.t.* (*reply to*) отвеча́ть *imp.*, отве́тить *perf.* на + *acc.*; (*elect*)

reunion избирáть *imp.*, избрáть (изберý, -рёшь; избрáл, -á, -о) *perf.*; *n.* возвращéние; возврáт; (*proceeds*) прибыль; *by r.*, обрáтной пóчтой; *in r.*, взамéн (*for*, за + *acc.*); *r. match*, отвéтный матч; *r. ticket*, обрáтный билéт.

reunion *n.* встрéча (друзéй и т.п.); *family r.*, сбор всей семьи. **reunite** *v.t.* воссоединя́ть *imp.*, воссоедини́ть *perf.*

rev *n.* оборóт; *v.t. & i.*: *r. up*, ускоря́ть *imp.*, ускóрить *perf.* (двигатель *m.*)

revanchism *n.* реванши́зм. **revanchist** *n.* реванши́ст.

reveal *v.t.* обнарýживать *imp.*, обнарýжить *perf.*; раскрывáть *imp.*, раскры́ть (-рóю, -рóешь) *perf.*

reveille *n.* подъём.

revel *v.i.* пировáть *imp.*; *r. in*, наслаждáться *imp.* + *instr.*

revelation *n.* откровéние; откры́тие; *R.* (*eccl.*) апокáлипсис.

revenge *v.t.*: *r. oneself*, мстить *imp.*, ото~ *perf.* (*for*, за + *acc.*; *on*, + *dat.*); *n.* месть, отомщéние. **revengeful** *adj.* мсти́тельный.

revenue *n.* дохóд; *adj.* тамóженный.

reverberate *v.t. & i.* отражáть(ся) *imp.* **reverberation** *n.* отражéние; (*fig.*) óтзвук.

revere *v.t.* почитáть *imp.*, глубокó уважáть *imp.* **reverence** *n.* благоговéние; почтéние. **reverend** *adj.* (*in title*) (егó) преподóбие. **reverential** *adj.* благоговéйный.

reverie *n.* мечты́ (*gen.* -тáний) *f.pl.*

reversal *n.* пóлное изменéние; (*of decision*) отмéна. **reverse** *adj.* обрáтный; *r. gear*, зáдний ход; *v.t.* изменя́ть *imp.*, измени́ть (-ню́, -нишь) *perf.* на обрáтный; (*revoke*) отменя́ть *imp.*, отмени́ть (-ню́, -нишь) *perf.*; *v.i.* давáть (даю́, даёшь) *imp.*, дать (дам, дашь, даст, дади́м; дал, -á, дáло, -и) *perf.* зáдний ход; *n.* (*the r.*) обрáтное *sb.*, противоположное *sb.*; (*r. gear*) зáдний ход; (*r. side*) обрáтная сторонá (*acc.* -ону, *pl.* -оны, -óн, -онáм); (*misfortune*) неудáча; (*defeat*) поражéние. **reversible** *adj.* обрати́мый; (*cloth*) двусторóнний. **reversion** *n.* возвращéние, ревéрсия. **revert** *v.i.* возвращáться (-ащýсь, -ати́шься) *imp.* (*to*, в + *acc.*, к + *dat.*); (*leg.*) переходи́ть (-ит) *imp.*, перейти́ (-йдёт; -ешёл, -ешлá) *perf.* к прéжнему владéльцу.

review *n.* (*leg.*) пересмóтр; (*mil.*) смотр, парáд; (*survey*) обзóр, обозрéние; (*criticism*) рецéнзия; (*periodical*) журнáл; *v.t.* (*leg.*) пересмáтривать *imp.*, пересмотрéть (-рю́, -ришь) *perf.*; (*survey*) обозревáть *imp.*, обозрéть (-рю́, -ри́шь) *perf.*; (*of troops etc.*) принимáть *imp.*, приня́ть (примý, -мешь; при́нял, -á, -о) *perf.* парáд + *gen.*; (*book etc.*) рецензи́ровать *imp.*, про~ *perf.* **reviewer** *n.* рецензéнт.

revise *v.t.* пересмáтривать *imp.*, пересмотрéть (-рю́, -ришь) *perf.*; исправля́ть *imp.*, испрáвить (-влю, -вишь) *perf.*; читáть корректýру. **revision** *n.* пересмóтр, исправлéние.

revival *n.* возрождéние; (*to life etc.*) оживлéние. **revive** *v.t.* возрождáть *imp.*, возроди́ть *perf.*; оживля́ть *imp.*, оживи́ть *perf.*; *v.i.* оживáть *imp.*, ожи́ть (оживý, -вёшь; óжил, -á, -о) *perf.*

revocation *n.* отмéна. **revoke** *v.t.* отменя́ть *imp.*, отмени́ть (-ню́, -нишь) *perf.*; *v.i.* (*cards*) объявля́ть *imp.*, объяви́ть (-влю́, -вишь) *perf.* ренóнс.

revolt *n.* бунт, мятéж (-á); *v.t.* вызывáть *imp.*, вы́звать (вы́зову, -вешь) *perf.* отвращéние у + *gen.*; *v.i.* бунтовáть *imp.*, взбунтовáться *perf.* **revolting** *adj.* отврати́тельный.

revolution *n.* (*motion*) вращéние; (*single turn*) оборóт; (*polit. etc.*) револю́ция. **revolutionary** *adj.* революциóнный; *n.* революционéр. **revolutionize** *v.t.* революционизи́ровать *imp.*, *perf.* **revolve** *v.t. & i.* вращáть(ся) *imp.* **revolver** *n.* револьвéр.

revue *n.* ревю́ *neut.indecl.*

revulsion *n.* (*change*) внезáпное рéзкое изменéние; (*dislike*) отвращéние.

reward *n.* награ́да, вознаграждéние; *v.t.* (воз)награждáть *imp.*, (воз)награди́ть *perf.*

rewrite *v.t.* (*recast*) переделывать *imp.*, передéлать *perf.*

rhapsodize *v.i.*: r. *over*, восторга́ться *imp.*+*instr.* **rhapsody** *n.* (*mus.*) рапсо́дия; *pl.* восхище́ние.

rhesus *n.* ре́зус; *in comb.* ре́зус-.

rhetoric *n.* рито́рика. **rhetorical** *adj.* ритори́ческий.

rheumatic *adj.* ревмати́ческий. **rheumatism** *n.* ревмати́зм. **rheumatoid** *adj.* ревмато́идный.

rhinestone *n.* иску́сственный бриллиа́нт.

rhino, rhinoceros *n.* носоро́г.

rhizome *n.* ризо́ма, корневи́ще.

rhododendron *n.* рододе́ндрон.

rhomb *n.* ромб. **rhombic** *adj.* ромби́ческий. **rhomboid** *adj.* ромбо́ид. **rhombus** *n.* ромб.

rhubarb *n.* реве́нь (-ня́) *m.*

rhyme *n.* ри́фма; (*verse*) рифмо́ванные стихи́ *m.pl.*; *v.t.* рифмова́ть *imp.*, с~ *perf.*; *v.i.* рифмова́ться *imp.*

rhythm *n.* ритм, ритми́чность. **rhythmic(al)** *adj.* ритми́ческий, -чный.

rib *n.* ребро́ (*pl.* рёбра, -бер, -брам); (*of umbrella*) спи́ца; (*knitting etc.*) рубчик; (*of leaf*) жи́лка; (*of ship*) шпанго́ут (*also collect.*).

ribald *adj.* непристо́йный.

ribbon *n.* ле́нта. *pl.* (*reins*) во́жжи (-же́й) *pl.*; *pl.* (*shreds*) кло́чья (-ьев) *m.pl.*; r. development, ле́нточная застро́йка.

riboflavin *n.* рибофлави́н.

ribonucleic *adj.* рибонуклеи́новый.

rice *n.* рис; *attrib.* ри́совый.

rich *adj.* бога́тый (-а́т, -а́та, -а́то); (*soil*) ту́чный (-чен, -чна́, -чно); (*food*) жи́рный (-рен, -рна́, -рно); (*amusing*) заба́вный. **riches** *n.* бога́тство. **richly** *adv.* (*fully*) вполне́.

rick[1] *n.* стог (*loc.* -е & -у́; *pl.* -а́), скирд(а́) (-а́ & -ы́; *pl.* скирды́, -д(о́в), -да́м).

rick[2] *v.t.* растя́гивать *imp.*, растяну́ть (-ну́, -нешь) *perf.*

rickets *n.* рахи́т. **rickety** *adj.* рахити́чный; (*shaky*) расша́танный.

rickshaw *n.* ри́кша.

ricochet *n.* рикоше́т; *v.i.* рикошети́ровать *imp.*, с~ *perf.*

rid *v.t.* освобожда́ть *imp.*, освободи́ть *perf.* (of, от + *gen.*); get r. of, избавля́ться *imp.*, изба́виться *perf.* от + *gen.*

riddance *n.*: good r.! ска́тертью доро́га!

riddle[1] *n.* (*enigma*) зага́дка.

riddle[2] *n.* (*sieve*) гро́хот; *v.t.* (*sift*) грохоти́ть *imp.*, про~ *perf.*; (*with bullets etc.*) изреше́чивать *imp.*, изреше́тить *perf.*

ride *v.i.* е́здить *indet.*, е́хать (е́ду, е́дешь) *det.*, по~ *perf.* (*on horseback*, верхо́м); (*lie at anchor*) стоя́ть (-ои́т) *imp.* на я́коре; *v.t.* е́здить *indet.*, е́хать (е́ду, е́дешь) *det.*, по~ *perf.* в, на, + *prep.*; *n.* пое́здка, езда́. **rider** *n.* вса́дник, -ица; (*clause*) дополне́ние.

ridge *n.* хребе́т (-та́), гре́бень (-бня) *m.*; (*of roof*) конёк (-нька́); r.-pole, (*of tent*) растя́жка; r.-tile, конько́вая черепи́ца.

ridicule *n.* насме́шка; *v.t.* осме́ивать *imp.*, осмея́ть (-ею́, -еёшь) *perf.* **ridiculous** *adj.* неле́пый, смешно́й (-шо́н, -шна́).

riding[1] *n.* (*division of county*) ра́йдинг.

riding[2] *n.* (*horse-r.*) верхова́я езда́; r.-habit, амазо́нка; r.-light, я́корный ого́нь (огня́) *m.*

Riesling *n.* ри́слинг (-а(у)).

rife *predic.* широко́ распространён (-а́), обы́чен (-чна); be r. with, изоби́ловать *imp.*+*instr.*

riff-raff *n.* подо́нки (-ков) *pl.*

rifle *v.t.* (*search*) обы́скивать *imp.*, обыска́ть (-ыщу́, -ы́щешь) *perf.*; (*a gun*) нареза́ть *imp.*, наре́зать (-е́жу, -е́жешь) *perf.* *n.* винто́вка; *pl.* стрелки́ *m.pl.*; r.-range, стре́льбище.

rift *n.* тре́щина; (*dispute*) разры́в.

rig *v.t.* оснаща́ть *imp.*, оснасти́ть *perf.*; r. out, наряжа́ть *imp.*, наряди́ть (-яжу́, -я́дишь) *perf.*; r. up, стро́ить *imp.*, по~ *perf.* из чего́ попа́ло; *n.* бурова́я устано́вка. **rigging** *n.* такела́ж.

right *adj.* (*position; justified; polit.*) пра́вый (прав, -а́, -о); (*correct*) пра́вильный; (*appropriate*) ну́жный (-жен, -жна́, -жно, -жны́); (*suitable*) подходя́щий; in one's r. mind, в здра́вом уме́; r. angle, прямо́й у́гол (угла́); r. side, (*of cloth*) лицева́я сторона́ (*acc.* -ону); *v.t.* исправля́ть *imp.*, испра́вить *perf.*; *n.* пра́во (*pl.* -ва́); (r.

righteous *adj.* (*person*) пра́ведный; (*action*) справедли́вый.

rightful *adj.* зако́нный.

rigid *adj.* жёсткий (-ток, -тка́, -тко), негну́щийся; (*strict*) стро́гий (-г, -га́, -го). **rigidity** *n.* жёсткость; стро́гость.

rigmarole *n.* бессмы́сленная, несвя́зная, болтовня́.

rigor mortis *n.* тру́пное окочене́ние.

rigorous *adj.* стро́гий (-г, -га́, -го), суро́вый. **rigour** *n.* стро́гость, суро́вость.

rill *n.* ручеёк (-ейка́).

rim *n.* (*of wheel*) о́бод (*pl.* обо́дья, -ьев); (*spectacles*) опра́ва. **rimless** *adj.* без опра́вы.

rind *n.* кожура́, ко́рка.

ring[1] *n.* кольцо́ (*pl.* -льца, -ле́ц, -льцам); (*circle*) круг (*loc.* -у́; *pl.* -и́); (*boxing*) ринг; (*circus*) цирково́й аре́на; *r.-dove*, вя́хирь *m.*; *r.-finger*, безымя́нный па́лец (-льца); *r.-master*, инспе́ктор (*pl.* -а́ & -ы) мане́жа; *r. road*, кольцева́я доро́га; *v.t.* (*encircle*) окружа́ть *imp.*, окружи́ть *perf.* (кольцо́м).

ring[2] *v.i.* (*sound*) звене́ть (-ни́т) *imp.*, про~ *perf.*; звони́ть *imp.*, по~ *perf.*; (*of shot etc.*) раздава́ться (-даётся) *imp.*, разда́ться (-а́стся, -аду́тся; -а́лся, -ала́сь) *perf.*; (*of place*) оглаша́ться *imp.*, огласи́ться *perf.* (with, +*instr.*); *v.t.* звони́ть *imp.*, по~ *perf.* в+*acc.*; *r. off*, дава́ть (даю́, даёшь) *imp.*, дать (дам, дашь, даст, дади́м; дал, -а́, -да́ло́, -и) *perf.* отбо́й; *r. up*, звони́ть *imp.*, по~ *perf.*+*dat.*; *n.* звон, звоно́к (-нка́).

ringleader *n.* глава́рь (-ря́) *m.*, зачи́нщик.

ringlet *n.* (*of hair*) ло́кон.

ringworm *n.* стригу́щий лиша́й (-ая́).

rink *n.* като́к (-тка́).

rinse *v.t.* полоска́ть (-ощу́, -о́щешь) *imp.*, вы́~, про~ *perf.*; *n.* полоска́ние; (*for hair*) кра́ска для воло́с.

riot *n.* бунт; *run r.*, бу́йствовать *imp.*, переступа́ть *imp.*, переступи́ть (-плю́, -пишь) *perf.* все грани́цы; (*of plants*) бу́йно разраста́ться *imp.*, разрасти́сь (-тётся; разро́сся, -сла́сь) *perf.*; *v.i.* бунтова́ть *imp.*, взбунтова́ться *perf.* **riotous** *adj.* бу́йный (бу́ен, буйна́, -но).

rip *v.t.* & *i.* рвать(ся) (рву, рвёт(ся); -ал(ся), -ала́(сь), -а́ло́/-ало́сь) *imp.*; поро́ть(ся) (-рю́, -рет(ся)) *imp.*; *v.t.* (*tear up*) разрыва́ть *imp.*, разорва́ть (-ву́, -вёшь; разорва́л, -а́, -о) *perf.*; *v.i.* (*rush*) мча́ться (мчусь) *imp.*; *n.* проре́ха, разре́з; *r.-cord*, вытяжно́й трос.

ripe *adj.* зре́лый (зрел, -а́, -о), спе́лый (спел, -а́, -о). **ripen** *v.t.* де́лать *imp.*, с~ *perf.* зре́лым; *v.i.* созрева́ть *imp.*, созре́ть *perf.* **ripeness** *n.* зре́лость.

ripple *n.* рябь; *v.t.* & *i.* покрыва́ть(ся) *imp.*, покры́ть(ся) (-ро́ет(ся)) *perf.* ря́бью.

rise *v.i.* поднима́ться *imp.*, подня́ться (-ниму́сь, -ни́мешься; -ня́лся, -няла́сь) *perf.*; повыша́ться *imp.*, повы́ситься *perf.*; (*get up*) встава́ть (-таю́, -таёшь) *imp.*, встать (-а́ну, -а́нешь) *perf.*; (*rebel*) восстава́ть (-таю́, -таёшь) *imp.*, восста́ть (-а́ну, -а́нешь) *perf.*; (*sun etc.*) в(о)сходи́ть (-ит) *imp.*, взойти́ (-йдёт; взошёл, -шла́) *perf.*; (*wind*) уси́ливаться *imp.*, уси́литься *perf.*; *n.* подъём, возвыше́ние; (*in pay*) приба́вка; (*of sun etc.*) восхо́д. **riser** *n.* (*of stairs*) подсту́пень; *he is an early r.*, он ра́но встаёт. **rising** *n.* (*revolt*) восста́ние.

risk *n.* риск; *v.t.* рискова́ть *imp.*, рискну́ть *perf.*+*instr.* **risky** *adj.* риско́ванный (-ан, -анна).

risqué *adj.* непристо́йный.

rissole *n.* котлéта.
rite *n.* обря́д. **ritual** *n.* ритуа́л; *adj.* ритуа́льный, обря́довый.
rival *n.* сопéрни|к, -ица; конкурéнт, ~ка; *adj.* сопéрничающий; *v.t.* сопéрничать *imp.* c+*instr.*, конкури́ровать *imp.* c+*instr.* **rivalry** *n.* сопéрничество.
river *n.* рекá (*acc.* рéку; *pl.* рéки, рек, рéкáм); *adj.* речнóй. **riverside** *n.* прибрéжная полосá (*acc.* полосу́; *pl.* -осы, -óс, -осáм); *attrib.* прибрéжный.
rivet *n.* заклёпка; *v.t.* клепáть *imp.*, за-, с-, клёпывать *imp.*, за-, с-, клепáть *perf.*; (*attention etc.*) прико́вывать *imp.*, прикова́ть (-кую́, -куёшь) *perf.* (on, к+*dat.*).
rivulet *n.* рéчка, ручеёк (-ейкá).
RNA *abbr.* рибонуклеи́новая кислотá.
roach *n.* (*fish*) плотвá.
road *n.* доро́га, путь (-тú, -тём) *m.*; (*highway*) шоссé *neut.indecl.*; (*central part*; *carriageway*) мостовáя *sb.*; (*street*) у́лица; (*naut.*) рейд; **r.-block**, загражде́ние на доро́ге; **r.-hog**, лиха́ч (-á); **r.-house**, придоро́жный буфéт, придоро́жная гости́ница; **r.-map**, áтлас автомоби́льных доро́г; **r. sense**, чу́вство доро́ги; **r. sign**, доро́жный знак. **roadman** *n.* доро́жный рабо́чий *sb.* **roadside** *n.* обо́чина; *attrib.* придоро́жный. **roadstead** *n.* рейд. **roadway** *n.* мостова́я *sb.*
roam *v.t. & i.* броди́ть (-ожу́, -о́дишь) *imp.* (по+*dat.*); скита́ться *imp.* (по+*dat.*).
roan *adj.* ча́лый.
roar *n.* (*animal's*) рёв; (*other noise*) гро́хот, шум; *v.i.* реве́ть (-ву́, -вёшь) *imp.*; грохота́ть (-очу́, -о́чешь) *imp.*, про~ *perf.*
roast *v.t. & i.* жа́ри|ть(ся) *imp.*, за-, из~ *perf.*; *adj.* жа́реный; **r. beef**, ро́стбиф; *n.* жарко́е *sb.*, жа́реное *sb.*
rob *v.t.* гра́бить *imp.*, о~ *perf.*; красть (-аду́, -адёшь; -ал) *imp.*, у~ *perf.* у+*gen.* (of, +*acc.*); (*deprive*) лиша́ть *imp.*, лиши́ть *perf.* (of, +*gen.*). **robber** *n.* граби́тель *m.* **robbery** *n.* грабёж (-á).
robe *n.* (*also pl.*) ма́нтия.
robin *n.* мали́новка.

robot *n.* ро́бот.
robust *adj.* здоро́вый (-в, -ва́), кре́пкий (-пок, -пка́, -пко).
rock[1] *n.* (*geol.*) (го́рная) поро́да; (*cliff etc.*) скала́ (*pl.* -лы); (*large stone*) большо́й ка́мень (-мня; *pl.* -мни, -мне́й) *m.*; **on the rocks**, на мели́; (*drink*) со льдом; **r.-bottom**, са́мый ни́зкий; **r.-crystal**, го́рный хруста́ль (-ля́) *m.*; **r.-salt**, ка́менная соль.
rock[2] *v.t. & i.* кача́|ть(ся) *imp.*, качну́|ть(ся) *perf.*; (*sway*) колеба́|ть(ся) (-блю́(сь), -блешь(ся)) *imp.*, по~ *perf.*; **r. to sleep**, ука́чивать *imp.*, укача́ть *perf.*; **rocking-chair** (кре́сло-)кача́лка; **rocking-horse**, конь-кача́лка; **r. and roll**, рок-н-ро́лл.
rockery *n.* сад (*loc.* -у́; *pl.* -ы́) камне́й.
rocket *n.* раке́та. **rocketry** *n.* раке́тная те́хника.
rocky *adj.* скали́стый; (*unsteady*) неусто́йчивый.
rococo *n.* рококо́ *neut.indecl.*; *adj.* в сти́ле рококо́.
rod *n.* прут (-á; *pl.* -ья, -ьев); (*for caning*) ро́зга; (*tech.*) сте́ржень (-жня) *m.*; (*fishing-r.*) у́дочка.
rodent *n.* грызу́н (-á).
rodeo *n.* роде́о *neut.indecl.*
roe[1] *n.* (*hard*) икра́; (*soft*) моло́ки (-о́к) *pl.*
roe[2] (-deer) *n.* косу́ля. **roebuck** *n.* саме́ц (-мца́) косу́ли.
roentgen *n.* рентге́н (*gen.pl.* -н & -нов). **roentgenography** *n.* рентгеногра́фия. **roentgenology** *n.* рентгеноло́гия.
rogue *n.* плут (-á), **roguish** *adj.* плуто́вско́й; (*mischievous*) прока́зливый.
role *n.* роль (*pl.* -ли, -ле́й).
roll[1] *n.* (*cylinder*) руло́н; (*document*) сви́ток (-тка); (*register*) спи́сок (-ска, ре́естр; (*bread*) *r.* бу́лочка; **r.-call**, перекли́чка.
roll[2] *v.t. & i.* ката́ть *indet.*, кати́|ть(ся) (качу́(сь), ка́тишь(ся)) *det.*, по~ *perf.*; (**r. up**) свёртыва|ть(ся) *imp.*, сверну́|ть(ся) *perf.*; *v.t.* (*road*) ука́тывать *imp.*, уката́ть *perf.*; (*metal*) прока́тывать *imp.*, проката́ть *perf.*; (*dough*) раска́тывать *imp.*, раската́ть *perf.*; *v.i.* (*sound*) греме́ть (-ми́т) *imp.*; *n.* ката́ние; (*of thunder*) раска́т.

roller *n.* ва́лик; (*wave*) вал (*loc.* -ý; *pl.* -ы́); *pl.* (*for hair*) бигуди́ *neut.indecl.*; *r. bearing*, ро́ликовый подши́пник; *r.-skates*, ро́лики *m.pl.*, коньки́ *m.pl.* на ро́ликах; *r. towel*, полоте́нце на ро́лике.

rollicking *adj.* разуха́бистый.

rolling *adj.* (*of land*) холми́стый; *r.-mill*, прока́тный стан; *r.-pin*, ска́лка; *r.-stock*, подвижно́й соста́в.

Roman *n.* ри́млянин (*pl.* -яне, -ян), -я́нка; *adj.* ри́мский; *R. alphabet*, лати́нский алфави́т; *R. Catholic*, (*n.*) като́лик, -и́чка, (*adj.*) ри́мско-католи́ческий; *r. type*, прямо́й, све́тлый шрифт.

romance *n.* (*tale; love affair*) рома́н; (*quality*) рома́нтика; (*mus.*) рома́нс. **R. languages**, рома́нские языки́ *m.pl.*

Romanesque *adj.* рома́нский.

Romanian *n.* румы́н (*gen.pl.* -н), ~ка; *adj.* румы́нский.

romantic *adj.* романти́чный, -ческий. **romanticism** *n.* романти́зм.

romp *v.i.* вози́ться (вожу́сь, во́зишься) *imp.*; *r. home*, с лёгкостью вы́играть *perf.*

rondo *n.* (*mus.*) ро́ндо *neut.indecl.*

Röntgen *n.*: *R. rays*, рентге́новские лучи́ *m.pl.*; (*r.*) *see* **roentgen**.

rood *n.* распя́тие; *r.-loft*, хо́ры (-р -ров) *pl.* в це́ркви; *r.-screen*, перегоро́дка в це́ркви.

roof *n.* кры́ша, кро́вля (*gen.pl.* -вель); *r. of the mouth*, нёбо; *v.t.* крыть (кро́ю, -о́ешь) *imp.*, покры́вать *imp.*, покры́ть (-ро́ю, -ро́ешь) *perf.*

rook[1] *n.* (*chess*) ладья́.

rook[2] *n.* (*orn.*) грач (-á). **rookery** *n.* грачо́вник.

room *n.* (*in house*) ко́мната; *pl.* помеще́ние; (*space*) ме́сто; (*opportunity*) возмо́жность. **roomy** *adj.* просто́рный.

roost *n.* насе́ст.

root[1] *n.* (*var. senses*) ко́рень (-рня; *pl.* -рни, -рне́й) *m.*; (*mus.*) основно́й тон (акко́рда); (*plant*) корнепло́д. *r. and branch*, коренны́м о́бразом; *r.-stock*, корневи́ще; *v.i.* пуска́ть (-ит) *perf.* ко́рни; *r. to the spot*, пригвожда́ть *imp.*, пригвозди́ть *perf.* к ме́сту.

root[2] *v.i.* (*rummage*) ры́ться (ро́юсь, ро́ешься) *imp.*

rope *n.* верёвка, кана́т, трос; *r.-dancer*, канатохо́дец (-дца); *r.-ladder*, верёвочная ле́стница; *v.t.* привя́зывать *imp.*, привяза́ть (-яжу́, -я́жешь) *perf.*; *r. in, off*, о(т)гора́живать *imp.*, о(т)городи́ть (-ожу́, -о́дишь) *perf.* кана́том.

rosary *n.* (*eccl.*) чётки (-ток) *pl.*

rose *n.* ро́за; (*nozzle*) се́тка; *pl.* (*complexion*) румя́нец (-нца); *r.-bud*, буто́н ро́зы; *r.-coloured*, ро́зовый; *r.-water*, ро́зовая вода́ (*acc.* -ду); *r.-window*, розе́тка.

rosemary *n.* розмари́н.

rosette *n.* розе́тка.

rosewood *n.* ро́зовое де́рево.

rosin *n.* канифо́ль; *v.t.* натира́ть *imp.*, натере́ть (-ру́, -рёшь; -тёр) *perf.* канифо́лью.

roster *n.* расписа́ние (наря́дов, дежу́рств).

rostrum *n.* трибу́на, ка́федра.

rosy *adj.* ро́зовый; (*complexion*) румя́ный.

rot *n.* гниль; (*nonsense*) вздор; *v.i.* гнить (-ию́, -иёшь) гнил, -á, -о) *imp.*, с~ *perf.*; *v.t.* гнои́ть *imp.*, с~ *perf.*

rota *n.* расписа́ние дежу́рств. **rotary** *adj.* враща́тельный, ротацио́нный. **rotate** *v.t.* & *i.* враща́ть(ся) *imp.* **rotation** *n.* враще́ние; *in r.*, по о́череди.

rote *n.*: *by r.*, наизу́сть.

rotten *adj.* гнило́й (гнил, -á, -о). **rotter** *n.* дрянь.

rotund *adj.* (*round*) кру́глый (-л, -лá, -ло, кру́глы́); (*plump*) по́лный (-лон, -лнá, по́лно). **rotunda** *n.* рото́нда. **rotundity** *n.* окру́глённость, полнота́.

rouble *n.* рубль (-ля́) *m.*

rouge *n.* румя́на (-н); *v.t.* & *i.* румя́нить(ся) *imp.*, на~ *perf.*

rough *adj.* (*uneven*) неро́вный (-вен, -внá, -вно); (*coarse*) грубы́й (груб, -á, -о); (*sea*) бу́рный (-рен, бурна́, -но); (*approximate*) приблизи́тельный; *r.-and-ready*, гру́бый но эффекти́вный; *r. copy*, черново́к (-á); *n.* (*r. ground*) неро́вное по́ле; (*person*) хулига́н.

roughette *n.* гру́бая пи́ща. **roughcast** *n.* га́лечная штукату́рка. **roughly** *adv.* гру́бо; *r. speaking*, приме́рно.

roulette *n.* руле́тка.

round *adj.* кру́глый (-л, -ла́, -ло, кру́глы́); (*plump*) по́лный (-лон, -лна́, -лно́); *r. dance*, круговой та́нец (-нца); *in r. figures*, приблизи́тельно; *r.-shouldered*, суту́лый; *n.* (*r. object*) круг (*loc.* -ý; *pl.* -и́); (*circuit; also pl.*) обхо́д; (*sport*) тур, ра́унд; (*series*) ряд (*pl.* -ы́); (*ammunition*) патро́н, снаря́д; (*of applause*) взрыв; *adv.* вокру́г; (*in a circle*) по кругу́; *all r.*, круго́м; *all the year r.*, кру́глый год; *prep.* вокру́г + *gen.*; круго́м + *gen.*; по + *dat.*; *r. the corner*, (*motion*) за́ угол, (*position*) за угло́м; *v.t. & i.* округля́ть(ся) *imp.*, округли́ть(ся) *perf.*; *v.t.* (*pass r.*) огиба́ть *imp.*, обогну́ть *perf.*; *r. off*, (*complete*) заверша́ть *imp.*, заверши́ть *perf.*; *r. up*, сгоня́ть *imp.*, согна́ть (сгоню́, -нишь; согна́л, -а́, -о) *perf.*; *r.-up*, заго́н; (*police*) обла́ва. **round-about** *n.* (*merry-go-round*) карусе́ль; (*road junction*) тра́нспортная развя́зка с односторо́нним кругов́ым движе́нием маши́н; *adj.* око́льный; *in a r. way*, око́льным путём.

rouse *v.t.* буди́ть (бужу́, бу́дишь), раз~ *perf.*; (*to action etc.*) побужда́ть *imp.*, побуди́ть (-ужу́, -у́дишь) *perf.* (*to*, к + *dat.*). **rousing** *adj.* возбужда́ющий.

rout *n.* (*defeat*) разгро́м; (*flight*) беспоря́дочное бе́гство; *v.t.* обраща́ть *imp.*, обрати́ть (-ащу́, -ати́шь) *perf.* в бе́гство.

route *n.* маршру́т, путь (-ти́, -тём) *m.*; *r. march*, похо́дное движе́ние; *v.t.* отправля́ть *imp.*, отпра́вить *perf.* (по определённому маршру́ту).

routine *n.* заведённый поря́док (-дка); режи́м; (*pejor.*) рути́на; *adj.* устано́вленный; очередно́й.

rove *v.i.* скита́ться *imp.*; (*of thoughts etc.*) блужда́ть *imp.* **rover** *n.* скита́лец (-льца).

row[1] *n.* (*line*) ряд (-á *with* 2, 3, 4, *loc.* -ý; *pl.* -ы́).

row[2] *v.i.* (*in boat*) грести́ (гребу́, -бёшь; грёб, -ла́) *imp.*; *v.t.* (*convey*) перевози́ть (-ожу́, -о́зишь) *imp.*, перевезти́ (-езу́, -езёшь; -ёз, -езла́) *perf.* на ло́дке.

row[3] *n.* (*dispute*) ссо́ра; (*brawl*) сканда́л; *v.i.* ссо́риться *imp.*, по~ *perf.*; сканда́лить *imp.*, на~ *perf.*

rowan *n.* ряби́на.

rowdy *adj.* бу́йный (бу́ен, буйна́, -но), *n.* буя́н.

rowlock *n.* уключи́на.

royal *adj.* короле́вский, ца́рский; (*majestic*) великоле́пный. **royalist** *n.* рояли́ст; *adj.* роя́листский. **royalty** *n.* член, чле́ны *pl.*, короле́вской семьи́; (*author's fee*) а́вторский гонора́р; (*patentee's fee*) отчисле́ние владе́льцу пате́нта.

rub *v.t. & i.* тере́ть(ся) (тру(сь), трёшь(ся); тёр(ся)) *imp.*; *v.t.* (*polish*) натира́ть *imp.*, натере́ть (-тру́, -трёшь; -тёр) *perf.*; (*to dry*) вытира́ть *imp.*, вы́тереть (-тру, -трешь; -тер) *perf.*; *r. in, on*, втира́ть *imp.*, втере́ть (вотру́, -рёшь; втёр) *perf.*; *r. out*, стира́ть *imp.*, стере́ть (сотру́, -рёшь; стёр) *perf.*; *r. in*, растравля́ть *imp.*, растрави́ть (-влю́, -вишь) *perf.* ра́ну; *r. one's hands*, потира́ть *imp.* ру́ки (*with*) (*joy etc.*), от ~ + *gen.*); *r. up the wrong way*, гла́дить *imp.* про́тив ше́рсти.

rubber[1] *n.* (*cured*) рези́на; (*not cured*) каучу́к; (*eraser, also r. band*) рези́нка, ла́стик; *attrib.* рези́новый; *r.-stamp*, (*fig.*) штампова́ть *imp.*

rubber[2] *n.* (*cards*) ро́ббер.

rubberize *v.t.* прорези́нивать *imp.*, прорези́нить *perf.*

rubbish *n.* му́сор, хлам; (*nonsense*) чепуха́, вздор. **rubbishy** *adj.* дрянно́й (-нен, -нна́, -нно).

rubble *n.* бут.

rubella *n.* красну́ха.

rubicund *adj.* румя́ный.

rubric *n.* ру́брика.

ruby *n.* руби́н; *adj.* руби́новый.

ruche *n.* рюш.

ruck *v.t.* (*r. up*) мять (мну, мнёшь) *imp.*, из~ (изомну́, -нёшь) с~ (сомну́, -нёшь) *perf.*

rucksack *n.* рюкза́к (-á).

rudd *n.* красноперка.

rudder *n.* руль (-ля́) *m.*

ruddy *adj.* кра́сный (-сен, -сна́, -сно); *(face)* румя́ный; *(sl., damnable)* прокля́тый.

rude *adj.* гру́бый (груб, -á, -о); *(impolite also)* неве́жливый; r. awakening, глубо́кое разочарова́ние; r. health, кре́пкое здоро́вье; r. shock, внеза́пный уда́р.

rudimentary *adj.* зача́точный, рудимента́рный. **rudiments** *n. (elements)* нача́тки (-ков) *pl.*; *(beginning)* зача́тки *m.pl.*

rue[1] *n. (plant)* ру́та.

rue[2] *v.t.* сожале́ть *imp.* о+*prep.* **rueful** *adj.* печа́льный, уны́лый.

ruff[1] *n. (frill)* брыжи (-жей) *pl.*; *(of feathers, hair)* кольцо́ (*pl.* -льца, -ле́ц, -льцам) (пе́рьев, ше́рсти) вокру́г ше́и.

ruff[2] *v.t. (cards)* покрыва́ть *imp.*, покры́ть (-ро́ю, -ро́ешь) *perf.* ко́зырем; *n.* покры́тие ко́зырем; ко́зырь (*pl.* -ри, -ре́й) *m.*

ruffian *n.* головоре́з, хулига́н. **ruffianly** *adj.* хулига́нский.

ruffle *v.t. (hair)* еро́шить *imp.*, взъ~ *perf.*; *(water)* ряби́ть *imp.*; *(person)* раздража́ть *imp.*, раздражи́ть *perf.*

rug *n. (mat)* ко́врик, ковёр (-вра́); *(wrap)* плед.

Rugby *(football) n.* ре́гби *neut.indecl.*

rugged *adj. (uneven)* неро́вный (-вен, -вна́, -вно); *(rocky)* скали́стый; *(rough)* гру́бый (груб, -á, -о).

ruin *n. (downfall)* ги́бель *f.*; *(destruction)* разоре́ние; *pl.* развалины *f.pl.*, руи́ны *f.pl.*; *v.t.* губи́ть (-блю́, -бишь) *imp.*, по~ *perf.*; разоря́ть *imp.*, разори́ть *perf.* **ruinous** *adj.* губи́тельный, разори́тельный; *(state)* разру́шенный (-ен).

rule *n.* пра́вило; *(carpenter's, print.)* лине́йка; as a r., как пра́вило, обы́чно; *v.t.* & *i.* пра́вить *imp.* (+*instr.*); *(make lines)* линова́ть *imp.*, раз~ *perf.*; *(give decision)* постановля́ть *imp.*, постанови́ть (-влю́, -вишь) *perf.*; r. out, исключа́ть *imp.*, исключи́ть *perf.* **ruler** *n. (person)* прави́тель *m.*, ~ница; *(object)* лине́йка.

ruling *n. (of court etc.)* постановле́ние.

rum[1] *n.* ром.

rum[2] *adj.* стра́нный (-нен, -нна́, -нно), чудно́й (-дён, -дна́).

Rumanian see **Romanian**.

rumba *n.* ру́мба.

rumble *v.i.* громыха́ть *imp.*; грохота́ть (-о́чет) *imp.*; *n.* громыха́ние, грохота́ние, гро́хот.

ruminant *n.* жва́чное (живо́тное) *sb.*; *adj.* жва́чный; *(contemplative)* заду́мчивый. **ruminate** *v.i.* жева́ть (жуёт) *imp.* жва́чку; *(fig.)* размышля́ть *imp.* (over, on, o+*prep.*). **rumination** *n.* размышле́ние.

rummage *v.i.* ры́ться (ро́юсь, ро́ешься) *imp.*

rumour *n.* слух; *v.t.*: it is rumoured that, хо́дят слу́хи (*pl.*), что.

rump *n.* огу́зок (-зка); r. steak, ромште́кс.

rumple *v.t.* мять (мну, мнёшь) *imp.*, из~ (изомну́, -нёшь), с~ (сомну́, -нёшь) *perf.*; *(hair)* еро́шить *imp.*, взъ~ *perf.*

run *v.i.* бе́гать *indet.*, бежа́ть (бегу́, бежи́шь) *det.*, по~ *perf.*; *(roll along)* ката́ться *indet.*, кати́ться (качу́сь, ка́тишься) *det.*, по~ *perf.*; *(work, of machines)* рабо́тать *imp.*; *(ply, of bus etc.)* ходи́ть (-и́т) *indet.*, идти́ (идёт; шёл, шла) *det.*; *(compete in race)* уча́ствовать *imp.* (в бе́ге); *(seek election)* выставля́ть *imp.*, вы́ставить *perf.* свою́ кандидату́ру; *(be valid)* быть действи́тельным; *(of play etc.)* идти́ (идёт; шёл, шла) *imp.*; *(spread rapidly)* бы́стро распространя́ться *imp.*, распространи́ться *perf.*; *(of ink, dye)* расплыва́ться *imp.*, расплы́ться (-ывётся; -ылся, -ыла́сь) *perf.*; *(flow)* течь (течёт; тёк, -ла́) *imp.*; *(of document)* гласи́ть *imp.*; *v.t.* (manage) operate a machine) управля́ть *imp.* +*instr.*; *(a business etc.)* вести́ (веду́, -дёшь; вёл, -á) *imp.*; r. dry, low, иссяка́ть *imp.*, иссякнуть (-к) *perf.*; r. errands, быть на посы́лках (for, y+*gen.*); r. risks, рискова́ть *imp.*; r. to earth, *(fig.)* отыска́ть (отыщу́, -щешь) *perf.*; r. across, into, (meet) встреча́ться *imp.*, встре́титься *perf.* с+*instr.*; r. after, *(fig.)* уха́живать *imp.* за+*instr.*; r. away, *(flee)* убега́ть *imp.*, убежа́ть

rune (-егу́, -ежи́шь) *perf.*; r. down, (knock down) задави́ть (-влю́, -вишь) *perf.*; (disparage) умаля́ть *imp.*, умали́ть *perf.*; be r. down, (of person) переутоми́ться *perf.* (in past tense); r.-down, (decayed) захуда́лый; r. in, (engine) обка́тывать *imp.*, обката́ть *perf.*; r. into see r. across; r. out, конча́ться *imp.*, ко́нчиться *perf.*; r. out of, истоща́ть *imp.*, истощи́ть *perf.* свой запа́с+*gen.*; r. over, (glance over) бе́гло просма́тривать *imp.*, просмотре́ть (-рю́, -ришь) *perf.*; (injure) задави́ть (-влю́, -вишь) *perf.*; r. through, (pierce) прока́лывать *imp.*, проколо́ть (-лю́, -лешь) *perf.*; (money) прома́тывать *imp.*; (glance over) see r. over; r. to, (reach) достига́ть *imp.*, дости́гнуть & дости́чь (-и́гну, -и́гнешь; -и́г) *perf.*+*gen.*; (of money) хвата́ть *imp.*, хвати́ть (-ит) *perf.impers.*+*gen.* на+*acc.*; the money won't r. to a car, э́тих де́нег не хва́тит на маши́ну; r. up against, ната́лкиваться *imp.*, натолкну́ться *perf.* на+*acc.*; *n.* бег; (also distance covered) пробе́г; (direction) направле́ние; (course, motion) ход, тече́ние; (regular route) маршру́т; (mus.) рула́да; (bombing r.) захо́д на цель; at a r., бего́м; r. on, большо́й спрос на+*acc.*; common r., of men, обыкнове́нные лю́ди (-де́й, -дям, -а́сть, -дьми́) *pl.*; in the long r., в конце́ концо́в.
rune *n.* ру́на.
rung *n.* ступе́нь, ступе́нька.
runner *n.* (also tech.) бегу́н (-а́); (messenger) посы́льный *sb.*; (of sledge) по́лоз (*pl.* поло́зья, -ьев); (cloth) доро́жка; (stem) стеля́щийся побе́г; r. bean, фасо́ль; r.-up, уча́стник состяза́ния, заня́вший второ́е ме́сто. **running** *n.* бег; (of machine) ход, рабо́та; be in the r., име́ть *imp.* ша́нсы на вы́игрыш; make the r., задава́ть (-даю́, -даёшь) *imp.*, зада́л, -а́, -о *perf.* темп; *adj.* бегу́щий; (of r.) беговой, (after pl. n., in succes-sion) подря́д; r. account, теку́щий счёт; r.-board, подно́жка; r. commentary, (ра́дио)репорта́ж; r. title, колонти́тул; r. water, прото́чная вода́ (*acc.* -ду). **runway** *n.* (aeron.) взлётно-поса́дочная полоса́ (*acc.* полосу́; *pl.* -о́сы, -о́с, -оса́м).
rupee *n.* ру́пия.
rupture *n.* разры́в; (hernia) гры́жа.
rural *adj.* се́льский, дереве́нский.
ruse *n.* хи́трость, уло́вка.
rush[1] *n.* (plant) (also collect.) камы́ш (-а́), тростни́к (-а́); (bot.) си́тник.
rush[2] *v.t.* бы́стро проводи́ть (-ожу́, -о́дишь) *imp.*, провести́ (-еду́, -едёшь, -ёл, -ела́) *perf.*; торопи́ть (-плю́, -пишь), по~ *perf.*; *v.i.* броса́ться *imp.*, бро́ситься *perf.*; мча́ться (мчусь, мчи́шься) *imp.*; *n.* стреми́тельное движе́ние, поры́в; (influx) наплы́в; (of blood etc.) прили́в; (hurry) спе́шка; r.-hour(s), часы́ *m.pl.* пик; r. job, авра́л.
rusk *n.* суха́рь (-я́) *m.*
russet *adj.* краснова́то-кори́чневый.
Russia (leather) *n.* юфть. **Russian** *n.* ру́сский *sb.*; *adj.* ру́сский; R. salad, винегре́т.
rust *n.* ржа́вчина; r.-proof, нержаве́ющий; *v.i.* ржа́веть *imp.*, за~ *perf.*
rustic *adj.* дереве́нский; (unpolished, uncouth) неотёсанный (-ан, -анна); *n.* дереве́нский, се́льский, жи́тель *m.*, ~ница. **rusticate** *v.t.* (univ.) вре́менно исключа́ть *imp.*, исключи́ть *perf.* из университе́та; (arch.) ру́стова́ть *imp.*; жить (живу́, -вёшь; жил, -а́, -о) *imp.* в дере́вне. **rustication** *n.* (arch.) ру́стовка.
rustle *n.* ше́лест, шо́рох, шурша́ние; *v.i.* шелесте́ть (-ти́шь) *imp.*; *v.t. & i.* шурша́ть (-шу́, -ши́шь) *imp.* (+*instr.*); *v.t.* (r. cattle) красть (-аду́, -адёшь; -а́л) *imp.*, у~ *perf.*
rusty *adj.* ржа́вый.
rut *n.* (groove) колея́.
ruthless *adj.* безжа́лостный.
rye *n.* рожь (ржи); *attrib.* ржано́й.

S

Sabbath *n.* (*Jewish*) суббо́та; (*Christian*) воскресе́нье; (*witches'*) ша́баш. **sabbatical** *adj.*: s. (*year*) годи́чный о́тпуск.
sable *n.* (*animal; fur*) со́боль (*pl.* (*animal*) -ли, -лей & (*fur*) -ля) *m.*; (*fur*) собо́лий мех (*loc.* -е & -ý; *pl.* -á); *attrib.* соболи́ный, собо́лий.
sabotage *n.* сабота́ж, диве́рсия; *v.t.* саботи́ровать *imp., perf.* **saboteur** *n.* саботажник, диверса́нт.
sabre *n.* са́бля (*gen.pl.* -бель), ша́шка; s.-rattling, бряца́ние ору́жием.
sac *n.* мешо́чек (-чка).
saccharin *n.* сахари́н.
saccharine *adj.* са́харистый.
sacerdotal *adj.* свяще́ннический.
sachet *n.* поду́шечка.
sack[1] *v.t.* (*plunder*) разгра́бить *perf.*
sack[2] *n.* куль (-ля́) *m.*, мешо́к (-шка́); the s., (*dismissal*) увольне́ние; *v.t.* увольня́ть *imp.*, уво́лить *perf.* **sacking** *n.* (*hessian*) мешкови́на.
sacrament *n.* та́инство; (*Eucharist*) прича́стие. **sacred** *adj.* свяще́нный (-ён, -е́нна), свято́й (свят, -а́, -о).
sacrifice *n.* же́ртва; *v.t.* же́ртвовать *imp.*, по~ *perf.*+*instr.* **sacrificial** *adj.* же́ртвенный. **sacrilege** *n.* святота́тство. **sacrilegious** *adj.* святота́тственный. **sacristy** *n.* ри́зница. **sacrosanct** *adj.* свяще́нный (-ён, -е́нна).
sad *adj.* печа́льный, гру́стный (-тен, -тна́, -тно). **sadden** *v.t.* печа́лить *imp.*, о~ *perf.*
saddle *n.* седло́ (*pl.* сёдла, -дел, -длам); *v.t.* седла́ть *imp.*, о~ *perf.*; (*burden*) обременя́ть *imp.*, обремени́ть *perf.* (with, +*instr.*). **saddler** *n.* седе́льник, шо́рник.
sadism *n.* сади́зм. **sadist** *n.* сади́ст. **sadistic** *adj.* сади́стский.
sadness *n.* печа́ль, грусть.

safe *n.* сейф, несгора́емый шкаф (*loc.* -ý; *pl.* -ы́); *adj.* (*uninjured*) невреди́мый; (*out of danger*) в безопа́сности; (*secure*) безопа́сный; (*reliable*) надёжный; s. and sound, цел (-á, -о) и невреди́м. **safeguard** *n.* предохрани́тельная ме́ра; *v.t.* предохраня́ть *imp.*, предохрани́ть *perf.* **safety** *n.* безопа́сность; s.-belt, предохрани́тельный реме́нь (-мня́) *m.*; s.-catch, предохрани́тель *m.*; s. lamp, рудни́чная ла́мпа; s.-pin, англи́йская була́вка; s. razor, безопа́сная бри́тва; s.-valve, предохрани́тельный кла́пан; (*fig.*) отду́шина.
saffron *n.* шафра́н; *adj.* шафра́нный, шафра́новый.
sag *v.i.* провиса́ть *imp.*, прови́снуть (-c) *perf.*; прогиба́ться *imp.*, прогну́ться *perf.*; *n.* провес, проги́б.
saga *n.* са́га.
sagacious *adj.* проница́тельный. **sagacity** *n.* проница́тельность.
sage[1] *n.* (*herb*) шалфе́й; s.-green, серова́то-зелёный.
sage[2] *n.* (*person*) мудре́ц (-á); *adj.* му́дрый (мудр, -á, -о).
Sagittarius *n.* Стреле́ц (-льца́).
sago *n.* са́го *neut.indecl.*; (*palm*) са́говая па́льма.
sail *n.* па́рус (*pl.* -á); (*collect.*) паруса́ *m.pl.*; (*of windmill*) крыло́ (*pl.* -лья, -льев); *v.t.* (*a ship*) управля́ть *imp.*+*instr.*; *v.t.* пла́вать *indet.*, плыть (плыву́, -вёшь; плыл, -á, -о) *det.*; (*depart*) отплыва́ть *imp.*, отплы́ть (-ыву́, -ывёшь; -ы́л, -ыла́, -ы́ло) *perf.*
sailcloth *n.* паруси́на. **sailing** *n.* (*sport*) па́русный спорт; s.-ship, па́русное су́дно (*pl.* -á, -о́в). **sailor** *n.* матро́с, моря́к (-á).
saint *n.* свято́й *sb.* **saintly** *adj.* свято́й (свят, -á, -о), безгре́шный

sake n.: *for the s. of*, ра́ди+gen., для+gen.

salacious adj. непристо́йный; (*lustful*) похотли́вый.

salad n. сала́т, винегре́т; *s. days*, зелёная ю́ность; *s.-dressing*, припра́ва к сала́ту; *s.-oil*, расти́тельное, оли́вковое, ма́сло.

salamander n. салама́ндра.

salami n. сала́ми f.indecl.

salaried adj. получа́ющий жа́лованье.

salary n. жа́лованье.

sale n. прода́жа; (*also amount sold*) сбыт (*no pl.*); (*at reduced price*) распрода́жа по сни́женным це́нам; *be for s.*, продава́ться (-даётся) *imp.*; *s.-room*, аукцио́нный зал. **saleable** adj. хо́дкий (-док, -дка́, -дко). **salesman** n. продаве́ц (-вца́). **saleswoman** n. продавщи́ца.

salient adj. (*projecting*) выдаю́щийся, выступа́ющий; (*conspicuous*) заме́тный, я́ркий; n. вы́ступ.

saline adj. соляно́й.

saliva n. слюна́. **salivary** adj. слю́нный. **salivate** v.i. выделя́ть *imp.*, вы́делить *perf.* слюну́. **salivation** n. слюнотече́ние.

sallow adj. желтова́тый.

sally n. вы́лазка; (*witticism*) остро́та; v.i.: *s. forth, out*, отправля́ться *imp.*, отпра́виться *perf.*; *s. out*, (*mil.*) де́лать *imp.*, с~ *perf.* вы́лазку.

salmon n. ло́сось m., сёмга; (*cul.*) лососи́на, сёмга.

salon n. сало́н. **saloon** n. (*hall*) зал; (*on ship*) сало́н; (*rly.*) сало́н-ваго́н; (*bar*) бар; *s. deck*, па́луба пе́рвого кла́сса.

salt n. соль; *s.-cellar*, соло́нка; *s. lake*, соляно́е о́зеро (*pl.* -ёра́); *s.-marsh*, соло́нчак (-á); *s.-mine*, соляны́е ко́пи (-пей) *pl.*; *s. water*, морска́я вода́ (*acc.* -ду); *s.-water*, морско́й; adj. солёный (со́лон, -á, -о); (*preserved in salt also*) засо́ленный (-ен); v.t. соли́ть (солю́, со́ли́шь) *imp.*, по~ *perf.*; заса́ливать *imp.*, засоли́ть (-олю́, -о́лишь) *perf.*; *s. away*, припря́тывать *imp.*, припря́тать (-я́чу, -я́чешь) *perf.*

saltpetre n. сели́тра.

salty adj. (*also fig.*) солёный (со́лон, -á, -о).

salubrious adj. здоро́вый.

salutary adj. благотво́рный. **salutation** n. приве́тствие. **salute** n. приве́тствие; (*mil.*) салю́т; v.t. приве́тствовать *imp.* (*in past also perf.*); салютова́ть *imp.*, *perf.*, от~ *perf.*+dat.

salvage n. спасе́ние; (*property*) спасённое иму́щество; (*ship*) спаса́тельное су́дно (*pl.* -да́, -до́в); (*cargo*) спасённый груз; (*waste material*) утиль m.; v.t. спаса́ть *imp.*, спасти́ (-су́, -сёшь; -с, -сла́, -сло) *perf.*

salvation n. спасе́ние; *S. Army*, А́рмия спасе́ния.

salve n. мазь, бальза́м; v.t.: *s. one's conscience*, успока́ивать *imp.*, успоко́ить *perf.* со́весть.

salver n. подно́с.

salvo n. залп.

sal volatile n. нюха́тельная соль.

same adj. (*monotonous*) однообра́зный; *the s.*, тот же са́мый; тако́й же, одина́ковый; *just the s.*, то́чно тако́й же; *much the s.*, почти́ тако́й же; pron.: *the s.*, одно́ и то́ же, то же са́мое; adv.: *the s.*, таки́м же о́бразом, так же; *all the s.*, всё-таки, тем не ме́нее. **sameness** n. однообра́зие.

samovar n. самова́р.

sample n. образе́ц (-зца́), про́ба; v.t. про́бовать *imp.*, по~ *perf.* **sampler** n. образчик вы́шивки.

sanatorium n. санато́рий.

sanctify v.t. освяща́ть *imp.*, освяти́ть (-ящу́, -яти́шь) *perf.* **sanctimonious** adj. ха́нжеский. **sanction** n. са́нкция; v.t. санкциони́ровать *imp.*, *perf.* **sanctity** n. (*holiness*) свя́тость; (*sacredness*) свяще́нность. **sanctuary** n. святи́лище, алта́рь (-ря́) m.; (*refuge*) убе́жище; (*for animals etc.*) запове́дник. **sanctum** n. свята́я *sb.* святы́х; (*joc.*) рабо́чий кабине́т.

sand n. песо́к (-ска́(у́)); (*grain of s.*, *usu. pl.*) песчи́нка; (*shoal, sing. or pl.*) о́тмель; *pl.* (*beach*) пляж; *pl.* (*expanse of s.*) пески́ *m.pl.*; *attrib.* песча́ный, песча́ный; *s.-bar*, песча́ный бар; *s.-blast*, обдува́ть *imp.*, обду́ть (-у́ю, -у́ешь) *perf.* песо́чной струёй; *s.-dune*, дю́на; *s.-glass*, песо́чные часы́ (-со́в)

sandal *pl.*; *s.-martin*, береговая ласточка; *s.-pit*, (*children's*) песочница.
sandal[1] *n.* сандалия.
sandal[2], **-wood** *n.* сандаловое дерево.
sandbag *n.* мешок (-шка) с песком; (*as ballast*) балластный мешок (-шка); *v.t.* защищать *imp.*, защитить (-ищу, -итишь) *perf.* мешками с песком.
sandbank *n.* отмель.
sandpaper *n.* шкурка; *v.t.* шлифовать *imp.*, от ~ *perf.* шкуркой.
sandpiper *n.* перевозчик.
sandstone *n.* песчаник.
sandstorm *n.* песчаная буря.
sandwich *n.* сандвич, бутерброд; (*cake*) торт с прослойкой; *s.-board*, рекламные щиты *m.pl.*; *s.-man*, человек-реклама; *v.t.*: *s. between*, вставлять *imp.*, вставить *perf.* между + *instr.*
sandy *adj.* песчаный, песочный; (*hair*) рыжеватый.
sane *adj.* нормальный; (*of views*) разумный.
sang-froid *n.* самообладание.
sanguinary *adj.* кровавый. **sanguine** *adj.* сангвинический, оптимистический.
sanitary *adj.* санитарный; гигиенический; *s. towel*, гигиеническая подушка.
sanitation *n.* санитария; (*disposal of sewage*) водопровод и канализация.
sanity *n.* нормальная психика; (*good sense*) здравый ум (-а).
Santa Claus *n.* Санта Клаус; (*Russian equivalent*) дед-мороз.
sap[1] *n.* (*juice*) сок (*loc.* -е & -у́); *v.t.* (*exhaust*) истощать *imp.*, истощить *perf.* (*cf.* **sap**[2]).
sap[2] *n.* (*mil.*) сапа; *v.t.* (*undermine*) подрывать *imp.*, подорвать (-ву, -вёшь; -вал, -вала, -вало) *perf.* (*cf.* **sap**[1]).
sapling *n.* молодое деревце (*pl.* -вца́, -вец, -вцам).
sapper *n.* сапёр.
sapphire *n.* сапфир; *adj.* (*colour*) синий (синь, -ня, -не).
Saracen *n.* сарацин (*gen.pl.* -н).
sarcasm *n.* сарказм. **sarcastic** *adj.* саркастический.
sarcoma *n.* саркома.
sarcophagus *n.* саркофаг.
sardine *n.* сардина.

sardonic *adj.* сардонический.
sari *n.* сари *neut.indecl.*
sartorial *adj.* портняжный.
sash[1] *n.* (*scarf*) пояс (*pl.* -а́), кушак (-а́).
sash[2] *n.* (*frame*) оконный переплёт, скользящая рама; *s.-window*, подъёмное окно (*pl.* окна, окон, окнам).
Satan *n.* сатана *m.* **satanic** *adj.* сатанинский; (*devilish*) дьявольский.
satchel *n.* ранец (-нца), сумка.
sate *v.t.* насыщать *imp.*, насытить (-ыщу, -ытишь) *perf.*
sateen *n.* сатин.
satellite *n.* спутник, сателлит (*also fig.*).
satiate *v.t.* насыщать *imp.*, насытить (-ыщу, -ытишь) *perf.*; *be satiated*, пресыщаться *imp.*, пресытиться (-ыщусь, -ытишься) *perf.* **satiation** *n.* насыщение. **satiety** *n.* пресыщение, сытость.
satin *n.* атлас; *adj.* атласный; *s.-stitch*, гладь. **satinet(te)** *n.* сатинет. **satiny** *adj.* атласный, шелковистый.
satire *n.* сатира. **satirical** *adj.* сатирический. **satirist** *n.* сатирик. **satirize** *v.t.* высмеивать *imp.*, высмеять (-ею, -еешь) *perf.*
satisfaction *n.* удовлетворение. **satisfactory** *adj.* удовлетворительный.
satisfy *v.t.* удовлетворять *imp.*, удовлетворить *perf.*; (*hunger, curiosity*) утолять *imp.*, утолить *perf.*
saturate *v.t.* пропитывать *imp.*, пропитать *perf.*; насыщать *imp.*, насытить (-ыщу, -ытишь) *perf.* **saturation** *n.* насыщение, насыщенность.
Saturday *n.* суббота.
Saturn *n.* Сатурн. **saturnine** *adj.* мрачный (-чен, -чна, -чно), угрюмый.
satyr *n.* сатир.
sauce *n.* соус; (*insolence*) наглость; *apple s.*, яблочное пюре *neut.indecl.*; *s.-boat*, соусник. **saucer** *n.* блюдце (*gen.pl.* -дец). **saucepan** *n.* кастрюля. **saucy** *adj.* наглый (нагл, -а́, -о).
sauna *n.* финская баня.
saunter *v.i.* прогуливаться *imp.*; *n.* прогулка.
sausage *n.* колбаса (*pl.* -сы), сосиска; *s.-meat*, колбасный фарш; *s. roll*, пирожок (-жка́) с колбасным фаршем.

savage *adj.* ди́кий (дик, -á, -о); (*cruel*) жесто́кий (-о́к, -о́ка, -о́ко), -о); *n.* дика́рь (-ря́) *m.*; *v.t.* свире́по напада́ть *imp.*, напа́сть (-аду́, -адёшь; -а́л) *perf.* на+*acc.* **savagery** *n.* ди́кость; жесто́кость.

savanna(h) *n.* сава́нна.

savant *n.* учёный *sb.*

save *v.t.* (*rescue*) спаса́ть *imp.*, спасти́ (-су́, -сёшь; -с, -сла́ -сло) *perf.*; (*put aside*) откла́дывать *imp.*, отложи́ть (-жу́, -жишь) *perf.*; (*spare*) бере́чь (-егу́, -ежёшь; -ёг, -егла́) *imp.*; *v.i.*: s. up, копи́ть (-плю́, -пишь) *imp.*, на~ *perf.* де́ньги *neut.pl.* **savings** *n.* сбереже́ния *neut.pl.*, s-bank, сберега́тельная ка́сса. **saviour** *n.* спаси́тель *m.*

savour *n.* вкус; *v.t.* смакова́ть *imp.*; наслажда́ться *imp.*, наслади́ться *perf.* +*instr.*

savoury *adj.* (*sharp*) о́стрый (остр & остёр, остра́, о́стро); (*salty*) солёный (со́лон, -á, -о); (*spicy*) пря́ный.

savoy *n.* саво́йская капу́ста.

saw *n.* пила́ (*pl.* -лы); *v.t.* пили́ть (-лю́, лишь) *imp.*; s. up, распи́ливать *imp.*, распили́ть (-лю́, -лишь) *perf.* **sawdust** *n.* опи́лки (-лок) *pl.* **saw-edged** *adj.* пилообра́зный. **sawfish** *n.* пила́-ры́ба. **sawmill** *n.* лесопи́льный заво́д, лесопи́лка. **sawyer** *n.* пи́льщик.

saxhorn *n.* саксго́рн.

saxifrage *n.* камнело́мка.

saxophone *n.* саксофо́н.

say *v.t.* говори́ть *imp.*, сказа́ть (-ажу́, -а́жешь) *perf.*; to s. nothing of, не говоря́ уже́ о+*prep.*; that is to s., то есть; (*let us*) s., ска́жем; it is said (*that*), говоря́т (что); s. (*opinion*) мне́ние; (*influence*) влия́ние; have one's s., выска́зываться (-ажусь, -а́жешься) *perf.* **saying** *n.* погово́рка.

scab *n.* (*on wound*) струп (*pl.* -ья, -ьев), ко́рка; (*mange*) парша́; (*strike-breaker*) штрейкбре́хер.

scabbard *n.* но́жны (-жен) *pl.*

scabies *n.* чесо́тка.

scabious *n.* скабио́за.

scabrous *adj.* скабрёзный.

scaffold *n.* эшафо́т. **scaffolding** *n.* леса́ (-со́в) *pl.*, подмо́сти (-тей) *pl.*

scald *v.t.* обва́ривать *imp.*, обвари́ть (-рю́, -ришь) *perf.*; *n.* ожо́г.

scale[1] *n.* (*of fish*) чешу́йка; *pl.* чешуя́ (*collect.*); (*on boiler etc.*) на́кипь; *v.t.* чи́стить *imp.* и o~ *perf.*; соска́бливать *imp.*, соскобли́ть (-облю́, -о́блишь) *perf.* чешую́ с+*gen.*; *v.i.* шелуши́ться *imp.*

scale[2] *n.* (*s.-pan*) ча́ша весо́в; *pl.* весы́ (-со́в) *pl.*

scale[3] *n.* (*relative dimensions*) масшта́б; (*set of marks*) шкала́ (*pl.* -лы); (*mus.*) га́мма; (*math.*; *s. of notation*) систе́ма счисле́ния; *v.t.* (*climb*) взбира́ться *imp.*, взобра́ться (взберу́сь, -рёшься; взобра́лся, -ала́сь, -а́лось) *perf.* (по ле́стнице) на+*acc.*; s. down, понижа́ть *imp.*, пони́зить *perf.*; s. up, повыша́ть *imp.*, повы́сить *perf.*

scalene *adj.* неравносторо́нний.

scallop *n.* (*mollusc*) гребешо́к (-шка́); *pl.* (*decoration*) фесто́ны *m.pl.*; s-shell, ра́ковина гребешка́; *v.t.* (*cook*) запека́ть *imp.*, запе́чь (-еку́, -ечёшь; -ёк, -екла́) *perf.* в ра́ковине; (*decorate*) украша́ть *imp.*, укра́сить *perf.* фесто́нами.

scalp *n.* ко́жа че́репа; (*as trophy*) скальп; *v.t.* скальпи́ровать *imp.*, *perf.*

scalpel *n.* ска́льпель *m.*

scaly *adj.* чешу́йчатый; (*of boiler etc.*) покры́тый на́кипью.

scamp *n.* плути́шка *m.*

scamper *v.i.* бы́стро бе́гать *imp.*; (*playfully*) резви́ться *imp.*

scampi *n.* креве́тки *f.pl.*

scan *v.t. & i.* (*verse*) сканди́ровать(ся) *imp.*, (*intently*) внима́тельно рассма́тривать *imp.*; (*quickly*) бе́гло просма́тривать *imp.*, просмотре́ть (-рю́, -ришь) *perf.*

scandal *n.* сканда́л; (*gossip*) спле́тни (-тен) *pl.* **scandalize** *v.t.* шоки́ровать *imp.*, *perf.* **scandalmonger** *n.* спле́тник, -ица. **scandalous** *adj.* сканда́льный.

Scandinavian *adj.* скандина́вский.

scansion *n.* сканди́рование.

scanty *adj.* ску́дный (-ден, -дна́ -дно); (*insufficient*) недоста́точный.

scapegoat *n.* козёл (-зла́) отпуще́ния.

scapula *n.* лопа́тка.

scar *n.* рубе́ц (-бца́), шрам. **scarred** *adj.* обезобра́женный (-ен) рубца́ми, шра́мами.

scarab *n.* скарабе́й.
scarce *adj.* дефици́тный, недоста́точный; (*rare*) ре́дкий (-док, -дка́, -дко); *make oneself s.*, улизну́ть *perf.* **scarcely** *adv.* (*only just*) едва́; (*surely not*) едва́ ли. **scarcity** *n.* недоста́ток (-тка), дефици́т.
scare *v.t.* пуга́ть *imp.*, ис~, на~ *perf.*; *s. away, off*, отпу́гивать *imp.*, отпугну́ть *perf.*; *n.* па́ника. **scarecrow** *n.* пу́гало, чу́чело. **scaremonger** *n.* паникёр.
scarf *n.* шарф.
scarlet *adj.* (*n.*) а́лый (цвет); *s. fever*, скарлати́на; *s. runner*, фасо́ль многоцветко́вая.
scathing *adj.* е́дкий (е́док, едка́, е́дко), уничтожа́ющий.
scatter *v.t. & i.* рассыпа́ть(ся) *imp.*, рассы́пать(ся) (-плю, -плет(ся)) *perf.*; (*disperse*) рассе́ивать(ся) *imp.*, рассе́ять(ся) (-е́ю, -е́ет(ся)) *perf.*; *v.t.* (*disperse, drive away*) разгоня́ть *imp.*, разогна́ть (разгоню́, -нишь; разогна́л, -а́, -о) *perf.*; *v.i.* (*run*) разбега́ться *imp.*, разбежа́ться (-ежи́тся, -егу́тся) *perf.*; *s.-brained*, легкомы́сленный (-ен, -енна). **scattered** *adj.* разбро́санный (-ан); (*sporadic*) отде́льный.
scavenger *n.* (*person*) му́сорщик; (*animal*) живо́тное, пита́ющееся па́далью.
scenario *n.* сцена́рий. **scenarist** *n.* сценари́ст. **scene** *n.* сце́на; (*part of play also*) явле́ние; (*place of action*) ме́сто де́йствия; (*scenery*) декора́ция; *behind the scenes*, за кули́сами; *make a s.*, устра́ивать *imp.*, устро́ить *perf.* сце́ну; *s.-painter*, худо́жник-декора́тор; *s.-shifter*, рабо́чий *sb.* сце́ны. **scenery** *n.* (*theat.*) декора́ция; (*landscape*) пейза́ж. **scenic** *adj.* сцени́ческий.
scent *n.* (*smell*) арома́т; (*perfume*) духи́ (-хо́в) *pl.*; (*trail*) след (-а(у); pl. -ы́); *v.t.* (*discern*) чу́ять (чу́ю, чу́ешь) *imp.*; (*apply perfume*) души́ть (-шу́, -шишь) *imp.*, на~ *perf.*; (*make fragrant*) наполня́ть *imp.*, напо́лнить *perf.* арома́том.
sceptic *n.* ске́птик. **sceptical** *adj.* скепти́ческий. **scepticism** *n.* скептици́зм.

sceptre *n.* ски́петр.
schedule *n.* (*timetable*) расписа́ние; (*inventory*) о́пись; *v.t.* составля́ть *imp.*, соста́вить *perf.* расписа́ние, о́пись, + *gen*.
schematic *adj.* схемати́ческий. **scheme** *n.* (*plan*) прое́кт; (*intention*) за́мысел (-сла); (*intrigue*) махина́ция; *v.i.* стро́ить *imp.* та́йные пла́ны. **schemer** *n.* интрига́н. **scheming** *adj.* интригу́ющий.
scherzo *n.* ске́рцо *neut.indecl.*
schism *n.* раско́л. **schismatic** *adj.* раско́льнический; *n.* раско́льник.
schizophrenia *n.* шизофрени́я. **schizophrenic** *adj.* шизофрени́ческий; *n.* шизофре́ник.
scholar *n.* учёный *sb.*; (*scholarship-holder*) стипендиа́т, ~ ка. **scholarly** *adj.* учёный, нау́чный. **scholarship** *n.* учёность, нау́ка; (*payment*) стипе́ндия.
school *n.* шко́ла; (*specialist s.*) учи́лище; (*univ.*) факульте́т; *attrib.* шко́льный; *v.t.* (*curb*) обу́здывать *imp.*, обузда́ть *perf.*; (*accustom*) приуча́ть *imp.*, приучи́ть (-чу́, -чишь) *perf.* (*to*, к + *dat.*, + *inf.*). **school-book** *n.* уче́бник. **schoolboy** *n.* шко́льник, учени́к (-а́). **schoolgirl** *n.* шко́льница, учени́ца. **schooling** *n.* обуче́ние. **school-leaver** *n.* выпускни́к (-а́), -и́ца. **schoolmaster** *n.* шко́льный учи́тель (*pl.* -ля́) *m.* **schoolmistress** *n.* шко́льная учи́тельница.
schooner *n.* шху́на.
sciatic *adj.* седа́лищный. **sciatica** *n.* и́шиас.
science *n.* нау́ка; (*natural s.*) есте́ственные нау́ки *f.pl.*; *s. fiction*, нау́чная фанта́стика. **scientific** *adj.* нау́чный. **scientist** *n.* учёный *sb.*; (*natural s.*) естество́вед, -ица.
scintillate *v.i.* и́скриться *imp.* **scintillating** *adj.* блиста́тельный.
scion *n.* о́трыск.
scissors *n.* но́жницы (-ц) *pl.*
sclerosis *n.* склеро́з.
scoff[1] *v.i.* (*mock*) издева́ться *imp.* (*at*, над + *instr.*).
scoff[2] *v.t.* (*eat*) жрать (жру, жрёшь; жрал, -а́, -о) *imp.*, со~ *perf.*

scold *v.t.* бранить *imp.*, вы~ *perf.* **scolding** *n.* нагоняй.

scollop *see* scallop.

sconce *n.* (*bracket*) бра *neut.indecl.*; (*candlestick*) подсвечник.

scone *n.* сдобная лепёшка.

scoop *n.* черпак (-á), ковш (-á); *v.t.* (*out, up*) вычёрпывать *imp.*, вычерпать *perf.*

scooter *n.* (*child's*) самокат, роллер; (*motor s.*) мотороллер.

scope *n.* пределы *m.pl.*, простор, размах.

scorbutic *adj.* цинготный.

scorch *v.t.* палить *imp.*, с~ *perf.*; подпаливать *imp.*, подпалить *perf.*; **scorched earth policy**, тактика выжженной земли; *n.* ожог. **scorching** *adj.* палящий, знойный.

score *n.* (*notch*) зарубка; (*account; number of points etc.*) счёт; (*mus.*) партитура; (*twenty*) два десятка; *pl.* (*great numbers*) десятки *m.pl.*, множество; *v.t.* (*notch*) делать *imp.*, с~ *perf.* зарубки на + *prep.*; (*points etc.*) получать *imp.*, получить (-чу, -чишь) *perf.*; (*mus.*) оркестровать *imp.*, *perf.*; *v.i.* (*keep s.*) вести (веду, -дёшь, вёл, -á) *imp.*, с~ *perf.* счёт.

scorn *n.* презрение; *v.t.* презирать *imp.* презреть (-рю, -ришь) *perf.* **scornful** *adj.* презрительный.

Scorpio *n.* Скорпион.

scorpion *n.* скорпион.

Scot *n.* шотландец (-дца), -дка. **Scotch** *adj.* шотландский; *n.* (*whisky*) шотландское виски *neut.indecl.*; **the S.**, шотландцы *m.pl.*

scot-free *adv.* безнаказанно.

Scots, Scottish *adj.* шотландский; *see* Scotch.

scoundrel *n.* негодяй, подлец (-á).

scour[1] *v.t.* (*cleanse*) отчищать *imp.*, отчистить *perf.* **scourer** *n.* металлическая мочалка.

scour[2] *v.t. & i.* (*rove*) рыскать (рыщу, -щешь) *imp.* (по + *dat.*).

scourge *n.* бич *m.* (-á); *v.t.* бичевать (-чую, -чуешь) *imp.*

scout *n.* разведчик; (**S.**) бойскаут; *v.i.*: **s. about**, рыскать *imp.* -щешь) *imp.* (for, в поисках + *gen.*).

scowl *v.i.* хмуриться *imp.*, на~ *perf.*; *n.* хмурый вид, взгляд.

scrabble *v.i.*: **s. about**, рыться (роюсь, роешься) *imp.*

scramble *v.i.* карабкаться *imp.*, вс~ *perf.*; (*struggle*) драться (дерусь, -рёшься, дрался, -алась, -алось) *imp.* (for, за + *acc.*); *v.t.* (*mix together*) перемешивать *imp.*, перемешать *perf.*; **scrambled eggs**, яичница-болтунья.

scrap[1] *n.* (*fragment etc.*) клочок (-чка), обрёзок (-зка), кусочек (-чка), *pl.* остатки *m.pl.*; (*of food*) объедки (-ков) *pl.*; **s.-metal**, металлический лом, скрап; *v.t.* превращать *imp.*, превратить (-ащу, -атишь) *perf.* в лом; пускать *imp.*, пустить (пущу, пустишь) *perf.* на слом.

scrap[2] *n.* (*fight*) драка; *v.i.* драться (дерусь, -рёшься; дрался, -алась, -алось) *imp.*

scrape *v.t.* скрести (скребу, -бёшь, скрёб, -ла) *imp.*, скоблить (-облю, -облишь) *imp.*; **s. off**, отскреби́ть *imp.*, отскрести (-ребу, -ребёшь, -рёб, -ребла) *perf.*; **s. through**, (*examination*) с трудом выдержать (-жу, -жишь) *perf.*; **s. together**, наскрёбывать *imp.*, наскрести (-ребу, -ребёшь, -рёб, -ребла) *perf.*

scratch *v.t.* царапать *imp.*, о~ *perf.*; *v.t. & abs.* чесать(ся) (чешу(сь), -шешь(ся)) *imp.*, по~ *perf.*; *v. abs.* царапать(ся) *imp.*; *v.t.* (*erase, s. off, through, etc.*) вычёркивать *imp.*, вычеркнуть *perf.*; *n.* царапина; *adj.* случайный.

scrawl *n.* каракули *f.pl.*; *v.t.* писать (пишу, -шешь) *imp.*, на~ *perf.* каракулями.

scrawny *adj.* тощий (тощ, -á, -е), сухопарый.

scream *n.* крик, визг; *v.i.* кричать (-чу, -чишь) *imp.*, крикнуть *perf.*; *v.t.* выкрикивать *imp.*, выкрикнуть *perf.*

screech *n.* визг; *v.i.* визжать (-жу, -жишь) *imp.*

screen *n.* ширма; (*cinema, television, radio, etc.*) экран; (*sieve*) грохот; **s.-play**, сценарий; *v.t.* (*shelter*) защищать *imp.*, защитить (-ищу, -итишь) *perf.*;

screw   302   **seal**

заслонять *imp.*, заслонить *perf.*; (*show film etc.*) демонстрировать *imp.*, *perf.*; (*sieve*) просеивать *imp.*, просеять (-ею, -еешь) *perf.*; s. off, отгораживать *imp.*, отгородить (-ожу, -одишь) *perf.* ширмой.

screw *n.* (*male s.*; *propeller*) винт (-á); (*female s.*) гайка; (*s.-bolt*) болт (-á); *v.t.* (*s. on*) привинчивать *imp.*, привинтить *perf.*; (*s. up*) завинчивать *imp.*, завинтить *perf.*; *s. up one's eyes*, щуриться *imp.*, со~ *perf.* **screwdriver** *n.* отвёртка.

scribble *v.t.* небрежно, быстро, писать (пишу, -шешь) *imp.*, на~ *perf.*; *n.* каракули *f.pl.* **scribbler** *n.* писака *m. & f.*

scribe *n.* писец (-сца); (*Bibl.*) книжник.

scrimmage *n.* свалка.

script *n.* почерк, шрифт; (*of film etc.*) сценарий; *s.-writer*, сценарист.

Scripture *n.* священное писание.

scrofula *n.* золотуха.

scroll *n.* свиток (-тка); (*design*) завиток (-тка); *s.-work*, орнамент в виде завитков.

scrounge *v.t.* (*steal*) тибрить *imp.*, с~ *perf.*; (*cadge*) выклянчивать *imp.*, выклянчить *perf.*; *v.i.* попрошайничать *imp.*

scrub¹ *n.* (*brushwood*) кустарник; (*area*) поросшая кустарником местность.

scrub² *v.t.* мыть (мою, моешь) *imp.*, вы~ *perf.* щёткой; *scrubbing-brush*, жёсткая щётка; *n.* чистка.

scruff *n.* загривок (-вка); *take by the s. of the neck*, брать (беру, -рёшь; брал, -á, -о) *imp.*, взять (возьму, -мёшь; взял, -á, -о) *perf.* за шиворот.

scruffy *adj.* (*of clothes*) потрёпанный (-ан, -анна); (*of person*) неряшливый.

scrum(mage) *n.* схватка вокруг мяча.

scruple *n.* (*also pl.*) колебание, угрызения *neut.pl.* совести; *v.i.* колебаться (-блюсь, -блешься) *imp.* **scrupulous** *adj.* скрупулёзный, щепетильный.

scrutineer *n.* проверщик, -ица. **scrutinize** *v.t.* рассматривать *imp.* **scrutiny** *n.* рассмотрение, проверка.

scud *v.i.* нестись (несётся); нёсся, неслась) *imp.*, по~ *perf.*; скользить *imp.*

scuffed *adj.* потёртый, поцарапанный.

scuffle *n.* свалка; *v.i.* драться (дерусь, -рёшься; дрался, -алась, -алось) *imp.*

scull *n.* весло (*pl.* вёсла, -сел, -слам); (*stern oar*) кормовое весло; *v.i.* грести (гребу, -бёшь; грёб, -ла) *imp.* (парными вёслами); галанить *imp.*

scullery *n.* судомойня (*gen.pl.* -оен).

sculptor *n.* скульптор. **sculptural** *adj.* скульптурный. **sculpture** *n.* скульптура.

scum *n.* пена, накипь; (*fig., people*) подонки (-ков) *pl.*

scupper¹ *n.* шпигат.

scupper² *v.t.* (*ship*) потоплять *imp.*, потопить (-плю, -пишь) *perf.*

scurf *n.* перхоть.

scurrility *n.* непристойность, грубость. **scurrilous** *adj.* непристойный, грубый (груб, -á, -о).

scurry *v.i.* поспешно, суетливо, бегать *indet.*, бежать (бегу, бежишь) *det.*

scurvy *n.* цинга; *adj.* подлый (подл, -á, -о).

scuttle¹ *n.* (*coal-box*) ведёрко (*pl.* -рки, -рок, -ркам) для угля.

scuttle² *v.t.* (*ship*) затоплять *imp.*, затопить (-плю, -пишь) *perf.*

scuttle³ *v.i.* (*run away*) удирать *imp.*, удрать (удеру, -рёшь; удрал, -á, -о) *perf.*

scythe *n.* коса (*acc.* косу; *pl.* -сы).

sea *n.* море (*pl.* -ря); *at s.*, в (открытом) море; *by s.*, морем; *attrib.* морской; *s. anchor*, плавучий якорь (*pl.* -ря) *m.*; *s. anemone*, актиния; *s.-breeze*, ветер (-тра) с моря; *s.-coast*, побережье; *s.-dog*, (*person*) морской волк (*pl.* -и, -ов); *s. front*, набережная *sb.*; *s.-gull*, чайка; *s.-horse*, морской конёк (-нька); *s. lane*, морской путь (-ти, -тём) *m.*; *s.-level*, уровень (-вня) *m.* моря; *s.-lion*, морской лев (льва); *s.-shore*, побережье; *s.-urchin*, морской ёж (-á); *s.-wall*, дамба. **seaboard** *n.* побережье. **seafaring** *n.* мореплавание. **seagoing** *adj.* дальнего плавания.

seal¹ *n.* (*on document etc.*) печать; *v.t.* скреплять *imp.*, скрепить *perf.* печатью; запечатывать *imp.*, запечатать *perf.*; *sealing-wax*, сургуч (-á).

seal² *n.* (*animal*) тюлень *m.*; (*fur-s.*) котик. **sealskin** *n.* котиковый мех (*loc.* -е & -у); *attrib.* котиковый.
seam *n.* шов (шва), рубец (-бца); (*stratum*) пласт (-а́, *loc.* -у́); *v.t.* сшивать *imp.*, сшить (сошью, -ьёшь) *perf.* швами.
seaman *n.* моряк (-а́); (*also rank*) матрос.
seamstress *n.* швея́.
seamy *adj.* со швами нару́жу; *the s. side*, (*also fig.*) изна́нка.
seance *n.* спиритический сеанс.
seaplane *n.* гидросамолёт. **seaport** *n.* портовый город (*pl.* -а́).
sear *v.t.* прижигать *imp.*, прижечь (-жгу, -жжёшь, -жгут; -жёг, -жгла) *perf.*
search *v.t.* обыскивать *imp.*, обыскать (-ыщу, -ыщешь) *perf.*; *v.i.* искать (ищу, ищешь) *imp.* (*for*, + *gen.*); производить (-ожу, -одишь) *imp.*, произвести (-еду, -едёшь; -ёл, -ела́) *perf.* обыск; *n.* поиски *m.pl.*; (*of book*) обыск; *s.-party*, поисковая группа; *s.-warrant*, ордер (*pl.* -а́) на обыск. **searching** *adj.* (*thorough*) тщательный; (*look*) испытующий. **searchlight** *n.* прожектор (*pl.* -ы & -а́).
seascape *n.* марина. **seasickness** *n.* морская болезнь. **seaside** *n.* берег (*loc.* -у́) моря; (*resort*) морской курорт.
season *n.* сезо́н; (*period in general*) пери́од; (*one of four*) время *neut.* года; *in s.*, по сезо́ну; *s.-ticket*, сезо́нный биле́т; *v.t.* (*mature*) выдерживать *imp.*, выдержать (-жу, -жишь) *perf.*; (*flavour*) приправля́ть *imp.*, припра́вить *perf.* **seasonable** *adj.* по сезо́ну; (*timely*) своевре́менный (-нен, -нна). **seasonal** *adj.* сезо́нный.
seasoning *n.* припра́ва.
seat *n.* место (*pl.* -та́), сиденье; (*chair*) стул (*pl.* -лья, -льев); (*bench*) скамейка; (*buttocks*) седалище; (*of trousers*) зад (*loc.* -у́; *pl.* -ы́); (*country s.*) уса́дьба; (*ticket*) биле́т; *s. belt*, привязной реме́нь *m.*; *v.t.* сажать *imp.*, посадить (-ажу, -а́дишь) *perf.*; (*of room etc.*) вмещать *imp.*, вмести́ть *perf.*; *be seated*, садиться *imp.*, сесть (сяду, -дешь; сел) *perf.*
seaweed *n.* морская во́доросль.
sebaceous *adj.* са́льный.
sec *n.*: *half a s.!* мину́тку! оди́н моме́нт!
secateurs *n.* сека́тор.
secede *v.i.* откалываться *imp.*, отколо́ться (-лю́сь, -лешься) *perf.* **secession** *n.* отко́л.
secluded *adj.* укро́мный. **seclusion** *n.* укро́мность; (*place*) укро́мное ме́сто.
second *adj.* второ́й; *be s. to*, (*inferior*) уступать *imp.*, уступи́ть (-плю́, -пишь) *perf.* + *dat.*; *s. ballot*, перебаллотиро́вка; *s.-best*, второсо́ртный; *s.-class*, второкла́ссный, второсо́ртный; *s.-hand*, поде́ржанный (-ан, -анна); (*of information*) из вторых рук; *s.-rate*, второразря́дный; *s. sight*, яснови́дение; *on s. thoughts*, взве́сив всё ещё раз; *have s. thoughts*, переду́мывать *imp.*, переду́мать *perf.* (*about*, + *acc.*); *s. wind*, второ́е дыха́ние; *n.* второ́й *sb.*; (*date*) второ́е (число́) *sb.*; (*mus.*; *time*; *angle*) секу́нда; (*coll.*, *moment*) моме́нт; (*in duel*) секунда́нт; *s. pl.* това́р второ́го со́рта; *pl.* (*flour*) мука́ гру́бого помо́ла; (*s. helping*) втора́я по́рция; *s. in command*, замести́тель *m.* команди́ра; *s. hand*, (*of clock etc.*) секу́ндная стре́лка; *v.t.* (*support*) подде́рживать *imp.*, поддержа́ть (-жу́, -жишь) *perf.*; (*transfer*) откомандиро́вывать *imp.*, откомандирова́ть *perf.* **secondary** *adj.* втори́чный, второстепе́нный (-нен, -нна); (*education*) сре́дний. **secondly** *adv.* во-вторы́х.
secrecy *n.* секре́тность. **secret** *n.* та́йна, секре́т; *adj.* та́йный, секре́тный; (*hidden*) потайно́й.
secretarial *adj.* секрета́рский. **secretariat** *n.* секретариа́т. **secretary** *n.* секрета́рь (-ря́) *m.*, -рша; (*minister*) мини́стр.
secrete *v.t.* (*conceal*) пря́тать (-я́чу, -я́чешь) *imp.*, с~ *perf.*; (*med.*) выделя́ть *imp.*, вы́делить *perf.* **secretion** *n.* укрыва́ние; (*med.*) секре́ция, выделе́ние.
secretive *adj.* скры́тный.

sect *n.* се́кта. **sectarian** *adj.* секта́нтский; *n.* секта́нт.
section *n.* се́кция, отре́зок (-зка); (*of book*) разде́л; (*of solid*) сече́ние, про́филь, разре́з. **sectional** *adj.* секцио́нный. **sector** *n.* се́ктор (*pl.* -ы & -а́), уча́сток (-тка).
secular *adj.* све́тский, мирско́й; *s. clergy*, бе́лое духове́нство. **secularization** *n.* секуляриза́ция. **secularize** *v.t.* секуляризова́ть *imp., perf.*
secure *adj.* безопа́сный, надёжный; *v.t.* (*fasten*) закрепля́ть *imp.*, закрепи́ть *perf.*; (*guarantee*) обеспе́чивать *imp.*, обеспе́чить *perf.*; (*obtain*) достава́ть (-таю́, -таёшь) *imp.*, доста́ть (-а́ну, -а́нешь) *perf.* **security** *n.* безопа́сность; (*guarantee*) зало́г; *pl.* це́нные бума́ги *f.pl.*; *S. Council*, Сове́т Безопа́сности; *s. risk*, неблагонадёжный челове́к (*pl.* лю́ди, -де́й, -дям, -дьми́); *social s.*, социа́льное обеспе́чение.
sedan(-chair) *n.* портше́з.
sedate *adj.* степе́нный (-нен, -нна).
sedation *n.* успокое́ние. **sedative** *adj.* успока́ивающий; *n.* успока́ивающее сре́дство.
sedentary *adj.* сидя́чий.
sedge *n.* осо́ка.
sediment *n.* оса́док (-дка), отсто́й. **sedimentary** *adj.* оса́дочный.
sedition *n.* подстрека́тельство к мятежу́. **seditious** *adj.* подстрека́тельский, мяте́жный.
seduce *v.t.* соблазня́ть *imp.*, соблазни́ть *perf.*; совраща́ть *imp.*, соврати́ть (-ащу́, -ати́шь) *perf.* **seducer** *n.* соблазни́тель *m.* **seduction** *n.* обольще́ние. **seductive** *adj.* соблазни́тельный, обольсти́тельный. **seductress** *n.* соблазни́тельница.
sedulous *adj.* приле́жный.
see[1] *n.* епа́рхия; *Holy S.*, па́пский престо́л.
see[2] *v.t.* & *i.* ви́деть (ви́жу, ви́дишь) *imp.*, у~ *perf.*; *v.t.* (*watch, look*) смотре́ть (-рю́, -ришь) *imp.* по~ *perf.*; (*find out*) узнава́ть (-наю́, -наёшь) *imp.*, узна́ть *perf.*; (*understand*) понима́ть *imp.*, поня́ть (пойму́, -мёшь; по́нял, -а́, -о) *perf.*; (*meet*) ви́деться (ви́жусь, ви́дишься) *imp.*, у~ *perf.* c + *instr.*; (*imagine*) представля́ть *imp.*, предста́вить *perf.* себе́; (*escort*) провожа́ть *imp.*, проводи́ть *perf.*; *s. about*, (*attend to*) забо́титься *imp.*, по~ *perf.* о + *prep.*; *s. over*, осма́тривать *imp.*, осмотре́ть (-рю́, -ришь) *perf.*; *s. through*, (*fig.*) ви́деть (ви́жу, ви́дишь) *imp.* наскво́зь + *acc.*
seed *n.* се́мя (*gen.pl.* -мя́н) *neut.*; (*grain*) зерно́; *s.-bed*, парни́к (-а́); *s.-cake*, бу́лочка с тми́ном, *s.-corn*, посевно́е зерно́; *s.-pearl*(*s*) *pl.*, ме́лкий же́мчуг.
seedling *n.* се́янец (-нца); *pl.* расса́да.
seedy *adj.* (*shabby*) потрёпанный (-ан, -анна); (*ill*) нездоро́вый.
seeing (that) *conj.* ввиду́ того́, что.
seek *v.t.* иска́ть (ищу́, -щешь) *imp.* + *acc., gen.*
seem *v.i.* каза́ться (кажу́сь, -жешься) *imp.*, по~ *perf.* (+ *instr.*) (*often used parenthetically in impers. forms*).
seeming *adj.* мни́мый. **seemingly** *adv.* по-ви́димому, на вид.
seemly *adj.* прили́чный.
seep *v.i.* проса́чиваться *imp.*, просочи́ться *perf.* **seepage** *n.* проса́чивание, течь.
seer *n.* провиде́ц (-дца).
see-saw *n.* (*game*) кача́ние на доске́; (*board*) де́тские каче́ли (-лей) *pl.*; *v.i.* кача́ться *imp.* (на доске́).
seethe *v.i.* кипе́ть (-плю́, -пи́шь) *imp.*, вс~ *perf.*
segment *n.* отре́зок (-зка); (*of orange etc.*) до́лька; (*geom.*) сегме́нт.
segregate *v.t.* отделя́ть *imp.*, отдели́ть (-лю́, -лишь) *perf.* **segregation** *n.* отделе́ние, сегрега́ция.
seine *n.* не́вод (*pl.* -а́).
seismic *adj.* сейсми́ческий. **seismograph** *n.* сейсмо́граф. **seismology** *n.* сейсмоло́гия.
seize *v.t.* хвата́ть *imp.*, схвати́ть (-ачу́, -а́тишь) *perf.*; *v.i.*: *s. up*, заеда́ть *imp.*, зае́сть (-е́ст; -е́ло) *perf. impers.* + *acc.*; *s. upon*, ухва́тываться *imp.*, ухвати́ться (-ачу́сь, -а́тишься) *perf.* за + *acc.* **seizure** *n.* захва́т; заеда́ние; (*stroke*) уда́р.
seldom *adv.* ре́дко.
select *adj.* и́збранный; *v.t.* отбира́ть *imp.*, отобра́ть (отберу́, -рёшь; ото-

self / **sense**

брал, -á, -о) *perf.*; выбира́ть *imp.*, вы́брать (вы́беру, -ешь) *perf.* **selection** *n.* вы́бор; (*biol.*) отбо́р. **selective** *adj.* селекти́вный.

self *n.* со́бственная ли́чность; (*one's interests*) свои́ ли́чные интере́сы *m.pl.*

self- *in comb.* само-; s.-absorbed, эгоцентри́чный; s.-assured, самоуве́ренный (-ен, -енна); s.-centred, эгоцентри́чный; s.-confidence, самоуве́ренность; s.-confident, самоуве́ренный (-ен, -енна); s.-conscious, засте́нчивый; s.-contained, (*person*) за́мкнутый, (*flat etc.*) отде́льный; s.-control, самооблада́ние; s.-defence, самооборо́на, самозащи́та; s.-denial, самоотрече́ние; s.-determination, самоопределе́ние; s.-effacing, скро́мный (-мен, -мна́, -мно); s.-esteem, самоуваже́ние; s.-evident, очеви́дный; s.-government, самоуправле́ние; s.-help, самопо́мощь; s.-importance, самомне́ние; s.-interest, своекоры́стие; s.-made, (*man*) вы́бившийся из низо́в; s.-portrait, автопортре́т; s.-possessed, хладнокро́вный; s.-preservation, самосохране́ние; s.-propelled, самохо́дный; s.-respect, чу́вство со́бственного досто́инства; s.-reliant, наде́ющийся то́лько на себя́; s.-righteous, уве́ренный (-ен, -енна) в свое́й правоте́, фарисе́йский; s.-sacrifice, самопоже́ртвование; s.-satisfied, самодово́льный; s.-service, самообслу́живание (*attrib., in gen after n.*); s.-starter, самопу́ск; s.-styled, самозва́нный; s.-sufficient, самостоя́тельный; s.-willed, самово́льный.

selfish *adj.* эгоисти́чный, себялюби́вый. **selfless** *adj.* самоотве́рженный (-ен, -енна).

sell *v.t. & i.* продава́ть(ся) (-даю́, -даёт(ся)) *imp.*, прода́ть(ся) (-а́м, -а́шь, -а́ст(ся) -ади́м; -а́лся, -ала́(сь), -а́ло/-ало́сь) *perf.*; *v.t.* (*deal in*) торгова́ть *imp. + instr.*; s. off, out, распродава́ть (-даю́, -даёшь) *imp.*, распрода́ть (-а́м, -а́шь, -а́ст, -ади́м; -ал, -ала́, -ало) *perf.* **seller** *n.* торго́вец (-вца) (of, + *instr.*), продаве́ц (-вца́).

selling *n.* прода́жа.

selvage *n.* кро́мка.

semantic *adj.* семанти́ческий. **semantics** *n.* сема́нтика.

semaphore *n.* семафо́р.

semblance *n.* вне́шний вид.

semen *n.* се́мя *neut.*

semi- *in comb.* полу-; s.-conscious, полубессозна́тельный; s.-detached house, дом, разделённый о́бщей стено́й; s.-official, полуофициа́льный; официо́зный; s.-precious stone, самоцве́т. **semibreve** *n.* це́лая но́та. **semicircle** *n.* полукру́г. **semicircular** *adj.* полукру́глый. **semicolon** *n.* то́чка с запято́й. **semiconductor** *n.* полупроводни́к (-á). **semifinal** *n.* полуфина́л. **semifinalist** *n.* полуфинали́ст.

seminar *n.* семина́р. **seminary** *n.* (духо́вная) семина́рия.

semiquaver *n.* шестна́дцатая но́та. **Semite** *n.* семи́т, ~ка. **Semitic** *adj.* семити́ческий.

semitone *n.* полуто́н. **semivowel** *n.* полугла́сный *sb.*

semolina *n.* ма́нная крупа́.

sempstress see seamstress.

senate *n.* сена́т; (*univ.*) (учёный) сове́т. **senator** *n.* сена́тор. **senatorial** *adj.* сена́торский.

send *v.t.* посыла́ть *imp.*, посла́ть (пошлю́, -лёшь) *perf.*; s. down, (*univ.*) исключа́ть *imp.*, исключи́ть *perf.* из университе́та; s. off, отправля́ть *imp.*, отпра́вить *perf.*; s. up (*ridicule*) высме́ивать *imp.*, вы́смеять (-ею, -еешь) *perf.*; s.-off, про́воды (-дов) *pl.* **sender** *n.* отправи́тель *m.*

senile *adj.* старче́ский, дря́хлый (-л, -ла́, -ло). **senility** *n.* ста́рость, дря́хлость.

senior *adj.* (*n.*) ста́рший (*sb.*); s. citizen, стари́к (-á), стару́ха; s. partner, глава́ (*pl.* -вы) фи́рмы. **seniority** *n.* старшинство́.

senna *n.* александри́йский лист (-á).

sensation *n.* сенса́ция; (*feeling*) ощуще́ние, чу́вство. **sensational** *adj.* сенсацио́нный (-нен, -нна).

sense *n.* чу́вство, ощуще́ние; (*good s.*) здра́вый смысл; (*meaning*) смысл; *in one's senses*, в своём уме́; *v.t.* ощуща́ть *imp.*, ощути́ть (-ущу́, -ути́шь) *perf.*; чу́вствовать *imp.* **senseless** *adj.* бессмы́сленный (-ен, -енна).

sensibility *n.* чувствительность.
sensible *adj.* благоразумный.
sensitive *adj.* чувствительный; (*touchy*) обидчивый. **sensitivity** *n.* чувствительность.
sensory *adj.* чувствительный.
sensual, sensuous *adj.* чувственный (-ен, -енна).
sentence *n.* фраза; (*gram.*) предложение; (*leg.*) приговор; *v.t.* осуждать *imp.*, осудить (-ужу, -удишь) *perf.* (to, к+*dat.*); приговаривать *imp.*, приговорить *perf.* (то, к+*dat.*).
sententious *adj.* сентенциозный.
sentiment *n.* (*feeling*) чувство; (*opinion*) мнение. **sentimental** *adj.* сентиментальный. **sentimentality** *n.* сентиментальность.
sentinel, sentry *n.* часовой *sb.*
sepal *n.* чашелистик.
separable *adj.* отделимый. **separate** *adj.* отдельный; (*independent*) самостоятельный; *n.* отдельный оттиск; *v.t. & i.* отделять(ся) *imp.*, отделить(ся) (-лю(сь), -лишь(ся)) *perf.* **separation** *n.* отделение. **separatism** *n.* сепаратизм. **separatist** *n.* сепаратист. **separator** *n.* сепаратор.
sepia *n.* сепия.
sepoy *n.* сипай.
sepsis *n.* сепсис.
September *n.* сентябрь (-ря) *m.*; *attrib.* сентябрьский.
septet *n.* септет.
septic *adj.* септический; *s.* tank, септик. **septicaemia** *n.* сепсис, септицемия.
septuple *adj.* семикратный.
sepulchral *adj.* могильный, гробовой. **sepulchre** *n.* могила.
sequel *n.* (*result*) последствие; (*continuation*) продолжение. **sequence** *n.* последовательность; (*cin.*) эпизод; *s.* of events, ход событий.
sequester *v.t.* (*isolate*) уединять *imp.*, уединить *perf.*; (*confiscate*) секвестровать *imp., perf.* **sequestered** *adj.* уединённый. **sequestration** *n.* секвестр.
sequin *n.* блёстка.
sequoia *n.* секвойя.
seraph *n.* серафим.
Serb(ian) *adj.* сербский; *n.* серб, ~ка;

Serbo-Croat(ian) *adj.* сербскохорватский.
serenade *n.* серенада; *v.t.* исполнять *imp.*, исполнить *perf.* серенаду + *dat.*
serene *adj.* (*calm*) спокойный; (*clear*) ясный (ясен, ясна, ясно, ясны). **serenity** *n.* спокойствие; ясность.
serf *n.* крепостной *sb.* **serfdom** *n.* крепостное право, крепостничество.
serge *n.* саржа.
sergeant *n.* сержант; *s.-major*, старшина (*pl.* -ны) *m.*
serial *adj.* серийный; (*of story etc.*) выходящий отдельными выпусками; *n.* (*story*) роман в нескольких частях; (*film*) серийный фильм; (*periodical*) периодическое издание. **serialize** *v.t.* издавать (-даю, -даёшь) *imp.*, издать (-ам, -ашь, -аст, -адим; издал, -á, -о) *perf.* выпусками, сериями. **series** *n.* ряд (-á with 2, 3, 4, loc. -ý; *pl.* -ы́), серия.
serious *adj.* серьёзный. **seriousness** *n.* серьёзность.
sermon *n.* проповедь.
serpent *n.* змей (*pl.* -éи). **serpentine** *adj.* (*coiling*) извилистый.
serrated *adj.* зазубренный, зубчатый.
serried *adj.* сомкнутый.
serum *n.* сыворотка.
servant *n.* слуга (*pl.* -ги) *m.*, служанка. **serve** *v.t.* служить (-жу, -жишь) *imp.*, по~ *perf.*+*dat.* (as, for, +*instr.*) (*attend to*) обслуживать *imp.*, обслужить (-жу, -жишь) *perf.*; (*food, ball*) подавать (-даю, -даёшь) *imp.*, подать (-ам, -ашь, -аст, -адим; подал, -á, -о) *perf.*; (*period*) отбывать *imp.*, отбыть (-буду, -будешь; отбыл, -á, -о) *perf.*; (*writ etc.*) вручать *imp.*, вручить *perf.* (on, +*dat.*); *v.i.* (*be suitable*) годиться (for, на+*acc.*, для+*gen.*); (*sport*) подавать (-даю, -даёшь) *imp.*, подать (-ам, -ашь, -аст, -адим; подал, -á, -о) *perf.* мяч; it serves him right, поделом ему (*dat.*). **service** *n.* служба; (*attendance*) обслуживание; (*set of dishes etc.*) сервиз; (*sport*) подача; (*transport*) сообщение; at your s., к вашим услугам; *v.t.* обслуживать *imp.*, обслужить (-жу, -жишь) *perf.* **serviceable** *n.* (*useful*) полезный; (*durable*)

sesame

про́чный (-чен, -чна́, -чно, про́чны́). **serviceman** *n.* военнослу́жащий *sb.* **serviette** *n.* салфе́тка. **servile** *adj.* ра́бский; (*cringing*) раболе́пный. **servility** *n.* раболе́пие. **servo-** *in comb.* серво-; *s.-mechanism*, сервомеха́низм; *s.-motor*, сервомото́р.
sesame *n.* кунжу́т; (*open*) *s.*, сеза́м, откро́йся.
session *n.* заседа́ние, се́ссия.
set[1] *v.t.* (*put*; *s. trap*) ста́вить *imp.*, по ~ *perf.*; (*establish*; *s. clock*) устана́вливать *imp.*, установи́ть (-влю́, -вишь) *perf.*; (*table*) накрыва́ть *imp.*, накры́ть (-ро́ю, -ро́ешь) *perf.*; (*plant*) сажа́ть *imp.*, посади́ть (-ажу́, -а́дишь) *perf.*; (*bone*) вправля́ть *imp.*, впра́вить *perf.*; (*hair*) укла́дывать *imp.*, уложи́ть (-жу́, -жи́шь) *perf.*; (*jewel*) оправля́ть *imp.*, опра́вить *perf.*; (*print*, *s. up*) набира́ть *imp.*, набра́ть (наберу́, -рёшь; набра́л, -а́, -о) *perf.*; (*bring into state*) приводи́ть (-ожу́, -о́дишь) *imp.*, привести́ (-еду́, -едёшь; -ёл, -ела́) *perf.* (in, to, в + *acc.*); (*example*) подава́ть (-даю́, -даёшь) *imp.*, пода́ть (-а́м, -а́шь, -а́ст, -ади́м; по́дал, -а́, -о) *perf.*; (*task*) задава́ть (-даю́, -даёшь) *imp.*, зада́ть (-а́м, -а́шь, -а́ст, -ади́м; за́дал, -а́, -о) *perf.*; *v.i.* (*solidify*) тверде́ть *imp.*, за ~ *perf.*; застыва́ть *imp.*, засты́(ну)ть (-ы́нет; -ы́л) *perf.*; (*fruit*) завя́зываться *imp.*, завяза́ться (-я́жется) *perf.*; (*sun etc.*) заходи́ть (-ит) *imp.*, зайти́ (зайдёт; зашёл, -шла́) *perf.*; сади́ться *imp.*, сесть (ся́дет; сел) *perf.*; *s. eyes on*, уви́деть (-и́жу, -и́дишь) *perf.*; *s. free*, освобожда́ть *imp.*, освободи́ть *perf.*; *s. one's heart on*, стра́стно жела́ть *imp.* + *gen.*; *s. to music*, положи́ть (-жу́, -жи́шь) на му́зыку; *s. sail*, пуска́ться *imp.*, пусти́ться (пущу́сь, пу́стишься) в пла́вание; *s. about*, (*begin*) начина́ть *imp.*, нача́ть (начну́, -нёшь; на́чал, -а́, -о) *perf.*; (*attack*) напада́ть *imp.*, напа́сть (-аду́, -адёшь; -а́л) *perf.* на + *acc.*; *s. back*, (*impede*) препя́тствовать *imp.*, вос ~ *perf.* + *dat.*; *s.-back*, неуда́ча; *s. down*, (*passenger*) выса́живать *imp.*, вы́садить *perf.*; (*in writing*) запи́сывать *imp.*, записа́ть (-ишу́, -и́шешь) *perf.*; (*attribute*) приписы-

307

seven

вать *imp.*, приписа́ть (-ишу́, -и́шешь) *perf.* (to, + *dat.*); *s. forth*, (*expound*) излага́ть *imp.*, изложи́ть (-жу́, -жишь) *perf.*; (*on journey*) see *s. off*; *s. in*, наступа́ть *imp.*, наступи́ть (-ит) *perf.*; *s. off*, (*on journey*) отправля́ться *imp.*, отпра́виться *perf.*; (*enhance*) оттеня́ть *imp.*, оттени́ть *perf.*; *s. out*, (*state*) излага́ть *imp.*, изложи́ть (-жу́, -жишь) *perf.*; (*on journey*) see *s. off*; *s. up*, (*business*) осно́вывать *imp.*, основа́ть (-ную́, -нуёшь) *perf.*; (*person*) обеспе́чивать *imp.*, обеспе́чить *perf.* (with, + *instr.*).
set[2] *n.* набо́р, компле́кт, прибо́р; (*of dishes etc.*) сервиз; (*of people*) круг (*loc.* -у́; *pl.* -и́); (*radio*) приёмник; (*television*) телеви́зор; (*tennis*) сет; (*theat.*) декора́ция; (*cin.*) съёмочная площа́дка.
set[3] *adj.* (*established*) устано́вленный (-ен); (*fixed of smile etc.*) засты́вший (-ен); (*of intention*) обду́манный (-ан); *s. phrase*, усто́йчивое словосочета́ние; *s. square*, уго́льник.
settee *n.* дива́н.
setter *n.* (*dog*) се́ттер; (*person*) устано́вщик.
setting *n.* (*frame*) опра́ва; (*theat.*) декора́ция, постано́вка; (*mus.*) му́зыка на слова́; (*of sun etc.*) захо́д, зака́т.
settle *v.t.* (*decide*) реша́ть *imp.*, реши́ть *perf.*; (*arrange*) ула́живать *imp.*, ула́дить *perf.*; (*a bill etc.*) опла́чивать *imp.*, оплати́ть (-ачу́, -а́тишь) *perf.*; (*colonize*) заселя́ть *imp.*, засели́ть *perf.*; *v.i.* сели́ться *imp.*, по ~ *perf.*; (*subside*) оседа́ть *imp.*, осе́сть (ося́дет; осе́л) *perf.*; *s. down*, уса́живаться *imp.*, усе́сться (уся́дусь, -дешься; усе́лся) *perf.* **settlement** *n.* поселе́ние; (*of dispute*) разреше́ние; (*payment*) упла́та; (*subsidence*) оса́дка, оседа́ние; *marriage s.*, бра́чный контра́кт. **settler** *n.* поселе́нец (-нца).
seven *adj.*, *n.* семь (-ми́, -мью́); (*collect.*; *7 pairs*) се́меро (-ры́х); (*cards*; *number 7*) семёрка; (*7 o'clock*) семь (часо́в); (*age*) семь лет. **seventeen** *adj.*, *n.* семна́дцать; (*age*) семна́дцать лет. **seventeenth** *adj.*, *n.* семна́дцатый; (*date*) семна́дцатое (число́). **seventh**

sever *adj., n.* седьмо́й; (*fraction*) седьма́я (часть (*pl.* -ти, -те́й); (*date*) седьмо́е (число́). **seventieth** *adj., n.* семидеся́тый. **seventy** *adj., n.* семьдеся́т (-ми́десяти, -мью́десятью); (*age*) семьдеся́т лет; *pl.* (*decade*) семидеся́тые го́ды (-до́в) *m.pl.*

sever *v.t.* (*cut off*) отреза́ть *imp.*, отре́зать (-е́жу, -е́жешь) *perf.*; (*relations*) разрыва́ть *imp.*, разорва́ть (-ву́, -вёшь; -ва́л, -вала́, -ва́ло) *perf.*; (*friendship*) порыва́ть *imp.*, порва́ть (-ву́, -вёшь; порва́л, -а́, -о) *perf.*

several *pron.* (*adj.*) не́сколько (+ *gen.*).

severance *n.* разры́в; *s. pay*, выходно́е посо́бие.

severe *adj.* стро́гий (строг, -а́, -о), суро́вый; (*illness etc.*) тяжёлый (-л, -ла́). **severity** *n.* стро́гость, суро́вость.

sew *v.t.* шить (шью, шьёшь) *imp.*, с~ (сошью́, -ьёшь) *perf.*; *s. on*, пришива́ть *imp.*, приши́ть (-шью́, -шьёшь) *perf.*; *s. up*, зашива́ть *imp.*, заши́ть (-шью́, -шьёшь) *perf.*

sewage *n.* сто́чные во́ды *f.pl.*, нечисто́ты (-т) *pl.*; *s.-farm*, поля́ *neut.pl.* ороше́ния. **sewer** *n.* сто́чная, канализацио́нная, труба́ (*pl.* -бы). **sewerage** *n.* канализа́ция.

sewing *n.* шитьё; *s.-machine*, шве́йная маши́на.

sex *n.* (*gender*) пол; секс; *adj.* сексуа́льный.

sexcentenary *n.* шестисотле́тие.

sextant *n.* секста́нт.

sextet *n.* сексте́т.

sexton *n.* понома́рь (-ря́) *m.*, моги́льщик.

sextuple *adj.* шестикра́тный.

sexual *adj.* полово́й, сексуа́льный. **sexuality** *n.* сексуа́льность. **sexy** *adj.* (*alluring*) соблазни́тельный; (*erotic*) эроти́ческий.

sh *interj.* ти́ше! тсс!

shabby *adj.* поно́шенный (-ен), потрёпанный (-ан, -анна); (*mean*) по́длый (подл, -а́, -о).

shack *n.* лачу́га, хи́жина.

shackle *n.*: *pl.* кандалы́ (-ло́в) *pl.*; (*also fig.*) око́вы (-в) *pl.*; *v.t.* зако́вывать *imp.*, закова́ть (-кую́, -куёшь) *perf.*

shade *n.* тень (*loc.* -ни́; *pl.* -ни, -не́й), полумра́к; (*of colour, meaning*) отте́нок (-нка); (*lamp-s.*) абажу́р; *a s.*, чуть-чу́ть; *v.t.* затеня́ть *imp.*, затени́ть *perf.*; заслоня́ть *imp.* заслоня́ть (-оню́, -они́шь) *perf.*; (*drawing*) тушева́ть (-шу́ю, -шу́ешь) *imp.*, за~ *perf.*; *v.i.* незаме́тно переходи́ть (-ит) *imp.* (into, в + *acc.*). **shadow** *n.* тень (*loc.* -ни́; *pl.* -ни, -не́й); *v.t.* (*follow*) та́йно следи́ть *imp.* за + *instr.* **shadowy** *adj.* тёмный (-мен, -мна́), нея́сный (-сен, -сна́, -сно). **shady** *adj.* тени́стый; (*suspicious*) подозри́тельный.

shaft *n.* (*of spear*) дре́вко (*pl.* -ки, -ков); (*arrow*; *fig.*) стрела́ (*pl.* -лы); (*of light*) луч (-а́); (*of cart*) огло́бля (*gen.pl.* -бель); (*axle*) вал (*loc.* -у́; *pl.* -ы́); (*mine s.*) ствол (-а́) (ша́хты).

shag *n.* (*tobacco*) махо́рка; (*bird*) бакла́н. **shaggy** *adj.* лохма́тый, косма́тый.

shah *n.* шах.

shake *v.t. & i.* трясти́(сь) (-су́(сь), -сёшь(ся) -с(я́), -сла́(сь)) *imp.*; (*tremble*) дрожа́ть (-жу́, -жи́шь) *imp.*; *v.t.* (*impair*) колеба́ть (-блю, -блешь) *imp.*, по~ *perf.*; *s. hands*, пожима́ть *imp.*, пожа́ть (-жму́, -жмёшь) *perf.* ру́ку + *dat.*; *s. one's head*, покача́ть *perf.* голово́й; *s. off*, стря́хивать *imp.*, стряхну́ть *perf.*; (*fig.*) избавля́ться *imp.*, изба́виться *perf.* от + *gen.*; *s. up*, (*fig.*) встря́хивать *imp.*, встряхну́ть *perf.*

shako *n.* ки́вер (*pl.* -а́).

shaky *adj.* ша́ткий (-ток, -тка, -тко), непро́чный (-чен, -чна́, -чно).

shale *n.* сла́нец (-нца).

shallot *n.* лук-шало́т.

shallow *adj.* ме́лкий (-лок, -лка́, -лко); (*superficial*) пове́рхностный; *n.* мелково́дье, мель (*loc.* -ли́).

sham *v.t. & i.* притворя́ться *imp.*, притвори́ться *perf.* + *instr.*; *n.* притво́рство; (*person*) притво́рщик, -ица; *adj.* подде́льный; (*fake*) подде́льный.

shaman *n.* шама́н.

shamble *v.i.* волочи́ть (-чу́, -чишь) *imp.* но́ги.

shambles *n.* бо́йня; (*muddle*) ха́ос.

shame *n.* стыд, позо́р; *v.t.* стыди́ть

shampoo *v.t.* мыть (мо́ю, мо́ешь) *imp.*, по~ *perf.*; *n.* шампу́нь *m.*
shamrock *n.* трили́стник.
shandy *n.* смесь (просто́го) пи́ва с лимона́дом, с имби́рным.
shank *n.* (*leg*) нога́ (*acc.* -гу; *pl.* -ги, -г, -га́м), го́лень *f.*; (*shaft*) сте́ржень (-жня) *m.*
shanty[1] *n.* (*hut*) хиба́рка, лачу́га; *s. town*, бидонви́ль, трущо́ба.
shanty[2] *n.* (*song*) матро́сская пе́сня (*gen. pl.* -сен).
shape *n.* фо́рма, вид, о́браз; *v.t.* придава́ть (-даю́, -даёшь) *imp.*, прида́ть (-а́м, -а́шь, -а́ст, -ади́м; прида́л, -а́, -о) *perf.* фо́рму + *dat.*; *v.i.* принима́ть *imp.*, приня́ть (-и́мет; при́нял, -а́, -о) *perf.* фо́рму. **shapeless** *adj.* бесфо́рменный (-ен, -енна). **shapely** *adj.* стро́йный (-о́ен, -ойна́, -о́йно).
share *n.* до́ля (*pl.* -ли, -ле́й), часть (*pl.* -ти, -те́й), (*participation*) уча́стие (*econ.*) а́кция, пай (*pl.* пай, паёв) *v.t.* дели́ть (-лю́, -лишь) *imp.*, по~ *perf.*; разделя́ть *imp.*, раздели́ть (-лю́, -лишь) *perf.* **shareholder** *n.* акционе́р, ~ ка; па́йщик, -ица.
shark *n.* аку́ла.
sharp *adj.* о́стрый (остр & остёр, остра́, о́стро́); (*steep*) круто́й (крут, -а́, -о), (*sudden*, *harsh*) ре́зкий (-зок, -зка́, -зко); (*fine*) то́нкий (-нок, -нка́, -нко, то́нки́); *n.* (*mus.*) дие́з; *adv.* (*with time*) ро́вно; (*of angle*) кру́то. **sharpen** *v.t.* точи́ть (-чу́, -чишь) *imp.*, на~ *perf.*; обостря́ть *imp.*, обостри́ть *perf.*
shatter *v.t.* & *i.* разбива́ть(ся) *imp.*, разби́ть(ся) (разобью́(сь), -бьёт(ся)) *perf.* вдре́безги; *v.t.* (*hopes etc.*) разруша́ть *imp.*, разру́шить *perf.*
shave *v.t.* & *i.* брить(ся) (бре́ю(сь), -е́ешь(ся)) *imp.*, по~ *perf.*; (*plane*) строга́ть *imp.*, вы́~ *perf.*; *n.* бритьё; *close* ~, едва́ избе́гнутая опа́сность. **shaver** *n.* электри́ческая бри́тва.
shawl *n.* шаль.
she *pron.* она́ (её, ей, ей & е́ю, о ней).
sheaf *n.* сноп (-а́) (*of papers etc.*) свя́зка.

shear *v.t.* стричь (-игу́, -ижёшь, -иг) *imp.*, о~ *perf.* **shearer** *n.* стрига́льщик. **shears** *n.* но́жницы (-ц) *pl.*
sheath *n.* (*for sword etc.*) но́жны (-жен) *pl.*; (*anat.*) оболо́чка; (*for cable etc.*) обши́вка. **sheathe** *v.t.* вкла́дывать *imp.*, вложи́ть (-жу́, -жишь) *perf.* в но́жны; обшива́ть *imp.*, обши́ть (обошью́, -бьёшь) *perf.* **sheathing** *n.* обши́вка.
sheave *n.* шкив (*pl.* -ы́).
shed[1] *n.* сара́й.
shed[2] *v.t.* (*tears*, *blood*, *light*) пролива́ть *imp.*, проли́ть (-лью́, -льёшь; про́лил, -а́, -о) *perf.*; (*skin*, *clothes*) сбра́сывать *imp.*, сбро́сить *perf.*
sheen *n.* блеск.
sheep *n.* овца́ (*pl.* о́вцы, ове́ц, о́вцам); *s.-dog*, овча́рка, *s.-fold*, овча́рня (*gen. pl.* -рен). **sheepish** *adj.* (*bashful*) засте́нчивый; (*abashed*) сконфу́женный. **sheepskin** *n.* овчи́на.
sheer *adj.* абсолю́тный, су́щий; (*textile*) прозра́чный; (*rock etc.*) отве́сный.
sheet[1] *n.* (*on bed*) простыня́ (*pl.* про́стыни, -ы́нь, -ыня́м); (*of glass*, *paper*, *etc.*) лист (-а́); (*wide expanse*) пелена́ (*gen. pl.* -ён); *attrib.* (*metal*, *glass*, *etc.*) листово́й; *s. lightning*, зарни́ца.
sheet[2] *n.* (*naut.*) шкот; *s.-anchor*, запасно́й станово́й я́корь (*pl.* -ря́) *m.*; (*fig.*) я́корь (*pl.* -ря́) *m.* спасе́ния.
sheikh *n.* шейх.
sheldrake, **shelduck** *n.* пега́нка.
shelf *n.* по́лка; (*of cliff etc.*) усту́п; *s.-mark*, шифр.
shell *n.* (*of mollusc etc.*) ра́ковина; (*of tortoise*) щит (-а́); (*of egg*, *nut*) скорлупа́ (*pl.* -пы); (*of building etc.*) осто́в; (*explosive*) снаря́д; *v.t.* очища́ть *imp.*, очи́стить *perf.*; лущи́ть *imp.*, об~ *perf.*; (*bombard*) обстре́ливать *imp.*, обстреля́ть *perf.*; *s. out*, (*abs.*) раскоше́ливаться *imp.*, раскоше́литься *perf.*
shellac *n.* шелла́к.
shellfish *n.* (*mollusc*) моллю́ск; (*crustacean*) ракообра́зное *sb.*
shelter *n.* прию́т, убе́жище, укры́тие; *v.t.* дава́ть (даю́, даёшь) *imp.*, дать (дам, дашь, даст, дади́м; дал, -а́, да́ло́, -и) *perf.* прию́т + *dat.*; служи́ть

shelve (-жу́, -жи́шь) *imp.*, по ~ *perf.* убежи́щем, укры́тием, +*dat.*; *v.t.* & *i.* укрыва́ть(ся) *imp.*, укры́ть(ся) (-ро́ю(сь), -ро́ешь(ся)) *perf.*

shelve¹ *v.t.* (*defer*) откла́дывать *imp.*, отложи́ть (-жу́, -жи́шь) *perf.* (в до́лгий я́щик).

shelve² *v.i.* (*of land*) отло́го спуска́ться *imp.* **shelving¹** *adj.* отло́гий.

shelving² *n.* (*shelves*) стелла́ж (-а́).

shepherd *n.* пасту́х (-а́); (*fig.*) па́стырь *m.*; *v.t.* проводи́ть (-ожу́, -о́дишь) *imp.*, провести́ (-еду́, -едёшь; -ёл, -ела́) *perf.* **shepherdess** *n.* пасту́шка.

sherbet *n.* шербе́т.

sheriff *n.* шери́ф.

sherry *n.* хе́рес.

shield *n.* щит (-а́); *v.t.* прикрыва́ть *imp.*, прикры́ть (-ро́ю, -ро́ешь) *perf.*; заслоня́ть *imp.*, заслони́ть *perf.*

shift *v.t.* & *i.* (*change position*) перемеща́ть(ся) *imp.*, перемести́ть(ся) *perf.*; (*change form*) меня́ть(ся) *imp.* & *perf.*; *v.t.* (*move*; *s. responsibility etc.*) перекла́дывать *imp.*, переложи́ть (-жу́, -жи́шь) *perf.*; *n.* перемеще́ние; переме́на; (*of workers*) сме́на. **shiftless** *adj.* неуме́лый. **shifty** *adj.* нена́дёжный, нече́стный.

shilly-shally *n.* нереши́тельность; *v.i.* колеба́ться (-блю́сь, -блешься) *imp.*, по ~ *perf.*

shimmer *v.i.* мерца́ть *imp.*; *n.* мерца́ние.

shin *n.* го́лень; *s.-bone*, большеберцо́вая кость (*pl.* -ти, -те́й); *s.-guard, -pad*, щито́к (-тка́); *s. up*, ла́зить *imp.* по+*dat.*

shindy *n.* шум, сва́лка.

shine *v.i.* свети́ть(ся) (-и́т(ся)) *imp.*; блесте́ть (-ещу́, -е́шешь & -ести́шь) *imp.*; (*of sun etc.*) сия́ть *imp.*; *v.t.* полирова́ть *imp.*, от~ *perf.*; *n.* свет, сия́ние, блеск; (*polish*) гля́нец (-нца).

shingle¹ *n.* (*for roof*) (кро́вельная) дра́нка.

shingle² *n.* (*pebbles*) га́лька.

shingles *n.* опоя́сывающий лиша́й (-ая́).

shining, shiny *adj.* блестя́щий.

ship *n.* кора́бль (-ля́) *m.*; су́дно (*pl.* -да́, -до́в); *v.t.* (*transport*) перевози́ть (-ожу́, -о́зишь) *imp.*, перевезти́ (-езу́, -езёшь; -ёз, -езла́) *perf.* (по воде́);

(*dispatch*) отправля́ть *imp.*, отпра́вить *perf.* (по воде́). **shipbuilding** *n.* судостроéние. **shipment** *n.* (*loading*) погру́зка; (*consignment*) груз. **shipping** *n.* суда́ (-до́в) *pl.* **shipshape** *adv.* в по́лном поря́дке. **shipwreck** *n.* кораблекруше́ние. **shipwright** *n.* (*shipbuilder*) судострои́тель *m.*; (*carpenter*) корабе́льный пло́тник. **shipyard** *n.* верфь.

shire *n.* гра́фство.

shirk *v.t.* увиливать *imp.*, увильну́ть *perf.* от+*gen.*

shirt *n.* руба́шка; *in s.-sleeves*, без пиджака́.

shiver¹ *v.i.* (*tremble*) дрожа́ть (-жу́, -жи́шь) *imp.*; *n.* дрожь.

shiver² *n.* (*splinter etc.*) оско́лок (-лка).

shoal¹ *adj.* (*shallow*) мéлкий; *n.* (*bank*) мель (*loc.* -ли́).

shoal² *n.* (*of fish*) ста́я, кося́к (-а́).

shock¹ *n.* (*impact etc.*) уда́р, толчо́к (-чка́); (*med.*) шок; *attrib.* (*troops, brigade, wave*) уда́рный; *s. absorber*, амортиза́тор; *s. tactics*, та́ктика сокруши́тельных уда́ров; *s. therapy*, шокотерапи́я; *s.-worker*, уда́рник; *v.t.* шоки́ровать *imp.* **shocking** *adj.* возмути́тельный, ужа́сный.

shock² *n.* (*of sheaves*) копна́ (*pl.* -пны, -пён, -пна́м).

shock³ *n.* (*of hair*) копна́ воло́с.

shod *adj.* обу́тый.

shoddy *adj.* дрянно́й (-нен, -нна́, -нно).

shoe *n.* ту́фля (*gen.pl.* -фель); (*horseshoe*) подко́ва; (*tech.*) башма́к (-а́); *v.t.* подко́вывать *imp.*, подкова́ть (-кую́, -куёшь) *perf.* **shoeblack** *n.* чи́стильщик сапо́г. **shoehorn** *n.* рожо́к (-жка́). **shoe-lace** *n.* шнуро́к (-рка́) для боти́нок. **shoemaker** *n.* сапо́жник. **shoe-string** *n.*: *on a s.*, с небольши́ми сре́дствами.

shoo *interj.* кш! *v.t.* прогоня́ть *imp.*, прогна́ть (прогоню́, -нишь; прогна́л, -а́, -о) *perf.*

shoot *v.t.* & *i.* (*discharge*) стреля́ть *imp.* (*a gun*, из+*gen.*; *at*, в+*acc.*, по+*dat.*); (*arrow*) пуска́ть *imp.*, пусти́ть (пущу́, пу́стишь) *perf.*; (*kill*) застре́ливать *imp.*, застрели́ть (-лю́, -лишь) *perf.*; (*execute*) расстре́ливать *imp.*, рас-

shop

стреля́ть *perf.*; (*hunt*) охо́титься *imp.* на+*acc.*; (*football*) бить (бью, бьёшь) *imp.* (по воро́там) (*cin.*) снима́ть *imp.*, снять (сниму́, -мешь; снял, -á, -о) *perf.*; *v.i.* (*go swiftly*) проноси́ться (-ошу́сь, -о́сишься) *imp.*, пронести́сь (-есу́сь, -есёшься; -ёсся, -есла́сь) *perf.*; (*of plant*) пуска́ть *imp.*, пусти́ть (-ит) *perf.* ростки́; ~ **down**, (*aircraft*) сбива́ть *imp.*, сбить (собью́, -бьёшь) *perf.*; *n.* (*branch*) росто́к (-тка́), побе́г; (*hunt*) охо́та. **shooting** *n.* стрельба́; (*hunting*) охо́та; *s.-box*, охо́тничий до́мик; *s.-gallery*, тир; *s.-range*, стре́льбище. **shop** *n.* (*for sales*) магази́н, ла́вка; (*for repairs, manufacture*) мастерска́я *sb.*, цех (*loc.* -е & -у́; *pl.* -и́ & -ы́); *in s.*, говоря́т *imp.* на узкопрофессиона́льные те́мы, о дела́х; *s.* **assistant**, продаве́ц (-вца́), -вщи́ца; *s.-floor*, (*fig.*) рабо́чие *sb.pl.*; *s.-lifter*, магази́нщик; *s.-steward*, цехово́й ста́роста *m.*; *s.-window*, витри́на; *v.i.* де́лать *imp.*, с~ *perf.* поку́пки (*f.pl.*); *v.t.* (*imprison*) сажа́ть *imp.*, посади́ть (-ажу́, -а́дишь) *perf.* в тюрьму́; (*inform against*) доноси́ть (-ошу́, -о́сишь) *imp.*, донести́ (-су́, -сёшь; донёс, -ла́) *perf.* на +*acc.* **shopkeeper** *n.* ла́вочник. **shopper** *n.* покупа́тель *m.*, ~ ница. **shopping** *n.* поку́пки *f.pl.*; *go* **one's**, ~, де́лать *imp.*, с~ *perf.* поку́пки. **shopwalker** *n.* дежу́рный администра́тор магази́на.

shore[1] *n.* бе́рег (*loc.* -у́; *pl.* -á); *s.* **leave**, о́тпуск на бе́рег.

shore[2] *v.t.*: ~ **up**, подпира́ть *imp.*, подпере́ть (подопру́, -рёшь; подпёр) *perf.*

shorn *adj.* остри́женный (-ен).

short *adj.* коро́ткий (ко́роток, -тка́, ко́ротко); (*concise*) кра́ткий (-ток, -тка́, -тко); (*not tall*) ни́зкий (-зок, -зка́, -зко, ни́зки́); (*of person*) ни́зкого ро́ста; (*deficient*) недоста́точный; *be s. of*, (*have too little*) испы́тывать *imp.*, испыта́ть *perf.* недоста́ток в + *prep.*; (*not amount to*) быть (*fut.* бу́ду, -дешь; был, -á, -о; не́ был, -á, -о) ме́ньше + *gen.*; (*uncivil*) грубый (груб, -á, -о); (*crumbling*) рассы́пчатый; *in s.*, одни́м сло́вом; *s.-change*, недодава́ть (-даю́, -даёшь) *imp.*,

shoulder

недода́ть (-áм, -áшь, -áст, -ади́м; недо́дал, -á, -о) *perf.* сда́чу + *dat.*; *s.-circuit*, коро́ткое замыка́ние; *s.-circuit*, замыка́ть *imp.*, замкну́ть *perf.* накоро́тко; *s.* **cut**, кратча́йший путь (-ти́, -тём) *m.*; *s. list*, оконча́тельный спи́сок (-ска); *s.-list*, включи́ть *perf.* в оконча́тельный спи́сок; *s.-lived*, недолгове́чный, мимолётный; *s.* **measure**, недоме́р; *at s. notice*, неме́дленно; *s.-range*, короткосро́чный; *s.* **sight**, близору́кость; *s.-sighted*, близору́кий; (*fig.*) недальнови́дный; *s.* **story**, расска́з, нове́лла; *in s.* **supply**, дефици́тный; *s.-tempered*, вспы́льчивый; *s.-term*, кратко-сро́чный; *s.-wave*, коротковолно́вый; *s.* **weight**, недове́с; *s.-winded*, страда́ющий одышкой; *n.* (*film*) короткометра́жный фильм; (*drink*) спиртно́е *sb.*; (*s. circuit*) коро́ткое замыка́ние; *pl.* шо́рты (-т) *pl.*; *v.t.* замыка́ть *imp.*, замкну́ть *perf.* накоро́тко. **shortage** *n.* недоста́ток (-тка); дефици́т. **shortbread** *n.* песо́чное пече́нье. **shortcoming** *n.* недоста́ток (-тка). **shorten** *v.t. & i.* укора́чивать *imp.*, укороти́ть(ся) *perf.*; сокраща́ть(ся) *imp.*, сократи́ть(ся) (-ащу́, -ати́т(ся)) *perf.*; убавля́ть *imp.*, уба́вить *perf.* парусо́в. **shortfall** *n.* дефици́т. **shorthand** *n.* стеногра́фия. **shorthorn** *n.* шортго́рнская поро́да скота́. **shortly** *adv.*: *s.* **after**, вско́ре (по́сле + *gen.*); *s.* **before**, незадо́лго (до + *gen.*).

shot[1] *n.* (*discharge of gun*) вы́стрел; (*for cannon, sport*) ядро́ (*pl.* я́дра, я́дер, я́драм); (*pellet*) дроби́нка; (*for s., collect.*) дробь; (*person*) стрело́к (-лка́); (*attempt*) попы́тка; (*injection*) уко́л; (*phot.*) сни́мок (-мка) (*cin.*) съёмка; *like a s.*, о́чень охо́тно, неме́дленно; *a s. in the arm*, (*fig.*) сти́мул; *s.-gun*, дробови́к (-á).

shot[2] *adj.* (*of material*) перели́вчатый.

shoulder *n.* плечо́ (*pl.* -чи, -ч, -ча́м); (*cul.*) лопа́тка; (*of road*) обо́чина; *straight from the s.*, с плеча́; *s. to s.*, плечо́м к плечу́; *s.-blade*, лопа́тка; *s.-strap*, брете́лька; (*on uniform*) пого́н (*gen.pl.* -н); *v.t.* взва́ливать *imp.*, взвали́ть (-лю́, -лишь) *perf.* на пле́чи.

shout *n.* крик; *v.i.* крича́ть (-чу́, -чи́шь) *imp.*, кри́кнуть *perf.*; *s. down*, перекри́кивать *imp.*, перекрича́ть (-чу́, -чи́шь) *perf.*

shove *n.* толчо́к (-чка́); *v.t. & i.* толка́ть(ся) *imp.*, толкну́ть *perf.*; *s. off*, (*coll.*) убира́ться *imp.*, убра́ться (уберу́сь, -рёшься; убра́лся, -ала́сь, -а́лось) *perf.*

shovel *n.* сово́к (-вка́), лопа́та; *v.t.* копа́ть *imp.*, вы́ ~ *perf.*; *s. up* сгреба́ть *imp.*, сгрести́ (сгребу́, -бёшь, сгрёб, -ла́) *perf.*

show *v.t.* пока́зывать *imp.*, показа́ть (-ажу́, -а́жешь) *perf.*; (*exhibit*) выставля́ть *imp.*, вы́ставить *perf.*; (*film etc.*) демонстри́ровать *imp.*, про~ *perf.*; *v.i.* быть ви́дным (-ден, -дна́, -дно, ви́дны), заме́тным; *s. off*, (*v.i.*) рисова́ться *imp.*; (*exhibition*) вы́ставка, (*theat.*) спекта́кль *m.*; (*pageant*) зре́лище; (*business*) де́ло (*pl.* -ла́); (*appearance*) ви́димость *f.*; *s. of hands*, голосова́ние подня́тием руки́; *s.-case*, витри́на; *s.-jumping*, соревнова́ние по ска́чкам; *s.-room*, сало́н. **showboat** *n.* плаву́чий теа́тр. **showgirl** *n.* стати́стка. **showman** *n.* балага́нщик.

shower *n.* (*rain*) до́ждик; (*hail*) град; (*s.-bath*) душ; *v.t.* осыпа́ть *imp.*, осы́пать (-плю, -плешь) *perf.* + *instr.* (*on*, + *acc.*); *v.i.* принима́ть *imp.*, приня́ть (приму́, -мешь; при́нял, -а́, -о) *perf.* душ. **showery** *adj.* дождли́вый.

showy *adj.* я́ркий (я́рок, ярка́, я́рко); (*gaudy*) бро́ский (-сок, -ска́, -ско).

shrapnel *n.* шрапне́ль.

shred *n.* клочо́к (-чка́), лоскуто́к (-тка́); *not a s.*, ни ка́пли; *tear to shreds*, (*fig.*) по́лностью опроверга́ть *imp.*, опрове́ргнуть (-г(нул), -гла) *perf.*; *v.t.* ре́зать (ре́жу, -жешь) *imp.* на клочки́; рвать (рву, рвёшь; рвал, -а́, -о) *imp.* в клочки́.

shrew *n.* (*woman*) сварли́вая, стропти́вая, же́нщина; (*animal*) землеро́йка.

shrewd *adj.* проница́тельный.

shrewish *adj.* сварли́вый.

shriek *n.* пронзи́тельный крик, визг; *v.i.* визжа́ть (-жу́, -жи́шь) *imp.*; кри́чать (-чу́, -чи́шь) *imp.*, кри́кнуть *perf.*

shrill *adj.* пронзи́тельный, ре́зкий (-зок, -зка́, -зко).

shrimp *n.* креве́тка.

shrine *n.* (*casket*) ра́ка; (*tomb*) гробни́ца; (*sacred place*) святы́ня.

shrink *v.i.* сади́ться *imp.*, сесть (ся́дет; сел) *perf.*; *v.t.* вызыва́ть *imp.*, вы́звать (-зовет) *perf.* уса́дку у + *gen.*; *s. from*, уклоня́ться *imp.* от + *gen.*; избега́ть *imp.* + *gen.*; *s.-proof*, безуса́дочный. **shrinkage** *n.* уса́дка.

shrivel *v.t. & i.* съёживать(ся) *imp.*, съёжить(ся) *perf.*

shroud *n.* са́ван; *pl.* (*naut.*) ва́нты *f.pl.*; *v.t.* (*fig.*) оку́тывать *imp.*, оку́тать *perf.* (*in*, + *instr.*).

Shrove-tide *n.* ма́сленица.

shrub *n.* куст (-а́), куста́рник. **shrubbery** *n.* куста́рник.

shrug *v.t. & i.* пожима́ть *imp.*, пожа́ть (-жму́, -жмёшь) *perf.* (плеча́ми).

shudder *n.* содрога́ние; *v.i.* содрога́ться *imp.*, содрогну́ться *perf.*

shuffle *v.t. & i.* (*one's feet*) ша́ркать *imp.* (нога́ми); (*cards*) тасова́ть *imp.*, с ~ *perf.*; (*intermingle, confuse*) переме́шивать *imp.*, перемеша́ть *perf.*; *s. off*, (*blame etc.*) сва́ливать *imp.*, свали́ть (-лю́, -лишь) *perf.* (on to, на + *acc.*); *n.* ша́рканье; тасо́вка.

shun *v.t.* избега́ть *imp.* + *gen.*

shunt *v.i.* (*rly.*) маневри́ровать *imp.*, с ~ *perf.*; *v.t.* (*rly.*) переводи́ть (-ожу́, -о́дишь) *imp.*, перевести́ (-еду́, -едёшь; -ёл, -ела́) *perf.* на запа́сный путь.

shut *v.t. & i.* закрыва́ть(ся) *imp.*, закры́ть(ся) (-ро́ю, -ро́ет(ся)) *perf.*; *s. in*, запира́ть *imp.*, запере́ть (запру́, -рёшь; за́пер, -ла́, -ло) *perf.*; *s. up*, (*v.i.*) замолка́ть *imp.*, замо́лкнуть (-чу́, -чи́шь) *perf.*; (*imper.*) заткни́сь!

shutter *n.* ста́вень (-вня) *m.*, ста́вня (*gen.pl.* -вен); (*phot.*) затво́р; *v.t.* закрыва́ть *imp.*, закры́ть (-ро́ю, -ро́ешь) *perf.* ста́внями.

shuttle *n.* челно́к (-а́). **shuttlecock** *n.* вола́н.

shy¹ *adj.* засте́нчивый, ро́бкий (-бок, -бка́, -бко).

shy² *v.i.* (*in alarm*) пуга́ться *imp.*, ис~ *perf.* (at, + *gen.*).

shy³ *v.t.* (*throw*) бросáть *imp.*, брóсить *perf.*; *n.* броскóк (-скá).

Siamese *adj.* сиáмский; *S. twins*, сиáмские близнецы *m.pl.*

Siberian *adj.* сибирский; *n.* сибиряк (-á), -янка.

sibilant *adj.* (*n.*) свистящий (звук) (*sb.*). **sic** *adv.* так!

sick *adj.* больнóй (-лен, -льнá); *be, feel, s.*, тошнить *imp. impers.* + *acc.*; тóшно *impers.* + *dat.*; *be s. for*, (*pine*) тосковáть *imp.* по + *dat.*; *be s. of*, надоедáть *imp.*, надоéсть (-éм, -éшь, -éст, -едим; -éл) *perf.* + *nom.* (*object*) & *dat.* (*subject*); *I'm s. of her*, онá мне надоéла; *s.-bed*, постéль больнóго; *s.-benefit*, посóбие по болéзни; *s.-leave*, óтпуск по болéзни. **sicken** *v.t.* вызывáть *imp.*, вызвать (-зовет) *perf.* тошнотý, (*disgust*) отвращéние, у + *gen.*; *v.i.* заболевáть *imp.*, заболéть *perf.* **sickening** *adj.* отвратительный.

sickle *n.* серп (-á).

sickly *adj.* (*ailing*) болéзненный (-ен, -енна), хилый (хил, -á, -о); (*nauseating*) тошнотвóрный. **sickness** *n.* болéзнь; (*vomiting*) тошнотá; *s. benefit*, посóбие по болéзни.

side *n.* сторонá (*acc.* -ону; *pl.* -оны, -óн, -онáм), бок (*loc.* на -ý; *pl.* -á); *by s.*, бок ó бок; *rýдом* (*with*, с + *instr.*); *on the s.*, на сторонé, допольнительно; *v.i.*: *s. with*, вставáть (-таю, -таéшь) *imp.*, встать (-áну, -áнешь) *perf.* на стóрону + *gen.*; *s.-car*, колáска (мотоцикла); *s.-effect*, (*of medicine etc.*) побочное дéйствие; *s.-saddle*, дáмское седлó (*pl.* сéдла, -дел, -длам); *s.-slip*, боковóе скольжéние; (*aeron.*) скольжéние на крылó, *s.-step*, (*fig.*) уклоняться *imp.*, -ниться *perf.* от + *gen.*; *s.-stroke*, плáвание на бокý; *s.-track*, (*distract*) отвлекáть *imp.*, отвлéчь (-екý, -ечёшь, -ёк, -еклá) *perf.*; (*postpone*) откладывать *imp.*, отложить (-жý, -óжишь) *perf.* рассмотрéние + *gen.*; *s.-view*, профиль *m.*, вид сбóку. **sideboard** *n.* сервáнт, буфéт; *pl.* бáки (-к) *pl.*

sidelight *n.* боковóй фонáрь (-ря) *m.*

sideline *n.* (*work*) побóчная рабóта.

sidelong *adj.* (*glance*) косóй.

sidereal *adj.* звёздный.

sideways *adv.* бóком; (*from side*) сбóку.

siding *n.* запáсный путь (-ти, -тём) *m.*

sidle *v.i.* ходить (хожý, хóдишь) *imp.* бóком.

siege *n.* осáда; *lay s. to*, осаждáть *imp.*, осадить *perf.*; *raise the s. of*, снимáть *imp.*, снять (сниму, -мешь; снял, -á, -о) *perf.* осáду с + *gen.*

sienna *n.* сиéна; *burnt s.*, жжёная сиéна.

siesta *n.* сиéста.

sieve *n.* решетó (*pl.* -ёта), сито; *v.t.* просéивать *imp.*, просéять (-éю, -éешь) *perf.*

sift *v.t.* просéивать *imp.*, просéять (-éю, -éешь) *perf.*; (*evidence etc.*) тщáтельно рассмáтривать *imp.*, рассмотрéть (-рю, -ришь) *perf.* **sifter** *n.* сито.

sigh *v.i.* вздыхáть *imp.*, вздохнýть *perf.*; *n.* вдох.

sight *n.* (*faculty*) зрéние; (*view*; *range*) вид; (*spectacle*) зрéлище; *pl.* достопримечáтельности *f.pl.*; (*on gun*) прицéл; *at*, *on*, *s.*, при виде (*of*, + *gen.*); *at first s.*, с пéрвого взгляда; *in s. of*, в видý + *gen.*; *long s.*, дальнозóркость; *short s.*, близорýкость; *catch s. of*, увидеть (-ижу, -идишь) *perf.*; *know by s.*, знать *imp.* в лицó; *lose s. of*, терять *imp.*, по~ *perf.* из виду, (*fig.*) упускáть *imp.*, упустить (-ущý, -устишь) *perf.* из виду; *s.-reading*, чтéние нот с листá. **sightless** *adj.* слепóй (слеп, -á, -о).

sign *n.* знак; (*indication*) признак; (*signboard*) вывеска; *v.t.* & *abs.* подписывать(ся) *imp.*, подписáть(ся) (-ишý(сь), -ишешь(ся)) *perf.*; *v.i.* (*give s.*) подавáть (-даю, -даёшь) *imp.*, подáть (-áм, -áшь, -áст, -адим; пóдал, -á, -о) *perf.* знак.

signal¹ *adj.* выдающийся, замечáтельный.

signal² *n.* сигнáл; *pl.* (*mil.*) связь; *v.t.* & *i.* сигнализировать *imp.*, *perf.*, про~ *perf.* **signal-box** *n.* сигнáльная бýдка. **signalman** *n.* сигнáльщик.

signatory *n.* подписáвший *sb.*; (*of treaty*) сторонá (*acc.* -ону; *pl.* -оны, -óн, -онáм), подписáвшая договóр.

signature *n.* по́дпись; (*print.*) сигнату́ра; (*mus.*) ключ (-а́); *s. tune*, музыка́льная ша́пка.

signboard *n.* вы́веска.

signet *n.* печа́тка; *s.-ring*, кольцо́ (*pl.* -льца́, -ле́ц, -льца́м) с печа́ткой.

significance *n.* значе́ние. **significant** *adj.* значи́тельный. **signify** *v.t.* означа́ть *imp.*; (*express*) выража́ть *imp.*, вы́разить *perf.*; *v.i.* быть (*fut.* бу́ду, -дешь; был, -á, -о; не́ был, -á, -о) *imp.* ва́жным.

signpost *n.* указа́тельный столб (-á).

silage *n.* си́лос.

silence *n.* молча́ние, тишина́; *v.t.* заста́вить *perf.* замолча́ть. **silencer** *n.* глуши́тель *m.* **silent** *adj.* (*not speaking*) безмо́лвный; (*taciturn*) молчали́вый; (*of film*) немо́й; (*without noise*) ти́хий (тих, -á, -о), бесшу́мный; *be s.*, молча́ть (-чу́, -чи́шь) *imp.*

silhouette *n.* силуэ́т; *v.t.*: *be silhouetted*, вырисо́вываться *imp.*, вы́рисоваться *perf.* (*against*, на фо́не + *gen.*).

silica *n.* кремнезём. **silicate** *n.* силика́т. **silicon** *n.* кре́мний. **silicone** *n.* силико́н. **silicosis** *n.* силико́з.

silk *n.* шёлк (-а(у), *loc.* -е & -ý; *pl.* -á); *take s.*, станови́ться (-влю́сь, -вишься) *imp.*, стать (-а́ну, -а́нешь) *perf.* короле́вским адвока́том; *attrib.* шёлковый; *s. hat*, цили́ндр (-á). **silkworm** *n.* шелкови́чный червь (-вя́; *pl.* -ви, -ве́й) *m.* **silky** *adj.* шелкови́стый.

sill *n.* подоко́нник.

silly *adj.* глу́пый (глуп, -á, -о).

silo *n.* си́лос; *v.t.* силосова́ть *imp.*, *perf.*, за~ *perf.*

silt *n.* ил (-а(у)); *v.i.*: *s. up*, засоря́ться *imp.*, засори́ться *perf.* и́лом.

silver *n.* серебро́; (*cutlery*) столо́вое серебро́; (*of s.*) сере́бряный; (*silvery*) серебри́стый; (*hair*) седо́й (сед, -á, -о), *s. foil*, сере́бряная фольга́; *s. fox*, черно-бу́рая лиса́; *s. paper*, (*tin foil*) станио́ль *m.*; *s. plate*, столо́вое серебро́; *v.t.* сере́брить *imp.*, вы́~, по~ *perf.*; (*mirror*) покрыва́ть *imp.*, покры́ть (-ро́ю, -ро́ешь) *perf.* амальга́мой рту́ти. **silversmith** *n.* сере́бряных дел ма́стер (*pl.* -á). **silverware** *n.* столо́вое серебро́. **silvery** *adj.* серебри́стый; (*hair*) седо́й (сед, -á, -о).

silviculture *n.* лесово́дство.

simian *adj.* обезья́ний.

similar *adj.* подо́бный (*to*, + *dat.*), схо́дный (-ден, -дна́ -дно) (*to*, с + *instr.*; *to*, на + *dat.*). **similarity** *n.* схо́дство; (*math.*) подо́бие. **similarly** *adv.* подо́бным о́бразом.

simile *n.* сравне́ние.

simmer *v.t.* кипяти́ть *imp.* на ме́дленном огне́; *v.i.* кипе́ть (-пи́т) *imp.* на ме́дленном огне́; *s. down*, успока́иваться *imp.*, успоко́иться *perf.*

simper *v.i.* жема́нно улыба́ться *imp.*, улыбну́ться *perf.*; *n.* жема́нная улы́бка.

simple *adj.* просто́й (прост, -á, -о, про́сты); *s.-hearted*, простоду́шный; *s.-minded*, тупова́тый. **simpleton** *n.* проста́к (-á). **simplicity** *n.* простота́. **simplify** *v.t.* упроща́ть *imp.*, упрости́ть *perf.* **simply** *adv.* про́сто.

simulate *v.t.* притворя́ться *imp.*, притвори́ться *perf.* + *instr.*; (*conditions etc.*) модели́ровать *imp.*, *perf.* **simulated** *adj.* (*pearls etc.*) иску́сственный.

simultaneous *adj.* одновреме́нный (-нен, -нна).

sin *n.* грех (-á); *v.i.* греши́ть *imp.*, со~ *perf.*; *s. against*, наруша́ть *imp.*, нару́шить *perf.*

since *adv.* с тех пор; (*ago*) (тому́) наза́д; *prep.* с + *gen.*; *conj.* с тех пор как; (*reason*) так как.

sincere *adj.* и́скренний (-нен, -нна, -нно & -нне). **sincerely** *adv.* и́скренне; *yours s.*, и́скренне Ваш. **sincerity** *n.* и́скренность.

sine *n.* си́нус.

sinecure *n.* синеку́ра.

sine die *adv.* на неопределённый срок.

sine qua non *n.* обяза́тельное усло́вие.

sinew *n.* сухожи́лие. **sinewy** *adj.* жи́листый.

sinful *adj.* гре́шный (-шен, -шна́, -шно, гре́шны). **sinfully** *adv.* гре́шно.

sing *v.t.* & *i.* петь (пою́, поёшь) *imp.*, про~, с~ *perf.*

singe *v.t.* пали́ть *imp.*, о~ *perf.*; *n.* ожо́г.

singer *n.* певе́ц (-вца́), -ви́ца.

single *adj.* один (одна́); (*unmarried*) холосто́й, незамужняя; (*solitary*) одино́кий; (*bed*) односпа́льный; *s. combat*, единобо́рство; *in s. file*, гусько́м; *s.-handed*, без посторо́нней по́мощи; *s.-minded*, целеустремлённый (-ён, -ённа); *s. room*, ко́мната на одного́; *s.-seater*, одноме́стный автомоби́ль *m.*; *n.* (*ticket*) биле́т в оди́н коне́ц; *pl.* (*tennis etc.*) одино́чная игра́; *v.t.: s. out*, выделя́ть *imp.*, вы́делить *perf.* **singlet** *n.* ма́йка.

singsong *adj.* моното́нный.

singular *n.* еди́нственное число́; *adj.* еди́нственный; (*unusual*) необыча́йный; (*strange*) стра́нный (-нен, -нна́, -нно). **singularity** *n.* (*peculiarity*) своеобра́зие.

sinister *adj.* (*ominous*) злове́щий; (*evil*) злой (зол, зла).

sink *v.i.* опуска́ться *imp.*, опусти́ться (-ущу́сь, -у́стишься) *perf.*; (*subside*) оседа́ть *imp.*, осе́сть (ося́дет; осе́л) *perf.*; (*of ship*) тону́ть (-нет) *imp.*, по~ *perf.*; (*of sick person*) умира́ть *imp.*, умере́ть *perf.*; *v.t.* топи́ть (-плю́, -пишь) *imp.*, по~ *perf.*; (*well*) рыть (ро́ю, ро́ешь) *imp.*, вы́~ *perf.*; (*shaft*) проходи́ть (-ожу́, -о́дишь) *imp.*, пройти́ (пройду́, -дёшь; прошёл, -шла́) *perf.*; *n.* (*also fig.*) клоа́ка; (*basin*) ра́ковина. **sinker** *n.* грузи́ло.

sinner *n.* гре́шник, -ица.

Sino- *in comb.* кита́йско-. **sinologist** *n.* китаеве́д, синоло́г. **sinology** *n.* китаеве́дение, синоло́гия.

sinuous *adj.* изви́листый.

sinus *n.* (*лобная*) па́зуха. **sinusitis** *n.* синуси́т.

sip *v.t.* пить (пью, пьёшь; пил, -а́, -о) *imp.*, ма́ленькими глотка́ми; *n.* ма́ленький глото́к (-тка́).

siphon *n.* сифо́н.

sir *n.* сэр.

sire *n.* (*as vocative*) сир; (*stallion etc.*) производи́тель *m.*; *v.t.* быть (*fut.* бу́ду -дешь; был, -á, -о не́ был, -á, -о) *imp.* производи́телем+*gen.*

siren *n.* сире́на.

sirloin *n.* филе́ *neut.indecl.*

sister *n.* сестра́ (*pl.* сёстры, -тёр, -трам); *s.-in-law*, (*husband's sister*) золо́вка; (*wife's sister*) своя́ченица; (*brother's wife*) неве́стка. **sisterhood** *n.* (*relig.*) сестри́нская общи́на.

sit *v.i.* (*be sitting*) сиде́ть (сижу́, сиди́шь) *imp.*; (*s. down*) сади́ться *imp.*, сесть (ся́ду, -дешь; сел) *perf.*; (*parl., leg.*) заседа́ть *imp.*; (*pose*) пози́ровать *imp.* (for, для+*gen.*); *v.t.* уса́живать *imp.*, усади́ть (-ажу́, -а́дишь) *perf.*; (*examination*) сдава́ть (сдаю́, -аёшь) *imp.*; *s. back*, отки́дываться *imp.*, откину́ться *perf.*; *s. down*, сади́ться *imp.*, сесть (ся́ду, -дешь; сел) *perf.*; *s.-down strike*, италья́нская забасто́вка; *s. on*, (*committee etc.*) быть (*fut.* бу́ду, -дешь; был, -á, -о; не́ был, -á, -о) *imp.* чле́ном+*gen.*; *s. up*, приподнима́ться *imp.*, приподня́ться (-ниму́сь, -ни́мешься; -ня́лся, -няла́сь) *perf.*; (*stay out of bed*) не ложи́ться *imp.* спать.

site *n.* ме́сто (*pl.* -та́), местоположе́ние; *building s.*, строи́тельная площа́дка.

sitter *n.* пози́рующий *sb.*; (*model*) нату́рщик, -ица; (*in*), приходя́щая ня́ня. **sitting** *n.* (*parl. etc.*) заседа́ние; (*for portrait*) сеа́нс; (*for meal*) сме́на; *adj.* сидя́чий, сидя́щий; *s.-room*, гости́ная *sb.*

situated *adj.*: *be s.*, находи́ться (-ожу́сь, -о́дишься) *imp.* **situation** *n.* местоположе́ние; (*circumstances*) положе́ние; (*work etc.*) ме́сто (*pl.* -та́).

six *adj.*, *n.* шесть (-ти́, -тью́); (*collect.*; *6 pairs*) ше́стеро (-ры́х); (*cards*; *number 6*) шестёрка; (*of clock*) (часо́в); (*age*) шесть лет. **sixteen** *adj.*, *n.* шестна́дцать (-ти, -тью); (*age*) шестна́дцать лет. **sixteenth** *adj.*, *n.* шестна́дцатый; (*date*) шестна́дцатое (число́). **sixth** *adj.*, *n.* шесто́й; (*fraction*) шеста́я (часть (*pl.* -ти, -те́й)); (*date*) шесто́е (число́); (*mus.*) се́кста. **sixtieth** *adj.*, *n.* шестидеся́тый. **sixty** *adj.*, *n.* шестьдеся́т (-ти́десяти, -тью́десятью); (*age*) шестьдеся́т лет; *pl.* (*decade*) шестидеся́тые го́ды (-до́в) *m. pl.*

size[1] *n.* (*dimensions*; *of garment etc.*) разме́р; (*magnitude*) величина́; (*capacity*) объём; (*format*) форма́т; *v.t.: s. up*, оце́нивать *imp.*, оцени́ть (-ню́,

size — **slack**

-нишь) perf. **sizeable** adj. порядочных размеров.
size² n. (solution) шлихта; v.t. шлихтовать imp.
sizzle v.i. шипеть (-пит) imp.
skate¹ n. (fish) скат.
skate² n. (ice-s.) конёк (-нька); (roller-s.) конёк (-нька) на роликах; v.i. кататься imp. на коньках; skating-rink, каток (-тка).
skein n. моток (-тка).
skeleton n. скелет, остов; s. key, отмычка.
sketch n. набросок (-ска), зарисовка; (theat.) скетч; s.-book, альбом для зарисовок; s.-map, кроки neut.indecl.; v.t. & i. делать imp., с~ perf. набросок, -ски (+gen.). **sketchy** adj. отрывочный; (superficial) поверхностный.
skew adj. косой; n. уклон; on the s., косо; v.t. перекашивать imp., перекосить perf.; v.i. уклоняться imp., уклониться (-нюсь, -нишься) perf.
skewbald adj. пегий.
skewer n. вертел (pl. -а); v.t. насаживать imp., насадить (-ажу, -адишь) perf. на вертел.
ski n. лыжа; s.-jump, трамплин; s.-run, лыжня; v.i. ходить (хожу, ходишь) imp. на лыжах.
skid n. занос; v.i. заносить (-ошу, -осишь) imp., занести (-сёт; -сло) perf.impers.+acc.
skier n. лыжник.
skiff n. ялик, скиф.
skiing n. лыжный спорт.
skilful adj. искусный, умелый. **skill** n. мастерство, искусство, умение. **skilled** adj. искусный; (worker) квалифицированный.
skim v.t. снимать imp., снять (сниму, -мешь; снял, -а, -о) perf. (cream) сливки pl.; (skin on milk) пенки n.pl.; (scum) накипь, c+gen.; v.i. скользить imp. (over, along, по+dat.); s. through, бегло просматривать imp., просмотреть (-рю, -ришь) perf.; adj.: s. milk, снятое молоко.
skimp v.t. & i. скупиться imp. (на+acc.). **skimpy** adj. скудный (-ден, -дна) -дно).
skin n. кожа; (hide) шкура; (of fruit etc.) кожура; (on milk) пенка; s.-deep, поверхностный; s.-diver, аквалангист; s.-tight, в обтяжку; v.t. сдирать imp., содрать (сдеру, -рёшь; содрал, -а, -о) perf. кожу, шкуру, с+gen.; снимать imp., снять (сниму, -мешь; снял, -а, -о) perf. кожуру c+gen. **skin-flint** n. скряга m. & f. **skinny** adj. тощий (тощ, -а, -е).
skint adj. без гроша в кармане.
skip¹ v.i. скакать (-ачу, -ачешь) imp.; (with rope) прыгать imp. через скакалку; v.t. (omit) пропускать imp., пропустить (-ущу, -устишь) perf.; skipping-rope, скакалка.
skip² n. (container) скип.
skipper n. (naut.) шкипер (pl. -ы & -а); (naut., other senses) капитан.
skirmish n. схватка, стычка; v.i. сражаться imp.
skirt n. юбка; v.t. обходить (обхожу, -одишь) imp., обойти (обойду, -дёшь; обошёл, -шла) perf. стороной; skirting-board, плинтус.
skit n. скетч.
skittish adj. (horse) норовистый; (person) игривый.
skittle n. кегля; pl. кегли f.pl.
skulk v.i. (hide) скрываться imp.; (creep) красться (крадусь, -дёшься; крался) imp.
skull n. череп (pl. -а); s.-cap, ермолка.
skunk n. скунс, вонючка.
sky n. небо (pl. -беса). **sky-blue** adj. лазурный. **skyjack** v.t. похитить (-ищу, -итишь) perf. **skylark** n. жаворонок (-нка). **skylight** n. окно (pl. окна, окон, окнам) в крыше. **skyline** n. горизонт. **skyscraper** n. небоскрёб. **skyway** n. авиатрасса.
slab n. плита (pl. -ты), (of cake etc.) кусок (-ска).
slack¹ n. (coal-dust) угольная пыль.
slack² adj. (loose) слабый (слаб, -а, -о); (sluggish) вялый; (inactive) неактивный; (negligent) небрежный; (of rope) ненатянутый; n. (of rope) слабина f.; повседневные брюки (-к) pl. **slacken** v.t. ослаблять imp., ослабить perf.; v.t. & i. (slow down) замедлять(ся) imp., замедлить(ся) perf.; v.i. ослабевать imp., ослабеть perf. **slacker** n. бездельник, лодырь m.

slag *n.* шлак.
slake *v.t.* (*thirst*) утоля́ть *imp.*, утоли́ть *perf.*; (*lime*) гаси́ть (гашу́, га́сишь) *imp.*, по~ *perf.*
slalom *n.* сла́лом.
slam *v.t. & i.* (*door*) захло́пывать(ся) *imp.*, захло́пнуть(ся) *perf.*; *n.* (*cards*) шлем.
slander *n.* клевета́; *v.t.* клевета́ть (-ещу́, -е́щешь) *imp.*, на~ *perf.* + *acc.* **slanderous** *adj.* клеветни́ческий.
slang *n.* сленг, жарго́н; *v.t.* брани́ть *imp.*, вы́~ *perf.* **slangy** *adj.* жарго́нный, вульга́рный.
slant *v.t. & i.* наклоня́ть(ся) *imp.*, наклони́ть(ся) (-ню́, -нит(ся)) *perf.*; *n.* укло́н. **slanting** *adj.* пока́тый, косо́й (кос, -а́, -о).
slap *v.t.* хло́пать *imp.*, хло́пнуть *perf.* + *acc.*, *instr.*, по + *dat.*; шлёпать *imp.*, шлёпнуть *perf.*; *n.* шлепо́к (-пка́); *adv.* пря́мо. **slapdash** *adj.* поспе́шный, небре́жный. **slapstick** *n.* балага́н.
slash *v.t.* руби́ть (-блю́, -бишь) *imp.*; (*prices etc.*) ре́зко снижа́ть *imp.*, сни́зить *perf.*; *n.* разре́з, про́рез.
slat *n.* пла́нка, филёнка.
slate[1] *n.* сла́нец (-нца); (*for roofing*) ши́фер (*no pl.*), ши́ферная пли́тка; (*for writing*) грифельная доска́ (*acc.* -ску́; *pl.* -ски, -со́к, -ска́м); *s.-pencil*, грифе́ль *m.*; *v.t.* (*roof*) крыть (кро́ю, -о́ешь) *imp.*, по~ *perf.* ши́ферными пли́тками.
slate[2] *v.t.* (*criticize*) раскритикова́ть *perf.*
slattern *n.* неря́ха. **slatternly** *adj.* неря́шливый.
slaughter *n.* (*of animals*) убо́й; (*massacre*) резня́; *v.t.* ре́зать (ре́жу, -жешь) *imp.*, за~ *perf.*; (*people*) убива́ть *imp.*, уби́ть (убью́, -ьёшь) *perf.* **slaughter-house** *n.* бо́йня (*gen.pl.* бо́ен).
Slav *n.* славяни́н (*pl.* -я́не, -я́н), -я́нка; *adj.* славя́нский.
slave *n.* раб (-а́), рабы́ня (*gen.pl.* -нь); *s.-trade*, работорго́вля; *v.i.* рабо́тать *imp.* как раб.
slaver *v.i.* пуска́ть *imp.*, пусти́ть (пущу́, пу́стишь) *perf.* слю́ни; *n.* слю́ни (-не́й) *pl.*
slavery *n.* ра́бство.

Slavic *adj.* славя́нский.
slavish *adj.* ра́бский.
Slavonic *adj.* славя́нский.
slay *v.t.* убива́ть *imp.*, уби́ть (убью́, -ьёшь) *perf.*
sleazy *adj.* (*person*) неря́шливый.
sledge *n.* са́ни (-не́й) *pl.*
sledge-hammer *n.* кува́лда.
sleek *adj.* гла́дкий (-док, -дка́, -дко).
sleep *n.* сон (сна); *go to s.*, засыпа́ть *imp.*, засну́ть *perf.*; *v.i.* спать (сплю, спишь; спал, -а́, -о) *imp.*; (*spend the night*) ночева́ть (-чу́ю, -чу́ешь) *imp.*, пере~ *perf.*; *s.-walker*, луна́тик. **sleeper** *n.* спя́щий *sb.*; (*rly.*, *beam*) шпа́ла; (*sleeping-car*) спа́льный ваго́н. **sleeping** *adj.* спя́щий, спа́льный; *s.-bag*, спа́льный мешо́к (-шка́); *s.-car(riage)*, спа́льный ваго́н, *s. partner*, пасси́вный партнёр; *s.-pill*, снотво́рная табле́тка; *s. sickness*, со́нная боле́знь. **sleepless** *adj.* бессо́нный (-нен, -нна). **sleepy** *adj.* со́нный (-нен, -нна).
sleet *n.* мо́крый снег (-а(у), *loc.* -у́).
sleeve *n.* рука́в (-а́; *pl.* -а́); (*tech.*) му́фта; (*of record*) конве́рт.
sleigh *n.* са́ни (-не́й) *pl.*; *s.-bell*, бубе́нчик.
sleight-of-hand *n.* ло́вкость рук.
slender *adj.* (*slim*) то́нкий (-нок, -нка́, -нко, то́нки́); (*meagre*) ску́дный (-ден, -дна́, -дно); (*of hope etc.*) сла́бый (слаб, -а́, -о).
sleuth *n.* сы́щик.
slew *v.t. & i.* бы́стро повора́чивать(ся) *imp.*, поверну́ть(ся) *perf.*
slice *n.* ло́мтик (*pl.* -ти, -те́й) *m.*; (*share*) часть (*pl.* -ти, -те́й); *v.t.* (*s. up*) нареза́ть *imp.*, наре́зать (-е́жу, -е́жешь) *perf.*
slick *adj.* (*dextrous*) ло́вкий (-вок, -вка́, -вко, ло́вки́); (*crafty*) хи́трый (-тёр, -тра́, хи́тро́); (*sleek*) гла́дкий (-док, -дка́, -дко); *n.* нефтяна́я плёнка.
slide *v.i.* скользи́ть *imp.*; (*on ice*) ката́ться (качу́сь, ка́тишься) *imp.*, по~ *perf.* по льду; (*drawer etc.*) задвига́ть *imp.*, задви́нуть *perf.* (*into*, в + *acc.*); *n.* (*on ice*) ледяна́я гора́ (*acc.* -ру; *pl.* -ры, -р, -ра́м); ледяна́я

slight — **slow**

дорожка; (*children's s.*) детская горка; (*chute*) жёлоб (*pl.* -á); (*microscope s.*) предметное стекло (*pl.* стёкла, -кол, -клам); (*phot.*) диапозитив, слайд; *s.-rule*, логарифмическая линейка; *s.-valve*, золотник (-á). **sliding** *adj.* скользящий; (*door*) задвижной; *s. seat*, слайд.

slight[1] *adj.* (*slender*) тонкий (-нок, -нкá, -нко, тонки); (*inconsiderable*) незначительный; (*light*) лёгкий (-гок, -гкá, -гко, лёгки); *not the slightest*, ни малейший (*gen.*); *not in the slightest*, ничуть.

slight[2] *v.t.* пренебрегать *imp.*, пренебречь (-егу, -ежёшь; -ёг, -еглá) *perf.* + *instr.*; *n.* пренебрежение, неуважение.

slightly *adv.* слегка, немного.

slim *adj.* тонкий (-нок, -нкá, -нко, тонки); (*chance etc.*) слабый (слаб, -á, -о); *v.i.* худеть *imp.*, по ~ *perf.*

slime *n.* слизь. **slimy** *adj.* слизистый; (*person*) елейный.

sling *v.t.* (*throw*) бросать *imp.*, бросить *perf.*; швырять *imp.*, швырнуть *perf.*; (*suspend*) подвешивать *imp.*, подвесить *perf.*; *n.* (*for throwing*) праща; (*bandage*) перевязь; (*rope*) строп.

slink *v.i.* красться (-адусь, -адёшься; -ался) *imp.* **slinky** *adj.* (*garment*) облегающий.

slip *n.* (*slipping*) скольжение; (*mistake*) ошибка; (*garment*) комбинация; (*pillowcase*) наволочка; (*building s.*) стапель (*pl.* -ля & -ли); (*landing*) эллинг; (*of paper etc.*) полоска; (*print.*) гранка; (*cutting*) черенок (-нкá); (*glaze*) поливная глазурь; *s. of the pen*, описка; *s. of the tongue*, обмолвка; *give the s.*, ускользать *perf.* от + *gen.*; *v.i.* скользить *imp.*, скользнуть *perf.*; поскользнуться *perf.*; (*from hands etc.*) выскальзывать *imp.*, выскользнуть *perf.*; *v.t.* (*let go*) спускать *imp.*, спустить (-ущу, -устишь) *perf.*; (*insert*) совать (сую, суёшь) *imp.*, сунуть *perf.*; *s. off*, (*depart, v.i.*) ускользать *imp.*, ускользнуть *perf.*; (*clothes, v.t.*) сбрасывать *imp.*, сбросить *perf.*; *s. on*, (*clothes*) накидывать *imp.*, накинуть *perf.*; *s. up*, (*make mistake*) ошибаться *imp.*,

ошибиться (-бусь, -бёшься; -бся) *perf.* **slipper** *n.* (*house*, домашняя) туфля (*gen. pl.* -фель); тáпочка (*coll.*). **slippery** *adj.* скользкий (-зок, -зкá, -зко); (*fig., shifty*) увёртливый. **slipshod** *adj.* неряшливый, небрежный. **slipway** *n.* (*for building*) стапель (-ля & -ли); (*for landing*) эллинг.

slit *v.t.* разрезать *imp.*, разрезать (-ежу, -ежешь) *perf.*; *n.* щель (*pl.* -ли, -лей), прорез.

slither *v.i.* скользить *imp.*

sliver *n.* щепка.

slob *n.* неряха *m.* & *f.*

slobber *v.i.* пускать *imp.*, пустить (пущу, пустишь) *perf.* слюни; *n.* слюни (-ней) *pl.*

sloe *n.* тёрн.

slog *v.t.* (*hit*) сильно ударять *imp.*, ударить *perf.*; (*work*) упорно работать *imp.*

slogan *n.* лозунг.

sloop *n.* шлюп.

slop *n.*: *pl.* (*water*) помои (-óев) *pl.*; (*food*) жидкая пища; *s.-basin*, полоскательница; *s.-pail*, помойное ведро (*pl.* вёдра, -дер, -драм); *v.t.* & *i.* выплёскивать(ся) *imp.*, выплескать(ся) (-ещу, -ещет(ся)) *perf.*

slope *n.* наклон, склон; *v.i.* иметь *imp.* наклон. **sloping** *adj.* наклонный (-нен, -нна), покатый.

sloppy *adj.* (*ground*) мокрый (мокр, -á, -о); (*food*) жидкий (-док, -дкá, -дко); (*work*) неряшливый; (*sentimental*) сентиментальный.

slot *n.* щель (*pl.* -ли, -лей), паз (*loc.* -ý; *pl.* -ы); *s.-machine*, автомат.

sloth *n.* лень; (*zool.*) ленивец (-вца). **slothful** *adj.* ленивый.

slouch *v.i.* (*stoop*) сутулиться *imp.*

slough *v.t.* сбрасывать *imp.*, сбросить *perf.*

sloven *n.* неряха *m.* & *f.* **slovenly** *adj.* неряшливый.

slow *adj.* медленный (-ен(ен), -енна); (*tardy*) медлительный; (*stupid*) тупой (туп, -á, -о, тупы); (*business*) вялый; *be slow*, (*clock*) отставать (-таёт) *imp.*, отстать (-анет) *perf.*; *adv.* медленно; *v.t.* & *i.* (*s. down, up*) замедлять(ся)

slow-worm *n.* веретеница, медяница.

sludge *n.* (*mud*) грязь (*loc.* -зи́); (*sediment*) отстой.

slug *n.* (*zool.*) слизня́к (-á); (*bullet*) пу́ля; (*piece of metal*) кусо́к (-ска́) мета́лла.

sluggard *n.* ленти́вец. **sluggish** *adj.* (*inert*) ине́ртный; (*torpid*) вя́лый.

sluice *n.* шлюз; *v.t.* залива́ть *imp.*, зали́ть (-лью́, -льёшь; зали́л, -á, -о) *perf.*; *v.i.* ли́ться (льётся; ли́лся, лила́сь, лило́сь) *imp.*

slum *n.* трущо́ба.

slumber *n.* сон (сна); *v.i.* спать (сплю, спишь; спал, -á, -о) *imp.*

slump *n.* ре́зкое паде́ние (цен, спро́са, интере́са); *v.i.* ре́зко па́дать *imp.*, (у)па́сть (-адёт; -а́л) *perf.*; (*of person*) тяжело́ опуска́ться *imp.*, опусти́ться (-ущу́сь, -у́стишься) *perf.*

slur *v.t.* (*speak indistinctly*) невня́тно произноси́ть (-ошу́, -о́сишь) *imp.*, произнести́ (-су́, -сёшь; -ёс, -есла́) *perf.*; s. over, обходи́ть (-ожу́, -о́дишь) *imp.*, обойти́ (обойду́, -дёшь; обошёл, -шла́) *perf.* молча́нием; *n.* (*stigma*) пятно́ (*pl.* -тна, -тен, -тнам); (*mus.*) ли́га.

slush *n.* сля́коть. **slushy** *adj.* сля́котный; (*fig.*) сентимента́льный.

slut *n.* неря́ха. **sluttish** *adj.* неря́шливый.

sly *adj.* хи́трый (-тёр, -тра́, хи́тро́), лука́вый; on the s., тайко́м.

smack[1] *n.* (*flavour*) при́вкус; *v.i.*: s. of, па́хнуть *imp.* + *instr.*

smack[2] *n.* (*slap*) шлепо́к (-пка́) *v.t.* шлёпать *imp.*, шлёпнуть *perf.*

smack[3] *n.* (*boat*) смэк.

small *adj.* ма́ленький, небольшо́й, ма́лый (мал, -á); (*of general, particles; petty*) ме́лкий (-лок, -лка́, -лко); (*unimportant*) незначи́тельный; s. capitals, капите́ль; s. change, ме́лочь; s. fry, ме́лкая со́шка; s.-minded, ме́лкий (-лок, -лка́, -лко); s.-scale, мелкомасшта́бный; s. talk, све́тская бесе́да; *n.*: s. of the back, поясни́ца; *pl.* ме́лочь.

smart[1] *v.i.* саднить *imp. impers.*

smart[2] *adj.* (*brisk*) бы́стрый (быстр, -á, -о, бы́стро); (*cunning*) ло́вкий (-вок, -вка́, -вко, ло́вки́); (*sharp*) смекали́стый (*coll.*); (*in appearance*) элега́нтный.

smash *v.t.* & *i.* разбива́ть(ся) *imp.*, разби́ть(ся) (разобью́, -бьёт(ся)) *perf.*; *v.i.* (*collide*) ста́лкиваться *imp.*, столкну́ться *perf.* (*into*, c + *instr.*); *n.* (*disaster*) катастро́фа; (*collision*) столкнове́ние; (*blow*) тяжёлый уда́р.

smattering *n.* пове́рхностное зна́ние.

smear *v.t.* сма́зывать *imp.*, сма́зать (-а́жу, -а́жешь) *perf.*; (*dirty*) па́чкать *imp.*, за~, ис~ *perf.*; (*discredit*) поро́чить *imp.*, о~ *perf.*; *n.* (*slander*) клевета́; (*med.*) мазо́к (-зка́).

smell *n.* (*sense*) обоня́ние; (*odour*) за́пах; *v.t.* чу́вствовать *imp.* за́пах + *gen.*; ню́хать *imp.*, по~ *perf.*; *v.i.*: s. of, па́хнуть (па́х(нул), па́хла) *imp.* + *instr.*; s. out, (*also fig.*) разню́хивать *imp.*, разню́хать *perf.*; **smelling-salts**, ню́хательная соль. **smelly** *adj.* воню́чий.

smelt[1] *v.t.* (*ore*) пла́вить *imp.*; (*metal*) выплавля́ть *imp.*, вы́плавить *perf.*

smelt[2] *n.* (*fish*) корю́шка.

smile *v.i.* улыба́ться *imp.*, улыбну́ться *perf.*; *n.* улы́бка.

smirk *v.i.* ухмыля́ться *imp.*, ухмыльну́ться *perf.*; *n.* ухмы́лка.

smith *n.* кузне́ц (-á).

smithereens *n.*: (*in*)to s., вдре́безги.

smithy *n.* ку́зница.

smock *n.* блу́за.

smog *n.* тума́н с ды́мом.

smoke *n.* дым (-а(у), *loc.* -ý); (*cigarette etc.*) куре́во; s.-bomb, дымова́я бо́мба; s.-screen, дымова́я заве́са; *v.i.* дыми́ть *imp.*, на~ *perf.*; (*of lamp*) копти́ть *imp.*, на~ *perf.*; *v.t.* & *i.* (*cigarette etc.*) кури́ть (-рю́, -ришь) *imp.*, по~ *perf.*; (*cure*; *colour*) копти́ть *imp.*, за~ *perf.*; s. out, выку́ривать *imp.*, вы́курить *perf.* **smokeless** *adj.* безды́мный. **smoker** *n.* кури́льщик, -ица, куря́щий *sb*. **smoking** *n.*: s.-compartment, купе́ *neut. indecl.*; s.-room, кури́тельная *sb.* **smoky** *adj.* ды́мный; (*room*) проку́ренный; (*colour*) дымча́тый.

smooth *adj.* (*surface etc.*) гла́дкий (-док, -дка́, -дко); (*movement etc.*) пла́вный; (*flattering*) льсти́вый; *v.t.*

smother *v.t.* (*stifle, also fig.*) душить (-шу́, -шишь) *imp.*, за~ *perf.*; (*cover*) покрыва́ть *imp.*, покры́ть (-ро́ю, -ро́ешь) *perf.*

smoulder *v.i.* тлеть *imp.*

smudge *v.t.* па́чкать *imp.*, за~, ис~ *perf.*

smug *adj.* самодово́льный.

smuggle *v.t.* провози́ть (-ожу́, -о́зишь) *imp.*, провезти́ (-езу́, -езёшь; -ёз, -езла́) *perf.* контраба́ндой; (*convey secretly*) та́йно проноси́ть (-ошу́, -о́сишь) *imp.*, пронести́ (-есу́, -есёшь; -ёс, -есла́) *perf.* **smuggler** *n.* контраbanдист.

smut *n.* части́ца са́жи, ко́поти; (*indecency*) непристо́йность. **smutty** *adj.* гря́зный (-зен, -зна́, -зно); непристо́йный.

snack *n.* заку́ска; s.-bar, заку́сочная *sb.*, буфе́т.

snaffle *n.* тре́нзель (*pl.* -ли & -ля́) *m.*; *v.t.* (*steal*) стащи́ть (-щу́, -щишь) *perf.*

snag *n.* (*branch*) сучо́к (-чка́); (*in river*) коря́га, загвоздка; *v.t.* зацепля́ть *imp.*, зацепи́ть (-плю́, -пишь) *perf.*

snail *n.* ули́тка; at s.'s pace, черепа́хой.

snake *n.* змея́ (*pl.* -е́и); s.-charmer, заклина́тель *m.*, ~ница, змей; -skin, змеи́ная ко́жа. **snaky** *adj.* змеи́ный; (*winding*) изви́листый.

snap *v.i.* (*of dog etc.*) огрыза́ться *imp.*, огрызну́ться (at, на+*acc.*); *v.t. & i.* говори́ть *imp.* серди́то, раздражённо; (*break*) обрыва́ть(ся) *imp.*, обо́рва́ть(ся) (-ву́, -вёт(ся); -ва́л(ся), -вала́(сь), -ва́ло/-вало́сь) *perf.*; *v.t.* (*make sound*) щёлкать *imp.*, щёлкнуть *perf.* + *instr.*; s. up, (*buy*) расхва́тывать *imp.*, расхвата́ть *perf.*; *n.* (*sound*) щёлк; (*fastener*) кно́пка, застёжка; (*cards*) де́тская ка́рточная игра́; cold s., ре́зкое внеза́пное похолода́ние; *adj.* скоропали́тельный; (*parl.*) внеочередно́й. **snapdragon** *n.* льви́ный зев. **snap-fastener** *n.* кно́пка. **snapshot** *n.* момента́льный сни́мок (-мка).

snare *n.* лову́шка; *v.t.* лови́ть (-влю́, -вишь) *imp.*, пойма́ть *perf.* в лову́шку.

snarl *v.i.* рыча́ть (-чи́т) *imp.*; (*person*) ворча́ть (-чу́, -чи́шь) *imp.*; *n.* рыча́ние; ворча́ние.

snatch *v.t.* хвата́ть *imp.*, (с)хвати́ть (-ачу́, -а́тишь) *perf.*; (*opportunity etc.*) ухвати́ться (-ачу́сь, -а́тишься) *perf.* за + *acc.*; *v.i.* s. at, хвата́ться *imp.*, (с)хвати́ться (-ачу́сь, -а́тишься) *perf.* за + *acc.*; (*fragment*) обры́вок (-вка); in, by, snatches, урывка́ми.

sneak *v.i.* (*slink*) кра́сться (-аду́сь, -адёшься, -а́лся) *imp.*; (*tell tales*) я́бедничать *imp.*, на~ *perf.* (*coll.*); *v.t.* (*steal*) стащи́ть (-щу́, -щишь) *perf.*; *n.* я́бедник, -ица (*coll.*); s.-thief, вори́шка *m.* **sneaking** *adj.* (*hidden*) та́йный; (*of feeling etc.*) неосознанный.

sneer *v.i.* (*smile*) насме́шливо улыба́ться *imp.*; (*speak*) насме́шливо говори́ть *imp.*; *n.* насме́шливая улы́бка.

sneeze *v.i.* чиха́ть *imp.*, чихну́ть *perf.*; *n.* чиха́нье.

snick *n.* зару́бка.

snide *adj.* (*sneering*) насме́шливый.

sniff *v.i.* шмы́гать *imp.*, шмыгну́ть *perf.* но́сом; *v.t.* ню́хать *imp.*, по~ *perf.*

snigger *v.i.* хихи́кать *imp.*, хихи́кнуть *perf.*; *n.* хихи́канье.

snip *v.t.* ре́зать (ре́жу, -жешь) *imp.* (но́жницами); s. off, среза́ть *imp.*, сре́зать (-е́жу, -е́жешь) *perf.*; *n.* (*purchase*) вы́годная поку́пка.

snipe *n.* (*bird*) бека́с; *v.i.* стреля́ть *imp.* из укры́тия (at, в+*acc.*). **sniper** *n.* сна́йпер.

snippet *n.* отре́зок (-зка); *pl.* (*of knowledge etc.*) обры́вки *m.pl.*

snivel *v.i.* (*run at nose*) распуска́ть *imp.*, распусти́ть (-ущу́, -у́стишь) *perf.* со́пли; (*whimper*) хны́кать (хны́чу, -чешь & хны́каю) *imp.*

snob *n.* сноб. **snobbery** *n.* сноби́зм. **snobbish** *adj.* снобистский.

snook *n.*: cock a s. at, показа́ть (-ажу́, -а́жешь) *perf.* дли́нный нос + *dat.*

snoop *v.i.* сова́ть (сую́, суёшь) *imp.* нос в чужи́е дела́; s. about, шпио́нить *imp.*

snooty *adj.* чва́нный (-нен, -нна).

snooze v.i. вздремну́ть perf.; n. коро́ткий сон (сна).

snore v.i. храпе́ть (-плю́, -пи́шь) imp.; n. храп.

snorkel n. шно́ркель m.; (diver's) тру́бка (аквала́нга).

snort v.i. фы́ркать imp., фы́ркнуть perf.; n. фы́рканье.

snot n. со́пли (-ле́й) pl.

snout n. ры́ло, мо́рда.

snow n. снег (-а(у), loc. -у́; pl. -а́) s.-blindness, сне́жная слепота́; s.-boot, бот (gen.pl. -т & -тов); s.-bound, заснежённый (-ён, -ена́); s.-drift, сугро́б; s.-plough, снегоочисти́тель m.; s.-shoes, снегосту́пы (-пов) pl.; s.-white, белосне́жный; v.i.: it is snowing, it snows, идёт (past шёл) снег; snowed up, in, занесённый (-ён, -ена́) сне́гом. **snowball** n. снежо́к (-жка́).

snowdrop n. подсне́жник. **snowflake** n. снежи́нка. **snowman** n. сне́жная ба́ба. **snowstorm** n. мете́ль, вью́га. **snowy** adj. сне́жный; (snow-white) белосне́жный.

snub[1] v.t. относи́ться (-ошу́сь, -о́сишься) imp., отнести́сь (-есу́сь, -есёшься, -ёсся, -есла́сь) perf. пренебрежи́тельно к+dat.; (humiliate) унижа́ть imp., уни́зить perf.

snub[2] adj. вздёрнутый; s.-nosed, курно́сый.

snuff[1] n. (tobacco) нюхательный таба́к (-á(у́)); take s., ню́хать imp., по~ perf. таба́к; s.-box, табаке́рка.

snuff[2] n. (on candle) нага́р на свече́; v.t. снима́ть imp., снять (сниму́, -мешь; снял, -а́, -о) perf. нага́р c+gen.; s. out (candle) туши́ть (-шу́, -шишь) imp., по~ perf. (hopes etc.) разруша́ть imp., разру́шить perf.

snuffle v.i. (noisily) сопе́ть (-плю́, -пи́шь) imp.

snug adj. ую́тный, удо́бный.

snuggle v.i.: s. up to, прижима́ться imp., прижа́ться (-жму́сь, -жмёшься) perf. к+dat.

so adv. так; (in this way) так, таки́м о́бразом; (thus, at beginning of sentence) ита́к; (also) та́кже, то́же; conj. (therefore) поэ́тому; and so on, и так да́лее; if so, в тако́м слу́чае; or so, и́ли о́коло э́того; so-and-so, тако́й-то; so . . . as, так(о́й)...как; so as to, с тем что́бы; so be it, быть по сему́; so-called, так называ́емый; so far, до сих пор; (in) so far as, насто́лько, поско́льку; so long! пока́! so long as, поско́льку; so much, насто́лько, до тако́й сте́пени; so much the better, тем лу́чше; so-so, так себе́; so that, что́бы; so . . . that, так...что; so to say, speak, так сказа́ть; so what? ну и что?

soak v.t. & i. пропи́тывать(ся) imp., пропита́ть(ся) perf. (in, +instr.); v.t. мочи́ть (-чу́, -чишь) imp., на~ perf.; (drench) прома́чивать imp., промочи́ть (-чу́, -чишь) perf.; s. up, впи́тывать imp., впита́ть perf.; v.i.: s. through, проса́чиваться imp., просочи́ться perf.; get soaked, промока́ть imp., промо́кнуть (-к) perf.; n. (drinker) пья́ница m. & f.

soap n. мы́ло (pl. -ла́); attrib. мы́льный; v.t. мы́лить imp., на~ perf.; s.-boiler, мылова́р; s.-box, (stand) импровизи́рованная трибу́на; s.-bubble, мы́льный пузы́рь (-ря́) m.; s.-dish, мы́льница; s.-flakes, мы́льные хло́пья (-ьев) pl.; s. powder, стира́льный порошо́к (-шка́); s.-works, мылова́ренный заво́д. **soapy** adj. мы́льный.

soar v.i. пари́ть imp.; (aeron.) плани́ровать imp., с~ perf.; (building etc.) высит́ься imp.; (prices) подска́кивать imp., подскочи́ть (-и́т) perf.

sob v.i. рыда́ть imp.; n. рыда́ние.

sober adj. тре́звый (трезв, -á, -о); v.t. & i. s. up, (also fig.) отрезвля́ть(ся) imp., отрезви́ть(ся) perf.; v.i.: s. up, трезве́ть imp., о~ perf. **sobriety** n. тре́звость.

sobriquet n. про́звище.

soccer n. футбо́л.

sociable adj. общи́тельный; (meeting etc.) дру́жеский. **social** adj. обще́ственный, социа́льный; S. Democrat, социа́л-демокра́т; s. sciences, обще́ственные нау́ки f.pl.; s. security, социа́льное обеспече́ние; n. вечери́нка. **socialism** n. социали́зм. **socialist** n. социали́ст; adj. социалисти́ческий.

socialize v.t. социализи́ровать imp., perf. **society** n. о́бщество; (beau monde) свет; attrib. све́тский.
sociolinguistics n. социолингви́стика.
sociological adj. социологи́ческий.
sociologist n. социо́лог. **sociology** n. социоло́гия.
sock[1] n. носо́к (-ска́).
sock[2] v.t. тузи́ть imp., от~ perf.
socket n. впа́дина; (electr.) ште́псель (pl. -ля́) m.; (for bulb) патро́н; (tech.) гнездо́ (pl. -ёзда), растру́б.
sod n. (turf) дёрн; (piece of turf) дерни́на.
soda n. со́да; s.-water, со́довая вода́ (acc. -ду).
sodden adj. промо́кший, пропи́танный (-ан) вла́гой.
sodium n. на́трий.
sodomite n. педера́ст. **sodomy** n. педера́стия.
sofa n. дива́н, софа́ (pl. -фы).
soft adj. мя́гкий (-гок, -гка́, -гко); (sound) ти́хий (тих, -а́, -о); (colour) нея́ркий (-рок, -рка́, -рко); (malleable) ко́вкий (-вок, -вка́, -вко); (tender) не́жный (-жен, -жна́, -жно, не́жны); s.-boiled, всмя́тку; s. drink, безалкого́льный напи́ток (-тка); s. fruit, я́года; s. goods, тексти́ль m.; s.-headed, придуркова́тый; s.-hearted, мягкосерде́чный; s.-pedal, преуменьша́ть imp., преуме́ньшить perf. (значе́ние + gen.).
soften v.t. & i. смягча́ть(ся), смягчи́ть(ся) perf. **softness** n. мя́гкость. **software** n. програ́ммное обеспе́чение. **softwood** n. хво́йная древеси́на.
soggy adj. пропи́танный (-ан) водо́й; (ground) боло́тистый.
soil[1] n. по́чва; s. science, почвове́дение.
soil[2] v.t. па́чкать imp., за~, ис~ perf.
sojourn n. вре́менное пребыва́ние; v.i. вре́менно жить (живу́, -вёшь; жил, -а́, -о imp.
solace n. утеше́ние; v.t. утеша́ть imp., уте́шить perf.
solar adj. со́лнечный.
solarium n. соля́рий.
solder n. припо́й; v.t. пая́ть imp., спа́ивать imp., спая́ть perf. **soldering-iron** n. пая́льник.

soldier n. солда́т (gen.pl. -т), вое́нный sb.; (toy s.) солда́тик; s. of fortune, кондотье́р. **soldierly** adj. во́инский.
sole[1] n. (of foot, shoe) подо́шва; (of foot) ступня́; v.t. (of shoe) подмётка; v.t. ста́вить imp., по~ perf. подмётку к+ dat., на+acc.
sole[2] n. (fish) морско́й язы́к (-а́).
sole[3] adj. еди́нственный; (exclusive) исключи́тельный.
solecism n. солеци́зм.
solemn adj. торже́ственный (-ен, -енна).
solemnity n. торже́ственность; (celebration) торжество́.
solenoid n. солено́ид.
solicit v.t. проси́ть (-ошу́, -о́сишь) imp., по~ perf.+acc., gen., о+prep.; выпра́шивать imp.; (of prostitute) пристава́ть (-таю́, -таёшь) imp., приста́ть (-а́ну, -а́нешь) perf. к+dat. (v. abs., к мужчи́нам). **solicitor** n. соли́ситор. **solicitous** adj. забо́тливый. **solicitude** n. забо́тливость.
solid adj. (not liquid) твёрдый (твёрд, -а́, -о); (not hollow) сплошно́й; (of time) без переры́ва; (firm) про́чный (-чен, -чна́, -чно, про́чны), пло́тный (-тен, -тна́, -тно, пло́тны); (pure) чи́стый (чист, -а́, -о, чи́сты); (of reason etc.) убеди́тельный; s.-state physics, фи́зика твёрдого те́ла; n. твёрдое те́ло (pl. -ла́); pl. твёрдая пи́ща. **solidarity** n. солида́рность. **solidify** v.t. & i. де́лать(ся) imp., с~ perf. твёрдым, v.i. затвердева́ть imp., затверде́ть perf. **solidity** n. твёрдость; про́чность.
solidus n. дели́тельная черта́.
soliloquy n. моноло́г.
solipsism n. солипси́зм.
solitaire n. (gem) солите́р.
solitary adj. одино́кий, уединённый (-ён, -ённа); s. confinement, одино́чное заключе́ние, уедине́ние. **solitude** n. одино́чество, уедине́ние.
solo n. со́ло neut.indecl.; (aeron.) самостоя́тельный полёт; adj. со́льный; adv. со́ло. **soloist** n. соли́ст, ~ка.
solstice n. солнцестоя́ние.
soluble adj. раствори́мый. **solution** n. раство́р; (action) растворе́ние; (of puzzle etc.) реше́ние, разреше́ние.

solve *v.t.* решать *imp.*, решить *perf.*
solvency *n.* платёжеспособность. **solvent** *adj.* растворяющий; (*financially*) платёжеспособный; *n.* растворитель *m.*
sombre *adj.* мрачный (-чен, -чна, -чно).
sombrero *n.* сомбреро *neut.indecl.*
some *adj., pron.* (*any*) какой-нибудь; (*a certain*) какой-то; (*a certain amount or number of*) некоторый, *or often expressed by noun in* (*partitive*) *gen.*; (*several*) несколько+*gen.*; (*approximately*) около+*gen.*; *often expressed by inversion of noun and numeral*: (*s. people, things*) некоторые *pl.*; *s. day*, когда-нибудь; *s. more*, ещё; *s. other day*, другой раз; *s. ..., others*, одни... другие; *to s. extent*, до известной степени. **somebody, someone** *n., pron.* (*definite*) кто-то; (*indefinite*) кто-нибудь; (*important person*) важная персона. **somehow** *adv.* как-то, как-нибудь; (*for some reason*) почему-то; *s. or other*, так или иначе.
somersault *n.* прыжок (-жка) кувырком; *v.i.* кувыркаться *imp.*, кувыр(к)нуться *perf.*
something *n., pron.* (*definite*) что-то; (*indefinite*) что-нибудь; *s. like*, (*approximately*) приблизительно; (*a thing like*) что-то вроде+*gen.* **sometime** *adv.* некогда; *adj.* бывший. **sometimes** *adv.* иногда. **somewhat** *adv.* несколько, довольно. **somewhere** *adv.* (*position*) (*definite*) где-то; (*indefinite*) где-нибудь; (*motion*) куда-то; куда-нибудь.
somnolent *adj.* сонный.
son *n.* сын (*pl.* -овья, -овей); *s.-in-law*, зять (*pl.* -я, -ёв) *m.*
sonar *n.* гидролокатор.
sonata *n.* соната.
sonde *n.* зонд.
song *n.* песня (*gen.pl.* -сен); (*singing*) пение; *s.-bird*, певчая птица; *s.-thrush*, певчий дрозд (-á).
sonic *adj.* звуковой, акустический.
sonnet *n.* сонет.
sonny *n.* сынок.
sonorous *adj.* звучный (-чен, -чна, -чно).
soon *adv.* скоро, вскоре; (*early*) рано; *as s. as*, как только; *as s. as possible*, как можно скорее; *no sooner said than done*, сказано — сделано; *sooner or later*, рано или поздно; *the sooner the better*, чем раньше, тем лучше.
soot *n.* сажа, копоть.
soothe *v.t.* успокаивать *imp.*, успокоить *perf.*; (*pain*) облегчать *imp.*, облегчить *perf.*
soothsayer *n.* предсказатель *m.*, -ница.
sooty *adj.* запачканный (-ан) сажей, закоптелый.
sophism *n.* софизм.
sophisticated *adj.* (*person*) искушённый; (*tastes*) изощрённый (-ён, -ённа); (*equipment*) усовершенствованный.
soporific *adj.* снотворный; *n.* снотворное *sb.*
soprano *n.* сопрано (*voice*) *neut.* & (*person*) *f.indecl.*, дискант.
sorbet *n.* шербет.
sorcerer *n.* колдун (-á). **sorceress** *n.* колдунья (*gen.pl.* -ний). **sorcery** *n.* колдовство.
sordid *adj.* (*dirty*) грязный (-зен, -зна, -зно); (*wretched*) убогий, (*base*) подлый (подл, -á, -о).
sore *n.* болячка, язва; *adj.* больной (-лен, -льна); *my throat is s.*, у меня болит горло.
sorrel[1] *n.* (*herb*) щавель (-ля) *m.*
sorrel[2] *adj.* (*of horse*) гнедой; *n.* гнедая лошадь (*pl.* -ди, -дей, *instr.* -дьми).
sorrow *n.* печаль, горе, скорбь. **sorrowful** *adj.* печальный, скорбный. **sorry** *adj.* жалкий (-лок, -лка, -лко); *predic.*: *be s.*, жалеть *imp.* (*about*, о+*prep.*); жаль *impers.*+*dat.* (*for*, +*gen.*); *s.!* извини(те)!
sort *n.* род (*pl.* -ы), вид, сорт (*pl.* -á); *v.t.* сортировать *imp.*, разобрать (разберу, -рёшь; разобрал, -á, -о) *perf.* **sorter** *n.* сортировщик, -ица.
sortie *n.* вылазка.
SOS *n.* (радио)сигнал бедствия.
sot *n.* пьяница *m.* & *f.*
sotto voce *adv.* вполголоса.
soubriquet *see* sobriquet.
soufflé *n.* суфле *neut.indecl.*
soul *n.* душа (*acc.* -шу; *pl.* -ши).
sound[1] *adj.* (*healthy*) здоровый; (*strong; of sleep*) крепкий (-пок, -пка, -пко).

sound (*firm*) прочный (-чен, -чна, -чно, прочны); *adv.* крепко.

sound² *n.* (*noise*) звук, шум; *attrib.* звуковой; *s. barrier*, звуковой барьер; *s. effects*, звуковое сопровождение, *s.-proof*, звуконепроницаемый; *s.-track*, звуковая дорожка; *s.-wave*, звуковая волна (*pl.* -ны, -н, волнам); *v.i.* звучать (-чит) *imp.*, про~ *perf.*

sound³ *v.t.* (*test depth*) измерять *imp.*, измерить *perf.* глубину + *gen.*; (*med., fig.*) зондировать *imp.*, по~ *perf.*; *n.* зонд.

sound⁴ *n.* (*strait*) пролив.

soup *n.* суп (-а(у), *loc.* -е & -у; *pl.* -ы́); *s.-kitchen*, бесплатная столовая *sb.*; *v.t.*: *s. up*, повышать *imp.*, повысить *perf.* мощность + *gen.*

sour *adj.* кислый (-сел, -сла, -сло); (*of milk etc.*) прокисший; *s. cream*, сметана; *v.i.* прокисать *imp.*, прокиснуть (-с) *perf.*; *v.t.* озлоблять(ся) *imp.*, озлобить(ся) *perf.*

source *n.* источник; (*of river*) истоки *m.pl.*

south *n.* юг; (*naut.*) зюйд; *adj.* южный (*naut.*) зюйдовый; *adv.* к югу, на юг; *s.-east*, юго-восток; (*naut.*) зюйд-ост; *s.-easterly*, *-eastern*, юго-восточный (*naut.*) зюйд-остовый; *s.-west*, юго-запад; (*naut.*) зюйд-вест; *s.-westerly*, *-western*, юго-западный (*naut.*) зюйд-вестовый; *s. wind*, зюйд, зюйд-ост. **southeaster** *n.* (*naut.*) зюйд-ост. **southerly** *adj.* южный (*naut.*) южный. **southern** *adj.* южный. **southerner** *n.* южанин (-ане, -ан), -анка; житель *m.*, ~ница, юга. **southernmost** *adj.* самый южный. **southpaw** *n.* левша *m. & f.* **southward(s)** *adv.* к югу, на юг. **southwester** *n.* зюйд-вест.

souvenir *n.* сувенир.

sou'wester *n.* (*hat*) зюйдвестка.

sovereign *adj.* суверенный; *n.* суверен, монарх; (*coin*) соверен. **sovereignty** *n.* суверенитет.

soviet *n.* совет; *Supreme S.*, Верховный Совет; *S. Union*, Советский Союз; *adj.* (*S.*) советский.

sow¹ *n.* свинья (*pl.* -ньи, -ней, -ньям), свиноматка.

sow² *v.t.* (*seed*) сеять (сею, сеешь) *imp.*, по~ *perf.*; (*field*) засевать *imp.*, засеять (-ею, -еешь) *perf.*; *sowing-machine*, сеялка. **sower** *n.* сеятель *m.*

soy *n.* соевый соус. **soya** *n.* соя; *s. bean*, соевый боб (*f.pl.*).

sozzled *predic.* в доску пьян (-а́, -о).

spa *n.* воды *f.pl.*; курорт.

space *n.* пространство; (*distance*) протяжение (-ка); (*interval*) промежуток (-тка); (*place*) место; (*outer s.*) космос; *attrib.* космический; *s.-bar*, клавиша для интервалов; *s. station*, космическая станция; *s.-time*, пространство-время *neut.*; пространственно-временной; *v.t.* расставлять *imp.*, расставить *perf.* с промежутками. **spacecraft** *n.* космический корабль (-ля) *m.* **spaceman** *n.* космонавт, астронавт. **spaceship** *n.* космический корабль (-ля) *m.* **spacesuit** *n.* скафандр (космонавта). **spacious** *adj.* просторный, поместительный.

spade¹ *n.* (*tool*) лопата, заступ.

spade² *n.* (*cards*) пика.

spaghetti *n.* спагетти *neut.indecl.*

span *n.* (*of bridge*) пролёт; (*aeron.*) размах; (*as measure*) пядь (*pl.* пяди, пядей); *v.t.* (*of bridge*) соединять *imp.*, соединить *perf.* стороны + *gen.*, (*river*) берега + *gen.*

spangle *n.* блёстка.

Spaniard *n.* испанец (-нца), -нка.

spaniel *n.* спаниель *m.*

Spanish *adj.* испанский.

spank *v.t.* шлёпать *imp.*, шлёпнуть *perf.*; *n.* шлепок (-пка).

spanner *n.* гаечный ключ (-а).

spar¹ *n.* (*naut.*) рангоутное дерево (*pl.* -евья, -евьев); (*aeron.*) лонжерон.

spar² *v.i.* боксироваться *imp.*; (*fig.*) препираться *imp.*

spare *adj.* (*in reserve*) запасной, запасный; (*extra, to s.*) лишний; (*of seat, time*) свободный; (*thin*) худощавый; *s. parts*, запасные части (-тей) *f.pl.*; *s. room*, комната для гостей; *n.*: *pl.* запчасти (-тей) *pl.*; *v.t.* (*grudge*) жалеть *imp.*, по~ *perf.* + *acc.*, *gen.*; *he spared no pains*, он не жалел трудов; (*do without*) обходиться (-ожусь, -одишься) *imp.*, обойтись (обойдусь, -дёшься; обошёлся, -шлась) *perf.* без

+ gen.; (time) уделя́ть imp., удели́ть perf.; (person, feelings, etc.) щади́ть imp., по ~ perf.
spare-rib n. (свино́е) рёбрышко (pl. -шки, -шек, -шкам).
spark n. и́скра; v.i. искри́ть imp.; sparking-plug запа́льная свеча́ (pl. -чи, -че́й).
sparkle v.i. искри́ться imp.; сверка́ть imp.
sparrow n. воробе́й (-бья́); s.-hawk, перепеля́тник.
sparse adj. ре́дкий (-док, -дка́, -дко); (population) разбро́санный (-ан).
spasm n. спазм, су́дорога. **spasmodic** adj. спазмоди́ческий, судоро́жный.
spastic adj. спасти́ческий.
spate n. разли́в; (fig.) пото́к.
spatial adj. простра́нственный.
spatio-temporal adj. простра́нственно-временно́й.
spatter v.t. (liquid) бры́згать (-зжу, -зжешь) imp. + instr.; (person etc.) забры́згивать imp., забры́згать perf. (with, + instr.); бры́зги (-г) pl.
spatula n. шпа́тель m.
spavin n. костный шпат.
spawn v.t. & abs. мета́ть (ме́чет) imp. (икру́); v.t. (fig.) порожда́ть imp., породи́ть perf.; n. икра́; (mushroom s.) грибни́ца; (offspring) отро́дье.
speak v.t. & i. говори́ть imp., сказа́ть (-ажу́, -а́жешь) perf.; v.i. (make speech) выступа́ть imp., вы́ступить perf. (с ре́чью); выска́зываться imp., вы́сказаться (-ажусь, -ажешься) perf. (for, за + acc.; against, про́тив + gen.).
speaker n. ора́тор; (at conference etc.) докла́дчик; (S., parl.) спи́кер; (loud-speaker) громкоговори́тель m. **speaking** n.: not be on s. terms, не разгова́ривать imp. (with, с + instr.); s.-trumpet, ру́пор; s.-tube, перегово́рная тру́бка.
spear n. копьё (pl. -пья, -пий, -пьям); v.t. пронза́ть imp., пронзи́ть perf. копьём. **spearhead** n. передово́й отря́д.
special adj. осо́бый, специа́льный; (extra) экстренный. **specialist** n. специали́ст, ~ка. **speciality** n. специа́льность. **specialization** n. специализа́ция. **specialize** v.t. & i. специализи́ровать(ся) imp., perf. **specially** adv. осо́бенно.

specie n. зво́нкая моне́та.
species n. вид.
specific adj. специфи́ческий; (biol.) видово́й; (phys.) уде́льный. **specification(s)** n. специфика́ция. **specify** v.t. (mention) специа́льно упомина́ть imp., упомяну́ть (-ну́, -нешь) + acc., о + prep.; (include in specifications) специфици́ровать imp., perf.
specimen n. образе́ц (-зца́), экземпля́р; s. page, про́бная страни́ца.
specious adj. благови́дный, правдоподо́бный.
speck n. кра́пинка, пя́тнышко (pl. -шки, -шек, -шкам). **speckled** adj. кра́пчатый.
spectacle n. зре́лище; pl. очки́ (-ко́в) pl.
spectacular adj. эффе́ктный.
spectator n. зри́тель m., ~ ница.
spectral adj. (ghostlike) призра́чный; (phys.) спектра́льный. **spectre** n. при́зрак.
spectroscope n. спектроско́п. **spectroscopic** adj. спектроскопи́ческий.
spectrum n. спектр.
speculate v.i. (meditate) размышля́ть imp., размы́слить perf. (on, o + prep.); (in shares etc.) спекули́ровать imp. **speculation** n. тео́рия, предположе́ние, спекуля́ция. **speculative** adj. гипотети́ческий; спекуляти́вный. **speculator** n. спекуля́нт, ~ка.
speech n. (faculty) речь; (address) речь (pl. -чи, -че́й), выступле́ние; (language) язы́к (-а́); s. day, акт; s. therapy, логопе́дия. **speechify** v.i. ора́торствовать imp. **speechless** adj. немо́й (нем, -á, -о); (with emotion) онеме́вший.
speed n. ско́рость, быстрота́; (phot.) светочувстви́тельность; at full s., по́лным хо́дом; s. limit, дозво́ленная ско́рость; v.i. спеши́ть imp., по ~ perf.; v.t.: s. up, ускоря́ть imp., уско́рить perf. **speedboat** n. быстрохо́дный ка́тер (pl. -а́). **speedometer** n. спидо́метр. **speedway** n. доро́жка для мотоцикле́тных го́нок. **speedwell** n. вероника. **speedy** adj. бы́стрый (быстр, -а́, -о), ско́рый (скор, -а́, -о).
speleologist n. спеле́олог. **speleology** n. спелеоло́гия.
spell[1] n. (incantation) заклина́ние.

spell² v.t. (*write*) писа́ть (пишу́, -шешь) *imp.*, на-~ *perf.* по бу́квам; (*say*) произноси́ть (-ошу́, -о́сишь) *imp.*, произнести́ (-есу́, -есёшь; -ёс, -ёсла́) *perf.* по бу́квам; how do you s. that word? как пи́шется э́то сло́во?

spell³ n. (*period*) промежу́ток (-тка) вре́мени.

spellbound adj. зачаро́ванный (-ан, -ан(на)).

spelling n. правописа́ние.

spend v.t. (*money*; *effort*) тра́тить *imp.*, ис-, по-~ *perf.*; (*time*) проводи́ть (-ожу́, -о́дишь) *imp.*, провести́ (-еду́, -едёшь; -ёл, -ела́) *perf.* **spendthrift** n. расточи́тель m., ~ница f.; мот, ~о́вка f.

sperm¹ n. спе́рма.

sperm² (*whale*) n. кашало́т.

spermaceti n. спермаце́т.

spermatic adj. семенно́й.

spermatozoon n. спермато́зо́ид.

sphere n. (*var. senses*) сфе́ра; (*ball*) шар (-а́ with 2, 3, 4; pl. -ы́). **spherical** adj. сфери́ческий, шарообра́зный. **spheroid** n. сферо́ид.

sphincter n. сфи́нктер.

sphinx n. сфинкс.

spice n. спе́ция, пря́ность; v.t. приправля́ть *imp.*, припра́вить *perf.* спе́циями.

spick adj.: s. and span, чи́стый (чист, -а́, -о, чи́сты), опря́тный; (*of person*) оде́тый с иго́лочки.

spicy adj. пря́ный; (*fig.*) пика́нтный.

spider n. пау́к (-а́). **spidery** adj. то́нкий (-нок, -нка́, -нко, то́нки).

spike¹ n. (*bot.*) ко́лос (*pl.* коло́сья, -ьев).

spike² n. (*point*) остриё (*pl.* -ия́, -ий) *n.*; (*nail*) гвоздь (-дя́; *pl.* -ди, -де́й) m.; (*on shoes*) шип (-а́); (*for papers*) нако́лка f.; v.t. снабжа́ть *imp.*, снабди́ть *perf.* шипа́ми; (*gun*) заклёпывать *imp.*, заклепа́ть *perf.*; (*drink*) добавля́ть *imp.*, доба́вить *perf.* спиртно́го в+acc.

spill v.t. & i. пролива́ть(ся) *imp.*, проли́ть(ся) (-лью́, -льёт(ся); проли́л/проли́лся, -а́(сь), -о/проли́ло́сь) *perf.*; рассыпа́ть(ся) *imp.*, рассы́пать(ся) (-плю, -плет(ся)) *perf.*; n. проли́тие, рассы́пка; (*fall*) паде́ние.

spin v.t. (*thread etc.*) прясть (пряду́, -дёшь; -ял, -яла́, -яло) *imp.*, с-~ *perf.*; (*top*) запуска́ть *imp.*, запусти́ть (-ущу́, -у́стишь) *perf.*; (*coin*) подбра́сывать *imp.*, подбро́сить *perf.*; v.t. & i. (*turn*) крути́ть(ся) (-учу́(сь), -у́тишь(ся)) *imp.*; кружи́ть(ся) (-ужу́(сь), -у́жишь(ся)) *imp.*; s. out (*prolong*) затя́гивать *imp.*, затяну́ть (-ну́, -нешь) *perf.*; n. круже́ние; (*aeron.*) што́пор; (*excursion*) пое́здка f.; go for a s., прока́тываться *imp.*, прокати́ться (-ачу́сь, -а́тишься) *perf.*

spinach n. шпина́т.

spinal adj. спинно́й; s. column, спинно́й хребе́т (-та́); s. cord, спинно́й мозг.

spindle n. веретено́ (*pl.* -ёна); (*axis, pin*) ось (*pl.* о́си, осе́й) f., шпи́ндель m.

spindly adj. дли́нный (-нен, -нна́, дли́нно) и то́нкий (-нок, -нка́, -нко, то́нки).

spine n. (*backbone*) позвоно́чник, хребе́т (-та́); (*bot.*) шип (-а́); (*zool.*) игла́ (*pl.* -глы); (*of book*) корешо́к (-шка́). **spineless** adj. (*fig.*) мягкоте́лый, бесхара́ктерный.

spinet n. спине́т.

spinnaker n. спи́накер.

spinner n. пря́дильщик, -ица; (*fishing*) блесна́.

spinney n. ро́щица.

spinning n. пряде́ние; s.-machine, пряди́льная маши́на; s.-top, волчо́к (-чка́); s.-wheel, пря́лка.

spinster n. незаму́жняя же́нщина.

spiny adj. колю́чий; (*fig.*) затрудни́тельный.

spiral adj. спира́льный, винтово́й; n. спира́ль.

spire n. шпиль m.

spirit n. дух, душа́; *pl.* (*mood*) настрое́ние; (*liquid*) спирт (loc. -е́ & -у́; *pl.* -ы́); *pl.* (*drinks*) спиртно́е sb.; s.-lamp, спирто́вка f.; s.-level, ватерпа́с; s. away, та́йно уноси́ть (-ошу́, -о́сишь) *imp.*, унести́ (унесу́, -сёшь; унёс, -ла́) *perf.* **spirited** adj. энерги́чный, пы́лкий (-лок, -лка́, -лко). **spiritless** adj. безжи́зненный (-ен, -енна). **spiritual** adj. духо́вный. **spiritualism** n. спирити́зм. **spiritualist** n. спири́т. **spirituous** adj. спиртно́й.

spit¹ n. (*skewer*) ве́ртел (*pl.* -а́); (*of land*) стре́лка, коса́ (acc. ко́су; *pl.*

-сы); *v.t.* наса́живать *imp.*, насади́ть (-ажу́, -а́дишь) *perf.* на ве́ртел; (*fig.*) пронза́ть *imp.*, пронзи́ть *perf.*

spit² *v.i.* плева́ть (плюю́, -юёшь) *imp.*, плю́нуть *perf.*; (*of rain*) мороси́ть *imp.*; (*of fire etc.*) шипе́ть (-пи́т) *imp.*; *v.t.*: *s. out*, выплёвывать *imp.*, вы́плюнуть *perf.*; *spitting image*, то́чная ко́пия; *n.* слюна́, плево́к (-вка́).

spite *n.* зло́ба, злость; *in s. of*, несмотря́ на + *acc.* spiteful *adj.* зло́бный.

spittle *n.* слюна́, плево́к (-вка́).

spittoon *n.* плева́тельница.

spitz *n.* шпиц.

splash *v.t.* (*person*) забры́згивать *imp.*, забры́згать *perf.* (with, + *instr.*); (*s. liquid*) бры́згать (-зжу, -зжешь) *imp.* + *instr.*; *v.i.* плеска́ться (-ещу́(сь), -е́щешься(ся)) *imp.*, плесну́ть *perf.*; (*move*) шлёпать *imp.*, шлёпнуть *perf.* (through, по + *dat.*); *s. money about*, сори́ть *imp.* деньга́ми; *n.* бры́зги (-г) *pl.*, плеск; *s.-down*, приводне́ние.

splatter *v.i.* плеска́ться (-е́щется) *imp.*

spleen *n.* селезёнка; (*spite*) зло́ба.

splendid *adj.* великоле́пный. splendour *n.* блеск, великоле́пие.

splenetic *adj.* жёлчный.

splice *v.t.* (*ropes*) сра́щивать *imp.*, срасти́ть *perf.* концы́ + *gen.*; (*film, tape*) скле́ивать *imp.*, скле́ить *perf.* концы́ + *gen.*; *n.* (*naut.*) спле́сень (-сня) *m.*; (*film, tape*) скле́йка, ме́сто скле́йки.

splint *n.* лубо́к (-бка́), ши́на; *v.t.* накла́дывать *imp.*, наложи́ть (-жу́, -жишь) *perf.* ши́ну на + *acc.*; класть (-аду́, -адёшь) *imp.*, положи́ть (-жу́, -жишь) *perf.* в лубо́к.

splinter *n.* оско́лок (-лка), ще́пка; (*in skin*) зано́за; *s. group*, отколо́вшаяся гру́ппа; *v.t.* & *i.* расщепля́ть(ся) *imp.*, расщепи́ть(ся) *perf.*

split *n.* расще́лина, расще́п; (*schism*) раско́л; *pl.* шпага́т; *v.t.* & *i.* расщепля́ть(ся) *imp.*, расщепи́ть(ся) *perf.*, раска́лывать(ся) *imp.*, расколо́ть(ся) (-лю́, -лет(ся)) *perf.*; (*divide*) дели́ть (-лю́, -лит(ся)) *imp.*, раз~ *perf.* (на ча́сти); *v.i.*: *s. on*, доноси́ть (-ошу́, -о́сишь) *imp.*, донести́ (-есу́,

-есёшь) -ёс, -есла́) *perf.* на + *acc.*; *s. hairs*, спо́рить *imp.* о мелоча́х; *s. one's sides*, надрыва́ться *imp.* от хо́хота; *s.-level*, на ра́зных у́ровнях; *s. pea(s)*, лущёный горо́х (-а(у)); *s. personality*, раздвое́ние ли́чности; *s. pin*, шплинт (шплинта́); *s. second*, мгнове́ние о́ка.

splotch *n.* неро́вное пятно́ (*pl.* -тна, -тен, -тнам) маз́ок (-зка́).

splutter *v.i.* бры́згать (-зжу, -зжешь) *imp.* слюно́й; *v.t.* (*utter*) говори́ть *imp.* невня́тно.

spoil *n.* (*pl. or collect.*) добы́ча; (*of war*) трофе́и *m.pl.*; *v.t.* & *i.* (*damage; decay*) по́ртить(ся) *imp.*, ис~ *perf.*; *v.t.* (*indulge*) балова́ть *imp.*, из~ *perf.*; *be spoiling for a fight*, рва́ться (рвусь, рвёшься; рва́лся, -ала́сь, -а́лось) *imp.* в дра́ку.

spoke *n.* спи́ца.

spoken *adj.* (*language*) у́стный. spokesman, -woman *n.* представи́тель *m.*, ~ница.

sponge *n.* гу́бка; *s.-cake*, бискви́т; *s. rubber*, гу́бчатая рези́на; *v.t.* (*wash*) мыть (мо́ю, мо́ешь) *imp.*, вы~, по~ *perf.* гу́бкой; (*obtain*) выпра́шивать *imp.*, вы́просить *perf.*; *v.i.*: *s. on*, жить (живу́, -вёшь; жил, -а́, -о) *imp.* на счёт + *gen.* sponger *n.* прижива́льщик, параз́ит. spongy *adj.* гу́бчатый.

sponsor *n.* поручи́тель *m.*, ~ница; *v.t.* руча́ться *imp.*, поручи́ться (-чу́сь, -чишься) *perf.* за + *acc.*; (*finance*) финанси́ровать *imp.*, *perf.*

spontaneity *n.* непосре́дственность, самопроизво́льность. spontaneous *adj.* непосре́дственный (-ен, -енна), самопроизво́льный.

spoof *n.* (*hoax*) мистифика́ция; (*parody*) паро́дия.

spook *n.* привиде́ние.

spool *n.* шпу́лька, кату́шка.

spoon *n.* ло́жка; *s.-bait*, блесна́; *v.t.* че́рпать *imp.*, черпну́ть *perf.* ло́жкой. spoonbill *n.* колпи́ца. spoonful *n.* по́лная ло́жка.

spoor *n.* след (-а(у); *pl.* -ы́).

sporadic *adj.* споради́ческий.

spore *n.* спо́ра.

sport *n.* спорт; *pl.* спорти́вные соревнова́ния *neut.pl.*; (*fun*) заба́ва, поте́ха

spot

(*person*) сла́вный ма́лый sb.; *sports car*, спорти́вный автомоби́ль m.; *sports coat*, спорти́вная ку́ртка, v.t. щеголя́ть *imp.*, щегольну́ть *perf.*+ *instr.* **sportsman** *n.* спортсме́н. **sportsmanlike** *adj.* спортсме́нский.

spot *n.* (*place*) ме́сто (*pl.* -та́); (*mark*) пятно́ (*pl.* -тна, -тен, -тнам) (*also fig.*), кра́пинка; (*pimple*) прыщик, (*eye etc.*) очко́ (*pl.* -ки́, -ко́в); *on the s.*, на ме́сте; (*without delay*) неме́дленно; *s. check*, вы́борочная прове́рка; *v.t.* (*mark*; *fig.*) пятна́ть *imp.*, за~ *perf.*; (*recognize*) узнава́ть (-наю́, -наёшь *imp.*, узна́ть *perf.*; (*notice*) замеча́ть *imp.*, заме́тить *perf.*; *v.i.*: *it's spotting with rain*, накра́пывает дождь. **spotless** *adj.* чи́стый (чист, -а́, -о, чи́сты); (*fig.*) безупре́чный. **spotlight** *n.* проже́ктор (*pl.* -ы & -а́); *v.t.* освеща́ть *imp.*, освети́ть (-ещу́, -ети́шь) *perf.* проже́ктором. **spotty** *adj.* прыщева́тый.

spouse *n.* супру́г, ~ а.

spout *v.i.* бить (бьёт) *imp.* струёй; хлы́нуть *perf.*; *v.t.* выпуска́ть *imp.*, вы́пустить *perf.* струю́+*gen.*; (*verses etc.*) деклами́ровать *imp.*, про~ *perf.*; *n.* (*tube*) но́сик; (*jet*) струя́ (*pl.* -у́и).

sprain *v.t.* растя́гивать *imp.*, растяну́ть (-ну́, -нешь) *perf.*; *n.* растяже́ние.

sprat *n.* ки́лька, шпро́та.

sprawl *v.i.* (*of person*) разва́ливаться *imp.*, развали́ться (-лю́сь, -лишься) *perf.*; (*of town*) раски́дываться *imp.*, раски́нуться *perf.*

spray[1] *n.* (*of flowers etc.*) вет(о́ч)ка.

spray[2] *n.* (*liquid*) бры́зги (-г) *pl.*; (*water*) водяна́я пыль; (*atomizer*) распыли́тель *m.*, опры́скиватель *m.*; *v.t.* опры́скивать *imp.*, опры́скать *perf.* (*with*, + *instr.*); (*cause to scatter*) распыля́ть *imp.*, распыли́ть *perf.*; *s.-gun*, краскопу́льт.

spread *v.t.* & *i.* (*out*) расстила́ть(ся) *imp.*, разостла́ть(ся) (расстелю́, -лет(ся)) *perf.*; (*unfurl, unroll*) развёртывать(ся) *imp.*, разверну́ть(ся) *perf.*; (*rumour, disease, etc.*) распространя́ть(ся) *imp.*, распространи́ть(ся) *perf.*; *v.i.* (*extend*) простира́ться *imp.*, простере́ться (-трётся, -тёрся) *perf.*; *v.t.* (*bread etc.*, *acc.*= *butter etc.,*

sprit

instr.) нама́зывать, ма́зать (ма́жу, -жешь) *imp.*, на~ *perf.*; *n.* распростране́ние; (*span*) разма́х; (*feast*) пир; (*paste*) па́ста; (*double page*) разворо́т.

spree *n.* (*drinking*) кутёж (-а́); *go on the s.*, кути́ть (кучу́, ку́тишь) *imp.*, кутну́ть *perf.*

sprig *n.* ве́точка.

sprightly *adj.* бо́дрый (бодр, -а́, -о) бо́дры).

spring *v.i.* (*jump*) пры́гать *imp.*, пры́гнуть *perf.*; *v.t.* (*disclose unexpectedly*) неожи́данно сообща́ть *imp.*, сообщи́ть *perf.* (*on*, + *dat.*); *s. a leak*, дава́ть (даёт) *imp.*, дать (даст, даду́т; дал, -а́, да́ло, -и) *perf.* течь; *s. a surprise on*, де́лать *imp.*, с~ *perf.* сюрпри́з+*dat.*; *s. from*, (*originate*) происходи́ть (-ожу́, -о́дишь) *imp.*, произойти́ (-ойду́, -ойдёшь; -оше́л, -ошла́) *perf.* из+*gen.*; *s. up*, (*jump up*) вска́кивать *imp.*, вскочи́ть (-чу́, -чишь) *perf.*; (*arise*) возника́ть *imp.*, возни́кнуть (-к) *perf.*; *n.* (*jump*) прыжо́к (-жка́); (*season*) весна́ (*pl.* вёсны, -сен, -снам) *attrib.* весе́нний; (*source*) исто́чник, ключ (-а́), родни́к (-а́); (*elasticity*) упру́гость; (*coil*) пружи́на; (*on vehicle*) рессо́ра; (*fig., motive*) моти́в; *s. balance*, пружи́нные весы́ (-со́в) *pl.*; *s.-clean*, генера́льная убо́рка; (*v.t.*) производи́ть (-ожу́, -о́дишь) *imp.*, произвести́ (-еду́, -едёшь; -ёл, -ела́) *perf.* генера́льную убо́рку+*gen.*; *s. mattress*, пружи́нный матра́с; *s. tide*, сизиги́йный прили́в; *s. water*, ключева́я вода́ (*acc.* -ду). **springboard** *n.* трампли́н. **springbok** *n.* прыгу́н (-а́). **springy** *adj.* упру́гий.

sprinkle *v.t.* (*with liquid*) опры́скивать *imp.*, опры́скать *perf.* (*with*, + *instr.*); (*with solid*) посыпа́ть *imp.*, посы́пать (-плю, -плешь) *perf.* (*with*, + *instr.*). **sprinkler** *n.* (*for watering*) опры́скиватель *m.*; (*fire-extinguisher*) спри́нклер.

sprint *v.i.* бежа́ть (бегу́, бежи́шь) *imp.* на коро́ткую диста́нцию; *n.* спринт. **sprinter** *n.* спри́нтер.

sprit *n.* шпринто́в.

sprocket *n.* зубец (-бца); *s.-wheel*, звёздочка, цепное колесо (*pl.* -ёса).

sprout *v.i.* пускать *imp.*, пустить (-ит) *perf.* ростки; *n.* росток (-тка́), побе́г; *pl.* брюссельская капуста.

spruce[1] *adj.* наря́дный, элега́нтный; *v.t.*: *s. oneself up*, принаряжа́ться *imp.*, принаряди́ться (-я́жусь, -я́дишься) *perf.*

spruce[2] *n.* ель.

spry *adj.* живо́й (жив, -á, -о), бо́дрый (бодр, -á, -о, бо́дры).

spud *n.* (*tool*) моты́га; (*potato*) карто́шка (*also collect.*).

spume *n.* пена.

spur *n.* (*rider's*) шпо́ра; (*fig.*) сти́мул; (*of mountain*) отро́г; *on the s. of the moment*, экспро́мтом; *v.t.*: *s. on*, толка́ть *imp.*, толкну́ть *perf.* (то, на+*acc.*).

spurge *n.* моло́чай.

spurious *adj.* подде́льный, подло́жный.

spurn *v.t.* отверга́ть *imp.*, отве́ргнуть (-г(нул), -гла) *perf.*

spurt *n.* (*jet*) струя́ (*pl.* -у́и); (*effort*) рыво́к (-вка́); *v.i.* бить (бьёт) *imp.* струёй; де́лать *imp.*, с~ *perf.* рыво́к.

sputter *v.t.* (*utter*) невня́тно говори́ть *imp.*; *v.i.* шипе́ть (-пи́т) *imp.*

sputum *n.* слюна́.

spy *n.* шпио́н; *v.i.* шпио́нить *imp.* (on, за+*instr.*). **spyglass** *n.* подзо́рная труба́ (*pl.* -бы). **spyhole** *n.* глазо́к (-зка́).

squabble *n.* перебра́нка; *v.i.* вздо́рить *imp.*, по~ *perf.*

squad *n.* кома́нда, гру́ппа.

squadron *n.* (*mil.*) эскадро́н; (*naut.*) эска́дра; (*aeron.*) эскадри́лья; *s.-leader*, майо́р авиа́ции.

squalid *adj.* гря́зный (-зен, -зна́, -зно), убо́гий.

squall *n.* шквал; *v.i.* визжа́ть (-жу́, -жи́шь) *imp.* **squally** *adj.* шквали́стый.

squalor *n.* грязь (*loc.* -зи́), убо́гость.

squander *v.t.* растра́чивать *imp.*, растра́тить (-а́чу) *perf.*; (*fortune*) прома́тывать *imp.*, промота́ть *perf.*

square *n.* (*math.*) квадра́т; (*in town*) пло́щадь (*pl.* -ди, -де́й), сквер; (*on paper, material*) кле́тка; (*chess*) по́ле (*mil.*) каре́ *neut.indecl.*; (*instrument*) нау́гольник; *set s.*, уго́льник; *T-s.*, рейсши́на; *adj.* квадра́тный; (*meal*) пло́тный (-тен, -тна́, -тно, пло́тны); *s. root*, квадра́тный ко́рень (-рня) *m.*; *s. sail*, прямо́й па́рус (*pl.* -á); *v.t.* де́лать *imp.*, с~ *perf.* квадра́тным; (*math.*) возводи́ть (-ожу́, -о́дишь) *imp.*, возвести́ (-еду́, -едёшь; -ёл, -ела́) *perf.* в квадра́т; (*bribe*) подкупа́ть *imp.*, подкупи́ть (-плю́, -пишь) *perf.*; *s. accounts with*, распла́чиваться *imp.*, расплати́ться (-ачу́сь, -а́тишься) *perf.* с+*instr.*

squash *n.* (*crowd*) толкучка; (*drink*) (фрукто́вый) сок (-а(у), *loc.* -е & -ý); *v.t.* разда́вливать *imp.*, раздави́ть (-влю́, -вишь) *perf.*; (*silence*) заставля́ть *imp.*, заста́вить *perf.* замолча́ть; (*suppress*) подавля́ть *imp.*, подави́ть (-влю́, -вишь) *perf.*; *v.i.* вти́скиваться *imp.*, вти́снуться *perf.*

squat *adj.* корена́стый, призе́мистый; *v.i.* сиде́ть (сижу́, -ди́шь) *imp.* на ко́рточках; *s. down*, сади́ться *imp.*, сесть (ся́ду, -дешь; сел) *perf.* на ко́рточки.

squatter *n.* лицо́, самово́льно посели́вшееся в чужо́м до́ме.

squaw *n.* индиа́нка (в Се́верной Аме́рике).

squawk *n.* пронзи́тельный крик; (*of bird*) клёкот; *v.i.* пронзи́тельно крича́ть (-чу́, -чи́шь) *imp.*, кри́кнуть *perf.*; (*of bird*) клекота́ть (-о́чет) *imp.*

squeak *n.* писк, скрип; *v.i.* пища́ть (-щу́, -щи́шь) *imp.*, пи́скнуть *perf.*; скрипе́ть (-плю́, -пи́шь) *imp.*, скри́пнуть *perf.* **squeaky** *adj.* пискля́вый, скрипу́чий.

squeal *n.* визг; *v.i.* визжа́ть (-жу́, -жи́шь) *imp.*, ви́згнуть *perf.*

squeamish *adj.* брезгли́вый, привере́дливый.

squeeze *n.* (*crush*) да́вка; (*pressure*) сжа́тие; (*hand*) пожа́тие; *v.t.* дави́ть (давлю́, да́вишь) *imp.*; сжима́ть *imp.*, сжать (сожму́, -мёшь) *perf.*; пожима́ть *imp.*, пожа́ть (пожму́, -мёшь) *perf.*; *s. in*, впи́хивать *imp.*, впихну́ть(ся) *perf.* вти́скивать(ся) *imp.*, вти́снуть(ся) *perf.*; *s. out*, выжима́ть *imp.*, вы́жать (вы́жму, -мешь) *perf.*; *s.*

squelch *through*, проти́скивать(ся) *imp.*, проти́снуть(ся) *perf.*
squelch *n.* хлю́панье; *v.i.* хлю́пать *imp.*, хлю́пнуть *perf.*
squib *n.* (*firework*) пета́рда.
squid *n.* кальма́р.
squiggle *n.* (*flourish*) загогу́лина; (*scribble*) кара́кули *f.pl.*
squint *n.* косогла́зие; *adj.* косо́й (кос, -а́, -о), косогла́зый; *v.i.* коси́ть *imp.*, смотре́ть (-рю́, -ришь) *imp.*, по~ *perf.* и́скоса.
squire *n.* сквайр, поме́щик.
squirm *v.i.* (*wriggle*) извива́ться *imp.*, извиться (изовью́сь, -вьёшься; извился, извила́сь) *perf.*; (*fidget*) ёрзать *imp.*
squirrel *n.* бе́лки.
squirt *n.* струя́ (*pl.* -у́и); *v.i.* бить (бьёт) *imp.* струёй; *v.t.* пуска́ть *imp.*, пусти́ть (пущу́, пу́стишь) *perf.* струю́ (*substance*,+*gen.*); at, на+*acc.*)
stab *n.* уда́р (ножо́м *etc.*); (*pain*) внеза́пная о́страя боль; *v.i.* наноси́ть (-ошу́, -о́сишь) *imp.*, нанести́ (-есу́, -есёшь; -ёс, -есла́) *perf.* уда́р (ножо́м *etc.*) (at, *dat.*); *v.t.* коло́ть (-лю́, -лешь) *imp.*, кольну́ть *perf.*
stability *n.* усто́йчивость, про́чность, стаби́льность, постоя́нство. **stabilization** *n.* стабилиза́ция. **stabilize** *v.t.* стабилизи́ровать *imp.*, *perf.* **stabilizer** *n.* стабилиза́тор.
stable *adj.* (*steady*; *of prices*, *family life etc.*) усто́йчивый; (*lasting*, *durable*) про́чный (-чен, -чна́, -чно, про́чны); (*unwavering*) стаби́льный; (*psych.*) уравнове́шенный (-ен, -енна); *n.* коню́шня; *v.t.* ста́вить *imp.*, по~ *perf.* в коню́шню.
staccato *n.* (*mus.*) стакка́то *neut.indecl.*; *adv.* (*mus.*) стакка́то.
stack *n.* (*hay*) скирд(а́) (-а́ & -ы́; *pl.* скирды́, -д(о́в), -да́м) (*stoc*. -е & -у́; *pl.* -а́); (*heap*) ку́ча, ки́па; (*building materials etc.*) шта́бель (*pl.* -ля́) *m.*; (*chimney*) (дымова́я) труба́ (*pl.* -ы); (*s.-room*) (книго)храни́лище; *pl.* ма́сса, мно́жество; *v.t.* скла́дывать *imp.*, уложи́ть (-жу́, -жишь) *perf.* в ку́чу, укла́дывать *imp.*, уложи́ть (-жу́, -жишь) *perf.* штабеля́ми.

stadium *n.* стадио́н.
staff *n.* (*personnel*) штат, шта́ты (-тов) *pl.*, персона́л, ка́дры (-ров) *pl.*; (*mil.*) штаб (*pl.* -ы́); (*stick*) посо́х, жезл (-а́); (*mus.*) но́тные лине́йки *f.pl.*; *adj.* шта́тный, (*mil.*) штабно́й.
stag *n.* саме́ц-оле́нь (самца́-оле́ня) *m.*; *s.-beetle*, рога́ч (-а́); *s.-party*, вечери́нка без же́нщин.
stage *n.* (*theat.*) сце́на, подмо́стки (-ков) *pl.*, эстра́да; (*platform*) платфо́рма; (*period*) ста́дия, фа́за, эта́п; *v.t.* (*theat.*) ста́вить *imp.*, по~ *perf.*; (*dramatize*, *feign*) инсцени́ровать *imp.*, *perf.*; (*organize*) организова́ть *imp.*, *perf.*; *s.-manager*, режиссёр; *s. whisper*, театра́льный шёпот.
stagger *n.* пошатывание, шата́ние; *v.i.* шата́ться *imp.*, шатну́ться *perf.*; (*surprise*) поража́ть *imp.*, порази́ть *perf.*; потряса́ть *imp.*, потрясти́ (-су́, -сёшь; потря́с, -ла́) *perf.*; (*hours of work etc.*) распределя́ть *imp.*, распредели́ть *perf.* **be staggered** *v.i.* поража́ться *imp.*, порази́ться *perf.*
staggering *adj.* потряса́ющий, порази́тельный.
stagnancy, **stagnation** *n.* засто́й, ко́сность, ине́ртность. **stagnant** *adj.* (*water*) стоя́чий; (*fig.*) засто́йный, ко́сный, ине́ртный. **stagnate** *v.i.* заста́иваться *imp.*, застоя́ться (-ою́сь, -ои́шься) *perf.*; косне́ть *imp.*, за~ *perf.*
staid *adj.* степе́нный (-нен, -нна), тре́звый (трезв, -а́, -о), соли́дный.
stain *n.* пятно́ (*pl.* -тна, -тен, -тнам); (*dye*) кра́ска; *v.t.* па́чкать *imp.*, за~, ис~ *perf.*; пятна́ть *imp.*, за~ *perf.*; (*dye*) окра́шивать *imp.*, окра́сить *perf.*; *stained glass*, цветно́е стекло́.
stainless *adj.* незапя́тнанный, безупре́чный; *s. steel*, нержаве́ющая сталь.
stair *n.* ступе́нь, ступе́нька. **staircase**, **stairs** *n.* ле́стница. **stair well** *n.* ле́стничная кле́тка. **flight of stairs** *n.* ле́стничный марш.
stake *n.* (*stick*) кол (-а́, *loc.* -у́; *pl.* -ья, -ьев), столб (-а́); (*landmark*) ве́ха; (*bet*) ста́вка, закла́д; *be at s.*, быть поста́вленным на ка́рту; *v.t.* (*mark*

stalactite

out) огора́живать *imp.*, огороди́ть (-ожу́, -о́дишь) *perf.* ко́льями; отмеча́ть *imp.*, отме́тить *perf.* ве́хами; (*risk*) ста́вить *imp.*, по~ *perf.* на ка́рту; рискова́ть *imp.*+*instr.*

stalactite *n.* сталакти́т.

stalagmite *n.* сталагми́т.

stale *adj.* несве́жий (несве́ж, -а́, -е); (*hard, dry*) чёрствый (чёрств, -а́, -о), сухо́й (сух, -а́, -о); (*musty, damp*) за́тхлый; (*hackneyed*) изби́тый; *become, grow s.*, черстве́ть *imp.*, за~, по~ *perf.*

stalemate *n.* пат; (*fig.*) тупи́к (-а́).

stalk *n.* сте́бель (-ля; *gen.pl.* -бле́й) *m.*; *v.t.* высле́живать *imp.*; (*stride*) шествовать *imp.*

stall *n.* сто́йло; (*booth*) ларёк (-рька́) кио́ск, пала́тка; (*theat.*) кре́сло (*gen. pl.* -сел) в парте́ре; *pl.* (*theat.*) парте́р; *v.t.* & *i.* остана́вливать(ся) *imp.*, останови́ть(ся) (-влю́(сь), -вишь(ся)) *perf.*; *v.i.* теря́ть *imp.*, по~ *perf.* ско́рость; (*play for time*) оття́гивать *imp.*, оттяну́ть (-ну́, -нешь) *perf.* вре́мя.

stallion *n.* жеребе́ц (-бца́).

stalwart *adj.* сто́йкий (-о́ек, -о́йка, -о́йко); *n.* сто́йкий приве́рженец (-нца), -кая -нка.

stamen *n.* тычи́нка.

stamina *n.* выно́сливость.

stammer *v.i.* заика́ться *imp.*; *n.* заика́ние. **stammerer** *n.* заи́ка *m.* & *f.*

stamp *n.* печа́ть, штамп, ште́мпель (*pl.* -ля́) *m.*; (*hallmark*) клеймо́ (*pl.* -ма); (*postage*) почто́вая ма́рка; (*feet*) то́панье; *s.-duty*, ге́рбовый сбор; *v.t.* ста́вить *imp.*, по~ *perf.* печа́ть на+*acc.*; (*s.*) штампова́ть (-лю́ю, -лю́ешь) *imp.*, за~ *perf.*; клейми́ть *imp.*, за~ *perf.*; (*trample*) топта́ть (-пчу́, -пчешь) *imp.*, по~ *perf.*; *v.i.* то́пать *imp.*, то́пнуть *perf.* (нога́ми); *s. out*, подавля́ть *imp.*, подави́ть (-влю́, -вишь) *perf.*; ликвиди́ровать *imp.*

stampede *n.* пани́ческое бе́гство; *v.t.* & *i.* обраща́ть(ся) *imp.* в пани́ческое бе́гство.

stand

stanch *v.t.* остана́вливать *imp.*, останови́ть (-влю́, -вишь) *perf.*

stanchion *n.* подпо́рка, сто́йка.

stand *n.* (*hat, coat*) ве́шалка; (*music*) пюпи́тр; (*umbrella, support*) подста́вка; (*counter*) сто́йка; (*booth*) ларёк (-рька́), кио́ск; (*taxi, bicycle*) стоя́нка; (*tribune*) ка́федра, трибу́на; (*at stadium*) трибу́на; (*position*) пози́ция, ме́сто (*pl.* -та́), положе́ние; (*resistance*) сопротивле́ние; *v.i.* стоя́ть (-ою́, -ои́шь) *imp.*; (*remain in force*) остава́ться (-аю́сь, -аёшься) *imp.*, оста́ться (-а́нусь, -а́нешься) в си́ле; *the matter stands thus*, де́ло обстои́т так; *it stands to reason*, разуме́ется; *v.t.* (*put*) ста́вить *imp.*, по~ *perf.*; (*endure*) выде́рживать *imp.*, вы́держать (-жу, -жишь) *perf.*; выноси́ть (-ошу́, -о́сишь) *imp.*, вы́нести (-су, -сешь; -с) *perf.*; терпе́ть (-плю́-пишь) *imp.*, по~ *perf.*; (*treat to*) угоща́ть *imp.*, угости́ть *perf.* (*s.b.*, +*acc.*; *s.th.*, +*instr.*); *s. back*, отходи́ть (-ожу́, -о́дишь) *imp.*, отойти́ (-йду́, -йдёшь; отошёл, отошла́) *perf.* (*from*, от+*gen.*); (*not go forward*) держа́ться (-жу́сь, -жишься) *imp.* позади́; *s.-by*, (*store*) запа́с; (*reliable person*) надёжный челове́к (*pl.* лю́ди, -де́й, -дям, -дьми́); (*support*) опо́ра; *s. by*, (*v.i.*) (*not interfere*) не вме́шиваться *imp.*, вмеша́ться *perf.*; (*prepare*) приготавливаться *imp.*, пригото́виться *perf.*; (*v.t.*) (*support*) подде́рживать *imp.*, поддержа́ть (-жу́, -жишь) *perf.*; (*fulfil*) выполня́ть *imp.*, вы́полнить *perf.*; *s. for*, (*signify*) означа́ть *imp.*; (*tolerate*) *I shall not s. for it*, я не потерплю́; *s.-in*, замести́тель *m.*, ~ница; *s. in* (*for*), замеща́ть *imp.*, замести́ть *perf.*; *s.-offish*, высоко-ме́рный; *s. out*, выдава́ться (-даётся), *imp.*, вы́даться (-астся, -адутся) *perf.*; выделя́ться *imp.*, вы́делиться *perf.*; *s. up*, встава́ть (встаю́, встаёшь) *imp.*, встать (-а́ну, -а́нешь) *perf.*; *s. up for*, (*defend*) отста́ивать *imp.*, отстоя́ть (-ою́, -ои́шь) *perf.*; защища́ть *imp.*, защити́ть (-ищу́, -ити́шь) *perf.*; *s. up to*, (*endure*) выде́рживать *imp.*, вы́держать (-жу, -жишь) *perf.*; (*not give in to*) не пасовáть *imp.*, с~ *perf.* пе́ред+*instr.*

standard *n.* (*flag*) зна́мя (*pl.* -мёна) *neut.*, штанда́рт; (*norm*) станда́рт, норм; *s. of living*, жи́зненный у́ровень (-вня) *m.*; *of high s.* высо́кого ка́чества; *s.-bearer*, знамено́сец (-сца) *m.*; *s. lamp*, торше́р; *adj.* норма́льный, станда́ртный, нормати́вный; (*generally accepted*) общепри́нятый; (*exemplary*) образцо́вый. **standardization** *n.* нормализа́ция, стандартиза́ция. **standardize** *v.t.* стандартизи́ровать *imp.*, *perf.*; нормализова́ть *imp.*, *perf.*

standing *n.* положе́ние, ранг, репута́ция; *to be in good s.* (*with s.b.*), быть на хоро́шем счету́ (у кого́-л.); *adj.* (*upright*) стоя́чий; (*permanent*) постоя́нный; *s. army*, постоя́нная а́рмия; *s. committee*, постоя́нный комите́т.

stand-pipe *n.* стоя́к (-á).
standpoint *n.* то́чка зре́ния.
standstill *n.* остано́вка, засто́й, па́уза; *be at a s.*, стоя́ть (-ою́, -ои́шь) *imp.* на мёртвой то́чке; *bring* (*come*) *to a s.*, остана́вливать(ся) *imp.*, останови́ть(ся) (-влю́(сь), -вишь(ся)) *perf.*

stanza *n.* строфа́ (*pl.* -фы, -ф, -фа́м), станс.

staple[1] *n.* (*fastening*) скоба́ (*pl.* -бы, -б, -ба́м).

staple[2] *n.* (*principal product*) гла́вный проду́кт, основно́й това́р; (*principal element*) гла́вный элеме́нт; *adj.* основно́й, гла́вный.

star *n.* звезда́ (*pl.* звёзды); (*asterisk*) звёздочка; *adj.* звёздный; (*chief*) гла́вный; (*celebrated*) знамени́тый; *v.i.* игра́ть (*imp.*, сыгра́ть *perf.* гла́вную роль. **starfish** *n.* морска́я звезда́ (*pl.* звёзды). **star-gazer** *n.* астро́лог, звездочёт.

starboard *n.* пра́вый борт (*loc.* -ý).

starch *n.* крахма́л; *v.t.*, крахма́лить *imp.*, на~ *perf.* **starched** *adj.* крахма́льный, накрахма́ленный. **starchy** *adj.* крахма́листый; (*prim*) чо́порный.

stare *n.* при́стальный взгляд; *v.i.* при́стально смотре́ть (-трю́, -тришь

(at, на+*acc.*); *s.* (*one*) *in the face*, (*be obvious*) броса́ться *imp.*, бро́ситься *perf.* (+*dat.*) в глаза́.

stark *adj.* (*bare*) го́лый (гол, -а́, -о); (*desolate*) пусты́нный (-нен, -нна); (*sharp*) ре́зкий (-зок, -зка́, -зко); *adv.* соверше́нно.

starling *n.* скворе́ц (-рца́).

starry *adj.* звёздный; *s.-eyed*, (*coll.*) мечта́тельный.

start *n.* нача́ло; (*setting out*) отправле́ние; (*sport*) старт; (*advantage*) преиму́щество; (*shudder*) рыво́к (-вка́); *v.i.* начина́ться, нача́ться (начнётся, начался́, -ла́сь) *perf.*; (*engine*) заводи́ться (-о́дится *imp.*, завести́сь (-едётся, -ёлся, -ела́сь) *perf.*; (*set out*) отправля́ться *imp.*, отпра́виться *perf.*; (*shudder*) вздра́гивать *imp.*, вздро́гнуть *perf.*; (*sport*) стартова́ть *imp.*, *perf.*; *v.t.* начина́ть *imp.*, нача́ть (-чну́, -чнёшь; на́чал, -а́, -о) *perf.* (gerund, *inf.*, + *inf.*; by + gerund, с того́, что ...; with, + *instr.*, с+*gen.*); *from the beginning*, с нача́ла; (*set in motion*) пуска́ть *imp.*, пусти́ть (пущу́, пу́стишь) *perf.*; запуска́ть *imp.*, запусти́ть (-ущу́, -у́стишь) *perf.* **starter** *n.* (*tech.*) пуска́тель *m.*, ста́ртер; (*sport*) ста́ртер *n.* **starter**, **starting** *adj.* пусково́й. **starting-point** *n.* отправно́й пункт.

startle *v.t.* испуга́ть *perf.*; поража́ть *imp.*, порази́ть *perf.* **startled** *adj.* испу́ганный (-ан), потрясённый (-ён, -ена́). **startling** *adj.* порази́тельный, потряса́ющий.

starvation *n.* го́лод, голода́ние. **starve** *v.i.* страда́ть *imp.*, по~ *perf.* от го́лода; (*to death*) умира́ть *imp.*, умере́ть (умру́, -рёшь; у́мер, -ла́, -ло) с го́лоду; *v.t.* мори́ть *imp.*, по~, у~ *perf.* го́лодом. **starving** *adj.* голода́ющий; (*hungry*) голо́дный (-лоден, -дна́, -дно, го́лодны).

state *n.* (*condition*) состоя́ние, положе́ние; (*pomp*) великоле́пие, по́мпа; (*nation, government*) госуда́рство, штат; *lie in s.*, покои́ться *imp.* в откры́том гробу́; *adj.* (*ceremonial*) торже́ственный (-ен, -енна); (*apart-*

static ments) пара́дный; (of State) госуда́рственный; v.t. (announce) заявля́ть imp., заяви́ть (-влю́, -вишь) perf.; (expound) излага́ть imp., изложи́ть (-жу́, -жишь) perf.; (maintain) утвержда́ть imp. **stated** adj. (appointed) назна́ченный. **stateless** adj. не име́ющий гражда́нства. **stately** adj. вели́чественный (-ен, -енна), велича́вый. **statement** n. (announcement) заявле́ние; (exposition) изложе́ние, утвержде́ние. **statesman** n. госуда́рственный де́ятель m.

static adj. стати́чный, неподви́жный. **statics** n. ста́тика.

station n. (rly.) вокза́л, ста́нция; (position) ме́сто (pl. -та́); (social) обще́ственное положе́ние; (naval etc.) ба́за; (meteorological, hydro-electric power, radio etc.) ста́нция; (post) пост (-а́, loc. -у́); v.t. ста́вить imp., по~ perf.; помеща́ть imp., помести́ть perf.; (mil.) размеща́ть imp., размести́ть perf. **station-master** n. нача́льник вокза́ла, ста́нции.

stationary adj. неподви́жный; (tech.) стациона́рный; (constant) постоя́нный (-нен, -нна), усто́йчивый.

stationer n. продаве́ц (-вца́), -вщи́ца канцеля́рского магази́на. **stationery** n. канцеля́рские това́ры m.pl.; (writing-paper) почто́вая бума́га; s. shop, s. store, канцеля́рский магази́н.

statistic n. статисти́ческое да́нное, ци́фра. **statistical** adj. статисти́ческий. **statistician** n. стати́стик. **statistics** n. стати́стика.

statue n. ста́туя. **statuesque** adj. велича́вый. **statuette** n. статуэ́тка.

stature n. рост, стан; (merit) досто́инство, ка́чество.

status n. ста́тус; (social) обще́ственное положе́ние; (state) состоя́ние. **status quo** n. ста́тус-кво́.

statute n. стату́т; законода́тельный акт; pl. уста́в; s.-book, свод зако́нов. **statutory** adj. устано́вленный (-ен) зако́ном.

staunch v.t. see stanch; adj. (loyal) ве́рный (-рен, -рна́, -рно); (steadfast) сто́йкий (-о́ек, -о́йка, -о́йко), твёрдый (твёрд, -а́, -о); про́чный (-чен, -чна́, -чно, про́чны).

stave n. (of cask) клёпка; v.t. пробива́ть imp., проби́ть (-бью́, -бьёшь) perf.; разбива́ть imp., разби́ть (разобью́, -бьёшь) perf.; s. off, предотвраща́ть imp., предотврати́ть (-ащу́, -ати́шь) perf.

stay¹ n. (time spent) пребыва́ние; (suspension) приостановле́ние; (postponement) отсро́чка; v.i. (remain) остава́ться (-аю́сь, -аёшься imp., оста́ться (-а́нусь, -а́нешься) perf. (to dinner) обе́дать), (put up) остана́вливаться imp., останови́ться (-влю́сь, -вишься) perf. (at (place), на + prep.: at (friends' etc.), y + gen.); гости́ть imp. (with, y + gen.); (live) жить (живу́, живёшь; жил, -а́, -о); s. a moment! подожди́те мину́тку!; s. away, отсу́тствовать imp.; s. behind, остава́ться (-аю́сь, -аёшься imp., оста́ться (-а́нусь, -а́нешься) perf.; v.t. (check) заде́рживать imp., задержа́ть (-жу́, -жишь) perf.; (hunger, thirst) утоля́ть imp., утоли́ть perf.; (suspend) приостана́вливать imp., приостанови́ть (-влю́, -вишь) perf.; (postpone) отсро́чивать imp., отсро́чить perf.; s. the course, подде́рживать imp., поддержа́ть (-жу́, -жишься) до конца́. **stay-at-home** n. домосе́д, ~ ка. **staying-power** n. выно́сливость.

stay² n. (naut.) штаг; (support) подде́ржка; v.t. (support) подде́рживать imp., поддержа́ть (-жу́, -жишь) perf. **stays** n. корсе́т.

stead n.: to stand s.b. in good s., ока́зываться imp., оказа́ться (-ажу́сь, -а́жешься) perf. поле́зным кому́-л.

steadfast adj. (firm, steady) про́чный (-чен, -чна́, -чно, про́чны), усто́йчивый; (unshakeable) сто́йкий (-о́ек, -о́йка, -о́йко), непоколеби́мый.

steady adj. (firm) про́чный (-чен, -чна́, -чно, про́чны), усто́йчивый, твёрдый (твёрд, -а́, -о); (continuous) непреры́вный; (prices) усто́йчивый; (wind, temperature) ро́вный (-вен, -вна́, -вно); (speed) постоя́нный (-нен, -нна); (unshakeable) непоколеби́мый; (staid) степе́нный (-нен, -нна); s. hand, твёр-

steak 334 **step**

дая рука́ (*acc.* -ку; *pl.* -ки, -к, -ка́м); *v.t.* (*boat*) приводи́ть *imp.*, привести́ (-еду́, -едёшь; -ёл, -ела́) *perf.* в равнове́сие.

steak *n.* (*before cooking*) то́лстый кусо́к (-ска́) мя́са (*meat*), говя́дины (*beef*), ры́бы (*fish*), для жа́ренья; (*dish*) то́лстый кусо́к (-ска́) жа́реного мя́са (*meat*), жа́реной ры́бы (*fish*); (*beefsteak*) бифште́кс.

steal *v.t.* ворова́ть *imp.*, с~ *perf.*; красть (краду́, -дёшь; крал) *imp.*, у~ *perf.* (*also a kiss*); *s. a glance*, укра́дкой взгля́дывать *imp.*, взгляну́ть (-ну́, -нешь) *perf.* (*at*, на+*acc.*); *v.i.* кра́сться (краду́сь, -дёшься; кра́лся) *imp.*; подкра́дываться *imp.*, подкра́сться (-аду́сь, -адёшься; -а́лся) *perf.* **stealing** *n.* воровство́. **stealth** *n.* хи́трость, уло́вка; *by s.*, укра́дкой, тайко́м. **stealthy** *adj.* ворова́тый, та́йный, скры́тный.

steam *n.* пар (*loc.* -у́; *pl.* -ы́); *at full s.*, на всех пара́х; *get up s.*, разводи́ть (-ожу́, -о́дишь) *imp.*, развести́ (-еду́, -едёшь; -ёл, -ела́) пары́; (*fig.*) собира́ться *imp.*, собра́ться (-беру́сь, -брала́сь, -брала́сь) с си́лами; *let off s.*, (*fig.*) дава́ть (даю́, даёшь) *imp.*, дать (дам, дашь, даст, дади́м; дал, -а́, да́ло́, -и) *perf.* вы́ход свои́м чу́вствам; *under one's own s.*, сам (-а́, -о́, -и) свои́м хо́дом; *adj.* парово́й, паро- *in comb.*; *v.t.* па́рить *imp.*; *v.i.* па́риться *imp.*, по~ *perf.*; (*vessel*) ходи́ть (хо́дит) *indet.*, идти́ (идёт; шёл, шла) *det.* на пара́х; *s. up*, (*mist over*) запотева́ть *imp.*, запоте́ть *perf.*; потёть *imp.*, за~, от~ *perf.*; *s. engine*, парова́я маши́на. **steamer** *n.* парохо́д. **steaming** *adj.* дымя́щийся. **steam-roller** *n.* парово́й като́к (-тка́). **steamship** *n.* парохо́д.

steed *n.* конь (-ня́, *pl.* -ни, -не́й) *m.*

steel *n.* сталь; *adj.* стально́й; *v.t.* (*make resolute*) ожесточа́ть *imp.*, ожесточи́ть *perf.*; *to s. one's* (*own*) *heart*, ожесточа́ться *imp.*, ожесточи́ться *perf.*; *s. foundry*, сталелите́йный заво́д; *s.-making*, сталеплави́льный; *s.-rolling*, сталепрока́тный; *s. works*, сталеплави́льный заво́д. **steely** *adj.* стально́й; (*cold*) холо́дный (хо́лоден, -дна́, -дно, хо́лодны́); (*stern*) суро́вый. **steelyard** *n.* безме́н.

steep[1] *v.t.* (*immerse*) погружа́ть *imp.*, погрузи́ть *perf.* (in, в+*acc.*); (*saturate*) пропи́тывать *imp.*, пропита́ть *perf.* (in, +*instr.*); *be steeped in*, (*also fig.*) погружа́ться *imp.*, погрузи́ться *perf.* (in, в+*acc.*).

steep[2] *adj.* круто́й (крут, -а́, -о); (*excessive*) чрезме́рный; (*improbable*) невероя́тный. **steepness** *n.* крутизна́.

steeple *n.* шпиль *m.* **steeplechase** *n.* ска́чки *f.pl.* с препя́тствиями. **steeplejack** *n.* верхола́з.

steer[1] *n.* молодо́й вол (-а́), бычо́к (-чка́).

steer[2] *v.t.* (*control, navigate*) управля́ть *imp.*, пра́вить *imp.* +*instr.*; (*guide*) руководи́ть *imp.*+*instr.*; *v.abs.* пра́вить *imp.* рулём; рули́ть *imp.* (*coll.*); *s. clear of*, избега́ть *imp.*, избежа́ть (-егу́, -ежи́шь) *perf.* +*gen.* **steering-column** *n.* рулева́я коло́нка. **steering-wheel** *n.* руль (-ля́) *m.*, бара́нка (*coll.*) (*naut.*) штурва́л.

stellar *adj.* звёздный. **stellate** *adj.* звездообра́зный.

stem[1] *n.* сте́бель (-бля; *pl.* -бли, -бле́й) *m.*; (*trunk*) ствол (-а́); (*wine-glass*) но́жка; (*ling.*) осно́ва; (*naut.*) нос (*loc.* -у́; *pl.* -ы́); *from s. to stern*, от но́са до кормы́; *v.i.*: *s. from*, происходи́ть (-ожу́, -о́дишь) *imp.*, произойти́ (-ойдёт; -ошёл, -ошла́) *perf.* от+*gen.*

stem[2] *v.t.* (*dam*) запру́живать *imp.*, запруди́ть (-ужу́, -у́дишь) *perf.*; (*stop*) остана́вливать *imp.*, останови́ть (-влю́, -вишь) *perf.*

stench *n.* злово́ние, смрад.

stencil *n.* трафаре́т; (*tech.*) шабло́н; *v.t.* наноси́ть (-ошу́, -о́сишь) *imp.*, нанести́ (-есу́, -есёшь; -ёс, -есла́) *perf.* узо́р по трафаре́ту. **stencilled** *adj.* трафаре́тный.

stentorian *adj.* громогла́сный.

step *n.* (*pace, action*) шаг (-а́ *with* 2, 3, 4, *loc.* -у́; *pl.* -и́); (*gait*) похо́дка; (*dance*) па *neut.indecl.*; (*of stairs, ladder*) ступе́нь (*gen.pl.* -е́ней); (*measure*) ме́ра; *s. by s.*, шаг за ша́гом; *in s.*, в но́гу; *out of s.*, не в

stepbrother

но́гу; *watch one's s.*, де́йствовать *imp.* осторо́жно; *take steps*, принима́ть *imp.*, приня́ть (приму́, -мешь; при́нял, -á, -о) *perf.* ме́ры; *v.i.* шага́ть *imp.*, шагну́ть *perf.*; ступи́ть (-плю́, -пишь) *perf.*; *s. aside*, сторони́ться (-ню́сь, -нишься) *imp.*, по~ *perf.*; *s. back*, отступа́ть *imp.*, отступи́ть (-плю́, -пишь) *perf.*; *s. down*, (*resign*) уходи́ть (-ожу́, -о́дишь) *imp.*, уйти́ (уйду́, -дёшь; ушёл, ушла́) *perf.* в отста́вку; *s. forward*, выступа́ть *imp.*, вы́ступить *perf.*; *s. in*, (*intervene*) вме́шиваться *imp.*, вмеша́ться *perf.*; *s. on*, наступа́ть *imp.*, наступи́ть (-плю́, -пишь) *perf.* на+*acc.* (s.b.'s foot, кому́-л. на́ ногу); *s. over*, переша́гивать *imp.*, перешагну́ть *perf.*+*acc.*, че́рез+*acc.*; *s. up*, (*increase*, *promote*) повыша́ть *imp.*, повы́сить *perf.*; (*strengthen*) уси́ливать *imp.*, уси́лить *perf.* **step-ladder** *n.* стремя́нка. **stepped** *adj.* ступе́нчатый. **stepping-stone** *n.* ка́мень (-мня; *pl.* -мни, -мне́й) *m.* для перехо́да че́рез ре́чку *etc.*; (*fig.*) сре́дство к достиже́нию це́ли. **steps** *n.* ле́стница.

stepbrother *n.* сво́дный брат (*pl.* -ья, -ьев). **stepdaughter** *n.* па́дчерица. **stepfather** *n.* о́тчим. **stepmother** *n.* ма́чеха. **stepsister** *n.* сво́дная сестра́ (*pl.* сёстры, сестёр, сёстрам). **stepson** *n.* па́сынок (-нка).

steppe *n.* степь (*loc.* -пи́; *pl.* -пи, -пе́й); *adj.* степно́й.

stereo *n.* (*record-player*) стереофони́ческий прои́грыватель *m.*; (*stereophony*) стереофо́ния *n.*; (*recorded in stereo*) сте́рео. **stereophonic** *adj.* стереофони́ческий. **stereophony** *n.* стереофо́ния *n.* **stereoscope** *n.* стереоско́п. **stereoscopic** *adj.* стереоскопи́ческий. **stereotype** *n.* стереоти́п; (*tech.*) шабло́н. **stereotyped** *adj.* (*also banal*) стереоти́пный, шабло́нный.

sterile *adj.* (*barren*, *germ-free*) стери́льный. **sterility** *n.* стери́льность. **sterilization** *n.* стерилиза́ция. **sterilize** *v.t.* стерилизова́ть *imp.*, *perf.* **sterilizer** *n.* стерилиза́тор.

sterling *n.* сте́рлинг; *pound s.*, фунт сте́рлингов; *adj.* сте́рлинговый; (*ir-*

stick

reproachable) безупре́чный; (*reliable*) надёжный.

stern[1] *n.* корма́.

stern[2] *adj.* суро́вый, стро́гий (-г, -га́, -го).

sternum *n.* груди́на.

stethoscope *n.* стетоско́п.

stevedore *n.* стивидо́р, гру́зчик.

stew *n.* (*cul.*) мя́со тушёное вме́сте с овоща́ми; *be in a s.*, (*coll.*) волнова́ться *imp.*; *v.t.* & *i.* туши́ть(ся) (-шу́(сь), -шишь(ся)) *imp.*, с~ *perf.*; томи́ть(ся) *imp.*; *to s. in one's own juice*, расхлёбывать *imp.* ка́шу, кото́рую сам завари́л. **stewed** *adj.* тушёный; *s. fruit*, компо́т. **stewpan**, **stewpot** *n.* кастрю́ля, соте́йник.

steward *n.* стю́ард, бортпроводни́к (-á); (*master of ceremonies*) распоряди́тель *m.* **stewardess** *n.* стюарде́сса, бортпроводни́ца.

stick[1] *n.* па́лка; (*of chalk etc.*) па́лочка; (*hockey*, *walking*) клю́шка; *sticks*, (*collect.*) хво́рост (-а(у)).

stick[2] *v.t.* (*spear*) зака́лывать *imp.*, заколо́ть (-лю́, -лешь) *perf.*; (*make adhere*) прикле́ивать *imp.*, прикле́ить *perf.* (*to*, к+*dat.*); прилепля́ть *imp.*, прилепи́ть (-плю́, -пишь) *perf.* (*to*, к+*dat.*); (*coll.*) (*put*) ста́вить *imp.*, по~ *perf.*; (*lay*) класть (кладу́, -дёшь; клал) *imp.*, положи́ть (-жу́, -жишь) *perf.*; *v.i.* ли́пнуть (лип) *imp.* (*to*, к+*dat.*); прилипа́ть *imp.*, прили́пнуть (-нет; прили́п) *perf.* (*to*, к+*dat.*); прикле́иваться *imp.*, прикле́иться *perf.* (*to*, к+*dat.*); *s. in*, (*thrust in*) втыка́ть *imp.*, воткну́ть *perf.*; вка́лывать *imp.*, вколо́ть (-лю́, -лешь) *perf.*; *the arrow stuck into the ground*, стрела́ воткну́лась в зе́млю; (*into opening*) всо́вывать *imp.*, всу́нуть *perf.*; *s. on*, (*glue on*) накле́ивать *imp.*, накле́ить *perf.*; *s. out*, (*thrust out*) высо́вывать *imp.*, вы́сунуть *perf.* (*from*, из+*gen.*); (*project*) торча́ть (-чу́, -чи́шь) *imp.*; *s. to*, (*keep to*) приде́рживаться *imp.*, придержа́ться (-жу́сь, -жишься) *perf.*+*gen.*; (*remain at*) не отвлека́ться *imp.* от+*gen.*; *s. together*, держа́ться (-жимся) *imp.* вме́сте. *s. up for*,

stickleback   336   **stir**

защищáть *imp.*, защитить (-ищу́, -ити́шь) *perf.*; be, get, stuck, застревáть *imp.*, застря́ть (-я́ну, -я́нешь) *perf.* **sticker** *n.* (*label*) этикéтка, ярлы́к (-á). **sticking-plaster** *n.* ли́пкий пла́стырь *m.*

stickleback *n.* колю́шка.

stickler *n.* (я́рый) сторо́нник, -ица; приве́рженец (-нца), -нка (for, +*gen.*).

sticky *adj.* ли́пкий (-пок, -пка́, -пко), клéйкий; he will come to a s. end, он пло́хо ко́нчит.

stiff *adj.* жёсткий (-ток, -тка́, -тко), неги́бкий (-бок, -бка́, -бко); (*with cold*) окоченéлый; (*prim*) чо́порный; (*difficult*) трýдный (-ден, -днá, -дно, трýдны); (*breeze*) си́льный (си́лён, -льна́, -льно, си́льны); be s., (*ache*) болéть (-лит) *imp.* **stiffen** *v.t.* дéлать *imp.*, с~ *perf.* жёстким; *v.i.* стать (-áну, -áнешь) *perf.* жёстким. **stiffness** *n.* жёсткость; (*primness*) чо́порность.

stifle *v.t.* души́ть (-шу́, -шишь) *imp.*, за~ *perf.*; (*suppress*) подавля́ть *imp.*, подави́ть (-влю́, -вишь) *perf.*; (*sound*) заглушáть *imp.*, заглуши́ть *perf.*; *v.i.* задыхáться *imp.*, задохнýться (-óх(нý)лся, -óх(нý)лась) *perf.* **stifling** *adj.* удушли́вый, дýшный (-шен, -шнá, -шно).

stigma *n.* клеймó (*pl.* -ма) позо́ра. **stigmatize** *v.t.* клейми́ть *imp.*, за~ *perf.*

stile *n.* ступéньки *f.pl.* для перехо́да чéрез забо́р, перелáз (*coll.*).

stiletto *n.* стилéт; s. heels, гвозди́ки *m.pl.*, шпи́льки *f.pl.*

still[1] *adv.* (всё) ещё, до сих пор, по-прéжнему; s. better, ещё лýчше; (*nevertheless*) всё же, тем не мéнее, однáко; (*motionless*) неподви́жно; (*quietly*) споко́йно; stand s., не дви́гаться (-аюсь, -аешься & дви́жусь, -жешься) *imp.*, дви́нуться *perf.*; time stood s. врéмя останови́лось; sit s., сидéть (сижу́, сиди́шь) *imp.* сми́рно.

still[2] *n.* (*quiet*) тишинá (*film*) кадр; *adj.* ти́хий (тих, -á, -о), споко́йный; (*immobile*) неподви́жный; (*not fizzy*) не шипу́чий; *v.t.* успокáивать *imp.*, успоко́ить *perf.*

still[3] *n.* перего́нный куб (*pl.* -ы́).
still-born *adj.* мертворождённый.
still life *n.* натюрмо́рт.
stillness *n.* тишинá, споко́йствие; (*immobility*) неподви́жность.
stilt *n.* ходуля́ *f.*; (*tech.*) сто́йка, сва́я.
stilted *adj.* ходу́льный.
stimulant *n.* возбуждáющее срéдство.
stimulate *v.t.* возбуждáть *imp.*, возбуди́ть *perf.*; стимули́ровать *imp.*, *perf.* **stimulating** *adj.* возбуди́тельный. **stimulation** *n.* возбуждéние. **stimulus** *n.* стимул, возбуди́тель *m.*, побуди́тельная причи́на.
sting *n.* жáло (*also fig.*); укýс (*also wound*); *v.t.* жáлить *imp.*, у~ *perf.*, укуси́ть (-ушý, -у́сишь); *v.i.* (*burn*) жечь (жжёт, жгут; жёг, жгла) *imp.* **stinging** *adj.* (*caustic*) язви́тельный. s. **nettle**, жгу́чая крапи́ва. **sting-ray** *n.* скат дазиáтис.
stinginess *n.* скýпость, скáредность.
stingy *adj.* скупо́й (скуп, -á, -о), скáредный.
stink *n.* зловóние, вонь, смрад; *v.i.* воня́ть *imp.* (of, +*instr.*); смердéть (-ржý, -рди́шь) *imp.* (of, +*instr.*). **stinking** *adj.* воню́чий, зловóнный (-нен, -нна), смрáдный.
stint *n.* но́рма; *v.t.* скупи́ться *imp.*, по~ *perf.* на+*acc.*
stipend *n.* (*salary*) жáлование; (*grant*) стипéндия. **stipendiary** *adj.* получáющий жáлование.
stipple *n.* рабóта, гравировáние пункти́ром; *v.t.* рисовáть *imp.*, на~ *perf.*, гравировáть *imp.*, вы́~ *perf.*, пункти́ром.
stipulate *v.i.* стáвить *imp.*, по~ *perf.* усло́вием (that, что); *v.t.* обусло́вливать *imp.*, обусло́вить *perf.*+*instr.*; (*demand*) трéбовать *imp.*+*gen.* **stipulation** *n.* усло́вие.
stir *n.* шевелéние, движéние; (*uproar*) суматóха; cause a s., вызывáть *imp.*, вы́звать (вы́зову, -вешь) *perf.* волнéние; *v.t.* (*move*) шевели́ть (шевелю́, -éлишь) *imp.*, шевельнýть *perf.*+*instr.*; дви́гать *imp.*, дви́нуть *perf.*+*instr.*; (*mix*) мешáть *imp.*, по~ *perf.*

stirrup *n.* стре́мя (-мени; *pl.* -мена́, -мя́н, -мена́м) *neut.*

stitch *n.* стежо́к (-жка́); (*knitting*) пе́тля (*gen.pl.* -тель); (*med.*) шов (шва); (*pain*) колотье́ (*coll.*); *v.t.* (*embroider, make line of stitches*) строчи́ть (-очу́, -о́чишь) *imp.*, про~ *perf.*; (*join by sewing, make, suture*) сшива́ть *imp.*, сшить (сошью́, сошьёшь) *perf.*; (*med.*) накла́дывать *imp.*, наложи́ть (-жу́, -жишь) *perf.* швы на + *acc.*; s. up, зашива́ть *imp.*, заши́ть (-шью́, -шьёшь) *perf.* **stitching** *n.* (*sewing*) шитьё; (*stitches*) стро́чка.

stoat *n.* горноста́й.

stock *n.* (*store*) запа́с; (*equipment*) инвента́рь (-ря́) *m.*; (*livestock*) скот (-á); (*cul.*) бульо́н; (*family*) семья́ (*pl.* -мьи, -ме́й, -мьям); (*origin, clan*) род (*loc.* -у́; *pl.* -ы́); (*fin.*) а́кции *f.pl.*; (*fin.*) фо́нды *m.pl.*; (*punishment*) коло́дки *f.pl.*; in s., в нали́чии; out of s., распро́дан; take s. of, обду́мывать *imp.*, обду́мать *perf.*; *adj.* станда́ртный; (*banal*) изби́тый; *v.t.* име́ть в нали́чии; s. up, запаса́ться *imp.*, запасти́сь (-су́, -сёшь; запа́сся, -сла́) *perf.* **stock-breeder** *n.* скотово́д. **stock-breeding** *n.* скотово́дство. **stockbroker** *n.* биржево́й ма́клер. **stock-exchange** *n.* фо́ндовая би́ржа. **stock-in-trade** *n.* (*торго́вый*) инвента́рь (-ря́) *m.* **stockpile** *n.* запа́с; *v.t.* нака́пливать *imp.*, накопи́ть (-плю́, -пишь) *perf.* **stock-still** *adj.* неподви́жный. **stock-taking** *n.* переучёт това́ра, прове́рка инвентаря́. **stockyard** *n.* скотоприго́нный двор (-á).

stockade *n.* частоко́л.

stocking *n.* чуло́к (-лка́; *gen.pl.* чуло́к).

stocky *adj.* приземи́стый, корена́стый.

stodgy *adj.* (*food*) тяжёлый (-л, -ла́); (*boring*) ску́чный (-чен, -чна́, -чно).

stoic *n.* сто́ик. **stoic(al)** *adj.* стои́ческий. **stoicism** *n.* стоици́зм.

stoke *v.t.* топи́ть (-плю́, -пишь) *imp.*

stokehold, stokehole *n.* кочега́рка.

stoker *n.* кочега́р, истопни́к (-á).

stole *n.* паланти́н.

stolid *adj.* флегмати́чный.

stomach *n.* желу́док (-дка), (*also surface of body*) живо́т (-á); *adj.* желу́дочный; *v.t.* терпе́ть (-плю́, -пишь) *imp.*, по~ *perf.* **stomach-ache** *n.* боль в животе́.

stone *n.* (*material, piece of stone*) ка́мень (-мня; *pl.* -мни, -мне́й) *m.*; (*fruit*) ко́сточка; *adj.* ка́менный; *v.t.* побива́ть *imp.*, поби́ть (-бью́, -бьёшь) *perf.* камня́ми; (*fruit*) вынима́ть *imp.*, вы́нуть *perf.* ко́сточки из + *gen.*; s. to death, заби́ть (-бью́, -бьёшь) *perf.* камня́ми на́смерть. **Stone Age** *n.* ка́менный век (*loc.* -ý). **stone-cold** *adj.* соверше́нно холо́дный (хо́лоден, -дна́, -дно, хо́лодны). **stone-deaf** *adj.* соверше́нно глухо́й (глух, -á, -о).

stonemason *n.* ка́менщик. **stonewall** *v.i.* устра́ивать *imp.*, устро́ить *perf.* обстру́кцию; меша́ть *imp.*, по~ *perf.* диску́ссии. **stonily** *adv.* с ка́менным выраже́нием, хо́лодно. **stony** *adj.* камени́стый; (*fig.*) ка́менный, холо́дный (хо́лоден, -дна́, -дно, холо́дны). **stony-broke** *predic.*: I am s., у меня́ нет ни гроша́.

stool *n.* табуре́т, табуре́тка.

stoop *n.* суту́лость; *v.t. & i.* суту́литься *imp.*, с~ *perf.*; (*bend (down)*) наклоня́ть(ся) *imp.*, наклони́ть(ся) (-ню́(сь), -нишь(ся)) *perf.*; s. to, (*abase oneself*) унижа́ться *imp.*, уни́зиться *perf.* до + *gen.*; (*condescend*) снисходи́ть (-ожу́, -о́дишь) *imp.*, снизойти́ (-ойду́, -ойдёшь; -ошёл, -ошла́) *perf.* до + *gen.* **stooped, stooping** *adj.* суту́лый.

stop *n.* остано́вка; (*discontinuance*) прекраще́ние; (*organ*) реги́стр; (*full s.*) то́чка; request s., остано́вка по тре́бованию; *v.t.* остана́вливать *imp.*, останови́ть (-влю́, -вишь) *perf.*; (*discontinue*) прекраща́ть *imp.*, прекрати́ть (-ащу́, -ати́шь) *perf.*; (*restrain*) уде́рживать *imp.*, удержа́ть (-жу́, -жишь) *perf.* (from, от + *gen.*);

storage 338 **strait(s)**

v.i. остана́вливаться *imp.*, останови́ться (-влю́сь, -вишься) *perf.*; *(discontinue)* прекраща́ться *imp.*, прекрати́ться (-и́тся) *perf.*; *(cease)* перестава́ть (-таю́, -таёшь) *imp.*, переста́ть (-а́ну, -а́нешь) *perf.* (+*inf.*); s. up, n. затыка́ться, заткну́ться *perf.*; s. at nothing, ни перед чём не остана́вливаться *imp.*, останови́ться (-влю́сь, -вишься) *perf.* **stopcock** *n.* запо́рный кран. **stop-light** *n.* стоп-сигна́л. **stoppage** *n.* остано́вка; *(strike)* забасто́вка. **stopper** *n.* про́бка; *(tech.)* сто́пор. **stop-press** *n.* экстренное сообще́ние в газе́те. **stop-watch** *n.* секундоме́р.

storage *n.* хране́ние. **store** *n.* запа́с; *(storehouse)* склад; *(shop)* магази́н; set s. by, цени́ть (-ню́, -нишь) *imp.*; what is in s. for me? что ждёт меня впереди́? *v.t.* запаса́ть *imp.*, запасти́ (-су́, -сёшь; запа́с, -сла́) *perf.*; *(put into storage)* сдава́ть (сдаю́, сдаёшь) *imp.*, сдать (сдам, сдашь, сдаст, сдади́м; сдал, -а́, -о) *perf.* на хране́ние. **storehouse** *n.* склад, амба́р, храни́лище. **store-room** *n.* кладова́я *sb.*

storey, **story**[1] *n.* эта́ж (-а́).

stork *n.* а́ист.

storm *n.* бу́ря, гроза́ (*pl.* -зы); *(naut.)* шторм; *(mil.)* штурм, при́ступ; *(outburst)* взрыв; *v.t.* *(mil.)* штурмова́ть *imp.*; брать (беру́, берёшь) *imp.*, взять (возьму́, -мёшь; взял, -а́, -о) *perf.* при́ступом; *v.i.* бушева́ть (-шу́ю, -шу́ешь) *imp.* **storm-cloud** *n.* ту́ча. **stormy** *adj.* бу́рный (-рен, бу́рна́, -рно), бу́йный (бу́ен, бу́йна́, -но). **stormy petrel** *n.* качу́рка ма́лая.

story[1] see **storey**.

story[2] *n.* расска́з, по́весть; *(anecdote)* анекдо́т; *(plot)* фа́була, сюже́т; *(history, event)* исто́рия; s.-teller, *n.* расска́зчик.

stout *adj.* *(solid)* пло́тный (-тен, -тна́, -тно, пло́тны́); *(portly)* доро́дный; *n.* кре́пкий по́ртер. **s.-hearted**, отва́жный. **stoutly** *adv.* *(stubbornly)* упо́рно, *(energetically)* энерги́чно, *(strongly)* кре́пко. **stoutness** *n.* *(strength)* про́чность; *(portliness)* доро́дность; *(courage)* отва́га; *(firmness)* сто́йкость.

stove *n.* *(with fire inside)* печь (*loc.* -чи́; *pl.* -чи, -че́й); *(cooker)* плита́ (*pl.* -ты).

stow *v.t.* укла́дывать *imp.*, уложи́ть (-жу́, -жишь) *perf.*; s. away, *(travel free)* е́хать (е́ду, е́дешь) *imp.*, по~ *perf.* за́йцем, без биле́та. **stowaway** *n.* за́яц (за́йца), безбиле́тный пасса́жир.

straddle *v.i.* широко́ расставля́ть *imp.*, расста́вить *perf.* но́ги; *v.t.* *(sit astride)* сиде́ть (сижу́, сиди́шь) *imp.* верхо́м на+*prep.*; *(stand astride)* стоя́ть (-ою́, -ои́шь) *imp.*, расста́вив но́ги над+*instr.*

straggle *v.i.* *(drop behind)* отстава́ть (-таю́, -таёшь) *imp.*, отста́ть (-а́ну, -а́нешь) *perf.* **straggler** *n.* отста́вший *sb.* **straggling** *adj.* *(scattered)* разбро́санный; *(untidy)* беспоря́дочный.

straight *adj.* *(unbent)* прямо́й (-м, -ма́, -мо, пря́мы́); *(honest)* че́стный (-тен, -тна́, -тно); *(undiluted)* неразба́вленный; *predic.* *(properly arranged)* в поря́дке; *adv.* пря́мо; s. away, сра́зу. **straighten** *v.t. & i.* выпрямля́ть(ся) *imp.*, вы́прямить(ся) *perf.*; *(smooth out)* расправля́ть *imp.*, распра́вить *perf.* **straightforward** *adj.* прямо́й (-м, -ма́, -мо, пря́мы́); *(simple)* просто́й (-т, -та́, -то); *(honest)* че́стный (-тен, -тна́, -тно). **straightness** *n.* прямизна́.

strain[1] *n.* *(pull, tension)* натяже́ние; *(also sprain)* растяже́ние; *(phys., tech.)* напряже́ние; *(tendency)* скло́нность; *(sound)* напе́в, звук; in the same s., в том же духе; *v.t.* *(stretch)* натя́гивать *imp.*, натяну́ть (-ну́, -нешь) *perf.*; *(also sprain)* растя́гивать *imp.*, растяну́ть (-ну́, -нешь) *perf.*; *(phys., tech.)* напряга́ть *imp.*, напря́чь (-ягу́, -яжёшь; -я́г, -ягла́) *perf.*; *(filter)* проце́живать *imp.*, процеди́ть (-ежу́, -е́дишь) *perf.*; *v.i.* *(also exert oneself)* напряга́ться *imp.*, напря́чься (-ягу́сь, -яжёшься; -я́гся, -ягла́сь) *perf.* **strained** *adj.* натя́нутый (*also fig.*); растя́нутый *(also sprained)*. **strainer** *n.* *(tea s.)* си́течко; *(filter)* фильтр; *(sieve)* си́то.

strain[2] *n.* *(breed)* поро́да; *(hereditary trait)* насле́дственная черта́.

strait(s) *n.* *(geog.)* проли́в. **straiten** *v.t.* ограни́чивать *imp.*, ограни́чить *perf.*

straitened *adj.*: *in s. circumstances*, в стеснённых обстоя́тельствах. **strait--jacket** *n.* смири́тельная руба́шка. **strait-laced** *adj.* пурита́нский. **straits** *n.* (*difficulties*) затрудни́тельное положе́ние.

strand[1] *n.* (*hair, rope*) прядь; (*rope, cable*) стрёнга; (*thread, also fig.*) нить.

strand[2] *n.* (*of sea etc.*) бе́рег (*loc.* -ý; *pl.* -á); *v.t.* сажа́ть *imp.*, посади́ть (-ажу́, -а́дишь) *perf.* на мель. **stranded** *adj.* (*fig.*) без средств.

strange *adj.* стра́нный (-нен, -нна́, -нно); (*unfamiliar*) незнако́мый; (*alien*) чужо́й. **strangely** *adv.* стра́нно. **strangeness** *n.* стра́нность. **stranger** *n.* незнако́мец (-мца), -о́мка; неизве́стный *sb.*; чужо́й *sb.*

strangle *v.t.* души́ть (-шу́, -шишь) *imp.*, за~ *perf.* **stranglehold** *n.* мёртвая хва́тка. **strangulate** *v.t.* сжима́ть *imp.*, сжать (сожму́, -мёшь) *perf.* **strangulation** *n.* (*strangling*) удуше́ние; (*strangulating*) зажима́ние.

strap *n.* реме́нь (-мня́) *m.*; *v.t.* (*tie up*) стя́гивать *imp.*, стяну́ть (-ну́, -нешь) *perf.* ремнём. **strapping** *adj.* ро́слый.

stratagem *n.* стратаге́ма, хи́трость. **strategic** *adj.* стратеги́ческий. **strategist** *n.* страте́г. **strategy** *n.* страте́гия.

stratification *n.* расслое́ние. **stratified** *adj.* сло́истый. **stratosphere** *n.* стратосфе́ра. **stratum** *n.* слой (*pl.* -ои́), пласт (-а́, *loc.* -ý).

straw *n.* соло́ма; (*drinking*) соло́минка; *the last s.*, после́дняя ка́пля; *adj.* соло́менный.

strawberry *n.* клубни́ка; (*wild s.*) земляни́ка *collect.*; *adj.* клубни́чный, земляни́чный.

stray *v.i.* сбива́ться (собью́сь, -бьёшься *imp.*, сби́ться *perf.*; (*roam*) блужда́ть *imp.*; (*digress*) отклоня́ться (-ню́сь, -ни́шься *perf.*, отклоня́ться *imp.*; *adj.* (*lost*) заблуди́вшийся; (*homeless*) беспризо́рный; *n.* (*waif*) беспризо́рное дитя́; (*from flock*) отби́вшееся от ста́да живо́тное *sb.*; *s. bullet*, шальна́я пу́ля.

streak *n.* полоса́ (*acc.* по́лосу; *pl.* -осы, -о́с, -оса́м); (*of luck, везе́ния*); (*tendency*) жи́лка; (*lightning*) вспы́шка; *v.t.* испещря́ть *imp.*, испещри́ть *perf.*; *v.i.* (*rush*) проноси́ться (-ошу́сь, -о́сишься *imp.*, пронести́сь (-есу́сь, -есёшься; -ёсся, -есла́сь) *perf.* **streaked** *adj.* с поло́сами, с прожи́лками (*with,* + *gen.*). **streaky** *adj.* полоса́тый; (*meat*) с просло́йками жи́ра.

stream *n.* (*brook, tears*) руче́й (-чья́); (*brook, flood, tears, people etc.*) пото́к; (*jet*) струя́ (*pl.* -ýи); (*current*) тече́ние; *up/down s.*, вверх/вниз по тече́нию; *with/against the s.*, по тече́нию, про́тив тече́ния; *v.i.* течь (течёт, теку́т; тёк, текла́) *imp.*; струи́ться (-и́тся) *imp.*; (*rush*) проноси́ться (-ошу́сь, -о́сишься *imp.*, пронести́сь (-есу́сь, -есёшься; -ёсся, -есла́сь) *perf.*; (*blow*) развева́ться (-а́ется) *imp.* **streamer** *n.* вы́мпел. **stream-lined** *adj.* обтека́емый; (*fig.*) хорошо́ нала́женный.

street *n.* у́лица; *adj.* у́личный; *s. lamp*, у́личный фона́рь (-ря́) *m.*

strength *n.* си́ла, кре́пость; (*numbers*) чи́сленность; *in full s.*, в по́лном соста́ве; *on the s. of*, в си́лу + *gen.* **strengthen** *v.t.* усиливать *imp.*, уси́лить *perf.*; укрепля́ть *imp.*, укрепи́ть *perf.* **strengthening** *n.* усиле́ние, укрепле́ние.

strenuous *adj.* тре́бующий уси́лий, энерги́чный.

stress *n.* (*pressure, fig.*) давле́ние; (*tech.*) напряже́ние; (*emphasis*) ударе́ние; *v.t.* де́лать *imp.*, с~ *perf.* ударе́ние на + *acc.*; подчёркивать *imp.*, подчеркну́ть *perf.*

stretch *n.* (*expanse*) протяже́ние, простра́нство; *at a s.*, (*in succession*) подря́д; *v.t. & i.* (*widen, spread out*) растя́гивать(ся) *imp.*, растяну́ть(ся) (-ну́(сь), -нешь(ся)) *perf.*; (*in length, s. forth limbs*) вытя́гивать(ся) *imp.*, вы́тянуть(ся) *perf.*; (*tauten e.g. bow*) натя́гивать(ся) *imp.*, натяну́ть(ся) (-ну́(сь), -нешь(ся)) *perf.*; (*extend e.g. rope, s. forth limbs*) протя́гивать(ся) *imp.*, протяну́ть(ся) (-ну́(сь), -нешь(ся)) *perf.*; *v.i.* (*material, land*) тяну́ться (-нется) *imp.*; *v.t.* (*exaggerate*) преувели́чивать *imp.*, преувели́чить *perf.*; *s. a point*, допуска́ть *imp.*, допусти́ть (-ущу́, -у́стишь) *perf.* натя́жку; *s.*

strew *oneself*, потя́гиваться *imp.*, потяну́ться (-ну́сь, -нешься) *perf.*; *s. one's legs*, (*coll.*) размина́ть *imp.*, размя́ть (разомну́, -нёшь) *perf.* но́ги. **stretcher** *n.* носи́лки (-лок) *pl.*

strew *v.t.* разбра́сывать *imp.*, разброса́ть *perf.*; *s. with*, посыпа́ть *imp.*, посы́пать (-плю, -плешь) *perf.* + *instr.*; усыпа́ть *imp.*, усы́пать (-плю, -плешь) *perf.* + *instr.*

stricken *adj.* поражённый (-ён, -ена́), охва́ченный (-ен).

strict *adj.* стро́гий (-г, -га́, -го); (*precise*) то́чный (-чен, -чна́, -чно). **strictly** *adv.* стро́го, то́чно. **strictness** *n.* стро́гость, то́чность. **stricture(s)** *n.* (стро́гая) кри́тика, осужде́ние.

stride *n.* (большо́й) шаг (-á with 2, 3, 4, *loc.* -ý; *pl.* -и́); (*fig.*) успе́хи *m.pl.*; *to get into one's s.*, принима́ться *imp.*, приня́ться (приму́сь, -мешься -ня́лся, -няла́сь) *perf.* за де́ло; *to take s.th. in one's s.*, преодолева́ть *imp.*, преодоле́ть *perf.* что-л. без уси́лий; *v.i.* шага́ть *imp.* (больши́ми шага́ми).

stridency *n.* ре́зкость. **strident** *adj.* ре́зкий (-зок, -зка́, -зко).

strife *n.* (*conflict*) борьба́; (*discord*) раздо́р.

strike *n.* (*refusal to work*) забасто́вка, ста́чка; (*discovery*) откры́тие; (*blow*) уда́р; *adj.* забасто́вочный; *v.i.* (*be on s.*) бастова́ть *imp.*; (*go on s.*) забастова́ть *perf.*; объявля́ть *imp.*, объяви́ть (-влю́, -вишь) *perf.* забасто́вку; (*clock*) бить (бьёт) *imp.*, про~ *perf.*; *v.t.* (*hit*) ударя́ть *imp.*, уда́рить *perf.*; (*mil.*, *surprise*) поража́ть *imp.*, порази́ть *perf.*; (*discover*) открыва́ть *imp.*, откры́ть (-ро́ю, -ро́ешь) *perf.*; (*match*) зажига́ть *imp.*, заже́чь (-жгу́, -жжёшь, -жгу́т; -жёг, -жгла́) *perf.*; (*clock*) бить (бьёт) *imp.*, про~ *perf.*; (*occur to*) приходи́ть (-ит) *imp.*, прийти́ (придёт; пришёл, -шла́) *perf.* в го́лову + *dat.*; *s. off*, вычёркивать *imp.*, вы́черкнуть *perf.*; *s. up*, начина́ть *imp.*, нача́ть (-чну́, -чнёшь; на́чал, -á, -o); нападать *imp.*, напа́сть (-аду́, -адёшь; -а́л) на + *acc.* **strike-breaker** *n.* штрейкбре́хер. **striker** *n.* забасто́вщик, -ица. **striking** *adj.* порази́тельный; *s. distance*, досяга́емость.

string *n.* бечёвка, верёвка, завя́зка; (*mus.*) струна́ (*pl.* -ýны); (*series*) верени́ца, ряд (-á with 2, 3, 4, *loc.* -ý; *pl.* -ы́); (*beads*) ни́тка; *pl.* (*instruments*) струнны́е инструме́нты *m.pl.*; *second s.*, запасно́й ресу́рс; *pull strings*, нажима́ть *imp.*, нажа́ть (нажму́, -мёшь) *perf.* на та́йные пружи́ны; *without strings attached*, без каки́х-либо усло́вий; *adj.* стру́нный (-яжу́, -я́жешь) *perf.*; (*thread*) низа́ть (ни́жу, -жешь) *imp.*, на~ *perf.*; (*beans*) чи́стить *imp.*, о~ *perf.*; *s. along*, (*coll.*) (*deceive*) обма́нывать *imp.*, обману́ть (-ну́, -нешь) *perf.*; *s. out*, (*prolong*) раста́гивать *imp.*, растяну́ть (-ну́, -нешь) *perf.*; (*tense*) напряжённый (-ён); *s.-bag*, *s. vest*, се́тка. **stringed** *adj.* стру́нный. **stringy** *adj.* (*fibrous*) волокни́стый; (*meat*) жи́листый.

stringency *n.* стро́гость. **stringent** *adj.* стро́гий (-г, -га́, -го).

strip[1] *n.* полоса́ (*acc.* по́лосу; *pl.* -осы, -óс, -оса́м), поло́ска, ле́нта; *s. cartoon*, расска́з в рису́нках; *s. light*, ла́мпа дневно́го све́та.

strip[2] *v.t.* (*undress*) раздева́ть (-éну, -éнешь) *perf.*; (*deprive*) лиша́ть *imp.*, лиши́ть *perf.* (*of*, + *gen.*); (*lay bare*) обнажа́ть *imp.*, обнажи́ть *perf.*; *s. off*, (*tear off*) сдира́ть *imp.*, содра́ть (-ре́шь; -а́л, -ала́, -áло) *perf.*; *v.i.* раздева́ться *imp.*, разде́ться (-е́нусь, -е́нешься) *perf.* **strip-tease** *n.* стрипти́з.

stripe *n.* полоса́ (*acc.* по́лосу; *pl.* -осы, -óс, -оса́м). **striped** *adj.* полоса́тый.

stripling *n.* подро́сток (-тка), ю́ноша *m.*

strive *v.i.* стара́ться *imp.*, по~ *perf.*; стреми́ться *imp.* (*for*, к + *dat.*); (*struggle*) боро́ться (-рю́сь, -решься) *imp.* (*for*, за + *acc.*; *against*, про́тив + *gen.*).

stroke *n.* (*blow*, *med.*) уда́р; (*of oar*) взмах; (*oarsman*) загребно́й *sb.*; (*drawing*) штрих (-á); (*clock*) бой (*pl.* бой); (*piston*) ход (*pl.* -ы, -о́в);

stroll

(*swimming*) стиль *m.*; *v.t.* гла́дить *imp.*, по ~ *perf.*
stroll *n.* прогу́лка; *v.i.* прогу́ливаться *imp.*, прогуля́ться *perf.*
strong *adj.* (*also able*; *gram.*) си́льный (силён, -льна́, -льно, си́льны); (*also drinks*) кре́пкий (-пок, -пка́, -пко); (*healthy*) здоро́вый; (*opinion etc.*) твёрдый (-д, -да́, -до); **stronghold** *n.* кре́пость (*fig.*) опло́т. **strong-minded, strong-willed** *adj.* реши́тельный. **strongroom** ко́мната-сейф.
strontium *n.* стро́нций.
strop *n.* реме́нь (-мня́) *m.* (для пра́вки бритв); *v.t.* пра́вить *imp.* (бри́тву).
structural *adj.* структу́рный; (*building*) конструкти́вный, строи́тельный.
structure *n.* (*composition, arrangement*) структу́ра; (*system*) строй, устро́йство; (*building*) сооруже́ние.
struggle *n.* борьба́; *v.i.* боро́ться (-рю́сь, -решься) *imp.* (for, за + *acc.*; against, про́тив + *gen.*); (*writhe, s. with fig.*) би́ться (бьюсь, бьёшься) (with, над + *instr.*).
strum *v.i.* бренча́ть (-чу́, -чи́шь) *imp.* (on, на + *prep.*).
strut¹ *n.* (*vertical*) подпо́ра, сто́йка; (*horizontal*) распо́рка; (*angle brace*) подко́с.
strut² *v.i.* ходи́ть (хожу́, хо́дишь) *indet.*, идти́ (иду́, идёшь; шёл, шла) *det.* го́голем.
stub *n.* (*stump*) пень (пня) *m.*; (*pencil*) огры́зок (-зка); (*cigarette*) окуро́к (-рка); *v.t.*: s. one's toe, ударя́ться *imp.*, уда́риться *perf.* ного́й (on, на + *acc.*); s. out, гаси́ть (гашу́, га́сишь) *imp.*, по ~ *perf.* (cigarette *etc.*, окуро́к).
stubble *n.* стерня́, жнивьё; (*hair*) щети́на.
stubborn *adj.* упря́мый, упо́рный.
stubbornness *n.* упря́мство, упо́рство.
stucco *n.* штукату́рка; *adj.* штукату́рный.
stuck-up *adj.* (*coll.*) наду́тый.
stud¹ *n.* (*press-button*) кно́пка; (*collar, cuff*) запо́нка; (*large-headed nail*) гвоздь (-дя́; *pl.* -ди, -де́й) *m.* с большо́й шля́пкой; *v.t.* (*set with studs*) обива́ть *imp.*, оби́ть (обью́, -ьёшь) *perf.* гвоздя́ми; (*bestrew*) усеива́ть *imp.*, усе́ять (-е́ю, -е́ешь) *perf.* (with, + *instr.*).
stud² *n.* (*horses*) ко́нный заво́д. **stud-horse** *n.* племенно́й жеребе́ц (-бца́).
student *n.* студе́нт, ~ ка.
studied *adj.* обду́манный (-ан, -анна).
studio *n.* (*artist's, broadcasting, cinema*) сту́дия; (*artist's*) ателье́ *neut. indecl.*, мастерска́я *sb.*
studious *adj.* (*diligent*) приле́жный; (*liking study*) лю́бящий нау́ку.
study *n.* изуче́ние, иссле́дование; *pl.* заня́тия *neut. pl.*; (*essay*) о́черк; (*art*) эски́з, этю́д; (*mus.*) этю́д; (*room*) кабине́т; *v.t.* изуча́ть *imp.*, изучи́ть (-чу́, -чишь) *perf.*; учи́ться (учу́сь, у́чишься) *imp.*, об ~ *perf.* + *dat.*; занима́ться *imp.*, заня́ться (займу́сь, -мёшься; заня́лся, -яла́сь) *perf.* + *instr.*; (*scrutinize*) рассма́тривать *imp.*, рассмотре́ть (-рю́, -ришь) *perf.*; *v.i.* учи́ться (учу́сь, у́чишься) *imp.*, об ~ *perf.*
stuff *n.* (*material*) материа́л; (*substance*) вещество́; ((*woollen*) *fabric*) (шерстяна́я) мате́рия; *s. and nonsense*, вздор; *v.t.* набива́ть *imp.*, наби́ть (набью́, -ьёшь) *perf.*; (*cul.*) начиня́ть *imp.*, начини́ть *perf.*; (*cram into*) запи́хивать *imp.*, запиха́ть *perf.* (into, в + *acc.*); (*thrust, shove into*) сова́ть (сую́, суёшь) *imp.*, су́нуть *perf.* (into, в + *acc.*); *v.i.* (*overeat*) объеда́ться *imp.*, объе́сться (-е́мся, -е́шься, -е́стся, -еди́мся, -е́лся) *perf.* **stuffiness** *n.* духота́, спёртость. **stuffing** *n.* наби́вка; (*cul.*) начи́нка. **stuffy** *adj.* спёртый, ду́шный (-шен, -шна́, -шно).
stumble *v.i.* (*also fig.*) спотыка́ться *imp.*, споткну́ться *perf.* (over, о + *acc.*); s. upon, натыка́ться *imp.*, наткну́ться *perf.* на + *acc.* **stumbling-block** *n.* ка́мень (-мня; *pl.* -мни, -мне́й) *m.* преткнове́ния.
stump *n.* (*tree*) пень (пня) *m.*; (*pencil*) огры́зок (-зка); (*limb*) обру́бок (-бка) культя́; *v.t.* (*perplex*) ста́вить *imp.*, по ~ *perf.* в тупи́к; *v.i.* (*coll.*) ковыля́ть *imp.*

stun *v.t.* (*also fig.*) оглушáть *imp.*, оглушúть *perf.* (*also fig.*) ошеломлять *imp.*, ошеломúть *perf.* **stunning** *adj.* (*also fig.*) ошеломúтельный; (*fig.*) сногсшибáтельный (*coll.*).

stunt¹ *n.* трюк.

stunt² *v.t.* задéрживать *imp.*, задержáть (-жý, -жишь) *perf.* рост + *gen.* **stunted** *adj.* чáхлый, низкорóслый.

stupefaction *n.* ошеломлéние. **stupefy** *v.t.* ошеломлять *imp.*, ошеломúть *perf.* **stupendous** *adj.* изумúтельный; (*huge*) громáдный. **stupid** *adj.* (*foolish*) глýпый (-п, -пá, -по), дурáцкий (*coll.*); (*dull-witted*) тупóй (туп, -á, -о, тýпы). **stupidity** *n.* глýпость, тýпость. **stupor** *n.* оцепенéние; (*med.*) стýпор.

sturdy *adj.* (*robust*) крéпкий (-пок, -пкá, -пко), здорóвый (-в, -вá); (*solid, firm*) твёрдый (-д, -дá, -до).

sturgeon *n.* осётр (-á); (*dish*) осетрúна.

stutter *n.* заикáние; *v.i* заикáться *imp.* **stutterer** *n.* заúка *m. & f.*

sty¹ *n.* (*pigsty*) свинáрник.

sty² *n.* (*on eye*) ячмéнь (-ня́) *m.*

style *n.* стиль *m.*; (*manner*) манéра; (*taste*) вкус; (*fashion*) мóда; (*sort*) род (*pl.* -ы); (*in grand*) с шикóм; *v.t.* конструúровать *imp.*, *perf.* по мóде. **stylish** *adj.* мóдный (-ден, -днá, -дно), шикáрный. **stylist** *n.* стилúст. **stylistic** *adj.* стилистúческий. **stylistics** *n.* стилúстика. **stylize** *v.t.* стилизовáть *imp.*, *perf.*

stylus *n.* граммофóнная иголка.

suave *adj.* обходúтельный. **suavity** *n.* обходúтельность.

subaltern *n.* (*mil.*) млáдший офицéр. **subcommittee** *n.* подкомúссия, подкомитéт. **subconscious** *adj.* подсознáтельный; *n.* подсознáние. **subcutaneous** *adj.* подкóжный. **subdivide** *v.t.* подразделять *imp.*, подразделúть *perf.* **subdivision** *n.* подразделéние. **subdue** *v.t.* покорять *imp.*, покорúть *perf.* **subdued** *adj.* (*suppressed, dispirited*) подáвленный; (*soft*) мя́гкий (-гок, -гкá, -гко); (*indistinct*) приглушённый. **sub-editor** *n.* помóщник, -ица редáктора. **sub-heading** *n.* подзаголóвок (-вка). **subhuman** *adj.* не достúгший человéческого ýровня.

subject *n.* (*theme*) тéма, сюжéт; (*discipline, theme*) предмéт; (*question*) вопрóс; (*logic, philos., bearer of certain characteristics*) субъéкт; (*thing on to which action is directed*) объéкт; (*gram.*) подлежáщее *sb.*; (*national*) пóдданный (-ен, -ена́) *sb.*; (*subordinate*) подчинённый (-ён, -ена́) (to, + *dat.*); (*dependent*) подчинённый (to, + *dat.*); *s. to*, (*susceptible to*) подвéрженный + *dat.*; (*on condition that*) при условии, что..., éсли; *s. to his agreeing*, при условии, что он согласúтся, éсли он согласúтся; *be s. to* (*change etc.*), подлежáть (-жúт) *imp.* + *dat.*; *v.t.*: *s. to*, подчинять *imp.* + *dat.*; подвергáть *imp.*, подвéргнуть (подвéрг, -ла) *perf.* + *dat.* **subjection** *n.* подчинéние. **subjective** *adj.* субъектúвный. **subjectivity** *n.* субъектúвность.

subject-matter *n.* (*book, lecture*) содержáние, тéма; (*discussion*) предмéт.

sub judice *adj.* на рассмотрéнии судá.

subjugate *v.t.* покорять *imp.*, покорúть *perf.* **subjugation** *n.* покорéние.

subjunctive (**mood**) *n.* сослагáтельное наклонéние.

sublet *v.t.* передавáть (-даю́, -даёшь) *imp.*, передáть (-áм, -áшь, -áст, -адúм; пéредал, -á, -о) *perf.* в субарéнду.

sublimate *v.t.* (*chem.*, *psych.*) сублимúровать; (*fig.*) возвышáть *imp.*, возвысить *perf.* **sublimation** *n.* (*chem.*, *psych.*) сублимáция; (*fig.*) возвышéние. **sublime** *adj.* возвышенный.

subliminal *adj.* подсознáтельный. **sub-machine-gun** *n.* пистолéт-пулемёт, автомáт. **submarine** *adj.* подвóдный; *n.* подвóдная лóдка. **submerge** *v.t.* погружáть *imp.*, погрузúть *perf.*; затоплять *imp.*, затопúть (-плю́, -пишь) *perf.* **submission** *n.* подчинéние; (*for inspection*) представлéние. **submissive** *adj.* покóрный. **submit** *v.i.* подчиняться *imp.*, подчинúться *perf.* (to, + *dat.*); покоряться *imp.*, покорúться *perf.* (to, + *dat.*); *v.t.* представлять *imp.*, предстáвить *perf.* (на рассмотрéние). **subordinate** *n.* подчинённый *sb.*; *adj.* подчинённый

subliminal (-ён, -ена́); (*secondary*) второстепе́нный; (*gram.*) прида́точный. *v.t.* подчиня́ть *imp.*, подчини́ть *perf.* **subordination** *n.* подчине́ние. **suborn** *v.t.* подкупа́ть *imp.*, подкупи́ть (-плю́, -пишь) *perf.* **subpoena** *n.* вы́зов, пове́стка в суд; *v.t.* вызыва́ть *imp.*, вы́звать (-зову, -зовешь) *perf.* в суд. **subscribe** *v.i.* подпи́сываться *imp.*, подписа́ться (-ишу́сь, -и́шешься) *perf.* (to, на + *acc.*); *s. to,* (*opinion*) присоединя́ться *imp.*, присоедини́ться *perf.* к + *dat.* **subscriber** *n.* (*to newspaper etc.*) подпи́счик, -ица; абоне́нт, ~ка. **subscription** *n.* (*to newspaper etc.*) подпи́ска, абонеме́нт; (*fee*) взнос. **subsection** *n.* подразде́л. **subsequent** *adj.* после́дующий. **subsequently** *adv.* впосле́дствии. **subservience** *n.* рабо́лепие, рабо́лепство. **subservient** *adj.* рабо́лепный. **subside** *v.i.* (*water*) убыва́ть *imp.*, убы́ть (убу́ду, -дешь; убы́л, -а́, -о) *perf.*; (*calm down, abate*) укла́дываться *imp.*, улечься (уля́жется, уля́гутся; улёгся, улегла́сь) *perf.*; (*soil*) оседа́ть *imp.*, осе́сть (ося́дет; осе́л) *perf.*; (*collapse*) обва́ливаться *imp.*, обвали́ться (-ится) *perf.* **subsidence** *n.* (*abatement*) спад; (*soil*) оседа́ние. **subsidiary** *adj.* вспомога́тельный; (*secondary*) второстепе́нный. **subsidize** *v.t.* субсиди́ровать *imp., perf.* **subsidy** *n.* субси́дия, дота́ция. **subsist** *v.i.* (*exist*) существова́ть *imp.*; (*live*) жить (живу́, -вёшь; жил, -а́, -о) *imp.* (on, + *instr.*). **subsistence** *n.* существова́ние; (*livelihood*) пропита́ние. **subsoil** *n.* подпо́чва. **subsonic** *adj.* дозвуково́й. **substance** *n.* вещество́; (*essence*) су́щность, суть; (*content*) содержа́ние. **substantial** *adj.* (*durable*) про́чный (-чен, -чна́, -чно, про́чны); (*considerable*) значи́тельный; (*food*) пло́тный (-тен, -тна́, -тно, пло́тны); (*real*) реа́льный; (*material*) веще́ственный. **substantially** *adv.* (*basically*) в основно́м; (*considerably*) в значи́тельной сте́пени. **substantiate** *v.t.* приводи́ть (-ожу́, -о́дишь) *imp.*, привести́ (-еду́, -едёшь; -ёл, -ела́) *perf.* доста́точные основа́ния + *gen.* **substantive** *n.* (и́мя *neut.*) существи́тельное. **substitute** *n.* (*person*) замести́тель *m.*, ~ ница; (*thing*) заме́на; (*tech.*) замени́тель *m.*; *v.t.* заменя́ть *imp.*, замени́ть (-ню́, -нишь) *perf.* + *instr.* (for, + *acc.*) *I s.* water for milk, заменя́ю молоко́ водо́й. **substitution** *n.* заме́на, замеще́ние. **substructure** *n.* фунда́мент. **subsume** *v.t.* относи́ть (-ошу́, -о́сишь) *imp.*, отнести́ (-су́, -сёшь; -ёс, -есла́) *perf.* к како́й-л. катего́рии. **subtenant** *n.* субарендатор. **subterfuge** *n.* уве́ртка, отгово́рка, уло́вка. **subterranean** *adj.* подзе́мный. **subtitle** *n.* подзаголо́вок (-вка); (*cinema*) субти́тр. **subtle** *adj.* (*fine, delicate*) то́нкий (-нок, -нка́, -нко); (*mysterious*) таи́нственный (-ен, -енна); (*ingenious*) иску́сный; (*cunning*) хи́трый (-тёр, -тра́, хитро́). **subtlety** *n.* (*fineness, delicacy*) то́нкость; (*mystery*) таи́нственность; (*ingenuity*) иску́сность; (*cunning*) хи́трость.

subtract *v.t.* вычита́ть *imp.*, вы́честь (-чту, -чтешь; -чел, -чла) *perf.* **subtraction** *n.* вычита́ние. **suburb** *n.* при́город. **suburban** *adj.* при́городный. **subversion** *n.* (*overthrow*) сверже́ние; (*subversive activities*) подрывна́я де́ятельность. **subversive** *adj.* подрывно́й. **subvert** *v.t.* сверга́ть *imp.*, све́ргнуть (-г(нул), -гла) *perf.* **subway** *n.* тонне́ль *m.*; (*pedestrian s.*) подзе́мный перехо́д.

succeed *v.i.* удава́ться (удаётся) *imp.*, уда́ться (уда́стся, удаду́тся; уда́лся, -ла́сь) *perf.*; the plan will *s.,* план уда́стся; he succeeded in buying the book, ему́ удало́сь купи́ть кни́гу; (*be successful*) преуспева́ть *imp.*, преуспе́ть *perf.* (in, в + *prep.*); (*follow*) сменя́ть *imp.*, смени́ть (-ню́, -нишь) *perf.*; (*be heir*) насле́довать *imp., perf.* (to, + *dat.*). **succeeding** *adj.* после́дующий. **success** *n.* успе́х, уда́ча. **successful** *adj.* успе́шный, уда́чный. **succession** *n.* прее́мственность; (*sequence*) после́довательность; (*series*) (непреры́вная) цепь (*loc.* -пи́; *pl.* -пи, -пе́й); (*to throne*) престолонасле́дие; right of *s.,* пра́во насле́дования; in *s.,* подря́д, оди́н за други́м. **successive** *adj.* (*consecutive*) после́довательный.

successor *n.* наследник -ица; преемник, -ица.

succinct *adj.* сжатый.

succour *n.* помощь; *v.t.* приходить (-ожу, -одишь) *imp.*, прийти (приду, -дёшь; пришёл, -шла) *perf.* на помощь + *gen.*

succulent *adj.* сочный (-чен, -чна, -чно).

succumb *v.i.* уступать *imp.*, уступить (-плю, -пишь) *perf.* (to, + *dat.*); поддаваться (-даюсь, -даёшься) *imp.*, поддаться (-амся, -ашься, -астся, -адимся, -ался, -алась) *perf.* (to, + *dat.*).

such *adj.* такой, подобный; s. people, такие люди; *in* s. cases, в таких, в подобных, случаях; *in such a way*, таким образом, так; such as, (*for example*) так например; (*of such a kind as*) такой как; s. beauty as yours, такая красота как ваша; (*that which*) тот (та, те, то), который; I shall read such books as I like, я буду читать те книги, которые мне нравятся; such as to, такой, чтобы; his illness was not such as to cause anxiety, его болезнь была не такой (серьёзной), чтобы вызвать беспокойство; s. and s., такой-то; *pron.* таков (-á, -ó, -ы); тот (та, те, то), такой; s. was his character, таков был его характер; s. are of my opinion, те, кто согласен со мной; as s., сам по себе, как таковой, по существу; s. is not the case, это не так.

suchlike *adj.* подобный, такой; *pron.* (*inanim.*) тому подобное; (*people*) такие люди (-дей, -дям, -дьми) *pl.*

suck *v.t.* сосать (сосу, сосёшь) *imp.*; s. in, всасывать, всосать (-су, -сёшь) *perf.*; (*engulf*) засасывать *imp.*, засосать (-су, -сёшь) *perf.*; s. out, высасывать *imp.*, высосать (-су, -сешь) *perf.*; s. up to, (*coll.*) подлизываться (-ижусь, -ижешься) *perf.* к + *dat.* **sucker** *n.* (*biol., rubber device*) присоска; (*bot.*) корневой отпрыск. **suckle** *v.t.* кормить (-млю, -мишь) *imp.*, грудью. **suckling** *n.* грудной ребёнок (-нка) (*pl.* дети, -тей), сосун (-á).

suction *n.* сосание, всасывание.

sudden *adj.* внезапный, неожиданный (-ан, -анна); s. death, скоропостижная смерть. **suddenly** *adv.* внезапно, вдруг, неожиданно. **suddenness** *n.* внезапность, неожиданность.

suds *n.* мыльная пена.

sue *v.t.* преследовать *imp.* судебным порядком; возбуждать *imp.*, возбудить (-бужу) иск против + *gen.* (for, o + *prep.*); s. s.b. for damages, предъявлять *imp.*, предъявить (-влю, -вишь) *perf.* (к) кому-л. иск о возмещении ущерба.

suede *n.* замша; *adj.* замшевый.

suet *n.* почечное сало.

suffer *v.t.* страдать *imp.*, по~ *perf.* + *instr.*, от + *gen.*; (*experience*) испытывать *imp.*, испытать *perf.*; (*loss, defeat*) терпеть (-плю, -пишь) *imp.*, по~ *perf.*; (*allow*) позволять *imp.*, позволить *perf.* + *dat.*; дозволять *imp.*, дозволить *perf.* + *dat.*; (*tolerate*) терпеть (-плю, -пишь) *imp.*; *v.i.* страдать *imp.*, по~ *perf.* (from, + *instr.*, от + *gen.*). **sufferance** *n.* (*tacit consent*) молчаливое согласие; he is here on s., его здесь терпят. **suffering** *n.* страдание.

suffice *v.i.* (*t.*) быть достаточным (для + *gen.*); хватать (-ает) *imp.*, хватить (-ит) *perf. impers.* + *gen.* (+ *dat.*); five pounds will s. me, мне хватит пяти фунтов. **sufficiency** *n.* (*adequacy*) достаточность; (*prosperity*) достаток (-тка). **sufficient** *adj.* достаточный.

suffix *n.* суффикс.

suffocate *v.t.* удушать *imp.*, удушить (-шу, -шишь) *perf.*; *v.i.* задыхаться *imp.*, задохнуться (-óх(ну)лся, -óх(ну)лась) *perf.* **suffocating** *adj.* душный (-шен, -шна, -шно), удушливый. **suffocation** *n.* удушение; (*difficulty in breathing*) удушье.

suffrage *n.* (*right*) избирательное право.

suffuse *v.t.* (*light, tears*) заливать *imp.*, залить (-лью, -льёшь; залил, -á, -áло) *perf.* (with, + *instr.*); (*colour*) покрывать *imp.*, покрыть (-рою, -роешь) *perf.* (with, + *instr.*). **suffusion**

sugar *n.* покры́тие; (*colour*) кра́ска; (*flush*) румя́нец (-нца).

sugar *n.* са́хар (-а(у)); *adj.* са́харный; *v.t.* подсла́щивать *imp.*, подсласти́ть *perf.*; *s.-basin*, са́харница; *s.-beet*, са́харная свёкла; *s.-cane*, са́харный тростни́к; *s.-refinery*, (сахаро)рафина́дный заво́д. **sugary** *adj.* са́харный; (*sweet*) сла́дкий -(док, -дка́, -дко) (*saccharine*) сахари́стый; (*sickly sweet*) прито́рный, слаща́вый.

suggest *v.t.* (*propose*) предлага́ть *imp.*, предложи́ть (-жу́, -жишь) *perf.*; (*advise*) сове́товать *imp.*, по~ *perf.*; (*call up*) внуша́ть *imp.*, внуши́ть *perf.*; *s. itself to*, приходи́ть (-ит) *imp.*, прийти́ (придёт; пришёл, -шла́) *perf.* кому́-л. в го́лову; *a solution suggested itself to me*, мне пришло́ в го́лову реше́ние. **suggestible** *adj.* поддаю́щийся внуше́нию. **suggestibility** *n.* внуша́емость. **suggestion** *n.* (*proposal*) предложе́ние; (*psych.*) внуше́ние. **suggestive** *adj.* вызыва́ющий мы́сли (*of*, о + *prep.*); (*slightly indecent*) соблазни́тельный.

suicidal *adj.* самоуби́йственный; (*fig.*) губи́тельный. **suicide** *n.* самоуби́йство; (*person*) самоуби́йца *m.* & *f.*; (*fig.*) крах по со́бственной вине́; *commit s.*, соверша́ть *imp.*, соверши́ть *perf.* самоуби́йство; поко́нчить *perf.* с собо́й (*coll.*).

suit *n.* (*clothing*) костю́м; (*leg.*) иск; (*request*) про́сьба; (*cards*) масть; *follow s.*, ходи́ть (хожу́, хо́дишь) *imp.* в масть; (*fig.*) сле́довать *imp.*, по~ *perf.* приме́ру; *in one's birthday s.*, в чём мать роди́ла; *v.t.* (*be convenient for*) устра́ивать *imp.*, устро́ить *perf.*; (*accommodate*) приспособля́ть *imp.*, приспосо́бить *perf.*; (*be suitable for, match*) подходи́ть (-ожу́, -о́дишь), подойти́ (-йду́, -йдёшь; подошёл, -шла́) *perf.* (+ *dat.*); (*look attractive on*) идти́ (идёт; шёл, шла) *imp.* + *dat.*; *s. oneself*, выбира́ть *imp.*, вы́брать (-беру, -берешь) *perf.* по вку́су. **suitability** *n.* приго́дность. **suitable** *adj.* (*fitting*) подходя́щий; (*convenient*) удо́бный. **suitably** *adv.* соотве́тственно. **suitcase** *n.* чемода́н.

suite *n.* (*retinue*) сви́та; (*furniture*) гарниту́р; (*rooms*) апарта́менты *m.pl.*; (*mus.*) сюи́та.

suitor *n.* (*admirer*) покло́нник; (*plaintiff*) исте́ц (истца́); (*petitioner*) проси́тель *m.*, -ница.

sulk *v.i.* ду́ться *imp.* **sulkiness** *n.* скве́рное настрое́ние. **sulky** *adj.* наду́тый, хму́рый (-р, -ра́, -ро).

sullen *adj.* угрю́мый, хму́рый (-р, -ра́, -ро). **sullenness** *n.* угрю́мость.

sully *v.t.* пятна́ть *imp.*, за~ *perf.*

sulphate *n.* сульфа́т. **sulphide** *n.* сульфи́д. **sulphite** *n.* сульфи́т. **sulphur** *n.* се́ра. **sulphureous** *adj.* се́рнистый. **sulphuric** *adj.* се́рный; *s. acid*, се́рная кислота́.

sultan *n.* (*sovereign*) султа́н.

sultana *n.* (*raisin*) изю́мина без семя́н; *pl.* кишми́ш (-иша́) (*collect.*).

sultriness *n.* зной, духота́. **sultry** *adj.* зно́йный, ду́шный (-шен, -шна́, -шно); (*passionate*) стра́стный.

sum *n.* су́мма; (*arithmetical problem*) арифмети́ческая зада́ча; *pl.* арифме́тика; *v.t.* (*add up*) скла́дывать *imp.*, сложи́ть (-жу́, -жишь) *perf.*; *s. up*, (*summarize*) сумми́ровать *imp.*, *perf.*; (*appraise*) оце́нивать *imp.*, оцени́ть (-ни́ю, -нишь) *perf.* **summing-up** *n.* (*leg.*) заключи́тельная речь (*pl.* -чи, -че́й) судьи́.

summarize *v.t.* сумми́ровать *imp.*, *perf.*; резюми́ровать *imp.*, *perf.* **summary** *n.* резюме́ *neut.indecl.*, конспе́кт, сво́дка; *adj.* сумма́рный, ско́рый (-р, -ра́, -ро).

summer *n.* ле́то (*pl.* -та́), Indian *s.*, ба́бье ле́то (*pl.* -та́) *attrib.* ле́тний; *v.i.* проводи́ть (-ожу́, -о́дишь) *imp.*, провести́ (-еду́, -едёшь; провёл, -а́) *perf.* ле́то (*pl.* -та́). **summer-house** *n.* бесе́дка. **summery** *adj.* ле́тний.

summit *n.* верши́на, верх (-а(у), *loc.* -у́; *pl.* -и́ & -а́); (*fig.*) зени́т, преде́л; *s. meeting*, встре́ча глав прави́тельств.

summon *v.t.* вызыва́ть *imp.*, вы́звать (-зову, -зовешь) *perf.*; (*call*) призыва́ть *imp.*, призва́ть (-зову́, -зовёшь; призва́л, -а́, -о) *perf.*; *s. up one's courage*, собира́ться *imp.*, собра́ться

sumptuous — **support**

(-беру́сь, -берёшься; -бра́лся, -брала́сь, -брало́сь) *perf.* с духом.
summons *n.* вы́зов; (*leg.*) пове́стка в суд; *v.t.* вызыва́ть *imp.*, вы́звать (-зову, -зовешь) *perf.* в суд.
sumptuous *adj.* роско́шный.
sun *n.* со́лнце; *in the s.*, на со́лнце. **sunbathe** *v.i.* гре́ться *imp.* на со́лнце, загора́ть *imp.* **sunbeam** *n.* со́лнечный луч (-á). **sunburn** *n.* зага́р; (*inflammation*) со́лнечный ожо́г. **sunburnt** *adj.* загоре́лый; *become s.*, загора́ть *imp.*, загоре́ть (-рю́, -ри́шь) *perf.*
Sunday *n.* воскресе́нье; *adj.* воскре́сный.
sun-dial *n.* со́лнечные часы́ *m.pl.*
sundry *adj.* ра́зный; *all and s.*, все вме́сте и ка́ждый в отде́льности.
sunflower *n.* подсо́лнечник; *s. seeds*, сёмечки *neut.pl.* **sun-glasses** *n.* защи́тные очки́ (-ко́в) *pl.* от со́лнца.
sunken *adj.* (*hollow*) впа́лый; (*submerged*) погружённый; (*ship*) зато́пленный; (*below certain level*) ни́же (како́й-л. у́ровня).
sunlight *n.* со́лнечный свет. **sunny** *adj.* со́лнечный. **sunrise** *n.* восхо́д со́лнца. **sunset** *n.* захо́д со́лнца, зака́т. **sunshade** *n.* (*parasol*) зо́нтик; (*awning*) наве́с. **sunshine** *n.* со́лнечный свет. **sunstroke** *n.* со́лнечный уда́р. **sun-tan** *n.* зага́р. **sun-tanned** *adj.* загоре́лый.
superannuated *adj.* (*pensioner*) вы́шедший на пе́нсию; (*obsolete*) устаре́лый.
superb *adj.* великоле́пный, превосхо́дный. **supercilious** *adj.* надме́нный (-нен, -нна), презри́тельный. **superficial** *adj.* пове́рхностный; (*outward*) вне́шний. **superficiality** *n.* пове́рхностность. **superfluity** *n.* (*surplus*) изли́шек (-шка); (*abundance*) оби́лие. **superfluous** *adj.* ли́шний, нену́жный; (*abundant*) оби́льный. **superhuman** *adj.* сверхчелове́ческий. **superimpose** *v.t.* накла́дывать *imp.*, наложи́ть (-жу́, -жишь) *perf.* **superintend** *v.t.* заве́довать *imp.*+*instr.*; (*supervise*) надзира́ть *imp.* за+*instr.* **superintendent** *n.* заве́дующий (of, +*instr.*), надзира́тель *m.*, ~ница *f.* (of, за+*instr.*); (*police*) ста́рший полице́йский офице́р. **superior** *n.* нача́ль-

ник, -ица; ста́рший *sb.*; (*relig.*) настоя́тель *m.*, ~ница; *adj.* (*better*) лу́чший, превосходя́щий; (*higher*) вы́сший, ста́рший; (*of better quality*) высо́кого ка́чества; (*haughty*) высокоме́рный. **superiority** *n.* превосхо́дство. **superlative** *adj.* превосхо́дный; *n.* (*gram.*) превосхо́дная сте́пень. **superman** *n.* сверхчелове́к. **supermarket** *n.* универса́м. **supernatural** *adj.* сверхъесте́ственный (-ен, -енна). **supernumerary** *adj.* сверхшта́тный. **superpose** *v.t.* накла́дывать *imp.*, наложи́ть (-жу́-жишь) *perf.* **superpower** *n.* одна́ из наибо́лее мо́щных вели́ких держа́в. **superscription** *n.* на́дпись. **supersede** *v.t.* заменя́ть *imp.*, замени́ть (-ню́, -нишь) *perf.* **supersonic** *adj.* сверхзвуково́й. **superstition** *n.* суеве́рие. **superstitious** *adj.* суеве́рный. **superstructure** *n.* надстро́йка. **supervene** *v.i.* сле́довать *imp.*, по~ *perf.* **supervise** *v.t.* наблюда́ть *imp.* за+*instr.*, надзира́ть *imp.* за+*instr.* **supervision** *n.* надзо́р, наблюде́ние. **supervisor** *n.* надзира́тель *m.*, ~ница; надсмо́трщик, -ица; (*of studies*) нау́чный руководи́тель *m.*
supine *adj.* (*lying on back*) лежа́щий на́взничь; (*indolent*) лени́вый.
supper *n.* у́жин; *have s.*, у́жинать *imp.*, по~ *perf.*; *the Last S.*, та́йная ве́черя.
supplaht *v.t.* вытесня́ть *imp.*, вы́теснить *perf.*
supple *adj.* ги́бкий (-бок, -бка́, -бко).
suppleness *n.* ги́бкость.
supplement *n.* (*to book*) дополне́ние; (*to periodical*) приложе́ние; *v.t.* дополня́ть *imp.*, допо́лнить *perf.* **supplementary** *adj.* дополни́тельный.
suppliant *n.* проси́тель *m.*, ~ница.
supplier *n.* поставщи́к (-á) (*anim.* & *inanim.*). **supply** *n.* снабже́ние, поста́вка; (*stock*) запа́с; (*econ.*) предложе́ние; *pl.* припа́сы (-ов) *pl.*, (*provisions*) продово́льствие; *s. and demand*, спрос и предложе́ние; *s. line*, путь (-ти́, -тём) *m.* подво́за; *v.t.* снабжа́ть *imp.*, снабди́ть *perf.* (*with*, +*instr.*); поставля́ть *imp.*, поста́вить *perf.*
support *n.* подде́ржка, опо́ра; *v.t.*

suppose v.t. (think) полагáть imp.; (presuppose) предполагáть imp., предположи́ть (-жý, -жишь) perf.; (assume) допускáть imp., допусти́ть (-ущý, -ýстишь) perf. **supposed** adj. (pretended) мни́мый. **supposition** n. предположéние. **suppositious** adj. предположи́тельный.

suppress v.t. (uprising, feelings) подавля́ть imp., подави́ть (-влю́, -вишь) perf.; (laughter, tears) сдéрживать imp., сдержáть (-жý, -жишь) perf.; (forbid) запрещáть imp., запрети́ть (-ещý, -ети́шь) perf. **suppression** n. подавлéние; (prohibition) запрещéние.

supremacy n. госпóдство, главéнство. **supreme** adj. верхóвный, вы́сший; (greatest) величáйший; S. Soviet of the U.S.S.R., Верхóвный Совéт (СССР); S. Court, Верхóвный суд (-á).

surcharge n. приплáта, доплáта.

sure adj. (convinced) увéренный (-ен, -ена) (of, в+prep.; that, что); (unerring) увéренный (-ен, -енна); (certain, reliable) вéрный (-рен, -рнá, -рно, вéрны); (steady) твёрдый (твёрд, -á, -о); s. enough, действи́тельно, на сáмом дéле; he is s. to come, он обязáтельно придёт; make s. of, (convince oneself) убеждáться imp., убеди́ться (-ди́шься) perf. в+prep.; (secure) обеспéчивать imp., обеспéчить perf.; make s. that, (check up) проверя́ть imp., провéрить perf. что; for s., **surely** adv. наверняка́, навéрное.

surety n. порýка; поручи́тель m., ~ница; stand s. for, ручáться imp., поручи́ться (-чýсь, -чишься) perf. за + acc.

surf n. прибóй; v.i. занимáться (займýсь, -мёшься; занялся́, -лáсь) perf. сёрфингом.

surface n. повéрхность f.; (exterior) внéшность f.; on the s., (fig.) внéшне; under the s., (fig.) по существý; adj. повéрхностный; (exterior) внéшний; (ground) назéмный; v.i. всплывáть imp., всплы́ть (-ывý, -ывёшь; всплыл, -á, -о) perf.

surfeit n. (excess) изли́шество; (surplus) изли́шек (-шка); be surfeited, пресыщáться imp., пресы́титься (-ы́щусь, -ы́тишся) perf. (with, +instr.).

surge n. прили́в, (большáя) волнá (pl. -ы, во́лнáм); v.i. (be agitated, choppy) волновáться imp., вз~ perf.; (rise, heave) вздымáться imp.; (rush, gush) хлы́нуть perf.; s. forward, ри́нуться perf. вперёд.

surgeon n. хирýрг; (mil.) воéнный врач (-á). **surgery** n. (treatment) хирурги́я; (place) кабинéт, приёмная sb. (врачá); (s. hours) приёмные часы́ m.pl. (врачá). **surgical** adj. хирурги́ческий.

surly adj. (morose) угрю́мый; (rude) грýбый (груб, -á, -о).

surmise n. предположéние, догáдка; v.t. & i. предполагáть imp., предположи́ть (-жý, -жишь) perf.; v.i. догáдываться imp., догадáться perf.

surmount v.t. преодолевáть imp., преодолéть perf.

surname n. фами́лия.

surpass v.t. превосходи́ть (-ожý, -óдишь) imp., превзойти́ (-ойдý, -ойдёшь; -ошёл, -ошлá) perf. **surpassing** adj. превосхóдный.

surplus n. изли́шек (-шка), избы́ток (-тка); adj. изли́шний (-шен, -шня), избы́точный.

surprise n. удивлéние, неожи́данность, сюрпри́з; by s., враспло́х; to my s., к моемý удивлéнию; s. attack, внезáпное нападéние; v.t. удивля́ть imp., удиви́ть perf.; (come upon suddenly) заставáть (-таю́, -таёшь) imp., застáть (-áну, -áнешь) perf. враспло́х; be surprised (at), удивля́ться imp., удиви́ться perf. (+dat.). **surprising** adj. удиви́тельный, неожи́данный (-ан, -анна).

surreal adj. сюрреалисти́ческий. **surrealism** n. сюрреали́зм. **surrealist** n. сюрреали́ст; adj. сюрреалисти́ческий.

surrender n. сдáча; (renunciation) откáз

surreptitious

v.t. сдава́ть (сдаю́, сдаёшь) *imp.*, сдать (сдам, сдашь, сдаст, сдади́м; сдал, -а́, -о) *perf.*; (*renounce*) отка́зываться *imp.*, отказа́ться (-ажу́сь, -а́жешься) *perf.* от + *gen.*; *v.i.* сдава́ться (сдаю́сь, сдаёшься) *imp.*, сда́ться (сда́мся, сда́шься, сда́стся, сдади́мся; сда́лся, -ла́сь) *perf.*; *s. oneself to*, предава́ться (-даю́сь, -даёшься) *imp.*, преда́ться (-да́мся, -да́шься, -да́стся, -дади́мся; -да́лся, -ла́сь) *perf.* + *dat.*

surreptitious *adj.* та́йный, сде́ланный тайко́м. **surreptitiously** *adv.* та́йно, тайко́м, исподтишка́ (*coll.*).

surrogate *n.* (*person*) замести́тель *m.*, ~ница *f.*; (*thing*) замени́тель *m.*, суррога́т.

surround *n.* (*frame*) обрамле́ние; (*edge, selvage*) кро́мка; *v.t.* окружа́ть *imp.*, окружи́ть *perf.* (with, + *instr.*); обступа́ть *imp.*, обступи́ть (-пит) *perf.*; *s. with*, (*enclose*) обноси́ть (-ошу́, -о́сишь) *imp.*, обнести́ (-есу́, -есёшь; -ёс, -есла́) *perf.* + *instr.* **surrounding** *adj.* окружа́ющий, окре́стный. **surroundings** *n.* (*environs*) окре́стности *f.pl.*; (*milieu*) среда́, окруже́ние; (*locality*) ме́стность.

surveillance *n.* надзо́р, наблюде́ние.

survey *n.* обозре́ние, осмо́тр, обзо́р; (*investigation*) обсле́дование; (*geol.*) изыска́ние; (*topog.*) межева́ние; *v.t.* обозрева́ть *imp.*, обозре́ть (-рю́, -ри́шь) *perf.*; осма́тривать *imp.*, осмотре́ть (-рю́, -ришь) *perf.*; (*investigate*) обсле́довать *imp.*, *perf.*; (*topog.*) межева́ть (-жу́ю, -жу́ешь) *imp.* **surveyor** *n.* землеме́р.

survival *n.* (*surviving*) выжива́ние; (*relic*) пережи́ток (-тка). **survive** *v.t.* пережива́ть *imp.*, пережи́ть (-иву́, -ивёшь; пе́режи́л, -а́, -о) *perf.*; *v.i.* выжива́ть *imp.*, вы́жить (-иву, -ивешь) *perf.*; остава́ться (-аю́сь, -аёшься) *imp.*, оста́ться (-а́нусь, -а́нешься) *perf.* в живы́х. **survivor** *n.* оста́вшийся *sb.* в живы́х.

susceptibility *n.* восприи́мчивость; (*sensitivity*) чувстви́тельность. **susceptible** *adj.* восприи́мчивый (to, к + *dat.*); (*sensitive*) чувстви́тельный (to, к +

swallow

dat.); (*impressionable*) впечатли́тельный.

suspect *n.* подозрева́емый *sb.*; *adj.* подозри́тельный; *v.t.* подозрева́ть *imp.* (of, в + *prep.*); (*mistrust*) не доверя́ть *imp.* + *dat.*; (*foresee*) предчу́вствовать *imp.*; (*have reason to believe*) полага́ть *imp.* (that, что).

suspend *v.t.* (*hang up*) подве́шивать *imp.*, подве́сить *perf.*; (*call a halt to*) приостана́вливать *imp.*, приостанови́ть (-влю́, -вишь) *perf.*; (*repeal temporarily*) вре́менно отменя́ть *imp.*, отмени́ть (-ню́, -нишь) *perf.*; (*dismiss temporarily*) вре́менно отстраня́ть *imp.*, отстрани́ть *perf.*; *suspended sentence*, усло́вный пригово́р. **suspender** *n.* (*stocking*) подвя́зка. **suspense** *n.* (*uncertainty*) неизве́стность, неопределённость; (*anxiety*) беспоко́йство; *keep in s.*, держа́ть (-жу́, -жишь) *imp.* в напряжённом ожида́нии. **suspension** *n.* (*halt*) приостано́вка; (*temporary repeal*) вре́менная отме́на; (*temporary dismissal*) вре́менное отстране́ние; (*hanging up*) подве́шивание; (*tech.*) подве́с; *s. bridge*, вися́чий мост (мо́ста, *loc.* -у́; *pl.* -ы́).

suspicion *n.* подозре́ние; *on s.*, по подозре́нию (of, в + *loc.*); (*trace*) отте́нок (-нка). **suspicious** *adj.* подозри́тельный.

sustain *v.t.* (*support*) подде́рживать *imp.*, поддержа́ть (-жу́, -жишь) *perf.*; (*stand up to*) выде́рживать *imp.*, вы́держать (-жу, -жишь) *perf.*; (*suffer*) потерпе́ть (-плю́, -пишь) *perf.* **sustained** *adj.* (*uninterrupted*) непреры́вный. **sustenance** *n.* пи́ща, пита́ние.

swab *n.* шва́бра; (*med.*) тампо́н; (*smear, specimen*) мазо́к (-зка́); *v.t.* мыть (мо́ю, мо́ешь) *imp.*, вы́ ~, по ~ *perf.* шва́брой; *s. the decks*, (*naut.*) дра́ить (-а́ю, -а́ишь) *imp.*, на ~ *perf.* па́лубы.

swaddle *v.t.* пелена́ть *imp.*, за ~, с ~ *perf.* **swaddling-clothes** *n.* пелёнки (*gen.* -нок) *pl.*

swagger *v.i.* (*walk with s.*) расха́живать *imp.* с ва́жным ви́дом; (*put on airs*) ва́жничать *imp.*

swallow[1] *n.* глото́к (-тка́); *v.t.* глота́ть *imp.*, глотну́ть *perf.*; прогла́тывать

swallow *imp.*, проглоти́ть (-очу́, -о́тишь) *perf.*; s. *up*, поглоща́ть *imp.*, поглоти́ть (-ощу́, -о́тишь) *perf.*

swallow² *n.* (*bird*) ла́сточка.

swamp *n.* боло́то, топь; *v.t.* залива́ть *imp.*, зали́ть (-лью́, -льёшь; зали́л, -а́, -о) *perf.*; s. *with* (*letters etc.*) засыпа́ть *imp.*, засы́пать (-плю, -плешь) *perf.* + *instr.* **swampy** *adj.* боло́тистый, то́пкий (-пок, -пка́, -пко).

swan *n.* ле́бедь (*pl.* -ди, -де́й) *m.*; s.-song, лебеди́ная песнь.

swank *v.i.* хва́статься *imp.*, по~ *perf.* (about, + *instr.*); бахва́литься *imp.* (about, + *instr.*).

swap *n.* обме́н; *v.t.* меня́ть *imp.*, об~, по~ *perf.*; обме́нивать *imp.*, обменя́ть *perf.*; обменя́ться *perf.* + *instr.*

sward *n.* лужа́йка, дёрн.

swarm *n.* рой (ро́я, *loc.* рою́; *pl.* рои́, роёв), (*crowd*) толпа́ (*pl.* -пы); *v.i.* рои́ться (-и́тся) *imp.*; толпи́ться (-и́тся) *imp.*; кише́ть (-ши́т) *imp.* (with, + *instr.*).

swarthy *adj.* сму́глый (-л, -ла́, -ло).

swastika *n.* сва́стика.

swat *v.t.* прихло́пнуть *perf.*; убива́ть *imp.*, уби́ть (убью́, -ьёшь) *perf.*

swathe *n.* (*bandage*) бинт (-а́); (*puttee*) обмо́тка; *v.t.* (*bandage*) бинтова́ть *imp.*, за~ *perf.*; (*wrap up*) заку́тывать *imp.*, заку́тать *imp.*

sway *n.* колеба́ние, кача́ние; (*influence*) влия́ние; (*power*) власть; *v.t.* & *i.* колеба́ть(ся) (-блю́(сь), -блешь(ся)) *imp.*, по~ *perf.*; кача́ть(ся) *imp.*, качну́ть(ся) *perf.*; *v.t.* (*influence*) име́ть *imp.* влия́ние на + *acc.*

swear *v.i.* (*vow*) кля́сться (кляну́сь, -нёшься, кля́лся, -ла́сь) *imp.*, по~ *perf.*; (*curse*) руга́ться *imp.*, ругну́ться *perf.*; *v.t.*: s. *in*, приводи́ть (-ожу́, -о́дишь) *imp.* к прися́ге; *s.-word*, руга́тельство, бра́нное сло́во (*pl.* -ва́).

sweat *n.* пот (*loc.* -у́; *pl.* -ы́); (*perspiration*) испа́рина; *v.i.* поте́ть *imp.*, вс~ *perf.* **sweater** *n.* сви́тер. **sweaty** *adj.* по́тный (-тен, -тна́, -тно).

swede¹ *n.* брю́ква.

Swede² *n.* швед, шве́дка. **Swedish** *adj.* шве́дский.

sweep *n.* вымета́ние; (*span*) разма́х; (*scope*) охва́т; (*chimney-sweep*) трубочи́ст; *v.t.* мести́ (мету́, -тёшь; мёл, -а́) *imp.*; подмета́ть *imp.*, подмести́ (-ету́, -етёшь; подмёл, -ела́) *perf.*; (*mil.*) обстре́ливать *imp.*, обстреля́ть *perf.*; (*naut.*) тра́лить *imp.*, про~ *perf.*; (*drag*) тра́лить *imp.*, про~ *perf.*; *v.i.* (*go majestically*) ходи́ть (хожу́, хо́дишь) *indet.*, идти́ (иду́, идёшь; шёл, шла) *det.*, пойти́ (пойду́, -дёшь; пошёл, -шла́) *perf.* велича́во (*move swiftly*) мча́ться (мчусь, мчи́шься) *imp.*; s. *away*, смета́ть *imp.*, смести́ (смету́, -тёшь; смёл, -а́) *perf.*

sweeping *n.* подмета́ние; (*naut.*) трале́ние; *adj.* широ́кий (-к, -ка́, -о́ко); (*wholesale*) огу́льный. **sweepstake** *n.* тотализа́тор.

sweet *n.* (*sweetmeat*) конфе́та; (*dessert*) сла́дкое *sb.*; *adj.* сла́дкий (-док, -дка́, -дко); (*fragrant*) души́стый; (*dear*) ми́лый (мил, -а́, -о, ми́лы). **sweetbread** *n.* (*cul.*) сла́дкое мя́со. **sweeten** *v.t.* подсла́щивать *imp.*, подсласти́ть *perf.* **sweetheart** *n.* возлю́бленный, -нная *sb.* **sweetness** *n.* сла́дость. **sweet pea** *n.* души́стый горо́шек (-шка(у)) (*collect.*).

swell *v.i.* (*up*) опуха́ть *imp.*, опу́хнуть (-x) *perf.*; пу́хнуть (-x) *imp.*, вс~, о~ *perf.*; распуха́ть *imp.*, распу́хнуть (-x) *perf.*; (*a sail*) надува́ться *imp.*, наду́ться (-у́ется) *perf.*; (*a bud*) набуха́ть *imp.*, набу́хнуть (-нет, -x) *perf.*; (*increase*) увели́чиваться *imp.*, увели́читься *perf.*; (*sound*) нараста́ть *imp.*, нарасти́ (-тёт, наро́с, -ла́) *perf.*; *v.t.* (*a sail*) надува́ть (-у́ю, -у́ешь) *perf.*; (*increase*) увели́чивать *imp.*, увели́чить *perf.*; *n.* набу́хлость; (*naut.*) мёртвая зыбь (*pl.* -би, -бе́й). **swelling** *n.* о́пухоль; (*bud*) набуха́ние; (*increase*) увеличе́ние.

swelter *v.i.* томи́ться *imp.*, ис~ *perf.* от жары́. **sweltering** *adj.* зно́йный.

swerve *v.i.* отклоня́ться *imp.*, отклони́ться (-ню́сь, -нишься) *perf.*; (*sudden*) ре́зко свора́чивать *imp.*, свороти́ть (-очу́, -о́тишь) *perf.*, сверну́ть *perf.*, в сто́рону.

swift *n.* стриж (-á); *adj.* быстрый (быстр, -á, -о, быстры). **swiftness** *n.* быстротá.

swig *n.* глотóк (-ткá); *v.t.* потягивать *imp.* (*coll.*).

swill *n.* пóйло; *v.t.* (*rinse*) полоскáть (-ощý, -óщешь) *imp.*, вы-~ *perf.*; (*sluice*) обливáть *imp.*, облить (оболью, -льёшь; óбли́л, облилá, óбли́ло) *perf.*

swim *v.i.* плáвать *indet.*, плыть (плывý, -вёшь; плыл, -á, -о) *det.*; (*head*) кружиться (кружится) *imp.*; *v.t.* (*across*) переплывáть *imp.*, переплыть (-ывý, -ывёшь; переплыл, -á, -о) *perf.* + *acc.*, чéрез + *acc.*; *n.*: in the s., в гуще дéла. **swimmer** *n.* пловéц (-вцá), пловчиха. **swimming** *n.* плáвание. **swimming-pool** *n.* бассéйн для плáвания. **swim-suit** *n.* купáльный костюм.

swindle *v.t.* обмáнывать *imp.*, обманýть (-нý, -нешь) *perf.*; (*coll.*) надувáть *imp.*, надýть (-ýю, -ýешь) *perf.*; *n.* обмáн; надувáтельство (*coll.*) **swindler** *n.* плут (-á), ~óвка (*coll.*), мошéнник, -ица.

swine *n.* свинья́ (*pl.* -ньи, -нéй). **swineherd** *n.* свинопáс.

swing *v.i.* качáться *imp.*, качнýться *perf.*; колебáться (-блюсь, -блешься *imp.*, по-~ *perf.*; раскáчиваться *imp.*, раскачáться *perf.*; *v.t.* качáть *imp.*, качнýть *perf.* + *acc.*, *instr.*; (*arms*) размáхивать *imp.* + *instr.*; раскáчивать *imp.*, раскачáть *perf.*; *n.* качáние; (*stroke*) мах (-a(y)); (*seat*) качéли (-лей) *pl.*; in full s., в полном разгáре; s. bridge, разводнóй мост (*loc.* -ý; *pl.* -ы́). **swing-door** *n.* дверь (*loc.* -ри́; *pl.* -ри, -рéй, *instr.* -рьми́, -ря́ми) открывáющая в любýю стóрону.

swingeing *adj.* громáдный; (*forcible*) сильный (силён, -льнá, -льно, сильны́).

swinish *adj.* свинский (*coll.*). **swinishness** *n.* свинство.

swipe *n.* удáр сплечá; *v.t.* удáрять *imp.*, удáрить *perf.* сплечá.

swirl *v.i.* кружи́ть (-ужýсь, -ужи́шься *imp.*, вертéться (-рчýсь, -ртишься *imp.*; *v.t.* кружи́ть (-ужý, -ýжи́шь) *imp.*; *n.* кружéние; (*whirlpool*) водоворóт; (*whirlwind*) вихрь *m.*

swish *v.i.* (*cut the air*) рассекáть *imp.*, рассéчь (-секý, -сечёшь; -сёк, -лá,) *perf.* вóздух со свистом; *v.t.* (*brandish*) размáхивать *imp.* + *instr.*; *v.t.* & *i.* (*rustle*) шелестéть (-ти́шь) *imp.* (+ *instr.*); шуршáть (-ши́шь) *imp.* (+ *instr.*); *n.* (*of whip*) свист; (*of scythe*) взмах со свистом; (*rustle*) шéлест, шуршáние.

Swiss *n.* швейцáрец (-рца), -цáрка; *adj.* швейцáрский; s. roll, рулéт (с варéньем).

switch *n.* (*electr.*) выключáтель *m.*, переключáтель *m.*; (*rly.*) стрéлка; (*change*) изменéние; (*twig*) прут (прутá); *pl.* -тья, -тьев); (*whip*) хлыст (-á); *v.t.* (*whip*) удáрить *imp.*, удáрить *perf.* прутóм, хлыстóм; (*electr.*; *fig.*; *also s. over*) переключáть *imp.*, переключи́ть *perf.*; (*wave*) махáть (машý, мáшешь) *imp.*, махнýть *perf.* + *instr.*; (*change direction of conversation etc.*) направля́ть *imp.*, напрáвить (*разговóр*) в другýю стóрону; (*rly.*) переводи́ть (-ожý, -óдишь) *imp.*, перевести́ (-едý, -едёшь; -вёл, -á) *perf.* (*train*, поезд (*pl.* -á)) на другóй путь; s. off, выключáть *imp.*, выключить *perf.*; s. on, включáть *imp.*, включи́ть *perf.* **switchback** *n.* америкáнские гóры *f. pl.* **switchboard** *n.* коммутáтор, распредели́тельный щит.

swivel *v.t.* & *i.* вращáть(ся) *imp.*; *n.* вертлюг; s. chair, вращáющийся стул (*pl.* -ья, -ьев).

swollen *adj.* вздýтый. **swollen-headed** *adj.* чванли́вый.

swoon *n.* óбморок; *v.i.* пáдать *imp.*, упáсть (упадý, -дёшь; упáл) *perf.* в óбморок.

swoop *v.i.*: s. down, налетáть *imp.*, налетéть (-ечý, -ети́шь) *perf.* (on, на + *acc.*); *n.* налёт; at one fell s., одни́м удáром, одни́м мáхом.

sword *n.* меч (-á), шпáга. ~-**fish**, меч-ры́ба. **swordsman** *n.* (и́скусно) владéющий *sb.* холóдным оружием; (*fencer*) фехтовáльщик.

sworn *adj.* (*on oath*) под прися́гой; (*enemy*) закля́тый; (*friend*) закады́чный; (*brother*) назва́ный.

sybaritic *adj.* сибари́тский.

sycamore *n.* я́вор.

sycophancy *n.* лесть. **sycophant** *n.* льстец (-á). **sycophantic** *adj.* льсти́вый.

syllabic *adj.* слогово́й; (*lit.*) силлаби́ческий. **syllable** *n.* слог (*pl.* -и, -óв).

syllabus *n.* програ́мма.

symbiosis *n.* симбио́з.

symbol *n.* си́мвол, знак. **symbolic(al)** *adj.* символи́ческий. **symbolism** *n.* символи́зм. **symbolist** *n.* символи́ст. **symbolize** *v.t.* символизи́ровать *imp.*

symmetrical *adj.* симметри́ческий. **symmetry** *n.* симметри́я.

sympathetic *adj.* сочу́вственный (-ен, -енна); (*well-disposed*) благожела́тельный; (*physiol.*) симпати́ческий; (*likeable*) симпати́чный. **sympathize** *v.i.* сочу́вствовать *imp.* (with, + *dat.*). **sympathizer** *n.* (*supporter*) сторо́нник, -ица. **sympathy** *n.* сочу́вствие; (*condolence*) соболе́знование; (*favour, liking*) симпа́тия.

symphonic *adj.* симфони́ческий. **symphony** *n.* симфо́ния.

symposium *n.* симпо́зиум, совеща́ние.

symptom *n.* симпто́м, при́знак. **symptomatic** *adj.* симптомати́ческий.

synagogue *n.* синаго́га.

synchronism *n.* синхрони́зм. **synchronization** *n.* синхрониза́ция. **synchronize** *v.t.* синхронизи́ровать *imp.*, *perf.*; (*cinema*) совмеща́ть *imp.*, совмести́ть *perf.* (with, с + *instr.*).

syncopate *v.t.* (*mus.*) синкопи́ровать. **syncopation** *n.* синко́па.

syndicate *n.* синдика́т; *v.t.* синдици́ровать *imp.*, *perf.*

syndrome *n.* синдро́м.

synod *n.* сино́д, собо́р. **synodal** *adj.* синода́льный.

synonym *n.* сино́ним. **synonymous** *adj.* синоними́ческий.

synopsis *n.* конспе́кт. **synoptic(al)** *adj.* синопти́ческий.

syntactic(al) *adj.* синтакси́ческий. **syntax** *n.* си́нтаксис.

synthesis *n.* си́нтез. **synthesize** *v.t.* синтези́ровать *imp.*, *perf.* **synthetic(al)** *adj.* синтети́ческий. **synthetics** *n.* синте́тика.

syphilis *n.* си́филис.

Syrian *n.* сири́ец (-и́йца), сири́йка; *adj.* сири́йский.

syringe *n.* шприц, спринцо́вка; *v.t.* спринцева́ть *imp.*

syrup *n.* сиро́п, па́тока. **syrupy** *adj.* подо́бный сиро́пу.

system *n.* систе́ма; (*order*) строй; (*network*) сеть (*loc.* сети́; *pl.* -ти, -те́й); (*organism*) органи́зм. **systematic** *adj.* системати́ческий. **systematize** *v.t.* систематизи́ровать *imp.*, *perf.* **systemic** *adj.* относя́щийся к всему́ органи́зму.

T

T *n.*: **to a T**, то́чь-в-то́чь (*coll.*), как раз; **T-shirt**, те́нниска (*coll.*); **T-square**, рейсши́на.

tab *n.* (*loop*) пе́телька; (*on uniform*) петли́ца; (*of boot*) ушко́ (*pl.* -ки́, -ко́в); **keep tabs on**, следи́ть *imp.* за + *instr.*

tabby *n.* (*cat*) полоса́тая ко́шка; (*gossip*) зла́я спле́тница; (*cloth*) муа́р.

tabernacle *n.* (*Jewish hist.*) ски́ния; (*receptacle*) дарохрани́тельница.

table *n.* (*furniture, food*) стол (-á); (*company*) о́бщество за столо́м; (*list*) табли́ца; (*slab*) доска́ (*acc.* -ску́; *pl.* -ски, -со́к, -ска́м), плита́ (*pl.* -ты); **bedside-t.**, ту́мбочка; **t.-cloth**, ска́терть; **t. of contents**, оглавле́ние; **t.-spoon**, столо́вая ло́жка; **t. tennis**,

tableau настольный теннис; v.t. (for discussion) предлагать imp., предложить (-жу, -жишь) perf. на обсуждение.

tableau n. живая картина; (dramatic situation) драматическая ситуация.

tableland n. плоскогорье.

tablet n. (medicine) таблетка; (memorial t.) мемориальная доска (acc. -ску; pl. -ски, -сок, -скам); (name-plate) дощечка; (notebook) блокнот; (of soap) кусок (-ска).

tabloid n. (newspaper) малоформатная газета; (popular newspaper) бульварная газета; in t. form, сжато.

taboo n. табу neut.indecl., запрещение; adj. (prohibited) запрещённый (-ён, -ена); (consecrated) священный (-ён, -енна); v.t. налагать imp., наложить (-жу, -жишь) perf. табу на + acc.

tabular adj. табличный; (flat) плоский (-сок, -ска -ско); (geol.) слоистый, пластинчатый. **tabulate** v.t. располагать imp., расположить (-жу, -жишь) perf. в виде таблиц. **tabulator** n. (on typewriter) табулятор; (person) составитель m. таблиц.

tacit adj. (silent; implied) молчаливый; (implied) подразумеваемый. **taciturn** adj. молчаливый, неразговорчивый.

taciturnity n. молчаливость, неразговорчивость.

tack[1] n. (nail) гвоздик; (stitch) намётка; (naut.) галс; (fig.) курс; v.t. (fasten) прикреплять imp., прикрепить perf. гвоздиками; (stitch) смётывать imp., сметать perf. на живую нитку; (fig.) добавлять imp., добавить perf. ((on)to, + dat.); v.i. (naut.; fig.) лавировать imp.

tack[2] n. (for riding) сбруя (collect.).

tackle n. (requisites) снасть (collect.), принадлежности f.pl.; (equipment) оборудование; (naut.) такелаж; (block and t.) тали (-лей) pl.; (tech., t.-block) полиспаст; (sport) блокировка; v.t. (try to overcome) пытаться imp., по~ perf. преодолеть, (get down to) браться (берусь, -рёшься) imp., взяться (возьмусь, -мёшься; взялся, -лась) perf. за + acc.; (work on) заниматься imp., заняться (займусь, -мёшься; занялся -лась) perf. + instr.

(sport) (intercept) перехватывать imp., перехватить (-ачу, -атишь) perf.; блокировать imp., perf.; (secure back from) отнимать imp., отнять (отниму, -мешь; отнял, -á, -o) perf. мяч у + gen.

tacky adj. липкий (-пок, -пка, -пко), клейкий.

tact n. такт(ичность). **tactful** adj. тактичный.

tactical adj. тактический; (artful) ловкий (-вок, -вка, -вко, ловки). **tactician** n. тактик. **tactics** n. тактика.

tactile adj. осязательный; (tangible) осязаемый.

tactless adj. бестактный.

tadpole n. головастик.

taffeta n. тафта; attrib. тафтяной.

taffrail n. гакаборт.

tag n. (label) ярлык (-а), этикетка, бирка; (of lace) наконечник; (of boot) ушко (pl. -ки, -ков); (quotation) избитая цитата; v.t. (label) прикреплять imp., прикрепить perf. ярлык на + acc.; v.i.: t. along, (follow) следовать imp., по~ perf. по пятам (after, за + instr.); may I t. along? можно с вами?

tail n. (of animal, aircraft, kite, procession, etc.) хвост; (of shirt) нижний конец (-нца); (of hair, of letter; (mus.) of note) хвостик; (of coat) фалда; (of coin) обратная сторона (acc. -ону) монеты; heads or tails? орёл или решка? pl. (coat) фрак; t.-board, (of cart) откидная доска (acc. -ску; pl. -ски, -сок, -скам); (of lorry) откидной борт (loc. -у; pl. -á); t.-lamp, -light, задний фонарь (-ря) m.; t.-spin, штопор; t. wind, попутный ветер (-тра); v.t. (fruit etc.) остригать imp., остричь (-игу, -ижёшь; -иг) perf. хвостики + gen.; (shadow) выслеживать imp.; v.i.: t. away, off, постепенно уменьшаться imp.; (disappear) исчезать imp.; (grow silent, abate) затихать imp. **tailcoat** n. фрак.

tailor n. портной sb.; v.t. шить (шью, шьёшь) imp., сшить (сошью, -ьёшь) perf.; v.i. портняжничать imp. (coll.); t.-made, сшитый, изготовленный на

tailpiece 353 **taking**

зака́з; (*fig.*) приспосо́бленный. **tailoring** *n.* портня́жное де́ло.

tailpiece *n.* (*typ.*) концо́вка; (*appendage*) за́дний коне́ц (-нца́).

taint *n.* пятно́ (*pl.* -тна, -тен, -тнам), поро́к; (*trace*) налёт; (*infection*) зара́за; *v.t. & i.* (*spoil*) по́ртить(ся) *imp.*, ис~ *perf.*; (*infect*) заража́ть(ся) *imp.*, зарази́ть(ся) *perf.* (-ен). **tainted** *adj.* испо́рченный.

take *v.t.* (*var. senses*) брать (беру́, -рёшь; брал, -а́, -о) *imp.*, взять (возьму́, -мёшь; взял, -а́, -о) *perf.*; (*also seize, capture*) захва́тывать *imp.*, захвати́ть (-ачу́, -а́тишь) *perf.*; (*receive, accept*) принима́ть *imp.*, приня́ть (приму́, -мешь; при́нял, -а́, -о) *perf. t. breakfast; t. medicine;* (*t. steps*) принима́ть *imp.*, приня́ть (приму́, -мешь; при́нял, -а́, -о) *perf.*; (*convey, escort*) провожа́ть *imp.*, проводи́ть (-ожу́, -о́дишь) *perf.*; (*public transport*) е́здить *indet.*, е́хать (е́ду, е́дешь) *det.*, по~ *perf.* + *instr.*, на + *prep.*; (*photograph*) снима́ть *imp.*, снять (сниму́, -мешь; снял, -а́, -о) *perf.*; (*occupy, t. time*) занима́ть *imp.*, заня́ть (займу́, -мёшь; за́нял, -а́, -о) *perf.*; (*impers.*) how long does it take? ско́лько вре́мени ну́жно? (*size in clothing*) носи́ть (ношу́, но́сишь) *imp.*; (*exam*) сдава́ть (-аю́, -аёшь) *imp.*; (*courage, heart*) мужа́ться *imp.*; *t. cover*, пря́таться (-я́чусь, -я́чешься *imp.*, с~ *perf.*; *t. to heart*, принима́ть *imp.*, приня́ть (приму́, -мешь; при́нял, -а́, -о) *perf.* бли́зко к се́рдцу; *t. a liking to*, полюби́ть(ся) (-блю́сь, -бишься) *perf. impers.* + *dat.* (*coll.*); *t. a turning*, свора́чивать *imp.*, сверну́ть (-ну́, -нёшь) *perf.* на у́лицу (*street*), доро́гу (*road*); *v.i.* (*be successful*) име́ть *imp.* успе́х; (*of injection*) привива́ться (-вётся; -ви́лся, -вила́сь) *perf.*; *t. after*, походи́ть (-ожу́, -о́дишь) *imp.* на + *acc.*; *t. away*, (*remove*) убира́ть *imp.*, убра́ть (уберу́, -рёшь; убра́л, -а́, -о) *perf.*; (*subtract*) вычита́ть *imp.*, вы́честь (-чту, -чтешь; -ел, -чла) *perf.*; *t.-away*, магази́н, где продаю́т на вы́нос; *t. back*, брать (беру́, -рёшь; брал, -а́, -о) *imp.*, взять (возьму́, -мёшь; взял, -а́, -о) *perf.* обра́тно, наза́д; *t. down* (*in writing*) запи́сывать *imp.*, записа́ть (-ишу́, -и́шешь) *perf.*; *t. s.b., s.th. for, to be*, принима́ть *imp.*, приня́ть (приму́, -мешь; при́нял, -а́, -о) *perf.* за + *acc.*; счита́ть, *perf.* (сочту́, -тёшь; счёл, сочла́) *perf.* + *instr.*, за + *instr.*; *t. from*, отнима́ть *imp.*, отня́ть (отниму́, -мешь; о́тнял, -а́, -о) *perf.* у, от + *gen.*; *t. in*, (*clothing*) ушива́ть *imp.*, уши́ть (ушью́, -ьёшь) *perf.*; (*understand*) понима́ть *imp.*, поня́ть (пойму́, -мёшь; по́нял, -а́, -о) *perf.*; (*deceive*) обма́нывать *imp.*, обману́ть (-ну́, -нешь) *perf.*; *t. off*, (*clothing*) снима́ть *imp.*, снять (сниму́, -мешь; снял, -а́, -о) *perf.*; (*mimic*) передра́знивать *imp.*, передразни́ть (-ню́, -нишь) *perf.*; (*aeroplane*) взлета́ть *imp.*, взлете́ть (-ечу́, -ети́шь) *perf. t.-off,* (*imitation*) подража́ние, карикату́ра; (*aeron.*) взлёт. *t. on*, (*undertake*) брать (беру́, -рёшь; брал, -а́, -о) *imp.*, взять (возьму́, -мёшь; взял, -а́, -о) *perf.* на себя́; (*at game*) сража́ться *imp.*, срази́ться *perf.* c + *instr.* (at, в + *acc.*); *t. out*, вынима́ть *imp.*, вы́нуть *perf.*; (*dog*) выводи́ть (-ожу́, -о́дишь) *imp.*, вы́вести (-еду, -едешь; -ел) *perf.* (for a walk, на прогу́лку); (*person*) води́ть (вожу́, во́дишь) *indet.*, вести́ (веду́, -дёшь; вёл, -а́) *det.*, по~ *perf.*; (*to theatre, restaurant etc.*) приглаша́ть *imp.*, пригласи́ть *perf.* (to, в + *acc.*); we took them out every night, мы приглаша́ли их куда́-нибудь ка́ждый ве́чер; *t. over*, принима́ть *imp.*, приня́ть (приму́, -мешь; при́нял, -а́, -о) *perf.*; завладева́ть *imp.*, завладе́ть *perf.* + *instr.*; *t. to*, (*thing*) пристрасти́ться *perf.* к + *dat.*; (*person*) привя́зываться *imp.*, привяза́ться (-яжу́сь, -я́жешься) *perf.* к + *dat.*; *t. up*, (*enter upon*) бра́ться (беру́сь, -рёшься) *imp.*, взя́ться (возьму́сь, -мёшься; взя́лся, -ла́сь) *perf.* за + *acc.*; (*challenge*) принима́ть *imp.*, приня́ть (приму́, -мешь; при́нял, -а́, -о) *perf.*; (*time*) занима́ть *imp.*, заня́ть (займу́, -мёшь; за́нял, -а́, -о) *perf.*; *n.* (*fishing*) уло́в; (*hunting*) добы́ча; (*cin.*) дубль *m.*, кинока́др.

taking *adj.* привлека́тельный.

takings *n.* сбор, барыши́ *m.pl.*
talc(um), t. powder *n.* тальк.
tale *n.* расска́з, ска́зка; (*gossip*) спле́тня (*gen.pl.* -тен); (*coll., lie*) вы́думка.
talent *n.* тала́нт. **talented** *adj.* тала́нтливый.
talisman *n.* талисма́н.
talk *v.i.* разгова́ривать *imp.* (to, with, c+*instr.*); (*gossip*) спле́тничать *imp.*, на~ *perf.*; *v.i. & t.* говори́ть *imp.*, по~ *perf.*; t. down to, говори́ть *imp.* свысока́ с+*instr.*; t. into, угова́ривать *imp.*, уговори́ть *perf.*+*inf.*; t. over, (*discuss*) обсужда́ть *imp.*, обсуди́ть (-ужу́, -у́дишь) *perf.*; t. round, (*persuade*) переубежда́ть *imp.*, переубеди́ть *perf.*; (*discuss, reaching no conclusion*) говори́ть *imp.*, по~ *perf.* o+*prep.* простра́нно, не каса́ясь существа́ де́ла; t. to, (*reprimand*) выгова́ривать *imp.*+*dat.*; (*conversation*) разгово́р, бесе́да; (*chatter, gossip*) болтовня́ (*coll.*); (*lecture*) бесе́да; *pl.* перегово́ры (-ов) *pl.* **talkative** *adj.* болтли́вый, разгово́рчивый. **talker** *n.* говоря́щий *sb.*; (*chatterer*) болту́н (-а́) (*coll.*); (*orator*) ора́тор. **talking-to** *n.* (*coll.*) вы́говор.
tall *adj.* высо́кий (-о́к, -ока́, -о́ко); (*in measurements*) высото́й, ро́стом в+*acc.* **tallboy** *n.* высо́кий комо́д.
tallow *n.* са́ло. **tallowy** *adj.* са́льный.
tally *n.* (*score*) счёт (-а(у)); (*label*) би́рка, ярлы́к (-а́); (*duplicate*) ко́пия, дуплика́т; *v.i.* соотве́тствовать (with, +*dat.*); *v.t.* подсчи́тывать *imp.*, подсчита́ть *perf.*
tally-ho *interj.* ату́!
talon *n.* ко́готь (-гтя; *pl.* -гти, -гте́й) *m.*
tamarisk *n.* тамари́ск.
tambourine *n.* бу́бен (-бна), тамбури́н.
tame *adj.* ручно́й, приручённый (-ён, -ена́); (*submissive*) поко́рный; (*insipid*) ску́чный (-чен, -чна́, -чно); *v.t.* прируча́ть *imp.*, приручи́ть *perf.*; (*also curb*) укроща́ть *imp.*, укроти́ть (-ощу́, -оти́шь) *perf.* **tameable** *adj.* укроти́мый. **tamer** *n.* укроти́тель *m.*; (*trainer*) дрессиро́вщик; (*fig.*) усмири́тель *m.*
tamp *v.t.* (*road etc.*) трамбова́ть *imp.*, у~ *perf.*; (*pack full*) набива́ть *imp.*,

наби́ть (-бью́, -бьёшь) *perf.*
tamper *v.i.*: t. with, (*meddle*) вме́шиваться *imp.*, вмеша́ться *perf.* в+*acc.*; (*touch*) тро́гать *imp.*, тро́нуть *perf.*; (*forge*) подде́лывать *imp.*, подде́лать *perf.*
tampon *n.* тампо́н.
tan *n.* (*sun-t.*) зага́р; (*bark*) толчёная дубо́вая кора́; *adj.* желтова́то-кори́чневый; *v.t.* (*of sun*) обжига́ть *imp.*, обже́чь (обожжёт; обжёг, обожгла́) *perf.*; (*hide*) дуби́ть *imp.*, вы́~ *perf.*; (*beat*) (*coll.*) дуба́сить *imp.*, от~ *perf.*; *v.i.* загора́ть *imp.*, загоре́ть (-рю́, -ри́шь) *perf.*
tandem *n.* (*bicycle*) танде́м; (*horses*) упря́жка цу́гом; in t., (*horses*) цу́гом; (*single file*) гусько́м.
tang *n.* (*taste*) ре́зкий при́вкус; (*smell*) о́стрый за́пах; (*tech.*) хвостови́к; (*characteristic feature*) хара́ктерная черта́.
tangent *n.* (*math.*) каса́тельная *sb.*; (*trigon.*) та́нгенс; go off at a t., (*in conversation etc.*) отклоня́ться *imp.*, отклони́ться (-ню́сь, -ни́шься) *perf.* от те́мы. **tangential** *adj.* (*diverging*) отклоня́ющийся.
tangerine *n.* мандари́н.
tangible *adj.* осяза́емый.
tangle *v.t. & i.* запу́тывать(ся) *imp.*, запу́тать(ся) *perf.*; *n.* пу́таница.
tango *n.* та́нго *neut.indecl.*
tangy *adj.* о́стрый (остр & остёр, остра́, о́стро); ре́зкий (-зок, -зка́, -зко).
tank *n.* цисте́рна, бак; (*reservoir*) водоём; (*mil.*) танк; *attrib.* та́нковый; t.-engine, танк-парово́з.
tankard *n.* кру́жка.
tanker *n.* (*sea*) та́нкер; (*road*) автоцисте́рна.
tanner *n.* дуби́льщик. **tannery** *n.* коже́венный заво́д. **tannin** *n.* тани́н. **tanning** *n.* дубле́ние.
tantalize *v.t.* дразни́ть (-ню́, -нишь) *imp.* по́лными наде́ждами; му́чить *imp.*, за~, из~ *perf.*
tantamount *predic.* равноси́лен (-льна, -льно, -льны) (to, +*dat.*).
tantrum *n.* вспы́шка гне́ва, при́ступ раздраже́ния.

tap¹ *n.* (*water etc.*) кран; on t., распи́вочно; *v.t.* (*open*) открыва́ть *imp.*, откры́ть (-ро́ю, -ро́ешь) *perf.*; (*pour out*) налива́ть *imp.*, нали́ть (-лью́, -льёшь) *perf.*; (*med.*) выка́чивать *imp.*, вы́качать *perf.*; (*draw sap from*) подса́чивать *imp.*, подсочи́ть *perf.*; (*telephone conversation*) подслу́шивать *imp.*; *t.* telegraph wires, перехва́тывать *imp.*, перехвати́ть (-ачу́, -а́тишь) *perf.* телегра́фное сообще́ние; (*make use of*) испо́льзовать *imp.*, *perf.*

tap² *n.* (*knock*) лёгкий стук; *v.t.* стуча́ть (-чу́, -чи́шь) *perf.*, по~ *perf.* в + *acc.*, по + *dat.*; *t.*-dance, (*v.i.*) отбива́ть *imp.*, отби́ть (отобью́, -ьёшь) *perf.* чечётку; (*n.*) чечётка; *t.*-dancer, чечёточник, -ица.

tape *n.* (*cotton strip*) тесьма́; (*adhesive, magnetic, measuring, etc.*) ле́нта; (*sport*) ле́нточка; *t.*-measure, руле́тка; *t.*-recorder, магнитофо́н; *t.*-recording, за́пись; *v.t.* (*seal*) закле́ивать *imp.*, закле́ить *perf.*; (*record*) запи́сывать *imp.*, записа́ть (-ишу́, -и́шешь) *perf.* на ле́нту.

taper *n.* (*slender candle*) то́нкая свеча́; (*wick*) вощёный фити́ль (-ля́) *m.*; *v.t.* & *i.* су́живать(ся) *imp.*, су́зить(ся) *perf.* к концу́. **tapering** *adj.* су́живающийся к одному́ концу́.

tapestry *n.* гобеле́н.

tapeworm *n.* ле́нточный глист (-а́).

tapioca *n.* тапио́ка.

tapir *n.* тапи́р.

tappet *n.* толка́тель *m.*

tar *n.* дёготь (-гтя/-гтю) *m.*; (*pitch*) смола́; (*tarmac*) гудро́н; *v.t.* ма́зать (ма́жу, -жешь) *imp.*, вы́~, по~ *perf.* дёгтем; смоли́ть *imp.*, вы́~, о~ *perf.*; гудрони́ровать *imp.*, *perf.*

tarantella *n.* таранте́лла.

tarantula *n.* таранту́л.

tardiness *n.* (*slowness*) медли́тельность; (*lateness*) опозда́ние. **tardy** *adj.* (*slow*) медли́тельный; (*late*) по́здний, запозда́лый.

tare¹ *n.* (*vetch*) ви́ка; *pl.* (*Bibl.*) пле́велы *m.pl.*

tare² *n.* (*comm.*) та́ра; (*allowance*) ски́дка на та́ру.

target *n.* мише́нь, цель.

tariff *n.* тари́ф; (*price-list*) прейскура́нт; *v.t.* тарифици́ровать *imp.*, *perf.*

tarmac *n.* (*material*) гудро́н; (*road*) гудрони́рованное шоссе́ *neut.indecl.*; (*runway*) бетони́рованная площа́дка; *v.t.* гудрони́ровать *imp.*, *perf.*

tarn *n.* го́рное озерко́ (*pl.* -ки́, -ко́в).

tarnish *v.t.* де́лать *imp.*, с~ *perf.* ту́склым; (*discredit*) поро́чить *imp.*, о~ *perf.*; *v.i.* тускне́ть *imp.*, по~ *perf.*; *n.* (*dullness*) ту́склость; (*blemish*) пятно́ (*pl.* -тна, -тен, -тнам). **tarnished** *adj.* ту́склый (-л, -ла́, -ло).

tarpaulin *n.* брезе́нт.

tarragon *n.* эстраго́н.

tarry¹ *adj.* покры́тый дёгтем.

tarry² *v.i.* ме́длить *imp.*

tarsus *n.* предплю́сна (*pl.* -сны, -сен).

tart¹ *adj.* (*taste*) ки́слый (-сел, -сла́, -сло), те́рпкий (-пок, -пка́, -пко); (*biting*) ко́лкий (-лок, -лка́, -лко). **tartness** *n.* кислота́; ко́лкость.

tart² *n.* (*pie*) сла́дкий пиро́г (-а́).

tart³ *n.* (*girl*) шлю́ха.

tartan *n.* шотла́ндка.

tartar *n.* ви́нный ка́мень (-мня) *m.*

Tartar *n.* тата́рин (*pl.* -ры, -р), -рка; to catch a T., встреча́ть *imp.*, встре́тить *perf.* проти́вника не по си́лам.

task *n.* зада́ча, зада́ние; take to t., де́лать *imp.*, с~ *perf.* вы́говор + *dat.*, отчи́тывать *imp.*, отчита́ть *perf.* (*coll.*); *t.*-force, операти́вная гру́ппа.

taskmaster *n.* эксплуата́тор.

tassel *n.* ки́сточка, кисть (*pl.* -ти, -те́й).

taste *n.* (*also fig.*) вкус; (*liking*) скло́нность (for, к + *dat.*); (*sample*) про́ба; (*small piece*) ма́ленький кусо́к (-ска́); (*sip*) ма́ленький глото́к (-тка́); *t.*-bud, вкусова́я лу́ковица; *v.t.* чу́вствовать *imp.*, по~ *perf.* вкус + *gen.*; (*sample*) про́бовать *imp.*, по~ *perf.*; (*fig.*) вкуша́ть *imp.*, вкуси́ть (-ушу́, -у́сишь) *perf.*; (*wine etc.*) дегусти́ровать *imp.*, *perf.*; *v.i.* име́ть вкус, при́вкус (of, + *gen.*). **tasteful** *adj.* (сде́ланный) со вку́сом. **tasteless** *adj.* безвку́сный. **tasting** *n.* дегуста́ция. **tasty** *adj.* вку́сный (-сен, -сна́, -сно)

tatter n. (shred) лоску́т (-á); pl. лохмо́тья (-ьев) pl. **tattered** adj. обо́рванный; в лохмо́тьях.

tattle n. (chatter) болтовня́; (gossip) спле́тни (-тен) pl.; v.i. (chatter) болта́ть imp.; (gossip) спле́тничать imp., на~ perf.

tattoo[1] n. (mil.) (in evening) сигна́л вече́рней зари́; (ceremonial) торже́ственная заря́; to beat the t., бить (бьёшь) imp., по~ perf. зо́рю; v.i. бараба́нить imp. па́льцами.

tattoo[2] n. (design) татуиро́вка; v.t. татуи́ровать imp., perf.

taunt n. насме́шка, ко́лкость; v.t. насмеха́ться imp. над + instr. **taunting** adj. насме́шливый.

Taurus n. Теле́ц (-льца́).

taut adj. ту́го натя́нутый, туго́й (туг, -а́, -о); (nerves) взви́нченный. **tauten** v.t. & i. ту́го натя́гивать(ся) imp., натяну́ть(ся) (-ну́(сь), -нешь(ся)) perf. **tautness** n. натяже́ние.

tautological adj. тавтологи́ческий. **tautology** n. тавтоло́гия.

tavern n. таве́рна.

tawdriness n. мишура́. **tawdry** adj. мишу́рный; (showy) показно́й.

tawny adj. рыжева́то-кори́чневый; t. owl, нея́сыть.

tax n. нало́г; (strain) напряже́ние; direct (indirect) taxes, прямы́е (ко́свенные) нало́ги; t.-collector, сбо́рщик нало́гов; t.-dodger, неплате́льщик; t.-free, освобождённый (-ён, -ена́) от нало́га; v.t. облага́ть imp., обложи́ть (-жу́, -жишь) perf. нало́гом; (strain) напряга́ть imp., напря́чь (-ягу́, -яжешь; напря́г, -ла́) perf.; (tire) утомля́ть imp., утоми́ть perf.; (patience) испы́тывать imp., испыта́ть perf.; (charge) обвиня́ть imp., обвини́ть perf. (with, в + prep.). **taxable** adj. подлежа́щий обложе́нию нало́гом. **taxation** n. обложе́ние нало́гом. **taxpayer** n. налогоплате́льщик.

taxi n. такси́ neut.indecl.; t.-driver, води́тель m. такси́; t. rank, стоя́нка такси́; v.i. (aeron.) рули́ть imp.

taxidermist n. наби́вщик чу́чел. **taxidermy** n. наби́вка чу́чел.

taximeter n. таксо́метр.

tea n. чай (ча́ю(ю); pl. чаи́); attrib. ча́йный; t.-bag, паке́тик с сухи́м ча́ем; t.-caddy, ча́йница; t.-cloth, t.-towel, полоте́нце для посу́ды; t.-cosy, стёганый чехо́льчик (для ча́йника); t.-cup, ча́йная ча́шка; t.-leaf, ча́йный лист (-а́; pl. -ья, -ьев); t.-pot, ча́йник; t.-spoon, ча́йная ло́жка; t.-strainer, ча́йное си́течко.

teach v.t. учи́ть (учу́, у́чишь) imp., на~ perf. (person, + acc.; subject, + dat., inf.); обуча́ть imp., обучи́ть (-чу́, -чишь) perf. (person, + acc.; subject, + dat., inf.); преподава́ть (-даю́, -даёшь) imp. (subject, + acc.); (coll.) проу́чивать imp., проучи́ть (-чу́, -чишь) perf. **teacher** n. учи́тель (pl. -ля́ & (fig.) -ли) m., ~ница; преподава́тель m., ~ница; t.-training college, педагоги́ческий институ́т. **teaching** n. (instruction) обуче́ние; (doctrine) уче́ние.

teak n. тик; attrib. ти́ковый.

teal n. чиро́к (-рка́).

team n. (sport) кома́нда; (of people) брига́да, гру́ппа; (of horses etc.) упря́жка; t.-mate, (sport) игро́к (-á) той же кома́нды; (at work) това́рищ по рабо́те, член той же брига́ды; t.-work, брига́дная, совме́стная рабо́та; (co-operation) взаимоде́йствие, сотру́дничество; v.i. (t. up) объединя́ться imp., объедини́ться perf. в кома́нду etc.; v.t. запряга́ть imp., запря́чь (-ягу́, -яжешь; -я́г, -ягла́) perf. в упря́жку.

tear[1] n. (rent) прореха; (hole) дыра́ (pl. -ры); (cut) разре́з; v.t. рвать (рву, рвёшь; рвал, -а́, -о) imp.; (also t. to pieces) разрыва́ть imp., разорва́ть (-ву́, -вёшь; -вал, -вала́, -вало) perf.; v.i. рва́ться (рвётся; рва́лся, -ала́сь, -а́лось) imp.; разрыва́ться imp., разорва́ться (-вётся; -ва́лся, -вала́сь, -ва́лось) perf.; (rush) мча́ться (мчусь, мчи́шься) imp.; t. down, off, срыва́ть imp., сорва́ть (-ву́, -вёшь; сорва́л, -á, -o) perf.; t. away, off, отрыва́ть imp., оторва́ть (-ву́, -вёшь) perf., оторва́л, -á, -o) perf.; t. out, вырыва́ть imp., вы́рвать (-ву, -вешь) perf.; t. up, изрыва́ть imp., изорва́ть (-ву́, -вёшь; -ва́л, -вала́, -ва́ло) perf.

tear² n. (t.-drop) слеза́ (pl. -ёзы, -ёз, -еза́м); t.-gas, слезоточи́вый газ (-a(y)). **tearful** adj. (sad) печа́льный.

tease v.t. дразни́ть (-ню́, -нишь) imp.; (wool) чеса́ть (чешу́, -шешь) imp.; (cloth) ворсова́ть imp., на~ perf.

teaser n. (puzzle) головоло́мка.

teasel, teazle n. (plant) ворся́нка; (device) ворси́льная ши́шка.

teat n. сосо́к (-ска́).

technical adj. техни́ческий; (specialist) специа́льный; (formal) форма́льный; t. college, техни́ческое учи́лище. **technicality** n. техни́ческая сторона́ (acc. -ону; pl. -оны, -о́н, -она́м); форма́льность. **technician** n. те́хник. **technique** n. те́хника; (method) ме́тод. **technology** n. техноло́гия, те́хника. **technological** adj. технологи́ческий. **technologist** n. техно́лог.

teddy-bear n. медвежо́нок (-жо́нка; pl. -жа́та; -жа́т).

tedious adj. ску́чный (-чен, -чна́, -чно), утоми́тельный. **tedium** n. ску́ка, утоми́тельность.

teem¹ v.i. (abound in, be abundant) кише́ть (-ши́т) imp. (with, +instr.); (abound in) изоби́ловать imp. (with, +instr.).

teem² v.i.: it is teeming, дождь льёт как из ведра́.

teenage adj. ю́ношеский. **teenager** n. подро́сток (-тка). **teens** n. во́зраст от трина́дцати до девятна́дцати лет.

teeter v.i. кача́ться imp., качну́ться perf.; пошатну́ться imp.

teethe v.i.: the child is teething, у ребёнка прорезаются зу́бы. **teething** n. прорезывание зубов; t. ring, де́тское зубно́е кольцо́; t. troubles, (fig.) нача́льные пробле́мы.

teetotal adj. тре́звый (-в, -ва́, -во). **teetotalism** n. тре́звенность. **teetotaller** n. тре́звенник.

tele- in comb. **telecommunication(s)** n. да́льняя связь. **telegram** n. телегра́мма. **telegraph** n. телегра́ф; attrib. телегра́фный; v.t. телеграфи́ровать imp., perf.; t.-pole, телегра́фный столб (-á). **telegraphese** n. телегра́фный стиль m. **telegraphic** adj. телегра́фный. **telegraphist** n. телеграфи́ст. **telegraphy** n. телегра́фия. **telemeter** n. телеме́тр. **telemetry** n. телеметри́я. **telepathic** adj. телепати́ческий. **telepathy** n. телепа́тия. **telephone** n. телефо́н; attrib. телефо́нный; v.t. (message) телефони́ровать imp., perf. +acc., o+prep.; (person) звони́ть imp., по~ perf. (по телефо́ну) +dat.; t. box, телефо́нная бу́дка; t. directory, телефо́нная кни́га; t. exchange, телефо́нная ста́нция; t. number, но́мер (pl. -á) телефо́на. **telephonic** adj. телефо́нный. **telephonist** n. телефони́ст, ~a. **telephony** n. телефо́ния. **telephoto lens** n. телеобъекти́в. **telephotography** n. телефотогра́фия. **teleprinter** n. телета́йп. **telescope** n. телеско́п; v.t. & i. телескопи́чески скла́дывать(ся) imp., сложи́ть(ся) (сложу́, сло́жишь) perf. **telescopic** adj. телескопи́ческий. **televise** v.t. пока́зывать imp., показа́ть (-ажу́, -а́жешь) perf. по телеви́дению; передава́ть (-даю́, -даёшь) imp., переда́ть (-а́м, -а́шь, -а́ст, -ади́м; пе́редал, -а́, -о) perf. по телеви́дению. **television** n. телеви́дение; (set) телеви́зор; attrib. телевизио́нный. **telex** n. те́лекс.

tell v.t. (relate) расска́зывать imp., рассказа́ть (-ажу́, -а́жешь) perf. (thing told, +acc.; person told, +dat.); (utter, inform) говори́ть imp., сказа́ть (скажу́, -жешь) perf. (thing uttered, +acc.; thing informed about, o+prep.; person informed, +dat.); (order) веле́ть (-лю́, -ли́шь) imp., perf. +dat.; t. one thing from another, отлича́ть imp., отличи́ть perf. +acc. от +gen.; v.i. (have an effect) ска́зываться imp., сказа́ться (скажу́сь, -жешься) perf. (on, на+prep.); all told, итого́; t. fortunes, гада́ть imp. по~ perf.; t. off, (select) отбира́ть imp., отобра́ть (отберу́, -рёшь; отобра́л, -а́, -о) perf.; (rebuke) отде́лывать imp., отде́лать perf.; t. on, t. tales about, я́бедничать imp., на~perf. на+acc. **teller** n. (of story) расска́зчик, -ица; (of votes) счётчик голосо́в; (in bank) касси́р, ~ша. **telling**

temerity *n.* (*rashness*) безрассудство; (*audacity*) дёрзость.

temper *n.* (*metal*) закал; (*character*) нрав, характер; (*mood*) настроение; (*anger*) гнев; *lose one's t.*, выходить (-ожу, -одишь) *imp.*, выйти (выйду, -дешь; вышел, -шла) *perf.* из себя; *v.t.* (*metal*) отпускать *imp.*, отпустить (-ущу, -устишь) *perf.*; (*moderate*) смягчать *imp.*, смягчить *perf.*

temperance *n.* (*moderation*) умеренность; (*sobriety*) трёзвенность.

temperament *n.* темперамент; (*mus.*) темперация. **temperamental** *adj.* темпераментный.

temperate *adj.* умеренный (-ен, -енна).

temperature *n.* температура; (*high t.*) повышенная температура; *take s.b.'s t.*, измерять *imp.*, измерить *perf.* температуру + *dat.*

tempest *n.* буря. **tempestuous** *adj.* бурный (-рен, -рна, -рно), буйный (буен, буйна, -но).

template *n.* шаблон.

temple[1] *n.* (*relig.*) храм.

temple[2] *n.* (*anat.*) висок (-ска).

tempo *n.* темп.

temporal *adj.* (*secular*) мирской, светский; (*of time*) временной.

temporary *adj.* временный.

temporize *v.i.* приспосабливаться *imp.*, приспособиться *perf.* ко времени и обстоятельствам; (*hesitate*) медлить *imp.*

tempt *v.t.* искушать *imp.*, искусить *perf.*; соблазнять *imp.*, соблазнить *perf.*; *t. fate*, испытывать *imp.*, испытать *perf.* судьбу. **temptation** *n.* искушение, соблазн. **tempter**, **-tress** *n.* искуситель *m.*, ~ ница. **tempting** *adj.* заманчивый, соблазнительный.

ten *adj.*, *n.* десять (-ти, -тью); (*collect.*; *10 pairs*) десятеро (-рых); (*cards*; *number 10*) десятка; (*time*) десять (часов); (*age*) десять лет; (*set of 10*) *10 years, decade*) десятка (-тка); *in tens*, десятками. **tenth** *adj.*, *n.* десятый; (*fraction*) десятая (часть (*pl.* -ти, -тей)); (*date*) десятое (число) (*mus.*) децима.

tenable *adj.* (*strong*) прочный (-чен, -чна, -чно, прочны); (*logical*) логичный; (*of office*) могущий быть занятым.

tenacious *adj.* цепкий (-пок, -пка, -пко), (*stubborn*) упорный. **tenacity** *n.* цепкость; упорство.

tenancy *n.* (*renting of property*) наём помещения; (*period*) срок (-а(у)) аренды. **tenant** *n.* наниматель *m.*, ~ ница; арендатор.

tench *n.* линь (-ня) *m.*

tend[1] *v.i.* (*be apt*) иметь склонность (*to*, к + *dat.*, + *inf.*); (*move*) направляться *imp.*, направиться *perf.*

tend[2] *v.t.* (*look after*) (*person*) ухаживать *imp.* за + *instr.*; (*machine*) обслуживать *imp.*, обслужить (-жу, -жишь) *perf.*

tendency *n.* тенденция, склонность. **tendentious** *adj.* тенденциозный.

tender[1] *v.t.* (*offer*) предлагать *imp.*, предложить (-жу, -жишь) *perf.*; (*money*) предоставлять *imp.*, предоставить *perf.*; *v.i.* (*make a t. for*) подавать (-даю, -даёшь) *imp.*, подать (-ам, -ашь, -аст, -адим; подал, -а, -о) *perf.* заявку (на торгах); *n.* предложение; *legal t.*, законное платёжное средство.

tender[2] *n.* (*rly.*) тендер; (*naut.*) посыльное судно (*pl.* -да, -дов).

tender[3] *adj.* (*delicate, affectionate*) нежный (-жен, -жна, -жно, нежны); (*soft*) мягкий (-гок, -гка, -гко); (*sensitive*) чувствительный. **tenderness** *n.* нежность; (*softness*) мягкость.

tendon *n.* сухожилие.

tendril *n.* усик.

tenement *n.* (*dwelling-house*) жилой дом (-а(у); *pl.* -а); (*flat*) квартира; *t.-house*, многоквартирный дом (-а(у); *pl.* -а).

tenet *n.* догмат, принцип.

tennis *n.* теннис; *attrib.* теннисный; *t.-player*, теннисист *m.*, ~ ка.

tenon *n.* шип (-а).

tenor *n.* (*structure*) уклад; (*direction*) направление; (*purport*) общее содержание; (*mus.*) тенор.

tense[1] *n.* вре́мя *neut.*

tense[2] *v.t.* напряга́ть *imp.*, напря́чь (-ягу́, -яжёшь; напря́г, -ла́) *perf.*; *adj.* (*tight*) натя́нутый; (*strained*) напряжённый (-ён, -ённа); (*excited*) возбуждённый (-ён, -ена́); (*nervous*) не́рвный (-нервен, нервна́, не́рвно).

tenseness *n.* натя́нутость, напряжённость. **tensile** *adj.* растяжи́мый. **tension** *n.* напряже́ние (*also fig.*; *electr.*); натяже́ние.

tent *n.* пала́тка; *t.-peg*, ко́лышек (-шка) для пала́тки; *t. pole*, пала́точная сто́йка.

tentacle *n.* щу́пальце (*gen.pl.* -лец & -льцев).

tentative *adj.* (*experimental*) про́бный; (*preliminary*) предвари́тельный.

tenterhooks *n.*: *be on t.*, сиде́ть (сижу́, сиди́шь) *imp.* как на иго́лках.

tenth *see* **ten**.

tenuous *adj.* (*slender, subtle*) то́нкий (-нок, -нка́, -нко, то́нки́); (*flimsy*) непро́чный (-чен, -чна́, -чно); (*insignificant*) незначи́тельный; (*rarefied*) разрежённый.

tenure *n.* (*possession*) владе́ние; (*office*) пребыва́ние в до́лжности; (*period*) срок (-а(у)) (*of possession*) владе́ния, (*of office*) пребыва́ния в до́лжности.

tepid *adj.* теплова́тый.

tercentenary, -ennial *n.* трёхсотле́тие; *adj.* трёхсотле́тний.

term *n.* (*period*) срок (-а(у)); (*univ.*) семе́стр; (*school*) че́тверть (*pl.* -ти, -те́й); (*math.*) член; (*leg.*) се́ссия; (*technical word, expression*) те́рмин; (*expression*) выраже́ние; (*med.*) норма́льный пери́од бере́менности; *pl.* (*conditions*) усло́вия *neut.pl.* (*of payment, oплаты*); (*relations*) отноше́ния *neut.pl.*; *on good terms*, в хоро́ших отноше́ниях; (*language*) язы́к (-а́), выраже́ния *neut.pl.*; *come to terms with*, (*resign oneself to*) покоря́ться *imp.*, покори́ться *perf.* к+ *dat.*; (*come to an agreement with*) приходи́ть (-ожу́, -о́дишь) *imp.*, прийти́ (приду́, -дёшь; пришёл, -шла́) *perf.* к соглаше́нию с+ *instr.*; *v.t.* называ́ть *imp.*, назва́ть (назову́, -вёшь; назва́л, -а́,

-о) *perf.*; *I do not t. impatience a shortcoming*, я не называ́ю нетерпе́ние недоста́тком.

termagant *n.* сварли́вая же́нщина; мегéра (*coll.*).

terminable *adj.* ограни́ченный сро́ком, сро́чный (-чен, -чна, -чно).

terminal *adj.* коне́чный, заключи́тельный; (*univ.*) семестро́вый; (*school*) четвертно́й; (*leg.*) сессио́нный; *n.* (*electr.*) зажи́м; (*computer*) термина́л; (*terminus*) (*rly.*) коне́чная ста́нция; (*bus etc.*) коне́чная остано́вка; (*aeron.*) (*airport buildings*) зда́ния *neut.pl.* аэропо́рта; *air-t.*, аэровокза́л.

terminate *v.t. & i.* конча́ть(ся) *imp.*, ко́нчить(ся) *perf.* (*in*, +*instr.*). **termination** *n.* коне́ц (-нца́), оконча́ние.

terminology *n.* терминоло́гия. **terminological** *adj.* терминологи́ческий.

terminus *n.* (*rly.*) коне́чная ста́нция; (*bus etc.*) коне́чная остано́вка.

termite *n.* терми́т.

tern *n.* кра́чка.

terra *n.*: *t. firma*, су́ша; *t. incognita*, неизве́стная страна́.

terrace *n.* терра́са; (*row of houses*) ряд (-á *with* 2, 3, 4, *loc.* -у́; *pl.* -ы́) домо́в; *v.t.* терраси́ровать *imp.*, *perf.*

terracotta *n.* терракота́; *adj.* терракотовый.

terrain *n.* ме́стность.

terrapin *n.* (*turtle*) во́дная черепа́ха.

terrestrial *adj.* земно́й; (*ground*) назе́мный.

terrible *adj.* (*frightening, dreadful, very bad*) ужа́сный; (*excessive*) стра́шный (-шен, -шна́, -шно, стра́шны́) (*coll.*). **terribly** *adv.* ужа́сно, стра́шно.

terrier *n.* терье́р.

terrific *adj.* ужаса́ющий; (*coll.*) (*huge*) огро́мный; (*splendid*) великоле́пный. **terrify** *v.t.* ужаса́ть *imp.*, ужасну́ть *perf.*

territorial *adj.* территориа́льный. **territory** *n.* террито́рия; (*fig.*) о́бласть, сфе́ра.

terror *n.* у́жас, страх; (*person, thing causing t.*) терро́р. **terrorism** *n.* террори́зм. **terrorist** *n.* террори́ст, ~ка.

terrorize *v.t.* терроризи́ровать *imp.*, *perf.*

terse *adj.* сжа́тый, кра́ткий (-ток, -тка́, -тко). **terseness** *n.* сжа́тость, кра́ткость.

tertiary *adj.* трети́чный; (*education*) вы́сший.

tessellated *adj.* мозаи́чный.

test *n.* испыта́ние, про́ба; (*exam*) экза́мен; контро́льная *sb.* (*coll.*); (*standard*) крите́рий; (*analysis*) ана́лиз; (*chem., reagent*) реакти́в; t. ban, запреще́ние испыта́ний я́дерного ору́жия; t. case, де́ло (*pl.* -ла́) име́ющее принципиа́льное значе́ние для разреше́ния аналоги́чных дел; t. flight, испыта́тельный полёт; t. paper, (*exam*) экзаменацио́нный биле́т; t. pilot, лётчик-испыта́тель *m.*; t.-tube, проби́рка; *v.t.* (*try out*) испы́тывать *imp.*, испыта́ть *perf.*; (*check up on*) проверя́ть *imp.*, прове́рить *perf.*; (*give exam to*) экзаменова́ть *imp.*, про~ *perf.*; (*chem.*) подверга́ть *imp.*, подве́ргнуть (-г) *perf.* де́йствию реакти́ва.

testament *n.* завеща́ние; Old, New T., Ве́тхий, Но́вый заве́т. **testamentary** *adj.* завеща́тельный. **testator** *n.* завеща́тель *m.*, ~ ница.

testicle *n.* яи́чко (*pl.* -чки, -чек).

testify *v.i.* свиде́тельствовать *imp.* (to, в по́льзу + *gen.*); against, про́тив + *gen.*); *v.t.* (*declare*) заявля́ть *imp.*, заяви́ть (-влю́, -вишь) *perf.*; be evidence of) свиде́тельствовать о + *prep.*

testimonial *n.* рекоменда́ция, характери́стика. **testimony** *n.* показа́ние, -ния *pl.*, свиде́тельство; (*declaration*) заявле́ние.

testy *adj.* раздражи́тельный.

tetanus *n.* столбня́к (-á).

tetchy *adj.* раздражи́тельный.

tête-à-tête *n.*, *adv.* тет-а-те́т.

tether *n.* при́вязь; be at, come to the end of one's t., дойти́ (дойду́, -дёшь; дошёл, -шла́) *perf.* до то́чки; *v.t.* привя́зывать *imp.*, привяза́ть (-яжу́, -я́жешь) *perf.*

tetra- *in comb.* четырёх-, тетра-. **tetrahedron** *n.* четырёхгра́нник *m.* **tetralogy** *n.* тетрало́гия.

Teutonic *adj.* тевто́нский.

text *n.* текст; (*theme*) те́ма. **textbook** *n.* уче́бник.

textile *adj.* тексти́льный; *n.* ткань; *pl.* тексти́ль *m.* (*collect.*).

textual *adj.* текстово́й.

texture *n.* факту́ра; (*consistency*) консисте́нция; (*quality*) ка́чество; (*structure*) строе́ние.

thalidomide *n.* талидоми́д.

than *conj.* (*comparison*) чем; other t., (*except*) кро́ме + *gen.*; none other t., не кто ино́й, как; nothing else t., не что ино́е, как.

thank *v.t.* благодари́ть *imp.*, по ~ *perf.* (for, за + *acc.*); t. God, сла́ва Бо́гу; t. you, спаси́бо, благодарю́ вас; *n.* благода́рность; thanks to (*good result*) благодаря́ + *dat.*; (*bad result*) из-за + *gen.* **thankful** *adj.* благода́рный. **thankless** *adj.* неблагода́рный. **thank-offering** *n.* благода́рственная же́ртва. **thanksgiving** *n.* (*service of*) благода́рственный моле́бен (-бна); благодаре́ние.

that *dem.adj., dem.pron.* тот (та, то; *pl.* те); э́тот (э́та, э́то; *pl.* э́ти); t. which, тот (та, то; те) кото́рый; *rel.pron.* кото́рый; *conj.* что; (*purpose*) что́бы; *adv.* так, до тако́й сте́пени.

thatch *n.* (*straw*) соло́менная, (*reed*) тростнико́вая кры́ша; *v.t.* крыть (кро́ю, кро́ешь) *imp.*, по~ *perf.* соло́мой (*straw*), тростнико́м (*reed*).

thaw *v.t.* раста́пливать *imp.*, растопи́ть (-плю́, -пишь) *perf.*; *v.i.* та́ять (та́ет) *imp.*, рас~ *perf.*; (*fig.*) смягча́ться *imp.*, смягчи́ться *perf.*; *n.* о́ттепель; (*fig.*) смягче́ние.

the *adj. definite article not translated*; *adv.* тем; the ... the, чем...тем; t. more t. better, чем бо́льше тем лу́чше.

theatre *n.* теа́тр; (*lecture etc.*) аудито́рия; (*operating*) операцио́нная *sb.*; t.-goer, театра́л. **theatrical** *adj.* театра́льный.

theft *n.* воровство́, кра́жа.

their, theirs *poss.pron.* их; свой (-оя́, -оё; -ои́).

theism *n.* теи́зм. **theist** *n.* теи́ст. **theistic(al)** *adj.* теисти́ческий.

theme *n.* тéма, предмéт. **thematic** *adj.* темати́ческий.

themselves *pron.* (*emph.*) (они́) сáми (-и́х, -и́м, -и́ми); (*refl.*) себя́ (себé, собóй); ~ся (*suffixed to v.t.*)

then *adv.* (*at that time*) тогдá, в то врéмя; (*after that*) потóм, затéм; now and t., врéмя от врéмени; *conj.* в такóм слýчае, тогдá; *n.* то врéмя *neut.*; *adj.* тогдáшний.

thence *adv.* оттýда; (*from that*) из э́того. **thenceforth, -forward** *adv.* с тогó/э́того врéмени.

theodolite *n.* теодоли́т.

theologian *n.* теóлог. **theological** *adj.* теологи́ческий. **theology** *n.* теолóгия.

theorem *n.* теорéма. **theoretical** *adj.* теорети́ческий. **theorist** *n.* теорéтик. **theorize** *v.i.* теоретизи́ровать *imp.* **theory** *n.* теóрия.

theosophy *n.* теосóфия.

therapeutic(al) *adj.* терапевти́ческий. **therapeutics** *n.* терапéвтика. **therapy** *n.* терапи́я.

there *adv.* (*place*) там; (*direction*) тудá; *interj.* вот! ну! t. is, are, есть, имéется (-éются); t. you are, (*on giving s.th.*) пожáлуйста. **thereabouts** *adv.* (*near*) побли́зости; (*approximately*) приблизи́тельно. **thereafter** *adv.* пóсле э́того. **thereby** *adv.* таки́м óбразом. **therefore** *adv.* поэ́тому, слéдовательно. **therein** *adv.* в э́том; (*in that respect*) в э́том отношéнии. **thereupon** *adv.* затéм.

thermal *adj.* теплово́й, терми́ческий; t. capacity, теплоёмкость; t. springs, горя́чие истóчники *m.pl.*; t. unit, едини́ца теплоты́.

thermo- *in comb.* тéрмо-, тепло-. **thermocouple** *n.* термопáра. **thermodynamics** *n.* термодинáмика. **thermoelectric(al)** *adj.* термоэлектри́ческий. **thermometer** *n.* термóметр, грáдусник. **thermonuclear** *adj.* термоя́дерный. **thermos** *n.* тéрмос. **thermostat** *n.* термостáт.

thesis *n.* (*proposition*) тéзис; (*dissertation*) диссертáция.

they *pron.* они́ (их, им, и́ми, о них).

thick *adj.* тóлстый (-т, -тá, -то, тóлсты); (*in measurements*) толщинóй в+*acc.*; (*line*) жи́рный (-рен, -рнá, -рно); (*dense*) плóтный (-тен, -тнá, -тно, плóтны); густóй (-т, -тá, -то, густы́); (*turbid*) мýтный (-тен, -тнá, -тно, мýтны); (*stupid*) тупóй (туп, -á, -о, тýпы); t.-headed, тупоголóвый (*coll.*); t.-skinned, толстокóжий; *n.* гýща; (*of fight*) разгáр; through t. and thin, не колéблясь; несмотря́ ни на каки́е препя́тствия. **thicken** *v.t. & i.* утолщáть(ся) *imp.*, утолсти́ть(ся) *perf.*; (*make, become denser*) сгущáть(ся) *imp.*, сгусти́ть(ся) *perf.*; *v.i.* (*become more intricate*) усложня́ться *imp.*, усложни́ться *perf.* **thicket** *n.* чáща. **thickness** *n.* (*also dimension*) толщинá; (*density*) плóтность, густотá; (*layer*) слой (*pl.* слои́). **thickset** *adj.* коренáстый.

thief *n.* вор (*pl.* -ы́, -óв), ~óвка. **thieve** *v.i.* ворова́ть *imp.*; *v.t.* красть (-адý, -адёшь; -ал) *imp.*, у~ *perf.* **thievery** *n.* воровствó. **thievish** *adj.* ворова́тый.

thigh *n.* бедрó (*pl.* бёдра, -дер, -драм). t.-bone, бéдренная кость (*pl.* -ти, -тéй).

thimble *n.* напёрсток (-тка).

thin *adj.* (*slender*; *not thick*) тóнкий (-нок, -нкá, -нко, тóнки); (*lean*) худóй (худ, -á, -о, хýды); (*too liquid*) жи́дкий (-док, -дкá, -дко); (*sparse*) рéдкий (-док, -дкá, -дко); (*weak*) слáбый (-б, -бá, -бо); *v.t. & i.* дéлать(ся) *imp.*, с~ *perf.* тóнким, жи́дким; *v.i.*: t. down, худéть *imp.*, по~ *perf.*; t. out, редéть *imp.*, по~ *perf.*; *v.t.*: t. out, прорéживать *imp.*, прореди́ть *perf.*

thing *n.* вещь (*pl.* -щи, -щéй); (*object*) предмéт; (*matter*) дéло (*pl.* -лá); poor t., (*person*) бедня́жка *m. & f.* (*coll.*); *pl.* (*belongings*) пожи́тки (-ков) *pl.* (*coll.*); (*clothes*) одéжда; (*implements*) утвáрь (*collect.*); (*affairs*) делá *neut.pl.* **thingamy** *n.* (*person*) как бишь егó? (*thing*) штýка.

think *v.t. & i.* дýмать *imp.*, по~ *perf.* (about, of, о+*prep.*, над+*instr.*); (*consider*) счита́ть *imp.*, счесть (сочтý, -тёшь; счёл, сочлá) *perf.* (to be, +*instr.*, за+*acc.*; that, что); *v.i.* (*think, reason*) мы́слить *imp.*; (*intend*) намеревáться *imp.* (of doing, +*inf.*); t. out, продýмывать *imp.*, продýмать

thinly *perf.*; t. over, обдумывать *imp.*, обдумать *perf.*; t. up, of, придумывать *imp.*, придумать *perf.* **thinker** *n.* мыслитель *m.* **thinking** *adj.* мыслящий; *n. (reflection)* размышление; to my way of t., по моему мнению.

thinly *adv.* тонко. **thinness** *n.* тонкость; *(leanness)* худоба. **thin-skinned** *adj. (fig.)* обидчивый.

third *adj., n.* третий (-тья, -тье); *(fraction)* треть (*pl.* -ти, -тей) *f.*; третье (число); *(mus.)* терция; t. party, третья сторона (*acc.* -ону; *pl.* -оны, -он, -онам); t.-rate, третьестепенный; T. World, страны *f.pl.* третьего мира.

thirst *n.* жажда (for, +*gen.*(*fig.*)); *v.i. (fig.)* жаждать (-ду, -дешь) *imp.* (for, +*gen.*). **thirsty** *adj.*: be t., хотеть (хочу, -чешь; хотим) *imp.* пить.

thirteen *adj., n.* тринадцать (-ти, -тью); *(age)* тринадцать лет. **thirteenth** *adj., n.* тринадцатый; *(date)* тринадцатое (число).

thirtieth *adj., n.* тридцатый; *(date)* тридцатое (число). **thirty** *adj., n.* тридцать (-ти, -тью); *(age)* тридцать лет; *pl. (decade)* тридцатые годы (-дов) *m.pl.*

this *dem.adj., dem.pron.* этот (эта, это; *pl.* эти); t. way, сюда; like t., вот так.

thistle *n.* чертополох.

thither *adv.* туда.

thong *n.* ремень (-мня) *m.*

thorax *n.* грудная клетка.

thorn *n.* шип (-á), колючка (coll.). **thorny** *adj.* колючий; *(fig.)* тернистый; *(ticklish)* щекотливый.

thorough *adj.* основательный, тщательный; *(complete)* полный (-лон, -лна, -лно), совершенный (-вен, -нна). **thoroughbred** *adj.* чистокровный, породистый. **thoroughfare** *n.* проезд, *(walking)* проход. **thoroughgoing** *adj.* радикальный. **thoroughly** *adv. (completely)* вполне, совершенно. **thoroughness** *n.* основательность, тщательность.

though *conj.* хотя; несмотря на то, что; as t., как будто; *adv.* однако, всё-таки.

thought *n.* мысль; *(heed)* внимание; *(meditation)* размышление; *(intention)* намерение; *pl. (opinion)* мнение. **thoughtful** *adj.* задумчивый; *(considerate)* внимательный, заботливый. **thoughtless** *adj.* необдуманный (-ан, -анна); *(inconsiderate)* невнимательный. **thought-reader** *n.* тот, кто умеет читать чужие мысли.

thousand *adj., n.* тысяча (*instr.* -чей & -чью). **thousandth** *adj., n.* тысячный; *(fraction)* тысячная (часть (*pl.* -ти, -тей)).

thraldom, thrall *n. (state)* рабство; in t., обращённый (-ён, -ена) в рабство.

thrash *v.t.* бить (бью, бьёшь) *imp.*, по~ *perf.*; t. out, *(discuss)* тщательно обсуждать *imp.*, обсудить (-ужу -удишь) *perf.*; *v.i.*: t. about, метаться (мечусь, -чешься) *imp.* **thrashing** *n. (beating)* взбучка (coll.).

thread *n.* нитка, нить *(also fig.)*; *(of screw etc.)* нарезка, резьба; *v.t. (needle)* продевать *imp.*, продеть (-ену, -енешь) *perf.* нитку в+*acc.*; *(beads etc.)* нанизывать *imp.*, нанизать (-ижу, -ижешь) *perf.*; t. one's way, пробираться *imp.*, пробраться (-берусь, -берёшься; -брался, -бралась, -бралось) *perf.* (through, через+*acc.*). **threadbare** *adj. (clothes etc.)* потёртый, изношенный; *(hackneyed)* избитый.

threat *n.* угроза. **threaten** *v.t.* угрожать *imp.*, грозить *imp.*, при~ *perf.* *(person, +dat.)*; with, +*instr.*; to do, +*inf.*).

three *adj., n.* три (трёх, -ём, -емя, -ёх); *(collect.; 3 pairs)* трое (-оих); *(cards, number 3)* тройка; *(time)* три (часа); *(age)* три года; t. times, трижды; t. times four, трижды четыре; t.-cornered, треугольный; t.-dimensional, трёхмерный; t.-ply, *(wood)* трёхслойный; *(rope)* тройной; t.-quarters, три четверти. **threefold** *adj.* тройной; *adv.* втройне. **threesome** *n.* тройка.

thresh *v.t.* молотить (-очу, -отишь) *imp.* **threshing** *n.* молотьба; t.-floor, ток (*loc.* -у; *pl.* -а); t.-machine, молотилка.

threshold *n.* порог.

thrice *adv.* трижды.

thrift *n.* бережливость; *(plant)* арме-

thrill *n.* (trepidation, excitement) трéпет, волнéние; (s.th. thrilling) что-л. захвáтывающее; *v.t. & i.* сúльно волновáть(ся) *imp.*, вз ~ *perf.* **thriller** *n.* приключéнческий, детектúвный, (novel) ромáн, (film) фильм. **thrilling** *adj.* волнýющий, захвáтывающий.

thrive *v.i.* процветáть *imp.*; (grow) разрастáться *imp.*, разрастúсь (-тётся; разрóсся, -слáсь) *perf.*

throat *n.* гóрло. **throaty** *adj.* гортáнный; (hoarse) хрúплый (-л, -лá, -ло).

throb *v.i.* (heart) сúльно бúться (бьётся) *imp.*; пульсúровать *imp.*; his head throbbed, кровь стучáла у негó в вискáх; *n.* биéние; пульсáция.

throe *n.* óстрая боль; *pl.* мýки *f.pl.*; (of birth) родовыé мýки *f.pl.*; (of death) агóния.

thrombosis *n.* тромбóз.

throne *n.* трон, престóл; come to the t., вступáть *imp.*, вступúть (-плю, -пишь) *perf.* на престóл.

throng *n.* толпá (*pl.* -пы); *v.i.* толпúться *imp.*; *v.t.* заполнять *imp.*, заполнить *perf.* (толпóй).

throttle *n.* (gullet) глóтка; (tech.) дрóссель *m.*; *v.t.* (strangle) душúть (-шý, -шишь) *imp.*, за ~ *perf.*; (tech.) дросселúровать *imp.*, *perf.*; t. down, сбавлять *imp.*, сбáвить *perf.* скóрость +gen.

through *prep.* (across, via, t. opening) сквозь + *acc.*; (esp. t. thick of) сквозь + *acc.*; (air, streets etc.) по + *dat.*; (agency) посрéдством + *gen.*; (reason) из-за + *gen.*; *adv.* насквóзь; (from beginning to end) до концá; be t. with, (s.th.) окáнчивать *imp.*, окóнчить *perf.*; (s.b.) порывáть *imp.*, порвáть (-вý, -вёшь; порвáл, -á, -о) *perf.* с + *instr.*; put t., (on telephone) соединять *imp.*, соединúть *perf.*; and t., до концá, совершéнно; *adj.* сквознóй. **throughout** *adv.* повсюду, во всех отношéниях; *prep.* по всему (всей, всему; *pl.* всем) + *dat.*; (from beginning to end) с начáла до концá + *gen.*

throw *n.* бросóк (-скá), бросáние; *v.t.* бросáть *imp.*, брóсить *perf.*; кидáть *imp.*, кúнуть *perf.*; (rider) сбрáсывать *imp.*, сбрóсить *perf.*; (pottery) формовáть *imp.*, с ~ *perf.*; (party) устрáивать *imp.*, устрóить *perf.*; t. oneself at, набрáсываться *imp.*, набрóситься *perf.* на + *acc.*; t. oneself into, бросáться *imp.*, брóситься *perf.* в + *acc.*; t. about, разбрáсывать *imp.*, разбросáть *perf.*; t. money about, сорúть *imp.* деньгáми; t. aside, away, отбрáсывать *imp.*, отбрóсить *perf.*; t. away, out, выбрáсывать *imp.*, выбросить *perf.*; t. back, отбрáсывать *imp.*, отбрóсить *perf.* назáд; t.-back, регрéсс, возврáт к прóшлому, атавúзм; t. down, сбрáсывать *imp.*, сбрóсить *perf.*; t. in, (add) добавлять *imp.*, добáвить *perf.*; (sport) вбрáсывать *imp.*, вбрóсить *perf.*; t.-in, вбрáсывание мячá; t. off, сбрáсывать *imp.*, сбрóсить *perf.*; t. open, распáхивать *imp.*, распахнýть *perf.*; t. out, (see also t. away) (expel) выгонять *imp.*, вы́гнать (вы́гоню, -нишь) *perf.*; (reject) отвергáть *imp.*, отвéргнуть (-г(нул), -глá) *perf.*; t. over, t. up, (abandon, renounce) бросáть *imp.*, брóсить *perf.*

thrush[1] *n.* (orn.) дрозд (-á).

thrush[2] *n.* (disease) молóчница.

thrust *n.* (shove) толчóк (-чкá); (lunge) вы́пад; (blow, stroke, mil.) удáр; (tech., of rocket) тя́га; *v.t.* (shove) толкáть *imp.*, толкнýть *perf.*; (t. into, out of; give quickly, carelessly) совáть (сую, суёшь) *imp.*, сýнуть *perf.*; t. one's way, пробивáть *imp.*, пробúть (-бью, -бьёшь) *perf.* себé дорóгу; t. aside, отталкивать *imp.*, оттолкнýть *perf.*; t. out, высóвывать *imp.*, вы́сунуть *perf.*

thud *n.* глухóй звук, стук; *v.i.* (fall with t.) пáдать *imp.*, (упáсть) (упадý, -дёшь; упáл) *perf.* с глухúм стýком; шлёпаться *imp.*, шлёпнуться *perf.* (coll.).

thug *n.* головорéз (coll.).

thumb *n.* большóй пáлец (-льца); thumbs down, знак отрицáния; thumbs up! недýрно! under the t. of, под башмакóм у + *gen.*; *v.t.*: t. through, перелúстывать *imp.*, перелистáть

thump *perf.*; t. a lift, голосовать *imp.*, про~ *perf.* (*coll.*) **thumbscrew** *n.* тиски (-ков) *pl.* для больших пальцев.

thump *n.* (*heavy blow*) тяжёлый удар; (*thud*) глухой звук, стук; *v.t.* наносить (-ошу, -осишь) *imp.*, нанести (-есу, -есёшь; -ёс, -есла) *perf.* удар+*dat.*; колотить (-очу, -отишь) *imp.*, по~ *perf.* в+*acc.*, по+*dat.*; *v.i.* (*strike with t.*) биться (бьюсь, бьёшься *imp.* с глухим шумом.

thunder *n.* гром (*pl.* -ы, -ов), (*fig.*) грохот; t.-cloud, грозовая туча; *v.i.* греметь (-млю, -мишь) *imp.*, грохотать (-очу, -очешь) *imp.*; (*fulminate* (*fig.*)) метать (мечу, -чешь) *imp.* громы и молнии; it thunders, гром гремит; **thunderbolt** *n.* удар молнии; (*fig.*) гром среди ясного неба. **thunderclap** *n.* удар грома. **thunderous** *adj.* громовой. **thunderstorm** *n.* гроза (*pl.* -зы). **thunderstruck** *adj.* (*fig.*) как громом поражённый (-ён, -ена). **thundery** *adj.* грозовой.

Thursday *n.* четверг (-а).

thus *adv.* (*in this way*) так, таким образом; (*accordingly*) итак; т. far, до сих пор.

thwack *n.* сильный удар; *v.t.* бить (бью, бьёшь) *imp.*, по~ *perf.*

thwart *v.t.* мешать *imp.*, по~ *perf.* + *dat.*; (*plans*) расстраивать *imp.*, расстроить *perf.*; *n.* (*bench*) банка.

thyme *n.* тимьян.

thyroid *n.* (t. gland) щитовидная железа.

tiara *n.* тиара.

tibia *n.* большая берцовая кость (*pl.* -ти, -тей).

tic *n.* тик.

tick[1] *n.* (*noise*) тиканье; (*moment*) момент, минуточка; (*mark*) птичка; *v.i.* тикать *imp.*, тикнуть *perf.*; *v.t.* отмечать *imp.*, отметить *perf.* птичкой; t. off, (*scold*) отделывать *imp.*, отделать *perf.* (*coll.*).

tick[2] *n.* (*mite*) клещ (-а).

tick[3] *n.* (*of mattress*) чехол (-хла); (*of pillow*) наволо(ч)ка; (*ticking*) тик.

tick[4] *n.* (*coll.*) кредит; on t., в кредит.

ticket *n.* билет; (*label*) ярлык (-а); (*season t.*) карточка; (*cloakroom t.*) номерок (-рка); (*receipt*) квитанция; t.-collector, контролёр; t.-office, билетная касса; t.-punch, компостер; *v.t.* прикреплять *imp.*, прикрепить *perf.* ярлык к+*dat.*

tickle *n.* щекотка; *v.t.* щекотать (-очу, -очешь) *imp.*, по~ *perf.*; (*amuse*) веселить *imp.*, по~, раз~ *perf.*; *v.i.* щекотать (-очет) *imp.*, по~ *perf. impers.*; my throat tickles, у меня щекочет в горле. **ticklish** *adj.* щекотливый (*also fig.*); to be t., бояться (боюсь, боишься *imp.* щекотки.

tidal *adj.* приливо-отливный; t. wave, приливная волна (*pl.* -ны, -н, волнам).

tiddlywinks *n.* (игра в) блошки (-шек) *pl.*

tide *n.* прилив и отлив; high t., прилив; low t., отлив; (*current, tendency*) течение; the t. turns, (*fig.*) события принимают другой оборот; t.-mark, отметка уровня полной воды; *v.t.*: t. over, помогать *imp.*, помочь (-огу, -ожешь; -ог, -огла) *perf.* + *dat.* of person справиться (*difficulty*, c+*instr.*); will this money t. you over? вы протянете с этими деньгами?

tidiness *n.* опрятность, аккуратность.

tidy *adj.* опрятный, аккуратный; (*considerable*) порядочный; *v.t.* убирать *imp.*, убрать (уберу, -рёшь; убрал, -а, -о) *perf.*; приводить (-ожу, -одишь), привести (-еду, -едёшь, -ёл, -ела) *perf.* в порядок.

tie *n.* (*garment*) галстук; (*string, lace*) завязка; (*link, bond, tech.*) связь; (*equal points etc.*) равный счёт; end in a t., заканчиваться *imp.*, закончиться *perf.* вничью; (*match*) матч; (*mus.*) лига; (*burden*) обуза; *pl.* (*bonds*) узы (уз) *pl.*; t.-pin, булавка для галстука; *v.t.* связывать *imp.*, связать (свяжу, -жешь) *perf.* (*also fig.*); (t. up) завязывать *imp.*, завязать (-яжу, -яжешь) *perf.*; (*restrict*) ограничивать *imp.*, ограничить *perf.*; t. down, (*fasten*) привязывать *imp.*, привязать (-яжу, -яжешь) *perf.*; t. up, (*tether*) привязывать *imp.*, привязать (-яжу, -яжешь) *perf.*; (*parcel*) перевязывать *imp.*, перевязать (-яжу, -яжешь) *perf.*; *v.i.* (*be tied*) завязываться *imp.*, завязаться (-яжется) *perf.*; (*sport*) равнять *imp.*, с~

tier

perf. счёт; сыгра́ть *perf.* вничью́; t. in, up, with, совпада́ть *imp.*, совпа́сть (-аде́т, -а́л) *perf.* с+*instr.*

tier *n.* ряд (-á with 2, 3, 4, *loc.* -ý; *pl.* -ы́), я́рус.

tiff *n.* размо́лвка; *v.i.* ссо́риться *imp.*, по~ *perf.* (with, c+*instr.*).

tiger *n.* тигр. **tigress** *n.* тигри́ца.

tight *adj.* (*compact*) пло́тный (-тен, -тна́, -тно, пло́тны́); (*cramped*) те́сный (-сен, -сна́, -сно), у́зкий (-зок, -зка́, -зко); (*impenetrable*) непроница́емый; (*strict*) стро́гий (-г, -га́, -го); (*tense, taut*) туго́й (туг, -а́, -о, на́туты́); t.-fisted, скупо́й (-п, -па́, -по); t. corner, (*fig.*) тру́дное положе́ние. **tighten** *v.t. & i.* натя́гивать *imp.*, натяну́ть(ся) *perf.*; (*clench, contract*) сжима́ть(ся) *imp.*, сжа́ть(ся) (сожму́(сь), -мёшь(ся)) *perf.*; t. one's belt, потуже затя́гивать *imp.*, затяну́ть *perf.* по́яс (*also fig.*); t. up, (*discipline etc.*) подтя́гивать *imp.*, подтяну́ть *perf.* (*coll.*). **tightly** *adv.* (*strongly*) про́чно; (*closely, cramped*) те́сно. **tightness** *n.* теснота́; напряжённость. **tightrope** *n.* ту́го натя́нутый кана́т. **tights** *n.* колго́тки (-ток) *pl.*

tilde *n.* ти́льда.

tile *n.* (*roof*) черепи́ца (*also collect.*); (*decorative*) ка́фель *m.* (*also collect.*); *v.t.* крыть (кро́ю, кро́ешь) *imp.*, по~ *perf.* черепи́цей, ка́фелем. **tiled** *adj.* (*roof*) черепи́чный; (*floor*) ка́фельный.

till[1] *prep.* до+*gen.*; not t., то́лько (Friday, в пя́тницу; the next day, на сле́дующий день); *conj.* пока́ не; not t., то́лько когда́.

till[2] *n.* ка́сса.

till[3] *v.t.* возде́лывать *imp.*, возде́лать *perf.* **tillage** *n.* обрабо́тка земли́.

tiller[1] *n.* земледе́лец (-льца).

tiller[2] *n.* (*naut.*) ру́мпель *m.*

tilt *n.* накло́н; (*naut., aeron.*) крен; on the t., в накло́нном положе́нии; at full t., и́зо всех сил; по́лным хо́дом; *v.t. & i.* наклоня́ть(ся) *imp.*, наклони́ть(ся) (-ню́(сь), -нишь(ся)) *perf.*; (*heel* (*over*)) крени́ть(ся) *imp.*, на~ *perf.*

timber *n.* лесоматериа́л, лес (-а(у)) (*collect.*); (*beam*) ба́лка; (*naut.*) ти́мберс. **timbered** *adj.* обши́тый де́ревом; деревя́нный. **timbering** *n.* (*work*) пло́тничная рабо́та.

timbre *n.* тембр.

time *n.* вре́мя *neut.*; (*occasion*) раз (*pl.* -зы, -з); (*term*) срок (-а(у)); (*period*) пери́од, эпо́ха; (*mus.*) темп, такт; (*sport*) тайм; *pl.* (*period*) времена́ *pl.*; (*in comparison*) раз; *five times as big*, в пять раз бо́льше; (*multiplication*) *four times four*, четы́режды четы́ре; *five times four*, пя́тью четы́ре; t. and t. again, не раз, ты́сячу раз; at a t., ра́зом, одновреме́нно; at the t., в это вре́мя; at times, по времена́м; at the same t., в то же вре́мя; before my t., до меня́; for a long t., до́лго; (*up to now*) давно́; for the t. being, пока́; from t. to t., вре́мя от вре́мени; (*early enough*) во́-время; (*with t.*) со вре́менем; in good t., своевре́менно; in t. with, в такт+*dat.*; in no t., момента́льно; on t., во́-время; one at a t., по одному́; be in t., успева́ть *imp.*, успе́ть *perf.* (for, к+*dat.*, на+*acc.*); *I do not have t. for him*, (*fig.*) я не хочу́ тра́тить вре́мя на него́; have t. to, (*manage*) успева́ть *imp.*, успе́ть *perf.* + *inf.*; have a good t., хорошо́ проводи́ть (-ожу́, -о́дишь) *imp.*, провести́ (-еду́, -едёшь; -ёл, -ела́) *perf.* вре́мя; it is t., пора́ (то, +*inf.*); *what is the t.?* кото́рый т.? *kill t.*, убива́ть *imp.*, уби́ть (убью́, -ьёшь) *perf.* вре́мя; *work full* (*part*) t., рабо́тать *imp.* по́лный (непо́лный) рабо́чий день; t.-bomb, бо́мба заме́дленного де́йствия; t.-consuming, отнима́ющий мно́го вре́мени; t.-honoured, освящённый века́ми; t.-lag, отстава́ние во вре́мени; (*tech.*) запа́здывание; t.-limit, преде́льный срок (-а(у)); t. off, о́тпуск; t.-signal, сигна́л вре́мени; t.-signature, та́ктовый разме́р; *v.t.* (*choose t.*) выбира́ть *imp.*, вы́брать (-беру, -берешь) *perf.* вре́мя+*gen.*; (*arrange t.*) назнача́ть *imp.*, назна́чить *perf.* вре́мя+*gen.*; (*ascertain t.*) засека́ть *imp.*, засе́чь (-еку́, -ечёшь;

time

timid ... tire

засёк, -ла́, -ло) *perf.* вре́мя; хронометри́ровать *imp.*, *perf.* **timekeeper** *n.* (*person*) табе́льщик; (*sport*) хрономе́трист. **timeless** *adj.* ве́чный. **timely** *adj.* своевре́менный. **timepiece** *n.* часы́ (-со́в) *pl.*; хроно́метр. **timetable** *n.* расписа́ние; (*of work*) гра́фик.

timid *adj.* ро́бкий (-бок, -бка́, -бко), застенчивый. **timidity** *n.* засте́нчивость. **timorous** *adj.* боязли́вый.

tin *n.* (*metal*) о́лово; t. plate, бе́лая жесть; *attrib.* оловя́нный, жестяно́й; (*container*) (консе́рвная) ба́нка, жестя́нка; (*cake-t.*) фо́рма; (*baking t.*) проти́вень (-вня) *m.*; t. foil, оловя́нная фольга́; t.-opener, консе́рвный нож (-а́); *v.t.* (*coat with t.*) луди́ть (лужу́, лу́дишь) *imp.*, вы~, по~ *perf.*; (*pack in tins*) консерви́ровать *imp.*, *perf.*; tinned food, консе́рвы (-вов) *pl.*

tinny *adj.* (*thin*) то́нкий (-нок, -нка́, -нко, то́нки́); (*piano etc.*) издаю́щий металли́ческий звук; (*sound*) металли́ческий. **tinsmith** *n.* жестя́нщик.

tincture *n.* (*colour*, *fig.*) отте́нок (-нка); (*taste*, *fig.*) при́вкус; (*fig.*) налёт; *v.t.* (*colour*; *fig.*) слегка́ окра́шивать *imp.*, окра́сить *perf.*; (*flavour*) придава́ть (-даю́, -даёшь) *imp.*, прида́ть (-а́м, -а́шь, -а́ст, -ади́м; при́дал, -а́, -о) *perf.* вкус + *dat.*

tinder *n.* трут; t.-box, тру́тница.

tinge *n.* (*colour*, *fig.*) отте́нок (-нка); (*taste*; *fig.*) при́вкус; (*fig.*) налёт; *v.t.* (*also fig.*) слегка́ окра́шивать *imp.*, окра́сить *perf.*

tingle *n.* пока́лывание, (*from cold*) пощи́пывание; *v.i.* (*sting*) коло́ть (ко́лет) *imp. impers.*; my fingers t., у меня́ ко́лет па́льцы; his nose tingled with the cold, моро́з пощи́пывал ему́ нос; (*burn*) горе́ть (-ри́т) *imp.*; (*jingle*) звене́ть (-ни́т) *imp.* в уша́х (*person*, y + *gen.*).

tinker *n.* ме́дник, луди́льщик; *v.i.* (*work as a t.*) рабо́тать *imp.* луди́льщиком; t. with, вози́ться (вожу́сь, во́зишься) *imp.* c + *instr.*

tinkle *n.* звон, звя́канье; *v.i.*(*t.*) звене́ть (-ню́, -ни́шь) *imp.* (+ *instr.*); звя́кать (-аю, -аешь) *imp.*, звя́кнуть *perf.* + *instr.*; (*on*

instrument) бренча́ть (-чу́, -чи́шь) *imp.* (on, нa + *prep.*).

tinsel *n.* мишура́ (*also fig.*); *attrib.* мишу́рный.

tint *n.* отте́нок (-нка); (*faint t.*) бле́дный тон (*pl.* -а́); *v.t.* слегка́ окра́шивать *imp.*, окра́сить *perf.*; tinted *adj.* окра́шенный; t. glasses, тёмные очки́ (-ко́в) *pl.*

tiny *adj.* о́чень ма́ленький; кро́шечный (*coll.*).

tip[1] *n.* (*end*) ко́нчик; (*of stick, spear etc.*) наконе́чник; *v.t.* приставля́ть *imp.*, приста́вить *perf.* наконе́чник к + *dat.*; be on the t. of s.b.'s tongue, верте́ться (верти́ться) *imp.* на языке́ y + *gen.*

tip[2] *n.* (*money*) чаевы́е (-ы́х) *pl.*; (*advice*) сове́т, намёк; (*private information*) све́дения *neut.pl.*, полу́ченные ча́стным о́бразом; (*dump*) сва́лка; (*slight push*) лёгкий толчо́к (-чка́); *v.t. & i.* наклоня́ть(ся) *imp.*, наклони́ть(ся) (-ню́(сь), -нишь(ся)) *perf.*; *v.t.* (*hit lightly*) слегка́ ударя́ть *imp.*, уда́рить *perf.*; (*give tip*) дава́ть (даю́, даёшь) *imp.*, дать (дам, дашь, даст, дади́м; дал, -а́, да́ло́, -и) *perf.* (*person*, + *dat.*; *money*, де́ньги на чай, *information*, ча́стную информа́цию); t. out, выва́ливать *imp.*, вы́валить *perf.*; t. over, up, (*v.t. & i.*) опроки́дывать(ся) *imp.*, опроки́нуть(ся) *perf.*; t. up, back, (*seat*) откидыва́ть *imp.*, откину́ть *perf.*; t. the scales, (*fig.*) реша́ть *imp.*, реши́ть *perf.* исхо́д де́ла; t.-up lorry, самосва́л.

tipple *n.* (алкого́льный) напи́ток (-тка); *v.i.* выпива́ть *imp.*; *v.t. & i.* попива́ть *imp.* (*coll.*). **tippler** *n.* пья́ница *m. & f.*

tipster *n.* жучо́к (-чка́).

tipsy *adj.* подвы́пивший.

tiptoe *n.*: on t., на цы́почках.

tip-top *adj.* первокла́ссный, превосхо́дный.

tirade *n.* тира́да.

tire[1] *n.* (*metal*) колёсный банда́ж (-а́).

tire[2] *see* **tyre**.

tire[3] *v.t.* (*weary*) утомля́ть *imp.*, утоми́ть *perf.*; (*bore*) надоеда́ть *imp.*, надое́сть (-е́м, -е́шь, -е́ст, -еди́м; -е́л) *perf.* + *dat.*; *v.i.* утомля́ться *imp.*, утоми́ться *perf.*; устава́ть (устаю́,

tiro -аёшь) *imp.*, устáть (-áну, -áнешь) *perf.* tired *adj.* устáлый, утомлённый; be t. of: I am t. of him, он мне надоéл; I am t. of playing, мне надоéло игрáть; t. out, измýченный. **tiredness** *n.* устáлость. **tireless** *adj.* неутомúмый. **tiresome** *adj.* утомúтельный, надоéдливый. **tiring** *adj.* утомúтельный.

tiro *n.* новичóк (-чкá).

tissue *n.* ткань; (*handkerchief*) бумáжная салфéтка; t.-paper, папирóсная бумáга.

tit[1] *n.* (*bird*) синúца.

tit[2] *n.*: t. for tat, зуб зá зуб.

titanic *adj.* (*huge*) титанúческий.

titbit *n.* лáкомый кусóк (-скá); (*news*) пикáнтная нóвость.

tithe *n.* десятáя часть (*pl.* -ти, -тéй); (*hist.*) десятúна.

titillate *v.t.* щекотáть (-очý, -óчешь) *imp.*, по ~ *perf.*; приятно возбуждáть *imp.*, возбудúть *perf.*

titivate *v.t.* & *i.* (*coll.*) прихорáшивать(ся) *imp.* (*coll.*).

title *n.* (*of book etc.*) назвáние; (*heading*) заглáвие; (*rank*) тúтул, звáние; (*cin.*) титр; (*sport*) звáние чемпиóна; t.-deed, докумéнт, даю́щий прáво сóбственности; t.-holder, чемпиóн; t.-page, тúтульный лист (*pl.* -ы́); t.-role, заглáвная роль (*pl.* -ли, -лéй). **titled** *adj.* титулóванный.

titter *n.* хихúканье; *v.i.* хихúкать *imp.*, хихúкнуть *perf.*

tittle *n.* чýточка, кáпелька; t.-tattle, болтовня́ (*coll.*).

titular *adj.* номинáльный; титулóванный.

to *prep.* (*town, a country, theatre, school etc.*) в + *acc.*; (*the sea, the moon, the ground, post-office, meeting, concert, north, etc.*) на + *acc.*; (*the doctor*); towards, up t.; t. one's surprise etc.) к + *dat.*; (*with accompaniment of*) под + *acc.*; (*in toast*) за + *acc.*; (*time*): ten minutes t. three, без десятú три; (*compared with*) в сравнéнии с + *instr.*; it is ten t. one that, дéвять из десятú за то, что; t. the left (right), налéво (напрáво); (*in order t.*) чтóбы + *inf.*; *adv.*: shut the door t., закрóйте дверь; come

t., приходúть (-ожý, -óдишь) *imp.*, прийтú (-йду́, -йдёшь; пришёл, -шлá) *perf.* в сознáние; bring t. приводúть (-ожý, -óдишь) *imp.*, привестú (-едý, -едёшь; -ёл, -елá) *perf.* в сознáние; t. and fro, взад и вперёд.

toad *n.* жáба. **toadstool** *n.* погáнка. **toady** *n.* подхалúм; *v.t.* льстить *imp.*, по ~ *perf.* + *dat.*; *v.t.* & *i.* низкопоклóнничать *imp.* (to, пéред + *instr.*).

toast *n.* (*bread*) поджáренный хлеб; (*drink*) тост; t.-master, тамадá *m.*; t.-rack, подстáвка для поджáренного хлéба; *v.t.* (*bread*) поджáривать *imp.*, поджáрить *perf.*; (*drink*) пить (пью, пьёшь; пил, -á, -о) *imp.*, вы́ ~ *perf.* за здорóвье + *gen.* **toaster** *n.* тóстер.

tobacco *n.* табáк; *attrib.* табáчный; t.-pouch, кисéт. **tobacconist** *n.* торгóвец (-вца) табáчными издéлиями; t.'s shop, табáчный магазúн.

toboggan *n.* тобогган, сáни (-нéй) *pl.*; *v.i.* катáться *imp.* на санях.

today *adv.* сегóдня, (*nowadays*) в нáши дни; *n.* сегóдняшний день (дня) *m.*; today's newspaper, сегóдняшняя газéта; the writers of t., совремéнные писáтели *m.pl.*

toddle *v.i.* ковыля́ть *imp.* (*coll.*); (*learn to walk*) учúться (учýсь, ýчишься) *imp.* ходúть; (*stroll*) прогýливаться *imp.* **toddler** *n.* ребёнок (-нка; *pl.* дéти, -тéй), начинáющий ходúть; малы́ш (-á) (*coll.*).

toddy *n.* горя́чий пунш.

to-do *n.* суматóха, суетá.

toe *n.* пáлец (-льца) ногú; (*of sock etc.*) носóк (-скá); t.-cap, носóк (-скá); from top to t., с головы́ до пят; *v.t.* (*touch with t.*) касáться *imp.*, коснýться *perf.* носкóм + *gen.*; t. the line, (*fig.*) подчиня́ться *imp.*, подчинúться *perf.* трéбованиям.

toffee *n.* (*substance*) ирúс; (*a t.*) ирúска (*coll.*).

toga *n.* тóга.

together *adv.* вмéсте, сообщá; (*simultaneously*) одноврéменно; t. with, вмéсте с + *instr.*; all t., все вмéсте; get t., собирáть(ся) *imp.*, собрáть(ся) (-берý, -берёшь; -брáл(ся), -бралá(сь),

toggle

-бра́ло, -бра́лось) *perf.*; *join t.* объединя́ть(ся) *imp.*, объедини́ть(ся) *perf.* (with, c + *instr.*).

toggle *n.* (*button*) продолгова́тая (деревя́нная) пу́говица.

toil *n.* тяжёлый труд; *v.i.* труди́ться (-ужу́сь, -у́дишься) *imp.*; (*drag oneself along*) тащи́ться (тащу́сь, -щишься) *imp.* **toiler** *n.* тру́женик, -ица.

toilet *n.* туале́т; *t.-paper*, туале́тная бума́га; *t. water*, туале́тная вода́ (*acc.* во́ду).

toilsome *adj.* утоми́тельный.

token *n.* (*sign*) знак; (*keepsake*) пода́рок (-рка) на па́мять; (*coupon, counter*) тало́н, жето́н; *as a t. of*, в знак + *gen.*; *attrib.* символи́ческий; *t. resistance*, ви́димость сопротивле́ния; *by the same t.*, (*similarly*) к тому́ же; (*moreover*) кро́ме того́.

tolerable *adj.* (*bearable*) терпи́мый; (*satisfactory*) удовлетвори́тельный, сно́сный (*coll.*). **tolerance** *n.* терпи́мость; (*tech.*) до́пуск; (*med.*) толера́нтность. **tolerant** *adj.* терпи́мый; (*med.*) толера́нтный. **tolerate** *v.t.* терпе́ть (-плю́, -пишь) *imp.*, по- *perf.*; (*allow*) допуска́ть *imp.*, допусти́ть (-ущу́, -у́стишь) *perf.*; (*med.*) быть толера́нтным. **toleration** *n.* терпи́мость.

toll¹ *n.* (*duty*) по́шлина; *take its t.*, наноси́ть (-о́сит) *imp.*, нанести́ (-сёт; нанёс, -есла́) *perf.* тяжёлый уро́н; *t.-bridge*, платно́й мост (мо́ста, *loc.* -у́; *pl.* -ы́); *t.-gate*, заста́ва, где взима́ется сбор.

toll² *v.t.* (ме́дленно и ме́рно) ударя́ть *imp.*, уда́рить *perf.* в ко́локол; звони́ть *imp.*, по ~ *perf.* (ме́дленно и ме́рно).

tom(-cat) *n.* кот (-á).

tomahawk *n.* томага́вк; *v.t.* бить (бью, бьёшь) *imp.*, по- *perf.* томага́вком.

tomato *n.* помидо́р; *attrib.* тома́тный.

tomb *n.* моги́ла. **tombstone** *n.* моги́льная плита́ (*pl.* -ты).

tomboy *n.* сорване́ц (-нца́).

tome *n.* больша́я (тяжёлая) кни́га.

tomfoolery *n.* дура́чества *neut.pl.*

tommy-gun *n.* автома́т.

tomorrow *adv.* за́втра; *n.* за́втрашний

день (дня) *m.*; *t. morning*, за́втра у́тром; *the day after t.*, послеза́втра; *see you t.*, (*coll.*) до за́втра.

tom-tit *n.* сини́ца.

tom-tom *n.* тамта́м.

ton *n.* то́нна; (*a lot*) ма́сса.

tonal *adj.* тона́льный. **tonality** *n.* тона́льность. **tone** *n.* тон (*pl.* -ы (*mus. & fig.*), -á (*colour*)); (*atmosphere, mood*) атмосфе́ра, настрое́ние; (*med.*) то́нус; *t.-arm*, звукоснима́тель *m.*; *t. control*, регуля́ция те́мбра; *t.-deaf*, с сла́бым музыка́льным слу́хом; *v.t.* придава́ть (-даю́, -даёшь) *imp.*, прида́ть (-áм, -áшь, -áст, -ади́м; при́дал, -á, -о) *perf.* жела́тельный тон + *dat.*; *v.i.* (*harmonize*) гармони́ровать *imp.* (with, c + *instr.*); *t. down*, смягча́ть(ся) *imp.*, смягчи́ть(ся) *perf.*; *t. up*, уси́ливать *imp.*, уси́лить *perf.*; (*med.*) тонизи́ровать *imp.*, *perf.*

tongue *n.* (*var. senses*) язы́к (-á); (*of shoe*) язычо́к (-чка́); *t.-in-cheek*, с насме́шкой, ирони́чески; *t.-tied*, косноязы́чный; *t.-twister*, скорогово́рка; *give t.*, (*of dog*) поддава́ть (-аю́, -аёшь) *imp.*, подда́ть (-áм, -áшь, -áст, -ади́м; по́ддал, -á, -о) *perf.* го́лос; (*of person*) гро́мко говори́ть *imp.*; *hold one's t.*, держа́ть (-жу́, -жишь) *imp.* язы́к за зуба́ми; *lose one's t.*, прогла́тывать *imp.*, проглоти́ть (-очу́, -о́тишь) *perf.* язы́к; *put out one's t.*, пока́зывать *imp.*, показа́ть (-ажу́, -а́жешь) *perf.* язы́к.

tongs *n.* щипцы́ (-цо́в) *pl.*

tonic *n.* (*med.*) тонизи́рующее сре́дство; (*mus.*) то́ника; *adj.* (*med.*) тонизи́рующий; (*mus.*) тони́ческий.

tonight *adv.* сего́дня ве́чером; *n.* сего́дняшний ве́чер.

tonnage *n.* то́ннаж, грузовмести́мость; (*charge*) корабе́льный сбор.

tonsil *n.* минда́лина. **tonsillitis** *n.* анги́на.

tonsure *n.* тонзу́ра; *v.t.* выбрива́ть *imp.*, вы́брить (-рею, -реешь) *perf.* тонзу́ру + *dat.*

too *adv.* сли́шком; (*also*) та́кже, то́же; (*very*) о́чень; (*indeed*) действи́тельно; (*moreover*) к тому́ же; *none t.*, не сли́шком.

tool *n.* инструме́нт; (*machine-t.*) стано́к (-нка́); (*implement*, *fig.*) ору́дие; *t.-box*, я́щик с инструме́нтами.

toot *n.* гудо́к (-дка́); *v.i.* гуде́ть (-ди́т) *imp.*; (*give a hoot*) дава́ть (даю́, даёшь) *imp.*, дать (дам, дашь, даст, дади́м) *perf.*; дал, -а́, да́ло́, -и) *perf.* гудо́к; *v.t.* (*blow*) труби́ть *imp.* в + *acc.*

tooth *n.* зуб (*pl.* -ы, -о́в); (*tech.*) зубе́ц (-бца́); *attrib.* зубно́й; *t.-brush*, зубна́я щётка; *t.-comb*, ча́стый гре́бень (-бня) *m.*; *false teeth*, вставны́е зу́бы (-бо́в) *pl.*; *first t.*, моло́чный зуб (*pl.* -ы, -о́в); *loose t.* шата́ющийся зуб (*pl.* -ы, -о́в); *second t.*, постоя́нный зуб (*pl.* -ы, -о́в); *t. and nail*, (*fiercely*) не на жизнь, а на смерть; (*energetically*) энерги́чно; *in the teeth of*, (*in defiance of*) напереко́р + *dat.*; (*directly against*) пря́мо про́тив + *gen.*; *have one's teeth attended to*, лечи́ть (-чу́, -чишь) зу́бы (-бо́в) *pl.*; *he has cut a t.*, у него́ проре́зался зуб. **toothache** *n.* зубна́я боль. **toothed** *adj.* зубча́тый. **toothless** *adj.* беззу́бый. **toothpaste** *n.* зубна́я па́ста. **toothpick** *n.* зубочи́стка. **toothsome** *adj.* вку́сный (-сен, -сна́, -сно). **toothy** *adj.* зуба́стый (*coll.*).

top[1] *n.* (*toy*) волчо́к (-чка́).

top[2] *n.* (*of object; fig.*) верх -а(у), *loc.* -ý; *pl.* -и́); (*of hill etc.*) верши́на; (*of tree*) верху́шка; (*of head*) маку́шка; (*of milk*) сли́вки (-вок) *pl.*; (*lid*) кры́шка; (*upper part*) ве́рхняя часть (*pl.* -ти, -те́й); *t. copy*, оригина́л *m.*, *drawer*, (*fig.*) вы́сшее о́бщество; *t. hat*, цили́ндр; *t.-heavy*, переве́шивающий в свое́й ве́рхней ча́сти; (*at*) *t. level*, на вы́сшем у́ровне; (*of high rank*) высокопоста́вленный; *t. secret*, соверше́нно секре́тный; *on t. of*, (*position*) на + *prep.*, сверх + *gen.*; (*on to*) на + *acc.*; *on t. of everything*, сверх всего́; *from t. to bottom*, све́рху до́низу; *at the t. of one's voice*, во всё го́рло; *at t. speed*, во весь опо́р; *adj.* ве́рхний, вы́сший, са́мый высо́кий; (*foremost*) пе́рвый; *v.t.* (*cover*) покрыва́ть *imp.*, покры́ть (-ро́ю, -ро́ешь) *perf.*; (*reach t. of*) поднима́ться *imp.*, подня́ться (-ниму́сь, -ни́мешься; -ня́лся́, -няла́сь) *perf.* на верши́ну + *gen.*; (*excel*) превосходи́ть (-ожу́, -о́дишь) *imp.*, превзойти́ (-ойду́, -ойдёшь; -ошёл, -ошла́) *perf.* (*cut t. off*) обреза́ть *imp.*, обре́зать (-е́жу, -е́жешь) *perf.* верху́шку + *gen.*; *t. off*, заверша́ть *imp.*, заверши́ть *perf.*; *t. up*, (*with liquid*) долива́ть *imp.*, доли́ть (-лью́, -льёшь; до́ли́л, -а́, -о) *perf.*; (*with grain etc.*) досыпа́ть *imp.*, досы́пать (-плю, -плешь) *perf.*

topaz *n.* топа́з.

topcoat *n.* пальто́ *neut. indecl.*

topiary *n.* иску́сство фигу́рной стри́жки кусто́в.

topic *n.* те́ма, предме́т. **topical** *adj.* актуа́льный; *t. question*, злободне́вный вопро́с. **topicality** *n.* актуа́льность.

topknot *n.* (*tuft*, *crest*) хохо́л (-хла́); (*knot*) пучо́к (-чка́) лент (*of ribbons*), воло́с (*of hair*).

topmost *adj.* са́мый ве́рхний; са́мый ва́жный.

topographer *n.* топо́граф. **topographic(al)** *adj.* топографи́ческий. **topography** *n.* топогра́фия.

topology *n.* тополо́гия. **toponymy** *n.* топони́мия.

topple *v.t.* & *i.* опроки́дывать(ся) *imp.*, опроки́нуть(ся) *perf.*; *v.i.* вали́ться (-лю́сь, -лишься) *imp.*, по ~, с ~ *perf.*

topsail *n.* ма́рсель *m.*

topsoil *n.* ве́рхний слой по́чвы.

topsy-turvy *adj.* повёрнутый вверх дном; (*disorderly*) беспоря́дочный; *adv.* вверх дном, ши́ворот-навы́ворот.

torch *n.* фа́кел; (*electric t.*) электри́ческий фона́рик; (*fig.*) свето́ч; *t.-bearer*, фа́кельщик, -ица. **torchlight** *n.* свет фа́кела, фона́рика.

toreador *n.* тореадо́р.

torment *n.* муче́ние, му́ка; *v.t.* му́чить *imp.*, за ~, из ~ *perf.* **tormentor** *n.* мучи́тель *m.*

tornado *n.* торна́до; (*fig.*) урага́н.

torpedo *n.* торпе́да; *t.-boat*, торпе́дный ка́тер (*pl.* -á); *v.t.* торпеди́ровать *imp.*, *perf.*; (*fig.*) прова́ливать *imp.*, провали́ть (-лю́, -лишь) *perf.*

torpid *adj.* (*numb*) онеме́лый; (*sluggish*)

torque

вя́лый; (*zool.*) находя́щийся в спя́чке. **torpor** *n.* онеме́лость; апа́тия.
torque *n.* (*phys., mech.*) враща́ющий моме́нт.
torrent *n.* стреми́тельный пото́к; (*fig.*) пото́к; *pl.* ли́вень (-вня) *m.* **torrential** *adj.* теку́щий бы́стрым пото́ком; (*of rain*) проливно́й; (*fig.*) оби́льный.
torrid *adj.* зно́йный.
torsion *n.* скру́ченность; (*tech.*) круче́ние.
torso *n.* ту́ловище; (*of statue*) торс.
tort *n.* гражда́нское правонаруше́ние.
tortoise *n.* черепа́ха. **tortoise-shell** *n.* па́нцирь *m.* черепа́хи; (*material*) черепа́ха; *attrib.* черепа́ховый; (*cat*) пёстрый.
tortuous *adj.* изви́листый; (*evasive*) уклончивый.
torture *n.* пы́тка; *v.t.* пыта́ть *imp.*; (*torment*) му́чить *imp.*, за~ *perf.*; (*distort*) искажа́ть *imp.*, искази́ть *perf.* **torturer** *n.* мучи́тель *m.*, пала́ч (-а́).
toss *n.* бросо́к (-ска́), броса́ние; *t. of coin*, подбра́сывание моне́ты, жеребьёвка (*fig.*); *win* (*lose*) *the t.*, (не) выпада́ть *imp.*, вы́пасть (-адет; -ал) *perf.* жре́бий *impers.* (*I won the t.*, мне вы́пал жре́бий); *v.t.* броса́ть *imp.*, бро́сить *perf.*; (*coin*) подбра́сывать *imp.*, подбро́сить *perf.*; (*rider*) сбра́сывать *imp.*, сбро́сить *perf.*; (*of bull etc.*) поднима́ть *imp.*, подня́ть (-ниму́, -ни́мешь; по́днял, -а́, -о) *perf.* на рога́х; (*head*) вски́дывать *imp.*, вски́нуть *perf.*; (*salad*) переме́шивать *imp.*, перемеша́ть *perf.; t. a pancake*, перевора́чивать *imp.*, переверну́ть *perf.* блин, подбро́сив его́; *v.i.* (*of ship*) кача́ться *imp.*, качну́ться *perf.*; (*in bed*) мета́ться (мечу́сь, -чешься) *imp.*; *t. aside, away*, отбра́сывать *imp.*, отбро́сить *perf.; t. off*, (*work*) де́лать *imp.*, с~ *perf.* на́спех; (*drink*) пить (пью, пьёшь) *imp.*, вы́~ *perf.* за́лпом; *t. up*, броса́ть *imp.*, бро́сить *perf.* жре́бий. **toss-up** *n.* жеребьёвка; (*doubtful matter*): *it is a t.*, э́то ещё вопро́с.
tot[1] *n.* (*coll.*) (*child*) малы́ш (-а́) (*coll.*);

touch

(*glass*) ма́ленькая рю́мка; (*dram*) ма́ленький глото́к (-тка́).
tot[2]: *t. up,* (*coll.*) (*v.t.*) скла́дывать *imp.*, сложи́ть (-жу́, -жишь) *perf.*; (*v.i.*) равня́ться *imp.* (*to,* + *dat.*).
total *n.* ито́г, су́мма; *adj.* о́бщий; (*complete*) по́лный (-лон, -лна́, по́лно); *in t.,* в це́лом, вме́сте; *t. recall,* фотографи́ческая па́мять; *t. war,* тота́льная война́; *sum t.,* о́бщая су́мма; *v.t.* подсчи́тывать *imp.*, подсчита́ть *perf.*; *v.i.* равня́ться *imp.* + *dat.* **totalitarian** *adj.* тоталита́рный.
totality *n.* вся су́мма цели́ком; *the t. of,* весь (вся, всё; все); *in t.,* в це́лом вме́сте. **totalizator** *n.* тотализа́тор. **totalize** *v.t.* соединя́ть *imp.*, соедини́ть *perf.* воеди́но. **totally** *adv.* соверше́нно.
totem *n.* тоте́м; *t.-pole,* тоте́мный столб (-а́).
totter *v.i.* (*walk unsteadily*) ходи́ть (хожу́, хо́дишь) *indet.*, идти́ (иду́, идёшь; шёл, шла) *det.*, пойти́ (пойду́, -дёшь; пошёл, -шла́) *perf.* неве́рными шага́ми; (*reel*) шата́ться *imp.*; (*toddle*) ковыля́ть *imp.*; (*perish*) ги́бнуть (-б) *imp.*, по ~ *perf.*
toucan *n.* тука́н.
touch *n.* прикоснове́ние; (*sense*) осяза́ние; (*stroke of brush etc.*) штрих (-а́); (*mus. or art style*) туше́; (*of piano etc.*) уда́р; (*shade*) отте́нок (-нка); (*taste*) при́вкус; (*small amount*) чу́точка; (*of illness*) лёгкий при́ступ; (*of*) пло́щадь (*pl.* -ди, -де́й) за боковы́ми ли́ниями; (*personal*): ли́чный подхо́д; *get in t. with,* свя́зываться *imp.*, связа́ться (-яжу́сь, -я́жешься) *perf.* с + *instr.*; *keep in* (*lose*) *t. with,* подде́рживать *imp.*, поддержа́ть (-жу́, -жишь) *perf.* (теря́ть *imp.*, по ~ *perf.*) связь, конта́кт с + *instr.*; *put the finishing touches to,* отде́лывать *imp.*, отде́лать *perf.; t.-line,* бокова́я ли́ния; *t. typing,* слепо́й ме́тод машинопи́си; *common t.,* чу́вство ло́ктя; *to the t.,* на о́щупь; *v.t.* (*lightly*) прикаса́ться *imp.*, прикосну́ться *perf.* к + *dat.*; каса́ться *imp.*, косну́ться *perf.* + *gen.*; (*also disturb; affect*) тро́гать *imp.*, тро́нуть

tough   371   **track**

perf.; (*momentarily reach*) подскакивать *imp.*, подскочи́ть (-чи́т) *perf.* до +*gen.* (*coll.*); (*be comparable with*) идти́ (иду́, идёшь; шёл, шла) *imp.* в сравне́нии с+*instr.*; *v.i.* (*be contiguous*; *come into contact*) соприкаса́ться *imp.*, соприкосну́ться *perf.*; t. *down*, приземля́ться *imp.*, приземли́ться *perf.*; t.-*down*, поса́дка; t. *off*, (*provoke*) вызыва́ть *imp.*, вы́звать (вы́зову, -вешь) *perf.*; t. (*up*)*on*, (*fig.*) каса́ться *imp.*, косну́ться *perf.*+*gen.*; t. *up*, поправля́ть *imp.*, попра́вить *perf.*; t.-*and*-*go*, риско́ванное де́ло!; t. *wood*! не сглази́ть бы! **touched** *adj.* тро́нутый. **touchiness** *n.* оби́дчивость. **touching** *adj.* тро́гательный. **touchstone** *n.* проби́рный ка́мень (-мня; *pl.* -мни, -мне́й) *m.* **touchy** *adj.* оби́дчивый.
tough *adj.* жёсткий (-ток, -тка́ -тко); (*durable*) про́чный (-чен, -чна́, -чно, про́чны); (*strong*) кре́пкий (-пок, -пка́, -пко); (*difficult*) тру́дный (-ден, -дна́, -дно, тру́дны); (*hardy*) выно́сливый; *n.* хулига́н, банди́т. **toughen** *v.t.* & *i.* де́лать(ся) *imp.*, с~ *perf.* жёстким. **toughness** *n.* жёсткость; (*durability*) про́чность.
toupee *n.* небольшо́й пари́к (-а́).
tour *n.* (*journey*) путеше́ствие, пое́здка; (*excursion*) экску́рсия; (*of artistes*) турне́ *neut. indecl.*; (*of duty*) объе́зд; *t. de force*, проявле́ние си́лы (*strength*), ло́вкости (*skill*); *v.i.* (*t.*) соверша́ть *imp.*, соверши́ть *perf.* путеше́ствие, турне́, объе́зд (*по*+*dat.*). **tourism** *n.* тури́зм. **tourist** *n.* тури́ст, ~ка; путеше́ственник, -ица; *t. class*, второ́й класс.
tournament *n.* турни́р. **tourney** *v.i.* уча́ствовать *imp.* в турни́ре.
tourniquet *n.* турнике́т.
tousle *v.t.* взъеро́шивать *imp.*, взъеро́шить *perf.* (*coll.*).
tout *n.* навя́зчивый торго́вец (-вца); (*of horses*) челове́к (*pl.* лю́ди, -де́й, -дям, -дьми́) добыва́ющий и продаю́щий све́дения о лошадя́х пе́ред ска́чками; *v.t.* навя́зывать *imp.*, навяза́ть (-жу́, -я́жешь) *perf.* (*thing*, +*acc.*; *person*, +*dat.*).
tow[1] *v.t.* букси́ровать *imp.*; *n.* букси-

ро́вка; *on t.*, на букси́ре; *t.-boat*, букси́рное су́дно (*pl.* -да́, -до́в); *t.-path*, бечевни́к (-а́); *t.-rope*, букси́р, бечева́ *no pl.*
tow[2] *n.* (*text.*) па́кля.
towards *prep.* (*in direction of*) (по направле́нию) к+*dat.*; (*fig.*) к+*dat.*; (*for*) для+*gen.*
towel *n.* полоте́нце; *t. rail*, ве́шалка для полоте́нец. **towelling** *n.* махро́вая ткань.
tower *n.* ба́шня; (*tech.*) вы́шка; (*fig.*): *t. of strength*, надёжная опо́ра; *v.i.* высы́ться *imp.*, возвыша́ться *imp.* (*above*, над+*instr.*). **towering** *adj.* (*high*) высо́кий (-о́к, -ока́, -о́ко); (*rising up*) возвыша́ющийся; (*furious*) нейстовый.
town *n.* го́род (*pl.* -а́); *attrib.* городско́й; *t. clerk*, секрета́рь *m.* городско́й корпора́ции; *t. council*, городско́й сове́т; *t. councillor*, член городско́го сове́та; *t. crier*, глаша́тай; *t. hall*, ра́туша; *t. planning*, градострои́тельство. **townsman**, **-swoman** *n.* горожа́нин (*pl.* -а́не, -а́н), -а́нка.
toxic *adj.* ядови́тый, токси́ческий. **toxin** *n.* яд (-а(у)); (*med.*) токси́н.
toy *n.* игру́шка; *t. dog*, ма́ленькая ко́мнатная соба́чка; *t. soldier*, оловя́нный солда́тик; *v.i.*: *t. with*, (*s.th. in hands*) верте́ть (верчу́, -ртишь) *imp.* в рука́х; (*trifle with*) игра́ть *imp.* (с)+*instr.*
trace[1] *n.* (*track, mark*) след (*pl.* -ы́); (*small amount*) небольшо́е коли́чество; *t. element*, микроэлеме́нт; *v.t.* (*track down*) просле́живать *imp.*, проследи́ть *perf.*; (*through*) просле́живать *imp.*, проследи́ть *perf.*; (*make copy*) кальки́ровать *imp.*, с~ *perf.*; *t. back*, (*v.i.*) восходи́ть (-ожу́, -о́дишь) *imp.* (*to*, к+*dat.*); *t. out*, (*plan*) набра́сывать *imp.*, наброса́ть *perf.*; (*map, diagram*) черти́ть (черчу́, -ртишь) *imp.*, на~ *perf.* **tracery** *n.* узо́р. **tracing** *n.* (*copy*) чертёж (-а́) на ка́льке; *t. ~ paper*, ка́лька.
trace[2] *n.* (*of harness*) постро́мка.
trachea *n.* трахе́я.
track *n.* (*path*) доро́жка, тропи́нка; (*mark*) след (*pl.* -ы́); (*rly.*) путь (-ти́,

tract -тём) *m.*, колея́; (*sport*) трек, доро́жка; (*on tape*) (звукова́я) доро́жка; (*on record*) за́пись; t. events, соревнова́ния *neut.pl.* по бегу́; t. suit, трениро́вочный костю́м; off the t., на ло́жном пути́; (*fig.*) отклони́вшийся от те́мы; off the beaten t., в глуши́; be on the t. of, пресле́довать *imp.*; go off the t., (*fig.*) отклоня́ться *imp.*, отклони́ться (-ню́сь, -ни́шься) *perf.* от те́мы; keep t. of, следи́ть *imp* за + *instr.*; lose t. of, теря́ть *imp.*, по~ *perf.* след + *gen.*; *v.t.* просле́живать *imp.*, проследи́ть *perf.*; t. down, высле́живать *imp.*, вы́следить *perf.*

tract[1] *n.* (*expanse*) простра́нство; (*anat.*) тракт.

tract[2] *n.* (*treatise*) тракта́т; (*pamphlet*) брошю́ра.

tractability *n.* (*of person*) сгово́рчивость; (*of material*) ко́вкость. **tractable** *adj.* (*person*) сгово́рчивый; (*material*) ко́вкий (-вок, -вка́, -вко). **traction** *n.* тя́га; (*therapy*) тра́кция; t.-engine, тра́ктор-тяга́ч (-а́). **tractor** *n.* тра́ктор; t.-driver, трактори́ст.

trade *n.* торго́вля; (*occupation*) профе́ссия, ремесло́ (*pl.* -ёсла, -ёсел, -ёслам); (*collect.*) торго́вцы *m.pl.*; t. mark, фабри́чная ма́рка; (*fig.*) отличи́тельный знак; t. name, (*of firm*) назва́ние фи́рмы; t. secret, секре́т фи́рмы; t. union, профсою́з; t.-unionist, член профсою́за; t. wind, пасса́т; *v.i.* торгова́ть *imp.* (in, + *instr.*); *v.t.* (*swap like things*) обме́ниваться *imp.*, обменя́ться *perf.* + *instr.*; (t. for s.th. different) обме́нивать *imp.*, обменя́ть *perf.* (for, на + *acc.*); t. in, сдава́ть (сдаю́, сдаёшь) *imp.*, сдать (сдам, сдашь, сдаст, сдади́м; сдал, -а́, -о) *perf.* в счёт поку́пки но́вого; t. on, (*exploit*) испо́льзовать *imp.*, *perf.* **trader, tradesman** *n.* торго́вец (-вца).

trading *n.* торго́вля, комме́рция *attrib.* торго́вый; t. station, факто́рия.

tradition *n.* тради́ция; (*legend*) преда́ние. **traditional** *adj.* традицио́нный (-нен, -нна). **traditionalism** *n.* приве́рженность к тради́циям. **traditionally** *adv.* по тради́ции.

traduce *v.t.* клевета́ть (-ещу́, -е́щешь) *imp.*, на~ *perf.* на + *acc.* **traducer** *n.* клеветни́к (-а́), -и́ца.

traffic *n.* движе́ние; (*trade*) торго́вля; (*transportation*) тра́нспорт; t. island, острово́к (-вка́) безопа́сности; t. jam, про́бка; t. lights, светофо́р; *v.i.* торгова́ть *imp.* (in, + *instr.*). **trafficator** *n.* указа́тель *m.* поворо́та. **trafficker** *n.* торго́вец (-вца).

tragedian *n.* тра́гик. **tragedy** *n.* траге́дия. **tragic** *adj.* траги́ческий. **tragicomedy** *n.* трагикоме́дия.

trail *n.* (*trace, track*) след (*pl.* -ы́); (*path*) тропи́нка; (*course: road*) путь (-ти́, -тём) *m.*; *v.t.* (*track*) высле́живать *imp.*, вы́следить *perf.*; *v.t.* & i. (*drag*) таска́ть(ся) *indet.*, тащи́ть(ся) (-щу́(сь), -щишь(ся)) *det.*; волочи́ть(ся) (-чу́(сь), -чишь(ся)) *imp.* **trailer** *n.* (*on vehicle*) прице́п; (*plant*) сте́лющееся расте́ние; (*cin.*) (кино)ро́лик.

train *n.* по́езд (*pl.* -а́); (*of dress*) шлейф; (*retinue*) сви́та; (*mil.*) обо́з; (*convoy*) карава́н; (*series*) цепь (*loc.* -пи́; *pl.* -пи, -пе́й) *v.t.* (*instruct*) обуча́ть *imp.*, обучи́ть (-чу́, -чишь) *perf.* (in, + *dat.*); (*prepare*) гото́вить *imp.* (for, к + *dat.*); (*sport*) трениро́вать *imp.*, на~ *perf.*; (*animals*) дрессирова́ть *imp.*, вы́~ *perf.*; (*break in*) объезжа́ть *imp.*, объе́здить *perf.*; (*aim, point*) направля́ть *imp.*, напра́вить *perf.*; (*plant*) направля́ть *imp.*, напра́вить *perf.* рост + *gen.*; *v.i.* (*prepare*) приготовля́ться *imp.*, пригото́виться *perf.* (for, к + *dat.*); (*sport*) тренирова́ться *imp.*, на~ *perf.* **trainee** *n.* стажёр, практика́нт. **trainer** *n.* инстру́ктор; (*sport*) тре́нер; (*of animals*) дрессиро́вщик. **training** *n.* обуче́ние; (*sport*) трениро́вка; (*of animals*) дрессиро́вка; t.-college, (*teachers'*) педагоги́ческий институ́т; t.-school, специа́льное учи́лище.

traipse *v.i.* таска́ться *indet.*, тащи́ться (-щу́сь, -щишься) *det.*

trait *n.* (характе́рная) черта́; штрих (-а́).

traitor *n.* преда́тель *m.*, изме́нник. **traitorous** *adj.* преда́тельский. **traitress** *n.* преда́тельница, изме́нница.

trajectory *n.* траекто́рия.

tram n. трамвай; *t.-driver*, вагоновожатый sb.; *t.-line*, трамвайная линия.

trammel n. (*net*) невод (pl. -á), трал; (*fig.*) помеха, препятствие; v.t. (*fig.*) препятствовать *imp.*, вос~ *perf.* + dat.

tramp n. (*vagrant*) бродяга m.; (*tread*) топот; (*journey on foot*) путешествие пешком; v.i. (*of vagrant*) бродяжничать *imp.*; (*go with heavy tread*) топать *imp.*; (*go on foot*) ходить (хожу, ходишь) *indet.*, идти (иду, идёшь; шёл, шла) *det.*, пойти (пойду, -дёшь; пошёл, -шла) *perf.* пешком. **trample** v.t. топтать (топчу, -чешь) *imp.*, по~, ис~ *perf.*; *t. down*, вытаптывать *imp.*, вытоптать (-пчу, -пчешь) *perf.*; *t. on*, (*fig.*) попирать *imp.*, попрать (-ру́, -рёшь) *perf.*

trampoline n. батут, батуд.

trance n. транс; (*rapture*) состояние экстаза.

tranquil adj. спокойный. **tranquillity** n. спокойствие. **tranquillize** успокаивать *imp.*, успокоить *perf.* **tranquillizer** n. транквилизатор.

transact v.t. (*business*) вести (веду, -дёшь; вёл, -á) *imp.*; (*a deal*) заключать *imp.*, заключить *perf.* **transaction** n. дело (pl. -лá), сделка; pl. (*publications*) труды m.pl.; (*minutes*) протоколы m.pl.

transatlantic adj. трансатлантический.

transceiver n. приёмо-передатчик.

transcend v.t. преступать *imp.*, преступить (-плю, -пишь) *perf.* пределы + gen.; (*excel*) превосходить (-ожу, -одишь) *imp.*, превзойти (-ойду, -ойдёшь; -ошёл, -ошла) *perf.* **transcendency** n. превосходство. **transcendent** adj. превосходный. **transcendental** adj. (*philos.*) трансцендентальный.

transcontinental adj. трансконтинентальный.

transcribe v.t. (*copy out*) переписывать *imp.*, переписать (-ишу, -ишешь) *perf.*; (*shorthand*) расшифровывать *imp.*, расшифровать *perf.*; (*mus.*) аранжировать *imp., perf.* **transcript** n. копия; (*shorthand*) расшифровка. **transcription** n. (*copying out*) переписывание; (*copy*) копия; (*mus.*) аранжировка; (*phon.*) транскрипция.

transducer n. преобразователь m., датчик.

transept n. трансепт.

transfer n. (*of objects*) перенос, перемещение; (*of money*) перевод; (*of people*) перевод; (*leg.*) передача; (*design*) переводная картинка; (*objects*) переносить (-ошу, -осишь) *imp.*, перенести (-есу, -есёшь; -ёс, -еслá) *perf.*; перемещать *imp.*, переместить *perf.*; (*money; people; design*) переводить (-ожу, -одишь) *imp.*, перевести (-еду, -едёшь; -ёл, -елá) *perf.*; (*leg.*) передавать (-даю, -даёшь) *imp.*, передать (-ам, -ашь, -аст, -адим; передал, -á, -о) *perf.* v.i. (*to different job*) переходить (-ожу, -одишь) *imp.*, перейти (-ейду, -ейдёшь; -ешёл, -ешлá) *perf.*; (*change trains etc.*) пересаживаться *imp.*, пересесть (-сяду, -сядешь; -сел) *perf.* **transferable** adj. допускающий передачу; (*replaceable*) заменяемый, заменимый. **transference** n. передача.

transfiguration n. преобразование; (*spiritual*) преображение. **transfigure** v.t. преобразовывать *imp.*, преобразовать *perf.*; (*in spirit*) преображать *imp.*, преобразить *perf.*

transfix v.t. (*pierce*) пронзать *imp.*, пронзить *perf.*; (*fig.*) пригвождать *imp.*, пригвоздить *perf.* к месту.

transform v.t. & i. (*also electr.*) преобразовывать(ся) *imp.*, преобразовать(ся) *perf.*; превращать(ся) *imp.*; *t. into*, превратить(ся) (-ащу(сь), -атишь(ся)) *perf.* в + acc. **transformation** n. преобразование; превращение. **transformer** n. (*electr.*) трансформатор.

transfuse v.t. (*med.*) переливать *imp.*, перелить (-лью, -льёшь; -лил, -лилá) *perf.*; (*steep*) пропитывать *imp.*, пропитать (in, + instr.); (*convey*) передавать (-даю, -даёшь) *imp.*, передать (-ам, -ашь, -аст, -адим; передал, -á, -о) *perf.* **transfusion** n. переливание (крови).

transgress v.t. переступать *imp.*, переступить (-плю, -пишь) *perf.*; нару-

transience *n.* быстротечность, мимолётность. **transient** *adj.* преходящий; (*fleeting*) мимолётный.
transistor *n.* транзистор; *t. radio*, транзисторный приёмник. **transistorized** *adj.* на транзисторах.
transit *n.* транзит, прохождение; (*astron.*) прохождение планеты; *in t.*,в, по пути; *t. camp*, лагерь (*pl.* -ря́, -рей) *m.* перемещённых лиц; *t. visa*, транзитная виза. **transition** *n.* переход.
transitional *adj.* переходный; (*interim*) промежуточный. **transitive** *adj.* переходный. **transitory** *adj.* мимолётный; (*temporary*) временный.
translate *v.t.* переводить (-ожу, -одишь) *imp.*, перевести (-еду, -едешь; -ёл, -ела) *perf.*; (*explain*) объяснять *imp.*, объяснить *perf.* **translation** *n.* перевод. **translator** *n.* переводчик, -ица.
transliterate *v.t.* транслитерировать *imp.*, *perf.* **transliteration** *n.* транслитерация.
translucency *n.* полупрозрачность. **translucent** *adj.* просвечивающий, полупрозрачный.
transmigration *n.* переселение.
transmission *n.* передача; (*tech.*) трансмиссия; *attrib.* передаточный. **transmit** *v.t.* передавать (-даю, -даёшь) *imp.*, передать (-ам, -ашь, -аст, -адим; передал, -а, -о) *perf.* **transmitter** *n.* (радио)передатчик.
transmutation *n.* превращение. **transmute** *v.t.* превращать *imp.*, превратить (-ащу, -атишь) *perf.*
transom *n.* переплёт.
transparency *n.* прозрачность; (*picture*) транспарант; (*phot.*) диапозитив. **transparent** *adj.* прозрачный; (*obvious*) очевидный, (-ден, -дна); (*frank*) откровенный (-нен, -нна).
transpire *v.t.* & *i.* испарять(ся) *imp.*, испарить(ся) *perf.*; *v.i.* (*fig.*) обнаруживаться *imp.*, обнаружиться *perf.*; (*occur*) случаться *imp.*, случиться *perf.*

transplant *v.t.* пересаживать *imp.*, пересадить (-ажу, -адишь) *perf.*; (*surg.*) делать *imp.*, с~ *perf.* пересадку+*gen.*; *n.* (*surg.*) пересадка.
transport *n.* (*var. senses*) транспорт; (*conveyance*) перевозка; (*of rage etc.*) порыв; *attrib.* транспортный; *v.t.* перевозить (-ожу, -озишь) *imp.*, перевезти (-езу, -езёшь; -ёз, -езла) *perf.*; (*exile*) ссылать *imp.*, сослать (сошлю, -лёшь) *perf.* **transportation** *n.* транспорт, перевозка; (*exile*) ссылка.
transpose *v.t.* перемещать *imp.*, переместить *perf.*; (*words*) переставлять *imp.*, переставить *perf.*; (*mus.*) транспонировать *imp.*, *perf.* **transposition** *n.* перемещение, перестановка; (*mus.*) транспонировка.
trans-ship *v.t.* перегружать *imp.*, перегрузить (-ужу, -узишь) *perf.*
transverse *adj.* поперечный.
transvestism *n.* трансвестизм. **transvestite** *n.* трансвестит.
trap *n.* ловушка (*also fig.*), западня, капкан; (*tech.*) сифон; (*cart*) рессорная двуколка; *v.t.* (*catch*) ловить (-влю, -вишь) *imp.*, поймать *perf.* (в ловушку); (*fig.*) заманивать *imp.*, заманить (-ню, -нишь) *perf.* в ловушку. **trapdoor** *n.* люк.
trapeze *n.* трапеция. **trapezium** *n.* трапеция.
trapper *n.* охотник, ставящий капканы.
trappings *n.* сбруя (*collect.*); (*fig.*) (*exterior attributes*) внешние атрибуты *m.pl.*; (*adornments*) украшения *neut.pl.*
trash *n.* дрянь (*coll.*). **trashy** *adj.* дрянной (-нен, -нна, -нно).
trauma *n.* травма. **traumatic** *adj.* травматический.
travel *n.* путешествие; (*tech.*) передвижение; *t. bureau*, бюро *neut.indecl.* путешествий; *t.-sick*: *be t.-sick*, укачивать *imp.*, укачать *perf.* *impers.* +*acc.*; *I am t.-sick in cars*, меня в машине укачивает; *v.i.* путешествовать *imp.*; (*tech.*) передвигаться *imp.*, передвинуться *perf.*; *v.t.* объезжать *imp.*, объехать (-еду, -едешь) *perf.*
traveller *n.* путешественник, -ица;

traverse (*salesman*) коммивояжёр; *t.'s cheque*, дорожный чек; *attrib.* дорожный; (*itinerant*) передвижной. **travelogue** *n.* (*film*) фильм о путешествиях; (*lecture*) лекция о путешествии с диапозитивами.

traverse *v.t.* пересекать *imp.*, пересечь (-еку́, -ечёшь; -ёк, -екла́) *perf.*; (*discuss*) подробно обсужда́ть *imp.*, обсуди́ть (-ужу́, -у́дишь) *perf.*

travesty *n.* пароди́я; *v.t.* пароди́ровать *imp.*, *perf.*

trawl *n.* трал; *v.t.* тра́лить *imp.*; *v.i.* лови́ть (-влю́, -вишь) *imp.* ры́бу тра́ловой се́тью. **trawler** *n.* тра́улер.

trawling *n.* трале́ние.

tray *n.* подно́с; *in-*(*out-*)*t.*, корзи́нка для входя́щих (исходя́щих) бума́г.

treacherous *adj.* преда́тельский; (*unreliable*) ненадёжный. **treachery** *n.* преда́тельство.

treacle *n.* па́тока. **treacly** *adj.* па́точный.

tread *n.* по́ступь, похо́дка; (*stair*) ступе́нька; (*of tyre*) проте́ктор; *v.i.* ступа́ть *imp.*, ступи́ть (-плю́, -пишь) *perf.*; шага́ть *imp.*, шагну́ть *perf.*; топта́ть (-пчу́, -пчешь) *imp.*; дави́ть (-влю́, -вишь) *imp.* **treadle** *n.* (*of bicycle*) педа́ль; (*of sewing-machine*) подно́жка.

treason *n.* изме́на; *high t.*, госуда́рственная изме́на. **treasonable** *adj.* изме́ннический.

treasure *n.* сокро́вище, клад; *t. trove*, на́йденный клад; *v.t.* (*preserve*) храни́ть *imp.*; (*value*) дорожи́ть *imp.* с *instr.*; высоко́ цени́ть (-ню́, -нишь) *imp.* **treasurer** *n.* казначе́й. **treasury** *n.* (*also fig.*) сокро́вищница; (*T.*) казна́ *no pl.*; *the T.*, госуда́рственное казначе́йство.

treat *n.* (*pleasure*) удово́льствие; (*entertainment*) угоще́ние; *v.t.* (*as guest*) угоща́ть *imp.*, угости́ть *perf.* (*to*, + *instr.*); (*med.*) лечи́ть (-чу́, -чишь) *imp.* (*for*, от + *gen.*; *with*, + *instr.*); (*behave towards*) обраща́ться *imp.* с + *instr.*; (*process*) обраба́тывать *imp.*, обрабо́тать *perf.* (*with*, + *instr.*); (*discuss*) трактова́ть *imp.* о + *prep.*; (*regard*) относи́ться (-ошу́сь, -о́сишься) *imp.*, отнести́сь (-есу́сь, -есёшься; -ёсся, -есла́сь) *perf.* к + *dat.* (*as*, как к + *dat.*). **treatise** *n.* тракта́т. **treatment** *n.* (*behaviour*) обраще́ние; (*med.*) лече́ние; (*processing*) обрабо́тка. **treaty** *n.* догово́р.

treble *adj.* тройно́й; (*trebled*) утро́енный (-ен); (*mus.*) дискантовый; *adv.* втро́е, втройне́; *n.* тройно́е коли́чество; (*mus.*) дискант; *v.t.* & *i.* утра́ивать(ся) *imp.*, утро́ить(ся) *perf.*

tree *n.* де́рево (*pl.* дере́вья, -ьев).

treeless *adj.* безле́сный.

trefoil *n.* трили́стник.

trek *n.* (*migration*) переселе́ние; (*journey*) путеше́ствие; *v.i.* (*migrate*) переселя́ться *imp.*, пересели́ться *perf.*; (*journey*) путеше́ствовать *imp.*

trellis *n.* шпале́ра; (*for creepers*) решётка.

tremble *v.i.* трепета́ть (-ещу́, -е́щешь) *imp.* (*at*, при + *prep.*); дрожа́ть (-жу́, -жи́шь) *imp.* (*with*, от + *gen.*); трясти́сь (-су́сь, -сёшься; -ся́, -сла́сь) *imp.* (*with*, от + *gen.*). **trembling** *n.* тре́пет, дрожь; *in fear and t.*, трепеща́.

tremendous *adj.* (*enormous*) огро́мный; (*excellent*, *remarkable*) потряса́ющий.

tremor *n.* дрожь, тре́пет; (*earthquake*) толчо́к (-чка́). **tremulous** *adj.* дрожа́щий; (*uneven*) неро́вный (-вен, -вна́, -вно); (*shy*) ро́бкий (-бок, -бка́, -бко).

trench *n.* кана́ва, ров (рва, *loc.* во рву); (*mil.*) око́п; *t. coat*, тёплая полушине́ль; *v.t.* рыть (ро́ю, ро́ешь) *imp.*, вы~ *perf.* кана́ву, рвы, око́пы в + *prep.*; (*dig over*) перека́пывать *imp.*, перекопа́ть *perf.*

trenchant *adj.* о́стрый (остр & остёр, остра́, о́стро́), ре́зкий (-зок, -зка́, -зко). **trenchancy** *n.* острота́, ре́зкость.

trend *n.* направле́ние, тенде́нция. **trendy** *adj.* мо́дный (-ден, -дна́, -дно).

trepidation *n.* (*trembling*) тре́пет; (*alarm*) трево́га.

trespass *n.* (*on property*) наруше́ние грани́ц; (*misdemeanour*) просту́пок (-пка); *v.i.* наруша́ть *imp.*, нару́шить *perf.* пра́во владе́ния; *t. on*, (*property*)

tress нарушать *imp.*, нарушить *perf.* границу+*gen.*; (*selfishly exploit*) злоупотреблять *imp.*, злоупотребить *perf.*+*instr.* **trespasser** *n.* нарушитель *m.*, ~ница границ.

tress *n.* локон, коса (*acc.* косу; *pl.* -сы).

trestle *n.* козлы (-зел, -злам) *pl.*

trial *n.* (*test*) испытание (*also ordeal*), проба; (*leg.*) процесс, суд (-а); (*sport*) попытка; on t., (*probation*) на испытании; (*of objects*) взятый на пробу; (*leg.*) под судом; t. period, испытательный срок (-а(у)); t. run, пробный пробег; (*of ship*) пробное плавание; (*of plane*) пробный полёт; t. and error, метод подбора.

triangle *n.* треугольник. **triangular** *adj.* треугольный; (*three-edged*) трёхгранный.

tribal *adj.* племенной, родовой. **tribe** *n.* племя *neut.*, род (-а(у), *loc.* -у́; *pl.* -ы́). **tribesman** *n.* член племени, рода.

tribulation *n.* горе, несчастье.

tribunal *n.* трибунал; (*court*; *fig.*) суд (-а́).

tribune[1] *n.* (*leader*) трибун.

tribune[2] *n.* (*platform*) трибуна; (*throne*) кафедра.

tributary *n.* (*geog.*) приток; (*hist.*) данник. **tribute** *n.* дань (*also fig.*); pay t., (*fig.*) отдавать (-даю́, -даёшь) *imp.*, отдать (-ам, -ашь, -аст, -адим; отдал, -а, -о) *perf.* дань (уважения) (to, +*dat.*).

trice *n.*: in a t., мгновенно.

trick *n.* (*ruse*) хитрость; (*deception*) обман; (*conjuring t.*) фокус; (*feat, stunt*) трюк; (*joke*) шутка; (*of trade etc.*) приём; (*habit*) привычка; (*cards*) взятка; play a t. on, играть *imp.*, сыграть *perf.* шутку c+*instr.*; *v.t.* обманывать *imp.*, обмануть (-ну, -нешь) *perf.* **trickery** *n.* обман, надувательство (*coll.*).

trickle *v.i.* капать *imp.*; сочиться *imp.*; *n.* струйка.

trickster *n.* обманщик, -ица. **tricky** *adj.* (*complicated*) сложный (-жен, -жна, -жно); (*crafty*) хитрый (-тёр, -тра, -тро).

tricot *n.* трико *neut.indecl.*

tricycle *n.* трёхколёсный велосипед.

trident *n.* трезубец (-бца).

triennial *adj.* трёхлетний.

trifle *n.* пустяк (-á), мелочь (*pl.* -чи, -чей); (*dish*) вид сладкого блюда; a t., (*adv.*) немного+*gen.*; *v.i.* шутить (шучу, шутишь) *imp.*, по~ *perf.* (with, c+*instr.*); относиться (-ошусь, -осишься) *imp.*, отнестись (-есусь, -есёшься; -ёсся, -еслась) *perf.* несерьёзно (with, к+*dat.*). **trifling** *adj.* пустяковый.

trigger *n.* (*of gun*) курок (-рка), спусковой крючок (-чка); (*releasing catch*) защёлка; *v.t.*: t. off, вызывать *imp.*, вызвать (вызову, -вешь) *perf.*

trigonometry *n.* тригонометрия.

trilby (**hat**) *n.* мягкая фетровая шляпа.

trill *n.* трель; *v.i.* выводить (-ожу, -одишь) *imp.*, вывести (-еду, -едешь; -ел) *perf.* трель.

trilogy *n.* трилогия.

trim *n.* (*order*) (-дка), готовность; in fighting t., в боевой готовности; in good t., (*sport*) в хорошей форме; (*haircut*) подстрижка; (*clipping, pruning*) подрезка; *adj.* аккуратный, опрятный; (*smart*) нарядный; *v.t.* (*cut, clip, cut off*) подрезать *imp.*, подрезать (-ежу, -ежешь) *perf.*; (*hair*) подстригать *imp.*, подстричь (-игу, -ижёшь; -иг) *perf.*; (*square*) обтёсывать *imp.*, обтесать (-ешу, -ешешь) *perf.*; (*a dress etc.*) отделывать *imp.*, отделать *perf.*; (*a dish*) украшать *imp.*, украсить *perf.* **trimming** *n.* (*on dress*) отделка; (*to food*) гарнир, приправа.

trimaran *n.* тримаран.

Trinity *n.* троица; T. Sunday, троицын день (дня) *m.*

trinket *n.* безделушка, брелок.

trio *n.* трио *neut.indecl.*; (*of people*) тройка.

trip *n.* поездка, путешествие, экскурсия; (*business t.*) командировка; (*stumbling*) спотыкание; (*sport*) подножка; (*light step*) лёгкая походка; (*mistake*) ошибка; (*tech.*) расцепляющее устройство; *v.i.* (*run lightly*) бегать *indet.*, бежать (бегу, бежишь) *det.*, по~ *perf.* вприпрыжку; (*stumble*) спотыкаться *imp.*, споткнуться *perf.*

tripartite (over, o+*acc.*); (*make a mistake*) ошибаться *imp.*, ошибиться (-бу́сь, -бёшься) *perf.*; *v.t.* подставля́ть *imp.*, подста́вить *perf.* но́жку+*dat.* (*also fig.*); (*confuse*) запу́тывать *imp.*, запу́тать *perf.*

tripartite *adj.* трёхсторо́нний.

tripe *n.* (*dish*) рубе́ц (-бца́).

triple *adj.* тройно́й; (*tripled*) утро́енный (-ен); *v.t.* & *i.* утра́ивать(ся) *imp.*, утро́ить(ся) *perf.* **triplet** *n.* (*mus.*) трио́ль; (*one of triplets*) близне́ц (-а́) (из тройни); *pl.* тройня́. **triplicate** *adj.*: in *t.*, в трёх экземпля́рах.

tripod *n.* трено́жник.

triptych *n.* три́птих.

trite *adj.* бана́льный, изби́тый.

triumph *n.* триу́мф (*also event*), торжество́, побе́да; *v.i.* торжествова́ть *imp.*, вос~ *perf.* (over, над+*instr.*).

triumphal *adj.* триумфа́льный. **triumphant** *adj.* (*exultant*) торжеству́ющий, лику́ющий; (*victorious*) победоно́сный.

trivia *n.* ме́лочи (-че́й) *pl.* **trivial** *adj.* незначи́тельный. **triviality** *n.* тривиа́льность, бана́льность. **trivialize** *v.t.* упроща́ть *imp.*, упрости́ть *perf.*

troglodyte *n.* троглоди́т.

troika *n.* тро́йка.

Trojan *adj.* троя́нский; *n.*: work like a T., рабо́тать *imp.* энерги́чно, усе́рдно.

troll *n.* (*myth.*) тролль *m.*

trolley *n.* теле́жка, вагоне́тка; (*table on wheels*) сто́лик на коле́сиках. **trolleybus** *n.* тролле́йбус.

trollop *n.* неря́ха; проститу́тка.

trombone *n.* тромбо́н.

troop *n.* гру́ппа, отря́д; *pl.* (*mil.*) войска́ *neut.pl.*, солда́ты *m.pl.*; *t.-ship*, войсково́й тра́нспорт; *v.i.* (*move in a crowd*) дви́гаться (-ается & дви́жется) *imp.* толпо́й. **trooper** *n.* кавалери́ст.

trooping the colour(s) *n.* торже́ственный вы́нос зна́мени (знамён).

trophy *n.* трофе́й; (*prize*) приз (*pl.* -ы́).

tropic *n.* тро́пик; *T. of Cancer*, тро́пик Ра́ка; *T. of Capricorn*, тро́пик Козеро́га. **tropical** *adj.* тропи́ческий.

trot *n.* рысь (*loc.* -и́); *v.i.* рыси́ть *imp.*; (*rider*) е́здить *indet.*, е́хать (е́ду, е́дешь) *det.*, по~ *perf.* ры́сью; (*horse*)

ходи́ть (-дит) *indet.*, идти́ (идёт; шёл, шла) *det.*, пойти́ (пойду́, -дёшь; пошёл, -шла́) *perf.* ры́сью; *t. out*, (*present for inspection*) представля́ть *imp.*, предста́вить *perf.* на рассмотре́ние; (*show off*) щеголя́ть *imp.*, щегольну́ть *perf.*+*instr.* **trotter** *n.* (*horse*) рыса́к (-а́); *pl.* (*dish*) но́жки *f.pl.*

troubadour *n.* трубаду́р.

trouble *n.* (*worry*) беспоко́йство, трево́га; (*misfortune*) беда́ (*pl.* -ды) го́ре; (*unpleasantness*) неприя́тности *f.pl.*; (*effort, pains*) хло́поты (-о́т) *pl.*, труд; (*care*) забо́та; (*disrepair*) пробле́ма, неприя́тности *f.pl.* (with, c+*instr.*), неиспра́вность (with, в+*prep.*); (*illness*) боле́знь; heart *t.*, больно́е се́рдце; *t.-maker*, наруши́тель *m.*, ~ница споко́йствия; *t.-shooter*, авари́йный монтёр; ask for *t.*, напра́шиваться *imp.*, напроси́ться (-ошу́сь, -о́сишься) *perf.* на неприя́тности; be in *t.*, име́ть *imp.* неприя́тности; cause *t. to*, доставля́ть *imp.*, доста́вить *perf.* хло́поты+*dat.*; get into *t.*, попа́сть (-аду́, -адёшь; -а́л) *perf.* в беду́; make *t.* for, причиня́ть *imp.*, причини́ть *perf.* неприя́тности+*dat.*; take *t.*, стара́ться *imp.*, по~ *perf.*; take the *t.*, труди́ться (-ужу́сь, -у́дишься) *imp.*, по~ *perf.* (to, +*inf.*); the *t.* is (that), беда́ в том, что; *v.t.* (*make anxious, disturb, give pain*) беспоко́ить *imp.*; may I *t.* you for, мо́жно попроси́ть у вас+*acc.*; may I *t.* you to, мо́жно попроси́ть вас+*inf.*; *v.i.* (*worry*) беспоко́иться *imp.*; (*take the t.*) труди́ться (тружу́сь, тру́дишься) *imp.* **troubled** *adj.* беспоко́йный. **troublesome** *adj.* (*restless, fidgety*) беспоко́йный; (*capricious*) капри́зный; (*difficult*) тру́дный (-ден, -дна́, -дно, тру́дны).

trough *n.* (*for food*) корму́шка, коры́то; (*gutter*) жёлоб (*pl.* -а́); (*of wave*) подо́шва; (*meteorol.*) ложби́на ни́зкого давле́ния.

trounce *v.t.* (*beat*) бить (бью, бьёшь) *imp.*, по~ *perf.*; (*punish*) суро́во нака́зывать *imp.*, наказа́ть (-ажу́,

troupe *n.* тру́ппа.
trouser-leg *n.* штани́на (*coll.*). **trousers** *n.* брю́ки (-к) *pl.*, штаны́ (-но́в) *pl.*
trouser-suit *n.* брю́чный костю́м.
trousseau *n.* прида́ное *sb.*
trout *n.* форе́ль.
trowel *n.* (*for plastering etc.*) лопа́тка; (*garden t.*) садо́вый сово́к (-вка́).
truancy *n.* прогу́л. **truant** *n.* прогу́льщик, -ица; *play t.,* прогу́ливать *imp.*, прогуля́ть *perf.*; *adj.* пра́здный.
truce *n.* переми́рие; (*respite*) передышка.
truck[1] *n.*: *have no t. with,* избега́ть *imp.*, избежа́ть (-ery, -ежи́шь) *perf.* + *gen.*
truck[2] *n.* (*lorry*) грузови́к (-а́); (*rly.*) ваго́н-платфо́рма.
truckle *v.i.* раболе́пствовать *imp.* (*to,* пе́ред + *instr.*).
truculence *n.* свире́пость. **truculent** *adj.* свире́пый.
trudge *n.* утоми́тельная прогу́лка; *v.i.* уста́ло тащи́ться (-щу́сь, -щи́шься) *imp.*
true *adj.* (*faithful, correct*) ве́рный (-рен, -рна́, -рно, ве́рны́); (*correct*) пра́вильный (-лен, -льна); (*genuine*) по́длинный (-нен, -нна); (*exact*) то́чный (-чен, -чна, -чно); *t. to life,* реалисти́ческий; *come t.,* сбыва́ться *imp.*, сбы́ться (сбу́дется; сбы́лся, -ла́сь) *perf.*
truffle *n.* трю́фель (*pl.* -ли, -ле́й) *m.*
truism *n.* трюи́зм. **truly** *adv.* (*sincerely*) и́скренне; (*faithfully*) ве́рно; (*really, indeed*) действи́тельно, пои́стине; (*accurately*) то́чно; *yours t.,* пре́данный Вам.
trump *n.* ко́зырь (*pl.* -ри, -ре́й) *m.* (*also fig.*); *v.i.* козыря́ть *imp.*, козырну́ть *perf.* (*coll.*); *v.t.* бить (бью, бьёшь) *imp.*, по~ *perf.* ко́зырем; *t. up,* выду́мывать *imp.*, вы́думать *perf.*; фабрикова́ть *imp.*, с~ *perf.*
trumpery *n.* мишура́; (*rubbish*) дрянь (*coll.*).
trumpet *n.* труба́ (*pl.* -бы); *v.i.* труби́ть *imp.* (on, в + *acc.*); (*elephant*) реве́ть (-ву́, -вёшь) *imp.*; *v.t.* (*proclaim*) возвеща́ть *imp.*, возвести́ть *perf.* **trumpeter** *n.* труба́ч (-а́).
truncate *v.t.* усека́ть *imp.*, усе́чь (-еку́, -ечёшь; усе́к, -ла́) *perf.*; (*cut top off*) среза́ть *imp.*, сре́зать (-е́жу, -е́жешь) *perf.* верху́шку + *gen.*; (*abbreviate*) сокраща́ть *imp.*, сократи́ть (-ащу́, -ати́шь) *perf.*
truncheon *n.* (*police*) дуби́нка; (*staff, baton*) жезл (-а́).
trundle *v.t. & i.* ката́ть(ся) *indet.*, кати́ть(ся) (качу́(сь), ка́тишь(ся)) *det.*, по~ *perf.*
trunk *n.* (*stem*) ствол (-а́); (*anat.*) ту́ловище; (*elephant's*) хо́бот; (*box*) сунду́к (-а́); *pl.* (*swimming*) пла́вки (-вок) *pl.*; (*boxing etc.*) трусы́ (-со́в) *pl.*; *t.-call,* вы́зов по междугоро́дному телефо́ну; *t.-line,* магистра́льная ли́ния; *t.-road,* магистра́льная доро́га.
truss *n.* (*girder*) ба́лка, фе́рма; (*med.*) грыжево́й банда́ж (-а́); (*sheaf, bunch*) свя́зка; *v.t.* (*tie up*), *bird*) свя́зывать *imp.*, связа́ть (-яжу́, -я́жешь) *perf.*; (*reinforce*) укрепля́ть *imp.*, укрепи́ть *perf.*
trust *n.* дове́рие, ве́ра; (*body of trustees*) опе́ка; (*property held in t.*) довери́тельная со́бственность; (*econ.*) трест; (*credit*) креди́т; (*responsibility*) отве́тственность; *breach of t.,* злоупотребле́ние дове́рием; *on t.,* (*credit*) в креди́т; *take on t.,* принима́ть *imp.*, приня́ть (приму́, -мешь; при́нял, -а́, -о) *perf.* на ве́ру; *v.t.* доверя́ть *imp.*, дове́рить *perf.* + *dat.* (*with,* + *acc.*; *to,* + *inf.*); ве́рить *imp.*, по~ *perf.* + *dat.*, в + *acc.*; (*entrust*) (*object*) поруча́ть *imp.*, поручи́ть (-чу́, -чишь) *perf.* (*to,* + *dat.*); (*a secret etc.*) вверя́ть *imp.*, вве́рить *perf.* (*to,* + *dat.*); *v.i.* (*hope*) наде́яться *imp.*, по~ *perf.* **trustee** *n.* попечи́тель *m.*, ~ница, опеку́н, ~ша. **trustful, trusting** *adj.* дове́рчивый. **trustiness** *n.* ве́рность; (*reliability*) надёжность. **trustworthy, trusty** *adj.* надёжный, ве́рный (-рен, -рна́, -рно, ве́рны́).
truth *n.* и́стина, пра́вда; *tell the t.,* говори́ть *imp.*, сказа́ть (скажу́, -жешь) *perf.* пра́вду; *to tell you the t.,* по пра́вде говоря́. **truthful** *adj.* правди́вый.

try n. (*attempt*) попы́тка; (*test, trial*) испыта́ние, про́ба; v.t. (*taste; examine effectiveness of*) про́бовать *imp.*, по~ *perf.*; (*test*) испы́тывать *imp.*, испыта́ть *perf.*; (*leg.*) суди́ть *imp.* (for, за + *acc.*); v.i. (*endeavour*) стара́ться *imp.*, по~ *perf.*; (*make an attempt*) пыта́ться *imp.*, по~ *perf.*; t. on, (*clothes*) примеря́ть *imp.*, приме́рить *perf.* **trying** *adj.* тяжёлый (-л, -ла́); (*tiresome*) доку́чливый (*coll.*).

tsar n. царь (-ря́) m. **tsarina** n. цари́ца.

tub n. ка́дка, лоха́нь.

tuba n. ту́ба.

tubby *adj.* то́лстенький.

tube n. тру́бка, труба́ (*pl.* -бы); (*tooth-paste etc.*) тю́бик; (*underground*) метро́ *neut.indecl.*; cathode-ray t., электроннолучева́я тру́бка; inner t., ка́мера.

tuber n. клу́бень (-бня) m. **tubercular** *adj.* туберкулёзный. **tuberculosis** n. туберкулёз. **tuberose** n. тубероза.

tubing n. тру́бы *m.pl.*; (*pipe-line*) трубопрово́д. **tubular** *adj.* тру́бчатый.

tuck n. (*in garment*) скла́дка; v.t. (*make tucks in*) де́лать *imp.*, с~ *perf.* скла́дки на + *loc.*; (*thrust into, away*) засо́вывать *imp.*, засу́нуть *perf.*; (*hide away*) пря́тать (-я́чу, -я́чешь) *imp.*, с~ *perf.*; t. in, (*shirt etc.*) заправля́ть *imp.*, запра́вить *perf.*; t. in, up, (*blanket, skirt*) подтыка́ть *imp.*, подоткну́ть *perf.*; t. up, (*sleeves*) засу́чивать *imp.*, засучи́ть (-чу́, -чишь) *perf.*; (*in bed*) укрыва́ть *imp.*, укры́ть (-ро́ю, -ро́ешь) *perf.*; (*hair etc. out of the way*) подбира́ть *imp.*, подобра́ть (подберу́, -рёшь; подобра́л, -а́, -о) *perf.*

Tuesday n. вто́рник.

tuft n. пучо́к (-чка́). **tufted** *adj.* с хохолко́м.

tug v.t. (*sharply*) дёргать *imp.*, дёрнуть *perf.*; (*pull*) тяну́ть (-ну́, -нешь) *imp.*, по~ *perf.*; (*tow*) букси́ровать *imp.*; n. рыво́к (-вка́); (*tugboat*) букси́рное су́дно (*pl.* -да́, -до́в); t. of war, перетя́гивание на кана́те.

tuition n. обуче́ние (in, + *dat.*).

tulip n. тюльпа́н.

tulle n. тюль m.

tumble v.i. (*fall*) па́дать *imp.*, (у)па́сть ((у)паду́, -дёшь); (у)па́л *perf.*; (*go head over heels*) кувырка́ться *imp.*, кувыркну́ться *perf.*; (*rush headlong*) броса́ться *imp.*, бро́ситься *perf.*; v.t. (*disarrange*) приводи́ть (-ожу́, -о́дишь) *imp.*, привести́ (-еду́, -едёшь; -ёл, -ела́) *perf.* в беспоря́док; n. паде́ние, кувырка́нье. **tumbledown** *adj.* полуразру́шенный (-ен), развали́вшийся. **tumbler** n. (*acrobat*) акроба́т; (*glass*) стака́н; (*pigeon*) турман.

tumour n. о́пухоль.

tumult n. (*uproar*) сумато́ха, шум (-а(у)); (*agitation*) волне́ние. **tumultuous** *adj.* шу́мный (-мен, -мна́, -мно).

tumulus n. курга́н, моги́льный холм (-а́).

tun n. больша́я бо́чка.

tuna n. туне́ц (-нца́).

tundra n. ту́ндра.

tune n. мело́дия, моти́в; in t., в тон, (*of instrument*) настро́енный (-ен); out of t., не в тон, фальши́вый, (*of instrument*) расстро́енный (-ен); be in t. with, (*fig.*) гармони́ровать *imp.* с + *instr.*; be out of t. with, (*fig.*) (*thing*) идти́ (иду́, идёшь; шёл, шла) *imp.* вразре́з с + *instr.*; (*person*) быть не в ладу́ с + *instr.*; call the t., распоряжа́ться *imp.*; change one's t., (пере)меня́ть *imp.*, перемени́ть (-ню́, -нишь) *perf.* тон; v.t. (*instrument; radio*) настра́ивать *imp.*, настро́ить *perf.*; (*engine etc.*) регули́ровать *imp.*, от~ *perf.*; (*fig.*) приспоса́бливать *imp.*, приспосо́бить *perf.*; t. in, настра́ивать *imp.*, настро́ить (*radio*) ра́дио (to, на + *acc.*); v.i.: t. up, настра́ивать *imp.*, настро́ить *perf.* инструме́нт(ы). **tuneful** *adj.* мелоди́чный, гармони́чный. **tuneless** *adj.* немелоди́чный. **tuner** n. настро́йщик.

tungsten n. вольфра́м.

tunic n. туни́ка; (*of uniform*) ки́тель (*pl.* -ля́ & -ли́) m.

tuning n. настро́йка; (*of engine*) регулиро́вка; t.-fork, камерто́н.

tunnel n. тунне́ль m.; v.i. прокла́дывать *imp.*, проложи́ть (-жу́, -жишь) *perf.* тунне́ль m.

tunny n. туне́ц (-нца́).

turban *n.* тюрба́н, чалма́.
turbid *adj.* му́тный (-тен, -тна́, -тно); (*fig.*) тума́нный (-нен, -нна).
turbine *n.* турби́на. **turbo-jet** *adj.* (*n.*) турбореакти́вный (самолёт). **turbo-prop** *adj.* (*n.*) турбовинтово́й (самолёт).
turbot *n.* тюрбо́ *neut.indecl.*
turbulence *n.* бу́йность, бу́рность; (*tech.*) турбуле́нтность. **turbulent** *adj.* бу́йный (бу́ен, буйна́, -но), бу́рный (-рен, бурна́, -но); (*tech.*) турбуле́нтный.
tureen *n.* су́пник, су́пница.
turf *n.* дёрн; *the t.*, (*track*) бегова́я доро́жка; (*races*) ска́чки *f.pl.*; *v.t.* дернова́ть *imp.*
turgid *adj.* (*swollen*) опу́хший; (*pompous*) напы́щенный (-ен, -енна).
Turk *n.* ту́рок (-рка), турча́нка.
turkey *n.* индю́к (-á), -ю́шка; (*dish*) инде́йка.
Turkic *adj.* тю́ркский. **Turkish** *adj.* туре́цкий; *T. bath*, туре́цкие ба́ни *f.pl.*; *T. delight*, раха́т-луку́м. **Turkoman, Turkmen** *n.* туркме́н, ~ ка; *adj.* туркме́нский.
turmoil *n.* (*disorder*) беспоря́док (-дка); (*uproar*) сумато́ха, шум (-а(у)).
turn *n.* (*change of direction*) поворо́т; (*revolution*) оборо́т; (*service*) услу́га; (*change*) измене́ние; (*one's t. to do s.th.*) о́чередь; (*character*) склад хара́ктера; (*circus, variety*) но́мер (*pl.* -á); *t. of phrase*, оборо́т ре́чи; *at every t.*, на ка́ждом шагу́; *by*, *in turn(s)*, по о́череди; *to a t.*, как раз в ме́ру; *take a bad t.*, принима́ть (приму́, -мешь; при́нял, -á, -о) *perf.* дурно́й оборо́т; *take a t. for the worse*, изменя́ться *imp.*, измени́ться (-ню́сь, -нишься) *perf.* к ху́дшему; *v.t.* (*handle, key, car around etc.*) повора́чивать *imp.*, поверну́ть *perf.*; (*revolve, rotate*) враща́ть *imp.*, (*spin, twirl*) верте́ть (-рчу́, -ртишь) *imp.* + *acc.*, *instr.*; (*page*; *on its face*) перевёртывать *imp.*, переверну́ть *perf.*; (*direct*) направля́ть *imp.*, напра́вить *perf.*; (*cause to become*) де́лать *imp.*, с~ *perf.* + *instr.*; (*on lathe*) точи́ть (-чу́, -чишь) *imp.*; *t. s.b.'s head*, кружи́ть (кружу́, кру́жишь) *imp.*, вс~ *perf.* го́лову + *dat.*; *t. one's stomach: that turns my stomach*, меня́ от э́того тошни́т; *v.i.* (*change direction*) повора́чивать *imp.*, поверну́ть *perf.*; (*rotate*) враща́ться *imp.*, поверну́ться *perf.*; (*become*) станови́ться (-влю́сь, -вишься) *imp.*, стать (ста́ну, -нешь) *perf.* + *instr.*; *t. against*, ополча́ться *imp.*, ополчи́ться *perf.* на + *acc.*, про́тив + *gen.*; *t. around*, see *t. round*; *t. away*, (*v.t.* & *i.*) отвора́чивать(ся) *imp.*, отверну́ть(ся) *perf.*; *t. back*, (*v.i.*) повора́чивать *imp.*, поверну́ть *perf.* наза́д; (*v.t.*) (*bend back*) отгиба́ть *imp.*, отогну́ть *perf.*; *t. down*, (*refuse*) отклоня́ть *imp.*, отклони́ть (-ню́, -нишь) *perf.*; (*collar*) отгиба́ть *imp.*, отогну́ть *perf.*; (*make quieter*) де́лать *imp.*, с~ *perf.* ти́ше; *t. grey*, (*v.i.*) седе́ть *imp.*, по~ *perf.*; *t. in*, (*v.t.*) (*hand back*) возвраща́ть *imp.*, верну́ть *perf.*; (*so as to face inwards*) повора́чивать *imp.*, поверну́ть *perf.* вовну́трь; *t. inside out*, вывора́чивать *imp.*, вы́вернуть *perf.* наизна́нку; *t. into*, (*change into*) превраща́ть(ся) *imp.*, преврати́ть(ся) (-ащу́(сь), -ати́шь(ся)) *perf.* в + *acc.*; (*street*) свора́чивать *imp.*, сверну́ть *perf.* на + *acc.*; *t. off*, (*light, radio, etc.*) выключа́ть *imp.*, вы́ключить *perf.*; (*tap*) закрыва́ть *imp.*, закры́ть (-ро́ю, -ро́ешь) *perf.*; (*branch off*) свора́чивать *imp.*, сверну́ть *perf.*; *t. on*, (*light, radio, etc.*) включа́ть *imp.*, включи́ть *perf.*; (*tap*) открыва́ть *imp.*, откры́ть (-ро́ю, -ро́ешь) *perf.*; (*attack*) напада́ть *imp.*, напа́сть (-аду́, -адёшь; -а́л) *perf.*; *t. out*, (*light etc.*) see *t. off*; (*prove to be*) ока́зываться (-аюсь, -а́жешься) *perf.* (to be, + *instr.*); (*drive out*) выгоня́ть *imp.*, вы́гнать (вы́гоню, -нишь) *perf.*; (*pockets*) вывёртывать *imp.*, вы́вернуть *perf.*; (*be present*) приходи́ть (-ожу́, -о́дишь) *imp.*, прийти́ (приду́, -дёшь; пришёл, -шла́) *perf.*; (*product*) выпуска́ть *imp.*, вы́пустить *perf.*; *t. over*, (*egg, page, on its face, roll over*)

turncoat — **twentieth**

(*v.t. & i.*) перевёртывать(ся) *imp.*, перевернуть(ся) *perf.*; (*hand over*) передавать (-даю, -даёшь) *imp.*, передать (-ám, -áшь, -áст, -адим; пéредал, -á, -о) *perf.*; (*think about*) обдумывать *imp.*, обдумать *perf.*; (*overturn*) (*v.t. & i.*) опрокидывать(ся) *imp.*, опрокинуть(ся) *perf.*; (*switch over*) переключать *imp.*, переключить *perf.* (to, на+*acc.*); t. pale, бледнéть *imp.*, по~ *perf.*; t. red, краснéть *imp.*, по~ *perf.*; t. round, (*v.i.*) (*rotate*; t. one's back*) повёртываться *imp.*, повернуться *perf.*; (*t. to face*) оборачиваться *imp.*, обернуться *perf.*; (*v.t.*) повёртывать *imp.*, повернуть *perf.*; t. sour, скисáть *imp.*, скиснуть (скис) *perf.*; t. to, обращáться *imp.*, обратиться (-ащусь, -атишься) *perf.* к + *dat.* (for, за + *instr.*); t. up, (*appear*) появляться *imp.*, появиться (-влюсь, -вишься) *perf.*; (*be found*) находиться (-ожусь, -óдишься) *imp.*, найтись (-йдусь, -йдёшься; нашёлся, -шлáсь) *perf.*; (*shorten garment*) подшивáть *imp.*, подшить (-шью, -шьёшь) *perf.*; (*crop up*) подвёртываться *imp.*, подвернуться *perf.*; (*bend up*; *stick up*) (*v.t. & i.*) загибáть(ся) *imp.*, загнýть(ся) *perf.*; (*make louder*) дéлать *imp.*, с~ *perf.* громче; t. up one's nose, воротить (-очу, -óтишь) *imp.* нос (от, от + *gen.*) (*coll.*); t. upside down, перевёртывать *imp.*, перевернуть *perf.* вверх дном. **turn-out** *n.* (*people*) количество приходящих; (*goods*) выпуск. **turn-up** *n.* (*on trousers etc.*) отворот, обшлаг (-а; *pl.* -á).

turncoat *n.* ренегáт, перебéжчик.
turner *n.* токарь (*pl.* -ри & -ря) *m.*
turning *n.* (*road*) поворот; t.-point, поворотный пункт.
turnip *n.* рéпа.
turnover *n.* (*turning over*) опрокидывание; (*econ.*) оборот; (*fluctuation of manpower*) текýчесть рабочей силы; (*pie*) полукруглый пирог (-á) с начинкой.
turnpike *n.* (*toll-gate*) застáва (где взимается подорожный сбор).
turnstile *n.* турникéт.
turntable *n.* (*rly.*) поворотный круг (*loc.* -е & -ý; *pl.* -и); (*gramophone*) диск.
turpentine *n.* скипидáр.
turpitude *n.* низость, порочность.
turquoise *n.* (*material, stone*) бирюзá; *adj.* бирюзовый.
turret *n.* бáшенка; (*gun t.*) орудийная бáшня.
turtle *n.* черепáха.
turtle-dove *n.* гóрлица.
tusk *n.* бивень (-вня) *m.*, клык (-á).
tussle *n.* дрáка; *v.i.* дрáться (дерусь, -рёшься; дрáлся, -лáсь, -лóсь) *imp.* (for, за + *acc.*).
tut *interj.* ах ты!
tutelage *n.* (*guardianship*) опекýнство; (*instruction*) обучéние. **tutelar(y)** *adj.* опекунский. **tutor** *n.* (*private teacher*) частный домáшний учитель (*pl.* -ля) *m.*, ~ница, (*coach*) репетитор; (*univ.*) руководитель *m.*, ~ница; (*primer*) учéбник; *v.t.* (*instruct*) обучáть *imp.*, обучить (-чý, -чишь) *perf.* (in, + *dat.*); (*give lessons to*) давáть (даю, даёшь) *imp.*, дать (дам, дашь, даст, дадим; дал, -á, дáло, -и) *perf.* уроки + *dat.*; (*guide*) руководить *imp.* + *instr.* **tutorial** *n.* консультáция, встрéча с руководителем.
tutu *n.* (*ballet*) пáчка.
twaddle *n.* пустая болтовня, чепухá.
twang *n.* (*string*) рéзкий звук (натянутой струны); (*voice*) гнусáвость; *v.i.* (*string*) звучáть (-чý, -чишь) *imp.*, про~ *perf.*; (*voice*) гнусáвить; *v.t.* (*pluck*) перебирáть *imp.*
tweak *n.* щипóк (-пкá); *v.t.* щипáть (-плю, -плешь) *imp.*, (у)щипнуть *perf.*
tweed *n.* твид.
tweet *n.* щебéт; *v.i.* щебетáть (-ечý, -éчешь) *imp.*
tweezers *n.* пинцéт.
twelfth *adj., n.* двенáдцатый; (*date*) двенáдцатое (число́); T.-night, канýн крещéния. **twelve** *adj., n.* двенáдцать (-ти, -тью); (*time*) двенáдцать (часóв); (*age*) двенáдцать лет.
twentieth *adj., n.* двадцáтый; (*date*) двадцáтое (число́). **twenty** *adj., n.* двáдцать (-ти, -тью); (*age*) двáдцать лет; *pl.* (*decade*) двадцáтые гóды (-дов) *m.pl.*

twice adv. (*2 times, on 2 occasions*) дважды; *t. as*, вдвое, в два раза + *comp.*

twiddle *v.t.* (*turn, twirl*) вертеть (-рчу, -ртишь) *imp.*, + *acc.*, *-instr.*; (*toy with*) играть *imp.* + *instr.*; *t. one's thumbs*, (*fig.*) бездельничать *imp.*

twig *n.* веточка, прут (прута́); *pl.* -тья, -тьев.

twilight *n.* сумерки (-рек) *pl.*; (*decline*) упадок (-дка). **twilit** *adj.* сумеречный.

twill *n.* твил, саржа.

twin *n.* близнец (-а); *pl.* (*Gemini*) Близнецы *m.pl.*; *t. beds*, пара односпальных кроватей; *t. brother*, брат (*pl.* -ья, -ьев) -близнец (-а); *t.-engined*, двухмоторный; *t. town*, город (*pl.* -а) -побратим; *v.t.* (*unite*) соединять *imp.*, соединить *perf.*

twine *n.* бечёвка, шпагат; *v.t.* (*twist, weave*) вить (вью, вьёшь; вил, -а, -о) *imp.*, с~ *perf.*; *v.t. & i.* (*t. round*) обвивать(ся) *imp.*, обвить(ся) (обовью(сь), -ьёшь(ся); обвил(ся) -ла(сь), -ло(сь)) *perf.*

twinge *n.* приступ (боли), острая боль; (*of conscience*) угрызение.

twinkle *n.* мерцание; (*of eyes*) огонёк (-нька); *v.i.* мерцать *imp.*, сверкать *imp.* **twinkling** *n.* мерцание; *in the t. of an eye*, в мгновение ока.

twirl *n.* вращение, кручение; (*flourish*) росчерк; *v.t. & i.* (*twist, turn*) вертеть(ся) (-рчу(сь), -ртишь(ся)) *imp.*; (*whirl, spin*) кружить(ся) (-жу(сь), кружишь(ся)) *imp.*

twist *n.* (*bend*) изгиб, поворот; (*twisting*) кручение; (*distortion*) искажение; (*sprain*) вывих; (*dance*) твист; (*characteristic*) характерная особенность; (*in story*) поворот фабулы; *v.t.* скручивать *imp.*, крутить (-учу, -утишь) *imp.*, с~ *perf.*; (*wind together*) вить (вью, вьёшь; вил, -а, -о) *imp.*, с~ *perf.*; (*distort*) искажать *imp.*, исказить *perf.*; (*sprain*) вывихивать *imp.*, вывихнуть *perf.*; (*bend, curve*) изгибаться *imp.*, изогнуться *perf.*; (*climb, meander, twine*) виться (вьётся) *imp.* **twisted** *adj.* (*bent, distorted*) искривлённый (-ён, -ена́) (*also fig.*).

twister *n.* обманщик, -ица.

twit *v.t.* упрекать *imp.*, упрекнуть *perf.* (*with*, в + *prep.*).

twitch *n.* (*twitching, jerk*) подёргивание; (*spasm*) судорога; *v.t. & i.* дёргать(ся) *imp.*, дёрнуть(ся) *perf.* (*at*, за + *acc.*).

twitter *n.* щебет; *v.i.* щебетать (-ечу, -ечешь) *imp.*, чирикать *imp.*

two *adj., n.* два, две (*f.*) (двух, -ум, -умя, -ух); (*collect.; 2 pairs*) двое (-оих); (*cards, number 2*) двойка; (*time*) два (часа́); (*age*) два года; *t. times*, дважды; *t. times four*, дважды четыре; *in t.*, (*in half*) надвое, пополам; *t.-edged*, обоюдоострый (-ен, -енна); (*ambiguous*) двусмысленный (-ен, -енна); *t.-ply*, (*wood*) двухслойный; (*rope*) двойной; *t.-seater*, двухместный (автомобиль); *t.-stroke*, двухтактный; *t.-way*, двусторонний.

twofold *adj.* двойной; *adv.* вдвойне.

twosome *n.* пара, двойка.

tycoon *n.* магнат.

tympanum *n.* (*anat.*) барабанная перепонка.

type *n.* (*var. senses*) тип; (*model*) типичный образец (-зца́); (*sort, kind*) род (*pl.* -ы́); (*letter*) литера; (*collect.*) шрифт (*pl.* -ы́); *true to t.*, типичный; *v.t.* писать (пишу, -шешь) *imp.*, на~ *perf.* на машинке. **typescript** *n.* машинопись. **typewriter** *n.* пишущая машинка. **typewritten** *adj.* машинописный.

typhoid fever *n.* брюшной тиф.

typhoon *n.* тайфун.

typhus *n.* сыпной тиф.

typical *adj.* типичный. **typify** *v.t.* служить (-жу́, -жишь) *imp.*, по~ *perf.* типичным примером + *gen.*; (*personify*) олицетворять *imp.*, олицетворить *perf.*

typist *n.* машинистка.

typographical *adj.* типографский, типографский. **typography** *n.* книгопечатание; (*style*) оформление.

tyrannical *adj.* тиранический, деспотичный. **tyrannize** *v.i.* (*t.*) тиранствовать *imp.* (над + *instr.*). **tyrant** *n.* тиран, деспот.

tyre *n.* шина; *t.-gauge*, манометр для шин.

U

U-boat *n.* неме́цкая подво́дная ло́дка; *U-tube*, U-обра́зная тру́бка; *U-turn*, разворо́т.

ubiquitous *adj.* вездесу́щий; (*universal*) повсеме́стный. **ubiquity** *n.* вездесу́щность; повсеме́стность.

udder *n.* вы́мя *neut.*

U.F.O. *abbr.* НЛО (неопо́знанный лета́ющий объе́кт); (*flying saucer*) лета́ющая таре́лка.

ugh *interj.* тьфу!

ugliness *n.* уро́дство. **ugly** *adj.* некраси́вый, уро́дливый, безобра́зный; (*unpleasant*) неприя́тный; (*repulsive*) проти́вный; *u.* duckling, (*fig.*) га́дкий утёнок (-нка; *pl.* утя́та, -т).

Ukrainian *n.* украи́нец (-нца), -нка; *adj.* украи́нский.

ukulele *n.* гава́йская гита́ра.

ulcer *n.* я́зва. **ulcerate** *v.t.* & *i.* изъязвля́ть(ся) *imp.*, изъязви́ть(ся) *perf.* **ulcered**, **ulcerous** *adj.* изъязвлённый.

ulna *n.* локтева́я кость (*pl.* -ти, -те́й).

ulterior *adj.* скры́тый.

ultimate *adj.* (*final*) после́дний, оконча́тельный; (*fundamental*) основно́й. **ultimately** *adv.* в коне́чном счёте, в конце́ концо́в. **ultimatum** *n.* ультима́тум.

ultra- *in comb.* ультра-, сверх-.

ultramarine *n.* ультрамари́н; *adj.* ультрамари́новый. **ultra-violet** *adj.* ультрафиоле́товый.

umber *n.* у́мбра; *adj.* тёмно-кори́чневый.

umbilical *adj.* пупо́чный; *u.* cord пупови́на.

umbra *n.* по́лная тень (*loc.* -ни́, *pl.* -ни, -не́й). **umbrage** *n.* оби́да; take *u.*, обижа́ться *imp.*, оби́деться (обижу́сь, -и́дишься) *perf.* (at, на + *acc.*).

umbrella *n.* зо́нтик, зонт (-а́); *u.* stand, подста́вка для зонто́в.

umpire *n.* судья́ (*pl.* -дьи, -де́й, -дьям) *m.*; *v.t.* & *i.* суди́ть (сужу́, су́дишь) *imp.*

unabashed *adj.* нерастеря́вшийся; без вся́кого смуще́ния. **unabated** *adj.* неосла́бленный, неосла́бный. **unable** *adj.*: be *u.* to, не мочь (могу́, мо́жешь; мог, -ла́) *imp.*, с~ *perf.*; быть не в состоя́нии; (*not know how to*) не уме́ть *imp.*, с~ *perf.* **unabridged** *adj.* несокращённый, без сокраще́ний. **unaccompanied** *adj.* несопровожда́емый; (*mus.*) без аккомпанеме́нта. **unaccountable** *adj.* (*inexplicable*) необъясни́мый. **unaccustomed** *adj.* (*not accustomed*) непривы́кший (то, к + *dat.*); (*unusual*) непривы́чный. **unadulterated** *adj.* настоя́щий, нефальсифици́рованный; чисте́йший. **unaffected** *adj.* и́скренний (-нен, -нна, -нне & -нно); (*not affected*) незатро́нутый. **unaided** *adj.* без по́мощи, самостоя́тельный. **unalloyed** *adj.* беспри́месный, чи́стый (чист, -á, -о, чи́сты). **unalterable** *adj.* неизменя́емый, неизме́нный (-нен, -нна). **unambiguous** *adj.* недвусмы́сленный (-ен, -енна). **unanimity** *n.* единоду́шие. **unanimous** *adj.* единоду́шный. **unanswerable** *adj.* (*irrefutable*) неопровержи́мый. **unapproachable** *adj.* непристу́пный; (*unmatched*) несравне́нный. **unarmed** *adj.* безору́жный, невооружённый. **unashamed** *adj.* бессо́вестный, на́глый (нагл, -á, -о). **unasked** *adj.* доброво́льный, непро́шеный (*coll.*). **unassailable** *adj.* непристу́пный; (*irrefutable*) неопровержи́мый. **unassuming** *adj.* скро́мный (-мен, -мна́, -мно), непритяза́тельный. **unattainable** *adj.* недосяга́емый. **unattended** *adj.* (*unaccompanied*) несопровожда́емый. **unattractive** *adj.* непривлека́тельный. **unauthorized** *adj.* неразрешённый; (*person*) неправомо́чный. **unavailable** *adj.* не име́ющийся в нали́чии, недосту́пный; be *u.*, в нали́чии нет + *gen.* **unavailing** *adj.* бесполе́зный, тще́тный. **unavoidable** *adj.* неизбе́жный, неминуе́мый. **unaware** *predic.*: be *u.* of, не сознава́ть (-аю́, -аёшь) *imp.* + *acc.*; не знать *imp.* о + *prep.* **unawares** *adv.* врасплóх, неожи́данно; (*unintentionally*) неча́янно.

unbalance *v.t.* (*psych.*) лиша́ть *imp.*,

uncalled-for

лишить *perf.* душевного равновесия. **unbalanced** *adj.* (*psych.*) неуравновешенный (-ен, -енна). **unbearable** *adj.* невыносимый. **unbeatable** *adj.* (*unsurpassable*) не могущий быть превзойдённым; (*invincible*) непобедимый. **unbeaten** *adj.* (*unsurpassed*) непревзойдённый (-ён, -ённа). **unbecoming** *adj.* (*inappropriate*) неподходящий; (*unseemly*) неприличный; *be u.*, быть не к лицу (to, + *dat.*). **unbelief** *n.* неверие. **unbelievable** *adj.* невероятный. **unbeliever** *n.* неверующий *sb.* **unbend** *v.t. & i.* (*straighten*) выпрямлять(ся) *imp.*, выпрямить(ся) *perf.*; разгибать(ся) *imp.*, разогнуть(ся) *perf.*; *v.i.* (*become affable*) становиться (-влюсь, -вишься) *imp.*, стать (-ану, -анешь) *perf.* приветливым. **unbending** *adj.* непреклонный (-нен, -нна). **unbias(s)ed** *adj.* беспристрастный. **unblemished** *adj.* незапятнанный. **unblushing** *adj.* беззастенчивый. **unbolt** *v.t.* отпирать *imp.*, отпереть (отопру, -рёшь; отпер, -ла, -ло) *perf.* **unborn** *adj.* ещё не рождённый (-ён, -ена). **unbosom** *v.t.*: *u. oneself*, открывать *imp.*, открыть (-рою, -роешь) *perf.* душу. **unbound** *adj.* (*free*) свободный; (*book*) непереплетённый. **unbounded** *adj.* (*not limited*) неограниченный (-ен, -енна); (*joy*) безмерный; (*infinite*) безграничный. **unbreakable** *adj.* небьющийся. **unbridled** *adj.* разнузданный (-ан, -анна). **unbroken** *adj.* (*intact*) неразбитый, целый; (*continuous*) непрерывный; (*unsurpassed*) непобитый; (*horse*) необъезженный. **unbuckle** *v.t.* расстёгивать *imp.*, расстегнуть *perf.* **unburden** *v.t.*: *u. oneself*, отводить (-ожу, -одишь) *imp.*, отвести (-еду, -едёшь; -ёл, -ела) *perf.* душу. **unbutton** *v.t.* расстёгивать *imp.*, расстегнуть *perf.* **uncalled-for** *adj.* неуместный. **uncanny** *adj.* жуткий (-ток, -тка, -тко), сверхъестественный (-ен, -енна). **uncared-for** *adj.* заброшенный. **unceasing** *adj.* непрерывный, безостановочный. **unceremonious** *adj.* бесцеремонный (-нен, -нна). **uncertain** *adj.* (*not certainly known*) точно неизвестный,

unclean

неясный (-сен, -сна, -сно); (*indecisive, hesitating*) неуверенный (-ен, -енна); (*lacking belief, confidence*) неуверенный (-ен, -ена); (*indeterminate*) неопределённый (-нен, -нна); (*changeable*) изменчивый; *be u.*, (*not know for certain*) точно не знать *imp.*; *in no u. terms*, в недвусмысленных выражениях. **uncertainty** *n.* неизвестность; неуверенность; неопределённость; изменчивость. **unchain** *v.t.* спускать *imp.* спустить (-ущу, -устишь) *perf.* с цепи. **unchallenged** *adj.* не вызывающий возражений. **unchangeable** *adj.* неизменяемый, неизменяющийся. **unchanged** *adj.* неизменившийся. **unchanging** *adj.* неизменяющийся. **uncharacteristic** *adj.* нетипичный, нехарактерный. **uncharitable** *adj.* немилосердный, жестокий (-ок, -ока, -око). **uncharted** *adj.* (*fig.*) неисследованный. **unchecked** *adj.* (*unrestrained*) необузданный (-ан, -анна). **uncivil** *adj.* невежливый. **uncivilized** *adj.* нецивилизованный. **unclaimed** *adj.* невостребованный. **unclassified** *adj.* неклассифицированный; (*not secret*) несекретный.

uncle *n.* дядя (*pl.* -ди, -дей & -дья, -дьёв) *m.*

unclean *adj.* (*not clean*; *Bibl. of food*) нечистый (-т, -та, -то). **unclear** *adj.* неясный (-сен, -сна, -сно), непонятный. **uncoil** *v.t. & i.* разматывать(ся) *imp.*, размотать(ся) *perf.* **uncomfortable** *adj.* неудобный; (*awkward*) неловкий (-вок, -вка, -вко). **uncommon** *adj.* (*unusual, remarkable*) необыкновенный (-нен, -нна), замечательный; (*rare*) редкий (-док, -дка, -дко). **uncommunicative** *adj.* необщительный, молчаливый. **uncomplaining** *adj.* безропотный. **uncompleted** *adj.* неоконченный, незаконченный. **uncomplimentary** *adj.* нелестный. **uncompromising** *adj.* не идущий на компромиссы; (*inflexible*) непреклонный (-нен, -нна). **unconcealed** *adj.* нескрываемый. **unconcern** *n.* (*freedom from anxiety*) беззаботность; (*indifference*) равнодушие. **unconcerned** *adj.* беззаботный; равнодушный. **unconditional**

unction

adj. безогово́рочный, безусло́вный. **unconfirmed** *adj.* неподтверждённый. **unconnected** *adj.*: *u. with*, не свя́занный (-ан) с+*instr.* **unconquerable** *adj.* непобеди́мый. **unconscionable** *adj.* бессо́вестный; (*excessive*) неуме́ренный (-ен, -енна). **unconscious** *adj.* (*also unintentional*) бессозна́тельный; (*predic.*) без созна́ния; (*unintentional*) нево́льный; *be u. of*, не сознава́ть (-аю, -аёшь) *imp.*+*gen.*; *n.* подсозна́тельное *sb.* **unconsciousness** *n.* бессозна́тельное состоя́ние; бессозна́тельность. **unconstitutional** *adj.* неконституцио́нный (-нен, -нна). **unconstrained** *adj.* непринуждённый (-ён, -ённа). **uncontrollable** *adj.* неудержи́мый, неукроти́мый. **uncontrolled** *adj.* (*unbridled*) необу́зданный (-ан, -анна). **unconventional** *adj.* чу́ждый (-д, -да́, -до) усло́вности; необы́чный. **unconvincing** *adj.* неубеди́тельный. **uncooked** *adj.* сыро́й (-р, -ра́, -ро). **uncooperative** *adj.* неотзы́вчивый, безуча́стный. **uncork** *v.t.* отку́поривать *imp.*, отку́порить *perf.* **uncouple** *v.t.* расцепля́ть *imp.*, расцепи́ть (-плю́, -пишь) *perf.* **uncouth** *adj.* гру́бый (-б, -ба́, -бо). **uncover** *v.t.* (*remove cover from*) снима́ть *imp.*, снять (сниму́, -мешь; снял, -а́, -о) *perf.* кры́шку с + *gen.*; (*reveal*) открыва́ть *imp.*, откры́ть (-ро́ю, -ро́ешь) *perf.*; (*disclose*) обнару́живать *imp.*, обнару́жить *perf.* **uncovered** *adj.* незакры́тый, откры́тый. **uncritical** *adj.* некрити́чный. **unction** *n.* (*ceremony*) пома́зание; (*process*) втира́ние ма́зи; (*ointment*) мазь; (*balm*) еле́й; (*piety*) на́божность; (*affectedness*) еле́йность; *extreme u.*, соборова́ние. **unctuous** *adj.* еле́йный. **uncultivated** *adj.* (*land*) невозде́ланный; (*talent*) неразвито́й (нера́звит, -а́, -о) (*uncultured*) некульту́рный. **uncultured** *adj.* некульту́рный. **uncurl** *v.t.* & *i.* развива́ть(ся) *imp.*, развива́ть(ся) (-зовью́, -вьёт(ся); -ла́(сь), -ло́(сь)) *perf.* **uncut** *adj.* (*unabridged*) несокращённый, без сокраще́ний. **undamaged** *adj.* неповреждённый, неиспо́рченный. **undaunted** *adj.* бесстра́ш-

385

undergo

ный. **undeceive** *v.t.* выводи́ть (-ожу́, -о́дишь) *imp.*, вы́вести (-еду, -едешь; -ел) *perf.* из заблужде́ния. **undecided** *adj.* (*not settled*) нерешённый; (*irresolute*) нереши́тельный. **undemanding** *adj.* нетребова́тельный. **undemocratic** *adj.* недемократи́ческий, антидемократи́ческий. **undemonstrative** *adj.* сде́ржанный (-ан, -анна). **undeniable** *adj.*, неоспори́мый, несомне́нный (-нен, -нна). **under** *prep.* (*position*) под+*instr.*; (*direction*) под+*acc.*; (*fig.*) под+*instr.*; (*less than*) ме́ньше+*gen.*, ни́же+*gen.*; (*according to*) по+*dat.*; (*in view of, in the reign, time, of*) при +*prep.*; *u. age,* несовершенноле́тний; *u. repair,* в ремо́нте; *u. way,* на ходу́; *from u.,* из-под+*gen.*; *adv.* (*position*) внизу́, ни́же; (*direction*) вниз; (*less*) ме́ньше; *adj.* ни́жний; (*subordinate*) ни́зший; *u.-secretary,* замести́тель м. мини́стра; *u.-side,* ни́жняя пове́рхность. **undercarriage** *n.* шасси́ *neut. indecl.* **underclothes**, **underclothing** *n.* ни́жнее бельё. **undercoat** *n.* (*of paint*) грунто́вка. **undercover** *adj.* та́йный, секре́тный. **undercurrent** *n.* подво́дное тече́ние; (*fig.*) скры́тая тенде́нция. **undercut** *v.t.* (*cut away*) подреза́ть *imp.*, подре́зать (-е́жу, -е́жешь) *perf.*; (*price*) назнача́ть *imp.*, назна́чить *perf.* бо́лее ни́зкую це́ну чем +*nom.* **underdeveloped** *adj.* недоразвито́й, слабора́звитый; (*photog.*) недопроя́вленный. **underdog** *n.* неуда́чник. **underdone** *adj.* недожа́ренный (-ен). **underemployment** *n.* непо́лная за́нятость. **underestimate** *v.t.* недооце́нивать *imp.*, недооцени́ть (-ню́, -нишь) *perf.*; *n.* недооце́нка. **underexpose** *v.t.* недоде́рживать *imp.*, недодержа́ть (-жу́, -жишь) *perf.* **underfed** *adj.* недоко́рмленный. **underfelt** *n.* грунт ковра́. **underfloor** *adj.* находя́щийся под по́лом. **underfoot** *adv.* под нога́ми. **undergarment** *n.* предме́т ни́жнего белья́.

undergo *v.t.* подверга́ться *imp.*, подве́ргнуться (-гся) *perf.*+*dat.*; (*endure*) переноси́ть (-ошу́, -о́сишь) *imp.*,

перенести (-есу́, -есёшь; ёс, -есла́) *perf.* **undergraduate** *n.* студе́нт, ~ ка. **underground** *n.* (rly.) метро́ *neut. indecl.*; (fig.) подпо́лье; *adj.* подзе́мный; (fig.) подпо́льный; *adv.* под землёй; (fig.) подпо́льно; go u., uходи́ть (-ожу́, -о́дишь) *imp.*, уйти́ (уйду́, -дёшь; ушёл, ушла́) *perf.* в подпо́лье. **undergrowth** *n.* подле́сок (-ска). **underhand** *adj.* заку́лисный, та́йный. **underlie** *v.t.* (fig.) лежа́ть (-жи́т) *imp.* в осно́ве + *gen.* **underline** *v.t.* подчёркивать *imp.*, подчеркну́ть *perf.* **underling** *n.* подчинённый *sb.*
undermanned *adj.* испы́тывающий недоста́ток в рабо́чей си́ле. **undermentioned** *adj.* нижеупомя́нутый. **undermine** *v.t.* де́лать *imp.*, с~ *perf.* подко́п под + *instr.*; (wash away) подмыва́ть *imp.*, подмы́ть (-мо́ю, -мо́ешь) *perf.*; (authority) подрыва́ть *imp.*, подорва́ть (-ву́, -вёшь; подорва́л, -а́, -о) *perf.*; (health) разруша́ть *imp.*, разру́шить *perf.* **underneath** *adv.* (position) внизу́; (direction) вниз; *prep.* (position) под + *instr.*; (direction) под + *acc.*; *n.* ни́жняя часть (*pl.* -ти, -те́й); *adj.* ни́жний. **undernourished** *adj.* недокорм́ленный; be u., недоеда́ть *imp.* **undernourishment** *n.* недоеда́ние.
underpaid *adj.* низкоопла́чиваемый. **underpants** *n.* кальсо́ны (-н) *pl.*, трусы́ (-со́в) *pl.* **underpass** *n.* прое́зд под полотно́м доро́ги, тонне́ль *m.* **underpin** *v.t.* подводи́ть (-ожу́, -о́дишь) *imp.*, подвести́ (-еду́, -едёшь; ёл, -ела́) *perf.* фунда́мент под + *acc.* **underpopulated** *adj.* малонаселённый (-ён, -ённа). **underprivileged** *adj.* по́льзующийся ме́ньшими права́ми; (poor) бе́дный (-ден, -дна́, -дно, бе́дны). **underrate** *v.t.* недооце́нивать *imp.*, недооцени́ть *perf.*
undersell *v.t.* продава́ть (-даю́, -даёшь) *imp.*, прода́ть (-а́м, -а́шь, -а́ст, -ади́м; про́дал, -а́, -о) *perf.* деше́вле + *gen.* **undersigned** *adj.* (*n.*) нижеподписа́вшийся (*sb.*). **undersized** *adj.* маломе́рный, нестанда́ртный; (*dwarfish*) ка́рликовый. **underskirt** *n.* ни́жняя ю́бка.

understaffed *adj.* неукомплекто́ванный.
understand *v.t.* понима́ть *imp.*, поня́ть (пойму́, -мёшь; по́нял, -а́, -о) *perf.*; (*have heard say*) слы́шать *imp.* **understandable** *adj.* поня́тный. **understanding** *n.* понима́ние; (*intellect*) ра́зум; (*mutual u.*) взаимопонима́ние; (*agreement*) соглаше́ние; (*harmony*) согла́сие; *adj.* (*sympathetic*) чу́ткий (-ток, -тка́, -тко), отзы́вчивый.
understate *v.t.* преуменьша́ть *imp.*, преуме́ньшить *perf.* **understatement** *n.* преуменьше́ние.
understudy *n.* дублёр; *v.t.* дубли́ровать *imp.* роль + *gen.*
undertake *v.t.* (*engage in, enter upon*) предпринима́ть *imp.*, предприня́ть (-иму́, -и́мешь; предпри́нял, -а́, -о) *perf.*; (*responsibility*) брать (беру́, берёшь) *imp.*, взять (возьму́, -мёшь; взял, -а́, -о) *perf.* на себя́; (+*inf.*) обя́зываться *imp.*, обяза́ться (-жу́сь, -жешься) *perf.*; (*guarantee*) руча́ться (-чу́сь, -чишься) *perf.* (*that*, что), поручи́ться *perf.* **undertaker** *n.* гробовщи́к (-а́). **undertaking** *n.* предприя́тие; (*obligation*) обяза́тельство.
undertone *n.* (*half-tint*) полуто́н (*pl.* -ы & -а́); (*nuance*) отте́нок (-нка); speak in undertones, говори́ть *imp.* вполго́лоса. **undertow**, *n.* глуби́нное тече́ние, противополо́жное пове́рхностному; подво́дное тече́ние. **underwater** *adj.* подво́дный. **underwear** *n.* ни́жнее бельё. **underworld** *n.* (*myth.*) преиспо́дняя *sb.*; (*criminals*) престу́пный мир (*pl.* -ы́). **underwrite** *v.t.* (*sign*) подпи́сывать *imp.*, подписа́ть (подпишу́, -е́шь) *perf.*; (*accept liability for*) принима́ть *imp.*, приня́ть (приму́, -мешь; при́нял, -а́, -о) *perf.* на страх; (*guarantee*) гаранти́ровать *imp.*, *perf.* **underwriter** *n.* подпи́счик, страхо́вщик; (*company*) страхова́я компа́ния.

undeserved *adj.* незаслу́женный (-ен, -енна). **undeserving** *adj.* незаслу́живающий; *u. of*, не заслу́живающий + *gen.* **undesirable** *adj.* нежела́тельный; *sb.*; (*criminals*) нежела́тельное лицо́ (*pl.* -ца). **undeveloped** *adj.* неразви́тый, (*land*) незастро́енный. **undignified** *adj.* недосто́йный (-о́ин, -о́йна). **undiluted** *adj.* неразба́вленный. **undisciplined** *adj.* недисциплини́рованный (-ан, -анна). **undiscovered** *adj.* неоткры́тый; (*unknown*) неизве́стный. **undiscriminating** *adj.* непритяза́тельный, неразбо́рчивый. **undisguised** *adj.* откры́тый, я́вный. **undismayed** *adj.* необескура́женный. **undisputed** *adj.* бесспо́рный. **undistinguished** *adj.* невыда́ющийся. **undisturbed** *adj.* (*untouched*) нетро́нутый; (*peaceful*) споко́йный; (*in order*) в поря́дке. **undivided** *adj.* (*unanimous*) единоду́шный; give u. attention, посвяща́ть *imp.*, посвяти́ть (-яшу́, -яти́шь) *perf.* все си́лы (to, + *dat.*). **undo** *v.t.* (*open*) открыва́ть *imp.*, откры́ть (-ро́ю, -ро́ешь) *perf.*; (*untie*) развя́зывать *imp.*, развяза́ть (-яжу́, -я́жешь) *perf.*; (*unbutton, unhook, unbuckle*) расстёгивать *imp.*, расстегну́ть *perf.*; (*destroy, cancel*) уничтожа́ть *imp.*, уничто́жить *perf.*; (*be the undoing of*) губи́ть (гублю́, -бишь) *imp.*, по~ *perf.* **undoing** *n.* (*ruin, downfall*) ги́бель, *f.*; (*destruction*) уничтоже́ние. **undoubted** *adj.* несомне́нный (-нен, -нна). **undoubtedly** *adv.* несомне́нно. **undress** *v.t. & i.* раздева́ть(ся) *imp.*, разде́ть(ся) (-е́ну(сь), -е́нешь(ся)) *perf.* **undrinkable** *adj.* него́дный (-ден, -дна́, -дно) для питья́. **undue** *adj.* чрезме́рный. **unduly** *adv.* чрезме́рно.

undulate *v.i.* быть волни́стым, холми́стым. **undulating** *adj.* волни́стый. **undulation** *n.* волни́стость; (*motion*) волнообра́зное движе́ние; (*of surface*) неро́вность пове́рхности.

undying *adj.* (*eternal*) ве́чный.

unearned *adj.* незарабо́танный; (*undeserved*) незаслу́женный (-ен, -енна); u. income, нетрудово́й дохо́д. **unearth** *v.t.* (*dig up*) выка́пывать *imp.*, вы́копать *perf.* из земли́; (*fox etc.*) выгоня́ть *imp.*, вы́гнать (вы́гоню, -нишь) *perf.* из но́ры; (*fig.*) раска́пывать *imp.*, раскопа́ть *perf.* **unearthly** *adj.* неземно́й, сверхъесте́ственный (-ен, -енна); (*inconvenient*) кра́йне неудо́бный. **uneasiness** *n.* (*anxiety*) беспоко́йство, трево́га; (*awkwardness*) нело́вкость. **uneasy** *adj.* беспоко́йный, трево́жный; нело́вкий (-вок, -вка́, -вко). **uneatable** *adj.* несъедо́бный. **uneconomic** *adj.* нерента́бельный, неэконо́мичный. **uneconomical** *adj.* (*car etc.*) неэкономи́чный; (*person*) неэконо́мный. **uneducated** *adj.* необразо́ванный (-ан, -анна). **unemployed** *adj.* безрабо́тный; (*unoccupied*) незаня́тый (-т, -та́, -то); (*unused*) неиспо́льзованный. **unemployment** *n.* безрабо́тица; u. benefit, посо́бие по безрабо́тице. **unending** *adj.* бесконе́чный, несконча́емый. **unenlightened** *adj.* непросвещённый (-ён, -ённа); (*uninformed*) неосведомлённый. **unenterprising** *adj.* непредприи́мчивый, безынициати́вный. **unenviable** *adj.* незави́дный. **unequal** *adj.* нера́вный; (*of u. value*) неравноце́нный (-нен, -нна); (*unjust*) несправедли́вый; (*inadequate*) неадеква́тный; u. to, неподходя́щий для+ *gen.* **unequalled** *adj.* бесподо́бный, непревзойдённый (-ён, -ённа). **unequivocal** *adj.* недвусмы́сленный (-ен, -енна). **unerring** *adj.* безоши́бочный.

UNESCO *abbr.* ЮНЕ́СКО.

uneven *adj.* неро́вный (-вен, -вна́, -вно). **uneventful** *adj.* не бога́тый собы́тиями, ти́хий (тих, -а́, -о). **unexceptionable** *adj.* безукори́зненный (-ен, -енна). **unexceptional** *adj.* обы́чный. **unexpected** *adj.* неожи́данный (-ан, -анна); (*sudden*) внеза́пный. **unexplainable** *adj.* необъясни́мый. **unexplored** *adj.* неиссле́дованный. **unexpurgated** *adj.* без купю́р, неподве́ргшийся цензу́ре.

unfailing *adj.* неизме́нный (-нен, -нна); (*faithful*) ве́рный (-рен, -рна́, -рно, ве́рны́); (*reliable*) надёжный; (*inexhaustible*) неисчерпа́емый. **unfair** *adj.* несправедли́вый; (*dishonest*) нече́стный (-тен, -тна́, -тно). **unfaithful** *adj.* неве́рный (-рен, -рна́, -рно, неве́рны́); (*treacherous*) веролóмный. **unfamiliar** *adj.* незнако́мый; (*unknown*) неве́домый. **unfashionable** *adj.* немо́дный (-ден, -дна́, -дно). **unfasten** *v.t.* (*detach untie*) открепля́ть *imp.*, открепи́ть perf.; (detach, unbutton) отстёгивать imp., отстегну́ть perf.; (undo, unbutton, unhook) расстёгивать imp., расстегну́ть perf. **unfathomable** adj. (immeasurable) неизмери́мый, бездо́нный; (incomprehensible) непостижи́мый. **unfavourable** adj. неблагоприя́тный; (not approving) неблагоскло́нный (-нен, -нна). **unfeeling** adj. бесчу́вственный (-ен, -енна). **unfeigned** adj. и́стинный (-нен, -нна), неподде́льный. **unfinished** adj. незако́нченный; (crude) необрабо́танный (-ан, -анна). **unfit** adj. него́дный (-ден, -дна́, -дно), неподходя́щий; (unhealthy) нездоро́вый. **unfix** v.t. открепля́ть imp., открепи́ть perf. **unflagging** adj. неослабева́ющий (also fig.). **unfledged** adj. неопери́вшийся (also fig.). **unfold** v.t. & i. развёртывать(ся) imp., разверну́ть(ся) perf.; (open up) раскрыва́ть(ся) imp., раскры́ть(ся) (-ро́ю(сь), -ро́ешь(ся)) perf. **unforeseen** adj. непредви́денный. **unforgettable** adj. незабыва́емый. **unforgiveable** adj. непрости́тельный. **unforgiving** adj. непроща́ющий. **unfortunate** adj. несча́стливый, несча́стный; (regrettable) неуда́чный; n. несчастли́вец (-вца), неуда́чник, -ица. **unfortunately** adv. к несча́стью, к сожале́нию. **unfounded** adj. необосно́ванный (-ан, -анна). **unfreeze** v.t. & i. разма́раживать(ся) imp., разморо́зить(ся) perf. **unfriendly** adj. недружелю́бный, неприве́тливый. **unfrock** v.t. лиша́ть imp., лиши́ть perf. духо́вного са́на. **unfruitful** adj. беспло́дный. **unfulfilled** adj. (promise etc.) невы́полненный; (hopes etc.) неосуществлённый. **unfurl** v.t. & i. развёртывать(ся) imp., разверну́ть(ся) perf. **unfurnished** adj. немебли́рованный.

ungainly adj. нескла́дный, неуклю́жий. **ungentlemanly** adj. неблагоро́дный, неве́жливый. **ungodliness** n. безбо́жие. **ungodly** adj. (also outrageous) безбо́жный. **ungovernable** adj. необу́зданный (-ан, -анна), неукроти́мый. **ungracious** adj. нелюбе́зный. **ungrammatical** adj. граммати́чески непра́вильный. **ungrateful** adj. неблаго- го́дный. **unguarded** adj. (incautious) неосторо́жный.

unguent n. мазь.

unhappiness n. несча́стье. **unhappy** adj. несчастли́вый, несча́стный. **unharmed** adj. невреди́мый. **unhealthy** adj. (in var. senses) нездоро́вый, боле́зненный (-ен, -енна); (harmful) вре́дный (-ден, -дна́, -дно). **unheard-of** adj. неслы́ханный (-ан, -анна). **unheeded** adj. незаме́ченный. **unheeding** adj. невнима́тельный. **unhelpful** adj. бесполе́зный. **unhesitatingly** adv. без колеба́ния. **unhinge** v.t. снима́ть imp., снять (сниму́, -мешь; снял, -а́, -о) perf. с пе́тли; (fig.) расстра́ивать imp., расстро́ить perf. **unholy** adj. (impious) нечести́вый; (awful) ужа́сный. **unhook** v.t. снима́ть imp., снять (сниму́, -мешь; снял, -а́, -о) perf. с крючка́; (undo hooks) расстёгивать imp., расстегну́ть perf.; (uncouple) расцепля́ть imp., расцепи́ть (-плю́, -пишь) perf. **unhoped-for** adj. неожи́данный (-ан, -анна). **unhorse** v.t. сбра́сывать imp., сбро́сить perf. с ло́шади. **unhurt** adj. невреди́мый.

unicorn n. единоро́г. **unification** n. объедине́ние, унифика́ция (also standardization). **uniform** adj. фо́рма, фо́рменная оде́жда; adj. единообра́зный; (homogeneous) однор́дный; (of u.) фо́рменный. **uniformity** n. единообра́зие, одноро́дность. **unify** v.t. объединя́ть imp., объедини́ть perf.; унифици́ровать imp., perf. (also standardize). **unilateral** adj. односторо́нний. **unimaginable** adj. невообрази́мый. **unimaginative** adj. лишённый (-ён, -ена́) воображе́ния, проза́ичный. **unimpeachable** adj. безупре́чный. **unimportant** adj. нева́жный. **uninformed** adj. (ignorant) неве́дущий (about, в + prep.); (ill-informed) неосведомлённый. **uninhabitable** adj. непригодный для жилья́. **uninhabited** adj. необита́емый. **uninitiated** adj. непосвящённый. **uninspired** adj. бана́льный. **unintelligible** adj. неразбо́рчивый. un-

union *n.* (*alliance*) сою́з; (*joining together, alliance*) объедине́ние; (*combination*) соедине́ние; (*marriage*) бра́чный сою́з; (*harmony*) согла́сие; (*trade u.*) профсою́з. **unionist** *n.* член профсою́за; (*polit.*) униони́ст.

unique *adj.* еди́нственный (в своём ро́де), уника́льный.

unison *n.* (*mus.*) унисо́н; (*fig.*) согла́сие; *in u.*, (*mus.*) в унисо́н; (*fig.*) в согла́сии.

unit *n.* едини́ца; (*mil.*) часть (*pl.* -ти -те́й).

unite *v.t. & i.* соединя́ть(ся) *imp.*, соедини́ть(ся) *perf.*; объединя́ть(ся) *imp.*, объедини́ть(ся) *perf.* **united** *adj.* соединённый, объединённый; *U. Nations*, Организа́ция Объединённых На́ций; *U. States*, Соединённые Шта́ты *m.pl.* Аме́рики. **unity** *n.* еди́нство; (*cohesion*) сплочённость; (*math.*) еди́ница.

universal *adj.* (*general*) всео́бщий; (*world-wide*) всеми́рный; (*many-sided*) универса́льный. **universe** *n.* вселе́нная *sb.*; (*world*) мир; (*cosmos*) ко́смос.

university *n.* университе́т; *attrib.* университе́тский.

unjust *adj.* несправедли́вый. **unjustifiable** *adj.* не име́ющий оправда́ния. **unjustified** *adj.* неопра́вданный.

unkempt *adj.* нечёсаный (-ан); (*untidy*) неопря́тный. **unkind** *adj.* недо́брый, злой (зол, зла, зло). **unknown** *adj.* неизве́стный.

unlace *v.t.* расшнуро́вывать *imp.*, расшнурова́ть *perf.* **unlawful** *adj.* незако́нный (-нен, -нна). **unlearn** *v.t.* разу́чиваться *imp.*, разучи́ться (-чу́сь, -чишься) *perf.* (*how to*, + *inf.*); *v.t.* забыва́ть *imp.*, забы́ть (забу́ду, -дешь) *perf.* **unleash** *v.t.* (*dog*) спуска́ть *imp.*, спусти́ть (-ущу́, -у́стишь) *perf.* с при́вязи; (*also fig.*) развя́зывать *imp.*, развяза́ть (-яжу́, -я́жешь) *perf.*

unleavened *adj.* бездрожжево́й, пре́сный (-сен, -сна́, -сно).

unless *conj.* е́сли...не.

unlike *adj.* непохо́жий (на + *acc.*); (*in contradistinction to*) в отли́чие от + *gen.* **unlikely** *adj.* маловероя́тный, неправдоподо́бный; *it is u. that*, вряд ли, едва́ ли. **unlimited** *adj.* (*unrestricted*) неограни́ченный (-ен, -енна); (*boundless*) безграни́чный. **unlined** *adj.* (*clothing*) без подкла́дки. **unload** *v.t.* (*remove load from*) разгружа́ть *imp.*, разгрузи́ть (-ужу́, -у́зишь) *perf.*; (*remove load, remove from*) выгружа́ть *imp.*, вы́грузить *perf.*; (*gun*) разряжа́ть *imp.*, разряди́ть *perf.* **unlock** *v.t.* отпира́ть *imp.*, отпере́ть (отопру́, -рёшь; о́тпер, -ла́, -ло) *perf.*; открыва́ть *imp.*, откры́ть (-ро́ю, -ро́ешь) *perf.* **unlucky** *adj.* несчастли́вый; (*unsuccessful, unfortunate*) неуда́чный.

unmake *v.t.* (*destroy*) уничтожа́ть *imp.*, уничто́жить *perf.*; (*annul*) аннули́ровать *imp., perf.*; (*depose*) понижа́ть *imp.*, пони́зить *perf.* **unman** *v.t.* (*discourage*) лиша́ть *imp.*, лиши́ть *perf.* му́жества. **unmanageable** *adj.* тру́дно поддаю́щийся контро́лю; (*of child*) тру́дный (-ден, -дна́, -дно, тру́дны). **unmanly** *adj.* недосто́йный (-о́ин, -о́йна) мужчи́ны. **unmannerly** *adj.* невоспи́танный (-ан, -ана). **unmarketable** *adj.* него́дный (-ден, -дна́, -дно) для прода́жи. **unmarried** *adj.* холосто́й (хо́лост, -á, -о); (*of man*) нежена́тый (*of woman*) незаму́жняя. **unmask** *v.t.* (*fig.*) разоблача́ть *imp.*, разоблачи́ть *perf.* **unmentionable** *adj.* незатра́гиваемый, необсужда́емый. **unmerciful** *adj.* безжа́лостный. **unmerited** *adj.* незаслу́женный (-ен, -енна). **unmethodical** *adj.* несистемати́ческий, методи́чный. **unmindful** *adj.* невнима́тельный (*of*, к + *dat.*). **unmistakable** *adj.* несомне́нный (-нен, -нна), я́сный (я́сен, ясна́, я́сно, я́сны). **unmitigated** *adj.* несмягчённый; (*absolute*) абсолю́тный; (*thorough*) отъя́вленный. **unmoved** *adj.* (*indifferent*) равноду́шный; (*adamant*) непрекло́нный (-нен, -нна).

unnatural *adj.* неесте́ственный (-ен,

-ена), противоестéственный (-ен, -енна). **unnecessary** *adj.* ненýжный, излúшний (-шен, -шня). **unnerve** *v.t.* лишáть *imp.*, лишúть *perf.* решúмости, мýжества. **unnoticed** *adj.* незамéченный.

unobjectionable *adj.* приéмлемый. **unobservant** *adj.* невнимáтельный, ненаблюдáтельный. **unobserved** *adj.* незамéченный. **unobtainable** *adj.* такóй, котóрого нельзя достáть; недостýпный. **unobtrusive** *adj.* ненавязчивый. **unoccupied** *adj.* незáнятый (-т, -тá, -то), свобóдный; (*uninhabited*) необитáемый. **unofficial** *adj.* неофициáльный. **unopposed** *adj.* не встрéтивший сопротивлéния. **unorthodox** *adj.* неортодоксáльный.

unpack *v.t.* распакóвывать *imp.*, распаковáть *perf.* **unpaid** *adj.* (*not receiving pay*) не получáющий плáты; (*work*) бесплáтный. **unpalatable** *adj.* невкýсный; (*unpleasant*) неприятный. **unpardonable** *adj.* непростúтельный. **unpin** *v.t.* откáлывать *imp.*, отколóть (-лю́, -лешь) *perf.* **unpleasant** *adj.* неприятный. **unpleasantness** *n.* непривлекáтельность; (*also occurrence*) неприятность; (*quarrel*) ссóра. **unpopular** *adj.* непопулярный. **unprecedented** *adj.* беспрецедéнтный, бесприме́рный. **unpredictable** *adj.* не могýщий быть предскáзанным. **unprejudiced** *adj.* беспристрáстный. **unpremeditated** *adj.* непреднамéренный (-ен, -енна). **unprepared** *adj.* неподготóвленный, неготóвый. **unprepossessing** *adj.* непривлекáтельный. **unpretentious** *adj.* простóй (прост, -á, -о, прóсты), без претéнзий. **unprincipled** *adj.* беспринцúпный; (*immoral*) безнрáвственный (-ен(ен), -енна). **unprintable** *adj.* нецензýрный. **unproductive** *adj.* непродуктúвный. **unprofitable** *adj.* невыгодный. **unpromising** *adj.* не обещáющий ничегó хорóшего. **unpronounceable** *adj.* непроизносúмый. **unpropitious** *adj.* неблагоприятный. **unprotected** *adj.* (*defenceless*) беззащúтный; (*area*) открытый. **unproven** *adj.* недокáзанный. **unprovoked** *adj.* ничéм не вызванный, непровоцúрованный. **unpublished** *adj.* неопубликóванный, неúзданный. **unpunctual** *adj.* непунктуáльный. **unpunished** *adj.* безнакáзанный (-ан, -анна).

unqualified *adj.* неквалифицúрованный (-ан, -анна); (*unconditional*) безоговóрочный. **unquenchable** *adj.* неутолúмый; (*fig.*) неугасúмый. **unquestionable** *adj.* несомнéнный (-нен, -нна), неоспорúмый. **unquestionably** *adv.* несомнéнно. **unquestioned** *adj.* не вызывáющий сомнéний.

unravel *v.t.* & *i.* распýтывать(ся) *imp.*, распýтать(ся) *perf.*; *v.t.* (*solve*) разгáдывать *imp.*, разгадáть *perf.* **unread** *adj.* (*book etc.*) непрочúтанный. **unreadable** *adj.* (*illegible*) неразбóрчивый; (*boring*) скýчный (-чен, -чнá, -чно). **unready** *adj.* неготóвый; (*slow-witted*) несообразúтельный. **unreal** *adj.* ненастоящий. **unrealistic** *adj.* нереáльный. **unreasonable** *adj.* (*unwise*) неблагоразýмный; (*excessive*) непомéрный; (*expensive*) непомéрно дорогóй (дóрог, -á, -о); (*of price*) непомéрно высóкий (-óк, -окá, -óко); (*unfounded*; *of demand*) необоснóванный (-ан, -анна). **unreasoned** *adj.* непродýманный. **unreasoning** *adj.* немыслящий. **unreceptive** *adj.* невосприúмчивый. **unrecognizable** *adj.* неузнавáемый. **unrecognized** *adj.* непрúзнанный. **unrefined** *adj.* неочúщенный; (*manners etc.*) грýбый (груб, -á, -о). **unrelenting** *adj.* (*ruthless*) безжáлостный; (*unremitting*) неослáбный; (*not abating*) неумолкáющийся. **unreliable** *adj.* ненадёжный. **unremitting** *adj.* неослáбный; (*incessant*) беспрестáнный (-нен, -нна). **unremunerative** *adj.* невыгодный, **unrepeatable** *adj.* (*unique*) неповторúмый; (*indecent*) неприлúчный. **unrepentant** *adj.* нераскáявшийся. **unrepresentative** *adj.* нехарактéрный. **unrequited** *adj.*: *u. love*, любóвь без взаúмности. **unreserved** *adj.* (*full*) пóлный (-лон, -лнá, пóлно); (*open*) откровéнный (-нен, -нна); (*unconditional*) безоговóрочный; *u. seats*, незаброни́рованные местá *neut.pl.*

unresisting adj. несопротивляющийся. **unrest** n. беспокойство; (polit.) беспорядки m.pl., волнения neut.pl. **unrestrained** adj. несдержанный (-ан, -анна). **unrestricted** adj. неограниченный (-ен, -енна). **unripe** adj. незрелый, неспелый. **unrivalled** adj. бесподобный. **unroll** v.t. & i. развёртывать(ся) imp., развернуть(ся) perf. **unruffled** adj. (smooth) гладкий (-док, -дка, -дко); (calm) спокойный. **unruly** adj. (wild) буйный (буен, буйна, -но); (disobedient) непослушный.

unsafe adj. опасный; (insecure) ненадёжный. **unsaid** adj.: leave u., молчать (-чу, -чишь) imp. о + prep. **unsaleable** adj. неходкий. **unsalted** adj. несолёный (несолон, -а, -о). **unsatisfactory** adj. неудовлетворительный. **unsatisfied** adj. неудовлетворённый (-ён, -ена & -ённа). **unsatisfying** adj. неудовлетворяющий (-тен, -тна, -тно); (food) несытный (-тен, -тна, -тно). **unsavoury** adj. невкусный; (distasteful) противный. **unscathed** adj. невредимый; (fig.) жив и невредим. **unscheduled** adj. внеочередной. **unscientific** adj. ненаучный. **unscrew** v.t. & i. отвинчивать(ся) imp., отвинтить(ся) perf. **unscrupulous** adj. неразборчивый в средствах, беспринципный, бессовестный. **unseasonable** adj. не по сезону; (inopportune) несвоевременный (-нен, -нна). **unseasoned** adj. (food) неприправленный; (wood) невыдержанный; (unaccustomed) непривыкший. **unseat** v.t. (of horse) сбрасывать imp., сбросить perf. с седла; (parl.) лишать imp., лишить perf. парламентского мандата. **unseemly** adj. неподобающий, непристойный. **unseen** adj. невиданный; u. translation, перевод с листа. **unselfish** adj. бескорыстный, неэгоистичный. **unserviceable** adj. непригодный. **unsettle** v.t. нарушать imp., нарушить perf. распорядок + gen., выбивать imp., выбить (-бью, -бьешь) perf. из колеи; (upset) расстраивать imp., расстроить perf. **unsettled** adj.: the weather is u., погода не установилась. **unshakeable** adj. непоколебимый. **unshaven** adj. небритый. **unsheathe** v.t. вынимать imp., вынуть perf. из ножен. **unship** v.t. (cargo) выгружать imp., выгрузить perf.; (passenger) высаживать imp., высадить perf. на берег. **unsightly** adj. неприглядный, уродливый. **unskilful** adj. неумелый. **unskilled** adj. неквалифицированный (-ан, -анна). **unsociable** adj. необщительный. **unsold** adj. непроданный. **unsolicited** adj. непрошенный. **unsolved** adj. нерешенный. **unsophisticated** adj. простой (прост, -а, -о, просты), безыскусственный (-ен, -енна). **unsound** adj. (unhealthy, unwholesome) нездоровый; (rotten, also fig.) гнилой (гнил, -а, -о); (unreliable) ненадёжный; (unfounded) необоснованный (-ан, -анна); (faulty) дефектный; of u. mind, душевнобольной. **unsparing** adj. (lavish) щедрый (щедр, -а, -о); (merciless) беспощадный. **unspeakable** adj. (inexpressible) невыразимый; (very bad) отвратительный. **unspecified** adj. точно не установленный (-ен), неопределённый (-нен, -нна). **unspoilt** adj. неиспорченный. **unspoken** adj. невысказанный. **unsporting, unsportsmanlike** adj. неспортивный, недостойный (-оин, -ойна) спортсмена. **unstable** adj. неустойчивый; (emotionally) неуравновешенный (-ен, -енна). **unsteady** adj. неустойчивый. **unsuccessful** adj. неудачный, безуспешный. **unsuitable** adj. неподходящий, неподобающий. **unsuited** adj. (incompatible) несовместимый. **unsullied** adj. незапятнанный. **unsupported** adj. неподдержанный. **unsure** adj. (not convinced) неуверенный (-ен, -ена) (of oneself, в себе); (hesitating) неуверенный (-ен, -енна). **unsurpassed** adj. непревзойдённый (-ён, -ённа). **unsuspected** adj. не вызывающий подозрений; (unforeseen) непредвиденный. **unsuspecting** adj. неподозревающий. **unsweetened** adj. неподслащенный. **unswerving** adj. непоколебимый. **unsymmetrical** adj. несимметрический. **unsympathetic** adj. несочувствующий; (unattractive) несимпатичный. **unsystematic** adj. несистематичный.

untainted *adj.* неиспо́рченный. **untalented** *adj.* неталантливый. **untameable** *adj.* не поддающийся приручению; (*indomitable*) неукроти́мый. **untapped** *adj.*: *u. resources*, неиспо́льзованные ресу́рсы *m.pl.* **untarnished** *adj.* непотуске́вший; (*fig.*) незапя́тнанный. **untenable** *adj.* несостоя́тельный. **unthinkable** *adj.* (*inconceivable*) невообрази́мый; (*unlikely*) невероя́тный; (*out of the question*) исключённый (-ён, -ена́). **unthinking** *adj.* легкомы́сленный (-ен, -енна). **unthread** *v.t.* вынима́ть *imp.*, вы́нуть *perf.* ни́тку из+*gen.* **untidiness** *n.* неопря́тность; (*disorder*) беспоря́док (-дка). **untidy** *adj.* неопря́тный; (*in disorder*) в беспоря́дке. **untie** *v.t.* развя́зывать *imp.*, развяза́ть (-яжу́, -я́жешь) *perf.*; (*set free*) освобожда́ть *imp.*, освободи́ть *perf.*

until *prep.* до+*gen.*; *not u.*, не ра́ньше+*gen.*; *u. then*, до тех пор; ~ *conj.* пока́, пока́…не; *not u.*, то́лько когда́.

untimely *adj.* (*premature*) безвре́менный; (*inopportune*) несвоевре́менный (-нен, -нна); (*inappropriate*) неуме́стный. **untiring** *adj.* неутоми́мый. **untold** *adj.* (*innumerable*) бессчётный, несмётный; (*inexpressible*) невырази́мый. **untouched** *adj.* (*also pure*) нетро́нутый; (*indifferent*) равноду́шный. **untoward** *adj.* (*unfavourable*) неблагоприя́тный; (*refractory*) непоко́рный. **untrained** *adj.* необу́ченный. **untranslatable** *adj.* неперево́димый. **untried** *adj.* неиспы́танный. **untroubled** *adj.* споко́йный. **untrue** *adj.* (*incorrect*, *disloyal*) неве́рный (-рен, -рна́, -рно, неве́рны); (*incorrect*) непра́вильный; (*false*) ло́жный. **untrustworthy** *adj.* ненадёжный. **untruth** *n.* непра́вда, ложь. **untruthful** *adj.* лжи́вый.

unusable *adj.* непригодный. **unused** *adj.* (*not employed*) неиспо́льзованный; (*not accustomed*) непривы́кший (to, к+*dat.*). **unusual** *adj.* необыкнове́нный (-нен, -нна). **unusually** *adv.* необыкнове́нно. **unutterable** *adj.* невырази́мый.

unvarnished *adj.* (*fig.*) неприкра́шенный. **unvarying** *adj.* неизменя́ющийся.

unveil *v.t.* снима́ть *imp.*, снять (сниму́, -мешь; снял, -а́, -о) *perf.* покрыва́ло с+*gen.*; (*statue*) торже́ственно открыва́ть *imp.*, откры́ть (-ро́ю, -ро́ешь) *perf.*; (*disclose*) открыва́ть *imp.*, откры́ть (-ро́ю, -ро́ешь) *perf.* **unversed** *adj.* несве́дущий (in, в+*prep.*); (*inexperienced*) нео́пытный (in, в+*prep.*).

unwanted *adj.* нежела́нный. **unwarranted** *adj.* (*unjustified*) неоправда́нный. **unwary** *adj.* неосторо́жный. **unwavering** *adj.* непоколеби́мый. **unwelcome** *adj.* нежела́нный, нежела́тельный; (*unpleasant*) неприя́тный. **unwell** *adj.* нездоро́вый. **unwholesome** *adj.* нездоро́вый, вре́дный (-ден, -дна́, -дно). **unwieldy** *adj.* громо́здкий, неуклю́жий. **unwilling** *adj.* нерасположенный. **unwillingly** *adv.* неохо́тно, про́тив жела́ния. **unwillingness** *n.* нерасположе́ние, неохо́та. **unwind** *v.t. & i.* разма́тывать(ся) *imp.*, размота́ться *perf.*; (*rest*) отдыха́ть *imp.*, отдохну́ть *perf.* **unwise** *adj.* не(благо)разу́мный. **unwitting** *adj.* нево́льный, неча́янный. **unwittingly** *adv.* нево́льно, неча́янно. **unwonted** *adj.* непривы́чный, необы́чный. **unworkable** *adj.* неприменимый. **unworldly** *adj.* не от ми́ра сего́; (*spiritual*) духо́вный. **unworthy** *adj.* недосто́йный (-о́ин, -о́йна). **unwrap** *v.t.* развёртывать *imp.*, разверну́ть *perf.* **unwritten** *adj.*: *u. law*, непи́саный зако́н.

unyielding *adj.* упо́рный, неподатли́вый.

unzip *v.t.* расстёгивать *imp.*, расстегну́ть (-ну́, -нёшь) *perf.* (мо́лнию+*gen.*).

up *adv.* (*motion*) наве́рх, вверх; (*position*) наверху́, вверху́; *up and down*, вверх и вниз; (*back and forth*) взад и вперёд; *up to*, (*towards*) к+*dat.*, (*time*) вплоть до+*gen.*; *up to now*, до сих пор; *be up against*, име́ть *imp.* де́ло с+*instr.*; *it is up to you*+*inf.*, э́то вам+*inf.*, вы должны́+*inf.*; *not up to much*, нева́жный (-жен, -жна́, -жно); *what's up?* что случи́лось? в чём де́ло? *your time is up*, ва́ше вре́мя истекло́; *up and about*, на нога́х; *he isn't up yet*, он ещё не встал; *he isn't up to this job*, он не годи́тся для э́того

рабо́ты; *prep.* вверх по + *dat.*; (*along*) (вдоль) по + *dat.*; *up wind*, про́тив ве́тра; *v.t.* & *i.* поднима́ть(ся) *imp.*, подня́ть(ся) (-ниму́(сь), -ни́мешь(ся); по́днял/подня́лся́, -ла́(сь), -ло/-ло́сь) *perf.*; (*leap up*) вска́кивать *imp.*, вскочи́ть (-чу́, -чишь) *perf.*; *adj.*: *up-to-date*, совреме́нный (-нен, -нна); (*fashionable*) мо́дный (-ден, -дна́, -дно), *up-and-coming*, напо́ристый, многообеща́ющий; *n.*: *ups and downs*, (*fig.*) превра́тности *f.pl.* судьбы́.
upbraid *v.t.* брани́ть *imp.*, вы~ *perf.* (*for*, за + *acc.*).
upbringing *n.* воспита́ние.
update *v.t.* модернизи́ровать *imp.*, *perf.*; (*book*) дополня́ть *imp.*, допо́лнить *perf.*
upgrade *v.t.* повыша́ть *imp.*, повы́сить *perf.* (по слу́жбе).
upheaval *n.* сдвиг, (*revolution*) переворо́т; (*geol.*) смеще́ние пласто́в.
uphill *adj.* иду́щий в го́ру; (*fig.*) тяжёлый (-л, -ла́); *adv.* в го́ру.
uphold *v.t.* подде́рживать *imp.*, поддержа́ть (-жу́, -жишь) *perf.*; *u. a view*, приде́рживаться *imp.* взгля́да. **upholder** *n.* сторо́нник.
upholster *v.t.* обива́ть *imp.*, оби́ть (обобью́, -бьёшь) *perf.* (*with*, *in*, + *instr.*). **upholsterer** *n.* обо́йщик. **upholstery** *n.* оби́вка.
upkeep *n.* (*maintenance*, *support*) содержа́ние; (*repair(s)*) ремо́нт; (*cost of* *u.*) сто́имость содержа́ния.
upland *n.* го́ристая часть (*pl.* -ти, -те́й) страны́, наго́рная страна́ (*pl.* -ны); *adj.* наго́рный; (*inland*) лежа́щий внутри́ страны́.
uplift *v.t.* поднима́ть *imp.*, подня́ть (-ниму́, -ни́мешь; по́днял, -а́, -о) *perf.*; *n.* подъём.
upon *prep.* (*position*) на + *prep.*, (*motion*) на + *acc.*; *see* **on**.
upper *adj.* ве́рхний; (*socially, in rank*) вы́сший; *gain the u. hand*, оде́рживать *imp.*, одержа́ть (-жу́, -жишь) *perf.* верх (*over*, над + *instr.*); *u. crust*, верху́шка о́бщества; *the U. House*, ве́рхняя пала́та; *the* передо́к (-дка́).
uppermost *adj.* са́мый ве́рхний, вы́сший; *be u. in person's mind*, бо́льше

всего́ занима́ть *imp.*, заня́ть (займу́, -мёшь; за́нял, -а́, -о) *perf.* мы́сли кого́-л.
uppish *adj.* спеси́вый, высокоме́рный.
upright *adj.* подпо́рка, сто́йка; *adj.* вертика́льный; (*straight*) прямо́й (-м, -а́, пря́мо); (*honest*) че́стный (-тен, -тна́, -тно); *u. piano*, пиани́но *neut.indecl.*; *adv.* вертика́льно, пря́мо, сто́йма.
uprising *n.* восста́ние, бунт.
uproar *n.* шум (-а(у)), гам. **uproarious** *adj.* шу́мный (-мен, -мна́, -мно), бу́йный (бу́ен, буйна́, -но).
uproot *v.t.* вырыва́ть *imp.*, вы́рвать (-ву, -вешь) *perf.* с ко́рнем; (*eradicate*) искореня́ть *imp.*, искорени́ть *perf.*
upset *n.* (*disorder, confusion, discomposure*) расстро́йство; *v.t.* (*disorder, discompose, spoil (plans etc.)*) расстра́ивать *imp.*, расстро́ить *perf.*; *v.t.* & *i.* (*overturn*) опроки́дывать(ся) *imp.*, опроки́нуть(ся) *perf.*; *adj.* (*miserable*) расстро́енный (-ен); *u. stomach*, расстро́йство желу́дка.
upshot *n.* развя́зка, результа́т.
upside-down *adj.* переве́рнутый вверх дном; *adv.* вверх дном; (*in disorder*) в беспоря́дке.
upstairs *adv.* (*position*) наверху́; (*motion*) наве́рх; *n.* ве́рхний эта́ж (-а́); *adj.* находя́щийся в ве́рхнем этаже́.
upstart *n.* вы́скочка *m.* & *f.*
upstream *adv.* про́тив тече́ния; (*situation*) вверх по тече́нию.
upsurge *n.* подъём, волна́ (*pl.* -ны, -волна́м).
uptake *n.*: *be quick on the u.*, бы́стро сообража́ть *imp.*, сообрази́ть *perf.*
upturned *adj.* (*face etc.*) по́днятый (по́днят, -а́, -о) кве́рху; (*inverted*) переверну́тый.
upward *adj.* напра́вленный (-ен) вверх, дви́жущийся вверх. **upwards** *adv.* вверх; *u. of*, свы́ше + *gen.*
uranium *n.* ура́н; *attrib.* ура́новый.
urban *adj.* городско́й.
urbane *adj.* ве́жливый, с изы́сканными мане́рами. **urbanity** *n.* ве́жливость.
urchin *n.* мальчи́шка *m.*
urge *n.* (*incitement*) побужде́ние, тол-

чóк (-чкá); (*desire*) желáние; *v.t.* (*impel, u. on*) подгонять *imp.*, подогнáть (подгоню, -нишь; подогнáл, -á, -о) *perf.*; (*induce, prompt*) побуждáть *imp.*, побудить *perf.*; (*advocate*) настойчиво убеждáть *imp.*; (*give as reason*) обращáть *imp.*, обратить (-ащý, -áтишь) *perf.* внимáние на+ *acc.* urgency *n.* (*also insistence*) настоятельность; (*immediate importance*) безотлагáтельность; *a matter of great u.*, срóчное дéло (*pl.* -лá). urgent *adj.* срóчный (-чен, -чнá, -чно); (*also insistent*) настоятельный; (*absolutely essential*) крáйне необходимый. urgently *adv.* срóчно.
uric *adj.* мочевóй. urinal *n.* писсуáр. urinate *v.i.* мочиться (-чýсь, -чишься *imp.*, по~ *perf.* urination *n.* мочеиспускáние. urine *n.* мочá.
urn *n.* ýрна.
usable *adj.* гóдный (-ден, -днá, -дно) к употреблéнию. usage *n.* употреблéние; (*custom*) обычай; (*treatment*) обращéние. use *n.* (*also benefit*) пóльза; (*application*) употреблéние, применéние, использование; *it is of no u.*, беспóлезно; *make u. of*, использовать *imp.*, *perf.*; пóльзоваться *imp.*+*instr.*; *v.t.* употреблять *imp.*, употребить *perf.*; пóльзоваться *imp.*+*instr.*; применять *imp.*, применить (-ню, -нишь) *perf.*; (*treat*) обращáться *imp.* с+ *instr.*; *I used to see him often*, я чáсто его встречáл (*imp. p.t.*); *be, get, used to*, привыкáть *imp.*, привыкнуть (-к) *perf.* (*to*, к+*dat.*); *u. up*, расхóдовать *imp.*, из~ *perf.* used *adj.* (*second-hand*) подéржанный, стáрый (стар, -á, стáро). useful *adj.* полéзный; *come in u.*, *prove u.*, пригодиться *perf.* (*to*, +*dat.*). useless *adj.* беспóлезный, никудá не гóдный (-ден, -днá, -дно).
user *n.* потребитель *m.*
usher *n.* (*door-keeper*) швейцáр; (*theat.*) билетёр; *v.t.* (*lead in*) вводить (ввожý, -óдишь) *imp.*, ввести (-едý, -едёшь; -ёл, -елá) *perf.*; (*proclaim, u. in*)

возвещáть *imp.*, возвестить *perf.* usherette *n.* билетёрша.
usual *adj.* обыкновéнный (-нен, -нна), обычный; *as u.*, как обычно. usually *adv.* обыкновéнно, обычно.
usurer *n.* ростовщик (-á). usurious *adj.* ростовщический.
usurp *v.t.* узурпировать *imp.*, *perf.*; незакóнно захвáтывать *imp.*, захватить (-ачý, -áтишь) *perf.* usurper *n.* узурпáтор, захвáтчик.
usury *n.* ростовщичество.
utensil *n.* инструмéнт, орудие; *pl.* ýтварь; принадлéжности *f.pl.*; (*kitchen utensils*) посýда.
uterine *adj.* мáточный; (*of one mother*) единоутрóбный. uterus *n.* мáтка.
utilitarian *adj.* утилитáрный; *n.* утилитарист. utilitarianism *n.* утилитаризм. utility *n.* полéзность; (*profitableness*) выгодность; *adj.* утилитáрный; (*practical*) практичный. utilize *v.t.* использоваться *imp.*, *perf.*; утилизировать *imp.*, *perf.*
utmost *adj.* (*extreme*) крáйний, предéльный; (*furthest*) сáмый отдалённый (-ён, -ённа); *this is of the u. importance to me*, это для меня крáйне вáжно; *n.*: *do one's u.*, дéлать *imp.*, с~ *perf.* всё возмóжное.
Utopia *n.* утóпия. utopian *adj.* утопический. *n.* утопист.
utter *attrib.* пóлный, совершéнный, абсолютный; (*out-and-out*) отъявленный (*coll.*); *v.t.* произносить (-ошý, -óсишь) *imp.*, произнести (-есý, -есёшь; -ёс, -еслá) *perf.*; (*let out*) издавáть (-даю, -даёшь) *imp.*, издáть (-áм, -áшь, -áст, -адим); издáл, -á, -о) *perf.* utterance *n.* (*uttering*) произнесéние; (*pronouncement*) выскáзывание; (*diction*) дикция; (*pronunciation*) произношéние; *gift of u.*, дар слóва; *give u. to*, выражáть *imp.*, вýразить *perf.* словáми. utterly *adv.* крáйне, совершéнно.
uvula *n.* язычóк (-чкá).
Uzbek *n.* узбéк, -éчка; *adj.* узбéкский.

V

V-neck *n.* V-образный вырез; *V sign*, (*victory*) знак победы.

vacancy *n.* (*for job*) вакансия, свободное место (*pl.* -á); (*at hotel*) свободный номер (*pl.* -á); (*emptiness*) пустота; (*apathy*) безучастность; (*absent-mindedness*) рассеянность.

vacant *adj.* (*post*) вакантный; (*not engaged, free*) свободный; (*empty*) пустой (пуст, -á, -о, пусты́); (*look*) рассеянный (-ян, -янна); "v. possession", „помещение готово для въезда". **vacantly** *adv.* рассеянно. **vacate** *v.t.* освобождать *imp.,* освободить *perf.;* покидать *imp.,* покинуть *perf.* **vacation** *n.* (*school, univ.*) каникулы (-л) *pl.;* (*leave*) отпуск; (*vacating*) оставление, освобождение.

vaccinate *v.t.* прививать *imp.,* привить (-вью, -вьёшь; привил, -á, -о) *perf.* + *dat.* (against, + *acc.*). **vaccination** *n.* прививка (against, от, против + *gen.*).

vaccine *n.* вакцина.

vacillate *v.i.* колебаться (-блюсь, -блешься) *imp.* **vacillation** *n.* колебание; (*inconstancy*) непостоянство.

vacuity *n.* пустота. **vacuous** *adj.* пустой (пуст, -á, -о, пусты); (*foolish*) бессмысленный (-ен, -енна). **vacuum** *n.* вакуум; (*fig.*) пустота; *v. brake,* вакуумный тормоз; *v.-clean,* чистить *imp.,* вы~, по~ *perf.* пылесосом; *v. cleaner,* пылесос; *v. flask,* термос; *vacuum-gauge,* вакуумметр; *v. pump,* вакуум-насос.

vade-mecum *n.* путеводитель *m.*

vagabond *n.* бродяга *m.;* *attrib.* бродячий. **vagabondage** *n.* бродяжничество. **vagabondize** *v.i.* скитаться *imp.,* бродяжничать *imp.*

vagary *n.* каприз, причуда.

vagina *n.* влагалище. **vaginal** *adj.* влагалищный.

vagrancy *n.* бродяжничество. **vagrant** *adj.* бродячий; *n.* бродяга *m.*

vague *adj.* (*indeterminate, uncertain*) неопределённый (-нен, -нна); (*unclear*) неясный (-сен, -сна, -сно); (*dim*) смутный (-тен, -тна, -тно); (*absent-minded*) рассеянный (-ян, -янна). **vagueness** *n.* неопределённость, неясность; (*absent-mindedness*) рассеянность.

vain *adj.* (*futile*) тщетный, напрасный; (*empty*) пустой (пуст, -á, -о, пусты); (*conceited*) самовлюблённый, тщеславный; *in v.,* напрасно, тщетно, зря. **vainglorious** *adj.* тщеславный, хвастливый. **vainglory** *n.* тщеславие, хвастливость.

valance *n.* подзор, оборка, занавеска.

vale *n.* дол, долина.

valediction *n.* прощание. **valedictory** *adj.* прощальный.

valency *n.* валентность.

valentine *n.* (*sweetheart*) возлюбленный, -нная (выбирается 14-ого февраля); (*card*) поздравительная карточка с днём святого Валентина.

valerian *n.* валериана; (*med.*) валериановые капли (-пель) *pl.*

valet *n.* камердинер, слуга (*pl.* -ги) *m.*

valetudinarian *adj.* болезненный (-ен, -енна); (*hypochondriac*) мнительный.

valiant *adj.* храбрый (храбр, -á, -о), доблестный.

valid *adj.* действительный, имеющий силу; (*weighty*) веский. **validate** *v.t.* (*ratify*) утверждать *imp.,* утвердить *perf.;* (*declare valid*) объявлять *imp.,* объявить (-влю, -вишь) *perf.* действительным. **validity** *n.* действительность; (*weightiness*) вескость.

valise *n.* саквояж, чемодан.

valley *n.* долина.

valorize *v.t.* устанавливать *imp.,* установить (-влю, -вишь) *perf.* цены + *gen.* (by government action, путём государственных мероприятий).

valorous *adj.* доблестный. **valour** *n.* доблесть.

valuable *adj.* ценный (-нен, -нна); (*costly*) дорогой (дорог, -á, -о); *pl.* ценные вещи (-щей) *pl.,* драгоценности *f.pl.* **valuation** *n.* оценка. **value** *n.* ценность; (*cost, worth*) цена (*pl.* -ны); (*worth, econ.*) стоимость; (*significance*) значение; (*math.*) вели-

valve 396 **vault**

чина́; (*mus.*) дли́тельность; *pl.* це́нности *f.pl.*; *v.-added tax*, нало́г на доба́вленную сто́имость; *v.-judgement*, субъекти́вная оце́нка; *v.t.* (*estimate*) оце́нивать *imp.*, оцени́ть (-ню́, -нишь) *perf.*; (*hold dear*) цени́ть (-ню́, -нишь) *imp.*, дорожи́ть *imp.*+*instr.* **valueless** *adj.* бесполе́зный, ничего́ не стоя́щий. **valuer** *n.* оце́нщик.

valve *n.* (*tech., med., mus.*) кла́пан; (*tech.*) венти́ль *m.*; (*bot.*) ство́рка; (*radio*) электро́нная ла́мпа.

vamp[1] *n.* (*of shoe*) передо́к (-дка́); (*patched-up article*) что-л. почи́ненное на ско́рую ру́ку; (*mus.*) импровизи́рованный аккомпанеме́нт; *v.t.* (*repair*) чини́ть (-ню́, -нишь) *imp.*, по~ *perf.*; (*mus.*) импровизи́ровать *imp.*, сымпровизи́ровать *perf.* аккомпанеме́нт к+*dat.*

vamp[2] *n.* (*flirt*) соблазни́тельница.

vampire *n.* (*also fig.*; *also v. bat*) вампи́р.

van[1] *n.* (*road vehicle, caravan*) фурго́н; (*rly.*) бага́жный (*luggage*), това́рный (*goods*), служе́бный (*guard's*), ваго́н.

van[2] *n.* (*vanguard*) аванга́рд.

vanadium *n.* вана́дий.

vandal *n.* ванда́л, хулига́н. **vandalism** *n.* вандали́зм, ва́рварство. **vandalize** *v.t.* разруша́ть *imp.*, разру́шить *perf.*

vane *n.* (*weathercock*) флю́гер (*pl.* -á); (*of windmill*) крыло́ (*pl.* -лья, -льев); (*of propeller*) ло́пасть (*pl.* -ти, -те́й); (*of turbine*) лопа́тка.

vanguard *n.* аванга́рд.

vanilla *n.* вани́ль; *attrib.* вани́льный.

vanish *v.i.* исчеза́ть *imp.*, исче́знуть (-ез) *perf.*, пропада́ть *imp.*, пропа́сть (-аду́, -адёшь; -а́л) *perf.*; *vanishing-point*, то́чка схо́да.

vanity *n.* (*futility*) тщета́, суета́; (*vainglory*) тщесла́вие; *v. bag*, су́мочка, несессе́р.

vanquish *v.t.* (*enemy*) побежда́ть *imp.*, победи́ть (-еди́шь, -еди́т) *perf.*; (*fig.*) преодолева́ть *imp.*, преодоле́ть *perf.*

vantage *n.* преиму́щество, *v.-point*, вы́годная пози́ция; (*for observation*) пункт наблюде́ния.

vapid *adj.* безвку́сный; (*also fig.*) пре́сный (-сен, -сна́, -сно); (*fig.*) ску́чный (-чен, -чна́, -чно).

vaporize *v.t. & i.* испаря́ть(ся) *imp.*, испари́ть(ся) *perf.* **vaporizer** *n.* испари́тель *m.* **vaporous** *adj.* парообра́зный; (*vague*) тума́нный (-нен, -нна).

vapour *n.* (*steam etc.*) пар (*loc.* -ý; *pl.* -ы́); (*mist, haze*) тума́н.

variable *adj.* изме́нчивый, непостоя́нный (-нен, -нна); (*weather*) неусто́йчивый, (*also math.*) переме́нный; *n.* (*math.*) переме́нная (величина́). **variance** *n.* (*disagreement*) разногла́сие; (*change*) измене́ние; (*disparity*) несоотве́тствие; *be at v. with*, расходи́ться (-ожу́сь, -о́дишься) *imp.*, разойти́сь (-ойду́сь, -ойдёшься, -оше́лся, -ошла́сь) *perf.* в мне́ниях с+*instr.* **variant** *n.* вариа́нт; *adj.* ра́зный. **variation** *n.* (*varying*) измене́ние, переме́на; (*variant*) вариа́нт; (*variety*) разнови́дность; (*mus., math.*) вариа́ция.

varicose *adj.*: *v. veins*, расшире́ние вен.

variegate *v.t.* де́лать *imp.*, с~ *perf.* пёстрым; (*diversify*) разнообра́зить *imp.* **variegated** *adj.* разноцве́тный, пёстрый (-р, -рá, пёстро́); (*diverse*) разнообра́зный. **variety** *n.* разнообра́зие; (*sort*) разнови́дность; (*multitude*) мно́жество; *v. show*, варьете́ *neut.indecl.*, эстра́дный конце́рт. **various** *adj.* (*of several kinds*) разли́чный; (*different, several*) ра́зный; (*diverse*) разнообра́зный.

varnish *n.* лак; (*fig.*) лоск; *v.t.* лакирова́ть *imp.*, от~ *perf.* (*also fig.*). **varnishing** *n.* лакиро́вка.

vary *v.t.* разнообра́зить *imp.*, меня́ть *imp.*; *v.i.* (*change*) меня́ться *imp.*, изменя́ться *imp.*, измени́ться (-ню́сь, -нишься) *perf.*; (*differ*) ра́зниться *imp.*; (*disagree*) не соглаша́ться *imp.*

vase *n.* ва́за.

vaseline *n.* вазели́н.

vassal *n.* васса́л.

vast *adj.* грома́дный, обши́рный. **vastly** *adv.* значи́тельно. **vastness** *n.* грома́дность, обши́рность.

vat *n.* чан (*pl.* -ы́), бак.

Vatican *n.* Ватика́н.

vaudeville *n.* водеви́ль *m.*; (*variety*) варьете́ *neut.indecl.*

vault[1] *n.* (*leap*) прыжо́к (-жка́); *v.t.*

vault перепры́гивать *imp.*, перепры́гнуть *perf.*; *v.i.* пры́гать *imp.*, пры́гнуть *perf.* **vaulting-horse** *n.* гимнасти́ческий конь (-я́); *pl.* -ни, -не́й) *m.*

vault² *n.* (*arch, covering*) свод; (*cellar*) по́греб, подва́л; (*burial v.*) склеп; *v.t.* возводи́ть (-ожу́, -о́дишь) *imp.*, возвести́ (-еду́, -едёшь; -ёл, -ела́) *perf.* свод над + *instr.* **vaulted** *adj.* сво́дчатый.

vaunt *n.* хвастовство́; *v.i.(t.)* хва́статься *imp.*, по~ *perf.* (+ *instr.*).

veal *n.* теля́тина; *attrib.* теля́чий.

vector *n.* (*math.*) ве́ктор; (*carrier of disease*) перено́счик инфе́кции.

veer *v.i.* (*change direction*) изменя́ть *imp.*, измени́ть (-ню́, -нишь) *perf.* направле́ние; (*turn*) повора́чивать *imp.*, повороти́ть (-очу́, -о́тишь) *perf.*; *v. away from*, отшаты́ваться *imp.*, отшатну́ться *perf.* от + *gen.*

vegetable *n.* о́вощ; *adj.* расти́тельный; (*of vegetables*) овощно́й. **vegetarian** *n.* вегетариа́нец, -нка; *attrib.* вегетариа́нский. **vegetarianism** *n.* вегетариа́нство. **vegetate** *v.i.* расти́ (-ту́, -тёшь; рос, -ла́) *imp.*; (*fig.*) прозяба́ть *imp.* **vegetation** *n.* расти́тельность; (*fig.*) прозяба́ние. **vegetative** *adj.* (*biol.*) вегетати́вный; (*fig.*) прозяба́ющий.

vehemence *n.* (*force*) си́ла; (*passion*) стра́стность. **vehement** *adj.* (*forceful*) си́льный (силён, льна́, льно, си́льны́); (*passionate*) стра́стный (-тен, -тна́, -тно).

vehicle *n.* сре́дство передвиже́ния/перево́зки; (*motor v.*) автомоби́ль *m.*; (*medium*) сре́дство; (*chem.*) носи́тель *m.* **vehicular** *adj.* (*conveying*) перево́зочный; (*of motor transport*) автомоби́льный; *v. transport*, автогрузево́й тра́нспорт.

veil *n.* вуа́ль, покрыва́ло; (*fig.*) заве́са, покро́в; (*pretext*) предло́г; *v.t.* покрыва́ть *imp.*, покры́ть (-ро́ю, -ро́ешь) *perf.* вуа́лью, покрыва́лом; (*fig.*) скрыва́ть *imp.*, скрыть (-ро́ю, -ро́ешь) *perf.*

vein *n.* ве́на; (*of leaf; streak*) жи́лка; *in the same v.*, в том же ду́хе. **veined** *adj.* испещрённый (-ён, -ена́) жи́лками.

veld *n.* вельд.

vellum *n.* (*parchment*) то́нкий перга́мент; (*paper*) веле́невая бума́га.

velocity *n.* ско́рость.

velour(s) *n.* велю́р; (*attrib.*) велю́ровый.

velvet *n.* ба́рхат; *adj.* ба́рхатный. **veleteen** *n.* вельве́т. **velvety** *adj.* бархати́стый.

venal *adj.* прода́жный, подку́пный. **venality** *n.* прода́жность.

vend *v.t.* продава́ть (-даю́, -даёшь) *imp.*, прода́ть (-а́м, -а́шь, -а́ст, -ади́м; про́дал, -а́, -о) *perf.* **vending-machine** *n.* торго́вый автома́т. **vendor** *n.* продаве́ц (-вца́), -вщи́ца.

vendetta *n.* венде́тта, кро́вная месть.

veneer *n.* фанеро́вка; (*fig.*) лоск; *v.t.* фанерова́ть *imp.*

venerable *adj.* почте́нный (-нен, -нна); (*V.*) преподо́бный. **venerate** *v.t.* благогове́ть *imp.* пе́ред + *instr.* **veneration** *n.* благогове́ние, почита́ние. **venerator** *n.* почита́тель *m.*

venereal *adj.* венери́ческий.

venetian blind *n.* жалюзи́ *neut.indecl.*

vengeance *n.* месть, мще́ние; *take v.*, мстить *imp.*, ото~ *perf.* (*on, + dat.*; *for*, за + *acc.*); *with a v.*, в по́лном смы́сле сло́ва; (*with might and main*) вовсю́. **vengeful** *adj.* мсти́тельный.

venial *adj.* прости́тельный.

venison *n.* олени́на.

venom *n.* яд (-а(у)). **venomous** *adj.* ядови́тый.

vent¹ *n.* (*opening*) вы́ход (*also fig.*), отве́рстие; (*air-hole*) отду́шина; (*anus*) за́дний прохо́д; *v.t.* (*feelings*) дава́ть (даю́, даёшь) *imp.*, дать (дам, дашь, даст, дади́м; дал, -а́, да́ло, -и) *perf.* вы́ход + *dat.*; излива́ть *imp.*, изли́ть (-лью́, -льёшь; -и́л, -а́, -о) *perf.* (*on*, на + *acc.*); (*smoke etc.*) выпуска́ть *imp.*, вы́пустить *perf.*; (*opinion*) выска́зывать *imp.*, вы́сказать (-ажу, -ажешь) *perf.*

vent² (*slit*) разре́з.

ventilate *v.t.* прове́тривать *imp.*, прове́трить *perf.*; (*fig.*) обсужда́ть *imp.*, обсуди́ть (-ужу́, -у́дишь) *perf.* **ventilation** *n.* вентиля́ция, прове́тривание. **ventilator** *n.* вентиля́тор.

ventral *adj.* брюшно́й.

ventricle *n.* желу́дочек (-чка).

ventriloquism, -quy *n.* чревовеща́ние. **ventriloquist** *n.* чревовеща́тель *m.* **ventriloquize** *v.i.* чревовеща́ть *imp.*

venture *n.* риско́ванное предприя́тие; (*speculation*) спекуля́ция; *at a v.*, науда́чу; *v.i.* (*hazard, dare*) отва́живаться *imp.*, отва́житься *perf.*; *v.t.* (*risk*) рискова́ть *imp.* + *instr.*, ста́вить *imp.*, по~ *perf.* на ка́рту; *v. an opinion, guess,* осме́ливаться *imp.*, осме́литься *perf.* вы́сказать мне́ние, дога́дку. **venturesome** *adj.* (*person*) сме́лый (смел, -а́, -о); (*enterprise*) риско́ванный (-ан, -анна).

venue *n.* ме́сто (*pl.* -та́) сбо́ра.

veracious *adj.* правди́вый. **veracity** *n.* правди́вость.

veranda(h) *n.* вера́нда.

verb *n.* глаго́л. **verbal** *adj.* (*oral*) у́стный; (*relating to words*) слове́сный; (*gram.*) отглаго́льный. **verbalize** *v.t.* выража́ть *imp.*, вы́разить *perf.* слова́ми; *v.i.* быть многосло́вным. **verbatim** *adj.* досло́вный; *adv.* досло́вно. **verbiage** *n.* многосло́вия. **verbose** *adj.* многосло́вный. **verbosity** *n.* многосло́вие.

verdant *adj.* зелёный (зе́лен, -а́, -о).

verdict *n.* верди́кт, реше́ние; (*opinion*) мне́ние.

verdigris *n.* я́рь-медя́нка.

verdure *n.* зе́лень.

verge¹ *n.* (*also fig.*) край (*loc.* -а́е & -аю́; *pl.* -а́я); (*of road*) обо́чина; (*fig.*) грань; (*eccl.*) жезл; *on the v. of*, на гра́ни + *gen.*; *he was on the v. of telling all*, он чуть не рассказа́л всё.

verge² *v.i.* клони́ться (-ню́сь, -ни́шься) *imp.* (*towards*, к + *dat.*); *v. on*, грани́чить *imp.* с + *instr.*

verger *n.* церко́вный служи́тель *m.*; (*bearer of staff*) жезлоно́сец (-сца).

verification *n.* прове́рка; (*confirmation*) подтвержде́ние. **verify** *v.t.* проверя́ть *imp.*, прове́рить *perf.*; (*confirm*) подтвержда́ть *imp.*, подтверди́ть *perf.* **verisimilitude** *n.* правдоподо́бие. **veritable** *adj.* настоя́щий. **verity** *n.* и́стина.

vermicelli *n.* вермише́ль.

vermilion *adj.* я́рко-кра́сный (-сен, -сна́, -сно); *n.* килова́рь.

vermin *n.* вреди́тели *m.pl.* парази́ты *m.pl.*; (*fig.*) подо́нки (-ков) *pl.* **verminous** *adj.* киша́щий парази́тами; (*fig.*) отврати́тельный.

vermouth *n.* верму́т.

vernacular *adj.* (*native, of language*) родно́й; (*local, of dialect*) ме́стный; (*national, folk*) наро́дный; (*colloquial*) разгово́рный; *n.* родно́й язы́к (-а́); ме́стный диале́кт; (*homely language*) разгово́рный язы́к (-а́).

vernal *adj.* весе́нний.

vernier *n.* но́ниус, вернье́р.

verruca *n.* борода́вка.

versatile *adj.* многосторо́нний; (*flexible, of mind*) ги́бкий (-бок, -бка́, -бко). **versatility** *n.* многосторо́нность; ги́бкость.

verse *n.* (*also Bibl.*) стих (-а́); (*stanza*) строфа́ (*pl.* -фы); (*poetry*) стихи́ *m.pl.*, поэ́зия. **versed** *adj.* о́пытный, све́дущий (in, в + *prep.*). **versicle** *n.* во́зглас. **versify** *v.i.* писа́ть (пишу́, -шешь) *imp.*, на~ *perf.* стихи́; *v.t.* перелага́ть *imp.*, переложи́ть (-жу́, -жишь) *perf.* в стихи́.

version *n.* (*variant*) вариа́нт; (*interpretation*) ве́рсия; (*text*) текст.

versus *prep.* про́тив + *gen.*

vertebra *n.* позвоно́к (-нка́); *pl.* позвоно́чник. **vertebral** *adj.* позвоно́чный. **vertebrate** *n.* позвоно́чное живо́тное *sb.*

vertex *n.* верши́на; (*anat.*) маку́шка.

vertical *adj.* вертика́льный; *n.* вертика́ль.

vertiginous *adj.* (*dizzy*) головокружи́тельный; (*rotating*) крутя́щийся. **vertigo** *n.* головокруже́ние.

verve *n.* подъём, энтузиа́зм.

very *adj.* (*that v. same*) тот са́мый; (*this v. same*) э́тот са́мый; *at that v. moment*, в тот са́мый моме́нт; (*precisely*) как раз; *you are the v. person I was looking for*, как раз вас я иска́л; *the v.*, (*even the*) да́же, оди́н; *the v. thought frightens me*, одна́, да́же, мысль об э́том меня́ пуга́ет; (*the extreme*) са́мый; *at the v. end*, в са́мом конце́; *adv.* о́чень; *v. much*, о́чень; *v. much* +

comp., гораздо + *comp.*; *v.* + *superl.*, *superl.*; *v. first*, самый первый; *v. well*, (*agreement*) хорошо, ладно; *not v.*, не очень, довольно + *neg.*

vesicle *n.* пузырёк (-рька).

vespers *n.* вечерня.

vessel *n.* сосуд; (*ship*) корабль (-бля) *m.*; судно (*pl.* суда, -дов).

vest¹ *n.* майка; (*waistcoat*) жилет.

vest² *v.t.* (*with power*) облекать *imp.*, облечь (-еку, -ечёшь; -ёк, -екла) *perf.* (*with*, + *instr.*); (*rights*) наделять *imp.*, наделить *perf.* + *instr.* (*in*, + *acc.*).

vested *adj.*: *v. interest*, личная заинтересованность *f.*; *v. interests*, (*property rights*) имущественные права *neut. pl.*; (*entrepreneurs*) крупные предприниматели *m. pl.*; *v. rights*, безусловные права *neut. pl.*

vestal (*virgin*) *n.* весталка.

vestibule *n.* вестибюль *m.*, передняя *sb.*

vestige *n.* (*trace*) след (*pl.* -ы); (*sign*) признак.

vestments *n.* одеяние, одежда; (*eccl.*) облачение. **vestry** *n.* ризница. **vesture** *n.* одеяние.

vet *n.* ветеринар; *v.t.* (*fig.*) проверять *imp.*, проверить *perf.*

vetch *n.* вика *collect.*

veteran *n.* ветеран; *adj.* старый (стар, -а, старо).

veterinary *adj.* ветеринарный; *n.* ветеринар.

veto *n.* вето *neut.indecl.*, запрещение; *v.t.* налагать *imp.*, наложить (-жу, -жишь) *perf.* вето на + *acc.*; запрещать *imp.*, запретить (-ещу, -етишь) *perf.*

vex *v.t.* досаждать *imp.*, досадить *perf.* + *dat.* **vexation** *n.* досада. **vexed** *adj.* (*annoyed*) раздосадованный (-ан); (*question*) спорный. **vexatious, vexing** *adj.* досадный.

via *prep.* через + *acc.*

viable *adj.* жизнеспособный; (*practicable*) осуществимый.

viaduct *n.* виадук.

vial *n.* пузырёк (-рька).

vibrant *adj.* (*vibrating*) вибрирующий; (*resonating*) резонирующий; (*trembling*) дрожащий (*with*, от + *gen.*). **vibraphone** *n.* вибрафон. **vibrate** *v.i.* вибрировать *imp.*, дрожать (-жу, -жишь) *imp.*; (*to sound*) звучать (-чу, -чишь) *imp.*, про~ *perf.*; *v.t.* (*make v.*) вызывать *imp.*, вызвать (вызову, -вешь) *perf.* вибрацию в + *prep.* **vibration** *n.* вибрация, дрожание. **vibrato** *n.* вибрато *neut.indecl.*

vicar *n.* приходский священник. **vicarage** *n.* дом (*pl.* -а) священника.

vicarious *adj.* (*deputizing for another*) замещающий другого; (*indirect*) косвенный.

vice¹ *n.* (*evil*) порок, зло; (*shortcoming*) недостаток (-тка).

vice² *n.* (*tech.*) тиски (-ков) *pl.*

vice- *in comb.* вице-, заместитель *m.*; *v.-admiral*, вице-адмирал; *v.-chairman*, заместитель *m.* председателя; *v.-chancellor*, (*univ.*) проректор; *v.-consul*, вице-консул; *v.-president*, вице-президент. **viceroy** *n.* вице-король (-ля) *m.*

vice versa *adv.* наоборот.

vicinity *n.* окрестности *f.pl.*, соседство, близость; *in the v.*, поблизости (*of*, от + *gen.*).

vicious *adj.* порочный; (*spiteful*) злобный; (*cruel*, *brutal*) жестокий (-ок, -ока, -око); *v. circle*, порочный круг (*loc.* -е & -у; *pl.* -и). **viciousness** *n.* порочность; злобность.

vicissitude *n.* превратность.

victim *n.* жертва. **victimization** *n.* преследование. **victimize** *v.t.* (*harass*) мучить *imp.*, за~, из~ *perf.*; (*persecute*) преследовать *imp.*

victor *n.* победитель *m.*

Victorian *adj.* викторианский; (*fig.*) старомодный.

victorious *adj.* (*army*) победоносный; (*procession etc.*) победный. **victory** *n.* победа.

victual *v.t.* снабжать *imp.*, снабдить *perf.* провизией. **victualler** *n.* поставщик продовольствия. **victuals** *n.* пища, провизия *collect.*

vide *imper.* смотри.

video *adj.* телевизионный. **videotape** *n.* магнитная лента для записи изображения и звука.

vie *v.i.* соперничать *imp.* (*with*, с + *instr.*; *for*, в + *prep.*).

view *n.* (*prospect, picture*) вид; (*opinion*) взгляд, мнение; (*viewing*) просмотр; (*inspection*) осмотр; in v. of, ввиду + gen.; on v., выставленный (-ен) для обозрения; with a v. to, с целью + gen., + inf.; v.t. (*pictures etc.*) рассматривать *imp.*, осмотреть (-рю, -ришь) *perf.*; (*inspect*) осматривать *imp.*, осмотреть (-рю, -ришь) *perf.*; (*mentally*) смотреть (-рю, -ришь) *imp.* на + acc.; v.i. смотреть (-рю, -ришь) *imp.*, по~ *perf.* телевизор. **viewer** *n.* зритель *m.*, ~ница, (*for slides*) проектор. **viewfinder** *n.* видоискатель *m.* **viewpoint** *n.* точка зрения.

vigil *n.* бодрствование; keep v., бодрствовать *imp.*, дежурить *imp.* **vigilance** *n.* бдительность. **vigilant** *adj.* бдительный. **vigilante** *n.* дружинник.

vignette *n.* виньетка.

vigorous *adj.* сильный (силён, -льна, -льно, сильны), энергичный. **vigour** *n.* сила, энергия.

vile *adj.* (*base*) подлый (подл, -á, -o), низкий (-зок, -зка, -зко); (*disgusting*) отвратительный. **vileness** *n.* подлость; отвратительность. **vilify** *v.t.* чернить *imp.*, o~ *perf.*

villa *n.* вилла.

village *n.* деревня, село; *attrib.* деревенский, сельский. **villager** *n.* деревенский, сельский, житель *m.*

villain *n.* злодей. **villainous** *adj.* злодейский; (*foul*) мерзкий (-зок, -зка, -зко). **villainy** *n.* злодейство.

villein *n.* крепостной *sb.*

vim *n.* энергия.

vinaigrette *n.* (*dressing*) приправа из уксуса и оливкового масла.

vindicate *v.t.* (*justify*) оправдывать *imp.*, оправдать *perf.*; (*stand up for*) отстаивать *imp.*, отстоять (-ою, -оишь) *perf.* **vindication** *n.* оправдание; (*defence*) защита.

vindictive *adj.* мстительный.

vine *n.* виноградная лоза (*pl.* -зы).

vinegar *n.* уксус; *attrib.* уксусный. **vinegary** *adj.* кислый (-сел, -сла, -сло).

vineyard *n.* виноградник.

vintage *n.* сбор, урожай, винограда; (*wine*) вино из сбора определённого года; *attrib.* (*wine*) марочный; (*car*) старый (-ар, -á, старо).

viola[1] *n.* (*mus.*) альт.

viola[2] *n.* (*bot.*) фиалка.

violate *v.t.* (*treaty, privacy*) нарушать *imp.*, нарушить *perf.*; (*grave*) осквернять *imp.*, осквернить *perf.*; (*rape*) насиловать *imp.*, из~ *perf.* **violation** *n.* нарушение; осквернение; насилие. **violator** *n.* нарушитель *m.*

violence *n.* (*physical coercion, force*) насилие; (*strength, force*) сила. **violent** *adj.* (*person*) свирепый, жестокий (-ок, -óка, -óко); (*storm etc.*) сильный (силён, -льна, -льно, сильны); (*quarrel*) бурный (бурен, бурна, -но), свирепый; (*pain*) сильный (силён, -льна, -льно, сильны); (*epoch*) бурный (бурен, бурна, -но), жестокий (-ок, -óка, -óко); (*death*) насильственный. **violently** *adv.* сильно, очень.

violet *n.* (*bot.*) фиалка; (*colour*) фиолетовый цвет; *adj.* фиолетовый.

violin *n.* скрипка. **violinist** *n.* скрипач (-á), ~ ка.

V.I.P. *abbr.* очень важное лицо (*pl.* -ца).

viper *n.* гадюка; (*fig.*) змея (*pl.* -éи). **viperous** *adj.* ядовитый.

virago *n.* мегера.

viral *adj.* вирусный.

virgin *n.* девственник, -ица; V. Mary, дева Мария; *adj.* (*also fig.*) девственный (-ен, -енна); v. lands, soil, целина; (*innocent*) невинный (-нен, -нна). **virginal** *adj.* девственный (-ен, -енна). **virginals** *n.* спинет без ножек. **virginity** *n.* девственность. **Virgo** *n.* Дева.

virile *adj.* (*mature*) возмужалый; (*manly*) мужественный (-ен, -енна). **virility** *n.* возмужалость; мужество.

virtual *adj.* фактический. **virtually** *adv.* фактически. **virtue** *n.* (*excellence*) добродетель; (*merit*) достоинство; by v. of, посредством + gen., благодаря + dat. **virtuosity** *n.* виртуозность. **virtuoso** *n.* виртуоз. **virtuous** *adj.* добродетельный; (*chaste*) целомудренный (-ен, -енна).

virulence *n.* (*toxicity*) ядовитость; (*power*) сила; (*med.*) вирулентность; (*fig.*) злоба. **virulent** *adj.* (*poisonous*)

virus — **vocal**

ядовитый; (*of disease*) опасный; (*fig.*) злобный.

virus *n.* вирус.

visa *n.* виза; *v.t.* визировать *imp., perf.*, за~ *perf.*

visage *n.* лицо (*pl.* -ца); (*aspect*) вид.

vis-à-vis *adv.* визави, напротив; *n.* визави *neut.indecl.*; *prep.* (*with regard to*) в отношении + *gen.*; (*opposite*) напротив + *gen.*

viscera *n.* внутренности *f.pl.*

viscose *n.* вискоза.

viscosity *n.* вязкость.

viscount *n.* виконт. **viscountess** *n.* виконтесса.

viscous *adj.* вязкий (-зок, -зка, -зко).

visibility *n.* видимость. **visible** *adj.* видимый. **visibly** *adv.* явно, заметно.

vision *n.* (*sense*) зрение; (*apparition*) видение; (*insight*) проницательность; (*foresight*) предвидение; (*on television screen*) изображение. **visionary** *adj.* (*spectral*) призрачный; (*illusory*) (*imaginary, fantastic*) воображаемый, фантастический; (*impracticable*) неосуществимый; (*given to having visions*) склонный (-онен, -онна, -онно) к галлюцинациям; *n.* (*dreamer*) мечтатель *m.*, ~ница, фантазёр (*one who has visions*) визионер.

visit *n.* посещение, визит; (*trip*) поездка; *v.t.* навещать *imp.*, навестить *perf.*; посещать *imp.*, посетить (-ещу, -етишь) *perf.*; (*call on*) заходить (-ожу, -одишь) *imp.*, зайти (-йду, -йдёшь; зашёл, -шла) *perf.* к + *dat.*; ходить (хожу, ходишь) *indet.*, идти (иду, идёшь; шёл, шла) *det.*, пойти (пойду, -дёшь; пошёл, -шла) *perf.* в гости к + *dat.*; *be visiting*, быть в гостях у + *gen.* **visitation** *n.* (*official visit*) официальное посещение; (*eccl.*) божье наказание. **visiting-card** *n.* визитная карточка. **visitor** *n.* гость (*pl.* -ти, -тей) *m.*, посетитель *m.*

visor *n.* (*of cap*) козырёк (-рька); (*in car*) солнцезащитный щиток (-тка); (*of helmet*) забрало.

vista *n.* перспектива, вид.

visual *adj.* (*of vision*) зрительный; (*graphic*) наглядный; *v. aids*, наглядные пособия *neut.pl.* **visualize** *v.t.* представлять *imp.*, представить *perf.* себе.

vital *adj.* (*also fig.*) жизненный (-ен, -енна); (*fig.*) существенный (-ен, -енна); (*lively*) живой (жив, -á, -о); *v. statistics*, статистика естественного движения населения. **vitality** *n.* жизнеспособность; (*liveliness*) живость. **vitalize** *v.t.* оживлять *imp.*, оживить *perf.* **vitals** *n.* жизненно важные органы *m.pl.*

vitamin *n.* витамин.

vitiate *v.t.* портить *imp.*, ис~ *perf.*; (*invalidate*) делать *imp.*, с~ *perf.* недействительным, лишать *imp.*, лишить *perf.* силы. **vitiation** *n.* порча; (*leg.*) лишение силы; признание недействительным.

viticulture *n.* виноградарство.

vitreous *adj.* стекловидный; (*of glass*) стеклянный. **vitrify** *v.t. & i.* превращать(ся) *imp.*, превратить(ся) (-ащу(сь), -атишь(ся)) *perf.* в стекло, в стекловидное вещество.

vitriol *n.* купорос; (*fig.*) язвительность. **vitriolic** *adj.* купоросный; (*fig.*) язвительный.

vituperate *v.t.* бранить *imp.*, вы~ *perf.* **vituperation** *n.* брань.

vivacious *adj.* живой (жив, -á, -о) оживлённый (-ён, -ена). **vivacity** *n.* живость, оживлённость.

viva voce *adj.* устный; *n.* устный экзамен.

vivid *adj.* (*bright*) яркий (ярок, ярка, ярко); (*lively*) живой (жив, -á, -о); (*imagination*) пылкий (пылок, -лка, -лко). **vividness** *n.* яркость; живость; пылкость.

vivify *v.t.* оживлять *imp.*, оживить *perf.*

vivisection *n.* вивисекция.

vixen *n.* лисица-самка; (*fig.*) мегера.

viz. *adv.* то есть, а именно.

vizier *n.* визирь *m.*

vocabulary *n.* словарь (-ря) *m.*; (*range of language*) запас слов; (*of a language*) словарный состав.

vocal *adj.* голосовой; (*mus.*) вокальный; (*noisy*) шумный (шумен, -мна, -мно); *v. cord*, голосовая связка. **vocalic** *adj.* гласный. **vocalist** *n.* певец (-вца), -вица.

vocation *n.* призвáние; (*profession*) профéссия. **vocational** *adj.* профессионáльный. **vocative** *adj.* (*n.*) звáтельный (падéж -á).

vociferate *v.t.* кричáть (-чý, -чи́шь) *imp.*, крикнуть *perf.* **vociferous** *adj.* (*clamorous*) крикли́вый; (*noisy*) шýмный (шýмен, -мнá, -мно).

vodka *n.* вóдка.

vogue *n.* мóда; (*popularity*) популя́рность; *in v.*, в мóде.

voice *n.* гóлос; (*gram.*) залóг; *v.t.* (*express*) выражáть *imp.*, вы́разить *perf.* **voiced** *adj.* (*phon.*) звóнкий (-нок, -нкá, -нко). **voiceless** *adj.* (*phon.*) глухóй (глух, -á, -о).

void *n.* пустотá; *adj.* пустóй (пуст, -á, -о, пýсты); (*invalid*) недействи́тельный; *v. of,* лишённый (-ён, -енá) +*gen.*; *v* ~ *perf.* недействи́тельным; (*excrete*) опорожня́ть *imp.*, опорожни́ть *perf.*

volatile *adj.* (*chem.*) летýчий; (*inconstant*) непостоя́нный (-нен, -нна); (*elusive*) неулови́мый. **volatility** *n.* летýчесть; непостоя́нство. **volatilize** *v.t. & i.* (*chem.*) улетýчивать(ся) *imp.*, улетýчить(ся) *perf.*; (*also fig.*) испаря́ть(ся) *imp.*, испари́ть(ся) *perf.*

vol-au-vent *n.* слоёный пирожóк (-жкá).

volcanic *adj.* вулкани́ческий (*also fig.*). **volcano** *n.* вулкáн.

vole *n.* (*zool.*) полёвка.

volition *n.* вóля; *by one's own v.,* по своéй вóле.

volley *n.* (*missiles*) залп; (*fig.; of arrows etc.*) град; (*sport*) удáр с лёта; *v.t.* (*sport*) ударя́ть *imp.*, удáрить *perf.* с лёта. **volley-ball** *n.* волейбóл.

volt *n.* вольт. **voltage** *n.* вольтáж, напряжéние. **voltaic** *adj.* гальвани́ческий. **voltmeter** *n.* вольтмéтр.

volte-face *n.* (*fig.*) рéзкая перемéна.

volubility *n.* говорли́вость. **voluble** *adj.* говорли́вый.

volume *n.* (*book*) том (*pl.* -á); (*capacity, bulk; also fig.*) объём; (*loudness*) грóмкость; (*mus., separate*) си́ла. **voluminous** *adj.* (*bulky*) объёмистый, обши́рный; (*of writer*) плодови́тый; (*of many volumes*) многотóмный.

voluntary *adj.* доброво́льный; (*deliberate*) умы́шленный (-ен, -енна). *n.* (*mus.*) сóло *neut.indecl.* на оргáне.

volunteer *n.* доброво́лец (-льца); *v.t.* предлагáть *imp.*, предложи́ть (-жý, -жишь) *perf.*; *v.i.* (*offer*) вызывáться *imp.*, вы́зваться (вы́зовусь, -вешься) *perf.* (*inf.*, +*inf.*; for, в+*acc.*); (*mil.*) идти́ (идý, идёшь; шёл, шла) *imp.*, пойти́ (пойдý, -дёшь; пошёл, -шлá) *perf.* доброво́льцем.

voluptuary *n.* сластолю́бец (-бца). **voluptuous** *adj.* сластолюби́вый, чувствéнный (-ен, -енна). **voluptuousness** *n.* сластолю́бие.

volute *n.* (*archit.*) волю́та.

vomit *n.* рвóта; *v.t.* рвать (рвёт) *imp.*, вы́рвать (-вет) *perf. impers.* + *instr.*; *he was vomiting blood,* егó рвáло крóвью; (*fig.*) изверга́ть *imp.*, извéргнуть *perf.*

voracious *adj.* прожóрливый; (*fig.*) ненасы́тный. **voracity** *n.* прожóрливость; ненасы́тность.

vortex *n.* (*whirlpool; also fig.*) водоворóт; (*whirlwind; also fig.*) вихрь *m.*

votary *n.* почи́татель *m.*, ~ница; сторóнник, -ица.

vote *n.* (*poll*) голосовáние; (*individual v.*) гóлос (*pl.* -á); *the v.,* (*suffrage*) прáво гóлоса; (*resolution*) вóтум *no pl.*; *v. of no confidence,* вóтум недовéрия (in, +*dat.*); *v. of thanks,* выражéние благодáрности; *v.i.* голосовáть *imp.*, про~ *perf.* (for, за+*acc.*; against, прóтив+*gen.*); *v.t.* (*grant by v.*) ассигновáть *imp.*, *perf.*; (*deem*) признавáть *imp.*, признáть *perf.; the film was voted a failure,* фильм был при́знан неудáчным; *v. in,* избирáть *imp.*, избрáть (изберý, -рёшь; избрáл, -á, -о) *perf.* голосовáнием. **voter** *n.* избирáтель *m.* **voting-paper** *n.* избирáтельный бюллетéнь *m.*

votive *adj.* исполнéнный по обéту; *v. offering,* приношéние по обéту.

vouch *v.i.; v. for,* ручáться *imp.*, поручи́ться за+*acc.* **voucher** *n.* (*receipt*) распи́ска; (*coupon*) талóн. **vouchsafe** *v.t.* удостáивать *imp.*, удостóить +*instr.* (*person to whom granted,* +*acc.*).

vow *n.* клятва, обéт; *v.t.* кля́сться

vowel (кляну́сь, -нёшься; кля́лся, -ла́сь) *imp.*, по ~ *perf.* в+*prep.*
vowel *n.* гла́сный *sb.*
voyage *n.* путеше́ствие; *v.i.* путеше́ствовать *imp.*
vulcanization *n.* вулканиза́ция.
vulgar *adj.* вульга́рный, грубый (груб, -á, -о), пошлый (пошл, -á, -о); (*of the common people*) простонаро́дный.

vulgarism *n.* вульга́рное выраже́ние.
vulgarity *n.* вульга́рность, по́шлость.
vulgarization *n.* вульгариза́ция. **vulgarize** *v.t.* вульгаризи́ровать *imp.*, *perf.*
vulnerable *adj.* уязви́мый.
vulture *n.* гриф; (*fig.*) хи́щник.
vulva *n.* ву́льва.

W

wad *n.* кусо́к (-ска́) ва́ты; (*in gun*) пыж (-á); *w. of money*, па́чка бума́жных де́нег; *v.t.* (*stuff with wadding*) набива́ть *imp.*, наби́ть (набью́, -ьёшь) *perf.* ва́той. **wadding** ва́та; (*padding, packing*) наби́вка.
waddle *v.i.* ходи́ть (хожу́, хо́дишь) *indet.*, идти́ (иду́, идёшь; шёл, шла) *det.*, пойти́ (пойду́, -дёшь; пошёл, -шла́) *perf.* вперева́лку (*coll.*).
wade *v.t. & i.* (*river*) переходи́ть (-ожу́, -о́дишь) *imp.*, перейти́ (-йду́, -йдёшь; перешёл, -шла́) *perf.* вброд; *v.i.*: *w. through*, (*mud etc.*) пробира́ться *imp.*, пробра́ться (-беру́сь, -рёшься; пробра́лся, -ала́сь, -áло́сь) *perf.* по+*dat.*; (*s.th. boring etc.*) одолева́ть *imp.*, одоле́ть *perf.* **wader** *n.* (*bird*) боло́тная пти́ца; (*boot*) боло́тный сапо́г (-á; *gen.pl.* -г).
wafer *n.* ва́фля (*gen.pl.* -фель); (*eccl.*; *paper seal*) обла́тка.
waffle[1] *n.* (*dish*) ва́фля (*gen.pl.* -фель).
waffle[2] *n.* (*blather*) трёп.; *v.i.* трепа́ться (-плю́сь, -плешься) *imp.*
waft *v.t. & i.* нести́(сь) (несу́(сь), -сёшь(ся); нёс(ся), несла́(сь)) *imp.*, по ~ *perf.*
wag[1] *n.* (*wave*) взмах; (*of tail*) виля́ние; *v.t.* (*tail*) виля́ть *imp.*, вильну́ть *perf.* +*instr.*; (*finger*) грози́ть (-ожу́) *imp.* +*instr.*; *v.i.* кача́ться *imp.*, качну́ться *perf.*
wag[2] *n.* (*joker*) шутни́к (-á).

wage[1] *n.* за́работная пла́та; *w.-earner*, рабо́чий *sb.*; (*bread-winner*) корми́лец (-льца); *w.-freeze*, замора́живание за́работной пла́ты; *living w.*, прожи́точный ми́нимум. **wages** *n. see* **wage**[1].
wage[2] *v.t.*: *w. war*, вести́ (веду́, -дёшь; вёл, -á) *imp.*, про~ *perf.* войну́.
wager *n.* пари́ *neut.indecl.*; (*stake*) ста́вка; *v.i.*(*t.*) держа́ть (-жу́, -жишь) *imp.* пари́ (на+*acc.*) (that, что).
waggish *n.* шаловли́вый.
wag(g)on *n.* (*carriage*) пово́зка; (*cart*) теле́га; (*rly.*) ваго́н-платфо́рма; (*van*) фурго́н; (*trolley*) ваго́нетка. **wag(g)oner** *n.* во́зчик.
wagtail *n.* трясогу́зка.
waif *n.* беспризо́рник.
wail *n.* вопль *m.*; *v.i.* вопи́ть *imp.* (*coll.*), выть (во́ю, во́ешь) *imp.* (*coll.*).
wainscot *n.* пане́ль; *v.t.* обшива́ть *imp.*, обши́ть (обошью́, -ьёшь) *perf.* пане́лью.
waist *n.* та́лия; (*level of w.*) по́яс (*pl.* -á); *w.-deep*, (*adv.*) по по́яс. **waistband** *n.* по́яс (*pl.* -á). **waistcoat** *n.* жиле́т. **waistline** *n.* та́лия.
wait *n.* ожида́ние; *lie in w.*, быть в заса́де; *lie in w.* (*for*), поджида́ть *imp.*; *v.i.*(*t.*) (*also w. for*) ждать (жду, ждёшь; ждал, -á, -о) *imp.* (+*gen.*); *v.i.* (*be a waiter, waitress*) быть официа́нтом, -тко́й; *w. on*, обслу́живать *imp.*, обслужи́ть (-жу́, -жишь) *perf.*

waiter *n.* официа́нт. **waiting** *n.* ожида́ние; *w.-list*, спи́сок (-ска) кандида́тов; *w.-room*, приёмная *sb.*; (*rly.*) зал ожида́ния. **waitress** *n.* официа́нтка.

waive *v.t.* отка́зываться *imp.*, отка́за́ться (-ажу́сь, -а́жешься) *perf.* от + *gen.*

wake[1] *n.* (*at funeral*) поми́нки (-нок) *pl.*

wake[2] *n.* (*naut.*) кильва́тер; *in the w. of,* в кильва́тере + *dat.*, по пята́м за + *instr.*

wake[3] *v.t.* (*also w. up*) буди́ть (бужу́, бу́дишь) *imp.*, раз- *perf.*; *v.i.* (*also w. up*) просыпа́ться *imp.*, просну́ться *perf.*; *v.t. & i.* (*also fig.*) пробужда́ть(ся) *imp.*, пробуди́ть(ся) (-ужу́(сь), -у́ди́шь(ся)) *perf.* **wakeful** *adj.* (*sleepless*) бессо́нный; (*vigilant*) бди́тельный. **wakefulness** *n.* бди́тельность.
waken *see* **wake**[3].

walk *n.* (*walking*) ходьба́; (*gait*) похо́дка; (*stroll*) прогу́лка пешко́м; (*path, avenue*) тропа́ (*pl.* -пы, -п, тропа́м), алле́я; *w.-out,* (*strike*) забасто́вка; (*exit*) демонстрати́вный ухо́д; *w.-over,* лёгкая побе́да; *ten minutes' w. from here,* де́сять мину́т ходьбы́ отсю́да; *go for a w.,* идти́ (иду́, идёшь; шёл, шла) *imp.*, пойти́ (пойду́, -дёшь; пошёл, -шла́) *perf.* гуля́ть; *from all walks of life,* всех слоёв о́бщества; *v.i.* ходи́ть (хожу́, хо́дишь) *indet.*, идти́ (иду́, идёшь; шёл, шла) *det.*, пойти́ (пойду́, -дёшь; пошёл, -шла́) *perf.*; гуля́ть *imp.*, по- *perf.*; *w. away, off,* уходи́ть (ухожу́, -о́дишь) *imp.*, уйти́ (уйду́, -дёшь; ушёл, ушла́) *perf.*; *w. in,* входи́ть (вхожу́, -о́дишь) *imp.*, войти́ (войду́, -дёшь; вошёл, -шла́) *perf.*; *w. out,* выходи́ть (-ожу́, -о́дишь) *imp.*, вы́йти (-йду, -йдешь; вы́шел, -шла) *perf.*; *v.t.* (*traverse*) обходи́ть (-ожу́, -о́дишь) *imp.*, обойти́ (-йду́, -йдёшь; обошёл, -шла́) *perf.*; (*take for w.*) выводи́ть (-ожу́, -о́дишь) *imp.*, вы́вести (-еду, -едешь; -ел) *perf.* гуля́ть. **walker** *n.* ходо́к (-а́). **walkie-talkie** *n.* (перено́сная) ра́ция. **walking** *n.* ходьба́; *w. stick,* трость (*pl.* -ти, -те́й); *adj.* гуля́ющий; (*med.*; *encyclopaedia*) ходя́чий; *w.-on part,* роль (*pl.* -ли, -ле́й) без слов.

wall *n.* стена́ (*acc.* -ну; *pl.* -ны, -н, -на́м); (*of object*) сте́нка; *attrib.* стенно́й; *v.t.* обноси́ть (-ошу́, -о́сишь) *imp.*, обнести́ (-есу́, -есёшь; -ёс, -есла́) *perf.* стено́й; *w. up,* (*door, window*) заде́лывать *imp.*, заде́лать *perf.*; (*brick up*) замуро́вывать *imp.*, замурова́ть *perf.*
wallet *n.* бума́жник.
wallflower *n.* желтофио́ль.
wallop *n.* си́льный уда́р; *v.t.* си́льно ударя́ть *imp.*, уда́рить *perf.*; бить (бью, бьёшь) *imp.*, по- *perf.*
wallow *v.i.* валя́ться *imp.*, бара́хтаться; *w. in,* (*give oneself up to*) предава́ться (-даю́сь, -даёшься) *imp.*, преда́ться (-а́мся, -а́шься, -а́стся, -ади́мся; преда́лся, -ла́сь) *perf.* + *dat.*
wallpaper *n.* обо́и (обо́ев) *pl.*
walnut *n.* гре́цкий оре́х; (*wood, tree*) оре́ховое де́рево (*pl.* (*tree*) -е́вья, -е́вьев), оре́х.
walrus *n.* морж (-а́).
waltz *n.* вальс; *v.i.* вальси́ровать *imp.*
wan *adj.* (*pale*) бле́дный (-ден, -дна́, -дно, бле́дны́); (*faint*) ту́склый (-л, -ла́, -ло).
wand *n.* (*of conductor, magician*) па́лочка; (*of official*) жезл (-а́).
wander *v.i.* броди́ть (брожу́, -о́дишь) *imp.*; (*also of thoughts etc.*) блужда́ть *imp.*; *w. from the point,* отклоня́ться *imp.*, отклони́ться (-ню́сь, -ни́шься) *perf.* от те́мы. **wanderer** *n.* стра́нник, скита́лец (-льца). **wandering** *adj.* бродя́чий; блужда́ющий; (*winding*) изви́листый.
wane *n.* убыва́ние; *v.i.* убыва́ть *imp.*, убы́ть (убу́дет; убы́л, -а́, -о) *perf.*; (*diminish*) уменьша́ть *imp.*, уме́ньши́ться *perf.*; (*weaken*) ослабева́ть *imp.*, ослабе́ть *perf.*
wangle *v.i.* ухитря́ться *imp.*, ухитри́ться *perf.* получи́ть.
want *n.* (*lack*) недоста́ток (-тка); (*need*) нужда́; (*requirement*) потре́бность; (*desire*) жела́ние; *v.t.* хоте́ть (хочу́, -чешь, хо́чет, хоти́м) *imp.*, за- *perf.* + *gen., acc.*; (*need*) нужда́ться *imp.* в + *prep.*; *I want you to come at six,* я хочу́, что́бы вы пришли́ в шесть. **wanting**

wanton

adj. (*absent*) отсу́тствующий; *be w.*, недостава́ть (-таёт) *imp.* (*impers.*+ *gen.*); *experience is w.*, недостаёт о́пыта.

wanton *adj.* (*licentious*) распу́тный; (*senseless*) бессмы́сленный (-ен, -енна); (*luxuriant*) бу́йный (бу́ен, буйна́, -но).

war *n.* война́ (*pl.* -ны); (*attrib.*) вое́нный (*in w. crime, w. correspondent, w. debts, w. loan etc.*); *at w.*, в состоя́нии войны́; *w.-cry*, боево́й клич; *w.-dance*, вои́нственный та́нец (-нца); *w.-game*, вое́нная игра́; *w.-horse*, боево́й конь (-ня́; *pl.* -ни, -не́й) *m.*; *w. memorial*, па́мятник па́вшим в войне́; *w.-paint*, раскра́ска те́ла пе́ред похо́дом; *w.-path*, (*fig.*): *be on the w.-path*, быть в вои́нственном настрое́нии; *v.i.* воева́ть (вою́ю, -ю́ешь) *imp.*

warble *n.* трель; *v.i.* издава́ть (-даю́, -даёшь) *imp.*, изда́ть (-а́м, -а́шь, -а́ст, -ади́м; изда́л, -а́, -о) *perf.* тре́ли.

ward[1] *n.* (*hospital*) пала́та; (*of*) подопе́чный *sb.*; (*district*) администрати́вный райо́н го́рода.

ward[2] *v.t.*: *w. off*, отража́ть *imp.*, отрази́ть *perf.*

warden *n.* (*prison*) нача́льник *m.*; (*college*) ре́ктор.

warder *n.* тюре́мщик.

wardrobe *n.* гардеро́б.

warehouse *n.* склад, пакга́уз. **wares** *n.* изде́лия *neut.pl.*, това́ры *m.pl.*

warfare *n.* война́.

warhead *n.* боева́я голо́вка.

warily *adv.* осторо́жно. **wariness** *n.* осторо́жность.

warlike *adj.* вои́нственный (-ен, -енна).

warm *n.* тепло́; *adj.* (*also fig.*) тёплый (тёпел, -пла́, -пло́, -плы) *v.t.* & *i.* гре́ть(ся) *imp.*, согре́ть(ся) *imp.*, подогре́ть(ся) *imp.*, подогре́ть(ся) *perf.*; *w. up* (*food etc.*) подогрева́ть(ся) *imp.*, подогре́ть(ся) *perf.*; (*liven up*) оживля́ть(ся) *imp.*, оживи́ть(ся) *perf.*; (*sport*) размина́ться *imp.*, размя́ться (разомну́сь, -нёшься) *perf.*; (*mus.*) разы́грываться *imp.*, разыгра́ться *perf.* **warmth** *n.* тепло́; (*cordiality*) серде́чность.

warmonger *n.* поджига́тель *m.* войны́.

warn *v.t.* предупрежда́ть *imp.*, предупреди́ть *perf.* (*about*, о + *prep.*). **warning** *n.* предупрежде́ние.

warp *n.* (*of cloth*) осно́ва; (*of wood*) коробле́ние; *v.t.* & *i.* (*wood*) коро́бить(ся) *imp.*, по~, с~ *perf.*; *v.t.* (*pervert, distort*) извраща́ть *imp.*, изврати́ть (-ащу́, -ати́шь) *perf.*

warrant *n.* (*for arrest etc.*) о́рдер (*pl.* -а́); (*justification*) оправда́ние; (*proof*) доказа́тельство; *v.t.* (*justify*) опра́вдывать *imp.*, оправда́ть *perf.*; (*guarantee*) гаранти́ровать *imp.*, *perf.*; руча́ться *imp.*, поручи́ться (-чу́сь, -чишься) *perf.* за + *acc.* **warrantable** *adj.* допусти́мый. **warranty** *n.* (*basis*) основа́ние; (*guarantee*) гара́нтия.

warren *n.* уча́сток (-тка), где во́дятся кро́лики.

warring *adj.* противоречи́вый, неприми́римый.

warrior *n.* во́ин, бое́ц (бойца́).

warship *n.* вое́нный кора́бль (-ля́) *m.*

wart *n.* борода́вка; *w.-hog*, борода́вочник. **warty** *adj.* борода́вчатый.

wartime *n.*: *in w.*, во вре́мя войны́.

wary *adj.* осторо́жный.

wash *n.* мытьё; (*thin layer*) то́нкий слой (*pl.* -о́й); (*lotion*) примо́чка; (*surf*) прибо́й; (*backwash*) попу́тная струя́ (*pl.* -у́и); *at the w.*, в сти́рке; *have a w.*, мы́ться (мо́юсь, мо́ешься) *imp.*, по~ *perf.*; *w.-basin*, умыва́льник; *w.-house*, пра́чечная; *w.-out* (*fiasco*) прова́л; *w.-room*, умыва́льная *sb.*; *w.-tub*, лоха́нь для сти́рки; *v.t.* & *i.* мы́ть(ся) (мо́ю(сь), мо́ешь(ся)) *imp.*, вы́~, по~ *perf.*; *v.t.* (*clothes*) стира́ть *imp.*, вы́~ *perf.*; (*of sea*) омыва́ть *imp.*; (*clothes*) стира́ться *imp.*; *w. ashore*: *the body was washed ashore*, труп прибило к бе́регу (*impers.*); *w. away, off, out*, смыва́ть(ся) *imp.*, смыть(ся) (смо́ю, -ешь) -ёт(ся)) *perf.*; (*carry away*) сноси́ть (-ошу́, -о́сишь) *imp.*, снести́ (-есу́, -есёшь; -ёс, -есла́) *perf.*; *w. out*, (*rinse*) споласкивать *imp.*, сполосну́ть *perf.*; *w. up*, (*dishes*) мыть (мо́ю, мо́ешь) *imp.*, вы́~, по~ *perf.* (посу́ду); *w. one's hands* (*of it*), умыва́ть *imp.*, умы́ть (умо́ю -ешь) *perf.* ру́ки. **washed-out** *adj.* (*exhausted*) утомлённый *adj.* **washer** *n.* (*tech.*) ша́йба.

washerwoman n. пра́чка. **washing** n. (of clothes) сти́рка; (clothes) бельё; w.-machine, стира́льная маши́на; w.-powder, стира́льный порошо́к (-шка́); w.-up, (action) мытьё посу́ды; (dishes) гря́зная посу́да.

wasp n. оса́ (pl. о́сы); w.'s nest, оси́ное гнездо́ (pl. -ёзда). **waspish** adj. (irritable) раздражи́тельный; (caustic) язви́тельный.

wastage n. (desert) пусты́ня; (wastage) уте́чка; (refuse) отбро́сы m.pl.; (of time, money etc.) (бесполе́зная) тра́та; go to w., пропада́ть imp., пропа́сть (-аду́, -адёшь; -а́л) perf. да́ром; w.-pipe, сто́чная труба́ (pl. -бы); adj. (desert) пусты́нный (-нен, -нна); (superfluous) нену́жный; (uncultivated) невозде́ланный; w. land, пусты́рь (-ря́) m.; lay w., опустоша́ть imp., опустоши́ть perf.; w. paper, нену́жные бума́ги f.pl.; (for recycling) макулату́ра; w. products, отхо́ды (-дов) pl.; w.-paper basket, корзи́на для (нену́жных) бума́г; v.t. тра́тить imp., по~, ис~ perf.; (time) теря́ть imp., по~ perf.; v.t. & i. (weaken) истоща́ть(ся) imp., истощи́ть(ся) perf.; v.i.; w. away, ча́хнуть (-х) imp., за~ perf. **wasteful** adj. расточи́тельный. **wastrel** n. (idler) безде́льник.

watch n. (timepiece) часы́ (-со́в) pl.; (duty) дежу́рство; (naut.) ва́хта; keep w. over, наблюда́ть imp. за + instr.; w.-chain, цепо́чка для часо́в; w. dog, сторожево́й пёс (пса); w.-maker, часовщи́к (-а́); w.-spring, часова́я пружи́на; w.-tower, сторожева́я ба́шня (gen.pl. -шен); v.t. наблюда́ть imp.; следи́ть imp. за + instr.; (guard, w. over) охраня́ть imp., охрани́ть perf.; (look after) смотре́ть (-рю́, -ришь) imp., по~ perf. за + instr.; w. television, a film, смотре́ть (-рю́, -ришь) imp., по~ perf. телеви́зор, фильм; w. out! осторо́жно! **watchful** adj. бди́тельный. **watchman** n. (ночно́й) сто́рож (pl. -а́, -е́й). **watchword** n. ло́зунг.

water n. вода́ (acc. -ду; pl. -ды, -д, -да́м); attrib. водяно́й, во́дный; w.-bath, водяна́я ба́ня; w.-bird, водяна́я пти́ца; w.-bottle, графи́н для воды́; w. bus, речно́й трамва́й; w.-butt, бо́чка для дождево́й воды́; W.-carrier, Водоле́й; w.-closet, убо́рная sb.; w.-colour, акваре́ль; w.-heater, кипяти́льник; w.-hole, (in desert) ключ (-а́); w.-jump, во́дное препя́тствие; w.-level, у́ровень (-ня) m. воды́; w.-lily, водяна́я ли́лия; w.-line, ватерли́ния; w.-main, водопрово́дная магистра́ль; w.-melon, арбу́з; w. mill, водяна́я ме́льница; w.-pipe, водопрово́дная труба́ (pl. -бы); w. polo, во́дное по́ло neut.indecl.; w.-power, гидроэне́ргия; w.-rat, водяна́я кры́са; w.-ski, (n.) во́дная лы́жа; w.-supply, водоснабже́ние; w.-tower, водонапо́рная ба́шня (gen.pl. -шен); w.-way, во́дный путь (-ти́, -тём) m.; w.-weed, во́доросль; w.-wheel, водяно́е колесо́ (-ёса); v.t. (flowers etc.) полива́ть imp., поли́ть (-лью́, -льёшь; по́ли́л, -а́, -о) perf.; (animals) пои́ть (пою́, по́и́шь) imp., на~ perf.; (irrigate) ороша́ть imp., ороси́ть perf.; v.i. (eyes) слези́ться imp.; (mouth): my mouth waters, у меня́ слю́нки теку́т; w. down, разбавля́ть imp., разба́вить perf. **watercourse** n. (brook) руче́й (-чья́); (bed) ру́сло (gen.pl. -л); (channel) кана́л. **watercress** n. кресс водяно́й. **waterfall** n. водопа́д. **waterfront** n. часть (pl. -ти, -те́й) го́рода примыка́ющая к бе́регу. **watering-can** n. ле́йка. **waterlogged** adj. заболо́ченный (-ен); пропи́танный (-ан) водо́й. **watermark** n. (in paper) водяно́й знак. **waterproof** adj. непромока́емый; n. непромока́емый плащ (-а́). **watershed** n. водоразде́л. **waterside** n. бе́рег (loc. -у́; pl. -а́). **watertight** adj. водонепроница́емый; (hermetic) гермети́ческий. **waterworks** n. водопрово́дные сооруже́ния neut.pl. **watery** adj. водяни́стый; (pale) бле́дный (-ден, -дна́, -дно, бле́дны́).

watt n. ватт.

wattle n. (fencing) плете́нь (-тня́) m.; attrib. плетёный.

wave v.t. (hand etc.) маха́ть (машу́, -шешь) imp., махну́ть perf. – instr.;

wax

(*hair*) завива́ть *imp.*, зави́ть (-вью́, -вьёшь; завил, -а́, -о) *perf.*; (*flutter*) развева́ться *imp.*; (*rock, swing*) кача́ться *imp.*, качну́ться *perf.*; w. aside, (*spurn*) отверга́ть *imp.*, отве́ргнуть (-г) *perf.*; w. down, дава́ть (даю́, даёшь) *imp.*, дать (дам, дашь, даст, дади́м; дал, -а́, да́ло, -ли) *perf.* знак остано́вки + *dat.*; n. (*in var. senses*) волна́ (*pl.* -ны, -н, во́лна́м); (*of hair*) взмах; (*in hair*) зави́вка.
wavelength *n.* длина́ волны́. **waver** *v.i.* (*also fig.*) колеба́ться (-блю́сь, -блешься) *imp.*; (*flicker, flutter*) колыха́ться (-ы́шется) *imp.*, колыхну́ться *perf.* **wavy** *adj.* волни́стый.
wax *n.* воск; (*in ear*) се́ра; *attrib.* восково́й; *v.t.* вощи́ть *imp.*, на~ *perf.* **waxen, waxy** *adj.* восково́й; (*like wax*) похо́жий на воск. **waxwork** *n.* восковая фигу́ра; *pl.* галере́я восковы́х фигу́р.
way *n.* (*road, path, route*; *fig.*) доро́га, путь (-ти́, -тём) *m.*; (*manner*) о́браз; (*method*) спо́соб; (*condition*) состоя́ние; (*respect*) отноше́ние; (*habit*) привы́чка; by the w., (*fig.*) кста́ти, ме́жду про́чим; on the w., по доро́ге, по пути́; this w. (*direction*) сюда́; (*in this w.*) таки́м о́бразом; the other w. round, наоборо́т; under w., на ходу́; be in the w., меша́ть *imp.*; get out of the w., уходи́ть (-ожу́, -о́дишь) *imp.*, уйти́ (уйду́, -дёшь; ушёл, ушла́) *perf.* с доро́ги; give w., (*yield*) поддава́ться (поддаю́сь, -аёшься) *imp.*, подда́ться (-а́мся, -а́шься, -а́стся, -ади́мся; подда́лся, -ла́сь) *perf.* (to, + *dat.*); (*collapse*) обру́шиваться *imp.*, обру́шиться *perf.*; go out of one's w. to, стара́ться *imp.*, по ~ *perf.* изо всех сил + *inf.*; have it one's own w., де́йствовать *imp.* по-сво́ему; make w., уступа́ть *imp.*, уступи́ть (-плю́, -пишь) *perf.* доро́гу (for, + *dat.*). **wayfarer** *n.* пу́тник. **waylay** *v.t.* (*lie in wait for*) подстерега́ть *imp.*, подстере́чь (-егу́, -ежёшь; подстерёг, -ла́) *perf.*; (*stop*) перехва́тывать *imp.*, перехвати́ть (-ачу́, -а́тишь) *perf.* на пути́. **wayside** *n.* обо́чина; *adj.* придоро́жный.

weather

wayward *adj.* своенра́вный, капри́зный. **waywardness** *n.* своенра́вие, капри́зность.
we *pron.* мы (нас, нам, на́ми, нас).
weak *adj.* (*in var. senses*) сла́бый (слаб, -а́, -о); (*indecisive*) нереши́тельный; (*unconvincing*) неубеди́тельный. **weaken** *v.t.* ослабля́ть *imp.*, осла́бить *perf.*; *v.i.* слабе́ть *imp.*, о~ *perf.* **weakling** *n.* сла́бый челове́к (*pl.* лю́ди, -де́й, -дям, -дьми́). **weakness** *n.* сла́бость; have a w. for, име́ть *imp.* сла́бость к + *dat.*
weal *n.* (*mark*) рубе́ц (-бца́).
wealth *n.* бога́тство; (*abundance*) изоби́лие. **wealthy** *adj.* бога́тый, состоя́тельный.
wean *v.t.* отнима́ть *imp.*, отня́ть (отниму́, -мешь) *perf.* от груди́; (*fig.*) отуча́ть *imp.*, отучи́ть (-чу́, -чишь) *perf.* (of, from, от + *gen.*).
weapon *n.* ору́жие. **weaponless** *adj.* безору́жный. **weaponry** *n.* вооруже́ние, ору́жие.
wear *n.* (*wearing*) но́ска; (*clothing*) оде́жда; (w. and tear) изна́шивание; *v.t.* носи́ть (ношу́, но́сишь) *imp.*; быть в + *prep.*; *v.i.* носи́ться (но́сится) *imp.*; w. off, (*cease to have effect*) перестава́ть (-таю́, -таёшь) *imp.*, переста́ть (-а́ну, -а́нешь) *perf.* де́йствовать; w. out, (*clothes*) изна́шивать(ся) *imp.*, износи́ть(ся) (-ошу́(сь), -о́сишь(ся)) *perf.*; (*exhaust, become exhausted*) истоща́ть(ся) *imp.*, истощи́ть(ся) *perf.*
weariness *n.* (*tiredness*) уста́лость, утомле́ние; (*tedium*) утоми́тельность. **wearing, wearisome** *adj.* утоми́тельный. **weary** *adj.* уста́лый, утомлённый (-ён, -ена́); *v.t. & i.* утомля́ть(ся) *imp.*, утоми́ть(ся) *perf.*
weasel *n.* ла́ска (*gen.pl.* -сок).
weather *n.* пого́да; w.-beaten, повреждённый (-ён, ена́) бу́рями; (*of face*) обве́тренный (-ен); (*of person*) закалённый (-ён, -ена́); w.-chart, синопти́ческая ка́рта; w. forecast, прогно́з пого́ды; w.-station, метеорологи́ческая ста́нция; *v.t* (*storm etc.*) выде́рживать *imp.*, вы́держать (-жу, -жишь) *perf.*; (*expose to atmosphere*) под-

weave

вергать *imp.*, подвергнуть (-г) *perf.* атмосферным влияниям. **weathercock**, **weathervane** *n.* флюгер (*pl.* -а). **weatherman** *n.* метеоролог.
weave[1] *v.t. & i.* (*fabric*) ткать (тку, ткёшь; ткал, -а́, -о) *imp.*, с ~ *perf.*; *v.t.* (*fig.*) *also wreath etc.*) плести (плету, -тёшь) плёл *imp.*, с ~ *perf.*; *n.* узор ткани. **weaver** *n.* ткач, -иха́. **weaving** *n.* (*the art of w.*) ткачество; (*the w.*) тканье.
weave[2] *v.i.* (*sway*) покачиваться *imp.*
web *n.* (*cobweb, gossamer; fig.*) паутина; (*membrane*) перепонка; (*tissue*) ткань; (*fig.*) сплетение. **webbed** *adj.* перепончатый. **webbing** *n.* тканая лента, тесьма́.
wed *v.t.* (*of man*) жениться (-ню́сь, -нишься) *imp., perf.* на+*prep.*; (*of woman*) выходить (-ожу́, -о́дишь) *imp.*, выйти (выйду, -дешь) вышла *perf.* замуж за+*acc.*; (*unite*) сочетать *imp., perf.*; *v.i.* жениться (-ню́сь, -нишься) *perf.* (*coll.*); вступать *imp.*, вступить (-плю́, -пишь) *perf.* в брак. **wedded** *adj.* супружеский; w. to, (*fig.*) преданный (-ан) +*dat.* **wedding** *n.* свадьба, бракосочетание. w.-cake, свадебный торт; w.-day, день (*gen.* дня) *m.* свадьбы; w.-dress, подвенечное платье (*gen.pl.* -ев); w.-ring, обручальное кольцо (*pl.* -льца, -лец, -льцам).
wedge *n.* клин (*pl.* -нья, -ньев); *v.t.* (*w. open*) заклинивать *imp.*, заклинить *perf.*; *v.t. & i.*: w. in(to), вклинивать(ся) *imp.*, вклинить(ся) *perf.* (в+*acc.*)
wedlock *n.* брак, супружество; born out of w., рождённый (-ён, -ена́) вне брака, внебрачный.
Wednesday *n.* среда (*acc.* -ду; *pl.* -ды, -д, -дам).
weed *n.* сорняк (-а́); w.-killer, гербицид; *v.t.* полоть (полю́, -лешь) *imp.*, вы ~ *perf.*; w. out, удалять *imp.*, удалить *perf.* **weedy** *adj.* заросший сорняками; (*person*) тощий (тощ, -а́, -е).
week *n.* неделя; w.-end, суббота и воскресенье, уикэнд. **weekday** *n.* будний день (дня) *m.* **weekly** *adj.* еженедельный; (*wage*) недельный; *adv.* раз в неделю; еженедельно; *n.* еженедельник.
weep *v.i.* плакать (плачу, -чешь) *imp.*; w. over, оплакивать *imp.*, оплакать (оплачу, -чешь) *perf.* **weeping** *n.* плач; *adj.*: w. willow, плакучая ива. **weepy** *adj.* слезливый.
weevil *n.* долгоносик.
weft *n.* уток (утка́).
weigh *v.t.* (*also fig.*) взвешивать *imp.*, взвесить (-ешу, -есишь) *perf.*; (*consider*) обдумывать *imp.*, обдумать *perf.*; *v.t. & i.* (*so much*) весить *imp.*; w. down, отягощать *imp.*, отяготить (-ощу́, -оти́шь) *perf.*; w. on, тяготить (-ощу́, -оти́шь) *imp.*; w. out, отвешивать *imp.*, отвесить *perf.*; w. up, (*appraise*) оценивать *imp.*, оценить (-ню́, -нишь) *perf.* **weight** *n.* (*also authority*) вес (*pl.* -а́); (*load, also fig.*) тяжесть; (*sport*) гиря, штанга; (*influence*) влияние; lose w., худеть *imp.*, по ~ *perf.*; put on w., толстеть *imp.*, по ~ *perf.*; прибавлять *imp.*, прибавить *perf.* в весе; w.-lifter, гиревик (-а́), штангист; w.-lifting, поднятие тяжестей; *v.t.* (*make heavier*) утяжелять *imp.*, утяжелить *perf.* **weightless** *adj.* невесомый. **weightlessness** *n.* невесомость. **weighty** *adj.* (*also fig.*) веский; (*heavy*) тяжёлый (-л, -ла́); (*important*) важный (-жен, -жна́, -жно, -жны).
weir *n.* плотина, запруда.
weird *adj.* (*strange*) странный (-нен, -нна́, -нно).
welcome *n.* (*greeting*) приветствие; (*reception*) приём; *adj.* желанный (-ан); (*pleasant*) приятный; w. (*don't mention it*) не стоит благодарности, пожалуйста; *you are w.* to use my bicycle, мой велосипед к вашим услугам; *you are w.* to stay the night, вы можете переночевать у меня/нас; *v.t.* приветствовать *imp.* (& *perf.* in past tense*); *interj.* добро пожаловать!
weld *n.* сварной шов (шва); *v.t. & i.* сваривать(ся) *imp.*, сварить(ся) *perf.*; (*fig.*) сплачивать *imp.*, сплотить *perf.* **welder** *n.* сварщик. **welfare** *n.* благосостояние, благополучие; W. State, государство всеобщего благосостояния; w. work,

well¹ работа по социальному обеспечению.

well¹ *n.* колодец (-дца); (*for stairs*) лестничная клетка.

well² *v.i.*: w. *forth*, *up*, бить (бьёт) *imp.*, ключом; хлынуть *perf.*

well³ *adj.* (*healthy*) здоровый, *feel w.*, чувствовать *imp.*, по~ *perf.* себя хорошо, здоровым; *get w.*, поправляться *imp.*, поправиться *perf.*; *look w.*, хорошо выглядеть (-яжу, -ядишь) *imp.*; *all is w.*, всё в порядке!; *interj.* ну(!); *adv.* хорошо; (*very much*) очень; *also*, тоже; *as w. as*, (*in addition to*) кроме + *gen.*; *it may w. be true*, вполне возможно, что это так; *very w.!* хорошо!; *w. done!* молодец! *w.*-*advised*, благоразумный; *w.*-*balanced*, уравновешенный (-ен, -енна); *w.*-*behaved*, благонравный; *w.*-*being*, благополучие; *w.*-*bred*, благовоспитанный (-ан, -анна); *w.*-*built*, крепкий (-пок, -пка, -пко); *w.*-*chosen*, чёткий (-ток, -тка, -тко); *w.*-*disposed*, благосклонный (-нен, -нна), благожелательный; *w. done*, (*cooked*) (хорошо) прожаренный (-ен); *w.*-*fed*, откормленный (-ен); *w.*-*groomed*, (*person*) холёный; *w.*-*grounded*, обоснованный (-ан, -анна); *w.*-*informed* (*versed*) сведущий (in, в + *prep.*); *w.*-*informed*, (хорошо) осведомлённый (-ён, -ена) (*about*, в + *prep.*); *w.*-*known*, известный; *w.*-*mannered*, воспитанный (-ан); *w.*-*meaning*, имеющий хорошие намерения; *w. paid*, хорошо оплачиваемый; *w. preserved*, хорошо сохранившийся; *w.*-*proportioned*, пропорциональный (-нен, -анна); *w.*-*read*, начитанный (-ан, -анна); *w.*-*spoken*, умеющий изысканно говорить; *w. timed*, своевременный (-нен, -нна); *w.*-*wisher*, доброжелатель *m.*; *w.*-*worn*, (*fig.*) избитый. **wellnigh** *adv.* почти.

wellington (*boot*) *n.* резиновый сапог (-а; *gen.pl.* -г).

Welsh¹ *adj.* валлийский, уэльский. **Welshman** *n.* валлиец. **Welshwoman** *n.* валлийка.

welsh² *v.t.*: w. *on*, (*swindle*) надувать *imp.*, надуть (-ую, -уешь) *perf.* (*coll.*); (*fail to keep*) не сдерживать *imp.*, сдержать (-жу, -жишь) *perf.* + *gen.*

welt *n.* (*of shoe*) рант (*loc.* -у); (*weal*) рубец (-бца).

welter *n.* (*confusion*) сумбур, путаница; *v.i.* валяться.

wench *n.* девка.

wend *v.t.*: w. *one's way*, держать (-жу, -жишь) *imp.* путь.

wer(e)wolf *n.* оборотень (-тня) *m.*

west *n.* запад; (*naut.*) вест; *adj.* западный; *adv.* на запад, к западу. **westerly** *adj.* западный; *n.* западный ветер (-тра). **western** *adj.* западный; *n.* (*film*) вестерн. **westernize** *v.t.* европеизировать *imp.*, *perf.* **westward**(s) *adv.* на запад, к западу.

wet *adj.* мокрый (-р, -ра, -ро); (*paint*) непросохший; (*rainy*) дождливый; *w.*-*nurse*, кормилица; "*w. paint*", "осторожно окрашено"; *w. through*, промокший до нитки; *w. suit*, водонепроницаемый костюм; *n.* (*dampness*) влажность; (*rain*) дождь (-дя) *m.*; *v.t.* мочить (-чу, -чишь) *imp.*, на~ *perf.* **wetness** *n.* влажность.

whack *n.* (*blow*) сильный удар; *v.t.* колотить (-очу, -отишь) *imp.*, по~ *perf.*

whale *n.* кит (-а).

wharf *n.* пристань (*pl.* -ни, -ней).

what *pron.* (*interrog.*, *interj.*) что (чего, чему, чем, чём); (*how much*) сколько (*rel.*) (то), что (чего, чему, чем, чём); *what* (. . .) *for*, зачем; *w. if*, а что если; *w. is your name?* как вас зовут? *adj.* (*interrog.*, *interj.*) какой; *w. kind of*, какой. **whatever** *pron.* что бы ни + *past* (*w. you think*, что бы вы ни думали); всё, что (*take~ you want*, возьмите всё, что хотите); *adj.* какой бы ни + *past* (*w. books he read*(*s*), какие бы книги он ни прочитал); (*at all*): *there is no chance w.*, нет никакой возможности; *is there any chance w.?* есть ли хоть какая-нибудь возможность?

wheat *n.* пшеница. **wheaten** *adj.* пшеничный.

wheedle *v.t.* (*coax into doing*) уговаривать *imp.*, уговорить *perf.* с помощью лести; *w. out of*, выманивать *imp.*, выманить *perf.* y + *gen.* **wheedling** *adj.* вкрадчивый, льстивый.

wheel n. колесо́ (pl. -ёса); (steering-w., helm) руль (-ля́) m., штурва́л; (potter's) гонча́рный круг; v.t. (push) ката́ть indet., кати́ть (качу́, ка́тишь) det., по~ perf.; v.t. & i. (turn) повёртывать(ся) imp., поверну́ть(ся) perf.; v.i. (circle) кружи́ться (-ужу́сь, -у́жишься) imp. **wheelbarrow** n. та́чка. **wheelchair** n. инвали́дное кре́сло (gen.pl. -сел) (на колёсах). **wheelwright** n. коле́сник.

wheeze n. сопе́ние, хрип; v.i. сопе́ть (-плю́, -пи́шь) imp., хрипе́ть (-плю́, -пи́шь) imp. **wheezy** adj. хри́плый (-л, -ла́, -ло).

whelk n. (mollusc) брюхоно́гий моллю́ск.

when adv. когда́; conj. когда́, в то вре́мя как; (whereas) тогда́ как; (although) хотя́. **whence** adv. отку́да. **whenever** adv. когда́ же; conj. (every time) вся́кий раз когда́; (at any time) в любо́е вре́мя, когда́; (no matter when) когда́ бы ни + past; we shall have dinner w. you arrive, во ско́лько бы вы ни прие́хали, мы пообе́даем. **where** adv., conj. (place) где; (whither) куда́; from w., отку́да. **whereabouts** adv. где; n. местонахожде́ние. **whereas** conj. тогда́ как; хотя́; (official) поско́льку. **whereby** adv., conj. посре́дством чего́. **wherein** adv., conj. в чём. **wherever** adv., conj. (place) где бы ни + past; (whither) куда́ бы ни + past; w. he goes, куда́ бы он ни пошёл; **wherewithal** n. сре́дства neut. pl.

whet v.t. точи́ть (-чу́, -чишь) imp., на~ perf.; (stimulate) возбужда́ть imp., возбуди́ть perf. **whetstone** n. точи́льный ка́мень (-мня; pl. -мни, -мне́й) m.

whether conj. ли; I don't know w. he will come, я не зна́ю, придёт ли он; w. he comes or not, придёт (ли) он и́ли нет.

whey n. сы́воротка.

which adj. (interrog., rel.) како́й; pron. (interrog.) како́й; (person) кто; (rel.) кото́рый; (rel. to whole statement) что; w. is w.? (persons) кто из них кто? (things) что-что? **whichever** adj., pron. како́й бы ни + past (w. book you choose, каку́ю бы кни́гу ты ни вы́брал; любо́й (take w. book you want, возьми́те любу́ю кни́гу).

whiff n. (wind) дунове́ние; (smoke) дымо́к (-мка́); (odour) за́пах.

while n. вре́мя neut.; промежу́ток (-тка) вре́мени; a little w., недо́лго; a long w., до́лго; for a long w., (up to now) давно́; for a w., на вре́мя; in a little w., ско́ро; once in a w., вре́мя от вре́мени; it is worth w., сто́ит э́то сде́лать; v.t.: w. away, проводи́ть (-ожу́, -о́дишь) imp., провести́ (-еду́, -едёшь; -ёл, -ела́) perf.; conj. пока́; в то вре́мя как; (although) хотя́, несмотря́ на то, что; (contrast) a; we went to the cinema w. they went to the theatre, мы ходи́ли в кино́, а они́ в теа́тр. **whilst** conj. while.

whim n. при́хоть, причу́да, капри́з.

whimper n. хныка́нье; v.i. хныка́ть (хнычу́, -чешь & хныка́ю, -аешь) imp.

whimsical adj. капри́зный; (odd) причу́дливый. **whimsy** n. капри́з, при́хоть, причу́да.

whine n. (wail) вой; (whimper) хныка́нье; v.i. скули́ть imp.; (wail) выть (во́ю, во́ешь); (whimper) хныка́ть imp.

whinny n. ти́хое ржа́ние; v.i. ти́хо ржать (ржу, ржёшь) imp.

whip n. кнут (-а́), хлыст (-а́); w. hand, контро́ль (-ля) m.; v.t. (lash) хлеста́ть (-ещу́, -е́щешь) imp., хлестну́ть perf.; (urge on) подгоня́ть imp., подогна́ть (подгоню́, -нишь; подогна́л, -а́, -о) perf.; (cream) сбива́ть imp., сбить (собью́, -ьёшь) perf.; w. off, скидывать imp., ски́нуть perf.; w. out, выхва́тывать imp., вы́хватить perf.; w. round, бы́стро повёртываться imp., поверну́ться perf. w.-round, сбор де́нег; w. up, (stir up) разжига́ть imp., разже́чь (разожгу́, -ожжёшь; разжёг, разожгла́) perf. **whipper-snapper** n. ничто́жество. **whipping** n. побо́и (-ёв) pl.

whirl n. круже́ние; (of dust etc.) вихрь (-ря) m.; (turmoil) сумато́ха, смяте́ние; v.t. & i. кружи́ть(ся) (кружу́(сь), кру́жишь(ся)) imp., за~ perf. **whirlpool** n. водоворо́т. **whirlwind** n. вихрь (-ря) m.

whirr *n.* жужжáние; *v.i.* жужжáть (жужжý, -жи́шь) *imp.*

whisk *n.* (*of twigs etc.*) вéничек (-чка); (*utensil*) мутóвка; (*movement*) помáхивание; *v.t.* (*cream etc.*) сбивáть *imp.*, сбить (собью, -ьёшь) *perf.* (*wag, wave*) махáть (машý, -шешь) *imp.*, махнýть *perf.*+*instr.*; w. away, off, (*brush off*) смáхивать *imp.*, смахнýть *perf.*; (*take away*) бы́стро уноси́ть (-ошý, -óсишь) *imp.*, унести́ (-есý, -есёшь; -ёс, -еслá) *perf.*; *v.i.* (*scamper away*) юркнýть *perf.*

whisker *n.* (*human*) вóлос (*pl.* -осы, -óс, -осáм) на лицé; (*animal*) ус (*pl.* -ы́); *pl.* (*human*) бакенбáрды *f.pl.*

whisky *n.* ви́ски *neut.indecl.*

whisper *n.* шёпот; (*rustle*) шéлест; *v.t.* & *i.* шептáть (шепчý, -чешь) *imp.*, шепнýть *perf.*; (*rustle*) шелестéть (-ти́шь) *imp.*

whist *n.* вист.

whistle *n.* (*sound*) свист; (*instrument*) свистóк (-ткá); *v.i.* свистéть (-ищý, -исти́шь) *imp.*, сви́стнуть *perf.* (*also to dog etc.*); *v.t.* насви́стывать *imp.*

whistler *n.* свистýн (-á) (*coll.*).

whit *n.*: no w., not a w., ничýть, ниско́лько.

white *adj.* бéлый (бел, -á, бéло); (*hair*) седóй (сед, -á, -о); (*pale*) блéдный (-ден, -днá, -дно, блéдны) (*transparent*) прозрáчный; (*with milk*) с молокóм; *paint* w., крáсить *imp.*, по~ *perf.* в бéлый цвет; w.-collar, контóрский; w.-collar worker, служáщий *sb.*; w.-hot, раскалённый добелá; W. House, Бéлый дом; w. lie, невинная ложь (лжи, *instr.* ло́жью); W. Russian, (*n.*) белорýс, ~ка; (*adj.*) белорýсский; *n.* (*colour*) бéлый цвет; (*egg, eye*) белóк (-лкá); (*w. man*) бéлый *sb.* whitebait *n.* малёк (-лькá); снетóк (-ткá). whiten *v.t.* бели́ть (белю, бéлишь) *imp.*, на~, по~, вы~ *perf.*; (*blanch, bleach*) отбéливать *imp.*, отбели́ть *perf.*; *v.i.* белéть *imp.*, по~ *perf.* whiteness *n.* белизнá. whitewash *n.* раствóр для побéлки; *v.t.* бели́ть (белю, бéлишь) *imp.*, по~ *perf.*; (*fig.*) обеля́ть *imp.*, обели́ть *perf.*

whither *adv., conj.* кудá.

whiting *n.* (*fish*) мерлáнг.

Whitsun *n.* трóица.

whittle *v.t.* строгáть *imp.*, вы́~ *perf.* ножóм; w. down, (*decrease*) уменьшáть *imp.*, умéньшить *perf.*

whiz(z) *n.* свист; *v.i.* свистéть (-ищý, -исти́шь) *imp.*

who *pron.* (*interrog.*) кто (когó, комý, кем, ком); (*rel.*) котóрый.

whoa *interj.* тпру!

whoever *pron.* кто бы ни+*past*; (*he who*) тот, кто.

whole *adj.* (*entire*) весь (вся, всё; все); цéлый; (*intact, of number*) цéлый; w.-heartedly, от всегó сéрдца; w. meal, непросéянная мукá; *n.* (*thing complete*) цéлое *sb.*; (*all there is*) весь, всё; *sb.*; (*sum*) сýмма; as a w., в цéлом; on the w., в о́бщем. wholesale *adj.* оптóвый; (*fig.*) мáссовый; *n.* оптóвая торгóвля; *adv.* óптом. wholesaler *n.* оптóвый торгóвец (-вца). wholesome *adj.* здорóвый, благотвóрный. wholly *adv.* пóлностью, целикóм.

whom *pron.* (*interrog.*) когó *etc.* (*see* who); (*rel.*) котóрого *etc.*

whoop *n.* крик, ги́канье (*coll.*); *v.i.* кричáть (-чý, -чи́шь) *imp.*, кри́кнуть *perf.*; ги́кать *imp.*, ги́кнуть *perf.* (*coll.*); whooping cough, коклю́ш.

whore *n.* проститýтка.

whorl *n.* (*bot.*) мутóвка; (*on shell*) завитóк (-ткá); (*of spiral*) витóк (-ткá).

whose *pron.* (*interrog., rel.*) чей (чья, чьё; чьи); (*rel.*) котóрого.

why *adv.* почемý; *conj.* отчегó; *interj.* (*surprise*) да ведь!; (*impatience*) ну!

wick *n.* (*of lamp etc.*) фити́ль (-ля́) *m.*

wicked *adj.* злой (зол, зла); (*immoral*) безнрáвственный (-нен, -нна). wickedness *n.* злóбность.

wicker *n.* прýтья *m.pl.* для плетéния; *attrib.* плетёный.

wicket *n.* кали́тка; (*cricket*) ворóтца.

wide *adj.* ширóкий (-к, -кá, ширóко); (*extensive*) обши́рный; (*in measurements*) в+*acc.* ширинóй; w. awake, бóдрствующий; (*wary*) бди́тельный; w. open, широкó откры́тый; (*defenceless*) незащищённый; *adv.* (*off target*) мимо цели. **widely** *adv.* широко. **widen** *v.t. & i.* расширя́ть(ся) *imp.*, расши́рить(ся) *perf.* **widespread** *adj.* широко́ распространённый (-ён, -ена́).

wi(d)geon *n.* ди́кая у́тка.

widow *n.* вдова́ (*pl.* -вы). **widowed** *adj.* овдове́вший. **widower** *n.* вдове́ц (-вца́). **widowhood** *n.* вдовство́.

width *n.* ширина́; (*fig.*) широта́; (*of cloth*) полотни́ще.

wield *v.t.* держа́ть (-жу́, -жишь) *imp.* в рука́х; владе́ть + *instr.*

wife *n.* жена́ (*pl.* жёны).

wig *n.* пари́к (-а́).

wiggle *v.t. & i.* (*move*) шевели́ть(ся) *imp.*, по ~, шевельну́ть(ся) *perf.*

wigwam *n.* вигва́м.

wild *adj.* ди́кий (дик, -а́, -о); (*flower*) полево́й; (*uncultivated*) невозде́ланный; (*tempestuous*) бу́йный (бу́ен, бу́йна, -но); (*furious*) нейстовый; (*ill--considered*) необду́манный (-ан, -анна); *be w. about*, быть без ума́ от + *gen.*; *w.-goose chase*, сумасбро́дная зате́я; *n.*: *pl.* пусты́ня, де́бри (-рей) *pl.* **wildcat** *adj.* (*reckless*) риско́ванный; (*unofficial*) неофициа́льный. **wilderness** *n.* ди́кая ме́стность. **wildfire** *n.*: *spread like w.*, распространя́ться *imp.* со сверхъесте́ственной быстрото́й. **wildlife** *n.* жива́я приро́да. **wildness** *n.* ди́кость.

wile *n.* хи́трость, уло́вка.

wilful *adj.* (*obstinate*) упря́мый; (*deliberate*) преднаме́ренный (-ен, -енна); умы́шленный (-ен, -енна). **wilfulness** *n.* упря́мство; преднаме́ренность.

will *n.* во́ля; (*w.-power*) си́ла во́ли; (*desire*) во́ля, жела́ние; (*at death*) завеща́ние; *against one's w.*, про́тив во́ли; *at w.*, по жела́нию; *of one's own free w.*, доброво́льно; *with a w.*, с энтузиа́змом; *good w.*, до́брая во́ля; *make one's w.*, писа́ть (пишу́, -шешь) *imp.*, на ~ *perf.* завеща́ние; *v.t.* (*want, desire*) хоте́ть (хочу́, -чешь, хоти́м) *imp.*, за ~ *perf.* + *gen.*, *acc.*; жела́ть *imp.*, по ~ *perf.* + *gen.*; (*order*) веле́ть (-лю́, -ли́шь) *imp.*, *perf.*; (*compel by one's w.*) заставля́ть *imp.*, заста́вить *perf.*; (*bequeath*) завеща́ть *imp.*, *perf.*

willing *adj.* гото́вый, согла́сный; (*assiduous*) стара́тельный. **willingly** *adv.* охо́тно. **willingness** *n.* гото́вность.

will-o'-the-wisp *n.* блужда́ющий огонёк (-нька́).

willow *n.* и́ва.

willy-nilly *adv.* во́лей-нево́лей.

wilt *v.i.* вя́нуть (вял) *imp.*, за ~ *perf.*; поника́ть *imp.*, пони́кнуть (-к) *perf.*; (*weaken*) слабе́ть *imp.*, о ~ *perf.*

wily *adj.* хи́трый (-тёр, -тра́, хитро́), кова́рный.

win *n.* вы́игрыш, побе́да; *v.t. & i.* выи́грывать *imp.*, вы́играть *perf.*; *v.t.* (*obtain*) добива́ться *imp.*, доби́ться (-бью́сь, -бьёшься) *perf.* + *gen.*; *w. over*, (*convince*) убежда́ть *imp.*, убеди́ть (-ди́шь) *perf.*; (*gain favour of*) располага́ть *imp.*, расположи́ть (-жу́, -жишь) *perf.* к себе́; *w. through*, (*overcome*) преодолева́ть *imp.*, преодоле́ть *perf.*

wince *n.* содрога́ние, вздра́гивание; *v.i.* вздра́гивать *imp.*, вздро́гнуть *perf.*

winch *n.* (*windlass*) лебёдка.

wind[1] *n.* (*air*) ве́тер (-тра); (*breath*) дыха́ние; (*flatulence*) ве́тры *m.pl.*; *w. instrument*, духово́й инструме́нт; *w.-swept*, откры́тый ветра́м; *get w. of*, проню́хивать *imp.*, проню́хать *perf.*; *v.t.* (*make gasp*) заставля́ть *imp.*, заста́вить *perf.* задохну́ться.

wind[2] *v.i.* (*meander*) ви́ться (вью́сь, вьёшься, ви́лся, -ла́сь) *imp.*; извива́ться *imp.*; *v.t. & i.* (*coil*) нама́тывать(ся) *imp.*, намота́ть(ся) *perf.*; *v.t.* (*watch*) заводи́ть (-ожу́, -о́дишь) *imp.*, завести́ (-еду́, -едёшь; -ёл, -ела́) *perf.*; (*wrap*) уку́тывать *imp.*, уку́тать *perf.*; *w. down*, (*v.t. & i.*) разма́тывать(ся) *imp.*, размота́ть(ся) *perf.*; *w. up*, (*v.t.*) (*reel*) сма́тывать *imp.*, смота́ть *perf.*; (*watch*) *see* **wind**[2]; (*v.t. & i.*) (*end*) конча́ть(ся) *imp.*, ко́нчить(ся) *perf.* **winding** *adj.* (*twisted*) вито́й, спира́льный; (*meandering*) извили́стый.

windfall *n.* плод (-а́), сби́тый ве́тром; (*fig.*) неожи́данное сча́стье.

windlass *n.* лебёдка.

windmill *n.* ветряна́я ме́льница.

window n. окно́ (pl. о́кна, о́кон, о́кнам); (of shop) витри́на; w.-box, нару́жный я́щик для расте́ний; w.-dressing, украше́ние витри́н; w.-frame, око́нная ра́ма; w.-ledge, подоко́нник; w.-pane, око́нное стекло́ (pl. стёкла, -кол, -клам); w.-shopping, рассма́тривание витри́н; w.-sill, подоко́нник.

windpipe n. дыха́тельное го́рло, трахе́я.

windscreen n. пере́днее/ветрово́е стекло́ (pl. стёкла, -кол, -клам); w. wiper, стеклоочисти́тель m., дво́рник (coll.).

windward n. наве́тренная сторона́ (acc. -ону); adj. наве́тренный. **windy** adj. ве́треный; (verbose) многосло́вный.

wine n. вино́ (pl. -на); w.-cellar, ви́нный по́греб (pl. -а́); w.-coloured, тёмно-кра́сный; w.-grower, виногра́дарь m.; w.-growing, виногра́дарство; w.-list, ка́рта вин; w.-merchant, торго́вец (-вца) вино́м; w.-tasting, дегуста́ция вин; v.t. пить (пью, пьёшь; пил, -а́, -о) imp., вы~ perf. вино́; v.t. угоща́ть imp., угости́ть perf. вино́м. **winebottle** n. ви́нная буты́лка. **wineglass** n. рю́мка. **winery** n. ви́нный заво́д. **winy** adj. ви́нный.

wing n. (also polit.) крыло́ (pl. -лья, -льев); (archit.) фли́гель (pl. -ля, -ле́й) m.; (sport) фланг; pl. (theat.) кули́сы f.pl.; w.-nut, крыла́тая га́йка; w.-span, разма́х кры́льев; v.i. лета́ть indet., лете́ть (лечу́, лети́шь) det., по~ perf.; v.t. (provide with wings) снабжа́ть imp., снабди́ть perf. кры́льями; (quicken) ускоря́ть imp., уско́рить perf.; (inspire) окрыля́ть imp., окрыли́ть perf. **winged** adj. крыла́тый.

wink n. (blink) морга́ние; (as sign) подми́гивание; in a w., момента́льно; v.i. мига́ть imp., мигну́ть perf. (at, + dat.); подми́гивать imp., подмигну́ть perf. (at, + dat.); (fig.) смотре́ть (-рю́, -ришь) imp., по~ perf. сквозь па́льцы.

winkle n. берегова́я ули́тка; v.t.: w. out, выко́вы́ривать imp., вы́ковырять perf.

winner n. победи́тель m., ~ница. **winning** adj. выи́грывающий, побежда́ющий; (of shot etc.) реша́ющий; (charming) обая́тельный; n.: pl. вы́игрыш; w.-post, фи́нишный столб (-а́).

winnow v.t. (grain) ве́ять (ве́ю, ве́ешь) imp.; (sift) просе́ивать imp., просе́ять (-е́ю, -е́ешь) perf.

winsome adj. привлека́тельный, обая́тельный.

winter n. зима́; attrib. зи́мний; v.i. проводи́ть (-ожу́, -о́дишь) imp., провести́ (-еду́, -едёшь; ёл, -ела́) perf. зи́му; зимова́ть imp., пере~ perf. **wintry** adj. зи́мний; (cold) холо́дный (хо́лоден, -дна́, -дно, холо́дны).

wipe v.t. (also w. out inside of) вытира́ть imp., вы́тереть (вы́тру, -решь; вы́тер, -ла) perf.; w. away, off, стира́ть imp., стере́ть (сотру́, -рёшь; стёр, -ла) perf.; w. out, (exterminate) уничтожа́ть imp., уничто́жить perf.; (disgrace etc.) смыва́ть imp., смыть (смо́ю, -о́ешь) perf.

wire n. про́волока; (carrying current) про́вод (pl. -а́); (telegram) телегра́мма; attrib. про́волочный; w. netting, про́волочная сеть; v.t. (electr.) де́лать imp., с~ perf. электри́ческую прово́дку в + acc.; (telegraph) телеграфи́ровать imp., perf. **wireless** n. ра́дио neut.indecl.; w. set, радиоприёмник. **wiring** n. электропрово́дка. **wiry** adj. жи́листый.

wisdom n. му́дрость; w. tooth, зуб (pl. -ы, -о́в) му́дрости. **wise** adj. му́дрый (-р, -ра́, -ро); (prudent) благоразу́мный.

wish n. жела́ние; with best wishes, всего́ хоро́шего, с наилу́чшими пожела́ниями; v.t. хоте́ть (хочу́, -чешь, хоти́м) imp., за~ perf. (I w. I could see him, мне хоте́лось бы его́ ви́деть; I w. to go, я хочу́ пойти́; I w. you to come early, я хочу́, что́бы вы ра́но пришли́; I w. the day were over, хорошо́ бы день уже́ ко́нчился); жела́ть imp. + gen. (I w. you luck, жела́ю вам уда́чи); (congratulate on) поздравля́ть imp., поздра́вить perf. (I w. you a happy birthday, поздравля́ю тебя́ с днём рожде́ния); v.i.: w. for, жела́ть imp. + gen.; хоте́ть (хочу́,

-чешь, хоти́м) *imp.*, за~ *perf.* + *gen.*, *acc.* **wishbone** *n.* ду́жка. **wishful** *adj.* жела́ющий; w. *thinking*, приня́тие жела́емого за действи́тельное.

wishy-washy *adj.* (*too liquid*) жи́дкий (-док, -дка́, -дко); (*fig.*) сла́бый (-б, -ба́, -бо), бесцве́тный.

wisp *n.* (*of straw*) пучо́к (-чка́); (*hair*) клочо́к (-чка́); (*smoke*) стру́йка.

wistaria *n.* глици́ния.

wistful *adj.* (*pensive*) заду́мчивый; (*melancholy*) тоскли́вый.

wit[1] *n.* (*mind*) ум (-á); (*wittiness*) остроу́мие; (*person*) остря́к (-á); be at one's w.'s end, не знать *imp.* что де́лать.

wit[2] *v.i.*: to w., то есть, а и́менно.

witch *n.* ве́дьма, колду́нья (*gen.pl.* -ний); w.-*doctor*, знáхарь *m.*; w.-*hunt*, охо́та на ведьм. **witchcraft** *n.* колдовство́.

with *prep.* (*in company of, together w.*) (вме́сте) с + *instr.*; (*as a result of*) от + *gen.*; (*at house of, in keeping of*) у + *gen.*; (*by means of*) + *instr.*; (*in spite of*) несмотря́ на + *acc.*; (*including*) включáя + *acc.*; w. *each/one another*, друг с дру́гом.

withdraw *v.t.* (*retract*) брать (беру́, -рёшь; брал, -á, -о) *imp.*, взять (возьму́, -мёшь; взял, -á, -о) *perf.* назáд; (*curtain, hand*) отдёргивать *imp.*, отдёрнуть *perf.*; (*cancel*) снимáть *imp.*, снять (сниму́, -мешь; снял, -á, -о) *perf.*; (*mil.*) отводи́ть (-ожу́, -óдишь) *imp.*, отвести́ (-еду́, -едёшь; ёл, -елá) *perf.*; (*money from circulation*) изыма́ть *imp.*, изъя́ть (изыму́, -ьмешь) *perf.* из обраще́ния; (*diplomatic representative*) отзывáть *imp.*, отозвáть (отзову́, -вёшь; отозвáл, -á, -о) *perf.*; (*from bank*) брать (беру́, -рёшь; брал, -á, -о) *imp.*, взять (возьму́, -мёшь; взял, -á, -о) *perf.*; *v.i.* удаля́ться *imp.*, удали́ться *perf.*; (*mil.*) отходи́ть (-ожу́, -óдишь) *imp.*, отойти́ (-йду́, -йдёшь; отошёл, -шлá) *perf.* **withdrawal** *n.* (*retraction*) взя́тие назáд; (*cancellation*) сня́тие; (*mil.*) отхо́д; (*money from circulation*) изъя́тие; (*departure*) ухо́д. **withdrawn** *adj.* зáмкнутый.

wither *v.i.* вя́нуть (вял) *imp.*, за~ *perf.*; высыхáть *imp.*, вы́сохнуть (-х) *perf.*; *v.t.* иссушáть *imp.*, иссуши́ть (-шу́, -шишь) *perf.* испепеля́ющий. **withering** *adj.* (*fig.*)

withers *n.* хо́лка.

withhold *v.t.* (*refuse to grant*) не давáть (даю́, даёшь) *imp.*, дать (дам, дашь, даст, дади́м) *perf.* + *gen.*; (*hide*) скрывáть *imp.*, скрыть (скро́ю, -óешь) *perf.*; (*restrain*) уде́рживать *imp.*, удержáть (-жу́, -жишь) *perf.*

within *prep.* (*inside*) внутри́ + *gen.*, в + *prep.*; (*w. the limits of*) в предéлах + *gen.*; (*time*) в тече́ние + *gen.*; *adv.* внутри́; (*at home*) до́ма.

without *prep.* без + *gen.*; (*outside*) вне + *gen.*, за + *instr.*; w. *saying good-bye*, не прощáясь; do w., обходи́ться (-ожу́сь, -óдишься) *imp.*, обойти́сь (-йду́сь, -йдёшься) обошёлся, -шлáсь) *perf.* без + *gen.*

withstand *v.t.* противостоя́ть (-оiю́ -ои́шь) *imp.* + *dat.*; выде́рживать *imp.*, вы́держать (-жу, -жишь) *perf.*

witless *adj.* глу́пый (-п, -пá, -по).

witness *n.* (*person*) свиде́тель *m.*; (*eye-witness*) очеви́дец (-дца); (*to signature etc.*) завери́тель *m.*; (*evidence*) свиде́тельство; bear w. *to*, свиде́тельствовать *imp.*, за~ *perf.*; w.-*box*, ме́сто (*pl.* -тá) для свиде́телей; *v.t.* быть свиде́телем + *gen.*; (*document etc.*) заверя́ть *imp.*, заве́рить *perf.*

witticism *n.* остро́та. **wittiness** *n.* остроу́мие. **witty** *adj.* остроу́мный.

wizard *n.* волше́бник, колду́н (-á). **wizardry** *n.* колдовство́.

wizened *adj.* (*wrinkled*) морщи́нистый.

wobble *v.t.* & *i.* шатáться *imp.*, шатну́ть(ся) *perf.*; качáть(ся) *imp.*, качну́ть(ся) *perf.*; *v.i.* (*voice*) дрожáть (-жу́, -жишь) *imp.* **wobbly** *adj.* шáткий.

woe *n.* го́ре; w. *is me!* го́ре мне! **woebegone** *adj.* удручённый, мрáчный (-чен, -чнá, -чно). **woeful** *adj.* скорбный, го́рестный.

wolf *n.* волк (*pl.* -и, -óв), w.-*cub*, волчо́нок (-нка; *pl.* волчáта, -т); *v.t.* пожирáть *imp.*, пожрáть (-ру́, -рёшь; пожрáл, -á, -о) *perf.* (*coll.*). **wolfhound** *n.* волкодáв.

woman n. женщина. **womanhood** n. (maturity) женская зрелость. **womanish** adj. женоподобный. **womanly** adj. женственный (-ен, -енна).

womb n. матка; (fig.) чрево.

womenfolk n. женщины f.pl.; (of one's family) женская половина семьи.

wonder n. чудо (pl. -деса́, -де́с); (amazement) изумле́ние; no w., неудиви́тельно; v.t. интересова́ться imp. (I w. who will come, интере́сно, кто придёт); v.i.: I shouldn't w. if, неудиви́тельно бу́дет, е́сли; I w. if you could help me, не могли́ бы вы мне помо́чь? w. at, удивля́ться imp., удиви́ться perf.+dat. **wonderful, wondrous** adj. замеча́тельный, удиви́тельный, чуде́сный.

wont n.; as is his w., по своему́ обыкнове́нию; predic.: be w. to, име́ть привы́чку+inf. **wonted** adj. привы́чный.

woo v.t. уха́живать imp. за+instr.; (fig.) добива́ться+gen.

wood n. (forest) лес (a(y), loc. -у́; pl. -а́); (material) де́рево; (firewood) дрова́ (-в, -ва́м) pl.; **w.-louse**, мокри́ца; **w.-pigeon**, лесно́й го́лубь (pl. -би, -бе́й) m.; **w.-pulp**, древе́сная ма́сса; **w.-shed**, сара́й для дров; **w.-wind**, деревя́нные духовы́е инструме́нты m.pl.; **w.-wool**, то́нкая, упако́вочная стру́жка. **woodbine** n. жи́молость. **woodcock** n. вальдшне́п. **woodcut** n. гравю́ра на де́реве. **wooded** adj. леси́стый. **wooden** adj. (also fig.) деревя́нный. **woodland** n. леси́стая ме́стность; attrib. лесно́й. **woodman** n. лесни́к (-а́). **woodpecker** n. дя́тел (-тла). **woodwork** n. столя́рная рабо́та; (wooden articles) деревя́нные изде́лия neut.pl.; (wooden parts of s.th.) деревя́нные ча́сти (-те́й) pl. (строе́ния). **woodworm** n. (жук-)древото́чец (-чца). **woody** adj. (plant etc.) древени́стый; (wooded) леси́стый.

wool n. шерсть (pl. -ти, -те́й). **woollen** adj. шерстяно́й. **woolly** adj. (covered with) покры́тый ше́рстью; (fleecy) шерсти́стый; (indistinct) нея́сный (-сен, -сна́, -сно); w. mind, thinking пу́таница в голове́; n. (coll.) сви́тер.

word n. (unit of language; utterance; promise) сло́во (pl. -ва́); (remark) замеча́ние; (news) изве́стие; have a w. with, поговори́ть perf. с+instr.; by w. of mouth, на слова́х, у́стно; in a w., одни́м сло́вом; in other words, други́ми слова́ми; w. for w., сло́во в сло́во; v.t. выража́ть imp., вы́разить perf.; формули́ровать imp., с~ perf. **wordiness** n. многосло́вие. **wording** n. формулиро́вка, реда́кция. **wordy** adj. многосло́вный.

work n. рабо́та; (labour; toil; scholarly w.) труд (-а́); (occupation) заня́тие; (studies) заня́тия neut.pl.; (of art) произведе́ние; (book) сочине́ние; pl. (factory) заво́д; (mechanism) механи́зм; at w., (doing w.) за рабо́той; (at place of w.) на рабо́те; out of w., безрабо́тный; **w.-bench**, верста́к (-а́); **w.-force**, рабо́чая си́ла; **w.-load**, нагру́зка; **w.-room**, рабо́чая ко́мната; **w.-shy**, лени́вый; v.i. (also function) рабо́тать (at, on, над+instr.); (study) занима́ться imp., заня́ться (займу́сь, -мёшься; заня́лся, -ла́сь, -ло́сь) perf.; (also toil, labour) труди́ться (-ужу́сь, -у́дишься) imp.; (function) де́йствовать imp.; w. to rule, рабо́тать imp., выполня́я сли́шком пунктуа́льно все пра́вила, с це́лью уме́ньшить производи́тельность; v.t. (operate) управля́ть imp.+instr.; обраща́ться imp. с+instr.; (wonders) твори́ть imp., со~ perf.; (soil) обраба́тывать imp., обрабо́тать perf.; (mine) разраба́тывать imp., разрабо́тать perf.; (compel to w.) заставля́ть imp., заста́вить perf. рабо́тать; w. in, вставля́ть imp., вста́вить perf.; w. out, (solve) реша́ть imp., реши́ть perf.; (plans etc.) разраба́тывать imp., разрабо́тать perf.; (exhaust) истоща́ть imp., истощи́ть perf.; everything worked out well, всё ко́нчилось хорошо́; w. out at, (amount to) составля́ть imp., соста́вить perf.; w. up, (perfect) обраба́тывать imp., обрабо́тать perf.; (excite) возбужда́ть imp., возбуди́ть perf.; (appetite) нагу́ливать imp., нагуля́ть perf. **workable** adj. осуществи́мый, реа́льный.

workaday adj. будничный. **worker** n. рабочий sb.; работни́к, -ица. **working** adj.: w. class, рабочий класс; w. conditions, условия neut.pl.; w. day, рабочий день (дня) m.; w. hours, рабочее время neut.; w. party, коми́ссия. **workman** n. рабочий sb., работник. **workmanlike** adj. иску́сный. **workmanship** n. иску́сство, мастерство́. **workshop** n. мастерска́я sb.

world n. мир (-ы), свет; attrib. мирово́й; w.-famous, всеми́рно изве́стный; w.-view, мировоззре́ние; w. war, мирова́я война́ (pl. -ны); w.-weary, уста́вший от жи́зни; w.-wide, распространённый (-ён, -ена́) по всему́ све́ту; всеми́рный. **worldly** adj. (earthly) земно́й; (temporal) мирско́й; (experienced) о́пытный.

worm n. червь (-вя́; pl. -ви, -ве́й) m.; (also tech.) червяк (-á); (intestinal) глист (-á); v.t.: w. oneself into, вкра́дываться imp., вкра́сться (-аду́сь, -адёшься; -а́лся) perf. в + acc.; w. out, выве́дывать imp., вы́ведать perf. (of, y + gen.); w. one's way, пробира́ться imp., пробра́ться (-беру́сь, -берёшься; -бра́лся, -брала́сь, -бра́ло́сь) perf. **worm-eaten** adj. исто́ченный (-ен) червя́ми. **wormwood** n. полы́нь.

worry n. (anxiety) беспоко́йство, трево́га; (care) забо́та; v.t. беспоко́ить imp., о ~ perf.; трево́жить imp., вс ~ perf.; (of dog) терза́ть imp.; v.i. беспоко́иться imp., o ~ perf. (about, o + prep.); му́читься imp., за ~, из ~ perf. (about, из-за + gen.).

worse adj. ху́дший; adv. ху́же; n.: from bad to w., всё ху́же и ху́же. **worsen** v.t. & i. ухудша́ться imp., уху́дшиться perf.

worship n. поклоне́ние (of, + dat.); (relig.) богослуже́ние; v.t. поклоня́ться imp. + dat.; (adore) обожа́ть imp. **worshipper** n. покло́нник, -ица.

worst adj. наиху́дший, са́мый плохо́й; adv. ху́же всего́; n. са́мое плохо́е; v.t. побежда́ть imp., победи́ть (-и́шь) perf.

worsted n. шерстяна́я/камво́льная пря́жа.

worth n. (value) цена́ (acc. -ну; pl. -ны); (fig.) це́нность; (merit) досто́инство; give me a pound's w. of petrol, да́йте мне бензи́на на фунт; adj.: be w., (of value equivalent to) сто́ить imp. (what is it w.? ско́лько э́то сто́ит?); (deserve) сто́ить imp. + gen. (is this film w. seeing? сто́ит посмотре́ть э́тот фильм?); for all one is w., изо всех сил. **worthless** adj. ничего́ не сто́ящий; (useless) бесполе́зный. **worthwhile** adj. сто́ящий. **worthy** adj. досто́йный (-о́ин, -о́йна).

would-be adj.: w. actor, челове́к (pl. лю́ди, -де́й, -дя́м, -дьми́) мечта́ющий стать актёром.

wound n. ра́на, ране́ние; (fig.) оби́да; v.t. ра́нить imp., perf.; обижа́ть imp., оби́деть (-и́жу, -и́дишь) perf. **wounded** adj. ра́неный.

wraith n. виде́ние.

wrangle n. препира́ние, спор; v.i. препира́ться imp.; спо́рить imp., по ~ perf.

wrap n. (shawl) шаль; (stole) палантин; v.t. (also w. up) завёртывать imp., заверну́ть perf.; w. up, (v.t. & i.) (in wraps) заку́тывать(ся) imp., заку́тать(ся) perf.; (v.t.) (conclude) заверша́ть imp., заверши́ть perf.; wrapped up in, (fig.) поглощённый (-ён, -ена́) + instr. **wrapper** n. обёртка. **wrapping** n. обёртка; w. paper, обёрточная бума́га.

wrath n. гнев, я́рость. **wrathful** adj. гне́вный (-вен, -вна́, -вно).

wreak v.t.: w. havoc, производи́ть (-ожу́, -о́дишь) imp., произвести́ (-еду́, -едёшь; -ёл, -ела́) perf. ужа́сные разруше́ния; w. vengeance, мстить imp., ото ~ perf. (on, + dat.).

wreath n. вено́к (-нка́); (of smoke) кольцо́ (pl. -льца, -ле́ц, -льцам). **wreathe** v.t. (form into wreath) сплета́ть imp., сплести́ (-ету́, -етёшь; -ёл, -ела́) perf.; (encircle) обвива́ть imp., обви́ть (обовью́, -ьёшь; обви́л, -а́, -о) perf. (with, + instr.); v.i. (wind round) обвива́ться imp., обви́ться (обовью́сь, -ьёшься; обви́лся, -ла́сь) perf.; (of smoke) клуби́ться imp.

wreck n. (destruction) круше́ние, ава́-

wren рия; (*wrecked ship*) óстов разби́того су́дна, (*vehicle, person, building etc.*) развáлина; *v.t.* (*cause destruction of*) вызывáть *imp.*, вы́звать (вы́зову, -вешь) круше́ние + *gen.*; (*ship*) топи́ть (топлю́, -пишь) *imp.*, по~ *perf.*; (*destroy, also hopes etc.*) разрушáть *imp.*, разру́шить *perf.*; *be wrecked*, терпе́ть (-плю́, -пишь) *imp.*, по~ *perf.* круше́ние; (*of plans etc.*) ру́хнуть *perf.* **wreckage** *n.* обло́мки *m.pl.*

wren *n.* крапи́вник.

wrench *n.* (*jerk*) дёрганье; (*sprain*) растяже́ние; (*tech.*) гáечный ключ (-á); (*fig.*) боль; *v.t.* (*snatch, pull out*) вырывáть *imp.*, вы́рвать (-ву, -вешь) *perf.* (from, y + *gen.*); (*sprain*) растя́гивать *imp.*, растяну́ть (-ну́, -нешь) *perf.*; *w. open*, взлáмывать *imp.*, взломáть *perf.*

wrest *v.t.* (*wrench*) вырывáть, вы́рвать (-ву, -вешь) *perf.* (from, у + *gen.*); (*agreement etc.*) исторгáть *imp.*, исто́ргнуть (-г) *perf.* (from, у + *gen.*); (*distort*) искажáть *imp.*, искази́ть *perf.*

wrestle *v.i.* боро́ться (-рю́сь, -решься) *imp.* **wrestler** *n.* боре́ц (-рцá). **wrestling** *n.* борьбá.

wretch *n.* несчáстный *sb.*; (*scoundrel*) негодя́й. **wretched** *adj.* жáлкий (-лок, -лкá, -лко); (*unpleasant*) скве́рный (-рен, -рнá, -рно).

wriggle *v.i.* извивáться *imp.*, извиться (изовью́сь, -вьёшься; извился, -лáсь) *perf.*; (*fidget*) ёрзать *imp.*; *v.t.* вилять *imp.*, вильну́ть *perf.* + *instr.*; *w. out of*, увиливать *imp.*, увильну́ть *perf.* от + *gen.*

wring *v.t.* (*also w. out*) выжимáть *imp.*, вы́жать (вы́жму, -мешь) *perf.*; (*extort*) исторгáть *imp.*, исто́ргнуть (-г) *perf.* (from, у + *gen.*); (*hand*) кре́пко пожимáть *imp.*, пожáть (пожму́, -мёшь) *perf.* (of, + *dat.*); (*neck*) свёртывать *imp.*, сверну́ть (-ну́, + *dat.*); *w. one's hands*, ломáть *imp.*, с~ *perf.* ру́ки. **wringer** *n.* маши́на для отжимáния белья́.

wrinkle *n.* морщи́на; (*tip*) поле́зный сове́т; *v.t. & i.* мо́рщить(ся) *imp.*, с~ *perf.*

wrist *n.* запя́стье; *w.-watch*, нару́чные часы́ (-cóв) *pl.*

writ *n.* повéстка, предписáние.

write *v.t. & i.* (*also fig.*) писáть (пишу́, -шешь) *imp.*, на~ *perf.*; *w. down*, запи́сывать *imp.*, записáть (запишу́, -шешь) *perf.*; *w. off*, (*cancel*) аннули́ровать *imp. & perf.*; (*dispatch letter*) отсылáть *imp.*, отослáть (отошлю́, -шлёшь) *perf.*; *the car was a w.-off*, маши́на была́ соверше́нно испо́рчена; *w. out*, выпи́сывать *imp.*, вы́писать (-ишу, -ишешь) *perf.* (*in full*, по́лностью); *w. up*, (*account of*) подро́бно опи́сывать *imp.*, описáть (-ишу́, -и́шешь) *perf.*; (*notes*) перепи́сывать *imp.*, переписáть (-ишу́, -и́шешь) *perf.*; *w. up*, (*report*) отчёт. **writer** *n.* писáтель *m.*, ~ница.

writhe *v.i.* (*from pain*) ко́рчиться *imp.*, с~ *perf.*; (*fig.*) му́читься *imp.*, за~, из~ *perf.*

writing *n.* (*handwriting*) по́черк; (*work*) произведе́ние; *in w.*, в пи́сьменной фо́рме; *the w. on the wall*, злове́щее предзнаменовáние; *w.-case*, несессе́р для пи́сьменных принадле́жностей; *w.-desk*, конто́рка, пи́сьменный стол (-á); *w.-paper*, почто́вая бумáга.

wrong *adj.* (*incorrect*) непрáвильный, неве́рный (-рен, -рнá, -рно, неве́рны́), оши́бочный; *he not* (*I have bought the wrong book*), я купи́л не ту кни́гу; *you've got the wrong number*, (*telephone*) вы не тудá попáли; (*mistaken*) непрáвый (-в, -вá, -во) (*you are w.*, ты непрáв); (*unjust*) несправедли́вый; (*sinful*) дурно́й (ду́рен, -рнá, -рно, ду́рны́); (*defective*) неиспрáвный; (*side of cloth*) ле́вый; *w. side out*, наизнáнку; *w. way round*, наоборо́т; *in the w.*, быть непрáвым; *do w.*, греши́ть *imp.*, со~ *perf.*; *adv.* непрáвильно, неве́рно; *go w.*, не получáться *imp.*, получи́ться (-ится) *perf.*; *v.t.* (*harm*) вреди́ть *imp.*, по~ *perf.* + *dat.*; обижáть *imp.*, оби́деть *perf.*; *be in the w.*, быть несправедли́вым к + *dat.* **wrongdoer** *n.* престу́пник, гре́шник, -ица. **wrongful** *adj.* несправ-

wrought ведливый, неправильный. **wrongly** *adv.* неправильно, неверно.
wrought *adj.*: w. *iron*, сварочное железо.

wry *adj.* кривой (-в, -ва, -во), перекошенный; w. *face*, гримаса.

X

xenophobia *n.* ксенофобия.
Xerox *v.t.* размножать *imp.*, размножить *perf.* на ксероксе. **Xerox copy** *n.* ксерокопия.
X-ray *n.* (*picture*) рентген(овский снимок (-мка)); *pl.* (*radiation*) рентгеновы лучи *m.pl.*; *v.t.* (*photograph*) делать *imp.*, с~ *perf.* рентген+*gen.*; (*examine*) исследовать *imp.*, *perf.* рентгеновыми лучами.
xylophone *n.* ксилофон.

Y

yacht *n.* яхта; y.-*club*, яхт-клуб. **yachting** *n.* парусный спорт. **yachtsman** *n.* яхтсмен.
yak *n.* як.
Yale lock *n.* американский замок (-мка).
yam *n.* ям.
yank *n.* рывок (-вка); *v.t.* рвануть *perf.*
yap *v.i.* тявканье; *v.i.* тявкать *imp.*, тявкнуть *perf.*
yard[1] *n.* (*piece of ground*) двор (-а).
yard[2] *n.* (*measure*) ярд; (*naut.*) рей.
yardstick *n.* (*fig.*) мерило.
yarn *n.* пряжа; (*story*) рассказ.
yarrow *n.* тысячелистник.
yashmak *n.* чадра.
yawl *n.* ял.
yawn *n.* зевок (-вка); *v.i.* (*person*) зевать *imp.*, зевнуть *perf.*; (*chasm etc.*) зиять *imp.*
year *n.* год (*loc.* -у́; *pl.* -ы & -а, -о́в & лет, -ам); *from* y. *to* y., год от году; y. *in,* y. *out*, из года в год; y.-*book*, ежегодник. **yearly** *adj.* ежегодный, годовой; *adv.* ежегодно, раз в год.
yearn *v.i.* тосковать *imp.*, (for, по+*dat.*, *prep.*). **yearning** *n.* тоска (for, по+*dat.*, *prep.*).
yeast *n.* дрожжи (-жей) *pl.*
yell *n.* крик; *v.i.* кричать (-чу, -чишь) *imp.*, крикнуть *perf.*; *v.t.* выкрикивать *imp.*, выкрикнуть *perf.*
yellow *adj.* жёлтый (-т, -та, жёлто); (*cowardly*) трусливый; *n.* жёлтый цвет; *v.i.* желтеть *imp.*, по~ *perf.* **yellowhammer** *n.* овсянка. **yellowish** *adj.* желтоватый.
yelp *n.* визг; *v.i.* визжать (-жу, -жишь) *imp.*, визгнуть *perf.*
yen *n.* (*money*) иена.
yes *adv.* да; *n.* утверждение, согласие; (*in vote*) голос (*pl.* -а) „за"; y.-*man*, подпевала *m.* & *f.* (*coll.*).
yesterday *adv.* вчера; *n.* вчерашний день (дня) *m.*; y. *morning*, вчера утром; *the day before* y., позавчера; *yesterday's newspaper*, вчерашняя газета.

yet adv. (still) ещё; (so far) до сих пор; (with compar.) даже, ещё; (in questions) уже́; (nevertheless) тем не ме́нее; as y., пока́, до сих пор; not y., ещё не; conj. одна́ко, но.

yew n. тис.

Yiddish n. и́диш.

yield n. (harvest) урожа́й; (econ.) дохо́д; v.t. (fruit, revenue, etc.) приноси́ть (-ошу́, -о́сишь) imp., принести́ (-есу́, -есёшь, -ёс, -есла́) perf.; дава́ть (даю́, даёшь) imp., дать (дам, дашь, даст, дади́м; дал, -а́, да́ло́, -и) perf.; (give up) сдава́ть (сдаю́, сдаёшь) imp., сдать (-а́м, -а́шь, -а́ст, -ади́м; сдал, -а́, -о) perf.; v.i. (give in) (to enemy etc.) уступа́ть imp., уступи́ть (-плю́, -пишь) perf. (to, + dat.); (to temptation etc.), поддава́ться (-даю́сь, -даёшься) imp., подда́ться (-а́мся, -а́шься, -а́стся, -ади́мся; -а́лся, -ала́сь) perf. (to, + dat.).

yodel n. йодль m.; v.i. петь (пою́, поёшь) imp., про~, с~ perf. йо́длем.

yoga n. йо́га. **yogi** n. йог.

yoghurt n. простоква́ша.

yoke n. (also fig.) ярмо́ (pl. -ма) (fig.) и́го; (for buckets) коромы́сло (gen.pl. -сел); (of dress) коке́тка; y. of oxen, па́ра запряжённых воло́в; v.t. впряга́ть imp., впрячь (-ягу́, -яжёшь; -яг, -ягла́) perf. в ярмо́.

yokel n. дереве́нщина m. & f.

yolk n. желто́к (-тка́).

yonder adv. вон там; adj. вон тот (та, то; pl. те).

yore n. (in days) of y., во вре́мя о́но.

you pron. (familiar sing.) ты (тебя́, тебе́, тобо́й, тебе́); (familiar pl., polite sing. & pl.) вы (вас, вам, ва́ми, вас); (one) not usu. translated; verb translated in 2nd pers. sing. or by impers. construction: y. never know, никогда́ не зна́ешь.

young adj. молодо́й (мо́лод, -а́, -о), ю́ный (юн, -а́, -о); (new) но́вый (нов, -а́, -о); (inexperienced) неопы́тный; the y., молодёжь; n. (collect.) детёныши m.pl. **youngish** adj. моложа́вый. **youngster** n. ма́льчик, ю́ноша m.

your(s) poss. pron. (familiar sing.; also in letter) твой (-оя́, -оё; -ои́); (familiar pl., polite sing. & pl.; also in letter) ваш; свой (-оя́, -оё; -ои́). **yourself** pron. (emph.) (familiar sing.) (ты) сам (-ого́, -ому́, -и́м, -о́м) (m.), сама́ (-мо́й, -мо́й, -му́) (f.); (familiar pl., polite sing. & pl.) (вы) са́ми (-и́х, -и́м, -и́ми); (refl.) себя́ (себе́, собо́й) -ся (suffixed to v.t.); (by y., independently) самостоя́тельно, сам (-а́; -и); (alone) оди́н (одна́, одни́).

youth n. (age) мо́лодость, ю́ность; (young man) ю́ноша m.; (collect., as pl.) молодёжь; attrib. молодёжный; y. club, молодёжный клуб; y. hostel, молодёжная турба́за. **youthful** adj. ю́ношеский.

yo-yo n. йо-йо́.

Yugoslav(ian) adj. югосла́вский; n. югосла́в, ~ка.

Z

zany adj. смешно́й (-шо́н, -шна́).

zeal n. рве́ние, усе́рдие. **zealot** n. фана́тик. **zealous** adj. ре́вностный, усе́рдный.

zebra n. зе́бра.

zenith n. зени́т.

zephyr n. зефи́р.

zero n. нуль (-ля́) m., ноль (-ля́) m.; attrib. нулево́й; z. hour, час „Ч".

zest n. (piquancy) пика́нтность; (ardour) жар, энтузиа́зм; z. for life, жизнелю́бие.

zigzag n. зигза́г; adj. зигзагообра́зный; v.i. де́лать imp., с~ perf. зигза́ги.

zinc n. цинк; attrib. ци́нковый.

Zionism n. сиони́зм. **Zionist** n. сиони́ст.
zip n. (z. fastener) (застёжка-)мо́лния; v.t. & i.: z. up, застёгивать(ся) imp., застегну́ть perf. на мо́лнию.
zither n. ци́тра.
zodiac n. зодиа́к; sign of the z., знак зодиа́ка. **zodiacal** adj. зодиака́льный.
zonal adj. зона́льный. **zone** n. зо́на; (geog.) по́яс (pl. -а́).

zoo n. зоопа́рк. **zoological** adj. зоологи́ческий; z. garden(s), зоопа́рк, зоологи́ческий сад (loc. -у́; pl. -ы́).
zoologist n. зоо́лог. **zoology** n. зооло́гия.
zoom v.i. (aeron.) де́лать imp., с~ perf. го́рку; n. го́рка; z. lens, объекти́в с переме́нным фо́кусным расстоя́нием.
Zulu adj. зулу́сский; n. зулу́с, ~ка.